# 베스트셀러 1위!
## 16년간 16만 독자들의 이유 있는 선택!

**2023년 사회복지사 1급 시험** 함께 하겠습니다.

**2022~2016년 시험 출제키워드 분석!**

**비교불가, 놀라운 적중률**

**탄탄한 핵심이론**

**든든한 학습 도우미**

**꼭 출제될 문제만 선별**

**명품 해설**

합격의 공식
**온라인 강의**

**잠깐!** 혼자 공부하기 힘드시다면 방법이 있습니다.
SD에듀의 동영상강의를 이용하시면 됩니다.
www.sdedu.co.kr → 회원가입(로그인) → 강의 살펴보기

# 이 책의 구성과 특징

<사회복지사 1급 2과목 사회복지실천>은 자격시험 대비를 위해 효과적으로 구성되었습니다. 다음의 특징을 충분히 활용한다면 방대한 양의 사회복지사 자격시험도 차근차근 완벽하게 학습할 수 있습니다.

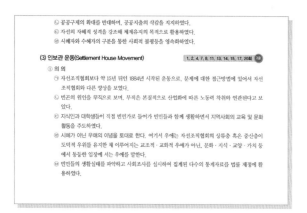

## 영역별 핵심이론

**학습목표 확인 ▶ 이론 학습 & 출제현황 파악 ▶ Plus One**

효과적·효율적인 이론학습을 위한 세 가지 장치를 알차게 담았습니다. 학습목표를 통해 챕터의 포인트를 짚고, 1회~20회 시험 동안의 출제현황을 참고하여 학습에 효율을 더해보세요. 자주 출제되거나 더 알아야 하는 이론의 경우 Plus One에 수록하였습니다.

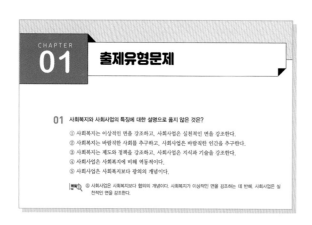

## 출제유형문제 다잡기

영역별 출제유형문제를 풀면서 어떤 문제가 출제될지 알아볼 수 있습니다. 또한 자세하고 꼼꼼한 해설로 모르는 문제도 충분히 해결할 수 있습니다.

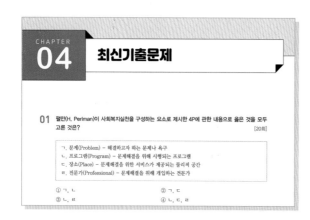

## 최신기출문제 해설

역대 기출문제를 풀면서 실전 감각을 익히고 해설을 통해 한 번 더 복습할 수 있습니다. 시대에듀플러스에서 2022년 제20회 기출문제해설 무료 동영상 강의까지 제공해드립니다.

Plus ⊕ one

**다문화 가족**
• 정 의
  국제결혼이나 입양 등에 의해 가족구성원 간에 여러 문화가 존재하는 가족 형태
• 다문화 역량을 높이기 위한 사회복지사의 역할
  - 소수인종에 대한 선입관이나 편견 탐색
  - 사회적 차별에 맞서는 단체들의 활동 분석
  - 사회복지 전문직의 윤리적 행동지침 이해
  - 문화적 특성을 이해하기 위해 다양한 문화 경험
• 문화상대주의(Cultural Relativism)
  세계 문화의 다양성을 인정하고 이해하려는 것으로, 어떤 문화든지 저마다 독자적으로
  문화의 입장에서 다른 문화의 우열을 결정하는 것은 옳지 않다는 견해

# Plus one

사회복지사 1급 시험의 오랜 노하우를 가진 저자가 수험생이 어렵게 느낄 수 있는 부분을 콕 짚어서 친절하고 쉽게 설명해줍니다. 이론적 깊이가 있는 내용까지도 섭렵할 수 있습니다.

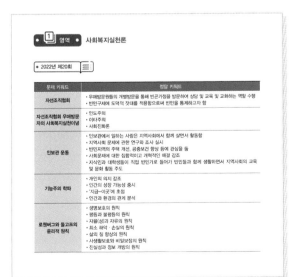

**1 영역** 사회복지실천론

• 2022년 제20회

| 문제 키워드 | 정답 키워드 |
|---|---|
| 자선조직협회 | • 우애방문원들의 개별방문을 통해 빈곤가정을 방문하여 상담 및 교육 및 교화하는 역할 수행<br>• 빈민구제에 도덕적 잣대를 적용함으로써 빈민을 통제하고자 함 |
| 자선조직협회 우애방문자의 사회복지실천이념 | • 인도주의<br>• 이타주의<br>• 사회진화론 |
| 인보관 운동 | • 인보관에서 일하는 사람은 지역사회에서 함께 살면서 활동함<br>• 지역사회 문제에 관한 연구와 조사 실시<br>• 빈민지역의 주택 개선, 공중보건 향상 등에 관심을 둠<br>• 사회문제에 대한 집합적이고 개혁적인 해결 강조<br>• 지식인과 대학생들이 직접 빈민가로 들어가 빈민들과 함께 생활하면서 지역사회의 교육 및 문화 활동 주도 |
| 기능주의 학파 | • 개인의 의지 강조<br>• 인간의 성장 가능성 중시<br>• '지금-이곳'에 초점<br>• 인간과 환경의 관계 분석 |
| 로웬버그와 돌고프의 윤리적 원칙 | • 생명보호의 원칙<br>• 평등과 불평등의 원칙<br>• 자율(성)과 자유의 원칙<br>• 최소 해악·손실의 원칙<br>• 삶의 질 향상의 원칙<br>• 사생활보호와 비밀보장의 원칙<br>• 진실성과 정보 개방의 원칙 |

# 꼭 알아야 할 기출 키워드

최근 7년간 실제 시험(2022년 제20회~2016년 제14회)에 출제된 키워드를 간략히 정리하였습니다. 본격적인 학습 전후, 꼼꼼히 정리한 꼭 알아야 하는 '정답 키워드'를 통해 최신 출제경향을 빠르게 파악하고, 스스로의 실력을 점검해 봅시다.

# 이 책의 구성과 특징

자주 출제되는 이론을
확인할 수 있어!

## 2 6체계 모델(문제해결과정 모델)

### (1) 개념 및 목적

① 콤튼과 갤러웨이(Compton & Galaway)는 핀커스와 미나한이 제시한 표적체계, 클라이언트체계, 변화매개체계, 행동체계의 4가지 체계에 2가지 체계, 즉 전문가체계와 문제인식체계(의뢰─응답체계)를 추가하였다.

② 6체계 모델에서 그 대상은 개인 혹은 집단과 환경 사이의 상호작용에서 발생하는 생활문제를 가진 자발적 또는 비자발적인 잠재적 클라이언트체계이다.

③ 이 모델은 문제가 환경과 다양한 체계 내에서 가지는 상호 연관성에 인식함과 함께 클라이언트체계의 확대된 개념에 의해 특정 문제나 특정 집단만을 대상으로 하는 것이 아니며 적용범위가 매우 넓다.

### (2) 6가지 체계유형

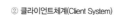

4, 5, 8, 10, 14, 17, 19회 기출

① 표적체계(Target System)

㉠ 목표를 달성하기 위해 변화시키는 것이 필요한 사람이다.

㉡ 목표에 따라 표적이 자주 바뀌며, 주로 클라이언트가 표적이 된다.

㉢ 표적체계의 행동, 태도, 신념을 변화시키기 위해 사회복지사가 사용하는 수단에는 유도, 설득, 관계사용, 환경의 사용, 배합의 사용 등이 있다.

㉣ 표적체계와 클라이언트체계는 변화되어야 할 대상이 클라이언트이거나 클라이언트 내부체계일 때 흔히 중복된다. 그러나 사회복지사는 다른 체계에서의 바람직한 변화를 가져오기 위해 클라이언트체계와 같이 활동하게 된다.

② 클라이언트체계(Client System)

㉠ 서비스나 도움을 필요로 하는 사람이다.

㉡ 변화매개인과의 계약이나 업무 동의 및 사회복지사의 서비스를 요구하거나 인가를 받았을 때 구성된다.

㉢ 그 이전의 클라이언트를 '잠재적인 클라이언트'라고 한다.

③ 변화매개체계(Change Agent System)

㉠ 사회복지사와 사회복지사를 고용하고 있는 기관 및 조직을 의미한다.

㉡ 사회복지사업에 관련되는 공공기관, 자원, 시설, 지역기관들을 말하며, 이곳에서 일하는 사람을 '변화매개인'이라고 한다.

㉢ 변화매개체계는 사회적 인가, 자원을 제공하는 다양한 정책을 통해 사회복지사의 행동에 많은 영향을 미칠 수 있다.

④ 행동체계(Action System)

㉠ 변화노력을 달성하기 위해 상호작용하는 사람이다.

㉡ 행동체계들은 클라이언트에게 도움을 주는 변화를 가져오기 위해 사회복지사가 활동하는 이웃, 가족 또는 타인들을 말한다.

이렇게 자세한 설명을
봤어?

**중요 내용이 색으로 표시돼서 편해!**

② 과업집단(Task Group)

ⓐ 과업의 달성을 위해, 성과물을 산출해내기 위해 또는 □□□□□□ 위해 만들어진다.

ⓑ 집단의 목적은 조직적인 문제에 대한 해결책을 찾고 새로□ □□□ 만들어 내며 의사결정을 내리는 데 있다.

ⓒ 사회복지사는 집단성원의 개인적인 성장보다는 문제해결의 □□ □□ 만들□ 나가면서 의사를 결정하고 산출물을 만들어내는 데 초점을 둔다.

ⓓ 팀, 위원회, 이사회, 협의회, 연합체, 행정집단, 사회행동집단 등이 있다.　　9, 14회 `기출`

ⓐ 서로 유사한 문제나 공동의 관심사를 가진 사람들이 자발적으로 구성하여 경험을 공유하고, 바람직한 변화를 이끌기 위해 상호원조를 강조한다.

ⓑ 핵심적인 공동의 관심사가 있다는 점에서 치료집단이나 과업 집단과 구분된다.

ⓒ 알코올 · 마약 등 약물이나, 암 · 비만 등 질병과 같은 핵심적인 공동의 관심사가 있다는 점에서 치료집단 중 지지집단과 유사하다.

ⓓ 하지만 지지집단과 달리 자조집단은 전문가가 간접적인 역할을 수행하며, 사회복지사가 주도적인 역할을 하지는 않는다. 사회복지사는 물질적 지지 제공, 다른 체계와의 연결, 지식 및 정보 제공 등을 통한 자문기능 등의 역할을 수행한다.

ⓔ 치매노인가족집단, 단도박모임, 자폐아동부모집단, 동성애자옹호집단 등이 해당한다.

---

**Plus ⊕ one**

### 치료집단(Treatment Group)의 유형과 예 　　8, 12, 13회 `기출`

| | |
|---|---|
| 지지집단 | 이혼가정의 취학아동모임, 아동양육의 어려움을 함께 나누는 한부모집단, 암환자 가족 모임 등 |
| 교육집단 | 부모역할 훈련집단, 위탁가정의 부모가 되려는 집단, 청소년 성교육집단, 특정 약물이나 질환에 대해 정보를 획득하려는 집단 등 |
| 성장집단 | 부부를 위한 참만남집단, 청소년 대상의 가치명료화집단, 리더십 향상집단, 잠재력 개발집단, 여성을 위한 의식고양집단, 은퇴 후의 삶에 초점을 맞추는 노인집단 등 |
| 치유집단 | 학교폭력 피해아동의 외상 치유를 위한 집단, 심리치료를 받는 외래환자집단, 금연집단, 약물중독자집단, 보호관찰처분을 받은 청소년집단 등 |
| 사회화집단 | 과거 정신장애환자였던 사람들의 모임집단, 공격성을 가진 아동들의 집단, 자기주장훈련집단, 춤이나 악기연주 등의 여가활동을 포함하는 한부모집단 등 |

**남들보다 깊게 공부해야지!**

# 이 책의 구성과 특징

사회복지사 1급은 사회복지전공자와 현직 사회복지사들이 응시하는 국가자격시험임에도 불구하고 평균합격률은 약 38% 정도로 쉽지 않은 시험입니다. 상승한 난이도와 치열한 경쟁률의 어려운 상황을 극복할 수 있는 유일한 방법은 효과적인 계획과 성실함뿐입니다. 이를 위하여 자격시험 대비를 위해 효과적으로 구성되었습니다. 다음의 특징을 충분히 활용한다면 방대한 양의 사회복지사 자격시험도 차근차근 완벽하게 학습할 수 있습니다.

## 1과목 사회복지기초

### (인간행동과 사회환경 / 사회복지조사론)

1과목(2영역)은 50분 동안 50문항을 풀이해야 합니다. 기본이론만 튼튼히 다져 놓으면 두고두고 활용할 수 있는 부분입니다. 따라서 이론부터 완벽히 정리하고, 자주 나오는 문제유형만 파악한다면 큰 어려움 없이 점수를 획득할 수 있습니다. 별도로 마련한 접지물 〈학자별 이론 및 발달단계〉를 활용하세요!

## 2과목 사회복지실천

### (사회복지실천론 / 사회복지실천기술론 / 지역사회복지론)

2과목(3영역)은 75분 동안 75문항을 풀이해야 합니다. 사회복지실천론, 사회복지실천기술론은 매년 크게 변동되는 부분이 없습니다. 뿐만 아니라 이 두 영역은 서로 복합된 문제들이 출제되고 있어 두 과목을 연계한 학습이 필요합니다. 지역사회복지론은 변동이 많은 과목으로 매년 변동사항을 꼼꼼히 체크해야 합니다.

## 3과목 사회복지정책과 제도

### (사회복지정책론 / 사회복지행정론 / 사회복지법제론)

3과목(3영역)은 75분 동안 75문항을 풀이해야 합니다. 특히 사회복지정책론, 사회복지법제론은 매년 변동되는 사항이 많으므로 시험 전까지 변동사항들을 정리해 두어야 합니다. 사회복지법제론은 외워야 할 것이 많다고 지레 겁먹기보다는 과락에 유의, 최신유형을 파악하여 효율적으로 학습하는 것이 필요합니다.

※ 표지 이미지는 변경될 수 있습니다.

**1교시** ## 사회복지기초

'1영역 인간행동과 사회환경'은 지난 제19회 시험에서 무려 3문항이 출제오류로 판정되어 논란이 불거졌던 만큼, 이번 제20회 시험에서는 비교적 평이한 문제들이 주를 이루었습니다. 인간발달에 관한 기본적인 내용에서부터 프로이트, 융, 아들러, 로저스, 매슬로우, 피아제 등 다양한 학자들의 이론들과 함께, 발달단계별 특성에 관한 문제들이 어김없이 출제되었습니다. 특히 이번 시험에서는 브론펜브레너의 미시체계와 거시체계, 행동주의이론의 고전적 조건형성과 조작적 조건형성이 나란히 출제되었으며, 일부 문제들이 사례 형태로 제시된 것이 눈에 띄었습니다.

'2영역 사회복지조사론'은 본래 수험생들이 가장 어렵게 생각하는 영역이나, 과학철학에 관한 문제나 근거이론의 분석방법에 관한 문제 등 일부 어려운 문항들을 제외하고 비교적 무난한 난이도를 보였습니다. 또한 신뢰도와 타당도에 관한 문제가 4문항 출제된 것을 제외하고 전반적으로 고른 영역에서 출제되었습니다. 출제자가 전공교재의 이론 내용을 그대로 출제하기보다 이를 응용하려는 시도를 보여주고 있는데, 특히 측정수준의 문제에서 백신 접종률이나 산불발생 건 수를 예로 든 것이 흥미로웠습니다.

 **2교시** ## 사회복지실천

'3영역 사회복지실천론'은 일부 문항을 제외하고 사회복지사 시험에서 주로 출제되는 내용들이 문제로 제시되었습니다. 자선조직협회와 인보관 운동, 윤리원칙과 윤리강령, 관계형성의 원칙, 전문적 관계의 특성 등은 거의 매해 출제되는 영역이므로, 이론학습을 충실히 하였다면 문제 풀이에 큰 어려움이 없었을 것으로 보입니다. 다만, 사회복지실천론에서 비중 있게 다루어지지 않은 인권 특성에 관한 문제가 지난 시험에 이어서 다시 등장하였는데, 따라서 문제의 해설을 토대로 간략히 정리해 둘 필요가 있겠습니다.

'4영역 사회복지실천기술론'은 출제자가 이론 내용을 그대로 다루기보다 이를 응용하여 문제를 출제한 만큼 단순암기 위주의 학습을 한 수험생들에게는 매우 어렵게 느껴졌을 것으로 보입니다. 학교장면에서 비협조적인 태도를 보이는 클라이언트를 대상으로 한 초기 접근에 관한 문제, 자녀교육에서 시어머니, 며느리, 남편 간 구조적 갈등을 다룬 사례 문제, 코로나19 감염병으로 인한 실직자를 대상으로 한 위기개입의 문제 등 출제자의 다양한 시도를 엿볼 수 있었습니다.

'5영역 지역사회복지론'도 일부 문항을 제외하고 사회복지사 시험에서 주로 출제되는 내용들이 문제로 제시되었습니다. 지역사회의 기능과 비교척도, 우리나라와 영국의 지역사회복지 역사, 로스만, 테일러와 로버츠, 웨일과 갬블의 지역사회복지실천모델, 지역사회복지실천의 단계 등이 어김없이 출제되었습니다. 사회복지사업법, 사회보장급여법 등을 기반으로 한 문제들도 출제되었으나, 자활사업이나 지역자활에 관한 문제가 예전만큼 중요하게 다루어지지 않는 점이 의아했습니다.

## 3교시 사회복지정책과 제도

'6영역 사회복지정책론'은 쉬운 문항들과 어려운 문항들이 적절히 혼합된 양상을 보였습니다. 예를 들어, 사회보험과 민영보험의 차이점, 산업재해보상보험의 보험급여 종류 등은 수험생들이 익히 접하는 내용이지만, 국민연금의 연금크레딧제도의 시행순서나 노인장기요양보험의 기금화 법제화를 위한 최근의 경향까지 학습하지는 않았을 것입니다. 또한 우리나라 건강보험제도를 할당, 급여, 전달체계, 재정에 따라 영역 구분을 하는 문제도 매우 까다로웠습니다.

'7영역 사회복지행정론'은 이번 시험에서 가장 어려운 영역이었다고 볼 수 있습니다. 처음 접하는 내용이나 최근 시험에서 잘 출제되지 않았던 내용들도 선보였는데, 현대조직운영의 기법이나 학습조직의 구축요인은 이를 별도로 학습하지 않은 이상 맞히기 어려웠을 것이고, 사회복지행정의 실행 순서를 현대적 과정으로 제시한 문제도 혼란을 유발하기에 충분했을 것입니다. 또한 우리나라의 사회복지정보시스템에 관한 문제는 평소 이를 접해본 사람이 아니고서는 그 구체적인 특징 및 각 시스템의 차이점을 파악하기 어려웠을 것입니다.

'8영역 사회복지법제론'은 사실 암기영역이라 할 수 있는 만큼, 학습시간에 비례하여 점수의 높낮이가 결정된다고 해도 과언이 아닙니다. 사회보장기본법(3문항), 사회보장급여법(2문항), 사회복지사업법(3문항)을 제외하고 출제자가 비교적 다양한 법령에서 문제를 출제하려고 노력한 흔적이 보입니다. 다만, 국민기초생활보장법상 보장기관과 보장시설에 대한 예시와 사회보장기본법상 사회보장위원회의 구성에 포함되는 중앙행정기관의 장에 관한 문제가 수험생들의 혼란을 유발했을 것으로 보입니다.

## 총 평

사회복지사 1급 자격시험의 2021년 제19회 예비합격률이 '60.92%'를 기록한 반면 2022년 제20회 예비합격률이 '36.62%'를 기록했다는 것은, 이번 제20회 시험이 지난 제19회 시험에 비해 상대적으로 어려웠음을 보여줍니다. 사실 이전 제19회 시험의 경우 일부 문항들에서 수험생들의 혼란을 유발하는 의도적인 함정문제들이 감점의 주요 원인이었다면, 이번 제20회 시험에서는 신출문제와 함께 보다 세부적인 내용을 묻는 문제가 감점의 주요 원인이었다고 볼 수 있습니다. 그러나 시험 자체의 특성으로만 본다면, 제19회 시험이 총 4문항의 출제오류를 보인 반면 제20회 시험에서는 공식적인 출제오류 문항이 단 한 문항도 없었다는 점, 그리고 문항의 내용적 측면에서도 출제자들이 나름대로 심혈을 기울인 흔적이 엿보였다는 점에서 긍정적으로 평가할 수 있습니다. 그러나 시험의 합격 여부를 단지 난이도로 귀인하는 것은 바람직한 태도로 볼 수 없습니다.

요컨대, 올해 사회복지사 1급 자격시험도 코로나19 감염병과 함께 치러졌습니다. 변이바이러스의 출몰로 사태의 장기화가 예견된 상황에서, 우리 사회의 작은 불빛이 되고자 노력하는 수험생 여러분의 도전에 뜨거운 박수를 보냅니다.

# 불필요한 부분은 과감히 생략하고 중요부분은 세밀하게!

사회복지사 1급 합격자 김 경 태

오랜 대학 강단에서의 생활을 뒤로한 채 사회복지로의 새로운 길을 나섰을 때, 저는 따뜻한 봉사에의 열정과 냉정한 현실에의 인식 속에서 방황하였습니다. 이는 과거 시민사회단체에 몸담고 있을 당시 느꼈던 젊은 날의 패기와는 사뭇 다른 것이었습니다. 사회봉사의 막연한 즐거움을 위해 제가 가진 많은 것들을 내려놓아야 한다는 것이 그리 쉽지는 않았습니다. 그로 인해 사회복지사라는 새로운 인생의 명함을 가져야겠다는 굳은 결심을 가지지는 않았습니다. 그러나 사회복지학을 공부하면서 '나'에 대한 관심이 '우리'와 '사회'로 확장하고 있음을 느꼈을 때, 이제는 막연한 행동이 아닌 보다 전문적이고 체계적인 수행의 과정이 필요함을 깨달았습니다. 그것이 바로 제가 사회복지사 1급 자격시험에 도전한 이유였습니다.

언제나 시작에는 시행착오가 따라오기 마련입니다. 더욱이 저는 뒤늦게 시험 준비를 하게 되어 과연 어디서부터 시작해야 하는지 알 수 없었습니다. 이미 2학기 시작과 함께 시험 준비에 몰두하던 동기들을 생각할 때마다 뒤쳐진 제 자신의 모습이 안타까웠습니다. 그래도 일단 결심을 굳힌 만큼 작은 목표를 향해 돌진하기로 마음먹었습니다. 8영역이나 되는 방대한 분량이 부담스럽게 다가왔지만, 대학교재와 함께 전문 학습서를 함께 이용하여 나만의 체계적인 공부법을 개발하였습니다. 한 과목에 이틀의 시간을 부여하여, 하루는 학습서에 중요한 내용들을 정리하고, 다음 하루는 정리한 내용들을 숙지하는 방식이었습니다. 공부할 내용이 많으므로 최대한 불필요한 부분을 제외하는 과정이 필요했습니다. 중요한 부분에는 나만의 표시를 해두고, 대학교재에서 관련된 내용을 점검하는 것도 잊지 않았습니다. 따로 정리노트를 만들지는 않았지만, 학습서에 정리한 내용들로 그것을 대체하였습니다. 정리한 내용들을 숙지한 이후 예상문제들을 살펴보

는 것도 잊지 않았습니다. 아무래도 학습서의 내용은 요약된 것이기에, 다른 중요한 사항들을 놓칠 수도 있기 때문입니다. 아마도 시험에 응시한 다른 분들도 대부분 비슷한 방법을 이용하지 않았을까 생각해봅니다. 하지만 이미 시험을 치른 경험자로서 사회복지사 1급 시험에 합격하기 위한 기본적인 자세에 대해 이야기하고 싶습니다.

### 첫째, 암기는 삼가라.

방대한 공부 분량을 암기로 소화한다는 것은 무리입니다. 그것은 오히려 공부에의 열의를 떨어뜨릴 수 있는 극약이 될 수 있습니다. 더욱이 최근 시험에서는(특히 사회복지법제론의 경우) 중요부분에 대한 집중적인 질문보다는 다양한 범위에서의 매우 포괄적인 질문이 많이 제시되었습니다.

### 둘째, 문제를 많이 풀어보라.

사실 저는 기출문제들을 많이 접하지는 못했습니다. 다만 학습서에 있는 문제들을 풀어보며, 내용 정리에서 놓친 부분들을 많이 보완할 수 있었습니다. 그리고 무엇보다도 문제를 많이 풀어봄으로써 시험에 대한 감각을 조율할 수 있었습니다.

### 셋째, 시간 사용에 유의하라.

이 말은 단지 학습 진도를 효율적으로 관리하라는 의미만은 아닙니다. 고사장에서 매 교시 주어지는 시간이 문제를 세심히 살피는 데 넉넉한 것은 아니므로, 문제풀이에 몰두하는 가운데 종종 시간을 확인하는 과정이 필요하다는 것입니다. 이는 시험을 보기 전날 실전상황을 가정하여 기출문제를 풀어보는 것으로 해결되리라 생각합니다.

선택의 결과에 대한 책임이 언제나 본인에게 있듯, 합격의 여부 또한 평소 자신이 얼마나 열심히 공부에 임했는가에 달려있는 듯합니다. 저와 마찬가지로 새로운 도전에 임하여 미래를 꿈꾸는 모든 분들께 좋은 결과가 있기를 진심으로 기원합니다.

## 새롭게 공부를 시작한다면...
## 그래, 이왕 하는 거 끝을 보자!

사회복지사 1급 합격자 최 소 은

3년 전 저는 가정주부로서 반복되는 일상에 이미 지친 상태였습니다. 그리고 아이를 낳은 이후에는 점점 '나'의 존재가 작아지는 듯한 느낌에 약간의 우울증을 앓기까지 하였습니다. 오후 시간 아이를 낮잠 재우고 잠시 집안일에서 벗어날 때면, 알 수 없는 우울한 감정이 가슴 깊숙한 곳에서 올라오는 것이었습니다. 더 이상 남편도 아이도 나의 생활에 활기를 북돋워주기에는 역부족이라는 사실을 깨닫게 되었습니다.

그러던 어느 날 학창시절 절친했던 한 친구의 전화를 받았습니다. 그 친구와 마지막으로 연락을 한 것도 이미 수년이 지났습니다. 전화상 친구의 목소리는 매우 밝았습니다. 오랜 기다림 끝에 만난 연인처럼, 우린 그동안 일어났던 사소한 일들에 대해 수다를 나누었습니다. 그러던 중 그 친구도 저와 비슷하게 우울증을 앓았음을 알게 되었습니다. 그리고 결혼하기 직전 많은 조언을 건네주었듯, 이번에도 그 친구는 제게 인생의 선배로서 자신의 경험담을 늘어놓았습니다. 자신의 삶을 찾기 위해 사회복지사를 공부하게 된 것, 그리고 지역아동센터에서 일을 하게 된 것 저는 친구의 이야기를 들으면서 그것이 곧 나의 미래임을 직감하게 되었습니다. 제가 사회복지사 공부를 하기로 결심한 계기는 그와 같습니다.

오랫동안 책을 멀리 했기에 새롭게 공부를 시작한다는 것이 쉽지는 않았습니다. 더욱이 아이를 키우는 입장이라 일반대학은 생각도 할 수 없었습니다. 하지만 이미 결심을 굳힌 터라 사이버 온라인 강의를 신청하였고, 주경야독의 힘든 역경을 이겨내자고 스스로를 다독였습니다. 시험에 대한 엄청난 스트레스를 극복하고 한 학기를 무사히 마쳤습니다. 친정어머니의 도움으로 실습도 끝냈습니다. 하지만 문득 친구의 말이 떠올랐습니다. "시간만 있으면 1급 시험을 볼 텐데 "라는 아쉬움의 한숨과 함께 저는 순간 지금의 도전을 끝까지 밀고 나가고 싶은 열의에 사로잡혔습니다.

시험에 대비하기 위해서는 대학교재보다 수험서를 이용하는 것이 낫다는 주위의 충고를 듣고, SD에듀의 수험서를 구매하였습니다. 확실히 시험에 나오는 것들을 중심으로 정리가 체계적으로 되어 있었고 중요한 부분에 대한 보충설명이 비교적 상세히 나와 있어, 공부를 하는 데 훨씬 수월하였습니다. 중요한 단어나 문장에 대해 등급을 나누어 형광펜으로 체크를 해두었고, 시험 전날을 대비하기 위해 암기용 노트를 작성하기도 하였습니다. 또한 어떤 문제들이 출제되고 있는지 기출문제를 점검하고, 공부한 내용들을 재확인하기 위해 수시로 예상문제들을 살펴보았습니다.

실제 시험문제들을 접해보니, 생각보다 쉬운 게 아님을 알게 되었습니다. 온라인 강의로 들었던 내용들에서 벗어나 시사상식이라든지 사회적인 이슈 등이 매우 포괄적으로 다루어지고 있음을 확인하게 되었습니다. 그래서 수험서 한 쪽 귀퉁이에 신문에 게재된 사회복지 관련 기사들을 붙여놓고는 이론적인 내용과 접목시켜 보는 것도 잊지 않았습니다.

시험 날 아이를 남편에게 맡기고는 비장한 각오로 시험장을 향했습니다. 아마도 1년에 단 한 번인 기회라, 더욱이 친정과 남편에게 양해를 구하며 어렵게 해왔던 공부라, 이번이 아니면 끝이라는 생각이 마음을 더욱 무겁게 만들었나봅니다. 무사히 모든 시험을 마치고 집으로 향하던 길 저는 다시금 친구의 말을 되새겨 보며 가슴 속으로 이렇게 외쳤습니다. "이제 시작이다!"

지역아동센터에서 사회복지사로 일을 시작하게 되었을 때, 저는 남편과 아이에 대한 미안함보다는 그동안 잃어버린 그 무엇을 되찾은듯한 마음에 들떠있기까지 하였습니다. 아마도 센터를 찾는 아이들의 밝은 미소가 제 마음에 있던 어두운 그림자를 사라지게 만든 것 같습니다. 시작이 반이라는 말이 있는 것처럼, 제 인생의 절반도 이제부터 시작하게 된 것입니다.

**Q  사회복지사는 무슨 일을 하나요?**

**A**  사회복지사는 개인적, 가정적, 사회적으로 어려움을 겪고 있는 사람들이 스스로 문제를 해결하여 자신이 원하는 삶을 찾고, 안정된 생활을 할 수 있도록 돕는 전문인력입니다. 사회복지사는 과거 아동보육시설과 공공부문에서만 활동하던 것에서 최근에는 기업, 학교, 군대, 병원 등으로 활동영역이 확대되었으며, 다양한 분야에서 사회복지에 대한 수요가 증가하고 있는 만큼 향후 사회 전반에서 사회복지사의 업무가 요구될 것으로 보입니다.

**Q  사회복지사 자격증을 취득하기 위해 어떤 조건이 필요한가요?**

**A**  대학에서 사회복지학을 전공하거나, 학점은행제, 평생교육원 등에서 필요한 수업을 이수하여 자격을 취득할 수 있습니다. 일정 학점의 수업이수(14과목)와 현장실습(120시간) 요건이 충족되면 사회복지사 2급 자격을 취득할 수 있으며, 1급은 사회복지학 학사학위 취득자, 대학원에서 사회복지학 또는 사회사업학을 전공한 석사 또는 박사 학위 취득자가 별도의 시험을 통해 자격을 취득하게 됩니다.

사회복지사 2급 자격증을 취득하는 인력이 많아지면서 기관에 따라서 1급 자격증 소지자에 대한 요구로 차별화가 있을 수 있으며, 장기적으로 사회복지현장에서 일하며 관리자급으로 승진 및 경력을 쌓고자 한다면 사회복지사 1급 자격증을 취득하는 것이 경쟁력이 있다고 할 수 있겠지요.

**Q  사회복지사는 어떤 적성을 가진 사람에게 적합할까요?**

**A**  투철한 소명의식과 봉사정신을 갖춘 사람에게 적합하며, 관련 분야에 대한 충분한 전문지식과 직업인으로서의 사명감이 있어야 사회복지사로 활동할 수 있습니다. 복지서비스 수요자를 직접 대면하는 일이 많은 만큼 사람에 대한 공감능력과 이해심, 사회성이 요구됩니다. 직무수행 과정에서 다양한 일이 발생하므로 직관적인 대처능력도 필요합니다. 복지서비스 대상자와의 관계를 수평적으로 설정하고 파트너십을 형성하며, 사람의 삶이 변화되는 과정에 대한 책임감과 대상자에 대한 진실성 있는 자세도 중요합니다.

또한, 국민의 세금으로 복지제도가 운영되는 만큼 최소 비용으로 최대의 효과를 낼 수 있는 복지 서비스를 기획할 수 있어야 하며, 복지 대상자를 결정할 합리적 기준도 마련해야 합니다. 따라서 냉철한 판단력이 요구됩니다.

사회복지 프로그램 및 서비스를 지속적으로 개발해야 하므로 다양한 분야에 대한 호기심과 높은 창의력도 필요합니다.

**Q** 사회복지사 1급 시험의 응시현황과 합격률이 궁금합니다. 알려주세요.

**A** 사회복지사 1급 연도별 현황

| 구 분 | 응시인원(명) | 합격인원(명) | 합격률(%) | 시험과목 | 문항 수 |
|---|---|---|---|---|---|
| 20회(2022) | 24,248 | 8,753 | 37 | | |
| 19회(2021) | 28,391 | 17,295 | 61 | | |
| 18회(2020) | 25,462 | 8,457 | 33 | | |
| 17회(2019) | 22,646 | 7,801 | 34 | | |
| 16회(2018) | 21,975 | 7,352 | 34 | | 200 |
| 15회(2017) | 19,514 | 5,250 | 27 | | |
| 14회(2016) | 20,946 | 9,846 | 47 | | |
| 13회(2015) | 21,393 | 6,764 | 31 | | |
| 12회(2014) | 22,600 | 6,364 | 28 | 필수 8과목 | |
| 11회(2013) | 20,544 | 5,809 | 28 | | |
| 10회(2012) | 23,627 | 10,254 | 43 | | |
| 9회(2011) | 21,868 | 3,119 | 14 | | |
| 8회(2010) | 23,050 | 9,700 | 42 | | |
| 7회(2009) | 22,753 | 7,081 | 31 | | 240 |
| 6회(2008) | 19,493 | 9,034 | 46 | | |
| 5회(2007) | 16,166 | 4,006 | 25 | | |
| 4회(2006) | 12,151 | 5,056 | 42 | | |
| 3회(2005) | 8,635 | 3,731 | 43 | | |
| 2회(2004) | 7,233 | 4,543 | 63 | 필수 6과목 | 300 |
| 1회(2003) | 5,190 | 3,487 | 67 | 선택 2과목 | |

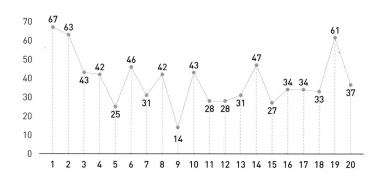

**Q**

### 정신보건사회복지사 자격증을 취득하고 싶어요!

**A**

정신보건사회복지사는 사회복지사 1급 자격 소지자가 보건복지부장관이 지정한 전문요원수련기관에서 1년 이상의 수련을 마치고 자격시험에 통과하면 정신보건사회복지사 2급을 취득할 수 있습니다. 사회복지학 또는 사회사업학을 전공한 석사학위 이상 소지자가 전문요원수련기관에서 3년 이상의 수련을 마치면 정신보건사회복지사 1급 자격을 취득할 수 있습니다.

# 머리말

사회복지사는 개인적·가정적·사회적으로 어려움을 겪고 있거나 문제가 있을 것으로 예상되는 대상자들에게 접근하여 상담을 통해 어떤 도움이 필요한지 파악하고, 이에 대한 지원 및 프로그램 등을 통해 스스로 문제를 해결하고 자신이 원하는 삶을 찾을 수 있도록 돕는 전문적인 직업인입니다.

사회복지사 2급 자격증은 4년제와 2년제 대학교에서 사회복지를 전공하였거나 사이버 강의를 통한 학점이수로 누구나 취득할 수 있으나, 1급은 1년에 한 번 국가시험에 응시하여 매 과목 4할 이상 전 과목 6할 이상을 득점해야 취득할 수 있습니다. 또한 사회복지사 1급 시험의 합격률은 매년 차이가 있으나 평균 40% 이하로 유지되고 있습니다. 그 원인에 대해서는 사회복지사 1급 시험의 난이도 상승도 한 가지 이유라고 판단됩니다. 상승한 난이도와 치열한 경쟁률의 어려운 상황을 극복할 수 있는 유일한 방법은 효과적인 계획과 성실함뿐입니다.

**SD에듀**는 수험생들의 학습의 기초부터 돕기 위해 실제 시험과 마찬가지로 교시(과목)별로 구성한 〈사회복지사 1급 기본서〉 시리즈를 출간하였습니다. 다음 도서의 특징을 활용한다면 더욱 효과적으로 학습하실 수 있습니다.

## 첫 째   기초부터 심화까지!
꼭 알아야 하는 핵심이론 반드시 알아야 하는 기본이론뿐만 아니라 보충·심화내용까지 담았습니다. 챕터별로 수록한 '학습목표'로 포인트를 짚고, 최근 출제경향을 꼼꼼히 반영한 이론들을 통해 합격에 더욱 가까워질 수 있습니다.

## 둘 째   출제유형·최신기출문제로 백발백중!
챕터별 '출제유형문제, 최신기출문제'를 통해 학습한 내용을 문제에 바로 적용해 보고, 다양한 문제 유형과 최신 출제경향까지 충분히 파악할 수 있습니다.

## 셋 째   꼭 알아야 할 기출 키워드
최근 7년간 실제 시험(2022년 제20회~2016년 제14회)에 출제된 키워드를 간략히 정리하였습니다. 본격적인 학습 전후, 꼼꼼히 정리한 꼭 알아야 하는 '정답 키워드'를 통해 최신 출제경향을 빠르게 파악하고, 스스로의 실력을 점검할 수 있습니다.

**SD에듀**는 원하는 분야에서 자신의 역량을 발휘할 수 있는 전문인을 희망하며 사회복지사 1급 시험에 도전하는 모든 수험생들의 합격을 진심으로 기원합니다.

**사회복지사 수험연구소** 씀

# 시험안내

※ 자격시험에 대한 정보는 시행처 사정에 따라 변경될 수 있으므로 수험생 분들은 반드시 응시하려는 자격증의 해당 회차 시험공고를 확인하시기 바랍니다.

## 시험정보

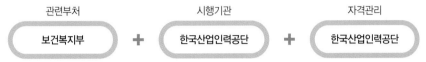

관련부처
보건복지부
+
시행기관
한국산업인력공단
+
자격관리
한국산업인력공단

## 시험과목 및 시험방법

| 구 분 | 시험과목 | 문제형식 | 시험영역 | 시험시간(일반) |
|---|---|---|---|---|
| 1교시 | 사회복지기초(50문항) | 객관식<br>5지선다형 | • 인간행동과 사회환경<br>• 사회복지조사론 | 50분 |
| 2교시 | 사회복지실천(75문항) | | • 사회복지실천론<br>• 사회복지실천기술론<br>• 지역사회복지론 | 75분 |
| 3교시 | 사회복지정책과 제도(75문항) | | • 사회복지정책론<br>• 사회복지행정론<br>• 사회복지법제론 | 75분 |

## 합격자 결정기준

❶ 매 과목 4할 이상, 전 과목 총점의 6할 이상을 득점한 자를 합격예정자로 결정함

❷ 합격예정자에 대해서는 한국사회복지사협회에서 응시자격 서류심사를 실시하며 심사결과 부적격 사유에 해당되거나, 응시자격서류를 정해진 기한 내에 제출하지 않은 경우에는 합격 예정을 취소함
　※ 필기시험에 합격하고 응시자격 서류심사에 통과한 자를 최종합격자로 결정

❸ 최종합격자 발표 후라도 제출된 서류 등의 기재사항이 사실과 다르거나 응시자격 부적격 사유가 발견될 때에는 합격을 취소함

## 시험일정

원서접수
2022년 12월 중
▶
시험시행
2023년 1월 중
▶
합격예정자 발표
2023년 2월 중
▶
응시자격서류제출
2023년 2～3월 중
▶
최종합격자 발표
2023년 3월 중

# 이 책의 목차

# 빨리보는 간단한 키워드

**1영역**

# 사회복지실천론

# 빨리보는 간단한 키워드

**꼭 알아야 할 기출 키워드**

최근 7년간 실제 시험(2022년 제20회~2016년 제14회)에 출제된 키워드를 간략히 정리하였습니다. 본격적인 학습 전후, 꼼꼼히 정리한 꼭 알아야 하는 '정답 키워드'를 통해 최신 출제경향을 빠르게 파악하고, 스스로의 실력을 점검해 봅시다.

**1 영역 · 사회복지실천론**

● 2022년 제20회

| 문제 키워드 | 정답 키워드 |
|---|---|
| 자선조직협회 | • 우애방문원들의 개별방문을 통해 빈곤가정을 방문하여 상담 및 교육 및 교화하는 역할 수행<br>• 빈민구제에 도덕적 잣대를 적용함으로써 빈민을 통제하고자 함 |
| 자선조직협회 우애방문자의 사회복지실천이념 | • 인도주의<br>• 이타주의<br>• 사회진화론 |
| 인보관 운동 | • 인보관에서 일하는 사람은 지역사회에서 함께 살면서 활동함<br>• 지역사회 문제에 관한 연구와 조사 실시<br>• 빈민지역의 주택 개선, 공중보건 향상 등에 관심을 둠<br>• 사회문제에 대한 집합적이고 개혁적인 해결 강조<br>• 지식인과 대학생들이 직접 빈민가로 들어가 빈민들과 함께 생활하면서 지역사회의 교육 및 문화 활동 주도 |
| 기능주의 학파 | • 개인의 의지 강조<br>• 인간의 성장 가능성 중시<br>• '지금-이곳'에 초점<br>• 인간과 환경의 관계 분석 |
| 로웬버그와 돌고프의 윤리적 원칙 | • 생명보호의 원칙<br>• 평등과 불평등의 원칙<br>• 자율(성)과 자유의 원칙<br>• 최소 해악·손실의 원칙<br>• 삶의 질 향상의 원칙<br>• 사생활보호와 비밀보장의 원칙<br>• 진실성과 정보 개방의 원칙 |

| 윤리강령의 기능 | • 사회복지사들의 윤리적 민감성을 고양시켜 윤리적 실천 제고<br>• 사회복지사의 비윤리적 실천으로부터 클라이언트 보호<br>• 실천현장에서 윤리적 갈등이 생겼을 때 윤리적 실천을 수행하기 위한 구체적인 지침 제공<br>• 전문직으로서의 사명과 전문적 활동의 방법론에 관한 규범을 수립하는 데 있어서 기준 제시<br>• 전문직으로서의 전문성을 확보하며, 이를 일반 대중에게 널리 알리는 수단으로 활용 |
|---|---|
| 1차 현장과 2차 현장 | • 1차 현장 : 종합사회복지관, 노인복지관, 장애인 지역사회재활시설(장애인복지관), 지역자활센터(자활지원센터), 지역아동센터, 사회복귀시설 등<br>• 2차 현장 : 병원, 학교, 교정시설, 보호관찰소, 정신건강증진시설, 주민자치센터 등 |
| 관계형성 원칙(Biestek) | • 개별화 : 클라이언트를 개별적인 욕구를 지닌 존재로 이해해야 함<br>• 의도적인 감정표현 : 클라이언트의 감정을 자유롭게 표현하도록 함<br>• 통제된 정서적 관여 : 클라이언트 감정에 대해 민감성, 공감적 이해로 적절히 반응해야 함<br>• 수용 : 클라이언트를 있는 그대로 인정하고 받아들여야 함<br>• 비심판적 태도 : 클라이언트를 비난하거나 심판하지 않아야 함<br>• 자기결정 : 클라이언트의 자기결정권을 존중해야 함<br>• 비밀보장 : 클라이언트의 비밀을 보장해야 함 |
| 전문적 관계의 특성 | • 서로 합의된 의식적 목적이 있음<br>• 클라이언트의 욕구가 중심이 됨<br>• 시간적인 제한을 둠<br>• 전문가 자신의 정서를 통제하는 관계<br>• 사회복지사는 특화된 지식 및 기술, 그리고 전문적 윤리강령에서 비롯되는 권위를 가짐 |
| 체계의 작용 과정 | 투입 → 전환 → 산출 → 환류 |
| 클라이언트와의 면접 중 질문 | • 개방형 질문 : 클라이언트에게 가능한 한 많은 대답을 선택할 기회를 제공하고 시야를 넓히도록 유도함<br>• 유도형 질문 : 클라이언트에게 바람직한 결과를 나타내도록 하는 의도에서 간접적으로 특정한 방향으로의 응답을 유도하기 위해 사용함<br>• '왜'로 시작하는 질문은 비난을 받고 있다는 느낌을 받게 함<br>• 폐쇄형 질문 : '예', '아니요' 또는 단답형 답변으로 제한함<br>• 중첩형 질문 : 한 질문 문장 속에 여러 가지 내용의 질문들이 섞여 있음. 클라이언트를 혼란스럽게 만들 수 있으므로, 한 가지씩 분리해서 하나하나 질문하는 것이 바람직함 |
| 사회복지실천의 4가지 구성요소(4P) (Perlman) | • 사람(Person) : 원조를 요청하는 클라이언트<br>• 문제(Problem) : 클라이언트가 제시하는 문제나 욕구<br>• 장소(Place) : 클라이언트가 도움을 받는 사회복지기관<br>• 과정(Process) : 사회복지사가 클라이언트를 돕는 과정 |
| 가계도 | • 클라이언트의 3세대 이상에 걸친 가족관계를 도표화하여 가족의 구조, 가족 및 구성원의 관계, 동거가족현황, 세대 간의 반복유형, 과거의 결혼관계 등에 대한 상세한 정보 제공<br>• 특히 세대 간 전수되는 가족의 특징이나 반복되는 사건 등을 파악할 수 있음 |
| 사례관리의 목적 | • 클라이언트의 삶의 질 향상과 역량 강화<br>• 보호의 연속성 보장<br>• 서비스의 통합성 확보<br>• 서비스 접근성 강화<br>• 사회적 책임성 제고<br>• 성과관리와 평가 |
| 사례관리자의 역할 | • 중개자 : 지역사회 자원이나 서비스 체계 연계<br>• 옹호자 : 클라이언트의 권리를 대변하는 활동 수행<br>• 중재자 : 개인이나 집단의 갈등 파악과 조정 및 논쟁이나 갈등 해결<br>• 위기개입자 : 위기 사정, 계획 수립, 위기 해결<br>• 교육자 : 교육, 역할 연습 등을 통한 클라이언트 역량 강화 |

제1영역

| 사례관리자로서 사회복지사의 개입 활동 | 직접적 개입 | • 클라이언트를 교육시키는 것, 클라이언트의 결정 및 행동을 격려 · 지지하는 것, 위기 동안 적절히 개입하는 것, 클라이언트를 동기화시키는 것 등<br>• 사회복지사는 주로 안내자, 교육자, 정보제공자로서의 역할 수행 |
|---|---|---|
| | 폐쇄형 질문 | • 클라이언트에게 필요한 자원체계를 연계 또는 서비스를 중개하는 것, 클라이언트를 대신하여 다양한 체계에 대한 클라이언트 욕구를 옹호하는 것 등<br>• 사회복지사는 주로 중개자, 연결자, 옹호자로서의 역할 수행 |

### ● 2021년 제19회

| 문제 키워드 | 정답 키워드 |
|---|---|
| 전문직의 속성으로서 윤리강령 | • 윤리강령은 전문가들이 지켜야 할 전문적 행동기준과 원칙을 기술해 놓은 것으로, 전문가들이 공통으로 합의한 내용<br>• 윤리강령의 기능<br>  - 실천현장에서 윤리적 갈등이 생겼을 때 지침과 원칙을 제공<br>  - 자기규제를 통해 클라이언트를 보호<br>  - 사회복지전문직으로서 전문성을 확보하고 외부통제로부터 전문직을 보호<br>  - 일반대중에게 전문가로서의 사회복지 기본업무 및 자세를 알리는 일차적 수단<br>  - 선언적 선서를 통해 사회복지 전문가들의 윤리적 민감성을 고양, 윤리적으로 무장 |
| 사회복지실천의 이념적 배경 | • 인도주의는 개인의 존엄성과 자유라는 가치를 도덕 판단의 최고 기준으로 삼으면서, 개인의 존엄성과 자유가 실현되는 사회를 추구<br>• 민주주의는 모든 인간이 평등하다는 전제하에 클라이언트의 동등하게 대우받을 권리와 수혜 여부 결정에 있어서의 자기결정권을 강조<br>• 개인주의는 사회복지에 있어서 각 개인의 권리와 의무를 강조하면서 클라이언트의 개인적 특성, 즉 개별화를 중시<br>• 다양성(다양화)은 시대의 변화에 따라 다양한 계층을 수용하고 다양한 문제들을 개별적 차원으로 접근할 필요성을 제기 |
| 임파워먼트 관점의 문제해결 과정별 과업 | • 대화 : 클라이언트와의 파트너십(협력관계) 형성하기, 현재 상황을 명확히 하기(도전들을 자세히 설명하기), 방향 설정하기(일차적 목표 설정하기) 등<br>• 발견 : 강점 확인하기, 자원체계 조사하기(잠재적 자원을 사정하기), 자원역량 분석하기(수집된 정보를 조직화하기), 해결책 고안하기(구체적인 행동계획을 수립하기) 등<br>• 발전 또는 발달 : 자원을 활성화하기, 동맹관계를 창출하기, 기회를 확장하기, 성공을 인식(인정)하기, 결과(달성한 것)를 통합하기 등 |
| 의무의 상충 | • 사회복지사는 기관에 대한 의무와 클라이언트에 대한 의무 사이에서 갈등을 경험함으로써 윤리적 딜레마에 빠질 수 있음<br>• 기관의 목표가 클라이언트 이익에 위배될 때 의무상충으로 윤리적 딜레마가 발생할 수 있음<br>• 예를 들어, 사회복지사는 클라이언트의 이익이 최선이라는 가치에도 불구하고 자신이 속한 기관에 자원이 부족하여 클라이언트에게 최선의 서비스를 제공하지 못할 수 있음 |

| 사회복지사의 클라이언트에 대한 윤리기준 | • 클라이언트와의 관계<br>  – 사회복지사는 클라이언트의 사생활을 존중하고 보호하며, 직무 수행과정에서 얻은 정보에 대해 철저하게 비밀을 유지해야 함<br>  – 사회복지사는 어떠한 상황에서도 클라이언트와 부적절한 성적 관계를 가져서는 안 됨<br>  – 사회복지사는 사회복지 증진을 위한 환경조성에 클라이언트를 동반자로 인정하고 함께 일해야 함<br>• 동료의 클라이언트와의 관계<br>  – 사회복지사는 적법하고도 적절한 논의 없이 동료 혹은 다른 기관의 클라이언트와 전문적 관계를 맺어서는 안 됨<br>  – 사회복지사는 긴급한 사정으로 인해 동료의 클라이언트를 맡게 된 경우, 자신의 의뢰인처럼 관심을 갖고 서비스를 제공 |
|---|---|
| 강점관점 실천의 원리<br>(Saleebey) | • 모든 개인, 집단, 가족, 지역사회는 강점을 가지고 있음<br>• 외상과 학대, 질병과 투쟁은 상처가 될 수 있지만, 동시에 도전과 기회가 될 수 있음<br>• 성장과 변화의 상한선을 설정하지 말고 개인, 집단, 지역사회의 열망을 신중히 받아들임<br>• 클라이언트와 협동 작업이 이루어질 때 최선의 도움을 줄 수 있음<br>• 모든 환경은 자원으로 가득 차 있음 |
| 인권의 특성 | • 인권은 인간이 갖는 기본적인 권리<br>• 인권은 인간이 갖는 보편적인 권리<br>• 인권은 사회적 약자를 위한 권리<br>• 인권은 책임을 동반한 권리<br>• 인권은 개인과 집단을 포괄한 권리<br>• 인권은 정당성의 기준으로서 국가권력을 제한<br>• 인권은 사회 변화를 요구 |
| 사회복지사의 옹호 활동 | • 클라이언트가 스스로 자신을 대변하고 옹호할 수 있는 능력이 부족할 때 그들을 대변하여 그들의 요구사항을 만들어 내고, 가능한 한 자원이 적절히 공급될 수 있도록 노력<br>• 옹호자는 본래 법률 분야에서 변호사의 역할을 빌려온 것으로서, 사회복지사는 클라이언트 집단을 대표하는 대표자가 아닌 대변인으로서의 역할을 수행해야 한다는 의미 |
| 면접 시 피해야 할 질문 | • 유도질문 : 사회복지사는 클라이언트로 하여금 바람직한 결과를 나타내 보이도록 하려는 의도에서 간접적으로 특정한 방향으로의 응답을 유도할 수 있음. 이때 클라이언트는 자신의 진정한 의향과 달리 사회복지사가 원하거나 기대하는 방향으로 거짓응답을 할 수 있음<br>• 모호한 질문 : 클라이언트가 질문의 방향을 명확히 인지하지 못하거나 받아들이지 못하는 형태의 질문<br>• 이중질문(복합형 질문) : 한 번에 두 가지 이상의 내용을 질문하는 것으로서, 클라이언트는 복수의 질문 가운데 어느 하나를 선택하여 답변할 수도, 아니면 어느 쪽에 답변을 해야 하는지 알 수 없어 머뭇거릴 수도 있음<br>• 왜 질문 : '왜(Why)' 의문사를 남용함으로써 클라이언트로 하여금 비난을 받고 있다는 느낌을 갖도록 하는 질문<br>• 폭탄형 질문(중첩형 질문) : 클라이언트에게 한꺼번에 너무 많은 질문을 쏟아내는 것 |
| PIE 분류체계 | • 문제의 '원인–결과'의 관계를 규명하기보다는 '환경 속의 인간'의 관점에서 인간과 환경 간의 상호작용에 따른 문제들을 분류하는 체계<br>• '사회기능상 문제', '환경상 문제', '정신건강상 문제', '신체건강상 문제' 등 네 가지 요인으로 구성되며, 각 요인은 클라이언트의 문제 상황의 특성 |
| 부수적인 정보로서 상반된 정보 | • 클라이언트의 가족, 이웃, 친구, 친척, 다른 기관, 고용주, 학교 등으로부터 부수적으로 얻는 정보가 클라이언트로부터 얻지 못한 소중한 정보를 제공<br>• 부수적인 정보는 상반된 양상을 보일 수 있는데, 이는 관점의 차이에서 비롯된 것일 수 있음<br>• 따라서 사회복지사는 정보제공자의 신뢰도에 주의를 기울이면서, 어떤 인간관계에서 그와 같은 관점의 차이가 나타나는지를 파악해야 함 |

 안심Touch

| 사례관리의 등장배경 (필요성) | • 클라이언트의 욕구가 더욱 다양화 · 복잡화<br>• 클라이언트에 대한 지속적인 지원을 위한 통합적인 서비스가 요구됨<br>• 클라이언트 및 그 가족의 과도한 책임부담이 사회적인 문제로 제기됨<br>• 탈시설화 및 재가복지서비스를 강조하는 추세<br>• 복잡하고 분산된 서비스 체계로 인해 서비스 공급의 중복과 누수 방지 필요<br>• 사회복지서비스의 공급주체 다원화<br>• 산업화에 따라 가족의 기능 약화<br>• 사회적 지지체계(지역사회보호)의 중요성에 대한 목소리가 커지고 있음<br>• 노령화 등의 인구사회학적인 변화가 뚜렷해지고 있음 |
|---|---|
| 통제된 정서적 관여 | • 문제에 대한 공감을 얻고 싶은 욕구<br>• 클라이언트의 면접은 주로 정서적인 면과 연관되므로, 사회복지사 또한 클라이언트의 감정에 호응하고 정서적으로 관여<br>• 사회복지사는 클라이언트의 감정에 민감성과 이해로 반응하되, 완전한 관여가 아닌 통제된 관여로써 임해야 함<br>• 사회복지사의 전문적인 판단에 따라 방향이 설정되어야 함 |
| 평가 및 종결단계에서 사회복지사의 역할 | • 진전수준 검토 및 결과의 안정화 : 클라이언트의 진전수준을 검토하며, 클라이언트가 이룬 성과를 확인. 또한 클라이언트가 습득한 기술이나 이득 등이 유지될 수 있도록 도움<br>• 정서적 반응 처리 : 클라이언트와의 접촉빈도를 점차 줄여가며, 종결과 관련되어 겪을 수 있는 정서적인 문제들을 다룸. 클라이언트의 비언어적 메시지에 민감하게 반응하고 종결에 의한 상실감에 공감하며, 특히 개입이 실패하거나 결과가 좋지 않을 경우 클라이언트의 감정에 초점을 두어 부정적인 정서적 반응을 해결하기 위해 노력<br>• 사후관리계획 : 종결 이후의 사후세션에 대해 계획을 세움. 사회복지사가 떠나는 경우 클라이언트가 이를 준비하고 받아들일 수 있도록 미리 말하는 것이 좋으며, 그와 관련된 감정을 다루고 과제도 해결해야 함 |
| 헌신과 의무 | • 헌신과 의무는 원조과정에서의 책임감을 의미하는 것으로, 일관성을 포함하는 개념<br>• 사회복지사가 클라이언트를 위한 일에 자신을 내어줌으로써 클라이언트는 사회복지사와 관계형성을 통해 자신을 보다 정직하고 개방적으로 표출<br>• 사회복지사의 헌신적 태도는 일시적 · 순간적인 필요에 의해서가 아닌 일관되고 항구적인 의무에서 비롯 |
| 조정자 | 클라이언트의 문제와 원조자들로부터 도움이 필요한 욕구를 사정하고, 원조를 수행하는 과정에서 클라이언트의 욕구와 자원과의 관계, 클라이언트와 원조자들 간의 관계에서 필요한 조정과 타협의 책임이 있음 |
| 전문적 관계의 특성 | • 서로 합의된 의식적 목적<br>• 클라이언트의 욕구가 중심<br>• 시간적인 제한<br>• 전문가 자신의 정서를 통제하는 관계<br>• 특화된 지식 및 기술, 그리고 전문직 윤리강령에서 비롯되는 권위를 가짐 |

| 문제 키워드 | 정답 키워드 |
|---|---|
| 생태도(Ecomap) | 환경 속의 클라이언트에 초점을 두고 클라이언트의 상황에서 의미 있는 체계들과의 역동적 관계를 그림으로 표현함으로써 특정 문제에 대한 개입계획을 세우는 데 유효한 정보를 제공함. 가족과 환경과의 상호작용을 그림으로 표시하여 가족에 대한 총체적인 견해를 갖도록 돕고, 특히 클라이언트 가족에게 유용한 자원은 물론 부족한 자원과 보충되어야 할 자원이 무엇인지 알 수 있도록 함 |
| 사회복지사의 사회에 대한 윤리기준 | • 사회복지사는 인권존중과 인간평등을 위해 헌신해야 하며, 사회적 약자를 옹호하고 대변하는 일을 주도해야 함<br>• 사회복지사는 필요한 사회서비스를 개발하기 위한 사회정책의 수립 · 발전 · 입법 · 집행에 적극적으로 참여하고 지원해야 함<br>• 사회복지사는 사회환경을 개선하고 사회정의를 증진시키기 위한 사회정책의 수립 · 발전 · 입법 · 집행을 요구하고 옹호해야 함<br>• 사회복지사는 자신이 일하는 지역사회의 문제를 이해하고, 그것을 해결하는 일에 적극적으로 참여해야 함 |
| 자선조직협회(COS ; Charity Organization Society) | • 1869년 영국 런던에서 처음으로 시작된 조직적인 운동으로서, 독일의 '엘버펠트(Elberfeld) 제도' 모방<br>• 사회진화론에 영향을 받아 빈곤의 문제를 개인적인 속성에서 기인한 것으로 보았으며, 개인주의적 빈곤 죄악관을 이념적 토대로 하여 빈곤 발생의 사회적 기반을 경시<br>• 가난한 사람을 '가치 있는 자'와 '가치 없는 자'로 구분하였으며, 원조의 대상을 '가치 있는 자'로 한정<br>• 무계획적인 시여에서 벗어나 빈민에 대한 환경조사를 통해 중복구제를 방지함으로써 구제의 합리화와 조직화를 이루고자 함<br>• 피구호자와 구제자원 간의 중개적 역할을 담당하였으며, 자선단체의 상호 간 업무연락을 통해 협력체계 구축<br>• 인도주의 · 박애주의를 토대로 부르주아의 특권적인 지위를 정당화하는 양상을 보임<br>• 상류층 혹은 중산층 부인들로 구성된 우애방문원의 개별방문에 의해 개별적 조사와 등록이 이루어짐<br>• 우애의 정신을 기초로 구제의 도덕적 개혁을 강조<br>• 공공의 구빈정책을 반대하고 자선, 기부, 자원봉사활동 등 순수민간의 구제노력을 지지<br>• 근대적 의미의 개별사회사업과 지역사회조직사업 확립 |
| 브론펜브레너 (Bronfenbrenner)의 생태학적 체계모델에 의한 5가지 체계 | • 미시체계(Microsystem) : 개인의 가장 근접한 환경. 가족, 학교, 이웃 등의 물리적 환경과 사회적 환경, 그리고 그 환경 내에서 갖게 되는 지위, 역할, 활동, 대인관계 등<br>• 중간체계(Mesosystem) : 서로 상호작용하는 두 가지 이상 미시체계들 간의 관계망<br>• 외체계 또는 외부체계(Exosystem) : 개인이 직접 참여하거나 관여하지는 않지만 개인에게 영향을 미치는 환경체계<br>• 거시체계(Macrosystem) : 개인이 속한 사회의 이념(신념)이나 제도, 즉 정치, 경제, 문화 등의 광범위한 사회적 맥락을 의미<br>• 시간체계(Chronosystem) : 전 생애에 걸쳐 일어나는 변화를 비롯하여 사회역사적인 환경을 포함 |

| 윤리적 의사결정과정<br>(Dolgoff, Lowenberg<br>& Harrington) | • 문제와 그 문제에 영향을 주는 요인들을 확인<br>• 해당 문제와 관련된 사람과 제도를 확인<br>• 확인된 사람과 제도들에 영향을 주는 사회적 · 전문적 가치와 함께 클라이언트와 서비스<br>　종사자의 개인적 가치를 확인<br>• 문제를 해결하거나 문제의 정도를 경감할 수 있는 개입목표를 명확히 함<br>• 개입방안과 대상을 확인<br>• 확인된 목표에 따라 설정된 개입방안의 효과성과 효율성 평가<br>• 의사결정에 관여하는 사람이 누구인지 결정<br>• 가장 적절한 전략이나 개입방법 선택<br>• 선택된 전략이나 개입방법을 수행<br>• 수행 과정을 모니터링하면서 예기치 않은 결과의 발생 가능성에 주의를 기울임<br>• 결과를 평가하고 추가적인 문제 확인 |
|---|---|
| 사회복지사가<br>경험할 수 있는<br>윤리적 딜레마 상황 | • 가치의 상충(Competing Values)<br>• 의무의 상충(Competing Loyalties)<br>• 클라이언트체계의 다중성(Multiple Client System)<br>• 실천 결과의 모호성(Ambiguity)<br>• 사회복지사와 클라이언트 간의 힘 내지 권력의 불균형(Power Imbalance) |
| 접수단계에서<br>사회복지사의<br>주요 과제(과업) | • 클라이언트의 문제와 욕구를 확인<br>• 클라이언트와 라포(Rapport)를 형성하며, 원조관계를 수립<br>• 클라이언트를 동기화하며, 기관의 서비스와 원조과정에 대해 안내<br>• 클라이언트의 양가감정을 수용하고 저항감을 해소<br>• 서비스 제공 여부를 결정하며, 필요시 다른 기관으로 의뢰 |
| 자료수집의 정보원 | • 클라이언트의 이야기<br>• 클라이언트의 심리검사 결과<br>• 클라이언트에 대한 비언어적 행동관찰<br>• 클라이언트가 직접 작성한 양식<br>• 중요한 사람과의 상호작용 및 가정방문<br>• 클라이언트에 대한 사회복지사의 개인적 경험(주관적 관찰 내용)<br>• 부수정보(가족, 이웃, 친구, 친척, 학교, 다른 기관으로부터 얻게 되는 정보) 등 |
| 사회복지실천<br>단계에서의 개입 | • 개입은 계획 내지는 계약 내용에 따라 실행함으로써 클라이언트의 실제적인 변화를 도모<br>　하는 과정<br>• 사회복지사는 계획된 방법으로 서비스를 제공하며, 계획 수정이 필요한 경우 재사정을 실시<br>• 사회복지사는 당면한 문제의 해결뿐만 아니라 클라이언트의 문제해결기술을 향상시킴으<br>　로써 다른 문제에 대한 대처능력도 향상시키려는 개입을 함<br>• 문제해결을 위한 구체적인 변화전략을 수립하고 다양한 개입기술로써 클라이언트의 변화<br>　를 창출하며, 개입의 효과성과 적절성을 평가하기 위한 점검을 하면서 개입을 통해 유도된<br>　변화가 지속될 수 있도록 함 |
| 사례관리의 과정 | 접수 – 사정 – 계획 – 개입 또는 계획의 실행 – 점검 및 재사정 – 평가 및 종결 |
| 4가지 체계유형<br>(Pincus & Minahan) | • 표적체계(Target System) : 목표달성을 위해 변화시킬 필요가 있는 대상<br>• 클라이언트체계(Client System) : 서비스나 도움을 필요로 하는 사람들<br>• 변화매개체계(Change Agent System) : 사회복지사와 사회복지사가 속한 기관 및 조직<br>• 행동체계(Action System) : 변화매개인들이 변화노력을 달성하기 위해 서로 상호작용하는<br>　사람들 |
| 개별화를 위한<br>사회복지사의 역량(역할) | • 인간에 대한 편견과 선입관으로부터 벗어나야 함<br>• 인간행동에 대한 지식을 가지고 활용할 수 있어야 함<br>• 클라이언트의 언어적 표현과 비언어적 표현을 경청하고 관찰해야 함<br>• 개입에 있어서 클라이언트와 보조를 맞추어야 함<br>• 클라이언트의 감정과 사고를 민감하게 포착하여야 함 |

| 클라이언트의 자기결정에 대한 사회복지사의 역할 | | • 사회복지사는 경청하고 수용하는 태도로써 클라이언트로 하여금 자기수용을 할 수 있도록 도움<br>• 사회복지사는 클라이언트의 내적 자원을 발견하여 이를 활용할 수 있도록 잠재력 개발에 도움이 되는 환경을 조성함<br>• 사회복지사는 클라이언트가 활용 가능한 지역사회 자원에 대한 정보를 제공함으로써 클라이언트 스스로 이를 선택 및 활용하도록 도움<br>• 사회복지사는 클라이언트로 하여금 자신의 문제를 스스로 해결하여 인격적인 성장을 할 수 있도록 분위기를 조성 |
|---|---|---|
| 개방형 질문과 폐쇄형 질문 | 개방형 질문 | • 질문의 범위가 포괄적<br>• 클라이언트에게 가능한 한 많은 대답을 선택할 기회를 제공<br>• 클라이언트로 하여금 시야를 보다 넓히도록 유도함<br>• 바람직한 촉진관계를 열어놓음<br>• 면접 초기에 유용하게 사용될 수 있으나, 익숙지 않은 클라이언트에게 오히려 답변에 대한 부담감을 줄 수 있음 |
| | 폐쇄형 질문 | • 질문의 범위가 매우 좁고 한정적<br>• 클라이언트가 대답할 수 있는 범위를 '예 / 아니요' 또는 다른 단답식 답변으로 제한함<br>• 클라이언트의 시야를 좁게 만듦<br>• 바람직한 촉진관계를 닫아놓음<br>• 위기상황에서 클라이언트를 위한 신속한 대응에 유리함 |
| 사회복지면접의 특성 | | • 면접을 위한 장(Setting)과 맥락이 있으며, 면접이 기관의 상황적 특성과 맥락에서 이루어짐<br>• 목적지향적인 활동으로서, 개입 목적에 따라 의사소통 내용이 제한됨<br>• 한정적·계약적인 것으로서, 사회복지사와 클라이언트 간에 상호 합의한 상태에서 진행됨<br>• 사회복지사와 클라이언트의 특정한 역할 관계가 있음. 즉, 사회복지사와 클라이언트의 역할이 서로 다름<br>• 개인적·사적인 차원에서 이루어지는 것이 아닌 공식적·의도적인 차원에서 이루어지는 활동<br>• 필요에 따라 여러 장소에서 수행되며, 시간과 장소 등 구체적인 요건이 필요함<br>• 클라이언트의 어려움을 극복하는 데 필요한 변화들을 가져오기도 함<br>• 클라이언트를 이해하는 데 필요한 정보를 수집하기도 함 |
| 명료화(Clarification) | | 클라이언트의 말 중에서 모호하거나 모순된 점이 발견될 때, 이를 명확히 이해하고 넘어가기 위해 그를 사회복지사가 다시 질문함으로써 클라이언트가 의미를 명백하게 하는 기술 |

● 2019년 제17회

| 문제 키워드 | 정답 키워드 |
|---|---|
| 사회복지실천의 목적과 기능 | • 개인의 삶의 질(Quality of Life)을 향상<br>• 개인의 문제해결능력과 대처능력을 향상<br>• 개인의 가능성과 잠재력을 개발하도록 도움<br>• 개인과 환경 간 불균형 발생 시 문제를 감소시키도록 도움<br>• 개인과 환경 간의 상호작용에 초점을 두고 사회정책을 개발<br>• 개인과 환경 간의 상호 유익한 관계를 증진<br>• 사회정의를 증진 |
| 사회복지 전문직의 가치(Levy) | • 사람 우선 가치 : 전문직 수행의 대상인 사람 자체에 대해 전문직이 갖추고 있어야 할 기본적인 가치<br>• 결과 우선 가치 : 개인이 성장할 기회를 제공하고, 욕구를 충족시킬 수 있는 서비스를 제공하는 것에 역점을 두는 가치<br>• 수단 우선 가치 : 서비스를 수행하는 방법 및 수단과 도구에 대한 가치 |
| 윤리적 딜레마 중 의무상충 | • 의무의 상충으로 인한 윤리적 딜레마는 인간을 다루는 수단으로 선호하는 가치와 밀접하게 연관<br>• 사회복지사는 클라이언트, 동료, 전문직 자체, 소속된 기관 및 사회 등에 관한 윤리적 의무 간의 상충으로 인해 윤리적인 딜레마를 경험 |
| 사례관리자의 중개자로서의 역할 | 클라이언트에게 지역사회 내에 있는 서비스체계나 자원을 활용할 수 있도록 돕거나 안내해 주는 역할 |
| 문화상대주의 | 문화의 다양성을 인정하고 이해하려는 것으로, 어떤 문화든지 저마다 독자적으로 발전해왔기 때문에, 특정한 문화의 입장에서 다른 문화의 우열을 결정하는 것은 옳지 않다는 견해 |
| 사회복지실천의 통합 시도 이전 주요 발달과정 | • 1915년 : 교육비평가인 플렉스너(Flexner)가 "사회복지실천은 전문직이 아니며, 사회복지사도 전문가가 아니다"라고 비판함으로써 전문직으로서 사회복지실천에 대한 문제인식 형성<br>• 1917년 : 리치몬드(Richmond)가 교육 및 훈련을 위해 사회복지실천 과정의 이론을 최초로 정리한 『사회진단 Social Diagnosis』을 저술함으로써 사회복지실천의 전문화에 기여<br>• 1920년 전후~1950년 전후 : 사회복지실천의 전문적 분화기로서, 사회복지실천이 개별사회사업, 집단사회사업, 지역사회조직사업 등 3대 방법론으로 분화 |
| 체계이론의 유용성 및 한계 | • 체계이론은 자료의 수집과 사정의 방법에 영향을 주는 것은 물론, 개입을 위한 다양한 가능성 제시<br>• 문제현상에 대한 분석틀을 제공하나 구체적인 개입방법을 제시하지 않음 |

| 병리관점과 강점관점 | 병리관점 | 강점관점 |
|---|---|---|
| | 개인을 '사례', 즉 진단에 따른 증상을 가진 자로 규정 | 개인을 독특한 존재, 즉 강점을 가진 기질 · 재능 · 자원을 가진 자로 규정 |
| | 치료의 초점이 '문제' | 치료의 초점이 '가능성' |
| | 치료의 핵심은 실무자에 의해 고안된 치료계획 | 치료의 핵심은 개인, 가족, 지역사회의 참여 |
| | 사회복지사는 클라이언트 삶의 전문가 | 개인, 가족, 지역사회가 클라이언트 삶의 전문가 |
| | 원조목적은 행동, 감정, 사고, 관계의 부정적인 개인적 · 사회적 결과와 증상의 영향을 감소하는 것 | 원조목적은 그 사람의 삶에 함께 하며 가치를 확고히 하는 것 |

| 6체계 모델 | • 표적체계(Target System) : 목표를 달성하기 위해 변화시키는 것이 필요한 사람(체계)<br>• 클라이언트체계 : 서비스나 도움을 필요로 하는 사람<br>• 변화매개체계 : 사회복지사와 사회복지사를 고용하고 있는 기관 및 조직을 의미<br>• 행동체계 : 변화노력을 달성하기 위해 상호작용하는 사람<br>• 전문체계 또는 전문가체계 : 전문가단체, 전문가를 육성하는 교육체계, 전문적 실천의 가치와 인가 등을 의미<br>• 문제인식체계 또는 의뢰–응답체계 : 잠재적 클라이언트를 사회복지사의 관심영역으로 끌어들이기 위해 행동하는 체계로, 서비스를 요청한 체계(→ 의뢰체계)와 그러한 요청으로 서비스기관에 오게 된 체계(→ 응답체계)를 의미 |
|---|---|
| 임파워먼트 모델 | • 클라이언트 스스로 결정을 내리고 행동<br>• 클라이언트가 자신의 생활과 경험에서는 전문가임을 강조<br>• 클라이언트는 개입의 객체가 아닌 주체<br>• 클라이언트는 자기결정권을 가진 존재<br>• 사회복지사와 클라이언트 간의 상호 협력적인 파트너십 강조 |
| 전문적 관계의<br>기본 요소로서<br>헌신과 의무 | • 헌신과 의무는 원조과정에서 책임감을 의미하는 것으로, 일관성을 포함하는 개념<br>• 사회복지사가 클라이언트를 위한 일에 자신을 내어줌으로써 클라이언트는 사회복지사와 관계형성을 통해 자신을 보다 정직하고 개방적으로 표출<br>• 사회복지사의 헌신적 태도는 일시적·순간적인 필요에 의해서가 아닌 일관되고 항구적인 의무에서 비롯 |
| 사회복지실천의<br>전문적 관계 | • 사회복지사는 관계의 전반적 과정에 대해 전문적 책임을 짐<br>• 사회복지사는 목적의식을 가지고 관계를 유지함<br>• 초기 관계는 다음 단계로의 진행에 영향을 미침<br>• 관계는 시간적 제한을 가짐 |
| 클라이언트의<br>자기결정권 | • 클라이언트가 자신의 선택과 결정을 할 수 있는 자유와 권리 그리고 욕구를 실제로 인식하는 것<br>• 문제의 해결자가 사회복지사가 아닌 클라이언트임을 강조하는 것으로, 클라이언트 스스로 해결책을 선택할 수 있도록 하는 것<br>• 사회복지사는 클라이언트로 하여금 자기수용을 할 수 있도록 지지하고, 잠재력을 발견하여 이를 적극적으로 활용할 수 있도록 하며, 다양한 인적·물적·사회적 자원을 연계해 줌으로써 문제해결을 도움 |
| 정보수집면접 또는<br>사회조사면접 | • 클라이언트와 그의 상황에 대해 필요한 정보를 수집하거나 사회조사를 하기 위한 것<br>• 클라이언트의 개인적·사회적 문제와 관련된 인구사회학적 요인, 현재의 문제, 개인력 및 과거력, 가족력, 사회적·직업적 기능수준 등에 관한 정보를 수집<br>• 수집되는 정보의 내용은 클라이언트의 유형, 문제의 영역, 기관의 성격에 따라 다를 수 있음 |
| 면접기술 중 해석 | • 클라이언트가 잘 알지 못하는 상황의 내용을 명백히 전달하는 것으로 클라이언트가 한 말을 요약 및 재진술하거나 미처 깨닫지 못한 부분을 지적해 주기도 함<br>• 클라이언트가 문제를 잘 이해할 수 있도록 새로운 참조틀을 제공하는 것<br>• 클라이언트의 말과 행동의 숨은 의미에 대한 해석이 끝났더라도 클라이언트가 자기 힘으로 사회복지사가 해석한 내용과 같은 결론에 도달할 수 있도록 기다려 주는 것이 필요 |
| 사회복지실천<br>과정에서 접수 | 클라이언트의 문제와 욕구를 파악하고, 기관에서 그에 관한 서비스를 제공할 수 있는지 적격성 여부를 판단 |

제1영역

| 의 뢰 | • 의뢰에 대한 클라이언트의 준비상태를 확인<br>• 새로운 서비스에 대해 클라이언트가 느끼는 불신이나 걱정 등을 다룸<br>• 의뢰하는 기관의 서비스에 대해 명확하게 설명<br>• 제공될 서비스에 대해 비현실적으로 보증하지 않음<br>• 가능한 대안을 제시하고 클라이언트가 스스로 결정하도록 도움<br>• 클라이언트에게 의뢰하는 기관의 서비스에 대해 명확하게 설명하지만, 그곳의 사회복지사가 사용할 방법까지 구체적으로 알려 주지는 않음 |
|---|---|
| 문제형성 | • 사회복지사가 이제까지 얻은 정보를 분석하여 전문적인 시각에 따라 문제를 판단하는 것<br>• 문제형성에서는 클라이언트의 충족되지 못한 욕구를 구체적으로 밝히는 것이 가장 중요<br>• 클라이언트가 제시한 문제를 충족되지 못한 욕구와 결핍으로 바꾸어 재진술함으로써 클라이언트를 보다 쉽게 도울 수 있음 |
| 생태도 | • 가족과 환경과의 상호작용을 그림으로 표시하여 가족에 대한 총체적 견해를 갖도록 도움<br>• 클라이언트 가족에게 유용한 자원은 물론 부족한 자원과 보충되어야 할 자원이 무엇인지 알 수 있도록 함 |
| 종결단계에서<br>사회복지사의 활동 | • 개입목표의 달성여부 확인<br>• 종결유형에 따라 종결 시기 조정<br>• 클라이언트로 하여금 종결에 대한 감정을 표현하도록 도움<br>• 클라이언트에게 새로운 서비스가 더 필요하다거나 해결되지 않은 문제가 있다고 판단될 경우 타 기관으로 의뢰 |
| 사례관리의 원칙 | • 서비스의 개별화<br>• 서비스의 포괄성<br>• 서비스의 연속성(지속성)<br>• 서비스의 접근성<br>• 클라이언트 자율성의 극대화<br>• 서비스의 연계성<br>• 서비스의 체계성 |
| 사례관리의 사정의<br>범주 | • 욕구와 문제의 사정 : 문제는 클라이언트의 욕구가 해소되지 못할 때 발생하므로, 사례관리자는 클라이언트와 함께 욕구와 문제에 대한 목록을 만들어 개입의 우선순위를 정함<br>• 자원의 사정 : 사례관리자는 문제 해결을 위해 필요한 공식적 자원 및 비공식적 자원을 클라이언트와 함께 사정. 또한 클라이언트의 강점 파악<br>• 장애물의 사정 : 사례관리자는 클라이언트의 환경과 관련된 외부장애물, 클라이언트의 왜곡된 신념이나 가치 등의 내부장애물, 그리고 클라이언트 스스로 통제할 수 없는 선천적 무능력 등의 장애물을 사정 |
| 사례관리의 점검의<br>목적 | • 서비스 개입계획이 적절히 이행되고 있는지를 검토<br>• 서비스 지원계획에 따른 목표의 성취도를 검토<br>• 서비스와 지원의 산출을 검토<br>• 클라이언트의 욕구 변화 유무 및 서비스 계획 변경의 필요성을 검토 |

제1영역

 2018년 제16회

| 문제 키워드 | 정답 키워드 | |
|---|---|---|
| 진단주의와 기능주의 | 진단주의 | • 과거 경험을 중심으로 현재의 자아기능 설명<br>• 대표 학자 : 리치몬드 등 |
| | 기능주의 | • 인간의 성장 가능성과 자유의지를 강조<br>• 대표 학자 : 타프트, 스몰리, 로빈슨 등 |
| 사회복지사의 동료에<br>대한 윤리기준 | 동 료 | • 사회복지 전문직의 이익과 권익을 증진시키기 위해 동료와 협력<br>• 전문적인 판단과 실천이 미흡하여 문제를 야기했을 때에는, 적절한 조치<br>  를 취하여 클라이언트의 이익을 보호해야 함<br>• 비윤리적 행위에 대해 법률규정이나 윤리기준에 따라 조치 |
| | 슈퍼바이저 | • 개인적인 이익의 추구를 위해 자신의 지위를 이용해서는 안 됨<br>• 사회복지사는 슈퍼바이저의 전문적 지도와 조언을 존중해야 하며, 슈퍼바<br>  이저는 사회복지사의 전문적 업무수행을 도와야 함 |
| 사회복지 실천<br>이념의 민주주의 | • 평등과 공동체의식 강조<br>• 시혜가 아닌 우애 강조<br>• 서비스 제공자와 소비자의 동등한 관계 강조<br>• 빈곤에 대한 사회적 책임 중시<br>• 대상자의 서비스 선택권 강조<br>• 서비스 이용자의 정책결정 참여 | |
| 사회복지사의<br>주요 역할 | • 조력자(Enabler) 역할<br>• 중개자(Broker) 역할<br>• 중재자(Mediator) 역할<br>• 옹호자(Advocate) 역할<br>• 행동가(Activist) 역할<br>• 교육자(Educator) 역할<br>• 촉진자(Facilitator) 역할 | |
| 면접의 기술을 활용할<br>때 주의할 점 | • 사적인 질문에 대한 대답은 솔직하고 정직하게 해야 하며, 단순한 것이 좋음<br>• 중첩질문, 이중질문, 유도질문, '왜' 질문, 모호한 질문 등은 삼가야 함<br>• 클라이언트의 침묵을 섣불리 깨뜨리려 하지 말고, 인내심을 가지고 어느 정도 기다려 보는<br>  것이 바람직함<br>• 클라이언트가 자기탐색을 통해 과거에 부정되고 왜곡된 자기의 측면을 경험하고 성장을 방<br>  해하는 요인들을 인식하도록 편안한 분위기를 제공 | |
| 통합적 방법론의 특징 | • 실천의 유용한 생태체계적 관점에 기초<br>• 인간과 환경 간의 상호작용에 초점<br>• 클라이언트의 참여와 자기 결정 및 개별화 강조<br>• 사회복지사는 미시적 수준에서부터 거시적 수준의 실천까지 다양한 체계에 개입<br>• 일반주의(Generalist) 실천에서 활용하는 접근방법 | |

 안심Touch

| | | |
|---|---|---|
| 접수를 위한<br>초기 면접지 | | • 기본정보 : 이름, 성별, 나이, 결혼관계, 주소, 전화번호, 직업 등<br>• 주요문제 : 클라이언트가 사회복지사의 도움을 청하게 된 문제가 무엇이며, 언제 발생했으<br>  며, 어떤 과정 속에서 지속되어 왔는가 등<br>• 기관에 오게 된 동기 : 기관을 어떻게 알고 찾아오게 되었는가 등<br>• 의뢰 이유 : 클라이언트 스스로 온 것이 아니라 가족이나 다른 기관으로부터 의뢰된 이유 등<br>• 이전에 사회복지서비스를 받은 경험<br>• 기본적인 가족관계 : 현재 동거 중인 가족을 중심으로 가족 구성원의 이름, 나이, 직업, 교<br>  육정도, 가족관계 등 |
| 사례관리자의 개입 | 직접적 개입 | • 클라이언트의 서비스 접근과 활용기술 및 능력을 고양시키려는 노력과 관련<br>• 클라이언트를 교육시키는 것, 클라이언트의 결정 및 행동을 격려 · 지지하<br>  는 것, 위기 동안 적절히 개입하는 것, 클라이언트를 동기화시키는 것 등<br>• 사례관리자는 안내자, 교육자, 정보제공자의 역할 수행 |
| | 간접적 개입 | • 클라이언트를 대신하여 클라이언트의 주변체계나 클라이언트와 체계 간<br>  의 관계를 변화시키려는 노력과 관련<br>• 클라이언트에게 필요한 자원체계를 연계 또는 서비스를 중개하는 것, 클라<br>  이언트를 대신하여 다양한 체계에 대한 클라이언트 욕구를 옹호하는 것 등<br>• 사례관리자는 중개자, 연결자, 옹호자의 역할 수행 |
| 표적문제의 우선순위<br>결정 시 고려사항<br>(Gambrill) | | • 클라이언트의 선택<br>• 긴급성 혹은 위험성<br>• 클라이언트 생활에서의 장애<br>• 바라는 결과를 달성하는 데 있어서 쉽게 해결할 수 있는 것<br>• 빠른 진전 가능성<br>• 복합적인 문제에서 핵심이 되는 관심사<br>• 시간, 금전, 에너지 측면에서 서비스에 소요되는 비용<br>• 윤리적 승인<br>• 효과 유지의 가능성<br>• 희망하는 성과가 달성된 경우 가능한 결과 |
| 전문적 사회복지실천의<br>출현 | | • 19세기 후반 열악한 노동조건으로 인해 다양한 사회문제 발생하면서 전문적인 사회복지의<br>  필요성 대두<br>• 플렉스너의 비판 이후 전문직으로의 사회복지실천을 위한 환경 조성<br>• 밀포드(Milford) 회의에서 개별사회사업방법론을 기본으로 하는 공통요소 정리 · 발표<br>• 한국 사회복지사의 자격 및 처우에 관한 사항은 사회복지사업법에 근거 |
| 주거서비스 제공<br>여부에 따른 분류 | 생활시설 | 주거서비스 포함<br>예 노인요양시설, 장애인생활시설, 그룹 홈, 청소년쉼터, 아동보호 치료시설,<br>  정신요양시설 등 |
| | 이용시설 | 주거서비스 포함 안함<br>예 종합사회복지관, 노인복지관, 장애인 지역사회재활시설(장애인복지관),<br>  지역자활센터(자활지원센터), 지역아동센터, 재가복지봉사센터, 노인주간<br>  보호센터, 장애인주간보호센터, 가정위탁지원센터, 쪽방상담소 등 |

| | 병리관점 | 강점관점 |
|---|---|---|
| 병리관점과 강점관점 | 개인을 '사례', 즉 진단에 따른 증상을 가진 자로 규정 | 개인을 독특한 존재, 즉 강점을 가진 기질 · 재능 · 자원을 가진 자로 규정 |
| | 치료의 초점이 '문제' | 치료의 초점이 '가능성' |
| | 치료의 핵심은 실무자에 의해 고안된 치료계획 | 치료의 핵심은 개인, 가족, 지역사회의 참여 |
| | 사회복지사는 클라이언트 삶의 전문가 | 개인, 가족, 지역사회가 클라이언트 삶의 전문가 |
| | 원조목적은 행동, 감정, 사고, 관계의 부정적인 개인적 · 사회적 결과와 증상의 영향을 감소시키는 것 | 원조목적은 그 사람의 삶에 함께 하며 가치를 확고히 하는 것 |

| 전문적 관계의 기본요소 | • 타인에 대한 관심과 도우려는 열망<br>• 헌신과 의무<br>• 수용과 기대<br>• 감정이입<br>• 진실성과 일치성<br>• 권위와 권한 |
|---|---|
| 사회복지윤리위원회의 구성과 운영 | • 한국사회복지사협회는 사회복지윤리위원회를 구성하여, 사회복지윤리실천의 질적인 향상을 도모하여야 함<br>• 사회복지윤리위원회는 윤리강령을 위배하거나 침해하는 행위를 접수받아, 공식적인 절차를 통해 대처하여야 함<br>• 사회복지사는 한국사회복지사협회의 윤리적 권고와 결정을 존중하여야 함 |
| 가계도 | • 보통 3세대 이상에 걸친 가족관계를 도표화 한 것<br>• 가족의 구조, 관계, 동거가족현황, 세대 간의 반복유형 등에 대한 상세한 정보 제공<br>• 자녀의 출생순서에 따라 왼쪽부터 오른쪽으로 순차적으로 그림<br>• 실선, 점선 등으로 친밀관계나 갈등관계와 같은 정서적 관계를 묘사 |
| 평가 및 종결 단계에서의 사회복지사의 역할 | • 진전수준 검토<br>• 집단에 대한 의존성 감소시키기<br>• 사후관리 계획<br>• 정서적 반응 처리<br>• 결과의 안정화<br>• 필요한 경우 다른 기관에 의뢰 |
| 임파워먼트 모델 | • 클라이언트 스스로 결정을 내리고 행동<br>• 클라이언트가 자신의 생활과 경험에서는 전문가임을 강조<br>• 클라이언트는 개입의 객체가 아닌 주체<br>• 클라이언트는 자기결정권을 가진 존재<br>• 사회복지사와 클라이언트 간의 상호 협력적인 파트너십 강조 |
| 사정을 위한 면접 | • 서비스를 위한 평가 및 적격성 등의 의사결정을 하기 위한 면접<br>• 어떠한 치료를 사용할 것인지의 여부를 결정하기 위한 것<br>• 현재의 문제 상황, 문제 해결을 위한 목표, 개입방법 등을 결정<br>• 사정을 위한 면접의 기능<br>  – 문제 상황에 대한 이해<br>  – 클라이언트의 강점 파악<br>  – 문제해결과정의 장애물 탐색<br>  – 클라이언트의 욕구 우선순위 설정 |

| 비스텍(F. Biestek)의 관계의 원칙 | • 개별화<br>• 의도적 감정표현<br>• 통제된 정서적 관여<br>• 수 용<br>• 비심판적 태도<br>• 자기결정<br>• 비밀보장 |
|---|---|
| 사례관리의 원칙 | • 서비스의 개별화<br>• 서비스의 포괄성<br>• 서비스의 연속성(지속성)<br>• 서비스의 접근성<br>• 클라이언트 자율성의 극대화<br>• 서비스의 연계성<br>• 서비스의 체계성 |
| 다문화 가족 | • 국제결혼이나 입양 등에 의해 가족구성원 간에 여러 문화가 존재하는 가족 형태<br>• 다문화 역량을 높이기 위한 사회복지사의 역할<br>  – 소수인종에 대한 선입관이나 편견 탐색<br>  – 사회적 차별에 맞서는 단체들의 활동 분석<br>  – 사회복지 전문직의 윤리적 행동지침 이해<br>  – 문화적 특성을 이해하기 위해 다양한 문화 경험 |
| 생태도를 통해 파악할 수 있는 자료 | • 가족의 기본정보<br>• 고용 및 직업상황<br>• 지역사회 자원의 이용<br>• 비공식적 자원과 자연적 사회관계망<br>• 사회적 활동과 흥미<br>• 종교활동, 기타 모임<br>• 상호작용에서의 지지와 스트레스의 근원 등 |
| 4체계모델<br>(Pincus & Minahan) | • 표적체계(Target System) : 목표달성을 위해 변화시킬 필요가 있는 대상<br>• 클라이언트체계(Client System) : 서비스나 도움을 필요로 하는 사람들<br>• 변화매개체계(Change Agent System) : 사회복지사와 사회복지사가 속한 기관 및 조직<br>• 행동체계(Action System) : 변화매개인들이 변화노력을 달성하기 위해 서로 상호작용하는 사람들 |
| 사회복지실천의 개입 범위 | • 미시적 수준 : 개인 간의 상호작용에 기초하는 직접적 실천방법<br>• 중시적(중범위) 수준 : 미시적 수준과 거시적 수준의 중간단계<br>• 거시적 수준 : 국가 또는 사회 전체를 대상으로 하는 간접적인 실천방법 |
| 사례관리의 과정 | • 접 수<br>• 사 정<br>• 계 획<br>• 개입 또는 계획의 실행<br>• 점검 및 재사정<br>• 평가 및 종결 |

 **2017년 제15회**

| 문제 키워드 | 정답 키워드 | |
|---|---|---|
| 인보관운동의 기본개념(3R) | 거주(Residence), 연구조사(Research), 사회개혁(Reform) | |
| 생활시설과 이용시설 | **생활시설** | 사회복지서비스에 주거서비스가 포함된 시설<br>⑩ 노인요양시설, 장애인생활시설, 아동보호치료시설, 그룹홈, 청소년쉼터, 정신요양시설 등 |
| | **이용시설** | 사회복지서비스에 주거서비스가 포함되지 않으며, 자신의 집에 거주하는 클라이언트를 대상으로 서비스를 제공하는 시설<br>⑩ 종합사회복지관, 노인복지관, 장애인복지관, 영유아보육시설, 지역아동센터, 아동보호전문기관, 재가복지봉사센터, 노인주간보호센터, 장애인주간보호센터, 가정위탁지원센터, 쪽방상담소 등 |
| 사회복지사의 기관에 대한 윤리기준 | • 사회복지사는 기관의 정책과 사업 목표의 달성 · 서비스의 효율성과 효과성의 증진을 위해 노력함으로써 클라이언트에게 이익이 되도록 해야 함<br>• 사회복지사는 기관의 부당한 정책이나 요구에 대하여, 전문직의 가치와 지식을 근거로 대응하고 즉시 사회복지윤리위원회에 보고해야 함 | |
| 플렉스너(Flexner)의 비판에 대한 반응 | • 리치몬드(M. Richmond)의 사회진단(Social Diagnosis) 출간<br>• 밀포드(Milford) 회의에서 개별사회사업 방법론을 기본으로 하는 사회복지실천의 공통요소가 정리되어 발표<br>• 미국사회복지사협회(American Association of Social Workers)의 설립<br>• 사회복지사들이 치료자로서의 역할을 강조하면서 위상을 높이고자 함 | |
| 자립지원시설 | 아동복지시설에서 퇴소한 사람에게 취업준비기간 또는 취업 후 일정 기간 동안 보호함으로써 자립을 지원하는 것을 목적으로 하는 시설로서, 주무부처가 보건복지부인 시설에 해당(아동복지법 제52조 제1항 제5호 참조) | |
| 사회복지전문직의 가치(Levy) | • 사람 우선 가치 : 전문직 수행의 대상인 사람 자체에 대해 전문직이 갖추고 있어야 할 기본적인 가치<br>• 결과 우선 가치 : 개인이 성장할 기회를 제공하고, 욕구를 충족시킬 수 있는 서비스를 제공하는 것에 역점을 두는 가치<br>• 수단 우선 가치 : 서비스를 수행하는 방법 및 수단과 도구에 대한 가치 | |
| 강점관점과 병리관점 | • 강점관점은 개입의 초점을 '가능성'에 둠으로써 클라이언트의 이용 가능한 자원을 이끌어내는 반면, 병리관점은 개입의 초점을 '문제'에 둠<br>• 강점관점은 모든 인간은 성장 · 변화할 능력을 이미 내면에 가지고 있다고 보는 반면, 병리관점은 전문가를 클라이언트 삶의 전문가로 보고, 그의 지식과 기술을 실천을 위한 자원으로 전제함 | |
| 통합적 방법론(통합적 접근 방법)의 특징 | • 사회복지실천의 기본이론과 실천틀, 즉 개념, 활동, 과업, 기술 등에 공통적인 기반이 있음을 전제로 해서 실천과 관련된 개념들을 소개하는 동시에 개념 사이의 유기적인 관계를 설명<br>• 클라이언트를 존엄하게 대우하고 그의 강점을 강조<br>• 인간과 환경의 상호작용에 초점을 둠<br>• 클라이언트의 참여와 자기결정 및 개별화를 극대화할 것을 강조하며, 사회사업과정의 계속적인 평가를 주장<br>• 전통적인 정신분석이론에서부터 일반체계이론까지 다양한 이론에 대해 개방적인 양상을 보이며, 문제에 따라 다른 접근법을 펼침 | |

| 개별화 | 클라이언트 개개인의 독특한 특성에 따라 상이한 방법을 적용해야 한다는 것이지, 클라이언트의 사고방식이나 생활유형을 조정하는 것은 아님 |
|---|---|
| 미시적 실천의 예 | 위탁가정 아동 방문, 정신장애인 재활 상담 등 |
| 과정기록<br>(Process Recording) | • 사회복지사와 클라이언트의 상호작용을 있는 그대로 세밀하게 기록하는 방식<br>• 클라이언트가 실제로 말했던 것을 정확히 상기할 수 있도록 그대로 기록하며, 언어적 · 비언어적 표현 모두가 포함<br>• 최근에는 많이 사용하고 있지 않으며, 지도 · 감독 및 교육적 목적 등을 위해 부분적으로 활용 |
| 바람직한 원조관계<br>형성을 위한<br>사회복지사의 행동 | 클라이언트가 스스로의 감정을 자연스럽게 표현하도록 격려하고 촉진해야 하나, 사회복지사가 주체가 되어 클라이언트의 감정을 변화시키려 하거나 감동시키려 하는 것은 바람직한 원조관계 형성에 어긋남 |
| 통합적 방법으로서<br>문제해결모델의 발전 | 표적체계(Target System), 클라이언트체계(Client System), 변화매개체계(Change Agent System), 행동체계(Action System)의 4가지 체계에서 전문가체계, 문제인식체계(의뢰-응답체계)의 2가지 체계를 추가한 6체계 모델로 발전 |
| 문화적 민감성<br>(Cultural Sensitivity) | 문화적 다양성에 대한 민감성, 의사소통 능력 및 국제적인 안목을 갖고 문제에 적절히 반응해야 하는 것을 의미 |
| 면접과정에서의<br>부적절한 질문형태 | • 왜(Why) 질문<br>  예 그 민감한 상황에서 왜 그런 말을 하셨지요?<br>• 이중질문<br>  예 그때 아내의 반응은 어땠나요? 죄책감이 들지는 않았나요? |
| 역량강화 실천활동 | • 클라이언트와 협력<br>• 생태체계적 관점 적용<br>• 사회변화를 위한 행동에 참여<br>• 억압받는 집단에 대한 역사적 관점 이해 등 |
| 사례관리의 등장배경 | 서비스전달체계가 공공부문에서 민간부문으로 이양되면서 다양한 서비스 간 중복을 막기 위해 조정 · 연계하는 기능이 필요함에 따라 등장하게 됨 |
| 직면과 지지기법 | • 직면 : 클라이언트의 말이나 행동이 일치하지 않은 경우 또는 클라이언트의 말에 모순점이 있는 경우 상담자가 그것을 지적해주는 기법<br>• 지지 : 사회복지사가 클라이언트의 문제해결능력에 대한 확신을 표현함으로써 클라이언트의 불안을 줄이고 자기존중감을 증진시키는 과정 |
| 사례관리과정 | 아웃리치 → 사정 → 계획 → 점검 → 재사정 |
| 모델링(Modeling) | • 관찰학습과정을 통해 클라이언트가 시행착오를 거치지 않고 원하는 행동을 학습할 수 있도록 하는 기법<br>• 클라이언트의 관점 또는 인식을 변화시키는 것이 아닌 행동을 변화시키기 위한 기술 |
| 표적문제의 선정 | 사회복지사와 클라이언트 간 협의가 중요하며, 양자 간 합의된 문제를 표적문제로 선정해야 함 |
| 자료수집 시 유의사항 | 클라이언트의 언어적인 표현은 물론 비언어적인 표현(목소리, 얼굴표정, 몸짓 등)까지 자세히 살펴야 함 |
| 자기결정 원리의 제한 | 클라이언트가 지적 · 정신적 · 신체적 장애로 인해 스스로 결정할 능력이 없는 경우, 클라이언트의 결정이 법과 도덕에 어긋날 경우에 자기결정의 원리는 제한을 받음 |
| 양가감정<br>(Ambivalence) | • 클라이언트로 하여금 개입과정에 적극적으로 참여할 수 있도록 초기 접수단계에서 다루어져야 함<br>• 양가감정을 수용할 경우 클라이언트의 저항감은 줄어듦 |

● 2016년 제14회

| 문제 키워드 | 정답 키워드 |
|---|---|
| 윤리적인 딜레마 해결을 위한 준거틀 | • 윤리원칙1 : 생명보호의 원칙<br>• 윤리원칙2 : 평등과 불평등의 원칙<br>• 윤리원칙3 : 자율과 자유의 원칙(자기결정의 원칙)<br>• 윤리원칙4 : 최소 해악 · 손실의 원칙<br>• 윤리원칙5 : 삶의 질 원칙<br>• 윤리원칙6 : 사생활보호와 비밀보장의 원칙<br>• 윤리원칙7 : 진실성과 정보 개방의 원칙 |
| 가치와 윤리 | • 가치는 좋고 바람직한 것에 대한 믿음<br>• 윤리는 옳고 그름을 판단하는 도덕적 지침<br>• 가치는 신념과 관련이 있고, 윤리는 행동과 관련이 있음<br>• 사회복지사 윤리강령은 법적 구속력을 가지지 않음 |
| 종결단계에서 사회복지사의 활동 | • 개입목표의 달성여부 확인<br>• 종결유형에 따라 종결 시기 조정<br>• 클라이언트로 하여금 종결에 대한 감정을 표현하도록 도움<br>• 클라이언트에게 새로운 서비스가 더 필요하다거나 해결되지 않은 문제가 있다고 판단될 경우 타 기관으로 의뢰 |
| 의도적인 감정표현 | 클라이언트가 자신이 비난받게 될지 모르는 감정을 자유롭게 표현하도록 돕는 것 |
| 사회복지실천의 일반적인 과정 | 접수 및 관계형성 → 자료수집 및 사정 → 계획 및 계약 → 개입 → 종결 및 평가 |
| 강점관점 | • 역량강화(Empowerment)의 활용<br>• 희망과 용기의 강조 |
| 4체계 모델<br>(Pincus & Minahan) | • 표적체계 : 목표달성을 위해 변화시킬 필요가 있는 대상<br>• 클라이언트체계 : 서비스나 도움을 필요로 하는 사람들<br>• 변화매개체계 : 사회복지사와 사회복지사가 속한 기관 및 조직<br>• 행동체계 : 변화매개인들이 변화노력을 달성하기 위해 서로 상호작용하는 사람들 |
| 사회복지면담의 방법 | • 사회복지사에 관한 사적인 질문은 가능한 한 간결하게 답하고, 초점을 다시 클라이언트에게로 돌림<br>• 클라이언트와의 신뢰관계가 충분히 형성된 후에 해석기술을 활용함<br>• 클라이언트의 표현이 모호할 때는 오해를 최소화하기 위해 구체적 표현을 요청함<br>• 클라이언트가 지나치게 말을 많이 하는 경우, 초점화나 명료화 등 초점을 모을 수 있는 기술들을 사용함<br>• 클라이언트의 비언어적 표현을 관찰할 때는 신중해야 함 |
| 폐쇄형 질문 | 질문의 범위가 매우 좁고 대답할 수 있는 범위가 '예 / 아니요' 또는 다른 단답식 답변으로 제한됨 |
| 소시오그램<br>(Sociogram) | 집단성원들 간의 상호작용을 도식화하여 구성원의 지위, 구성원 간의 관계, 하위집단 등을 파악하는 데 유용한 사정도구 |
| 전이와 역전이 | • 전이 : 클라이언트가 어린 시절 경험한 누군가에 대한 소망, 원망, 사랑, 두려움 등의 무의식적인 감정을 사회복지사에게 보이는 것<br>• 역전이 : 전이와 반대로 사회복지사가 클라이언트를 마치 자신의 과거 경험 속 인물인 것처럼 착각하여 무의식적으로 반응하는 것 |

| 자선조직협회 | • 빈곤의 원인을 개인의 나태함과 게으름 등으로 봄<br>• 중산층 기독교인의 도덕적 의무와 가치관으로써 빈민들을 교화시키는 것을 주된 역할로 삼음<br>• 일할 능력이 있는 빈곤자에게는 도움을 제공하지 않음<br>• 개별사회사업의 태동에 영향을 줌 |
|---|---|
| 생활시설과 이용시설 | • 생활시설 : 노인요양시설, 장애인생활시설, 그룹홈, 청소년쉼터 등<br>• 이용시설 : 종합사회복지관, 노인복지관, 장애인복지관, 지역아동센터, 재가복지봉사센터, 노인주간보호센터, 장애인주간보호센터, 쪽방상담소 등 |
| 1차 현장과 2차 현장 | • 1차 현장 : 종합사회복지관, 노인복지관, 장애인복지관, 사회복귀시설, 자활지원센터 등<br>• 2차 현장 : 병원, 학교, 교정시설, 보호관찰소, 정신보건시설, 주민자치센터 등 |
| 사회복지실천<br>발달과정 | • 1917년 리치몬드(Richmond)의 사회진단 출간<br>• 1929년 밀포드(Milford) 회의에서 개별사회사업의 공통요소 정리<br>• 1957년 펄만(Perlman)의 문제해결모델 등장<br>• 1970년 우리나라 사회복지사업법 제정 |
| 우리나라<br>사회복지실천<br>발달과정 | • 1921년 태화여자관 설립<br>• 1955년 한국외원단체협의회(KAVA) 사무국 설립<br>• 1987년 사회복지전문요원제도 시행<br>• 2003년 사회복지사 1급 국가시험 시행<br>• 2008년 노인장기요양보험제도 시행 |
| 개입기술 | • 직면(Confrontation) : 클라이언트의 말이나 행동이 일치하지 않는 경우 또는 클라이언트의 말에 모순점이 있는 경우 사회복지사가 그것을 지적해주는 기법<br>• 격려(Encouragement) : 클라이언트의 행동이나 태도 등을 인정하고 칭찬함으로써 클라이언트의 문제해결 능력과 동기를 최대화시켜주는 기법<br>• 일반화(Universalization) : 클라이언트가 겪는 일이 자신만이 가지고 있는 문제가 아니라는 것을 인식하게 하는 기법<br>• 재보증(Reassurance) : 자신의 능력이나 자질에 대해 무력감을 느끼고 있는 클라이언트에게 사회복지사가 그의 능력과 자질을 재확인하고 다시 보증하는 기법<br>• 환기(Ventilation) : 클라이언트로 하여금 이해와 안전의 분위기 속에서 자신의 슬픔, 불안, 분노, 증오, 죄의식 등 억압된 감정을 자유롭게 털어놓을 수 있도록 돕는 기법 |

제 **1** 영역

# 사회복지실천론

합격의 공식
**온라인 강의**

**잠깐!**

혼자 공부하기 힘드시다면 방법이 있습니다.
SD에듀의 동영상강의를 이용하시면 됩니다.
www.sdedu.co.kr → 회원가입(로그인) → 강의 살펴보기

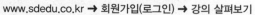

# 사회복지실천 일반

⊙ 학습목표   ■ 사회복지실천 일반, 사회복지실천의 정의와 목적을 학습하자.
           ■ 최근에는 사회복지실천의 이념적 배경과 우리나라의 사회복지사 윤리강령의 출제 가능성이 높아지고 있다.

## 제 1 절   사회복지와 사회복지실천

### 1 │ 사회복지(Social Welfare)

#### (1) 사회복지의 의의

① '사회'와 '복지'라는 개념의 합성어로 '사회(Society)'는 사람과 사람과의 인간관계, 즉 인간의 공동체적인 행위체계를 의미하고, '복지(Welfare)'는 안락하고 만족스러운 생활상태 또는 인간의 건강과 번영, 안녕(Well-being)의 상태를 의미한다. 따라서 사회복지는 쾌적하고 안정적인 생활을 달성하기 위한 사회구성원 간의 공동체적인 노력이라고 할 수 있다.

② '사회복지(Social Welfare)'라는 용어는 인간생활의 이상적인 상태를 의미하는 이념적(목적적)인 측면과 그 이상적인 상태를 위한 구체적인 실천적 활동을 포함하는 실체적 측면을 내포한다.

   ㉠ 이념적 측면 : 훌륭하고 바람직한 사회, 즉 빈곤이나 불행이 없는 사회, 국민 대다수가 자유롭고 평등한 생활을 영위할 수 있는 사회를 의미한다.

   ㉡ 실체적 측면 : 사회복지 이념을 달성하기 위한 현실적인 수단으로서 체계적 · 조직적 활동을 의미한다.

#### (2) 사회복지(Social Welfare)와 사회사업(Social Work)

① 사회복지의 정의

   ㉠ 프리드랜더(Friedlander) : 국민 복지에 기본적인 것으로 인정된 사회적 욕구충족과 사회질서의 회복을 위해 제반 급부를 확보하거나 강화시키는 각종 법률, 프로그램, 급여 및 서비스체계이다.

   ㉡ 장인협 : 사회구성원들이 기존의 사회제도를 통해 자신의 기본적인 욕구를 충족시키는데 어려움을 겪고 있거나 어려움이 예상될 때, 그 욕구를 충족시킬 수 있도록 도움을 제공하는 조직화된 사회적 활동의 총체이다.

   ㉢ 사회복지는 사회의 기본적인 욕구를 충족시켜 전체사회의 안녕을 유지하기 위한 국가적 제도나 프로그램, 서비스체계를 말한다.

② 사회사업의 정의

　㉠ 사회사업연감(Social Work Yearbook, 1954) : 사회사업은 전문 사회적 서비스로서 사람들의 특정 욕구에 대해 그들이 가지고 있는 능력과 지역사회를 서로 연결시켜 개인적 혹은 집단적으로 만족스러운 인간관계를 맺도록 하고 희망하는 생활수준을 누릴 수 있도록 원조하는 것이다.

　㉡ 사회사업은 개인, 집단, 지역사회가 사회적 기능을 수행할 수 있도록 역량을 강화하거나 회복을 도우며, 이와 같은 목표를 달성할 수 있는 사회적 여건을 조성하는 전문적인 활동을 말한다.

　㉢ 사회복지는 사회사업보다 광의의 개념으로, 이들의 차이를 비교하면 다음과 같다.

| 구 분 | 사회복지 | 사회사업 |
|---|---|---|
| 목 적 | 바람직한 사회 | 바람직한 인간 |
| 의 의 | 이상적인 면을 강조 | 실천적인 면을 강조 |
| 대 상 | 일반적. 전체 국민 대상 | 개별적. 특정인 대상 |
| 성 격 | 예방적 · 사전적 | 치료적 · 사후적 |
| 방 법 | 제도와 정책 | 지식과 기술 |
| 실 천 | 고정적 | 역동적 |

## (3) 사회복지의 관점

① 잔여적(Residual) 개념

　㉠ 사회복지는 가족이나 시장경제가 개인의 문제나 욕구를 해결할 수 없는 경우에 한해 국가가 개인의 기본적인 삶을 유지할 수 있도록 해 주는 보완적인 기능을 수행한다.

　㉡ 좁은 의미의 사회복지를 의미하는 것으로 볼 수 있으며, 이러한 경우 클라이언트들은 서비스를 받는 것을 일종의 낙인(Stigma)으로 생각하게 된다.

　㉢ 보통 긴급사태가 발생한 경우에 활성화되고, 가족과 시장의 기능이 다시 회복되는 경우에는 축소되어 후퇴된다.

② 제도적(Institutional) 개념

　㉠ 사회복지는 국가가 모든 국민으로 하여금 그들의 능력을 최대한 발휘하고 사회적 기능을 향상할 수 있도록 사회제도로 사회서비스를 포괄적 · 지속적으로 제공하는 것이다.

　㉡ 산업화의 진전에서 비롯된 가족과 시장 그 자체의 질적 변화 속에서, 사회복지도 하나의 사회제도로서 일정한 영역을 갖게 되고, 사회의 제일선 기능으로 제도화된 것이다.

　㉢ 현대사회에 있어서 개인이나 집단이 만족할 만한 수준의 삶과 건강을 누릴 수 있도록 돕기 위한 사회적 서비스와 제도가 조직화된 체계이다.

　㉣ 넓은 의미의 사회복지를 의미하는 것으로 볼 수 있으며, 현대 국가의 복지이념을 수립하는 데 기초가 되었다.

### (4) 사회복지의 개념 변화

① 사회복지는 이론과 실천성을 띠므로, 국가와 시대에 따라 다르고 항상 변화되는 개념으로 받아들이고 이해해야 한다.

② 전통적인 사회에서는 주체가 개인이나 가족, 종교단체 등이었으나, 현대사회로 올수록 사회적·국가적 책임이라는 철학이 지배적이다.

③ 오늘날 사회변화로 인하여 빈곤계층에 한정됐던 종래의 서비스로부터 일반시민을 대상으로 하는 보편적·제도적 서비스로 확대되었다.

| 과 거 | 현 재 |
|---|---|
| • 잔여적 개념<br>• 자선의 차원<br>• 선별적 서비스 제공<br>• 최저수준 보장<br>• 빈곤은 개인의 문제<br>• 문제해결 중심<br>• 민간 중심의 자발성<br>• 빈민 구제에 역점 | • 제도적 개념<br>• 시민권의 차원<br>• 보편적 서비스 제공<br>• 최적수준 보장<br>• 빈곤은 사회의 문제<br>• 문제예방 중심<br>• 정부 차원의 공공성<br>• 복지사회·복지국가 건설에 역점 |

## 2 사회복지실천(Social Welfare Practice)

### (1) 사회복지실천의 의의

① 'Social Welfare Practice'를 우리말 표현에 맞게 번역한 것으로, 그동안 사용되어왔던 사회사업(Social Work), 개별사회사업(Social Casework), 임상사회복지(Clinical Social Work), 일반사회사업(Generalist Social Work) 등을 대신하는 용어이다.

② '사회복지실천'은 미국의 사회복지 발달 초기에 '사회사업'의 개념으로 출발하여 20세기 후반에 사회사업의 대체용어로 사용되었다.

③ 영국에서는 사회복지제도나 사회복지정책을 중시하는 발달과정에서 사회복지서비스를 전달하는 전문직으로 사회복지실천을 사용하고 있다.

④ 우리나라는 이와 같은 서구의 사회사업실천과 동일한 개념으로 인식하고 사용하고 있다.

### (2) 사회복지실천의 정의

① 리치몬드(Richmond, 1922)

'개별사회사업'이란 개인 대 개인, 인간과 그의 사회환경 사이에서 의식적인 조정을 통해 개개인의 인격발달을 도모하는 여러 가지 과정이다.

② 핀커스와 미나한(Pincus & Minahan, 1973)

'사회복지실천'은 사람과 자원체계 간의 연결(Linkage) 및 상호관계(Interaction)이다.

③ 미국 사회복지사협회(NASW, 1973)  2, 4, 5, 10회 기출

    ㉠ 첫째, 인간과 사회환경 간의 생태체계적인 관점에 기초하여 개인, 집단, 가족으로 하여금 자신들의 문제해결능력 및 대처능력을 향상시키도록 돕는 것이다.

    ㉡ 둘째, 인간이 필요로 하는 사회자원, 서비스, 기회 등의 환경체계가 원활하게 상호작용할 수 있도록 돕는 것이다.

    ㉢ 셋째, 자원과 서비스를 제공하는 다양한 사회복지기관이나 조직들로 하여금 클라이언트에게 보다 좋은 서비스를 제공할 수 있도록 효과적이고 효율적인 운영을 추구하는 것이다.

    ㉣ 넷째, 새로운 사회정책의 개발 및 향상을 목적으로 하는 실천 활동이다.

## (3) 사회복지실천의 목적 및 목표  17회 기출

① 미국 사회복지사협회(NASW, 1958)

    ㉠ 첫째, 개인 혹은 집단이 그들과 환경 간에 불균형 상태가 발생하였을 때, 그 문제를 찾아내어 문제의 어려움 정도를 감소시키거나 이를 해결하도록 돕는 것이다.

    ㉡ 둘째, 개인 혹은 집단이 그들과 환경 간에 불균형 상태가 발생할 가능성이 있는 잠재적인 문제를 미리 발견하여 이를 예방하도록 하는 것이다.

    ㉢ 셋째, 개인 혹은 집단이 지역사회 내에서 최대한의 잠재력을 발견하여 이를 확인하고 강화시켜 주는 것이다.

② 핀커스와 미나한(Pincus & Minahan, 1973)

    ㉠ 개인의 문제해결 및 대처능력을 향상시킨다.

    ㉡ 개인을 지역사회의 자원과 서비스 및 기회를 제공해 주는 체계와 연결시킨다.

    ㉢ 이러한 체계들이 효과적이고 인도적으로 운영되도록 장려하고 촉진한다.

    ㉣ 사회정책을 개발하거나 발전시키는 데 이바지한다.

③ 미국 사회복지교육협의회(CSWE, 1994)

    ㉠ 개인, 가족, 집단, 조직, 지역사회로 하여금 목적을 달성하고 고통을 완화시키며 자원을 활용할 수 있도록 도움으로써 이들의 사회기능을 촉진(Promotion), 회복(Restoration), 유지(Maintenance), 강화(Enhancement)하는 것이다.

    ㉡ 인간의 기본적인 욕구를 충족시키고 각 개인이 가지고 있는 잠재력과 가능성을 개발할 수 있도록 필요한 사회정책, 서비스, 자원, 프로그램을 계획(Planning), 공식화(Fomulate), 시행(Implementation)하는 것이다.

    ㉢ 어려움에 처한 집단으로 하여금 힘을 북돋우고, 사회적·경제적 정의를 실현하기 위해 조직적·행정적 옹호, 사회적·정치적 운동을 통한 정책, 서비스, 자원, 프로그램을 추구하는 것이다.

    ㉣ 이와 같은 목적과 관련된 모든 전문적인 지식 및 기술을 개발하고 시험하는 것이다.

### (4) 사회복지실천의 기능

① 핀커스와 미나한(Pincus & Minahan, 1973)
- ㉠ 사람들이 그들 자신의 문제를 해결하거나 처리하는 능력을 향상시키며, 그 능력을 적절하게 이용할 수 있도록 돕는 것이다.
- ㉡ 사람들과 자원체계 사이에 연결고리를 만들어 주는 것이다.
- ㉢ 사람들과 사회자원체계 사이의 상호작용을 촉진시키고 수정하며, 새로운 관계를 수립하도록 해주는 것이다.
- ㉣ 자원체계 내에서 사람들 사이의 상호작용을 촉진시키고 수정하며, 관계를 수립하도록 해 주는 것이다.
- ㉤ 사회정책의 개발과 수정에 기여하는 것이다.
- ㉥ 물질적인 자원을 분배하는 것이다.
- ㉦ 사회통제의 수단으로 역할을 하는 것이다.

② 미국 사회복지사협회(NASW, 1981)  2, 4, 5, 7, 12회 기출
- ㉠ 첫째, 사람들의 역량을 확대하고 문제해결능력 및 대처능력을 향상하도록 돕는다.
- ㉡ 둘째, 사람들이 자원(서비스)을 획득하도록 원조한다.
- ㉢ 셋째, 조직이 개인의 요구에 부응하도록 돕는다.
- ㉣ 넷째, 개인과 환경 내의 다른 사람 및 조직과의 상호관계를 촉진시킨다.
- ㉤ 다섯째, 조직 및 제도 간의 상호관계에 영향력을 행사한다.
- ㉥ 여섯째, 사회정책과 환경정책에 영향을 미친다.

### (5) 사회복지실천의 기능 범위  6, 13, 15, 16회 기출

① 미시적(Micro) 수준
- ㉠ 개인의 가장 친밀한 상호작용에 개입하는 전문 사회복지사의 활동을 말한다.
- ㉡ 개인의 심리 및 사회적 상태, 부부 사이의 관계, 부모와 자녀 사이의 관계, 그 밖의 가족성원들과의 관계 등에 문제가 있을 경우 사회복지사가 개입하여 클라이언트와 일대일로 만나서 문제해결을 돕는 활동이 해당된다.
- ㉢ 클라이언트와의 직접 대면이 이루어지므로 '직접 실천'으로 볼 수 있다.

② 중시적 또는 중범위(Mezzo) 수준
- ㉠ 미시적 수준과 거시적 수준의 중간단계이다.
- ㉡ 중범위 수준은 개인이나 가족보다는 약간 거리가 있는 대인관계, 조직과 기관의 대표들 사이보다는 더욱 의미 있는 관계, 자조집단이나 치료집단의 구성원을 포함한 관계, 학교나 직장에서의 동료들 간의 관계 등을 의미한다.
- ㉢ 지역사회를 중심으로 지역의 자원을 발굴하거나 관련 단체 간의 연계활동을 조정하며, 자조집단, 치료집단 등의 조직을 관리·운영한다.
- ㉣ 클라이언트에게 직접적으로 영향을 미치는 또래집단, 학급이나 학교, 직장 등에 개입하며, 소집단 활동을 통한 사회복지실천 등의 활동을 한다.

### ③ 거시적(Macro) 수준

   ㉠ 클라이언트의 삶에 영향을 미치는 보다 광범위한 지역사회나 국가 또는 사회 전체를 대상으로 한 사회복지활동을 말한다.

   ㉡ 국가나 사회의 사회복지 관련 정책개발, 정책분석, 정책평가, 정책대안의 발굴 및 제시, 제안된 법안에 대한 분석 및 증언 등의 활동을 한다.

   ㉢ 기관이나 조직의 행정체계 및 프로그램과 관련된 대안 제시, 취약계층의 권익옹호, 다양한 집단들 간의 교섭 및 타협, 클라이언트에게 영향을 줄 수 있는 법안의 추진 등에 관여한다.

   ㉣ 클라이언트와 멀리 떨어진 상태에서 간접적인 사회복지서비스 지원 형태로 이루어지므로 '간접실천'으로 볼 수 있다.

> **참고**
>
> 사회복지실천의 기능 범위를 미시적 수준, 중시적(중범위) 수준, 거시적 수준으로 구분한 것은 단순히 개입대상의 크기 또는 규모에 따라 나눈 것일 뿐 명확한 경계가 있는 것은 아닙니다. 그로 인해 교재에 따라 혹은 학자에 따라 그 대상범위에서 차이가 있습니다. 예를 들어, 가족은 미시적 수준에 포함될 수도 혹은 중시적 수준에 포함될 수도 있으며, 조직이나 지역사회는 그 활동범위에 따라 중시적 수준 혹은 거시적 수준에 포함될 수도 있습니다.

## (6) 사회복지실천의 방법                                    9, 10, 11회 기출

### ① 직접 실천

   ㉠ 클라이언트와의 직접적인 대면접촉을 통해 서비스를 제공하는 실천방식이다.

   ㉡ 주로 개인, 가족, 집단을 대상으로 대인관계 및 환경과의 상호작용 능력을 강조함으로써 이들의 사회적인 기능 향상을 도모한다.

   ㉢ 임상사회사업 분야에서 클라이언트에 대한 상담 및 면접, 치료 등의 형태로 운영된다.

   **예** 정보제공, 개인상담, 가족치료, 집단 프로그램 운영, ADHD 아동 양육을 위한 부모상담 등

### ② 간접 실천

   ㉠ 클라이언트와의 직접적인 대면접촉 없이 클라이언트의 문제해결을 위해 간접적으로 조력한다.

   ㉡ 주로 지역사회를 중심으로 클라이언트를 둘러싼 환경체계에 개입하여 지역의 자원 및 지지체계를 발굴하여 이를 연계한다.

   ㉢ 지역사회조직, 지역복지계획, 사회복지정책, 사회복지행정 등의 형태로 운영된다.

   **예** 아동학대 예방을 위한 홍보활동, ADHD 아동 지원정책 개발, 학교폭력 예방을 위한 자원봉사자 모집, 희귀질환 아동을 돕기 위한 모금운동 등

## (7) 사회복지실천의 이념 및 배경학문 9, 10, 11, 19, 20회 기출

### ① 인도주의 또는 박애주의

사회복지의 근간이 되는 이념으로, 기독사상을 가진 중산층 이상의 사람들이 타인을 위하여 봉사정신과 이타주의 등의 기본정신을 바탕으로 실천하였다. 특히 자선조직협회(COS)의 우애방문자들이 무조건적인 봉사정신에 입각하여 사회빈곤층을 대상으로 인도주의적인 구호활동을 전개하였다.

### ② 사회진화론

사회복지실천의 사회통제적인 측면으로, 중산층의 기독교적 도덕관을 토대로 사회부적합계층을 사회적합 계층으로 변화하는 것을 목표로 하였다. 그러나 실상 사회적합 계층인 우월한 자의 사회부적합 계층인 열등한 자에 대한 일방적인 시혜가 이루어졌다.

### ③ 자유방임주의

개인주의의 단순한 형식에 기초하여 개인의 자유를 최우선으로 하며, 국가의 간섭을 최대한 배제하려고 한다. 경제 위주의 정책을 통해 경제성장과 부의 극대화를 이루고자 한다.

### ④ 자유주의

자유주의는 기회와 개인적 자유 및 사회적 분배방식으로 시장의 중요성을 강조한다. 시장을 생활기준의 중요한 결정요인으로 받아들임으로써 선택적 자유의 중요성을 인정한다. 다만, 사람들의 생활수준에 있어서 최저수준의 삶의 질에 대해 정부의 책임을 인정하며, 선택주의적인 구빈사업을 통해 절대적인 빈곤을 해결하고자 한다.

### ⑤ 개인주의

개인의 권리와 함께 의무를 강조하면서 빈곤이나 장애의 문제를 개인의 책임으로 돌린다. 최소한의 수혜자격 원칙 또는 열등처우의 원칙을 통해 저임금 노동자에게 더 낮은 보조를 받도록 하였다.

### ⑥ 민주주의 또는 사회민주주의 16회 기출

평등과 공동체의식을 강조하는 이념으로, 보편주의적인 성격을 띠며 집합적인 이익을 추구한다. 빈곤이나 장애 등을 사회적 책임으로 인식하고, 사회적 욕구에 대한 시민권을 인정하는 이론이다. 또한 대상자가 서비스를 선택할 수 있는 권리를 강조하고, 서비스 이용자들이 정책결정에 참여할 수 있도록 한다. 특히 시혜가 아닌 우애를 강조하며, 클라이언트의 자기결정권에 가치를 부여하고자 한 인보관 운동에서 두드러지게 나타났다.

### ⑦ 신마르크스주의

국가를 자본가 계급의 계급 지배 도구로 간주하는 전통적인 마르크스주의의 입장을 견지하면서도, 국가가 정책 과정에서 어느 정도 자율성을 지닐 수 있음을 인정하는 이론이다. 개인주의의 본질적인 한계를 강조하며, 국가가 복지정책을 추구하는 과정에서 자본가 계급으로부터 자율성을 유지해야 한다고 주장한다.

### ⑧ 다원주의

사회복지실천에서 개인의 독특성을 인정하여 다양한 계층의 다양한 문제에 접근하고자 한다. 소외계층에게 자신의 힘으로 스스로 변화를 이끌 수 있도록 환경과 권한을 부여하며, 클라이언트의 인간적 존엄을 토대로 일방적 수혜자가 아닌 소비자 또는 고객으로의 새로운 관계를 설정하였다.

## 1 사회복지실천의 가치

9회 기출

### (1) 가치의 개념

14회 기출

① 가치는 신념이고 선호이며, 바람직한 것 혹은 좋은 것에 관한 가정으로, 좋고 나쁨을 판단하는 기준이다.
② 가치는 다수의 사회구성원들이 좋거나 바람직하다고 여기는 것 혹은 개인의 선호도를 나타내는 적합한 행동을 선택하는 지침이다.
③ 가치는 구체적인 행동목표가 아니라 그 목표를 결정하는 기준이 된다.
④ 가치는 인간의 본질에 대하여 전문직이 가지고 있는 증명되지 않은 신념으로 간주될 수 있다. 즉, 가치는 상대적인 것으로 결코 고정불변하지 않는다.
⑤ 가치는 지식, 기술과 더불어 사회복지실천의 3대 중심축 중 하나로 사회복지실천이 추구해야 하는 방향성을 제시한다.
⑥ 사회복지에서 가장 기본적인 가치는 인간에 대한 확고한 신념이며 신뢰이다. 모든 인간을 가치적 존재로 인정하는 데에서 사회복지의 실천서비스가 제공되는 것이다.

### (2) 우선순위에 따른 가치의 분류(Johnson)

① 궁극적 가치(Ultimate Values)
　사회나 시대적 상황에 관계없이 불변하는 보편적인 가치로서, 사회복지사들에게는 일반적이면서 기본적인 지침이 된다.
　예 인간의 존엄성, 사회적 정의, 인간의 자유, 자기결정권 등
② 수단적 혹은 도구적 가치(Instrumental Values)
　궁극적 가치를 달성하기 위한 수단이나 방법으로서, 더욱 직접적으로 적용될 수 있는 실용적인 가치이다.
　예 개인의 자기결정권 또는 비밀보장을 인정하는 가치 등
③ 차등적 가치(Proximate Values)
　사회문화적 영향이나 개인의 경험에 따라 찬성과 반대가 가능한 가치이다. 가령 사회복지사가 제시한 특정의 치료법에 대해 클라이언트가 거부할 수 있는 권리, 급여 수준 혹은 서비스의 질을 높여달라고 요구할 수 있는 권리 등을 인정하는 것이다.
　예 동성애, 낙태 등

### (3) 사회복지실천의 가치

① 사회복지실천의 기본 가치(Friedlander) 3회 기출

   ㉠ 인간의 존엄성        ㉢ 기회의 균등성

   ㉡ 인간의 자율성        ㉣ 사회적 책임성 등

② 사회복지실천의 전문적(전문직) 가치(NASW) 2회 기출

   ㉠ 개인의 가치와 존엄성        ㉮ 적절한 자원 및 서비스 제공

   ㉡ 개인에 대한 존경        ㉯ 클라이언트에의 권한부여

   ㉢ 개인의 변화 가능성에 대한 가치        ㉰ 동등한 기회보장

   ㉣ 클라이언트의 자기 결정권        ㉱ 비차별성

   ㉤ 비밀보장 및 사생활 보장        ㉲ 다양성의 존중

### (4) 사회복지 전문직의 가치(Levy) 13, 15회 기출

① 사람 우선 가치

   ㉠ 전문직 수행의 대상인 사람 자체에 대해 전문직이 갖추고 있어야 할 기본적인 가치이다.

   ㉡ 클라이언트를 하나의 개별화된 인간으로 보고 그의 능력과 권한을 인정해 주는 가치이다.

   ㉢ 개인의 가치와 존엄성에 대한 믿음, 개인의 건설적인 변화에 대한 의지와 능력에 대한 믿음, 상호 책임성, 소속의 욕구, 인간으로서의 공통적인 욕구, 개개인의 독특성 등을 인정하는 가치이다.

② 결과 우선 가치

   ㉠ 사회가 개인의 발전을 위해 사회참여에 대한 기회를 동등하게 제공해야 한다는 사회적 책임에 대한 믿음이다.

   ㉡ 개인이 성장할 기회를 제공하고, 욕구를 충족시킬 수 있는 서비스를 제공하는 것에 역점을 두는 가치이다.

   ㉢ 빈곤, 질병, 차별대우, 부적절한 주거환경, 교육기회의 불공평 등에 대한 문제를 해결하거나 이를 미연에 방지해야 할 사회적 책임에 대한 가치이다.

③ 수단 우선 가치

   ㉠ 서비스를 수행하는 방법 및 수단과 도구에 대한 가치이다.

   ㉡ 사람은 존경과 존엄으로 다루어져야 하고 자기결정의 권리를 가져야 하며, 사회변화에 참여하도록 촉진되어야 하고 하나의 독특한 개인으로 인정되어야 한다는 믿음이다.

   ㉢ 기본적으로 인간의 자율성을 강조하는 것으로, 모든 결정 과정에서 클라이언트의 자율성이 보장되어야 한다는 사회복지실천의 기본 가치와도 연관된다.

**(5) 사회복지실천의 본질적 가치를 구성하는 기본 전제조건(Skidmore, Thackeray & Rarley)**

① 첫째, 인간은 존엄한 존재이다.
② 둘째, 개인이나 사회의 문제발생 원인은 인간과 사회환경 간의 역기능적 상호작용에서 비롯된다.
③ 셋째, 모든 사회는 개인적 혹은 사회적 문제를 해결하기 위해 전문적인 개입활동을 필요로 한다.

**(6) 사회복지실천에서의 가치요인**

① 잠재성
　㉠ 사회복지실천에서 사회복지사들은 클라이언트가 어떤 어려운 여건이나 상황에 처하여 문제에 직면하고 있지만 그들 스스로가 문제를 해결하고 적응해 나갈 수 있는 잠재능력을 가지고 있다고 본다.
　㉡ 클라이언트에게 잠재능력이 있으면서도 그가 자신의 문제를 해결하지 못하는 것은 어떤 장애요인이 이를 가로막고 있기 때문이다. 따라서 사회복지사는 클라이언트의 문제를 해결해 주는 것이 아니라 클라이언트 스스로 해결할 수 있도록 잠재능력을 방해하는 요소를 제거해 주는 것이 중요하다.

② 성 장
　㉠ 사회복지사의 기능은 어떤 문제에 직면하여 성장이 불가능한 클라이언트로 하여금 건전하게 계속적으로 성장할 수 있도록 돕는 것이다.
　㉡ 사회복지사는 '변화를 일으키는 사람'으로, 클라이언트가 한계점에 도달해 있거나 폐쇄적인 상황에 있더라도 변화하고 성장할 가능성이 있다는 신념을 가져야 한다.

③ 미래지향성
　㉠ 사회복지실천은 개인의 노력을 검증하고 그의 기능을 저해하는 문제를 해결하며, 성장을 위한 노력에 더 많은 관심을 둔다.
　㉡ 클라이언트에게 그의 소망이나 가능성이 실현될 수 있는 미래가 있다고 전제할 때 모든 문제는 해결될 가능성이 있다. 따라서 사회복지사는 클라이언트의 변화와 개선에 대한 미래지향적인 신념을 확고히 해야 할 것이다.

**(7) 사회복지사가 실무현장에서 갖추고 있어야 할 가치관(NASW)**

① 개인은 이 사회의 관심의 근원이다.
② 이 사회의 개인들은 상호의존적이다.
③ 각 개인들은 서로 간에 사회적 책임을 가지고 있다.
④ 각 개인들은 공통적인 욕구와 함께 자신들만의 독특한 욕구를 가지고 있다.
⑤ 민주사회의 본질적 특성은 각 개인들이 완전한 잠재력을 발견하고, 그 개인이 사회에서 능동적이고 활발한 참여를 통해 사회적 책임을 수행하는 것을 사회가 인정하는 것이다.
⑥ 사회는 개인과 환경 간의 불균형을 유발하는 방해요소를 극복 혹은 예방할 수 있는 방법을 제공할 의무가 있다.

## 2 사회복지실천의 윤리

9, 14회 기출

### (1) 윤리의 개념

① 어떤 행동의 옳고 그름에 대한 판단으로, 사회복지 가치기준에 맞는 실천을 하였는가에 대한 판단 기준을 제시한다.

② 인간의 행동을 통제하거나 규제하는 기준이나 원칙까지 포함하는 개념으로, 일반적으로 타인에 대한 책임감에서 우러나오는 인간에 대한 기대로 볼 수 있다.

③ 가치는 엄밀한 의미에서 가정적 개념이므로 인간의 생각 속에 그치는 반면, 윤리는 행동으로 표출되는 것이므로 윤리적 판단에 따른 행동수행에 있어서 규범적 기준을 필요로 한다.

④ 따라서 윤리는 선악의 속성이나 도덕적 의무를 결정하는 일련의 지침에 해당한다.

### (2) 윤리적 절대주의와 윤리적 상대주의

11회 기출

① 윤리적 절대주의(Ethical Absolutism)

㉠ 보편타당한 행위규범으로서의 윤리가 절대적으로 존재한다고 보는 입장이다.

㉡ 선과 악, 옳고 그름도 어떤 행위의 결과와 별개로 판단한다.

㉢ 도덕규범 이외의 어떤 개별적인 예외도 인정하지 않는다.

② 윤리적 상대주의(Ethical Relativism)

㉠ 보편타당한 행위규범으로서의 윤리는 존재하지 않는다는 입장이다.

㉡ 가치는 상대적인 것으로, 결코 고정불변하지 않는다는 점을 강조한다.

㉢ 행동의 동기보다는 결과를 중시한다. 즉, 어떤 행위의 결과가 얼마나 옳고 선한가의 정도에 따라 판단 및 결과의 기준이 정해진다.

### (3) 사회복지실천의 윤리문제

8, 13, 17, 18, 19회 기출

① 가치의 상충

㉠ 사회복지사가 가장 빈번하게 겪게 되는 윤리적 딜레마로 2개 이상의 가치가 상충되는 경우이다.

㉡ 인간의 존엄성과 자기결정의 원리 또는 생활보호, 비밀보장의 원칙과 사회적 가치관, 기회균등과 자원활용의 원칙 또는 인간 고통에 대한 사회연대성 등에서 윤리적 결정을 해야 하는 경우, 사회복지사는 윤리적 딜레마를 경험하게 된다.

㉢ 클라이언트의 자기결정권과 다른 사람의 보호가 충돌하는 것으로, 예를 들어 남편이 유전되는 비정상 유전자를 지닌 상태에서 부인에게 사실을 알리지 않고 자녀를 갖기를 원하는 경우이다.

② 의무의 상충

㉠ 의무의 상충으로 인한 윤리적 딜레마는 인간을 다루는 수단으로 선호하는 가치와 밀접하게 연관된다.

㉡ 사회복지사는 클라이언트, 동료, 전문직 자체, 소속된 기관 및 사회 등에 관한 윤리적 의무 간의 상충으로 인해 윤리적인 딜레마를 경험하게 된다.

③ 클라이언트 체계의 다중성

　　㉠ 복합적인 문제를 가진 가족의 경우에 누가 클라이언트인가, 누구의 이익이 최우선인가, 어떤 문제에 우선성이 있는가 또는 개입의 초점은 무엇인가 하는 것이다.

　　㉡ 클라이언트 체계, 문제 또는 접근방법 등이 복잡한 클라이언트의 경우, 사회복지사는 윤리적 딜레마에 빠질 수 있다.

④ 결과의 모호성

　　㉠ 클라이언트가 스스로 자기결정을 할 수 없는 경우에 클라이언트를 대신해서 또는 클라이언트와 함께 결정을 내려야 할 경우라도 장기적으로 효과성에 대한 확신이 모호하다면, 어떤 결정이 최선책인가 하는 의구심으로 윤리적 딜레마에 빠질 수 있다.

　　㉡ 예를 들어, 해외 입양이 아동을 위한 최선의 결정인지 확신할 수 없는 경우이다.

⑤ 능력 또는 권력의 불균형

　　㉠ 클라이언트와 사회복지사 또는 사회복지사 간의 정보, 능력 또는 권력의 불균형으로 인해 윤리적인 딜레마가 초래될 수 있다.

　　㉡ 서비스 제공자인 사회복지사는 상대적으로 서비스 수혜자인 클라이언트에 비해 정보, 능력 및 권력 면에서 우위에 있으므로, 자칫 사회복지사 중심으로 결정이 이루어질 수도 있다.

　　㉢ 지도·감독의 영향으로 클라이언트에게 제공되어야 할 서비스의 내용에 변화가 있거나 서비스나 프로그램을 제공하지 못하는 경우, 담당 사회복지사는 윤리적인 딜레마를 경험하게 될 수도 있다.

## (4) 사회복지실천의 윤리적 딜레마

① 클라이언트의 권리와 고지된 동의　　`12회 기출`

　　㉠ 보통 클라이언트는 원조관계를 시작하거나 과정에 참여하는 데 있어서 자신들이 권리를 지녔다는 사실을 깨닫지 못하는 경우가 있다.

　　㉡ 클라이언트는 자신이 처한 문제나 스트레스로 인한 중압감으로 종종 도움의 필요성을 갈구하므로, 사회복지사가 말하고 행동하는 바를 아무런 의문 없이 그대로 수용하는 경향이 있다.

　　㉢ 사회복지사는 클라이언트로 하여금 자신들의 권리와 함께 그에 따른 책임을 수용하도록 돕는 등 자율성과 개인적인 힘을 느끼도록 촉구하며, 이를 위해 고지된 동의 절차를 밟게 된다.

　　㉣ 고지된 동의(Informed Consent)는 사회복지사가 제공할 서비스와 관련해서 목적, 위험성, 한계점, 감수해야 할 사항, 거부할 수 있는 권리, 시간 설정 등에 대해 클라이언트에게 사전에 명확히 알리는 것을 의미한다.

　　㉤ 사회복지사가 원조 과정에서 정보를 제공하지 않는 경우 온정주의가 개입되어 클라이언트가 원하지 않는 서비스를 제공하는 등 클라이언트의 희망사항이나 자유를 방해할 수 있다. 여기서 온정주의(Paternalism)는 사회복지사가 클라이언트의 복지, 행복, 욕구, 이익, 가치 등을 배타적으로 위한다는 근거로 정당화될 수 있는 개인의 자유로운 행위에 대한 간섭을 말한다.

　　㉥ 고지된 동의는 기록, 녹음, 녹화 등 실천과정상 구체적인 절차와도 연관되며, 이는 조사자로서 사회복지사를 보호하기 위해 활용될 수도 있다.

② 절대적 비밀보장과 상대적 비밀보장

- ㉠ 절대적 비밀보장은 사회복지사가 클라이언트에 대해 알게 된 자료들을 자신만 보유한 채 다른 어떤 사람에게 어떠한 형태로든 결코 누설하지 않는 것을 말한다.

- ㉡ 상대적 비밀보장은 제한적인 조건 및 범위 내에서 정보공개를 허용하는 것이다. 인접분야 전문가들과의 정보교환, 사례기록을 통한 기관 내 직원들 간의 정보공유, 사례에 대한 슈퍼비전, 직원회의에서의 자문 등을 위해 정보가 공개될 수 있다. 이러한 경우에도 클라이언트의 사적인 권리를 최대한 보장하기 위하여 노력해야 한다.

- ㉢ 비밀보장의 개념은 윤리적·도의적·전문적·법적 문제들과 동시에 관련되는 경우가 많으므로, 오늘날 사회복지실천에 있어서 절대적인 원칙에 해당하는 것은 아니다.

③ 폭 로

- ㉠ 사회복지사는 기관이 행하고 있는 실천이 법에 저촉되는 경우, 기관이 불필요한 용도로 예산을 낭비하는 경우 등 기관 내부상의 문제들을 외부의 영향력 있는 위치의 사람들에게 알릴 수 있다.

- ㉡ 폭로는 그것을 당하는 입장이나 행하는 입장 모두에게 심각한 위험을 줄 수 있으므로 신중한 결정이 요구된다.

- ㉢ 폭로에 앞서 잠정적 피해자들에 대한 위협의 정도, 확보한 증거의 종류와 질, 문제해결을 위해 취할 수 있는 보다 덜 심각한 대안적 방법의 여부 등을 고려해야 한다.

④ 한정된 자원의 분배

- ㉠ 사회복지실천에서는 한정된 자원을 경쟁적 집단들에게 어떠한 방식으로 할당할지, 큰 몫의 자원을 각기 다른 목적을 가진 상이한 집단들에게 어떻게 분배할지 등이 문제시된다.

- ㉡ 한정된 자원을 분배할 경우 균등성, 욕구, 클라이언트의 지불능력, 미래 지역사회에 공헌할 수 있는 능력 등을 고려해야 한다.

## (5) 로웬버그와 돌고프(Loewenberg & Dolgoff)의 윤리적 의사결정의 우선순위

 3, 6, 8, 9, 14, 17, 20회 기출

① 윤리원칙1 : 생명보호의 원칙

- ㉠ 인간의 생명보호가 다른 모든 원칙에 우선한다.

- ㉡ 예를 들어, 윤리적 딜레마가 생사에 관한 것인 경우 클라이언트의 비밀보장에 위배된다 하더라도 생명을 구하는 행위가 최우선시 되어야 한다.

② 윤리원칙2 : 평등과 불평등의 원칙

- ㉠ 인간은 개개인의 능력과 권력에 따라 동등하게 또는 차별적으로 취급받을 권리가 있다.

- ㉡ 예를 들어, 아동학대장면에서 학대받는 아동은 학대를 가한 성인과 비교할 때 평등한 입장이 아니므로, 학대를 가한 성인의 사생활보호의 권리보다 아동의 권익을 보호하는 것이 우선시된다.

③ 윤리원칙3 : 자율(성)과 자유의 원칙(자기결정의 원칙)

- ㉠ 인간의 자율과 자유는 사회복지의 자기결정의 원칙에서 그 중요성이 나타난다.

- ㉡ 자유로운 선택과 자유를 가질 권리는 소중하지만 그것이 무제한적인 것은 아니다.

④ **윤리원칙4** : 최소 해악·손실의 원칙

　　㉠ 클라이언트의 특정문제 해결을 위해 부득이하게 유해한 대안을 선택하는 경우, 언제나 클라이
　　　언트에게 최소한의 유해한 것을 선택하도록 한다.

　　㉡ 예를 들어, 사회복지사가 클라이언트에게 열악한 주거조건에 저항하기 위해 월세 지불을 미룰
　　　것을 제안하기에 앞서, 그보다 위험부담이 덜한 대안들을 고려해야 한다.

⑤ **윤리원칙5** : 삶의 질 원칙

　　㉠ 삶의 질을 긍정적인 방향으로 발전시킬 수 있도록 선택이 이루어져야 한다.

　　㉡ 사회복지사는 클라이언트의 열악한 삶의 질을 무시해서는 안 되며, 삶의 질을 적정한 수준으로
　　　향상시키도록 클라이언트와 함께 활동해야 한다.

⑥ **윤리원칙6** : 사생활 보호와 비밀보장의 원칙

　　㉠ 클라이언트의 인격과 사생활 보호를 위해 클라이언트의 비밀이나 사생활은 보호되어야 한다.

　　㉡ 비밀보장의 원칙이 사회복지실천에서 매우 중요한 원칙임에도 불구하고 7가지의 원칙들 중 6번
　　　째를 차지한 이유는 비밀보장의 상대적 본질을 반영한 것이다.

⑦ **윤리원칙7** : 진실성과 정보 개방의 원칙

　　㉠ 사회복지사는 클라이언트에게 진실된 태도를 유지해야 하며, 관련 정보는 공개해야 한다.

　　㉡ 사회복지사가 자신의 주관적 판단에 따라 클라이언트에게 해가 될 것으로 보이는 정보의 제공
　　　을 제한하고 오히려 온정주의의 태도를 취한다는 점에서 비롯된다.

---

**Plus ⊕ one**

**윤리적 의사결정과정(Dolgoff, Lowenberg & Harrington)**　　　　18회 기출

- 문제와 그 문제에 영향을 주는 요인들을 확인한다.
- 해당 문제와 관련된 사람과 제도를 확인한다.
- 확인된 사람과 제도들에 영향을 주는 사회적·전문적 가치와 함께 클라이언트와 서비스 종사자의 개인적 가치를 확인한다.
- 문제를 해결하거나 문제의 정도를 경감할 수 있는 개입목표를 명확히 한다.
- 개입방안과 대상을 확인한다.
- 확인된 목표에 따라 설정된 개입방안의 효과성과 효율성을 평가한다.
- 의사결정에 관여하는 사람이 누구인지 결정한다.
- 가장 적절한 전략이나 개입방법을 선택한다.
- 선택된 전략이나 개입방법을 수행한다.
- 수행 과정을 모니터링하면서 예기치 않은 결과의 발생 가능성에 주의를 기울인다.
- 결과를 평가하고 추가적인 문제를 확인한다.

## (6) 리머(Reamer)의 윤리적 딜레마를 분석하고 해결하는 데 유용한 지침

① 윤리지침1 : 인간행위의 필수적 전제조건(예 생명, 건강, 음식, 주거, 정신적 평형상태 등)은 거짓이나 비밀누설, 오락, 교육, 재화의 공급과 같은 부가적인 이익에 우선한다.

   ㄱ 특정 혹은 불특정 개인들이 당하게 될 불법적인 피해로부터 이들의 안전을 지키고 보호하는 것은 클라이언트 개인의 사적인 권리를 지키는 일보다 우선적으로 이루어져야 한다.

   ㄴ 국가의 공적 예산을 분배하는 데 있어서 사회적인 약자나 소외계층에게 우선적인 혜택이 돌아가도록 하는 것은 이와 같은 원리에서 비롯된다.

② 윤리지침2 : 개인의 자기결정권은 존중되어야 하나, 타인의 기본적인 복지와 행복에 피해를 입히는 상황이 예상되는 경우 제한받을 수 있다.

   ㄱ 개인이 자기결정권을 가지고 있고 원하는 행동을 할 수 있는 권리를 가지고 있다고 하더라도 그들의 행동이 다른 사람의 복지와 행복에 위협적인 해를 가하는 경우 그 권리가 제한될 수 있다.

   ㄴ 예를 들어, 클라이언트의 자녀양육 방식이 아동의 기본적인 복리를 위협하는 경우, 사회복지사는 부모의 자기결정권에 제한을 가할 수 있다.

③ 윤리지침3 : 자발적으로 자유롭게 동의한 법, 규칙, 규정 등을 따르는 의무가 개인의 권리에 우선할 수 있다.

   ㄱ 사회복지사가 법률 등을 위반하면서 서비스를 전달하는 것은 비윤리적인 것이다. 법률 등은 민주적인 절차를 거쳐서 만들어진 것이며, 사회복지사의 윤리는 이와 같은 법률 등에 의해 구속받게 된다.

   ㄴ 예를 들어, 기관의 규정에 따라 클라이언트의 범죄사실을 보고하도록 요구받는 상황에서, 사회복지사가 그에 반대의견을 가지고 기관의 정책을 자의적으로 따르지 않는 것은 비윤리적인 행위가 된다.

④ 윤리지침4 : 개인의 복지권은 그와 갈등을 일으키는 법, 규칙, 규정, 조직의 협정에 우선한다.

   ㄱ 법률이나 규칙, 규정 등을 지키는 것에 대한 책임은 반드시 당연한 것이 아니며, 필요한 경우 종종 제한을 가할 수 있다.

   ㄴ 예를 들어, 사회복지사가 속한 기관이 특정 후원자로부터 기금을 지속적으로 제공받기 위해 서류를 조작하도록 명령한 경우, 사회복지사는 기관 책임자의 비윤리적인 명령에 대해 대항할 수 있다.

⑤ 윤리지침5 : 기본적인 해악을 방지할 의무와 함께 주거, 교육, 공공부조 등 공익을 증진할 의무는 개인의 재산 통제권보다 우선한다.

   ㄱ 기본적인 욕구가 있음에도 불구하고 스스로의 힘으로 그 욕구들을 충족시킬 수 없는 사람들을 위한 것이며, 그와 같은 기본적인 욕구에 가해지는 피해를 예방하기 위한 목적을 가진다.

   ㄴ 예를 들어, 주택과 건강보호를 필요로 하는 사람들이나 장애인들을 대상으로 한 서비스를 실천하는 데 있어서 이와 같은 지침이 매우 유효하다.

참고

리머(Reamer)의 윤리적 딜레마를 분석하고 해결하는 데 유용한 지침, 즉 윤리적 원칙에 따른 우선순위는 교재에 따라 6가지로 제시되기도 하는데, 이는 '윤리지침2'에서 '기본적 복지권'과 '자기결정권'을 좀 더 구체화한 것으로 볼 수 있습니다. 우선, 개인의 기본적 복지권이 다른 사람의 자기결정권에 우선한다는 원칙입니다. 이는 개인의 기본적 복지권이 인간행위의 필수적 전제조건을 포함하므로, 그 누구도 자기결정권을 이유로 타인의 기본적 복지권을 침해할 수 없다는 것입니다. 다음으로, 개인의 자기결정권이 그 자신의 복지권에 우선한다는 원칙입니다. 이는 개인의 자기결정권이 마땅히 존중되어야 한다는 것을 의미하는 것으로, 복지서비스가 수급자의 자발적인 선택에 의해 이루어져야 한다는 점을 강조하는 것으로 볼 수 있습니다.

## 제3절  사회복지사 윤리강령

### 1 윤리강령

#### (1) 윤리강령의 의의

① 윤리는 가치에서 나오므로 가치와 조화를 이루어야 한다. 윤리적 원칙과 규칙들도 가치에서 도출되며, 그와 같은 가치들이 전문가 윤리강령으로 성문화될 때 사회복지사들에게 윤리적 의사결정에 필요한 윤리적 기준을 제공할 수 있게 된다.

② 사회복지의 가치는 사회복지실천이 추구해야 하는 방향성을 제시하며, 사회복지의 윤리는 전문직으로의 사회복지사가 지켜야 할 행동의 지침을 제공한다.

③ 사회복지실천에 있어서 윤리적인 실천기준을 마련하는 일은 전문가가 사회복지실천에서 윤리적인 문제를 다루고, 전문가로의 정체성을 확보하는 데 있어서 도움이 된다.

④ 전문가들은 대체로 실천과 관련하여 윤리강령을 제정하고 있으므로, 전문직으로서의 사회복지사도 다른 전문직들과 마찬가지로 윤리적인 기준이 요구된다.

⑤ 윤리기준은 사회복지실천의 사회문화적 배경에 따라 지속적으로 변화한다.

#### (2) 윤리강령의 일반적인 기능

① 사회복지사들의 윤리적 민감성을 고양시켜 윤리적 실천을 제고한다.

② 사회복지사의 비윤리적 실천으로부터 클라이언트를 보호한다.

③ 실천현장에서 윤리적 갈등이 생겼을 때 윤리적 실천을 수행하기 위한 구체적인 지침을 제공한다.

④ 전문직으로서의 사명과 전문적 활동의 방법론에 관한 규범을 수립하는 데 있어서 기준을 제시한다.

⑤ 전문직으로서의 전문성을 확보하며, 이를 일반대중에게 널리 알리는 수단으로 활용된다.

⑥ 자기규제를 통해 클라이언트를 보호한다.

**Plus ⊕ one**

**사회복지사의 사회에 대한 윤리기준**

- 사회복지사는 인권존중과 인간평등을 위해 헌신해야 하며, 사회적 약자를 옹호하고 대변하는 일을 주도해야 한다.
- 사회복지사는 필요한 사회서비스를 개발하기 위한 사회정책의 수립·발전·입법·집행에 적극적으로 참여하고 지원해야 한다.
- 사회복지사는 사회환경을 개선하고 사회정의를 증진시키기 위한 사회정책의 수립·발전·입법·집행을 요구하고 옹호해야 한다.
- 사회복지사는 자신이 일하는 지역사회의 문제를 이해하고, 그것을 해결하는 일에 적극적으로 참여해야 한다.

### (3) 사회복지 전문직 윤리강령의 필요성

① 사회복지실천에서 발생하는 윤리적인 딜레마나 갈등을 해결하기 위한 기준이 필요하다.

② 사회로부터 전문직으로 인정받아야 할 필요성이 제기된다.

③ 시민들로부터 신뢰받아야 할 필요성이 제기된다.

④ 사회복지 전문직 사이의 유대와 연대를 위해 필요하다.

⑤ 사회복지실천에 대한 자신감과 긍지를 가져야 할 필요성이 제기된다.

## 2 │ 미국 사회복지사협회(NASW)의 사회복지사 윤리강령

### (1) NASW 윤리강령의 목적

① 사회복지의 임무는 핵심 가치를 기반으로 한다.

② 사회복지 전문직의 핵심 가치를 반영하며, 사회복지실천을 이끄는 데 사용되는 일련의 윤리기준을 수립하는 총괄적인 윤리원칙을 요약한다.

③ 전문직 의무에 갈등이나 윤리적 불확실성이 발생할 때 사회복지사가 적절한 고려사항을 규정하는 것을 돕기 위한 목적으로 제정되었다.

④ 일반대중이 사회복지 전문직의 책임으로 간주할 수 있는 윤리기준을 제공한다.

⑤ 사회복지에 대한 임무·가치·윤리기준·윤리원칙이 생소한 사회복지사에게 지침을 제공한다.

⑥ 사회복지 전문직 자체에서 사회복지사가 비윤리적인 행위를 했는지에 대한 여부를 사정하는데 사용되는 기준을 규정한다.

⑦ NASW는 NASW 구성원이 제기한 윤리적 불만을 평가하는 공식 절차를 두고 있으며 사회복지사는 이 강령을 실행할 때 서로 협조하고, NASW 소송절차에 참여해야 하며, NASW의 규율상에 있는 모든 규제나 그에 수반된 제재를 준수해야 한다.

## (2) NASW 윤리강령의 윤리원칙

| 가 치 | 윤리원칙(윤리기준) |
|---|---|
| 서비스 | 윤리원칙 : 사회복지사의 주요 목표는 욕구에 처한 사람들을 도우며 사회문제를 해결하고자 하는 것이다.<br>• 사회복지사는 개인적인 이익을 초월하여 다른 사람들에 대한 서비스를 고양시킨다.<br>• 도움이 필요한 사람들을 돕고 사회문제를 해결하기 위해 사회복지사는 자신의 지식, 가치 및 기술을 활용한다.<br>• 사회복지사는 금전적 소득을 기대하지 않으면서 자신의 전문적 기술을 자발적으로 발휘하도록 권장한다. |
| 사회정의 | 윤리기준 : 사회복지사는 사회적 불공평에 도전한다.<br>• 사회복지사는 사회적 변화 특히, 유약하고 억압받는 사람 및 집단을 위한 사회적 변화를 추구한다.<br>• 사회복지사가 추구하는 사회변화를 위한 노력은 빈곤, 실업, 차별, 기타 유형의 사회적 불공평에 주된 초점을 맞춘다. 이러한 활동에서는 억압과 문화적 · 인종적 다양성에 관한 지식의 민감성을 증진시켜야 한다.<br>• 사회복지사는 필요한 정보 · 서비스 · 자원에 대한 접근, 기회의 균등, 모든 사람들을 위한 의사결정에 의미 있는 참여를 보장하고자 노력한다. |
| 개인의 존엄성 및 가치 | 윤리기준 : 사회복지사는 개인의 타고난 존엄성과 가치를 존중한다.<br>• 사회복지사는 개인적인 차이와 문화적 · 인종적 다양성을 염두에 두고 이들을 보호하고 존중하는 마음으로 모든 사람을 대해야 한다.<br>• 사회복지사는 사회적으로 책임 있는 클라이언트의 자기결정권을 위해 노력한다.<br>• 사회복지사는 이들의 욕구를 변화시키고 해결하기 위해 클라이언트의 역량과 기회를 강화시키고자 한다.<br>• 사회복지사는 클라이언트 및 더 넓은 사회에 대한 이중적 책임을 인식한다.<br>• 사회복지사는 사회복지전문직의 가치 · 윤리기준 · 윤리원칙에 일관되는 사회적인 책임을 의식하면서, 클라이언트의 이해관계와 더 넓은 사회의 이해관계 사이의 갈등을 해결하기 위해 노력한다. |
| 인간관계의 중요성 | 윤리기준 : 사회복지사는 인간관계의 본질적인 중요성을 인식한다.<br>• 사회복지사는 사람들 사이의 관계가 변화를 위한 중요한 매개체라는 것을 인식한다.<br>• 사회복지사는 클라이언트 지원 과정에서 이들을 파트너로 대우한다.<br>• 사회복지사는 개인, 가족, 사회집단, 조직, 지역사회의 복지를 증진 · 회복 · 유지하기 위해 사람들 사이의 인간관계를 강화시키고자 한다. |
| 성실성 | 윤리기준 : 사회복지사는 신뢰성을 줄 수 있게끔 행동한다.<br>• 사회복지사는 사회복지전문직의 임무 · 가치 · 윤리기준 · 윤리원칙을 항상 염두에 두며, 이러한 것에 일관되게 실천에 임한다.<br>• 사회복지사는 정직하고 책임 있게 행동하며, 자신이 속한 조직의 입장에서 윤리적인 실천을 증진한다. |
| 능 력 | 윤리기준 : 사회복지사는 자신의 능력이 미치는 범위 안에서 행동하며, 자신의 전문기술을 발전 · 강화시킨다.<br>• 사회복지사는 자신의 전문지식과 기술을 확충하기 위해 끊임없이 노력하며, 이러한 지식과 기술을 실천에 적용한다.<br>• 사회복지사는 사회복지전문직의 지식 기반에 이바지하고자 노력해야 한다. |

## 3 우리나라 사회복지사 윤리강령

### (1) 우리나라 사회복지사 윤리강령의 역사

① 1973년 2월 : 윤리강령 초안제정 결의
② 1982년 1월 : 사회복지사 윤리강령 제정
③ 1988년 3월 : 제1차 사회복지사 윤리강령 개정
④ 1992년 10월 : 제2차 사회복지사 윤리강령 개정
⑤ 2001년 12월 : 제3차 사회복지사 윤리강령 개정

### (2) 전 문

사회복지사는 인본주의 · 평등주의 사상에 기초하여, 모든 인간의 존엄성과 가치를 존중하고 천부의 자유권과 생존권의 보장활동에 헌신한다. 특히 사회적 · 경제적 약자들의 편에 서서 사회 정의와 평등 · 자유와 민주주의 가치를 실현하는 데 앞장선다. 또한 도움을 필요로 하는 사람들의 사회적 지위와 기능을 향상시키기 위해 저들과 함께 일하며, 사회제도 개선과 관련된 제반활동에 주도적으로 참여한다.

사회복지사는 개인의 주체성과 자기결정권을 보장하는 데 최선을 다하고, 어떠한 여건에서도 개인이 부당하게 희생되는 일이 없도록 한다. 이러한 사명을 실천하기 위하여 전문적 지식과 기술을 개발하고, 사회적 가치를 실현하는 전문가로서의 능력과 품위를 유지하기 위해 노력한다. 이에 우리는 클라이언트 · 동료 · 기관, 그리고 지역사회 및 전체사회와 관련된 사회복지사의 행위와 활동을 판단 · 평가하며 인도하는 윤리기준을 다음과 같이 선언하고 이를 준수할 것을 다짐한다.

### (3) 윤리기준

① 사회복지사의 기본적 윤리기준     5, 10회  기출

   ⊙ 전문가로서의 자세

- 사회복지사는 전문가로서의 품위와 자질을 유지하고, 자신이 맡고 있는 업무에 대해 책임을 진다.
- 사회복지사는 클라이언트의 종교 · 인종 · 성 · 연령 · 국적 · 결혼상태 · 성 취향 · 경제적 지위 · 정치적 신념 · 정신, 신체적 장애 · 기타 개인적 선호, 특징, 조건, 지위를 이유로 차별 대우를 하지 않는다.
- 사회복지사는 전문가로서 성실하고 공정하게 업무를 수행하며, 이 과정에서 어떠한 부당한 압력에도 타협하지 않는다.
- 사회복지사는 사회정의 실현과 클라이언트의 복지 증진에 헌신하며, 이를 위한 환경 조성을 국가와 사회에 요구해야 한다.
- 사회복지사는 전문적 가치와 판단에 따라 업무를 수행함에 있어, 기관 내외로부터 부당한 간섭이나 압력을 받지 않는다.

- 사회복지사는 자신의 이익을 위해 사회복지 전문직의 가치와 권위를 훼손해서는 안 된다.
- 사회복지사는 한국사회복지사협회 등 전문가단체 활동에 적극 참여하여, 사회정의 실현과 사회복지사의 권익옹호를 위해 노력해야 한다.

ⓛ 전문성 개발을 위한 노력
- 사회복지사는 클라이언트에게 최상의 서비스를 제공하기 위해, 지식과 기술을 개발하는 데 최선을 다하며 이를 활용하고 전파할 책임이 있다.
- 클라이언트를 대상으로 연구하는 사회복지사는 저들의 권리를 보장하기 위해, 자발적이고 고지된 동의를 얻어야 한다.
- 연구과정에서 얻은 정보는 비밀보장의 원칙에서 다루어져야 하고, 이 과정에서 클라이언트는 신체적, 정신적 불편이나 위험 · 위해 등으로부터 보호되어야 한다.
- 사회복지사는 전문성을 개발하기 위해 노력하되, 이를 이유로 서비스의 제공을 소홀히 해서는 안 된다.
- 사회복지사는 한국사회복지사협회 등이 실시하는 제반교육에 적극 참여하여야 한다.

ⓒ 경제적 이득에 대한 태도
- 사회복지사는 클라이언트의 지불능력에 상관없이 서비스를 제공해야 하며, 이를 이유로 차별대우를 해서는 안 된다.
- 사회복지사는 필요한 경우에 제공된 서비스에 대해, 공정하고 합리적으로 이용료를 책정해야 한다.
- 사회복지사는 업무와 관련하여 정당하지 않은 방법으로 경제적 이득을 취하여서는 안 된다.

② 사회복지사의 클라이언트에 대한 윤리기준　　　　　　　　　　11, 19회 기출

ⓐ 클라이언트와의 관계
- 사회복지사는 클라이언트의 권익옹호를 최우선의 가치로 삼고 행동한다.
- 사회복지사는 클라이언트에 대하여 인간으로서의 존엄성을 존중해야 하며, 전문적 기술과 능력을 최대한 발휘한다.
- 사회복지사는 클라이언트가 자기결정권을 최대한 행사할 수 있도록 도와야 하며, 저들의 이익을 최대한 대변해야 한다.
- 사회복지사는 클라이언트의 사생활을 존중하고 보호하며, 직무 수행과정에서 얻은 정보에 대해 철저하게 비밀을 유지해야 한다.
- 사회복지사는 클라이언트가 받는 서비스의 범위와 내용에 대해 정확하고 충분한 정보를 제공함으로써 알 권리를 인정하고 존중해야 한다.
- 사회복지사는 문서 · 사진 · 컴퓨터 파일 등의 형태로 된 클라이언트의 정보에 대해 비밀보장의 한계와 정보를 얻어야 하는 목적 및 활용에 대해 구체적으로 알려야 하며, 정보 공개 시에는 동의를 얻어야 한다.
- 사회복지사는 개인적 이익을 위해 클라이언트와의 전문적 관계를 이용하여서는 안 된다.

- 사회복지사는 어떠한 상황에서도 클라이언트와 부적절한 성적관계를 가져서는 안 된다.
- 사회복지사는 사회복지 증진을 위한 환경조성에 클라이언트를 동반자로 인정하고 함께 일해야 한다.

ⓒ 동료의 클라이언트와의 관계
- 사회복지사는 적법하고도 적절한 논의 없이 동료 혹은 다른 기관의 클라이언트와 전문적 관계를 맺어서는 안 된다.
- 사회복지사는 긴급한 사정으로 인해 동료의 클라이언트를 맡게 된 경우, 자신의 의뢰인처럼 관심을 갖고 서비스를 제공한다.

③ 사회복지사의 동료에 대한 윤리기준  16회 기출

ⓐ 동 료
- 사회복지사는 존중과 신뢰로서 동료를 대하며, 전문가로서의 지위와 인격을 훼손하는 언행을 하지 않는다.
- 사회복지사는 사회복지 전문직의 이익과 권익을 증진시키기 위해 동료와 협력해야 한다.
- 사회복지사는 동료의 윤리적이고 전문적인 행위를 촉진시켜야 하며, 이에 반하는 경우에는 제반 법률규정이나 윤리기준에 따라 대처해야 한다.
- 사회복지사가 전문적인 판단과 실천이 미흡하여 문제를 야기했을 때에는, 적절한 조치를 취하여 클라이언트의 이익을 보호해야 한다.
- 사회복지사는 전문직 내 다른 구성원이 행한 비윤리적 행위에 대해, 제반 법률규정이나 윤리기준에 따라 조치를 취해야 한다.
- 사회복지사는 동료 및 타 전문직 동료의 직무 가치와 내용을 인정·이해하며, 상호 간에 민주적인 직무관계를 이루도록 노력해야 한다.

ⓑ 슈퍼바이저
- 슈퍼바이저는 개인적인 이익의 추구를 위해 자신의 지위를 이용해서는 안 된다.
- 슈퍼바이저는 전문적 기준에 의해 공정하게 책임을 수행하며, 사회복지사·수련생 및 실습생에 대한 평가는 저들과 공유해야 한다.
- 사회복지사는 슈퍼바이저의 전문적 지도와 조언을 존중해야 하며, 슈퍼바이저는 사회복지사의 전문적 업무수행을 도와야 한다.
- 슈퍼바이저는 사회복지사·수련생 및 실습생에 대해 인격적·성적으로 수치심을 주는 행위를 해서는 안 된다.

④ 사회복지사의 사회에 대한 윤리기준  18회 기출

ⓐ 사회복지사는 인권존중과 인간평등을 위해 헌신해야 하며, 사회적 약자를 옹호하고 대변하는 일을 주도해야 한다.
ⓑ 사회복지사는 필요한 사회서비스를 개발하기 위한 사회정책의 수립·발전·입법·집행에 적극적으로 참여하고 지원해야 한다.

ⓒ 사회복지사는 사회 환경을 개선하고 사회정의를 증진시키기 위한 사회정책의 수립·발전·입법·집행을 요구하고 옹호해야 한다.

ⓔ 사회복지사는 자신이 일하는 지역사회의 문제를 이해하고, 그것을 해결하는 일에 적극적으로 참여해야 한다.

⑤ **사회복지사의 기관에 대한 윤리기준**　　　　　　　　　　　　　　　　15, 16회 기출

ⓐ 사회복지사는 기관의 정책과 사업 목표의 달성 및 서비스의 효율성과 효과성의 증진을 위해 노력함으로써, 클라이언트에게 이익이 되도록 해야 한다.

ⓑ 사회복지사는 기관의 부당한 정책이나 요구에 대하여, 전문직의 가치와 지식을 근거로 이에 대응하고 즉시 사회복지윤리위원회에 보고해야 한다.

ⓒ 사회복지사는 소속기관 활동에 적극 참여함으로써, 기관의 성장발전을 위해 노력해야 한다.

⑥ **사회복지윤리위원회의 구성과 운영**　　　　　　　　　　　　　　　　16회 기출

ⓐ 한국사회복지사협회는 사회복지윤리위원회를 구성하여, 사회복지윤리실천의 질적인 향상을 도모하여야 한다.

ⓑ 사회복지윤리위원회는 윤리강령을 위배하거나 침해하는 행위를 접수받아, 공식적인 절차를 통해 대처하여야 한다.

ⓒ 사회복지사는 한국사회복지사협회의 윤리적 권고와 결정을 존중하여야 한다.

# 출제유형문제

**01** 사회복지와 사회사업의 특징에 대한 설명으로 옳지 않은 것은?

① 사회복지는 이상적인 면을 강조하고, 사회사업은 실천적인 면을 강조한다.
② 사회복지는 바람직한 사회를 추구하고, 사회사업은 바람직한 인간을 추구한다.
③ 사회복지는 제도와 정책을 강조하고, 사회사업은 지식과 기술을 강조한다.
④ 사회사업은 사회복지에 비해 역동적이다.
⑤ 사회사업은 사회복지보다 광의의 개념이다.

> **해설** ⑤ 사회사업은 사회복지보다 협의의 개념이다. 사회복지가 이상적인 면을 강조하는 데 반해, 사회사업은 실천적인 면을 강조한다.

**02** 사회복지실천의 목적으로 옳지 않은 것은?

① 개인의 문제해결 및 대처능력을 향상시킨다.
② 개인과 환경 간 불균형 발생 시 문제의 어려움이 감소하도록 돕는다.
③ 개인과 환경 간의 상호작용에 초점을 두고 사회정책을 개발한다.
④ 개인의 욕구충족을 위해 전적인 책임을 갖고 지속적으로 지원한다.
⑤ 잠재적인 문제를 미리 발견하여 예방하도록 한다.

> **해설** ④ 사회복지실천은 개인의 욕구충족에 대한 전적인 책임을 강조하기보다는 개인과 환경 간의 관계 증진 및 상호작용의 원활화에 중점을 둔다.

**03** 사회복지실천의 이념적 배경으로 옳지 않은 것은? [11회]

① 인도주의는 빈곤이나 장애를 클라이언트의 책임으로 돌렸다.
② 이타주의는 타인을 위하여 봉사하는 정신으로 실천되었다.
③ 개인주의는 수혜자격의 축소를 가져 왔다.
④ 민주주의는 클라이언트의 자기결정권의 강조를 가져 왔다.
⑤ 사회진화론은 사회통제의 기능을 갖는다.

해설 ① 빈곤이나 장애를 클라이언트 개인의 책임으로 돌리는 것은 개인주의에 해당한다. 반면, 빈곤이나 장애를 사회적 책임으로 인식하는 것은 민주주의(사회민주주의)에 해당한다.

**04** 사회복지실천의 이념과 그 내용을 가장 올바르게 연결한 것은?

① 인도주의 - 인보관 운동

② 신마르크스주의 - 열등처우의 원칙

③ 사회민주주의 - 자선조직협회

④ 개인주의 - 경제성장과 부의 극대화

⑤ 자유주의 - 시장의 중요성 강조

해설 ① 인보관 운동은 계급, 소득, 인종의 구별 없이 무차별적·보편주의적 서비스를 베풀 것을 주장하는 민주주의(사회민주주의)의 이념을 기초로 한다.
② 열등처우의 원칙은 빈곤의 문제에 대해 개인의 책임을 강조하는 개인주의의 이념을 기초로 한다.
③ 자선조직협회는 봉사정신과 이타주의에 기반을 둔 인도주의(박애주의) 이념과 함께 사회부적합 계층에의 시혜에 초점을 둔 사회진화론을 기초로 한다.
④ 경제 위주의 정책을 통해 경제성장과 부의 극대화를 이루고자 하는 것은 자유방임주의 이념에 해당한다.

**05** 레비(Levy)가 제시한 사회복지 전문직의 가치 중 보기의 내용과 연관된 것은?

> 사회는 개인의 충분한 잠재성을 스스로 인식할 수 있도록 함으로써, 개인이 성장 및 발전하는 기회를 반드시 제공하여야 한다.

① 사람 우선 가치

② 과정 우선 가치

③ 결과 우선 가치

④ 수단 우선 가치

⑤ 욕구 우선 가치

해설 사회복지 전문직 가치의 범위(Levy)
• 사람 우선 가치 : 전문직 수행의 대상인 사람 자체에 대해 전문직이 갖추고 있어야 할 기본적인 가치
• 결과 우선 가치 : 개인이 성장할 기회를 제공하고, 욕구를 충족시킬 수 있는 서비스를 제공하는 것에 역점을 두는 가치
• 수단 우선 가치 : 서비스를 수행하는 방법 및 수단과 도구에 대한 가치

**06** 다음 사례에서 윤리적 결정의 철학적 근거는? [11회]

> 17세 여고생 A는 학교사회복지사에게 비밀보장을 요구하며 상담을 요청하였고 사회복지사는 비밀보장을 약속했다. A는 현재 임신 10주째로 부모와 교사에게 알리지 않고 출산을 할 수 있도록 도와달라고 요구하였다. 그러나 사회복지사는 A와 태아의 건강과 복지를 위해 비밀보장의 약속을 어기고 부모에게 알리기로 결심하였다.

① 윤리적 개인주의
② 윤리적 상대주의
③ 윤리적 종교주의
④ 윤리적 절대주의
⑤ 윤리적 민주주의

 윤리적 절대주의(Ethical Absolutism)는 보편타당한 행위규범으로의 윤리가 절대적으로 존재한다고 보는 입장인 반면, 윤리적 상대주의(Ethical Relativism)는 보편타당한 행위규범으로의 윤리가 존재하지 않는다는 입장이다. 가치는 상대적인 것으로 결코 고정불변하지 않으며, 행동의 동기보다는 결과를 중시한다. 보기에서 사회복지사는 클라이언트인 여고생 A가 요구한 비밀보장의 약속과 태아의 건강 사이에서 윤리적인 딜레마에 빠져있다. 이는 윤리적 의사결정에 있어 가치문제와 연관된 것으로서, 여기서 사회복지사는 클라이언트의 사생활보호 및 비밀보장의 윤리원칙보다 태아의 생명보호를 우선시하는 것을 볼 수 있다.

**07** 클라이언트의 권리를 보호하는 '고지된 동의(Informed Consent)'에 관한 설명으로 옳지 않은 것은? [12회]

① 클라이언트에게 서비스의 한계점에 대해 분명히 알린다.
② 고지된 동의는 서비스 제공 이후에 받는다.
③ 고지된 동의의 형태에는 구두 또는 서면 등이 있다.
④ 클라이언트에게 서비스와 관련된 위험성을 분명히 알린다.
⑤ 클라이언트에게 서비스의 목적과 내용을 명확히 알린다.

 ② 고지된 동의(Informed Consent)는 사회복지사가 제공할 서비스와 관련된 목적 및 내용, 위험성, 한계, 감수해야 할 사항, 거부할 수 있는 권리, 시간 설정 등에 대해 클라이언트에게 사전에 명확히 알리는 것을 말한다. 클라이언트에 대한 원조 초기 단계에서부터 전 과정을 통해 이루어지는 지속적인 절차로, 기록ㆍ녹음ㆍ녹화 등 과정상의 구체적 절차에 대해서도 행해져야 한다.

**08** 우리나라 사회복지사 윤리강령의 내용에 해당하지 않는 것은? [15회]

① 사회복지사는 사회환경을 개선하고 사회정의를 증진시키기 위한 사회정책의 수립·발전·입법·집행을 요구하고 옹호해야 한다.

② 클라이언트를 대상으로 연구하는 사회복지사는 저들의 권리를 보장하기 위해 자발적이고 고지된 동의를 얻어야 한다.

③ 사회복지사는 클라이언트의 지불능력에 상관없이 서비스를 제공해야 하며 이를 이유로 차별대우를 해서는 안 된다.

④ 사회복지사는 어떠한 상황에서도 클라이언트와 부적절한 성적 관계를 가져서는 안 된다.

⑤ 사회복지사는 기관의 부당한 정책이나 요구에 대하여 전문직의 가치와 지식을 근거로 이에 대응하고 즉시 시·군·구에 보고해야 한다.

> **해설** ⑤ 사회복지사는 기관의 부당한 정책이나 요구에 대하여 전문직의 가치와 지식을 근거로 이에 대응하고 즉시 '사회복지윤리위원회'에 보고해야 한다.
> ① 사회복지사의 사회에 대한 윤리기준에 속한다.
> ② 사회복지사의 기본적 윤리기준 중 '전문성 개발을 위한 노력'에 속한다.
> ③ 사회복지사의 기본적 윤리기준 중 '경제적 이득에 대한 태도'에 해당한다.
> ④ 사회복지사의 클라이언트에 대한 윤리기준 중 '클라이언트와의 관계'에 해당한다.

**09** 가치와 윤리에 관한 설명으로 옳지 않은 것은? [14회]

① 가치는 좋고 바람직한 것에 대한 믿음이다.

② 윤리는 옳고 그름을 판단하는 도덕적 지침이다.

③ 가치와 윤리는 불변의 특징을 지닌다.

④ 가치는 신념과 관련이 있고, 윤리는 행동과 관련이 있다.

⑤ 사회복지사 윤리강령은 법적 구속력을 가지지 않는 특징이 있다.

> **해설** ③ 가치는 상대적인 것으로 결코 고정불변하지 않는다. 윤리의 경우 보편타당한 행위규범의 존재를 인정하는 절대주의적 입장과 보편타당한 행위규범의 존재를 인정하지 않는 상대주의적 입장이 공존한다.

8 ⑤ 9 ③   Answer

**10** 로웬버그와 돌고프(F. Loewenberg & R. Dolgoff)의 윤리적 원칙 심사표에서 '도움을 요청해 온 클라이언트의 의사를 존중해 주는 것'에 해당하는 윤리적 원칙은?　　　　　　　　[20회]

① 자율성과 자유의 원칙
② 평등과 불평등의 원칙
③ 최소 손실의 원칙
④ 사생활과 비밀보장의 원칙
⑤ 진실성과 정보 개방의 원칙

**해설** 로웬버그와 돌고프(Loewenberg & Dolgoff)의 윤리적 원칙
- 생명보호의 원칙 : 인간의 생명보호가 다른 모든 원칙에 우선한다.
- 평등과 불평등의 원칙 : 인간은 개개인의 능력과 권력에 따라 동등하게 또는 차별적으로 취급받을 권리가 있다.
- 자율(성)과 자유의 원칙 : 인간의 자율과 자유는 사회복지의 자기결정의 원칙에서 그 중요성이 나타난다.(①)
- 최소 해악 · 손실의 원칙 : 문제해결을 위한 대안 선택에 있어서 클라이언트에게 최소한의 유해한 것을 선택하도록 한다.
- 삶의 질 향상의 원칙 : 삶의 질을 긍정적인 방향으로 발전시킬 수 있도록 선택이 이루어져야 한다.
- 사생활보호와 비밀보장의 원칙 : 클라이언트의 비밀이나 사생활은 보호되어야 한다.
- 진실성과 정보 개방의 원칙 : 사회복지사는 클라이언트에게 진실된 태도를 유지해야 하며, 관련 정보는 공개해야 한다.

**11** 그린우드(E. Greenwood)가 제시한 전문직의 속성 중 다음 설명에 해당하는 것은?　　　　　[19회]

- 자기규제를 통해 클라이언트를 보호한다.
- 전문가가 지켜야 할 전문적 행동기준과 원칙을 기술해 놓은 것이다.

① 윤리강령
② 전문직 문화
③ 사회적인 인가
④ 전문적인 권위
⑤ 체계적인 이론

**01** 자선조직협회 우애방문자의 활동에 해당하는 사회복지실천의 이념을 모두 고른 것은? [20회]

> ㄱ. 인도주의
> ㄴ. 이타주의
> ㄷ. 사회개혁
> ㄹ. 사회진화론

① ㄱ
② ㄴ, ㄷ
③ ㄷ, ㄹ
④ ㄱ, ㄴ, ㄹ
⑤ ㄱ, ㄴ, ㄷ, ㄹ

**해설** ㄷ. 사회개혁은 인보관 운동의 이념으로, 자선조직협회는 사회질서 유지를 강조하였다.

**02** 소속기관의 예산 절감 요구로 클라이언트에게 필요한 서비스를 제공하지 못할 때, 사회복지사가 겪게 되는 가치갈등은? [19회]

① 가치상충
② 의무상충
③ 결과의 모호성
④ 힘 또는 권력의 불균형
⑤ 클라이언트 체계의 다중성

**해설** 의무의 상충(Competing Loyalties)
• 사회복지사는 기관에 대한 의무와 클라이언트에 대한 의무 사이에서 갈등을 경험함으로써 윤리적 딜레마에 빠질 수 있다.
• 기관의 목표가 클라이언트 이익에 위배될 때 의무상충으로 윤리적 딜레마가 발생할 수 있다.
• 예를 들어, 사회복지사는 클라이언트의 이익이 최선이라는 가치에도 불구하고 자신이 속한 기관에 자원이 부족하여 클라이언트에게 최선의 서비스를 제공하지 못할 수 있다.

**03** 윤리강령의 기능으로 옳은 것을 모두 고른 것은? [20회]

> ㄱ. 외부통제로부터 전문직 보호
> ㄴ. 윤리적 갈등이 생겼을 때 지침과 원칙 제공
> ㄷ. 사회복지사의 자기규제를 통한 클라이언트 보호
> ㄹ. 전문가로서 사회복지사의 기본업무 및 자세 알림

① ㄱ, ㄷ         ② ㄱ, ㄹ

③ ㄱ, ㄴ, ㄹ         ④ ㄴ, ㄷ, ㄹ

⑤ ㄱ, ㄴ, ㄷ, ㄹ

🔍 **해설** 윤리강령의 기능
- 사회복지사들의 윤리적 민감성을 고양시켜 윤리적 실천을 제고한다.
- 사회복지사의 비윤리적 실천으로부터 클라이언트를 보호한다.(ㄷ)
- 실천현장에서 윤리적 갈등이 생겼을 때 윤리적 실천을 수행하기 위한 구체적인 지침을 제공한다.(ㄴ)
- 전문직으로서의 사명과 전문적 활동의 방법론에 관한 규범을 수립하는 데 있어서 기준을 제시한다.(ㄹ)
- 전문직으로서의 전문성을 확보하며, 이를 일반대중에게 널리 알리는 수단으로 활용된다.(ㄱ)


**04** 사회복지사가 경험할 수 있는 윤리적 딜레마 상황을 모두 고른 것은? [18회]

> ㄱ. 실천 결과의 모호성
> ㄴ. 사회복지사와 클라이언트 간의 힘의 불균형
> ㄷ. 클라이언트체계의 다중성
> ㄹ. 기관에 대한 의무와 클라이언트에 대한 의무의 상충

① ㄱ, ㄹ         ② ㄴ, ㄷ

③ ㄴ, ㄹ         ④ ㄱ, ㄴ, ㄷ

⑤ ㄱ, ㄴ, ㄷ, ㄹ

🔍 **해설** 사회복지사가 경험할 수 있는 윤리적 딜레마 상황
- 가치의 상충(Competing Values)
- 의무의 상충(Competing Loyalties)
- 클라이언트체계의 다중성(Multiple Client System)
- 실천 결과의 모호성(Ambiguity)
- 사회복지사와 클라이언트 간의 힘 내지 권력의 불균형(Power Imbalance)

# CHAPTER 02
# 사회복지실천의 역사적 발달과정

⭐ **학습목표**
- 서구 사회복지실천의 역사적 발달과정, 국가별(영국·미국·독일) 사회복지실천 역사, 우리나라 사회복지실천의 역사적 발달과정, 사회복지의 방향을 학습하자.
- COS, 자선조직협회, 인보관 운동, 플렉스너의 연설, 진단주의와 기능주의 등 다양한 방면에서 반드시 문제가 출제되는 영역이다. 특히 우리나라의 사회복지실천 과정에 대한 폭넓은 이해가 필요하다.

## 제 1 절 서구 사회복지실천의 역사적 발달과정  10, 14, 17회 기출

### 1 전문적 사회복지실천의 출현 시기(19세기 후반~1900년)

#### (1) 시대적 상황

① 18세기 중반부터 영국에서는 산업혁명으로 인한 도시화와 공업화로 도시빈민이 대량 발생하게 되었다. 특히 19세기 후반 열악한 노동조건에서 빈곤, 질병, 도시의 슬럼화, 범죄 및 비행 증가 등 사회문제가 대두되었다.

② 공적 구빈사업만으로는 한계가 있다는 인식에서 민간 차원의 자선사업 및 박애사업이 시작되었다. 그러나 선의에 의한 산발적인 활동은 빈곤문제를 해결하는 데 역부족이었다.

③ 자선단체나 민간 사회복지기관의 활동들은 서비스의 중첩 혹은 누락, 중요 서비스 대상자의 소외, 비효율적인 운영, 관련 기관들 간의 협력 결여, 재원의 낭비 등 다양한 문제점들을 노출시켰다.

④ 민간 사회복지기관의 활동에 대한 조정 및 자선활동의 조직화에 대한 필요성이 제기됨에 따라 자선조직협회가 탄생하게 되었다.

⑤ 도시빈민의 급증, 빈부격차의 심화를 해결하는 데 있어서 자선조직협회의 활동이 한계에 부딪힘에 따라 보다 근본적으로 사회제도적인 개혁을 이루고자 하는 시도가 펼쳐졌으며, 이는 인보관 운동으로 이어졌다.

#### (2) 자선조직협회(COS ; Charity Organization Society)  2, 3, 4, 5, 9, 10, 13, 14, 15, 18, 20회 기출

① 의 의

㉠ 1869년 영국 런던에서 처음으로 시작된 조직적인 운동으로, 독일의 '엘버펠트(Elberfeld) 제도'를 모방하였다.

㉡ 사회진화론에 영향을 받아 빈곤의 문제를 개인적인 속성에서 기인한 것으로 보았다.

㉢ 가난한 사람을 '가치 있는 자'와 '가치 없는 자'로 구분하였으며, 원조의 대상을 '가치 있는 자'로 한정하였다.

ⓔ 무계획적인 시여에서 벗어나 빈민에 대한 환경조사를 통해 중복구제를 방지함으로써 구제의 합리화와 조직화를 이루고자 하였다.

ⓜ 피구호자와 구제자원 간의 중개적 역할을 담당하였으며, 자선단체의 상호 간 업무연락을 통해 협력체계를 구축하였다.

ⓗ 인도주의 · 박애주의를 토대로 부르주아의 특권적인 지위를 정당화하는 양상을 보였다.

ⓢ 주로 중산층 부인들로 구성된 우애방문원(Friendly Visitors)의 개별방문에 의해 개별적 조사와 등록이 이루어졌다. 우애방문원들은 빈곤가족을 방문하여 가정생활지도, 아동교육, 가계경제에 대한 조언 등을 제공하였다.

ⓞ 우애방문원들은 중산층 기독교인의 도덕적 의무와 가치관으로써 빈민들을 교화시키는 것에 초점을 두었다. 즉, 우애의 정신을 기초로 구제의 도덕적 개혁을 강조하였다.

ⓩ 공공의 구빈정책을 반대하고 자선, 기부, 자원봉사활동 등 순수민간의 구제노력을 지지하였다.

ⓒ 근대적 의미의 개별사회사업(개별사회복지실천)과 지역사회조직사업을 확립하였다.

② 원 칙

㉠ '가치 있는 자'는 장애인, 고아, 비자발적 실업자 등 자신의 노력에도 불구하고 빈곤에 머물러있는 자를 말하며, 자선적 구제는 이들을 자립시키기 위한 방향으로 이루어져야 한다.

㉡ '가치 없는 자'는 게으른 자, 타락한 자, 주벽이 있는 자 등 일할 능력이 있는 빈곤자로서 구제가 어려운 자를 말하며, 이들에 대해서는 민간자선의 제공을 거부하고 구빈법에 맡겨야 한다.

③ 한 계

㉠ 개인주의적 빈곤죄악관을 이념적 토대로 하여 빈곤 발생의 사회적 기반을 경시하였다.

㉡ 공공구제의 확대를 반대하며, 공공지출의 삭감을 지지하였다.

㉢ 자선의 자혜적 성격을 강조해 체제유지의 목적으로 활용하였다.

㉣ 시혜자와 수혜자의 구분을 통한 사회적 불평등을 영속화하였다.

## (3) 인보관 운동(Settlement House Movement)  1, 2, 4, 7, 8, 11, 13, 14, 15, 17, 20회 기출

① 의 의

㉠ 자선조직협회보다 약 15년 뒤인 1884년 시작된 운동으로, 문제에 대한 접근방법에 있어서 자선조직협회와 다른 양상을 보였다.

㉡ 빈곤의 원인을 무직으로 보며, 무직은 본질적으로 산업화에 따른 노동력 착취와 연관된다고 보았다.

㉢ 지식인과 대학생들이 직접 빈민가로 들어가 빈민들과 함께 생활하면서 지역사회의 교육 및 문화활동을 주도하였다.

㉣ 시혜가 아닌 우애의 이념을 토대로 한다. 여기서 우애는 자선조직협회의 상류층 혹은 중산층이 도덕적 우위를 유지한 채 이루어지는 교조적 · 교화적 우애가 아닌, 문화 · 지식 · 교양 · 가치 등에서 동등한 입장에 서는 우애를 말한다.

㉤ 빈민들의 생활실태를 파악하고 사회조사를 실시하여 집계된 다수의 통계자료를 법률 제정에 활용하였다.

ⓑ 빈민들의 주택문제, 위생문제, 근로환경문제 등에 관심을 가지며, 환경개선 교육을 강조하고 사회개혁적인 운동을 펼쳐나갔다.

ⓐ 인보관 운동은 집단사회사업(집단사회복지실천)에 영향을 주었다.

② 원칙

㉠ 3R 운동, 즉 거주(Residence), 조사(Research), 사회개혁(Reform)을 기초로 한다. 이는 빈민과 함께 거주하여 그들의 생활을 이해하고, 연구조사를 통해 그 내용들을 구체화함으로써 사회제도를 개혁한다는 의미를 담고 있다.

㉡ 빈곤은 개인의 책임이 아닌 사회환경에 의한 것이므로, 전반적인 사회개혁을 통해 빈곤을 극복해야 한다.

㉢ 참여와 민주주의에 기초하여 지역사회의 문제를 해결해야 한다.

③ 인보관의 역사

㉠ 세계 최초의 인보관은 1884년 영국 런던에서 바네트(Barnett) 목사가 설립한 토인비 홀(Toynbee Hall)이다.

㉡ 미국 최초의 인보관은 1886년 코이트(Coit)가 뉴욕에 설립한 근린길드(Neighborhood Guild)이고, 미국에서 가장 유명한 인보관은 1889년 아담스(Adams)가 시카고에 설립한 헐 하우스(Hull House)이다.

㉢ 일본 최초의 인보관은 1897년 가타야마 신(片山潛)이 간다에 설립한 킹스레이(Kingsley)관이다.

## Plus ⊕ one

### 자선조직협회와 인보관 운동의 비교

| 구 분 | 자선조직협회(1869) | 인보관 운동(1884) |
|---|---|---|
| 사회문제의 원인 | 개인적인 속성 | 환경적인 요소 |
| 이데올로기 | 사회진화론 | 자유주의, 급진주의 |
| 주요 참여자 | 상류층과 중산층 | 지식인과 대학생 |
| 접근방법 | 빈민개조, 역기능의 수정 | 빈민과 함께 거주, 사회행동 |
| 역점 분야 | 기관들의 서비스 | 조정 교육적 사업 |
| 성 격 | 사회질서 유지 강조 | 사회개혁 강조 |

## 2 전문적 사회복지실천의 확립기(1900년 전후~1920년 전후) 17회 기출

### (1) 사회복지실천의 양상 14회 기출

① 빈곤의 원인을 사회적 요인으로 보는 시각이 확대되어 자선조직협회의 활동을 우애방문원의 무급 자원봉사만으로 충당하기에는 한계가 있다는 인식이 커지게 되었다. 그로 인해 1890년대 말부터 유급 전임직원을 고용하는 자선조직협회가 많아지게 되었다.

② 1898년 미국 뉴욕 자선조직협회에 의해 사회복지전문인력 훈련과정이 개설되었다. 특히 유급직원에 대한 강습이 이루어진 후 수강생에게 학위가 주어졌는데, 이것이 사회사업의 발단이라고 볼 수 있다.

③ 전문적 교육은 뉴욕 자선학교에서 6주 여름학교 교육프로그램으로 시작하였다. 그 후 1904년에는 1년 정규과정이 개설되었고, 1910년에는 2년 정규과정으로 발전하게 되었다.

④ 프로이트(Freud)의 정신분석이론이 사회복지실천의 기초이론을 확립하는 데 큰 영향을 미쳤다.

⑤ 1917년 리치몬드(Richmond)가 교육 및 훈련을 위해 사회복지실천 과정의 이론을 최초로 정리한 『사회진단(Social Diagnosis)』을 저술함으로써 사회복지실천의 전문화에 기여하였다.

⑥ 1921년 미국 사회복지사협회, 1924년 미국 정신의학사회복지사협회 등 전문가협회들이 설립되었다.

### (2) 사회사업의 전문화기로 보는 이유

이 시기는 임금체계를 정립하고 실천가들을 교육 및 훈련시키는 제도를 채택하면서 사회복지실천이 전문직으로 전환하게 된 시기이다. 특히 이 시기를 사회사업의 전문화기로 보는 이유는 다음과 같다.

① 첫째, 전문적 사회사업 실천이론이 확립되었다.

② 둘째, 사회사업 조직 및 단체에 유급직원이 배치되었다.

③ 셋째, 전문적 복지사업이 시작되었다.

④ 넷째, 사회사업 관련 단체 및 연맹이 전국적으로 조직화되었다.

⑤ 다섯째, 사회사업 관련 전국회의가 개최되는 등 다양한 사건들이 전개되었다.

### (3) 플렉스너(Flexner)의 비판에 대한 사회복지계의 반응 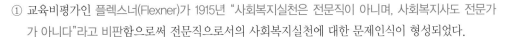 9, 15, 16회 기출

① 교육비평가인 플렉스너(Flexner)가 1915년 "사회복지실천은 전문직이 아니며, 사회복지사도 전문가가 아니다"라고 비판함으로써 전문직으로서의 사회복지실천에 대한 문제인식이 형성되었다.

② 플렉스너는 사회복지실천이 전문직으로 인정받을 수 있는 구체적인 기술을 갖추고 있지 못하다는 점을 비판한 것이다.

③ 플렉스너의 비판에 대해 사회복지계는 전문직으로서 사회복지실천을 위한 환경을 조성하고, 과학적 · 학문적 이론과 기술을 갖추고자 하는 노력이 펼쳐졌다.

④ 전문직의 기본 환경을 조성하기 위한 활동으로 교육 및 훈련을 담당하는 학교를 세우고, 공식적인 도서를 발간하며, 전문가협회를 구성하기 시작하였다. 특히 이미 존재하고 있던 뉴욕자선학교 이외에 2년 과정의 정규교육을 위해 1919년까지 17개의 전문사회복지학교를 설립하였다.

## 3 전문적 분화기(1920년 전후~1950년 전후)

### (1) 3대 방법론으로의 분화

17회 기출

① **개별사회사업(Case Work)**

㉠ 사회복지사는 개인적 · 사적인 영역에서 전문적인 사회복지실천을 수행하였다.

㉡ 진단주의 학파는 개인의 과거 경험을 중심으로 개별적으로 접근하였다.

② **집단사회사업(Group Work)**

㉠ 2차 대전 이후 정신분석이 집단치료에 널리 활용되었으며, 군부대나 사회복지관에 집단지도자가 고용되어 집단지도가 발전하게 되었다.

㉡ 체계화된 전문적 · 이론적 기술의 필요성이 제기되면서 집단사회사업에 대한 전문교육이 시작되었으며, 1946년 미국 사회복지회의에서 집단사회사업을 공식적으로 사회복지실천기술로 인정하였다.

③ **지역사회조직(Community Organization)**

㉠ 1920년부터 주(州) 단위로 공공복지기관이 설치되었으며, 이것이 지역사회조직으로 전환하는 계기를 마련하였다.

㉡ 대공황으로 민간사회사업이 한계를 드러냄으로써 국가에 의해 설립 · 운영되는 공공기관에서 활동하는 사회복지사의 수가 늘어나게 되었다. 또한 지역사회실천이 보다 전문화됨으로써 지역사회조직이 사회복지방법론의 한 분야로 인정받게 되었다.

### (2) 진단주의와 기능주의

12, 16, 20회 기출

① **진단주의**

㉠ 1920년대를 전후로 프로이트(Freud)의 정신분석이론과 리치몬드(Richmond)의 『사회진단(Social Diagnosis)』에 영향을 받아 발달하게 되었다.

㉡ 진단주의 학파는 인간에 대한 기계적 · 결정론적인 관점을 토대로 클라이언트의 과거 경험을 중심으로 현재의 자아기능을 설명하고자 하였다.

㉢ 인간 성격에 있어서 자아(Ego)의 힘이 사회복지 원조에 의해 강화될 수 있다는 점을 기본전제로 하였다.

㉣ 과거에서 현재에 이르는 생활력(Life History)의 분석을 통해 클라이언트의 문제를 확인하고, 현재의 생활상황을 토대로 자아의 기능을 해명하고자 하였다.

㉤ 진단주의는 '질병의 심리학'으로 인간성을 이해하고자 하였으며, 이는 홀리스(Hollis)의 심리사회모델로 발전하게 되었다.

② **기능주의**

㉠ 1930년대 후반 제2차 세계대전과 대공황으로 인해 대량실업이 발생하고 빈민이 사회문제로 제기되는 과정에서 기존의 진단주의에 대한 비판으로 발달하게 되었다.

㉡ 1930년대 미국 펜실베니아 대학교의 타프트, 스몰리, 로빈슨(Taft, Smally & Robinson)에 의해 제기되었다.

ⓒ 인간에 대한 낙관적인 견해를 가진 랭크(Rank)의 심리학에 영향을 받아 인간의 성장 가능성과 함께 문제해결에 있어서 클라이언트의 '의지(Will)'를 강조하였다.

ⓔ 클라이언트 스스로 자신의 성장을 위한 과제를 수행하며, 시간제한적인 범위 내에서 자신의 문제해결 과정에 참여할 것을 기본전제로 하였다.

ⓜ 과거의 사건에 얽매이기보다는 현재의 경험과 개인의 동기에 대한 이해를 중시하였으며, 치료보다는 원조를 강조하였다.

ⓗ 기능주의는 '성장의 심리학'으로 인간성을 이해하고자 하였으며, 이는 문제해결모델이나 클라이언트 중심모델로 발전하게 되었다.

### (3) 사회복지실천의 8가지 공통요소에 대한 정리

1929년 밀포드 회의(Milford Conference)에서 개별사회사업방법론을 기본으로 하는 다음의 8가지 공통요소를 정리하여 발표함으로써 개별사회사업방법론의 공통기반을 조성하였다.

① 사회에서 받아들여지는 규범적 행동으로부터 벗어난 행동에 대한 지식
② 인간관계 규범의 활용도
③ 클라이언트 사회력의 중요성
④ 클라이언트 치료를 위한 방법론
⑤ 사회치료에서 지역사회자원의 활용
⑥ 개별사회사업이 요구하는 과학적 지식 및 경험 적용
⑦ 개별사회사업의 목적, 윤리, 의무를 결정하는 철학적 배경의 이해
⑧ 이상 모든 것을 사회치료에 융합

## 4 사회복지실천의 통합 시도기(1950년 전후~1960년 전후)

### (1) 통합의 움직임

① 개별사회사업, 집단사회사업, 지역사회조직과 같이 사회사업 방법을 개념화하고 이를 분화하는 것이 문제 규정의 범위를 모호하게 만든다는 인식이 커지게 되었다.

② 다양한 요인이 복합적으로 작용하는 실천영역에서 어느 하나의 분야나 기술을 강조하는 것은 실제 문제에 대처하는 데 한계가 있다.

③ 사회변화에 보다 효과적으로 대응하기 위해 거시적이고 통합적인 측면에서 접근해야 할 필요성이 제기되었다.

④ 1962년 미국 사회복지사협회(NASW)에서는 내부의 분회제도를 폐지하고 전문직 전체의 과제로 통합적인 방법을 지향하였다.

### (2) 통합의 방향

① **이론의 통합**

우선 전통적인 방법을 상황에 맞게 절충하면서 통합을 하기 시작하였다. 이후 각 실천방법들 간에 공통기반과 준거틀을 명확히 하여 사회복지실천의 공통기반을 완성한 후, 이와 같은 공통기반을 토대로 통합적인 사회복지실천이론을 형성하면서 통합하였다.

② **기술의 통합**

기존의 개별사회사업, 집단사회사업, 지역사회조직의 방법론적 틀을 탈피하였다. 정책, 행정 등에 있어 미시적 관점에서 거시적 관점으로 시각을 확대하였다.

③ **전문직 단체의 통합**

사회복지실천과 관련된 단체들이 사회복지사협회를 중심으로 통합된 체계를 구축하였다. 그리하여 사회복지사는 분야나 방법의 구분 없이 모두 사회복지사로서 동일한 정체성을 가지게 되었다.

④ **교육의 통합**

사회복지 관련 교과과정에 대한 본격적인 연구가 시작되었다. 공통의 교과과정을 마련함으로써 전문직으로 통합하는 데 기여하였다.

### (3) 펄만(Perlman)의 문제해결모델           14회 기출

① 펄만은 1957년 진단주의의 입장에서 기능주의를 부분적으로 통합한 절충모델로서 문제해결모델을 제안하였다.

② 문제해결모델은 자아인식 기능의 검증을 통한 반성적 사고의 과정을 강조하는 진단주의의 입장과 함께, 역동적 사회구조에서 목표달성을 위해 능동적으로 행동하는 주체적 존재로서의 인간을 강조하는 기능주의의 입장을 동시에 고려하였다.

③ 인간의 삶 자체를 문제해결의 과정으로 보며, 클라이언트 스스로 자신의 문제를 해결할 수 있도록 원조하는 것을 목표로 하였다.

## 5 | 사회복지실천의 통합 발전기(1960년 전후~1980년 전후)

### (1) 통합적 접근방법의 본격적인 대두           11회 기출

① 통합적 접근방법이 본격적으로 대두된 것은 1960~1970년대로, 이는 '결합적 접근방법', '중복적 접근방법', '단일화 접근방법'의 세 측면에서 통합을 이룬 형태로 나타났다.

② 통합적 접근방법은 '환경 속의 인간'을 다루어 클라이언트가 환경과 상호작용할 수 있도록 원조하는 것에 초점을 두었다.

③ 이와 같은 통합적 접근은 일반주의 접근(Generalist Approach), 체계론적 관점(Systems Perspective), 다중체계 개입(Multi-level Intervention) 등을 특징으로 한다.

### (2) 개별사회사업실천이론의 발전

① 1960년대 사회변화 및 직업상의 갈등 등으로 개별사회사업은 가난하고 소외받는 계층이 억압받고 있는 상황을 묵인하고 조장한다는 등의 비판의 목소리가 높아졌다. 특히 개별사회사업은 지나치게 심리학적 접근을 강조하며, 과학적으로도 정밀성이 부족하다는 비판을 받았다.

② 개별사회사업은 이와 같은 비판을 계기로 발전하게 되었다. 개별사회사업은 그 대상을 한정된 클라이언트로 국한하지 않고 모든 클라이언트로 확장하였으며, 이와 같은 클라이언트 대상의 확대는 개별사회사업의 기능 변화 및 기능 확대로 이어졌다.

③ 사회사업분야가 다양해지면서 정신위생, 학교, 노인복지분야 등 특수 분야들의 중복성을 재규정하고자 하는 시도가 펼쳐졌으며, 이러한 과정에서 이론적인 분열이 나타나기 시작하였다.

### (3) 클라이언트의 환경을 중시하는 새로운 모델의 등장

① 일반체계이론, 생태체계이론 등이 통합화의 유용한 이론으로 등장하였으며, 전통적인 방법론으로부터 환경을 중시하는 생태체계론적 관점으로의 방향 전환이 이루어졌다.

② 1970년대를 전후하여 라포포트(Rapoport)의 위기개입모델, 리드(Reid)와 엡스타인(Epstein)의 과제중심모델, 저메인(Germain)과 기터만(Gitterman)의 생활모델 등이 등장하였다.

③ 이 모델들은 클라이언트의 환경을 중요시한다는 점에서 공통적이었다. 특히 생활모델은 인간과 환경 간의 관계를 잘 설명해 주었으며, 그에 따라 개별사회사업실천은 기존의 의료모델에서 생활모델로의 전환을 촉구하였다.

### (4) 사회사업의 확대 발전

① 빈곤의 문제뿐만 아니라 비행, 장애, 보건, 정신건강 등 사회의 다양한 문제를 다루기 시작하면서 임상사회사업, 집단사회사업, 지역사회조직사업 등이 발전하게 되었다.

② 1970년대에 이르러 사회적 목표모델, 치료모델, 상호작용모델, 인본주의모델, 사회학습모델, 목표형성모델 등이 성장하였다.

③ 지역 내의 조직·단체·기관 대표자의 토의의 장을 마련하고, 집단 사이의 관계를 조정하는 등 집단의 참여와 협동을 강조하는 지역사회조직사업이 활기를 띠기 시작하였다.

## 6  새로운 관점의 등장(1980년 전후~현재)

### (1) 사회복지실천의 양상

① 다양한 이론적 관점들을 수용하면서 이를 사회복지실천에 적용하려고 노력하고 있다.

② 포스트모더니즘의 등장과 함께 보편타당한 절대적인 이론체계에의 연구가 한계에 부딪치면서 다중관점의 필요성이 새롭게 대두되고 있다.

③ 클라이언트의 강점 관점에 기초하여 클라이언트의 상황에 부합하는 다양한 접근법과 개입 전략이 강조되고 있다.

④ 클라이언트에게 적절한 서비스를 제공하기 위해 다양한 프로그램을 폭넓게 수행하려는 노력이 전개되고 있다.

⑤ 1980년대 후반부터 현재까지 사회복지실천을 일반사회복지실천과 전문사회복지실천으로 세분화하려는 경향이 지속되고 있다.

### (2) 일반사회복지실천과 전문사회복지실천

① 일반사회복지실천(Generalist Social Work)

ㄱ 광범위한 지식과 기술로 문제를 포괄적으로 사정하고 해결하고자 한다.

ㄴ 다양한 모델, 이론 및 기법 등을 자유롭게 활용하면서 모든 클라이언트와 상황에 접근할 수 있다.

ㄷ 개입 초점도 미시적인 수준에서 거시적인 수준에 이르기까지 다양하며, 주로 영역별 전문가들 간의 의사소통을 촉진함으로써 노력을 통합하고 보호의 지속성을 조성하는 데 역점을 둔다.

② 전문사회복지실천(Specialist Social Work)

ㄱ 사회복지실천이 전문직으로서 아직 미진하다는 주장과 함께 과학적 전문성을 추구한다.

ㄴ 개별사회사업, 집단사회사업, 지역사회조직으로 접근방법을 분리하여 나름대로 각각의 실천기법들을 개발하고 있다.

ㄷ 각 접근방법론별 전문성을 키워나가도록 전문가를 교육 및 훈련시킨다.

ㄹ 전통적인 사회사업의 3대 방법론은 전문사회복지실천영역에서 발전적으로 활용되고 있다.

## 제2절   우리나라 사회복지실천의 역사적 발달과정

### 1 초기 사회복지실천의 역사

#### (1) 일제시대

① 특 징

ㄱ 일제의 구호정책은 식민정책의 일부로 우리 민족이 일제에 충성하도록 하는 사회통제적인 목적으로 시행되었다.

ㄴ 일본은 사회사업을 식민지 조선의 질서유지와 지배강화를 위한 수단으로 이용하였다.

ㄷ 식민통치정책과 같이 무책임의 구조 하에서 실시되었다.

ㄹ 당시 일본에서 시행된 사회복지정책 및 서비스와 대비해 볼 때 차별적 성격이 강하다.

ㅁ 일제 사회정책의 중심을 이루었던 구빈사업은 외견상 상당히 다양해 보이지만 그 내용을 보면 극히 형식적, 온정적, 시혜적인 성격이 강하였다.

② 태화여자관(1921년)

　　㉠ 우리나라 최초의 사회복지관으로 '태화기독교사회복지관'의 전신이다.

　　㉡ 당시 미국의 감리교 여선교사들에 의해 설립된 초기의 사회관들은 그 명칭이 '여자관'이었는데,
　　　 이는 한국 여성들의 열악한 사회적 지위를 향상시키기 위함이었다.

　　㉢ 복음전도, 여성교육, 사회사업을 목적으로 설치되었으며, 미국인 선교사들에 의해 사회사업이
　　　 소개되고 프로그램이 마련되었다.

③ 방면위원제도(1927년)

　　㉠ 일본이 독일식 엘버펠트(Elberfeld) 구빈위원제도를 모방한 것으로, 관이 주도하는 제도였다.

　　㉡ 방면위원은 명예직, 무보수로서 자기가 살고 있는 지역 내 빈민의 생활 상태를 조사하고, 빈곤의
　　　 원인을 판명하여 적절한 지도교화 및 구제방법을 강구하는 임무를 부여받았다.

④ 조선구호령(1944년)

　　㉠ 당시 일본의 구호법을 기초로 모자보호법과 의료보호법을 부분적으로 합성한 것이었다.

　　㉡ 1944년 제정되어 1961년 생활보호법이 제정될 때까지 우리나라 공적 부조의 기본이 되었다.

## (2) 해방 이후~한국전쟁 이후

① 특 징

　　㉠ 대한민국 정부수립과 한국전쟁으로 이어지는 사회적 혼란 속에서 사회복지실천은 오히려 퇴조
　　　 하는 듯한 양상을 보였다.

　　㉡ 미군정 당국은 일제시대의 유물인 조선구호령의 연장선상에서 무계획적 · 임기응변적인 정책을
　　　 펼쳤다.

　　㉢ 미군정 당국의 정책은 기아의 방지, 최소한의 시민생계 유지, 보건위생 및 치료, 응급 주택공급
　　　 등에 중점을 둔 것으로, 장기적 · 획기적인 사업추진을 고려하지 않았다.

　　㉣ 1950년 이후 외국 원조단체와 기관들이 들어와서 활발한 구호사업 및 자선사업을 전개하였으
　　　 며, 점차적으로 사회복지전문가들이 유입되어 사회복지프로그램을 개발하고 특히 가족 중심의
　　　 사회복지실천을 도입하였다.

② 전문적인 개별사회사업의 실행

　　㉠ 1947년 이화여자대학교에 기독교 사회사업학과가 최초로 개설되었으며, 1948년 우리나라 최초
　　　 로 사회복지인력을 배출하였다.

　　㉡ 미국 선교사들이 설립한 병원, 상담소 등에서 사회복지사를 고용하였다. 당시 사회복지사는 심
　　　 리치료를 주로 수행하였다.

　　㉢ 한국전쟁을 전후로 설립된 기독교 아동복지재단, 홀트아동복리회(현재는 홀트아동복지회), 선
　　　 명회(현재는 월드비전) 등 외원단체를 중심으로 개별사회사업이 수행되었다.

　　㉣ 1959년 국립의료원에서 의료사회사업을 시작하였다.

③ 한국외원단체협의회(KAVA ; Korean Association of Voluntary Agencies)

    ⊙ 한국전쟁 직후 외국의 구호단체들이 다수 들어오면서 외원기관들이 난립하게 되었다. 이후 외원기관의 개별적 활동으로 인해 비체계적 · 비효율적인 서비스 제공이 이루어지면서 서비스 제공자 간 협력 및 조정체계 구축의 필요성이 제기되었다.

    ⓒ 한국외원단체협의회(KAVA)는 한국인에 대한 기여와 봉사를 증대하기 위해 구성된 외국민간원조단체의 한국연합회로, 1952년 7개 기관이 모여 조직되었다가 1955년에 사무국을 둠으로써 비로소 연합회로서의 기능을 갖추게 되었다.

    ⓒ 학교, 병원, 고아원 등의 시설을 설립 · 운영하며, 시설에 필요한 각종 물품 및 서비스를 제공함으로써 시설 중심의 사회복지를 발전시켰다.

## 2 근 · 현대 사회복지실천의 주요 발달과정    5, 9, 10, 11, 12, 13, 14, 19회 기출

### (1) 1950~1970년대

① 1947년 이화여자대학교 기독교 사회사업학과가 정식교육기관으로 개설되고, 1953년 YMCA 후원으로 현재의 강남대학교 사회복지대학의 전신인 중앙신학원이 최초의 사회복지사 양성을 위한 훈련기관으로 설립되었다.

② 1952년 한국사회복지협의회의 전신인 한국사회사업연합회가 창설되었다.

③ 1957년 한국사회복지학회의 전신인 한국사회사업학회가 창설되었다.

④ 1960년 공무원연금제도가 시행되었다.

⑤ 1964년 산업재해보상보험제도가 시행되었다.

⑥ 1965년 한국사회복지교육협의회의 전신인 한국사회사업교육연합회가 창설되었다.

⑦ 1967년 사회복지사들의 공식적인 모임으로 한국사회복지사협회의 전신인 한국사회사업가협회가 창설되었다.

⑧ 1970년 사회복지사업에 관한 기본적인 사항을 규정하고 그 공정한 운영을 기하기 위해 사회복지사업법이 제정되었다.

⑨ 1973년 대한의료사회복지사협회의 전신인 대한의료사회사업가협회가 창설되었다.

### (2) 1980~1990년대

① 1980~1990년대에 다양한 사회문제의 증가와 함께 사회복지 관련 법률 및 정책들이 등장하였으며, 사회복지 관련 시설 · 기관들이 급속히 증가하였다.

② 1983년 사회복지사업법의 개정으로 사회복지관의 설립 · 운영을 지원하는 근거를 마련하게 되었으며, 지역 중심 사회복지실천 정착운동의 일환으로 1985년부터 시 · 도 단위로 종합사회복지관이 설립되기 시작하였다.

③ 1987년 사회복지전문요원제도가 시행되어 공공영역에 사회복지전문요원이 배치되었다.

④ 1991년 재가복지봉사센터 설치 · 운영 지침이 마련되어 1992년 재가복지봉사센터가 최초로 설립되었다. 이후 사회복지관 105개에 재가복지봉사센터를 신설하였으며, 8개의 노인복지관과 16개의 장애인복지관에도 설치되어 총 129개가 설립되었다.

⑤ 1992년 사회복지사업법 전부개정을 통해 사회복지전담공무원과 복지사무전담기구의 설치를 위한 법적 근거를 마련하였다.

⑥ 1995년 사회보장기본법이 제정되었다.

⑦ 1995년 7월 보건복지사무소 시범사업이 4년 6개월간 실시되어 1999년 12월에 종료되었다.

⑧ 1995년 정신건강법이 제정되었으며, 1997년 정신건강전문요원으로서 정신건강사회복지사 자격시험이 도입되었다.

⑨ 1996년 자활지원센터 시범사업이 전국 5개소에서 실시되었다.

⑩ 1997년 사회복지공동모금법의 제정을 통해 1998년에 전국 16개의 광역 시 · 도에 '사회복지공동모금회'가 설립되어 전국적으로 공동모금이 실시되었으며, 1999년에 '사회복지공동모금법'이 '사회복지공동모금회법'으로 개정되어 지역공동모금회가 중앙공동모금회의 지회로 전환되었다.

⑪ 1997년 사회복지사업법 전부개정을 통해 1998년 사회복지시설 설치 · 운영의 허가제를 신고제로 전환하였다. 또한 사회복지시설에 대한 평가제도를 도입하여 1999년부터 모든 사회복지시설이 3년마다 최소 1회 이상 평가를 받도록 하였다.

⑫ 1999년 사회복지의 날(9월 7일)이 제정되었다.

### (3) 2000년대 이후  10, 11, 12, 14, 19회 기출

① 2000년대에는 참여복지를 목표로 지역사회복지에 있어서 지역주민의 능동적인 역할을 강조하는 동시에 보편적 서비스 제공을 위해 국가의 역할이 증대되었다.

② 1999년 당시 행정안전부의 '사회복지전문요원의 일반직 전환 및 신규 채용지침'에 따라 2000년 1월부터 별정직 사회복지전문요원이 일반직 사회복지전담공무원으로 전환되었다.

③ 2000년 10월부터 국민기초생활보장제도가 전국적으로 시행되었다. 이로써 최저생계비 이하의 모든 국민이 근로능력에 상관없이 국가로부터 최저생활을 보장받을 권리를 인정받게 되었다.

④ 2003년 사회복지사 전문성의 정체성을 확립하기 위한 제도의 일환으로 사회복지사 1급 국가시험이 실시되었다.

⑤ 2003년 사회복지사업법 개정을 통해 2005년 7월 31일부터 시 · 도 및 시 · 군 · 구 지역사회복지계획을 4년마다 수립 · 시행하도록 의무화하였다.

⑥ 2004년 6월 건강가정지원센터 시범사업을 실시하였으며, 2005년 1월 중앙건강가정지원센터의 개소에 따라 본격적인 사업을 시작하였다.

⑦ 2004년 7월 사회복지사무소 시범사업이 2년간 실시되어 2006년 6월에 종료되었다.

⑧ 2005년부터 2009년까지 한시적 분권교부세를 운영하기로 하였으나 이를 2014년까지 연장 운영하였으며, 2015년부터는 보통교부세로 통합되었다.

⑨ 2006년 7월부터 지역주민이 주민생활 관련 행정서비스를 제공받기 위해 개별기관을 일일이 방문하지 않고 시·군·구 또는 읍·면·동사무소 중 한 군데만 방문하여도 관련 서비스를 종합적으로 제공받을 수 있는 주민생활지원서비스가 실시되었다.

⑩ 노인장기요양보험법이 2007년 4월에 제정되어 2008년 7월에 시행(일부는 2007년 10월부터 시행)되었으며, 이에 따라 노인장기요양보험제도는 2008년 7월 1일부터 시행되었다.

⑪ 2007~2010년 제1기 지역사회복지계획이 시행되었으며, 2011~2014년 제2기 지역사회복지계획이 시행되었다.

⑫ 2010년 사회복지통합관리망 '행복e음'이 구축되었으며, 이를 계기로 2012~2013년 범정부 복지정보통합시스템인 사회보장정보시스템이 단계별로 개통되었다.

⑬ 2012년 5월 경제적·정서적 도움을 필요로 하는 주민들을 적극 발굴하여 지속적인 사례관리를 통해 필요한 서비스를 연계해 주는 '희망복지 지원단'을 운영하기 시작하였다.

⑭ 2013년 9월 정부가 발표한 '지방재정 건전화를 위한 재원조정 방안'에 따라 노인양로시설, 장애인 거주시설, 정신요양시설 사업 등(단, 아동복지시설 사업은 제외)은 2015년부터 중앙정부로의 환원이 이루어졌다.

⑮ 2015년 7월부터 「사회보장급여의 이용·제공 및 수급권자 발굴에 관한 법률」에 따라 '지역사회복지계획'이 '지역사회보장계획'으로 변경되었다.

⑯ 2015년 7월부터 국민기초생활보장제도가 맞춤형 급여체계로 개편되었다.

⑰ 2016년 박근혜 정부의 '복지 행복 체감 프로젝트'의 일환으로서 읍·면·동 중심의 통합서비스 제공을 위한 읍·면·동 중심 복지전달체계 구축의 구체적인 사업계획이 마련되었다. 특히 2018년까지 모든 읍·면·동 주민센터의 복지허브화 구축을 목표로 하고 있다.

⑱ 2017년 5월 30일부로 「정신보건법」이 「정신건강증진 및 정신질환자 복지서비스 지원에 관한 법률」로 전부개정되어 정신건강전문요원으로서 '정신건강사회복지사'의 자격을 명시하였다.

---

**참고**

위의 연도는 법령·제도·정책의 수립 및 실제 시행 시기에 따라 약간의 차이가 있을 수 있습니다.

# 출제유형문제

**01 자선조직협회에 대한 설명으로 옳지 않은 것은?**

① 수혜자격을 심사하였다.
② 영국 런던에서 시작하였다.
③ 구제의 합리화와 조직화를 이루고자 하였다.
④ 환경개선 교육을 강조하였다.
⑤ 우애방문원(Friendly Visitors)이 활동하였다.

**해설** ④ 인보관 운동의 내용에 해당한다. 인보관 운동은 빈민들의 주택문제, 위생문제, 근로환경문제 등에 관심을 가지며, 환경개선 교육을 강조하고 사회개혁적인 운동을 펼쳐나갔다.

**02 인보관 운동과 관계있는 것을 모두 고른 것은?** [11회]

> ㄱ. 우애 방문
> ㄴ. 연구 조사
> ㄷ. 자산 조사
> ㄹ. 함께 거주

① ㄱ, ㄴ, ㄷ
② ㄱ, ㄷ
③ ㄴ, ㄹ
④ ㄹ
⑤ ㄱ, ㄴ, ㄷ, ㄹ

**해설** ㄱ · ㄷ. 자선조직협회의 특징에 해당한다. 자선조직협회는 우애의 정신을 기초로 구제의 도덕적 개혁을 강조하였으며, 주로 중산층 부인들로 구성된 우애방문원의 개별방문에 의해 개별적 조사와 등록을 실시하였다. 또한 무계획적인 시여에서 벗어나 빈민에 대한 환경조사를 통해 중복구제를 방지함으로써 구제의 합리화와 조직화를 이루고자 하였다.

**03** 자선조직협회와 인보관에 대한 설명 중 가장 옳은 것은?

① 자선조직협회는 집단사회복지실천에 기여하였다.
② 인보관은 개별사회복지실천에 기여하였다.
③ 자선조직협회는 젊은 지식인으로 이루어진 우애방문원이 활동을 하였다.
④ 인보관은 개인의 변화보다는 사회환경의 변화에 무게를 더 두었다.
⑤ 자선조직협회는 빈곤의 문제에 대해 사회경제적 제도의 결과라고 강조하였다.

> **해설** ① 자선조직협회는 개별사회복지실천에 기여하였다.
> ② 인보관은 집단사회복지실천에 기여하였다.
> ③ 자선조직협회는 주로 중산층 부인들로 구성된 우애방문원이 활동을 하였다.
> ⑤ 자선조직협회는 사회진화론에 영향을 받아 빈곤의 문제를 개인적인 속성에서 기인한 것으로 보았다.

**04** 전문적 사회복지실천의 확립기(1900년 전후~1920년 전후)는 사회복지실천이 전문직으로 전환된 시기이기도 하다. 이 시기를 사회사업의 전문화기로 보는 이유로 옳지 않은 것은?

① 전문적 복지사업이 시작되었다.
② 전문적 사회사업 실천이론이 확립되었다.
③ 사회사업 조직 및 단체에 자원봉사요원이 배치되었다.
④ 사회사업 관련 단체 및 연맹이 전국적으로 조직화되었다.
⑤ 사회사업 관련 전국회의가 개최되는 등 다양한 사건들이 전개되었다.

> **해설** ③ 사회사업 조직 및 단체에 유급직원이 배치되었다.

**05** 1915년 플렉스너(Flexner)의 비판 결과로 나타난 사회복지계의 반응이 아닌 것은?  [9회]

① 사회개량운동의 추진     ② 사회진단 저서의 출간
③ 전문사회복지학교의 설립     ④ 미국사회복지사협회의 창립
⑤ 개별사회사업방법론의 확립

> **해설** ① 사회개량운동 혹은 사회개혁운동을 추진한 것은 특히 인보관 운동과 연관된다. 인보관 운동이 전개될 무렵 빈곤의 문제는 상당 부분 초기 자본주의의 사회구조적 모순과 제도적 결함에 기인하고 있었으며, 그로 인해 계층 간 갈등과 빈민들의 시위가 끊이지 않았다. 이와 같은 문제에 효과적으로 대처하기 위해 인보운동가들이 빈곤의 문제에 대한 구조적 해결에 기여할 수 있는 입법과 제도의 확충을 위해 노력하였으며, 이것이 곧 사회개량운동으로 전국적으로 확산되어 나갔다.

3 ④   4 ③   5 ①   Answer

**06** 기능주의 학파와 진단주의 학파에 관한 설명으로 옳은 것은?　　　　　　　　　　　[12회]

① 진단주의 학파는 미국의 대공황 이후 등장하였다.

② 기능주의 학파는 인간의 성장 가능성을 중시하였다.

③ 기능주의 학파는 클라이언트의 생활력(Life History)을 강조하였다.

④ 진단주의 학파는 현재의 경험과 개인의 동기에 대한 이해를 중시하였다.

⑤ 두 학파 간의 논쟁은 1970년대에 와서 비로소 종식되었다.

해설 ① 진단주의 학파는 1920년대를 전후로 프로이트(Freud)의 정신분석이론과 리치몬드(Richmond)의 『사회진단 (Social Diagnosis)』에 영향을 받아 발달하게 되었다.
③ 클라이언트의 생활력(Life History)을 강조한 것은 진단주의 학파이다.
④ 과거의 사건에 얽매이기보다 현재의 경험과 개인의 동기에 대한 이해를 중시한 것은 기능주의 학파이다.
⑤ 진단주의 학파와 기능주의 학파 간의 논쟁은 1950년대까지 지속되었다. 펄만(Perlman)은 1950년대 후반에 진단주의와 기능주의를 혼합한 '문제해결모델(Problem-Solving Model)'이라는 새로운 이론을 제시하였다. 이는 기본적으로 진단주의의 입장에서 기능주의를 부분적으로 통합한 것이었다.

**07** 1929년 밀포드 회의(Milford Conference)를 통해 제안된 사회복지실천의 공통요소에 포함되는 것을 올바르게 모두 고른 것은?

> ㄱ. 클라이언트 개인력의 중요성
> ㄴ. 사회치료의 전문의료인력 전담제도
> ㄷ. 사회에서 받아들여지는 규범적 행동에 대한 지식
> ㄹ. 개별사회사업의 목적, 윤리, 의무를 결정하는 철학적 배경의 이해

① ㄱ, ㄴ, ㄷ

② ㄱ, ㄷ

③ ㄴ, ㄹ

④ ㄹ

⑤ ㄱ, ㄴ, ㄷ, ㄹ

해설 1929년 밀포드 회의(Milford Conference)에 의한 사회복지실천의 8가지 공통요소
• 사회에서 받아들여지는 규범적 행동으로부터 벗어난 행동에 대한 지식
• 인간관계 규범의 활용도
• 클라이언트 사회력의 중요성
• 클라이언트 치료를 위한 방법론
• 사회치료에서 지역사회자원의 활용
• 개별사회사업이 요구하는 과학적 지식 및 경험 적용
• 개별사회사업의 목적, 윤리, 의무를 결정하는 철학적 배경의 이해
• 이상 모든 것을 사회치료에 융합

**08** 우리나라 사회복지실천의 역사에 관한 설명으로 옳은 것은?                    [14회]

① 1987년부터 사회복지전문요원이 공공영역에 배치되었다.
② 2000년에 사회복지사 1급 제1회 국가시험이 시행되었다.
③ 2002년부터 노인장기요양보험제도가 실시되었다.
④ 1975년 한국외원단체협의회(KAVA)가 탄생하였다.
⑤ 1931년 태화여자관이 설립되었다.

 ① 1987년 사회복지전문요원제도가 시행되어 공공영역에 사회복지전문요원이 배치되었다.
② 1997년 사회복지사업법 전부개정에 따라 2003년부터 사회복지사 1급 국가시험이 시행되었다.
③ 노인장기요양보험법이 2007년 4월에 제정되어 2008년 7월에 시행(일부는 2007년 10월부터 시행)되었으며, 이에 따라 노인장기요양보험제도는 2008년 7월 1일부터 시행되었다.
④ 한국외원단체협의회(KAVA ; Korean Association of Voluntary Agencies)는 1952년 7개 기관이 모여 조직되었다가 1955년에 사무국을 둠으로써 비로소 연합회로서의 기능을 갖추게 되었다.
⑤ 우리나라 최초의 사회복지관으로 '태화기독교사회복지관'의 전신인 '태화여자관'이 1921년에 설립되었다.


**09** 우리나라 사회복지실천현장의 역사에 관한 설명으로 옳은 것은?                    [12회]

① 사회복지전담공무원은 2000년대 중반부터 공공영역에서 활동하기 시작하였다.
② 건강가정지원센터는 2000년대 중반부터 운영되기 시작하였다.
③ 종합사회복지관은 1990년대 설립되기 시작하였다.
④ 정신건강사회복지사 자격제도는 2000년대 중반부터 실시되었다.
⑤ 한국사회복지사협회는 1990년대 후반에 설립되었다.

 ② 건강가정지원센터는 2004년 2월 9일에 제정된 건강가정기본법에 따라 2004년 6월부터 용산, 여수, 김해 등 3개소에서 시범사업을 운영하였으며, 2005년 1월 24일 중앙건강가정지원센터의 개소에 따라 본격적인 사업을 시작하였다.
① 1987년 사회복지전문요원제도가 시행되어 공공영역에 사회복지전문요원이 배치되었으며, 1999년 당시 행정자치부의 '사회복지전문요원의 일반직 전환 및 신규 채용지침'에 따라 2000년 1월부터 별정직 사회복지전문요원이 일반직 사회복지전담공무원으로 전환되었다.
③ 1983년 사회복지사업법의 개정으로 사회복지관의 설립 · 운영을 지원하는 근거를 마련하게 되었으며, 지역 중심 사회복지실천 정착운동의 일환으로 1985년부터 시 · 도 단위로 종합사회복지관이 설립되기 시작하였다.
④ 정신건강사회복지사제도가 시행된 것은 1997년으로, 당시 1년 동안 수련을 받은 수련생들이 이듬해인 1998년에 2급 자격시험을 치렀다. 이후 1998년부터 2002년까지 5년간의 수련을 거친 수련생들을 대상으로 2002년 1급 승급시험이 치러졌다.
⑤ 한국사회복지사협회의 전신인 '한국사회사업가협회'가 창립된 것은 1967년이며, '한국사회복지사협회'로 개칭된 것은 1985년이다.

**10** 다음 중 사회복지실천의 발달과정을 순서대로 올바르게 나열한 것은?

> ㄱ. 결합적 접근방법, 중복적 접근방법, 단일화 접근방법의 세 측면으로의 통합
> ㄴ. 우애방문원의 활동에 대한 급여 제공
> ㄷ. 개별사회사업, 집단사회사업, 지역사회조직 방법론으로 분화 및 발전
> ㄹ. 진단주의 학파와 기능주의 학파의 접근방법 통합

① ㄴ → ㄱ → ㄹ → ㄷ
② ㄴ → ㄷ → ㄹ → ㄱ
③ ㄴ → ㄹ → ㄷ → ㄱ
④ ㄹ → ㄴ → ㄷ → ㄱ
⑤ ㄹ → ㄴ → ㄱ → ㄷ

 ㄱ. 통합적 접근방법의 필요성이 본격적으로 대두되어 '결합적 접근방법', '중복적 접근방법', '단일화 접근방법'의 세 측면에서 통합의 형태가 나타난 것은 사회복지실천의 통합 발전기에 해당하는 1960~1980년대 전후이다.
　ㄴ. 빈곤의 원인을 사회적 요인으로 보는 시각이 확대되어 자선조직협회의 활동을 우애방문원의 무급 자원봉사만으로 충당하기에는 한계가 있다는 인식이 커지게 되었다. 그로 인해 1890년대 말부터 유급 전임직원을 고용하는 자선조직협회가 많아지게 되었다.
　ㄷ. 개별사회사업, 집단사회사업, 지역사회조직의 3대 방법론으로 분화가 이루어진 것은 전문적 분화기에 해당하는 1920~1950년대 전후이다.
　ㄹ. 진단주의 학파와 기능주의 학파의 통합적 접근이 시도된 것은 사회복지실천의 통합 시도기에 해당하는 1950~1960년대 전후이다.

**11** 사회복지 전문직에 관한 설명으로 옳지 않은 것은? [16회]

① 서구에서 전문직 교육과정이 시작된 것은 19세기 후반이다.
② 실천의 가치와 지식은 방법(Methods)을 통해 현장에서 구현된다.
③ 한국 사회복지사의 자격 및 처우에 관한 사항은 사회복지사업법에 근거한다.
④ 플렉스너(A. Flexner)는 체계적 이론과 전문적 권위, 윤리강령 등을 전문직의 속성으로 꼽았다.
⑤ 밀포드(Milford) 회의에서 사회복지실천의 공통요소를 제시하였다.

해설 ④ 교육비평가인 플렉스너(Flexner)가 1915년 "사회복지실천은 전문직이 아니며, 사회복지사도 전문가가 아니다"라고 비판함으로써 전문직으로서의 사회복지실천에 대한 문제인식이 형성되었다. 이와 같은 플렉스너의 비판은 사회복지실천이 전문직으로 인정받을 수 있는 구체적인 기술을 갖추고 있지 못하다는 점을 지적한 것이다.

**01** 사회복지 전문직에 관한 설명으로 옳은 것을 모두 고른 것은? [17회]

> ㄱ. 전문적인 이론체계를 갖고 있음
> ㄴ. 개인의 변화와 사회적 변혁에 관심을 둠
> ㄷ. 미시 및 거시적 개입방법을 모두 이해해야 함
> ㄹ. 타 분야 전문가와의 협업을 위해 고유한 정체성의 발전은 불필요함

① ㄱ, ㄴ                            ② ㄱ, ㄷ
③ ㄴ, ㄷ                            ④ ㄱ, ㄴ, ㄷ
⑤ ㄱ, ㄷ, ㄹ

해설🔍 ㄹ. 사회복지실천은 목적과 목표가 중요하다. 이는 사회복지실천의 방향성을 올바르게 가져가야 할 필요가 있기 때문이다. 사회복지 전문직은 사회복지실천이 무엇이고, 사회복지실천이 무엇을 추구해야 하는가에 대한 물음에 답해야 하므로, 그 고유한 정체성의 발전이 필요하다.

**02** 한국 사회복지실천의 역사적 발달과정을 발생한 순서대로 나열한 것은? [19회]

> ㄱ. 대학교에서 사회복지 전문 인력의 양성교육을 시작하였다.
> ㄴ. 사회복지사업법에 따라 사회복지사 명칭을 사용하기 시작하였다.
> ㄷ. 사회복지전문요원(이후 전담공무원)을 행정기관에 배치하기 시작하였다.
> ㄹ. 정신건강증진 및 정신질환자 복지서비스 지원에 관한 법률에 따라 정신건강사회복지사 명칭을 사용하기 시작하였다.

① ㄱ - ㄴ - ㄷ - ㄹ                  ② ㄴ - ㄱ - ㄹ - ㄷ
③ ㄴ - ㄹ - ㄱ - ㄷ                  ④ ㄷ - ㄴ - ㄹ - ㄱ
⑤ ㄹ - ㄷ - ㄴ - ㄱ

해설🔍 ㄱ. 1947년 우리나라 최초로 이화여자대학교에 기독교 사회사업학과가 개설되었고, 1953년 중앙신학교(지금의 강남대학교)에 사회사업학과가 설치되었다.
ㄴ. 1983년 사회복지사업법이 개정됨에 따라 기존 '사회복지사업종사자' 대신 '사회복지사' 명칭을 사용하기 시작하였다.

1 ④  2 ①   Answer

ㄷ. 1987년 당시 생활보호대상자를 비롯하여, 노인, 장애인 등 저소득 취약계층에게 전문적인 복지서비스를 제공하기 위하여 저소득 취약계층 밀집지역의 읍·면·동사무소에 사회복지전문요원을 배치하기 시작하였다.

ㄹ. 2017년 5월 30일부로 「정신보건법」이 「정신건강증진 및 정신질환자 복지서비스 지원에 관한 법률」로 전부개정되어 정신건강전문요원으로서 '정신건강사회복지사'의 자격을 명시하였다.

**03** 인보관 운동에 관한 내용으로 옳지 않은 것은? [20회]

① 빈민을 통제하는 사회통제적 기능을 담당함
② 인보관에서 일하는 사람은 지역사회에서 함께 살면서 활동함
③ 지역사회 문제에 관한 연구와 조사를 실시함
④ 빈민지역의 주택 개선, 공중보건 향상 등에 관심을 둠
⑤ 사회문제에 대한 집합적이고 개혁적인 해결을 강조함

해설 ① 자선조직협회에 대한 설명에 해당한다. 자선조직협회는 우애방문원들의 개별방문을 통해 빈곤가정을 방문하여 상담 및 교육, 교화를 하는 역할을 수행하였으며, 빈민구제에 도덕적 잣대를 적용함으로써 빈민을 통제하고자 하였다. 참고로 인보관 운동은 지식인과 대학생들이 직접 빈민가로 들어가 빈민들과 함께 생활하면서 지역사회의 교육 및 문화활동을 주도하였다.

**04** 기능주의 학파(Functional School)에 관한 내용으로 옳지 않은 것은? [20회]

① 개인의 의지 강조
② 인간의 성장 가능성 중시
③ '지금-이곳'에 초점
④ 인간과 환경의 관계 분석
⑤ 과거 경험 중심적 접근

해설 ⑤ 진단주의 학파는 과거 경험을 중심으로 현재의 자아기능을 설명하고자 하였다.

# 사회복지실천현장에 대한 이해

⭐ **학습목표** ▪ 사회복지실천의 장, 사회복지사의 활동, 사회복지실천기관과 사회복지사의 과제를 학습하자.
▪ 실천현장을 구분하고 성격 및 특징을 파악하는 학습이 필요하다. 보건복지부의 업무나 사회복지관련 국가
자격증에 대한 문제도 출제된 적이 있으므로 꼼꼼히 학습하자!

## 제 1 절 사회복지실천현장

### 1 사회복지실천현장의 개념

#### (1) 넓은 의미의 사회복지실천현장

① 넓은 의미에서 사회복지실천현장은 사회복지실천이 이루어지는 분야(Fields) 또는 서비스의 초점이
되는 문제영역(Problem Area)을 포괄하는 개념이다.

② 클라이언트에게 서비스를 제공하기 위해 직접적 혹은 간접적으로 관련되는 모든 현장을 의미한다.

③ 물리적인 장소의 개념을 넘어 사회복지실천이 이루어지고 있는 전문분야들을 일컫는다.

④ 사회복지실천현장은 사회복지사에게 실천의 대상이며, 실천을 적합하게 만드는 독특한 세팅 · 인
구집단 · 사회문제영역 등을 의미한다.

⑤ 전문성을 높이기 위해서는 사회복지현장의 특성을 이해할 필요가 있다.

⑥ 특정 대상이나 사회문제에 초점을 두고 서비스를 제공하는 사회복지기관들이 늘어나면서 사회복
지실천현장도 점차 세분화되고 있다.

⑦ 사회복지사는 동일 또는 관련 분야에서 일하는 타 전문직과의 협력을 위해 특정 분야에 관한 전문
지식과 기술을 갖추는 것이 중요하다.

#### (2) 좁은 의미의 사회복지실천현장

① 좁은 의미에서 사회복지실천현장은 물리적인 장소로서 클라이언트에게 사회복지서비스를 직접적
혹은 간접적으로 제공하는 사회복지기관을 의미한다.

② 기능주의의 대표적인 학자인 스몰리(Smally)는 기관(Place)을 이해하고 활용하는 것이 효과적인
원조 과정에서 절대적으로 필요하다고 주장하였다.

③ 사회복지사는 클라이언트의 문제해결 과정에 중요한 영향력을 미치면서 사회복지사들의 활동을
규정하는 환경으로서의 기관을 이해하는 것이 필요하다.

④ 기관의 조직적 특성 및 맥락을 이해하는 것은 사회복지사로 하여금 클라이언트를 위한 개입계획을 세우고, 업무수행에 필요한 지원을 활용하여 효과적인 개입을 하며, 인접기관이나 환경변화에 적절히 대처할 수 있도록 해 준다.

## 2 사회복지실천현장의 분류

11, 18회 기출

### (1) 기관의 운영목적에 따른 분류

12, 13, 14, 20회 기출

① 1차 현장(Primary Settings)
　㉠ 기관의 일차적인 기능인 사회복지서비스를 제공하기 위한 것이다.
　㉡ 사회복지사가 중심이 되어 활동하는 실천현장을 말한다.
　예 종합사회복지관, 노인복지관, 장애인 지역사회재활시설(장애인복지관), 지역자활센터(자활지원센터), 지역아동센터, 사회복귀시설 등

② 2차 현장(Secondary Settings)
　㉠ 사회복지전문기관은 아니지만, 기관의 운영과 서비스 효과성에 사회복지서비스가 긍정적으로 영향을 미치기 때문에 사회복지사가 부분적으로 개입하는 실천현장을 말한다.
　㉡ 2차 현장에서 일하는 사회복지사는 기관이 제공하는 주요 서비스 분야에 대한 전문지식을 습득하여 타 전문직과의 의사소통을 원활히 하는 것은 물론 사회복지 분야와의 지속적인 교류를 통해 사회복지 전문가로서의 지식과 기술 또한 갖추어야 한다.
　예 병원, 학교, 교정시설, 보호관찰소, 정신건강증진시설, 주민자치센터 등

### (2) 주거서비스 제공 여부에 따른 분류

12, 13, 14, 15, 16, 17, 19회 기출

① 생활시설
　㉠ 주거서비스를 포함한 제반 사회복지서비스를 제공하는 시설로, 수용보호적 성격을 지닌다.
　㉡ 아동, 노인, 장애인, 모자가정, 부랑인 등에게 의식주 등 제반 사회복지서비스를 24시간 제공하는 실천현장이다.
　예 노인요양시설, 장애인생활시설, 그룹홈, 자립지원시설, 청소년쉼터, 아동보호 치료시설, 정신요양시설, 성폭력피해자보호시설 등

② 이용시설
　㉠ 자신의 가정에 기거하는 클라이언트를 대상으로 주거서비스 이외의 사회복지 관련 서비스를 제공하는 기관을 말한다.
　㉡ 재가 또는 생활시설 생활인이나 지역주민들을 통원하게 하여 사회복지서비스를 제공하는 실천현장이다.
　예 종합사회복지관, 노인복지관, 장애인 지역사회재활시설(장애인복지관), 지역자활센터(자활지원센터), 지역아동센터, 재가복지봉사센터, 재가노인복지시설, 노인주간보호센터, 장애인주간보호센터, 장애인직업재활시설, 가정위탁지원센터, 쪽방상담소 등

### (3) 바틀렛(Bartlet)의 개별사회복지실천 현장분류

① **서비스 체계** : 정책과 프로그램, 공공기관과 민간기관, 정부기관과 비정부기관, 이용시설과 생활시설 등
② **관심문제** : 물질남용, 학대, 빈곤, 비행, 가족갈등, AIDS, 노숙 등
③ **클라이언트** : 아동, 청소년, 노인, 여성, 장애인 등
④ **지식, 기술, 가치** : 관점의 차이, 접근방법, 모델 등

### (4) 기관의 설립주체 및 재원조달 방식에 따른 분류 13, 17회 기출

① **공공기관**

㉠ 사회복지서비스의 지원기관으로 '보건복지부 → 시·도 → 시·군·구 → 읍·면·동'으로 연결되어 간접서비스를 제공한다.
㉡ 정부 지원으로 운영되며, 사회복지사 업무도 정부의 규정이나 지침에 따라 지도·감독을 받는다.
㉢ 공공기관의 체계는 서비스를 계획·관리·지원하는 행정체계와 소득보장이나 아동보호 등 관련 프로그램을 직접 제공하는 집행체계로 나눌 수 있다.
㉣ 공공행정체계를 위한 정부 인력으로 보건복지부, 시·도, 시·군·구 행정담당 공무원과 사회복지전문요원이 있다.

② **민간기관**

㉠ 사회복지 관련 사업을 목적으로 사회복지법에 의해 운영되는 것과 재단법인, 사단법인, 종교단체, 시민사회단체, 자원봉사단체 등에서 운영하는 비영리기관을 총칭한다.
㉡ 직접적인 서비스를 제공하는 사회서비스기관과 간접서비스나 행정지원을 위해 조직된 협의체로 구분된다.
㉢ 대표적인 민간기관으로 한국사회복지협의회, 사회복지공동모금회 등을 예로 들 수 있다.
- 한국사회복지협의회 : 사회복지사업법에 의거, 1952년에 설립된 사회복지 공익법인으로, 민간사회복지증진을 위한 협의조정·정책개발·조사연구·교육훈련·자원봉사활동의 진흥·정보화 사업·사회적 취약계층을 위한 사업 등을 수행하고 있다.
- 사회복지공동모금회 : 국민의 성금으로 마련된 재원을 효율적이고 공정하게 관리·운용하기 위해 설립된 사회복지법인으로 1998년에 설립되었다.

## (5) 서비스 제공 방식에 따른 분류

① 행정기관
   - ㉠ 직접적으로 사회복지서비스를 계획하고 실천하기보다는 사회복지실천을 위한 지원기관으로 간접적인 실천의 장이며 행정업무와 기관들을 연계하고 협의하는 업무를 담당한다.
   - ㉡ 사회복지서비스 전달체계상 문제점을 개선하고, 기획·감독·조정하는 등 체계를 효율적으로 발전시키는 것을 목표로 한다.
   - ㉢ 우리나라 사회복지 관련 행정기관은 중앙정부와 사회복지 주무부서인 보건복지부, 고용노동부, 기획재정부, 교육부, 문화체육관광부 등이 있다.
   - ㉣ 지방정부 사회복지행정조직은 특별시·광역시·도를 중심으로 광역자치단체, 시·군·구를 중심으로 한 기초자치단체와 주민센터가 있다.

② 서비스 기관
   서비스 대상자에게 직접 서비스를 제공하는 기관으로 주요 대상자나 문제영역에 따라 다양하게 분류된다.
   - ㉠ 지역사회복지 : 지역사회의 문제를 해결하고 지역주민의 복지욕구를 충족시키기 위해 사회복지사가 각종 사회복지사업을 수행한다.
   - ㉡ 학교사회복지 : 학교사회복지사가 학교에 채용되어 활동하는 것을 말한다.
   - ㉢ 정신건강사회복지 : 정신건강임상심리사, 정신건강간호사 및 정신건강사회복지사가 정신건강전문요원으로 활동한다.
   - ㉣ 교정사회복지 : 지역사회의 범죄예방 및 문제해결을 도모하기 위해 교정사회복지사가 활동한다.
   - ㉤ 장애인복지 : 장애인 거주시설, 장애인 지역사회재활시설, 장애인 직업재활시설, 장애인의료재활시설 등 장애인복지시설에서 장애인을 대상으로 필요한 서비스를 제공한다.
   - ㉥ 아동복지 : 아동이 행복한 삶을 누릴 수 있는 기본적인 여건을 조성하고, 조화롭게 성장·발달할 수 있도록 경제적·사회적·정서적 서비스를 제공한다.
   - ㉦ 노인복지 : 사회적 보호를 필요로 하는 요보호 노인들은 물론, 일정 연령 이상의 모든 노인들을 대상으로 필요한 서비스를 제공한다.
   - ㉧ 의료사회복지 : 질병이나 장애로 인해 환자들이 경험하는 심리사회적 문제를 해결하고 사회적 기능을 회복할 수 있도록 돕는다.

---

**Plus ⊕ one**

**우리나라 사회복지 분야별 전문 인력**
- 사회복지전담공무원 : 전국 읍·면·동 주민센터에 배치되어 행정업무와 사회복지서비스를 담당하며 활동하고 있다.
- 정신건강전문요원 : 정신건강임상심리사, 정신건강간호사, 정신건강사회복지사
- 의료사회복지사 : 의료복지서비스를 전달하며 환자와 관련한 임상업무 수행과 지역사회와 연계하는 활동을 한다.

## 3 사회복지실천현장의 특성

### (1) 실천분야를 이해하는 사정틀(Kamerman, 1995)

① 개입의 초점(대상, 문제, 현장) : 관련 법규나 프로그램, 개입방법을 규명해 나가는 출발점이다.

② 역사적 대응방식 : 실천분야에 관한 역사적 관심과 현재의 변화를 이해하는 데 도움이 된다.

③ 관련법규와 정책 : 원조대상, 수준, 형태 등의 실천 범위에 대한 규정, 서비스 전달과정과 내용을 이해하는 핵심 요소이다.

④ 전달체계와 프로그램 : 원조 종류와 지원 가능한 대상을 결정하는 데 직접 관련이 있다.

⑤ 연구, 평가, 성과 : 프로그램에 관한 연구와 평가로, 개입의 효과성을 파악하는 것은 실천분야의 전문지식과 기술을 이해하는 데 도움이 된다.

⑥ 주요 이슈와 동향, 쟁점 : 각 분야의 동향과 발전 전망, 그리고 쟁점이 되는 문제나 입장에 대한 분석을 통해 실천현장의 특성을 이해할 수 있다.

### (2) 사회복지기관을 이해하는 데 필요한 요소(Johnson, 1986)

사회복지기관은 사회복지사 활동에 직접 영향을 미치는 중요한 환경이다. 사회복지사는 자신이 속한 기관과 다른 기관의 특성을 파악해서 업무와 역할을 구체화할 수 있다.

① 기관의 목적과 가치(서비스 전달에 영향을 미친다)

② 기관의 조직 구조

③ 기관 직원과 자원봉사자를 포함한 인적 자원과 재정적 자원

④ 기관들이 선호하는 서비스 전달방식 등 기관의 업무방식

⑤ 기관 직원의 개인적 · 전문가적 특성 및 다른 직원과 집행부와의 관계 파악

⑥ 기관을 이용하는 클라이언트

⑦ 운영위원회나 이사회와 자문위원회

⑧ 서비스 프로그램과 기술, 구성원의 관심, 공식구조, 권력체계, 환경 등

# 제2절 사회복지사의 활동

## 1 사회복지사의 주요 역할

9, 11, 12, 15, 19, 20회 기출

### (1) 조력자(Enabler) 역할

① 사회복지사는 클라이언트 스스로 내적인 처리능력과 자원을 발견하고 스스로의 노력으로 변화를 가져오는 것을 가능하게 하는 자의 역할을 한다.

② 개인, 집단, 지역사회가 그들의 욕구를 명료화하도록 돕는다.

③ 클라이언트가 직면하고 있는 문제를 보다 분명하게 해 주고 해결방안을 찾도록 도우며, 그들 자신의 문제를 보다 효과적으로 다룰 수 있는 능력을 발달시켜 주는 역할이다.

④ 사회복지사는 저항·양가감정을 줄여주고 클라이언트의 강점 또는 사회적 자원을 발굴하도록 도와준다.

### (2) 중개자(Broker) 역할

① 클라이언트로 하여금 지역사회 내에 있는 서비스체계나 자원을 활용할 수 있도록 돕거나 안내해 주는 역할을 한다.

② 유능한 중개자들은 상황을 이용하고, 대안 자원들 중 선택권을 클라이언트에게 제공한다. 또한 의뢰기관과 클라이언트와의 연결 그리고 그들의 노력을 평가하기 위해 추적조사를 한다.

③ 가출청소년에게 지역사회의 쉼터를 소개하거나 유사기관으로 의뢰하는 것, 클라이언트가 식량이나 법률적 도움 등이 필요할 때 지역사회의 자원을 얻도록 도와주는 것 등을 예로 들 수 있다.

④ 클라이언트를 기관 또는 서비스체계에 의뢰한 이후 적절한 도움을 받았는지 지속적으로 확인하는 역할을 포함한다.

### (3) 중재자(Mediator) 역할

① 관련된 사람들 사이의 분쟁에 개입하여 타협점을 찾고, 상이성을 화해시키거나 상호 만족스러운 동의에 도달하도록 돕는 것이다.

② 사회복지사가 중재하는 역할의 경우는 이혼하는 부부 간의 분쟁, 이웃 간 갈등, 집주인과 세입자 분쟁, 노사 간 분쟁 등이 있다.

③ 중재자는 중립적인 태도를 유지하고, 어느 한 편을 일방적으로 옹호하지 않아야 하며, 양자의 입장을 이해하도록 노력해야 한다.

### (4) 옹호자(Advocate) 역할

① 클라이언트를 대변하는 적극적이고 지지적인 역할을 한다.

② 클라이언트나 시민단체가 도움을 필요로 하고, 기존의 제도가 서비스를 제공하는 데 무관심할 때 (심지어 부정적이거나 적대감을 보일 때) 옹호자의 역할이 적절하다.

③ 클라이언트의 입장에서 일을 진행하고 대변하는 것으로 클라이언트가 필요한 것을 얻을 힘이 거의 없을 때 필요하다.

④ 클라이언트에게 서비스 제공을 거부할 때, 제공방식이 비인격적일 때, 클라이언트가 자신을 잘 대변하지 못할 때, 클라이언트가 자신의 권리를 잘 모를 때, 자원이 턱없이 부족할 때 등의 경우에 필요하다.

⑤ 제도나 기관을 조롱하거나 비난하는 것이 아니라 서비스 정책 중 하나 혹은 그 이상을 수정·변화시키는 데 그 목적이 있다.

⑥ 가정폭력피해여성들의 인권침해, 장애인의 고용차별, 이주노동자의 열악한 노동환경 등 다양한 문제들을 사회적으로 이슈화하여 시민운동을 전개하거나 새로운 정책 또는 법률이 마련될 수 있도록 힘쓴다.

### (5) 행동가(Activist) 역할

① 사회복지사는 활동가로서 사회문제 또는 불법에 대해 일반 대중들이 관심을 가지게 하고, 이러한 조건들을 완화하는 것을 지지한다(제도 변화 추구).

② 사회적 불의, 불평등, 박탈 등에 관심을 가지고 갈등, 대면, 협상 등을 활용하여 사회적 환경이 개인의 욕구를 보다 잘 충족하도록 변화시키는 데 있다.

③ 주장적이고 행동지향적인 방법(예 지역사회 내 에이즈 환자에 대한 서비스 개선을 위해 관심 있는 사람들을 중심으로 시민단체를 조직하는 것)을 활용하여, 사실발견, 지역사회 욕구분석, 조사, 정보유포 및 해석, 동원, 공공의 관심을 촉진하려는 노력 등을 수행한다(사회변화를 통해 사회정의 구현).

### (6) 협상자(Negotiator) 역할

① 하나 혹은 그 이상의 문제로 갈등하고 있는 사람들을 함께 모아 상호수용 가능한 합의에 도달하도록 협상하고 타협안을 찾아 서로 화해하고 수용하며 의견의 일치를 이루어 내도록 돕는다.

② 중립적인 입장에 머물 수가 없고 의견을 가지고 적극적으로 개입하게 된다.

③ 중립적 입장을 갖는 중재자와 가장 큰 차이점은, 협상자는 대개 관련된 사람들 중 어느 한 편과 동맹관계를 맺는다는 것이다.

### (7) 교육자(Educator) 역할

① 클라이언트에게 정보를 제공하고 적응적 기술을 가르친다.

② 효과적인 교육자가 되기 위해서, 사회복지사는 먼저 그 자신이 많은 지식을 갖고 있어야 한다. 또한 정보가 분명히 전달되고 쉽게 이해될 수 있도록 훌륭한 의사소통 기술을 보유하고 있어야 한다.

③ 부모훈련 기술을 젊은 부모에게 가르치는 것, 실직자에게 직업훈련을 시키는 것, 분노를 통제하는 기법을 가르치는 것 등이 여기에 해당한다.

### (8) 조정자(Coordinator) 역할

① 조정은 상이한 사람들과 기관을 조직화된 방식으로 함께 묶어 욕구에 대한 사정 및 누가, 언제, 무엇을 행할 것인지에 대해 협상과 합의를 이끌어 내는 것이다.
② 복합적인 문제를 가진 가족의 경우 여러 기관들이 함께 일을 하게 되는데, 서비스의 중복과 상호 간의 갈등을 피하기 위하여 조정을 시도하게 된다.
③ 사회적 · 의료적 · 법적 · 심리적 · 경제적 욕구를 동시에 갖는 노인을 사정할 때 방문간호원, 작업치료사, 의사, 사회복지사, 언어재활사 등 다양한 전문가들이 참여할 수 있다. 이러한 경우 팀을 구성하고 조정하며, 클라이언트와 팀성원, 전문가 등을 조정 · 연계하는 기능이 중요하다. 다양한 기관으로부터 서비스를 조정할 수도 있으며, 동일 기관 내 상이한 부서 간의 협력을 조정하는 유형도 있는데, 대체로 오늘날 사례관리자가 이 역할을 담당한다.

### (9) 조사연구자(Researcher) 역할

① 모든 사회복지사는 때로 조사연구자의 역할을 하게 된다.
② 사회복지실천에서의 조사는 문헌을 연구하는 것, 실천의 결과를 평가하는 것, 프로그램의 장 · 단점을 사정하는 것, 지역사회욕구를 조사하는 것 등이 포함된다.
③ 전문직 이론과 기술을 발전시키고 사회복지실천 및 프로그램의 질을 향상시킨다.

### (10) 촉진자(Facilitator) 역할

① 클라이언트들이 변화하려는 노력을 하도록 격려하는 집단지도자이다.
② 사회복지사가 관여하는 집단은 치료집단, 교육집단, 자조집단 등이며, 이러한 집단에서 사회복지사는 집단경험의 리더로 개입한다.
③ 사회복지사는 집단과정에서 집단이 기능하도록 격려하고, 집단 내의 지지를 촉진하며, 집단상호작용을 관찰한다. 또 체계적인 피드백을 제공하고, 집단 역동에 관한 정보를 공유한다.
④ 사회복지사는 무관심과 분열을 중화하여 조직 내의 연계를 강화하도록 돕는다.

### (11) 훈련가(Trainer) 역할

① 교육적인 자원 전문가로 공식적인 집단에서 발표하고, 포럼에서 패널리스트로 활약하며, 워크숍을 지도한다.
② 훈련가는 조직의 피고용인으로 활동을 하는데, 때로는 교육 경험을 제공하는 사회복지사와 계약하는 조직에서도 활동한다.

### (12) 현장개입(Outreach) 역할

① 사회복지사는 사회문제를 다양한 사람들에게 알리고, 사회적 부정에 대해 자세히 설명하며, 이러한 문제들을 해결하기 위한 서비스와 정책을 제시한다.

② 사회복지사는 공공사회서비스 조직이나 민간사회 서비스 조직을 알리기 위한 정보를 제공하여 서비스의 접근성을 증진시킨다.

### (13) 계획가(Planner) 역할

효율적인 계획가 역할에서 사회복지사는 사회의 조직, 지역사회학, 사회문제, 지역사회 심리학, 사회계획과 사회정책에 대해 이해하는 것이 필요하다.

### (14) 동료와 모니터(Colleague and Monitor) 역할

① 사회복지사들은 동료 및 모니터 역할을 통하여 전문회원들의 윤리적 행위를 격려한다.

② 사회복지실천가들 간의 자문관계는 올바른 실천과 전문성을 개발하게 한다.

③ 사회복지사는 전문협회 및 지역협회 등의 전문가 조직에 참여하고, 다른 전문가와의 일상적인 접촉을 통하여 협력관계를 도모한다.

### (15) 촉매자(Catalyst) 역할

효과적인 서비스 전달체계의 발전을 도모하기 위해 타 전문직에 협조를 구하거나 전문가 조직을 통한 국가적 또는 국제적 활동을 펼치는 역할을 한다.

### (16) 전문가(Expert) 역할

사회복지사업을 수행하는 데에 필요한 자료를 조사하여 제공하고, 기술상의 정보와 방법에 대한 조언을 한다.

## 2 | 기능 수준에 따른 사회복지사의 역할분류  3, 12, 13회 기출

### (1) 직접 서비스 제공자의 역할

① 사회복지사는 클라이언트의 욕구와 문제를 해결하기 위해 그들을 직접 만나서 서비스를 제공한다.

② 정보제공, 상담, 교육, 치료 등의 직접적인 서비스를 전달하는 역할로서, 사회복지실천현장에서 사회복지사들이 하는 업무 중 많은 부분을 차지한다.

예 개별상담자, 집단상담자(지도자), 정보제공자, 교육자

### (2) 체계와 연결하는 역할

① 사회복지사는 클라이언트에게 필요한 사회자원을 연계하여 클라이언트로 하여금 해당 자원을 충분히 활용할 수 있도록 돕는다.

② 해당 기관에서 클라이언트가 요구하는 서비스나 자원을 제공할 수 없는 경우 다른 기관이나 사회적 자원과 연계 내지 서비스를 받을 수 있도록 중재해 주는 역할을 한다.

例 중개자, 사례관리자, 조정자, 중재자, 클라이언트 옹호자

### (3) 체계 유지 및 강화 역할

① 사회복지사는 자신이 속한 기관의 정책, 서비스 전달체계 등을 평가하고 이를 개선하는 역할을 수행한다.

② 서비스 전달 시 효율성을 저하시키는 기관의 정책 및 기능적 관계를 평가한다.

例 조직분석가, 촉진자, 팀 성원, 자문가

### (4) 연구자 및 조사활용자 역할

① 사회복지사는 적절한 개입방법을 선택하고 해당 개입방법의 효과성 및 효율성을 평가한다.

② 클라이언트의 변화를 모니터링하기 위해 공적 · 사적 세팅 모두에 대한 평가를 수행한다.

例 프로그램 평가자, 조사자

### (5) 체계 개발 역할

① 사회복지사는 기관의 서비스를 확대 혹은 개선하기 위해 체계를 개발하는 등 체계 발전과 관련된 역할을 수행한다.

② 새롭게 나타나는 사회문제에 대한 제한점을 파악하고 이를 보완한다.

例 프로그램 개발자, 기획가(계획가), 정책 및 절차개발자


## 3  개입 수준 및 기능에 따른 사회복지사의 역할 분류(Miley et al., 2001)

### (1) 미시 차원                                   1, 4, 5, 7, 8, 13, 16, 17회  기출

① 조력자(Enabler)

클라이언트가 직면하고 있는 문제를 보다 분명하게 해 주고 해결방안을 찾도록 도우며, 그들 자신의 문제를 보다 효과적으로 다룰 수 있는 능력을 발달시켜 주는 역할을 한다.

② 중개자(Broker)

클라이언트로 하여금 지역사회 내에 있는 서비스체계나 자원을 활용할 수 있도록 돕거나 안내해 주는 역할을 한다.

例 거동이 불편한 독거노인에게 병원에 동행할 자원봉사자를 연계한다.

③ 옹호자(Advocate)

근본적으로 사회정의를 지키기 위한 목적으로 개인이나 집단의 입장을 지지하고 대변하는 것은 물론 사회적인 행동을 제안하는 적극적인 활동을 펼치는 역할을 한다.

④ 교사(Teacher)

클라이언트의 사회적응 기능이나 문제해결능력이 향상될 수 있도록 다양한 정보를 제공하고 기술을 가르치는 등 교육하는 역할을 한다.

## (2) 중범위 차원 16회 기출

① 촉진자(Facilitator)

조직의 기능이나 상호작용, 직원들 간의 협조나 지지를 촉진하며, 조직 간 정보교환이 원활히 이루어지도록 하여 업무의 효과성 및 효율성을 높인다.

② 중재자(Mediator)

기관 간 혹은 기관 내의 의사소통의 갈등이나 의견 차이를 조정하되, 어느 한 쪽의 편을 들지 않은 채 서로의 입장을 명확히 밝히도록 돕는다.

③ 훈련가(Trainer)

기관 직원들의 전문가적인 능력을 계발시키기 위해 직원 세미나, 워크숍, 슈퍼비전 등에 참여하여 해당 직원들을 교육 및 훈련시킨다.

## (3) 거시 차원

① 계획가(Planner)

지역사회에 충족되지 못한 욕구나 새롭게 대두되는 욕구를 충족시키도록 새로운 정책, 서비스, 프로그램을 계획하는 역할을 한다.

② 행동가(Activist)

사회적 불의, 불평등, 박탈 등에 관심을 가지고 갈등, 대면, 협상 등을 활용하여 사회적 환경이 개인의 욕구를 보다 잘 충족하도록 변화시키는 역할을 한다.

③ 현장개입가(Outreach Worker)

서비스를 필요로 하는 지역주민들을 파악하고 서비스 대상자가 적절한 서비스를 찾을 수 있도록 원조하기 위해 직접 지역사회에 들어가 활동하는 역할을 한다.

## (4) 전문가집단 차원

① 동료(Colleague)

사회복지사들이 서로 간에 모니터의 역할을 하여 전문가로서의 윤리를 준수하도록 격려하며, 동료 간 상호 지지를 제공하고 다른 전문가와의 접촉을 통해 협력관계를 구축한다.

② 촉매자(Catalyst)

효과적인 서비스 전달체계의 발전을 도모하기 위해 타 전문직에 협조를 구하거나 전문가 조직을 통한 국가적 또는 국제적 활동을 펼치는 역할을 한다.

③ 연구자/학자(Researcher/Scholar)

이론적 혹은 실천적 전문직으로의 발전을 위한 활동을 수행하며, 지식개발을 위해 과학적 조사를 실시하여 그 결과를 동료들과 공유한다.

**[사회복지사의 역할 분류(Miley et al)]**

| 개입 수준 | 단 위 | 사회복지사의 역할 |
|---|---|---|
| 미시 차원 | 개인, 가족 | 조력자, 중개자, 옹호자, 교사 |
| 중범위 차원 | 조직, 공식적 | 집단 촉진자, 중재자, 훈련가 |
| 거시 차원 | 지역사회, 사회 | 계획가, 행동가, 현장개입가 |
| 전문가집단 차원 | 사회복지전문가 집단 | 동료, 촉매자, 연구자/학자 |

**01** 사회복지실천현장 중 2차 현장에 해당하는 것은?

① 교정시설
② 사회복귀시설
③ 장애인 지역사회재활시설
④ 노인복지관
⑤ 종합사회복지관

해설 ② · ③ · ④ · ⑤ 1차 현장에 해당한다.

**02** 사회복지실천현장 중 생활시설에 해당하는 것을 올바르게 모두 고른 것은?

> ㄱ. 재가복지봉사센터
> ㄴ. 노인주간보호센터
> ㄷ. 노인복지관
> ㄹ. 노인요양시설

① ㄱ, ㄴ, ㄷ
② ㄱ, ㄷ
③ ㄴ, ㄹ
④ ㄹ
⑤ ㄱ, ㄴ, ㄷ, ㄹ

해설 ㄱ · ㄴ · ㄷ. 이용시설에 해당한다.

**03** 사회복지실천현장 중 1차 현장이면서 동시에 이용시설로만 구성된 것은?　　　　　　　　　[13회]

① 노인복지관, 아동상담소, 종합병원

② 보호관찰소, 사회복지관, 정신건강센터

③ 학교, 정신건강센터, 사회복지관

④ 부랑인시설, 청소년쉼터, 보건소

⑤ 지역자활센터, 지역아동센터, 장애인복지관

 ⑤ '지역자활센터, 지역아동센터, 장애인복지관(장애인 지역사회재활시설)'은 기관의 일차적인 기능이 사회복
지서비스의 제공에 있으며, 사회복지사가 중심이 되어 활동하는 1차 현장인 동시에 사회복지서비스에 주
거서비스가 포함되지 않는 이용시설에 해당한다.

**04** 사회복지실천현장에 대한 설명으로 옳은 것은?

① 노인복지관 – 재가복지서비스를 제공하는 이용시설

② 사회복지협의회 – 사회복지행정을 담당하는 공공기관

③ 동 주민센터 – 국민기초생활보장 업무를 담당하는 사회복지 1차 현장

④ 장애인 지역사회재활시설 – 사회복귀 및 요양서비스를 제공하는 생활시설

⑤ 아동보호전문기관 – 학대피해아동의 보호·양육 서비스를 제공하는 민간기관

 ① 노인복지관은 노인의 교양·취미생활 및 사회참여활동 등에 대한 각종 정보와 서비스를 제공하고, 건강증
진 및 질병예방과 소득보장·재가복지, 그 밖에 노인의 복지증진에 필요한 서비스를 제공함을 목적으로
하는 이용시설이다.

② 사회복지협의회는 지역사회복지에 관심을 가진 민간단체 또는 개인의 연합체로, 지역사회의 복지욕구를
효과적으로 달성하기 위한 상호협력·조정단체이다. 비영리 공익법인으로 사회복지 증진을 위한 연구·
조사, 사회복지기관들에 대한 연락 및 조정 등의 기능을 수행한다.

③ 동 주민센터는 국민기초생활보장에 대한 업무를 담당하는 사회복지 2차 현장이다.

④ 장애인 지역사회재활시설은 장애인을 전문적으로 상담·치료·훈련하거나 장애인의 일상생활, 여가활동
및 사회참여활동 등을 지원하는 이용시설이다.

⑤ 아동보호전문기관은 학대받은 아동의 발견, 보호, 치료에 대한 신속처리 및 아동학대예방을 담당하는 공
공기관이다.

**05** 우리나라에서 법적으로 규정하고 있는 국가자격증은?

> ㄱ. 의료사회복지사
> ㄴ. 학교사회복지사
> ㄷ. 교정사회복지사
> ㄹ. 정신건강사회복지사

① ㄱ, ㄴ, ㄷ
② ㄱ, ㄷ
③ ㄴ, ㄹ
④ ㄹ
⑤ ㄱ, ㄴ, ㄷ, ㄹ

 ㄹ. 보건복지부장관은 정신건강 분야에 관한 전문지식과 기술을 갖추고 보건복지부령으로 정하는 수련기관
에서 수련을 받은 사람에게 정신건강전문요원의 자격을 줄 수 있다. 정신건강전문요원은 그 전문분야에
따라 정신건강임상심리사, 정신건강간호사 및 정신건강사회복지사로 구분한다(정신건강복지법 제17조 제
1항 및 제2항).
ㄱ · ㄴ · ㄷ. 법률에 의한 공식적인 국가자격으로 규정하고 있지 않다.

**06** 가정폭력피해여성들의 인권침해 문제에 대해 사회복지사가 옹호자(Advocate)로서 주력해야 할 활
동은?                                                                                      [9회]

① 피해여성의 의식고양을 위한 집단 활동
② 피해여성 지지집단 프로그램의 효과성 평가
③ 피해여성지원을 위한 정책입안과 결정
④ 폭력행위자와의 관계회복을 위한 중재
⑤ 피해여성들의 사회적 권리 확보를 위한 활동

 ⑤ 사회복지사의 옹호자(Advocate)로서의 역할은 사회정의를 지키기 위한 목적으로 개인이나 집단의 입장을
지지하고 대변하며, 사회적인 행동을 제안하는 것이다. 옹호자로서 사회복지사는 가정폭력피해여성들의
인권침해, 장애자의 고용차별, 이주노동자의 열악한 노동환경 등 다양한 문제들을 사회적으로 이슈화하여
시민운동을 전개하거나 새로운 정책 또는 법률이 마련될 수 있도록 힘쓴다.

**07** 사회복지사의 역할에 대한 예로 가장 옳은 것은?

① 조사연구자 – 노인우울증 극복 프로그램의 장단점을 사정한다.
② 중재자 – 젊은 부모에게 부모훈련 기술을 가르친다.
③ 협상가 – 자원봉사자의 역량강화를 위해 워크숍을 지도한다.
④ 상담가 – 거동이 불편한 노인에게 밑반찬 서비스를 연계한다.
⑤ 중개자 – 돌봄서비스를 받고 있는 노인과 직원 간 갈등을 해결한다.

> **해설** ② 교육자의 역할, ③ 훈련가의 역할, ④ 중개자의 역할, ⑤ 중재자의 역할

**08** 보기의 사례와 연관된 사회복지사의 역할로 가장 적절한 것은?

> 서울시 교육청에서는 아동폭력 예방 프로그램을 진행하고자 한다. 교육청에서는 아동복지전담기관의 A 사회복지사에게 의뢰하여 전문적인 자문을 구했다. A 사회복지사는 조언을 제공하고, 프로그램 개발을 도왔다.

① 계획가                    ② 중개자
③ 전문가                    ④ 옹호자
⑤ 현장개입자

> **해설** ③ 전문가(Expert)로서 사회복지사는 사회복지사업을 수행하는 데에 필요한 자료를 조사하여 제공하고, 기술상의 정보와 방법에 대한 조언을 한다.

**09** 사회복지사의 기능과 역할을 연결한 것으로 옳지 않은 것은?

① 직접 서비스 제공 기능 – 집단상담자
② 체계 연결 기능 – 사례관리자
③ 체계 유지 및 강화 기능 – 팀 성원
④ 체계 개발 기능 – 촉진자
⑤ 연구 및 조사활용 기능 – 프로그램 평가자

> **해설** 기능 수준에 따른 사회복지사의 역할
> • 직접 서비스 제공자의 역할 : 개별상담자, 집단상담자(지도자), 정보제공자, 교육자
> • 체계와 연결하는 역할 : 중개자, 사례관리자, 조정자, 중재자, 클라이언트 옹호자
> • 체계 유지 및 강화 역할 : 조직분석가, 촉진자, 팀 성원, 자문가
> • 연구자 및 조사활용자 역할 : 프로그램 평가자, 조사자
> • 체계 개발 역할 : 프로그램 개발자, 기획가(계획가), 정책 및 절차개발자

**10** 다음 사례에서 사회복지사가 수행한 개입역할로 모두 옳은 것은?  [13회]

> 가족에 의해 강제 입소되었던 장애인이 거주시설에서 퇴소하기를 요청함에 따라 (ㄱ) 퇴소상담을
> 실시하였다. 이후 가족들을 설득하여 (ㄴ) 지역사회 내 다양한 주거 관련 정보를 안내하고, (ㄷ)
> 공동생활가정에 입주할 수 있도록 연계하였다.

① ㄱ : 조력자, ㄴ : 중재자, ㄷ : 교사
② ㄱ : 중개자, ㄴ : 중재자, ㄷ : 계획가
③ ㄱ : 조력자, ㄴ : 교사, ㄷ : 중개자
④ ㄱ : 중개자, ㄴ : 옹호자, ㄷ : 계획가
⑤ ㄱ : 교사, ㄴ : 옹호자, ㄷ : 조력자

ㄱ. 조력자(Enabler) : 클라이언트가 직면하고 있는 문제를 보다 분명하게 해주고 해결방안을 찾도록 돕는 역
할을 한다.

ㄴ. 교사(Teacher) : 클라이언트의 사회적응 기능이나 문제해결능력이 향상될 수 있도록 다양한 정보를 제공
하고 기술을 가르치는 등 교육하는 역할을 한다.

ㄷ. 중개자(Broker) : 클라이언트로 하여금 지역사회 내에 있는 서비스체계나 자원을 활용할 수 있도록 돕거
나 안내해 주는 역할을 한다.

**01** 이용시설에 해당하지 않는 것은? [19회]

① 재가복지센터
② 아동상담소
③ 주간보호센터
④ 아동양육시설
⑤ 지역사회복지관

**해설** ① · ② · ③ · ⑤ 이용시설에 해당한다.

생활시설과 이용시설

| 생활시설 | 사회복지서비스에 주거서비스가 포함된 시설<br>예 노인요양시설, 장애인생활시설, 아동보호치료시설, 그룹홈, 청소년쉼터, 정신요양시설 등 |
|---|---|
| 이용시설 | 사회복지서비스에 주거서비스가 포함되지 않으며, 자신의 집에 거주하는 클라이언트를 대상으로서비스를 제공하는 시설<br>예 종합사회복지관, 노인복지관, 장애인복지관, 영유아보육시설, 지역아동센터, 아동보호전문기관, 재가복지봉사센터, 노인주간보호센터, 장애인주간보호센터, 가정위탁지원센터, 쪽방상담소 등 |

**02** 사회복지실천현장의 기능과 목적에 따른 분류에서 1차 현장에 해당하지 않는 것은? [20회]

① 양로시설
② 교정시설
③ 사회복지관
④ 지역아동센터
⑤ 장애인 거주시설

**해설** ② 교정시설은 2차 현장에 해당한다. 2차 현장은 사회복지전문기관이 아니지만 사회복지사가 간접적으로 개입하여 사회복지서비스에 영향을 미치는 실천현장이다.

**03** 사회복지사의 역할에 관한 설명으로 옳지 않은 것은? [17회]

① 옹호자 : 클라이언트 권익 변호
② 계획자 : 변화과정 기획
③ 연구자 : 개입효과 평가
④ 교육자 : 지식과 기술 전수
⑤ 중개자 : 조직이나 집단의 갈등 해결

해설 ⑤ 개인 간 또는 서로 다른 조직이나 집단 간 이해관계 갈등을 해결하여 서로 간에 만족스러운 결과를 얻을
수 있도록 돕는 역할은 중재자(Mediator)로서 사회복지사의 역할에 해당한다.
① 옹호자(Advocate)로서 사회복지사는 클라이언트 개인이나 집단의 권익을 변호하여 새로운 자원이나 서비
스 제공을 촉구하는 정치적 역할을 한다.
② 계획가(Planner)로서 사회복지사는 지역사회에 충족되지 못한 욕구나 새롭게 대두되는 욕구를 충족시키도
록 새로운 정책, 서비스, 프로그램을 계획하는 등 변화과정을 계획(기획)하는 역할을 한다.
③ 연구자(Researcher)로서 사회복지사는 자신이 제공한 서비스를 과학적이고 체계적으로 평가하는 등 사회복
지실천의 전 과정을 사회과학적 연구방법과 병행함으로써 실증적 사회복지실천을 수행하는 역할을 한다.
④ 교육자(Educator)로서 사회복지사는 클라이언트로 하여금 문제를 예방하거나 사회적 기능을 향상하는 데
필요한 지식과 기술을 갖추도록 돕는 역할을 한다.

**04** 사회복지사의 옹호 활동으로 옳지 않은 것은? [19회]

① 자신의 권리를 주장할 수 없는 영유아를 대변한다.
② 무국적 아동의 교육 평등권을 위한 법안을 제안한다.
③ 사회복지사가 클라이언트 집단의 대표로 나서서 협상을 주도한다.
④ 이주 노동자에게 최저 임금을 받을 권리를 교육한다.
⑤ 철거민들의 자체 회의를 위해 종합사회복지관의 공간을 제공한다.

해설 사회복지사의 옹호 활동
• 클라이언트가 스스로 자신을 대변하고 옹호할 수 있는 능력이 부족할 때 그들을 대변하여 그들의 요구사항
을 만들어 내고, 가능한 한 자원이 적절히 공급될 수 있도록 노력한다.
• '옹호자(Advocate)'는 본래 법률 분야에서 변호사의 역할을 빌려온 것으로서, 사회복지사는 클라이언트 집
단을 대표하는 대표자가 아닌 대변인으로서의 역할을 수행해야 한다는 의미이다.

3 ⑤ 4 ③　Answer

# 사회복지실천의 대상과 문제

★ 학습목표 ■ 개인수준, 가족수준, 집단수준, 지역사회수준의 사회복지실천에 대해 학습하자.
■ 사회복지실천기술론과의 복합적인 학습이 필요한 부분일 뿐만 아니라 최근의 가족의 특징과 변화에 대한 내용도 출제되고 있다.

## 제1절   개인수준의 사회복지실천

### 1  개별사회사업(Casework)의 개념

#### (1) 개별사회사업의 정의

① 리치몬드(Richmond)의 정의

㉠ 사회환경과 개인 간의 개별적 의식조정을 통해 개인의 인격발달을 도모하는 제반 과정을 개별사회사업이라 한다.

㉡ 조정은 결과를 전망하여 의식적이며 여러 가지의 연속적인 과정으로 이루어진다.

㉢ 궁극적 목표는 개인 퍼스낼리티(Personality)의 발달에 둔다.

㉣ 개인과 개인, 개인과 사회 간의 조정을 도모한다.

② 펄만(Perlman)의 정의

㉠ 개별사회사업이란 사회적 기능 수행 중에 나타나는 개인의 문제를 효과적으로 대처하기 위해 사회복지기관 또는 전문기관에서 활용하는 하나의 과정이다.

㉡ 자아강화 등의 치료개념에서 벗어나 도달 가능한 목표를 단계적으로 설정하여 그 목표를 향해 의도적·조직적으로 사업을 전개한다.

㉢ 클라이언트를 주체적인 인간으로 여기고, 현재의 위기를 극복하고 미래에 더욱 효과적으로 문제를 다루는 방법을 습득할 수 있다고 생각했다.

㉣ 개별사회사업은 사람(Person), 문제(Problem), 장소(Place), 과정(Process)으로 구성된다.

③ 바우어즈(Bowers)의 정의

㉠ 클라이언트가 환경의 전체 또는 일부분에서 적응할 수 있도록 개인이 가진 능력과 지역사회의 자원을 적절히 동원하기 위하여 지식과 기술을 활용하는 것이다.

㉡ 클라이언트와 그의 환경과의 조정을 도모하는 것을 목표로 삼는다.

㉢ 사회복지사와 클라이언트 사이에 존재하는 신뢰관계를 의식적으로 활용한다.

㉣ 인간관계에 관한 과학적 지식 또는 훈련에 의해 터득한 기술이 사회복지사와 클라이언트의 관계에서 필요하다.

### (2) 개별사회사업의 특징

① 일종의 과정이며 예술이다.

② 스스로 해결하기 곤란한 문제를 가지고 있는 개인을 대상으로 한다.

③ 문제에 대한 과학적 지식과 전문적 기술을 가진 전문가가 주체가 된다.

④ 클라이언트와 사회복지사 간의 인간관계를 중요시하는 협동적인 활동이다.

⑤ 발달과 환경에의 적응과 성격의 성장을 다루는 의식적인 노력이다.

⑥ 개별사회사업은 그 대상에 따라 방법이 달라지는 개별적인 것이다.

⑦ 기관의 기능을 중시하며, 클라이언트의 주체성을 인정한다.

⑧ 예방보다는 치료적 입장에서 문제해결 및 재조정을 중요시한다.

⑨ 개인과 그의 사회환경과의 상호작용을 중시하고, 개인의 내면강화 및 환경조정을 한다.

### (3) 개별사회사업의 요소

| 구 분 | 내 용 |
|---|---|
| 이념지향성 | 개인의 가치와 존엄성 중시 |
| 목적지향성 | 개인의 성격발달 및 사회적 기능향상 도모 |
| 방법지향성 | 활동에 필요한 전문적 지식과 기술 필요 |
| 기능지향성 | 부적응 상황에 대한 조정 |

### (4) 개별사회사업의 구성요소, 4P(Perlman)    `3, 11, 20회` 기출

① 사람(Person)

  ㉠ 일상생활의 사회적 측면이나 정서적 측면에 있어서 도움을 필요로 하는 개인으로 클라이언트를 의미한다.

  ㉡ 클라이언트의 구분

   • 실제적 클라이언트 : 현재 도움을 필요로 하고 있거나 도움을 받고 있는 사람

   • 잠재적 클라이언트 : 현재 문제가 없어 도움이 필요하지 않거나 문제가 있어도 여러 가지 이유에서 도움을 청하지 않는 사람

② 문제(Problem)

  ㉠ 리치몬드 : 문제는 사회환경과의 관계에서 조정을 필요로 하는 적응 이상의 상태를 의미한다.

  ㉡ 문제란 개인의 바람직한 생활상태에 지장을 주거나 방해가 되는 충족되지 못한 경제적 · 의료적 · 오락적인 욕구불만을 의미한다.

  ㉢ 문제란 개인이 사회적 역할을 수행함에 있어서 비효율적이거나 방해가 되는 심리적 · 사회적 · 육체적인 긴장을 의미한다.

③ 장소(Place)

　　㉠ 문제를 가진 개인의 도움을 받으려고 찾아오는 사회복지시설이나 사회복지기관을 의미한다.

　　㉡ 사회복지기관

　　　　• 사회복지기관의 목적 : 원만한 개인생활 혹은 가정생활을 방해하는 특수한 사회적 결함을 가진 개인, 개인 대 개인, 개인 대 집단, 개인 대 사회환경과의 불균형에서 비롯한 문제를 가지고 있는 개인을 돕는 데 그 목적이 있다.

　　　　• 사회복지기관의 기본적 성격 : 물질적 원조, 환경의 조정, 상담 및 심리적 도움 등을 주는 사회복지의 기능을 수행하는 것이다.

④ 과정(Process)

　　사회복지사와 클라이언트 간의 전문직업적 대인관계를 매개로 하여 도와주는 문제해결과정을 의미한다.

## 2 개인수준의 개입

### (1) 등장배경

① 개인을 대상으로 하는 임상사회사업의 기술은 전통적으로 개별사회사업(Social Casework)의 명칭으로 발전해 왔다.

② 개별사회사업은 전문사회사업 방법 중 가장 먼저 개발되었으며, 이를 뒷받침하는 이론적 기초는 방대한 양의 직접적인 실천경험과 인접과학의 지원을 통해 발전되어 왔다.

③ 개별사회사업은 일대일 관계를 기반으로 개인적 · 사회적인 문제를 해결할 수 있도록 돕는 것을 목적으로 한다.

④ 개인의 부적응에 대한 치료적 개입을 강조하며, 개별화된 문제에 대한 적응에 초점을 두는 미시적 접근을 펼친다.

⑤ 개인의 문제를 사회환경과의 관련성 속에서 이해하고 다양한 수준에서 체계적으로 개입할 것을 강조하는 통합적 접근방법이 대두되면서, 기존의 개별사회사업 대신 '개인 대상 실천(Social Work Practice with Individuals)'의 용어를 사용하고 있으며, 그 개입 영역 또한 보다 다양화되면서 확대되고 있다.

### (2) 개인의 변화

① 정서변화를 목표로 하는 개입

　　㉠ 감정표현의 촉진과 자기인식 확장을 통한 정서의 변화 : 공감적 경청과 반영, 의도적 감정표현과 통제된 정서적 관여를 통하여 클라이언트가 감정을 표현하도록 돕는다. 감정표현은 그 자체만으로 감정의 정화효과가 있다.

ⓛ 인지수정을 통한 정서의 변화 : 안전이나 생존의 위협, 원하는 것에 대한 좌절 등을 경험할 때 정서적으로 반응하게 된다. 이러한 정서반응은 사람마다 다르게 나타나고, 같은 사람이라도 처한 상황이나 기분에 따라서도 다르게 나타난다.

ⓒ 행동체험을 통한 정서의 변화 : 행동을 경험함으로써 정서적으로 변화를 겪게 되며, 이러한 변화는 인지영역에도 영향을 준다.

② **행동변화를 목표로 하는 개입**

ⓖ 행동의 변화 없이는 문제가 해결되었다고 보기 어려운 음주 · 도벽 · 도박 · 반복적 비행과 거짓 말이 주로 나타나는 품행장애, 폭력적 행동 등의 문제들은 반복되므로 인지 · 정서적인 차원에서 변화되었다고 하여 문제가 해결된 것으로 보기 어렵다. 따라서 감정과 인지를 움직임으로써 행동변화를 초래하는 전략이 유효하다.

ⓛ 고전적 조건화, 조작적 조건화, 모델링과 같은 개입기법 통하여 행동수정을 할 수 있다.

③ **인지변화를 목표로 하는 개입**

ⓖ 자신이 처한 환경에 대한 지각 · 사고 과정이 변하면 인간에게는 변화가 일어날 수 있다는 전제를 기반으로 한다.

ⓛ 인지상담론가들 : 정신의학자 벡(Beck), 마이켄바움(Meichenbaum) 등

ⓒ 인지상담의 목표 : 클라이언트의 인지적 과정에서 발견되는 오류와 왜곡을 수정하고 클라이언트가 삶에 대한 현실적인 철학을 가지게 함으로써 궁극적으로 클라이언트의 정서적 · 행동적 변화를 일으키는 것이다.

ⓔ 인지변화의 방법

• 논박 : 클라이언트가 가지고 있는 생각의 비논리적인 면을 지적하는 것이다.

• 인지적 과제 : 클라이언트가 일상생활에서 자신의 비합리적 신념을 찾아 합리적인 생각으로 바꾸도록 하는 것이다.

## (3) 관계의 변화

① 인간관계의 문제 때문에 찾아온 클라이언트의 관계 변화를 돕기 위해서는 자신에 대한 이해를 넓히고 의사소통을 효과적으로 할 수 있는 방법을 제시해 준다.

② 의사소통을 효과적으로 하기 위해서는 상대방이 자신에게 끼친 영향과 자신의 욕구에 대한 표현을 잘 할 수 있도록 도와야 한다.

③ 나 – 전달법(I-Message)

ⓖ 자기표현을 잘 할 수 있도록 하는 의사소통방법이다.

ⓛ 세 가지 구성요소

• 상대방의 행동에 대한 간결하고 분명한 묘사

• 상대방의 행동으로 인한 나의 감정 경험

• 상대방의 행동이 나에게 미치는 영향에 대한 묘사

### (4) 문제 상황에 대한 대처방식 변화

① 인간은 견디고 극복하기 어려운 위기를 경험하게 되는데 위기 해결을 위해서는 새로운 대처방식과 자원이 필요하다.

② 자원이 결핍되면 위기가 지연되고 디스트레스 상태가 되어 대인관계 및 전반적인 생활영역에서 적응문제를 가져온다.

③ 스트레스 관리

  ㉠ 스트레스는 자기에게 부과된 요구수준과 이 요구에 부응할 수 있는 자신의 능력 간에 불균형이 느껴질 때 일어나는 생리적·심리적 반응으로, 생산적 기능을 하기도 한다.

  ㉡ 사회복지실천과정에서 다루는 스트레스는 부정적인 것으로, 신체적 질병과 정서적 고통·부적응의 원인이 된다.

  ㉢ 스트레스 관리방법

    • 긴장이완훈련
      – 1단계 : 편안한 장소 선택
      – 2단계 : 한가한 시간 선택
      – 3단계 : 반복할 단어 선택(생각이 흩어지는 것을 막아줌)
      – 4단계 : 수동적인 자세 유지(가능한 자기평가와 같은 일은 하지 않음)
      – 5단계 : 편안한 자세 취하기
    • 스트레스 면역훈련(SIT ; Stress Inoculation Training) : 스트레스에 자주 노출되어 그것을 극복하면 면역력이 생겨 웬만한 강도의 스트레스는 충분히 견디게 된다.
      – 1단계(교육) : SIT의 필요성과 스트레스 상황에서 자신의 반응을 이해하도록 알아듣기 쉬운 일반적인 용어로 교육하는 것이다.
      – 2단계(연습) : 자기지시를 통해 새로운 대처방법을 익히고 인지적으로 재구조화 한다.
      – 3단계(적용) : 상상하는 것을 실제생활에 적용해 보는 단계이다.

④ 문제해결기술 향상(Hepworth와 Larsen이 제시한 개입방법)

  ㉠ 1단계 : 문제인식
  ㉡ 2단계 : 문제분석과 참여자들의 욕구발견
  ㉢ 3단계 : 가능한 대안을 위한 브레인스토밍
  ㉣ 4단계 : 참여자들의 욕구를 고려한 대안평가
  ㉤ 5단계 : 선택된 대안 실행
  ㉥ 6단계 : 문제해결노력 결과평가

## 1 가족의 개념

### (1) 가족의 정의

① 가족이란 인간이 발전시켜 온 기본적인 사회제도 가운데 가장 오래된 것으로, 인간의 성장과 발달에 필요한 것을 가르치고 양육하는 일차적인 집단이다.

② 가족이란 인류사회의 보편적인 제도로, '자녀양육의 기능을 중심으로 특정한 공간(가정)과 특정한 애정의 유대(사랑)로 연결된 특정한 사람들의 집합체(핵가족)'이다.

③ 가족은 생물학적 욕구에 대한 보편적인 반응이기보다, 특정한 사회질서 안에서 나타나는 도덕적·철학적·이념적인 구성단위이다.

④ 가족이란 부부와 그들의 자녀로 구성되는 기본적 사회단위이다. 구성원들은 이익관계를 초월한 애정에 기초한 혈연집단으로, 같은 장소에서 기거하고 취사하는 동거동재집단이며, 그 가족만의 고유한 가풍을 갖는 문화집단이고, 양육과 사회화를 통하여 인격형성이 이루어지는 인간발달의 근원적 집단이다.

⑤ 사회변동과 함께 의도적인 정치적 개입에 의해 변화하고, 그러한 변화에 대해서 역동적으로 적응할 수 있는 사회제도의 하나라고 할 수 있다(조흥식 외, 2002).

### (2) 가족의 기능

① 친밀한 관계의 근원을 제공한다.
사회가 발달하고 복잡해질수록 사람들은 가족 내에서 애정과 친밀함을 발견하려고 노력한다(정서적 지지 기능).

② 경제적인 협조 단위의 기능을 한다.
전통적으로 가족은 성별에 따라 일을 나누어 맡는 경제적인 협조의 단위이다(경제적 기능).

③ 자녀를 출산하고 그들을 사회화시킨다.
전통적으로 자녀출산은 가족의 주된 기능이었다(세대유지와 사회화 기능).

④ 가족구성원에게 지위와 사회적 역할을 부여한다.
결혼을 통해 가족이 형성되면 남편이나 아내에게 새로운 가족역할이 부여되고, 이는 사회로부터 진정한 성인의 지위를 획득하게 된다(지위와 역할부여 기능).

### (3) 가족의 특성(다른 사회집단과 비교할 때)

① 가족은 자연발생적인 혈연관계를 중심으로 하는 소집단으로서 가족구성원들의 선택이나 이탈이 자유롭지 못하다.

② 가족구성원들은 성별, 연령 등에 따라 각자의 지위와 위치가 배정되고 그것에 따라 역할이 배분된다.

③ 가족구성원 간에는 분업관계, 권리 및 의무관계 그리고 일상생활에 수반되는 행동유형이 있다.

④ 가족관계는 가족구성원 간의 인간관계로, 부모와 미혼자녀로 구성된 핵가족을 보더라도 부부, 부모-자녀, 모자, 부녀, 형제, 자매 등의 많은 가족관계가 있다. 이것은 가족구성원 간에 정서적 심리적으로 복잡하게 얽혀있는 밀접한 관계를 의미한다. 그리고 가족은 상호 간에 밀접한 관계에 있으므로 가족구성원 한 사람의 행동이나 생각의 변화는 다른 가족구성원과 가족전체에 영향을 준다.

⑤ 공동운명체적 가족집단은 소속감과 결속감이 다른 사회집단보다 강하고, 가족구성원들은 경제적·심리적·정서적으로 상호 의존적이므로, 상호 간에 행동을 구속하고 규제하기도 한다.

⑥ 가족들은 각각 사회적·문화적·시간적·지역적·경제적 조건에 따라 관계가 다르며, 가족관계는 각 가족의 성장과 발전단계에 따라 변화한다.

⑦ 가족관계는 어떤 다른 인간관계보다도 일찍 시작되고 오랫동안 지속되지만 지나치게 밀접하고 요구적이며, 보상적일 수 있으므로 문제들이 많이 발생할 수 있다.

## (4) 가족의 유형

① **가족의 크기** : 가족 수에 따라 대가족과 소가족으로 나눌 수 있다. 일반적으로 대가족은 가부장적 가족이나 확대가족이 해당되며, 소가족은 부부가족과 핵가족이 해당한다.

② **가족의 구성**

　　㉠ 핵가족 : 부부와 혼인으로 출산한 자녀로 구성된다.

　　㉡ 직계가족 : 결혼한 자녀 중 한 부부가 부모와 동거하는 가족으로, 가족의 영속을 전제로 한다.

　　㉢ 방계가족 : 확대가족이라고도 하며, 형제자매의 부부 혹은 그 이상으로 확대된 혈연을 같이한 사람들과 한 가족을 이루는 경우이다.

③ **부부의 권력** : 부권가족, 모권가족, 평등가족으로 나눌 수 있다. 처음에는 모권가족, 사회의 질서가 잡히면서 부권가족, 근대사회에 이르러서는 평등가족으로 발전하고 있다.

④ **가계계승** : 부계가족, 모계가족, 그리고 양계제 가족으로 나눌 수 있다. 우리나라는 현재 부계중심 가족에 해당한다.

⑤ **거주 형태** : 결혼한 부부가 부와 처의 어느 쪽에서 사느냐에 따라 부거가족(아버지 또는 남편의 편에서 사는 가족)과 모거가족(어머니 또는 아내 편의 가족과 사는 가족), 양거가족, 신거가족(결혼과 더불어 분가한 가족)으로 나눌 수 있다.

⑥ **가족관계 중심** : 부부 중심 가족(남편과 아내로서의 역할과 기대에 큰 비중을 두는 가족)과 친자 중심 가족(부모와 자녀로서의 도리와 기대에 큰 비중을 두는 가족)으로 나눌 수 있다.

⑦ **부부의 결합 형태** : 배우자의 수에 따라 부부가 각기 1인으로 결합되어 있는 형태를 단혼제 또는 일부일처제라고 하고, 남편이나 아내가 동시에 한 사람 이상의 배우자와 결혼생활을 할 수 있는 제도를 복혼제라고 한다(일부다처제, 일처다부제).

⑧ **기타 유형** : 구조적 결손으로 나타나는 한부모가족(부자가족, 모자가족), 소년소녀가족, 노인가족, 독신자가족이 있다. 또한 기능적 결손의 측면에서 빈껍데기가족, 동성애가족, 공동체가족, 재결합 가족 등도 증가하고 있다.

## 2 가족체계

### (1) 체계론적 시각에서 가족의 중요성과 의미

사회체계 이론에서 한 개인의 문제는 그 개인의 내적인 문제로서만이 아니라 그를 둘러싼 전체로서의 가족이라는 맥락에서 이해하려고 한다. 다음은 가족을 이해함에 있어 체계론적 시각이 갖는 중요성과 의미를 정리한 것이다(김유숙, 1998).

① 가족은 각 부분의 특성을 합한 것 이상의 특성을 지닌 체계이다.

② 이러한 가족체계의 움직임은 어떤 일반적 규칙에 의해 지배되고 있다.

③ 모든 가족체계는 경계를 가지고 있다. 이와 같은 경계의 특성은 가족체계가 어떻게 기능하는가를 이해하는 데 중요하다.

④ 가족체계 한 부분의 변화는 가족체계 전체의 변화를 초래할 수 있다.

⑤ 가족체계는 완전하지 않으므로 항상 비교적 안정된 상태를 유지하려는 경향이 있다.

⑥ 가족체계의 기능 중 체계 간의 의사소통이나 피드백 기능이 중요하다.

⑦ 가족 내 개인의 행동은 직선적 인과관계보다는 순환적 인과관계로 보는 것이 이해하기 쉽다.

⑧ 다른 열린 체계와 마찬가지로 가족체계는 목적을 가지고 있다.

⑨ 가족체계는 여러 하위체계에 의해서 성립되며, 가족체계는 지역사회와 같은 보다 큰 상위체계의 일부이다(Barker, 1986).

### (2) 가족체계의 특성

① 기능적 혹은 역기능적 가족체계

㉠ 기능적 가족체계 : 가족 구성원들 사이에 분명한 경계와 자율성, 서로 걱정하고 신뢰하는 분위기 등이 형성되어야 가족체계가 효과적으로 기능하게 된다. 공감적·개방적 의사소통, 변화·유연성 있는 가족규칙 등은 가족구성원에게 긍정적인 영향을 준다. 기능적 가족체계는 가족구성원에게 지속적인 발달의 기회를 제공하며, 가족 안에서 일어나는 사회학습은 가족 외부에서 이루어지는 사회적응에 결정적인 역할을 한다.

㉡ 역기능적 가족체계 : 폐쇄적인 분위기, 융통성이 없는 가족규칙, 위협적이거나 무관심한 가족관계 등은 가족체계에 부정적인 영향을 준다. 역기능적인 가족체계에서 가족의 역할은 정형화되고, 의사소통은 모호하고 혼란스러운 특징이 있으며, 이러한 가족체계는 심각한 가족문제로 이어질 수 있다.

② 가족항상성

㉠ 모든 체계는 스스로 평형상태(균형상태)를 유지하려는 내적 기제를 가지고 있다. 따라서 가족도 가족 내의 균형을 이루려는 항상성 기제를 갖는다.

㉡ 가족이 안정된 상태로 돌아가려는 경향 혹은 균형을 이루려는 속성을 '가족항상성(Family Homeostasis)'이라고 한다.

ⓒ 가족항상성은 특히 위기이론과 관련이 있다. 사회복지사는 가족의 위기상황에서 상호작용 패턴을 조직하고 이를 조절하는 새로운 규칙을 만들어냄으로써 새로운 평형상태를 유지하게 한다. 즉, 전문가의 가족 개입 과정에서 가족의 항상성이 작동될 수 있는 것이다.

③ 가족규칙
ⓐ 가족은 규칙이 있는 사회체계로 각 구성원들의 역할 및 기대에 대하여 명시적이거나 암시적인 규칙을 만들어 낸다.
ⓑ 가족 규칙은 구성원의 행동에 영향을 준다. 만약 한 구성원이 어떤 규칙을 위반하면 다른 가족원이 그것을 통제하는 힘을 행사한다.

④ 가족신화
ⓐ 가족구성원들이 가족 내에서 지키는 신념 또는 기대를 말한다.
ⓑ 가족구성원들이 상호작용을 통해서 서로 의문을 제기하지 않으면서 이러한 신념 또는 기대를 공동의 것으로 만들어 간다.

⑤ 가족 내 하위체계
ⓐ 한 개인은 가족이라 불리는 보다 큰 체계의 하위체계이고, 가족은 지역사회의 한 하위체계이며, 지역사회는 좀 더 큰 전체 사회의 하위체계이다.
ⓑ 체계적 시각에서 가족 안에는 많은 하위체계들이 존재한다. 즉, 가족의 하위체계에는 부부 하위체계, 부모 하위체계, 부모-자녀 하위체계, 형제자매 하위체계 등이 있다.

### (3) 가족체계의 주요 개념　　　　　　　　　　　　　　　　　　5, 11회 기출

① 정적 환류(Positive Feedback)
ⓐ 체계가 안정적인 상태를 거부한 채 체계 자체를 변화시키려는 방향으로 피드백이 이루어지는 것을 말한다.
ⓑ 체계가 새로운 행동을 받아들여 변화를 수용하는 일탈 확장의 역할을 한다.
예 자녀의 일탈행동에 대해 부모가 잔소리를 하자 일탈행동이 더욱 심해진 경우

② 부적 환류(Negative Feedback)　　　　　　　　　　　　　　13회 기출
ⓐ 체계가 변화를 거부한 채 안정적인 상태를 유지하려는 방향으로 피드백이 이루어지는 것을 말한다.
ⓑ 체계가 규범에서 벗어나는 행동을 저지하여 안정성을 유지하려는 일탈 감소의 역할을 한다.
예 자녀의 늦은 귀가에 대해 부모가 꾸중을 하자 자녀가 약속한 시간 내에 귀가하는 경우

③ 가족체계에서의 다중종결성(Multifinality)과 동등종결성(Equifinality)　　13회 기출
ⓐ 가족은 체계를 구성하는 요소들의 상호작용 성격에 따라 유사한 조건에서도 서로 다른 결과가 나올 수 있으며, 반대로 서로 다른 조건에서도 유사한 결과가 나올 수 있다.
ⓑ 다중종결성은 체계를 구성하는 요소들의 상호작용 성격에 따라 유사한 조건이라도 각기 다른 결과를 초래하는 경우를 말한다. 예를 들어, 어떤 가정에서는 장애아의 출생으로 인해 가족의 응집력이 높아지는 반면, 다른 가정에서는 부부관계가 소원해져 가정불화가 나타나기도 한다.

ⓒ 동등종결성은 서로 다른 조건이라도 유사한 결과를 초래하는 경우를 말한다. 예를 들어, 모자(母子) 한부모가정의 경우 거의 대부분 경제적 지위가 매우 열악한 상황에 처해지게 되는데, 그와 같은 상태에 이르게 된 원인은 이혼, 사별, 미혼모 등 다양할 수 있다.

④ 가족치료에 있어서 사이버네틱스(Cybernetics) 〔9, 17회 기출〕

ⓐ 기계의 자동제어장치 원리를 가족체계에 도입·응용한 것이다.

ⓑ 체계가 지속적으로 안정상태를 유지하기 위해 과거에 성공했던 기억과 실패했던 기억을 비교분석해 자동적 메커니즘을 정교화하기에 이르며, 이후 전개되는 유사한 상황에서 이러한 메커니즘이 의식적인 생각을 거치지 않고도 되풀이되도록 한다는 것이다.

ⓒ 이러한 과정에서 피드백 정보는 새롭게 변경되어 미래 행위에 대한 패턴의 변경으로 이어지는데, 이것은 가족치료에서 비정상적인 행동 패턴을 자연스럽게 정상적인 행동 패턴으로 변경할 수 있음을 반영하는 것이다.

ⓓ 1차 수준의 사이버네틱스는 치료자들이 전문가로서의 객관적 입장이나 전문적 기술로써 확실한 지표를 가지고 가족체계를 진단할 수 있다고 본다. 반면, 2차 수준의 사이버네틱스는 행동이 객관적인 발견대상이 아닌 주관적인 구성과정임을 강조하며, 치료자와 내담자가 동등한 관계로서 상호교류를 통해 치료적 개입에 가담한다고 본다.

## (4) 가족구성원 간의 경계  〔2, 11, 13회 기출〕

① 경직된 경계선(Rigid Boundary)

ⓐ 부모와 자녀 간에 타협, 협상할 여지가 거의 없으며, 하위체계들 간의 경계 또한 매우 엄격하다.

ⓑ 부모와 자녀가 자신의 생각이나 감정을 표출하지 않음으로써 서로에 대한 관심과 가족에 대한 몰두가 거의 없다.

ⓒ 가족구성원들은 독립적이고 자율적으로 기능할 수는 있으나 충성심 및 소속감이 부족하여 도움이 필요할 때 원조를 요청하는 능력이 부족하다.

② 애매한 경계선 또는 밀착된 경계선(Enmeshed Boundary)

ⓐ 체계 간의 경계가 불분명하고 미분화되어 있으며, 가족구성원들 간의 구분이 모호하고 거리감이 거의 없다.

ⓑ 부모와 자녀가 서로 지나치게 관여하고 간섭하여 적정 수준의 경계가 결여된 경우이다.

ⓒ 과도하게 밀착된 경계는 개별성원의 자율성을 방해하는 것은 물론 자아의식 및 책임감의 발달에도 부정적인 영향을 미친다.

③ 명확한 경계선 또는 분명한 경계선(Clear Boundary)

ⓐ 가족구성원들 간에 분명한 경계와 자율성이 있으며, 서로의 경계를 침범하지 않는다.

ⓑ 경계는 융통성이 있어서 필요할 경우 전체 가족체계를 서로 지지하고 개입하는 기능이 용이하게 이루어진다.

ⓒ 하위체계 간에 의사소통의 기회를 증가시키고 성공적인 협상으로 변화를 유용하게 하므로 가족의 안정이 유지된다.

### (5) 가족체계와 외부와의 경계

① 폐쇄형 가족체계(Closed Family Systems)
  ㉠ 가족구성원들의 외부와의 상호작용과 출입을 엄격히 제한한다.
  ㉡ 가족 안의 권위자가 가족공간에 명확한 경계를 설정하여 이웃 및 지역사회와의 소통을 통제한다.
  ㉢ 가족 외부와의 경계가 경직적이고 침투력이 없다.
  ㉣ 부모의 자녀에 대한 감시, 대중매체의 통제, 높은 담장과 굳게 닫힌 문 등의 모습으로 나타난다.

② 개방형 가족체계(Open Family Systems)
  ㉠ 가족구성원들의 행위를 제한하는 규칙이 집단의 합의과정에서 도출된다.
  ㉡ 가족 내 경계는 유동적이며, 가족 외부와의 경계는 분명하면서도 침투력이 있다.
  ㉢ 대중매체에 대한 최소한의 검열, 외부활동에의 참여, 지역사회와의 교류 확대, 손님의 빈번한 방문 등의 모습으로 나타난다.

③ 방임형 또는 임의형 가족체계(Random Family Systems)
  ㉠ 가족구성원들은 각자 자신의 영역과 가족의 영역을 확보하면서 개별적인 패턴을 만들어간다.
  ㉡ 가족경계선을 중요하게 생각지 않으며, 외부와의 교류를 제한하지 않는다.
  ㉢ 외부활동에의 무제한적 참여, 집안 내 갈등의 외부로의 표출, 제3자의 집안 출입 권리 확대 등의 모습으로 나타난다.

## 3 가족문제

가족과의 실천의 문제영역은 부부문제와 부모-자녀 관계의 문제 그리고 불편한 하위체계 영역, 부모의 과보호, 서투른 갈등해결 기술과 같은 가족기능상의 문제와 정신신체적인 문제 등이다.

즉, 자녀의 친구선택, 음주와 마약사용, 집안일, 귀가시간, 의사소통문제, 성적 가치와 행동, 학습습관과 학점이수, 이성교제 등의 문제를 포함한다(Shulman, 1992).

### (1) 현대사회 가족의 변화와 가족문제

① 가족의 변화
  ㉠ 가족규모가 축소되고 있다.
  ㉡ 가족 형태는 부부와 자녀로 구성된 2세대 가족이 보편화되고 있으며, 단독가구 혹은 부부로만 구성된 1세대 가족, 특히 노인단독가구와 소년소녀가정이 증가하고 있다. 또한 이혼으로 인한 한부모가족과 여성가구주 가정이 증가하고 있으며, 여성의 경제활동으로 인한 맞벌이가족도 증가하고 있다.

ⓒ 가족관계는 권위적이고 지배적인 부부관계에서 민주적이고 대등한 관계로, 남편주도형에서 부부의논형으로 변하고 있다. 한편 부모–자녀관계는 수직적인 전통규범이 와해되면서 심각한 혼동과 갈등상태에 처해 있다(이소희 외, 1998).

ⓓ 가족기능은 전통적인 생산기능이 퇴조하고 소비기능이 강화되고 있다. 또한 자녀양육기능, 사회화기능, 정서적 유대기능, 여가기능은 꾸준히 강조되는 반면, 의존적 가족원의 보호와 부양기능, 가족을 통한 성과 출산기능 등은 약화되고 있다.

---

**Plus ⊕ one**

**다문화 가족**
16, 19회 기출

• 정 의
  국제결혼이나 입양 등에 의해 가족구성원 간에 여러 문화가 존재하는 가족 형태
• 다문화 역량을 높이기 위한 사회복지사의 역할
  – 소수인종에 대한 선입관이나 편견 탐색
  – 사회적 차별에 맞서는 단체들의 활동 분석
  – 사회복지 전문직의 윤리적 행동지침 이해
  – 문화적 특성을 이해하기 위해 다양한 문화 경험
• 문화상대주의(Cultural Relativism)
  세계 문화의 다양성을 인정하고 이해하려는 것으로, 어떤 문화든지 저마다 독자적으로 발전해왔기 때문에, 특정한 문화의 입장에서 다른 문화의 우열을 결정하는 것은 옳지 않다는 견해

---

② 가족의 변화로 인한 가족문제

ⓐ 경제적 부양부담의 증가 : 가족의 규모가 축소되면서 노인에 대한 부양부담과 아동에 대한 양육비, 교육비 증가로 가족의 경제적 부담이 커지게 되었다.

ⓑ 신체적인 보호기능의 약화 : 주말부부의 증가, 자녀수의 감소, 주거생활의 변화, 여성의 경제활동 참여는 가족 내에서 아동, 노인, 장애인, 병약자 등에 대한 양육기능과 보호기능을 약화시키고 있다.

ⓒ 정서적 기능의 약화 : 가족구성원들의 잦은 이동과 이로 인한 가족생활의 불안정, 세대차이, 부모역할 모델의 부족, 대화의 부족은 가족기능 수행에 문제를 일으키고 있으며, 이는 결과적으로 부부불화, 고부문제, 배우자 부정, 아내학대와 아동학대를 포함하는 가정폭력 문제를 증가시키고 있다.

ⓓ 결손가정의 증가 : 자녀유기, 별거, 이혼의 증가, 배우자의 혼외관계, 향락산업의 발달 등으로 결손가정이 늘어나고 있으며, 이로 인해 정신적 장애를 가진 아동, 가출청소년과 비행청소년이 증가하고 있다(남세진·조흥식, 1995).

## (2) 역기능적 가족의 문제

① **이중구속의 메시지** : 도망갈 곳 없는 가족상황에서 한 사람이 다른 사람에게 메시지를 보낼 때 모
순된 메시지가 계속 반복적으로 이어져 메시지를 받는 사람은 어떻게 반응하든지 간에 실패하게
되는 것을 의미한다.

② **위장** : 자기행동을 통해 상대방으로 하여금 어떤 생각을 품게 했으면서도, 그 생각을 말로 표현할
때는 자신의 행동을 부인하는 것을 의미한다.

③ **대칭적 관계** : 한 사람의 행동이 상대방의 행동에 영향을 주고, 다시 또 그 상대방의 행동에 영향을
받아 서로 계속 상승작용을 하는 것을 말한다. 한쪽에서 비난하면 다른 한쪽에서 더 큰 비난을 하
여 결국 관계가 악화되는 것을 말한다.

④ **보완적 관계** : 대칭적 관계와 같은 극한적 대립은 없지만 불평등의 차이가 극대화되어 한 사람은
지배적이고 또 한 사람은 복종적인 관계를 맺는 것을 말한다.

⑤ **밀착가족** : 가족들 간의 상호작용이 너무 지나쳐 과잉염려가 있는 가족으로, 한 사람의 일이 다른
사람에게 미치는 영향이 지나치게 크게 작용한다.

⑥ **유리가족** : 가족이 지나치게 자주적이어서 가족에 대한 충성심이 많이 부족한 것을 의미한다.

⑦ **희생양** : 가족 중 환자로 지적된 사람으로, 가족의 균형을 유지하기 위해 부정적인 문제를 짊어진
다. 보통 가족 구성원 모두가 한 개인이 희생양이 되는 과정에 참여하게 되는데, 가족들은 가족의
문제를 그 개인의 문제로 전가시켜 균형을 유지하려 하고, 그 사람 역시 자신을 희생하여 가족의
조화로운 관계를 유지하려고 한다.

⑧ **가족규칙** : 가족규칙이란 규칙에 의해 지배되는 체계로, 가족 구성원이 공유하는 규범이나 가치관의 기
제를 말한다. 가족규칙은 내재적인 불문율처럼 기능하고, 가족 구성원은 그 규칙에 따라 행동한다.

⑨ **가족신화** : 가족신화는 가족 혹은 가족 구성원에 대한 잘못된 신념이나 기대로, 가족 구성원 모두
의 지지를 받는 가족의 정신적 기제이다. 특정의 정형화된 관계방식·기능방식을 나타내며, 객관
적으로 볼 때 현실과 동떨어진 양상을 보이기도 한다. 가족신화에 집착하는 가족은 새로운 시도와
관계의 변화를 지양하며, 습관적으로 기존의 가족기능을 유지하려는 경향이 있다.

⑩ **부모화** : 부모화란 어떤 자녀가 가족 내에서 부모나 배우자의 역할을 대신 수행하는 것을 의미한
다. 대부분의 경우 한 쪽의 부모가 적절한 역할을 수행하지 못한다고 생각할 때, 부모의 대응물로
역할을 수행하는 경우가 많다. 이 경우 대부분의 자녀들에게 기대되는 역할이 그 자녀가 아이로서
가지고 있는 욕구와 서로 상충될 수 있으며, 결과적으로 자녀의 발달과업을 제대로 수행하지 못하
게 되는 위험성이 있다.

### (3) 가족치료의 모델

① **정신분석학적 모델** : 정신분석학적 치료방법인 동일시, 전이 등의 방법을 통해 가족이나 개인의 내면에 있는 문제들을 정화한다.

② **보웬의 모델** : 가족 내 하위체계의 변화가 다른 부분의 변화를 야기한다는 점에 초점을 두어, 개인이 가족자아로부터 분화된 확고한 자아를 수립하도록 유도한다.

③ **구조적 모델** : 가족구조의 불균형을 해소하기 위해 가족구조를 재구조화함으로써 가족이 적절한 기능을 수행할 수 있도록 돕는다.

④ **의사소통 모델** : 가족 간에 존재하는 의사소통 과정과 형태를 중시하며, 정보의 내용과 정보가 받아들여지는 관계에 초점을 둔다.

⑤ **경험적 모델** : 가족 관계의 병리적 측면보다는 긍정적인 측면에 초점을 두어, 모호하고 간접적인 가족 내 의사소통의 명확화를 강조한다.

⑥ **행동학적 모델** : 정적강화행동 등 학습이론의 원리를 이용하여, 가족이 직면하고 있는 문제에 대해 행동치료적인 기법을 적용한다.

⑦ **전략적 모델** : 이론보다는 문제 행동을 변화시키는 데 초점을 두어, 치료자가 다양한 전략을 고안한다.


## 제3절 집단수준의 사회복지실천

### 1 집단의 개념

### (1) 집단의 정의

① 사회집단이란 '한 개인으로서 서로 인식하고 상호작용하며, 사회적 실체로서 집단에 대한 의식을 공유하고, 구성원들의 집단과 연관된 행동에 의해 영향을 받으며, 자연적이고 표현적 행동이 지배적인 두 명 이상으로 구성된 사회조직의 한 형태'이다(Norlin & Chess, 1997).

② 집단은 적어도 2인 이상이 모여, 공동의 목적 혹은 인지적 · 감정적 · 사회적인 면에서 관심을 공유하면서, 서로에 대한 호감을 가지며, 규범을 형성할 뿐 아니라 집단 활동을 위한 목적을 발달시키고, 스스로 혹은 타인에 의해서 그 집단의 구성원으로 인식할 수 있는 정도의 응집력을 발달시킬 수 있도록 충분한 상호작용과 교류가 이루어지는 상태이다(Hartford, 1971).

③ 집단이란 '서로 관련되어 있는 사람들의 집합으로서 개인들의 단순한 집합이 아니라 그 안에 있는 사람들의 관계가 구조화되고 유형화되어 있는 조직된 체계'라고 규정할 수 있다. 또한 이러한 집단은 적어도 두 사람 이상이 모여 공동의 목적과 흥미 혹은 관심을 공유하면서 서로에게 영향을 주고받는 모임이라고 할 수 있다.

### (2) 집단의 특징(Norlin & Chess, 1997)

① 일정한 구성원을 갖는다. 집단의 최소 단위는 2인 이상이고, 전체의 크기는 작다고 할 수 있다. 이러한 집단의 크기는 구성원 상호 간의 상호작용으로 인해 제한을 받는다.

② 공통된 목적이 존재한다. 집단에는 구성원들이 함께 공유하고, 실제로 달성할 수 있는 목적이 있어야 한다.

③ 정체성을 갖는다. 모든 구성원은 전체로서의 집단에 대한 정체성을 갖는데, 이는 다양한 집단 활동을 통해 형성되는 '우리의식'이라 할 수 있다.

④ 집단은 개인의 행동에 영향을 미친다. 집단은 구성원들에게 사회통제의 기능뿐 아니라 중요한 사회화의 기능을 수행한다.

⑤ 상호작용은 1차적으로 정서적 맥락에서 이루어진다. 집단 내 상호작용은 구성원들의 내적 혹은 자연적인 상태를 기반으로 한다.

⑥ 집단참여에는 한계가 있다. 한 개인이 가족 이외의 다양한 집단에 참여하는 것은 일정한 관심과 흥미에 기초하여 자발적으로 결정된다. 그리고 각 집단은 구성원들에게 상호작용을 요구하고, 이는 결과적으로 구성원들의 힘과 에너지를 필요로 한다. 따라서 자연적으로 한 개인이 집단에 참여하는 정도와 수는 제한적이기 마련이다.

### (3) 집단의 목적에 따른 유형 분류

① 치료집단(Treatment Group)

    ㉠ 집단성원의 교육, 성장, 행동변화 또는 사회화에 대한 욕구를 충족시키기 위해 구성된 집단이다.

    ㉡ 한 집단은 여러 가지 목적을 동시에 가지기도 하며, 절차는 융통성이 있고, 의사소통은 개방적으로 이루어진다.

    ㉢ 집단의 성공 여부는 집단 내 개별성원들의 치료적 목표가 성공적으로 달성되었는가에 기초한다.

    ㉣ 집단 목적에 따라 지지집단, 교육집단, 성장집단, 치유집단, 사회화집단으로 구분된다.

② 과업집단(Task Group)

    ㉠ 과업의 달성을 위해, 성과물을 산출해내기 위해 또는 명령을 수행하기 위해 만들어진다.

    ㉡ 집단의 목적은 조직적인 문제에 대한 해결책을 찾고 새로운 아이디어를 만들어 내며 의사결정을 내리는 데 있다.

    ㉢ 사회복지사는 집단성원의 개인적인 성장보다는 문제해결의 방침을 만들어 나가면서 의사를 결정하고 산출물을 만들어내는 데 초점을 둔다.

    ㉣ 팀, 위원회, 이사회, 협의회, 연합체, 행정집단, 사회행동집단 등이 있다.

③ 자조집단(Self-help Group) 9, 14회 기출

ㄱ 서로 유사한 문제나 공동의 관심사를 가진 사람들이 자발적으로 구성하여 경험을 공유하고, 바람직한 변화를 이끌기 위해 상호원조를 강조한다.

ㄴ 핵심적인 공동의 관심사가 있다는 점에서 치료집단이나 과업집단과 구분된다.

ㄷ 알코올·마약 등 약물이나, 암·비만 등 질병과 같은 핵심적인 공동의 관심사가 있다는 점에서 치료집단 중 지지집단과 유사하다.

ㄹ 하지만 지지집단과 달리 자조집단은 전문가가 간접적인 역할을 수행하며, 사회복지사가 주도적인 역할을 하지는 않는다. 사회복지사는 물질적 지지 제공, 다른 체계와의 연결, 지식 및 정보 제공 등을 통한 자문기능 등의 역할을 수행한다.

ㅁ 치매노인가족집단, 단도박모임, 자폐아동부모집단, 동성애자옹호집단 등이 해당한다.

**Plus ⊕ one**

| 치료집단(Treatment Group)의 유형과 예 | 8, 12, 13회 기출 |
| --- | --- |

| 지지집단 | 이혼가정의 취학아동모임, 아동양육의 어려움을 함께 나누는 한부모집단, 암환자 가족 모임 등 |
| --- | --- |
| 교육집단 | 부모역할 훈련집단, 위탁가정의 부모가 되려는 집단, 청소년 성교육집단, 특정 약물이나 질환에 대해 정보를 획득하려는 집단 등 |
| 성장집단 | 부부를 위한 참만남집단, 청소년 대상의 가치명료화집단, 리더십 향상집단, 잠재력 개발 집단, 여성을 위한 의식고양집단, 은퇴 후의 삶에 초점을 맞추는 노인집단 등 |
| 치유집단 | 학교폭력 피해아동의 외상 치유를 위한 집단, 심리치료를 받는 외래환자집단, 금연집단, 약물중독자집단, 보호관찰처분을 받은 청소년집단 등 |
| 사회화집단 | 과거 정신장애환자였던 사람들의 모임집단, 공격성을 가진 아동들의 집단, 자기주장훈 련집단, 춤이나 악기연주 등의 여가활동을 포함하는 한부모집단 등 |

### (4) 사회체계론적 관점에서 집단이 반드시 수행해야 하는 4가지 요건(Parsons)

① **적응(Adaptation)** : 어떤 집단에서 외부로부터 제공되던 자원이 차단되면 그 집단은 적응을 위해 새로운 자원을 확보할 수 있어야 하며, 현재의 기술이 낙후되고 비능률적일 때는 새로운 기술을 만들어 낼 수 있어야 한다.

② **목표달성(Goal-attainment)** : 목적 달성의 과정에 어떤 장애가 가로놓여 있으면 집단은 이를 극복할 수 있어야 하며, 집단성원이 혼란에 빠져 있거나 욕구불만의 상태에 있을 경우 집단은 그들을 재교육시킬 수 있어야 하고, 그들의 능력을 동원할 수 있어야 한다.

③ **통합(Integration)** : 집단 내 어떤 부분이 다른 부분을 위협할 때 집단은 이러한 갈등을 조정하고 해소할 수 있어야 하며, 각 부분들 간의 불균형과 보조가 맞지 않는 점들을 조화롭게 만들 수 있어야 한다. 또한 집단의 결속력이나 응집력을 높이는 방향으로 집단분위기를 이끌어가야 한다.

④ **잠재적 유형유지 또는 형태유지(Latent Pattern Maintenance)** : 집단 내 어떤 부분이 다른 부분을 위협할 때 갈등을 조정하고 해소할 수 있어야 하며, 각 부분들 간의 불균형과 보조가 맞지 않은 점들을 조화롭게 만들 수 있어야 한다.

### (5) 집단구성의 특징

9, 10회 기출

① **동질성과 이질성**
집단이 유지되기 위해서 집단은 동질적이면서 또한 이질적이어야 한다. 동질성 집단은 성원 간의 관계를 증진하고 집단의 결속력을 높인다. 이질성 집단은 성원에게 다양한 관점과 견해를 제공해 개인의 문제를 해결하는 데 자극이 될 수 있다.

② **집단의 크기**
집단의 크기는 목적을 효과적으로 성취할 수 있을 만큼 작아야 하고, 성원이 만족스러운 경험을 할 수 있도록 커야 한다.

③ **집단유형**
집단사회복지사는 신규 성원을 받아들일 것인지(개방집단), 받아들이지 않고 기존의 성원으로만 집단활동(폐쇄집단)을 할지 결정해야 한다. 개방집단과 폐쇄집단 중 어느 하나를 선택하는 것은 집단목표와 환경에 따라 달라질 수 있다.

④ **집단의 지속기간 및 회합의 빈도**
시간이 제한적인 집단은 정해진 기간 내에 목표를 달성하기 위하여 노력하므로 생산적일 수 있다는 장점이 있다.

⑤ **물리적 환경의 배려**
물리적 환경은 성원들에게 비밀성, 친밀감, 편안함, 집중도의 측면에서 상당한 영향을 미친다.

⑥ **기관의 승인**
후원기관으로부터의 승인은 특히 학교, 상담소, 병원 등에서 치료집단을 발전시키고 지도하는 데 필수적이다.

## 2 집단수준의 개입

### (1) 집단사회사업

① 집단사회사업의 개념
　　㉠ 집단사회사업은 소단위인 개인을 집단 속에서 성장시키고 발전시키기 위한 사회복지 차원에서의 접근이라고 할 수 있다.
　　㉡ 집단사회사업은 소단위인 개인과 개인들이 모인 소집단이 가지고 있는 문제들을 해결하는 목표지향적인 활동이며, 나아가 사회정의에 대한 욕구를 충족시키는 활동이다.
　　㉢ 집단에 속한 개인이 프로그램 활동을 통해 타인과 관계를 맺고 성장하는 기회를 제공함으로써 집단은 물론 사회의 발전을 도모하고자 한다.

② 집단사회사업의 기본원리
　　㉠ 집단 내 개별화의 원리
　　㉡ 집단 간 독립성의 원리
　　㉢ 집단성원 간 상호관계 촉진의 원리
　　㉣ 자발적 참여유도의 원리

③ 집단사회사업 실천의 원칙
　　㉠ 개별화의 원칙 : 집단 내 개인의 특성 및 욕구, 개성, 능력 등을 반영한다.
　　㉡ 수용의 원칙 : 개인의 감정과 태도와 행동을 이해하며, 개성과 독특성을 인정하고 수용하기 위해 노력한다.
　　㉢ 참가의 원칙 : 자발적인 참여를 독려하며, 참여를 방해하는 요소들을 제거한다.
　　㉣ 체험의 원칙 : 심리적·행동적 체험을 통해 자신감과 성취감을 얻을 수 있도록 한다.
　　㉤ 갈등해결의 원칙 : 집단 내에서 발생하는 갈등상황들을 구성원 스스로가 해결할 수 있도록 지지한다.
　　㉥ 규범의 원칙 : 집단 내에서 준수해야 하는 규범에 대해 인지시킨다.
　　㉦ 계속평가의 원칙 : 지속적인 성장과 발달을 유도하기 위하여 수시로 집단 활동을 분석·평가한다.

### (2) 집단역동(Group Dynamic)

집단구성원들의 상호작용을 통해 나오는 힘, 즉 집단의 역동이 있기 때문에 집단 차원에서의 개입이 가능하다. 역동은 전체적·개별적 집단 구성원들에게 강한 영향력을 미쳐 집단의 치료적 효과를 가져온다. 집단역동의 영역에는 의사소통과 상호작용, 집단의 결속력, 사회통제역학, 집단문화 등이 있다.

① 의사소통과 상호작용 : 집단구성원들은 언어적·비언어적 의사소통으로 집단 내에서 상호작용을 하게 된다. 자유로운 의사소통이 가능한 집단중심의 상호작용은 긍정적인 기능을 하게 된다.

② **집단의 결속력** : 집단구성원들이 집단에 머물도록 하는 데 영향을 미치는 요인들이다. 집단 구성원들이 결속력이 있으면 집단에 대한 소속감을 갖게 되고, 자기표현이 자유로워지며, 타인과의 관계도 활발해져서 집단을 통한 효과가 더 커질 수 있다.

③ **사회통제역학** : 집단이 질서를 유지하기 위해서는 구성원들에게 일정한 방식을 따르도록 하는데, 이때 통제력을 사용하게 된다. 사회적인 통제에는 규범, 역할, 지위 등이 있다.

④ **집단문화** : 구성원들이 공통적으로 가지는 가치, 신념, 관습, 전통 등을 의미한다. 집단문화는 동질적인 구성원들 사이에서는 빠르게 형성되고, 이질적인 구성원들 사이에서는 느리게 형성된다.

## (3) 집단개입에 효과적인 치료적 요소

① **희망부여** : 집단치료는 그들이 변할 수 있다는 희망을 심어준다.

② **보편성** : 다른 사람들의 문제가 자신과 비슷하다는 생각, 자신의 문제가 보편적으로 발생한다는 사실에 위로를 얻는다.

③ **정보공유** : 집단리더 혹은 다른 구성원들이 해 주는 충고, 제안, 대처방안, 직접적인 안내 등을 통해 유용한 정보를 얻게 된다.

④ **사회적 지지(이타심)** : 구성원들 사이에서 서로 도움을 주고받으며, 누군가를 지지·제안·충고로써 도와줄 수 있다는 사실에 스스로를 가치 있는 존재라고 느끼게 된다.

⑤ **교정적 가족관계의 반복** : 여러 가지 측면에서 가족과 유사한 집단의 각 구성원들은 다른 구성원들과의 상호작용을 반복하게 된다. 이러한 상호작용은 단순한 반복이 아니라 발전적인 방향으로 나아가는 교정적 반복이다.

⑥ **대인관계 및 사회화기술의 개발** : 집단규칙에 의거하여 구성원들로부터 받는 피드백을 통해 그리고 모방과 학습을 통해, 대인관계 문제에 있어서 자신의 단점을 수정할 수 있다.

⑦ **카타르시스** : 자신을 지지해주는 집단의 보호적인 분위기 속에서, 구성원들은 자신의 행동에 장애를 초래했던 억눌려 있던 감정을 자유롭게 표현함으로써 카타르시스를 경험하게 된다.

## (4) 집단개입의 방법

파펠과 로스만(Papell & Rothman, 1966)의 분류

① **사회적 목표모델** : 사회의식과 사회책임 강조

② **상호작용모델** : 집단구성원과 사회의 관계는 공생적·상호적

③ **치료모델** : 집단은 개인의 치료를 위한 도구

## (5) 사회복지실천에의 적용

① **환경체계로서의 집단**

㉠ 또래, 학급, 학교, 동아리, 사회단체, 직장, 그리고 지역사회에 존재하는 다양한 소집단들이다. 이러한 집단들은 개인의 성격형성과 사회적 관계형성에 직접적 혹은 간접적으로 영향을 미친다.

㉡ 사회복지사는 가족집단을 클라이언트 개인의 일차적이고 직접적인 환경체계로 이해하고 바라보는 것이 필요하다.

② 실천방법론 대상으로서의 집단

    ⊙ 집단사회사업이란 전문가에 의한 의도적 집단과정과 경험을 통해 개인의 사회적 기능수행을 향상할 뿐 아니라 집단이 당면한 여러 가지 문제들을 해결하도록 도와주는 전문적 노력이다.

    ⓛ 사회복지사들은 실천의 대상인 가족과 집단이 갖는 다양한 유형과 특징에 대해서 충분히 알고 있어야 하며, 그 대상이 직면하고 있는 복잡한 문제와 상황들을 체계적 관점에서 사정하고, 이를 효과적으로 해결할 수 있는 구체적인 지식과 기술을 충분히 갖추고 있어야 한다.

③ 도움이 필요한 클라이언트로서의 집단

    ⊙ 도움을 요청하는 집단의 대부분의 문제는 매우 복잡하고 다면적이다.

    ⓛ 인간관계의 변화뿐 아니라 경제적인 원조와 환경조정을 요구하거나, 집단과 관련되는 주변체계를 동원하는 것을 요구하기도 한다.

    ⓒ 클라이언트로서의 집단이 겪고 있는 어려움에 대해 체계적인 시각에서 접근해야 한다.

    ⓔ 전체로서의 집단이 겪고 있는 구조와 기능상의 문제, 집단 내 의사소통의 문제, 그리고 주변체계와의 상호교류와 지지의 수준을 정확히 파악할 수 있어야 한다.

    ⓜ 사회복지사는 구성원들의 요구와 목적에 따라 자연집단을 활용하거나 혹은 2차 집단이나 형성집단을 만들어 개입해야 한다.

    ⓗ 사회복지사는 지지집단, 교육집단, 성장집단, 치유집단, 사회화집단을 만들어 개방집단 혹은 폐쇄집단의 형태로 운영할 줄 알아야 한다.

    ⓢ 효과적으로 집단을 운영하기 위해서는 구성원들의 특성과 욕구, 그리고 문제를 정확히 파악할 뿐 아니라 실제로 집단을 이끌어 갈 수 있는 기술과 능력을 갖추어야 한다.

    ⓞ 사회복지사는 집단을 분석할 때 구조기능적인 면, 행동적인 면 그리고 관계적인 면에서 바라볼 수 있는 능력이 있어야 한다.

④ 지지체계로서의 집단

    ⊙ 집단은 객관적인 환경체계로만 존재하는 것이 아니며, 동시에 문제나 어려움에 처해 있을 때 다양한 도움을 줄 수 있는 지지체계로 존재한다.

    ⓛ 사회복지사는 어려움을 가진 클라이언트를 도울 때 그가 소속되어 있거나 사회적 관계를 맺고 있는 다양한 집단을 지지체계로 활용하는 노력을 해야 한다.

## 1 지역사회의 개념

### (1) 지역사회의 일반적인 개념(Fellin)

① 지리적 지역사회

특정한 공간을 중심으로 이루어지는 지역집단으로 읍·면·동과 같은 행정구역집단과 마을, 시장권, 학교권과 같이 자연스럽게 형성된 사회적 지역집단이 이에 해당된다.

② 기능적 지역사회

특정적인 속성, 이해관계 등을 기초로 하여 형성된다. 이들은 인종, 종교, 민족, 언어, 생활방식, 성적 지향, 사회계층, 연령, 정치적 성향, 직업의 유형, 출신대학 등 다양한 정체성과 관심 그리고 문화 등을 기반으로 동질성을 갖는다.

③ 개인적 지역사회

개인이 자신의 관점에서 규정한 지역사회에 초점을 두고 형성된다. 개인의 상호작용, 서비스나 자원의 이용, 구직활동, 여가활동 등에서 개인이 참여하는 모든 지역사회를 말하며, 지리적 의미와 기능적 의미로서의 지역사회를 모두 포함한다.

### (2) 지역사회의 공통요소(Hillery)

14, 17회 기출

힐러리(Hillery)는 《지역사회의 정의, Definition of Community》라는 논문을 통해 '지역사회(Community)'라는 용어가 현대사회에서 상황에 따라 다양하게 사용되는 매우 복잡한 개념이라는 견해를 밝히면서 다음의 3가지 공통적인 요소를 제시하였다.

① 지리적 영역(Area)

② 사회적 상호작용(Social Interaction)

③ 공동의 유대(Common Tie)

### (3) 체계로서의 지역사회

① 의식적으로 동일시되는 인구집단으로 구성되며 집단에 대한 소속감을 가지고 있다.

② 공동작업을 조직하고 종사하며, 기능이 분화되어 있다.

③ 에너지의 교환을 통하여 상위체계의 환경에 적응한다.

④ 하위체계와 상위체계의 욕구를 충족시키기 위하여 조직과 제도를 창설하고 유지하는 사회와 미시적 체계들의 중간에 있는 사회체계이다.

### (4) 지역사회의 기능(N. Gilbert & H. Specht) 10, 14, 16, 18회 기출

① 생산 · 분배 · 소비의 기능 → 경제제도

　지역사회는 지역주민이 일상생활을 영위해 나가는 데 필요한 기본욕구를 충족시켜 주는 재화와 용역을 효율적으로 생산하고, 이를 일정한 경로를 통해 분배함으로써 지역주민 각자의 욕구에 따라 소비하도록 하는 환경을 제공한다.

② 사회화의 기능 → 가족제도

　지역사회는 사회가 향유하는 일반지식이나 사회적 가치, 행동양태 등을 그 지역의 구성원들에게 전달하는 환경을 제공한다.

③ 사회통제의 기능 → 정치제도

　지역사회는 지역주민들로 하여금 그 지역사회의 규범에 순응하도록 하는 기능을 한다.

④ 사회통합의 기능 → 종교제도

　지역사회는 지역주민들에게 다양한 집단 및 조직 활동 등의 사회참여 기회를 제공한다. 지역주민들의 사회참여를 통한 상호작용은 지역사회의 유지 및 결속의 역할을 한다(Warren은 '사회통합'이라는 용어 대신 '사회참여'라는 용어 사용).

⑤ 상부상조의 기능 → 사회복지제도

　지역사회는 기본적 사회제도에 의해서 자신의 욕구를 충족할 수 없는 지역주민들에게 그들의 안녕(Well-being)을 위해 도움을 제공하는 역할을 한다.

### (5) 지역사회복지실천의 유형 2, 7, 11, 16회 기출

① 지역사회개발모델

　㉠ 지역주민의 적극적인 참여와 강력한 주도권을 강조한다.

　㉡ 민주적인 절차, 자발적인 협동, 토착적인 지도자의 개발, 교육 등을 기초로 전 지역사회의 경제적 · 사회적 조건을 향상시키고자 한다.

　㉢ 새마을운동, 지역복지관의 지역개발사업, 자원봉사운동 등이 해당된다.

② 사회계획모델

　㉠ 실업, 비행, 범죄, 주거문제, 정신건강 등의 사회문제를 해결하고자 하는 기술적인 과정을 강조한다.

　㉡ 고도의 숙련된 전문가를 중심으로 합리적인 계획과 기술적인 통제로써 변화를 유도한다.

　㉢ 정부 관련 부서, 도시계획국, 지역사회복지협의회 등이 중심이 된다.

③ 사회행동모델 3, 4, 7, 10, 11, 17회 기출

　㉠ 사회정의와 민주주의에 입각하여 지역사회의 소외된 계층에 대한 처우 개선 등을 지역사회에 요구하는 방식이다.

　㉡ 권력이나 자원에 있어서의 재분배를 요구하며, 소외된 지역주민의 지역사회정책에서의 참여가능성을 확대한다.

　㉢ 인권운동, 학생운동, 여권신장운동, 환경보호운동, 노동조합, 급진정당 등이 해당된다.

## 2 지역사회 수준의 개입

### (1) 사회적 지지체계의 개발

① **주관적 지지** : 개인이 사회적으로 지지받고 있다고 스스로 인식하는 것이다.

② **객관적 지지** : 사회적 관계를 통해 타인들로부터 주어지는 객관적 지지행동이다.

③ **사회적 지지체계를 개발하는 방법**(Hepworth & Larsen)

    ㉠ **자연적 지지체계의 활성화** : 사회복지사가 기존의 체계들이 클라이언트의 욕구에 맞게 적절히 기능하도록 돕는 것이다.

    ㉡ **공식적 지지체계의 활용** : 클라이언트의 욕구에 환경이 반응할 수 있도록 기존의 다양한 사회복지기관 및 프로그램을 활용하는 것이다.

    ㉢ **자원봉사자의 활용** : 클라이언트의 욕구를 만족시키기 위해 사회복지사가 활용하는 지지체계의 한 형태이다.

### (2) 서비스 조정

① 여러 가지 문제를 가진 클라이언트에게 복합적인 서비스가 주어질 때 서비스들이 공동의 목적을 달성하기 위해 적절한 시기와 방법으로 클라이언트를 도울 수 있도록 조정의 작업이 필요하다.

② **조정의 형태**(Johnson)

    ㉠ **서비스 연결** : 복합서비스를 제공하는 한 기관의 여러 전문가들이 특정한 클라이언트에게 관심을 가지고 서로 연결되는 것을 말한다.

    ㉡ **의뢰** : 서로 다른 기관의 전문가들이 연결되어 서비스를 제공하는 형태로 의뢰한 서비스가 제대로 전달되고 있는지, 그 결과가 어떤지를 평가하는 것까지 포함한다.

    ㉢ **사례관리** : 클라이언트의 문제와 욕구를 평가하여 필요로 하는 서비스를 찾고 그런 서비스를 연결해주는 책임을 사회복지사가 맡는 것이다.

### (3) 프로그램 개발

클라이언트의 문제를 해결할 수 있는 서비스가 지역사회 내에 없을 때 사회복지사는 클라이언트의 욕구와 문제를 해결할 수 있는 프로그램 및 자원을 개발해야 한다.

① **문제의 확인** : 문제의 규모와 심각도 조사

② **욕구의 파악** : 여러 관계집단을 대상으로 문제해결의 욕구를 파악

③ **목적 및 하위목적의 설정과 우선순위 결정** : 프로그램의 목적과 하위목적을 설정하고, 하위목적들 사이의 우선순위 결정

④ **성취목표의 구체화** : 하위목적의 달성 여부를 측정할 수 있는 목표들을 구체화

⑤ **제공 서비스** : 여러 대안들을 가지고 비용-효과분석

⑥ **대안의 선택** : 최소의 비용으로 최대의 효과를 낼 수 있는 대안선택

⑦ **세부 프로그램 설계** : 선택된 대안들의 구체적인 설계작업

⑧ **예산** : 프로그램의 우선순위에 따라 예산 분배

⑨ **집행** : 세부계획과 예산이 확보된 프로그램들을 적당한 조직체계 속에서 일정한 기간 동안 집행

⑩ **평가** : 목적 달성 여부 평가

⑪ **피드백** : 사업의 확대 및 조정을 결정

### (4) 클라이언트 집단을 위한 옹호활동

① **개인에 대한 옹호** : 특정 개인에게 서비스와 사회복지 혜택이 제공되도록 노력하거나 이미 제공되고 있는 서비스가 클라이언트의 존엄성을 인정하도록 일하는 것이다.

② **집단에 대한 옹호** : 특정 불이익 집단을 위해 제도적ㆍ법률적 체계를 변화시키도록 노력하는 것이다.

③ **옹호활동이 필요한 경우**

　㉠ 기관이나 직원이 자격이 되는 클라이언트에게 서비스와 혜택의 제공을 거부할 때

　㉡ 비인간적인 방법으로 서비스를 전달할 때

　㉢ 인종, 종교, 신념 그 밖의 다른 요소 때문에 클라이언트가 차별받을 때

　㉣ 정부나 기관정책이 자원과 혜택이 필요한 사람들에게 부정적인 영향을 미칠 때

　㉤ 클라이언트가 스스로를 위해서 효과적으로 행동할 수 없을 때

　㉥ 자원이 없어 많은 사람들의 공통된 욕구가 해결되지 못할 때

　㉦ 위기상황에서 클라이언트가 즉시 서비스와 혜택을 받아야 하는 특별한 욕구가 있을 때

　㉧ 클라이언트가 시민의 혹은 법적인 권리를 거부당했을 때

　㉨ 조직의 시설이나 절차가 클라이언트에게 부정적으로 영향을 미칠 때

④ **사회복지사의 옹호활동 기술**

　㉠ 클라이언트의 집단을 조직하여 행동을 취한다.

　㉡ 관련기관 간의 협의체를 구성한다.

　㉢ 정부관료나 입법자들과 접촉한다.

　㉣ 법적인 소송을 제기한다.

　㉤ 전문가의 증언을 제공하여 공공정책을 개선하는 데 영향을 미친다.

　㉥ 지역사회 관련부분 정부관료나 주요결정권자를 교육한다(출판, 방송, 패널토론, 캠페인 등).

# 출제유형문제

**01** 개인을 대상으로 하는 사회복지실천에 대한 설명 중 적절하지 않은 것은?

① 개인의 문제를 해결하기 위해서는 여러 요소들을 동시에 고려하여야 한다.

② 같은 상황에서 보이는 정서적 반응은 모두 같기 때문에 동일한 방법으로 클라이언트를 훈련시킬 수 있다.

③ 정서문제에 개입하기 위해서는 감정표현, 정화와 동시에 자신에 대해 이해할 수 있도록 도와야 한다.

④ 행동체험은 정서의 변화를 도모할 수 있다.

⑤ 인지의 변화는 여러 가지 환경에 대한 지각과 사고과정을 바꾸면서 가능하다.

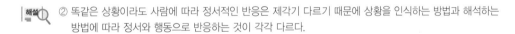 ② 똑같은 상황이라도 사람에 따라 정서적인 반응은 제각기 다르기 때문에 상황을 인식하는 방법과 해석하는 방법에 따라 정서와 행동으로 반응하는 것이 각각 다르다.

**02** 가족대상 사회복지실천에 관한 설명 중 옳지 않은 것은?

① 가족은 1차 집단으로서 하위체계를 가지지 않는다.

② 가족구성원 간에는 애매한 경계, 명확한 경계, 경직된 경계 등이 나타난다.

③ 가족구성원 간의 지나친 간섭에 의해 경계가 결여된 것은 애매한 경계에 해당한다.

④ 가족외부와의 경계에서 개방형은 가족 내 경계가 유동적인 상태이다.

⑤ 오늘날 가족은 한부모가족, 다세대가족, 다문화가족 등 다양한 양상으로 나타나고 있다.

해설 ① 가족은 부부 하위체계, 부모 하위체계, 부모-자녀 하위체계, 형제자매 하위체계 등이 존재한다.

**03** 다음 상황에 부합하는 가족체계 관련 용어는? [11회]

> 딸의 일탈행동에 대해 부모가 잔소리를 하자 일탈행동이 더 심해졌다.

① 이중구속
② 정적 환류
③ 부적 환류
④ 일차 사이버네틱스
⑤ 이차 사이버네틱스

해설🔍 정적 환류(Positive Feedback)는 체계가 안정적인 상태를 거부한 채 체계 자체를 변화시키려는 방향으로 피드백이 이루어지는 것을 말하는 반면, 부적 환류(Negative Feedback)는 체계가 변화를 거부한 채 안정적인 상태를 유지하려는 방향으로 피드백이 이루어지는 것을 말한다. 다시 말해, 정적 환류는 체계가 새로운 행동을 받아들여 변화를 수용하는 일탈 확장의 역할을 하는 반면, 부적 환류는 체계가 규범에서 벗어나는 행동을 저지하여 안정성을 유지하려는 일탈 감소의 역할을 한다. 딸과 부모의 의사소통 과정에서 말과 행동에 뒤이은 반응들은 그들 간의 갈등을 오히려 증폭시키고 있다. 이는 정적 환류에 의한 일탈의 확장에 해당하는 것으로, 변화의 수용에 따라 가족체계의 항상성을 깨뜨리는 결과를 초래한다.

**04** 가족관계와 치료에 대한 설명으로 옳은 것은?

① 폐쇄형 가족체계는 외부환경과의 정보교환이 자유롭다.
② 이중구속(Double Binds)은 가족의 유대관계를 강화한다.
③ 전문가의 객관적 입장을 강조하는 것이 1차 수준의 사이버네틱스(Cybernetics)이다.
④ 가족의 순환적 인과관계는 가족을 단선적으로 이해하는 것이다.
⑤ 가족규칙은 가족구성원들이 가족 내에서 지키는 신념 또는 기대를 말한다.

해설🔍 ③ 1차 수준의 사이버네틱스는 치료자들이 전문가로서의 객관적 입장이나 전문적 기술로써 확실한 지표를 가지고 가족체계를 진단할 수 있다고 본다.
① 폐쇄형 가족체계는 외부환경과 정보교환이 자유롭지 못하다.
② 이중구속은 한 사람이 다른 사람에게 논리적으로 상호 모순되고 일치하지 않는 두 가지 메시지를 동시에 전달하는 것으로, 가족의 유대관계 형성에 악영향을 미친다.
④ 가족의 순환적 인과관계는 가족체계를 원인에 따른 결과 또는 자극에 따른 반응과 같은 선형적 유형으로 보는 것이 아닌 가족체계의 상호작용 패턴에 초점을 두는 순환적 반응으로 보는 것이다.
⑤ 가족규칙이 아닌 가족신화에 해당한다.

3 ② 4 ③   Answer

**05** 다음 중 집단성원들에게 기술과 정보를 제공하는 집단은? [5회]

① 교육집단
② 지지집단
③ 성장집단
④ 과업집단
⑤ 사회화집단

 해설

② 지지집단 : 성원들이 생활사건에 대처하고 이후 효과적으로 대처할 수 있는 능력을 향상시키는 집단으로 유대감 형성이 용이하며 자기개방 수준이 높다.
③ 성장집단 : 집단구성원의 잠재력을 발견하고 사회심리적 · 정서적 건강을 향상시키며, 집단을 성원 자신의 성장기회로 알고 활용하는 데 목적이 있다.
④ 과업집단 : 조직의 클라이언트에 대한 해결책을 모색하고 새로운 생각을 구상하고자 하는 집단으로, 과업달성, 성과물 창출, 명령수행을 위해 구성된 집단이다.
⑤ 사회화집단 : 성원들이 사회적 기술과 사회적으로 수용된 형태의 행동을 효과적으로 수행할 수 있도록 학습하는 데 도움을 주는 집단이다.

**06** 다음 가족체계의 외부와의 경계 중 개방체계에 대한 설명으로 가장 옳은 것은? [5회]

① 개방체계는 다른 체계들과 비교할 때 가장 바람직한 체계이다.
② 외부와의 상호작용, 사람, 정보, 생각의 출입을 제한한다.
③ 경계선의 방어를 중요하게 생각하지 않는 체계로 외부와의 교류에 제한이 없다.
④ 사생활에서의 갈등이 공공장소에서도 자유롭게 표현될 수 있다.
⑤ 체계 내부로의 출입의 권리를 손님과 제3자에게도 확대시킨다.

해설

② 폐쇄체계, ③ · ④ · ⑤ 임의체계

가족체계의 외부와의 경계

| 폐쇄체계 | • 가족구성원들의 외부와의 상호작용과 출입을 엄격히 제한한다.<br>• 가족 안의 권위자가 가족공간에 명확한 경계를 설정하여 이웃 및 지역사회와의 소통을 통제한다. |
|---|---|
| 개방체계 | • 가족구성원들의 행위를 제한하는 규칙이 집단의 합의과정에서 도출된다.<br>• 가족 내 경계는 유동적이며, 가족 외부와의 경계는 분명하면서도 침투력이 있다. |
| 임의체계 | • 가족구성원들은 각자 자신의 영역과 가족의 영역을 확보하면서 개별적인 패턴을 만들어간다.<br>• 가족경계선을 중요하게 생각지 않으며, 외부와의 교류를 제한하지 않는다. |

**07** 다음 중 현재 우리나라의 가족 상황에 대한 설명으로 적합하지 않은 것은?  [7회]

① 조손가정과 3세대 가정이 늘고 있다.
② 맞벌이 가정의 증가로 출산과 육아가 사회문제화되고 있다.
③ 평균수명의 증가로 노인 인구가 늘어났다.
④ 출산율과 평균 자녀 수는 OECD 최하 수준을 기록하고 있다.
⑤ 부부 중심의 가정이 늘어나고 있다.

해설 ① 조손가정(조부모와 손자녀로 이루어진 가족)은 증가하고 있으나, 대가족이 줄어들고 핵가족화하는 경향이 있다.

**08** 다음 중 성장집단에 해당하는 것은?

① 부모역할 훈련집단
② 약물중독자집단
③ 이혼가정의 취학아동모임
④ 자기주장훈련집단
⑤ 리더십 향상집단

해설 ① 교육집단, ② 치유집단, ③ 지지집단, ④ 사회화집단

**09** 다음 중 그 성격이 나머지 넷과 다른 집단에 해당하는 것은?

① 잠재력 개발집단
② 자폐아동부모집단
③ 여성을 위한 의식고양집단
④ 부부를 위한 참만남집단
⑤ 은퇴 후의 삶에 초점을 맞추는 노인집단

해설 ② 자조집단
① · ③ · ④ · ⑤ 치료집단 중 성장집단

**10** 다음 중 사회체계론적 관점에서 집단성장의 의미를 설명한 것으로 옳은 것을 모두 고른 것은?

> ㄱ. 적응 : 외부로부터의 정보를 폭넓고 다양하게 수용할 수 있는 개방성의 증대
> ㄴ. 목표달성 : 새로운 목적으로 전환하고 이에 능동적으로 대처할 수 있는 능력의 증대
> ㄷ. 통합 : 집단의 전체적인 동질성을 유지한 채 기능상으로 세분화할 수 있는 능력의 증대
> ㄹ. 형태유지 : 새로운 구성원의 침투 방지를 통한 집단응집력의 증대

① ㄱ, ㄴ, ㄷ
② ㄱ, ㄷ
③ ㄴ, ㄹ
④ ㄹ
⑤ ㄱ, ㄴ, ㄷ, ㄹ

해설 ㄹ. 형태유지는 새로운 구성원을 받아들여서 그들에게 집단문화와 집단능력을 전수시킬 수 있는 능력을 증대하는 것 혹은 집단의 경험을 정리해서 다음 세대나 다른 집단에 전수시킬 수 있는 능력을 증대하는 것 등을 예로 들 수 있다.

**11** 사회복지사의 다문화 역량을 높이기 위한 활동으로 옳지 않은 것은?  [16회]

① 소수인종에 대한 선입관이나 편견을 탐색한다.
② 사회적 차별에 맞서는 단체들의 활동을 분석한다.
③ 사회복지 전문직의 윤리적 행동지침을 이해한다.
④ 문화적 특성을 이해하기 위해 다양한 문화를 경험한다.
⑤ 동화의 중요성을 강조하는 문화상대주의에 대해 학습한다.

해설 ⑤ 문화상대주의(Cultural Relativism)는 세계 문화의 다양성을 인정하고 이해하려는 양상을 말하는 것으로, 어떤 문화든 저마다 독자적인 발전을 이루어왔으므로 특정한 문화의 입장에서 다른 문화의 우열을 결정하는 것이 옳지 않다는 견해이다. 반면 동화(Assimilation)는 원문화(고유문화)의 정체감 및 특성을 유지하지 않은 채 새로 접한 문화에 녹아들어가는 현상을 일컫는 것으로, 주류사회의 문화에 지속적으로 다가가 흡수되려는 경향을 말한다.

**01** 펄만(H. Perlman)이 사회복지실천을 구성하는 요소로 제시한 4P에 관한 내용으로 옳은 것을 모두 고른 것은? [20회]

ㄱ. 문제(Problem) - 해결하고자 하는 문제나 욕구
ㄴ. 프로그램(Program) - 문제해결을 위해 시행되는 프로그램
ㄷ. 장소(Place) - 문제해결을 위한 서비스가 제공되는 물리적 공간
ㄹ. 전문가(Professional) - 문제해결을 위해 개입하는 전문가

① ㄱ, ㄴ
② ㄱ, ㄷ
③ ㄴ, ㄹ
④ ㄴ, ㄷ, ㄹ
⑤ ㄱ, ㄴ, ㄷ, ㄹ

해설 펄만(Perlman)이 강조한 사회복지실천의 4가지 구성요소(4P)
• 사람(Person) : 원조를 요청하는 클라이언트를 의미한다.
• 문제(Problem) : 클라이언트가 제시하는 문제나 욕구를 의미한다.
• 장소(Place) : 클라이언트가 도움을 받는 사회복지기관을 의미한다.
• 과정(Process) : 사회복지사가 클라이언트를 돕는 과정을 의미한다.

**02** 가족 내부의 역동성에 관한 설명으로 옳은 것은? [13회]

① 이중구속(Double Binds)은 가족의 응집 정도를 나타내는 것이다.
② 일치형 의사소통은 객관적 사실과 정확한 논리에 기초한 의사소통 행위이다.
③ 가족 하위체계 간 경계가 모호하면 그 관계가 소원해진다.
④ 전문가의 가족 개입 과정에서 가족의 항상성이 작동될 수 있다.
⑤ 부적 피드백은 가정 내 일탈행동을 증폭시킨다.

해설 ① '이중구속(Double Binds)'은 한 사람이 다른 사람에게 논리적으로 상호 모순되고 일치하지 않는 두 가지 메시지를 동시에 전달하는 것을 말한다. 가족구성원들의 상호 모순된 메시지를 전달하여 혼란된 상황에 놓이게 함으로써 유대관계 형성에 악영향을 미치는 것으로, 역설적 의사소통의 대표적 유형이자 응집 정도(응집력)를 약화시키는 요인이며, 응집 정도를 나타내는 것은 아니다.
② '일치형 의사소통'은 자신이 중심이 되어 타인과 관계를 맺으며, 다른 사람과 연결이 필요한 경우 스스로 직접선택하는 것이다. 즉, 자신 및 타인, 상황을 신뢰하고 높은 가치관을 가지고 있으며, 심리적으로도 안정된 상태를 말한다.

1 ② 2 ④    Answer

③ 가족 하위체계(구성원) 간 경계가 '애매한 경계선 또는 밀착된 경계선(Enmeshed Boundary)'의 양상을 보일 경우, 체계 간의 경계가 불분명하고 미분화되어 있으며, 가족구성원들 간의 구분이 모호하고 거리감이 거의 없다. 즉, 부모와 자녀가 서로 지나치게 관여하고 간섭하여 적정 수준의 경계가 결여된 경우를 말한다.
⑤ '부적 피드백(Negative Feedback)'은 체계가 변화를 거부한 채 안정적인 상태를 유지하려는 방향으로 피드백이 이루어지는 것을 말한다. 이는 체계가 규범에서 벗어나는 행동을 저지하여 안정성을 유지하려는 일탈 감소의 역할을 한다.

**03** 다문화사회복지실천에서 사회복지사에게 요구되는 문화적 역량으로 옳지 않은 것은?  [19회]

① 문화적 상이성에 대한 수용과 존중
② 주류문화에 대한 동화주의적 실천 지향
③ 자신의 문화적 정체성과 편견에 대한 성찰적 분석
④ 다문화 배경의 클라이언트에 관한 지식의 필요성 인식
⑤ 다문화 배경의 클라이언트에게 개입하고 의사소통할 수 있는 능력

 ② 다문화사회복지실천에서는 다양한 인종이나 민족집단들의 문화를 지배적인 하나의 문화에 동화시키지 않은 채 서로 인정하고 존중하면서 공존하도록 하는 데 목적을 두므로, 다양한 문화를 지닌 소수자들의 삶을 보장하는 데 초점을 맞춘다.

**04** 문화적 다양성과 사회복지실천에 관한 설명으로 옳은 것은?  [17회]

① 다문화주의는 문화상대주의이다.
② 다문화사회복지실천에서 기술은 지식보다 중요하다.
③ 다문화주의는 사회통합을 위해 소수자의 동화를 유도한다.
④ 다문화사회복지실천은 클라이언트의 차이점을 고려하지 않는 중립적 실천이다.
⑤ 사회복지사는 한국사회복지사 윤리강령에 명시된 다문화적 역량증진 의무를 준수해야 한다.

 ① 다문화주의는 한 사회에서 여러 문화를 인정한다는 관점이고, 문화상대주의는 다른 문화를 존중하고 그 문화의 시각에서 평가한다는 관점이다. 다만, 이 두 가지는 어느 하나의 문화가 우월하지 않고 문화집단의 생활기준이 문화적 다양성에 의해 동등하게 존중된다는 점에서 공통적이다.
② 다문화사회복지실천에서는 문화적 역량을 강조한다. 문화적 역량은 실천가로서 사회복지사 자신의 문화적 배경에 관한 자기 인식 및 다른 집단 문화의 다양성에 관한 인식, 다양한 문화와 문화집단에 관한 지식, 그리고 문화적으로 적절한 개입기술 등을 주요 요소로 한다.
③ 다문화주의는 다양한 인종이나 민족 집단들의 문화를 지배적인 하나의 문화에 동화시키지 않은 채 서로 인정하고 존중하면서 공존하도록 하는 데 목적을 두므로, 다양한 문화를 지닌 소수자들의 삶을 보장하는 데 초점을 맞춘다.
④ 다문화사회복지실천은 사람들 간에 존재하는 다양성과 차이를 존중하고 원조관계에 작용하는 문화적 요소를 민감하게 고려하는 사회복지실천이다.
⑤ 한국사회복지사 윤리강령에는 다문화적 역량증진 의무가 명시되어 있지 않다.

⭐ 학습목표 ■ 통합적 접근의 필요성, 통합적 접근의 주요 관점, 세부적인 통합적 접근방법을 학습하자.
　　　　　 ■ 출제빈도가 매우 높고 난이도도 높은 부분으로 사례제시형 문제의 비중이 점차 높아지고 있다. 주요 개념들
　　　　　　을 정확히 이해하고 학습을 시작하자.

## 제 1 절　통합적 방법론

### 1 통합적 접근의 개요

#### (1) 등장배경

4, 5, 6, 9, 10회 기출

① 전통적인 방법(의료모델)은 주로 특정 문제를 중심으로 개입하기 때문에 클라이언트의 다양한 문
제에 효과적으로 대처할 수 없었다.
② 전통적인 방법이 지나치게 세분화 · 전문화되어 서비스의 파편화 현상을 초래했고, 그로 인해 다양
한 문제와 욕구를 가지고 있는 클라이언트들이 다양한 기관이나 사회복지사들을 찾아다녀야 하는
부담을 안겨주었다.
③ 전문화 중심의 교육훈련은 사회복지사들의 분야별 직장 이동에 도움이 되지 않았다.
④ 공통기반을 전제로 하지 않은 분화와 전문화가 각각 별개의 사고와 언어 및 과정을 보여줌으로써
사회사업 전문직의 정체성 확립에 장애가 되었다.
⑤ 특정 이론에 국한된 기존 방법과 달리 정신분석이론 등의 전통적 이론은 물론 환경 및 체계를 강조
하는 새로운 이론까지 사회복지 지식체계에 도입하고자 하는 시도가 펼쳐졌다.
⑥ 클라이언트의 문제는 개인, 가족, 집단, 지역사회 등 여러 체계의 상호작용에 의한 결과라는 인식이
확산됨에 따라 다양한 수준에서 접근해야 할 필요성이 제기되었다.

#### (2) 특 징

11, 15, 16, 19회 기출

① 사회복지실천의 기본이론과 실천틀, 즉 개념, 활동, 과업, 기술 등에 공통적인 기반이 있음을 전제로
해서 실천과 관련된 개념들을 소개하는 동시에 개념 사이의 유기적인 관계를 설명한다.
② 클라이언트의 잠재성을 인정하며, 잠재성의 개발에 역점을 둔다.
③ 전통적인 정신분석이론에서부터 일반체계이론까지 다양한 이론에 대해 개방적인 양상을 보이며,
문제에 따라 다른 접근법을 펼친다.
④ 인간과 환경의 상호작용에 초점을 둔다.

⑤ 통합적 방법론에서는 클라이언트를 존엄하게 대우하고 그의 강점에 의존한다.

⑥ 클라이언트의 참여와 자기결정 및 개별화를 극대화할 것을 강조하며, 사회사업과정의 계속적인 평가를 주장한다.

### (3) 통합적 방법론이 사회복지실천에 미친 영향

① 다양한 요인이 복합적으로 작용하는 실천 영역에 효과적으로 대처할 수 있게 되었다.

② 사회복지실천 내의 공통성을 발견하는 데에 박차를 가했다.

③ 사회복지사의 전문성과 관련하여 통합이 가속화되었고, 사회복지전문직의 정체성을 확립하는 데 기여했다.

④ 개인적 사례분석에서 나아가 사회정책에까지 분석을 확대하게 되었다.

⑤ 인간과 환경의 상호작용에 중점을 두게 되었고, 생태체계적 관점으로 실천을 확대시켰다.

⑥ 일반주의(Generalist) 실천에서 활용하는 접근방식으로, 사회복지사는 미시적 수준에서부터 거시적 수준의 실천까지 다양한 체계에 개입한다.

## 2 통합적 관점의 발달과정

### (1) 자선조직협회(Charity Organization Society)

① 1800년대 후반과 1900년대 초기의 자선조직협회는 빈곤문제뿐만 아니라 급속히 도시화 · 산업화되어 가는 사회에서 잘 적응하지 못하는 사람들이 겪는 다른 사회문제에도 관심을 가졌다(Sheafor & Landon, 1987).

② Brieland(1982)는 자선조직협회가 빈곤의 원인을 분석하면서 처음에는 개인적 실패에 초점을 두었지만, 나중에는 저임금, 부적절한 주택, 공공건강문제들을 초래하는 사회정책에까지 분석을 확대하였다고 지적했다.

③ 자선조직협회에 있어 실천의 초점은 개인과 개인의 가족, 고용주, 이웃 그리고 지역공동체와의 상호작용에 있었다.

### (2) 인보관 운동

① 인보관(Settlement House) 직원들은 개인과 지역공동체를 위한 변화의 역군으로 활동했다.

② 이민자에게 영어를 가르치는 역할부터 산업사회에서의 취업을 위해 필요한 기술을 습득할 수 있도록 돕는 역할까지 광범위하였다.

③ 직원들은 지역주민들을 개혁운동에 참여시켰으며 여자, 아이들, 소수민족을 위한 옹호자의 역할을 담당했다.

④ 직원들의 이러한 활동은 인보관 운동이 내포하고 있는 사회복지실천의 통합적 관점을 나타내고 있다고 볼 수 있다.

### (3) 사회복지실천현장에서의 공통성에 대한 관심

① Mary Richmond(1917)는 「사회진단(Social Diagnosis)」이라는 책에서 개인과 가족을 대상으로 하는 여러 업무들 가운데에도 공통성이 발견된다고 논하였다.

② 1920년대에도 다양한 형태의 사회복지실천에 나타나는 일반적 요소를 발견하는 것이 중요한 관심사가 되었다.

③ Milford 회의의 보고서는 어떤 특정한 문제나 실천방법에 근거한 어떤 세부 영역보다 우선하는 공통 혹은 일반적인 사회복지실천이 존재한다고 결론짓고 있다(NASW, 1929/1974).

### (4) 사회복지사협회의 통합

① 1955년에는 많은 사회복지사들의 조직들이 하나의 협회, 즉 미국사회복지사협회(National Association of Social Worker)로 통합되었고, 이러한 통합은 사회복지실천 내의 공통성을 발견하는 데 더욱 박차를 가하는 계기가 되었다(Leighninger, 1980).

② 미국사회복지사협회는 사회복지실천에 있어 공통성을 나타내는 사회복지실천의 실용적인 정의를 구성하기 위해 많은 노력을 기울였다(Bartlett, 1958).

③ 사회복지교육위원회 또한 사회복지의 목표가 사회적 기능의 향상이라는 통합적 관점에 기초한 1959년의 교육과정 연구의 바탕이 되었다(Dinerman, 1984).

### (5) 통합적 관점의 제도화

① 1960년대 후반과 1970년대에는 통합적 관점의 제도화가 가속화되었으며, 특히 1974년의 학부승인기준으로 통합적 사회복지실천(Generalist Social Work Practice)을 위한 교육과정을 요구하고 있다(Schatz, Jenkins & Sheafor, 1990).

② 1984년의 교육과정에 관한 정책진술문에는 진보된 통합적 사회복지실천을 사회복지학 석사과정의 한 선택영역으로 인가하고 있다(CSWE, 1984).

---

## 제**2**절   통합적 접근의 주요 관점

### 1  사회복지실천의 기본틀

#### (1) 환경 속의 인간(PIE ; Person In Environment)  `10, 11, 13회 기출`

① **의의** : 개인과 환경 간 상호작용의 책임을 개인, 환경 모두에게 초점을 두는 것을 의미한다.

  ㉠ 리치몬드(1917)는 「사회진단」에서 '환경 속의 인간'을 강조하였다.

  ㉡ 미국사회복지사협회(1981)의 실천헌장에서는 '사회복지실천의 목적은 모든 사람들의 삶의 질을 향상시키기 위해 개인과 사회 사이의 유익한 상호작용을 증진시키거나 복구시키는 것이다'라고 하여 개인과 환경의 상호작용을 강조했다.

② 개인에 대한 관점

'환경 속의 인간'이라는 의미에서 '인간'은 하나의 '성격'과는 다른 의미의 전체로서의 인간(신체, 정서, 영적 상태, 사회성, 지능 등)을 의미한다.

③ 환경에 대한 관점

㉠ 사회복지실천의 개인에 대한 환경은 개인과 가족, 친한 친구, 이웃, 직장동료, 생활에서 접하는 서비스 및 프로그램들이 해당되며 이를 직접환경이라 한다.

㉡ 간접환경은 광범위한 환경을 말하는데, 직접환경보다는 간접환경에 사회복지사가 개입하는 사례가 더 적다(정책, 권리운동 등의 부족). 그 이유는 간접환경은 변화시키기 어렵고 클라이언트에게 끼치는 영향이 덜 분명하기 때문이다.

㉢ 사회복지사는 클라이언트를 이해하기 위해 클라이언트의 개인 내적인 측면은 물론 가족, 학교, 직장 등 다양한 환경체계들에도 관심을 가져야 한다. 이와 같이 인간과 환경에 동시적으로 주의를 기울이는 것을 '이중초점(Dual Focus)'이라고 한다.

④ 환경 속의 인간(PIE) 체계 **13, 19회** 기출

㉠ 개인과 환경 모두에 초점을 두고 활동하는 사회복지실천에 부합되는 문제분류체계이다.

㉡ 문제에 대해 질병, 병리적 개념에서만 문제를 정의하는 것이 아니라, PIE는 개인의 역할기능수행과 아울러 개인 주변으로부터의 지지상황 모두를 고려하여 문제를 분류하는 체계이다.

㉢ 미국정신의학협회가 제작한 정신장애의 진단 및 통계편람(DSM ; Diagnostic and Statistical Manual for Mental Disorder), 즉 DSM 체계에 대한 불만의 결과로 볼 수 있다.

㉣ PIE 체계는 기존 DSM 체계의 여러 가지 축을 착안한 것으로, 다음의 네 가지 축으로 구성되어 있다.
- 제1축(Axis Ⅰ) : 사회기능상 문제(Social Functioning Problems)
- 제2축(Axis Ⅱ) : 환경상 문제(Environmental Problems)
- 제3축(Axis Ⅲ) : 정신건강상 문제(Mental Health Problems)
- 제4축(Axis Ⅳ) : 신체건강상 문제(Physical Health Problems)

## (2) 사회복지실천의 이론적 틀

① 사회복지실천을 위한 이론은 기본이론과 실천틀(실천관점, 실천이론, 실천모델, 운용지침)로 구성된다.

② **기본이론** : 인간행동에 대한 기술 및 설명(행동심리이론), 인간행동의 문제의 발생원인(가족집단이론), 사회문제의 발생 원인과 과정(사회 환경, 문화이론) 등을 기본으로 한다.

③ **실천관점** : 개인과 환경 사이의 관계를 파악하고 개입의 방향을 제시하는 포괄적인 관점으로 일반체계적 관점과 생태체계적 관점을 들 수 있다.

④ **실천이론** : 보다 구체성을 띠는 것으로 실천과 관련된 개념들을 소개·설명하고 개념 사이의 유기적 관계를 설명한다. 또한 변화를 위한 개입활동의 개괄적 지침을 제공한다.

㉠ 심리사회 접근법(정신역동이론과 자아심리학에 기초)

㉡ 행동주의 치료법(학습이론에 기초, 반두라)

㉢ 인지·행동치료법(인지이론, 학습이론, 행동주의에 기초)

⑤ **실천모델** : 개입의 실천과 관련된 일련의 개념과 원리, 개입절차 등을 체계적으로 조직하였으며, 실천모델들은 어느 특정 이론에 매여 있기보다는 상황에 따라 다양한 관점들을 포함한다(과업중심 모델, 위기개입모델, 생활모델, 문제해결모델).

⑥ **운용지침** : 사회복지사가 원만한 과업수행을 하기 위해 알아야 하는 규칙, 절차, 양식, 관련 자원 내역, 자원조달방법, 서비스 연결망 등에 대한 정보를 의미한다.

### (3) 실천틀이 갖추어야 할 속성(Sheafor et al, 1997)

① 클라이언트의 문제 상황에 개인적·환경적 요소를 고려하여 두 요소 모두에 대한 개입을 시도해야 한다.

② 클라이언트를 진정으로 아끼는 마음이 내포·전달되어야 한다.

③ 클라이언트의 단점에만 초점을 두지 않고 장점과 잠재능력을 찾아 전개해야 한다.

④ 어떤 실천방법이 동원될 것인가에 대해 클라이언트가 최종 결정을 하도록 한다.

⑤ 클라이언트의 문화, 가치, 종교, 정서 등과 일치하는 실천을 제공해야 한다.

⑥ 개입의 효과가 가능하면 즉시 나타나는 방법을 사용한다.

⑦ 클라이언트가 의존하지 않고 문제에서 벗어날 수 있는 기술·지식 등을 제공하는 데 초점을 두어야 한다.

⑧ 클라이언트가 살고 있는 지역사회 내에 자조집단 및 상호집단이 형성되도록 해야 한다.

## 2 일반체계이론

### (1) 개념 및 목적

① 체계란 상호의존적이며 상호영향을 주고받는 부분들로 구성되어 있는 전체를 의미한다.

② 체계는 목적이 지향하는 바에 따라 항상성과 규칙성을 유지하며 끊임없이 변화하는 전체이다.

③ 개인과 환경을 원인과 결과의 인과적 관계가 아닌 상호보완적인 전체로 파악한다.

④ 사람과 자원 간의 상호작용, 개인과 체계가 기능을 효율적으로 발휘하는 데 있어서 당면하는 문제 등에 초점을 맞춘다.

### (2) 체계의 구조적 특성

① 개방체계

㉠ 사회체계이론에서 그 체계를 개방적인 것으로 본다.

㉡ 체계의 계속성과 변화의 본질적인 요인이 환경과 상호교환한다.

㉢ 개방체계는 환경으로부터 투입을 받아들이고 산출을 생산하여 환경으로 보낸다.

② 폐쇄체계
    ㉠ 다른 체계와 상호교류가 없는 체계이다. 즉, 투입을 받아들이지 않고 산출도 생산하지 않는다.
    ㉡ 시간이 지남에 따라 체계들의 분화가 적어지고 조직과 기능이 상실·분해·사멸하게 되는 경향이 있다(Entropy).
    ㉢ 시간이 지남에 따라 구성원들 사이에 구별이 없어지면서 동일성을 띠므로, 구성원 사이의 관계가 점차 약해지고 결국 소멸된다.
    예 외부로부터 단절된 가족의 경우 부부관계, 부모자녀관계, 자녀들 간의 관계가 외부로부터 상호작용이 없는 상황에서는 쇠퇴되고 회복되기 힘든 상태에 이른다.

③ 경계(Boundary)
    ㉠ 체계를 구성하는 소단위로 물리적 또는 개념적 공간에 해당한다.
    ㉡ 모든 사회체계에서 볼 수 있는 사회적 구조를 말한다.
    ㉢ 특히 한 체계를 다른 체계와 구분해 주는 눈에 보이지 않는 테두리로, 이와 같은 경계에 의해 체계와 환경의 구분이 가능하다.

④ 홀론(Holon)
    ㉠ 그리스어에서 전체를 의미하는 '홀로스(Holos)'와 부분을 의미하는 '온(On)'이 결합된 단어이다.
    ㉡ 전체에서 부분을 구별할 수 있으나 절대적인 의미에서 전체와 부분을 별개로 나눌 수 없다는 사실을 전제로 한다.
    ㉢ 하나의 체계는 상위체계에 속한 하위체계이면서 동시에 다른 것의 상위체계가 된다(체계의 이중적 성격).
    ㉣ 작은 체계들 속에서 그들을 둘러싼 큰 체계의 특성이 발견되기도 하고 작은 체계들이 큰 체계에 동화되기도 하는 현상을 말한다.

## (3) 체계의 진화적 특성  1, 6, 8, 11, 12, 13, 15, 16회 기출

① 균형(Equilibrium)
    ㉠ 외부환경으로부터 새로운 에너지의 투입 없이 현상을 유지하려는 속성을 말한다.
    ㉡ 고정된 구조를 지니며, 환경과 수직적 상호작용보다는 수평적 상호작용을 선호한다.

② 항상성(Homeostasis)
    ㉠ 환경과 지속적으로 소통하면서, 역동적인 균형을 이루는 상태를 말한다.
    ㉡ 끊임없는 변화와 운동의 과정 속에서 균형을 회복하려는 경향을 말하는 것으로, 항상성 상태에서 체계의 구조는 크게 달라지지 않는다.

③ 안정상태(Steady State)
    ㉠ 부분들 간에 관계를 유지하면서 체계가 붕괴되지 않도록 에너지를 계속 사용하는 상태를 말한다.
    ㉡ 사회복지실천은 역엔트로피(네겐트로피)의 유지 또는 증가로써 바람직한 안정상태를 얻고자 하는 원조체계를 포함한다.

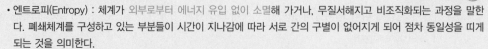

**Plus ⊕ one**

엔트로피와 네겐트로피(역엔트로피)                                    8, 9, 11, 12회 기출

- 엔트로피(Entropy) : 체계가 외부로부터 에너지 유입 없이 소멸해 가거나, 무질서해지고 비조직화되는 과정을 말한다. 폐쇄체계를 구성하고 있는 부분들이 시간이 지나감에 따라 서로 간의 구별이 없어지게 되어 점차 동일성을 띠게 되는 것을 의미한다.
- 네겐트로피(Negentrophy) 또는 역엔트로피(Negative Entropy) : 개방체계적인 속성으로, 체계 외부로부터 에너지가 유입되어 체계 내부의 불필요한 에너지가 감소함에 따라 체계가 성장하고 발달해 나가는 상태를 말한다.

### (4) 체계의 행동적 특성                                          2, 8, 20회 기출

① 투입(Inputs)

체계가 환경으로부터 에너지, 정보 등을 받아들이는 방법을 말한다. 생물학적·심리학적 생존 및 성장은 이와 같은 투입의 과정을 통해 보장받는다.

② 전환(Throughputs)

유입된 에너지나 정보를 처리하는 과정으로, 투입체가 활용되는 단계를 말한다.

③ 산출(Outputs)

처리과정이 진행됨에 따라 체계는 적극적으로 환경에 반응하게 되는데, 이와 같은 전환과정을 거쳐 배출된 결과물을 의미한다.

④ 환류(Feedback)

체계의 반응은 환경에 직접적으로 영향을 미치면서 다른 체계에 대해 투입으로 작용하는 동시에 환류를 통해 다시 투입으로 작용하게 된다. 다시 말해, 환류는 새로운 정보에 자신의 행동결과를 포함시켜 이를 통해 다음의 행동을 수정하는 과정이다.

### 3 생태체계이론

### (1) 등장배경

① 1960년대와 1970년대에 미국에서 심각한 사회적 격변기를 거치면서 가난한 사람들, 소수민족, 여성, 아동학대, 가정폭력, AIDS, 노숙과 같은 문제들의 심리사회적인 특성을 설명하기 위한 새로운 정의가 필요하였다.

② 1970년대에 '환경 속의 인간(Person In Environment)' 구조를 재조명하여 '환경 내 인간' 구도로 새롭게 고안된 것이다.

③ '환경 속의 인간'은 클라이언트를 환경체계의 일부로 보아 상호 분리한 것을 문제점으로 보고 (Richmond), 그 후 환경체계 안에 존재하는 인간이라는 개념을 더욱 강조하였다.

### (2) 개 념

① 생태체계적 관점이란 체계적 관점과 생태적 관점의 합성어로 '생태체계'는 생태학이론(Dubos, 1972)과 일반체계이론(GST, Von Bertalannffy, 1967)을 포함한 것이다.

② 생태학으로부터 개념들을 도출하여 사회 상호작용과 사회변화를 설명한다.

③ 인간과 다른 생물체계 간의 교류를 설명하고 분석하기 위해 사용되는 체계이론이다.

④ 심리과정은 생물학적, 대인 관계적, 문화적, 경제적, 그리고 정치적 요인 사이의 복합적인 상호작용의 결과로 나타난다. 이러한 요인들은 상호작용하면서 일생을 통해서 인간행동에 영향을 미친다.

⑤ 환경의 변화과정, 인간발달 영역, 인간의 다양성, 사회체계이론을 포함한다.

⑥ 개입에 대한 어떠한 규정도 하지 않으나, 여러 이론들을 적용하여 사례현상의 연계와 복합성을 묘사할 수 있도록 한다.

⑦ 환경과 유기체가 되어 역동적인 평형상태를 유지하면서 성장하는 과정에 관심을 두고 있다.

⑧ 일반체계모델은 개인과 가족에 관심을 보인 반면, 생태체계모델은 사회복지사와 클라이언트에게 인간과 환경 그리고 그 둘의 상호교류에 대해 동시에 초점을 맞추고 있다.

⑨ 사회복지사의 관점을 '환경 속의 인간'에 둔다.

⑩ 클라이언트 체계가 대처하고 생존하며, 필요한 자원을 위한 경쟁을 위해 변화하는 등 환경에 적응해 가는 다양한 방법을 이해할 수 있도록 돕는다(예 생활모델).

⑪ 상황적·환경적 맥락에서 클라이언트 체계를 보기 때문에 사정과 계획단계에서 유용하게 활용된다.

### (3) 주요 관점

① **적응** : 생태체계에서 각 종은 항상 변화하는 환경에 느리지만 지속적으로 적응한다. 즉, 개인과 환경 사이의 활발한 상호교환을 포함한 '개인-환경'이라는 하나의 단위 내에서 이루어지는 과정이다.

② **공생** : 상호작용을 통하여 한쪽 또는 상호 유익을 얻는 두 종간의 빈번한 상호작용이다.

ㄱ 상호부조 : 벌과 꽃의 관계처럼 두 종이 상호작용하여 유익을 얻는 공생이다.

ㄴ 편리공생 : 다른 종에게 영향을 끼치지 않으면서 한 종이 도움을 얻는 것이다.

ㄷ 기생 : 숙주가 해를 입는 반면, 기생하는 쪽이 이익을 얻는 것이다.

ㄹ 사회복지사는 인간과 환경의 상호작용을 이해하기 위해서 이 개념을 활용하되, 상호부조와 편리공생을 최대화하는 노력을 해야 한다.

③ **전문화**

ㄱ 보다 경쟁적이며 변화하는 환경에 성공적으로 대처하기 위한 적응의 한 형태이다.

ㄴ 전문화는 상대적으로 안정된 환경에서 종의 생존력을 향상시키는 것이 일반적이나, 급변하는 환경에서는 생존력이 감소한다.

ㄷ 일반적으로 전문화는 경쟁을 감소시키는 결과를 가져오나, 고도로 전문화된 종은 급변하는 환경의 영향에 취약하다.

④ 활동 공간

　㉠ 특정한 종이 효과적으로 기능할 수 있는 특정 장소와 환경이다. 즉, 특정한 종이 생태체계 안에서 생존하고, 건강을 유지하며, 재생산을 하기 위해 요구되는 물리적·화학적·생물학적 요인들을 일컫는다.

　㉡ 인간이 기능하는 환경은 변화하므로 개인과 지역사회 등은 변화에 적응하여야 한다.

## (4) 생태체계모델의 특징

① 상황 속의 인간, 즉 상황 속에서 인간의 다양한 변화 가능성을 제시한다.

② 인간 상호교류에 초점을 둔다.

③ 진보적 변화로써의 발달, 즉 내적·외적인 힘에 반응하여 시간의 경과에 따라 행동이 어떻게 변화되는지 추적한다.

④ 현재의 행동을 상황 속 인간의 편안한 적합성으로 기술한다.

⑤ 모든 행동을 상황 속에서 적응적인 것으로 개념화한다.

⑥ 개인, 개인의 사회집단 및 사회적·물리적 환경 안에서의 변화를 다양한 전략을 통해 제공한다.

⑦ 클라이언트체계의 강점을 강조한다.

⑧ 역기능을 상황 속에서 적응적이거나 합리적인 것으로 개념화한다.

## (5) 생태체계모델의 유용성

① 일반체계 관점에서는 부족했던 체계 간의 교류영역을 적응과 상호교류라는 개념으로 설명한다.

② 인간문제의 실생활에 관심을 갖고, 실천적인 경향을 보완하며, 변화와 체계의 유지기능을 동등하게 중시한다.

③ 개인과 환경 간의 적합성, 개인과 환경 간의 상호교류 그리고 이러한 교류에 영향을 미치는 힘에 대한 폭넓고 포괄적인 실천지식을 제공해주고 있다.

## (6) 생태체계적 관점의 한계

① 개입전략을 선택한 이후에는 구체적인 방법이나 기술을 제시하지 않고 있다.

② 구체적인 실천모델이 없으므로 기존의 실천모델들을 조합하여 활용하는 절충주의적 입장을 취하고 있다.

---

**Plus ⊕ one**

**일반체계이론과의 차이점**

• 변화에 대해 개방적이다.

• 문제행동은 클라이언트의 다양한 내적욕구와 다양한 환경적 자원 간의 불일치에서 기인하므로, 변화를 위한 가능성도 다양하다고 주장한다.

• 병리보다는 강점에 초점을 맞춘다.

• 파트너십 형성을 통해 개인과 환경의 상호작용에 개입하여 변화를 위한 가능성을 확대하고자 한다.

# 제3절 통합적 접근의 주요 이론

## 1 4체계 모델

### (1) 개념 및 목적

① 1973년 핀커스와 미나한(Pincus & Minahan)이 체계이론을 사회사업실천에 응용한 접근방법이다.

② 인간은 만족스러운 삶을 위해 주위의 체계에 의존하므로, 사회사업은 이와 같은 체계에 초점을 두어야 한다고 주장하였다.

③ 인간을 도울 수 있는 3가지 자원체계로 가족이나 친구 등의 비공식적 혹은 자연적 자원체계, 회원제로 구성되는 지역사회집단이나 협회 등의 공식적 자원체계, 학교나 병원 등의 사회적 자원체계를 제시하였다.

④ 4체계 모델은 전체적인 관점에서 클라이언트와 3가지 자원체계 간의 연결에 초점을 둔다. 따라서 사회복지는 사람 혹은 자원체계 자체의 문제가 아닌 사람과 자원체계 그리고 자원체계 간의 상호작용에 초점을 두어야 한다고 강조한다.

### (2) 4가지 체계유형                    3, 8, 14, 16, 18회 기출

① 표적체계(Target System) : 목표달성을 위해 변화시킬 필요가 있는 대상

② 클라이언트체계(Client System) : 서비스나 도움을 필요로 하는 사람들

③ 변화매개체계(Change Agent System) : 사회복지사와 사회복지사가 속한 기관 및 조직

④ 행동체계(Action System) : 변화매개인들이 변화노력을 달성하기 위해 서로 상호작용하는 사람들

### (3) 4체계 모델에서 주장하는 사회복지사의 역할

① 사람들의 문제해결 및 처리능력을 향상시키고 자원체계를 효과적으로 이용할 수 있도록 돕는다.

② 사람들과 자원체계 간의 기본적인 연결을 구축한다.

③ 사람들과 자원체계 간의 상호작용을 촉진시키며, 새로운 관계를 수립하도록 돕는다.

④ 자원체계 내 사람들 간의 상호작용을 촉진시키며, 새로운 관계를 수립하도록 돕는다.

⑤ 사회정책의 개발과 수정에 기여한다.

⑥ 물질적 자원을 적절히 배분한다.

⑦ 사회통제의 매개자 역할을 한다.

## 2 6체계 모델(문제해결과정 모델)

### (1) 개념 및 목적

① 콤튼과 갤러웨이(Compton & Galaway)는 핀커스와 미나한이 제시한 표적체계, 클라이언트체계, 변화매개체계, 행동체계의 4가지 체계에 2가지 체계, 즉 전문가체계와 문제인식체계(의뢰-응답체계)를 추가하였다.

② 6체계 모델에서 그 대상은 개인 혹은 집단과 환경 사이의 상호작용에서 발생하는 생활문제를 가진 자발적 또는 비자발적인 잠재적 클라이언트체계이다.

③ 이 모델은 문제가 환경과 다양한 체계 내에서 가지는 상호 연관성에의 인식과 함께 클라이언트체계의 확대된 개념에 의해 특정 문제나 특정 집단만을 대상으로 하는 것이 아니므로 그 적용범위가 매우 넓다.

### (2) 6가지 체계유형　　　　　　　　　　　　　　　4, 5, 8, 10, 14, 17, 19회 `기출`

① 표적체계(Target System)

ㄱ 목표를 달성하기 위해 변화시키는 것이 필요한 사람이다.

ㄴ 목표에 따라 표적이 자주 바뀌며, 주로 클라이언트가 표적이 된다.

ㄷ 표적체계의 행동, 태도, 신념을 변화시키기 위해 사회복지사가 사용하는 수단에는 유도, 설득, 관계사용, 환경의 사용, 배합의 사용 등이 있다.

ㄹ 표적체계와 클라이언트체계는 변화되어야 할 대상이 클라이언트이거나 클라이언트 내부체계일 때 흔히 중복된다. 그러나 사회복지사는 다른 체계에서의 바람직한 변화를 가져오기 위해 클라이언트체계와 같이 활동하게 된다.

② 클라이언트체계(Client System)

ㄱ 서비스나 도움을 필요로 하는 사람이다.

ㄴ 변화매개인과의 계약이나 업무 동의 및 사회복지사의 서비스를 요구하거나 인가를 받았을 때 구성된다.

ㄷ 그 이전의 클라이언트를 '잠재적인 클라이언트'라고 한다.

③ 변화매개체계(Change Agent System)

ㄱ 사회복지사와 사회복지사를 고용하고 있는 기관 및 조직을 의미한다.

ㄴ 사회복지사업에 관련되는 공공기관, 자원, 시설, 지역기관들을 말하며, 이곳에서 일하는 사람을 '변화매개인'이라고 한다.

ㄷ 변화매개체계는 사회적 인가, 자원을 제공하는 다양한 정책을 통해 사회복지사의 행동에 많은 영향을 미칠 수 있다.

④ 행동체계(Action System)

ㄱ 변화노력을 달성하기 위해 상호작용하는 사람이다.

ㄴ 행동체계들은 클라이언트에게 도움을 주는 변화를 가져오기 위해 사회복지사가 활동하는 이웃, 가족 또는 타인들을 말한다.

© 변화 노력의 과정에서 변화매개인은 단계에 따라 여러 다른 유형의 행동체계와 함께 일할 수 있다.

⑤ 전문가체계(Professional System)

　　㉠ 전문가 단체, 전문가를 육성하는 교육체계 등이 포함된다.

　　㉡ 전문가체계의 문화와 가치는 변화매개자인 사회복지사의 행동에 따라 크게 영향을 미친다.

　　㉢ 사회복지사는 자신의 기관이 변화 내지 사회적 변화의 옹호자로서 행동할 때 이를 활용한다.

⑥ 문제인식체계(Problem Identification System) 또는 의뢰-응답체계(Referral-Respondent System)

　　㉠ 문제인식체계는 잠재적 클라이언트를 사회복지사의 관심영역으로 끌어들이기 위해 행동하는 체계이다.

　　㉡ 사회복지사 또는 변화매개체계와의 초기 접촉에서는 그것이 곧 클라이언트체계이다. 그러나 본질상 그 자체를 클라이언트로 보지는 않는다.

　　㉢ 사회복지사는 역할전이가 이루어질 때까지 문제인식체계를 잠재적 클라이언트로 다루어야 한다.

> **참고**
>
> 콤튼과 갤러웨이(Compton & Galaway)의 6체계 모델은 '문제해결과정 모델(Problem-Solving Process Model)'이라고도 합니다. 이러한 문제해결과정 모델을 간단히 '문제해결모델'로 부르기도 하지만, 이때 문제해결모델은 펄만(Perlman)의 문제해결모델(Problem-Solving Model)과 다릅니다.

## 3 문제해결모델

### (1) 등장배경

① 1957년 시카고대학의 펄만(Helen Harris Perlman)이 창안한 케이스워크의 한 방법이다.

② 1950년대 진단주의의 경직된 결정론적 사고를 반대하고 실용적인 현재의 상황에 적응하려는 노력에서 등장하였다.

③ 진단주의와 기능주의의 대립적 논쟁을 통해서 실용적이고 현재를 강조하는 문제해결모델을 발전시켰다.

④ 문제해결모델은 케이스워크 이외의 분야인 정신분석이론, 자아심리이론, 인지이론, 실용주의철학, 역할이론, 행동주의이론, 의사소통이론, 체계이론, 생태학이론, 문화인류학의 이론들의 영향을 받았으며 케이스워크 분야에서는 진단주의나 기능주의 영향을 강하게 받고 있어 절충주의의 대표작이라 할 수 있다.

## (2) 이론적 배경

펄만(Perlman)은 자아심리학, 듀이(Dewey)의 문제해결원칙, 역할이론 등을 이론적 기초로 하고 있으며 기능주의적 입장과 진단주의적 입장을 혼합하였다.

① **자아심리학**
　㉠ 자아심리학은 행동과학으로 Erikson(1959)과 White(1963)가 문제해결모델에 특별히 공헌을 했다.
　㉡ E. H. Erikson : 프로이트의 정신분석학을 사회문화적인 요인과 결합시킨 인물로, 자율적이고 적극적이며 건강한 자아의 측면, 즉 자율적인 자아나 건설적으로 외계와 접촉하기 위한 갈등 이외의 에너지 등을 강조했다. 사회문화적인 힘의 역동성에 프로이트의 정신역동성을 결합시킴으로써 문제해결에 기여하게 되었다.
　㉢ Robert White : 프로이트가 가정한 리비도적 · 공격적 충동에 대해 효과성의 동기를 강조했으며, 탈프로이트적인 심리학으로부터 자율적인 자아와 프로이트의 적극적인 충동 이면의 적극적 동기를 절충시킴으로써 문제해결에 공헌하게 되었다.

② **듀이(Dewey)의 문제해결원칙**
　㉠ 반성적 사고 : 인간이 외부 환경이나 자신의 행위를 판단하고 결정하게 만드는 인지적 과정을 의미하는 것으로, 교육이나 학습은 문제해결 과정의 습득으로 보는 것이다. 또한 에릭슨의 생애발달 과업과 역할수행에 관한 이론을 활용하였다(김기태 외, 2002).
　㉡ 주체적 존재로서의 인간 : 사람을 단순히 자극에 반응하는 수동적인 존재가 아닌 문제 유발적인 스트레스를 처리하는 적극적인 존재로 보는 개념이다.

③ **역할이론**
　㉠ 펄만의 문제해결과 직접적인 관계가 있는 주요한 사회과학 개념은 사회적 역할(Social Role)의 개념이다.
　㉡ 역할에 대한 관심은 대부분의 문제가 역할 상호작용에서 유래된다는 인식에서 비롯되며, 이것이 바로 '사회적 기능(Social Functioning)'을 의미한다.
　㉢ 역할은 대인관계적으로 클라이언트의 생활상황이나 사회관계의 중심개념일 뿐 아니라, 정신 내재적으로는 개인의 퍼스낼리티를 표현하는 수단이며 자기개념이나 자기동일성과 밀접한 관련을 가진다고 보았다.

④ **기능주의와 진단주의 이론**
　㉠ 진단주의와 기능주의의 갈등
　　• 진단주의 : 사회사업이 심리학적 경향으로 변화함으로써 전문직으로 사회적 평가와 동시에 인접학문과 실천분야와의 연계가 가능해졌는데, 그 중 프로이트의 정신분석학에 의존하는 진단주의 학파가 득세하게 되었다. 진단주의 학파는 클라이언트의 문제를 '사정 – 진단 – 치료' 하는 의료적 모델을 강조하였다.
　　• 기능주의 : 1930년대 후반 이와 같은 진단주의 학파의 경향에 반기를 든 기능주의 학파는 인간 자아의 창조적 통합력을 인정하여 어디까지나 클라이언트에게 중심을 둠으로써 클라이언트 자아의 자기전개를 돕는 것이 사회사업의 중심과제라고 주장하였다.

ⓛ 진단주의 학파에서 도입한 이론 : 진단적 사정을 사용하여 클라이언트의 문제해결 동기와 대처 능력 그리고 자원을 사정하고 진단하는 것을 강조하였다.

ⓒ 기능주의 학파에서 도입한 이론 : 지금 현재상황을 중시하는 이념으로 자아의 기능에 의한 인간의 지속적인 변화가능성을 원조과정으로 규정하였다. 또 문제해결모델에 혼합된 다른 기능주의적 개념은 세분화의 원칙, 클라이언트와 사회사업가 간의 상호작용, 시간과 장소와 상황 규정에 부과된 목표의 제한점 등이다.

ⓔ 펄만은 기능주의 이론과 진단주의 이론을 절충시킨 문제해결이론을 제시하였다.

⑤ 발전과정

ㄱ 문제해결모델은 1950~1960년대에 개별사회사업을 중심으로 발전하였다.

ㄴ 1970~1980년대에는 이 모델을 가족치료분야 및 모든 사회사업방법론에 적용하였다.

ㄷ 1990년대에는 과업중심모델, 위기개입모델, 단기치료, 생활모델 등의 기반을 제공하면서 통합적 문제해결모델로 전환되었다.

### (3) 문제해결모델의 주요내용

① 가 정

ㄱ 인간의 삶 자체가 끊임없는 문제해결 과정이라는 가정 아래 최초로 문제를 사회복지 실천의 변화표적으로 제시한 모델이다.

ㄴ 기본적 문제를 해결하는 수단을 적합한 동기, 적절한 능력 그리고 합당한 기회의 활용으로 보고, 이 중 하나 또는 그 이상의 수단이 결여되어 있거나 부재하기 때문에 개인은 문제대처에 무력하다고 본다.

ㄷ 개인이 문제해결에 실패하는 것은 개인의 정신적인 결함이나 병리에 원인이 있는 것이 아니라 자신의 문제에 대처할 만한 능력이 결여되어 있기 때문이라고 본다.

② 문 제

ㄱ 펄만은 최초로 문제를 변화의 표적으로 개념화하였으며, 문제를 일상생활에서 개인이 경험하는 다양한 문제로 보았다. 그러한 문제들이란 클라이언트의 사회적 기능에 관한 문제로 개인과 개인 혹은 개인과 과업 관계에 어려움이 있는 문제들이다.

ㄴ 클라이언트가 직면하는 역할 수행 영역에서의 주요 문제 분류

• 역할을 수행하는 데 방해가 되거나 좌절시키는 개인의 능력의 부족 및 필요한 물질적 수단의 부족 또는 지식과 준비의 부족 문제

• 인격 장애 및 정서 장애의 문제

• 역할에서 발견되는 여러 가지 불일치(역할들 간의 불일치, 자신의 기대와 타인의 기대 사이의 불일치, 개인적 요구와 역할 사이의 불일치, 모호하고 상반되는 역할정의에서 일어나는 불일치)

③ 클라이언트
- ⊙ 클라이언트란 긴장되고 정서적으로 불안한 상태에서 도움을 청하러 온(전화, 대변인이나 다른 사람의 알선, 자신이 직접 방문) 자발적인 개인이다.
- ⓛ 신청자가 사회복지사와 계약을 맺음으로써 클라이언트가 되며, 개인을 유일한 치료의 대상으로 삼는다.

④ 사회사업 관계
- ⊙ 케이스워크에서 관계(Relationship)는 전문적인 관계로, 사회복지사와 클라이언트가 공동으로 인식된 목적을 위하여 형성되고 유지되며, 각각의 현실적 동일성을 파악하여 클라이언트가 당면 문제에 좀 더 효과적으로 적응하도록 초점을 세워야 한다.
- ⓛ 관계는 문제해결 과정에서 계속적으로 활용되며 상호 문제해결 노력의 결과이다. 동시에 신뢰·자기 가치·안정성·다른 사람들과의 연결 감정 등과 관련된 부분에서 무의식적으로 변화하는 인성의 무의식 상태에 있어서 촉매자(Catalytic Agent)가 된다.
- ⓒ 사회사업 관계는 수단과 동시에 목적이 되며, 교육의 매체이고, 그 자체가 생활의 경험이기도 하므로 중요성을 갖는다.

## (4) 문제해결 과정

① 문제해결의 개념
- ⊙ 문제해결이란 모든 인간에게 있어 통상적이고 기초적인 기능으로, 문제를 주어진 상태에서 목적한 상태로 변화시키는 데 주력하는 인지활동으로 규정지을 수 있다(Mayer, 1994).
- ⓛ 문제해결 능력은 인간으로 하여금 환경으로부터 정보를 얻게 하고 생물학적·심리적·문화적 및 사회적 욕구들을 충족시키는 데 이러한 정보들을 사용하도록 한다. 펄만의 문제해결모델에서는 이러한 인간능력에 대한 믿음을 바탕으로 삶 자체를 하나의 지속적 문제해결 과정으로 간주한다.
- ⓒ 펄만은 사회복지실천을 클라이언트가 자신의 문제를 올바르게 평가하고 판단할 수 있도록 문제를 인식하게 하고, 주어진 문제를 해결할 수 있는 능력을 향상시켜주는 교육과 치료의 중간과정이라고 보았다. 또한 개별사회사업의 목적이 치료가 아니라 현재의 문제에 대처하는 개인의 능력을 향상시키는 것이라고 정의하였다. 즉, 현재의 위기극복을 통해 클라이언트는 미래에도 보다 효과적으로 문제를 다루어 나가는 방법을 습득할 수 있다고 가정하였다.

② 클라이언트의 문제해결능력을 회복시키기 위한 사회복지사의 역할
- ⊙ 클라이언트의 변화를 위해 클라이언트의 동기를 개방시켜 긴장을 완화시키고, 활력을 주며 방향을 제시해준다.
- ⓛ 문제에 대처하기 위해 클라이언트 측의 정신적·정서적·행동적 능력을 개방시키고 반복적으로 훈련시킨다.
- ⓒ 클라이언트로 하여금 문제의 해결이나 완화에 필요한 원조와 자원들을 발견하고 이용하게 한다.

③ **실천과정** : 초점은 개인과 상황의 상호작용 전체이며, 실천과정은 3단계로 이루어진다.

　　㉠ 접촉단계(문제 및 목표의 명확화, 탐색과 조사)

　　㉡ 계약단계(문제의 진단, 활동계획의 공식화)

　　㉢ 활동단계(계획의 실시, 종결, 평가)

④ **펄만의 4P 이론**

　　㉠ 펄만은 문제해결에서 4P(문제, 사람, 장소, 과정)의 활용을 강조하였다.

　　㉡ 4P란 '문제(Problem)'를 지닌 '사람(Person)'은 어떠한 '장소(Place)'로부터 그 문제를 해결하기 위한 도움을 구하며, 이러한 도움은 '과정(Process)'을 통해 제공된다는 것이다. 여기서 과정이란 그 사람 본래의 문제해결기능을 활용하면서 동시에 이를 향상시키고 또한 그 사람이 가지고 있던 문제해결 자원을 보완하는 것에 초점을 둔 것이다.

　　㉢ 펄만은 사람, 문제, 장소, 과정의 네 가지 요소에 덧붙여 클라이언트와 함께 과정을 진행하는 '전문가(Professional Person)'의 개념과 물질적 재화, 기회, 관계, 사회지지 등을 지칭하는 '제공(Provision)'의 개념을 추가해서 6P의 개념으로 확장시켰다.

### (5) 문제해결의 특성

① 클라이언트 자신이 문제해결자로서 스스로 문제를 해결한다.

② 클라이언트가 외부의 도움 없이 문제를 해결하도록 돕는다.

③ 클라이언트가 문제를 해결하기 위해서는 클라이언트의 동기에 대한 지지, 자아기능의 강화, 문제 해결에 대한 지지가 중요하다.

④ 문제해결모델은 인간이나 사회체계를 효과적으로 변화시키기 위한 목표를 합리적으로 생각할 수 있도록 한다.

⑤ 클라이언트 체계의 성장과정에 참여하여 클라이언트를 도우면서 삶을 보다 효과적으로 대처해 갈 수 있도록 클라이언트의 능력을 강화시키고 개인의 동기와 능력을 강조하며 인테이크단계에 많은 관심을 기울인다.

⑥ 사정에서는 현재 문제와 관련되는 클라이언트의 동기, 능력, 기회 등이 강조되며 사회복지사와 클라이언트관계는 현실에 기초를 두고 전이현상을 강조하지 않는다.

⑦ 계약에서 역할과 책임에 대한 내용을 명확히 하며 종결단계는 강조하지 않는다.

## Plus ⊕ one

**펄만(Perlman)과 콤튼-갤러웨이(Compton-Galaway)의 문제해결에 관한 모델의 차이점**

| 구 분 | 펄만(Perlman) | 콤튼과 갤러웨이(Compton & Galaway) |
|---|---|---|
| 이론적 기반 | 진단주의와 기능주의의 통합 | 그 외 일반체계이론을 부가적으로 통합 |
| 문제의 초점 | 개인의 사회적 기능 | 개인 및 집단과 환경 사이의 상호작용 |
| 클라이언트 | 자발적인 클라이언트 | 자발적 및 비자발적 클라이언트체계 |
| 사회사업 관계 | 직접적인 원조관계 | 원조관계, 교섭적 관계, 갈등적 관계 |
| 사정 및 진단 | 역동적 · 임상적 · 원인론적 진단 | 클라이언트-상황-문제에 관한 포괄적인 이해 (진단이 아님) |
| 치료적 개입 | 측면지원자로서의 개입 역할 강조 | 측면적 지원, 중개자 · 중재자 · 대변자로서의 개입 역할(개입방법 및 기술이 다양함) |

## 4 생활모델(Life Model)

### (1) 등장배경

① 정신의학자 밴들러(Bandler)의 영향을 받아 저메인(Germain)과 기터만(Gitterman)에 의해서 개발되었다.

② 1960년대 밴들러의 이론은 사회복지에서의 자아지지적 실천의 중요성을 강조했는데, 모든 실천은 생활 그 자체(성숙, 발전, 쇠퇴과정)와 인생역정을 통해 체득된 욕구만족의 방법 및 문제해결 등에 근거를 두어야 한다는 것으로 생활모델의 기원이 되었다.

③ 1970년대에 들어와서 저메인과 기터만의 생태체계이론의 관점을 통합해서 최초로 생활모델에 관한 이론을 소개하였으며, 이는 1980년대를 지나오면서 하나의 모델로 자리 잡게 되었다.

### (2) 개 념

① 클라이언트와 환경의 양면에 초점을 맞추기 위해 환경적 상호관계를 사용하는 사회사업 접근방법이다.

② 생활모델은 생활 과정상에서 사람의 강점, 건강을 향한 선천적인 지향, 지속적인 성장, 잠재력의 방출과 환경의 수정 및 가능한 최대한의 안녕을 유지하고 촉진시킨다. 그리고 개인, 가족, 집단, 지역사회에서의 인간과 환경과의 조화 수준 증대 등에 역점을 두기 때문에 개인의 결함을 교정하는 치료에 초점을 둔 임상적 접근방법과 다르다.

③ 문제를 병리적 상태의 반영이 아닌 사람, 사물, 장소, 조직, 정보, 가치 등 다양한 생태체계의 요소, 즉 전체의 부분들 간의 상호작용의 결과로 본다. 문제를 개인의 성격장애가 아닌 과도한 스트레스를 유발하는 생활상의 문제로 정의한 것이다.

④ 문제를 생활상의 맥락에서 파악하기 때문에, 개인과 환경 사이의 상호작용 문제에 좀 더 실용적으로 접근한다.

⑤ 생활 과정상에서 인간의 강점, 지속적인 성장, 잠재력의 방출, 환경적 요인의 개선 등을 촉진시킨다.

⑥ 스트레스의 완화를 위해 사회자원을 동원한다.

⑦ **스트레스를 유발하는 상황** : 생활주기의 변화, 환경의 압력, 대인관계의 과정 등

### (3) 생활모델 실천의 특징

① 개인, 가족, 집단, 지역사회 대상의 실천 및 조직적 · 정치적 옹호 등을 포함하는 전문적 기능
  ㉠ 생활모델 실천의 목적은 개인과 그의 환경, 특히 인간의 욕구와 환경자원 간의 적응수준을 향상시키는 것이다.
  ㉡ 생활모델 실천에서는 개인, 가족 그리고 환경수준 모두를 개입의 단위로 삼으며, 한층 더 나아가 개인의 욕구와 환경 간의 적합성의 결여에 대해 사회복지사들이 불의에 대항하는 목격자로 행동하는 것이 전문가로서의 행동이라고 강조한다.

② 클라이언트의 다양성에 대한 존중
  ㉠ 사회복지사는 클라이언트의 사회경제적, 지위, 종교, 성, 연령, 정신적 및 육체적 상태 등을 있는 그대로 수용하고 존중해야 한다. 클라이언트의 다양성에 대한 존중은 임파워먼트와 밀접한 연관이 있다.
  ㉡ 임파워먼트는 힘과 무력함을 다루는 개념으로, 힘의 형태를 개인적 차원과 집단 및 정치의 차원 등으로 나누고, 클라이언트는 이 두 가지 미시적 수준과 거시적 수준의 힘을 모두 얻도록 하는 데 초점을 두고 있다.

③ 클라이언트와 사회복지사의 동반자적 관계
  ㉠ 클라이언트는 종속적 수혜자가 아니며 사회복지사 또한 권위를 내세우는 전문가가 아니다. 따라서 클라이언트와 사회복지사는 동반자적 관계로 어떠한 상황에 함께 참여하며 새롭고 중요한 지식을 얻게 된다.
  ㉡ 생활모델에서는 의료적 모델과는 달리 클라이언트를 사회복지사와 동등한 위치에서 상호교류하는 존재로 보고 의사결정에 있어서도 클라이언트의 적극적 역할을 강조한다.
  ㉢ 생활모델의 특징은 다양한 기술과 방법의 활용 그리고 클라이언트의 능력과 자율성에 대한 강조라고 할 수 있다.
  ㉣ 동반자적 관계는 반드시 감정이입에 기반을 두고 있어야 한다.

④ 통합된 양식, 방법 및 기술
  ㉠ 생활모델은 개인, 가족, 집단, 사회적 관계망, 지역사회, 물리적 환경, 조직체 그리고 정치 등의 실천과정에서 보편적이고 차별화된 사회사업적 지식과 기술을 요구한다.
  ㉡ 사회복지사는 완벽한 모델로의 활동이 요구되는 것이 아니라 유머러스한 대처 등 상황에 맞는 사회복지사의 스타일과 창의성이 요구된다.

⑤ 개인과 집단의 강점에 초점
　　㉠ 사회복지사는 클라이언트의 강점을 주시하고 개발해야 한다.
　　㉡ 클라이언트의 강점 강화에 초점을 맞추어 가능한 한 자연스럽게 개인의 강점들을 형성하고 환경적 장벽들을 제거하거나 경감시키고자 노력한다.
⑥ 클라이언트 행동과 의사결정을 강조
　　㉠ 클라이언트의 행동과 의사결정을 강조하기 위해서 사회복지사는 개인, 가족, 집단이 자신의 동기를 활성화하고 그것을 행동으로 연결시키도록 돕는다.
　　㉡ 사회복지사는 클라이언트의 생활방식, 관심 그리고 능력을 잘 반영하면서 성취가 적합한 과업을 계획하여야 하고 클라이언트는 자신의 삶에 대해서는 전문가가 되어야 한다.

## 5 임파워먼트모델과 현실치료모델과 단일화모델

### (1) 임파워먼트모델

16회 기출

① 클라이언트가 생활상의 문제에 직면하여 스스로의 삶에 대해 결정을 내리고 행동에 옮길 수 있도록 힘을 부여하는 모델이다.
② 클라이언트가 스스로의 능력을 발휘하는 데 있어서 장애가 되는 요소들을 제거하고 자신의 능력을 육성하여 권한을 획득하도록 돕는다.
③ 클라이언트가 자신의 생활과 경험에서 전문가임을 강조한다.
④ 클라이언트를 개입의 객체가 아닌 주체로 봄으로써 클라이언트 스스로 자신의 삶에 대해 결정을 내리고 행동에 옮길 수 있는 자기결정권을 가진 존재로 본다. 따라서 임파워먼트모델에서는 사회복지사의 주도적인 개입을 강조하는 것이 아니라 사회복지사와 클라이언트 간의 상호 협력적인 파트너십을 강조한다.
⑤ 클라이언트의 문제는 기회와 도전의 계기가 되기도 한다.
⑥ 개인, 대인관계, 제도적 차원에서 임파워먼트가 이루어지며, 클라이언트와 협력관계를 확립하는 것을 중요시한다.
⑦ 개입과정은 대화 – 발견 – 발달의 단계로 진행된다.
⑧ 임파워먼트모델에서 사회복지사의 활동
　　㉠ 활용 가능한 자원 확보
　　㉡ 클라이언트와 사회복지사의 역할 정하기
　　㉢ 클라이언트와 문제해결 방안을 함께 수립
　　㉣ 권리와 함께 클라이언트의 책임 강조
　　㉤ 클라이언트 감정의 구체화

### (2) 현실치료모델

① 클라이언트의 현재 행동과 현실 세계에 초점을 둔다.

② 클라이언트가 스스로를 정확히 인식하고 현실에 직면하도록 하여 성공적인 정체감을 가질 수 있도록 원조한다.

③ 전통적인 의료모델을 거부하며 클라이언트 자신의 행동에 대한 책임성을 강조한다.

④ 클라이언트의 책임 있는 행동을 적극 지지한다.

⑤ '지금-여기'를 강조한다.

### (3) 단일화모델

① 골드스테인(Goldstein)이 사회체계모델, 사회학습모델, 과정모델을 기초로 체계화한 모델이다.

② 특히 과정모델에서 조사와 평가, 의뢰와 중재, 평가 전략의 측면을 강조하여 이를 사회복지실천 과정의 여러 단계들과 연계시켰다.

③ 사회복지실천 과정을 역할유도단계, 핵심단계, 종결단계로 설정하였으며, 전체 과정모델을 개인, 가족, 집단, 조직, 지역사회 등의 표적 형태로 구분하여 구체화된 단계와 연결하였다.

④ 사회학습과 관련된 사회복지사의 기능에 관심을 기울이며, 이와 같은 사회학습의 과정을 통해 개인이나 소집단은 물론 조직이나 지역사회 등의 큰 체계들을 변화시킬 수 있다고 주장하였다.

---

**Plus ⊕ one**

**통합적 실천모델의 특징**

• 환경 속의 인간을 중시한다.
통합적 실천모델은 총체적인 접근을 강조하면서 진단과 개입에 있어 환경 속의 인간이라는 관점을 사용한다.

• 방법론 중심이 아니라 문제해결 중심적이다.
통합적 실천에서 사용되는 문제해결과정은 '계약 → 자료수집 → 진단 → 개입 → 평가 → 종결'이라는 여섯 단계의 과정으로 구성되어 있다.

• 다양한 접근법을 사용한다.
통합적 실천가는 문제 상황의 구체적인 필요에 따라 미시체계와 거시체계를 망라하는 폭넓은 범위의 개입방법을 선택하고 적용한다.

• 이론과 개입방법의 선택이 자유롭다.
통합적 실천모델은 문제의 원인에 대해 가정하지 않으며, 미리 결정된 방법보다는 총체적 진단에 의한 개입방법을 사용한다.

**01** 임파워먼트모델의 실천단계를 대화단계, 발견단계, 발전단계로 나눌 때, 대화단계에서 실천해야 할 과정을 모두 고른 것은?　　　　　　　　　　　　　　　　　　　　　　　　　　　　　[19회]

> ㄱ. 방향 설정　　　　　　　　　　　ㄴ. 자원 활성화
> ㄷ. 강점의 확인　　　　　　　　　　ㄹ. 기회의 확대
> ㅁ. 파트너십 형성　　　　　　　　　ㅂ. 현재 상황의 명확화

① ㄱ, ㄴ, ㄷ　　　　　　　　　　　　② ㄱ, ㄷ, ㄹ
③ ㄱ, ㅁ, ㅂ　　　　　　　　　　　　④ ㄴ, ㄷ, ㄹ
⑤ ㄴ, ㄷ, ㄹ, ㅁ, ㅂ

**해설** 임파워먼트 관점의 문제해결 과정별 과업
- 대화(Dialogue) : 클라이언트와의 파트너십(협력관계) 형성하기, 현재 상황을 명확히 하기(도전들을 자세히 설명하기), 방향 설정하기(일차적 목표 설정하기) 등
- 발견(Discovery) : 강점 확인하기, 자원체계 조사하기(잠재적 자원을 사정하기), 자원역량 분석하기(수집된 정보를 조직화하기), 해결책 고안하기(구체적인 행동계획을 수립하기) 등
- 발전 또는 발달(Development) : 자원을 활성화하기, 동맹관계를 창출하기, 기회를 확장하기, 성공을 인식(인정)하기, 결과(달성한 것)를 통합하기 등

**02** 음주상태에서 아내에게 폭력을 가하던 남편이 이웃주민의 신고로 경찰을 통해 중독관리통합지원센터에 의뢰되었다. 핀커스와 미나한(Pincus & Minahan)의 4체계모델에서의 변화매개체계는?　　　　　　　[16회]

① 남 편　　　　　　　　　　　　　　② 아 내
③ 경 찰　　　　　　　　　　　　　　④ 이웃주민
⑤ 중독치료 전문가

**해설** 핀커스와 미나한(Pincus & Minahan)의 4체계 모델
- 표적체계(Target System) : 목표달성을 위해 변화시킬 필요가 있는 대상(예 남편)
- 클라이언트체계(Client System) : 서비스나 도움을 필요로 하는 사람들(예 아내)
- 변화매개체계(Change Agent System) : 사회복지사와 사회복지사가 속한 기관 및 조직(예 중독치료 전문가)
- 행동체계(Action System) : 변화매개인들이 변화노력을 달성하기 위해 서로 상호작용하는 사람들(예 경찰, 이웃주민)

1 ③ 2 ⑤ 　Answer

**03** 핀커스와 미나한(Pincus & Minahan)이 제시한 '변화매개체계'에 관한 설명으로 옳은 것은? [14회]

① 목표달성을 위해 사회복지사와 공동으로 노력하는 모든 체계를 의미한다.

② 목표달성을 위해 변화시킬 필요가 있는 대상을 의미한다.

③ 사회복지사와 사회복지사가 속한 기관을 의미한다.

④ 서비스나 도움을 필요로 하는 사람들을 의미한다.

⑤ 법원, 경찰 등에 의해 강제로 의뢰가 이루어진 사람들을 의미한다.

> **해설** 핀커스와 미나한(Pincus & Minahan)의 4체계 모델
> • 표적체계(Target System) : 목표달성을 위해 변화시킬 필요가 있는 대상
> • 클라이언트체계(Client System) : 서비스나 도움을 필요로 하는 사람들
> • 변화매개체계(Change Agent System) : 사회복지사와 사회복지사가 속한 기관 및 조직
> • 행동체계(Action System) : 변화매개인들이 변화노력을 달성하기 위해 서로 상호작용하는 사람들

**04** 다음 내용에 적합한 실천모델은? [12회]

> • 순환적 원인론 적용
> • 환경 속의 인간 개념 활용
> • 공통의 문제해결 과정의 도출
> • 서비스 분화 및 파편화 문제의 해결

① 통합적 모델                    ② 해결중심모델

③ 기능주의모델                   ④ 진단주의모델

⑤ 인지행동모델

> **해설** 통합적 모델(통합적 접근방법)
> • 1960~1970년대에 대두된 것으로, 기존의 전통적인 사회복지실천이 개별사회사업, 집단사회사업, 지역사회 조직사업 등 개별적인 접근법을 통해 주로 특정 문제 중심으로 개입해 다양한 문제에 효과적으로 대처하는 것이 어려웠다는 점을 부각시킨다.
> • 개인, 집단, 지역사회에서 제기되는 사회문제에 활용할 수 있는 공통된 원리나 개념을 제공하기 위해 제반 방법들을 통합한 것이다.
> • '환경 속의 인간(Person in Environment)'을 기본적인 관점으로 하여 인간과 환경을 단선적인 관계가 아닌 순환적인 관계로 이해하는 일반체계이론의 관점, 개인 · 집단 · 조직 · 지역사회 등 보다 구체적이고 역동적인 체계들 간의 관계를 가정하는 사회체계이론의 관점, 유기체와 환경 간의 상호교류 및 역학적 관계를 중시하는 생태체계이론의 관점 등을 포괄한다.

**05** 다음 생태체계적 관점에 대한 설명 중 옳은 것은?　　　　　　　　　　　　　　　　　[5회]

① 일반체계이론보다 먼저 등장하였다.
② 전통적 접근법에서 강조되었던 관점이다.
③ 체계 간의 공유영역에 대한 설명이 불명확하다.
④ 개인이 환경에 대해 가지는 객관적 의미가 발달에 중요한 부분을 이룬다.
⑤ 개인의 행동은 환경에 영향을 받는다.

> **해설** ① 생태체계적 관점은 일반체계이론보다 나중에 등장하였다.
> ② 생태체계적 관점은 통합적 접근법에서 강조되었다.
> ③ 체계 간의 공유영역에 대한 설명이 불명확한 것은 일반체계이론이다.
> ④ 개인이 환경에 대해 가지는 주관적 의미가 발달에 중요한 영향을 준다.

**06** 콤튼과 갤러웨이(Compton & Galaway)의 사회복지실천 구성 체계 중 다음 사례에서 언급되지 않은 체계는?　　　　　　　　　　　　　　　　　[14회]

> 정신건강사회복지사 A는 고등학생 아들의 지속적인 음주문제를 도와달라는 어머니 B의 요청으로 그녀의 아들 C와 상담하였다. C는 학생으로서 자신의 음주의 심각성을 인지하고 있지만 함께 어울리는 친구들의 압력을 거부할 수 없다고 하였다. 따라서 A는 학교사회복지사와 협력하여 C의 친구들을 함께 치료에 참여시키는 방안을 모색하고 있다.

① 행동체계
② 변화매개체계
③ 클라이언트체계
④ 표적체계
⑤ 전문체계

> **해설** ⑤ 전문체계(전문가체계)는 전문가단체, 전문가를 육성하는 교육체계, 전문적 실천의 가치와 인가 등을 말하는 것으로서, 주로 사회복지사의 권익과 이익을 대변하고 전문성 신장을 위해 노력하는 협회 및 학회 등을 예로 들 수 있다.
> ① 보기의 사례에서 행동체계는 학교사회복지사에 해당한다.
> ② 보기의 사례에서 변화매개체계는 정신건강사회복지사 A와 그가 속한 기관에 해당한다.
> ③ 보기의 사례에서 클라이언트체계는 어머니 B에 해당한다.
> ④ 보기의 사례에서 표적체계는 C군과 C군의 친구들에 해당한다.

**07** 다음은 사회복지실천에 대한 통합적 접근 모델 중 어느 것에 대한 설명인가? [8회]

> • 펄만(Perlman)이 창안하였고 진단주의와 기능주의를 절충한 모델이다.
> • 개인의 문제대처능력을 향상시키는 것이 목적이다.

① 생활모델
② 참여모델
③ 과정모델
④ 생태체계모델
⑤ 문제해결모델

해설  문제해결모델
• 펄만(Perlman)이 진단주의 입장에서 기능주의를 도입하였다.
• 문제해결의 과정을 강조하며, 개인의 문제해결능력 회복을 목표로 한다.
• 사회복지사는 클라이언트를 문제해결이 부족한 사람으로 보고 잠재능력의 향상을 도모한다.
• 문제해결모델의 구성요소인 4대 요소는 사람(Person), 문제(Problem), 장소(Place), 과정(Process)이며, 6대 요소는 4P에 전문가(Professional Person), 제공(Provision)을 포함한다.

**08** '환경 속의 인간' 관점에 관한 설명으로 옳은 것은? [9회]

① 생리학에서 출발한다.
② 인간과 환경에 이중초점(Dual Focus)을 둔다.
③ 인간 내부의 심리 역동성에만 초점을 둔다.
④ 인간문제의 원인을 환경 차원에 한정시킨다.
⑤ 사회적 맥락에 대한 고려 없이 문제 진단에 치중한다.

해설 '환경 속의 인간(Person In Environment)'은 인간과 환경을 분리된 실체가 아닌 하나의 통합된 총체로 이해한다. 즉, 인간과 환경 사이에 일어나는 상호작용 영역에 초점을 두고 양자 간의 상호교환을 통해 어떤 일이 진행되고 있는가에 관심의 초점을 두는 것이다. 이와 같이 인간과 환경에 동시적으로 주의를 기울이는 것을 '이중초점(Dual Focus)'이라고 한다.

**09** 통합적 접근방법이 나타난 배경으로 옳은 것을 모두 고른 것은? [9회]

> ㄱ. 서비스 영역별 분화로 전문직 내 상호협력이 어려워졌다.
> ㄴ. 개별이론을 집중적으로 발전시킬 필요성이 대두되었다.
> ㄷ. 클라이언트의 문제와 욕구가 복잡하고 다원화되었다.
> ㄹ. 전문화 중심의 훈련으로 사회복지사의 분야 이동이 용이해졌다.

① ㄱ, ㄴ, ㄷ          ② ㄱ, ㄷ
③ ㄴ, ㄹ             ④ ㄹ
⑤ ㄱ, ㄴ, ㄷ, ㄹ

🔍 **해설** ㄴ. 특정 이론에 국한된 기존 방법과 달리 정신분석이론 등의 전통적 이론은 물론 환경 및 체계를 강조하는 새로운 이론까지 사회복지 지식체계에 도입하고자 하는 시도가 펼쳐졌다.
ㄹ. 전문화 중심의 교육훈련은 사회복지사들의 분야별 직장 이동에 도움이 되지 않았다.


**10** 임파워먼트(Empowerment)와 관계가 없는 것은? [9회]

① 개인강점의 향상          ② 환경자원의 활용
③ 소외계층에 대한 관심       ④ 자기결정권의 강조
⑤ 제공자와 수혜자의 관계

🔍 **해설** 임파워먼트는 사회복지사와 클라이언트 간의 협력과 파트너십을 강조한다.


**11** 상호작용 맥락을 이해하기 위한 PIE(Person-In-Environment) 분류체계에 포함되지 않는 것은? [13회]

① 정신건강상 문제         ② 신체건강상 문제
③ 사회기능상 문제         ④ 가족구조상 문제
⑤ 환경상 문제

🔍 **해설** PIE(Person-In-Environment) 분류체계
• 제1축(Axis Ⅰ) : 사회기능상 문제(Social Functioning Problems)
• 제2축(Axis Ⅱ) : 환경상 문제(Environmental Problems)
• 제3축(Axis Ⅲ) : 정신건강상 문제(Mental Health Problems)
• 제4축(Axis Ⅳ) : 신체건강상 문제(Physical Health Problems)

9 ② 10 ⑤ 11 ④   Answer

**01** 핀커스와 미나한(A. Pincus & A. Minahan)의 4체계 모델에 관한 설명으로 옳은 것은? [18회]

① 이웃이나 가족 등은 변화매개체계에 해당한다.
② 문제해결을 위해 사회복지사와 상호작용하는 사람들은 행동체계에 해당한다.
③ 비자발적인 클라이언트는 의뢰-응답체계에 해당한다.
④ 목표달성을 위해 변화가 필요한 사람들은 변화매개체계에 해당한다.
⑤ 전문가 육성 교육체계도 전문체계에 해당한다.

해설 4가지 체계유형(Pincus & Minahan)

| 표적체계 | 목표달성을 위해 변화시킬 필요가 있는 대상 |
|---|---|
| 클라이언트체계 | 서비스나 도움을 필요로 하는 사람들 |
| 변화매개체계 | 사회복지사와 사회복지사가 속한 기관 및 조직 |
| 행동체계 | 변화매개인들이 변화노력을 달성하기 위해 서로 상호작용하는 사람들 |

**02** 콤튼과 갤러웨이(B. Compton & B. Galaway)의 6체계모델을 다음 사례에 적용할 때 구성체계의 연결이 옳은 것은? [19회]

> 사회복지사 A는 중학생 B가 동급생들로부터 상습적으로 집단폭력을 당하는 것을 알게 되었다. A는 이 문제를 해결하기 위하여 B가 다니는 학교의 학교사회복지사 C와 경찰서의 학교폭력담당자 D에게도 사건내용을 알려, C와 D는 가해학생에게 개입하고 있다. A는 학교사회복지사협회(E)의 학교폭력관련 워크숍에 참가하면서, C와 D를 만나 정기적으로 사례회의를 하고 있다.

① A(사회복지사) - 변화매개체계
② B(학생) - 행동체계
③ C(학교사회복지사) - 클라이언트체계
④ D(경찰) - 전문가체계
⑤ E(학교사회복지사협회) - 표적체계

해설 ② B(학생) – 클라이언트체계
③ C(학교사회복지사) – 행동체계
④ D(경찰) – 행동체계
⑤ E(학교사회복지사협회) – 전문가체계

**03** 사회복지실천에서 통합적 접근방법에 관한 내용으로 옳지 않은 것은? [20회]

① 전통적인 방법론의 한계로 인해 등장
② 클라이언트의 참여와 자기결정권 강조
③ 인간의 행동은 환경과 연결되어 있음을 전제
④ 이론이 아닌 상상력에 근거를 둔 해결방법 지향
⑤ 궁극적으로 클라이언트의 삶의 질 향상을 돕고자 함

해설 사회복지실천에서 통합적 접근방법
'환경 속의 인간(Person in Environment)'을 기본적인 관점으로 하여 인간과 환경을 단선적인 관계가 아닌 순환적인 관계로 이해하는 일반체계이론의 관점, 개인·집단·조직·지역사회 등 보다 구체적이고 역동적인 체계들 간의 관계를 가정하는 사회체계이론의 관점, 유기체와 환경 간의 상호교류 및 역학적 관계를 중시하는 생태체계이론의 관점 등을 포괄한다.

**04** 일반체계이론에서 체계의 작용 과정을 순서대로 옳게 나열한 것은? [20회]

| ㄱ. 투입 | ㄴ. 산출 |
| ㄷ. 환류 | ㄹ. 전환 |

① ㄱ – ㄴ – ㄷ – ㄹ
② ㄱ – ㄴ – ㄹ – ㄷ
③ ㄱ – ㄹ – ㄴ – ㄷ
④ ㄹ – ㄱ – ㄴ – ㄷ
⑤ ㄹ – ㄷ – ㄱ – ㄴ

해설 체계의 작용 과정(체계의 행동적 특성)
• 투입 : 체계가 환경으로부터 에너지, 정보 등을 받아들이는 방법을 말한다.
• 전환 : 유입된 에너지나 정보를 처리하는 과정으로서, 투입체가 활용되는 단계를 말한다.
• 산출 : 처리과정이 진행됨에 따라 체계는 적극적으로 환경에 반응하게 되는데, 이와 같은 전환과정을 거쳐 배출된 결과물을 의미한다.
• 환류 : 체계의 반응은 환경에 직접적으로 영향을 미치면서 다른 체계에 대해 투입으로 작용하는 동시에 환류를 통해 다시 투입으로 작용하게 된다.

# 면접의 방법과 기술

⭐ 학습목표
- 면접과 의사소통, 면접의 구조요건과 기술에 대해 학습하자.
- 사회복지실천론의 핵심 중 하나인 면접, 그 중에서도 면접기술은 완벽히 숙지하도록 하자. 구체적인 면접기술에 대한 예시와 사례에 대한 학습 후 문제를 통한 반복학습이 필요하다.

## 제1절 면접과 의사소통

### 1 면 접

#### (1) 면접의 의의

① 사회복지실천에서 면접은 사회복지사와 클라이언트 간의 의사소통으로, 사회복지개입의 중요한 도구이다.

② 사회복지실천과정에서 면접은 전문적 관계에 바탕을 두고 정보수집, 과업수행, 클라이언트의 문제나 욕구해결 등과 같은 목적을 수행하는 시간제한적 대화이다.

③ 사회복지면접은 인간의 행동과 반응에 대한 전문적 지식과 정교한 인간관계의 기술을 갖춘 사회복지사가 클라이언트와 그의 문제를 이해하고 원조한다는 목적을 가지고 의도적으로 이끌어 나가는 전문적 대화이다.

④ 사회복지면접은 실천을 위한 정보수집의 도구이며 그 자체가 치료적 효과를 갖기도 한다.

#### (2) 면접의 목적

① 클라이언트에 관한 정보를 획득하는 것이 주목적이다.

② 클라이언트에게 정보를 제공한다.

③ 원조과정에서 장애를 파악하고 제거한다.

④ 치료관계를 확립 · 유지한다.

⑤ 목표 달성을 위한 활동을 파악 · 이행한다.

⑥ 원조관계를 촉진한다.

### (3) 면접의 특징

5, 12, 20회 기출

① 면접을 위한 세팅과 맥락이 있으며, 면접이 기관의 상황적 특성과 맥락에서 이루어진다.

② 목적지향적인 활동으로, 개입 목적에 따라 의사소통 내용이 제한된다.

---

**Plus ⊕ one**

**대화와 면접의 차이점**

- 면접은 의식적으로 선택한 목적을 성취하려고 계획된 상호작용이다. 즉, 상호작용이 있더라도 목적이 없다면 면접이 아니라 대화이다.
- 면접은 의식적이고 서로 수용할 목적을 위하여 이루어지는 인간의 상호작용을 포함하고 있다는 점에서 대화와는 다르다.
- 면접은 대화와 달리 공식적인 구조와 명백하게 정의된 담당 역할, 그리고 상호작용의 과정을 규정하는 일련의 기준을 포함한다.
- 면접의 내용은 목적의 달성을 촉진시키는 비상호적 · 공식적 만남이다.
- 면접에서는 누군가가 목표를 향한 상호작용을 지도할 책임을 맡아야 한다.
- 면접자의 행동은 계획적이고 심사숙고된 것이며 의식적으로 선택된 것이다.
- 전문가는 면접을 위해 클라이언트의 요구를 수용할 의무를 가진다.
- 면접에서는 불쾌한 사실과 감정을 피하지 못한다.

---

③ 한정적 · 계약적인 것으로, 사회복지사와 클라이언트 간에 상호 합의한 상태에서 진행된다.

④ 사회복지사와 클라이언트의 특정한 역할관계가 있다. 즉, 사회복지사와 클라이언트의 역할이 서로 다르다.

⑤ 개인적 · 사적인 차원에서 이루어지는 것이 아닌, 공식적 · 의도적인 차원에서 이루어지는 활동이다.

### (4) 면접의 유형

① 표준화 면접

면접자가 표준화된 면접조사표를 만들어 면접상황에 관계없이 모든 피면접자에게 동일한 절차와 방법으로 면접을 수행하는 것으로 조직화 · 구조화 면접, 통제화 면접 또는 지시적 면접이라고도 한다. 따라서 면접자는 임의로 질문의 내용, 형식, 순서 등을 변경하는 재량의 여지가 없이 면접조사표에 따라 기계적으로 자료 수집을 진행하게 된다.

| 장 점 | • 정보의 비교가 가능하다.<br>• 일관적인 질문을 하기 때문에 신뢰도가 크다.<br>• 사전에 준비한 똑같은 순서로 질문하므로 질문 어구나 질문의 언어구성에서 오는 오류를 최소한으로 줄일 수 있다. |
|---|---|
| 단 점 | 면접상황과 피면접자의 특성에 따라 면접을 융통성 있게 함으로써 보다 더 훌륭한 정보를 얻을 수 있는 점을 감안한다면, 엄격히 정해진 방법에 얽매이는 면접은 오히려 피면접자의 견해가 극소화되고 부정확하게 될 우려가 있다. |

② 비표준화 면접

질문의 내용, 형식, 순서 등이 미리 정해지지 않아 면접자가 면접상황에 따라 이들을 적절히 변경하여 면접을 수행하는 것으로, 비조직화 · 비구조화 · 비통제화 면접 또는 비지시적 면접이라고도 한다.

| 장 점 | • 응답자의 특수상황을 고려하므로 융통성이 있다.<br>• 의미의 표준화가 가능하다.<br>• 타당성이 높다. |
| --- | --- |
| 단 점 | 면접결과의 가변성으로 인하여 비교가능성을 잃기 쉬우며, 면접결과의 처리 또한 용이하지 않다. |

③ 반표준화 면접

표준화 면접과 비표준화 면접의 장단점을 보완한 것으로, 일정 수의 질문을 표준화하고 그 외는 비표준화한 것을 말한다.

## (5) 면접의 종류

① 정보를 얻기 위한 면접(정보수집 면접 또는 사회조사 면접)  9, 11, 17회 기출

    ㉠ 클라이언트와 그의 상황을 이해하는 데 필요한 정보의 수집이나 사회조사를 위한 면접이다.

    ㉡ 정보수집 또는 사회조사를 위한 면접은 사회적 기능에 관련된 생활력의 자료를 선택적으로 수집하는 것이다.

    ㉢ 중요한 것은 클라이언트에 관한 모든 것을 아는 것이 아니라 효과적인 도움을 주기 위하여 이해하는 데 필요한 것만을 파악하는 것이다.

    ㉣ 정보는 객관적인 사실과 주관적인 감정 그리고 태도를 포함한다.

    ㉤ 클라이언트 외에 부모, 친구, 친척, 고용인, 이전에 접촉한 기관과의 접촉 · 면접이 포함된다.

    ㉥ 클라이언트의 개인적 · 사회적 문제와 관련된 인구사회학적 요인, 개인력 및 과거력, 가족력, 사회적 · 직업적 기능수준 등에 관한 정보를 수집한다.

    ㉦ 수집되는 정보의 내용은 클라이언트의 유형, 문제의 영역, 기관의 성격에 따라 다를 수 있다.

### Plus ⊕ one

**정보수집 면접 시 파악해야 할 항목(Zastraw, 1995)**
• 일반적 사항 : 나이, 성별, 학력, 주소, 결혼 유무 등
• 가족력 : 클라이언트와 원가족과의 관계, 부모형제 관계, 핵가족 중심의 부부관계, 자녀관계 등
• 개인력 : 어린시절 자라온 환경, 발달단계상의 문제, 학교생활, 직장생활, 결혼생활 등
• 현재의 문제 : 현재의 문제 상황, 과거력(과거의 유사한 문제의 유무)
• 사회적 · 직업적 기능 : 클라이언트가 가지고 있는 사회적 · 직업적 기능 정도 등

② 사정을 위한 면접(사정면접) 16회 기출

㉠ 서비스를 위한 평가 및 적격성 등의 의사결정을 하기 위한 면접이다.

㉡ 어떠한 치료를 사용할 것인지의 여부를 결정하기 위한 것이다.

㉢ 현재의 문제 상황을 비롯하여 문제 해결을 위한 목표 및 개입방법 등을 결정한다.

㉣ 문제가 무엇이고, 어떤 원인 때문인지, 문제해결을 위해 무엇이 변화되어야 하는지에 답하는 실천과정의 핵심단계이다.

㉤ 사정을 위한 면접의 기능
  • 문제 상황에 대한 이해
  • 문제해결과정의 장애물 탐색
  • 클라이언트의 강점 파악
  • 클라이언트의 욕구 우선순위 설정

③ 치료를 위한 면접(치료면접)

㉠ 클라이언트의 변화와 환경의 변화를 통해 클라이언트의 사회적 기능을 향상시키며, 더 효과적인 사회적응을 위해 그의 감정, 태도 및 행동상의 변화를 유도한다.

㉡ 클라이언트의 자신감과 자기효율성을 강화하며, 문제해결능력을 신장하기 위해 필요한 기술을 훈련시킨다.

㉢ 환경변화를 위한 면접은 클라이언트의 권위와 이익을 옹호 · 대변하기 위해 사회복지기관, 지역사회, 공공기관, 관련 공무원들과 이루어지기도 한다.

## 2 의사소통

### (1) 의사소통으로서의 면접

면접은 인지, 정서, 행동상의 변화를 목적으로 한 사회적 상호작용인 의사소통과정이며 문제해결을 위한 개입이라고 정의하였다(Kirst-Ashman & Hull, Jr., 1993).

### (2) 의사소통의 종류

① 언어적 의사소통

㉠ 언어는 사람의 태도나 감정, 생각과 같이 정교한 개념들을 가장 효과적으로 전달해 주기 때문에 가장 간편하고 만족스러운 방법이다.

㉡ 비언어적 의사소통과 함께 사용하거나 별도로 사용되기도 한다.

㉢ 대면접촉이든, 전화접촉이든 첫 번째 접촉 시에는 대부분의 사람들이 이해할 수 있는 용어나 단어를 사용해야 하며, 평가하는 듯한 용어는 사용해서는 안 된다.

㉣ 사회복지사는 목소리 톤이나 소리, 전달속도 면에서 적절한 양식으로 말할 수 있어야 한다. 그러나 때로 클라이언트와 보조를 맞추기 위해 말의 속도를 의도적으로 달리할 수 있다. 즉, 말의 속도가 빠른 클라이언트가 다소 천천히 말할 수 있도록 사회복지사는 자신의 말 속도를 의도적으로 늦출 수 있어야 한다.

ⓑ 면접을 잘 이끌기 위해서 사회복지사는 자신의 인터뷰를 녹음해서 들어보는 방법이 도움이 되며 이를 통해 불필요하게 언급한 부분, 자신의 목소리 톤, 말의 속도에 대해 알게 된다. 따라서 잘못된 부분이 있으면 시정하려는 노력을 지속적으로 할 수 있게 된다.

## Plus ⊕ one

### 클라이언트의 언어적 의사소통을 격려하는 방법

| 클라이언트에 대한 지지적 언어반응 | 클라이언트가 말을 하는 동안의 긍정적인 언어반응<br>예 "아, 그랬군요", "알겠어요." |
|---|---|
| 클라이언트의 언어 재구성 | 클라이언트의 말을 다시 재구성하여 하는 질문<br>예 "다른 말로 하면 그때 이영미 씨의 기분은 무시당한 것 같았다는 말씀인가요?" |
| 클라이언트의 감정에 대한 반응 | 사회복지사의 감정이입적 의사소통을 위한 반응<br>예 "실직하여 가족들 볼 낯이 없다고 생각했군요." |
| 클라이언트의 인식의 명료화 | 클라이언트의 인식을 명료화하는 질문<br>예 "임신한 아이가 다운증후군이라니 어쩌면 좋아요?"라고 말할 때, 사회복지사는 "다운증후군에 대해서 좀 더 알고 싶고, 이 병을 가진 아이들을 돌보는 방법과 예후에 대해서 알고 싶으세요?" 등의 질문 |
| 클라이언트의 장점 강조 | 문제해결의 가능성을 모색할 수 있게 해주며 자존감과 가치를 회복시켜 주는 중요한 개입방법<br>예 "그래도 이혜영 씨는 매우 강한 엄마예요. 장애를 가진 아이를 어떻게 하면 잘 키울 수 있는지, 이렇게 미리 알아보고 준비하려고 하시잖아요." |

② 비언어적 의사소통

ⓐ 언어를 사용하지 않고 신체동작을 사용하는 것으로 신체언어는 포즈, 얼굴표정, 시선, 걸음걸이, 사람을 만지는 방법, 상대방과의 대화 시 유지하는 거리 등을 포함한다. 신체언어를 통한 의사소통은 인간관계에서 매우 중요한 요소로, 말을 통한 의사소통보다 훨씬 강력하게 의미를 전달하기도 한다. 따라서 사회복지사는 신체언어의 강점을 잘 인식하고 있어야 한다.

ⓑ 일반적으로 두 사람 사이의 전형적인 만남에서 실제로 언어에 의해 전달되는 사회적 의미는 1/3에 불과한 반면, 비언어적 수단에 의해서 2/3가 전달된다. 특히 언어적 의사소통과 비언어적 의사소통의 형태 간에 갈등이 있을 때는 비언어적 의사소통에 보다 무게를 두게 된다.

ⓒ 비언어적인 의사소통을 원활히 하는 기법

• 눈맞춤 : '눈은 마음의 창'이라는 말이 있듯이 눈은 말로 하지 않은 많은 정보를 전달한다.

• 옷차림과 외양 : 옷차림을 통해 그 사람의 직업이나 연령, 성격, 처한 환경, 현재의 기분 등을 대개 짐작할 수 있다. 사회복지사의 옷차림은 어느 정도 보편적인 스타일이 무난하다.

• 표정 : 말로 전달하고자 하는 내용을 더욱 분명하게 해준다. 언어적 표현과 비언어적 표현의 의미가 다르면 클라이언트가 사회복지사를 신뢰하기 어려울 것이다.

• 자세와 몸동작 : 지나치게 가까이 다가가거나 지나치게 멀리 떨어져 있지 않도록 하고 편안하고 개방적인 자세를 취하는 것이 매우 중요하다.

③ 의사소통의 장애요인

일반적으로 사회복지사들이 의사소통 시 저지르기 쉬운 실수들의 예는 다음과 같다.

ⓐ 지나친 보호나 비난하는 방식으로 상호작용하는 것

ⓑ 급하고 센 억양으로 질문하며 인터뷰한다기보다 심문하는 식으로 말하는 것

ⓒ 개인감정의 한 측면, 즉 사고나 감정적 차원 중 어느 하나에만 지나치게 집중하는 것

ⓓ 말하는 중간에 멘트나 질문을 자주하여 끼어드는 것

ⓔ 잘 알아듣지 못하는 것

ⓕ 상대방의 이름을 잘못 부르거나, 이름을 전혀 부르지 않는 것

ⓖ 적극적인 경청을 통해 이해했음을 보여주는 데 무관심한 것

ⓗ 너무 일찍 해결책을 제안하는 것

ⓘ 관계가 발전되기도 전에 사회복지사 자신의 개인적 감정이나 생활 경험을 너무 많이 노출하는 것

ⓙ 정확한 이해와 확고한 관계가 확립되기 전에 클라이언트에게 도전하거나 대항하는 것

ⓚ 정확한 조사가 다 이루어지기 전에 문제의 원인에 관해 해석하거나 생각하는 것

ⓛ 너무 일찍 행동상에서의 발전적인 모습을 클라이언트에게 요구하는 것

ⓜ 상투적인 말이나 전문적인 용어를 사용하는 것

ⓝ 비판적인 혹은 판단적인 말을 하는 것

ⓞ 부적절한 감정을 보이는 것, 예를 들어 고통의 감정을 표현할 때 주체할 수 없을 정도로 슬퍼하는 것

# 제2절 면접의 구조요건과 기술

## 1 면접의 구조요건

<sub>13회 기출</sub>

면접을 위한 구체적인 준비는 면접의 물리적 환경, 시간, 기록, 면접의 비밀성, 면접자의 예비지식이 있다(Garrett, 1972).

### (1) 장소(물리적 환경)

① 면접의 목적을 달성하기 위한 곳으로 시설, 가정, 기타 유사한 장소로 편리한 곳이 바람직하다.

② 어느 정도의 비밀성과 안락하고 이완된 분위기를 가지는 것이 중요하다.

③ 면접실은 딱딱한 느낌을 최대한 피하고 마음의 여유를 느낄 수 있도록 안락하게 구성한다.

④ 안락의자에서 낮은 탁자를 사이에 두고 마주 앉거나 책상이나 테이블이라면 서로 90° 정도의 각도가 부담을 덜어준다.

⑤ 클라이언트가 지루하게 느껴질 정도로 오랫동안 복잡한 대기실에서 기다렸다면 그는 자연히 마음 속에 간직하고 있는 것을 의논할 기분을 갖지 못할 것이다.

⑥ 조명은 간접조명이 좋고 사회복지사가 빛을 등지고 앉게 되면 사회복지사의 표정은 보이지 않고 클라이언트는 다 노출되기 때문에 부담감과 권위의식을 강조하게 되어 좋지 않다.

⑦ 다과, 그림 등이 있으면 마음을 안정시키는 데 도움이 된다.

⑧ 사무실에서의 면접(가장 이상적인 면접)

　㉠ 물리적인 상황을 통제할 수 있다. 즉, 클라이언트가 편안함을 느낄 수 있고 신변보장을 받을 수 있으며, 조용하고 아늑한 분위기를 연출할 수 있다.

　㉡ 사회복지사가 한 면접에서 다른 면접으로 이동하는 시간이 절약된다.

　㉢ 사무실에서 면접을 하는 경우에는 일반적으로 면접 중 개인의 비밀이 존중될 수 있고, 외부로부터 방해를 받지 않으며, 안정된 상태에서 이야기할 수 있는 면접실을 이용하는 것이 더욱 효과적이다.

⑨ 가정에서의 면접

　㉠ 장점 : 면접장소로 클라이언트의 가정은 그와 그의 상황에 관한 진단적 이해를 하는데 유익하다. 가정방문은 클라이언트의 생활을 실제로 파악할 수 있고 더 많은 정보를 얻을 수 있다.

　㉡ 단점 : 전화가 오거나, 가족이 TV를 시청하는 경우, 예기치 않은 방문객이 있는 등의 경우 주위가 산만할 수 있다.

⑩ 기타 장소(학교, 직장, 공원, 카페 등)에서의 면접

　㉠ 청소년의 경우 : 공원이나 운동장의 경우 좋은 성과를 얻을 수 있다.

　㉡ 성인의 경우 : 가정방문을 꺼리는 경우, 남의 눈을 피하기 좋은 카페 등을 원하는 경우도 있다 (원칙적으로 삼가고, 일시적으로 사용한다).

## (2) 면접시간

① 예기치 못한 급한 사정이 없는 한 반드시 지켜야 한다.

② 면접시간 및 일정을 클라이언트에게 사전에 명확히 알려야 한다.

③ 사회복지사 자신의 일정표에 따라 일방적으로 클라이언트의 면접시간을 결정할 수도 있지만 클라이언트가 이용하기에 편리한 시간을 선택할 수 있게 하는 것이 중요하다.

④ 클라이언트와 면접약속을 할 때 어느 정도의 시간이 소요될 것이라는 것을 미리 알리고, 그 시간을 이용할 책임은 클라이언트에게 달려 있다고 알리는 것이 중요하다.

⑤ 면접을 너무 오래하기보다는 클라이언트가 말한 것과 들은 것을 소화하고 생각할 시간을 가지도록 하는 것이 현명하다.

⑥ 클라이언트가 실천을 통하여 반영할 여유를 가지게 한 후에 다음 면접을 계속하는 것이 더욱 효과적이다.

⑦ 시작단계, 중간(진행)단계, 종결단계로 나누어 각 과정에 적합한 질문을 하여 정보를 얻는 것이 좋다.

⑧ 일정한 규정이 있는 것은 아니지만 1주일에 1회 1시간 정도가 가장 바람직하다. 하지만 클라이언트의 특성과 상황에 따라 시간과 횟수를 정한다.

⑨ 면접시간이 길 경우 클라이언트나 사회복지사 모두 피로에 지쳐 초점에서 벗어나거나 무의미한 면접이 될 수 있다.

⑩ 면접시간이 짧을 경우 클라이언트가 하고 싶은 말을 충분히 표현하지 못하여 사회복지사가 듣고 싶은 이야기를 듣지 못할 수 있으며, 상호관계를 형성하지 못하는 무의미한 면접이 될 수 있다.

### (3) 면접기록

① 면접에서의 기록은 정보수집, 개입방법, 점검과 확인, 면접과정을 이용한 교육 등 다양한 목적을 위해 매우 중요하다.

② 면접에서 클라이언트의 이름, 주소, 날짜 및 직업 등의 기본적 속성은 그가 말하는 즉시 기록하는 것이 일반적이다.

③ 녹음기를 이용하거나 비디오로 녹화할 경우 반드시 클라이언트의 동의를 얻어야 한다.

④ 면접기록의 방법

   ㉠ 과정기록(Process Recording) : 언어적·비언어적 표현을 포함하여 사회복지사와 클라이언트의 상호작용을 그대로 기록하는 방식이다.

   ㉡ 요약기록(Summary Recording) : 사회복지기관에서 흔히 사용하는 기록형태로, 일정한 간격을 정하여 중요한 정보를 요약하여 기록하는 방식이다.

   ㉢ 문제중심기록(Problem-oriented Recording) : 단순한 기록의 차원을 넘어 문제해결에의 접근 방법을 반영하는 방식이다.

   ㉣ 녹음 및 녹화기록 : 음성녹음과 화면녹화를 이용하여 면접과정을 분석하는 방식으로, 필기방식보다 효과적이며 실행 전 클라이언트의 동의가 필요하다.

### (4) 면접의 비밀성

① 클라이언트와 사회복지사 간의 전문적인 관계 때문에 클라이언트는 다른 사람과의 관계에서와는 달리 자기 자신을 드러내게 된다. 사회복지사는 이러한 전문적 관계의 유지에 대한 책임을 이행하여야 한다.

② 비밀보장은 클라이언트가 자기와 관련된 정보가 외부에 노출되거나 악용되지 않을 것이라는 점을 확신해야 속마음을 솔직히 밝힐 수 있기 때문에 필요하다.

### (5) 면접자의 예비지식

① 사회복지사는 효과적인 면접을 위하여 알고 있어야 할 일정한 지식체계가 필요하다.

② 사회복지사가 명백히 인식해야 할 것은 일반성을 기초로 하는 이론과 구체적인 실제를 기초로 하는 특수성에 관한 지식이다.

③ 사회복지사가 보다 효과적으로 클라이언트를 면접하거나 도와주기 위해서는 먼저 일정 수준의 전문적인 지식이 필요하다.

### (6) 면접자가 취할 태도

① **중립성(Neutral)** : 의복에서부터 말씨, 표정, 태도, 응답에 대한 반응 등 전반적으로 지나침이 없이 사무적이어야 한다.

② **공평성(Impartial)** : 피면접자(Interviewee)의 지위, 성향, 나이, 성 등 어떤 특성에 관계없이 피면접자가 자신감을 갖고 응답할 수 있도록 공정해야 한다.

③ **자연스러움(Casual)** : 너무 가볍고 경박스러운 것도 곤란하지만, 지나치게 심각하고 경직된 자세로 임하여 상대방에게 위압감을 주고 질리게 해서는 안 된다.

④ **일상회화의 분위기(Conversational)** : 질문서나 조사표의 내용을 충분히 숙지하여 면접을 일상의 대화처럼 자연스럽게 끌고 나가야 한다.

⑤ **친절(Friendly)** : 응답자가 편안하게 느끼도록 친절한 태도를 보여야 한다.

⑥ **진지함(Conscientious)** : 언제든지 진지한 태도를 잃어서는 안 된다.

## 2 | 면접의 기술　　　　　　　　　　　　　　　　1, 2, 5, 8, 16, 19회 기출

### (1) 관 찰　　　　　　　　　　　　　　　　　　　　15회 기출

① 선입관을 버리고 실제 상황을 있는 그대로 보는 것이다.

② 초기 면접 이전에 대기실에서 나타나는 비언어적인 행동들은 클라이언트의 개입에 대한 태도와 평소의 불안함과 두려움을 어떻게 다루어 왔는지 알 수 있게 한다.

③ 면접 중에는 클라이언트의 언어적 · 비언어적 표현(손놀림, 눈맞춤, 얼굴표정, 목소리와 관련된 행동 등)을 유심히 관찰한다.

④ 처음 시작하는 말과 종결하는 말의 내용은 클라이언트가 자신의 자아나 환경에 대해 어떤 태도를 가지고 있는지를 암시해 준다.

⑤ 대화 도중 화제를 바꾸는 것은 주제가 고통스럽거나 토론하기 싫다는 것을 의미한다.

⑥ 클라이언트가 계속해서 반복적인 주제를 제시하는 것은 매우 중요하거나 도움을 원하는 문제이다.

⑦ 클라이언트의 진술이 불일치하는 것은 면접의 내용이 위협적이거나 공개하고 싶지 않다는 의미이다.

⑧ 클라이언트의 침묵은 이야기할 주제가 위협적이거나 말하기 어려운 것일 때 나타나기도 한다.

⑨ 관찰 집중 기술

　㉠ 사회복지사는 클라이언트에게 완전히 집중하고 있다는 것을 표현하기 위해 얼굴과 몸을 클라이언트에게 향해야 한다.

　㉡ 개방적인 자세를 취한다.

　　• 클라이언트의 말을 들을 자세가 되어 있다는 느낌을 주어야 한다.

　　• 팔짱을 끼거나 다리를 꼬지 않아야 한다.

ⓒ 가끔 상대방을 향해 몸을 기울여 앉는다.

- 대화에 관심을 기울인다는 표현으로 대화를 하다가 몸을 상대방 쪽을 향해 기울인다.
- 상체를 클라이언트를 향해 고정적으로 기울이고 있는 것은 불편함이나 부담감을 줄 수도 있다.

ⓓ 시선을 통해 적절히 접촉한다.

- 클라이언트가 말할 때는 부드러운 시선으로 눈을 맞추되 노려보지 않는다.
- 클라이언트의 눈을 시종일관 들여다보지 말고 가끔씩 시선을 옮긴다.
- 클라이언트가 시선을 맞출 때 사회복지사도 시선을 맞춘다.
- 클라이언트가 자신이 관찰받고 있다는 느낌을 받지 않도록 한다.
- 클라이언트가 시선을 맞추지 않을 때는 습관인지, 대화의 불편함 때문인지 민감하게 파악해야 한다.
- 사회복지사가 말하는 동안 클라이언트의 표정을 살펴 그의 반응을 읽는다.

## (2) 경청 20회 기출

① 클라이언트의 이야기에 간간이 짧고 적절한 의견 또는 질문을 던져 주거나 이해의 말을 덧붙여 이야기의 요점을 파악했다는 것을 나타낸다.

② 다른 사람의 말을 집중해서 듣고, 제스처나 포즈를 관찰하고, 자기 자신을 충분히 표현하도록 격려하며, 전달한 내용을 잘 기억해 내는 일체의 과정이다.

③ 훌륭한 경청은 타인의 감정과 생각에 접근하는 기술이다.

④ 주의 깊고 정중한 경청은 상대를 이해하기 위한 가장 중요한 활동이다. 클라이언트는 자기 말을 얼마나 성의 있게 열심히 경청하는가를 평가하면서 정도에 따라 마음을 열게 된다.

⑤ 클라이언트가 사회복지사에게 말을 다 하고 나면 감정적으로 매우 홀가분하게 느끼기도 하므로 치유의 효과도 있다.

⑥ 경청에서 주의할 것은 침묵을 다스리는 것이다.

ⓐ 클라이언트가 말을 멈추고 침묵하면 자기의 면접기술이 서투르기 때문에 클라이언트가 말을 하지 않는 것으로 오해할 수 있다.

ⓑ 침묵의 의미는 클라이언트가 자기생각을 정리하고 표현하기 위한 것, 도중에 감정이 격해져서 이를 다스리기 위한 것 등이 있다.

⑦ 경청은 듣기만 하는 것이 아니라 클라이언트가 무엇을 표현하고 있는지, 감정과 사고는 어떤지를 이해하고 파악해 가면서 듣는 것이 중요하다.

⑧ 클라이언트의 진술과 감정에 대해 사회복지사는 민감하게 반응해야 한다. 즉, 클라이언트가 자기 자신의 경험을 사회복지사와 공유하도록 질문을 던지고 주의 깊게 경청하는 태도는 면접의 생산성을 높여준다.

⑨ 효과적인 경청을 위한 방법

ⓐ 면접자는 먼저 자신의 충동을 다룰 수 있는 능력을 배양해야 한다.

- 절제와 자기통제훈련이 필요한데, 자신의 생각·의견에 대한 자유로운 표현을 억제할 수 있어야 한다.

- 클라이언트의 생각과 느낌을 방해하지 않도록 면접자 자신의 감정은 자제해야 한다.
  - 침묵은 클라이언트가 생각을 정리할 수 있는 하나의 방법이기 때문에 면접자는 침묵을 불편해하기보다는 침묵의 성질을 이해하고 적절히 활용할 수 있어야 한다.
  ㉡ 상대방이 말한 바의 핵심을 반복해 들려주고 면접자가 이해한 내용이 실제로 클라이언트가 의도한 내용인가를 묻는다. 이는 실천가가 클라이언트를 이해했다는 것, 혹은 이해하려고 노력하고 있음을 알려준다.
  - 면접자가 클라이언트의 말을 자신의 말로 표현함으로써 공감적 이해를 전달할 수 있다.
  - 클라이언트는 면접자의 표현이 자신이 의도한 내용과 다를 때 이를 지적하거나 고쳐줌으로써 자신의 표현을 보다 정확히 하려는 노력을 하게 된다.

## (3) 질문
① 클라이언트로부터 필요한 정보를 이끌어 내기 위해 가장 많이 사용되는 기술이다.
② 필요한 정보를 얻어 클라이언트를 돕거나 대화의 초점을 바로 잡기 위해 꼭 필요하다.
③ 질문과 대답은 상호작용을 돕고 클라이언트에 대한 이해와 문제해결에 필요한 정보를 효과적으로 얻을 수 있도록 해준다.
④ 면접자는 몇 마디의 질문으로 클라이언트가 많은 이야기를 하도록 해야 한다. 특히 클라이언트의 보조에 맞춰서 우회적이며 도움을 주는 질문을 해야 한다.
⑤ 면접의 진행속도가 너무 느리면 클라이언트는 면접자가 자신에게 관심과 이해가 없다고 느낄 수 있고, 너무 빠르면 중요한 초점을 놓칠 우려가 있다.
⑥ 너무 많은 질문은 클라이언트에게 혼란을 가져오고 심문당하는 듯한 느낌을 갖게 한다. 반면 너무 적은 질문은 클라이언트에게 부담을 줄 뿐만 아니라 중요한 내용을 이끌어 내지 못하는 문제가 있다.
⑦ 클라이언트의 말이 필요한 정보가 아니거나 지루하게 느껴질 때 갑자기 핵심주제를 질문할 경우, 클라이언트는 면접자가 자신을 전혀 이해하지 못하고 있다고 생각할 수도 있으므로 관계 형성에 방해요소가 된다.
⑧ 개인적인 질문을 받을 때는 그 의미를 잘 이해하고 적절한 답변을 해야 한다.
⑨ 질문의 종류
  ㉠ 개방형 질문 : 클라이언트에게 가능한 많은 대답을 선택할 기회를 제공해 주는 질문 형태이다. "그러니까, 생활비 보조가 필요하신거지요?"라고 묻는 것보다는 "어떤 도움이 필요한지 말씀해 주시겠습니까?"라는 개방형 질문이 좋다.
  예 "어떤 도움이 필요하신지 말씀해 주시겠습니까?"
  "가족에 대해 말씀해 주시겠습니까?"
  "평소 남편과 어떤 이야기를 나누셨나요?"

**Plus ⊕ one**

**개인적인 질문의 예와 대답**

A : 그런데 선생님은 필로폰을 투약해본 적이 있으세요?

B : 아니, 난 사용해본 경험이 없어. 그런 경험은 없지만 나도 고등학교 시절을 보냈고 약물남용에 대해 공부하면서 너
와 같은 문제를 겪고 있는 아이들과 함께 일해 왔기 때문에 네 심정을 이해할 수 있어.

▶ A의 질문은 '당신은 약물을 사용해본 적도 없으면서 나에게 이래라 저래라 할 수 있는 겁니까?'라는 의미이므로
이때의 대답은 간결하고 솔직해야 한다.

ⓛ 폐쇄형 질문 : 클라이언트에게 대답할 수 있는 범위를 제한하는 질문 형태이다.

　　예 "오늘 방 청소는 하셨나요?", "오늘 많이 피곤하신가요?", "아이의 학교선생님은 체벌을 많
　　　 이 합니까?"

⑩ 면접 시 피해야 할 질문 　　　　　　　　　　　　　　　　　　　15, 19, 20회

　　㉠ 유도질문 : 사회복지사는 클라이언트로 하여금 바람직한 결과를 나타내 보이도록 하려는 의도
　　　 에서 간접적으로 특정한 방향으로의 응답을 유도할 수 있다. 이때 클라이언트는 자신의 진정한
　　　 의향과 달리 사회복지사가 원하거나 기대하는 방향으로 거짓응답을 할 수 있다.

　　　 예 "당신의 행동이 잘못됐다고 생각해보지는 않았나요?"

　　㉡ 모호한 질문 : 클라이언트가 질문의 방향을 명확히 인지하지 못하거나 받아들이지 못하는 형태
　　　 의 질문이다.

　　　 예 "당신은 어렸을 때 어땠나요?"

　　㉢ 이중질문 : 한 번에 두 가지 이상의 내용을 질문하는 것으로, 클라이언트는 복수의 질문 가운데
　　　 어느 하나를 선택하여 답변할 수도, 아니면 어느 쪽에 답변을 해야 하는지 알 수 없어 머뭇거릴
　　　 수도 있다.

　　　 예 "당신은 선생님께는 어떻게 말했고, 부모님께는 어떻게 말했나요?"

　　㉣ '왜' 질문 : '왜(Why)'의 문사를 남용함으로써 클라이언트로 하여금 비난을 받고 있다는 느낌을
　　　 갖도록 하는 질문이다.

　　　 예 "왜 당신은 상담받기를 꺼려하나요?"

　　㉤ 폭탄형 질문 : 클라이언트에게 한꺼번에 너무 많은 질문을 쏟아내는 것이다.

　　　 예 "당신은 친구에게 절교를 당했을 때 어떤 느낌이 들었나요? 혹시 당신이 친구에게 나쁜 행동
　　　　 을 했다고 생각해보진 않았나요? 그렇게 친구가 절교선언을 했을 때 당신은 어떤 반응을 보
　　　　 였나요?"

## (4) 요 약

① 클라이언트가 진술한 여러 가지 내용을 더욱 분명하게 정리하는 것으로 클라이언트가 전달하는 메
시지를 잘 이해하고 있다는 것을 보여준다.

② 면접을 시작하기 전에 이전 면담과정의 중요점을 다시 생각하기 위해 사용하거나 면담과정의 끝에
면담 내용을 정리하기 위해서 사용한다. 또한 클라이언트가 이야기를 두서없이 하거나 이야기의
내용이 명백하지 않을 때도 사용한다.

③ 클라이언트의 생각, 행동과 감정들을 사회복지사의 언어로 정리해 줌으로써 사회복지사가 클라이언트의 말을 주의 깊게 경청하고 있었음을 보여주고 자기가 정확히 이해했는지를 확인하는 수단이다.

④ 클라이언트가 다양한 주제·내용·상황·사건 등을 한꺼번에 말하고자 할 때, 너무 길게 말할 때, 무슨 말을 하고 있는지 혼돈에 빠져 있을 때 사용하면 효과적이다.

⑤ 대체로 사회복지사가 클라이언트의 감정을 요약하기보다는 내용을 요약하는 데 더 자주 사용하고 있다.

## (5) 명료화(명확화)  4, 5, 6, 8, 18회 기출

① 클라이언트의 말 중에서 모호한 점이나 모순된 점이 발견될 때, 이를 명확히 이해하고 넘어가기 위해 다시 그 점을 사회복지사가 질문함으로써 클라이언트가 그 의미를 명백하게 하는 기술이다.

② 클라이언트가 자신의 생각이나 감정을 분명하게 표현할 수 있도록 격려하며, 사회복지사가 그것을 잘 이해하고 있음을 입증하는 것이다.

③ 클라이언트가 자신의 처치에 대해 좀 더 분명하고 객관적인 인식을 가지도록 하며, 상황에 대한 자신의 견해를 재구성하도록 돕는다.

④ 사회복지사가 클라이언트의 말을 정확히 이해하기 위해서도 필요하고, 클라이언트가 스스로의 의사와 감정을 구체화하여 재음미하도록 하기 위해서도 필요하다.

## (6) 초점화  2, 4, 11, 16회 기출

① 클라이언트와의 의사소통에 있어서 중요한 부분을 강조하거나 집중시키고자 할 때 사용하는 표현적 의사소통기술에 해당한다.

② 클라이언트가 보고하는 내용 중 생략되거나 왜곡된 부분, 애매하게 표현된 부분에 대해 관심을 가지고 확인하며, 구체적으로 의사소통을 돕거나 클라이언트가 특정한 관심사나 주제에 대해 집중하도록 돕는다.

③ 특히 이 기술은 클라이언트가 문제의 본질에서 벗어난 주제에 대해 이야기할 때 목표를 향해 나아가도록 새롭게 방향을 되돌리거나 주의를 기울이고자 할 때 유효하다.

④ 상담과정에 있어서 특정 목표에 집중할 수 있도록 하여 전문적 관계에 있어서 불필요한 방황이나 시간낭비를 방지한다.

## (7) 직 면  5, 9, 10회 기출

① 클라이언트의 말이나 행동이 일치하지 않은 경우 또는 클라이언트의 말에 모순점이 있는 경우 사회복지사가 그것을 지적해 주는 기술이다.

② 클라이언트의 자기 이해를 돕기 위해 사회복지사의 눈에 비친 클라이언트의 행동 특성 또는 사고방식의 스타일을 지적하여, 클라이언트가 사회복지사나 외부에 비친 자신의 모습을 되돌아보고 통찰의 순간을 경험하도록 하는 직접적이고 모험적인 자기대면의 방법이다.

③ 클라이언트의 성장을 저해하는 방어에 대항하여 도전을 이끌어내는 것을 주된 목적으로 한다.

④ 상대방에게는 공격이나 위협으로 받아들여질 수 있으므로 사용상 주의를 필요로 한다.

⑤ 사회복지사는 클라이언트에 대해 평가하거나 비판하는 인상을 주지 않도록 해야 하며, 이를 위해 클라이언트가 보인 객관적인 행동과 인상에 대해 서술적으로 표현하는 것이 바람직하다.

## (8) 해 석

11, 17회 기출

① 클라이언트가 잘 알지 못하는 상황의 내용을 명백히 전달하는 것으로 클라이언트가 한 말을 요약 및 재진술하거나 미처 깨닫지 못한 부분을 지적해 주기도 한다.

② 클라이언트가 문제를 잘 이해할 수 있도록 새로운 참조틀을 제공하는 것이다.

 예 클라이언트가 "어머니는 내 일에 대해서 이것저것 모든 것을 다 아시려고 해요"라고 말할 때 사회복지사는 "어머니는 네게 관심이 참 많으시구나"라고 해석해준다.

③ 클라이언트의 말과 행동의 숨은 의미에 대한 해석이 끝났더라도 클라이언트가 자기 힘으로 사회복지사가 해석한 내용과 같은 결론에 도달할 수 있도록 기다려 주는 것이 필요하다.

## (9) 감정이입

① 상대의 감정을 이해하는 능력으로 클라이언트의 생각, 감정, 행동의 세계를 상상을 통해 이해하는 것이다. 사회복지사의 비언어적 행동, 경청, 관찰, 요약, 해석, 질문 등에 모두 융해되어 사용되고 나타난다.

② 클라이언트와 동일한 감정과 관심을 가지는 것을 의미하는 동정과는 차이가 있다. 즉, 사회복지사가 클라이언트와 동일시되고 클라이언트의 세계에 지나치게 몰입하는 것을 의미하는 것은 아니다.

## (10) 자기노출

11회 기출

① 사회복지사가 상담을 효과적으로 전개하기 위해 클라이언트에게 자신에 대한 주관적인 정보, 즉 자신의 경험이나 생각, 느낌 등을 클라이언트에게 노출하는 기술이다.

② 사회복지사는 자기노출로써 클라이언트에게 유사성과 친근감을 전달할 수 있으며, 이를 통해 사회복지사와 클라이언트 간의 보다 깊은 이해를 도모할 수 있다.

③ 자기노출은 클라이언트에게 단순한 정보의 제공을 뛰어넘어 공감의 효과를 불러오기도 하는데, 이는 클라이언트가 사회복지사를 자신과 마찬가지의 평범한 인간으로 볼 수 있는 기회를 제공하기 때문이다.

④ 자기노출은 때로 위험을 수반하므로 민감하게 다루어야 한다.

⑤ 자기노출에는 사회복지사가 클라이언트와 대화하는 동안 경험하게 되는 자신의 생각이나 느낌을 이야기하는 '여기–지금'의 자기노출과 함께, 과거에 있었던 사회복지사 자신의 경험과 느낌을 토대로 현재 클라이언트가 경험하고 있는 바의 것에 대해 이야기하는 과거 경험의 자기노출이 있다.

**Plus ⊕ one**

**사회복지사의 자기노출(Self-disclosure) 시 유의할 점**
- 특수한 상황에서 클라이언트와의 공감적인 분위기를 형성하기 위해 사용한다.
- 자기노출의 내용과 감정이 일치해야 한다.
- 지나치게 솔직한 자기노출은 자제해야 한다.
- 클라이언트의 반응에 따라 자기노출의 양과 형태를 조절해야 한다.
- 자기노출의 긍정적 면과 부정적 면을 균형 있게 사용해야 한다.
- 사회복지사의 자기노출은 때로 위험을 수반하므로 민감하게 다루어야 한다.

### (11) 침묵 다루기

① 경험이 부족한 사회복지사의 경우 클라이언트의 침묵을 클라이언트의 의사소통 능력 부족 또는 불안이나 불만 등의 감정적 문제로 간주하는 경향이 있다.

② 대개의 경우 클라이언트가 자기 자신을 음미해 보거나 머릿속으로 생각을 간추리는 과정에서 침묵이 발생하므로, 이때의 침묵은 유익한 필요조건이 된다. 클라이언트는 자신이 처한 상황의 의미와 중요성, 자신에 대한 긍정적인 생각과 감정에 몰두할 때 침묵을 하게 된다.

③ 사회복지사는 '조용한 관찰자'의 태도로 클라이언트의 침묵을 섣불리 깨뜨리려 하지 말고, 인내심을 가지고 어느 정도 기다려보는 것이 바람직하다.

④ 상담관계가 잘 이루어지지 않거나 사회복지사에 대한 저항으로 침묵이 발생하는 경우 대개 클라이언트가 눈싸움을 하는 듯한 자세나 부정적인 표정을 지으며 침묵을 지키는 경우가 있다. 이 경우 사회복지사는 무조건 기다릴 것이 아니라 그 침묵과 원인이 되는 클라이언트의 그때 그 자리에서의 숨은 감정을 언급하고 다루어나가야 한다.

### (12) 조 언

① 처방적 성격을 가진 기술로서, 클라이언트의 상황을 변화시키기 위해 클라이언트가 해야 할 일에 대해 사회복지사의 생각과 입장을 표현하는 것이다.

② 조언은 사회복지사의 가치관에 근거하므로 클라이언트의 생활습관과 일치하지 않을 수 있다. 특히 클라이언트의 자기결정권을 침해하고, 클라이언트에게 사회복지사의 가치관을 심어줄 수 있으므로 사용상 주의를 필요로 한다.

③ 사회복지사는 클라이언트의 입장에서 조언받을 때의 느낌을 먼저 생각해 보고, 클라이언트가 조언을 원치 않는 경우 제공하지 않는다.

④ "내가 당신이라면 … 할 수도 있을 것이다" 혹은 "일반적으로 사람들은 … 할 것이다"라고 표현하여 클라이언트에게 선택의 여지가 있도록 한다.

**01** 사회복지실천에서 면접의 특성을 모두 고른 것은? [12회]

> ㄱ. 개입 목적에 따라 의사소통 내용이 제한됨
> ㄴ. 필요에 따라 여러 장소에서 수행됨
> ㄷ. 기관의 상황적 특성과 맥락에서 이뤄짐
> ㄹ. 특정한 역할 관계가 있음

① ㄱ, ㄴ, ㄷ        ② ㄱ, ㄷ

③ ㄴ, ㄹ           ④ ㄹ

⑤ ㄱ, ㄴ, ㄷ, ㄹ

**해설** 사회복지실천 면접의 특성

- 면접을 위한 세팅과 맥락이 있으며, 면접이 기관의 상황적 특성과 맥락에서 이루어진다.
- 목적지향적인 활동으로, 개입 목적에 따라 의사소통 내용이 제한된다.
- 한정적·계약적인 것으로, 사회복지사와 클라이언트 간에 상호 합의한 상태에서 진행된다.
- 사회복지사와 클라이언트의 특정한 역할 관계가 있다. 즉, 사회복지사와 클라이언트의 역할이 서로 다르다.
- 개인적·사적인 차원에서 이루어지는 것이 아닌, 공식적·의도적인 차원에서 이루어지는 활동이다.

**02** 다음 중 개방형 질문의 장점은? [4회]

① 면접시간이 절약된다.
② 많은 정보 수집이 가능하다.
③ 산만한 환경이 감소한다.
④ 사회복지사의 주도적 개입이 가능하다.
⑤ 위급한 클라이언트에게 효과적이다.

**해설** 개방형 질문과 폐쇄형 질문

| 개방형 질문 | 클라이언트에게 가능한 많은 대답을 선택할 기회를 제공해주는 질문 형태이다.<br>**예** "어떤 도움이 필요하신지 말씀해 주시겠습니까?", "평소 남편과 어떤 이야기를 나누셨나요?" |
|---|---|
| 폐쇄형 질문 | 클라이언트에게 대답할 수 있는 범위를 '예', '아니요' 등으로 제한하는 질문 형태이다.<br>**예** "오늘 방 청소는 하셨나요?", "아이의 학교 선생님은 체벌을 많이 합니까?" |

1 ⑤ 2 ②    Answer

**03** 면접의 구조적 조건에 관한 설명으로 옳지 않은 것은?  [13회]

① 클라이언트와의 거리는 가까울수록 효과적이다.

② 물리적인 환경이 열악한 경우 이에 대해 설명한다.

③ 클라이언트의 특성이나 사정에 따라 면접 장소는 유동적으로 정한다.

④ 클라이언트의 주의 집중 능력이나 의사소통 능력에 따라 면접시간을 조절한다.

⑤ 클라이언트의 긴장을 완화시키고 집중도를 높일 수 있는 편안한 의자를 제공한다.

해설 🔍 ① 사회복지사와 클라이언트는 너무 가깝지도, 멀지도 않은 적당한 거리를 유지하는 것이 효과적이다. 즉, 안락의자에서 낮은 탁자를 사이에 두고 마주 앉거나, 테이블이 있을 경우 서로 90° 정도의 각도를 두는 것이 부담을 덜어준다.


**04** 다음 중 장애아동의 재활서비스 이용자격을 판단하고자 할 때 적절한 면접형태는?  [8회]

① 치료적 면접

② 행동평가 면접

③ 욕구사정 면접

④ 사회조사 면접

⑤ 진단적 의사결정 면접

해설 🔍 장애인에 대한 등급판정에서 서비스의 이용자격에 대한 판단은 전문가의 진단적 판단에 의해 차등적으로 이루어진다. 진단적 의사결정 면접은 서비스의 적격요건을 결정하기 위해 진행된다.


**05** 면접 중 침묵을 다루는 사회복지사의 태도로 적절하지 않은 것은?  [10회]

① 침묵하는 이유를 파악한다.

② 침묵을 기다리는 배려가 필요하다.

③ 침묵의 이유를 알 때까지 질문한다.

④ 침묵은 저항의 유형으로 볼 수 있다.

⑤ 침묵이 계속되면 면접을 중단할 수 있다.

해설 🔍 ③ 사회복지사는 '조용한 관찰자'의 태도로 클라이언트의 침묵을 섣불리 깨뜨리려 하지 말고, 인내심을 가지고 어느 정도 기다려보는 것이 바람직하다.

**06** 다음 보기에 해당하는 기법은 무엇인가?  [8회]

> • 클라이언트 : 저는 ○○ 때문에 너무 우울하고 힘들어요.
> • 사회복지사 : 그것은 ○○하다는 말이죠?

① 수 용
② 명확화
③ 재초점화
④ 의도적 감정표현
⑤ 통제된 정서적 관여

 **명확화(명료화)**
• 클라이언트가 자신의 생각이나 감정을 분명하게 표현할 수 있도록 격려하며, 사회복지사가 그것을 잘 이해하고 있음을 입증하는 것이다.
• "~라고 말한 것은 구체적으로 무엇을 뜻합니까?" 등으로 표현된다.


**07** 면담기술에 대한 설명으로 옳지 않은 것은?

① 초점화 : 클라이언트의 행동 저변의 단서를 발견하고 결정적 요인을 찾도록 돕는 기술
② 명료화 : 클라이언트가 자신의 처지에 대해 좀 더 분명하고 객관적인 인식을 갖도록 돕는 기술
③ 직면 : 클라이언트의 감정, 사고, 행동의 모순을 깨닫도록 하는 기술
④ 경청 : 클라이언트의 감정과 사고가 어떤 것인지 이해하며 파악하고 듣는 기술
⑤ 관찰 : 클라이언트가 말하고 행동하는 것에 주의를 기울이는 기술

**해설** ① 해석기술에 해당한다. 사회복지사는 면담 과정에서 클라이언트가 직면한 문제 상황에 대해 해석을 내리는 것이 중요하다. 다만, 이러한 해석은 클라이언트 스스로 문제에 대한 통찰력을 가지도록 하는 방향으로 이루어져야 한다.


**08** 면접 과정에서 바람직한 질문은?  [12회]

① 그 친구를 따돌리고 싶은 생각이 애초부터 마음속에서 서서히 일어나고 있었던 거죠?
② 아들이 집 밖으로 나가지 않겠다고 약속했는데도 불구하고, 아들을 방에 가둔 이유가 뭐죠?
③ 지난 세월 동안 남편의 폭력에서 어떻게 대처해 오셨죠?
④ 다른 약속이 없었음에도 불구하고, 직업훈련에 빠진 것은 그냥 귀찮았기 때문인가요?
⑤ 의사는 뭐라고 그러던가요? 아들은 왜 때렸으며 그 때 누가 같이 있었죠?

③ 상담 시 유용한 질문으로 '대처질문'에 해당한다. 대처질문은 자신의 미래를 매우 절망적으로 보아 아무런 희망이 없다고 판단하는 클라이언트에게 주로 사용한다. 이런 절망적인 상황에 빠져 있는 클라이언트에게 희망을 심어주기란 결코 쉬운 일이 아니다. 대처방안에 관한 질문을 통해 사회복지사는 클라이언트의 신념체계와 무력감에 대항해 보는 동시에, 클라이언트에게 약간의 성공을 느끼도록 유도할 수 있다. 또한 더 나아가 클라이언트 자신이 바로 대처방안의 기술을 가졌음을 깨닫도록 할 수 있다.

**09** 사회복지사의 자기노출(Self-disclosure) 시 적절하지 않은 것은?

① 자기노출의 내용과 감정이 일치해야 한다.
② 지나치게 솔직한 자기노출은 자제해야 한다.
③ 자기노출의 긍정적 면과 부정적 면을 균형 있게 사용해야 한다.
④ 클라이언트의 반응에 따라 자기노출의 양과 형태를 조절해야 한다.
⑤ 자기노출은 비윤리적이므로 피해야 한다.

 ⑤ 상담 과정에서 클라이언트의 자기노출은 성공적인 상담을 위해 필수적이다. 다만, 상담자로서 사회복지사의 자기노출은 특수한 상황에서 클라이언트와의 공감적인 분위기를 형성하기 위해 사용한다. 특히 사회복지사의 자기노출은 때로 위험을 수반하므로 민감하게 다루어야 한다.

**10** 면접과정에서의 질문으로 적절한 것을 모두 고른 것은? [15회]

> ㄱ. 부인은 남편의 행동에 대해 어떻게 대응하셨나요?
> ㄴ. 그 민감한 상황에서 왜 그런 말을 하셨지요?
> ㄷ. 이번처럼 갈등이 심각한 적은 몇 번 정도 되나요?
> ㄹ. 그때 아내의 반응은 어땠나요? 죄책감이 들지는 않았나요?

① ㄹ                      ② ㄱ, ㄷ
③ ㄴ, ㄹ                  ④ ㄱ, ㄴ, ㄷ
⑤ ㄱ, ㄴ, ㄷ, ㄹ

 ㄱ. '개방형 질문'에 해당한다. 즉, 질문의 범위가 포괄적이거나 클라이언트에게 가능한 한 많은 대답을 선택할 기회를 제공하는 것이다.
ㄷ. '폐쇄형 질문'에 해당한다. 이는 클라이언트가 대답할 수 있는 범위를 '네/아니오' 또는 다른 단답형 답변으로 제한하는 방식이다.
ㄴ. '왜(Why) 질문'에 해당한다. 이는 '왜' 의문사를 남용함으로써 클라이언트로 하여금 비난을 받고 있다는 느낌을 갖도록 한다.
ㄹ. '이중질문'에 해당한다. 이는 한 번에 클라이언트에게 두 가지 이상의 내용을 질문하는 것으로서, 클라이언트는 복수의 질문 가운데 어느 하나를 선택하여 답변할 수도, 아니면 어느 쪽에 답변을 해야 하는지 알 수 없어 머뭇거릴 수도 있다.

**01** 사회복지실천 면접에 관한 설명으로 옳지 않은 것은? [20회]

① 개입에 필요한 자료를 수집하기 위한 도구가 될 수 있다.

② 사회복지사와 클라이언트 사이의 특정한 역할 관계가 있다.

③ 특정 상황이나 맥락에 관련하여 이루어진다.

④ 목적은 클라이언트의 삶의 질 향상을 위한 것이어야 한다.

⑤ 목적이 옳으면 기간이나 내용이 제한되지 않는 활동이다.

> **해설** ⑤ 사회복지실천 면접은 목적지향적인 활동으로서, 개입 목적에 따라 의사소통 내용이 제한된다.

**02** 사정을 위한 면접의 기능에 해당하지 않는 것은? [16회]

① 문제 상황에 대한 이해

② 클라이언트의 강점 파악

③ 문제해결과정의 장애물 탐색

④ 클라이언트의 욕구 우선순위 설정

⑤ 클라이언트 환경의 변화 촉진

> **해설** ⑤ 치료를 위한 면접의 기능에 해당한다. 사정을 위한 면접이 현재의 문제 상황을 비롯하여 문제 해결을 위한 목표 및 개입방법 등을 결정하는 데 초점을 두는 반면, 치료를 위한 면접은 클라이언트의 기능 향상 및 사회적 적응을 위해 환경을 변화시키는 데 주력한다.

**03** 다음에서 설명하는 면접기술은? [17회]

> • 클라이언트가 보여준 언행들의 의미와 관계에 대한 가설을 제시함
> • 클라이언트가 자신의 행동, 감정, 생각을 새로운 시각으로 볼 수 있게 함

① 해 석 ② 요 약
③ 직 면 ④ 관 찰
⑤ 초점화

① 해석은 클라이언트가 이야기한 내용에 사회복지사가 새로운 의미와 관계성을 부여하여 언급하는 것이다. 클라이언트의 표현 및 행동 저변의 단서를 발견하고 그 결정적 요인들을 찾아서 클라이언트로 하여금 자신의 행동. 감정. 생각을 새로운 시각으로 볼 수 있도록 돕는다.
② 요약은 면접을 시작하거나 마칠 때 혹은 새로운 주제로 전환하려고 할 때 이전 면접에서 언급된 내용을 간략히 요약하여 기술하는 것이다.
③ 직면은 클라이언트의 감정. 사고. 행동의 모순을 깨닫도록 하는 기술이다.
④ 관찰은 클라이언트가 말하고 행동하는 것에 주의를 기울이는 기술이다.
⑤ 초점화는 클라이언트와의 의사소통에 있어서 중요한 부분을 강조하거나 집중시키고자 할 때 사용하는 표현적 의사소통기술이다.

**04** 클라이언트와의 면접 중 질문에 관한 설명으로 옳은 것은? [20회]

① 폐쇄형 질문은 클라이언트의 상세한 설명과 느낌을 듣기 위해 사용한다.
② 유도형 질문은 비심판적 태도로 상대방을 존중하기 위해 사용한다.
③ '왜'로 시작하는 질문은 클라이언트의 가장 개방적 태도를 이끌어 낼 수 있다.
④ 개방형 질문은 '예', '아니오' 또는 단답형으로 한정하여 대답한다.
⑤ 중첩형 질문(Stacking Question)은 클라이언트를 혼란스럽게 만들 수 있다.

① 개방형 질문 : 클라이언트에게 가능한 한 많은 대답을 선택할 기회를 제공하고 시야를 넓히도록 유도한다.
② 유도형 질문 : 클라이언트에게 바람직한 결과를 나타내보이도록 하려는 의도에서 간접적으로 특정한 방향으로의 응답을 유도하기 위해 사용한다.
③ '왜'로 시작하는 질문 : 클라이언트로 하여금 비난을 받고 있다는 느낌을 받게 한다.
④ 폐쇄형 질문 : '예'. '아니요' 또는 단답형 답변으로 제한한다.

# 관계형성에 대한 이해

★ 학습목표 ■ 관계의 개념 및 기본요소, 관계의 기본원칙, 변화를 방해하는 관계 등에 대해 학습하자.
　　　　　 ■ 사회복지실천론의 핵심 중 하나인 관계형성에 대한 이해 부분은 꾸준히 출제되는 영역인데다 그 난이도까
　　　　　　 지 상승하고 있다. 관계의 원칙과 원칙 적용에 방해되는 요인, 사회복지사의 역할, 관계형성에 장애가 되는
　　　　　　 저항, 불신, 전이 등에 대한 내용도 빠뜨리지 말자.

## 제1절　관계의 개념 및 기본요소

### 1 관계의 개념

#### (1) 관계의 의의

① 사회복지실천에서의 관계란 일반적으로 사회복지사와 클라이언트와의 관계를 의미한다.

② 관계란 두 사람 간의 상호작용의 산물로서, 라포(Rapport)라고 표현된다.

③ 본질적으로 지적이라기보다는 정서적이다.

④ 사회복지사와 클라이언트 간의 태도 및 감정의 상호작용이다.

⑤ 사회복지실천에서의 관계는 클라이언트와 사회복지사 간에 혹은 사회자원들과의 교류를 가능하게
　하는 연결통로로, 클라이언트와 그를 둘러싸고 있는 환경 간의 보다 나은 적응을 가져오도록 개인
　의 능력과 지역사회자원을 적절히 동원하는 것이다.

⑥ 사회복지실천관계란 클라이언트 자신과 그의 환경 간에 보다 나은 적응을 하도록 돕기 위하여 사
　회복지사와 클라이언트 간에 이루어지는 태도와 정서의 역동적 상호작용을 말한다.

⑦ 편안하고 따뜻한 정서적 분위기 속에서 클라이언트는 마음을 쉽게 개방하고 방어의 벽을 풀며 이
　를 통해 사회복지사와 클라이언트는 함께 목적을 향해 협동적인 노력을 하게 된다.

⑧ 사회복지실천관계는 클라이언트와 전문사회복지사 간의 정서적 교감을 기초로 이루어지는 관계로
　전문성, 의도적인 목적성, 시간제한성, 권위성 등의 특성이 포함된 관계를 말한다.

---

**Plus ⊕ one**

**관계의 특성(Brammer, 1979)**
• 전문성 : 사회복지사의 전문적 자아인식(사회복지실천 관계 형성의 기본전제)
• 의도적인 목적성 : 클라이언트의 문제해결 및 적응
• 시간적 제한성 : 영구적이 아니라 일시적
• 권위성 : 사회복지사의 전문성으로 인한 클라이언트와의 관계 성립

---

### (2) 학자들의 정의

① **비에스텍(Biestek)** : 케이스워크의 관계는 사회복지사와 클라이언트 간의 태도와 감정의 역동적인 상호작용이며, 클라이언트로 하여금 환경과의 보다 나은 적응을 성취하게 하는 목적을 갖고 있다.

② **펄만(Perlman)** : 관계란 정서적 유대 및 인간적인 도움을 위한 수단이다. 또한 관계란 하나의 촉매제로, 문제해결과 도움을 향한 인간의 에너지와 동기를 지지하고 양성하며 자유롭게 하는 원동력이다.

③ **브라머(Brammer)** : 사회복지실천에서의 관계는 클라이언트와 전문 사회복지사 간에 정서적인 교감을 기초로 이루어지는 관계로 그 특성으로 인해 일반적인 관계와는 차이가 있다.

④ **핀커스와 미나한(Pincus & Minahan)** : 관계란 사회복지사와 그가 관계하는 다른 체계 사이의 정서적 유대로, 협조적 · 교섭적 · 갈등적 분위기를 포함한다.

⑤ **노던(Northen)** : 인간의 행동이 각기 다른 정서적 반응을 불러일으키는 것처럼, 관계란 일차적으로 한 사람으로부터 다른 사람에게로 흘러가는 감정적인 반응으로 구성된다.

### (3) 관계의 특성 및 중요성

① **관계의 특성** : 사회복지실천에서 사회복지사와 클라이언트와의 관계의 가장 큰 특징은 전문적 관계이다. 전문적 관계는 일반적 인간관계와는 달리 관계의 목적이 있으며 관계가 지속되는 기간이 한정적이라는 점, 그리고 사회복지사 자신의 이익보다는 클라이언트의 이익이 우선되는 관계라는 점 등이 특징이다.

② **관계의 중요성** : 서로 다른 형태의 심리치료나 사회복지서비스라 할지라도 성공적 결과를 위해서는 도움을 주는 사람과 도움을 받는 사람의 관계가 매우 중요하다. 긍정적인 관계의 질이 클라이언트의 향상과 뚜렷한 관련이 있다. 따라서 관계는 성공적인 사회복지실천에 있어서 가장 중요하고 필수적이다.

## 2 전문적 관계의 기본요소  18회 기출

### (1) 타인에 대한 관심과 도우려는 열망

① 관심이란 책임감, 배려, 존중, 타인에 대한 이해 및 클라이언트의 더 나은 삶에 대한 바람을 포함한다.

② 클라이언트의 삶과 욕구에 대한 조건 없는 긍정적 인정을 의미하는 것이기도 하다. 따라서 사회복지사는 자신의 감정과 판단에 대해 인식하고 있으면서도 과정을 따라가는 매개자가 되어야 하며, 클라이언트에게 일어난 일에 어떤 의미를 두지 말고(분노와 거부의사 표현 금지) 배려하여야 한다.

③ 클라이언트를 주체로서 존중하고 봉사하며, 진심어린 관심을 갖고 클라이언트가 자유로울 수 있도록 도와야 한다.

④ 도우려는 열망이란 사회복지사의 필수적 자질이며, 클라이언트가 주체가 되어 자신의 삶을 스스로 선택하고 통제하는 능력을 향상시키도록 도우려는 사회복지사의 헌신적인 자세를 의미한다.

## (2) 헌신과 의무

19, 20회 기출

① 원조상황에서의 책임감을 의미하며 일관성을 포함하는 개념이다.

② 클라이언트는 자신의 문제와 상황에 대해 정직하고 개방적이어야 하며, 최소한의 절차상의 조건에 따라야 할 의무가 있다(면접을 위한 시간·장소를 지킬 조건 등).

③ 사회복지사에게는 관계 형성 시 필수적인 절차상의 조건을 최대한 지켜야 하는 의무가 있다(시간과 장소 엄수, 클라이언트의 문제에 초점 유지, 성장·변화를 가져오는 관계 제공 등).

④ 사회복지사와 클라이언트의 의무는 신뢰성과도 관계가 있다.

## (3) 수용과 기대

① 사회복지사의 비심판적이고 무비판적인 태도뿐만 아니라 적극적으로 이해하려는 태도를 말한다.

② 이해하려는 태도란 클라이언트의 상태와 감정에 대한 존중 및 클라이언트에 대한 현실적인 믿음(능력과 가치존중, 성장·성숙에 대한 믿음)을 의미한다.

③ 기대란 클라이언트를 수용하는 데 필요한 믿음이다. 즉, 사회복지사가 자기결정과 자기지향이라는 클라이언트의 능력에 대한 믿음을 가지는 것이다.

## (4) 감정이입

① 사회복지사가 자신의 관점을 유지하면서 클라이언트의 느낌과 경험에 몰입할 수 있는 능력을 말한다.

② 사회복지사는 클라이언트와 감정이입을 하면서도 문제 자체와 그 해결 가능성을 객관적으로 분석하고 이성적으로 처신하는 것이 필요하다.

③ 감정이입은 적극적인 경청과 계속적인 주의, 비언어적 단서에 대한 민감한 관찰로 도달할 수 있다.

## (5) 진실성과 일치성

16회 기출

① 진실성과 일치성이란 사회복지사가 자기 자신과 자신의 감정에 대해 정직하고 일관된 태도를 유지하며, 말과 행동에서 상호일치를 보이는 것을 말한다.

② 사회복지사는 클라이언트에게 있는 그대로의 모습을 보임으로써 클라이언트에게서 신뢰감을 얻도록 하며, 자신에 대한 지식의 정직성, 관계에서 요구되는 제반요소의 내면화, 전문가로서 자아와 가치체계의 부합을 이루어야 한다.

③ **사회복지사가 진실성과 일치성을 갖기 위해 추구해야 할 점**

　㉠ 올바른 지식

　㉡ 사회복지사와 클라이언트에게 동일하게 작용하는 전문가의 역할, 기관의 절차, 정책에 대한 분명한 지식

　㉢ 타인에 대한 관심·수용·헌신 등 전문적 관계에서 요구되는 기본요소들에 대한 내면화

### (6) 권위와 권한

① 사회복지사는 일정한 지식과 경험을 보유하거나 일정한 지위에 있기 때문에 영향력을 미칠 수 있는 권한을 갖는다.

② 권위는 클라이언트와 기관에 의해 사회복지사에게 위임된 권한이다.

③ 원조관계에서의 권위는 사회복지기관에서 나오는 제도적인 측면과 클라이언트가 부여하는 심리적인 측면이 있다.

④ 잘못된 권위행사는 관계형성을 불가능하게 하거나 저항을 일으키므로, 클라이언트가 안전과 보호의 느낌을 갖도록 하는 올바른 관계 성립이 필요하다.

### (7) 전문가로서의 자질

① **성숙함** : 사회복지사는 자신을 성장시키며 발전하는 방향으로 나가야 한다.

② **창조성** : 클라이언트의 문제상황에 대한 해결책에 대해 개방성을 유지하여 최선의 해결책을 찾도록 자신을 열어 놓아야 한다.

③ **용기** : 어떠한 경우에도 일어날 수 있는 다양한 위험을 피하지 않고 받아들여야 한다.

④ **민감성** : 특정한 단서가 없어도 클라이언트의 내면세계를 느끼고 감지할 수 있도록 선입견과 고정관념의 틀에서 벗어나 클라이언트의 감정과 사고에 사회복지사 자신을 투입시키는 능력(민감성)이 요구된다.

⑤ **인간적 자질** : 클라이언트가 긍정적 변화를 일으키고 자긍심을 높일 수 있도록 그들을 존중하고 그들의 다양성을 포용하며, 인내를 가지고 그들 스스로가 결정하고 행동할 수 있도록 변화 매개체로서의 자세를 취하는 인간적 자질이 필요하다.

### (8) 기타 요소

① **이해** : 클라이언트의 입장에서 상대방을 읽고 세상을 바라보는 자세가 필요하다.

② **구체성** : 클라이언트로 하여금 자신의 행동, 사고, 감정을 독자적인 방법으로 정확하게 드러낼 수 있도록 도와주어야 한다.

③ **대응 또는 직면** : 상담 시 드러나는 클라이언트의 모순점이나 다른 점을 지적할 수 있어야 한다.

④ **직접성** : 사회복지사와 클라이언트 사이에서 현재 그 순간에 일어나고 있는 감정 및 경험의 차이를 이해하고 반응할 수 있는 능력이 필요하다.

⑤ **자기노출** : 사회복지사는 도움의 상황에 적절하다고 생각될 때 자신의 경험을 클라이언트와 나누기도 한다.

⑥ **따뜻함** : 클라이언트의 안녕과 복리를 위해 언어나 비언어적 방법으로 보살핌이나 관심을 전달한다.

⑦ **자아실현** : 클라이언트의 모든 문제를 자신의 성장기회로 삼으며 어떤 문제와 난관에 직면해서도 유머감각을 유지할 수 있는 능력이 필요하다.

## 1 관계의 기본원칙(관계형성의 7대 원칙 : Biestek, 1957)　1, 2, 9, 10, 11, 13, 15, 16, 20회 기출

모든 인간들이 공통적으로 가지고 있는 정서적 · 사회적 욕구는 도움을 요청할 때 더욱 강해지며, 욕구는 기대와 우려 속에서 사회복지사와 역동적인 상호작용이 이루어질 때 더욱 구체화된다. 이에 따라 'Biestek(1957)'은 도움을 구하는 모든 사람들에게는 공통적인 기본 감정 및 태도 유형이 존재한다고 믿고, 이를 바탕으로 관계형성의 7대 원칙이라 불리는 관계론을 정립하였다.

> **참고**
>
> 'Biestek'은 교재에 따라 '비어스텍', '비스텍', '비에스텍' 등으로도 제시되고 있습니다. 우리말 번역에 의한 발음상 차이일 뿐 동일인물입니다.

### (1) 개별화　13, 15, 16, 18회 기출

① 의 의
  ㉠ 개인으로서 처우받고 싶은 욕구를 말한다.
  ㉡ 클라이언트 개개인의 독특한 자질을 알고 이해하며, 클라이언트가 보다 나은 적응을 할 수 있도록 상이한 원리나 방법을 활용하여 도와준다.
  ㉢ 인간은 개인이며, 불특정한 한 인간으로서가 아니라 개별적 차이를 지닌 특정한 인간으로서 처우되어야 한다.
  ㉣ 치료는 1 대 1의 관계에 의하여 개인에 기초를 둔다.
  ㉤ 사회복지사는 편견이나 고정관념 없이 클라이언트 개인의 경험을 존중하고, 개인의 특수한 환경을 이해해야 한다.
  ㉥ 클라이언트가 속한 집단적 특성을 탐색하는 과정도 포함한다.
② **클라이언트의 권리와 욕구** : 클라이언트가 기관에 도움을 청할 때 어떤 사례나 유형 또는 범주로 취급받는 것이 아니라 개인으로 취급받고자 하는 욕구가 강하다.
③ **사회복지사의 역할**
  ㉠ 인간에 대한 편견이나 선입견으로부터 벗어나야 한다.
  ㉡ 인간행동에 대한 지식을 가지고 활용할 수 있어야 한다.
  ㉢ 클라이언트에게 개별적 접근을 하기 위하여 그의 언어적 · 비언어적 표현을 잘 경청하고 관찰해야 하며 이를 통해 클라이언트의 특성을 잘 이해할 수 있어야 한다.
  ㉣ 개입 시 클라이언트와 보조를 맞추어야 한다.
  ㉤ 클라이언트의 감정과 사고를 민감하게 포착하고 이에 자신을 투입시켜야 한다.
  ㉥ 클라이언트의 환경을 포함한 전체 상황을 이해하고 관점을 유지하는 능력이 있어야 한다.

④ 개별화를 위한 수단과 방법
  ㉠ 면접시간과 장소 등의 세밀한 배려
  ㉡ 면접에서의 비밀 보장
  ㉢ 약속시간의 엄수
  ㉣ 사례기록 검토 등 면접을 위한 사전준비
  ㉤ 클라이언트의 참여 유도
  ㉥ 융통성 발휘

## (2) 의도적인 감정표현  `14회` `기출`

① 의 의
  ㉠ 감정을 표명하고 싶은 욕구를 말한다.
  ㉡ 클라이언트가 자신의 감정, 특히 부정적 감정을 자유롭게 표명하려는 욕구에 대한 인식이다.
  ㉢ 사회복지사는 의도적으로 귀담아 듣고 그의 감정표현을 낙심시키거나 비난하지 말아야 하며, 케이스워크 서비스의 일부로 또는 치료상 필요한 경우 클라이언트에게 자극을 주고 격려해 주어야 한다.
  ㉣ 사회복지사는 클라이언트의 감정표현에 진지한 자세로 경청함으로써 심리적인 지지를 표현해야 한다.
  ㉤ 클라이언트에게서 감정을 이끌어내는 것은, 클라이언트가 긴장이나 압박으로부터 벗어나 자신의 문제를 좀 더 객관적으로 명확하게 볼 수 있도록 하는 것이다.
  ㉥ 의도적인 감정표현을 통해 자신의 울분을 내뿜게 할 뿐만 아니라, 적극적이고 건설적인 행동을 하도록 돕는다.

② 의도적 감정표현의 목적
  ㉠ 클라이언트가 긴장이나 억압상태에서 탈피
  ㉡ 더욱 정확한 조사, 사정, 치료
  ㉢ 심리적 지지
  ㉣ 클라이언트의 부정적인 감정 표현
  ㉤ 사회복지관계 심화

③ 사회복지사의 역할
  ㉠ 감정표현은 클라이언트를 스트레스나 긴장에서 완화시켜주고, 자기 문제를 보다 분명하고 객관적으로 볼 수 있도록 도와준다.
  ㉡ 클라이언트의 감정표현을 통하여 사회복지사는 클라이언트 및 그의 문제인식을 보다 잘 이해하게 되고 보다 정확한 조사, 사정, 개입을 할 수 있다.
  ㉢ 클라이언트의 감정표현을 사회복지사가 진지하게 경청하는 것 자체가 클라이언트에게 심리적 지지가 되며, 치료적 가치가 크다.
  ㉣ 때로는 외적인 상황보다 클라이언트의 부정적 감정이 진정한 문제일 수도 있으므로 감정표현은 클라이언트와의 관계를 깊이 있게 할 수 있는 동시에 문제해결의 기능도 한다.

④ 의도적 감정표현의 방법

    ㉠ 클라이언트가 자기의 감정을 자유롭게 개방할 수 있는 편안한 분위기를 만들어야 한다.

    ㉡ 클라이언트에게 모든 사람은 자기에게 중요한 사람이나 사물에 대하여 부정적인 감정을 가질 수 있다는 것과 그런 감정을 표현해도 좋다는 것을 알려주는 것이 필요하다.

    ㉢ 클라이언트가 감정을 표현하도록 장려하고 감정표현을 경청해야 한다.

    ㉣ 클라이언트의 상황을 잘 이해하기 전까지는 충고나 해결책을 제시하는 것을 삼가야 한다.

⑤ 의도적 감정표현의 장애요인

    ㉠ 비현실적인 보장

    ㉡ 너무 빠른 초기의 해석

    ㉢ 너무 많은 해석

## (3) 통제된 정서적 관여 `9, 19회` 기출

① 의 의

    ㉠ 문제에 대한 공감을 얻고 싶은 욕구를 말한다.

    ㉡ 클라이언트의 면접은 주로 정서적인 면과 연관되므로, 사회복지사 또한 클라이언트의 감정에 대한 호응을 위해 정서적으로 관여해야 한다.

    ㉢ 완전한 관여가 아닌 통제된 관여로 임해야 하며, 사회복지사의 전문적인 판단에 따라 방향이 설정되어야 한다.

② 정서적 관여의 구성요소

    ㉠ 민감성 : 클라이언트의 생각을 민감하게 파악하고 이에 적절히 대처하는 것을 말한다.

    ㉡ 이해 : 클라이언트의 주관적 경험과 감정을 인지하고 이것이 클라이언트에게 가지는 의미를 잘 포착하는 것을 말한다.

    ㉢ 반응 : 원조라는 목적에 따라 부단히 통제되고 조정되어야 하며 클라이언트에 따라 개별화되고 클라이언트의 감정변화에 호응하는 것을 말한다.

## (4) 수 용 `5, 9, 11회` 기출

① 의 의

    ㉠ 가치 있는 개인으로 인정받고 싶은 욕구를 말한다.

    ㉡ 사회복지사가 클라이언트의 장점과 약점, 바람직한 성격과 그렇지 못한 성격, 긍정적 감정과 부정적 감정, 건설적 또는 파괴적 태도나 행동을 포함하여 있는 그대로를 이해하고 다루어 나가는 하나의 행동상의 원칙이다.

    ㉢ 수용의 대상은 선한 것이 아니라 참된 것이다.

② 수용의 장애요인

    ㉠ 인간의 행동양식에 관한 불충분한 지식

    ㉡ 어떠한 면을 사회복지사로서 받아들이지 못하는 태도(사회복지사 자신에 대한 불충분한 이해)

ⓒ 자기 자신의 감정을 클라이언트에게 맡겨 버리는 것(사회복지사 자신의 감정을 클라이언트에게 주입시키는 것)

② 편견과 선입관을 가지는 것

⑩ 보장할 수 없음에도 불구하고 말만으로 안심하게 하는 것(구체적 대안 없는 재보증)

ⓑ 수용과 승인의 혼동(수용의 구분이 모호함)

ⓢ 클라이언트에 대한 존경의 결여(비도덕적·윤리적 문제)

ⓞ 과잉 동일화 : 너무 지나친 감정이입

## (5) 비심판적 태도 4회 기출

### ① 의 의

㉠ 심판받지 않으려는 욕구를 말한다.

㉡ 케이스워크 기능의 문제 또는 욕구발생의 원인에 대해서 클라이언트가 유죄인가 무죄인가 또는 클라이언트에게 어느 정도 책임이 있는가 등을 말하는 것을 배제하는 것이다.

㉢ 사회복지사는 클라이언트의 태도, 기준 또는 행동에 대해 클라이언트를 이해하기 위해 객관적으로 평가해야 한다.

### ② 비심판적 태도의 장애요인

㉠ 어떤 편견이나 선입관을 가지는 것

㉡ 너무 빨리 결론에 도달하려는 것(심판적 태도의 인상을 줌)

㉢ 다른 사람과 비교하거나 어떤 유형으로 분류하려는 것(규범화의 인상을 줌)

② 사회복지사에 대한 적개심과 같은 클라이언트의 부정적 감정표현

## (6) 자기결정 17, 18회 기출

### ① 의 의

㉠ 자신이 선택과 결정을 내리고 싶은 욕구를 말한다.

㉡ 사회복지실천의 개입과정에서 클라이언트가 자신의 삶에 대해 스스로 결정할 수 있는 권리와 욕구가 있다는 원리에 바탕을 둔 것이다.

㉢ 케이스워크 과정에 있어서 클라이언트가 자기선택과 결정을 내릴 수 있는 자유의 권리와 욕구를 실제로 인식하는 것이다.

### ② 사회복지사의 역할

㉠ 클라이언트가 자기수용을 할 수 있도록 돕는다.

㉡ 클라이언트 자신의 내적 자원을 발견하고 활용할 수 있도록 자극을 주고 돕는다.

㉢ 지역사회 내의 적절하고 활용 가능한 외적 자원으로 인적·물적·사회적 자원이 존재한다는 것을 알려주고 활용하도록 돕는다.

② 클라이언트가 전 과정에 적극적으로 참여할 수 있도록 하며, 자기문제를 스스로 해결하는 과정을 통하여 잠재력을 개발하고 인격적 성장을 이룰 수 있도록 돕는다.

③ 부정적인 역할

　ㄱ 사회복지사가 문제해결을 위한 중요한 책임을 지고 클라이언트에게는 단지 부차적인 역할만을 하도록 허용하는 일

　ㄴ 클라이언트가 요구하는 서비스는 도외시하고 클라이언트의 사회적·정서적 생활에 사소한 조사까지 강조하는 일

　ㄷ 직·간접으로 클라이언트를 조종하는 일

　ㄹ 강제적인 방법으로 클라이언트를 설득하는 일

④ 한 계

　ㄱ 클라이언트의 신체적·정신적 능력에 의한 제한(아동, 정신질환자, 치매, 정신장애인)

　ㄴ 도덕률에 의한 제한

## (7) 비밀보장

① 의 의

　ㄱ 자신의 비밀을 간직하려는 욕구를 말한다.

　ㄴ 전문직업적 관계에서 나타나게 되는 클라이언트에 대한 비밀정보의 보호이다. 이것은 사회복지사의 윤리적 의무이며 절대적인 것은 아니다.

　ㄷ 사회복지실천에서 비밀을 보장함으로써 클라이언트가 자기방어기제를 사용하여 자신을 왜곡하는 현상이 감소하고 사회복지사와 클라이언트 간의 의사소통이 촉진될 수 있다.

② 비밀보장의 의무

　ㄱ 사회복지사는 전문적인 이유에서만 클라이언트의 승인 없이 클라이언트의 비밀정보를 다른 사람과 이야기할 수 있다.

　ㄴ 사회복지사는 클라이언트에게 비밀보장의 한계와 정보가 어떤 목적으로 수집되고 활용되는가를 충분하게 말해야 한다.

　ㄷ 사회복지사는 클라이언트에게 그에 관한 어떤 공식적 기록에 대해 올바른 이해를 하도록 도와주어야 한다.

　ㄹ 사회복지사는 클라이언트에게 기록에 대해 올바르게 이해시키려 할 때 기록에 포함되는 다른 사람의 비밀보장에 유의해야 한다.

　ㅁ 사회복지사는 클라이언트의 행동에 관한 제3자의 관찰을 허용하거나 녹음 또는 기록하기 전에 클라이언트의 승인을 받아야 한다.

③ 상대적 비밀보장(비밀보장 권리가 제한되는 경우)　　5, 12회 기출

　ㄱ 서비스 제공 시 거치는 단계상의 사람들이 클라이언트의 정보를 함께 공유하는 경우

　ㄴ 사회복지사가 슈퍼바이저에게 사례를 보고하고 지도받을 경우

　ㄷ 교육적 목적으로 사례를 발표하게 되는 경우

　ㄹ 다른 기관과 함께 클라이언트를 도와야 하는 경우

　ㅁ 법원의 명령에 따라 정보를 공개해야만 하는 경우

　ㅂ 비밀보장이 인간의 존엄성과 생명의 존중이라는 사회복지실천의 절대가치를 위배하는 경우

## 2 변화를 방해하는 관계

### (1) 클라이언트의 불신

① 대부분 사회복지사와의 관계 이전의 중요한 다른 관계에서 유래한다.

② 살아온 과정에서 격려와 인정을 받아보지 못한 사람은 사회복지사를 신뢰하거나 의지하는 것이 쉽지 않기 때문에 비난이나 거부, 상처를 미리 예상하여 방어적 태도를 보이게 된다.

③ 이런 상황에서는 클라이언트의 자기표현과 노출이 더욱 힘들어지고 변화를 기대하기 어렵게 된다.

### (2) 전 이
**14회 기출**

① 클라이언트가 어린 시절 가졌던 무의식적인 감정(기대, 원망, 사랑, 소망, 두려움 등)들을 사회복지사에게 보이는 것으로, 이러한 감정들은 어린 시절에 그 뿌리를 두고 있기에 스스로 인식하지 못하는 경우가 많다.

② 장시간 강한 감정을 불러일으키는 통찰지향적 · 장기적 개입에서 주로 일어난다.

③ 사회복지사가 적극적인 역할을 수행하며, 개입 시 과업과 역할이 뚜렷하여 투사를 일으키기 어려운 단기적 개입에서는 잘 일어나지 않는다.

④ 사회복지사와 강한 정서적 관계를 맺은 클라이언트의 경우에는 종종 나타난다.

### (3) 사회복지사의 역전이

① 역전이는 사회복지사가 클라이언트를 마치 자신의 과거 어떤 시점의 인물인 것처럼 느끼고 무의식적으로 그렇게 반응하는 것이다.

② 전이와 마찬가지로 역전이 반응도 비현실적인 감정으로 왜곡을 낳게 되고 건전한 변화를 방해한다.

## 3 저 항

### (1) 개 념

① 개입목표와는 반대되는 클라이언트의 행동으로 사회복지사와 클라이언트의 관계에서 변화를 방해하는 힘이다.

② 클라이언트가 이러한 저항의 행동을 인식하고 있는 경우도 있지만, 대부분의 경우 의식하지 못하며 사회복지사의 눈에만 보이는 경우가 많다.

### (2) 저항의 유형

① **침묵** : 초심자의 입장에서 가장 다루기 어려운 저항의 한 형태로, 갑자기 말을 하지 않거나 할 말이 생각나지 않는다거나 말하고 싶지 않다는 경우

② **핵심에서 벗어난 주제를 말함** : 중요하지만 고통스러운 핵심 이야기를 못 들은 것처럼 하거나 쓸데 없는 얘기로 넘어가는 등 다른 이야기를 늘어놓는 경우

③ **무력함을 표현함** : "나는 아무것도 못 한다", "잘 안 될 것이다"라는 식의 무력함을 나타내어 오히 려 사회복지사를 무력하게 만들기도 하는 것

④ **문제를 축소하거나 마술적 해법을 기대함** : 문제를 직면하지 않고 회피함으로써 변화에 대한 노력 을 기울이지 않으려고 하는 것

⑤ **저항의 심리를 행동으로 나타냄** : 지각 또는 결석을 하거나 면담 중 안절부절하며 몸을 움직이거나 하품을 하는 등의 행동을 하는 것

## (3) 저항의 근원지

① 양가감정

　㉠ 변화를 원하면서도 기존의 삶의 균형을 그대로 유지하고 싶어 하는 인간의 양가감정에서 찾을 수 있다. 즉, 변화를 원하여 도움을 청하면서도 동시에 익숙한 것을 버리고 새로운 행동을 해야 하 는 것에 대한 두려움으로 저항을 갖게 된다.

　㉡ 사회복지사는 양가감정이 매우 자연스러운 것임을 클라이언트가 수용하면서 자유롭게 표현할 수 있도록 도와야 한다. 그렇게 함으로써 클라이언트는 자신의 양가감정을 인식하게 되고 저항 을 줄일 수 있게 된다.

② 서비스와 개입에 대한 잘못된 이해와 선입견

　㉠ 서비스와 개입에 대한 잘못된 이해와 선입견을 가지고 있거나 익숙하지 못한 상황에 직면하는 것이 두려워 저항을 보일 수 있다.

　㉡ 사회복지사는 서비스와 기관의 특성을 제대로 설명해 주고 익숙하지 않은 상황인 경우 사회복 지사가 시범을 보여주거나 역할극을 통해 상황에 익숙해지도록 돕는다.

③ 사회복지사에 대한 저항감

　사회복지사의 지나치게 권위적인 태도, 전문적 용어의 남용, 도덕적으로 심판하는 듯한 태도 등은 클라이언트의 수치심·열등감 등을 자극하여 오히려 저항하는 태도를 유발하기 쉽다.

## (4) 저항의 진행단계

① **갈등** : 처음에 클라이언트는 자신의 문제와 관련되어 생각, 태도, 행동 등에 변화가 필요함을 느낌 과 동시에 지금까지 익숙한 모든 것을 그대로 유지하고 싶은 양가감정으로 갈등상황에 놓인다.

② **방어** : 익숙한 양식이 위협을 받게 되면 이에 대해 방어하는 것은 자연스런 감정의 흐름이다. 변화 의 필요성을 크게 느끼는 클라이언트일수록 방어적 감정을 빨리 극복한다.

③ **해결** : 사회복지사가 클라이언트의 감정을 이해하고 지지해주면 클라이언트는 변화에 대한 희망을 가지기 시작하고 과감히 시도해 볼 결심을 하는 해결단계로 변화한다.

④ **통합** : 클라이언트는 해결의 단계를 지나면서 새로운 행동과 생각들을 기존의 것과 통합하게 되고 곧 새로운 것에 익숙해져 언젠가는 다시 저항하게 되는 순환단계를 밟게 되는 것이다. 순환단계를 되풀이하면서 클라이언트는 전 생애에 걸쳐 성장하고 발전하게 된다.

## 4 변화를 방해하는 관계 다루기

### (1) 저항 다루기

① 저항이 변화로의 진전을 심각하게 방해할 때만 사용하는 것이 좋다. 저항은 주로 클라이언트의 행동으로 나타나므로 일일이 끄집어낸다면 불쾌할 수 있고 역효과를 초래할 수 있기 때문이다.

② 목표달성을 심각하게 방해할 때는 저항을 다루는 것을 최우선으로 한다. 이때는 저항의 저변에 있는 현재의 감정에 초점을 두어 토론한다.

### (2) 긍정적 재해석

① 클라이언트의 부정적이고 바람직하지 못한 감정들에 대해 사회복지사가 긍정적인 의미를 부여하는 것이다.

② 긍정적 재해석의 목적은 클라이언트의 자기방어를 줄이고, 손상되기 쉬운 자존심을 보호하며, 강점관점으로 일관되게 행동할 수 있게 하는 것이다.

③ 클라이언트가 자신의 부적절한 반응이 왜곡된 인지에서 기인된 것임을 알고 고쳐서 자신의 감정을 직접 표현할 수 있도록 하는 것이다.

### (3) 문제를 성장의 기회로 재규정

① 문제의 긍정적인 면을 강조함으로써 두려움, 불편, 변화에서 얻을 수 있는 이점을 찾는다.

② 문제가 분명 변화되어야 하는 것임에 틀림없지만 지나치게 부정적으로만 볼 것이 아니라 이것을 성장과 도전의 기회로 인식하게 하는 것이다.

③ 두려워하고 불안해하는 클라이언트에게 문제에 대한 낙관적인 관점을 제공해주며, 아무리 어려운 상황도 생각하기 나름이라는 좀 더 확대된 시각을 제공해준다.

### (4) 직 면

**15회 기출**

① 직접적인 방법으로, 변화를 방해하는 부정적인 감정, 생각, 행동들을 클라이언트가 인식하도록 돕는 것이다.

② 클라이언트가 자신의 문제를 유지하거나 그 문제에 영향을 미치는 감정·사고·행동과 대면하는 것으로 클라이언트가 자기 인식을 고양시키고 변화할 수 있도록 도와주는 도구이다.

③ 클라이언트가 자신의 행동, 감정, 생각 사이의 모순을 발견하지 못할 때 직면은 효과적이나, 클라이언트가 받아들일 준비가 되어 있지 않은 상태에는 오히려 역효과가 나타나기 쉽다.

④ 사회복지사는 모순된 양상에 대해 클라이언트가 스스로 생각해 보도록 돕는 것이 필요하다.

## (5) 전이와 역전이 다루기

① 정신분석에서 전이는 치료적으로 활용되는 반면에, 사회복지실천 과정에서는 변화를 방해하는 요인이다.

② 사회복지 개입과정에서 사회복지사는 클라이언트의 반응이 비현실적임을 지적하고 현실적인 관점으로 바꾸도록 도와야 한다.

③ 전이의 감정이 어디에서 유래되었는지 클라이언트가 깨닫도록 도와준다.

④ 역전이의 경우, 사회복지사는 자신의 감정 기원에 관심을 갖고 클라이언트와의 현실적인 관계에 관점을 두도록 노력해야 한다.

⑤ 역전이로 인해 관계를 지속할 수 없을 때 클라이언트에게 사회복지사 자신의 문제로 인해 관계를 지속할 수 없음을 알리고 다른 사회복지사에게 의뢰해야 한다.

### Plus ⊕ one

**사회복지실천에서 전문적 관계의 특성**    18, 19, 20회 기출

- 서로 합의된 의식적 목적이 있다.
- 클라이언트의 욕구가 중심이 된다.
- 시간적인 제한을 둔다.
- 전문가 자신의 정서를 통제하는 관계이다.
- 특화된 지식 및 기술, 그리고 전문적 윤리강령에서 비롯되는 권위를 가진다.

# 출제유형문제

**01** 다음 중 통제된 정서적 관여의 구성요소에 해당하지 않는 것을 모두 고르면? [3회]

> ㄱ. 이 해 ㄴ. 민감성
> ㄷ. 반 응 ㄹ. 수 용

① ㄱ, ㄴ, ㄷ ② ㄱ, ㄷ
③ ㄴ, ㄹ ④ ㄹ
⑤ ㄱ, ㄴ, ㄷ, ㄹ

 ㄹ. 수용은 사회복지사가 클라이언트의 장점과 약점, 긍정적인 감정과 부정적인 감정 등 클라이언트의 다양한 특징들을 있는 그대로 이해하고 다루어야 한다는 관계형성의 기본원칙 중 하나이다.

통제된 정서적 관여의 구성요소
• 민감성 : 클라이언트의 생각을 민감하게 파악하여 적절히 대처하도록 한다.
• 이해 : 클라이언트의 주관적 경험 및 감정을 인지하며, 그것의 정확한 의미를 포착하여야 한다.
• 반응 : 클라이언트의 감정적인 변화에 호응하여 적극성을 유지하도록 한다.

**02** 다음의 사회복지사의 태도 중 잘못된 것을 고르면? [4회]

> 학교생활에 부적응하고 있는 학생이 사회복지사를 만나 자신의 학교생활과 일상생활에 대해 상담하였다. 학생의 생활에 대해 이야기를 들은 사회복지사는 "너의 생활에 여러 가지 어려운 점이 있기도 하지만 네가 담배를 피우고, 또 술을 마시다니 그것은 잘못된 행동이야. 학생으로서 옳지 못한 일을 한 그것이 문제구나"라고 말했다.

① 비심판적 태도 ② 개별화
③ 의도적인 감정표현 ④ 통제된 정서적 관여
⑤ 비밀보장

해설 비심판적 태도
• 클라이언트의 심판 받지 않으려는 욕구를 말한다.
• 문제에 대한 판단에 있어서 클라이언트의 유죄성 또는 책임성을 배제하는 것이다.
• 사회복지사는 클라이언트의 태도, 기준 또는 행동 등에 대해 객관적인 자세를 유지해야 한다.

**03** 사회복지사가 본인의 경험이 클라이언트에게 도움이 될까 하여 자기경험을 말하는 것은 어떤 개입 기술인가? [4회]

① 직 면
② 재구조화
③ 구체성
④ 따뜻함
⑤ 자기노출

**해설** 자기노출(Self-disclosure)
사회복지사가 자신의 경험이나 사고·생각을 클라이언트에게 전달하는 것을 말한다. 특수한 상황이나 만남이 효과적이기 위해 사회복지사가 클라이언트에게 도움이 될 정보를 제공해 주는 것이기도 한다. 사회복지사의 자기노출은 클라이언트에게 단순한 정보의 제공을 뛰어넘어 공감의 효과를 불러오기도 하는데, 이는 클라이언트가 사회복지사를 자신과 마찬가지의 평범한 인간으로 볼 수 있는 기회를 제공하기 때문이다. 클라이언트는 이러한 사회복지사의 자기노출에 공감의 분위기가 형성돼 있음을 인식하면서, 자신이 무엇을 말하고 있으며 무엇을 느끼고 있는지 이해하는 데 도움을 받을 수 있다.

**04** 클라이언트가 사회복지사와 상담하는 과정에서 잠재되어 있었던 4~5세 때 부모형제에게 느꼈던 감정을 사회복지사에게 보이는 것을 무엇이라 하는가? [6회]

① 저 항
② 역전이
③ 전 이
④ 도구적 가치
⑤ 불 신

**해설** 전이(Transference)
· 상담 과정에서 전이는 클라이언트가 어린 시절 중요한 대상인 부모에 대해 가졌던 감정을 사회복지사에게 표출하는 것이다.
· 전이분석은 클라이언트의 어린 시절에서 비롯된 대인관계 또는 방위패턴을 통찰할 수 있도록 함으로써 현재의 심리적인 문제를 극복하고 성격을 개선하도록 한다.

**05** 라포(Rapport)를 형성하는 기술을 모두 고른 것은? [11회]

> ㄱ. 클라이언트의 감정을 충분히 이해하고 있다는 것을 언어적 · 비언어적으로 전달한다.
> ㄴ. 부정적인 감정표출이 도움이 되지 않는다는 사실을 인식시킨다.
> ㄷ. 진실성을 가지고 클라이언트를 대한다.
> ㄹ. 클라이언트가 침묵하는 경우 즉시 이유를 묻는다.

① ㄱ, ㄴ, ㄷ
② ㄱ, ㄷ
③ ㄴ, ㄹ
④ ㄹ
⑤ ㄱ, ㄴ, ㄷ, ㄹ

 ㄴ. 상담자로서 사회복지사는 클라이언트의 표현에 면박을 주거나 비판하지 않으며, 클라이언트가 처한 현실과 감정을 거부하지 않고 있는 그대로 수용해야 한다.

ㄹ. 대개의 경우 클라이언트가 자기 자신을 음미해보거나 머릿속으로 생각을 간추리는 과정에서 침묵이 발생하므로, 이때의 침묵은 유익한 필요조건이 된다. 즉, 클라이언트는 '창조적 침묵'으로 자신이 처한 상황의 의미와 중요성, 자신에 대한 긍정적인 생각과 감정에 몰두하게 된다. 따라서 사회복지사는 '조용한 관찰자'로서 클라이언트의 침묵을 섣불리 깨뜨리려 하지 말고, 인내심을 가지고 어느 정도 기다려보는 것이 바람직하다.

**06** 쉼터에 온 클라이언트가 아동학대를 한 사실을 알게 되어 신고를 갈등하는 사회복지사가 우선적으로 해야 할 행동으로 가장 바람직한 것은? [6회]

① 신고하지 아니하고 사례를 진행한다.
② 아동보호전문기관에 신고를 하고 신고자에 대한 비밀보호를 요청한다.
③ 사회복지전담공무원에게 의뢰한다.
④ 사례를 종결한다.
⑤ 학대받은 아동에 대한 개입으로 전환한다.

 클라이언트의 아동학대는 비밀보장의 사유에 해당하지 않는다. 더욱이 사회복지사는 「아동학대범죄의 처벌 등에 관한 특례법」에 따라 아동학대의 신고의무자에 해당하므로, 즉시 아동학대 관련 전문기관이나 수사기관에 신고하고 신고자에 대한 비밀보호를 요청해야 한다.

**07** 다음 보기의 사례에 대해서 사회복지사가 가져야 할 태도로 올바르지 않은 것은?          [7회]

> 성적(性的)으로 문제를 지닌 남성 클라이언트가 여성 사회복지사를 과거의 특정한 대상으로 생각
> 하면서 감정적인 반응을 갖기 시작하자, 사회복지사는 자신의 과거에 비추어 클라이언트에게 거
> 리를 두고자 하였다.

① 자신의 과거력을 찾아본다.

② 전문적 인식을 높인다.

③ 심판적인 태도를 갖지 않도록 한다.

④ 상대방의 방어기제를 이해하려고 노력한다.

⑤ 전이적 대응을 보인다.

**해설 역전이 다루기**
- 사회복지사는 자신의 감정의 기원에 관심을 갖고 클라이언트와의 현실적인 관계에 관점을 두도록 노력해야 한다.
- 역전이로 인해 관계를 지속할 수 없을 때 클라이언트에게 사회복지사 자신의 문제로 인해 관계를 지속할 수 없음을 알리고 다른 사회복지사에게 의뢰해야 한다.


**08** 성적 학대로 문제가 있는 클라이언트가 센터에 찾아왔다. 클라이언트는 개인적인 성적 취향이라고 말하며 상담을 거부하였다. 이 상황에서 사회복지사가 고려해야 할 원칙이 아닌 것은?          [8회]

① 수 용

② 개별화

③ 통제된 정서적 관여

④ 자기결정권의 존중

⑤ 비심판적 태도

**해설** 성적 학대는 개인의 정신병리에서 가족역동에 이르기까지 가족력에 대한 분석이 요구된다. 이는 성적 학대가 가족력에 기인하는 경우가 많으며, 그로 인해 가족력에서 성적 학대의 원인 및 치료대안을 발견할 수 있기 때문이다. 사회복지사는 수용, 개별화, 통제된 정서적 관여, 비심판적 태도로 클라이언트와 긍정적인 관계를 형성해야 하지만, 성적 학대가 가족이나 타인에게 심각한 고통을 주는 만큼 가해자인 클라이언트의 자기결정권까지 존중해서는 안 된다. 이러한 경우 클라이언트를 전문 의료기관에 의뢰하는 것이 바람직하며, 부득이한 경우 적법한 절차를 거쳐 격리시키는 것도 고려할 수 있다.

**09** 사회복지사와 클라이언트의 바람직한 관계로 옳은 것은? [9회]

① 친밀함에 기반한 온정주의적 관계
② 시간상의 제약이 없는 수용적 관계
③ 문제원인에 대한 책임규명이 필요한 관계
④ 정서적 관여를 함에 있어 조절이 필요한 관계
⑤ 사회복지사와 클라이언트의 욕구가 반영되는 쌍방적 관계

**해설** ④ 사회복지사와 클라이언트의 관계형성의 원칙 중 통제된 정서적 관여에 해당한다.

사회복지사와 클라이언트의 관계형성 7대 원칙(Biestek)
• 개별화
• 의도적인 감정표현
• 통제된 정서적 관여
• 수 용
• 비심판적 태도
• 자기결정의 원칙
• 비밀보장의 원칙

**10** 비밀보장의 예외에 해당하는 것을 모두 고른 것은? [12회]

> ㄱ. 법정으로부터 클라이언트의 정보공개명령을 받았을 때
> ㄴ. 클라이언트의 치료를 위해 전문가 회의를 할 때
> ㄷ. 클라이언트 자신이나 상대방의 생명에 위협이 될 때
> ㄹ. 제3자로부터 클라이언트에 관한 정보를 제공받았을 때

① ㄱ, ㄴ, ㄷ
② ㄱ, ㄷ
③ ㄴ, ㄹ
④ ㄹ
⑤ ㄱ, ㄴ, ㄷ, ㄹ

**해설** 상대적 비밀보장(비밀보장 권리가 제한되는 경우)
• 서비스 제공 시 거치는 단계상의 사람들이 클라이언트의 정보를 함께 공유하는 경우
• 사회복지사가 슈퍼바이저에게 사례를 보고하고 지도받을 경우
• 교육적 목적으로 사례를 발표하게 되는 경우
• 다른 기관과 함께 클라이언트를 도와야 하는 경우
• 법원의 명령에 따라 정보를 공개해야만 하는 경우
• 비밀보장이 인간의 존엄성과 생명의 존중이라는 사회복지실천의 절대가치를 위배하는 경우

**01** 다음에서 설명하는 전문적 관계의 기본 원칙은? [19회]

> • 클라이언트는 문제에 대한 공감적 반응을 얻고자 하는 욕구가 있다.
> • 사회복지사는 클라이언트 감정에 대해 민감성, 공감적 이해로 의도적이고 적절한 반응을 한다.

① 수 용
② 개별화
③ 비심판적 태도
④ 의도적인 감정표현
⑤ 통제된 정서적 관여

**해설** 통제된 정서적 관여
• 문제에 대한 공감을 얻고 싶은 욕구를 말한다.
• 클라이언트의 면접은 주로 정서적인 면과 연관되므로, 사회복지사 또한 클라이언트의 감정에 호응하고 정서적으로 관여한다.
• 사회복지사는 클라이언트의 감정에 민감성과 이해로 반응하되, 완전한 관여가 아닌 통제된 관여로써 임해야 한다.
• 사회복지사의 전문인 판단에 따라 방향이 설정되어야 한다.

**02** 클라이언트가 과거에 타인과의 관계에서 경험하였던 소망이나 두려움 등의 감정을 사회복지사에게 보이는 반응은? [14회]

① 불 신　　　　　　　　　② 양가감정
③ 비자발성　　　　　　　　④ 전 이
⑤ 망 상

**해설** 전이와 역전이
• 전이(Transference) : 클라이언트가 어린 시절 경험한 누군가에 대한 소망, 원망, 사랑, 두려움 등의 무의식적인 감정을 사회복지사에게 보이는 것이다.
• 역전이(Counter Transference) : 전이와 반대로 사회복지사가 클라이언트를 마치 자신의 과거 경험 속 인물인 것처럼 착각하여 무의식적으로 반응하는 것이다.

**03** 비스텍(F. Biestek)이 제시한 사회복지실천의 관계 원칙에 해당하지 않는 것은? [20회]

① 클라이언트의 비밀을 보장해야 한다.

② 클라이언트의 욕구를 범주화해야 한다.

③ 클라이언트를 비난하거나 심판하지 않아야 한다.

④ 클라이언트의 감정을 자유롭게 표현하도록 해야 한다.

⑤ 클라이언트를 있는 그대로 인정하고 받아들여야 한다.

 **사회복지실천의 관계형성 원칙(Biestek)**
- 개별화 : 클라이언트를 개별적인 욕구를 지닌 존재로 이해해야 한다.(②)
- 의도적인 감정표현 : 클라이언트의 감정을 자유롭게 표현하도록 해야 한다.(④)
- 통제된 정서적 관여 : 클라이언트 감정에 대해 민감성, 공감적 이해로 적절히 반응해야 한다.
- 수용 : 클라이언트를 있는 그대로 인정하고 받아들여야 한다.(⑤)
- 비심판적 태도 : 클라이언트를 비난하거나 심판하지 않아야 한다.(③)
- 자기결정 : 클라이언트의 자기결정권을 존중해야 한다.
- 비밀보장 : 클라이언트의 비밀을 보장해야 한다.(①)

**04** 사회복지실천에서 전문적 관계의 특성으로 옳은 것은? [20회]

① 사회복지사는 자신의 반응을 통제하면 안 된다.

② 클라이언트는 전문성에서 비롯된 권위를 가진다.

③ 사회복지사와 클라이언트 사이에 합의된 목적이 있다.

④ 문제가 해결되어야만 종결되는 관계이기 때문에 시간의 제한이 없다.

⑤ 사회복지사와 클라이언트는 반드시 상호 간의 이익에 헌신하는 관계이다.

**사회복지실천에서 전문적 관계의 특성**
- 서로 합의된 의식적 목적이 있다.(③)
- 클라이언트의 욕구가 중심이 된다.(⑤)
- 시간적인 제한을 둔다.(④)
- 전문가 자신의 정서를 통제하는 관계이다.(①)
- 사회복지사는 특화된 지식 및 기술, 그리고 전문적 윤리강령에서 비롯되는 권위를 가진다.(②)

# 사회복지실천과정 I
# – 접수·자료수집·사정

⭐ 학습목표　■ 접수, 탐색 및 자료수집, 사정에 대해 학습하자.
　　　　　　　■ 접수단계에서부터 사회복지사의 과제와 역할과 자료수집의 방법에 대해 구체적이고 세부적인 부분들을 묻는 형태가 증가하고 있는 추세이다. 사정과정 또한 놓칠 수 없는 내용으로 가계도, 생태도, 생활력도표, 소시오그램 등의 내용은 완벽히 숙지하자.

## 제1절　사회복지실천과정의 이해

### 1 사회복지실천과정에 대한 학자들의 견해

#### (1) 이원화된 분류방식

원조과정을 3단계로 분류한 뒤 다시 세분화하는 방식으로, 복잡한 면이 있다.

| 학 자 | 1단계 | 2단계 | 3단계 |
|---|---|---|---|
| Compton & Galaway | 접촉단계<br>• 문제의 설정 및 정의<br>• 목적설정 및 예비계약 | 계약단계<br>• 사정과 평가<br>• 활동계획수립 | 활동단계<br>• 계획실시<br>• 종결 및 평가 |
| Hepworth & Larsen | 1단계<br>• 사실탐구<br>• 사정 및 계획 | 2단계 : 수행과 목적성취 | 3단계<br>• 종결, 유지전략계획<br>• 평 가 |
| Miley et al. | 대화단계<br>• 함께 일하기 위한 준비<br>• 파트너십 형성<br>• 도전을 규명하기<br>• 장점규명 및 방향설정 | 발견단계<br>• 자원체계규명<br>• 자원능력분석과 해결방법 구축 | 발달단계<br>• 자원을 활성화하기<br>• 기회를 확장시키기<br>• 성공을 인지하기<br>• 성취한 것을 통합하기 |
| 조휘일 & 이윤로 | 초기단계<br>• 관계설정<br>• 사정, 목표설정 및 계약서 작성 | 중간단계 : 수행단계 | 종결단계(평가를 별도로 다루고 있음) |
| 엄명용 외 | 초기단계 : 접수와 관계형성 | 중간단계 : 개입의 수행 | 종결단계 : 평가 및 종결 |

### (2) 일원화된 분류방식

단일화된 방식으로, 이해하기 쉽다는 장점이 있다.

① Sheafor et al. : 접수와 관계형성, 자료수집과 사정, 계획과 계약, 개입과 모니터링, 평가와 종결
② Johnson : 사정, 계획, 클라이언트와의 활동, 클라이언트를 위한 타인들과의 활동, 평가 및 종결
③ McMahon : 관계형성, 자료수집, 사정, 개입, 평가, 종결
④ Kirst-Ashman & Hull. Jr. : 관계형성, 사정, 계획, 수행, 평가, 종결, 사후지도
⑤ Dinitto & McNeece : 관계형성, 사정, 계획과 계약, 행동, 모니터링과 평가, 종결
⑥ 김융일 외 : 접수 및 참여유도, 자료수집 · 사정 · 계획
⑦ 양옥경 외 : 접수, 자료수집 및 사정, 목표설정 및 계약, 개입, 평가 및 종결
⑧ 장인협 : 사정, 계획, 개입, 평가, 종결

## 2 사회복지실천과정의 기본적인 3단계 구조

### (1) 1단계 : 탐색, 사정, 계획, 계약

① 클라이언트의 문제를 비롯하여 그와 관련된 생태학적 맥락을 탐색한다.
② 클라이언트의 문제에 대한 기관의 적합성을 판단하며, 적합하지 않은 경우 다른 기관에 의뢰한다.
③ 클라이언트의 문제와 관련된 제반사항들에 대해 전반적인 사정을 실시한다.
④ 목표를 설정하고 계약을 체결한다.

### (2) 2단계 : 실행, 목표달성

① 구체적인 개입방법을 선택하고 이를 수행한다.
② 진행과정을 점검하여 클라이언트의 변화를 저해하는 장애물을 제거한다.
③ 클라이언트의 변화를 촉진하기 위해 자기노출 및 자기주장을 허용한다.
④ 클라이언트의 자기효율성을 강화한다.

### (3) 3단계 : 종결, 평가

① 사회복지사는 클라이언트와 함께 종결의 계획을 수립한다.
② 변화유지전략에 대한 계획을 통해 개입에 따른 변화를 유지하도록 돕는다.
③ 서비스 과정 전반에 대해서는 물론 클라이언트의 변화 지속성에 대해서도 평가한다.

> **참고**
>
> 사회복지실천과정에 대한 내용은 학자마다 혹은 교재마다 약간씩 차이가 있다. 자료수집단계나 사정단계를 어떤 학자는 초기단계의 과정으로, 다른 학자는 중간단계의 과정으로 제시하기도 한다. 따라서 각 단계별 순서 자체에 초점을 두기보다는 전반적인 과정상의 흐름에 관심을 두어야 한다.

## 1 접수의 개념

### (1) 접수의 의미

17회 기출

① 접수, 수리 또는 인테이크(Intake) 단계라고 한다.

② 원조를 신청하러 온 사람의 문제와 욕구를 확인하여 기관의 정책과 서비스를 받을 요건을 갖추었는지의 여부를 결정하는 과정을 말한다(신청자의 성명, 연령, 가족관계, 소득수준, 당면한 문제와 기대하고 있는 해결의 방향 등).

③ 접수만을 담당하는 사회복지사를 '인테이크 사회복지사'라고 하며 앞으로 진행될 전문적 관계의 양상을 결정한다.

④ 사회복지사는 짧은 시간에 클라이언트와 긍정적인 관계를 맺어야 하고, 클라이언트를 개별화해야 한다. 클라이언트를 유형화해서는 안 된다.

### (2) 접수의 내용

5, 6, 7, 9, 10, 12회 기출

① 클라이언트의 문제와 욕구를 확인한다.

② 클라이언트의 가족관계, 학교 및 직장생활, 주위환경 등에서의 적응상태를 확인한다.

③ 클라이언트가 기관을 찾게 된 상황을 파악한다.

④ 클라이언트가 문제를 보고 느끼는 방식을 파악한다.

⑤ 원조 목적과 원조에서 기대하는 바를 명확히 한다.

⑥ 클라이언트의 욕구가 기관의 자원 정책과 부합되는지의 여부를 판단한다.

⑦ 클라이언트에게 기관의 기능에 대해 설명한다.

### (3) 접수의 절차

① **문제 확인** : 클라이언트의 실제 문제가 무엇인지 정확하게 파악하고 기관에서 그에 관한 서비스를 제공할 수 있는지 평가하여야 한다.

② **라포 형성** : 기관을 찾는 클라이언트들이 일반적으로 보이는 두려움과 양가감정(한 가지 대상에 대해 반대 감정이 공존하는 것)을 해소하기 위해 사회복지사와 상호 긍정적인 친화관계를 형성하는 것이다.

③ **의뢰** : 클라이언트의 문제와 욕구를 기관에서 해결할 수 없는 경우 혹은 문제해결에 더 적합한 기관이 있을 경우 다른 기관으로 클라이언트를 보내는 것이다. 의뢰할 때는 반드시 클라이언트의 동의가 필요하다.

### (4) 접수 시 필요정보

16회 기출

① 초기 면접지를 이용한다.

② **기본정보** : 이름, 성별, 나이, 결혼관계, 주소, 전화번호, 직업 등

③ **주요문제** : 클라이언트가 사회복지사의 도움을 청하게 된 문제가 무엇이며, 언제 발생했으며, 어떤 과정 속에서 지속되어 왔는가 등

④ **기관에 오게 된 동기** : 기관을 어떻게 알고 찾아오게 되었는가(소개, 광고, 의뢰) 등

⑤ **의뢰 이유** : 클라이언트 스스로 온 것이 아니라 가족이나 다른 기관으로부터 의뢰된 이유 등

⑥ 이전에 사회복지서비스를 받은 경험

⑦ **기본적인 가족관계** : 현재 동거 중인 가족을 중심으로 한 가족 구성원의 이름, 나이, 직업, 교육정도, 가족관계 등

## 2 접수단계에서 사회복지사의 역할

### (1) 접수단계 시 사회복지사의 행동

① 사회복지사는 클라이언트의 원조신청이 자발적인지 비자발적인지 파악하고, 클라이언트가 전하는 메시지의 진정한 의미를 들어주며 고통을 나눈다는 자세를 보여야 한다.

② 클라이언트와의 관계에 있어 사회복지사에게는 감정이입, 진실성, 온정, 인정이 요구된다.

③ 접수 담당 사회복지사는 클라이언트와 가족에게 기관의 정책과 가능한 서비스, 클라이언트에게 요구되는 과업, 기관의 한계점을 설명해주고 신청자의 욕구내용을 사정하여 기관이 서비스를 제공할 수 있을지를 판단한다.

### (2) 접수단계에서 사회복지사의 과제

11, 12, 14, 19, 20회 기출

① **클라이언트의 문제 확인**

문제 확인은 클라이언트가 놓여 있는 체계에 대한 심층적인 분석이 아닌 현재 명백하게 드러나는 문제를 확인하는 것이다. 이때 문제는 클라이언트가 기관에 찾아와서 호소하는 어려움을 의미한다.

② **라포의 형성 또는 원조관계의 수집**

클라이언트와의 원조관계 형성을 위해 필요한 과제는 사회복지사와 클라이언트의 관계 성립이다.

㉠ 감정이입 : 클라이언트가 두려움을 없애고 사회복지사를 신뢰하고 좋은 관계를 유지하기 위해서 사회복지사가 클라이언트의 기분과 경험 등을 이해하는 능력

㉡ 진실성 : 자기 자신의 모습 그대로를 거짓이 없고 방어적이지 않으며 일관되고 솔직하게 드러내는 태도

㉢ 온정 : 클라이언트가 안정감을 느끼며 자신이 수용되고 이해되고 있음을 알 수 있도록 만드는 태도

㉣ 인정 : 클라이언트의 외양이나 행동, 처한 환경 등과 무관하게 가치 있는 존엄한 존재로 믿는 태도

③ 클라이언트의 동기화 12, 13회 기출

성공적인 원조활동을 하기 위한 필수적인 요소는 문제 확인과 그 문제를 해결하기 위한 클라이언트의 동기화이다. 비자발적인 클라이언트의 동기화를 위한 행동지침(Kirst-Ashman & Hull, Jr.)은 다음과 같다.

㉠ 사회복지사는 비자발적 클라이언트들이 스스로 원해서 찾아온 것이 아니라는 사실을 인정하고 관계를 시작해야 한다.

㉡ 서비스에 대한 저항의 실체를 그대로 인정한다.

㉢ 클라이언트의 부정적인 감정을 표출하도록 유도한다.

㉣ 비자발적 클라이언트가 원하는 것을 어느 정도 해결해 줄 수 있는지 생각한다(클라이언트에게 필요한 구체적인 서비스를 해 줌으로써 관계형성이 시작될 수도 있음).

㉤ 희망을 갖게 하고 용기를 준다(가능한 긍정적 결과에 대해 미리 알려주는 것도 효과적일 수 있음).

㉥ 사회복지사에 대한 신뢰감이 즉시 형성되리라는 기대를 갖지 말고 점진적인 관계형성을 통해 클라이언트의 신뢰감이 서서히 형성되기를 인내로써 기다려야 한다.

④ 클라이언트의 양가감정 수용 및 저항감 해소

원조를 받기 위해 사회복지기관을 찾아온 클라이언트는 양가감정(Ambivalence)을 가지고 있다. 양가감정은 도움을 받고 싶지만 심판받고 싶지 않은 클라이언트의 자기방어적인 태도로 볼 수 있으며, 이는 클라이언트의 변화에 대한 내재적 불안이나 저항감과도 연결되어 있다.

⑤ 서비스 제공여부의 결정 및 필요할 경우 다른 기관으로의 의뢰

㉠ 클라이언트의 문제와 욕구를 그 기관에서 해결할 수 없을 때, 다른 적합한 기관으로 보내는 것이다.

㉡ 기관의 인력 부족, 필요한 전문 기술을 가진 인력의 부재, 클라이언트의 문제가 기관의 목적과 기능에 부합되지 않을 때, 그 기관보다 다른 기관이 클라이언트의 문제 해결에 더욱 적합하다고 판단될 때, 클라이언트의 문제에 우선적 책임을 지는 기관 등이 있을 때 의뢰한다.

㉢ 클라이언트에게 다음 단계의 수속 절차, 필요한 자료, 약속 시간 및 목적 또는 다른 기관을 찾아가는 데 필요한 준비 등을 쉽게 이해할 수 있도록 도와주어야 한다.

㉣ 사회복지사는 자신의 기관 및 다른 기관의 정책과 자원, 지역사회의 제반 자원에 대한 정보를 자세히 알고 있어야 하며, 이를 통해 클라이언트가 가능한 모든 서비스를 받을 기회를 제공할 수 있어야 한다.

㉤ 의뢰 시에는 반드시 클라이언트의 동의가 필요하므로 다른 기관에서 제공되는 서비스와 기관에 대한 충분한 토론이 있어야 하고, 클라이언트가 거부감을 느끼지 않도록 정서적으로 지지하며 적절한 정보를 제공해야 한다.

㉥ 의뢰 후 의뢰된 기관에서 클라이언트가 서비스를 적절히 받고 있는지를 반드시 확인해야 한다.

# 제3절 탐색 및 자료수집

## 1 탐색과 자료수집

### (1) 탐 색

① 탐색과 관련된 영역은 상황에 따라 다양하다.

② 일반적으로 비행청소년, 미혼모, 정신질환 시설의 환자 등의 같은 인구집단 또는 같은 생애발전단계에 있는 가족은 많은 문제를 공유한다.

③ 효과적인 탐색을 위해 사회복지사는 특정 문제 영역의 목록을 개발해야 한다.

### (2) 자료수집

5, 6, 10, 13, 15, 19, 20회 기출

① 사정에 필요한 자료를 수집한다.

② 클라이언트 중심의 자료를 수집한다.

③ 생활력에 관한 정보를 수집한다.

④ 자료수집의 정보원

　㉠ 클라이언트의 이야기

　　• 클라이언트의 문제에 대한 진술, 감정, 문제의 역사, 원인 등에 대한 의견이 포함된다.

　　• 클라이언트의 이야기가 편견과 잘못된 인식, 강한 정서적 감정 등에 의해 왜곡되기도 한다. 따라서 클라이언트 이야기의 객관성을 정확히 인지할 수 있어야 한다.

　㉡ 클라이언트가 작성한 양식 : 초기면접지에 클라이언트가 작성한 내용을 말한다.

　㉢ 부수정보

　　• 가족, 이웃, 친구, 친척, 다른 기관, 학교 등으로부터 얻게 되는 정보이다.

　　• 부수 정보에 대해 반드시 클라이언트의 동의를 얻어야 한다.

　　• 문제에 대한 객관적 정보를 얻을 수 있다는 장점이 있다.

　　• 상반된 정보가 나올 경우 각 정보제공자와 정보의 신뢰도를 염두에 두고 어떤 상호작용 속에서 이런 관점의 차이가 나타나는지 주목해야 한다.

　㉣ 클라이언트의 심리검사 : 자료와 행동을 수량화하는 데 유용하며, 필요시 전문적 자문을 얻어 활용한다.

　㉤ 클라이언트의 비언어적 행동 관찰 : 제스처, 얼굴표정, 손동작, 목소리 톤 등 비언어적 행동이 클라이언트의 감정과 사고를 더욱 정확하게 전달할 수도 있다.

　㉥ 중요한 사람과의 상호작용 및 가정방문 : 클라이언트가 그의 삶과 관련된 중요한 사람들과 어떤 관계를 맺는지를 통해 많은 정보를 얻을 수 있다. 또한 가정방문은 클라이언트의 자연스러운 행동과 상호작용을 볼 수 있고, 클라이언트에게 미치는 환경적 영향을 잘 파악할 수 있다.

　㉦ 직접 상호작용하면서 느끼는 사회복지사의 감정 : 클라이언트가 사회복지사와 상호작용하는 패턴은 다른 사람과의 상호작용에 대한 실마리를 제공한다. 따라서 사회복지사의 클라이언트에 대한 다양한 경험은 클라이언트를 이해하는 데 유용하다.

## 2 자료수집의 내용과 과정

### (1) 자료수집의 내용

12회 기출

① 접수 시 파악한 클라이언트에 대한 기본적인 정보

② 문제에 대한 깊이 있는 정보

접수할 때에는 문제가 무엇인가에 초점을 두었다면, 자료수집에서는 문제에 영향을 미친 요인과 문제를 지속시키거나 악화시키는 요인에 대한 정보를 개인적 · 환경적 측면에서 찾아내는 것이다.

③ 개인력

클라이언트가 살아온 역사, 즉 영 · 유아기, 학령기, 청소년기, 성인기, 노년기 등 인간의 발달단계에 따른 인간관계, 생활사건, 클라이언트의 감정 등이 포함된다.

④ 가족력

원가족의 가족상황과 가족관계, 현재의 가족구성과 가족관계 등이 포함된다.

⑤ 클라이언트의 기능

지적 기능, 정서적 기능, 신체적 기능, 행동적 기능, 대인관계 기능, 업무능력, 문제해결능력 등이 포함된다.

⑥ 클라이언트의 자원

현재 이용하고 있는 서비스와 활용 가능한 자원 등이 포함된다.

⑦ 클라이언트의 한계, 장점, 동기

문제를 해결하는 데 있어 클라이언트 개인 혹은 클라이언트를 둘러 싼 환경 속에 있는 한계, 장점, 동기 등에 대한 정보 등이 포함된다.

### (2) 자료수집과정

① 사정과 거의 동시에 반복적으로 이루어진다.

② 클라이언트의 구두보고는 왜곡되어 있을 수 있으므로 사실 확인이 필요하다.

③ 의료기관이나 상담기관에서 받은 심리검사의 결과도 자료로 활용할 수 있다.

④ 가정방문 등을 통해 환경적 영향을 파악할 수 있다.

⑤ 클라이언트의 문제를 이해 · 분석 · 해결하는 데 필요한 자료를 모은다.

⑥ 자료를 수집하면서 동시에 문제를 분석한다.

⑦ 클라이언트의 비언어적 행동도 정보를 제공한다.

## 1 사정의 개념과 특성

### (1) 개 념

① 클라이언트의 관심과 상황을 이해하고 이를 기반으로 개입계획을 개발하기 위한 활동이다.

② 사회복지사와 클라이언트 간에 발생하는 것으로 정보를 수집·분석·종합화하면서 다면적으로 공식화하는 과정이다.

③ 문제에 대한 분명한 진술, 클라이언트 체계에 대한 뚜렷한 기술 등 모든 정보의 통합성을 견지한다.

④ 문제가 무엇인지, 발생원인은 무엇인지, 그리고 문제를 개선 및 해결하기 위해 무엇이 변화되어야 하는지를 찾기 위하여 자료를 수집하고 분석하며 종합하는 과정이다.

⑤ 문제의 성격이나 원인에 대한 종합적인 해석과 그 문제해결을 위한 계획수립과정, 사회복지사의 전문적 의견 등을 활용한다.

⑥ 과거 전통적인 사회사업에서는 의료모델의 입장에서 진단이라고 했으나, 사회복지실천과정에서는 클라이언트의 역기능 측면뿐만 아니라 그들의 자원, 동기, 장점, 능력 등을 모두 보기 때문에 진단보다는 사정이라는 용어를 더 많이 사용한다.

### (2) 특 성

 9, 11, 12, 13, 14회 기출

① 지속적인 과정이다.

사정은 사례가 시작된 시점부터 종결시점까지 전 과정동안 새로운 정보가 드러남으로써 지속적으로 정보를 수용하고 분석하며 종합하는 유동적·역동적인 과정이다.

② 이중초점(Dual Focus)을 가진다.

클라이언트를 사회·환경적인 맥락에서 이해하고 계획과 행동의 토대를 준비한다.

③ 클라이언트와 사회복지사의 상호과정이다.

④ 사고의 전개과정이 있다.

사정은 원조과정 전체를 통해 필요한 정보를 수집하고, 그 정보를 근거로 클라이언트의 상황을 이해하며, 이것을 전체적인 과정에서 통합하여 사고하는 전개과정이 있다.

⑤ 수직적·수평적 탐색 모두가 중요하다.

초기 과정에서는 수평적인 정보, 즉 현재의 관계, 능력, 기능 등을 중심으로 클라이언트의 욕구를 발견한다. 시간이 지나면서 수직적인 탐색, 즉 과거력, 개인력, 문제의 역사 등에 대한 정보를 수집하게 된다. 상황과 필요에 따라 수평적·수직적 탐색을 적절하게 사용하는 기술이 필요하다.

⑥ 클라이언트를 이해하는 데는 지식적 근거가 필요하다.

클라이언트의 상황을 이해하는 수단으로 전문적 지식을 이용해야 한다. 인간행동에 대한 이해와 인간의 다양성, 가족관계, 집단 및 지역사회, 정책, 행정 등의 지식을 이용한다.

⑦ 생활 상황에서의 이해가 필요하다.

생활 상황 가운데서 욕구를 발견하고 규명하며, 그 의미와 패턴을 설명한다. 즉, 욕구만족을 방해하는 것이 무엇인지를 생활상황과 관련시켜 명확히 밝히는 과정이다.

⑧ 개별적이다.

인간의 상황은 모두 다르므로 개별화되어야 한다.

⑨ 판단이 중요하다.

어느 부분을 고려할 것인지, 어떤 지식을 적용할 것인지, 어떻게 클라이언트를 관여시킬 것인지, 그리고 문제를 어떻게 규정할 것인지 등의 의사결정이 요구된다.

⑩ 복합적 수준에서 개인적 · 환경적 강점을 사정한다.

⑪ 한계성이 있다. 클라이언트를 완전히 이해하는 것은 불가능하다.

## 2 │ 사정의 내용 및 사정을 위한 유용한 질문

### (1) 사정의 내용
14회 기출

① 욕구와 문제의 발견

ㄱ 클라이언트가 제시한 문제(Presenting Problem)에 초점을 두고 시작하여 탐색해 나간다.

ㄴ 제시된 문제는 바로 클라이언트가 가장 시급하게 느끼고 있는 문제이며 그것 때문에 도움을 청하는 것이다.

ㄷ 제시된 문제는 더 깊이 탐색해야 할 영역을 알려준다.

ㄹ 문제 정의는 클라이언트의 과업, 즉 문제에 대한 클라이언트의 이해를 존중하고 그가 문제를 잘 정의할 수 있도록 도와야 한다.

② 정보의 발견

ㄱ 문제에 관여된 사람에 대한 정보

ㄴ 문제에 대한 참여자들의 관여 방식에 대한 정보

ㄷ 문제에 대해 클라이언트가 어떤 의미를 부여하는가에 대한 정보

ㄹ 문제행동이 어디서 나타나는가에 대한 정보

ㅁ 문제행동이 언제 나타나는가에 대한 정보

ㅂ 문제행동의 발생빈도에 대한 정보

ㅅ 문제행동의 시작시점에 대한 정보

ㅇ 문제와 관련된 욕구불만에 대한 정보

ㅈ 문제와 관련된 클라이언트의 정서적 반응에 대한 정보

ㅊ 문제와 관련된 클라이언트의 이전 대처 방식에 대한 정보

ㅋ 클라이언트의 강점 및 기술에 대한 정보

③ 문제형성 17회 기출

　㉠ 이제까지 얻은 정보를 분석하여 사회복지사가 전문적인 시각에서 문제를 판단하는 것이다.

　㉡ 클라이언트가 호소하는 문제와 욕구, 그리고 욕구충족을 방해하는 요인들이 무엇인가 탐색하여 문제의 정의를 내리는 것이다.

## (2) 사정을 위한 유용한 질문 10회 기출

　① 클라이언트는 어떤 사람이며, 그의 욕구는 무엇인가?

　② 클라이언트는 자신의 문제에 대해 어떻게 생각하고 있는가?

　③ 클라이언트의 문제는 언제, 어디서, 어떻게 발생했는가?

　④ 클라이언트의 문제는 얼마나 지속적으로 진행되어 왔는가?

　⑤ 클라이언트는 문제에 대해 어떤 의미를 부여하고 있는가?

　⑥ 클라이언트는 문제를 해결하기 위해 어떠한 노력을 해왔으며, 그 노력은 효과가 있었는가?

　⑦ 클라이언트에게 문제를 해결하기 위한 의지가 있는가?

　⑧ 클라이언트의 문제에 관여된 사람은 누구인가?

　⑨ 클라이언트는 자신의 문제와 관련하여 어떤 사람 또는 집단으로부터 영향을 받고 있는가?

　⑩ 클라이언트는 자신의 문제와 관련하여 어떤 사람 또는 집단에게 영향을 미치고 있는가?

　⑪ 클라이언트의 강점과 약점은 무엇인가?

　⑫ 클라이언트가 활용할 수 있는 자원에는 어떤 것들이 있는가?

　⑬ 클라이언트의 문제해결을 위해 필요한 자원은 무엇인가?

### Plus ⊕ one

**자료수집과 사정의 비교**
- 사정은 클라이언트와의 관계형성이 이루어진 후에 클라이언트의 문제를 이해·분석·해결하는 데 필요한 자료를 수집하고 관찰하여 이것을 기초로 해석하고 추론하는 활동이다.
- 자료수집과 사정은 원조과정 전체를 통해 계속되는 활동이지만 이 단계에서 가장 집중적으로 이루어지며, 자료수집과 사정이 동시에 이루어져 구별하기는 어렵지만 동일한 개념은 아니다.
- 자료수집은 정보를 수집하는 것이고, 사정은 자료를 해석하고 자료로부터 추론하는 지적 활동이다.
- 사정은 사회복지사의 실무 경험, 가치, 이론적 경향 등 전문적 지식에 근거하여 이루어진다.
- 사정은 클라이언트의 문제와 상황을 이해하여 개입을 위한 계획에 연결시키는 것으로, 클라이언트의 문제가 무엇인지 이해하고 문제의 원인을 규명하여 이것을 해결하거나 감소시킬 수 있는 방법에 대해 전문적 판단을 하는 것이다.

## 3 사정의 도구

### (1) 가족의 사정도구

매해 기출

① 가계도(Genogram)

가족의 구조, 가족 및 구성원의 관계, 동거가족현황, 세대 간의 반복유형, 과거의 결혼관계 등에 대한 상세한 정보를 제공한다.

② 생태도(Ecomap)

환경 속의 클라이언트에 초점을 두고 클라이언트의 상황에서 의미 있는 체계들과의 관계를 그림으로 표현함으로써 특정 문제에 대한 개입계획을 세우는 데 유효한 정보를 제공한다.

③ 생활력도표(Life History Grid)

각각의 가족구성원의 삶에 있어서 중요한 사건이나 시기별로 중요한 문제의 전개 상황을 시계열적으로 도표화함으로써 현재 역기능적인 문제 등을 특정 시기의 어려움이나 경험 등과 연관시켜 이해할 수 있도록 해 준다.

④ 생활주기표(Life Cycle Matrix)

클라이언트의 생활주기와 가족성원의 발달단계별 과업을 도표화한 것이다. 가족성원은 서로 다른 발달단계에 따른 발달과업과 위기를 경험하는데, 생활주기표는 이러한 과업과 위기를 일목요연하게 살펴볼 수 있도록 해 준다.

⑤ 사회적 관계망 격자 또는 사회관계망표(Social Network Grid)

클라이언트의 환경 내에 영향을 미치는 중요한 사람이나 체계로부터 물질적 · 정서적 지지, 원조 방향, 충고와 비판, 접촉 빈도 및 시간 등에 관한 정보를 제공한다. 특히 사회적 지지의 유형을 구분하고 가족의 환경과 필요한 자원을 파악하는 데 유용하다.

> **참고**
>
> 사회적 관계망 격자(사회관계망표)는 본래 개인의 사회적 지지체계를 사정하기 위한 도구이나 가족의 사회적 지지 체계를 사정하기 위한 도구로도 널리 사용되고 있습니다.

### (2) 집단 차원의 사정도구

6, 9, 10, 11, 12, 13, 14, 16, 19회 기출

① 소시오그램(Sociogram)

집단 내에 있어서 집단성원들 간의 견인과 반발, 선호도와 무관심의 형태를 분석하고 그 강도와 빈도를 측정한다. 집단 내 개별성원의 관계위치를 비롯하여 집단 그 자체의 구조 또는 상태를 발견하여 평가한다. 특히 집단성원들 간의 상호작용을 도식화하여 구성원의 지위, 구성원 간의 관계, 하위집단 등을 파악하는 데 유용하다.

② 소시오메트리(Sociometry)

특정 활동에 대해 개별성원들이 상호작용하기를 원하는 정도를 평가하도록 집단성원들에게 요청함으로써 집단성원들의 호감도 및 집단응집력 수준에 관한 정보를 제공한다.

③ 의의차별척도(Semantic Differential Scale)

본래 어떤 대상이 개인에게 주는 주관적인 의미를 측정하는 방법으로, 집단 사정을 위해서는 두 개의 상반된 입장에서 하나를 선택하도록 하여 집단성원들로 하여금 각자 동료성원에 대해 평가를 내리도록 하는 것이다.

④ 네트워크 분석(Network Analysis)

중심성(Centrality)은 네트워크 분석의 핵심 구성개념으로서, 집단(혹은 조직) 간 전달체계 분석에 적절하다. 네트워크 구조분석에는 개체들의 내재된 특성과 관련된 속성형 변수가 아닌 개체 간의 연결 특성을 강조하는 관계형 변수를 주로 사용한다.

⑤ PIE(Person in Environment) 분류체계

문제의 '원인-결과'의 관계를 규명하기보다는 '환경 속의 인간'의 관점에서 인간과 환경 간의 상호작용에 따른 문제들을 분류하는 체계이다. PIE 분류체계는 네 가지 요인으로 구성되며, 각 요인은 클라이언트의 문제 상황의 특성을 나타낸다.

## 4 강점관점

### (1) 강점관점의 필요성

① 사회복지실천에 있어서 문제와 병리보다는 인간과 그들의 환경이 가진 강점, 자원, 잠재력으로 초점을 전환시켜야 한다.

② 클라이언트는 자신감 결여와 무가치함을 느낀 상태에서 도움을 요청하므로 원조과정에서 자아존중감을 향상시켜 주는 것이 중요하다.

### (2) 강점관점(Strength Perspective) `14, 15, 16, 17, 19회` `기출`

① 사회복지실천현장에서 클라이언트의 강점을 기반으로 한 역량강화 접근법으로서, 대표적인 학자로 샐리비(Saleebey), 밀리(Miley) 등이 있다.

② 병리관점에서 강점관점으로의 변화는 실천의 초점을 과거에서 현재와 미래로 전환시킴으로써 사회복지개입의 시각을 변화시킨다.

③ 병리관점이 클라이언트를 증상을 가진 자, 환자, 희생자로 보게 하는 반면, 강점관점은 클라이언트를 고유한 특성, 자원과 강점을 가진 독특한 존재로 본다.

④ 병리관점이 개입의 초점을 '문제'에 둠으로써 클라이언트의 역기능과 증상의 영향을 감소시키는 데 주력하는 반면, 강점관점은 개입의 초점을 '가능성'에 둠으로써 클라이언트의 이용 가능한 자원을 이끌어낸다.

⑤ 병리관점에서는 사회복지사가 클라이언트 삶의 전문가인 반면, 강점관점에서는 개인, 가족, 지역사회가 클라이언트 삶의 전문가이다.

⑥ 병리관점에서 변화를 위한 자원은 전문가의 지식과 기술인 반면, 강점관점에서 변화를 위한 자원은 개인, 가족, 지역사회의 장점, 능력, 적응기술 등이다.

⑦ 모든 환경 속에는 활용 가능한 자원이 있다는 인식하에, 외상, 학대, 질병 등과 같은 힘겨운 일들에 대해서도 도전과 기회를 고려한다.

⑧ 사회복지사와 클라이언트의 협동 작업이 이루어질 때 클라이언트에게 최선의 도움이 주어질 수 있다고 강조한다.

⑨ 인간의 책임성 있고 독립적인 행동에 대한 기대들을 포함하며, 이는 변화를 위한 전략을 실행하는 데 있어서 필요한 희망과 용기, 자기존중감, 소명의식 등을 고취시키려는 노력으로 나타난다.

### (3) 병리관점과 강점관점의 비교

| 병리관점 | 강점관점 |
|---|---|
| • 개인은 진단에 따른 증상이 있다.<br>• 개입의 초점은 문제에 있다.<br>• 클라이언트의 진술에 대해 회의적이다.<br>• 클라이언트의 진술은 전문가에 따라 재해석된다.<br>• 개입의 핵심은 전문가가 세운 치료계획이다.<br>• 사회복지사는 클라이언트 삶의 전문가이다.<br>• 개인의 발전은 병리로 인해 제한된다.<br>• 변화 자원은 전문가의 지식과 기술이다.<br>• 돕는 목적은 클라이언트의 사고, 감정, 행동, 관계에서 부정적인 결과와 증상의 영향을 감소시키는 것이다. | • 개인은 강점, 재능, 자원이 있다.<br>• 개입의 초점은 가능성에 있다.<br>• 클라이언트의 진술을 인정한다.<br>• 클라이언트의 진술은 그 사람에 대해 알아가는 중요한 방법 중 하나이다.<br>• 개입의 핵심은 개인, 가족, 지역사회의 참여이다.<br>• 개인, 가족, 지역사회가 클라이언트 삶의 전문가이다.<br>• 개인의 발전은 항상 개방되어 있다.<br>• 변화 자원은 개인, 가족, 지역사회의 강점, 능력, 적응기술이다.<br>• 돕는 목적은 클라이언트의 삶에 함께 하며 가치를 확고히 하도록 지원하는 것이다. |

### (4) 클라이언트의 강점을 규명하기 위한 사회복지사의 질문사항

① 클라이언트가 가진 뛰어난 자질은 무엇인가?

② 클라이언트와 다른 사람을 구분시키는 특별한 혹은 고유한 특성은 무엇인가?

③ 클라이언트 체계를 어떻게 환경에 연결시켜야 하는가?

④ 클라이언트를 지지하는 자원에는 어떤 것이 있는가?

⑤ 클라이언트는 사회적 · 물리적 환경에 어떤 방식으로 기여하는가?

# 출제유형문제

**01** 다음의 내용은 무엇에 대한 설명인가? [3회]

> 클라이언트의 욕구가 기관이 제공할 수 있는 것 이상일 경우에는 다른 기관을 연결시켜 준다.

① 조 정 ② 의 뢰
③ 활 용 ④ 사 정
⑤ 탐 색

 **해설** 의뢰는 클라이언트의 문제와 욕구를 기관에서 해결할 수 없는 경우 혹은 문제해결에 더 적합한 기관이 있을 경우 다른 기관으로 클라이언트를 연결시키는 것이다. 의뢰 시에는 클라이언트의 준비상태를 확인하고, 클라이언트에게 의뢰하는 기관의 서비스에 대해 명확하게 설명하며, 클라이언트로 하여금 스스로 결정하도록 도와야 한다.

**02** 접수를 위한 초기 면접지(Intake Sheet)에 포함되지 않는 내용은? [16회]

① 동거 중인 가족관계
② 개입방법과 비용
③ 타 기관으로부터의 의뢰 이유
④ 이전의 서비스를 받은 경험
⑤ 기관에 오게 된 주요 문제

**해설** 접수를 위한 초기 면접지(Intake Sheet)에 포함되는 내용

- 기본 정보 : 이름, 성별, 나이, 결혼관계, 주소, 전화번호, 종교, 직업 등
- 주요 문제 : 기관에 오게 된 주요 문제가 무엇이고 언제 발생했으며, 어떤 과정 속에서 지속되어 왔는가 등
- 기관에 오게 된 동기 : 누구로부터 기관을 소개받았는지 또는 다른 기관으로부터 의뢰되어 왔는지 등
- 의뢰 이유 : 클라이언트가 스스로 왔는지 아니면 가족이나 타 기관으로부터 의뢰되어 왔는지, 그렇다면 의뢰된 이유는 무엇인지 등
- 이전의 서비스를 받은 경험 : 이전에 현재 이 문제나 다른 문제로 사회복지기관을 방문한 경험이 있는지, 만약 있다면 어떤 기관에서 어떠한 서비스를 받았는지 등
- 기본적인 가족관계 : 현재 동거 중인 가족을 중심으로 가족구성원의 이름, 나이, 직업, 교육정도, 가족관계 등

**03** 비자발적 클라이언트에 대한 개입방법으로 옳은 것을 모두 고른 것은?　　　　　　　　[13회]

> ㄱ. 클라이언트의 메시지를 이해하기 위해 비언어적인 단서들을 찾는다.
> ㄴ. 클라이언트 저항을 고려하여 대응이나 직면은 자제한다.
> ㄷ. 양가감정을 인식하도록 클라이언트에게 성찰의 기회를 준다.
> ㄹ. 사회복지사 개인의 경험을 노출할 때 역전이를 주의한다.

① ㄱ, ㄴ, ㄷ
② ㄱ, ㄷ
③ ㄴ, ㄹ
④ ㄹ
⑤ ㄱ, ㄴ, ㄷ, ㄹ

　ㄱ. 상담자는 비자발적 클라이언트들이 스스로 원해서 찾아온 것이 아니라는 사실을 명심하고, 클라이언트의 언어적 표현은 물론 비언어적인 표현까지 자세히 살피며 클라이언트가 말한 단어의 뜻 자체보다는 잠재적인 감정에 주목해야 한다.
　ㄴ. 비자발적 클라이언트의 말에 모순점이 있는 경우 사회복지사가 그것에 대응 또는 지적을 하는 것은 저항을 유발할 수 있으므로 서로 충분한 관계형성이 이루어진 후 실행해야 한다.
　ㄷ. 기관을 찾는 클라이언트들은 일반적으로 두려움과 양가감정을 갖는다. 사회복지사는 클라이언트에게 양가감정은 자연스러운 것임을 알려주어 그가 양가감정을 수용하고 자유롭게 표현할 수 있도록 돕는다. 양가감정을 수용하고 표현하면 저항이 줄어들게 된다.
　ㄹ. '역전이'란 상담자가 내담자를 마치 자신의 과거 경험 속 인물인 것처럼 착각하여 무의식적으로 반응함으로써 현실에 대한 왜곡을 야기하는 것이다. 상담자는 상담 과정에서 자신의 역전이 감정을 포착하여 자기 자신은 물론 내담자에 대한 이해를 도모해야 한다.

**04** 실천과정에서 사회복지사가 수행해야 할 과제에 관한 내용으로 옳지 않은 것은?　　　　[14회]

① 사정단계 – 클라이언트의 자원과 능력 평가
② 계획단계 – 개입의 장단기 목표 합의
③ 접수단계 – 목표의 우선순위 결정
④ 자료수집단계 – 문제를 이해하기 위한 정보수집
⑤ 종결단계 – 변화된 결과 확인

　③ 목표의 우선순위를 결정하는 것은 사회복지실천의 과정 중 계획단계(계획 및 계약 단계)의 내용에 해당한다. 특히 클라이언트가 복합적인 문제를 가진 경우, 가장 시급하게 해결하여야 할 문제를 최우선순위에 놓는다.

**05** 경제적 어려움을 호소하는 클라이언트의 문제해결 방법을 찾은 결과가 직장을 얻는 것이라 보고, 직업훈련을 실시하여 개입하고자 하는 것은 어느 단계에서 이루어지는가? [6회]

① 개입단계
② 자료수집 및 사정단계
③ 목표설정단계
④ 종결단계
⑤ 접수단계

**해설** 자료수집의 목적은 문제를 이해하고 분석하여 개입을 계획하기 위한 것으로, 사정과 동시에 반복적으로 일어난다. 사정이란 클라이언트의 관심과 상황을 이해하고 이것을 기반으로 개입계획을 개발하기 위한 활동이다.

**06** 다음 중 자료수집의 정보원에 해당하는 것을 모두 고르면? [6회]

> ㄱ. 사회복지사가 직접 관찰한 내용
> ㄴ. 클라이언트의 심리검사
> ㄷ. 비언어적 행동관찰
> ㄹ. 클라이언트의 자기모니터링

① ㄱ, ㄴ, ㄷ
② ㄱ, ㄷ
③ ㄴ, ㄹ
④ ㄹ
⑤ ㄱ, ㄴ, ㄷ, ㄹ

**해설** 클라이언트 자료수집의 정보원
- 클라이언트의 이야기(자기진술)
- 클라이언트의 심리검사
- 비언어적 행동관찰
- 클라이언트가 작성한 양식
- 중요한 사람과의 상호작용 및 가정방문
- 직접 상호작용하면서 느끼는 사회복지사의 감정
- 부수정보(가족, 이웃, 친구, 친척, 학교, 다른 기관으로부터 얻게 되는 정보)

## 07 실천과정 중 사정의 주된 목적이 아닌 것은? [9회]

① 클라이언트의 강점 확인
② 개입의 목적과 목표 결정
③ 서비스 제공의 적격성 여부 확인
④ 평가를 위한 문제의 기초선 파악
⑤ 문제에 대한 다각적 측면에서의 파악

> **해설** 클라이언트는 제각기 다양한 욕구와 문제를 가지고 사회복지기관을 찾게 되므로 사회복지기관은 클라이언트의 욕구와 문제를 해결하는 데 자신들의 서비스가 적합한지 확인할 필요가 있다. 이와 같이 서비스 제공의 적격성 여부를 확인하는 것이 곧 클라이언트의 확인이며, 이는 사례관리의 서비스 과정 중 접수단계에 해당한다.

## 08 사정(Assessment)의 특성으로 옳은 것을 모두 고른 것은? [11회]

> ㄱ. 개입 과정 내내 계속된다.
> ㄴ. 클라이언트의 문제와 욕구에 따라 개별화된다.
> ㄷ. 인간과 환경에 대한 이중초점을 갖는다.
> ㄹ. 클라이언트와 사회복지사의 상호작용과정이다.

① ㄱ, ㄴ, ㄷ
② ㄱ, ㄷ
③ ㄴ, ㄹ
④ ㄹ
⑤ ㄱ, ㄴ, ㄷ, ㄹ

> **해설** 사정(Assessment)의 특성
> • 시작시점부터 종결시점에 이르기까지 전 과정에 걸쳐 이루어지는 지속적인 과정이다.
> • 클라이언트를 사회적 · 환경적 맥락에서 이해하는 이중초점을 가진다.
> • 클라이언트와 사회복지사의 상호작용과정이다.
> • 정보의 수집, 상황에 대한 이해, 전체 과정으로의 통합적 사고로 이어지는 사고의 전개과정이 있다.
> • 사정에서는 수평적 탐색(현재의 기능, 인간관계 등)과 수직적 탐색(과거력, 개인력 등)이 적절히 이루어져야 한다.
> • 클라이언트를 이해하는 데는 지식적 근거가 필요하다.
> • 인간의 상황은 모두 다르므로 사정 또한 개별화하는 것이 바람직하다.
> • 사정에서는 의사결정과 판단이 중요하다.
> • 복합적 수준에서 클라이언트의 개인적 · 환경적 강점을 사정한다.
> • 사정을 통해 클라이언트를 완전히 이해하는 것은 불가능하다.

**09** 사회복지사가 현장에서 활용할 수 있는 강점관점 실천의 원리에 해당하지 않는 것은? [19회]

① 모든 환경은 자원으로 가득 차 있다.
② 모든 개인 · 집단 · 가족 · 지역사회는 강점을 가지고 있다.
③ 클라이언트와 협동 작업이 이루어질 때 최선의 도움을 줄 수 있다.
④ 클라이언트의 성장과 변화는 제한적이다.
⑤ 클라이언트의 고난은 상처가 될 수 있지만, 동시에 도전과 기회가 될 수 있다.

> **해설** 강점관점 실천의 원리(Saleebey)
> • 모든 개인, 집단, 가족, 지역사회는 강점을 가지고 있다.(②)
> • 외상과 학대, 질병과 투쟁은 상처가 될 수 있지만, 동시에 도전과 기회가 될 수 있다.(⑤)
> • 성장과 변화의 상한선을 설정하지 말고 개인, 집단, 지역사회의 열망을 신중히 받아들인다.
> • 클라이언트와 협동 작업이 이루어질 때 최선의 도움을 줄 수 있다.(③)
> • 모든 환경은 자원으로 가득 차 있다.(①)

**10** 클라이언트의 환경 내에 영향을 미치는 중요한 사람이나 체계를 지칭하는 것으로서 소속감과 유대감, 자원 정보, 접촉 빈도 등에 관한 정보를 제공하는 사정도구는? [9회]

① 생태도(Ecomap)
② 가계도(Genogram)
③ 생활력표(Life History Grid)
④ 생활주기표(Life Cycle Matrix)
⑤ 사회적 관계망표(Social Network Grid)

> **해설** 사회적 관계망표
> '사회적 관계망 격자'라고도 하며, 클라이언트 개인이나 가족의 사회적 지지체계를 사정하기 위한 도구이다. 여기서 사회적 관계망은 클라이언트의 환경 내에 영향을 미치는 중요한 사람이나 체계를 지칭하며, 사회적 관계망표는 이러한 사람이나 체계로부터의 물질적 · 정서적 지지, 원조 방향, 충고와 비판, 접촉 빈도 및 시간 등에 관한 정보를 제공함으로써 클라이언트의 전체적인 관계망을 조망할 수 있게 한다.

**01** 세대 간 반복된 가족 특성을 파악하기 위한 사정도구는? [20회]

① 가계도
② 생태도
③ 소시오그램
④ 생활력도표
⑤ 사회적 관계망 그리드

해설

① 가계도 : 클라이언트의 3세대 이상에 걸친 가족관계를 도표화하여 가족의 구조, 가족 및 구성원의 관계, 동거가족현황, 세대 간의 반복유형, 과거의 결혼관계 등에 대한 상세한 정보를 제공한다. 특히 세대 간 전수되는 가족의 특징이나 반복되는 사건 등을 파악할 수 있도록 해 준다.

② 생태도 : 환경 속의 클라이언트에 초점을 두고 클라이언트의 상황에서 의미 있는 체계들과의 역동적 관계를 그림으로 표현함으로써 특정 문제에 대한 개입계획을 세우는 데 유효한 정보를 제공한다.

③ 소시오그램 : 집단성원들 간의 상호작용을 도식화하여 구성원의 지위, 구성원 간의 관계, 하위집단은 물론 집단성원 간 결탁, 수용, 거부 등을 파악하는 데 유용한 집단사정도구이다.

④ 생활력도표 : 각각의 가족구성원의 삶에 있어서 중요한 사건이나 시기별로 중요한 문제의 전개 상황을 시계열적으로 도표화함으로써 현재 역기능적인 문제 등을 특정 시기의 어려움이나 경험 등과 연관시켜 이해할 수 있도록 해 준다.

⑤ 사회적 관계망 그리드 : 클라이언트의 환경 내에 영향을 미치는 중요한 사람이나 체계로부터 물질적 · 정서적 지지, 원조 방향, 충고와 비판, 접촉 빈도 및 시간 등에 관한 정보를 제공한다.

1 ① Answer

## 02 강점관점에 관한 설명으로 옳지 않은 것은? [20회]

① 개입의 초점은 가능성에 있다.

② 클라이언트를 재능과 자원을 가진 사람으로 규정한다.

③ 개입의 핵심은 개인, 가족, 지역사회의 참여이다.

④ 사회복지사는 클라이언트의 진술에 대해 회의적이기 때문에 재해석하여 진단에 활용한다.

⑤ 돕는 목적은 클라이언트의 삶에 함께 하며 가치를 확고히 하도록 지원하는 것이다.

해설 병리관점과 강점관점의 비교

| 병리관점 | 강점관점 |
|---|---|
| • 개인은 진단에 따른 증상이 있다.<br>• 개입의 초점은 문제에 있다.<br>• 클라이언트의 진술에 대해 회의적이다.<br>• 클라이언트의 진술은 전문가에 따라 재해석된다.<br>• 개입의 핵심은 전문가가 세운 치료계획이다.<br>• 사회복지사는 클라이언트 삶의 전문가이다.<br>• 개인의 발전은 병리로 인해 제한된다.<br>• 변화 자원은 전문가의 지식과 기술이다.<br>• 돕는 목적은 클라이언트의 사고, 감정, 행동, 관계에서 부정적인 결과와 증상의 영향을 감소시키는 것이다. | • 개인은 강점, 재능, 자원이 있다.(②)<br>• 개입의 초점은 가능성에 있다.(①)<br>• 클라이언트의 진술을 인정한다.<br>• 클라이언트의 진술은 그 사람에 대해 알아가는 중요한 방법 중 하나이다.<br>• 개입의 핵심은 개인, 가족, 지역사회의 참여이다.(③)<br>• 개인, 가족, 지역사회가 클라이언트 삶의 전문가이다.<br>• 개인의 발전은 항상 개방되어 있다.<br>• 변화 자원은 개인, 가족, 지역사회의 강점, 능력, 적응기술이다.<br>• 돕는 목적은 클라이언트의 삶에 함께 하며 가치를 확고히 하도록 지원하는 것이다.(⑤) |

## 03 자료수집단계에 관한 설명으로 옳은 것은? [20회]

① 클라이언트 개인에게만 초점을 두어 정보를 모은다.

② 다양한 정보원으로부터 자료를 수집하므로 검사 도구를 사용하면 안 된다.

③ 초기면접은 비구조화된 양식만을 사용하여 기본적인 정보를 수집해야 한다.

④ 객관적인 자료뿐만 아니라 클라이언트의 주관적인 인식이 담긴 자료도 포함하여 수집한다.

⑤ 클라이언트로부터 얻은 정보가 가장 중요하므로 클라이언트가 직접 작성한 자료에만 의존한다.

해설 ① 클라이언트 개인과 그를 둘러싼 환경에 관한 자료를 확보한다.

② 가계도나 생태도 등의 사정도구를 사용한다.

③ 초기면접은 구조화된 양식을 활용하여 기본적인 정보를 수집한다.

⑤ 클라이언트로부터 얻은 정보 외에도 클라이언트에 대한 비언어적 행동관찰, 사회복지사의 주관적 관찰 내용, 그밖에 다양한 부수적 정보를 수집한다.

# 사회복지실천과정 II
# - 계획수립 및 목표설정·계약

★ 학습목표
- 계획수립, 목표설정, 계약에 대해 학습하자.
- 다른 영역에 비해 출제 빈도가 상대적으로 낮은 부분으로, 핵심내용과 개념위주로 학습하자.

## 제1절   계획수립 및 목표설정

### 1 계획수립

#### (1) 계획의 개념

계획단계는 자료수집과 클라이언트의 문제와 상황에 대한 일차적 사정이 끝난 후 실질적인 문제해결 과정의 시작단계이다.

#### (2) 계획의 특징 및 단계

① 계획의 특징
   ㉠ 사회복지사와 클라이언트는 개입목표를 설정하고 이를 달성하기 위한 계획을 수립한다.
   ㉡ 다른 단계에서와 같이 사회복지사와 클라이언트의 공동노력이 필요하다.
   ㉢ 사회복지사는 어떠한 결정에 대해서 클라이언트가 충분히 알 수 있도록 의사교환을 해야 한다.

② 계획의 단계(Kirst-Ashman & Hull, 1999)                    2, 6회 기출
   ㉠ 1단계 : 클라이언트와 함께 작업하기
   - 클라이언트를 모든 과정에 참여시켜 동기를 부여한다.
   - 클라이언트의 자기결정 권리를 증진시킨다.
   ㉡ 2단계 : 문제의 우선순위 정하기
   - 클라이언트 자신이 문제의 존재를 인정해야 한다.
   - 문제는 이해 가능한 용어로 분명하게 규정되어야 한다.
   - 문제의 치유가 현실적으로 가능한 것이어야 한다.
   - 사회복지사와 클라이언트는 문제의 우선순위를 정하고 우선적으로 해결할 문제를 합의한다.

ⓒ 3단계 : 문제를 욕구로 전환하기
- 클라이언트의 문제를 '클라이언트에게 무엇이 필요한가'라는 욕구개념으로 전환시킨다.
- 욕구는 생존, 안녕, 충족을 위한 신체적 · 심리적 · 경제적 · 문화적 및 사회적 요건이다.
- 알코올중독의 문제는 알코올중독의 치료로, 취업문제는 취업이라는 욕구로 전환시킨다.
ⓔ 4단계 : 개입수준 평가하기(전략의 선택)
- 클라이언트와 사회복지사는 주요한 목표달성의 전략을 확인한다.
- 문제해결 전략의 수립 시 클라이언트의 강점을 적극 활용한다.
- 각 전략에 대한 찬 · 반 양론을 평가하여 가장 효율적이고 효과적인 방법을 선택한다.
ⓜ 5단계 : 목적 설정하기
- 왜 개입하는지를 명료화시켜 준다.
- 명료한 목적은 개입의 성공여부를 평가할 수 있게 한다.
ⓗ 6단계 : 목표를 구체화하기
- 목적을 세분화하여 구체화된 목표를 설정한다.
- 구체화에는 누가, 언제, 무엇을 수행할 것인지, 어떻게 측정될 것인지를 포함시킨다.
ⓢ 7단계 : 클라이언트와 계약 공식화하기
- 사회복지사와 클라이언트 간에 개입과정에 관한 합의사항이다.
- 계약에는 목적, 목표, 개입기간, 역할 등이 포함된다.

## 2 목표설정

### (1) 개 념
① 사회복지사와 클라이언트가 진행과정을 점검하는 것을 돕고, 특정한 개입과 원조과정의 효과성을 측정하는 기준이 된다.
② 사회복지사와 클라이언트가 달성하고자 하는 목표에 대해 동의하는 부분을 확실히 한다.

### (2) 특 징
① 목표(Objective)는 목적(Goal)을 세분화한 것으로 단기적이며 구체적이다.
② 사정과정에서 문제와 욕구를 정의하고 문제에 영향을 미치는 요인을 분석한 것을 근거로 설정한다.
③ 사회복지실천과정에서 목표설정이 중요한 이유는 사회복지사와 클라이언트에게 개입 과정의 방향을 명확히 제시해주어 방황 없이 진행할 수 있도록 도와주고, 개입이 끝난 후 그 결과를 효과적으로 평가할 수 있게 해주기 때문이다.
④ 목표는 문제가 해결될 상태 또는 개입을 통해 일어나기 바라는 변화의 의미이다.
⑤ 어떤 상태나 변화가 가장 바람직하다고 생각하는지, 즉 무엇을 목표로 할 것인가에 대해서 사회복지사와 클라이언트는 합의해야 한다. 따라서 두 사람의 관점이 일치되지 않으면 합의될 때까지 기다려야 한다.

### (3) 성과목표와 과정목표

① 성과목표(Outcome Objectives)

　㉠ 일련의 프로그램을 수행한 결과 클라이언트 체계의 변화로 나타나는 최종목표를 말한다.

　㉡ 프로그램의 결과 표적대상이 변화하게 될 행동이나 태도를 기술하는 것으로, 변화 정도는 어떠하며, 언제 변화가 나타날 것인지 등을 표현한다.

　㉢ 클라이언트의 인지 변화가 나타나는 단기목표, 단기목표 경험 후 행동변화로 나타나는 중기목표, 클라이언트의 궁극적인 변화로 이어지는 장기목표로 구분된다.

② 과정목표(Process Objectives)

　㉠ 과업이 어떻게 수행되고 성취될 것인지를 나타내는 목표를 말한다.

　㉡ 무엇으로 어떻게 결과에 도달할 것인지에 대한 목표 진술과 함께 과정목표에 의해 실행되어야 할 구체적인 행동들이 포함된다.

### (4) 목표설정의 이유

① 개입과정에서의 방향을 명확하게 제시한다.

② 개입결과를 평가할 수 있는 기준을 마련한다.

③ 개입전략방법을 선택하고 개발할 수 있도록 한다.

④ 클라이언트의 변화 정도 및 효과성 여부를 모니터링 할 수 있도록 한다.

⑤ 사회복지사와 클라이언트의 성취목표가 같음을 보증한다.

⑥ 과정의 연속성을 유지하며, 불필요한 부분을 사전에 방지한다.

### (5) 목표설정 시 유의해야 할 점

① 명시적이고 측정이 가능해야 한다.

② 목표달성이 가능한 것이어야 한다.

③ 기관의 기능과 일치해야 한다.

④ 사회복지사의 지식과 기술에 상응하는 것이어야 한다.

⑤ 반드시 클라이언트가 바라는 바와 연결되어야 한다.

⑥ 성장을 강조하는 긍정적인 형태이어야 한다.

⑦ 사회복지사의 중요한 권리나 가치에 부합해야 한다.

⑧ 본격적인 개입에 들어가기에 앞서 클라이언트와 충분한 토의를 거쳐 합의점을 찾도록 해야 한다.

### (6) 목표설정을 위한 SMART 원칙(G. Egan)

① 구체적일 것(Specific)

② 측정 가능할 것(Measurable)

③ 달성 가능할 것(Attainable)

④ 결과지향적일 것(Result-oriented)

⑤ 시간제한적일 것(Time Bounded)

**3 목표의 상호적 합의과정과 우선순위**

**(1) 목표도출을 위한 합의과정**

① 클라이언트가 목표에 대하여 상호합의 할 준비가 되었는지 평가한다.
　예 "그동안 문제와 상황에 대하여 어느 정도 충분히 살펴보았는데 이제 좀 더 구체적으로 목표를 설정해 보면 어떨까요?"

② 클라이언트에게 목표의 필요성에 대해 설명한다.
　예 "○○님이 원하는 바를 목표에 반영시키는 것이 중요합니다. 목표를 설정하면 우리가 어떤 결과를 원하는지 그리고 어떤 방향으로 나아갈지가 분명해집니다. 또 목표를 구체적으로 정하면 해결되는 진전 상황을 평가할 수 있는 장점이 있습니다."
　예 "제가 생각해 본 목표들이 몇 가지 있는데 함께 살펴보면 어떨까요? 그런 다음 가장 중요하다고 생각하는 순서대로 정리해 보지요."

③ 목표는 상호협의하여 선정하도록 한다.
　예 "가족이 지금 상황과 어떻게 달라졌으면 좋겠니?"

④ 목표를 명시적으로 규정한다.

⑤ 목표의 실현가능성을 검토하고 잠재적인 이득과 위험부담을 논의한다.
　예 "이 목표를 달성하는 데 어떤 장애가 있을 것 같으세요?"

⑥ 클라이언트 스스로 구체적 목표를 선택하고 헌신할 수 있도록 한다.

⑦ 클라이언트의 선호도에 따라 목표의 순위를 정한다.

**(2) 클라이언트가 복합적인 문제를 가진 경우 목표설정의 우선순위** 　5, 11회 기출

① 가장 시급하게 해결하여야 할 문제

② 가장 단기간에 성취하여 만족감을 느낄 수 있는 문제

③ 클라이언트가 목표달성에 전력을 다할 동기를 가지고 있는 문제

④ 기관의 기능에 적합하고 사회복지사의 능력에 준하여 달성 가능한 문제

**(3) 표적문제**

① 표적문제의 개념
클라이언트에게 드러난 여러 가지 복잡한 문제 중에서 가장 중요하고 시급히 해결해야 할 문제로 정한다.

② 표적문제 선정 지침
클라이언트 스스로 문제를 인식하고 변화하기를 원하는 문제로, 시급히 해결되어야 할 문제이며, 문제 상황을 대표하는 것이어야 한다. 또한 해결 가능성이 비교적 뚜렷한 것으로, 사회복지사와 클라이언트가 합의해서 결정해야 한다.

③ 표적문제의 우선순위 결정 시 고려사항(Gambrill) 16회 기출

ⓐ 클라이언트의 선택

ⓑ 긴급성 혹은 위험성

ⓒ 클라이언트 생활에서의 장애

ⓓ 바라는 결과를 달성하는 데 있어서 쉽게 해결할 수 있는 것

ⓔ 빠른 진전 가능성

ⓕ 복합적인 문제에서 핵심이 되는 관심사

ⓖ 시간, 금전, 에너지 측면에서 서비스에 소요되는 비용

ⓗ 윤리적 승인

ⓘ 효과 유지의 가능성 - 희망하는 성과가 달성된 경우 가능한 결과(예 잠재적 이득이 손실보다 큰가?)

## 제2절  계 약

### 1  계약의 개념과 형식 20회 기출

#### (1) 계약의 개념

① 목표설정과 그것을 달성하기 위한 전략, 역할, 개입, 평가방법 등을 구체적인 활동용어로 기술한 계획에 대해 사회복지사와 클라이언트가 서로 동의하는 것을 계약이라 한다.

② 법적 효력은 없지만 어떤 의미에서 법적인 서류보다 융통성이 있다.

③ 계약에 포함될 요소로 개입목표, 참여자의 역할, 개입방법, 시간적 조건 등을 들 수 있다.

④ 클라이언트와 사회복지사가 합의한 목표가 포함된다. 클라이언트가 자신의 활동을 통해 합의된 목적과 목표에 도달하는 것은 자아존중감을 향상시키고 자신감을 갖게 한다.

⑤ 문제해결의 주체는 클라이언트임을 분명히 한다.

⑥ 목표달성을 위한 개입기법을 구체화할 필요가 있다.

#### (2) 계약의 형식

① 서면계약

ⓐ 가장 공식적인 유형이다.

ⓑ 사회복지사와 클라이언트 등이 동의한 바를 서면으로 작성하고 서명한다.

ⓒ 개입의 구체적 목표와 누가, 무엇을, 언제 할 것인지의 내용을 명확히 기재한다.

   ⓔ 장단점

| 장 점 | • 사회복지사와 클라이언트의 참여의지를 확실히 한다.<br>• 사회복지사와 클라이언트가 필요시 합의한 바를 상기시킬 수 있으며 논쟁의 여지가 없다.<br>• 오해의 가능성을 최소화할 수 있다. |
|---|---|
| 단 점 | • 계약서를 작성하는 데 시간이 많이 걸린다.<br>• 법적인 문제가 야기될 수 있다. |

② **구두계약**

   ㉠ 목표와 책임을 분명하게 규명한다는 점에서는 서면계약과 근본적으로 같으나, 서면이 아닌 구두로 계약한다는 점에서 차이가 있다.

   ㉡ 장단점

| 장 점 | 서면계약에 비해서 신속하고 쉽게 할 수 있고, 서명을 거부하거나 저항감·불신감을 가진 클라이언트와의 관계에서 유용하다. |
|---|---|
| 단 점 | 합의한 내용의 자세한 부분을 잊을 수 있고, 서면계약이 가지는 결정적인 힘이 없다. |

③ **암묵적 계약**

   ㉠ 실제로 서명화하거나 언어화 하지 않았어도 묵시적으로 합의한 계약을 말한다.

   ㉡ 사회복지사는 클라이언트가 실제로 동의하지 않았는데도 동의했다고 판단할 수 있다.

   ㉢ 사회복지사는 클라이언트가 모든 조건과 책임을 이해한다고 가정하나 실제는 그렇지 않을 수도 있다.

## (3) 계약에 포함되는 내용   2, 3, 7회 기출

   ① 우선순위가 부여된 목표

   ② 참여자의 역할

   ③ 사용할 개입방법

   ④ 면접시간, 면접회기, 면접빈도 등의 면접의 조건

   ⑤ 모니터링 과정과 수단

   ⑥ 계약 재타협에 대한 사항

   ⑦ 세션의 변경 및 취소방법, 비용

   ⑧ 기타 클라이언트 관련 정보, 서명, 날짜 등

## 2 계약의 요소

### (1) 개입목표

목표설정의 단계에서 살펴보았듯이, 목표는 구체적이고 측정 가능해야 하며 달성 가능한 것이어야 한다.

### (2) 참여자의 역할

① 클라이언트의 역할

    ㉠ 자신의 감정이나 욕구, 자신이 바라는 바와 개입과정에 대한 기대를 사회복지사에게 분명히 표현하는 것

    ㉡ 문제를 해결하는 주체가 사회복지사가 아니라 클라이언트 자신임을 인식하고, 문제해결에 사회복지사가 파트너로 참석하여 도울 수 있도록 변화를 위한 적극적 태도를 가지는 것

② 사회복지사의 역할

    ㉠ 클라이언트가 문제를 보다 충분히 이해하도록 돕는 파트너

    ㉡ 전문가로서 새로운 관점에서 문제를 볼 수 있도록 도움

    ㉢ 클라이언트가 미처 생각해보지 못한 해결책을 제시하고 이를 고려해보도록 도움을 줌

    ㉣ 사회복지사는 클라이언트의 파트너로 문제해결을 돕지만 최종결정의 권한은 클라이언트에게 있으며 클라이언트의 강점과 점진적 성장을 돕는 데 초점이 맞춰질 것임을 명확히 함

    ㉤ 목적성취에 장애가 되는 요인들을 예측하고 이를 극복하는 전략을 수립하도록 도움

③ 사회복지사와 클라이언트의 역할을 명료화하는 지침

    ㉠ 클라이언트의 비현실적 기대와 다급한 심정을 이해하고 감정을 이입함

    ㉡ 돕고자 하는 의도를 전달함

    ㉢ 클라이언트의 비현실적 기대가 근본적인 문제해결에 왜 도움이 되지 않는지를 설명함

    ㉣ 원조과정을 명료화할 뿐 아니라 클라이언트의 문제해결과정 파트너로 적극 참여할 책임이 있다는 사실을 확실하게 함

    ㉤ 문제해결자는 사회복지사가 아닌 클라이언트 자신임을 인식시킴

    ㉥ 사회복지사는 클라이언트의 어려움을 깊이 이해하는 원조 파트너라는 점을 강조함

    ㉦ 그 외 감정, 사고, 사건을 공유하는 열린 마음을 가지는 것, 약속을 지키는 것, 변화에 내재하는 어려움을 인지하는 것 등이 클라이언트의 역할로 다루어질 수 있음

### (3) 개입기법

① 초기 계약단계에서 구체적인 개입기법까지 제시하기 어려운 경우가 많으며, 이 경우에는 개별적 접근, 부부치료, 가족치료 등과 같이 일반적 차원에서 개입방법을 제시할 수 있다.
② 구체적인 개입기법으로는 역할극과 행동연습, 긴장이완훈련, 의사소통, 자기주장, 비이성적 사고나 두려움의 규명 및 제거, 문제해결, 갈등해소기법 등이 있다.
③ 개입기법에서도 클라이언트가 이해할 수 있도록 설명하고 동의를 얻는 것이 중요하다.

### (4) 시간적 조건

① 시간적 조건계약에는 개입기간, 세션(회기)의 빈도, 시간 등이 포함된다.
② 개입기간은 시간제한적 서비스와 개방적 서비스가 있다.
　㉠ 시간제한적 서비스
　　• 시작할 때 그 기간을 미리 정하는 것으로, 클라이언트의 미루려는 습성에 대항하는 기제로 사용할 수 있고, 기관은 같은 시간 동안 더 많은 클라이언트를 수용할 수 있다.
　　• 1주 1회 50분 정도를 표준으로 한다.
　　• 단시간에 정해진 목표를 달성해야 하므로 사회복지사에 대한 신뢰도가 높아질 수 있고 비용과 시간측면에서 효과적이다.
　　• 종결시점이 정해져 있으므로 종결단계에서 발생할 수 있는 문제를 사전에 대처할 수 있다.
　㉡ 개방적 서비스
　　• 개입기간이 미리 정해져 있지 않다.
　　• 시간제한을 두지 않는다.
　　• 성격장애문제, 만성적인 문제, 요양소의 정신질환자 등에 이용된다.

**01** 목표설정에 관한 설명으로 옳지 않은 것은?

① 우선시되는 욕구를 먼저 선택한다.
② 클라이언트와 합의하에 목적을 결정한다.
③ 클라이언트의 자기 결정권을 존중한다.
④ 가능한 한 많은 부분을 포괄할 수 있는 큰 목표가 유용하다.
⑤ 성장을 강조하는 긍정적 형태로 기술해야 한다.

해설 ④ 목표는 작더라도 성취 가능한 것이 유용하다.

**02** 사회복지실천의 과정에서 계약에 포함되어야 하는 내용이 아닌 것은?                    [3회]

① 클라이언트의 역할
② 개입기법
③ 서비스 결과
④ 모니터링 과정과 수단
⑤ 원조과정의 본질과 사회복지사와 클라이언트의 관계에 대한 명확한 규정

해설 계약내용에 포함될 사항
• 우선순위가 부여된 목표
• 서비스의 종류 및 기간
• 면접의 조건(면접시간, 면접회기, 면접빈도 등)
• 클라이언트의 역할
• 사용할 개입방법
• 모니터링 과정과 수단
• 계약 재타협에 관한 사항
• 세션의 변경 및 취소방법, 비용
• 기타 클라이언트 관련 정보, 서명, 날짜 등

**03** 사회복지실천의 목표로 맞는 것은? [4회]

① 사회복지사가 생각하기에 시급한 목표

② 포괄적으로 수립한 목표

③ 장기적으로 달성할 수 있는 목표

④ 클라이언트의 욕구와 직결된 목표

⑤ 변경 불가능한 목표

해설 사회복지실천의 목표는 클라이언트가 바라는 목적 또는 결과와 연결되어야 한다.

사회복지실천의 목표설정 시 유의사항
- 명시적이고 측정이 가능해야 한다.
- 목표달성이 가능한 것이어야 한다.
- 기관의 기능과 일치해야 한다.
- 사회복지사의 지식과 기술에 상응하는 것이어야 한다.
- 반드시 클라이언트가 바라는 바와 연결되어야 한다.
- 성장을 강조하는 긍정적 형태여야 한다.
- 사회복지사의 중요한 권리나 가치에 부합해야 한다.
- 본격적인 개입에 들어가기에 앞서 클라이언트와 충분한 토의를 거쳐 합의점을 찾도록 해야 한다.

**04** 복잡한 문제를 가진 클라이언트가 있다. 가장 먼저 해결해야 할 문제는? [5회]

① 해결해야 할 가장 시급한 문제

② 클라이언트가 해결하길 원하는 문제

③ 해결하기 쉬운 문제

④ 사회복지사의 판단에 따른 문제

⑤ 동시에 해결할 수 있는 문제

해설 클라이언트가 복합적인 문제를 가진 경우 목표설정의 우선순위
- 가장 시급하게 해결하여야 할 문제
- 가장 단기간에 성취하여 만족감을 느낄 수 있는 문제
- 클라이언트가 목표달성에 전력을 다할 동기를 가지고 있는 문제
- 기관의 기능에 적합하고 사회복지사의 능력에 준하여 달성 가능한 문제

## 05 표적문제의 우선순위 결정에서 고려해야 할 사항으로 옳지 않은 것은? [16회]

① 긴급성
② 변화가능성
③ 측정가능성
④ 해결가능성
⑤ 클라이언트의 선택

**해설** 표적문제의 우선순위 결정 시 고려사항(Gambrill)
- 클라이언트의 선택
- 긴급성 혹은 위험성
- 클라이언트 생활에서의 장애
- 바라는 결과를 달성하는 데 있어서 쉽게 해결할 수 있는 것
- 빠른 진전 가능성
- 복합적인 문제에서 핵심이 되는 관심사
- 시간, 금전, 에너지 측면에서 서비스에 소요되는 비용
- 윤리적 승인
- 효과 유지의 가능성
- 희망하는 성과가 달성된 경우 가능한 결과

## 06 실천개입의 목표로 바람직하게 기술된 것은? [10회]

① 늦잠을 자지 않는다.
② 바람직한 대인관계를 형성한다.
③ 집단 프로그램을 제공한다.
④ 매일 동화책을 1시간씩 읽는다.
⑤ 경제적 안정을 획득한다.

**해설** 상담목표는 상담의 방향을 제시하는 것이다. 목표설정은 상담에 있어서 상담자와 내담자의 행동표적이 되므로 명료하고 구체적이어야 하며 현실적으로 실현가능해야 한다.

**07** 사회복지사가 목표를 설정할 때의 지침으로 옳은 것을 모두 고른 것은? [11회]

> ㄱ. 기관의 가치나 기능과 맞지 않더라도 클라이언트가 원하면 목표로 설정한다.
> ㄴ. 목표설정 시 달성가능성보다 동기부여를 더 중요하게 고려한다.
> ㄷ. 클라이언트와 사회복지사의 목표가 합의되지 않으면 사회복지사 판단으로 결정한다.
> ㄹ. 목표가 여러 가지인 경우 시급성과 달성가능성을 따져 우선순위를 정한다.

① ㄱ, ㄴ, ㄷ
② ㄱ, ㄷ
③ ㄴ, ㄹ
④ ㄹ
⑤ ㄱ, ㄴ, ㄷ, ㄹ

해설 ㄱ. 목표설정은 기관의 가치나 기능과 일치해야 한다.
ㄴ. 목표설정 시 동기부여보다 달성가능성을 더 중요하게 고려한다.
ㄷ. 목표설정은 클라이언트와 사회복지사의 합의를 전제로 한다.

**08** 에간(G. Egan)의 목표 선정지침인 SMART에 해당하는 것을 모두 고른 것은? [13회]

> ㄱ. 적합성(Adequate)
> ㄴ. 합리성(Reasonable)
> ㄷ. 조절가능성(Manageable)
> ㄹ. 구체성(Specific)

① ㄱ, ㄴ, ㄷ
② ㄱ, ㄷ
③ ㄴ, ㄹ
④ ㄹ
⑤ ㄱ, ㄴ, ㄷ, ㄹ

해설 목표설정의 SMART 원칙(Egan)
• 구체적일 것(Specific)
• 측정 가능할 것(Measurable)
• 달성 가능할 것(Attainable)
• 결과지향적일 것(Result-oriented)
• 시간제한적일 것(Time Bounded)

# 최신기출문제

**01** 사회복지서비스 계획수립단계에 관한 설명으로 옳지 않은 것은? [20회]

① 계획의 목표는 기관의 기능과 일치해야 한다.

② 목표설정은 미시적 수준과 거시적 수준에서 클라이언트의 변화를 고려한다.

③ 계약서는 클라이언트만 작성하여 과업과 의무를 공식화한다.

④ 목표는 클라이언트가 원하는 결과를 포함하여 클라이언트의 적극적인 참여를 유도한다.

⑤ 계획단계의 목표는 클라이언트와 사회복지사가 함께 합의하여 결정한다.

해설 ③ 계약은 목표설정 및 목표달성을 위한 사회복지사와 클라이언트의 과업, 역할, 개입내용 등을 명시적이자 묵시적으로 합의하는 과정이다. 계약서는 사회복지사와 클라이언트 간 상호 합의에 따라 작성하게 되는데, 이는 계약을 이행하기 위해 서로 노력할 것임을 약속하는 것으로 볼 수 있다.

**02** 사정단계에서 클라이언트가 제시한 '남편의 일중독' 문제를 '자신이 남편에게 중요한 존재임을 느끼고 싶어 하는' 욕구로 바꾸어 진술하는 것은? [17회]

① 문제발견

② 문제형성

③ 정보발견

④ 자료수집

⑤ 목표설정

해설 문제형성(Formulation of Problem)
• 사회복지사가 이제까지 얻은 정보를 분석하여 전문적인 시각에 따라 문제를 판단하는 것이다.
• 문제형성에서는 클라이언트의 충족되지 못한 욕구를 구체적으로 밝히는 것이 가장 중요하다.
• 클라이언트가 제시한 문제(→ 남편의 일중독 문제)를 충족되지 못한 욕구와 결핍(→ 자신이 남편에게 중요한 존재임을 느끼고 싶어 하는 욕구)으로 바꾸어 재진술함으로써 클라이언트를 보다 쉽게 도울 수 있다.

1 ③ 2 ② Answer

# CHAPTER 10 사회복지실천과정 III - 개입

★ 학습목표 ■ 사회복지실천과정 중 개입의 개요, 개입방법에 대해 학습하자.
■ 이 부분도 사회복지실천기술론과 연계하여 학습해야 한다. 간접적 개입과 직접적 개입을 구분할 수 있어야
할 뿐만 아니라 특징과 구체적인 해당 기법까지 숙지해 두어야 한다.

## 제1절 개입의 개요

### 1 개입의 의의와 목표

#### (1) 개입의 의의

18, 20회 기출

① 문제해결의 자조, 자기실현 및 행동변화 등을 가져오도록 클라이언트를 원조하고자 하는 활동과정
이다.

② 사회복지사 개입활동의 핵심은 문제를 해결하려는 클라이언트의 변화 노력을 지원하기 위해 문제
해결을 위한 구체적인 변화전략을 수립하는 것이다.

③ 개입과정은 사회복지사와 클라이언트가 계약 시 상호합의하여 결정한 문제를 해결하기 위하여 구체
적인 행동을 실천하는 것이다.

④ 개입활동과 동시에 중요한 것은 사회복지사가 변화과정에 대한 클라이언트의 반응을 관찰하고 동
의된 목표에 맞게 진행되는가를 점검하는 것이다. 만일 진전되지 않는다면 개입계획을 재평가하
여 이전에 사용한 개입방법을 수정함으로써 새로운 방법을 제시하고, 문제의 성격과 문제를 다루
는 최선책을 클라이언트와 재론할 수 있다.

⑤ 개입방법은 직접적 개입과 간접적 개입으로 구분할 수 있으며, 개인에 따라 개입전략이 다르다. 직
접적 개입은 개인·가족·집단을 대상으로 클라이언트에게 직접 개입하는 방법인 반면, 간접적
개입은 클라이언트의 욕구에 반응하도록 환경을 변화시키거나 사회적 지지체계를 개발하는 등의
방법을 말한다.

| 직접적 개입 | • 의사소통기법 : 자아인식 향상을 위한 기법, 지지적 기법, 지시적 기법 등<br>• 행동학습기법 : 강화와 처벌, 모방, 토큰강화(토큰경제), 타임아웃 등<br>• 대인관계 개선기법 : 행동시연, 역할교환 등 |
|---|---|
| 간접적 개입 | • 서비스 조정<br>• 프로그램 계획 및 개발<br>• 환경조작<br>• 옹호, 홍보, 모금 활동 등 |

## (2) 개입의 목표

① 문제해결을 위한 구체적인 변화전략의 수립
② 개입, 원조, 교육, 동기유발, 자원연결, 행동변화 등을 통한 변화의 창출
③ 지속적인 점검을 통한 변화 정도의 유지와 평가

## 2 │ 사회복지사의 개입

### (1) 사회복지사의 역할과 과업

콤튼과 갤러웨이(Compton & Galaway, 1984)는 개입단계에서 사회복지사의 역할을 중개자, 조력자, 교사, 중재자, 변호자의 5가지로 분류하였다.

① **중개자의 역할**

⊙ 계획과정에서 설정한 서비스의 목표를 달성하기 위해 모든 자원을 클라이언트와 연결시키는 역할이다.

⊙ 사회복지사는 지역사회의 자원이나 기관에서 제공되고 있는 서비스 · 프로그램의 이용절차 등을 확실히 파악하고 있어야 한다.

⊙ 중개자 역할의 예

• 클라이언트가 실업자인 경우 직업훈련 프로그램을 소개하는 경우
• 생활형편이 어려운 독거노인에게 가정봉사원 또는 경제적 후원자 등의 자원을 연결시켜 주는 경우
• 거동이 불편한 독거노인에게 병원에 동행할 자원봉사자를 연계해주는 경우

② **조력자의 역할**

⊙ 클라이언트로 하여금 자기 스스로 문제의 대처능력이나 자원을 찾아내도록 돕는 것이다.

⊙ 사회복지사가 변화를 불러오는 것이 아니라 클라이언트 자신의 노력으로 변화될 수 있게 지원하는 것이다.

⊙ 사회복지사는 클라이언트로 하여금 말을 하도록 격려하고 감정을 표출하도록 돕는다. 관계패턴에 대한 검토, 논리적인 토론 등이 주로 사용되는 기법이다.

⊙ 조력자 역할의 예 : 어머니가 자녀관계에서 갈등을 겪을 경우 자녀와의 관계를 분명히 인식하도록 하고 자녀와의 관계 개선을 위한 대안을 모색하도록 돕는다.

③ **교사의 역할**

⊙ 클라이언트에게 문제해결에 필요한 정보제공 · 기술습득지원 또는 사회복지사 자신이 모델링을 통해서 클라이언트에게 새로운 행동을 가르치는 것이다.

⊙ 클라이언트의 문제해결능력을 강화시켜 의도하는 변화를 이루도록 한다.

⊙ 교사 역할의 예

• 자녀관계에 어려움이 있는 부모에게 아동발달단계에 관한 지식을 전달하는 것
• 빈곤가정의 부모에게 저렴한 비용으로 영양이 풍부한 음식을 구입할 수 있는 시장정보를 제공하는 것

ⓔ 조력자와 교사의 역할 비교
- 유사점 : 클라이언트의 문제해결능력을 강화시킴으로써 의도하는 변화를 일으킨다.
- 차이점 : 교사의 역할은 외부의 자원을 클라이언트에게 투입시키는 것이지만, 조력자의 역할은 클라이언트 내부의 자원을 동원하는 것이다.

④ 중재자의 역할
- ㉠ 클라이언트가 타인 또는 조직과의 관계에서 갈등이 있을 때 이를 조정하여 공동의 합의점을 찾아내도록 하는 것이다.
- ㉡ 사회복지사는 쌍방의 주장이 갖는 합법성을 인정하도록 돕고, 쌍방이 성공적인 결과를 희망하고 있음을 이해시키며, 갈등조절기술을 적절히 활용하는 것이 중요하다.
- ㉢ 중재자 역할의 예 : 퇴학당한 학생의 경우 학생과 학교 당국과의 의견 차이를 타협하고 해결하는 역할을 수행한다.

⑤ 변호자(옹호자)의 역할
- ㉠ 사회복지사가 목적을 달성하기 위하여 클라이언트의 입장만을 대변하는 것이다.
- ㉡ 클라이언트를 위해 주장, 논쟁, 흥정, 타협, 환경조작 등의 역할을 수행한다.
- ㉢ 클라이언트의 권리나 이해는 법적으로 보장된 것에 한한다.
- ㉣ 변호자 역할의 예 : 학대받는 아동의 권리를 확보하기 위한 법적 대응
- ㉤ 중재자와 변호자 역할의 차이 : 변호자는 클라이언트의 이해와 권리만을 대변하는 역할을 하는 반면, 중재자는 쌍방의 이해를 절충하고 타협하여 공동의 이해 영역을 도출한다.

## (2) 사회복지사가 개입을 수행하는 특정한 상황에서 반드시 기억해야 할 원칙

① **경제성** : 사회복지사와 클라이언트의 시간과 비용을 최소화해야 한다.
② **클라이언트의 자기결정** : 스스로 결정할 수 있게 한다.
③ **개별화** : 클라이언트의 능력과 상황에 맞는 접근이 필요하다.
④ **발달** : 클라이언트 체계의 발달적 단계에 적합해야 한다.
⑤ **상호의존성** : 사회복지사와 클라이언트의 활동은 상호보완적이어야 한다.
⑥ **서비스목표에 초점두기** : 어떤 식으로든 두 사람이 합의한 계획의 목표에 부합해야 한다.

## (3) 개입의 방법

① **직접적 개입방법**    3회 기출

사회복지사가 클라이언트와 관계하면서 클라이어트의 변화를 추구하는 활동을 말한다.
- ㉠ 의사소통기법
  - 자아인식 향상을 위한 기법 : 클라이언트가 문제의 상황에 대해 어떻게 인식하고 있는가를 확인한 후, 과업수행을 위해 문제에 직면할 수 있도록 지지하여 사건에 대해 보다 긍정적인 시각을 가질 수 있도록 유도한다.
  - 지지적 기법 : 자기불신이나 자기비하를 하는 클라이언트의 부정적인 감정을 제거하기 위해 억압된 감정을 자유롭게 표출할 수 있도록 하며, 클라이언트의 자신감 회복을 위해 칭찬 및 신뢰 등으로 격려한다.

- 지시적 기법 : 클라이언트에게 문제해결을 위해 취해야 할 행동들을 제시하거나 여러 대안 가운데 선택하도록 한다.
  - ⓛ 행동학습기법 : 강화와 처벌, 모방, 토큰강화, 타임아웃 등
  - ⓒ 대인관계 개선기법 : 행동시연, 역할교환 등
- ② **간접적 개입방법**　　　　　　　　　　　　　　　　　　　7, 12회 <sub>기출</sub>

  환경에 관련되는 사람과의 관계에 개입하거나 사회환경적인 변화를 추구하는 활동을 가리킨다.
  - ⓝ 서비스 조정 : 문제해결에 있어서 클라이언트의 이익을 최우선으로 하기 위해 다른 서비스 제공자와 협력하여 서비스를 연결하거나 의뢰하는 등의 노력을 기울인다.
  - ⓛ 프로그램 계획 및 개발 : 새로운 자원과 프로그램을 계획 · 개발하여 클라이언트가 필요로 하는 서비스를 확보한다.
  - ⓒ 환경조작 : 클라이언트의 사회적인 역량을 강화하기 위해 주위환경에 영향력을 행사한다.
  - ⓒ 옹호 : 클라이언트의 권익수호를 위해 제도나 정책의 의사결정자들에 대해 개인 또는 집단의 영향력을 행사한다.

## 제**2**절　　개입방법

### 1　개인체계의 개입

#### (1) 정서 · 인지 변화를 위한 방법　　　　　　　　　　　　9, 12, 13, 14, 15회 <sub>기출</sub>

사회복지사와 클라이언트 사이에 변화를 가져올 수 있는 대화기술을 의미하며 클라이언트의 감정과 사고에 대한 개입에 초점을 둔다.

① **정서적 안정** : 낙담, 좌절, 의기소침과 무력감, 자신감 결여 등의 심적 상태를 건강하고 자신감 있는 상태로 회복시키고 불안, 분노, 죄의식 등의 불합리하고 불건전한 정서를 적절히 해소하도록 도와 자아기능을 회복시키는 것이다. 격려, 재보증, 일반화, 환기법 등의 기법이 있다.

  ⓝ 격 려
  - 클라이언트의 가능성에 대한 확신을 표현하는 것으로, 클라이언트의 강점을 인정하고 지지하는 수단이 된다. 클라이언트의 행동, 태도, 감정을 칭찬하거나 인정해주는 등의 언어적 표현으로 성찰, 환기, 재보증, 클라이언트에 대한 신뢰감의 표명 등 여러 기법과 병행하여 사용할 수 있다. 자신들의 문제를 해결할 능력과 자질, 지식을 보유하고 있는 클라이언트에게 문제해결능력과 동기를 최대화시켜주는 방법으로 매우 효과적이다.
  - 격려 기법의 사용 시 주의사항
    - 격려의 내용이 클라이언트의 행동과 태도에 직결되어야 한다. 즉, 구체적이고 분명해야 한다.
      - 예 "당신은 두려워하고 있지만 지난 6개월 동안 당신의 업무수행도를 본다면 새로운 책임을 충분히 수행할 수 있다고 생각해요."

- 사회복지사는 클라이언트의 생각·기분·행동을 존중하는 반응을 보여주어야 한다.
- 클라이언트가 자신의 능력·진도·기대정도에 맞춰 문제를 해결할 수 있도록 자유로운 분위기를 조성해 주어야 한다.

ⓛ 재보증

클라이언트를 안심시키는 것으로, 합리적이고 현실적인 생각과 결정에 대해 클라이언트가 의구심을 가지고 있을 때 사용한다. 클라이언트의 능력에 대해 사회복지사가 신뢰를 표현하여 자신감을 키우는 기법이다.

ⓒ 일반화(보편화)

클라이언트의 생각, 느낌, 행동 등이 그와 비슷한 상황에 있는 다른 사람과 같다고 사회복지사가 말해줌으로써 다른 사람에게 가질 수 있는 이질감, 소외감, 일탈감 등을 해소하고 자신에 대한 신뢰감과 자신감을 회복시키는 기법이다.

예 "당신처럼 부모를 요양시설에 보내고 죄책감에 시달리는 사람을 많이 보았습니다."

ⓔ 환기법

클라이언트의 문제 또는 상황과 관련된 감정(분노, 증오, 슬픔, 죄의식, 불안 등)을 스스로 표출하도록 하는 기법으로 억압된 분노의 정서를 자연스럽게 표출하도록 돕는다.

예 "내가 그 입장에 있었다면 엉엉 울었을 거예요. 당신도 무척 억울했지요?"

② **인지구조의 변화** : 클라이언트의 왜곡되거나 부정적인 사고구조를 변화시켜 자신과 상황을 좀더 현실적으로 인지하도록 돕는 것이다. 기법에는 초점화, 직면, 재명명 등의 기법이 있다.

ⓐ 초점화

클라이언트가 자기문제를 언어로 표현할 때 산만한 것을 점검해주고 말 속에 숨겨진 선입견, 가정, 혼란을 드러내어 자신의 사고과정을 명확히 볼 수 있도록 해준다.

ⓑ 직 면

클라이언트가 자신의 문제를 부정하거나 회피하고 합리화하여 변화를 거부하고 개입을 피하려 할 때 사용하는 기법이다. 클라이언트의 사고나 행동 중에서 특히 변화에 장애가 되는 부분에 대하여 인식력을 향상시키기 위해 사용된다. 클라이언트를 판단하거나 벌을 주기 위한 것이 아니라 돕기 위한 것이므로 클라이언트가 화가 났거나 좌절된 상태에서는 적용하면 안 된다.

ⓒ 재명명

- 클라이언트가 부여하는 의미를 새롭게 수정해 줌으로써 클라이언트의 시각을 긍정적인 방향으로 변화시키려는 전략이다.

  예 "15세 딸의 옷차림은 청소년기의 정상적인 현상으로 보아야 한다."

- 부부나 가족관계에서의 클라이언트에게 매우 효과적이다.

③ **상황인식능력 향상** : 클라이언트의 정서상태와 인지구조 및 행동, 문제와 이를 둘러싼 상황, 동원 가능한 자원에 대한 클라이언트의 통찰력을 높이는 것으로 정보제공, 조언 등이 있다.

ⓐ 정보제공

클라이언트에게 의사결정이나 과업수행에 필요한 정보를 제공하는 것, 즉 클라이언트가 어떤 결정을 내리고 과제를 수행하는 데 필요한 정보를 제공하는 기법이다. 제공되는 정보의 사용여부가 클라이언트의 자유의사에 달려있다는 것을 클라이언트가 느끼도록 분위기를 조성하는 것이 중요하다.

> 예 학생에게 진로와 관련된 정보제공, 학부모에게 아이 문제와 관련된 질병 및 치료에 관한 정보를 제공하는 것

ⓒ 조 언

전문적인 능력을 가진 사회복지사가 클라이언트에게 도움을 주는 것으로, 해야 할 일을 추천하거나 제안하는 방식으로 이루어진다.

## (2) 행동변화를 위한 방법   15회 기출

클라이언트의 행동을 변화시키는 기법들은 주로 행동수정이론에 기초한다. 특정한 행동은 결과에 영향을 받는다고 보기 때문에 선행조건과 결과에 조작을 가함으로써 표적행동 자체를 변화시킬 수 있다는 가정에서 출발한다. 강화, 벌 또는 소거(무반응), 모델링, 행동연습, 타임아웃 등의 기법이 있다.

① 강화와 처벌

스키너(Skinner)의 조작적 조건형성에 기초한 기법으로, 행동은 그 행동 뒤에 따라오는 결과에 의해 유리 또는 제거된다는 것이 기본전제이다.

ⓐ 강화 : 바람직한 행동을 새로 형성하고자 하는 경우 행동에 대해 긍정적인 보상(칭찬, 상품, 청소면제 등)을 줌으로써 행동을 학습시킨다는 이론이다. 강화와 관련된 소거기법은 문제행동을 증가 또는 유지시켰던 강화물을 제거시켜 계속되는 행동을 중단시키는 방법이다.

ⓑ 처벌 : 문제행동을 제거 또는 감소시키기 위해 문제행동을 행할 경우 고통스럽고 불쾌한 자극을 주는 것이다. 처벌기법은 윤리적 · 법적인 이유 등으로 권장하지 않고 있다.

> 예 습관적으로 지각하는 학생에게 화장실 청소를 시켜 불쾌한 자극을 줌으로써 문제행동을 제거하는 것

② 모델링(모방)

바람직한 행동을 하는 타인의 행동을 보고 그대로 모방하게 하여 행동을 변화시키는 기법이다. 모델링을 적용하기 위해 영상자료, 책, 역할극 등의 자료를 활용하기도 한다.

③ 타임아웃(Time-out)

문제행동이 특정 상황으로 인하여 강화되는 경우 행위자를 특정 상황으로부터 격리시키는 기법이다.

> 예 청소년집단에서 본드흡입이 지속되는 경우 또래집단에서 분리시킨다.

④ 토큰경제(Token Economy) 또는 상표제도

클라이언트와 행동계약을 체결하여 적응행동을 하는 경우 토큰(보상)을 주어 강화하는 기법이다. 바람직한 행동들에 대한 체계적인 목록을 정해놓은 후 그러한 행동이 이루어질 때 그에 상응하는 보상(토큰)을 한다. 특히 물리적 강화물(토큰)과 사회적 강화물(칭찬)을 연합함으로써 내적 동기의 가치를 학습하도록 한다.

예 조현병 환자에게 매일 아침 침대를 정리하면 토큰을 부여하여 환자들이 이를 모아 매점이나 극장에 갈 수 있도록 함으로써 환자 스스로 정리하는 습관을 가질 수 있도록 한다.

⑤ 행동연습(시연)

㉠ 클라이언트가 특정 상황에 놓이게 될 경우 그 상황에 맞추어 다른 사람과의 상호작용에서 적절한 행동을 할 수 있도록 미리 연습시키는 기법이다. 연습을 통하여 직면할 상황에 대한 클라이언트의 두려움을 해소시키고 상황에 적절히 대응할 수 있는 자신감을 향상시킨다. 역할극의 형태를 띠며, 사회복지사의 직접적인 행동시범과 지시로 구성된다.

㉡ 행동연습 기법의 과정

• 클라이언트가 문제를 설명하고 그러한 상황에서 그가 흔히 하는 행동 양식을 보여준다.
• 사회복지사가 좀 더 효과적으로 그 상황에 임하는 방법을 제시한다.
• 역할극에서 클라이언트의 역을 맡아 클라이언트에게 자신의 행동을 보여주고, 이후에 자신의 그 행동을 직접 수행해보도록 한다.
• 역할연습의 효과를 설명하고, 효과적인 실행을 위해 첨가될 제안이 있으면 역할극을 다시 실시하여 가장 바람직한 행동을 모색한다.
• 클라이언트가 어떻게 행동할 것인지를 명확히 이해하고 난 후에는 반복 연습하여 익숙하게 하는 과정이 필요하다.
• 역할극을 통해 습득한 행동을 면접이 끝난 후에도 계속 연습하도록 과제를 부여한다.

⑥ 행동계약

㉠ 각자 해야 할 행동을 정하고, 그 내용을 서로 지키기로 계약하는 것을 말한다. 여기에서 계약이란 클라이언트의 행동변화가 일어나도록 고안된 서면화된 동의로, 두 사람 이상의 사람들 사이에서 일어나는 보상 또는 정적 강화의 교환을 포함한다.

㉡ 과정에 필요한 각 요소들을 분명하고 명확하게 만들어 관여된 모든 사람이 이해하고 수용할 수 있는 방식으로 행동변화에 대한 합의를 서면화함으로써 행동상담을 구조화하는데 사용하는 기법이다.

㉢ 행동을 분명하게 기술해야 하며, 하지 말아야 할 것보다는 해야 할 것을 설명하는 긍정적 용어를 사용한다.

㉣ 성공할 수 있는 방법으로 계약을 해야만 동기유지가 가능하다.

㉤ 계약 불이행에 대한 반대결과와 이행에 따른 강화(보상)를 명확히 기술하고, 참여한 클라이언트 모두가 이해할 수 있어야 한다.

⑦ 역할교환

클라이언트가 다른 사람의 입장에서 상황을 바라보고 의견을 말하게 하는 기법으로, 구성원 간의 갈등이 문제인 가족을 대상으로 면접을 실시할 때 적당하다. 양자의 갈등이 최고조에 달했을 때 또는 서로의 견해를 완강히 고집하여 변화의 여지가 없을 때 사용하면 효과가 크다.

⑧ 과제부여

상담 회기(회합에서 다음 회합 시까지) 사이에 구체적인 과제나 활동을 부여함으로써 새로운 행동을 학습하도록 하는 것이다. 과제는 클라이언트와 사회복지사의 계약, 개입과 목표 등과 직접 관련된 것이어야 한다. 클라이언트와 사회복지사는 함께 과제를 선택하고 계획해야 하며, 또한 클라이언트가 이해 가능한 것이 바람직하다. 행동형성(특정 행동수준까지 끌어올리기 위해 작은 단위 행동으로 나누어 달성과제를 주는 것), 행동연쇄(수정이 필요한 연쇄적인 행동의 고리를 끊을 수 있도록 돕는 것) 등의 방법이 있다.

### (3) 문제상황에 대한 대처능력을 기르기 위한 방법

사회복지사는 클라이언트가 문제에 대한 합리적인 해결책을 찾을 수 있도록 정보를 활용하는 방법을 제시해주어야 한다. 또한 문제상황에 회피하지 않고 대처하는 능력을 향상시켜 주어야 한다. 대처능력을 기르기 위해서는 스트레스 관리, 문제해결기술 향상 등이 필요하다.

① 스트레스 관리

스트레스는 자극 · 동기부여 등의 긍정적인 측면도 있지만, 신체적 질병 · 정서적 고통 · 부적응의 원인 등 부정적인 측면이 강하다. 따라서 긴장이완훈련, 스트레스 면역훈련, 명상 등을 통해 관리해야 한다.

② 문제해결기술 향상

문제해결기술을 향상시킴으로 클라이언트의 자신감과 자기효율성이 증가하게 된다. 문제해결기술을 향상시키기 위해서는 과거문제보다 현재문제에 관심을 갖고, 문제를 구체적으로 제시하며, 한 번에 한 가지의 문제를 다루는 것이 좋다.

---

**Plus ⊕ one**

**개인에 대한 개입활동이 필요한 경우**
- 대인관계에 문제가 있는 경우
- 문제가 주로 클라이언트의 내적 · 주관적 원인에서 비롯된 경우
- 문제의 초점이 애매하여 문제해결에 어려움이 있는 경우
- 위기상황에 처하여 감정이 복잡하고 갈등을 겪고 있는 경우
- 자원을 이용할 수 있는 클라이언트의 능력이 손상된 경우

## 2  가족체계의 개입

### (1) 가족에 접근하는 관점

9회 기출

① 횡적차원
　　㉠ 가족을 공간적 · 체계적 차원에서 고려하는 관점이다.
　　㉡ 가족을 사회체계의 기본단위로 보며, 체계의 요소들이 각각의 부분으로서 상호작용하여 하나의
　　　 전체를 이루는 복합체로 간주한다.

② 종적차원
　　㉠ 가족을 시간적 · 발달적 차원에서 고려하는 관점에 해당한다.
　　㉡ 가족은 가족의 생애주기(Family Life Cycle)에 따라 발달하며, 여러 세대에 걸쳐 다양한 가치가
　　　 세대 간에 전수되어 조정 · 통합되는 과정을 거친다는 점을 강조한다.

### (2) 가족의 역기능

① 이중구속의 메시지
　 '이중구속(Double Bind)'은 한 사람이 다른 사람에게 논리적으로 상호 모순되고 일치하지 않는 두
　 가지 메시지를 동시에 전달하는 것을 말한다. 가족성원들의 상호 모순된 메시지를 전달하여 혼란
　 된 상황에 놓이게 함으로써 유대관계 형성에 악영향을 미치는 것으로, 역설적 의사소통의 대표적
　 유형이자 응집 정도(응집력)를 약화시키는 요인이다.

② 위 장
　 자기행동을 통해 분명 상대방이 어떤 생각을 품게 했으면서도 그 생각을 말로 표현하면 자신의 행
　 동을 부인하는 것을 의미한다.

③ 대칭적 관계
　 한 사람의 행동이 상대방의 행동에 영향을 주고 다시 또 그 행동에 영향을 받아 서로 계속 상승작
　 용 하는 것을 의미한다.

④ 보완적 관계
　 대칭적 관계와 같은 극한적 대립은 없지만 불평등의 차이가 극대화되어 한 사람은 지배적이고 또
　 한 사람은 복종적인 관계를 맺는 것을 말한다.

⑤ 밀착된 가족
　 가족들 간의 상호작용이 너무 지나쳐 과잉염려가 있는 가족으로 한 사람의 일이 다른 사람에게 미
　 치는 영향이 지나치게 크다.

⑥ 유리(분리)된 가족
　 가족이 지나치게 자주적이어서 가족에 대한 충성심이 부족한 것을 의미한다.

⑦ 희생양
　 가족 중 환자로 지적된 사람으로, 가족의 균형을 유지하기 위해 병리적인 문제를 짊어지고 있으므
　 로 희생양으로 표현된다. 가족성원 모두가 한 개인이 희생양이 되는 과정에 참여하게 되는데, 가
　 족들은 가족의 역기능을 그 개인의 문제로 전가시켜 균형을 유지하려 하고 그 사람 역시 자신을 희
　 생하여 가족의 조화로운 관계를 유지하려고 한다.

⑧ 가족규칙

'가족규칙(Family Rule)'은 반복적인 가족기능을 만들어 내는 가족이 공유하는 규범이나 가치관의 기제를 말한다. 가족규칙은 내재적인 불문율처럼 기능하므로, 보통 치료자와 달리 가족성원 자신들은 가족규칙을 찾아내지 못하는 경우가 많다.

⑨ 가족신화

'가족신화(Family Myth)'는 가족성원 모두가 가지고 있는 가족 혹은 가족성원에 대한 잘못된 신념이나 기대로, 가족성원 모두의 지지를 받는 가족의 정신적 기제이다. 특정한 정형화된 관계방식이나 기능방식을 나타내며, 객관적으로 볼 때 현실과 동떨어진 양상을 보이기도 한다. 가족신화에 집착하는 가족은 새로운 시도와 관계의 변화를 지양하며, 습관적으로 기존의 기능을 하도록 유지하려고 한다.

⑩ 부모화

'부모화(Parentification)'란 어떤 자녀가 가족 내에서 부모나 배우자의 역할을 대신 수행하는 것을 의미한다. 대부분의 경우 한 쪽의 부모가 적절한 역할을 하지 못한다고 생각할 때 부모의 대응물로 부적절한 역할 수행을 하는 경우가 많다. 이 경우 대부분의 자녀들에게 기대되는 역할이 그 자녀가 아이로서 가지고 있는 욕구와 서로 상충될 수 있으며, 결과적으로 자녀의 발달과업을 제대로 수행하지 못하게 되는 위험성이 있다.

### (3) 가족개입의 방법           1, 7, 9, 11, 16회 기출

① 가족조각(Family Sculpting)

특정 시기의 정서적인 가족관계를 사람이나 다른 대상물의 배열을 통해 나타내는 것이다. 가족성원들은 말을 사용하지 않은 채 대상물의 공간적 관계나 몸짓 등으로 의미 있는 표상을 만든다. 이러한 가족조각의 목적은 가족관계 및 가족의 역동성을 진단함으로써 치료적인 개입을 하는 데 있다.

② 재구조화(Restructuring)

가족성원들이 문제를 다른 시각으로, 즉 새로운 방식으로 이해하도록 하는 것이다. 특히 가족의 상호작용 체계를 분명하게 보여주어 가족성원들이 가지고 있는 개인 중심의 문제정의 방식에 도전하도록 한다.

③ 역할연습 또는 역할극(Role Playing)

가족의 문제 상황을 구체적으로 재현하거나 새로운 행동을 연습하는 데 활용된다. 구체적인 연습 장면과 함께 역할연기를 수행할 배역을 정하며, 각각의 배역들이 어떻게 행동하고 반응해야 하는지 구체적인 지시가 이루어진다. 이러한 역할연습은 과거의 사건이나 바람 또는 미래 사건에 대한 감정을 직접적으로 표현하도록 하여 가족성원들에게 생생하게 경험할 수 있는 기회를 제공한다.

④ 증상처방(Prescribing the Symptom) 또는 역설적 명령(Paradoxical Injunction) 14회 기출

문제행동을 계속하도록 지시하여 역설적 치료 상황을 조장하는 것으로서, 가족치료에서는 가족이 그 가족 내에서 문제시해온 행동을 과장하여 계속하도록 하는 기법이다. 클라이언트가 자기 자신이나 가족의 변화를 위해 도움을 청하면서도 동시에 변화에 저항하려는 양가감정을 가지고 있음을 역으로 이용한 것으로, '치료의 이중구속'이라고도 한다.

⑤ 과제할당(Task Setting)

가족성원들 간의 상호교류에서 자연스럽게 발전될 수 있는 행위를 실연해 보도록 하기 위해, 가족이 수행할 필요가 있는 영역을 개발하도록 하기 위해 분명하고 구체적인 과업을 제공한다.

⑥ 실연(Enactment)

가족 갈등을 치료상황으로 가져와 성원들이 갈등을 어떻게 처리하는지 직접 관찰하며, 상호작용에서 나타나는 문제를 수정하고 이를 구조화하도록 한다.

⑦ 코칭(Coaching)

치료자가 가족문제를 가진 내담자에게 개방적이고 직접적으로 접근하는 기법이다. 코치의 역할을 하는 치료자는 개인적·정서적으로 그 가족의 삼각관계에 관여하되 그것에 끌려가지 않으면서, 가족성원들로 하여금 가족에 대해 이해하도록 하고 가족성원들 간에 기능적인 애정관계가 이루어지도록 한다.

---

**Plus + one**

**가족개입을 위한 합류(Joining)** 12, 17회 기출

- 합류는 치료자가 가족성원들과의 관계형성(Rapport)을 위해 기존의 가족구조에 참여하는 방법이다.
- 치료자가 가족 상호작용의 일원이 되는 것으로, 특히 치료자의 적응능력이 요구된다.
- 치료자는 합류를 통해 가족 상호작용의 맥락을 파악하고, 가족의 희생양이 느끼는 고통을 이해할 수 있다.
- 합류를 촉진하기 위한 기법으로 '따라가기(Tracking)', '유지하기(Accomodation)', '흉내내기(Mimesis)'가 있다. '따라가기'는 치료자가 가족의 기존 상호작용의 흐름에 거슬리지 않도록 들어가는 것이고, '유지하기'는 치료자가 가족과의 합류를 위해 자신의 행동을 가족의 상호작용에 맞추는 것이다. 또한 '흉내내기'는 치료자가 가족의 언어적·비언어적 행동을 활용함으로써 합류를 촉진하는 것이다.

---

### 3 집단체계의 개입

#### (1) 집단의 구조적 특징

① 응집 : 집단의 중심역할을 하는 긍정적인 힘으로, 지도자는 성원들의 목표 달성을 도와주거나 욕구를 만족시켜주거나 또는 개인이 혼자 획득하기 어려운 보상이나 자원에 접근할 수 있는 기회를 제공하는 방법 등을 통해 집단의 응집력을 키울 수 있다.

② 집단규범 : 규범적 지침을 포함하는 명시적 계약을 맺으면서 모임을 시작한다.
  ㉠ 문제해결에 있어서 합의에 의한 결정방법을 사용한다.
  ㉡ 집단과제에 초점을 맞춘다.
  ㉢ 개인이나 집단의 힘과 발전에 대한 폭넓은 초점을 맞춘다.

③ 하위집단구조

하위집단은 집단에 다양한 영향을 주면서 필연적으로 출현하는 것으로, 지도자의 권위에 대한 도전, 충성과 배제의 문제들을 유발하기도 하고, 집단기능을 유용하게 하기도 한다.

④ 지도력구조

지도자는 집단지도력을 성원에게 분배하고, 집단과 개인이 권력을 공유할 수 있도록 해야 한다. 또한 성원들에게 지도 스타일과 관련하여 피드백을 요청하고 질문을 하면서 성원의 감정을 살펴야 한다.

## (2) 집단상담자로서 사회복지사의 기능

① 지도적 기능

집단이 뚜렷한 목적이나 결론도 없이 지나치게 피상적인 대화의 수렁에 빠져 헤어날 수 없는 상태에 도달한 경우 지도적 기능을 수행한다.

② 자극적 기능

집단이 억압, 저항, 정서적 피로, 혹은 흥미의 상실 등으로 인해 무감각 상태에 빠지는 경우 새로운 활기를 불어넣기 위해 자극적 기능을 수행한다.

③ 확장적 기능

집단의 의사소통이나 상호작용이 한 영역에 고착되어 있는 경우 이를 확장하기 위해 노력한다.

④ 해석적 기능

집단성원들의 마음속에 내재된 무의식을 의식의 영역으로 끌어올리기 위해 다양한 이론과 기술을 토대로 해석을 시도한다.

## (3) 집단사회복지사의 개입 원칙

① 집단 내 개별성원 각각의 고유한 상이성을 인정하여야 한다.
② 다양한 특성을 가진 집단을 하나의 전체 집단으로 인정하여야 한다.
③ 집단성원 개개인이 장점과 단점을 모두 지니고 있는 존재임을 인정하여야 한다.
④ 집단성원들과 의도적인 원조관계를 수립하여야 한다.
⑤ 집단성원들 간에 상부상조 및 협력적 관계를 수립하도록 격려하여야 한다.
⑥ 집단 과정을 적절히 수정하여야 한다.
⑦ 집단성원들로 하여금 자신의 능력에 따라 참여하도록 격려하여야 한다.
⑧ 집단성원들이 문제해결 과정에 직접적으로 참여하도록 하여야 한다.
⑨ 집단성원들로 하여금 점진적으로 만족스러운 갈등해결의 방법을 경험할 수 있도록 도와야 한다.
⑩ 집단성원들에게 대인관계를 비롯하여 성취와 관련된 새롭고 다양한 경험을 할 수 있는 기회를 제공하여야 한다.
⑪ 집단성원 개개인과 전체 상황에 대한 진단적 평가를 토대로 적절한 제한을 가해야 한다.
⑫ 집단 목적 및 사회적 목적에 근거하여 의도적이고 전문화된 프로그램을 개발 및 실시하여야 한다.
⑬ 개인과 집단발달에 대해 지속적으로 평가하여야 한다.

### (4) 집단개입의 기술

① 집단과정 촉진 기술
- ㉠ 집단성원들의 참여를 유도하는 참여 촉진 기술
- ㉡ 집단성원들 간의 원활한 상호작용을 위한 상호작용 지도 기술
- ㉢ 집단성원들의 말과 행동에 주의를 기울이는 주의집중 기술
- ㉣ 집단 의사소통을 위한 표현 및 반응 기술
- ㉤ 집단 의사소통의 초점 유지 기술
- ㉥ 집단 의사소통의 명료화 기술
- ㉦ 집단 과정의 명확화 기술

② 자료수집 및 사정 기술
- ㉠ 집단성원들의 문제와 상황에 대한 확인 및 묘사 기술
- ㉡ 자료 · 정보 수집을 위한 질문 및 탐색 기술
- ㉢ 자료 · 정보에 대한 분석 기술
- ㉣ 논의된 내용에 대한 요약 및 세분화 기술
- ㉤ 집단성원들의 언어적 · 비언어적 의사소통 통합 기술

③ 행동 기술
- ㉠ 집단성원들에 대한 심리적 지지 기술
- ㉡ 집단 활동의 지시 기술
- ㉢ 문제와 상황에 대한 새로운 관점을 제공하는 재구성 및 재명명 기술
- ㉣ 말과 행동 사이의 불일치를 인식시키기 위한 직면 기술
- ㉤ 집단성원들을 내부 또는 외부의 자원과 연결시키는 자원 제공 기술
- ㉥ 협상, 중재 등을 통해 집단성원들 간의 긴장을 해소하는 갈등 해결 기술
- ㉦ 그 외 교육, 조언, 제안, 모델링, 실연 등 집단성원들에게 직접적인 영향을 미치기 위한 기술

## 4 지역사회체계의 개입

### (1) 지역사회복지 실천의 유형

① **지역사회개발** : 개인과 지역사회의 개발에 초점을 두고, 주민참여 유도 · 지도력 개발 · 주민의식화 활동 등을 하는 조력자 · 조정자 · 촉매자 · 옹호자의 역할을 한다.

② **지역사회연계** : 지역사회의 활동은 직접서비스 기관의 목표나 서비스와 연결되어 있다. 따라서 각 조직과 관계를 형성하고, 지역사회로부터 지지를 이끌어내며, 환경변화에 대응하는 목표나 프로그램 · 기능 등을 재정의한다.

③ **사회계획** : 새로운 프로그램과 서비스의 개발, 기존 서비스의 확장 및 조정, 인간복지서비스 체계의 개선 등 근본적인 지역사회의 문제해결을 도모한다. 클라이언트는 소비자로 간주되며 실천가는 사실의 수집·분석가, 촉진자, 조정자의 역할을 한다.

④ **사회행동** : 집합적 행동화를 통해 권력관계·자원을 변화시키고 기본 제도의 변화를 창출한다. 클라이언트는 사회조건의 희생자로 다루어지며 실천가는 활동가, 선동자, 중개자 등의 역할을 한다.

## (2) 지역사회수준의 개입방법

### ① 사회적 지지체계의 개발

타인으로부터 자신의 행동·판단·사고 등에 대해 인정·지지받고자 하는 것은 인간의 기본 욕구이다. 사회적 지지가 부족한 상황에서는 신체·심리·사회적 문제가 발생하게 되므로, 활용할 수 있는 적절한 지지체계를 만들어줄 필요가 있다.

ⓐ 자연적 지지체계의 활성화
  • 기존의 체계들이 클라이언트의 욕구에 맞게 적절히 기능하도록 돕는 것이다.
  • 지역사회에 있는 기존의 체계들이 사회복지서비스를 대체할 수 있도록 활용하는 것이다.

ⓑ 공식적 지지체계의 활용
  • 클라이언트의 욕구에 환경이 반응할 수 있도록 기존의 다양한 사회복지기관 및 프로그램을 활용하는 것이다.
  • 사회복지사는 클라이언트의 특수한 욕구를 만족시킬 수 있는 지역사회 내 다양한 기관과 프로그램에 대한 충분한 정보를 가지고 있어야 한다.

ⓒ 자원봉사자의 활용
  • 클라이언트의 욕구를 만족시키기 위해 사회복지사가 활용하는 지지체계의 한 형태이다.
  • 자원봉사자는 자신의 친족이 아닌 사람들을 위하여 자발적으로 무보수로 서비스하는 사람이다.
  • 자원봉사자의 활용에 있어서 사회복지사의 역할
    – 자원봉사자의 도움을 필요로 하는 클라이언트의 욕구를 조사하는 것
    – 보호자에게 적절한 자격을 갖춘 자원봉사자를 연결시켜주는 것
    – 자원봉사자 모집, 선발, 훈련, 임무부여, 사후지도의 역할

ⓓ 사회적 지지의 유형
  • 정서적 지지 : 관심, 애정, 신뢰, 존중감, 경청 등
  • 정보적 지지 : 정보, 제안, 지시 등
  • 물질적(도구적) 지지 : 현금, 현물, 노동력 등
  • 평가적 지지 : 수용, 피드백, 긍정적 자기평가 등

② 서비스의 조정

여러 가지 문제가 있는 클라이언트에게 복합적인 서비스가 주어질 때 조정이 필요하다. 조정은 흩어져 있는 서비스를 적절한 시기에 적절한 방법으로 제공하여 클라이언트를 도울 수 있도록 하는 것이다. 조정은 혼자보다는 같이 일하는 것이 훨씬 더 효과적이라는 전제에서 시행한다.

㉠ 서비스 연결 : 복합서비스를 제공하는 한 기관의 여러 전문가들이 특정한 클라이언트에게 관심을 가지고 필요한 서비스를 서로 연결하는 것을 말한다.

㉡ 의뢰 : 의뢰체계를 통해 서로 다른 기관의 전문가들이 연결되어 서비스를 제공하는 형태의 조정이다.

㉢ 사례관리 : 클라이언트의 문제와 욕구를 평가하여 필요로 하는 서비스를 찾고 그런 서비스를 연결해주는 책임을 사회복지사가 진다.

③ 프로그램 개발

㉠ 클라이언트의 욕구충족을 위한 방안이나 문제해결 방법이 없는 경우 프로그램 및 지역자원을 개발한다.

㉡ 프로그램 개발을 위해 지역 내의 영향력 있는 사람들이나 특정 집단의 도움을 요청하고 지지를 얻을 수 있어야 한다.

㉢ 문제 확인 · 욕구 파악에서부터 세부 프로그램설계 및 집행 · 평가에 이르기까지 프로그램 개발을 위한 일련의 활동을 펼쳐나간다.

④ 옹호활동

㉠ 의사결정자에 비해 힘이 약한 클라이언트를 위해 설득이나 강제력을 동원해 개인이나 집단의 영향력을 행사하는 것이다.

㉡ 클라이언트의 욕구불만을 야기하는 다양한 사회적 불평등 및 제도 · 정책상의 문제에 관심을 기울인다.

㉢ 클라이언트의 입장을 대변하여 개인 또는 집단으로 사회행동을 펼쳐나간다.

# 출제유형문제

**01** 가족개입의 기법 중 가족 구성원들이 문제를 상이한 시각으로, 즉 새로운 방식으로 이해하도록 돕는 것을 무엇이라고 하는가?

① 재구조화                ② 가족조각

③ 역할놀이                ④ 비디오촬영

⑤ 과제할당

> **해설** ② 개별 클라이언트 혹은 가족이 가족행동의 중요한 측면을 조각 작품처럼 시간적 · 공간적으로 묘사하는 기법이다.
> ③ 정상적인 생활에서의 역할과는 다른 역할을 해보는 것이다.
> ④ 다른 사람이 그 자신을 보는 것처럼 그들 스스로를 관찰할 수 있도록 하는 것이다.
> ⑤ 과제를 할당할 때의 주의할 점은 분명하고 구체적인 과업을 제공하는 것이다.

**02** 클라이언트에 대한 간접적인 개입을 모두 고른 것은?          [12회]

| ㄱ. 자원 개발 | ㄴ. 서비스 조정 |
|---|---|
| ㄷ. 프로그램 개발 | ㄹ. 옹 호 |

① ㄱ, ㄴ, ㄷ               ② ㄱ, ㄷ

③ ㄴ, ㄹ                  ④ ㄹ

⑤ ㄱ, ㄴ, ㄷ, ㄹ

> **해설** 간접적 개입
> • 서비스 조정 : 클라이언트에게 적절한 서비스가 제공되도록 서비스를 연결하거나 의뢰하는 등의 노력을 기울인다.
> • 프로그램(자원) 계획 및 개발 : 새로운 자원과 프로그램을 계획 · 개발하여 클라이언트가 필요로 하는 서비스를 확보한다.
> • 환경조작 : 클라이언트의 사회적인 역량을 강화하기 위해 주위환경에 영향력을 행사한다.
> • 옹호 : 클라이언트의 권익수호를 위해 제도나 정책의 의사결정자들에 대해 개인 또는 집단의 영향력을 행사한다.

**03** 사회복지사의 직접적인 개입활동에 해당하는 것은? [3회]

① 자원관리
② 사례관리
③ 가족치료
④ 슈퍼비전
⑤ 후원자 개발

**해설** 사회복지사의 개입활동
• 직접적인 개입활동 : 클라이언트와 관계하면서 변화를 추구하는 활동
• 간접적인 개입활동 : 환경에 관련되는 사람과의 관계에 개입하거나 사회환경적인 변화를 추구하는 활동

**04** 클라이언트가 자연스럽게 자신의 감정을 표현하고 자유롭게 이야기하는 것만으로도 치료효과가 있는 것은? [3회]

① 환 기
② 조 언
③ 감정이입
④ 지 시
⑤ 요 약

**해설** 직접적 개입기법으로서 환기법은 단순히 클라이언트의 내밀한 감정을 자유롭게 표현할 수 있도록 분위기를 마련하는 기법이다. 이러한 기법을 통해 클라이언트는 정서적 발산의 과정에서 공포나 죄책감으로부터 벗어날 수 있으며, 내면에 잠재해 있는 태도를 밝게 표출해낼 수 있다.

**05** 다음 중 모델링기법을 주로 사용하는 단계는? [4회]

① 접수단계
② 개입단계
③ 계획단계
④ 종결단계
⑤ 사후관리단계

**해설** 모델링(모방)
바람직한 행동을 하는 타인의 행동을 보고 그대로 모방하게 하여 행동을 변화시키는 기법으로 개입단계에서 주로 사용한다.

## 06 가족개입을 위한 합류(Joining)에 해당하지 않는 것은?  [12회]

① 가족원과 라포 형성하기
② 가족의 말투나 행동 따라하기
③ 가족 간 상호작용 맥락 이해하기
④ 가족의 역기능적 패턴 재구성하기
⑤ 가벼운 대화로 편안한 분위기 조성하기

 합류(Joining)는 치료자가 가족성원들과의 관계형성(Rapport)을 위해 기존의 가족구조에 참여하는 방법이다. 치료자가 가족 상호작용의 일원이 되어 가족 상호작용의 맥락을 파악하고, 가족의 희생양이 느끼는 고통을 이해하기 위한 것으로서, '따라가기(Tracking)', '유지하기(Accomodation)', '흉내내기(Mimesis)' 등의 기법들을 사용한다.

## 07 가족조각에 관한 설명으로 옳지 않은 것은?  [9회]

① 가족조각에 대한 피드백은 이성적으로 이루어져야 효과적이다.
② 가족조각을 통해 가족 내 숨겨진 가족규칙, 가족신화를 알 수 있다.
③ 가족조각을 통해 하위체계 내에 누가 배제되고 포함되는지 알 수 있다.
④ 가족조각을 실연하는 동안 가족은 서로 이야기하거나 웃지 않아야 한다.
⑤ 공간 속에서 가족구성원의 몸을 이용해 가족의 상호작용 양상을 자유롭게 표현하도록 해야 한다.

 ① 가족조각(Family Sculpting)은 특정 시기의 정서적인 가족관계를 사람이나 다른 대상물의 배열을 통해 나타내는 것이므로, 가족조각에 대한 피드백은 이성적·언어적인 표현보다는 감정적·비언어적 표현으로 이루어져야 효과적이라 볼 수 있다.

**08** 다음 사례에 나타난 가족 개입기법은?  [11회]

> 사소한 말다툼이 큰 싸움이 되는 과정에서 서로 상처를 주는 말이 쌓여 부부관계가 악화되었고, 끝내는 이혼을 고려하고 있는 부부를 상담 중인 사회복지사는 다음과 같은 과제를 주었다.
> "잘 알겠습니다. 그럼 이렇게 해보시죠. 집으로 돌아가셔서 일주일에 이틀을 정해, 두 분이 싸울 거리를 한 가지씩 찾아내서 부부싸움을 30분간 하시는 겁니다."

① 실 연
② 코 칭
③ 증상처방
④ 가족조각
⑤ 역할연습

 증상처방(Prescribing the Symptom) 또는 역설적 명령(Paradoxical Injunction)
문제행동을 계속하도록 지시하여 역설적 치료 상황을 조장하는 것으로, 가족치료에서는 가족이 그 가족 내에서 문제시해온 행동을 과장하여 계속하도록 하는 기법이다. 클라이언트가 자기 자신이나 가족의 변화를 위해 도움을 청하면서도 동시에 변화에 저항하려는 양가감정을 가지고 있음을 역으로 이용한 것으로, '치료의 이중구속'이라고도 한다.

**09** 집단 사회복지실천기술로서 집단과정 촉진 기술과 가장 거리가 먼 것은?

① 집단성원의 말이나 행동에 집중하는 반응을 한다.
② 개방적 의사소통을 위해 사회복지사가 먼저 자기노출을 할 수 있다.
③ 토론범위를 제한하여 집단목표와 관련 없는 의사소통을 감소시킨다.
④ 집단성원이 의견을 분명하게 표현하도록 의사소통의 내용을 명확히 한다.
⑤ 집단성원이 문제 상황을 긍정적으로 인식하도록 재정의한다.

 집단과정 촉진 기술
• 사회복지사는 침묵하고 있거나 소외되고 있는 성원들이 생기지 않도록 집단성원의 참여를 촉진해야 한다.
• 사회복지사는 집단성원의 말과 행동을 적극적으로 관찰하고 주의 깊게 경청함으로써 집단성원에 대한 존중의 메시지를 전달한다.
• 사회복지사가 먼저 자기노출을 하면 개방적인 의사소통의 계기가 마련된다.
• 집단성원의 노력을 지지하는 반응은 다음에 이루어질 집단과정에 영향을 미칠 수 있다.
• 토론범위를 제한하여 집단목표와 관련 없는 의사소통을 감소시킴으로써 집단 의사소통의 초점을 유지하고 집단의 목적 달성을 위해 특정한 방향으로 이끌어갈 수 있다.
• 집단성원이 의견을 분명하게 표현할 수 있도록 집단성원들의 의사소통의 내용을 명확히 해야 한다.

**01** 사회복지사의 직접적인 개입 활동으로 옳은 것은? [20회]

| ㄱ. 자원 개발 | ㄴ. 서비스 조정 |
|---|---|
| ㄷ. 프로그램 개발 | ㄹ. 옹 호 |

① 아동학대 예방 캠페인 진행      ② 다른 기관과 협력체계 구축

③ 지역사회 전달체계 재정립      ④ 가출청소년 보호 네트워크 형성

⑤ 역기능적 가족규칙 재구성

해설 사례관리자로서 사회복지사의 개입 활동

| 직접적 개입 | 사회복지사는 주로 안내자, 교육자, 정보제공자로서의 역할을 수행한다.<br>예 예비부모를 대상으로 가족교육 실시, 역기능적 가족을 대상으로 가족규칙<br>재구성 등 |
|---|---|
| 간접적 개입 | 사회복지사는 주로 중개자, 연결자, 옹호자로서의 역할을 수행한다.<br>예 장애인 인식개선을 위한 지역사회 홍보활동, 가정폭력 피해여성을 위한 모<br>금활동 등 |

**02** 개입의 기법과 그에 관한 설명으로 옳은 것은? [14회]

① 타임아웃(Time-out) – 남에게 말하지 못한 문제를 클라이언트가 표현할 수 있도록 도와주는 기법이다.

② 환기(Ventilation) – 클라이언트가 자신의 문제를 보증하거나 합리화하여 변화를 거부할 때 사용하는 기법이다.

③ 재보증(Reassurance) – 사회복지사가 신뢰를 표현함으로써 클라이언트의 자신감을 향상시키는 기법이다.

④ 격려(Encouragement) – 클라이언트의 사고, 감정, 행동을 현재의 사건과 연결하여 명료화하는 기법이다.

⑤ 초점화(Focusing) – 클라이언트가 겪는 일이 자신만이 가지고 있는 문제가 아니라는 것을 인식하게 하는 기법이다.

1 ⑤ 2 ③    Answer

① 타임아웃(Time-out)은 문제행동이 어떠한 상황으로 인해 강화되는 경우 행위자를 상황으로부터 격리시키는 행동변화를 위한 기법이다.
② 환기(Ventilation)는 클라이언트로 하여금 이해와 안전의 분위기 속에서 자신의 슬픔, 불안, 분노, 증오, 죄의식 등 억압된 감정을 자유롭게 털어놓을 수 있도록 돕는 기법이다.
④ 격려(Encouragement)는 클라이언트의 행동이나 태도 등을 인정하고 칭찬함으로써 클라이언트의 문제해결 능력과 동기를 최대화시켜 주는 기법이다.
⑤ 초점화(Focusing)는 클라이언트와의 의사소통에 있어서 중요한 부분을 강조하거나 집중시키고자 할 때 사용하는 표현적 의사소통기술이다.

## 03 문제 상황에 대한 클라이언트의 관점을 변화시키기 위해 클라이언트가 부여하는 의미를 수정하는 의사소통기법은? [13회]

① 환기(Ventilation)          ② 재명명(Reframing)
③ 직면(Confrontation)         ④ 재보증(Reassurance)
⑤ 정보제공(Informing)

재명명 또는 재구성(Relabeling)
클라이언트로 하여금 문제를 다른 시각에서 보거나 다른 방법으로 이해하도록 돕는 기술이다. 특히 인지행동치료에서 많이 활용되는 기술로서, 클라이언트의 인지 및 사고과정의 변화와 함께 행동수정을 목표로 한다. 즉, 특정 문제에 대해 클라이언트가 부여하는 의미를 수정해 줌으로써 주어진 상황에 대한 부정적인 생각을 보다 새롭고 긍정적인 시각으로 변화하도록 돕는다.

## 04 다음 내용을 모두 충족하는 원조관계의 기본 요소는? [17회]

> • 사회복지사와 클라이언트의 책임감을 의미하는 것으로 관계의 목적을 이루기 위해 서로를 신뢰하고 일관된 태도를 유지함
> • 클라이언트는 문제와 상황을 솔직하게 말해야 하고, 사회복지사는 클라이언트의 변화와 성장을 위해 노력해야 함

① 수 용             ② 존 중
③ 일치성            ④ 헌신과 의무
⑤ 권위와 권한

전문적 관계의 기본 요소로서 헌신과 의무
• 헌신과 의무는 원조과정에서 책임감을 의미하는 것으로, 일관성을 포함하는 개념이다.
• 사회복지사가 클라이언트를 위한 일에 자신을 내어줌으로써 클라이언트는 사회복지사와 관계형성을 통해 자신을 보다 정직하고 개방적으로 표출하게 된다.
• 사회복지사의 헌신적 태도는 일시적·순간적인 필요에 의해서가 아닌 일관되고 항구적인 의무에서 비롯된다.

# 사회복지실천과정 Ⅳ
# - 종결 및 평가

★ 학습목표    ■ 사회복지실천과정 중 종결과 평가에 대해 학습하자.
             ■ 출제범위는 사회복지사의 과제와 역할 그리고 사후관리로 고정된 편이나 그 난이도가 높아지고 있는 추세
               이다.

## 제1절    종 결

### 1 │ 종결의 개념과 유형

#### (1) 개 념

① 일반적으로 계획된 개입기간이 종료되었거나 목적이 달성되었을 때를 의미한다.

② 사회복지사와 클라이언트의 전문적 관계가 종료되는 원조과정의 마지막 단계이다.

③ 사회복지사의 개입에 의하여 클라이언트가 성취한 바를 유지하고 지속적으로 성장하는데 영향을
   미친다.

④ 계획적 종결과 비계획적 종결(일방적 종결), 성공적 · 비성공적 종결일 수도 있다.

⑤ 사회복지사가 아닌 클라이언트의 욕구에 근거해야 하며, 클라이언트에게 서비스가 더 이상 불필요하
   거나 서비스를 제공하는 것이 더 이상 이득이 되지 않는다고 판단될 때 이루어지는 것이 원칙이다.

⑥ 사회복지사는 클라이언트가 종결에 대한 반응을 긍정적으로 처리하고 지금까지 변화된 부분이 지
   속될 수 있도록 강화해야 한다.

⑦ 주요 목표는 집단 내에서 성공적인 상호작용을 하게 하는 것뿐만 아니라 클라이언트가 새롭게 개
   발한 인간관계 기술을 사회적 관계의 활동무대로 이전시키는 것이다.

#### (2) 유 형

11회 기출

종결은 클라이언트에 대한 일방적인 종결, 일정기간만 제공되는 계획적인 종결, 시간제한이 있는 계
획적인 종결, 시간제한이 없는 계획된 종결, 사회복지사가 직책이나 직장을 떠남으로써 재촉된 종결
등으로 분류해 볼 수 있다. 가장 원만한 종결 시기는 문제해결의 정도를 고려해 클라이언트와 합의해
서 결정하는 것이다.

① 클라이언트의 일방적 종결
  ㉠ 원인 : 클라이언트가 갑자기 약속을 어길 경우, 피상적인 종결 이유 제시, 자신의 문제를 더 이상 노출시키기 않기 위한 논의거절 등을 원인으로 한다.
  ㉡ 사회복지사의 역할
    • 종결의 결정은 중요한 문제이므로 종결 결정이 갑자기 이루어지지 않도록 한다.
    • 일방적 결정을 하게 만든 요인들에 대해 탐색할 기회를 클라이언트에게 부여하는 일이 필요하다.
    • 종결의 이유가 저항감의 표현일 때는 종결 전에 저항감의 해소가 반드시 필요하다.
    • 저항감의 문제나, 문제가 해결되었다는 비현실적인 믿음이 종결의 이유일 때는 얼굴을 맞대고 토론하는 것이 좋으나 강요해서는 안 되며, 언제든지 문제가 다시 생길 수 있음을 분명히 말해주어야 한다.
    • 클라이언트의 감정을 상하게 했다고 느낄 때 사회복지사는 무엇이 감정을 상하게 했는지에 대해서 관심을 표명하고 이 문제를 논의하기를 바란다고 말해주어야 한다.
② 일정기간만 제공되는 계획된 종결
  ㉠ 병원·학교 또는 실습생에 의해서 제공되는 서비스는 입원 또는 학기 등에 의거하여 계획되어야 한다.
  ㉡ 대체적으로 시간이 미리 정해져 있으므로 클라이언트는 임의적으로 시간을 제한하였다고 해석하거나 사회복지사가 자신을 버리거나 유기·포기한다고 할 가능성을 줄여준다(Hepworth & Larsen).
  ㉢ 사회복지사는 종결에 대한 감정을 해소하여야 하고 필요한 경우 서비스의 지속을 위해 의뢰를 해주어야 하는 이중적 과제를 가지게 된다.
  ㉣ 실습생들은 클라이언트에게 그들의 역할을 미리 설명하고 떠나는 날짜를 알려야 하는 윤리적 책임이 있다(Hepworth).
③ 시간제한이 있는 계획된 종결
  ㉠ 사회복지사와 클라이언트가 개입기간을 미리 정하고 시작하는 것이다.
  ㉡ 처음부터 종결시간을 안다는 것은 정서적 애착과 의존성의 정도를 줄여주고 종결에 따른 상실감도 감소시켜준다.
  ㉢ 사회복지사는 현재의 과업성취에만 초점을 두고 적극적으로 역할을 수행할 수 있으며 의존성과 정서적 애착을 최소화시킨다.
  ㉣ 사회복지사의 역할(Hepworth & Larsen, 1993)
    • 표적문제와 관련된 클라이언트의 성취를 평가하고, 필요시 문제에 대한 지속적 작업을 계획한다.
    • 클라이언트가 그동안 학습한 문제해결방법을 일상생활의 문제에 어떻게 적용할 것인지에 대해서 판단하도록 돕는다.
    • 종결 이후의 사후지도 세션을 계획하는 데 초점을 둔다.

④ 시간제한이 없는 계획된 종결
  ㉠ 사회복지사는 클라이언트가 얻게 되는 이득이 서서히 줄어들어 이제는 그 의미가 별로 없다고 판단되는 시점에 왔을 때 종결 시기를 정하는 것이 중요하다.
  ㉡ 클라이언트가 종결에 대해 생각해 왔다(일이 잘 되어간다, 할 말이 없다, 스트레스로부터 해방되었다 등)고 말하면 함께 종결계획을 짜기 시작하도록 제안하는 것이 적절하다.
  ㉢ 사회복지사는 오랜 기간 클라이언트의 삶에서 중요한 역할을 수행해 왔으므로 정서적 반응면에서 상당히 싫어하면서 저항을 나타낼 수 있다. 즉, 치료와 사회복지사에게 매달림, 예전 문제의 재발보고, 새로운 문제의 제기, 사회복지사의 대리인 발견 등이 있다.
⑤ 사회복지사가 직장·직책을 떠남에 의한 종결
  ㉠ 클라이언트는 계속적인 원조를 원하므로 클라이언트와 사회복지사 모두에게 어려움이 있다.
  ㉡ 과거에 부모에게 버림받았거나 거부당한 적이 있는 클라이언트는 특히 상처받기 쉽고 자존심에 손상을 받으며 사회복지사의 가치에 결여감을 느끼게 될 수 있다.
  ㉢ 사회복지사는 종결을 연기하거나 죄책감을 보상하기 위해 지나치게 잘해주고 죄의식을 과잉보상하게 되는데, 이로 인해 클라이언트는 그들의 부정적 감정을 표현하고 해결하는 것이 더욱 어렵게 된다.
  ㉣ 사회복지사는 시간이 허락하는 한 그들이 정서를 극복하도록 원조하고 다른 사회복지사로의 의뢰를 수용하도록 준비시켜야 한다.

## 2 종결에 대한 반응 및 기준

### (1) 종결에 대한 반응
① 긍정적 종결 반응
  ㉠ 대부분의 클라이언트는 종결단계에서 긍정적인 정서를 경험한다.
  ㉡ 종결로 인한 상실감은 성취된 이득으로 인하여 감소하게 된다.
  ㉢ 사회복지사가 강점지향적이고 문제해결적 접근을 하였을 때 클라이언트와 사회복지사는 모두 성취감을 느낀다.
② 부정적 종결 반응
  ㉠ 사회복지사와 치료에 집착
    • 원조과정을 삶에 적용하고 더 좋은 결과를 성취하기 위한 수단이 아니라 원조관계와 활동을 대체물로 간주하는 경우이다.
    • 사회복지사는 클라이언트의 강점과 성장의 기회를 강조하는 것이 아니라 약점, 결함, 병리에 초점을 두어 이러한 반응을 가중시키는 것이 아닌지 살펴보아야 한다.
  ㉡ 과거문제의 재발
    • 치료의 종결시점이 다가올수록 클라이언트는 공포감을 느끼고 그동안 통제되었던 과거의 문제가 다시 발생하는 경우이다.

- 과거문제가 재발하면 종결 이후의 삶에 대한 두려움과 불확실성에 초점을 두어야 한다.
- 사회복지사는 감정을 탐색하고 감정이입한 후 클라이언트가 이룬 성취에 대해서 다시 검토해 자신의 감정과 개인적 자원에 대해 믿음을 갖도록 돕는다.
© 새로운 문제 제기
- 원조관계를 종결하지 않기 위하여 새로운 문제나 정보, 스트레스를 호소하는 경우이다.
- 사회복지사는 새로운 문제나 정보를 무시해서는 안 되며 그렇다고 종결에 대한 감정을 탐색해보지도 않고 무조건 응하면 안 된다.
② 사회복지사의 대리인 발견(대체할 사람 구하기)
- 사회복지사를 대체할 다른 사람을 찾아 사회복지사의 상실을 보상받는 경우이다.
- 사회복지사는 이러한 선택이 클라이언트에게 어떤 결과를 가져올지 숙고해보도록 도와야 한다.

### (2) 종결에 사용되는 기준

① 종결할 때 유의해야 할 기준(Sheafor, 1991)
  ㄱ 개입목적의 달성 정도
  ㄴ 서비스의 시간 내 제공완료 여부
  ㄷ 클라이언트의 문제 상황의 해결 정도
  ㄹ 사회복지사와 기관의 투자 노력
  ㅁ 이득체감에 대한 사회복지사와 클라이언트의 합의 여부
  ㅂ 클라이언트의 의존성
  ㅅ 클라이언트에 대한 새로운 서비스의 적합성 여부
② 사회복지사들이 종결에 사용했던 기준(Hepworth & Larsen, 1993)
  ㄱ 클라이언트의 행동 또는 환경에의 대처가 의미 있게 향상되었다.
  ㄴ 클라이언트의 정신, 내적 기능이 의미 있게 향상되었다.
  ㄷ 치료 초기에 설정된 목적이 충족되었다.
  ㄹ 클라이언트의 치료적 내용 또는 이슈에서의 변화가 준비된 상태임을 반영한다.
  ㅁ 클라이언트가 종결을 희망한다.

## 3 종결과정에서 클라이언트를 돕는 방법

### (1) 종결과정의 필수적인 진행사항

① 클라이언트체계 혹은 변화촉진자와 함께 진행사항을 평가한다.
② 클라이언트의 변화노력을 정착시키고 이를 일반화하도록 한다.
③ 사회복지사와 관계를 매듭짓는다.
④ 클라이언트로 하여금 지역사회에서 지지집단을 활용하도록 돕는다.

## (2) 종결과정에서 사회복지사의 역할 `2, 5, 13, 14, 16, 17, 19, 20회` 기출

① 클라이언트가 습득한 기술이나 이득 등이 유지될 수 있도록 돕는다.

② 클라이언트와의 접촉빈도를 점차 줄여가며, 종결과 관련되어 겪을 수 있는 정서적인 문제들을 다룬다.

③ 개입이 실패하거나 결과가 좋지 않을 경우 클라이언트의 감정에 초점을 두어 다룬다.

④ 종결 이후의 사후 세션에 대해 계획을 세운다.

⑤ 사회복지사가 떠나는 경우 클라이언트가 이를 준비하고 받아들일 수 있도록 미리 말하는 것이 좋으며 그와 관련된 감정을 다루고 과제들도 해결해야 한다.

⑥ 변화가 유지 · 일반화 될 수 있도록 도와준다.

⑦ 필요한 경우 다른 기관에 클라이언트를 의뢰한다.

## (3) 사후세션 또는 사후관리(Follow-up Service) `13회` 기출

① 종결 후 일정 기간(1~6개월 사이)이 지나서 클라이언트가 잘 적응하고 있는지, 변화의 유지 정도를 확인하는 것이다.

② 사회복지사가 지속적으로 관심을 갖고 있다는 것을 보여줌으로써 클라이언트가 종결의 충격을 최소화할 수 있다.

③ 사회복지사에게 클라이언트의 기능적 퇴보를 막도록 적절한 원조를 계획하거나 종결 이후 발생한 문제나 잔여문제를 다룰 수 있는 기회를 제공하기도 한다.

## (4) 긍정적인 결과를 지속시키기 위한 방법

① 클라이언트의 긍정적 효과의 유지에 중요한 타인들을 관여시킨다.

② 행동변화의 중요성을 인식시킨다.

③ 토큰 등 인위적 보강물을 제거한다.

④ 클라이언트가 독자적으로 수행할 수 있는 기술을 배우도록 돕는다.

⑤ 클라이언트와의 접촉빈도는 줄여나간다.

⑥ 클라이언트의 이득을 지속시킬 수 있는 지역사회자원을 제공한다.

⑦ 클라이언트가 습득한 기술을 더 잘 활용하도록 그에 대해 논리적인 근거를 설명한다.

⑧ 사후세션(사후관리) 등 지속적 원조계획에 대한 중요 정보를 제공한다.

⑨ 클라이언트로 하여금 스트레스와 부정적인 상황을 미리 예측하고 그에 적절히 대처할 수 있도록 지도한다.

# 제 **2** 절  평 가

## 1  평가의 개념

20회 기출

### (1) 평가의 의의

① 사회복지실천에서 개입활동의 결과가 효율적·효과적이었나를 사정하는 것이다.

② 종결단계에서의 평가는 일어나도록 기대되었던 일들이 정말로 일어났는가를 보는 것이다.

③ 의도했던 결과가 달성되었는가 하는 평가와 목표의 달성이 개입의 결과로 인한 것인지 여부에 대한 평가가 포함된다.

④ 평가는 사회복지사와 사회복지기관이 클라이언트와 지지자원 그리고 사회구성원에게 책임성을 증명하기 위한 필수적인 작업이다.

### (2) 목표와 과업

최근 사회복지 분야는 책임성이 강조되는 추세에 있다. 책임성은 효과성과 효율성이라는 개념으로 구성된다.

① **효율성** : 서비스의 비용과 관련된 개념이다. 사용된 자원(시간, 노력, 비용)과 얻은 성과 간의 비율로 투입/산출로 표시되며, 산출이 커야 효율적이라고 할 수 있다. 따라서 하나의 목표를 달성하기 위해 과다한 자원을 투입하여 목표를 달성하였다면 효과적이기는 하지만 경제적이지 못하기 때문에 효율적이라고는 할 수 없다.

② **효과성** : 원래 계획했던 목적대로 서비스를 제공해서 결과에 도달했는지를 평가하는 것이다(목표의 달성).

### (3) 사회복지사의 책임성

① 서비스의 책임성을 향상하기 위해 평가를 하는 구체적 이유

2회 기출

　㉠ 프로그램이 목적을 얼마나 효과적으로 달성했는지 알기 위해

　㉡ 프로그램을 재구성하거나 더 효과적으로 만들 수 있는 필요한 정보를 얻기 위해

　㉢ 프로그램을 다른 사람이나 기관이 이용할 수 있도록 하기 위해

　㉣ 프로그램을 효과적으로 시행하기 위해서 어떤 자질을 갖춘 직원들이 필요한지 알기 위해

　㉤ 홍보와 기금을 조성하기 위해

　㉥ 프로그램을 지속적으로 지원받기 위해

② 대표적인 사회복지사의 책임성

　㉠ 클라이언트에게 계약 내용대로의 서비스를 제공할 책임

　㉡ 사회사업전문직의 윤리와 가치를 서비스 전달과정에서 잘 지켜낼 책임

　㉢ 기관에 대해 기관의 프로그램과 정책 및 지침에 맞는 서비스를 제공할 책임

　㉣ 그 기관을 지원해주고 인가해준 사람들과 지역사회에 대한 기관의 책임

　㉤ 사회복지 서비스가 정말로 대상자들의 삶의 질을 변화시켰다는 것을 증명할 책임

### (4) 평가의 목적

2회 기출

① 효과성 및 효율성 정도를 파악한다.

② 개선을 위한 정보를 입수한다.

③ 시행에 필요한 직원의 수, 자원의 종류 및 필요량을 파악한다.

④ 홍보를 통해 지속적으로 기금을 마련한다.

### (5) 평가요소로서 유의성 검증

9회 기출

① **실질적 유의성**

임상적 유의성이라고도 한다. 개입에 의한 표적행동의 변화 정도가 실질적인지, 그로 인해 클라이언트의 문제에 유의미한 변화가 나타났는지 임상적 관점에서 분석한다.

② **통계적 유의성**

실험 결과가 확률적으로 단순한 우연에 의해 야기된 것이 아니라고 생각할 수 있을 정도를 의미하는 것으로, 클라이언트의 변화를 통계적인 절차에 의해 판단하는 것이다.

③ **이론적 유의성**

특정한 개입의 기초가 되는 이론이 클라이언트의 변화 방향에 부합하는 경우, 그 결과가 이론에서 제시하는 방향과 일치하는 것인지 분석하는 것이다.

### (6) 평가의 유형

7, 10회 기출

① **평가 시점에 따른 분류**

㉠ 형성평가(과정평가)

16회 기출

- 프로그램의 수행이나 전달과정 중에 실시하는 평가조사이다. 귀납적인 방법에 의해 프로그램의 변화나 변경, 기관의 운영상황이나 고객 욕구의 변동 등 "앞으로의 결정을 위하여 알아야만 하는 것이 무엇인가?"에 평가의 초점이 있다.
- 사업 또는 서비스 내용의 수정·변경 여부의 결정에 도움을 주며, 그 효과나 부작용의 경로를 밝힘으로써 총괄평가를 보완하는 기능을 수행한다.

㉡ 성과평가(총괄평가)

- 프로그램 운영이 끝날 때 행해지는 평가조사로, 해당 프로그램이 달성하고자 했던 목표를 얼마나 잘 성취했는가의 여부를 평가한다.
- 연역적·객관적인 방법에 의해 프로그램의 효율성 및 효과성을 평가하며, 평가 결과에 근거하여 프로그램의 재시작 또는 종결 여부를 결정한다.
- 청소년을 위한 진로집단 활동 전·후의 진로효능감 검사는 진로집단 활동 이전과 이후를 조사한 후 진로집단 활동이 진로효능감에 미치는 영향 또는 효과성 여부를 비교·검증하는 것이므로 성과평가에 해당한다.

② 평가 대상에 따른 분류
  ㉠ 양적 평가
    • 수량화된 자료를 가지고 적절한 통계적 방법을 활용하여 입수한 자료의 속성을 계량화함으로써 그 결과를 기술·분석한다.
    • 체계적·과학적인 방법으로 일정한 과정에 따라 진행되어야 하며, 평가 대상에 대한 기술적인 수량화가 이루어져야 한다.
  ㉡ 질적 평가
    • 프로그램을 평가하는 데 있어서 인간과 사회현상에 대한 자연주의적·해석적 접근을 통해 이해하고 규명하는 데 초점을 둔다.
    • 자연스러운 상황에서의 관찰이나 사례연구 등의 방법으로 소수의 사례를 심도 있게 분석한다.
③ 기타 분류
  ㉠ 만족도평가
    • 프로그램 또는 서비스에 대한 클라이언트의 평가에 초점을 두는 것으로, 프로그램 참여자들이 해당 서비스에 대해 만족하고 있는지, 제공된 서비스가 클라이언트의 실제 욕구충족이나 문제해결에 도움이 되었는지 등을 평가한다.
    • 프로그램을 종결하면서 프로그램에 대한 전체적인 내용을 조사하고자 하는 경우 또는 프로그램 과정 중 프로그램의 방향을 수정하고자 하는 경우 사용된다.
  ㉡ 실무자평가
    • 프로그램 과정 중 실무자의 행동이나 태도가 개입에 어떠한 영향을 미쳤는지 파악하기 위한 것으로, 클라이언트의 피드백에 의해 평가가 이루어진다.
    • 클라이언트의 긍정적인 피드백은 프로그램 실무자의 강점을 부각시키는 반면, 부정적인 피드백은 실무자의 비효율적 행동이나 태도를 드러냄으로써 실무자의 역량 향상에 직·간접적으로 기여한다.

## (7) 평가의 주체

① **클라이언트** : 프로그램에 대한 만족도, 사회복지사의 성실성과 전문기술성에 대해 평가할 수 있다.
② **참여자** : 프로그램의 운영절차, 지역사회 자원의 이용측면에 대해 평가할 수 있다.
③ **사회복지사** : 자기가 시행한 프로그램의 진행과 운영측면 및 효과성과 효율성에 대해 전문가적인 입장에서 평가할 수 있다.
④ **평가에 사용되는 기술 및 도구** : 검증된 도구는 설문검사지이며 문제 상황의 변화 정도에 대한 평가, 참여자들의 환류 등이 이용된다.

## 2 실천평가기법 및 사후지도

### (1) 실천평가기법

평가할 때 많이 사용되는 실천평가기법으로는 단일사례설계, 과업성취척도, 목적달성척도, 동료검토, 클라이언트 만족도 설문 등이 있다.

① 단일사례설계(단일피험자설계)
  ㉠ 한 사람의 개인, 하나의 집단, 하나의 가족, 하나의 기관을 집중적으로 평가하는 데 사용된다.
  ㉡ 대개 한 개인에게 관심의 초점을 두는 것으로 클라이언트 자신이 통제집단이 된다.
  ㉢ 클라이언트의 고유문제, 상황, 목표에 관련된 기초선은 개입과정 동안 변화를 관찰·측정하는 기준이 되므로 기초선의 측정은 필수적이다.
  ㉣ 단일사례설계는 강도, 빈도, 기간 등을 측정하기 쉽고, 명확히 구별되는 단일 행동에 개입의 초점을 둘 때 특히 유효하다.
  ㉤ 의뢰, 중개, 조정서비스, 변호활동과 같이 공통적인 사회사업활동에 사용하기에는 적합하지 않다.

② 과업성취척도
  ㉠ 사회복지사와 클라이언트가 합의한 개입과제로 성취한 정도를 평가하는 방법이다.
  ㉡ 사례에 대한 개입활동이 기초선을 설정하거나 단일사례설계를 이용하기 어려울 때 유용하게 쓰인다(클라이언트를 기관에 의뢰·정보수집·교통수단이나 주택확보 등).
  ㉢ 클라이언트의 목적을 달성하기 위해서 과제중심의 개입이 널리 활용되고 있다.
  ㉣ 과제중심모델에서는 목적에 도달하기 위해 문제해결 활동을 여러 개의 독립된 활동과 과제로 부과한 후 과제를 수행하는 과정을 통해 문제가 해결되도록 한다.
  ㉤ 리드(Reid)와 엡스타인(Epstein)은 과업의 성취척도를 기록하기 위해 4점 평가척도를 이용했다.
    • 완성 성취 : 4점
    • 상당 성취 : 3점 – 상당히 성취되었으나 행동이 아직 필요함
    • 부분 성취 : 2점 – 부분적으로 성취되었으나 해야 할 일이 상당히 많음
    • 최소 성취 : 1점 – 최소로 성취되었거나 성취되지 않았음
    • 기회가 없었음 : 0점 – 과업에 대해 일할 기회가 없었음

③ 목표성취(달성)척도
  ㉠ 클라이언트가 개별화된 목표에 도달한 정도를 측정하기 위한 것이며, 개입의 목적과 목표들이 특정한 클라이언트에게 해당될 때도 개입을 평가할 수 있다.
  ㉡ 클라이언트의 문제에 초점을 두는 것이 아니라 희망상태에 초점을 둔다. 즉, 목적성취를 결과기준으로 사용한다.
  ㉢ 단일사례설계로 평가하는 것이 적합하지 않을 때, 즉 클라이언트가 여러 목적을 가지고 있고 이들이 서로 연관되어 있는 경우 또는 목적이 쉽게 측정되지 않을 경우에 사용된다.

ⓔ 목표달성척도는 약물남용프로그램, 집행유예와 가석방(보호관찰)프로그램, 정신건강센터 등에서 활용되고 있다.

ⓜ 목표달성척도는 긍정적인 성과뿐만 아니라 부정적인 성과도 나타낸다.

ⓗ 목적달성척도의 구성은 세 가지 단계를 거친다.

- 1단계 : 개입이 영향을 줄 중요한 기능수행의 영역을 확인, 영역의 수는 4~5개를 넘지 않도록 한다.
- 2단계 : 각 목표 영역의 상대적 중요성을 나타내는 점수를 부여한다.
- 3단계 : 결과를 다섯 가지 수준(가장 비호의적 ~ 가장 호의적)으로 구체화하여 평가한다.
  - −2 : 가장 바람직하지 않은 성과
  - −1 : 기대된 성공 이하
  - 0 : 기대된 성공 수준
  - +1 : 기대된 성공 이상
  - +2 : 최고의 기대된 성공

④ 동료검토지

㉠ 사회복지사의 수행 정도를 동료 사회복지사가 평가하는 것이다.

㉡ 동료검토는 개입의 결과보다 개입의 과정에 초점을 둔다.

㉢ 사회복지사 자신들이 좋은 실천활동이란 어떤 것인지에 대한 기준과 원칙을 논의하면서 발달시키는 것이다.

㉣ 10개 정도의 기준에 대하여 매달 정기적인 시간에 30분가량 검토한다.

㉤ 동료들이 검토하는 항목들은 다음과 같다.

- 클라이언트의 문제가 명확히 기록되었는가?
- 클라이언트와 가족구성원이 치료계획에 참여했는가?
- 치료계획이 기록되었는가?
- 개입방법은 클라이언트에게 적합한 것이었는가?
- 클라이언트와의 접촉빈도와 기간은 문제와 관련해서 적합했는가?
- 치료계획, 사회복지사의 행동, 사용된 접근방법이 영구적인 계획을 염두에 두고 있는가?
- 지역사회자원을 적절하고 효과적으로 사용했는가?
- 목표로의 진척이 뚜렷이 보이는가?
- 사례기록이 명확하고 분명하며 간결한가?
- 필요한 기관양식이 기록되어 있는가?

⑤ 클라이언트 만족도 설문지

㉠ 개입기간 동안 클라이언트가 받은 서비스에 대해 클라이언트의 의견을 구하는 기법이다.

㉡ 클라이언트의 지각에만 의존하며, 긍정적인 방향만으로 자료를 산출하는 경향이 있다.

㉢ 이 평가방법의 한계점은 개입의 결과에 대한 클라이언트의 인식을 알 수 있을 뿐 클라이언트의 인식이 반드시 현실은 아닐 수도 있다는 점이다.

② 클라이언트들이 특정 사회복지사를 낮게 평가하는 것은 개인적 스타일에 불만이 있기 때문일 수도 있다. 또 다른 한계점은 개입에 적극적으로 참여했거나 좋은 인상을 받은 클라이언트만이 응답하는 경향이 있다는 점이다.

## (2) 사후지도와 의뢰 13회 기출

① 정서적 반응의 해결

ㄱ 개입과정을 통해 사회복지사와 클라이언트와의 사이에는 특별한 인간관계가 생겨난다. 우호적인 관계를 떠난다는 것은 클라이언트에게는 예사롭지 않은 감정적 부담이 될 수 있다.

ㄴ 목적달성이 되지 않은 채 종결이 될 경우 클라이언트들은 사회복지사를 거부하거나 공격하는 것과 같은 부정적 감정을 보인다. 또 한 번 거부되는 경험을 겪었다고 느끼기 때문이다.

ㄷ 사회복지사는 종결에 대한 클라이언트와 사회복지사의 부정적 감정들을 해결하고 긍정적 감정들을 유지한 상태에서 돕는 관계를 끝내야 한다.

ㄹ 클라이언트를 도와서 그가 당면하고 있는 문제를 해결하는 것뿐만 아니라 앞으로 그를 괴롭힐 어쩔 수 없는 곤란들을 극복할 수 있도록 클라이언트를 강화시켜야 한다.

② 개입을 통해 획득한 효과의 유지와 강화(사후관리)

ㄱ 원조과정에서 얻게 된 클라이언트의 변화가 원조관계를 끝낸 다음에도 지속될 수 있도록 지지 및 강화한다.

ㄴ 개입을 통해 클라이언트가 얻은 이득을 강화하기 위해서 클라이언트로 하여금 문제해결의 기본 원칙을 파악하도록 도와준다.

ㄷ 이득을 유지·강화하기 위한 또 다른 방법은 사후관리(Follow-up Service)이다. 사후관리는 종결이 이루어진 후 일정기간 동안 클라이언트가 잘 적응하고 있는지를 점검하는 과정이다.

ㄹ 개입의 결과는 공식적인 개입이 이루어지는 당시에만 효과를 나타내고, 다시 문제가 발생하면 그 이전의 행동패턴으로 회귀하는 경향이 존재하는데, 그 이유는 오랜 문제해결 습관을 버리기 어렵다는 점과 문제를 가져오는 환경적 조건이 변화되기 어렵기 때문이다. 따라서 사회복지사는 클라이언트의 현재 상황이 어떠한지를 확인하고, 전문적 개입의 효과성을 점검해야 한다.

ㅁ 사후관리기간은 대개 1~6개월 정도이며, 방법은 전화로 확인 또는 면접의 실시 등이 있고, 이는 충격을 완화시켜주는 이득도 있다.

ㅂ 일정한 시간이 경과한 후의 평가는 종결시점에서 이루어진 평가보다 훨씬 의미가 클 수 있다. 또한 사후 세션에서 클라이언트에게 아직 해결되지 않은 문제가 남아 있음을 발견하면 필요한 도움을 제공해야 한다.

③ 의뢰(Referral) : 종결은 다른 자원들로부터 계속적인 서비스를 받을 수 있도록 클라이언트를 돕는 것을 포함하는데, 특히 한시적 서비스 목표에는 클라이언트를 지정된 기관이나 사회복지사가 제공하지 못하는 외부의 자원들과 연결시키는 일을 포함하는 경우가 많다.

㉠ 사회복지현장에서 개입과정은 한시적인데 그 제한된 기간 동안 클라이언트의 문제나 욕구가 충분히 해결되기를 기대하기도 어렵고 한 기관이 클라이언트가 요구하는 서비스를 모두 제공하지 못하는 경우도 많다(기관의 전문서비스 성격과 맞지 않는 경우). 이런 경우 지정된 기관이나 사회복지사가 제공하지 못하는 외부자원들과 클라이언트를 연결시켜주는 것을 의뢰서비스라 한다.

㉡ 다른 자원과 클라이언트를 성공적으로 연결해주기 위해서는 자원에 대해 알려주는 것만으로는 부족하다. 의뢰기관의 주소, 이름, 약속하는 방법, 자원에 이르는 방법, 구체적으로 접촉할 사람의 이름, 클라이언트가 가진 문제의 성격과 그가 원하는 서비스 등을 정리한 기록 문서를 만들어 주거나 배송해야 한다.

㉢ 기관 내의 다른 사회복지사에게 의뢰가 필요한 경우(Sheafor, 1991)
  • 사회복지사가 다른 업무를 맡게 된 경우
  • 다른 사회복지사가 클라이언트에게 더욱 좋은 서비스를 제공할 수 있는 경우
  • 사회복지사와 클라이언트 간에 갈등이 해결될 수 없을 경우
  • 사회복지사가 클라이언트에게 호감이 없어서 필요한 공감 또는 따뜻함을 느낄 수 없거나 보여줄 수 없을 경우
  • 언어, 가치, 종교적 신념, 문화적 배경의 차이 때문에 상호 이해와 의사소통의 어려움을 극복할 수 없을 때

㉣ 종결·의뢰 시 클라이언트에게 긍정적 경험이 되도록 할 전문가적 의무(Sheafor 외, 1991)
  • 사회복지사는 시기상조의 갑작스런 종결이 되지 않도록 최선을 다해야 한다.
  • 클라이언트가 종결을 원해도 사회복지사는 계속 진행되어야 한다고 생각하는 경우, 진행되어야 하는 이유와 종결함으로써 생길 수 있는 부정적 결과를 설명해야 한다. 그러나 클라이언트가 종결을 원한다면 그 결정은 존중되어야 한다.
  • 법원의 명령에 의한 종결 시 사회복지사는 종결 전에 모든 명령의 조건들이 충족되었는가를 확인해야 한다. 또 사회복지사의 권고를 무시하고 법령을 위반하면서 종결을 바라는 경우도 있는데, 이때 사회복지사는 법령위반의 결과를 알려주고 이 종결이 법원에 보고된 것임을 말해주어 변호사와 상의하도록 충고해 줄 의무가 있다.
  • 클라이언트가 기관의 정책이나 행정결정 등에 의해서 위험에 처해 있다면 우선적으로 변호의 역할을 수행하고, 갈등이 기관 내에서 해결될 수 없으면 전문가 조직(사회복지사협회 등)으로부터 도움을 받을 수도 있다.
  • 사회복지사의 종결이 클라이언트의 가족·사회적 관계망 내의 다른 사람에게 어떻게 영향을 주는가에 대해서 예상하고, 타인에게 해를 준다면 제한되거나 계획된 종결일 경우 다른 사람에게 알리는 것이 좋다. 알림은 비밀보장, 정보공개에 관한 법, 윤리에 어긋나지 않아야 한다.
  • 종결이 가까워지면 접촉빈도를 줄이는 것이 좋다(이웃이나 비공식적 차원들과 연결).
  • 종결이 끝난 후 전화접촉, 사후면접계획은 클라이언트를 안심시킬 수 있으며, 또 욕구가 생길 때 기관에 다시 올 수 있다는 것을 말해 주어야 한다.

Plus ⊕ one

**의뢰 시 유의사항** `9, 11회 기출`
- 의뢰에 대한 클라이언트의 준비상태를 확인한다.
- 새로운 서비스에 대해 클라이언트가 느끼는 불신이나 걱정 등을 다룬다.
- 의뢰하는 기관의 서비스에 대해 명확하게 설명한다.
- 제공될 서비스에 대해 비현실적으로 보증하는 것을 삼간다.
- 가능한 대안을 제시하고 클라이언트가 스스로 결정하도록 돕는다.
- 클라이언트에게 의뢰하는 기관의 서비스에 대해 명확하게 설명하지만, 그곳의 사회복지사가 사용할 방법까지 구체적으로 알려 주지 않는다.

# 출제유형문제

**01** 종결단계에서 사회복지사의 활동으로 옳은 것을 모두 고른 것은?                    [14회]

> ㄱ. 개입목표의 달성여부를 확인한다.
> ㄴ. 의뢰는 종결 유형과 상관없이 실시하는 것이 바람직하다.
> ㄷ. 종결유형에 따라 종결 시기를 조정한다.
> ㄹ. 종결과 관련된 클라이언트의 감정은 다루지 않는다.

① ㄱ, ㄴ, ㄷ                                    ② ㄱ, ㄷ
③ ㄴ, ㄹ                                        ④ ㄹ
⑤ ㄱ, ㄴ, ㄷ, ㄹ

해설 ㄴ. 의뢰는 종결 과정에서 클라이언트에게 새로운 서비스가 더 필요하다거나 해결되지 않은 문제가 있다고
판단될 때 이루어진다. 특히 시간적 구속요인에 의한 계획된 종결이나 사회복지사의 개인적인 사정으로
인한 종결의 경우 의뢰를 적절히 수행하는 것이 바람직하지만, 클라이언트에 의한 일방적인 종결의 경우
의뢰를 수행하는 것이 무의미할 수 있다.
ㄹ. 종결 과정에서 사회복지사는 클라이언트로 하여금 종결에 대한 감정을 표현하도록 돕고, 사회복지사도
자신의 감정을 표현하도록 한다. 특히 사회복지사가 개인적인 사정으로 기관을 떠나게 되어 갑작스럽게
종결이 이루어질 경우 클라이언트와 함께 종결 이슈를 다루는 한편, 자신이 떠난 이후를 대비한 계획 수
립을 돕고자 하는 의사를 표현하도록 한다.

**02** 종결상황에서 만족할 만한 관계로 끝나가는데 아들에 관한 이야기가 남아서 클라이언트가 아쉬워
할 때 사회복지사의 적절한 대응으로 옳은 것은?                    [7회]

① 사회복지사가 서운함을 표현하면 안 된다.
② 종결시점을 말하고 클라이언트가 사적으로 서운해 하는 시간을 갖도록 해준다.
③ 종결을 지연시킨다.
④ 종결 후 다시 시작할 수 있다는 여지를 주지 않는다.
⑤ 사적으로 클라이언트와 관계를 맺지 않는다.

해설 사회복지사는 클라이언트로 하여금 긍정적·부정적 감정을 허용하며, 이별의 감정을 적절히 다루어야 한다.
또한 상담 과정에서의 아쉬운 점 등을 이야기할 수 있는 시간을 갖도록 해주며, 상담의 종결이 완전한 결별은
아니므로 언제든 다시 상담할 수 있음을 상기시키는 것이 바람직하다.

**03** 사회복지실천의 종결 시 사회복지사가 하는 일은? [4회]

① 클라이언트를 위한 원조활동
② 공식적 지지
③ 변화 유지를 위한 계획수립
④ 목적 달성을 위한 활동 수행
⑤ 자료수집하기

|해설| 종결단계의 과업
- 서비스의 목표달성 정도 평가하기
- 종결에 대한 감정적 반응 다루기
- 집단에 대한 의존성 감소시키기
- 변화의 유지 및 일반화하기
- 계속적인 성장계획 및 미래에 대한 계획 세우기
- 다른 기관에 클라이언트를 의뢰하기

**04** 종결단계의 사회복지사 과업으로 옳지 않은 것은? [17회]

① 클라이언트가 이룬 성과를 확인한다.
② 종결에 의한 클라이언트의 상실감에 공감한다.
③ 클라이언트의 감정을 이해하고 있음을 전달한다.
④ 클라이언트의 비언어적 메시지에 민감하게 반응한다.
⑤ 종결에 대한 클라이언트의 부정적 감정은 다루지 않는다.

|해설| ⑤ 사회복지사는 클라이언트와 함께 종결을 계획하고 논의해야 하며, 클라이언트의 부정적인 정서적 반응을 해결하기 위해 노력해야 한다. 특히 종결 이후의 삶에 있어서 나타날 수 있는 여러 가지 불확실성에 대한 두려움, 구체적인 일이나 문제 등에 초점을 두고 클라이언트와 함께 이야기를 하며, 클라이언트로 하여금 자신의 감정을 솔직하게 표현할 수 있는 자연스러운 기회를 제공해 줄 필요가 있다.

3 ③ 4 ⑤     Answer

**05** 클라이언트를 다른 기관에 의뢰하는 경우에 지켜야 할 사항으로 옳지 않은 것은? [9회]

① 클라이언트에게 도움이 될 만한 곳을 추천한다.
② 의뢰에 대한 클라이언트의 준비상태를 확인한다.
③ 의뢰될 기관의 사회복지사가 사용할 상담기법을 알려준다.
④ 지역사회 내 자원에 대한 정보를 클라이언트와 공유한다.
⑤ 의뢰 후 필요한 경우에는 클라이언트와 접촉할 수 있음을 고지한다.

> **해설** 의 뢰
>
> 클라이언트의 문제와 욕구를 기관에서 해결할 수 없는 경우 혹은 문제해결에 더 적합한 기관이 있을 경우 다른 기관으로 클라이언트를 보내는 것이다. 의뢰 시에는 클라이언트의 동의가 필수적이며, 다음의 사항들에 주의해야 한다.
> • 의뢰에 대한 클라이언트의 준비상태를 확인한다.
> • 새로운 서비스에 대해 클라이언트가 느끼는 불신이나 걱정 등을 다룬다.
> • 의뢰하는 기관의 서비스에 대해 명확하게 설명한다.
> • 제공될 서비스에 대해 비현실적으로 보증하는 것을 삼간다.
> • 가능한 대안을 제시하고 클라이언트가 스스로 결정하도록 돕는다.
> • 클라이언트에게 의뢰하는 기관의 서비스에 대해 명확하게 설명하지만, 그곳의 사회복지사가 사용할 방법까지 구체적으로 알려 주지는 않는다.

**06** 청소년을 위한 10주간의 진로집단 활동 전·후에 진로효능감 검사를 하여 결과를 비교하였다면 이 평가방법은? [10회]

① 형성평가
② 성과평가
③ 과정평가
④ 만족도평가
⑤ 실무자평가

> **해설** '성과평가' 또는 '총괄평가'
>
> 프로그램 운영이 끝날 때 행해지는 평가조사로, 해당 프로그램이 달성하고자 했던 목표를 얼마나 잘 성취했는가의 여부를 평가한다. 연역적·객관적인 방법에 의해 프로그램의 효율성 및 효과성을 평가하며, 평가 결과에 근거하여 프로그램의 재시작 또는 종결 여부를 결정한다. 청소년을 위한 진로집단 활동 전·후의 진로효능감 검사는 진로집단 활동 이전과 이후를 조사한 후 진로집단 활동이 진로효능감에 미치는 영향 또는 효과성 여부를 비교·검증하는 것이므로 성과평가에 해당한다.

# 최신기출문제

**01** 평가 및 종결단계에서 사회복지사의 역할에 관한 설명으로 옳지 않은 것은? [16회]

① 변화전략 설정
② 진전수준 검토
③ 사후관리 계획
④ 정서적 반응 처리
⑤ 결과의 안정화

해설 ① 클라이언트의 변화노력을 지원하기 위해 문제해결을 위한 구체적인 변화전략을 수립하는 것은 개입 단계에서 사회복지사의 역할에 해당한다.

**사회복지실천의 일반적인 과정**

• 제1단계 : 접수 및 관계형성
 – 클라이언트의 문제와 욕구를 파악하고, 기관에서 그에 관한 서비스를 제공할 수 있는지 적격성 여부를 판단한다.
 – 클라이언트와 긍정적 관계를 형성하도록 노력하며, 클라이언트의 정서 상태에 충분한 주의를 기울인다.
• 제2단계 : 자료수집 및 사정
 – 클라이언트의 문제와 욕구를 이해·분석·해결하는 데 필요한 자료들을 수집한다.
 – 수집된 자료들을 분석하고 그에 대해 주관적인 의미를 부여함으로써 최종적으로 문제를 규정하는 한편, 문제의 인과관계를 확인한다.
• 제3단계 : 계획 및 계약
 – 계획은 클라이언트의 문제와 욕구를 이해한 후 변화에 초점을 두고 어떻게 개입할 것인지를 설계하는 과정으로, 목표를 설정하고 이를 구체화하는 과정 등이 포함된다.
 – 계약은 목표 및 목표달성을 위한 사회복지사와 클라이언트의 과업, 역할, 개입내용 등을 명시적이자 묵시적으로 합의하는 과정이다.
• 제4단계 : 개입
 – 개입은 계획 내지는 계약 내용에 따라 실행함으로써 클라이언트의 실제적인 변화를 도모하는 과정이다.
 – 문제해결을 위한 구체적인 변화전략을 수립하고 다양한 개입기술로써 클라이언트의 변화를 창출하며, 개입의 효과성과 적절성을 평가하기 위한 점검을 하면서 개입을 통해 유도된 변화가 지속될 수 있도록 한다.
• 제5단계 : 평가 및 종결(종결 및 평가)
 – 사회복지사는 클라이언트와 접촉빈도를 점차 줄여가며, 종결과 관련되어 겪을 수 있는 정서적인 문제들을 다룬다.
 – 종결 후 일정 기간(약 1~6개월 사이)이 지났을 때 클라이언트의 적응 상태를 확인하고 변화 유지를 돕기 위해 사후관리(Follow-up Service)를 실시한다.

1 ① Answer

**02** 사후관리(Follow-up Service)에 관한 설명으로 옳지 않은 것은?                [13회]

① 개입과정 중에 수시로 실시한다.
② 클라이언트의 적응 상태를 확인한다.
③ 문제가 있는 경우 재개입 할 수 있다.
④ 클라이언트의 변화 유지에 도움이 된다.
⑤ 종결로 인한 클라이언트의 충격을 완화시켜 준다.

**해설** 사후세션 또는 사후관리(Follow-up Service)
종결 후 일정 기간(1~6개월 사이)이 지나서 클라이언트가 잘 적응하고 있는지, 변화의 유지 정도를 확인하는
것이다. 즉, 클라이언트가 원조관계의 영향으로 얻은 것을 잘 유지하는지 측정할 수 있다. 또한 사회복지사가
지속적으로 관심을 갖고 있다는 것을 보여줌으로써 클라이언트가 종결의 충격을 최소화할 수 있다는 이점이
있다. 사회복지사에게 클라이언트의 기능적 퇴보를 막도록 적절한 원조를 계획하거나 종결 이후 발생한 문제
나 잔여문제를 다룰 수 있는 기회를 제공하기도 한다.

**03** 종결단계에서 사회복지사의 과업으로 옳지 않은 것은?                [20회]

① 사후관리 계획 수립
② 목표 달성을 위한 서비스 제공
③ 클라이언트 변화결과에 대한 최종 확인
④ 다른 기관 또는 외부 자원 연결
⑤ 종결에 대한 클라이언트 반응 처리

**해설** ② 목표 달성을 위한 서비스를 제공하는 것은 개입단계에서 사회복지사의 과업에 해당한다. 참고로 종결단계
(평가 및 종결 단계)에서 사회복지사는 제공된 서비스의 목표 달성 정도를 평가하고 클라이언트가 습득한
기술이나 이득이 유지될 수 있도록 도우며, 종결에 대한 클라이언트의 정서적 반응을 처리하고 사후관리
계획을 수립하는 과업들을 수행하게 된다.

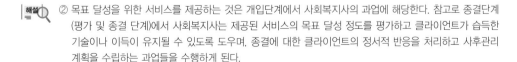

# 사례관리

⭐ **학습목표** ■ 사례관리의 개념 및 등장배경, 사례관리의 주요이론 및 원칙, 사례관리자의 역할 및 모델, 사례관리의 기본
원칙과 과정을 학습하자.
■ 사례관리의 개입원칙과 등장배경 그리고 과정뿐만 아니라 사례관리의 역할과 기능 중심의 효율적인 학습이
필요하다.

## 제1절 사례관리의 개념 및 등장배경

### 1 사례관리의 정의와 목적

#### (1) 정 의

`15, 17회` `기출`

① 사례관리는 기존의 개별사회사업(Casework)방법을 원칙적으로 원용하면서 지역을 기반으로 공식
적·비공식적 자원을 동원하여 그것을 각각 클라이언트의 욕구와 연계시키는 방법이다.

② 지역사회보호(Community Care)의 일환으로 등장한 다양한 지역사회서비스들은 많은 상이한 기관,
다시 말해 병원, 호스텔, 사회서비스기관, 자원조직, 민간조직 등에 의해 중복적으로 또는 부적절
하게 제공될 가능성이 높은데, 이들 서비스를 조정·통제하고 개인의 장기적이면서도 복합적인 욕
구를 민감히 사정할 전문적인 실천방법을 말한다.

③ 사례관리는 복잡한 여러 문제와 장애를 가지고 있는 정신질환자가 적합한 형태로 적절한 시기에
그들이 필요로 하는 모든 서비스를 받을 수 있도록 보장하는 것으로, 서비스를 공급하는 접근법의
하나이다(Barker).

④ 사례관리는 체계의 목표에 의해서가 아니라 환자의 목표에 따라 움직여야 하며, 사례관리 기법은
환자가 필요로 하고 원하는 서비스를 받도록 지원해 주는 과정으로 보아야 한다(Anthony).

⑤ 사례관리란 복합적인 욕구를 가진 사람들의 기능화와 복지를 위한 공식적·비공식적 자원과 활동
의 망(Network)을 조직·조정·유지하는 것이다(Moxley).

⑥ 사례관리란 환자에게 지원가능하고, 효과적이며, 비용–효과의 측면에서 필요한 서비스를 받을 수
있도록 보장해 주는 서비스망(Service Network) 안에서의 일련의 논리적 단계이다. 상호작용의
과정으로 서비스 계획과 전달에 책임을 지고, 적절한 서비스 계획을 발전시키고 서비스에 접근할
수 있도록 하며, 서비스 전달을 점검하고, 환자의 욕구에 대해 옹호하고, 제공된 서비스의 성과를
평가하기 위해서 지속적인 관계를 유지하며, 환자 및 그 가족과 일하는 사람들에 대해 체계를 조
정하는 방법이다(Weile et al).

### (2) 목 적

12, 13, 15, 17, 20회 기출

① 사례관리는 개인의 욕구를 충족시키며, 삶의 질을 개선하도록 한다.
② 보호의 연속성·지속성을 보장함으로써 보호서비스가 중단되지 않도록 한다.
③ 개인의 욕구를 지역을 기반으로 하는 공식적·비공식적 자원과 연계시킨다.
④ 서비스의 조정을 통해 효과적인 서비스를 제공한다.
⑤ 환경의 이용을 원활히 함으로써 개인의 잠재력을 개발하며, 기능 향상을 통해 능력을 최대화하도록 한다.
⑥ 가족 및 일차집단의 보호능력을 극대화시킨다.
⑦ 일차적 보호체제와 공적 보호체제를 통합한다.

## 2 사례관리의 특징과 필요성

### (1) 특 징

① 사례관리자와 개인 클라이언트와의 긴밀한 상호관계를 기초로 클라이언트 중심의 개별화된 접근을 한다.
② 클라이언트의 변화를 위한 개별지도 중심의 직접적 개입으로부터 자원의 조정을 포함하는 환경적 개입까지 사회복지실천의 개입 역할을 확대한다.
③ 지역사회보호를 강조하는 지역사회 중심의 접근이라는 특징이 있다.
④ 치료(Cure)보다는 보호(Care)의 개념으로, 만성적이며 복합적인 문제를 가진 클라이언트를 지속적으로 관리한다.

### (2) 필요성

5, 6, 7, 11, 15, 19회 기출

① 클라이언트의 욕구가 더욱 다양화·복잡화되고 있다.
② 클라이언트에 대한 지속적인 지원을 위한 통합적인 서비스가 요구되고 있다.
③ 클라이언트 및 그 가족의 과도한 책임부담이 사회적인 문제로 제기되고 있다.
④ 탈시설화 및 재가복지서비스를 강조하는 추세이다.
⑤ 복잡하고 분산된 서비스 체계로 인해 서비스 공급의 중복과 누수를 방지할 필요가 있다.
⑥ 사회복지서비스의 공급주체가 다원화되고 있다.
⑦ 산업화에 따라 가족의 기능이 약화되었다.
⑧ 사회적 지지체계의 중요성에 대한 목소리가 커지고 있다.
⑨ 노령화 등의 인구사회학적인 변화가 뚜렷해지고 있다.

# 3 사례관리의 기능과 등장배경

## (1) 사례관리의 기능

### ① 클라이언트의 발견
- ㉠ 사례관리 서비스가 필요한 개인 및 집단을 발견하여 이들을 대상화하는 기능이다.
- ㉡ 클라이언트 스스로 자신이 필요로 하는 서비스를 찾아 기관을 방문할 수도 있으나, 사례관리자가 지역사회 내에서 클라이언트를 적극적으로 찾아나서는 아웃리치(Outreach)를 통해 이루어지는 경우가 많다.

### ② 사 정
- ㉠ 클라이언트의 욕구, 생활상황, 자원 등에 대한 정보를 수집하고 이를 토대로 구체적인 욕구를 평가하여 관련된 서비스, 기회 및 혜택 등을 확인하는 기능이다.
- ㉡ 사정은 과거의 사실은 물론 미래의 전망에 대한 내용도 포함되며, 사정 과정에 클라이언트를 참여시키는 것이 매우 중요하다.

### ③ 서비스 계획의 수립
- ㉠ 사정을 통해 얻어진 정보를 토대로 종합적인 서비스 계획을 수립하는 기능이다.
- ㉡ 보통 클라이언트와의 초기 접촉에서부터 시작하며, 클라이언트의 변화하는 욕구에 따라 수정·보완해야 한다.

### ④ 서비스 연결 및 조정
- ㉠ 클라이언트와 대인서비스 체계들을 연결하는 기능 혹은 공식적 서비스와 비공식적 지지망을 연결하는 기능을 말한다.
- ㉡ 사례관리자는 클라이언트와 서비스 제공자 간에 혹은 서비스 프로그램 간에 중개자로서의 역할을 충실히 수행해야 한다.

### ⑤ 점검(모니터링)
- ㉠ 서비스의 제공 및 이용 상황을 확인 및 감독하는 기능이다.
- ㉡ 사례관리자는 점검 과정을 통해 서비스 계획을 재평가하고, 적절히 변경조치를 취할 수 있게 된다.

### ⑥ 권익옹호
- ㉠ 사례관리에서 권익옹호는 두 가지 차원, 즉 클라이언트 차원과 서비스체계 차원에서 이루어진다.
- ㉡ 사례관리자는 한편으로 클라이언트 차원에서 클라이언트 개인의 욕구충족 및 최선의 이익을 위해 옹호하며, 다른 한편으로 사례관리자와 서비스체계 혹은 특정 기관과 프로그램 간에 발생하는 긴장상태를 조정하기 위해 옹호한다.

**Plus ⊕ one**

Rothman(1991)은 모든 유형의 클라이언트와 사회복지기관에 공통적으로 적용될 수 있는 사례관리자의 기능을 15가지로 열거하였다.

- 사례발견과 의뢰
- 인테이크
- 목표설정
- 클라이언트와 서비스 또는 자원 간의 연계
- 서비스 제공의 점검
- 결과 평가
- 상 담
- 클라이언트 옹호
- 적극적인 클라이언트 발굴
- 사 정
- 서비스 계획 및 개입
- 자원파악 및 목록작성
- 재사정
- 기관 상호 간의 조정
- 치 료

## (2) 사례관리의 등장배경   5, 6, 7, 11, 13, 15, 19회 기출

사례관리의 기원은 19세기 자선조직협회의 구제활동에서 찾아볼 수 있으나, 현대적인 의미의 사례관리는 1970년대에 이르러 본격적으로 시작된 것으로 볼 수 있다. 미국에서는 1970년대 후반부터 사례관리에 관한 다양한 연구를 했고, 노인 및 장애인에게 적절한 대인 복지서비스를 제공할 수 있는 사회복지실천방법으로 그 중요성이 인정되면서 정부 및 민간 복지기관에 의해 폭넓게 활용되고 있다. 1990년에는 미국 사회복지백과사전에서 개별화 사업이라는 용어 대신 '사례관리'라는 용어를 사용하면서 그 중요성이 강조되었다.

① 탈(脫)시설화의 영향
  ⊙ 탈시설화 현상이란 지역사회와 분리된 수용시설에서 제공되던 서비스 제공방식이 많은 문제점을 드러내면서, 대규모 수용시설이나 병원으로부터 많은 클라이언트가 지역사회로 복귀하는 현상을 말한다.
  ⊙ 탈시설화의 영향으로 지역사회의 보호를 필요로 하는 대상자들에게 보다 효과적이며 적극적인 접근방식의 필요성이 인식되기 시작하였다. 이에 지역사회에 적응하지 못하는 만성정신 장애인을 위한 수요자 중심의 포괄적이며 적극적인 서비스 제공방식으로서 사례관리가 제안되었다.

② 복합적인 욕구를 가진 클라이언트의 증가
  ⊙ 특정 서비스를 한정된 범위에서 특정 인구에게 제공되는 형태로 이루어진 기존의 서비스는 서비스의 단편성 및 세분화가 문제점으로 제시되었다.
  ⊙ 현대사회의 복합적 문제를 가진 도시의 빈곤가족이나, 노인과 같이 생활 전반에 걸친 다양한 욕구를 가진 클라이언트에게 체계적이며 포괄적인 서비스를 지속적으로 제공하는 복합적인 서비스가 요구되었다.
  ⊙ 클라이언트가 필요로 하는 종합서비스를 제공하고 서비스를 조직화·통합화하여 상호연계되도록 하는 사례관리방법이 요구되었다.

③ 서비스 비용의 억제
  ㉠ 복지서비스에 대한 정부의 개입역할이 점차 지방자치단체와 민간기관으로 이양되는 혼합복지의 경향에 따라, 대규모 시설의 고비용 서비스를 줄이기 위해 불필요한 시설입소를 배제하고 비용효과가 높은 서비스를 중심으로 지역에서 재가 서비스를 확대하게 되었다.
  ㉡ 자원이 한정된 상황에서 서비스 전달의 효과성과 책임성을 기초로 하여 서비스 중복을 피하고 서비스 기술의 전문성을 필요로 하게 되었다.

④ 클라이언트와 가족의 과도한 부담
  ㉠ 지역사회 내의 적절한 환경자원의 미비로 클라이언트와 그 가족들에게 과도한 책임이 주어졌고 그로 인한 스트레스가 발생했다.
  ㉡ 클라이언트와 가족에게 필요한 환경자원을 개발하고 연계할 수 있도록 하는 서비스 기능이 필요하게 되었다.

⑤ 서비스 전달의 지방분권화
  ㉠ 지방자치의 실시로 서비스의 공급주체가 중앙정부에서 지방정부로 이동하여 서비스 기관과 서비스 사이의 통합이 거의 이루어지지 않았다.
  ㉡ 분산되고 단편화된 서비스를 조직화하고 통합하여 클라이언트의 욕구를 충족시킴으로써 지방분권화에 따른 부정적 측면을 해소하기 위해 사례관리법이 등장하였다.

⑥ 실천이론과 접근방법의 변화
  ㉠ 기존의 개별사회사업에서 더욱 진보된 사례관리가 활용되고 있다.
  ㉡ 사례관리는 생태체계이론을 이론적 기초로, 통합적 사회복지실천을 접근방식으로 하는 실천모델이다. 사회복지사가 클라이언트에게 서비스를 제공하는 실천적 과정과 개입역할을 구체적으로 제시하고 있다.

⑦ 사회적 지지망에 대한 인식증가
  ㉠ 클라이언트의 문제에 대한 상황적 인식이 증가함에 따라 클라이언트의 주변체계에 대한 관심이 늘게 되었다.
  ㉡ 사회적 지지망으로의 비공식적 지원체계의 역할은 공식적 지원체계와 상호보완적 개념으로 활용되고 공적 서비스와 비공식적 지원체계 간의 연계가 필요하게 되었다.

## 1 사례관리의 이론적 특성

### (1) 생태체계적 관점

① 생태체계적 관점에서 인간은 생물학적 · 심리적 · 정신적 · 경제적 · 사회적 및 성적 부분들로 구성된 하나의 체계이며, 체계의 부분들 간에 또는 외부환경과의 상호교류를 통해 영향을 주고받는 것으로 본다.

② 사회사업적 문제를 개인이나 사회의 병리적 원인에 두기보다는, 체계들 간의 상호작용 속에서 일어나는 스트레스와 대처능력의 불균형으로 인해 적응적 상태를 이루지 못하고 생활상의 문제를 일으키는 개념으로 파악하고 있다(Gitterman, 1983 ; French, 1974).

③ 개입의 초점은 문제를 가진 개인이기보다는, 생활상의 변화에 대한 부적절한 환경과 클라이언트의 부적응적 반응으로 인해 최적의 적합성을 이루지 못한 상황 전체가 된다.

④ 개인과 환경의 상호작용이라는 입장에서 클라이언트 차원과 서비스체계 차원의 개념을 포괄적으로 수용하고 있다(사회복지실천의 관점).

### (2) 클라이언트 중심의 접근

① 클라이언트를 인격체로 존중하고 사회복지실천과정의 주체자로 참여시키는 클라이언트와 전문가 사이의 동반자로서의 인식을 기초로 하고 있다. 이는 사회복지실천의 기본적인 목적이나 원칙과 일치된다.

② 클라이언트의 권리와 전문가와의 긴밀한 상호관계를 강조하는 접근은 기존의 서비스 체계의 문제점을 보완하고 클라이언트의 욕구에 보다 반응적인 서비스 전달이 이루어지게 한다. 이를 통해 서비스 이용에 대한 클라이언트의 심리적 부담을 감소시키며 서비스의 접근성과 적절성을 증가시키는 중요한 요소가 된다.

### (3) 서비스체계 중심의 접근

프로그램이나 서비스에 적합한 대상자를 중심으로 제공해왔던 전통적인 기관중심의 서비스 제공방식과 구별하여, 클라이언트의 욕구와 상황에 기초하여 개별화된 서비스를 제공하거나 개발하는 방식이다.

## 2 사례관리의 실천요소와 개입원칙

### (1) 실천요소

① 최소한으로 규제된 환경에서 클라이언트가 지낼 수 있도록 배려한다.

② 시설보호의 최소화를 위해 노인이나 만성정신장애인 등이 양로시설이나 정신요양원, 재활원에 머무는 기간을 줄이고, 입원서비스보다는 단기간의 응급서비스나 통원서비스를 권장한다(단기시설보호).

③ 인간으로서의 존엄성과 최소한의 삶의 질을 위하여 클라이언트의 권리를 강조하고 클라이언트의 기능에 필요한 최적의 서비스를 제공한다.

④ 클라이언트의 성취동기와 의사결정 능력을 높여 문제해결과정에 주체적으로 참여할 수 있도록 한다(강점 강조).

⑤ 클라이언트의 문제해결을 위한 다양한 자원체계와 사회적 지지망을 활용하여 클라이언트의 직접적이며 중요한 환경체계로서 기능하게 된다.

⑥ 사례관리에서의 서비스 대상은 서비스에 대한 필요성 유무에 불구하고 필요한 정보와 교육을 제공하고, 인식을 바꿔줌으로써 보다 나은 삶의 질을 누릴 수 있는 기회를 찾도록 한다.

### (2) 개입원칙     3, 4, 9, 12, 13, 14, 16, 19회 기출

① 서비스의 개별화

   ㉠ 서비스는 클라이언트 개개인과 그가 갖고 있는 욕구를 적절하게 개발하여 서비스를 제공하는 것이다.

   ㉡ 클라이언트마다 서로 다른 강점과 욕구가 있으므로 서비스 계획도 이에 맞추어야 한다.

   ㉢ 개인의 문제보다 개인이 갖고 있는 능력에 더 초점을 둔다.

② 서비스의 포괄성

   ㉠ 클라이언트의 다양한 욕구가 모든 분야에 걸쳐 충족될 수 있도록 포괄적인 서비스를 제공하는 것이다.

   ㉡ 경제적 · 사회적 · 의료적 · 개인적 보호 등의 지역사회 기반의 다양한 서비스를 포함한다.

   ㉢ 기관 네트워크를 통해 서비스를 의뢰한다.

③ 서비스의 연속성(지속성)

   ㉠ 환자에 대한 사례관리 서비스의 책임은 무한하며 환자의 요구에 맞추어 평생 동안 지속되어야 함을 원칙으로 한다.

   ㉡ 지역사회자원체계와 클라이언트가 공동으로 장기적인 노력을 기울이도록 조정한다.

   ㉢ 클라이언트 및 주위 환경에 대한 지속적인 점검을 통해 클라이언트의 사회적 적응을 향상시킨다.

   ㉣ 종단적 차원에서 개인의 욕구에 반응하여 서비스를 제공한다.

④ 서비스의 접근성

    ㉠ 복잡한 프로그램, 개별적 참여기준, 정책 및 과정 등이 서로 달라 서비스 접근에 어려움이 있으므로 사례관리자는 서비스 제공자와 접촉하여 중개역할을 하여 쉽게 접근할 수 있도록 한다.

    ㉡ 클라이언트가 서비스를 이용하는 데 장애가 되는 심리적 · 물리적 · 사회문화적 · 경제적 제반 요소들이 존재하는가에 관한 문제가 함께 고려되며, 서비스 이용에 소극적인 지역사회의 잠재된 클라이언트에게 적극적으로 개입함으로써 서비스의 접근성을 높이도록 한다.

    ㉢ 사각지대 발굴을 위해, 도움과 충고가 필요한 사람들을 직접 찾아나서는 적극적인 방법인 아웃리치를 실시한다.

⑤ 클라이언트 자율성의 극대화

    ㉠ 자기결정권을 보장하기 위해 클라이언트의 선택에 대한 자유를 최대화하고 지나친 보호를 하지 않는다.

    ㉡ 클라이언트가 가능한 한 자립할 수 있도록 돕는 데 초점을 두고, 클라이언트가 자신의 서비스와 관련된 판단을 하는 데 있어서 자기결정능력을 최대화하도록 한다.

⑥ 서비스의 연계성

    ㉠ 지역사회에 분산되어 있는 서비스 정보를 제공하고 서비스 간 연결을 통해 서비스 효과를 높일 수 있도록 중재한다.

    ㉡ 지역사회 내의 환경과 관련된 자원을 클라이언트가 적극적으로 이용하도록 돕는다.

⑦ 서비스의 체계성

    ㉠ 서비스의 중복성을 줄이고 비용을 효율적으로 관리하기 위해 서비스와 자원들을 조정하는 기능을 한다.

    ㉡ 사례관리자는 서비스를 제공하는 공식적 지원체계 간의 조정 기능뿐 아니라, 가족이나 친구, 친지와 같은 비공식적 지원체계를 통합하고 기능적으로 연결함으로써 다양하고 체계적인 지지망을 구성하게 된다.

## 1 사례관리자의 역할

9, 11, 12, 15, 18, 19, 20회 기출

### (1) 조력자의 역할

① 개인이나 가족이 자신의 욕구를 파악하고 문제를 명확히 규명하며 해결방안을 탐색하고 전략을 선택하여 보다 효과적인 문제해결능력을 개발하거나 향상시키도록 돕는 역할이다.

② 조력자는 개인이나 가족을 원조하는 과정에서 사회복지사가 가장 빈번히 수행하는 역할이다.

### (2) 중개자의 역할

① 클라이언트 차원에서의 직접적인 개입이나 의뢰를 통해 클라이언트의 접근 가능한 자원과 서비스를 찾고 연결을 도와주는 역할이다.

② 클라이언트에게 적절한 인간서비스와 자원에 연결하는 것을 주요 기능으로 하는 사례관리의 핵심적 역할이 된다.

③ 사례관리자는 적절한 지역사회 자원과 연결시키는 데 필요한 지식과 기술을 갖추어야 하며, 이용 가능한 서비스를 파악하고, 적절한 서비스가 필요한 곳에 제공되는가를 점검해야 한다.

### (3) 옹호자의 역할

① 필요한 자원이나 서비스의 확보를 위해 지역사회에서의 클라이언트 개인이나 가족의 권리를 옹호하며 정책적 변화를 모색하기 위한 활동을 한다.

② 사례관리자는 지역사회자원을 찾거나 이러한 자원의 확보에 어려움을 겪는 사람들을 위해 개입할 수 있는 능력이 필요하다.

③ 서비스를 필요로 하는 대상자가 서비스로부터 차단되는 다양한 서비스 체계의 장애요인들에 대해서도 민감해야 한다.

### (4) 평가자의 역할

① 프로그램의 효과성, 효율성 및 비용의 효과성을 검토하기 위하여 사례관리 과정 전반에 관한 정보와 자료를 수집하고 분석하는 것이다.

② 사례관리자는 개별 클라이언트, 담당 사례, 서비스 계획, 서비스 전달체계, 서비스 활동, 서비스 지원체계 등을 효과적으로 분석한다.

### (5) 조정자의 역할

① 클라이언트의 문제와 원조자들로부터 도움이 필요한 욕구를 사정하고, 원조를 수행하는 과정에서 클라이언트의 욕구와 자원과의 관계, 클라이언트와 원조자들 간의 관계에서 필요한 조정과 타협의 책임이 있다.

② 클라이언트에 대한 사회의 수용을 이끌어 낼 수 있는 것은 물론, 지역사회의 자연발생적 자원을 이용하여 사회 전체의 비용을 감소시키고, 클라이언트의 지역사회 생활로의 재통합을 촉진시킬 수 있다.

### (6) 계획가의 역할

① 정책적 혹은 거시적 차원에서 지역사회나 사회구조에 관심을 가지고 지역주민 전체의 욕구를 파악하는 한편, 목표와 정책을 수립하고 프로그램을 개발한다.

② 클라이언트의 욕구를 충족시키기 위한 사례계획, 치료, 서비스 통합, 기관의 협력 및 서비스망을 설계한다.

> **참고**
>
> 사례관리자의 역할에 대해서는 학자마다 혹은 교재마다 매우 다양하게 제시되고 있습니다. 위의 일부 역할들은 비교적 공통된 견해에 해당하므로, 이점 착오 없으시기 바랍니다.

## 2 | 사례관리 모델

### (1) 클라이언트 중심 모델

① 사례관리의 기능을 수행함에 있어서 중심 초점을 클라이언트와 사례관리자와의 관계에 두는 모형이다.

② 사례관리자는 클라이언트를 적극적인 행동의 주체로 보고 그들의 강점, 잠재력, 성장가능성, 능력 등을 확인하고 개발하는 데 역점을 둔다.

③ 목표를 긍정적인 방향, 실행단계, 자신감 등에 두고 비공식적인 사회적 네트워크 강조와 지역사회 전체를 자원으로 활용한다.

④ 자율성의 증가, 자신감의 성장, 비공식적 네트워크와의 연결 등을 평가한다.

### (2) 제공자 중심 모델

① 서비스 계획이 중심요소가 되며 서비스 소비패턴의 개선, 환자로서의 역할 행동이 목표가 된다.

② 자원은 기존의 서비스 제공자에게 의뢰하고 공식적인 체계를 이용한다.

③ 평가는 소비된 서비스 단위의 증가, 입원일수의 감소, 치료계획에 대한 준수성의 향상여부이다.

### (3) 개인적 강점 모델

클라이언트의 능력을 먼저 파악하고, 클라이언트가 목적을 달성할 수 있도록 그들의 장점을 최대한 발휘할 수 있는 환경들을 만든다. 사례관리자는 직업교육, 사회적 지지, 의료 보호, 주거시설 등의 자원들을 클라이언트가 획득하도록 도와준다.

### (4) 완전 지지 모델

사례관리자는 직접적인 보호도 제공하고, 클라이언트에게 필요한 다른 서비스들을 연계시켜주는 중개자 역할도 한다. 임상적 서비스 이외에도 다양한 지지적 역할(금전관리, 주거)을 수행한다.

## 1 접수(Intake)

### (1) 의의 및 특징

① 서비스를 필요로 하는 클라이언트의 장애나 욕구를 개략적으로 파악하여 기관의 서비스에 부합하는지의 여부를 판단한다.

② 사례관리를 통해 제공할 수 있는 서비스의 내용을 클라이언트에게 상세히 설명하여 클라이언트가 그와 같은 서비스를 수령할 것인지의 여부를 확인하고 계약하는 일이 중심이 된다.

### (2) 서비스 제공의 주요 적격성 심사기준

① 시설보호에 대한 욕구 유무
② 복합적인 욕구 및 문제 상태
③ 중요한 타자의 상실에 따른 고통의 유무
④ 비공식적 지원체계의 원조 불충분성 여부
⑤ 이상행동 등의 행동적 특성 유무
⑥ 진료기록의 유무
⑦ 보호자나 후견인의 유무
⑧ 자기보호능력의 유무
⑨ 원조 제공 장소의 유무 등

## 2 사정(Assessment)

     4회 기출

### (1) 의의 및 특징

① 감별(Screening)을 통해 클라이언트가 서비스를 받을 자격이 있다고 판단되면 사정이 계획된다.

② 개입, 치료양식을 선택할 목적으로 클라이언트의 문제와 상황을 검토하기 위한 절차이다.

③ 클라이언트의 현재 기능에 관한 광범위하고 구조화된 평가과정으로, 현재 기능수준과 욕구를 파악한다.

## (2) 사정의 범주 17회 기출

### ① 욕구와 문제의 사정

문제는 클라이언트의 욕구가 해소되지 못할 때 발생하므로, 사례관리자는 클라이언트와 함께 욕구와 문제에 대한 목록을 만들어 개입의 우선순위를 정해야 한다.

### ② 자원의 사정

사례관리자는 문제 해결을 위해 필요한 공식적 자원 및 비공식적 자원을 클라이언트와 함께 사정한다.

### ③ 장애물의 사정

사례관리자는 클라이언트의 환경과 관련된 외부장애물, 클라이언트의 왜곡된 신념이나 가치 등의 내부장애물, 그리고 클라이언트 스스로 통제할 수 없는 선천적 무능력 등의 장애물을 사정한다.

## 3 계획(Service Plan)

### (1) 의의 및 특징

① 욕구와 문제를 사정한 후 사례관리자는 이를 해결할 수 있는 자원을 연결시키기 위해 일련의 개입계획을 수립하게 된다.

② 계획은 확인된 클라이언트의 문제, 성취될 결과, 목표달성을 위해 추구되는 서비스 등에 관해 클라이언트, 사회적 관계망, 다른 전문가, 사례관리자가 합의를 발달시켜 나가는 일련의 과정이다.

### (2) 사례계획의 6가지 항목(Kirst-Ashman & Hull. Jr.)

① 필요한 서비스에 대한 우선순위의 영역

② 각 영역 내에서 클라이언트의 진행과정을 평가하기 위한 장 · 단기의 구체적 측정목표

③ 목표성취를 위한 구체적인 행동

④ 클라이언트의 의뢰가 이루어지는 기관

⑤ 구체적인 시간계획

⑥ 서비스 전달 및 활용상에서의 잠정적 장애물 및 이를 해결하기 위한 방안

**4** 개입 또는 계획의 실행(Intervention)

**(1) 의의 및 특징**

① 서비스 계획 및 확립된 절차에 따라 이루어진 업무를 수행하는 과정이다.

② 필요한 양질의 서비스나 자원을 확보하여 이를 제공하는 것으로, 사례관리자에 의한 서비스 제공 방식에 따라 직접적 개입과 간접적 개입으로 구분된다.

③ 일반적으로 사례관리자는 클라이언트의 욕구와 관련된 기본적인 서비스를 직접적으로 제공하기보다는 서비스 공급주체와의 관계를 통해 클라이언트로 하여금 필요한 서비스를 이용할 수 있도록 돕는 활동을 수행한다.

**(2) 직접적 개입과 간접적 개입**　　　16회 기출

① 직접적 개입

ㄱ 클라이언트의 서비스 접근과 활용기술 및 능력을 고양시키려는 노력과 관련된다.

ㄴ 클라이언트를 교육시키는 것, 클라이언트의 결정 및 행동을 격려·지지하는 것, 위기 동안 적절히 개입하는 것, 클라이언트를 동기화시키는 것 등이 있다.

ㄷ 사례관리자는 안내자, 교육자, 정보제공자로서의 역할을 수행한다.

② 간접적 개입

ㄱ 클라이언트를 대신하여 클라이언트의 주변체계나 클라이언트와 체계 간의 관계를 변화시키려는 노력과 관련된다.

ㄴ 클라이언트에게 필요한 자원체계를 연계 또는 서비스를 중개하는 것, 클라이언트를 대신하여 다양한 체계에 대한 클라이언트 욕구를 옹호하는 것 등이 있다.

ㄷ 사례관리자는 중개자, 연결자, 옹호자로서의 역할을 수행한다.

**5** 점검(Monitoring) 및 재사정(Reassessment)　　　7, 11회 기출

**(1) 의의 및 특징**

① 클라이언트에게 제공되는 서비스의 적시성, 적절성, 충분성, 연속성을 보장하기 위해 서비스 제공체계의 서비스 전달 및 실행을 추적하고 이를 점검 및 재사정하는 과정이다.

② 점검에 의한 지속적인 재사정 과정을 통해 개입계획 또는 문제해결전략이 수정·보완되기도 한다.

**(2) 점검의 주요 목적**　　　17회 기출

① 서비스 개입계획이 적절히 이행되고 있는지를 검토한다.

② 서비스 지원계획에 따른 목표의 성취도를 검토한다.

③ 서비스와 지원의 산출을 검토한다.

④ 클라이언트의 욕구 변화 유무 및 서비스 계획 변경의 필요성을 검토한다.

## 6 평가(Evaluation) 및 종결(Disengagement)

### (1) 의의 및 특징

① 사례관리에서 결과를 평가하는 것은 매우 중요하며, 이러한 자료들은 궁극적으로 사례관리의 효과성을 제시하는 주요한 근거가 된다.

② 평가는 서비스 계획, 서비스 구성요소, 사례관리자에 의해 동원·조정된 서비스 활동이 가치 있는 것인지의 여부를 결정하기 위해 이용되는 과정이다.

### (2) 사례관리 평가의 주요 유형

① 클라이언트에 관한 서비스 및 개입계획에 대한 평가

② 목적달성 여부에 대한 평가

③ 전반적인 사례관리 서비스 효과에 대한 평가

④ 클라이언트의 만족도에 대한 평가

> **참고**
>
> 사례관리의 과정은 학자에 따라 혹은 교재에 따라 다양하게 제시되고 있으며, 보통 5~6가지 단계로 구분하고 있습니다. 사회복지사 시험에서도 문제가 다양하게 제시되고 있으므로 일반적인 과정을 기억해 두어야 합니다.

## 01 사례관리의 등장배경으로 옳지 않은 것은?

① 지역사회보호의 필요성이 증가하였다.
② 분산된 서비스의 조정기능이 부재하였다.
③ 사회적 지지체계의 중요성에 대한 목소리가 커지고 있었다.
④ 사회복지서비스의 공급주체가 일원화되고 있는 추세였다.
⑤ 만성적이고 복합적인 문제를 가진 클라이언트가 증가하였다.

**해설** ④ 사회복지서비스의 공급주체가 다원화되고 있는 추세였다.

## 02 사례관리의 개입원칙 중 옳은 것을 모두 고른 것은? [9회]

> ㄱ. 클라이언트에게 필요한 서비스 확보를 위한 클라이언트의 책임성을 강조한다.
> ㄴ. 클라이언트의 신체적, 정서적, 사회적 상황에 따른 욕구에 맞게 서비스를 제공한다.
> ㄷ. 클라이언트의 문제를 효율적으로 해결하기 위하여 클라이언트의 의존성을 강화시킨다.
> ㄹ. 클라이언트에게 필요한 서비스가 분산되어 있을 때 다른 기관의 서비스를 포괄적으로 받도록 한다.

① ㄱ, ㄴ, ㄷ      ② ㄱ, ㄷ
③ ㄴ, ㄹ      ④ ㄹ
⑤ ㄱ, ㄴ, ㄷ, ㄹ

**해설** 사례관리의 개입원칙
- 개별화 : 클라이언트 개개인의 신체적 · 정서적 특성 및 사회적 상황에 맞는 서비스를 제공한다.
- 포괄성 : 클라이언트의 다양한 욕구를 충족시킬 수 있도록 포괄적인 서비스를 제공한다.
- 지속성(연속성) : 클라이언트 및 주위환경에 대한 지속적인 점검을 통해 클라이언트의 사회적 적응을 향상 시킨다.
- 연계성 : 분산된 서비스 체계들을 서로 연계하여 서비스 전달체계의 효율성을 도모한다.
- 접근성 : 클라이언트가 쉽게 기관 및 자원에 접근할 수 있도록 돕는다.
- 자율성 : 서비스 과정에 있어서 클라이언트의 자율성을 극대화하며, 자기결정권을 보장한다.
- 체계성 : 서비스와 자원을 효율적으로 조정 · 관리함으로써 서비스 간 중복을 줄이고 자원의 낭비를 방지한다.

1 ④   2 ③    Answer

**03** 다음 사례에서 사례관리자의 역할은? [12회]

> 한부모가정 내 알코올 중독자인 아버지는 심신의 쇠약과 경제적 무능력 상태에서 중학교 2학년인
> 딸과 생활하고 있다. 딸이 재학 중인 학교의 사회복지사는 딸의 가정환경을 사정하는 과정에서
> 아버지와 면담을 하였다. 아버지는 어떻게든 딸을 돌봐야겠다는 생각에 자신의 상황을 변화시키
> 려는 의지를 갖고 있으나, 어디서부터 시작해야 할지 모르고 있었다. 학교사회복지사의 의뢰를
> 받은 사례관리자가 아버지의 욕구를 사정해 본 결과 알코올 의존에서 벗어나기, 직업 활동이 가
> 능할 정도의 체력 회복, 직업 훈련, 취업정보의 획득 등의 욕구가 확인되었다. 아버지의 동의하에
> 사례관리자는 그에게 지역사회 내 병원, 직업훈련시설, 자활후견기관, 동 주민센터, 단주모임
> (AA) 등을 안내하여 차례로 서비스를 받게 하였다.

① 중재자(Mediator)      ② 옹호자(Advocate)
③ 중개자(Broker)      ④ 기획가(Planner)
⑤ 조성자(Enabler)

> **해설** ③ 보기상의 알코올 중독자인 한부모가정의 아버지는 알코올 의존에서 벗어나고자 하였으며, 사회재활을 위
> 해 직업 훈련을 받기를 희망하였다. 사례관리자는 알코올 중독자인 클라이언트의 욕구를 사정한 후 그의
> 치료 및 재활을 위해 지역사회 내 병원, 직업훈련시설, 자활후견기관 등을 안내해 주었다. 이는 사례관리
> 자의 중개자(Broker) 역할에 해당하는 것으로, 사례관리자는 클라이언트로 하여금 지역사회 내에 있는 서
> 비스체계나 자원을 활용할 수 있도록 돕거나 안내해 주는 역할을 한다.

**04** 할머니 사망 후 큰아버지 집으로 갑자기 이사 가게 된 빈곤 조손가정 아동의 사례관리자가 수행할
역할로 적절하지 않은 것은? [10회]

① 이사에 대해 걱정되는 것이 있는지 물어본다.
② 이사에 대한 마음의 준비를 하도록 돕는다.
③ 이사 가는 지역의 사례관리 기관을 안내한다.
④ 위급상황 발생 시 연락하도록 기관 연락처를 준다.
⑤ 갑작스러운 이사이므로 이사와 함께 사례관리를 종결한다.

> **해설** 사례관리자는 조정자로서의 역할을 수행해야 한다. 사례관리자는 클라이언트와 원조자 간의 자원 연계 및 조
> 정의 역할을 수행하며, 연계망의 효과성을 증진하기 위해 이들과 지속적으로 소통해야 한다. 또한 사례관리
> 자는 중개자로서의 역할을 수행해야 한다. 사례관리자는 클라이언트의 문제 및 욕구가 기관의 서비스에 부합
> 하지 않는 경우, 클라이언트에게 보다 전문적인 서비스가 필요한 경우, 부득이 해당 기관에서 서비스를 받기
> 어려운 상황에 처한 경우, 다른 적합한 자원과 연계가 이루어지도록 노력해야 한다.

## 05 사례관리자의 간접적 개입으로 옳지 않은 것은? [16회]

① 장애인 인식개선을 위한 지역사회 홍보활동을 한다.

② 가정폭력 피해여성을 위한 모금활동을 한다.

③ 청소년 유해환경을 줄이기 위한 프로그램을 개발한다.

④ 사각지대 발굴을 위해 이웃주민을 조직한다.

⑤ 예비부모를 대상으로 가족교육을 실시한다.

**해설** ⑤ 사례관리자의 교육자로서의 역할로 직접적 개입에 해당한다.

**사례관리자의 직접적 개입과 간접적 개입**

| 직접적 개입 | • 클라이언트의 서비스 접근과 활용기술 및 능력을 고양시키려는 노력과 관련된다.<br>• 클라이언트를 교육시키는 것, 클라이언트의 결정 및 행동을 격려 · 지지하는 것, 위기 동안 적절히 개입하는 것, 클라이언트를 동기화시키는 것 등이 있다.<br>• 사례관리자는 안내자, 교육자, 정보제공자로서의 역할을 수행한다. |
|---|---|
| 간접적 개입 | • 클라이언트를 대신하여 클라이언트의 주변체계나 클라이언트와 체계 간의 관계를 변화시키려는 노력과 관련된다.<br>• 클라이언트에게 필요한 자원체계를 연계 또는 서비스를 중개하는 것, 클라이언트를 대신하여 다양한 체계에 대한 클라이언트 욕구를 옹호하는 것 등이 있다.<br>• 사례관리자는 중개자, 연결자, 옹호자로서의 역할을 수행한다. |

## 06 사례관리의 사정에 관한 설명으로 옳은 것을 모두 고른 것은? [17회]

> ㄱ. 클라이언트와 함께 문제 목록 작성
> ㄴ. 클라이언트의 욕구 및 자원 확인
> ㄷ. 계획된 서비스의 전달과정 추적

① ㄱ

② ㄴ

③ ㄱ, ㄴ

④ ㄴ, ㄷ

⑤ ㄱ, ㄴ, ㄷ

**해설** ㄷ. 사례관리의 점검(Monitoring) 및 재사정(Reassessment) 단계의 내용에 해당한다. 점검 및 재사정 단계에서는 클라이언트에게 제공되는 서비스의 적시성, 적절성, 충분성, 연속성을 보장하기 위해 서비스 제공체계의 서비스 전달 및 실행을 추적하고 이를 점검 및 재사정한다.

5 ⑤  6 ③   Answer

# 최신기출문제

**01** 다음에서 사례관리자가 수행한 역할이 아닌 것은? [18회]

> 사례관리자는 알코올, 가정폭력, 실직 문제가 있는 클라이언트를 면담하여 알코올 치료와 근로에 대한 동기를 부여하고, 지역자활센터 이용 방법을 설명하였다. 또한, 클라이언트의 배우자와 다른 알코올중독자들의 배우자 5명으로 집단을 구성하고 알코올중독의 영향에 대해서 체계적으로 가르쳐 주었으며, 가정폭력상담소에 연계하여 전문상담을 받도록 하였다.

① 상담가
② 중재자
③ 교육자
④ 중개자
⑤ 정보제공자

해설
① 사례관리자는 상담가로서 클라이언트를 면담하고 문제해결을 위한 동기를 부여하였다.
③ 사례관리자는 교육자로서 클라이언트의 문제와 그 영향에 대해 체계적으로 가르쳐 주었다.
④ 사례관리자는 중개자로서 클라이언트로 하여금 다른 전문기관에서 전문상담을 받도록 연계해 주었다.
⑤ 사례관리자는 정보제공자로서 지역자활센터의 이용 방법에 대해 설명해 주었다.

**02** 사례관리의 원칙에 해당되지 않는 것은? [19회]

① 다양한 욕구를 포괄
② 개별화된 서비스 제공
③ 클라이언트의 자율성 극대화
④ 충분하고 연속성 있는 서비스 제공
⑤ 임상적인 치료에 집중된 서비스 제공

해설
⑤ 사례관리는 통합성의 원칙에 따라 서비스가 잘 조정되어 중복되지 않고 적절히 높은 질을 갖도록 해야 한다.
① 포괄성의 원칙, ② 개별화의 원칙, ③ 자율성의 원칙, ④ 지속성(연속성)의 원칙

**03** 사례관리의 과정을 순서대로 바르게 나열한 것은? [16회]

① 계획 – 사정 – 연계 및 조정 – 점검
② 계획 – 사정 – 점검 – 연계 및 조정
③ 사정 – 계획 – 점검 – 연계 및 조정
④ 사정 – 계획 – 연계 및 조정 – 점검
⑤ 점검 – 사정 – 계획 – 연계 및 조정

해설 🔍 사례관리의 일반적인 과정

- 제1단계(접수, Intake) : 클라이언트의 욕구를 개략적으로 파악하여 기관의 서비스에 부합하는지의 여부를 판단한다.
- 제2단계(사정, Assessment) : 클라이언트의 현재 기능에 관한 광범위하고 구조화된 평가과정으로, 현재 기능수준과 욕구를 파악한다.
- 제3단계(계획, Service Plan) : 확인된 클라이언트의 문제, 목표달성을 위해 추구되는 서비스 등에 관해 클라이언트, 사회적 관계망, 다른 전문가, 사례관리자가 합의를 발달시켜 나가는 일련의 과정이다.
- 제4단계(개입 또는 계획의 실행, Intervention) : 필요한 양질의 서비스나 자원을 확보하여 이를 제공하는 것으로, 사례관리자에 의한 서비스 제공방식에 따라 직접적 개입과 간접적 개입으로 구분된다.
- 제5단계(점검 및 재사정, Monitoring & Reassessment) : 클라이언트에게 제공되는 서비스의 적시성, 적절성, 충분성, 연속성을 보장하기 위해 서비스를 점검 및 재사정하는 과정이다. 이를 통해 개입계획 또는 문제해결전략이 수정·보완되기도 한다.
- 제6단계(평가 및 종결, Evaluation & Disengagement) : 서비스 계획, 서비스 구성요소, 사례관리자에 의해 동원·조정된 서비스 활동이 가치 있는 것인지의 여부를 결정하기 위해 이용되는 과정이다.

**04** 사례관리의 목적에 해당하는 것을 모두 고른 것은? [20회]

ㄱ. 서비스의 통합성 확보
ㄴ. 서비스 접근성 강화
ㄷ. 보호의 연속성 보장
ㄹ. 사회적 책임성 제고

① ㄱ, ㄴ
② ㄴ, ㄹ
③ ㄱ, ㄷ, ㄹ
④ ㄴ, ㄷ, ㄹ
⑤ ㄱ, ㄴ, ㄷ, ㄹ

해설 🔍 사례관리의 목적

- 클라이언트의 삶의 질 향상과 역량 강화
- 보호의 연속성 보장(ㄷ)
- 서비스의 통합성 확보(ㄱ)
- 서비스 접근성 강화(ㄴ)
- 사회적 책임성 제고(ㄹ)
- 성과관리와 평가

빨리보는

# 간단한 키워드

2영역

# 사회복지실천기술론

# 빨리보는 간단한 키워드

꼭 알아야 할
기출 키워드

> 최근 7년간 실제 시험(2022년 제20회~2016년 제14회)에 출제된 키워드를 간략히 정리하였습니다. 본격적인 학습 전후, 꼼꼼히 정리한 꼭 알아야 하는 '정답 키워드'를 통해 최신 출제경향을 빠르게 파악하고, 스스로의 실력을 점검해 봅시다.

**② 영역** 사회복지실천기술론

● 2022년 제20회

| 문제 키워드 | 정답 키워드 |
|---|---|
| 사회복지실천의 기초이론 | 인간의 성장, 발달 또는 사회환경과의 기능과 역기능을 설명하려는 심리학, 경제학, 사회학, 교육학 등의 이론 |
| 집단 초기 단계에서 사회복지사의 역할 | • 집단과 구성원의 목표 설정<br>• 지도자인 사회복지사를 소개하며 신뢰감 형성<br>• 구성원 간 유사성을 토대로 응집력 형성 |
| 집단활동 중 발생하는 저항 | • 구성원이 피하고 싶은 주제가 논의될 때 일어날 수 있음<br>• 사회복지사가 제안한 과업의 실행방법을 모를 때 발생할 수 있음<br>• 효과적으로 해결하면 집단활동이 촉진될 수 있음<br>• 다른 구성원의 의견을 통해 해결방안을 찾을 수 있음<br>• 집단성원의 불안감, 저항감을 감소시키기 위해 노력하며, 집단활동의 장애물 또는 장애 요인 예측 |
| 소시오메트리 | • 집단성원 간 관심 정도를 측정하기 위하여 각 성원에 대한 호감도를 1점(가장 싫어함)에서 5점(가장 좋아함)으로 평가<br>• 이러한 소시오메트리 질문을 통해 하위집단을 측정할 수 있음 |
| 집단 응집력 | • 구성원 간 신뢰감이 높을수록 응집력이 높음<br>• 응집력이 높은 집단에서는 자기 자신을 개방하며, 자기 탐색에 집중함<br>• 구성원이 소속감을 가지면 응집력이 강화됨<br>• 응집력이 높은 집단이 낮은 집단보다 생산적인 작업에 더 유리함 |
| 인지행동모델의 개입방법 | • 설 명<br>• 경험적 학습<br>• 내적 의사소통의 명료화<br>• 인지 재구조화<br>• 시 연<br>• 체계적 둔감화<br>• 기록과제<br>• 역설적 의도<br>• 역동적 · 실존적 숙고 치료 활동<br>• 모델링<br>• 자기지시기법<br>• 점진적 이완훈련 |

| 과제중심모델에서의<br>과제 | • 사회복지사보다 클라이언트가 제시하는 문제나 욕구를 고려하여 선정<br>• 조작적 과제는 일반적 과제에 비해 구체적<br>• 과거보다 현재에 초점을 둠<br>• 과제 수는 가급적 3개를 넘지 않게 함<br>• 지속적인 모니터링을 통해 클라이언트의 문제가 경감되는 과정을 재검토하며, 진행이 만족스럽지 못한 경우나 새로운 문제가 발견되는 경우 계약의 일부를 수정 또는 변경 | | |
|---|---|---|---|
| 해결중심모델 | • 삶에서 변화는 불가피하며 작은 변화가 더 큰 변화로 이어짐<br>• 모든 문제에는 예외 존재<br>• 클라이언트는 자기 삶의 주체이며, 자신에게 중요한 사람과 일에 대해 가장 잘 아는 전문가 | | |
| 비합리적 사고에 대한<br>논박기법 | 논리성 | 어떤 조건이 좋고 바람직하다고 해서 그것이 반드시 존재해야 하는 것은 아님을 깨닫도록 함 | |
| | 실용성 | 내담자가 가지고 있는 신념이 혼란만 초래할 뿐 아무런 이득이 없음을 깨닫도록 함 | |
| | 현실성 | 내담자가 가지고 있는 신념이 현실적으로 이루어질 수 없음을 깨닫도록 함 | |
| 직 면 | 클라이언트의 행동 변화나 사회기술 향상을 위해 사용되는 기법이 아닌 클라이언트의 인지능력 향상 및 상황에 대한 인식을 돕기 위해 사용되는 기법 | | |
| 생태도 | 가족에 영향을 미치는 주요 환경체계를 확인하기 위한 사정도구 | | |
| 사티어의 의사소통유형 | • 아첨형(회유형) : 자신 무시, 타인 존중, 상황 존중<br>• 일치형 : 자신 존중, 타인 존중, 상황 존중<br>• 비난형 : 자신 존중, 타인 무시, 상황 존중<br>• 산만형 : 자신 무시, 타인 무시, 상황 무시<br>• 초이성형 : 자신 무시, 타인 무시, 상황 존중 | | |
| 자아분화(Bowen) | • 개인이 가족의 정서적인 혼란으로부터 자유롭고 독립적인 사고나 행동을 할 수 있는 정도<br>• 만약 자아분화 수준이 낮다면 미분화에서 오는 불안이나 갈등을 삼각관계를 통해 회피함 | | |
| 탈삼각화(Bowen) | • 다세대적 가족치료모델을 적용한 개입방법<br>• 가족 내 삼각관계를 교정하여 미분화된 가족자아 집합체로부터 벗어나도록 돕는 것 | | |
| 재명명 기법 | • 가족성원의 문제를 다른 시각에서 보거나 다른 방법으로 이해하도록 돕는 방법<br>• 모든 행동에는 부정적인 면과 긍정적인 면이 동시에 존재한다는 관점에서, 부정적인 행동에 긍정적인 암시를 부여하는 것 | | |

● 2021년 제19회

| 문제 키워드 | 정답 키워드 |
|---|---|
| 집단의 치료적 효과<br>(Malekoff) | • 상호지지 : 집단성원들 간에 서로 지지해 줌으로써 도움을 주고받는 것이 가능<br>• 일반화 : 자신들의 문제를 집단 내에서 서로 공통된 관심사로 일반화시킬 수 있음<br>• 희망증진 : 집단을 통해 문제의 해결점을 찾아갈 수 있고, 자신들에게 문제를 해결할 수 있는 능력이 있음을 깨닫도록 함<br>• 이타성 향상 : 자기중심적인 상황에서 벗어나 타인을 위해 도움을 줄 수 있는 이타성을 기를 수 있음<br>• 새로운 지식과 기술 습득 : 서로 간에 새로운 정보를 교환하고 새로운 기술을 실험해 볼 수 있는 기회를 제공<br>• 집단의 통제감 및 소속감 : 집단성원 모두에게 동등한 기회를 제공하고 집단의 성장을 위해 공헌하게 함으로써 훌륭한 집단으로 성장할 수 있는 기회를 제공<br>• 정화의 기능 : 자신의 문제에 대한 감정, 생각, 희망, 꿈 등을 공유함으로써 자신의 문제를 보다 객관적으로 해결할 수 있는 기회를 제공<br>• 재경험의 기회 제공 : 집단 내 상호작용 과정에서 그동안 해결되지 않은 역기능을 재경험하도록 함으로써 이를 수정하고 성장할 수 있는 기회를 제공<br>• 현실감각의 테스트 효과 : 서로 간의 잘못된 생각이나 가치를 서로에게 던져봄으로써 잘못된 생각을 수정할 수 있는 기회를 제공 |
| 집단역동에서 하위집단 | • 하위집단은 정서적 유대감을 갖게 된 집단구성원 간에 형성<br>• 적게는 두 명에서 많게는 다수의 성원들로 구성<br>• 하위집단의 발생은 필연적이기 때문에 전체집단에 부정적 영향을 주는지 파악하는 것이 필요<br>• 하위집단 가운데 다소 우위에 있는 하위집단이 집단에 대한 통제력을 행사하려고 시도하기 때문에 다른 하위집단과 갈등을 유발할 수 있음<br>• 하위집단은 소시오그램(Sociogram)이나 소시오메트리(Sociometry)를 통해 측정 가능 |
| 정신역동모델의 개입기술 | • 직면 : 내담자의 불일치성에 초점을 둠<br>• 훈습 : 저항이나 전이에 대한 이해를 반복해서 심화, 확장하도록 함<br>• 자유연상 : 의식에 떠오르는 모든 것을 이야기 하도록 함<br>• 해석 : 클라이언트의 통찰력 향상을 위해 상담자의 직관에 근거하여 설명<br>• 꿈의 분석 : 꿈을 통해 나타나는 무의식적 소망과 욕구를 해석하여 통찰력을 갖도록 함 |
| 집단유형별 특성 | • 지지집단은 유사한 문제와 욕구를 가진 사람들로 구성하여 유대가 빨리 형성<br>• 성장집단은 집단 참여자의 자기인식을 증가시켜 개인의 잠재력을 최대화하는 데 초점<br>• 치료집단은 성원의 병리적 행동과 외상 후 상실된 기능을 회복하는 데 초점<br>• 교육집단은 지도자가 집단 성원의 문제와 욕구를 해결하기 위해 필요한 기술과 정보를 제공<br>• 자조집단은 서로 유사한 문제나 공동의 관심사를 가진 사람들이 자발적으로 구성하여 각자의 경험을 공유하며, 개인적으로 바람직한 변화를 위해 노력하는 상호원조집단 |
| 재구성 또는 재명명 | • 가족성원의 문제를 다른 시각에서 보거나 다른 방법으로 이해하도록 돕는 방법. 이는 모든 행동에는 부정적인 면과 긍정적인 면이 동시에 존재한다는 관점에서, 부정적인 행동에 긍정적인 암시를 부여하는 것<br>• 가족구성원에게 가족 내의 문제를 현실에 맞게 새로운 관점에서 보도록 함으로써 문제를 올바로 인식하게 하고 서로 관계하는 방법을 변화시키도록 도움 |
| 단기개입을 특징으로 하는 사회복지실천모델 | • 과제중심모델은 클라이언트의 문제를 자원 혹은 기술의 부족으로 이해하고 클라이언트가 동의한 과제를 중심으로 구체적인 문제해결에 주력하는 모델<br>• 위기개입모델은 위기상황에 처해 있는 개인이나 가족을 초기에 발견하여 그 구체적이고 관찰 가능한 문제에 초점을 두고 초기단계에서 원조활동을 수행하는 모델<br>• 해결중심모델은 문제의 원인을 규명하기보다는 클라이언트가 가지고 있는 자원을 활용하여 해결방안을 마련하는 모델 |

| 위기개입모델의<br>개입 원칙 | • 위기개입은 단기적 접근으로, 구체적이고 관찰이 가능한 문제들이 위기개입의 표적 대상<br>• 위기개입의 목표와 실천과정은 간결하고 구체적이어야 함<br>• 위기개입에서 사회복지사는 적극적이고 직접적인 역할을 수행<br>• 위기 이전의 기능수준으로 회복하도록 도움<br>• 위기개입은 위기상황과 관련된 현재의 구체적인 문제에 초점을 두며, 클라이언트의 과거<br>에 대한 탐색에 몰두하지 않음 |
|---|---|
| 해결중심모델에서<br>사용하는 질문기법 | • 관계성질문은 클라이언트와 중요한 관계에 있는 사람들이 갖고 있는 생각, 의견, 지각 등<br>에 대해 묻는 것으로, 그들의 관점에서 클라이언트 자신의 문제에 대해 어떻게 생각할지<br>추측해 보도록 함<br>• 대처질문은 어려운 상황에서의 적절한 대처 경험을 상기시키도록 함으로써 내담자로 하여<br>금 스스로의 강점을 발견하고, 자신이 대처 방안의 기술을 가지고 있음을 깨닫도록 함<br>• 예외질문은 문제해결을 위해 우연적이며 성공적으로 실행한 방법을 찾아내어 이를 의도적<br>으로 계속해 보도록 격려<br>• 상담 전 변화질문은 상담 전 변화가 있는 경우 클라이언트가 이미 보여준 해결능력을 인<br>정하며, 이를 강화하고 확대할 수 있도록 격려 |
| 가족조각<br>(Family Sculpting) | • 가족의 상호작용 양상을 공간 속에 배치하는 방법으로서, 특정 시기의 정서적인 가족관계<br>를 사람이나 다른 대상물의 배열을 통해 나타냄<br>• 가족조각의 목적은 가족관계 및 가족의 역동성을 진단함으로써 치료적인 개입하는 것<br>• 자신을 제외한 다른 가족성원들을 이용하여 가족조각을 마친 후 가족을 조각한 사람도 맨<br>마지막에 자신이 만든 조각의 어느 한 부분에 들어가 동작을 취해야 함<br>• 가족조각을 하면서 혹은 형성된 가족조각을 통해 가족 간의 친밀도나 가족 내 숨겨져 표<br>현되지 못했던 감정, 가족규칙 및 가족신화 등이 노출될 수 있음 |
| 집단응집력 향상을 위한<br>방안 | • 집단성원들 간의 활발한 상호작용을 위해 집단토의와 프로그램 활동을 적극적으로 활용<br>• 집단성원 개개인이 스스로 가치 있고 능력 있는 존재이며, 서로 다른 인식과 관점을 가진<br>존재임을 깨닫도록 도움<br>• 집단성원들의 욕구가 집단 내에서 충족된 방법들을 파악하도록 도움<br>• 집단성원들이 목표에 초점을 두고 목표를 달성할 수 있도록 도움<br>• 집단성원들 간 비경쟁적 관계 및 상호협력적인 관계를 형성하도록 도움<br>• 집단성원들이 집단 과정에 완전히 참여할 수 있는 규모의 집단을 형성<br>• 집단성원들이 기대하는 바를 명확히 하고 집단성원의 기대와 집단의 목적을 일치시킴<br>• 집단에 참여함으로써 얻을 수 있는 자원이나 보상 등의 자극제를 제시<br>• 집단성원들이 현재 참여하고 있는 집단에 대해 자부심을 느끼도록 도움<br>• 집단성원으로서의 책임성을 강조 |
| 사티어(V. Satir)의<br>의사소통 유형 | • 아첨형 : 자신 무시, 타인 존중, 상황 존중<br>• 일치형 : 자신 존중, 타인 존중, 상황 존중<br>• 비난형 : 자신 존중, 타인 무시, 상황 존중<br>• 산만형 : 자신 무시, 타인 무시, 상황 무시<br>• 초이성형 : 자신 무시, 타인 무시, 상황 존중 |

제2영역

안심Touch

● 2020년 제18회

| 문제 키워드 | 정답 키워드 |
|---|---|
| 사회복지실천을 위한 지식과 기술의 습득 | • 사회복지실천기술은 사회복지실천활동 수행 시 효과적으로 지식을 이용하고 적용할 수 있도록 해 주는 방법으로, 지식과 기술을 한 데 모아 행동으로 옮기는 실천요소<br>• 문제를 인식하고 분석하며 적절한 지식과 기법을 선택하여 활용하는 실천과정의 기술은 다양한 현장에서의 훈련 및 재교육, 슈퍼비전, 전문적 자문, 각종 사례회의 및 세미나 등을 통해 습득할 수 있음 |
| 집단의 종류 | • 자조집단 : 서로 유사한 문제나 공동의 관심사를 가진 사람들이 자발적으로 구성하여 각자의 경험을 공유하며, 개인적으로 바람직한 변화를 위해 노력하는 상호원조집단<br>• 성장집단 : 집단성원들의 자기인식을 증진시키며, 각 성원들의 잠재력을 최대화하는 것을 목표로 함. 집단성원들의 병리적 현상을 치료하기보다는 집단을 도구로 하여 심리적인 건강을 증진시키고 기능을 향상하도록 함<br>• 교육집단 : 집단성원들의 지식, 정보, 기술의 향상을 주된 목표로 하며, 이를 통해 자기 자신은 물론 자신이 속한 사회에 대한 이해의 폭을 넓히도록 함<br>• 치료집단(치유집단) : 집단성원들이 스스로 자신의 부적응적인 행동을 변화시키고, 개인적인 문제를 완화하거나 제거할 수 있도록 원조하는 것을 목적으로 함 |
| 소시오그램 (Sociogram) | 집단성원들 간의 상호작용을 도식화하여 구성원의 지위, 구성원 간의 관계, 하위집단은 물론 집단성원 간 결탁, 수용, 거부 등을 파악하는 데 유용한 사정도구 |
| 사회기술훈련에서 활용되는 기법 | • 코칭(Coaching) : 치료자가 클라이언트에게 어떤 힌트나 신호를 줌으로써 특정 상황에서 필요로 하는 사항이나 기술을 쉽게 인지할 수 있도록 해 주는 기술<br>• 과제제시(Task Presentation) : 치료자가 클라이언트와 상의 하에 실생활 장면에서 실행할 수 있는 과제를 제시하는 기술<br>• 모델링(Modeling) : 모델의 행동을 관찰하고 모방하여 학습함으로써 의도했던 기술을 수행할 수 있도록 해 주는 기술<br>• 자기옹호(Self-advocacy) : 클라이언트로 하여금 스스로 목소리를 내어 자신의 권리를 주장할 수 있도록 해 주는 기술 |
| 토스랜드와 리바스(R. Toseland & Rivas)가 분류한 성장집단 | • 촉진자로서의 전문가 역할이 강조되며, 성원 간의 상호작용이 중요한 도구가 됨<br>• 개별 성원의 자기표출을 긍정적으로 인식하며, 공감과 지지를 얻기 위해 동질성이 높은 성원으로 구성<br>• 성장집단(Growth Group)은 집단성원들의 자기인식을 증진시키며, 각 성원들의 잠재력을 최대화하는 것을 목표로 함 |
| ABAC 설계 | • ABCD 설계의 논리에 반전설계의 논리를 결합시킨 것<br>• 복수요인설계로서 ABCD 설계는 서로 다른 개입이 연속적으로 이루어짐으로써 각각의 개입방법에 대한 독자적인 효과의 인과관계를 명확히 밝히기 어려운 한계가 있음<br>• ABAC 설계는 AB 이후에 AC를 시도한다는 점에서 ABC(혹은 ABCD)의 단점을 보완하는 한편, 새로운 기초선으로 인해 C의 효과를 앞선 B의 효과와 섞지 않고 볼 수 있는 장점이 있음 |
| 가족 옹호 (Family Advocacy) | 가족을 위한 기존의 서비스 혹은 서비스 전달을 향상시키거나 새로운 혹은 변화된 형태의 서비스를 개발하도록 하는 것으로, 가족의 사회환경을 향상시키고 사회정의를 증진시키기 위한 과정으로 볼 수 있음 |

| 가족의 특성 | • 다세대에 걸친 역사성의 산물<br>• 사회변화에 민감한 체계<br>• 가족구성원 간 상호 영향은 지속적<br>• 가족마다 권력구조와 의사소통 형태를 갖고 있음<br>• 가족 내 공식적 · 비공식적 역할들은 고정되어 있지 않음<br>• 가족은 생활주기를 따라 단계적으로 발달하고 변화함<br>• 사회변화에 따라 가족의 구조와 기능도 변화함<br>• 가족항상성을 통해 다른 가족과 구별되는 정체성을 갖음<br>• 위기 시 가족은 역기능적 행동을 보일 수도 있지만 가족탄력성을 보일 수도 있음<br>• 기능인인 가족은 응집성과 적응성, 문제해결력이 높음<br>• 현대 가족은 점차 정서적 기능이 약화되고 있음 |
|---|---|
| 합류 또는 합류하기<br>(Joining) | 치료자가 가족성원들과의 관계형성을 위해 가족을 수용하고 가족에 적응함으로써 기존의 가족구조에 참여하는 방법 |
| 가계도를 통해<br>알 수 있는 정보 | • 가족구성원에 대한 정보(성별, 나이, 출생 및 사망시기, 직업 및 교육수준, 결혼 및 동거관계 등)<br>• 가족구조 및 가족관계의 양상(자연적 혈연관계 또는 인위적 혈연관계)<br>• 가족 내 하위체계 간 경계의 속성<br>• 가족성원 간의 단절 또는 밀착 정도<br>• 가족 내 삼각관계<br>• 가족성원의 역할과 기능의 균형상태<br>• 그 밖에 가족양상의 다세대적 전이, 세대 간 반복되는 유형 등 종단 · 횡단, 종합 · 통합적인 가족의 속성 |
| 순환적 인과성<br>(Circular Causality) | • 가족체계를 원인에 따른 결과 또는 자극에 따른 반응과 같은 선형적 유형으로 보는 것이 아닌 가족체계의 상호작용 패턴에 초점을 두는 순환적 반응으로 보는 것<br>• 가족체계 내의 한 구성원의 변화는 다른 구성원을 자극하여 반응을 이끌어내게 되고, 이것이 또 다시 다른 구성원을 자극함으로써 가족 전체에 영향을 미치게 됨<br>• 가족 문제를 해결하기 위해서는 문제의 원인 그 자체보다는 문제가 유지되는 가족의 상호작용 과정을 살펴보아야 함<br>• 문제를 일으키거나 증상을 표출하는 성원 또는 다른 성원의 변화를 통해 가족의 역기능적 문제가 해결됨 |
| 역량강화모델<br>(임파워먼트모델) | 무기력 상태에 있거나 필요한 자원을 스스로 활용하지 못하는 클라이언트를 대상으로 자신의 삶을 통제할 수 있도록 돕는 개입모델. 클라이언트의 잠재적인 역량에 초점을 두며, 클라이언트가 스스로의 능력을 발휘하는 데 있어서 장애가 되는 요소들을 제거하고 자신의 능력을 육성하여 권한을 획득하도록 도움 |
| 인지적 왜곡이나 오류의<br>유형 | • 선택적 사고(Selective Abstraction) : 일부 정보들만을 본 후 결론을 내리는 것. 상황에 대한 자신의 관점을 지지하기 위해 특정 자료들을 걸러 내거나 무시하는 것이므로 '정신적 여과(Mental Filter)'라고도 함<br>• 임의적 추론(Arbitrary Inference) : 어떤 결론을 지지하는 증거가 없거나 그 증거가 결론에 위배됨에도 불구하고 그와 같은 결론을 내리는 것<br>• 이분법적 사고(Dichotomous Thinking) : 모든 경험을 한두 개의 범주로만 이해하고 중간지대가 없이 흑백논리로써 현실을 파악하는 것<br>• 과잉일반화(Overgeneralization) : 한두 가지의 고립된 사건에 근거해서 일반적인 결론을 내리고 그것을 서로 관계없는 상황에 적용하는 것<br>• 과장과 축소(Magnification/Minimization) : 어떤 사건의 의미나 중요성을 실제보다 지나치게 확대하거나 축소하는 것 |
| 해결중심모델 | 해결중심모델에서 사회복지사는 변화촉진을 위한 질문자 역할을 수행하며, 이를 위해 상담 전 변화질문, 예외질문, 기적질문, 척도질문, 대처질문, 관계성질문 등 다양한 질문기법들을 활용함 |

제2영역

| 위기의 네 가지 유형<br>[제임스와 길리랜드<br>(James & Gilliland,<br>2008)] | • 발달적 위기 : 일생을 살아가는 동안 성장하고 발달하는 과정에서의 변화나 전환으로 인해 부적응적인 반응이 나타나는 경우<br>• 상황적 위기 : 개인이 예측하거나 통제할 수 없는 사건이 발생하는 것을 의미함<br>• 실존적 위기 : 내적 갈등 또는 불안을 포함하는 개념으로, 삶의 목표, 책임감, 독립성, 자유 의지와 같은 중요한 실존적인 주제와 관련된 것<br>• 환경적 위기 : 자연이나 인간이 유발한 재해가 어떤 잘못 등을 하지 않은 개인이나 집단에게 발생하는 경우 | | |
|---|---|---|---|
| 문제중심기록의<br>SOAP 포맷 | • 주관적 정보(Subjective Information) : 클라이언트가 지각하는 문제, 즉 자기의 상황과 문제에 대해 스스로 어떻게 생각하고 느끼는지에 대한 주관적인 정보를 기술함<br>• 객관적 정보(Objective Information) : 클라이언트의 행동이나 외모에 대한 사회복지사의 관찰을 비롯하여 사실적 자료와 같은 객관적인 정보를 기술함<br>• 사정(Assessment) : 주관적 정보와 객관적 정보를 토대로 사정, 견해, 해석 및 분석을 기술함<br>• 계획(Plan) : 주관적 정보, 객관적 정보, 사정을 토대로 확인된 문제에 대해 무엇을 할 것인지에 대한 계획을 기술함 | | |
| 정신역동모델 | • 치료적 처방 제공보다는 클라이언트의 무의식적 갈등이 현재의 행동에 어떠한 영향을 주고 있는지를 통찰하도록 돕기 위해 자유연상, 해석, 꿈의 분석, 저항의 분석, 전이의 분석, 직면, 훈습 등 다양한 기술들을 활용<br>• 클라이언트의 미래 의지를 강조하지 않고, 클라이언트의 과거를 탐색함으로써 현재의 상황과 과거의 발달경험 간의 관계를 규명하고 현재와 과거의 연관성을 구성하는 데 주력함<br>• 진단주의 학파와 이론적 맥락을 같이 함. 진단주의 학파는 인간을 기계적·결정론적 관점에서 바라보며 무의식을 강조하는 경향이 있는 반면, 기능주의 학파는 인간을 의지적·낙관적 관점에서 바라보며 인간 스스로의 창조성과 성장 가능성을 강조 | | |
| 위기개입모델의 위기개입<br>과정(Gilliland) | 문제 정의<br>(제1단계) | 사회복지사는 클라이언트의 관점에서 문제에 관한 정보를 경청하며, 언어적·비언어적 메시지를 전달하여 클라이언트에게 관심을 갖고 있음을 보여줌 | |
| | 안전 확보<br>(제2단계) | 클라이언트의 안전을 확보하는 것이 중요하므로, 클라이언트 주변의 위험을 최소화하고 치명성(Lethality)을 사정함 | |
| | 지 지<br>(제3단계) | 수용적·비심판적인 태도로 클라이언트를 지지하며, 클라이언트에게 관심과 돌봄을 표현 | |
| | 대안 탐색<br>(제4단계) | 클라이언트의 지지체계, 대처기제, 사고방식, 현실성 등 다양한 측면들을 고려하여 가능한 대안을 탐색 | |
| | 계획 수립<br>(제5단계) | 사회복지사와 클라이언트 간의 협력관계를 통해 현실적인 단기계획을 수립함으로써 클라이언트의 자립심을 고양시킴 | |
| | 참여 유도<br>(제6단계) | 사회복지사와 클라이언트가 수립한 계획을 클라이언트로 하여금 요약하게 함으로써 클라이언트의 책임감을 높이고 위기 해결을 위한 노력에 참여하도록 유도 | |

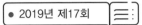 2019년 제17회

| 문제 키워드 | 정답 키워드 |
|---|---|
| 정신역동모델의 주요 기법 | • 해석 : 클라이언트의 통찰력 향상을 위해 상담자의 직관에 근거하여 설명하는 것<br>• 훈습 : 클라이언트로 하여금 저항이나 전이에 대한 이해를 반복해서 심화, 확장하도록 원조<br>• 전이 : 클라이언트가 과거에 타인과의 관계에서 경험하였던 소망이나 두려움 등의 감정을 사회복지사에게 보이는 반응<br>• 자유연상 : 클라이언트로 하여금 의식에 떠오르는 것이면 모든 것을 이야기하도록 하는 것 |
| 인지행동모델 | • 소크라테스식 질문 등으로 문제를 논박하여 인지적 왜곡이나 오류가 있음을 밝힘<br>• 사건이나 행동의 의미를 재발견하도록 도움<br>• 인지재구조화를 통해 클라이언트의 역기능적이고 비합리적인 신념체계를 보다 기능적이고 합리적인 신념체계로 대체할 수 있도록 도움 |
| 가족사정방법 | • 생태도 : 가족관계를 비롯하여 가족과 외부환경의 상호작용, 접촉빈도 등을 수집하고 정리하는 것<br>• 가계도 : 세대 간 전수되는 가족의 특징이나 반복되는 사건 등을 파악할 수 있는 것<br>• 사회적 관계망표 : 사회적 관계에서의 지지 유형과 정도를 파악<br>• 생활주기표 : 클라이언트의 생활주기와 가족구성원의 발달단계별 과업을 도표화하여 각 단계에 따른 과업과 위기를 일목요연하게 살펴볼 수 있도록 해 주는 것<br>• 생활력도표 : 중요한 사건 또는 시기를 중심으로 연대기적 · 종단적으로 파악할 수 있는 도구 |
| 집단사회복지실천에서 집단의 구성 | • 동질성과 이질성 : 집단이 유지되기 위해 집단은 동질적이면서 또한 이질적이어야 함<br>• 집단의 크기 : 집단의 목표에 따라 집단의 크기를 융통성 있게 정함<br>• 집단의 개방수준(집단유형) : 다양한 집단성원의 참여를 유도하기 위해서는 개방형 집단으로 구성하고, 집단의 연속성과 성원들 간의 강한 응집력을 위해서는 폐쇄형 집단으로 구성<br>• 집단의 지속기간 및 회합의 빈도 : 집단의 지속기간은 응집력이 발생할 수 있을 정도로 충분히 길어야 하나, 그렇다고 너무 길어서도 안 됨<br>• 물리적 환경의 배려 : 집단의 정서적 안정감을 높이기 위해 쾌적한 장소를 선정<br>• 기관의 승인 : 승인은 수직적일 뿐만 아니라 수평적이어야 함 |
| 집단사회복지실천 종결단계의 과업 | • 불만족스러운 종결의 사유에 대한 이해<br>• 변화노력의 유지 혹은 변화유지 능력의 확인<br>• 변화 결과를 생활영역으로 일반화하기<br>• 집단에 대한 의존성 감소<br>• 종결에 따른 감정 다루기<br>• 미래에 대한 계획<br>• 부가적인 서비스나 자원이 필요한 경우 타 부서 혹은 타 기관으로의 의뢰<br>• 개입의 효과성에 대한 평가 |
| 집단사회복지실천 기술 | • 명료화 기술 : 집단성원으로 하여금 자신들이 어떻게 상호작용하고 있는지를 인식하도록 돕는 기술<br>• 표현하기 : 어려운 주제의 경우 사회복지사 스스로가 먼저 자신을 표출함으로써 개방적인 의사소통이 이루어지도록 함<br>• 반응하기 : 특정한 부분에 반응을 보여 집단성원이나 집단과정에 영향력<br>• 집단성원들 간 의사소통의 연계 기술 : 집단성원들로 하여금 사회복지사와 주로 의사소통을 하기 보다는 성원들 간에 의사소통을 촉진<br>• 직면 기술 : 집단의 저항을 극복하고 집단성원을 동기화시킬 수 있는 행동기술<br>• 참여 촉진 기술 : 집단 초반에 구성원의 참여를 촉진하는 기술은 집단 과정 촉진 기술로서 집단성원들의 참여를 유도 |

제2영역

안심Touch

| 인지행동모델의 개입기법 | • 과제수행 : 새로운 행동을 배우거나 과거의 부정적 반응을 제거<br>• 내적의사소통의 명료화 : 자기 독백과 생각의 비합리성을 이해<br>• 설명 : 클라이언트의 정서가 어떻게 행동에 영향을 미치는지를 알려주는 것<br>• 경험적 학습 : 왜곡된 인지에 도전하여 변화를 유도하는 것으로 인지적 불일치 원리를 적용<br>• 역설적 의도 : 특정 행동에 대한 클라이언트의 불안을 감소시키기 위해 의도적으로 문제의 행동을 하도록 지시<br>• 점진적 이완훈련 : 근육이나 신경의 긴장을 감소시키는 것으로 일상생활에서 유발되는 스트레스에 대처<br>• 인지재구조화 : 클라이언트의 역기능적 사고를 현실에 맞도록 순기능적 사고로 대치<br>• 타임아웃 : 문제행동이 어떠한 상황으로 인해 강화되는 경우 행위자를 상황으로부터 격리시키는 행동변화 |
|---|---|
| 클라이언트중심모델<br>(인간중심모델) | 비지시적인 모델로서, 클라이언트에게 해석을 내리는 권위주의적 관계구조에 반대하며, 클라이언트와 사회복지사 간의 인간적인 관계를 중시 |
| 문제의 외현화 | • 이야기치료에서 주로 사용하는 문제의 외현화는 가족의 문제가 가족구성원 개인이나 가족 자체의 문제가 아닌 가족에게 부정적인 영향을 미치는 별개의 존재로서 이야기하도록 하는 것<br>• 문제의 외현화 작업을 통해 클라이언트 가족으로 하여금 가족과 문제가 동일한 것이 아님을 깨닫도록 하며, 가족과 문제 사이에 일정한 공간을 만듦으로써 그 관계를 재조명하고 수정 |
| 가족규칙 | • 가족성원들이 서로의 행동규칙을 규정하고 제한하는 관계상의 합의<br>• 가족의 언어, 시간과 공간의 사용패턴, 가족 내 의사소통의 흐름과 본질, 구성원 간 지위와 권력의 부여 등을 규정<br>• 가족규칙이 가족발달 단계에 따라 유연하게 변화할 때 기능적 |
| 해결중심모델의<br>주요 질문기법 | • 상담 전 변화질문 : 상담 전 변화가 있는 경우 클라이언트가 이미 보여준 해결능력을 인정하며, 이를 강화하고 확대할 수 있도록 격려<br>• 예외질문 : 문제해결을 위해 우연적이며 성공적으로 실행한 방법을 찾아내어 이를 의도적으로 계속해 보도록 격려<br>• 기적질문 : 문제 자체를 제거시키거나 감소시키지 않은 채 문제와 떨어져서 문제가 해결된 상태 혹은 그 해결책을 상상해 보도록 함 |
| 집단사회복지실천에서<br>하위집단 | • 구성원 간의 공통된 관심사나 상호매력, 관심 등이 하위집단을 구성<br>• 하위집단 결성 시 성원들의 친밀감이 증가<br>• 하위집단이 집단전체의 목표에 배타적일 경우 집단에 문제가 발생<br>• 하위집단의 발생은 필연적이기 때문에 전체집단에 부정적 영향을 주는지 파악하는 것이 필요 |
| 치료적 이중구속 | • 치료적 이중구속은 클라이언트가 자기 자신이나 가족의 변화를 위해 도움을 청하면서도 동시에 변화에 저항하려는 양가감정을 가지고 있음을 역으로 이용<br>• 치료자와 클라이언트 가족 간에는 미묘한 권력투쟁이 일어나는데, 치료자는 그와 같은 가족저항을 다루기 위해 잘 고안된 치료적 이중구속의 상황을 만들어 클라이언트 가족으로 하여금 역설적 개입에 저항하는 과정에서 증상행동을 포기하도록 만듦<br>• 치료적 이중구속 상황에서 클라이언트는 치료자의 지시를 따라도, 지시를 따르지 않아도 문제가 해결될 수 있음 |
| 집단회기를<br>마무리하는 방식 | • 회기 중 제기된 이슈를 다 마무리하지 않고 회기를 마쳐도 됨<br>• 집단성원에게 각자 회기에 어느 정도 투자하였는지를 질문<br>• 회기에서 다루던 내용을 요약<br>• 참여도가 높은 집단성원을 인정해 주고 긍정적인 피드백을 제공<br>• 회기에서 다룬 내용을 집단 밖에서 어떻게 적용할지에 대한 계획을 물음<br>• 다음 회기에 다루기 원하는 주제나 문제를 질문<br>• 회기에 대한 사회복지사의 관찰과 생각을 전달 |

| 가족의 일반적 특성 | • 다세대에 걸친 역사성의 산물<br>• 가족구성원 간 상호 영향은 지속적<br>• 가족마다 권력구조와 의사소통 형태가 존재 | | |
|---|---|---|---|
| 집단의 치료적<br>효과 요인 | Yalom | • 희망의 고취<br>• 정보전달<br>• 1차 가족집단의 교정적 재현<br>• 모방행동<br>• 집단응집력<br>• 실존적 요인들 | • 보편성(일반화)<br>• 이타심(이타성)<br>• 사회기술의 개발<br>• 대인관계학습<br>• 정화(Catharsis) |
| | Malekoff | • 상호지지<br>• 희망증진<br>• 새로운 지식과 기술 습득<br>• 정화의 기능<br>• 현실감각의 테스트 효과 | • 일반화<br>• 이타성 향상<br>• 집단의 통제감 및 소속감<br>• 재경험의 기회 제공 |
| 다중기초선설계 | • 복수의 단순 AB 설계들로 구성된 것으로서, 특정 개입방법을 여러 사례, 여러 클라이언트, 여러 표적행동, 여러 다른 상황에 적용<br>• 둘 이상의 기초선과 둘 이상의 개입 단계를 사용하며, 각 기초선의 서로 다른 관찰점에서 개입이 도입<br>• 복수의 사례들에 대해 개입의 시점을 달리함으로써 우연한 사건 등 내적 타당도 저해요인을 통제 | | |
| 구조적 가족치료의<br>실천기술 | • 경계 만들기 : 개인체계뿐만 아니라 하위체계 간의 경계를 명확히 함으로써 가족성원 간 상호지지의 분위기 속에서 독립과 자율을 허용하도록 하는 것<br>• 긴장 고조시키기 : 가족 내 긴장을 고조시킴으로써 대안적인 갈등해결방법을 사용하도록 돕는 것. 의사소통의 통로 차단하기, 숨은 갈등 조장하기, 가족구조 내의 제휴나 결탁에 연합하기 등<br>• 실연 : 치료면담 과정에서 가족성원들로 하여금 역기능적인 교류를 실제로 재연시키는 것<br>• 균형 깨뜨리기 : 사회복지사가 가족 내 하위체계들 간 역기능적 균형을 깨뜨리는 것 | | |
| 인지행동모델의<br>주요 특징 | • 행동적 과제부여를 중시<br>• 클라이언트의 주관적 경험과 인식을 강조<br>• 인식체계의 변화를 위해 구조화된 접근<br>• 불안감을 경험하는 상황에 노출 | | |
| 세대 간<br>가족치료모델의<br>분화촉진 | • 보웬(Bowen)은 대부분의 가족문제가 가족성원이 자신의 원가족에서 심리적으로 분리되지 못한 데에서 비롯된다고 보았음<br>• 자아분화는 개인이 가족의 정서적인 혼란으로부터 자유롭고 독립적인 사고나 행동을 할 수 있는 정도를 의미<br>• 자아분화 수준이 낮다면 미분화에서 오는 불안이나 갈등을 삼각관계를 통해 회피<br>• 다세대적 가족치료모델은 가족성원의 불안을 경감시키고 자아분화를 촉진함으로써 삼각관계에서 벗어나 가족 내 개별성원으로 하여금 자주성과 성장의 기회를 제공하는 것이 목표 | | |
| 과제중심모델의<br>주요 특징 | • 클라이언트의 자기결정권 존중<br>• 클라이언트의 문제의식을 반영하여 표적문제 설정<br>• 클라이언트와 사회복지사는 협력적 관계<br>• 계약 내용에 사회복지사의 과제를 포함<br>• 시간제한, 합의된 목표, 개입의 책무성을 강조하며, 구조화된 접근을 펼침 | | |

제2영역

| 문제중심기록의 SOAP 포맷 | • 주관적 정보 : 클라이언트가 지각하는 문제, 즉 자기의 상황과 문제에 대해 스스로 어떻게 생각하고 느끼는지에 대한 주관적인 정보를 기술<br>• 객관적 정보 : 클라이언트의 행동이나 외모에 대한 사회복지사의 관찰을 비롯하여 사실적 자료와 같은 객관적인 정보를 기술<br>• 사정 : 주관적 정보와 객관적 정보를 토대로 사정, 견해, 해석 및 분석을 기술<br>• 계획 : 주관적 정보, 객관적 정보, 사정을 토대로 확인된 문제에 대해 무엇을 할 것인지에 대한 계획을 기술 |
|---|---|

### ● 2018년 제16회

| 문제 키워드 | 정답 키워드 |
|---|---|
| 이중구속 (Double Binds) | 한 사람이 다른 사람에게 논리적으로 상호 모순되고 일치하지 않는 두 가지 메시지를 동시에 전달하는 것 |
| 사회복지 전문직의 가치체계 | • 사회적 형평성의 원리<br>• 개인의 복지에 대한 사회와 개인 공동의 책임<br>• 개인의 존엄성과 독특성에 대한 존중<br>• 자기결정의 원리 |
| 사회복지실천기록의 목적 | • 개인적 보관 및 활용<br>• 책임성의 확보<br>• 정보제공<br>• 클라이언트에 대한 이해 증진 |
| 행동주의모델 전략 | 소거(Extinction) : 강화물을 계속 주지 않을 때 반응의 강도가 감소하는 것 |
| 가족체계의 순환적 인과성 | • 가족구성원이 많을 때 더욱 복잡한 양상을 띰<br>• 상호 영향을 주고받는 과정에서 나타나는 현상임<br>• 가족 문제가 유지되는 상호작용 과정을 파악하여 문제를 해결함<br>• 증상을 표출하는 성원 또는 다른 성원의 변화를 통해 가족 문제를 해결함 |
| 사회복지실천지식의 구분 | ◀─────── 구체성　　　　　　추상성 ───────▶<br><table><tr><td>실천지혜</td><td>모 델</td><td>이 론</td><td>관 점</td><td>패러다임</td></tr></table> |
| 사티어(V. Satir)의 의사소통 유형 | • 아첨형 : 자신 무시, 타인 존중, 상황 존중<br>• 일치형 : 자신 존중, 타인 존중, 상황 존중<br>• 비난형 : 자신 존중, 타인 무시, 상황 존중<br>• 산만형 : 자신 무시, 타인 무시, 상황 무시<br>• 초이성형 : 자신 무시, 타인 무시, 상황 존중 |
| 가족조각 기법 | • 가족의 상호작용 양상을 공간 속에 배치하는 방법<br>• 가족 내 숨겨져 표현되지 못했던 감정이나 가족규칙 등이 노출될 수 있음<br>• 조각 후, 사회복지사는 현재의 조각이 어떻게 변화되기 바라는지를 다시 조각으로 표현하게 함<br>• 조각을 하는 동안 서로 웃거나 이야기하지 않음 |
| 현대사회 가족의 변화 | • 규모의 축소<br>• 생활주기의 변화<br>• 기능의 축소<br>• 형태의 다양화 |

| 집단과정 촉진을 위한 사회복지사의 실천활동 | • 집단성원이 전달하는 메시지 사이에 불일치가 있을 경우, 이를 확인<br>• 신뢰관계 형성을 위한 적절한 자기 노출<br>• 장점을 중심으로 구체적 피드백을 한 번에 한두 가지 정도 제공 |
|---|---|
| 단일사례설계의 종속변인 측정방법 | • 빈도 또는 양으로 측정<br>• 표준화된 척도를 사용하여 측정<br>• 표준화된 척도 외에 개별화된 평가척도 사용 가능 |
| 집단의 초기단계에서 사회복지사의 활동 | • 집단성원의 불안감, 저항감을 감소시키기 위해 노력<br>• 집단성원 간 공통점을 찾아 연결시킴<br>• 집단의 목적을 집단성원 모두가 공유 |
| 해결중심모델의 목표설정 | • 작고 구체적이며 행동적일 것<br>• 클라이언트가 중요하다고 생각하는 것<br>• 클라이언트가 갖지 않은 것보다 갖고 있는 것에 초점<br>• 긍정적이며 과정의 형태로 정의<br>• 목표를 문제해결의 시작으로 간주 |
| 형성평가 | • 개입이 이루어지는 동안 발생하는 자료를 수집하여 환류하는 것을 중시<br>• 현재와 미래에 관련된 프로그램 수행상의 문제해결이나 결정을 내리기 위해 실시<br>• 프로그램의 전달체계, 기관의 운영상황, 클라이언트의 욕구 등을 염두에 두고 시행<br>• 서비스이용자의 욕구를 반영하여 사회복지사가 기대했던 진전이 이루어지고 있는지를 사정 |
| 집단 사정을 위한 활동 | • 개별성원의 기능적 행동과 비기능적 행동을 파악하여 개인별 프로파일 작성<br>• 소시오그램을 활용하여 집단성원 간 결탁, 수용, 거부 등 파악<br>• 상호작용차트를 활용하여 일정시간 동안 집단성원 간 발생한 특정 행동의 빈도 측정<br>• 집단에서 허용되지 않는 감정표현이나 이야기 주제, 그리고 집단행동에 대한 성원의 태도 등을 통해 집단의 규범 확인 |
| 인지행동모델의 특성 | • 사건을 이해하는 신념체계가 감정에 어떤 영향을 주는지 파악<br>• 문제에 대한 통제력이 자신에게 있다고 전제<br>• 질문을 통해 자기발견과 타당화의 과정을 거침 |
| 환언(Paraphrasing) | 클라이언트의 메시지 내용에 초점을 두고 사회복지사가 재진술하는 기술 |
| 집단사회사업의 장점 | • 타인에게 도움을 줄 수 있는 기회를 통해 이타성이 향상<br>• 집단 내에서 서로 공통된 문제를 확인함으로써 자기 문제를 일반화<br>• 타인의 행동을 관찰하는 과정에서 잘못된 자기생각을 고쳐 나가는 치료적 효과<br>• 집단 내에서 역기능적인 경험을 재현함으로써 이를 통해 성장의 기회 |
| 임파워먼트모델 | • 자아효능감을 증진하고 자신의 강점을 찾도록 도움<br>• 클라이언트를 잠재력 있는 인간이며 문제해결을 위한 자원으로 인식<br>• 클라이언트 자신의 삶과 상황에 대해 통제력을 갖도록 도움 |
| 집단사회복지실천의 의의 | • 하위집단의 발생은 필연적이기 때문에 전체집단에 부정적 영향을 주는지 파악하는 것이 필요함<br>• 집단의 규범은 집단 내부를 통제하기 때문에 외적 통제의 수준을 감소시킴<br>• 집단 내 공동지도자의 참여는 집단지도자의 역전이를 막을 수 있음<br>• 자기애적 성향을 가진 성원의 경우 집단에 적절한 행동과 사고를 할 수 있도록 도움 |
| 자살 시도 클라이언트의 문제 개입 | • 클라이언트가 보여주는 단서에 민감할 필요가 있음<br>• 자살 시도 경험을 확인<br>• 우울증 가능성이 있을 경우 정신건강 관련 기관에 의뢰 |

제 **2** 영역

| 집단역학(집단역동)의<br>주요 구성요소 | • 긴장과 갈등<br>• 가치와 규범<br>• 집단목적<br>• 의사소통 유형 |
|---|---|
| 과제중심모델의<br>개입 중기단계 과업 | • 표적문제의 변화 과정 확인<br>• 실질적 장애물의 규명과 해결<br>• 표적문제에 대한 초점화된 집중<br>• 과제 계획과 이행 |
| 개인대상<br>사회복지실천기술 | • 재보증 : 불안감이나 불확실한 감정을 줄이고 편안한 감정을 가지도록 돕는 기법<br>• 명료화 : 클라이언트가 말한 내용을 사회복지사가 잘 이해했는지 확인하는 기법<br>• 환기 : 문제해결에 방해되는 부정적 감정의 강도를 약화시키는 기법<br>• 인정 : 클라이언트의 실천행동을 긍정적으로 평가해 주는 기법<br>• 재명명(Reframing) : 클라이언트가 부여하는 의미를 수정해서 클라이언트의 시각을 변화시키는 기법 |

● 2017년 제15회

| 문제 키워드 | 정답 키워드 |
|---|---|
| 정신역동모델 | • 심리적 결정론에 근거<br>• 발달단계상의 고착과 퇴행을 고려<br>• 성장의지가 높은 클라이언트에게 효과적임<br>• 클라이언트의 불안과 무의식적 갈등에 대한 통찰에 초점을 둠<br>• 원초아와 초자아 사이에 발생하는 불안과 긴장 해소를 위해 방어기제를 사용 |
| 가족항상성 | 항상성이란 끊임없는 변화와 운동의 과정에서 균형을 회복하려는 경향을 말하며, 이 상태에서 가족체계의 구조는 크게 달라지지 않음 |
| 집단프로그램 유형별<br>지도자의 역할 | • 한부모가족 자조모임 – 감정이입적 이해와 상호원조의 촉진자<br>• 중간관리자 역량강화프로그램 – 집단토의를 위한 구조제공자<br>• 에니어그램을 통한 자기인식향상프로그램 – 통찰력 발달의 촉진자<br>• 중도입국자녀들의 한국사회적응프로그램 – 프로그램 디렉터 |
| 보웬(Bowen)의<br>다세대체계이론 | • 자아분화수준이 낮은 부모는 미분화에서 오는 자신들의 불안이나 갈등을 삼각관계를 통해 회피하려 함<br>• 나-입장 취하기(I-position)는 타인을 비난하는 대신 자신이 생각하고 느낀 바를 말하며 탈삼각화를 촉진<br>• 보웬이 고안한 '가계도(Genogram)'는 가족의 구조, 가족 및 구성원의 관계, 동거가족 현황, 과거의 결혼관계 등에 대한 상세한 정보를 제공 |
| 해결중심모델의 특징 | 인간의 삶에 있어서 안정은 일시적인 반면 변화는 지속적이므로, 변화 자체를 치료를 위한 해결책으로 활용 |
| 암시적 행동에 대한<br>개별측정척도를<br>활용하는 훈련 | • 폭력을 유발하는 단서를 식별하는 훈련<br>• 긴장고조 상황에서 타임아웃하는 훈련<br>• 분노를 피하는 자기대화훈련<br>• 시각적 현상화 훈련 등 |
| 인지행동모델 | 클라이언트 각 개인이 갖는 삶의 사건과 정서 반응의 독특한 의미, 현실을 조직하는 데 작용하는 정보전달 과정, 신념구조와 같은 주관적 경험의 독특성을 가정 |

| 가족사정방법 | • 생태도(Ecomap) : 가족관계를 비롯하여 가족과 외부환경의 상호작용, 접촉빈도 등을 수집하고 정리하는 것<br>• 가계도(Genogram) : 세대 간 전수되는 가족의 특징이나 반복되는 사건 등을 파악할 수 있는 것<br>• 사회적 관계망표 : 사회적 관계에서의 지지 유형과 정도를 파악<br>• 생활주기표 : 클라이언트의 생활주기와 가족구성원의 발달단계별 과업을 도표화하여 각 단계에 따른 과업과 위기를 일목요연하게 살펴볼 수 있도록 해 주는 것<br>• 생활력도표(Life History Grid) : 중요한 사건 또는 시기를 중심으로 연대기적·종단적으로 파악할 수 있는 도구 |
|---|---|
| 좋은 기록의 특징 | • 서비스 결정과 실행에 초점<br>• 사회복지사의 견해와 상황에의 기술이 명확히 분리되어야 함<br>• 정보는 문서화를 위해 구조화되어 있어야 하며, 서비스 전달이 잘 기술되어 있고 정확해야 함<br>• 기록 시 표현이 반복적이고 장황한 것은 좋지 않으며, 간결하고 구체적이어야 함<br>• 전문가의 견해를 담고 있으면서도 클라이언트의 관점을 소홀히 하지 않아야 함 |
| 행동조성 | 목표행동을 세분화하여 연속적·단계적으로 강화하는 것 |
| 회유형 의사소통(Satir) | 자신의 내적 감정이나 생각을 무시한 채 타인의 비위와 의견에 맞추려 하는 상태로서 역기능적 |
| 클라이언트의 인식에 기초한 질적 평가의 목적 | • 의도된 성과 외에 부가적인 성과 확인<br>• 기여요인과 방해요인에 대한 피드백<br>• 변화의 일반적인 요인 외에 특수한 요인을 발견하고 실천에 통합<br>• 클라이언트의 시각에서 프로그램 의미 도출 |
| 위기개입모델의 원칙 | 위기와 더불어 그 위기에 대한 클라이언트의 반응에 초점 |
| 부적 처벌 | 유쾌 자극을 철회함으로써 행동의 발생가능성을 감소시키는 기법 |
| 집단프로그램 시 사전면접의 중요성 | • 관계형성을 하고 개별적인 관심사를 찾아낼 수 있음<br>• 추가정보를 얻어서 개입의 방향을 조정할 수 있음<br>• 참여자에 대한 사전지식으로 집단 내 행동의 의미를 빨리 파악할 수 있음<br>• 참여자들이 집단 내에서 좀 더 쉽게 개방적이 되도록 도움 |
| 과제중심모델 (과업중심모델) | • 객관적인 조사연구를 강조하는 경험지향형 모델<br>• 특정 이론이 아닌 통합적인 접근을 통한 다양한 접근방법을 활용 |
| 사회복지실천기술의 예시 | • 격려기술 – 계약기간 동안 업무를 잘 해내셨군요. 이번에도 잘 감당할 수 있을 것이라 믿어요.<br>• 재보증기술 – 염려하지 마세요. 상황은 좋아질 거예요.<br>• 환기기술 – 힘드셨을 것 같네요. 그 때 기분이 어떠셨나요?<br>• 직면기술 – 잠시 무엇을 했는지 한 번 살펴봅시다. 지난 번 하겠다고 한 것과는 반대의 일을 하고 있네요? |
| 간접적 자기노출 활용기법의 예 | 자기개방수준이 낮아 질문과 토론에의 참여도가 낮은 참여자의 경우, 집단 내에서 무기명 질문록카드를 작성하도록 한 뒤, 도출된 문제에 대해 다른 집단성원들과 토론과정을 갖게 할 수 있음 |
| 집단의사결정방법의 확인 | • 집단사회복지실천의 '초기단계'의 과업에 해당<br>• 이때 사회복지사는 집단성원들과 계약 시 집단의 목적, 성취평가 및 측정방법에 대해 구체적으로 명시하는 것이 바람직 |
| '경계하기' 기법의 예 | 딸이 말을 하면 엄마가 나서서 설명하며 대변하는 일이 반복될 때, 사회복지사가 딸을 보면서 "엄마가 대변인이시네요. 이것에 대해서 딸이 설명해보겠어요?"라고 하면서 딸이 직접 말할 수 있도록 하는 것 |

| 미누친(Minuchin)이 제시한 구조적 가족치료 모델의 주요 기법 | • 경계 만들기(Boundary Making)<br>• 과제할당(Task Setting)<br>• 재구조화(Restructuring)<br>• 실연(Enactment)<br>• 합류하기(Joining)<br>• 균형 깨뜨리기(Unbalancing) |
|---|---|
| 사회복지실천모델의 특성 | • 위기개입모델 : 단기개입을 강조<br>• 과제중심모델 : 클라이언트의 자기결정권을 강조<br>• 생태체계모델 : 환경에 대한 개입을 강조<br>• 임파워먼트모델 : 클라이언트의 강점을 강조<br>• 클라이언트중심모델 : 클라이언트와의 협력적 관계를 강조 |
| 역설적 개입 | • 헤일리(Haley)가 제시한 전략적 가족치료모델의 주요 개념<br>• 문제행동을 계속하도록 지시하여 역설적 치료 상황을 조장하는 것 |
| 집단의 종결단계에서 사회복지사의 역할 | • 종결에 따른 집단성원들의 감정적 반응을 다룸<br>• 집단에 대한 의존성을 감소시킴 |

● 2016년 제14회

| 문제 키워드 | 정답 키워드 |
|---|---|
| 심리사회모델의 기법 | • 직접적 영향 : 문제해결을 위해 사회복지사의 의견을 강조<br>• 발달적 고찰 : 성인기 이전의 생애경험이 현재의 기능에 미치는 영향에 대한 고찰<br>• 탐색-기술-환기 : 클라이언트와 환경과의 상호작용에 대한 사실을 기술하고 감정을 표현하도록 함<br>• 인간-상황에 대한 고찰 : 사건에 대한 클라이언트의 지각방식 및 행동에 대한 신념, 외적 영향력 등을 평가 |
| 인지행동모델의 주요 특징 | • 행동적 과제부여를 중시<br>• 클라이언트의 주관적 경험과 인식을 강조<br>• 인식체계의 변화를 위해 구조화된 접근<br>• 불안감을 경험하는 상황에 노출 |
| 정신역동모델의 주요 특징 | • 현재의 문제를 과거의 경험에서 찾음<br>• 자유연상, 훈습, 직면의 기술을 사용<br>• 자기분석이 가능한 클라이언트일수록 효과적<br>• 전이의 분석을 통해 클라이언트의 통찰력을 증진시킴 |
| 해결중심모델의 주요 특징 | • 탈이론적이고 비규범적<br>• 클라이언트의 견해 우선시<br>• 문제가 발생되지 않았던 예외적인 상황 중시<br>• 클라이언트의 자원과 과거의 성공 경험 중시 |
| 과제중심모델의 주요 특징 | • 클라이언트의 자기결정권 존중<br>• 클라이언트의 문제의식을 반영하여 표적문제 설정<br>• 클라이언트와 사회복지사는 협력적 관계<br>• 계약 내용에 사회복지사의 과제를 포함<br>• 시간제한, 합의된 목표, 개입의 책무성을 강조하며, 구조화된 접근을 펼침 |

| | |
|---|---|
| 관계성질문 | 클라이언트와 중요한 관계에 있는 사람들의 관점에서, 그들이 클라이언트 자신의 문제에 대해 어떻게 생각할지 추측해 보도록 하는 질문기법 |
| 역량강화모델의 주요 특징 | • 클라이언트의 잠재적인 역량에 초점<br>• 변화를 위한 클라이언트의 역할이 중요<br>• '대화 → 발견 → 발전(발달)'의 실천과정 순서로 진행<br>• 이용가능한 자원체계의 능력을 분석하고 목표를 구체화<br>• 클라이언트의 참여를 중시하고 자기결정권을 강조 |
| 골란(Golan)의 위기반응 단계 | 위험한 사건 → 취약 상태 → 위기촉진요인 → 실제 위기 상태 → 재통합 |
| 사회복지실천 기록의 주요 목적 | • 학제 간의 원활한 의사소통<br>• 클라이언트와 목표 및 개입방법 공유<br>• 서비스의 연속성(사례의 지속성) 유지<br>• 슈퍼비전의 도구로 활용 |
| 집단사회복지실천의 원칙 | • 개별화의 원칙<br>• 수용의 원칙<br>• 참가의 원칙<br>• 체험의 원칙<br>• 갈등해결의 원칙<br>• 규범의 원칙<br>• 계속평가의 원칙 |
| 지지집단 | • 비슷한 문제를 경험한 사람들로 집단 구성<br>• 유대감 형성이 쉽고 자기 개방성이 높음<br>• 상호원조하면서 대처기술을 형성하도록 도움 |
| 자조모임(자조집단) | • 자기노출을 통해 문제의 보편성을 경험<br>• 집단성원 간의 학습을 통해 모델링 효과를 얻음<br>• 집단과정 촉진을 위해 성원 간의 의사소통이 중요<br>• 집단성원의 자율적인 참여를 위해 동기부여가 필요 |
| 집단사회복지실천 종결단계의 과업 | • 불만족스러운 종결의 사유에 대한 이해<br>• 변화노력의 유지 혹은 변화유지 능력의 확인<br>• 변화 결과를 생활영역으로 일반화하기<br>• 집단에 대한 의존성 감소<br>• 종결에 따른 감정 다루기<br>• 미래에 대한 계획<br>• 부가적인 서비스나 자원이 필요한 경우 타 부서 혹은 타 기관으로의 의뢰<br>• 개입의 효과성에 대한 평가 |
| 사회기술훈련의 특징 | • 사회학습이론에 근거함<br>• 사회화집단에서 많이 사용<br>• 사회복귀지원 프로그램에 적용 가능<br>• 강화, 과제, 모방(모델링), 역할연습, 시연(리허설), 직접적 지시 등을 활용 |
| 집단 구성 시 고려사항 | • 집단의 응집력을 높이기 위해 참여 동기가 유사한 성원을 모집<br>• 다양한 집단성원의 참여를 유도하기 위해 개방형 집단으로 구성<br>• 집단성원의 동질성을 높이기 위해 사전에 욕구 수준을 파악<br>• 집단의 목표에 따라 집단의 크기를 융통성 있게 정함<br>• 집단의 정서적 안정감을 높이기 위해 쾌적한 장소를 선정 |

| 가족생활주기 | • 가족구조와 발달과업의 변화를 파악하는 데 활용<br>• 가족이 형성된 시점부터 배우자 사망에 이르기까지 생활변화를 볼 수 있음<br>• 가족이 발달하면서 경험하게 될 사건이나 위기를 예측하는 데 도움이 됨<br>• 가족생활주기의 단계는 가족 유형이나 사회문화적 배경에 따라 상이할 수 있음 |
|---|---|
| 가족의 기능 | • 애정의 기능<br>• 성적 통제의 기능<br>• 자녀출산의 기능<br>• 자녀양육 및 사회화의 기능<br>• 경제적 기능<br>• 정서적 안정 및 지지의 기능<br>• 문화 및 전통 계승의 기능 |
| 가족조각을 통해<br>파악할 수 있는 요소 | • 가족 간의 친밀도<br>• 가족성원 간 연합 또는 세력 구조<br>• 상황대처 양상 혹은 의사소통 양상<br>• 비언어적인 의사소통 유형<br>• 가족성원들의 감정(숨겨진 감정)<br>• 가족규칙, 가족신화 등 |
| 자아분화의 양상 | • 자아분화 수준이 높을수록 가족체계의 정서로부터 분화<br>• 자아분화 수준이 높을수록 사고와 감정이 균형을 이룸<br>• 자아분화 수준이 낮을수록 타인과 융합하려는 경향이 있음<br>• 자아분화 수준이 낮을수록 삼각관계가 형성될 가능성이 높음<br>• 자아분화 수준이 낮을수록 적응력과 자율성이 작아짐 |
| 구조적 가족치료 | • 가족구성원 간의 규칙 및 역할을 재조정하도록 원조<br>• 긴장 고조시키기, 균형 깨뜨리기, 실연 등의 기법을 사용 |

제 **2** 영역

# 사회복지실천기술론

합격의 공식
온라인 강의

잠깐!

혼자 공부하기 힘드시다면 방법이 있습니다.
SD에듀의 동영상강의를 이용하시면 됩니다.
www.sdedu.co.kr → 회원가입(로그인) → 강의 살펴보기

# 사회복지실천기술의 기초

★ 학습목표　■ 사회복지와 사회복지실천의 이해, 사회복지실천의 전문적 기반을 학습하자.
　　　　　　■ 꾸준히 출제되고 있는 부분으로 사회복지실천기술의 개념과 특징, 예술적 기반 및 과학적 기반에 해당하는
　　　　　　　사회복지사의 활동을 중심으로 학습하자.

## 제 1 절　사회복지와 사회복지실천기술의 이해

### 1 │ 사회복지의 개념 및 정의

#### (1) 사회복지의 개념

① 사회(社會)와 복지(福祉)의 복합어
  ㉠ 사회(社會) : 사람들이 많이 모인 것을 의미
  ㉡ 복지(福祉) : 물질적 풍요와 심리적 안정을 내포
② Social Welfare의 번역
  ㉠ 사회적 : 비영리적이며 이타적 속성의 공동체적 삶의 요소에 대한 관심
  ㉡ 복지 : 건강하고 안락한 인간의 이상적인 상태, 즉 안녕(Well-Being)의 상태를 나타내는 개념
③ 언어적 의미 : 공동체 사회에서 구성원들의 전 생애에 걸쳐 사회 내적인 관계를 기초로 하여 건강
  하고 안락한 생활을 추구하려는 사회적 노력

#### (2) 사회복지실천의 의의

① 정의 : '사회복지실천'은 1970년 캐롤 메이어가 처음 사용한 용어로, 'Social Work Practice', 즉
  사회복지의 실천적 의미를 강조하는 말이다.
  ㉠ 인간과 사회환경의 상호작용에서 나타나는 욕구와 문제들을 해결하는 구체적인 실천 활동이다.
  ㉡ 사회복지실천의 대상자는 개인, 가족, 조직, 지역사회이다.
  ㉢ 개인의 사회적 기능향상과 사회정의의 실현을 목적으로 한다.
  ㉣ 사회복지사가 개인, 집단, 가족, 지역사회를 대상으로 문제와 욕구를 스스로 해결할 수 있도록
    도와주어, 이들의 사회적 기능을 향상시키고 배분적 사회정의를 실현하는 것을 목적으로 하는
    종합적이며 전문적인 실천활동이다.

② 목 적 5, 7회 기출

ㄱ 개인, 집단, 가족이 자신들의 문제해결능력과 대처능력을 향상시킬 수 있도록 한다.

ㄴ 사회자원, 서비스, 기회 등의 환경체계가 원활하게 상호작용할 수 있도록 도와준다.

ㄷ 소외집단의 역량을 강화하고, 인간의 삶의 질을 향상시킨다.

ㄹ 새로운 사회정책의 개발과 향상을 목적으로 한다.

## 2 사회복지사의 전문적 지식 및 기술

### (1) 사회복지사의 의의

① **사회복지사** : 사회복지사업법에 의한 법적 자격인 '사회복지사 자격증'을 취득하고, 사회복지를 실천하는 사람을 의미한다.

② **사회복지사의 조건**

ㄱ 클라이언트의 문제나 욕구를 파악하여 그를 위한 적절한 케어계획을 세울 수 있는 능력이 있어야 한다.

ㄴ 지역 내의 현재적 · 잠재적인 사회자원 및 사회적인 관계망에 대해 충분히 이해할 수 있어야 한다.

ㄷ 클라이언트는 물론 타 기관이나 단체들과 효율적으로 의사소통을 하여 사회문제를 해결하는 데 있어 주요 전문가로서 활동할 수 있어야 한다.

### (2) 사회복지 실천지식의 구성 16회 기출

실천지식은 실천에 영향을 주는 구체성의 정도에 따라 구분된다.

① **실천지혜(Practice Wisdom)**

ㄱ '직관(Intuition)/암묵적 지식(Tacit Knowledge)'이라고도 하며, 실천현장에서 귀납적으로 만들어진 지식을 의미한다.

ㄴ 개인의 가치체계 및 경험으로부터 얻어지는 지식이므로, 실천지혜는 사회복지사의 사고와 행동에 영향을 미친다.

② **모델(Model)**

ㄱ 실천활동 과정에서 직접적으로 필요한 기술적용방법을 말한다.

ㄴ 사회복지실천에서 활용되는 모델은 심리사회모델, 행동주의모델, 과제중심모델, 위기개입모델 등이 있다.

③ 이론(Theory)

　　㉠ 어떤 현상을 설명하기 위한 개념이나 의미를 말한다.

　　㉡ 사회복지실천 이론은 인지행동주의이론, 정신역동이론, 게슈탈트이론, 학습이론 등 다양하다.

④ 관점(Perspective)

　　㉠ 개인의 관심과 가치 등을 규정하는 사고체계이다.

　　㉡ 사회복지실천에서는 관점 간에 균형을 유지하는 것이 중요하다.

⑤ 패러다임(Paradigm)

　　㉠ 추상적 개념의 틀로서, 현실에 대한 관점과 인식의 방향을 결정한다.

　　㉡ 사회복지실천 패러다임은 사회적 욕구를 반영하는 의료 개념부터 인간과 환경의 적응 관계를 중심으로 한 생태 개념까지 다양한 흐름을 반영한다.

### (3) 사회복지실천의 전문지식

① 인간행동과 발달에 관한 지식

　　㉠ 인간의 정서적·심리적·사회적 발달단계와 환경의 물리적·사회적·문화적 특성 등과 관련된 지식이 필요하다.

　　㉡ 인간의 행동적 특성을 이해하고 환경의 상호적 영향력을 파악한다.

② 인간관계와 상호작용에 관한 지식

　　㉠ 효과적인 의사소통에 필요한 지식이다.

　　㉡ 개인, 가족, 집단, 지역사회, 조직이나 기관들 간의 관계와 상호작용을 촉진시킨다.

③ 실천이론과 모델에 관한 지식

　　㉠ 다양한 실천상황에 적합한 전문적인 원조관계에 필요한 지식이다.

　　㉡ 실천과정에서의 개입방법과 전략 등을 선택하는 데 필요한 지식이다.

④ 특정 분야와 대상집단에 관한 지식

　　㉠ 클라이언트 집단이나 기관 등에 관한 지식이다.

　　㉡ 사회복지사가 특정한 대상자를 대할 때나 실천현장에서 실무를 하는 데 도움을 준다.

⑤ 사회정책과 서비스에 관한 지식

　　㉠ 도움을 필요로 하는 대상자에게 서비스를 제공하는 전문가와 기관을 포함한 전달체계에 관한 지식이다.

　　㉡ 사회정책이 변화해 온 역사적 맥락과 개인의 기능에 대한 사회정책의 영향력, 사회정책을 발전시키기 위한 사회복지사의 역할 등에 관한 지식이다.

⑥ 사회복지사 자신에 관한 지식　　10회 기출

　　㉠ 실천에 영향을 미치는 전문가로서 자기 감정이나 가치, 태도, 행동 등을 인식한다.

　　㉡ 책임감을 갖도록 도와준다.

© 자기인식

- 자신의 가치, 신념, 태도, 행동습관 등을 깨닫고 이들이 사회복지실천에서의 관계와 의사결정에 어떤 영향을 미치는지를 정확하게 아는 것을 의미한다.
- 사회복지사 개인의 가치 또는 편견은 의식적·무의식적으로 클라이언트와의 관계 및 윤리적 의사결정에 영향을 주기 때문에 사회복지사는 자신의 가치가 개입활동에 걸림돌이 되지 않는지를 끊임없이 살펴야 한다.
- 사회복지사는 전문사회복지사로서의 가치판단기준 및 윤리적 원칙을 가지고 있어야 한다.
- 사회복지사는 자기 자신을 도구로 활용하는 것이므로 자신의 효과성에 대한 장애를 확인하기 위해 끊임없이 노력해야 한다.

## 3 사회복지실천기술의 이해

### (1) 사회복지실천기술의 의의

① 사회복지실천활동 수행 시 효과적으로 지식을 적용할 수 있도록 해주는 방법으로, 지식과 기술을 행동으로 옮기는 실천요소이다.
② 클라이언트의 문제, 욕구, 능력 등에 대한 사정을 비롯하여 자원개발, 사회구조 변화 등에 있어서의 **숙련성**을 의미한다.

### (2) 대인관계의 기술

① 클라이언트와의 효과적인 상호교류가 이루어지도록 돕는다.
② 전문적 관계를 유지·발전시키는 데 기초가 된다.
③ 문제해결과정의 원활한 진행을 돕기 때문에 모든 대인서비스 현장의 전문가들에게 기본적으로 요구되는 것이다.
④ 종 류
　㉠ 관계형성의 기술
- 클라이언트와 사회복지사의 긍정적인 원조관계를 유지·발전시키는 데 필요하다.
- 문제해결의 중요한 도구이다.
　㉡ 대화의 기술
- 클라이언트와의 원활한 의사소통을 돕는다.
- 클라이언트의 언어적·비언어적 표현이나 욕구·문제상황 등을 이해하고 해석하여 클라이언트의 의사표현을 보다 명확히 하도록 도와준다.
- 효과적으로 말하기 : 목소리, 억양, 속도 등의 언어적 표현과 표정, 몸짓 등의 비언어적 표현을 기술적으로 사용하는 방법을 습득한다.
- 효과적으로 듣기 : 클라이언트가 표현하는 바를 능동적으로 듣고 클라이언트의 현실적 상황을 적극적으로 이해한다.

**Plus ⊕ one**

**개인대상 사회복지실천 기술**  16회 기출
- 재보증(Reassurance) : 불안감이나 불확실한 감정을 줄이고 편안한 감정을 가지도록 돕는 기법
- 명료화(Clarification) : 클라이언트가 말한 내용을 사회복지사가 잘 이해했는지 확인하는 기법
- 환기(Ventilation) : 문제해결에 방해 되는 부정적 감정의 강도를 약화시키는 기법
- 인정(Validation) : 클라이언트의 실천행동을 긍정적으로 평가해 주는 기법
- 재명명(Reframing) : 클라이언트가 부여하는 의미를 수정해서 클라이언트의 시각을 변화시키는 기법
- 환언(Paraphrasing) : 클라이언트의 메시지에 초점을 두고 사회복지사가 재진술하는 기법

### (3) 실천과정의 기술

① 클라이언트의 문제를 효과적으로 해결해 나가는 원조과정에 필요한 기술이다.

② 실천과정의 기술단계 : 준비 → 초기 · 탐색 → 사정 → 계약 → 개입 → 평가 · 종결

③ 단계별 기술

　㉠ 준비단계의 기술

　　• 클라이언트와의 첫 만남을 위한 준비과정으로, 원조과정의 지속 여부와 방향을 결정하는 중요한 단계이다.

　　• 초기접촉 이전에 기관이나 사회복지사에게 주어진 정보를 점검하고, 면접 방해 요소를 사전에 차단한다.

　　• 초기면접자, 의뢰인, 이전 담당자로부터 클라이언트와의 문제상황에 관해 알아본다.

　　• 슈퍼바이저나 동료로부터 조언을 구한다.

　　• 예상되는 클라이언트의 문제와 상황에 대해 공감한다.

　　• 면접에 관한 임시계획을 세워 원활한 의사소통을 위해 구체적으로 준비한다.

　㉡ 초기단계와 탐색단계의 기술

　　• 초기단계 : 클라이언트와의 첫 만남에서 모임이 긍정적이며 생산적이라는 확신을 갖게 하는 기술이 필요하다.

　　• 탐색단계

　　　- 클라이언트의 사고, 감정, 주요 관심사, 상황 등을 공유할 수 있도록 클라이언트를 격려하며, 이러한 과정 속에서 클라이언트의 문제상황과 관련된 많은 정보를 수집한다.

　　　- 구체적 기술 : 탐색, 명확화, 반영, 세분화, 이해와 공감 등

　㉢ 사정단계의 기술

　　• 클라이언트와 문제, 상황의 연관성에 대한 이해를 높인다.

　　• 필요한 과제들을 체계적으로 기술하기 위한 다양한 양식들을 기관이나 사례의 성격에 알맞게 선택하여 활용한다.

　　• 기술적 정보정리 : 클라이언트의 상황을 명확히 이해하며 개입의 초점과 방향을 구체화함으로써 수집된 자료에 대해 체계적으로 이해한다.

- 임시적인 사정틀 구성 : 사정을 통해 사회복지사와 클라이언트는 문제상황에 영향을 주는 요소들에 대해 이해한다.
  - ② 계약단계의 기술
    - 클라이언트에 관한 사정자료를 기초로 구체적인 목표와 개입방법 등에 관한 실행 및 평가 계획을 세워 합의한다.
    - 문제의 구체화, 목표설정, 효과적인 접근방법 개발, 단계적 행동방법 구상, 평가계획 등의 실천기술이 필요하다.
  - ⑩ 개입단계의 기술
    - 사회적 기능향상을 위해 지역사회의 자원, 서비스, 기회 등을 연결시킨다.
    - 소외된 약자들이 권리를 찾고 기회를 얻도록 개입한다.
    - 클라이언트의 욕구에 반응할 수 있는 새로운 서비스의 개발이나 기존의 지역사회 서비스의 개선과 향상을 위해 개입하는 기술이다.
    - 문제해결과정에 직접적으로 활용되는 다양한 실천기술이 필요하다.
    - 개입기술에는 전문가로서의 지식과 신념, 경험 등이 필요하다.
    - 특정한 개입방법을 선택할 때, 명확한 근거와 전문가적인 판단이 중요하다.
  - ⑭ 평가와 종결단계의 기술
    - 평가기술 : 서비스를 제공받은 클라이언트와 서비스 전달체계, 사회에 대한 책임성 차원에서 실천의 효과성을 검토하는 데 활용되는 실천기술이다.
    - 평가단계 : 목적달성을 위해 지금까지 진행해 온 과정을 다양한 평가방법으로 검토하고 그 결과 변화가 없거나 부정적인 경우, 이전의 사정이나 계획, 개입단계 등에 대한 점검이 필요하다.
    - 종결단계 : 원조관계가 끝난 것에 대한 종결소감을 클라이언트와 공유하는 것이 중요하며, 종결 이후 기록을 남기는 것도 필요하다.

## 제2절 사회복지실천의 전문적 기반

### 1 사회복지전문직의 이해

#### (1) 사회복지전문직의 정체성
① 사회복지전문직의 특징 - 홀(Hall, 1968)
  ⊙ 전문적 조직의 활용
  ⓒ 공직 서비스에 대한 신념
  ⓒ 자기규율
  ② 직업의식

ⓜ 전문적인 자율성

ⓗ 특수한 이론적 토대

② 사회복지전문직의 속성 – 그린우드(Greenwood, 1957)    5, 6, 11회 기출

　　㉠ 기본적인 지식과 체계적인 이론체계

　　　• 우월성을 갖춘 기술의 사용 여부에 따라 전문직과 비전문직으로 구별

　　　• 효과적인 기술사용 그 자체가 아닌 기술의 근원이 되는 이론의 체계화 여부에 달려 있음

　　㉡ 클라이언트와의 관계에서 부여된 전문적 권위와 신뢰

　　㉢ 전문가집단의 힘과 특권

　　　• 클라이언트와의 관계에서 사적인 정보를 얻을 권리를 인정함

　　　• 일반적으로 이에 따른 비밀보장의 원칙을 지켜야 함

　　㉣ 사회로부터의 승인

　　　• 지역사회나 일반사회의 인가에 따라 전문직에 부여되는 권한과 특권이 다름

　　　• 보통 전문가를 배출하는 자격이 있는 학교를 결정하여 권한을 주거나 자격시험을 관장하는 등 독점적인 권한을 부여함

　　㉤ 명시적이며 체계화된 윤리강령

　　　• 사회적 인가로 얻어지는 전문직의 특권 오남용 방지와 규제를 위함

　　　• 전문직의 행위에 대한 옳고 그름의 판단은 전적으로 전문직 내부에 의존할 수밖에 없으므로 자체의 윤리강령은 더욱 구속력을 가지게 됨

　　㉥ 전문직의 문화

　　　• 전문직은 자체의 고유한 가치, 규범, 상징을 만들고 보존한다.

　　　• 전문직은 다른 목적을 위한 수단이 되어서는 안 되며, 사명감과 소명의식을 가지고 수행해야 한다.

③ 사회사업전문직의 분석틀 – 오스틴(Austin, 1983)

　　㉠ 광범위한 개인의 책임성을 기초로 한 지적인 활동

　　㉡ 과학과 학습을 통해 기초자료를 이끌어 냄

　　㉢ 실질적이고 명확한 결론을 도출

　　㉣ 전수 가능하며 고도의 전문화된 교육훈련을 통해서 전수

　　㉤ 직능집단을 결성할 수 있어야 하며, 집단의식을 가지고 전문가 조직을 자발적으로 구성

　　㉥ 전문가들은 점차 이타성이 증가되고, 사회적 목적 달성을 위해 노력

④ 정체성, 전문성, 사회적 인가를 얻기 위한 조건

　　㉠ 고유 사명을 달성하기 위한 명확한 목적이 필요

　　㉡ 목적, 가치에 관한 전문직 내의 합의와 실천현장의 문제를 이해하고 접근할 수 있는 공통된 인식의 틀이 필요

　　㉢ 사회환경과 사회체계에 관한 이론과 지식의 습득, 이를 통합하여 활용할 수 있는 접근 방법을 개발해야 함

### (2) 사회복지전문화의 기원

① 자선조직협회(COS)

ㄱ 1800년대 자선과 박애의 개념을 발전시켜 사회복지의 **전문화와 관료화를** 촉진시켰다.

ㄴ 원조에 대한 헌신과 신중함을 결합하여 COS의 재조직화를 촉진하였다.

ㄷ 욕구를 확인(사례평가)하고 서비스를 효과적으로 전달하기 위해 체계적이고 조직화된 접근을 선택하였다.

ㄹ 전문화의 움직임은 특수한 기법, 기술, 기능뿐만 아니라 과학적 지식의 기반을 지니는 임상사회복지사들에게 도움을 받아 가속화되었다.

② 학교와 훈련기관을 통한 전문적 교육

ㄱ 도제에서 전문적으로 변화하기 위해 더 많은 자극을 주었다.

ㄴ 특수한 지식과 기술을 획득하기 위한 수단이다.

ㄷ 학교에서 채택된 전문교육은 다른 전문직 대학에서 근거한 모델보다는 협회에 의해 발전된 실습모델에 부합한다.

ㄹ 실습모델의 기초는 전문직의 사회화 수단으로 기관 슈퍼비전에 의존한다.

### (3) 사회복지 전문직의 가치체계 · 16회 기출

① **개인의 존엄성과 독특성에 대한 존중** : 인간은 그 자체로서 존엄하고 독특한 존재이므로, 사회복지사는 개인을 존중해야 한다.

② **자기결정의 원리** : 사회복지사는 개인이 자기결정권을 최대한 행사할 수 있도록 도와야 한다.

③ **사회적 형평성의 원리** : 사회복지사는 개인의 잠재력을 최대한 실현하기 위해 필요한 자원과 기회에 동등한 접근을 보장해야 한다.

④ **개인의 복지에 대한 사회와 개인 공동의 책임** : 각 개인은 전체 사회의 요구와 개인 및 사회의 균형 속에서 자신의 복지 향상을 위해 최대한 노력할 책임을 갖고 있다.

## 2 │ 사회복지실천의 기반 · 19, 20회 기출

### (1) 사회복지실천의 과학적 기반

① 과학적 지식의 원천

ㄱ 생태학, 행동 · 사회 · 문화과학

• 사회복지는 사람(생물학적 · 정서적 · 행동적 · 사회적 존재), 가족, 집단, 지역사회, 조직체(사회 · 문화적 개체)를 그 대상으로 한다.

• 생물학, 유전학, 생태 · 행동과학을 포함한 실천 · 사회과학의 토대가 되는 기초과학과 사회학 · 인류학 · 문화분석을 포함한 보다 큰 체계를 연구하는 원리를 이해한다.

• 심리학, 사회심리학, 사회학, 인류학, 경제학, 인구학, 유행병학, 정치학, 의학, 가족 치료 등과 같은 전문직의 지식은 효과적인 실천을 위해 필수적이다.

- 사회복지사의 과제는 산재해 있는 실천의 영역에 어떠한 지식을 적용할 것인가를 결정하는 것이다.
  ⓒ 생물학, 유전학, 행태과학
  - 인간 행태의 일부는 유전에 의해 정해진다.
  - 생리적 현상(감정, 행태 등)으로 인한 우울증 사례에서의 사회복지사의 개입은 유익하다.
  - 심리적·정서적 질환을 안정시키고 개선시키는 데는 적절한 약물치료가 필요하므로, 사회복지사는 생리학적·의학적 정보와 지식을 갖추고 있어야 한다.
  ⓒ 생태과학
  - 인류는 생존을 위해 환경으로부터 식량, 주거지, 사회적 상호작용 등을 포함한 특정자원을 획득할 수 있어야 한다.
  - 사회복지실천은 각자가 연계를 이루는 상호 연계망에 기여한다.
  - 클라이언트가 역경에 직면하게 되는 환경, 인간행동, 문화적 실천 등을 탐색한다.

② **과학자로서의 사회복지사**
  ㄱ 과학적 방법 활용
  - 사회적 기능을 나타내는 자료의 수집 및 분석, 조직화
  - 새로운 기법, 실천지침, 프로그램, 정책개발을 위한 관찰·경험·공식적 연구
  - 사회복지 개입계획, 개념적 준거틀을 만들기 위한 기초자료 활용
  - 개입이 사람들의 사회적 기능수행에 미치는 영향에 대한 객관적 검토
  - 아이디어, 연구, 실천의 교환과 비평적 평가
  ㄴ 사회적 조건과 사회문제에 관한 지식
  - 사회기관의 주의를 끄는 문제들과 인간 문제들의 관련성에 관해 이해한다.
  - 삶의 전반적인 특성에 기여하는 요인들을 잘 알아야 한다.
  ㄷ 사회정책과 사회적 프로그램에 관한 지식
  - 사회적 조건이 해를 끼치거나 위협적일 때, 사회정책과 사회적 프로그램이 형성된다.
  - **사회적 프로그램의 주 요소는 조직구조, 혜택, 서비스(제공자)이다.**
  - 서비스 전달의 재정적·행정적·조직적 측면에 관한 지식이 있어야 한다.
  ㄹ 사회적 현상에 관한 지식
  - 인종적 정체성, 문화적·종교적 차이, 개인적·사회적 이슈 비교, 문화적 상호작용 등을 이해한다.
  - 클라이언트와 지역사회 성원에 대한 조직의 관점과 조직의 행동에 따른 영향력을 이해한다.
  - 조직개발, 구조, 수행방법, 의사소통의 패턴에 관해 이해한다.

## (2) 사회복지실천의 예술적 기반

사회복지실천에서 말하는 예술성 혹은 예술적 기반이란, 클라이언트의 정서적 측면에 개입하는 사회복지사의 심리적 특성과 능력을 말한다.

① 예술적 지식의 원천

ㄱ 실천지혜

- 실천은 클라이언트가 있는 곳에서 시작하여 클라이언트 집단의 구체적인 욕구를 충족시키는 것이 중요하다.
- 실천경험에 의해 형성된 전문가 행위 패턴으로, 동일한 규칙을 만들고 지키는 것이 중요하다.

ㄴ 개인적 경험

- 다른 사회복지사들의 경험과 사회복지사 자신의 인생 경험에 근거한다(개인적 · 전문적).
- 자신의 잠재적인 자원(개인 이력)이 미치는 영향력을 분명히 인식하는 것이 중요하다.
- 사회복지사가 클라이언트와 유사한 개인적 경험이 있을 때에는 자기노출(Self-disclosure)의 문제가 중요하다.

---

**Plus ⊕ one**

**자기노출(Self-disclosure)**
내담자의 문제와 관련하여 도움이 될 만한 비슷한 자기 경험을 상담자가 내담자에게 말하는 것으로, 이는 상대에 대한 신뢰와 이해의 폭을 넓혀 주며 한층 강화된 인간관계를 형성해 나갈 수 있도록 해준다. 그러나 관계형성의 초기단계에서의 지나친 자기노출은 부적절하며, 한 쪽만 자기노출을 한다면 관계의 균형을 이루지 못하여 불만족스러운 관계가 된다. 따라서 자기노출의 깊이와 횟수를 적절히 조정할 수 있는 기술은 관계형성의 필수적인 의사소통능력이다.

---

ㄷ 역사와 현재의 사건

- 실천은 보다 넓은 사회적 맥락에서 이루어지며, 사회정책과 사회권력의 변화에 관해 이해하는 것이 중요하다.
- 역사문서, 전문정책서적, 대중매체가 정보의 원천이 된다.

ㄹ 예술과 문학

- 전문 사회복지실천은 예술, 문학 등의 폭넓은 인문지식에 기초한다.
- 예술과 문학은 실천에서의 의사결정과 행동을 위한 맥락, 실천 내용을 제공한다.
- 문학은 언어를 통해 인간의 존엄과 가치, 진지한 수용과 존경을 상기시키며 문화의 정의와 실천을 더욱 풍부하게 한다.

### Plus ➕ one

| 전문직으로서 사회복지사가 지녀야 할 요소 | 1, 5, 7, 10, 19회 기출 |
|---|---|
| 예술가로서의 사회복지사 | 과학자로서의 사회복지사 |
| • 사랑(동정)과 용기<br>• 전문적 관계 형성<br>• 창의성과 상상력<br>• 희망과 에너지<br>• 판단력과 사고력, 직관적 능력<br>• 개인적인 가치관<br>• 자신만의 전문가로서의 스타일 | • 사회문제에 대한 지식<br>• 사회현상에 대한 지식<br>• 사회복지전문직에 대한 지식<br>• 사회복지실천방법에 대한 지식<br>• 사회제도 및 정책, 사회서비스 및 프로그램에 대한 지식 |

② 관계형성의 기술

㉠ 감정이입적인 의사소통
- 클라이언트의 내적 감정을 정확하게 인지하고 이를 클라이언트의 경험에 맞게 전달할 수 있는 사회복지사의 능력을 말한다.
- 원조관계를 발전시키고 유지하며 클라이언트의 삶에 있어 사회복지사를 중요하고 영향력 있는 존재로 만드는 데 중요한 역할을 한다.
- 원조관계를 바라지 않는 클라이언트의 경우, 감정이입적으로 이해를 전달함으로써 위협과 방어를 감소시키고, 도움을 주고자 하는 의도를 전달해 행동의 변화를 가져오게 한다.
- 클라이언트의 드러난 감정을 순간적으로 포착하는 것뿐 아니라 탐색과정에서 얼굴 표정, 목소리의 높낮이, 말의 빠르기, 자세와 동작 등에 숨겨진 감정을 밝혀내어 감정과 행동의 의미와 개인적인 중요성을 발견하는 것도 포함한다.
- 클라이언트의 위장된 감정에 접근하기 위해서 언어적 메시지뿐 아니라 비언어적인 메시지를 포착해야 한다.

㉡ 진실성
- 개방적이고 솔직한 방식으로 관계를 맺음으로써 자신을 공유하는 것이다.
- 억지로 고안된 표현보다는 자발적인 표현을 통해 개인적인 관계를 맺는 것이다.
- 사회복지사의 언어는 그들의 실제 감정과 사고 모두와 합치해야 한다.
- 사회복지사는 자신의 감정을 부인하거나 클라이언트가 이러한 감정을 유발했다고 비난하기보다는, 자기의 감정을 표현하고 이에 대해 책임져야 한다.
- 클라이언트에 대한 자신의 실수를 인정할 만큼 인간적이어야 한다.
- 사회복지사가 무분별하게 감정을 노출하는 것을 의미하지는 않는다.
- 사회복지사는 진실해야 하며 진실한 표현은 때로는 마찰을 일으킬 수 있다.

③ 사회복지실천에서 필요한 예술적 요인
  ㉠ 동정(Compassion)과 용기(Courage)
    • 동정이 결여된 사회복지사는 자신과 클라이언트의 관심사 사이에 거리를 둘 가능성이 있다.
    • 사회복지사는 다른 사람들에게 고통을 가하는 사람들과 고통을 받는 사람들에게 언제 어디서나 건설적으로 반응할 수 있어야 한다.
  ㉡ 전문적 관계(Professional Relationship)
    • 협상의 기본은 전문적인 관계를 활용하여 사람들이 변화의 가능성에 개방적인 태도를 지니게 하고, 적극적으로 변화과정에 참여하도록 돕는 것이다.
    • 긍정적 관계는 클라이언트 집단을 효과적으로 원조하기 위한 전제조건이 될 뿐만 아니라 조직이나 지역사회 구성원과의 활동관계에도 중요하다.
    • 전문적 관계는 **타인에 대한 관심 또는 배려, 헌신과 의무, 권위와 권한, 진실성과 일치성** 등을 주요 요소로 한다.
  ㉢ 희망(Hopefulness) : 긍정적인 변화수용과 공동선을 추구하며 협동하는 **인간의 선한 의지 등에 대한 믿음과 신념**이다.
  ㉣ 에너지(Energy) : 어떤 것이 진행되도록 하고 **결과를 얻을 수 있는 능력, 실수와 실패로부터 회복할 수 있는 능력**이다. 클라이언트 집단의 활동과 클라이언트의 적극성을 위해 사회복지사의 에너지가 필요하다.
  ㉤ 판단(Judgement) : 사회복지사는 분석적 · 반성적이어야 하며, 성공뿐만 아니라 실패로부터의 학습에도 개방적이어야 한다.
  ㉥ 개인적 가치(Personal Values)
    • 가치란 어떻게 되어야 하고 무엇이 가치 있는 것인지에 대한 신념을 말한다.
    • 사회복지사의 개인적 가치는 사회복지 전문직의 가치와 양립 가능해야 한다.
  ㉦ 창조성(Creativity)
    • 클라이언트의 상황은 끊임없이 변화하므로 사회복지실천에 있어 창조성은 매우 중요하다.
    • 다양한 정보와 요소들을 통합하며 상상력, 융통성 등을 포함한다.

# CHAPTER 01 출제유형문제

**01** 사회복지실천의 목표로 옳은 것은? [5회]

> ㄱ. 사람들이 실천서비스를 받을 수 있도록 돕는다.
> ㄴ. 개인, 가족, 집단에 대해 상담 및 정신적 치료를 제공한다.
> ㄷ. 지역사회 또는 집단에게 사회서비스 및 건강서비스를 제공하거나 개선하도록 돕는다.
> ㄹ. 사회복지사의 선의를 실현한다.

① ㄱ, ㄴ, ㄷ           ② ㄱ, ㄷ
③ ㄴ, ㄹ           ④ ㄹ
⑤ ㄱ, ㄴ, ㄷ, ㄹ

**해설** 사회복지실천의 목표
- 사람들의 문제해결 및 처리능력을 향상시킨다.
- 사람들을 자원 · 서비스 그리고 기회를 제공하는 체계들과 연결시킨다.
- 체계들의 효과이며 인도적인 운영을 증진시키고 사회정책의 개발과 개선에 공헌하는 것이다.
- 클라이언트로 하여금 대인관계 기술을 습득하고 자신의 역할을 수행할 수 있도록 하며 사회적 자신감을 갖도록 도와주는 것이다.
- 모든 사람의 삶의 질과 사회적 기능을 향상시킨다.

**02** 다음 중 전문직이 갖추어야 할 요소가 아닌 것은? [5회]

① 관념적 철학           ② 전문가 윤리강령
③ 전문가 집단의 힘           ④ 사회의 인정
⑤ 체계적 이론과 기술

**해설** 사회복지전문직의 속성(Greenwood)
- 기본적인 지식과 체계적인 이론체계
- 클라이언트와의 관계에서 부여된 전문직 권위와 신뢰
- 전문가집단의 힘과 특권
- 사회로부터의 승인
- 명시적이며 체계화된 윤리강령
- 전문직의 문화

**03** 다음 중 사회복지전문직의 예술적 기반에 해당하는 것은?  [5회]

ㄱ. 지식
ㄴ. 창의성
ㄷ. 이론
ㄹ. 판단

① ㄱ, ㄴ, ㄷ            ② ㄱ, ㄷ
③ ㄴ, ㄹ              ④ ㄹ
⑤ ㄱ, ㄴ, ㄷ, ㄹ

해설 전문직으로서 사회복지사가 지녀야 할 요소

| 예술가로서의 사회복지사 | 과학자로서의 사회복지사 |
| --- | --- |
| • 사랑(동정)과 용기<br>• 전문적 관계 형성<br>• 창의성과 상상력<br>• 희망과 에너지<br>• 판단력과 사고력<br>• 개인적인 가치관<br>• 자신만의 전문가로서의 스타일 | • 사회문제에 대한 지식<br>• 사회현상에 대한 지식<br>• 사회복지전문직에 대한 지식<br>• 사회복지실천방법에 대한 지식<br>• 사회제도 및 정책, 사회서비스 및 프로그램에 대한 지식 |

**04** 사회복지실천의 전문적 관계에 관한 설명으로 옳지 않은 것은?  [12회]

① 사회복지사는 관계의 전반적 과정에 대하여 전문적 책임을 진다.
② 사회복지사는 목적의식을 가지고 관계를 유지한다.
③ 관계형성을 주도하는 것은 클라이언트이다.
④ 초기 관계는 다음 단계로의 진행에 영향을 준다.
⑤ 관계는 시간적 제한을 가진다.

해설 콤튼과 갤러웨이(Compton & Galaway)는 전문적 관계로서 관계의 목적을 달성하기 위해 사회복지사와 클라이언트가 서로 관계형성에 대한 '헌신과 의무'를 가져야 한다고 강조했다. 사회복지사의 헌신과 의무는 필수적인 절차상의 조건들에 따른 시간약속을 지키는 것, 클라이언트의 문제에 대해 초점을 유지하는 것, 성장 및 변화를 가져오는 관계를 유지하도록 노력하는 것 등이다. 클라이언트의 헌신과 의무는 자신을 정직하고 개방적으로 표출하는 것, 전문적 관계에서 요구되는 시간약속을 지키는 것 등이다.

**05** 사회복지실천에서 예술적 활동으로 맞는 것은?  [7회]

① 클라이언트의 만족도 설문조사
② 클라이언트의 개인적 정보관리
③ 클라이언트와 전문적 관계 형성
④ 클라이언트의 욕구파악을 위한 사정도구 활용
⑤ 클라이언트에게 지역사회 자원에 관한 정보제공

해설🔍 사회복지실천에서 말하는 예술성 혹은 예술적 기반은 클라이언트의 정서적 측면에 개입하는 사회복지사의 심리적 특성 또는 능력을 의미한다. 타인의 고통을 진심으로 이해하고 공감하는 능력, 클라이언트와 의미 있고 효과적인 관계를 맺을 수 있는 능력, 사회복지사의 건전하고 건강한 판단력, 클라이언트의 특수한 상황에 맞게 융통적으로 판단하고 적용할 수 있는 능력 등은 사회복지실천에 있어서 예술적 기반에 해당되는 것들이다.

**06** 다음 중 사회복지의 과학적 · 예술적 특성에 대한 설명으로 옳지 않은 것은? [8회]

① 사회복지실천의 전문성은 과학적 요소와 예술적 요소에 기반해야 한다.
② 사회복지실천의 과학적 요소는 사회적 현상에 관한 지식을 말한다.
③ 사회복지 전문직 속성은 지역사회의 이익을 중시한다.
④ 사회복지실천의 예술적 요소에는 열정과 용기 등이 있다.
⑤ 사회복지실천의 과학적 요소가 예술적 요소보다 중요하다.

해설🔍 ⑤ 사회복지실천에서 과학적 요소와 예술적 요소는 전문직으로서 사회복지사가 지녀야 할 요소이다. 따라서 두 가지 요소를 서로 비교하거나 어느 하나를 우위에 놓을 수는 없다.

**07** 사회복지실천의 예술적 속성(A)과 과학적 속성(B)이 잘못 짝지어진 것은? [10회]

① A : 창의적 사고        B : 경험적 사실의 수집
② A : 적합한 가치        B : 실험적 조사
③ A : 직관적인 능력      B : 이론적 설명
④ A : 건전한 판단력      B : 객관적 관찰
⑤ A : 기술 훈련          B : 사회적 관심

해설🔍 사회복지사는 자신의 개인적 특성이나 창의적 능력, 사회적 관심을 전문적인 기술 및 지식과 결합시켜야 한다. 이러한 예술적 속성과 과학적 속성은 대립적인 것이 아닌 상호보완적인 것으로서, 사회복지사는 이와 같은 속성들을 융합 · 조화시킴으로써 효과적인 실천 활동을 수행할 수 있다.

**08** 사회복지사의 자기인식에 관한 설명으로 옳은 것은? [10회]

① 자신의 장점보다 단점을 더 잘 파악해야 한다.
② 개인적 가치관보다 전문적 가치관을 더 분명히 인식해야 한다.
③ 클라이언트의 모든 문제를 해결해야 한다는 자세를 가져야 한다.
④ 자신의 경험보다 클라이언트의 경험을 더 중요하게 생각해야 한다.
⑤ 자신의 신념, 태도, 행동습관을 알고 있어야 한다.

해설 **사회복지사의 자기인식**
- 자신의 가치, 신념, 태도, 행동습관 등을 깨닫고 이들이 사회복지실천에서의 관계와 의사결정에 어떤 영향을 미치는지를 정확하게 아는 것을 의미한다.
- 사회복지사 개인의 가치 또는 편견은 의식적·무의식적으로 클라이언트와의 관계 및 윤리적 의사결정에 영향을 주기 때문에 사회복지사는 자신의 가치가 개입활동에 걸림돌이 되지 않는지를 끊임없이 살펴야 한다.
- 사회복지사는 전문사회복지사로서의 가치판단기준 및 윤리적 원칙을 가지고 있어야 한다.

**09** 사회복지 전문직의 가치체계를 모두 고른 것은? [16회]

> ㄱ. 사회적 형평성의 원리
> ㄴ. 개인의 복지에 대한 사회와 개인 공동의 책임
> ㄷ. 개인의 존엄성과 독특성에 대한 존중
> ㄹ. 자기결정의 원리

① ㄱ, ㄴ
② ㄷ, ㄹ
③ ㄱ, ㄷ, ㄹ
④ ㄴ, ㄷ, ㄹ
⑤ ㄱ, ㄴ, ㄷ, ㄹ

해설 **사회복지 전문직의 가치체계**
- 개인의 존엄성과 독특성에 대한 존중 : 인간은 그 자체로서 존엄하고 독특한 존재이므로, 사회복지사는 개인을 있는 그대로 인정하고 받아들여야 한다.
- 자기결정의 원리 : 사회복지사는 개인이 자기결정권을 최대한 행사할 수 있도록 도와야 한다.
- 사회적 형평성의 원리 : 사회복지사는 개인의 잠재력을 최대한 실현하기 위해 필요한 자원과 기회에 동등한 접근을 보장해야 한다.
- 개인의 복지에 대한 사회와 개인 공동의 책임 : 각 개인은 전체 사회의 요구와 개인 및 사회의 균형 속에서 자신의 복지 향상을 위해 최대한 노력할 책임을 갖고 있다.

8 ⑤ 9 ⑤ Answer

**01** 사회복지실천에 관한 설명으로 옳지 않은 것은? [20회]

① 과학성과 예술성을 통합적으로 활용한다.

② 사회복지의 관점과 이론을 토대로 한다.

③ 심리학, 사회학 등 타 학문과 배타적 관계에 있다.

④ 클라이언트의 특성을 반영한다.

⑤ 사회복지 가치와 윤리를 반영한다.

> 해설 ③ 사회복지실천의 기초이론은 인간의 성장, 발달 또는 사회환경과의 기능과 역기능을 설명하려는 심리학, 경제학, 사회학, 교육학 등의 이론이다.

**02** 사회복지실천기술의 전문적 기반에 관한 설명으로 옳지 않은 것은? [19회]

① 이론과 실천의 준거틀을 적절하게 이용하는 것은 예술적 기반에 해당된다.

② 연구자료를 수집하고 분석하는 것은 과학적 기반에 해당된다.

③ 사회복지 전문가로서 가지는 가치관은 예술적 기반에 해당된다.

④ 감정이입적 의사소통, 진실성, 융통성은 예술적 기반에 해당된다.

⑤ 사회복지사에게는 과학성과 예술성의 상호보완적이고 통합적인 실천역량이 요구된다.

> 해설 ① 이론과 실천의 준거틀을 적절하게 이용하는 것은 과학적 기반에 해당한다. 과학적 기반은 주관적 판단의 오류를 최소화시키기 위해 전문직에서 기본적으로 요구된다.

안심Touch

**03** 실천지식의 구성수준을 추상성에서 구체성의 방향으로 순서대로 나열한 것은? [16회]

① 패러다임 - 관점 - 이론 - 모델 - 실천지혜
② 패러다임 - 이론 - 관점 - 모델 - 실천지혜
③ 관점 - 패러다임 - 이론 - 모델 - 실천지혜
④ 실천지혜 - 모델 - 이론 - 관점 - 패러다임
⑤ 실천지혜 - 이론 - 모델 - 관점 - 패러다임

해설 **실천지식의 구성**

실천지식(Social Work Knowledge)은 실천에 영향을 미치는 구체성의 정도에 따라 다음과 같이 구분된다.

| 패러다임 | 추상적 개념의 틀로서, 현실에 대한 관점과 인식의 방향을 결정한다. |
|---|---|
| 관 점 | 개인의 관심과 가치 등을 규정하는 사고체계이다. |
| 이 론 | 어떤 현상을 설명하기 위한 개념이나 의미를 말한다. |
| 모 델 | 실천활동 과정에서 직접적으로 필요한 기술적 적용방법을 말한다. |
| 실천지혜 | '직관(Intuition)/암묵적 지식(Tacit Knowledge)'이라고도 하며, 실천현장에서 귀납적으로 만들어진 지식을 의미한다. |

**04** 가정폭력 피해경험이 있는 사회복지사가 자기노출을 고려하는 목적으로 옳은 것은? [18회]

① 역전이를 활용하기 위해
② 클라이언트의 표현을 촉진하기 위해
③ 자신과 비슷한 경험인지 알아보기 위해
④ 클라이언트의 자기합리화를 돕기 위해
⑤ 사회복지사가 자신의 문제를 극복했는지 확인하기 위해

해설 ② 사회복지사는 클라이언트의 표현을 촉진하기 위하여 자신의 경험, 감정, 생각 등을 집단성원에게 솔직하게 노출할 수 있다. 하지만 지속적으로 상세하게 노출하거나 너무 많이 노출하지 않도록 주의해야 한다.

# CHAPTER 02 심리사회모델

★ 학습목표
- 심리사회모델의 전반적 이해, 심리사회모델의 개입목표와 과정 및 기법을 학습하자.
- 사례에 적용된 형태의 문제가 많이 출제되고 있는 경향이다. 개념적 이해는 물론이고 응용력을 높일 수 있도록 대비하자.

## 제1절 심리사회모델의 전반적 이해

### 1 심리사회모델의 의의와 등장 배경

#### (1) 심리사회모델의 의의

① 정신분석학에 기초한 자아심리학이론이 적용되면서 개인의 자아기능을 유지 · 강화하는 치료 형태를 발전시키게 되었다.

② 이 모델은 진단의 중요성을 강조하고 있으며 자아심리학뿐만 아니라 **정신분석이론, 자아심리이론, 의사소통이론, 문화인류학, 체계이론, 역할이론, 대상관계이론, 생태체계이론** 등 다양한 이론에 기초하고 있다.

#### (2) 심리사회모델의 등장 배경

① 기 원

ㄱ 메리 리치몬드(Mary Richmond)는 '상황 속의 인간'이라는 용어는 사용하지 않았지만, 개인이 환경(상황) 속에서 이해되어야 한다고 주장하면서 상황 속의 인간을 지향하는 시각을 제시했다.

ㄴ 메리 리치몬드는 1917년 프로이트의 의료모델을 근거로 하여 「사회진단(Social Diagnosis)」이라는 책을 써서 자선과 사회사업의 과학성을 최초로 밝힌 케이스워크 전문가이다.

② **1930년대 후반** : 고든 해밀턴(Gordon Hamilton)이 처음으로 '상황 속의 인간' 개념을 언급하며 심리사회 이론으로 부르기 시작했다.

③ **1960년대** : 플로랜스 홀리스(Florence Hollis)에 의해 사회복지의 실천이론과 접근방법으로 체계화되었다.

## 2 │ 심리사회모델의 기본개념 및 가치

### (1) 심리사회모델의 기본개념

① 인간의 문제를 심리적(정서적)·사회적(환경적) 문제로 이해한다.

② 개인의 심리적 특성뿐만 아니라 신체생리적인 현상과 사회적인 환경까지도 모두 고려하는 '상황 속의 인간(Person in Situation)'을 강조한다.

③ 상황 속의 인간(Person in Situation)

  ㉠ 고든 해밀턴(Gordon Hamilton)이 사용한 개념이다.

  ㉡ 인간의 심리 내적 과정과 외부의 사회·물리적 조건 사이의 상호작용을 강조한다.

  ㉢ 상황은 의식주와 같은 물질적 자원뿐 아니라 대인관계를 통해 얻게 되는 개인의 사회적인 관계도 포함한다.

  ㉣ 문제와 클라이언트가 겪는 어려움들은 클라이언트와 환경과의 역기능적인 상호작용에 의해 만들어진 결과이다.

  ㉤ 사회복지사는 부적응적 상호작용을 변화 또는 예방하여 클라이언트의 적응을 향상시키기 위해 개인에 대한 개입, 사회환경에 대한 개입, 개인과 사회환경과의 상호작용에 개입한다.

④ 클라이언트와 사회복지사의 관계를 중요하게 여긴다.

  ㉠ 클라이언트와 사회복지사의 관계를 형성하기 위해 클라이언트를 수용하고 개별화한다.

  ㉡ 클라이언트가 있는 곳에서, '현재상황에서 출발(Start where the client is)'하는 등의 실천원칙을 강조한다.

  ㉢ 클라이언트가 자신의 행동과 감정에 대해 이해하고 통찰함으로써 자신의 문제를 해결하기 위한 역량을 강화할 수 있도록 원조한다.

⑤ 우즈와 홀리스(Woods & Hollis, 2000)  **11회 기출**

  ㉠ 심리사회모델의 이론적 배경으로 생태체계론, 정신역동이론, 역할이론, 의사소통이론 등을 제시하였다.

  ㉡ 주요 이론은 정신역동이론이며, 정신분석이론과 대상관계이론이 큰 영향을 미쳤다.

  ㉢ 개입의 초점은 클라이언트의 심리 내적인 과정에 치중되어 있다.

⑥ 전통적으로 사회복지실천의 내용은 개인 내적 요소와 사회적 요소를 모두 중시하는 심리사회적인 것이었으며, 이 전통을 계승하고 집약한 것이 심리사회모델이다.

### (2) 심리사회모델의 가치

① 가치의 전제

  ㉠ 클라이언트를 존경하면서 동시에 수용해야 한다.

  ㉡ 클라이언트의 복지에 관심을 가져야 하고, 욕구에 우선권을 두어야 한다.

  ㉢ 클라이언트의 자기결정권과 자기지향성을 격려하는 가치를 인정해야 한다.

  ㉣ 클라이언트와 다른 사람 간의 상호작용을 인정해야 한다.

  ㉤ 개인적인 선입관을 배제하고 객관적으로 클라이언트를 이해해야 한다.

② 기본적 가치

　　㉠ 수 용

　　　• 사회복지사의 개인적 선호도의 여부와는 별개로 클라이언트에 대한 선의의 태도를 유지하는 것이며, 치료와 원조관계의 발전에 중요한 요소이다.

　　　• 사회복지사가 클라이언트의 고통스러운 상황과 딜레마 등을 느낄 수 있다면 보다 건설적인 협력관계의 형성이 가능하다.

　　㉡ 자기결정

　　　• 클라이언트 스스로 결정을 내리고, 자신의 삶에 대한 주체적인 태도를 지닐 수 있으면 더욱 좋다. 그러나 자기결정에는 많은 조건과 제약 및 도덕적 딜레마가 뒤따른다.

　　　• 도덕적 딜레마의 원인 : 적은 선택의 기회, 다른 사람의 욕구와의 갈등 등

　　　• 사회복지사의 역할

　　　　－ 사회복지사가 클라이언트의 책임을 맡거나 클라이언트의 선택을 직접적으로 제안하는 것은 아니다.

　　　　－ 클라이언트에게 다양한 정보를 제공한다.

　　　　－ 클라이언트가 생각을 분명히 할 수 있도록 도움을 준다.

## 3 심리사회모델의 이론적 기반

### (1) 프로이트(Freud)의 정신분석이론

① 심리적 결정론

　　㉠ 프로이트는 결정론적인 인간관을 통해 모든 현상은 우연히 발생하는 것이 아니라, 선행 사건에 의해 결정된다고 본다. 따라서 정신병리, 실수 등과 같은 인간 행동도 우연히 발생하는 것이 아니라 원인이 있다고 본다.

　　㉡ 원인은 무의식에 있으며, 무의식의 과정은 직접 관찰할 수 없기 때문에 정신분석이라는 특별한 방법을 필요로 한다.

② 정신분석

　　㉠ 문제행동 혹은 정신병리의 원인을 찾아내며, 인간으로 하여금 보다 현실적으로 적응할 수 있도록 해주는 방법이다.

　　㉡ 자유연상이나 무의식적 소망을 표현하는 꿈을 분석함으로써 이루어진다.

③ 인간의 마음 : 이드(Id), 자아(Ego), 초자아(Superego)의 세 가지 성격구조로 나뉜다.

　　㉠ 이드(Id)

　　　• 이드는 생물학적 충동으로, 먹고 마시고 고통을 피하고 성적 쾌락을 얻으려는 욕구들로 구성되어 있다.

　　　• 이드의 욕구는 즉각적 · 맹목적 · 이기적으로 만족시키려는 성향을 가진다.

　　　• 이드의 모든 과정은 무의식적으로 일어난다.

     ⓛ 자아(Ego)
- 이드의 본능적 욕구와 현실을 중재하는 역할뿐 아니라 초자아와 현실, 초자아와 이드를 중재하는 역할도 수행한다.
- 자아는 이드로부터 분리되어 외부세계와의 상호작용 과정에서 발달하는데, 자아의 분화는 6~8개월 이내에 시작되어 2~3세까지 이루어진다.
- 자아는 현실적이고 논리적인 성향을 가진다.

     ⓒ 초자아(Superego)
- 초자아는 사회의 가치와 도덕이 내면화된 것이다.
- 쾌락보다는 완전을, 현실보다는 이상적인 것을 추구한다.
- 초자아의 분화는 10~11세가 되어야 확립된다.

④ **불안(Anxiety)** : 인간 마음의 세 가지 성격구조 간의 갈등으로 말미암아 발생한다.
     ㉠ 신경증적 불안 : 억압되어 있는 이드의 성적 충동과 공격적 충동이 분출되어 처벌될 것에 대한 현실적 불안이다.
     ㉡ 현실적인 불안 : 현실세계에 있는 위협적 상황에 대한 현실적 불안이다.
     ㉢ 도덕적인 불안 : 도덕·양심에 위배되는 생각이나 행동을 할 경우 초자아에 의해 나타나는 죄의식에 의한 도덕적 불안이다.

⑤ **방어기제(Defence Mechanism)**
     ㉠ 불안을 야기하는 상황에서 직접 대처할 수 없을 때 자신을 불안으로부터 보호하기 위해 무의식적으로 방어기제를 사용한다.
     ㉡ 방어기제를 사용함으로써 일시적으로 불안에서 해방될 수 있다.
     ㉢ 방어기제를 지나치게 사용하게 되면 실제의 감정이나 충동을 인식하지 못하고 현실을 정확히 평가할 수 없기 때문에 비효율적·비생산적일 수 있다.
     ㉣ 주요 방어기제
- 억압(Repression) : 원하지 않는 생각·욕구·감정 등을 의식으로부터 끌어내어 무의식 속으로 억눌러버리는 과정이다.
  - 예 히스테리성 기억상실증 환자는 불안하게 될 만한 일을 행하거나 목격하고 난 뒤에 일 자체와 그때의 주위상황을 완전히 잊어버림
- 반동 형성(Reaction Formation) : 노출되기를 꺼려하는 무의식적인 충동에 반대되는 방향으로 생각·감정·욕구 등을 의식 속에 고정시켜서 이에 따라 행동하게 하는 경우이다.
  - 예 원하지 않는 아이를 가진 어머니의 경우 아이를 원하지 않았다는 죄책감 때문에 아이를 지나치게 염려하고 보호함으로써 아이와 자신에게 좋은 어머니라는 인상을 남기려 함
- 투사(Projection) : 자신의 바람직하지 않은 감정을 다른 사람에게 옮겨서, 그 감정이 외부로부터 오는 위협으로 보이게 하는 과정이다.
  - 예 자신의 노여운 감정으로 인해 오히려 상대방이 적대적인 생각을 갖고 있다고 비난하는 경우

- 퇴행(Regression) : 성숙·발전해가는 과정에서 큰 위험이나 갈등을 겪었을 때, 그동안 이룩한 발달의 일부를 상실하고 마음의 상태가 과거의 낮은 발달단계로 후퇴하는 것으로, 발달과정에 영향을 미칠 수 있으며 나중에 올 신경증적 증상들을 예고하기도 한다.
  - 예 남편과 처음으로 말다툼을 한 신혼주부의 경우 다시 부모 집으로 돌아감으로써 편안함을 찾으려 함, 어려움에 처한 경우 낮잠이나 공상에 자주 빠지게 됨
- 승화(Sublimation) : 본능적인 욕구(보통은 성적인 것들)를 비본능적인 통로를 통해 변형시켜 분출하는 것이다.
  - 예 정신분석이론에서는 성적 충동에서 나오는 에너지를 예술이나 과학 연구 등에 쓰이도록 전환시킬 수 있다고 설명함
- 부정(Denial) : 고통스러운 사실이 있다는 것에 대한 인식을 의식적으로 거부하는 것이다.
  - 예 잠재적으로 존재하는 동성애에 대한 욕구나 적대감정 또는 자녀의 정신질환 등의 경우 이러한 사실들을 부정함으로써 참기 어려운 생각, 감정, 사건들로부터 벗어날 수 있음
- 합리화(Rationalization) : 행동의 참된(그러나 위협적인) 이유를 그럴듯하게 합리적으로 설명하는 것을 말한다.
- 기타 : 현실부정(Denial of Reality), 환상(Fantasy), 동일시(Identification), 투입(Introjection), 정서적 고립(Emotional Insulation), 지성화(Intellectualization), 보상(Compensation), 이동(Displacement), 취소(Undoing), 행동화(Action Out) 등

⑥ 정신분석이론의 한계
  ㉠ 문제의 원인을 인간의 본능적 충동과 과거의 경험으로 보는 단선론적 관점이다.
  ㉡ 대대수의 클라이언트가 신경장애 또는 정신질환의 문제가 아닌 일상적인 삶에서 일어나는 문제로 고민한다.

## (2) 대상관계이론(Object Relations Theories)

① 프로이트 이후에 발전한 정신역동이론 중 하나로, 클라인(Klein), 페어베언(Fairbairn), 위니코트(Winnicott) 등에 의해 이루어졌으며 오늘날 상담 및 심리치료 분야에서 중요한 이론으로 확립되었다.
② 대상관계이론은 인간이 속한 환경과 경험에서 발전한 대인관계를 강조한다.
  ㉠ 인간은 과거 경험에 의해 형성된 기대에 따라 현재의 대인관계를 맺으며, 과거의 경험은 내부대상(Internal Objects)으로서 자신과 대상 간의 관계에 대한 정신적 이미지로 남아 대인 관계에 영향을 미친다.
  ㉡ 생애 초기에 경험하게 되는 애착대상과의 관계는 이후의 대인관계의 유형을 결정하는 중요한 요인이 된다.
③ 기존의 정신분석학과 차이점
  ㉠ 프로이트의 고전적 정신분석학 : 인간은 욕망에 의해 살아가는 존재
  ㉡ 대상관계이론 : 인간은 대상과의 관계에 의해 살아가는 존재

④ 대표적인 학자
  ㉠ 영국 : 멜라니 클라인(Melanie Klein), 도널드 위니코트(Donald W. Winnicott), 로널드 페어
    베언(W. Ronald D. Fairbairn), 해리 건트립(H. Guntrip), 존 볼비(John Bowlby), 마이클 발
    린트(Michael Balint), 크리스토퍼 볼라스(Christopher Bollas) 등
  ㉡ 미국 : 말러(Mahler), 오토 컨버그(Otto F. Kernberg), 하인즈 코헛(Heinz Kohut), 제이콥슨
    (Jacobson), 매스터슨(James F. Masterson), 윌리엄 마이스너(William Meissner) 등
⑤ 대상관계이론
  ㉠ 자기대상(Self − Object)
    • 갓 태어난 아기는 자기와 외부대상을 구분할 능력이 없다.
    • 어머니는 객관적 대상이 아니라 자기 자신으로 경험하는 존재라는 뜻에서 자기대상이라 한다.
  ㉡ 과도기적 대상(Transitional Object)
    • 아기가 이유기가 되면 자기와 어머니를 구분하게 되지만, 아직은 어머니와 떨어져 놀다가도
      어머니가 있는 곳을 확인한다.
    • 이 시기의 아기는 어머니가 없을 때 어머니 대신 심리적으로 의존하고 안정감을 느낄 수 있는
      대상인 과도기적 대상을 갖기도 한다.
    • 과도기적 대상 : 이불, 베개, 젖병, 장난감 등
  ㉢ 분리 − 개별화(Separation − Individuation)
    • 만 2세 전후의 아이는 어머니의 보호에서 벗어나 자기 고집대로 행동하려는 동시에 세상이 자
      기 뜻대로 되지 않는다는 것을 경험하게 된다.
    • 이 시기에는 어머니의 태도가 중요하다.
    • 아이가 자신의 능력에 심취해 어머니가 떠날 때 보내줄 수 있고, 또 좌절 시에 어머니에게 되
      돌아오는 과정을 반복함으로써 분리 − 개별화를 경험하게 된다.
  ㉣ 대상의 영속성
    • 만 3세가 되면 대상의 영속성을 가지게 된다.
    • 모든 대상이 좋은 점과 나쁜 점을 함께 가지고 있다는 것을 받아들이게 된다.
  ㉤ 개별화
    • 대상관계이론에서는 자녀의 성장과정에서 부모가 적절한 부모역할을 수행해야 자녀가 개별화
      를 성취할 수 있다고 강조한다.
    • 즉, 부모가 자녀를 과보호하거나 또는 방치하는 경우 자녀는 안정적이고 독립적인 자기개념
      을 형성하지 못한다고 보았다.

**1** **심리사회모델의 개입목표 및 과정**

**(1) 심리사회모델의 개입목표**

① 심리사회적 이론은 '상황 속의 인간'의 관점을 중시하기 때문에 사회복지실천의 목적도 클라이언트와 사회환경 간 혹은 클라이언트와 타인의 상호작용에서 나타나는 사회적 역기능을 해결하는 것으로 정의한다.

② 심리사회모델에서는 클라이언트의 과거 경험이 현재의 심리적 · 사회적 기능에 영향을 미친다고 본다. 따라서 클라이언트의 과거와 현재의 경험과 관련한 내적 갈등을 이해하고 통찰함으로써 클라이언트가 성장할 수 있다고 본다.

③ 사회복지사가 클라이언트 주변의 변화를 직접 수행하기보다는 클라이언트 스스로가 주변을 변화시킬 수 있도록 최대한 도움을 제공하고, 변화가 가능한 선까지 변화할 수 있도록 현실적 지원을 제공해 주는 것을 목표로 해야 한다.

**(2) 심리사회모델의 개입과정**

① 개입방법

  ㉠ 심리사회모델에서는 클라이언트 자체에 상당한 비중을 두지만, **필요한 경우 클라이언트의 환경에 개입한다.**

  ㉡ 클라이언트의 심리적인 변화와 사회환경적인 변화를 모두 추구하는 이중적인 개입방법을 활용한다.

  ㉢ 클라이언트에게 문제를 야기시키는 사회환경을 변화시켜야 함은 물론 이러한 변화를 통해 클라이언트의 성격과 행동도 변화시켜야 한다.

  ㉣ 클라이언트와 다른 사람과의 관계를 중재하고 클라이언트를 옹호하는 역할 등을 수행한다.

  ㉤ 심리사회모델의 환경적 개입은 오늘날 직접개입(Direct Practice)과 간접개입(Indirect Practice)의 효시가 되었다.

② 개입과정

  ㉠ 클라이언트의 감정과 행위를 지지하는 과정

  ㉡ 클라이언트의 문제해결에 직접적인 영향을 주는 과정

  ㉢ 클라이언트의 감정을 환기 · 묘사 · 탐색하는 과정

  ㉣ 클라이언트를 상황 속의 인간이라는 관점에서 고려하는 과정

  ㉤ 클라이언트의 성격과 행동, 그리고 이 둘 사이의 역동성을 살피는 과정

  ㉥ 클라이언트의 사회적 기능에 영향을 미치는 과거와 현재의 경험을 고려하는 과정

③ 환경적 개입
　　㉠ 자원의 유형
　　　• 사회복지사 자신의 사회복지기관
　　　• 사회복지사가 고용된 비사회복지기관
　　　• 다른 사회복지기관
　　　• 사회복지사를 고용하거나 전혀 고용하지 않은 비사회복지기관
　　　• 클라이언트와 도구적 · 정서적 관계를 가진 사람들
　　㉡ 의사소통 유형 : 비밀보장, 지지, 직접적 영향, 환기, 고찰
　　㉢ 역할 유형
　　　• 자원제공자
　　　• 자원발굴자
　　　• 클라이언트를 다른 사람에게 설명하는 사람
　　　• 클라이언트와 다른 사람 사이의 중재자

## 2 심리사회모델의 개입기법

### (1) 심리사회모델의 개입기법의 유형
① 직접적 개입기법의 특징
　㉠ 클라이언트와 직접 관계하면서 심리적 변화를 추구하는 기법이다.
　㉡ 우즈와 홀리스는 의사소통 과정에 따라 개입기법을 6가지로 구별하여 제시하였다(지지, 직접적 영향, 탐색 – 기술 – 환기, 인간 – 상황에 대한 고찰, 유형 – 역동에 대한 고찰, 발달적 고찰).
② 간접적 개입기법의 특징
　㉠ 환경에 관련된 사람과의 관계에 개입하거나 사회환경적인 변화를 추구하는 기법이다.
　㉡ 직접적 개입기법들을 활용한다.

### (2) 직접적 개입기법　　　　　　　　　　　4, 5, 6, 7, 8, 10, 11, 14, 18, 20회 기출
① 지지(Sustainment)
　㉠ 심리사회모델에 따른 사회복지사의 활동 가운데 가장 기본적이고 핵심적인 과정이다.
　㉡ 사회복지사가 클라이언트를 수용하고 원조하려는 의사와 클라이언트의 문제해결능력에 대한 확신을 표현함으로써 클라이언트의 불안을 줄이고 자기존중감을 증진시키는 과정이다.
　㉢ 과 정
　　• 언어적 의사소통뿐만 아니라 따뜻한 표정, 어깨를 두드리는 등의 비언어적 방법
　　• 클라이언트가 당면한 문제에 대한 실질적 도움(가정봉사원, 보육서비스, 경제적 도움 등)
　㉣ 기법 : 경청, 수용, 신뢰감의 표현, 불안이나 죄책감에 대한 재보증, 선물주기 등

② 직접적 영향(Direct Influence)
　　㉠ 클라이언트의 행동을 촉진하거나 향상시키기 위한 조언이나 제안 등을 통해 사회복지사의 의견을 클라이언트가 받아들이도록 하는 개입과정이다.
　　㉡ 클라이언트의 자기결정권도 중요하지만, 때로는 직접적인 영향을 미침으로써 보다 적절한 결과를 얻을 수 있을 때 사용한다.
　　㉢ 클라이언트의 욕구에 따라 조언을 해야 하며, 클라이언트가 있는 바로 그곳에서부터 출발해야 한다.
　　㉣ 직접적인 조언 또는 대면적인 행동은 사회복지사와 클라이언트 간에 강한 신뢰관계가 수립되었거나, 클라이언트에 대한 충분한 지식을 가지고 있을 때 사용한다.
　　㉤ 기법 : 직접적인 조언, 대변적인 행동, 현실적 제한 설정, 클라이언트의 제안을 격려·강화·장려 등

③ 탐색-기술(묘사)-환기(Exploration-Description-Ventilation)
　　㉠ 탐색-기술 : 클라이언트의 문제와 관련하여 클라이언트, 클라이언트의 환경 혹은 클라이언트와 환경과의 상호작용에 관한 사실을 그대로 말할 수 있도록 도와주는 의사소통이다.
　　㉡ 환 기
　　　• 사실과 관련된 감정을 끄집어냄으로써 카타르시스를 경험하도록 원조하는 것이다.
　　　• 환기 자체로 문제가 해결될 수도 있다.
　　　• 분노, 상실에 대한 애도반응, 죄책감, 불안 등의 감정에 특히 주의해야 한다.
　　　• 방어하지 않고 편안하게 감정을 표현할 수 있을 때 환기를 경험하게 되므로 타이밍이 중요하다.
　　㉢ 기법 : 초점 잡아주기, 부분화하기, 화제 전환하기 등

④ 인간-상황에 대한 고찰(Person-Situation Reflection)
　　㉠ 클라이언트를 둘러싼 현재 혹은 최근 사건에 대해 고찰하는 심리사회요법의 핵심이다. 특히 사건에 대한 클라이언트의 지각방식 및 행동에 대한 신념, 외적 영향력 등을 평가한다.
　　㉡ 6가지 하위 영역으로 분류
　　　• 다른 사람들, 건강, 상황
　　　　- 인간은 정보의 부족이나 편견·두려움 등에 의해 자신이 처한 상황, 가족이나 친구·동료·이웃의 감정과 행동을 정확히 이해하지 못하는 경우가 있다.
　　　　- 사회복지사는 클라이언트의 상황에 대해 직접 설명하기도 하지만, 질문이나 언급을 통해 클라이언트가 스스로 깨닫도록 도와준다.
　　　• 클라이언트의 행동이 자신과 다른 사람들에게 미치는 영향
　　　　- 클라이언트가 미처 깨닫지 못했거나 간과한 결과에 대해 주의를 기울인다.
　　　　- 클라이언트의 행동과 결과에 대한 인과관계를 사회복지사가 설명하기보다는 질문이나 언급을 통해 직접 깨닫도록 인도한다.
　　　• 클라이언트 행동의 성격 : 클라이언트가 자신의 숨겨진 반응, 사고, 감정의 성격에 대해 내부지향적으로 이해하도록 원조한다.

- 클라이언트 행동의 원인 : 클라이언트가 다른 사람과의 상호작용이나 상황적 자극에 대해 나타낸 반응 및 행동의 원인을 이해하도록 원조한다.
- 자기평가 : 클라이언트의 도덕과 양심, 자기 이미지, 가치 등에 관한 자기평가를 원조한다.
- 사회복지사의 치료과정 : 사회복지사, 치료, 기관의 규칙 등에 대한 클라이언트의 반응과 이해 정도를 탐색하여 원조과정의 효과를 최대화한다.
ⓒ 3가지 차원으로 분류
- 외부성찰 : 타인, 건강, 상황, 사건 등에 대한 클라이언트의 지각방식이다.
- 내부성찰 : 클라이언트 자신의 행위나 생각, 감정 혹은 숨겨진 반응이나 감정의 지각 방식이다.
- 중간정도의 성찰 : 자신의 행동이 자신 또는 타인에게 주는 영향을 생각하게 한다.
ⓔ 기법 : 설명, 논리적 토의 · 추론, 일반화, 변화, 역할극, 강화, 명확화, 교육 등
⑤ 유형-역동에 대한 고찰(Pattern-Dynamic Reflection)
ⓐ 사회복지사는 클라이언트의 성격 혹은 행동의 유형과 이드 · 자아 · 초자아의 심리 내적인 역동에 대해 고찰한다.
ⓑ 클라이언트가 사용하는 방어기제를 분석하고 클라이언트가 가지고 있는 내부 대상, 분리, 개별화 정도 등에 대해 고찰한다.
ⓒ 기법 : 해석, 통찰, 명확화 등
⑥ 발달적 고찰(Developmental Reflection)
ⓐ 성인기 이전의 생애 경험과 이러한 경험이 현재 기능에 미치는 영향에 대해 고찰하는 것을 의미한다.
ⓑ 기법 : 해석, 통찰, 명확화, 논리적 토의 · 추론, 설명, 일반화, 변화, 역할극, 강화교육 등

## (3) 간접적 개입기법  7, 18회 기출

① 사회복지실천 활동의 목표에 도달하기 위해서는 클라이언트 개인의 변화만으로 부족할 때가 있다. 특히 클라이언트를 둘러싸고 있는 체계에 문제의 원인이 있거나 체계와의 상호작용에 문제가 있는 경우 사회복지사는 개인보다는 클라이언트를 둘러싼 환경에 개입함으로써 목표에 도달할 수 있다.
② 간접적 개입은 클라이언트를 원조하기 위해 클라이언트 외의 개인, 소집단, 지역사회, 환경 등에 개입하여 변화를 추구하는 것으로 다음 방법들로 전개된다.
ⓐ 조정 : 문제해결에 있어서 클라이언트의 이익을 최우선으로 하기 위해 다른 서비스 제공자와 협력하여 서비스를 연결하거나 의뢰하는 등의 노력을 기울인다.
ⓑ 프로그램 계획 및 개발 : 새로운 자원과 프로그램을 계획 · 개발하여 클라이언트가 필요로 하는 서비스를 확보한다.
ⓒ 환경조작 : 클라이언트의 사회적인 역량을 강화하기 위해 주위 환경에 영향력을 행사한다.
ⓔ 옹호 : 클라이언트의 권익수호를 위해 제도나 정책의 의사결정자들에 대해 개인 또는 집단의 영향력을 행사한다.

③ **사회복지사의 역할**

　ㄱ 클라이언트가 필요로 하는 자원을 발굴하여 제공한다.

　ㄴ 클라이언트에 대한 옹호 및 중재활동을 한다.

　ㄷ 클라이언트 스스로가 주변을 변화시킬 수 있도록 원조한다.

**01** 심리사회적 '지지기법'이 아닌 것은? [4회]

① 격려하기 위해 어깨를 두드리는 등의 가벼운 접촉하기

② 죄의식이나 불안에 대해 이해를 표현하여 안심시키기

③ 해야 할 행동에 대해 구체적으로 지시하기

④ 클라이언트가 하는 말을 잘 듣고 경청하기

⑤ 클라이언트의 능력에 대해 신뢰를 표현하기

해설 심리사회모델의 직접적 개입기법

| 개 입 | 구체적 기법 |
| --- | --- |
| 지 지 | 경청, 수용, 신뢰감 표현, 불안이나 죄책감에 대한 재보상, 선물주기 등 |
| 지시(직접적 영향주기) | 직접적인 조언, 대변적인 행동, 현실적 제한 설정, 클라이언트의 제안에 대한 격려 · 강화 · 장려 등 |
| 탐색-기술-환기 | 초점 잡아주기, 부분화하기, 화제 전환하기 등 |
| 인간-상황에 대한 고찰 | '상황 속 인간'에 대한 6가지 하위영역에 대한 고찰 |
| 유형-역동에 대한 고찰 | 해석, 통찰, 명확화 등 |
| 발달적 고찰 | 해석, 통찰, 명확화, 논리적 토의 · 추론, 설명, 일반화, 변화, 역할극, 강화, 교육 등 |

**02** 다음에 해당하는 내용은 어느 것인가? [5회]

> • "이전에 이러한 경험을 한 적이 있나요?"
> • "학창시절과 지금 문제에 어떤 관련이 있나요?"

① 조 언　　　　　　　　　② 지 시

③ 충 고　　　　　　　　　④ 발달적 요인에 관한 고찰

⑤ 유형 – 역동에 관한 고찰

1 ③  2 ④　Answer

**발달적 요인에 관한 고찰**
- 성인기 이전의 생애 경험과 이후 경험이 현재 기능에 미치는 영향에 대해 고찰하는 것을 의미한다.
- 목표 : 유년기의 문제와 현재 행동과의 관계를 클라이언트에게 인식하도록 한다.
- 기법 : 해석, 통찰, 명확화, 논리적 토의·추론, 설명, 일반화, 역할극, 강화교육 등

## 03 다음 중 심리사회모델에 대한 설명으로 옳지 않은 것은? [6회]

① 현재 행동을 파악할 때 과거는 중요하지 않다.
② 해밀턴(Hamilton)과 홀리스(Hollis)가 대표적 학자이다.
③ 상황 속 인간을 강조한다.
④ 정신내면의 힘 등에 의해 영향을 받는다.
⑤ 지역사회 자원을 연계하는 간접적 개입을 포함한다.

 심리사회모델은 클라이언트의 과거 경험이 현재 심리 혹은 사회기능에 미치는 영향을 다루며, 클라이언트의 과거와 현재의 경험과 관련한 내적 갈등을 이해하고 통찰함으로써 클라이언트가 성장할 수 있다고 보았다.

## 04 다음 보기의 내용과 관련된 상담기술에 해당하는 것은? [6회]

> 사회복지사와 여성 A와의 상담에서 사회복지사의 질문에 여성 A가 눈물을 보였다. 이에 "눈물을 흘리는 이유가 무엇입니까?"라고 물었다.

① 직접적 영향주기
② 탐색-기술-환기
③ 인간-상황에 대한 고찰
④ 유형-역동에 대한 고찰
⑤ 발달적 고찰

 '탐색-기술'은 클라이언트의 문제와 관련하여 클라이언트, 클라이언트의 환경 혹은 클라이언트와 환경과의 상호작용에 관한 사실을 그대로 말할 수 있도록 도와주는 의사소통이다. 또한 '환기'는 사실과 관련된 감정을 끄집어냄으로써 카타르시스를 경험하도록 원조하는 것이다.

**05** 다음 중 환경변화를 위한 간접적 개입의 예에 해당하는 것은? [7회]

① 전화로 상담 제공
② 프로포절 작성
③ 문제해결을 위한 클라이언트 옹호
④ 가정봉사 파견
⑤ 지지집단 운영

 **간접적 개입**

- 사회복지실천 활동의 목표에 도달하기 위해서는 클라이언트 개인의 변화만으로 부족할 때가 있다. 특히 클라이언트를 둘러싸고 있는 체계에 문제의 원인이 있거나 체계와의 상호작용에 문제가 있는 경우 사회복지사는 개인보다는 클라이언트를 둘러싼 환경에 개입함으로써 목표에 도달할 수 있다.
- 간접적 개입은 클라이언트를 원조하기 위해 클라이언트 외의 개인, 소집단, 지역사회, 환경 등에 개입하여 변화를 추구하는 것으로 다음의 방법들로 전개된다.
  - 조정 : 문제해결에 있어서 클라이언트의 이익을 최우선으로 하기 위해 다른 서비스 제공자와 협력하여 서비스를 연결하거나, 의뢰하는 등의 노력을 기울인다.
  - 프로그램 계획 및 개발 : 새로운 자원과 프로그램을 계획·개발하여 클라이언트가 필요로 하는 서비스를 확보한다.
  - 환경조작 : 클라이언트의 사회적인 역량을 강화하기 위해 주위 환경에 영향력을 행사한다.
  - 옹호 : 클라이언트의 권익수호를 위해 제도나 정책의 의사결정자들에 대해 개인 또는 집단의 영향력을 행사한다.

**06** 심리사회모델에 대한 설명으로 옳은 것은? [6회]

① 인간의 무의식은 인간의 행동을 결정짓는 요인이다.
② 인간의 성장과 학습 및 적응에는 연령의 한계가 있다.
③ 인간의 성장과 발달을 위한 내면적인 성장에 초점을 둔다.
④ 공감적 이해를 통해 클라이언트의 긍정적 변화를 유도한다.
⑤ 인간의 현재 행동을 이해하기 위해서는 과거의 행동은 중요하지 않다.

 ①·③ 심리사회모델은 개인의 심리적 특성뿐만 아니라 신체적 상황, 사회적 환경, 관계 환경 등을 고려하는 '상황 속의 인간'을 강조한다.
② 심리사회모델은 모든 인간이 성장과 학습 및 적응할 수 있으며 사회적·물리적 환경을 변화시킬 수 있는 능력을 지니고 있다고 본다.
⑤ 심리사회모델은 과거 경험이 현재의 심리적·사회적 기능에 영향을 미친다고 본다.

## 07 심리사회모델에 관한 설명으로 옳은 것은? [10회]

① 정신분석이론, 자아심리학, 대상관계이론에 영향을 미쳤다.
② 클라이언트의 현재와 미래에 초점을 둔다.
③ 클라이언트의 수용과 자기결정을 강조한다.
④ 외현화 및 인지재구조화기술을 사용한다.
⑤ 인간의 내적 갈등보다는 환경을 강조한다는 비판을 받는다.

 ① 정신분석이론, 자아심리학, 대상관계이론을 비롯하여 문화인류학, 체계이론, 역할이론 등의 영향을 받았다.
② 클라이언트의 과거 경험이 현재 심리 혹은 사회기능에 미치는 영향을 다루며, 클라이언트의 과거와 현재의 경험과 관련한 내적 갈등을 이해하고 통찰함으로써 클라이언트가 성장할 수 있다고 본다.
④ 외현화 및 인지재구조화기술을 사용하는 것은 인지행동모델에 해당한다.
⑤ 개인의 내적 갈등에서 문제증상의 원인을 찾기보다는 체계 내부 또는 체계와 환경 사이의 복잡한 상호작용에서 증상의 원인을 발견하고자 한 것은 일반체계이론과 연관된다.

## 08 심리사회모델의 기법에 관한 설명으로 옳지 않은 것은? [14회]

① 지지하기 : 클라이언트가 표현한 표적문제와의 명백한 연관성을 탐색한다.
② 직접적 영향 : 문제해결을 위해 사회복지사의 의견을 강조한다.
③ 발달적 고찰 : 성인기 이전의 생애 경험이 현재의 기능에 미치는 영향에 대해 고찰한다.
④ 탐색-기술-환기 : 클라이언트와 환경과의 상호작용에 대한 사실을 기술하고 감정을 표현하도록 한다.
⑤ 인간-상황에 대한 고찰 : 사건에 대한 클라이언트의 지각방식 및 행동에 대한 신념, 외적 영향력 등을 평가한다.

 ① 표적문제(Target Problem)는 클라이언트가 표현한 문제 혹은 해결하고자 하는 문제로서, 클라이언트와 사회복지사가 개입의 초점으로 서로 동의한 문제를 말한다. 특히 과제중심모델(과업중심모델)에서는 표적문제 규정(규명)을 개입의 주요 과정으로 제시하고 있는데, 이는 문제 초점화를 통해 현재의 이슈와 동의했던 표적문제의 명백한 연관성을 탐색함으로써 표적문제를 구체적으로 설정하고 그 우선순위를 정하기 위한 것이다.
② '직접적 영향'은 클라이언트의 행동을 촉진하거나 기능을 향상시키기 위한 조언, 충고, 제안 등을 통해 사회복지사의 의견을 클라이언트가 받아들이도록 하는 기법이다.
③ '발달적 고찰'은 클라이언트로 하여금 성인기 이전의 생애 경험과 이러한 경험이 현재 기능에 미치는 영향에 대해 고찰하도록 하는 기법이다.
④ '탐색-기술'은 클라이언트의 문제와 관련하여 클라이언트, 클라이언트의 환경 혹은 클라이언트와 환경과의 상호작용에 관한 사실을 그대로 말할 수 있도록 돕는 기법이며, '환기'는 클라이언트로 하여금 사실과 관련된 감정을 끄집어냄으로써 카타르시스를 경험하도록 돕는 기법이다.
⑤ '인간-상황에 대한 고찰'은 클라이언트를 둘러싼 최근 사건에 대해 '상황 속의 인간'의 관점에서 고찰하는 것으로서, 클라이언트로 하여금 자신과 환경의 상호작용과 관련된 인지, 사고, 감정을 인식하도록 돕는 기법이다.

**01** 다음 사례에서 사회복지사의 개입방법에 관한 설명으로 옳은 것은?   [18회]

> 가정폭력으로 이혼한 영미 씨의 전 남편은 딸의 안전을 확인해야 양육비를 주겠다며 딸의 휴대폰
> 번호도 못 바꾸게 하였다. 영미 씨는 아버지의 언어폭력으로 인한 고통을 호소하는 딸에게 전화
> 를 계속하여 받도록 하였다. 사회복지사는 이에 대한 사정평가 후, 경제적 어려움에 대한 불안감
> 이 가정폭력을 사실상 지속시킨다고 판단하여 양육비이행지원서비스를 받을 수 있도록 지원하고
> 아버지의 전화를 차단하도록 하였다.

① 가족 옹호                    ② 가족 재구성
③ 재정의하기                  ④ 탈삼각화기법
⑤ 균형 깨트리기

 ① 가족 옹호(Family Advocacy)는 가족을 위한 기존의 서비스 혹은 서비스 전달을 향상시키거나 새로운 혹
   은 변화된 형태의 서비스를 개발하도록 하는 것으로, 가족의 사회환경을 향상시키고 사회정의를 증진시키
   기 위한 과정으로 볼 수 있다. 보기의 사례에서 사회복지사는 이혼가정의 양육비 문제와 가정폭력 문제 사
   이에서 변화를 가져오기 위해 문제를 정확히 진단하고 그에 대한 새로운 전략을 세우고 있다.
   ② · ③ 재구성 또는 재정의(Reframing)는 가족성원의 문제를 다른 시각에서 보거나 다른 방법으로 이해하도
   록 돕는 방법이다.
   ④ 탈삼각화(Detriangulation)는 가족 내 삼각관계를 교정하여 미분화된 가족자아 집합체로부터 벗어나도록
   돕는 방법이다.
   ⑤ 균형 깨뜨리기(Unbalancing)는 가족 내 하위체계들 간의 역기능적 균형을 깨뜨리기 위한 방법이다.

**02** 심리사회모델의 개입기법에 관한 설명으로 옳지 않은 것은?   [20회]

① 직접적 개입과 간접적 개입으로 구분된다.
② 직접적 영향은 주변인에게 영향력을 행사하여 환경을 변화시키는 기법이다.
③ 탐색-기술(묘사)-환기는 자기 상황과 감정을 말로 표현하게 함으로써 감정전환을 도모하는
   기법이다.
④ 지지는 이해, 격려, 확신감을 표현하는 기법이다.
⑤ 유형의 역동 성찰은 성격, 행동, 감정의 주요 경향에 관한 자기이해를 돕는다.

 ② 직접적 영향(Direct Influence)은 클라이언트의 행동을 촉진하거나 기능을 향상시키기 위한 조언, 충고, 제
   안 등을 통해 사회복지사의 의견을 클라이언트가 받아들이도록 하는 기법이다.

**03** 심리사회모델의 기법에 관한 설명으로 옳지 않은 것은? [18회]

① 발달적 성찰 : 현재 클라이언트 성격이나 기능에 영향을 미친 가족의 기원이나 초기 경험을 탐색한다.

② 지지하기 : 클라이언트의 현재 또는 최근 사건을 고찰하게 하여 현실적인 해결방법을 찾는다.

③ 탐색-기술-환기 : 클라이언트의 상황에 관한 사실을 드러내고 감정의 표현을 통해 감정의 전환을 제공한다.

④ 수용 : 온정과 친절한 태도로 클라이언트의 감정이나 주관적인 상태에 감정이입을 하며 공감한다.

⑤ 직접적 영향 : 사회복지사와 클라이언트 간의 신뢰관계를 바탕으로 클라이언트에게 제안과 설득을 제공한다.

해설 ② 클라이언트를 둘러싼 최근 사건에 대해 '상황 속 인간'의 관점에서 고찰하는 것으로서, 사건에 대한 클라이언트의 지각방식 및 행동에 대한 신념, 외적 영향력 등을 평가하는 개입기법은 '인간-상황(개인-환경)에 대한 고찰(Person-Situation Reflection)'이다. 참고로 '지지하기(Sustainment)'는 사회복지사가 클라이언트를 수용하고 원조하려는 의사와 클라이언트의 문제해결능력에 대한 확신을 표현함으로써 클라이언트의 불안을 줄이고 자기존중감을 증진시키는 개입기법이다.

**04** 음주문제와 가정불화로 직장에 적응하지 못해 의뢰된 클라이언트에게 심리사회모델을 적용할 때 그 개입기법으로 적절하지 않은 것은? [17회]

① 음주와 관련된 감정을 표출하도록 한다.

② 문제해결을 위해 직접 충고한다.

③ 클라이언트의 인지오류와 신념체계를 탐색한다.

④ 직장 상사와의 갈등이 현재에 미친 영향을 파악한다.

⑤ 유년기 문제와 현재 행동의 인과관계를 지각하도록 한다.

해설 ③ 클라이언트의 인지오류와 신념체계를 탐색하는 것은 인지행동모델이다. 인지행동모델은 소크라테스식 질문 등으로 문제를 논박하여 인지적 왜곡이나 오류가 있음을 밝혀내며, 사건이나 행동의 의미를 재발견하도록 돕는다. 또한 인지재구성 또는 인지재구조화(Cognitive Restructuring)를 통해 클라이언트의 역기능적이고 비합리적인 신념체계를 보다 기능적이고 합리적인 신념체계로 대체할 수 있도록 돕는다.

# CHAPTER 03 인지행동모델

★ 학습목표
- 인지행동모델의 철학과 기본개념. 인지행동모델의 개입목표 및 과정. 인지행동모델의 개입기법을 학습하자.
- 과거에는 벡(Beck)의 인지왜곡·오류가 많이 출제되었으나 최근에는 행동주의 이론의 개념에 대한 문제도 출제되고 있는 경향이다. 시각을 넓혀 학습할 필요가 있다.

## 제 1 절　인지행동모델의 이해

### 1 인지행동모델의 의의와 특성

#### (1) 인지행동모델의 의의

① 하나의 실천모델이 아니라 **인지이론과 행동주의적 요소가 결합**된 개념이다. 즉, 생각하고 정보를 처리하는 과정인 인지과정의 연구로부터 도출된 개념과 함께 행동주의와 사회학습이론으로부터 나온 개념들을 통합 적용한 것이다.
　㉠ 인지이론 : 아들러의 개별심리학, 엘리스의 이성 및 감성 정신치료, 워너의 이성적 개별사회사업, 글래서의 현실치료의 사고체계를 모두 포함한다.
　㉡ 행동주의적 요소 : 과제주기, 강화, 보상, 반복, 행동기술의 교육 및 습득 원조 등
② 문제에 초점을 둔 시간제한적인 접근으로서 클라이언트가 자신의 사고와 행동을 통제하기 위한 대처기제를 학습하는 교육적 접근을 강조한다.
③ 인지변화는 감정의 변화로 쉽게 이어지는 반면에, 자동적으로 행동변화를 수반하는 것은 아니므로 행동변화로 이끌기 위한 다양한 행동주의 기술과 기법들을 적극 활용한다.
④ **인지행동모델에 입각한 치료**
　㉠ 문제를 일으키는 잘못된 사고의 유형을 확인한 후 점검하고 재평가하여 수정할 수 있도록 원조한다.
　㉡ 행동치료, 인지치료, 합리정서치료, 현실치료, 인지행동치료가 있다.
⑤ **주요 학자** : 벡(Beck), 엘리스(Ellis), 마이켄바움(Meichembaum), 즈릴라(D'Zurilla), 골드프라이드(Goldfried), 마호니(Mahoney) 등

## (2) 인지행동모델의 기본적인 가정

### ① 기본 가정

ㄱ 인지활동은 행동에 영향을 미친다. 즉, 생각이 바뀌면 역기능이 해소될 수 있다.

ㄴ 인지활동은 모니터링되고 변경될 수 있다.

ㄷ 바람직한 행동변화는 인지변화의 영향을 받는다.

### ② 특 성

13, 14, 16, 17, 19회 기출

ㄱ 클라이언트의 주관적 경험과 인식을 강조한다.

ㄴ 인지체계의 변화를 위해 구조화된 접근을 한다.

ㄷ 소크라테스식 질문을 통해 자기발견과 타당화의 과정을 거친다.

ㄹ 사건을 이해하는 신념체계가 감정에 어떤 영향을 주는지 파악하고, 비합리적인 신념체계의 변화를 강조한다.

ㅁ 문제에 대한 통제력이 개인에게 있다고 전제한다.

ㅂ 행동 과제 부여를 중요시한다. 즉 대체사고와 행동을 학습하는 교육적 접근을 강조한다.

## 2 인지행동모델의 이론적 기반

### (1) 인지행동모델의 이론적 배경

#### ① 워너(Werner)

ㄱ 저서 「개별실천의 이성적 접근법」은 사회복지실천 분야에서 인지론적 접근으로 시선을 돌리게 된 계기가 되었다.

ㄴ 인간문제에 대한 워너의 개입 논리 : 클라이언트의 생각을 바꾸면 클라이언트의 삶의 방식과 삶의 목적이 자동적으로 수정될 것이다.

#### ② 렌츠(Lants) : 「인지이론과 사회사업」에서 대부분의 감정은 각자가 생각하고 자신에게 말하고 가정하며, 자기 자신과 자신들을 둘러싼 사회환경에 대해 믿고 있는 바들의 직접적인 결과라고 하였다.

#### ③ 벌린(Berlin) : 「사회복지실천」에서 인지론적 학습관점을 제시하였다.

#### ④ 골드스타인(Goldstein) : 사회복지실천의 인지 · 인본적 접근법을 소개하면서 창조적인 문제해결과정의 절차를 다음 다섯 단계와 같이 제시하였다.

ㄱ 의식의 첨예화

ㄴ 현실의 재정의

ㄷ 과거의 재해석

ㄹ 사회적 · 환경적 결핍의 현상화

ㅁ 창조적 해결도출

#### ⑤ 기타 : 레이드(W.J. Reid)의 사회복지실천현장에서의 중심적 접근법, 피셔(Fisher)의 다변적 접근법, 갬브릴(Gambrill)의 인지 및 행동주의적 모델 등

## (2) 인지행동모델의 이론

14회 기출

### ① 인지이론

㉠ 인간의 인지능력을 경험과 사회적 상호작용의 결과로 보는 관점으로, 인간의 사고가 정서와 행동의 결정인자라는 점에 기반을 두고 있다.

㉡ 인지란, 일반적으로 사고의 능력을 의미하는 것으로 넓게는 사고 외에 지각, 기억, 지능, 언어 등을 포함하는 정신과정으로 보기도 한다.

㉢ 인지과정은 정보가 선택·투입되고 전환되며 산출되는 메커니즘이라고 할 수 있다.

㉣ 인지이론의 구성

- 인지발달이론 : 인간의 지적인 능력뿐 아니라 인간의 사고, 태도, 동기 등의 비지적 능력 발달에 관한 이론
- 인지치료이론 : 클라이언트의 왜곡된 인지구조를 변화시켜 새로운 인지구조로 재구조화하여 문제해결을 돕는 이론

㉤ 인지이론의 인간관

- 인간을 매우 주관적인 존재로 규정하고 있다. 즉, 이 세상에는 객관적인 현실이란 존재하지 않으며 각 개인이 나름대로 의미를 부여하는 주관적 현실만 존재한다고 본다.
- 인간의 의식에 초점을 두고 인간을 이성적·합리적인 존재로 인식한다.

### ② 행동주의이론

㉠ 행동주의

- 인간은 자신의 심리적 역동성에 의해 지배를 받는 것이 아니라 외부 환경의 학습에 의해 영향을 받는다고 가정하고, 내적인 동기와 욕구·지각에 초점을 두기보다는 **구체적으로 관찰할 수 있는 행동에 초점**을 둔다.
- 개인과 환경 사이에 일어나는 거래, 클라이언트의 생활기술과 환경을 변화시키기 위하여 **계획된 직접적 개입활동에 초점**을 둔다.
- 인간에 의해 일어나는 모든 현상들은 관찰 여부에 상관없이 모두 행동으로 간주한다.
- 전부는 아니지만 많은 경우 인간행동은 전 생애를 통하여 이루어진다.
- 기본적인 학습은 여러 문화와 생활환경을 통하여 개인의 행동으로 나타나며 정상적이거나 역기능적인 행동, 느낌, 사고 등은 모두 학습의 결과이다.
- 학습과정 : 인간의 행동은 고전적 조건화, 조작적 조건화, 관찰학습 등을 통해 학습된다.

㉡ 고전적 조건화(반응적 조건화)

- 행동을 유발하는 힘이 없는 중성자극에 반응유발능력을 불어넣어 조건자극으로 변화시키는 과정이다.
- 고전적 조건화는 중성적인 조건자극(CS)이 **무조건적인 반응(UR)**을 일으키는 고통스러운 **무조건자극(US)**과 인과적으로 짝지어졌을 때 일어난다. CS가 선천적인 공포반응과 여러 면에서 유사한 조건반응(CR)을 일으키는 과정은 CS와 US 사이의 연합을 통해 일어난다.
- 파블로프의 실험 : 일반적으로 배고픈 개에게 음식을 갖다 주면 침을 흘린다. 이는 배고픈 개가 음식물이라는 무조건 자극(US)에 대해 무조건적으로 반응(UR)한 결과이다. 이때 배고픈

개에게 음식물은 무조건적 자극에 해당하며, 개가 침을 흘린다는 사실은 무조건적 반응에 해당한다.

ⓒ 조작적 조건화
- 어떤 유기체가 원하는 결과를 얻기 위하여 실행하는 자발적이고 능동적인 반응이다.
- 인간이나 동물이 하나의 새로운 행동(R)을 한 결과로 어떤 사건(S)이 뒤따르게 되면, 이둘 사이의 연결(S – R)관계를 습득하게 되는 경우를 가리킨다.
- 조작적 조건의 특징
  - 고전적 조건형성이 무의식적 반응에 근거한 데 반해, 조작적 조건형성의 행동은 개인의 의식적 통제하에 있다. 우발적으로든 의식적으로든 일단 학습이 이루어지고 나면 그 후의 행동은 개인의 의식적 통제하에 있게 되는 것이다.
  - 고전적 조건형성에서는 행동 '이전'에 주어진 자극, 예컨대 종소리 등으로 인하여 행동이 발생되는 데 비해, 조작적 조건형성의 경우에는 행동 '이후'에 기대되는 결과 때문에 학습이 이루어진다.
- 직접적인 보상이나 처벌경험 없이 타인의 행동을 관찰함으로써 행동을 습득한다는 것이다. 따라서 행동의 환경적 혹은 상황적 결정요인들을 중요시한다.
- 행동을 개인적 변인과 환경적 변인의 계속적인 상호작용의 결과로 본다.
- 자극과 반응을 연결하는 인간의 인지적 기능을 강조하여 직접 경험 또는 대리 경험을 통해 행동을 학습한다고 언급한다.
- 갬브릴(Gambrill)은 집단에서 성원들이 역할극, 모델링, 연습을 통해 새로운 대인관계 기술을 배우도록 하는 연구를 하였다.

## (3) 인지행동모델의 장점

① 현재에 초점을 두고 있으나 과거를 무시하지 않는다.
② 상담자와 내담자가 함께 작업을 한다.
③ **목표 지향적**이어서 상담이 수월하다.
④ **구조화**되어 있으며 치료효과가 높다.
⑤ 재발이 적고 **치료기간이 단축**된다.
⑥ 정서장애, 불안장애, 후유증, 스트레스 장애, 결혼생활문제에 대한 치료효과가 좋다.

## (4) 인지행동모델의 한계

13회 기출

① 지적능력이 낮거나 현실감 없는 클라이언트에게는 효과성이 제한적이다.
② 즉각적인 위기개입을 해야 하는 클라이언트에게 적용하기 어렵다.
③ 특정 개입기술 사용에서 윤리적 문제가 발생할 수 있다.
④ 새로운 시도에 대한 의지가 약한 클라이언트에게 적용이 어렵다.

## 3 인지행동모델의 개입과정 및 전략

### (1) 개입목표

① 인지행동모델은 교육을 통해 상황을 왜곡하여 해석하는 방식을 변화시키거나, 기능적인 차원에서 해석하는 방식을 배움으로써 정서의 변화를 꾀한다.

② 동시에 관찰학습을 통해 새로운 기능적 행동기술을 학습하고 실제상황에 적용하도록 격려하면서 행동주의적 강화를 통해 행동의 변화를 유도한다.

③ 클라이언트의 잘못된 믿음과 결과를 수정(클라이언트의 자각·발전하는 것이 개입의 목표가 된다.

### (2) 개입과정

① 문제정의단계

ㄱ 클라이언트의 말을 들은 뒤 문제의 핵심을 이해하기 쉽고 덜 처벌적인 방법으로 이야기한다.

ㄴ 문제정의단계에서 사회복지사가 고려해야 할 점

- 클라이언트가 지니고 있는 문제는 지극히 정상적이고 불가피한 것이다.
- 문제의 원인을 상황, 행동, 신념, 감정 등에서 찾는다.
- 문제를 지속시키는 조건, 문제의 특정 국면, 문제의 원인을 정확하게 지적할 수 있다는 것은 변화를 이끌어낼 수 있는 표적을 알게 해준다는 뜻이다.
- 문제를 정확히 지적할 수 있다는 것은 클라이언트의 과거 신념, 사회적 기대, 두려움, 기술 부족, 자기비하적 반응 등이 모두 문제의 원인이 된다는 것을 뜻한다.

② 개입단계

ㄱ 사회복지사의 개입은 **개인의 대처능력 증대와 긴장을 감소**시키는 방향으로 이루어져야 한다.

ㄴ 개입의 초점

- 문제상황에 대한 클라이언트의 인식과 평가
- 클라이언트 개인의 속성과 기대
- 문제해결기술
- 사회적 지원
- 대인적 지지의 접근성

ㄷ 개입의 특징

**10, 13, 14회 기출**

- 사회복지사와 클라이언트는 서로 협력적이다. **건강한 치료적 동맹**을 필요로 한다.
- **클라이언트의 적극적인 참여**를 강조한다.
- 클라이언트 자신이 스스로 치료자가 될 수 있도록 **교육**하는 것을 목표로 하며, 재발방지를 강조한다.
- 치료자 자신과 타인을 위한 자기 수용을 기반으로 한다.
- 치료자의 문제해결을 위한 구조화된 절차와 표적문제에 직접적으로 접근한다.
- **목표지향적이고 과제중심적인 치료**이다.
- 시간 제한적인 치료를 목표로 하는 단기개입이다.

- 사고 · 기분 · 행동을 변화시키기 위하여 다양한 기법을 사용한다.
- 자신의 정서적 · 행동적 반응에 관계된 인지적 기능에 대해 경험적 탐구를 하도록 초점을 둔다.

    ㄹ 개입 시 강조하는 부분 : 사회복지사는 클라이언트가 문제해결을 요청할 때, 문제해결에 장애가 되는 인지적 · 행동적 · 정서적 · 사회적 요인을 강조한다.
  ③ 평가단계 : 개입과 대처 및 전략에 대한 수정 또는 유지에 대한 방향을 제시한다.

## Plus ⊕ one

**인지행동모델의 개입과정**
접수단계 → 문제 확인 → 문제 우선순위 결정 → 부정적 인지 및 사고체계 탐색 → 개입 전 자료수집 → 부정적 인지 및 사고체계에 대한 분석 → 순기능적 인지 및 사고체계로의 전환 → 변화의 지속을 위한 과제부여 → 평가

## 2 인지행동모델의 개입기법과 전략

### (1) 개입기법

7, 11, 12, 16회 기출

① 과제수행 : 새로운 행동을 배우거나 과거의 부정적 반응을 제거할 수 있다.
② 내적의사소통의 명료화(Clarifying Internal Communication) : 자기 독백과 생각의 비합리성을 이해할 수 있다.
③ 설명(Explanation) : 클라이언트의 정서가 어떻게 행동에 영향을 미치는지를 알려주는 것이다.
④ 경험적 학습(Experiential Learning) : 왜곡된 인지에 도전하여 변화를 유도하는 것으로 인지적 불일치 원리를 적용한다.
⑤ 역설적 의도(Paradoxical Intention) : 특정 행동에 대한 클라이언트의 불안을 감소시키기 위해 의도적으로 문제의 행동을 하도록 지시를 내린다.
⑥ 점진적 이완훈련(Progressive Rlaxation Training) : 근육이나 신경의 긴장을 감소시키는 것으로 일상생활에서 유발되는 스트레스에 대처할 수 있도록 한다.
⑥ 인지재구조화(Cognitive Restructuring) : 클라이언트의 역기능적 사고를 현실에 맞도록 순기능적 사고로 대치할 수 있도록 돕는다.

## Plus ⊕ one

**인지행동모델의 개입방법**
- 설 명
- 경험적 학습
- 내적 의사소통의 명료화
- 인지재구조화
- 시 연
- 체계적 둔감화
- 기록과제
- 역설적 의도
- 역동적 · 실존적 숙고 치료활동
- 모델링
- 자기지시기법
- 점진적 이완훈련

## (2) 개입전략

### ① 인지적 전략

ⓐ 클라이언트의 의미체계를 이해한다.

ⓑ 클라이언트의 개인적인 견해와 견해에 대한 타당성을 수용한다.

ⓒ 클라이언트의 견해를 유지시키는 환경적인 반응, 개인적인 행동, 정서적인 반응을 이해한다.

ⓓ 클라이언트가 직면한 상황이나 문제에 있어서 클라이언트에게 다양한 반응·감정·견해를 제공함으로써 클라이언트가 다른 의미도 고려할 수 있도록 한다.

ⓔ 클라이언트가 내린 평가가 부적절할 수도 있다는 것을 클라이언트가 인식하도록 한다.

ⓕ 클라이언트의 관심초점을 사건에 대한 기대와 해석에 두고, 보다 바람직한 대안을 제시할 수 있도록 적합한 의미와 기대를 갖도록 원조한다.

ⓖ 사회복지사는 변화된 클라이언트의 견해를 지지해 줌으로써 클라이언트에게 새로운 경험을 제공한다.

### ② 행동적 전략

ⓐ 행동변화의 일반적 원칙을 설명한다.

ⓑ 학습의 목표를 성취 가능한 과업으로 조직하고, 클라이언트에게 각 과업에 상응하는 행동규칙을 구체적으로 설명한다.

ⓒ 클라이언트에게 각 과업을 성취할 수 있도록 행동연습을 가르쳐 격려하며, 성공할 수 있다는 확신을 심어준다.

ⓓ 클라이언트의 실수를 교정하는 것에 대해 적절한 제안을 한다.

ⓔ 만약 사회복지사의 원조로 클라이언트가 필요한 행동을 수행할 수 있으면, 원조 없이도 다른 상황에서 독립된 행동을 수행할 수 있도록 기회를 제공한다.

ⓕ 클라이언트가 신념체계상 행동수행에 장애가 되는 것들에 관심을 두면, 사회복지사는 최소한의 판단을 유보하고 일단 한번 시도해 보도록 격려해 준다.

### ③ 정서적 전략

ⓐ 정서적 장애를 제거하는 방법이다.

ⓑ 클라이언트의 신념·감정을 변화시키는 첫 단계는 변화시킨 신념과 감정을 확인하고 수용할 수 있도록 원조하는 것이다.

ⓒ 클라이언트에게 자신의 감정을 객관적으로 인식시키기 위해서는 직면한 상황에서 떨어져 관찰해 볼 필요가 있음을 설명해야 한다.

ⓓ 클라이언트에게 발생한 상황에서 떨어져 관찰하는 것이 그것에 대한 부인 또는 회피가 아닌 분류와 방치라는 것을 인식시켜 주어야 한다.

ⓔ 클라이언트에게 숨을 깊이 들이쉬고 **근육을 이완시키는 방법**을 가르친다.

④ 사회환경적 전략

    ⊙ 사회복지사가 공통으로 직면한 문제는 빈곤, 실업, 성차별, 인종억압이다.

    ⓛ 사회적 합의에 대한 인식은 개인의 신념을 유지·변화시키는 데 있어 가장 강력한 역할을 수행한다.

    ⓒ 개인적인 문제를 초래한 사회적 원인에 대해 클라이언트들의 집단행동을 이끌어 내는 것도 중요한 전략이다.

---

**Plus ➕ one**

**발표할 때 긴장과 불안을 겪는 클라이언트의 문제 해결을 위한 실천활동**    16회 기출
- 시연 : 사회복지사 앞에서 간단한 발표를 반복 연습하게 함
- 모델링 : 발표를 잘하는 사람의 동영상을 보게 함
- 이완훈련 : 복식호흡과 심상훈련을 하게 함
- 체계적 둔감화 : 그룹 크기를 조금씩 키워가면서 발표하도록 함

---

## 제2절   인지행동모델의 개입기법

### 1 엘리스(A. Ellis)의 합리정서행동치료

#### (1) 합리정서행동치료의 의의

① 1955년 초에 엘리스는 인본주의적 치료와 철학적 치료, 행동주의적 치료를 혼합한 인지적 치료를 고안하여 합리정서행동치료의 근간을 마련했다.

② 인지적·정서적·행동적 기법을 통합한 다차원적인 접근법을 사용한다.

③ 엘리스는 인간의 사고와 감정은 연관되어 있으며, 부정적 감정과 증상들은 비합리적 신념에서 비롯된다고 보았다.

④ 인간은 비합리적인 사고를 합리적으로 바꿀 능력이 있다고 보고, 비합리적 신념에 도전함으로써 합리적인 사고로 대체하고자 한다.

### (2) 주요 개념 : 비합리적 신념

① 인간은 모든 중요한 사람들에게 항상 사랑과 인정을 받아야만 한다.

② 가치 있는 사람이 되기 위해서 모든 면에서 반드시 유능하고 성취적이어야 한다.

③ 악하고 야비한 사람들은 그 행위에 대해 반드시 준엄한 처벌과 비난을 받아야 한다.

④ 일이 내가 바라는 대로 되지 않는 것은 끔찍하고 파멸적이다.

⑤ 인간의 불행은 외부 환경 때문이며, 인간의 힘으로는 그것을 통제할 수 없다.

⑥ 위험하거나 두려운 일이 일어날 가능성이 상존하므로, 그것이 실제로 일어날 가능성에 대해 항상 유념해야 한다.

⑦ 인생의 어려움이나 책임을 직면하는 것보다 회피하는 것이 더 쉬운 일이다.

⑧ 인간은 타인에게 의지해야 하며, 자신이 의지할만한 강력한 누군가가 있어야 한다.

⑨ 인간의 현재 행동과 운명은 과거의 경험이나 사건에 의해 결정되며, 인간은 과거의 영향에서 결코 벗어날 수 없다.

⑩ 인간은 다른 사람의 문제나 곤란에 대해 항상 신경을 써야 한다.

⑪ 인간의 문제에는 항상 정확하고 완전한 해결책이 있으므로, 이를 찾지 못하는 것은 매우 유감스러운 일이다.

### (3) 합리적 정서치료의 개입방법

① 사회복지사는 클라이언트의 비합리적 신념을 합리적인 신념으로 바꾸도록 원조한다.

② 사회복지사는 클라이언트가 비합리적 신념과 합리적 신념을 구분하도록 교육한다.

　㉠ 클라이언트가 먼저 자신의 부정적 감정 또는 행동과 연관된 비합리적 신념을 찾도록 한다.

　㉡ 사회복지사는 클라이언트가 찾아낸 비합리적 신념이 옳고 그른지 클라이언트와 토론한다.

　㉢ 토론과정에서는 소크라테스의 대화법을 주로 사용한다.

③ 사회복지사가 클라이언트에게 숙제로 주는 일정양식

　㉠ 부정적 감정 혹은 행동에 선행하는 사건

　㉡ 부정적 감정 혹은 행동

　㉢ 부정적 감정 혹은 행동으로 이끈 비합리적 신념

　㉣ 비합리적 신념에 대한 반박

　㉤ 효과적인 합리적 신념

　㉥ 합리적 신념에 따르는 감정과 행동의 내용

### (4) 엘리스의 ABCDE 모델

5, 10회 기출

① 엘리스는 사건보다는 인간의 정서적·행동적 결과에 영향을 미치는 신념체계의 중요성을 강조하면서 ABCDE 모델을 제시하였다.

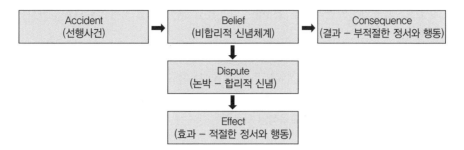

- ⊙ A(선행사건, Accident 또는 Activating Event) : 내담자가 노출되었던 문제장면 또는 선행사건, 인간의 정서를 유발하는 어떤 사건이나 현상 또는 행위를 의미한다.
- ⓒ B(신념체계, Belief) : 문제장면에 대한 내담자의 신념, 어떤 사건이나 행위 등과 같은 환경적 자극에 대해서 각 개인이 갖게 되는 태도이다.
- ⓒ C(결과, Consequence) : 선행사건에 대한 해석에 따라 느끼게 되는 **정서적 · 행동적 결과**이다.
- ⓔ D(논박, Dispute) : 비합리적인 신념이나 사고, 상념에 대해 도전해 보고 그 생각이 사리에 맞고 합리적인지 다시 생각하도록 하기 위한 **치료자의 논박**이다.
- ⓜ E(효과, Effect) : 비합리적 신념을 철저하게 논박함으로써 자기 수용적인 태도와 긍정적인 감정의 합리적 신념을 갖게 되는 태도와 감정이다.

② **ABCDE 모델의 해석** : 사회복지사는 클라이언트에게 A-B-C의 관계를 설명하고, B의 비합리적인 신념을 D의 논박을 통해 재구조화(E)하도록 한다.
- ⊙ 사건 A가 C(정서와 행동)의 원인이 아니라, 사건 A에 대해 개인이 갖는 신념체계인 B가 C를 유발하는 원인이 된다.
- ⓒ ABCDE 모델에서는 B가 가장 중요하다. 개인에게 있어 B의 비합리적인 신념체계를 발견, 이를 논박(D)하여 합리적인 신념체계로 바꾸면 지금까지와는 달리 합리적이고 융통성 있는 효율적인 사고(E)로 바꿀 수 있다.

## 2 벡(Beck)의 인지치료

### (1) 인지치료의 기본 가정
① 인간의 감정이나 행동은 사건 자체보다도 그것을 해석하는 것에 더 영향을 받는다.
② 자신과 세계에 관한 개인의 정보처리과정에 나타나는 오류와 왜곡이 문제의 핵심이다.

### (2) 인지치료의 의의

① 엘리스(Ellis)가 개인이 가진 비합리적 사고나 신념에 문제의 초점을 두었다면, 벡(Beck)은 개인이 가지고 있는 정보처리 과정상의 인지적 왜곡에 초점을 두었다.
② 벡은 사람이 느끼고 행동하는 방식이 경험의 지각과 구조화의 방식에 의해 결정된다고 보았다.

③ 인지치료는 개인이 정보를 수용하여 처리하고 반응하기 위한 지적인 능력을 개발시키는 방법을 말한다.

④ **역기능적이고 자동적인 사고 및 도식, 신념, 가정**의 대인관계행동에서의 영향력을 강조하며, 이를 수정하여 내담자의 정서나 행동을 변화시키는 데 역점을 둔다.

⑤ **구조화된 치료**이자 **단기적 · 한시적 치료**로서 '여기-지금(Here & Now)' 내담자가 가지고 있는 문제를 파악하며, 그에 대한 **교육적인 치료**를 수행하는 과정으로 이루어진다.

## (3) 주요 개념

① 주요 인지적 오류

9, 12, 18회 기출

　㉠ 이분법적 사고(Dichotomous Thinking) : 모든 경험을 한두 개의 범주로만 이해하고 중간지대 없이 **흑백논리**로 현실을 파악하는 것이다.

　　예 "최고가 아니면 모두 실패인 거야."

　㉡ 정신적 여과 또는 선택적 추상화(Selective Abstraction) : 다른 중요한 요소들은 무시한 채 사소한 부분에 초점을 맞추어 그것에 근거하여 전체 경험을 이해하는 것이다.

　　예 "지난달에 어머니가 오시지 않은 것을 보면, 이제 더 이상 나를 신뢰하지 않아."

　㉢ 임의적 추론(Arbitrary Inference) : 어떤 결론을 지지하는 증거가 없거나 그 증거가 결론에 위배됨에도 불구하고 그와 같은 결론을 내리는 것이다.

　　예 "내가 너무 뚱뚱해서 사람들이 다 나만 쳐다보고 있어."

　㉣ 개인화(Personalization) : 자신과 관련시킬 근거가 없는 외부사건을 자신과 관련시키는 것을 말한다. 실제로는 다른 것 때문에 생긴 일에 대해 그 원인과 책임을 자신에게 돌린다.

　　예 "내가 신고만 빨리 했어도 지하철 화재로 사람이 죽지 않았을 텐데."

　㉤ 과잉일반화(Overgeneralization) : 한두 가지 고립된 사건에 근거해서 일반적인 결론을 내리고 그것을 관계없는 상황에 적용하는 것이다.

　　예 "내가 너무 못생겨서 남자친구가 떠났으니 결혼도 하기 어렵겠지".

　㉥ 확대 또는 축소(Magnification & Minization) : 어떤 사건 · 경험 또는 개인이 가진 특성 등을 그 실제 크기나 중요성과 무관하게 과대평가 또는 과소평가하는 것을 의미한다.

　　예 "저 친구는 한두 번 지각하는 걸 보니 아주 게으르네."

② 자동적 사고

　㉠ 한 개인이 어떤 상황에 대해 내리는 즉각적이고 자발적인 평가를 의미한다.

　㉡ 어떤 환경적 사건에 대해 자기도 인식하지 못하는 사이에 떠오르는 생각을 말한다. 주로 특정 자극에 의해 자발적으로 일어나는 역기능적이고 부정적인 사고를 의미한다.

③ **역기능적 인지도식(스키마 ; Schema)**

　㉠ 도식이란 생활 속에서 경험하는 사건들에 대한 정보를 선택하고 사건을 해석하며 미래의 결과를 예상하는 인지적 구조이다. 개인이 세계를 보는 특유의 방식으로 치료의 핵심이 된다.

　㉡ 우울한 사람들은 생활사건의 의미를 부정적으로 해석하게 하는 역기능적 인지도식을 가지고 있다.

### (4) 인지치료의 개입방법

① 클라이언트의 학습경험을 강조한다.

인지적 요소가 왜곡된 원인을 규명하고 변경할 수 있도록 학습한다.

② 개별 클라이언트의 의미체계가 서로 다르다는 것을 강조한다.

③ 사회복지사는 치료가 진행됨에 따라 치료자가 아닌 자문의 역할을 수행하고, 클라이언트에게 보다 많은 책임을 지게 한다.

④ 개입과정

    ㉠ 제1단계 : 클라이언트의 부정적인 자동적 사고 파악하기

    ㉡ 제2단계 : 인지적 오류의 역기능적 가정과 믿음 발견하기

    ㉢ 제3단계 : 왜곡된 사고의 현실 검증하기

    ㉣ 제4단계 : 현실 지향적인 사고로 해석하기

    ㉤ 제5단계 : 긍정적인 사고들로 변경하도록 학습하기

### (5) 인지치료의 주요 기법

① **소크라테스식 질문법** : 자동적 사고를 바꾸는 기법들 중 첫 번째로 역기능적 사고를 변화시키기 위한 중추적인 역할을 한다.

② **재귀인하기** : 내담자가 자신의 책임이 없는 상황·사건에 대해 그 책임을 자기 자신에게 귀인시킬 수 있다. 이때 내담자가 부적절한 귀인으로 인해 받는 고통에서 탈피할 수 있도록 정확한 인과관계에서 책임 여부를 파악하도록 조력한다.

③ **절대성에 도전하기** : 극단적 진술, 즉 '결코', '항상', '언제나' 등의 단어들로 자신의 고통을 나타낼 때 도전한다.

④ **인지왜곡 명명하기** : 내담자가 사용하는 인지왜곡이 흑백논리, 과잉 일반화, 선택적 추상 등과 같은 여러 가지 인지 왜곡 중 어떤 것에 해당하는지 명명하는 것이다.

⑤ **흑백논리 도전하기** : 내담자가 연속선상에서 자신의 위치를 확인함으로써 흑백논리나 이분법적 사고에서 비롯된 파국적 결과의 낙담에서 벗어날 수 있게 한다.

### 3 　즈릴라(D'Zurilla)와 골드프라이드(Goldfried)의 문제해결치료

### (1) 문제해결치료의 의의

① 즈릴라와 골드프라이드는 문제해결이론을 인지행동주의치료에 적용하여 문제해결치료를 개발하였다.

② 클라이언트가 치료자가 되도록 하는 자기통제훈련의 한 형태이다.

## (2) 효과적으로 문제를 해결하는 5단계

① 문제지향(오리엔테이션) 단계

    ㉠ 문제의 인식단계이다.

    ㉡ 문제에 적응하는 사람

- 문제를 정상적 · 일상적 · 피할 수 없는 인생의 사건으로 인식한다.
- 문제에는 해결책이 있으며, 자신은 해결책을 찾아내어 실행할 수 있다고 믿고, 문제를 해결하기 위해서는 시간과 노력이 필요하다는 생각을 가지고 계획을 세워 실행한다.
- 문제를 도전이나 성장의 기회로 받아들이고, 실패하더라도 문제를 해결하기 위해 시도해 보는 것이 시도를 하지 않는 것보다 낫다고 생각한다.
- 자신에 대한 관대한 입장, 즉 인간은 완벽할 수 없으며 실수를 통해 배우는 것이라는 인식을 지닌다.

    ㉢ 클라이언트가 문제지향 단계에서 부적응적 사고를 하는 경우, 인지적 재구조화를 통해 문제를 과장된 위협이 아닌 도전으로 받아들이도록 돕는다.

- 왜곡 또는 비현실적인 기대를 현실적으로 수정하도록 돕는다.
- 감정이 부적응적인 경우에는 긴장이완, 명상, 불안관리훈련 등을 사용한다.

② 문제규정과 형성 단계

    ㉠ 클라이언트가 문제와 관련된 객관적인 정보를 수집하고, 수집된 정보를 이해하는 데 있어 인지적 왜곡이 없도록 교육한다.

    ㉡ 클라이언트가 현재상황과 바람직한 상황의 차이를 이해하고 이 차이를 극복하기 위해 방해가 되는 장애물을 찾아낼 수 있도록 돕는다.

    ㉢ 문제해결의 목표를 구체적 · 현실적으로 설정하도록 돕는다.

    ㉣ 문제해결에 대한 비용분석을 통해 문제에 대한 재평가를 할 수 있도록 돕는다.

③ 해결대안의 창출 단계

    ㉠ 양의 원칙 : 대안이 많으면 많을수록 바람직한 대안이 나올 수 있다.

    ㉡ 판단유보의 원칙 : 평가하기 전이나 의사를 결정하기 전까지 가능한 많은 대안을 창출하고 판단을 유보할 때 바람직한 해결책이 나올 수 있다.

    ㉢ 다양성의 원칙 : 다양한 대안들이 창출될 때 바람직한 해결책이 나올 수 있다.

④ 의사결정 단계

    ㉠ 해결대안을 객관적으로 평가하고 가장 바람직한 대안을 선정하는 단계이다.

    ㉡ 클라이언트가 전 단계에서 창출한 여러 대안 가운데 가장 적절한 대안을 일차적으로 선택하여 각각에 대해 예상되는 결과를 평가하도록 교육한다.

    ㉢ 평가는 문제의 해결정도, 정서적 결과, 필요한 시간과 노력, 전반적인 개인적 · 사회적 결과를 고려한다.

⑤ 해결책 실행과 검증 단계

    ㉠ 클라이언트가 스스로 해결계획을 실행하고 평가하며 강화할 수 있도록 교육한다.

    ㉡ 해결책의 결과가 예측한 결과와 다를 경우, 문제해결책을 모색하거나 그 이전의 단계로 돌아간다.

# 출제유형문제

**01** 인지행동모델의 한계점에 관한 설명으로 옳지 않은 것은?                    [13회]

① 지적능력이 낮은 클라이언트에게는 효과성이 제한적이다.

② 즉각적인 위기개입을 해야 하는 클라이언트에게 적용하기 어렵다.

③ 사회복지사의 적극적 역할수행이 어렵다.

④ 특정 개입기술 사용에서 윤리적 문제가 발생할 수 있다.

⑤ 새로운 시도에 대한 의지가 약한 클라이언트에게 적용이 어렵다.

> **해설** ③ 인지행동모델의 개입은 기본적으로 사회복지사와 클라이언트의 신뢰를 바탕으로 한 협조가 요구되나, 궁극적 책임은 사회복지사에게 있으며 이에 맞는 역할수행이 따른다. 사회복지사는 개입, 치료, 사정, 전략, 도구 등에 대한 정보를 클라이언트에게 제공하며, 사고, 정서, 행동을 변화시키기 위해 다양한 기법을 사용하여 좀 더 합리적 · 건설적 인지를 창출할 수 있도록 원조하는 역할을 수행한다.

**02** 인지왜곡을 가져오는 자동적 사고에 관한 설명으로 옳지 않은 것은?          [12회]

① 이분법적 사고 – 최고가 아니면 모두 실패자인 거야

② 선택적 요약 – 선생님은 나를 미워하니까 성적도 나쁘게 줄 거야

③ 임의적 추론 – 내가 너무 뚱뚱해서 사람들이 다 나만 쳐다보는 것 같아

④ 개인화 – 내가 신고만 빨리 했어도 지하철 화재로 사람이 죽지 않았을 텐데

⑤ 과잉일반화 – 내가 너무 못생겨서 남자친구가 떠났으니 결혼도 하기 어렵겠지

> **해설** ② 임의적 추론과 밀접하게 연관된 '독심술적 오류 또는 마음읽기(Mind-Reading)'에 가깝다. 상대방의 마음을 읽을 수 있다는 사고에서 비롯된 것으로, 특히 피해망상적인 사고를 가진 사람에게서 많이 나타난다. 상대방이 그릇된 생각과 악한 동기를 가지고 있다고 자의적인 판단을 내리고 나서 그와 같은 판단 하에 상대방을 대하므로, 상대방에게서 되돌아오는 냉담한 태도로 인해 결국 자신의 판단이 옳았다고 확신하게 된다.

**03** 인지행동모델의 개입기법에 관한 설명으로 옳지 않은 것은? [11회]

① '과제수행'을 통해 새로운 행동을 배우거나 과거의 부정적 반응을 제거할 수 있다.

② '내적 의사소통의 명료화'를 통해 자신의 독백과 생각의 비합리성을 이해할 수 있다.

③ '설명'은 클라이언트의 행동이 어떻게 생각에 영향을 미치는지를 알려주어 인지변화를 유도한다.

④ '경험적 학습'은 왜곡된 인지에 도전하여 변화를 유도하는 것으로 인지적 불일치 원리를 적용한다.

⑤ '인지재구조화'는 역기능적인 사고와 신념을 현실에 맞는 것으로 대치하도록 하여 기능 향상을 돕는다.

> **해설** 설명(Explanation)
> 클라이언트의 정서가 어떻게 행동에 영향을 미치는지를 '사건-인지-정서적 결과'의 ABC 모델을 통해 설명하기 위해 사용된다. 즉, 클라이언트로 하여금 선행요인(A ; Activating Event)이 있은 후 비합리적 신념체계(B ; Belief)에 의해 이야기하도록 하며, 이와 같은 자기대화로부터 야기된 정서적 결과(C ; Consequence)를 사회복지사가 설명하는 것이다.

**04** "자라 보고 놀란 가슴 솥뚜껑 보고 놀란다"라는 속담을 실천 기법으로 설명한다면? [6회]

① 인지치료
② 조작적 조건화
③ 모델링
④ 사회적 기술훈련
⑤ 반응적 조건화

> **해설** 고전적 조건화(반응적 조건화)
> 조건 형성된 자극과 유사한 자극이 나타나도 학습된 조건반사와 비슷한 반응을 보이는 것 → 파블로프의 실험

**05** 다음 중 인지행동모델의 인지적 전략 기법에 해당하는 것은 어떤 것인가? [6회]

① 적절한 유머역할 연기
② 기적질문
③ 치료자의 자기개방
④ 역할 바꾸기
⑤ 소크라테스식 문답법

> **해설** 소크라테스식 문답법
> 소극적 측면인 소크라테스적 반어(反語)와 적극적 측면으로서의 산파술을 생각할 수 있다. 전자는 대화의 상대자로부터 로고스(論說)를 끌어내어 무지(無知)의 자각 즉, 아포리아(Aporia)로 유도하는 소크라테스의 독특한 무지를 가장(假裝)하는 태도이고, 후자는 상대방이 제출한 논설이나 질문을 거듭함으로써 개념규정을 음미하고 당사자가 의식하지 못했던 새로운 사상을 낳게 하는 문답법이다. 소크라테스는 자기 스스로 이제 새로운 지혜를 낳을 수 있는 능력은 없으나 다른 사람들이 그것을 낳는 것을 도와 그 지혜의 진위(眞僞)는 식별할 수 있다고 하면서, 자기의 활동을 어머니의 직업인 산파에 비유, 산파술이라고 불렀다. 소크라테스의 문답법은 중요한 인지사항을 쉽게 밝혀 주고 클라이언트로 하여금 자기발견과 타당화의 과정을 갖게 한다.

**06** 강박적 사고로 인한 불안감을 호소하는 클라이언트에게 할 수 있는 인지행동기법은? [7회]

> ㄱ. 역설적 의도
> ㄴ. 경험적 학습
> ㄷ. 이완훈련
> ㄹ. 자유연상기법

① ㄱ, ㄴ, ㄷ                          ② ㄱ, ㄷ
③ ㄴ, ㄹ                           ④ ㄹ
⑤ ㄱ, ㄴ, ㄷ, ㄹ

 자유연상기법은 정신분석치료에 사용되는 기법이다.

### 인지행동이론의 주요 기술

- 설명(Explanation) : 클라이언트의 정서가 ABC 모델(사건의 인지에 따른 정서적 결과의 과정)에서 어떻게 작용하는지 알려주는 일련의 치료기술
- 기록과제(Written Homework) : 클라이언트에게 정서에 대한 ABC 모델을 활용하는 방법에 대해 읽고 기록할 수 있도록 함
- 경험적 학습(Experiential Learning) : 클라이언트가 자신의 인지적 오류와 부합하지 않는 행동을 경험함으로써 자신의 인지적 오류를 발견하도록 함
- 역설적 의도(Paradoxical Intention) : 특정 행동에 대한 클라이언트의 불안을 감소시키기 위해 의도적으로 문제의 행동을 하도록 지시를 내림
- 내적 의사소통의 명료화(Clarifying Internal Communication) : 클라이언트가 자신의 생각과 이야기 속에 감춰진 인지적 오류와 비합리적인 신념에 대해 통찰하도록 클라이언트 스스로에게 피드백을 줌
- 역동적 · 실존적 숙고 치료활동(Dynamic · Existential Reflection) : 실제 문제를 해결하기 위한 역동적인 숙고와 함께 삶의 문제를 반성하는 실존적 숙고를 통해 인지재구조화를 촉진함
- 인지재구조화(Cognitive Restructuring) : 클라이언트의 역기능적 사고를 순기능적 사고로 대치할 수 있도록 돕는 것
- 모델링(Modeling) : 관찰학습과정을 통해 클라이언트가 원하는 행동을 학습할 수 있도록 함
- 시연(Rehearsal) : 긍정적인 행동에 대한 반복적인 연습을 통해 숙달되도록 하는 것
- 자기지시기법(Self Instruction) : 자기탐지, 목표선택, 목표행동 등의 과정을 통해 자신이 변화시키고자 하는 행동에 대해 계획을 세우도록 함
- 체계적 둔감화(Systematic Desensitization) : 클라이언트에게 가장 덜 위협적인 상황에서 가장 위협적인 상황으로 순차적으로 적응해나갈 수 있도록 함
- 이완훈련(Progressive Relaxation Training) : 근육이나 신경의 긴장을 감소시키는 것으로 일상생활에서 유발되는 스트레스에 대처할 수 있도록 함

**07** 다음 보기에 제시된 벡(Beck)의 인지치료 개입과정을 순서대로 바르게 나열한 것은? [7회]

> ㄱ. 부정적인 자동적 사고 파악하기
> ㄴ. 현실지향적인 사고로 해석하기
> ㄷ. 인지적 오류의 역기능적 가정과 믿음 발견하기
> ㄹ. 긍정적 사고틀로 변경하도록 학습하기
> ㅁ. 왜곡된 사고의 현실 검증하기

① ㄱ → ㄴ → ㅁ → ㄹ → ㄷ
② ㄱ → ㄷ → ㄹ → ㅁ → ㄴ
③ ㄱ → ㄷ → ㅁ → ㄴ → ㄹ
④ ㄷ → ㄴ → ㅁ → ㄱ → ㄹ
⑤ ㄷ → ㄱ → ㄹ → ㅁ → ㄴ

해설🔍 벡(Beck)의 인지치료에서는 클라이언트의 학습경험을 강조하는 다음의 개입과정을 갖는다.
- 클라이언트는 자신의 부정적인 자동적 사고를 점검한다.
- 인지와 정서·행동의 연관성을 인식한다.
- 자신의 왜곡된 자동적 사고를 뒷받침하거나 반박하는 근거를 점검한다.
- 왜곡된 인지를 보다 현실적인 해석으로 대체한다.
- 왜곡된 인지유형으로 기울어지게 된 저변의 가정과 믿음을 규명하고 변경할 수 있도록 학습한다.


**08** 다음 사례에서 도출된 '인지적 오류'로 옳지 않은 것은? [9회]

> "어머니는 제 능력이 형제들 중에 가장 뛰어나다며 저만 대학에 보냈어요. 저는 그게 당연하다고 생각했고 ① 다른 사람들도 저를 대접하지 않으면 참지 못했어요. 취업면접에서도 면접관이 ② 먼저 악수를 청하지 않으면 떨어졌다고 좌절했어요. 그런데, ③ 지난달에 어머니도 오시지 않은 것을 보면 이제 저를 신뢰하지 않는 것 같아요. ④ 아버지만 살아계셨더라도 이런 일은 없었을 거예요. ⑤ 이런 대접을 받고 산다는 것은 실패한 삶이에요."

① 과잉일반화
② 임의적 추론
③ 선택적 축약
④ 개인화
⑤ 이분법적 사고

해설🔍 ① 벡(Beck)이 제시한 인지적 오류라기보다는 엘리스(Ellis)가 제시한 비합리적 신념에 해당하는 것으로 볼 수 있다. 엘리스는 인간이 주위의 모든 중요한 사람들에게서 항상 사랑과 인정을 받아야만 한다는 비합리적인 신념을 가지고 있다고 주장하였다.

**09** 인지행동모델에 관한 설명으로 옳지 않은 것은? [15회]

① 인간행동은 의지에 의해 결정된다.
② 인간행동은 전 생애에 걸쳐 학습된다.
③ 주관적인 경험의 독특성을 인정하지 않는다.
④ 구조화된 접근을 강조한다.
⑤ 지적 능력을 가진 클라이언트에게 적용이 보다 용이하다.

해설 ③ 인지행동모델은 클라이언트 각 개인이 갖는 삶의 사건과 정서 반응의 독특한 의미, 현실을 조직하는 데 작용하는 정보전달 과정, 신념구조와 같은 주관적 경험의 독특성을 가정한다.

제2영역

**10** 엘리스(A. Ellis)의 '비합리적 신념'의 예로 옳지 않은 것은? [11회]

① 나는 모든 일에 완벽해야 한다.
② 나는 모든 사람들로부터 인정받고 사랑받아야 한다.
③ 어떤 문제든지 완전한 해결책은 없다.
④ 인간은 자신에게 일어나는 나쁜 일의 외부원인에 관해서는 통제할 수 없다.
⑤ 삶의 어려움은 직면하기보다는 피해야만 한다.

해설 비합리적 신념의 예(Ellis)
• 인간은 주위의 모든 중요한 사람들에게서 항상 사랑과 인정을 받아야만 한다.
• 인간은 모든 면에서 반드시 유능하고 성취적이어야 한다.
• 어떤 사람은 악하고 나쁘며 야비하다. 따라서 그와 같은 행위에 대해서는 반드시 준엄한 저주와 처벌이 내려져야 한다.
• 일이 내가 바라는 대로 되지 않는 것은 끔찍스러운 파멸이다.
• 인간의 불행은 외부 환경 때문이며, 인간의 힘으로는 그것을 통제할 수 없다.
• 위험하거나 두려운 일이 일어날 가능성은 상존하므로, 그것이 실제로 일어날 가능성에 대해 항상 유념해야 한다.
• 인생에 있어서 어떤 난관이나 책임을 직면하는 것보다 회피하는 것이 더욱 쉬운 일이다.
• 인간은 타인에게 의지해야 하며, 자신이 의지할만한 더욱 강력한 누군가가 있어야 한다.
• 인간의 현재 행동과 운명은 과거의 경험이나 사건에 의해 결정되며, 인간은 과거의 영향에서 결코 벗어날 수 없다.
• 인간은 다른 사람의 문제나 곤란에 대해 항상 신경을 써야 한다.
• 인간의 문제에는 항상 정확하고 완전한 해결책이 있으므로, 이를 찾지 못하는 것은 매우 유감스러운 일이다.

**01** 인지행동모델에 관한 설명으로 옳지 않은 것은? [19회]

① 구조화된 접근을 한다.

② 클라이언트의 무의식적 행동에 관심을 둔다.

③ 교육적 접근을 강조한다.

④ 클라이언트의 주관적인 경험, 문제 및 관련 상황에 대한 인식을 중시한다.

⑤ 클라이언트와 사회복지사의 협조적인 노력을 중시하고, 클라이언트의 능동적인 참여를 권장한다.

해설 ② 인지행동모델은 인간의 행동이 무의식적인 힘이 아닌 의지에 의해 결정되며, 부정확한 지각과 생각이 부적응행동을 초래한다고 가정한다.

**02** 인지행동모델의 개입기법에 관한 설명으로 옳지 않은 것은? [17회]

① 행동형성은 강화원리를 따른다.

② 모델링은 관찰학습과정을 통해 이루어진다.

③ 경험적 학습에는 인지불일치원리가 적용된다.

④ 타임아웃은 정적 강화원리를 이용한 것이다.

⑤ 체계적 탈감법은 고전적 조건화에 근거한다.

해설 ④ 타임아웃(Time-out)은 문제행동이 어떠한 상황으로 인해 강화되는 경우 행위자를 상황으로부터 격리시키는 행동변화를 위한 기법이다. 특히 일정 기간 동안 모든 긍정적 자극을 제거해 버리는 부적 처벌을 '강화로부터 타임아웃(Time-out from Reinforcement)'이라고 한다.

1 ② 2 ④ Answer

# 과제중심모델

★ **학습목표**　　■ 과제중심모델의 철학과 기본개념, 과제중심모델의 개입목표 및 과제를 학습하자.
　　　　　　　　■ 과제중심모델은 단기개입에 대한 특징과 이러한 특징이 실제 개입에서 어떻게 적용되고 있는지 비교하면서
　　　　　　　　　학습할 필요가 있다. 또한 중요한 개념인 '과제(Task)'도 놓쳐서는 안 된다.

## 제 1 절　　과제중심모델의 이해

### 1 과제중심모델의 의의

#### (1) 과제중심모델의 개념

① 1970년대 미국 뉴욕에서 **리드와 엡스타인**(Reid & Epstein)의 단기치료의 우수성을 입증하는 실험연구를 기초로 하여 형성된 사회복지실천모델이다.

② 개인 및 가족이 일상생활 속에서 경험하는 문제, 즉 대인관계와 사회적 관계의 어려움, 역할수행의 어려움, 정서적 고통 등을 해결할 수 있도록 돕기 위해 계획된 모델이다.

③ 특정한 이론에 근거하기보다는 다양한 이론을 절충하여 사용할 수 있는 실천의 틀을 제시한다는 점에서 다른 모델과 차이가 있다. 즉, 펄만의 문제해결중심방법론에 행동주의 이론과 과업에 대한 개념을 접목시킨 절충적 실천의 틀이다.

④ 클라이언트가 자신에게 주어진 행동적 과업을 통해 스스로 문제를 해결할 수 있도록 사회복지사가 원조하는 사회복지의 대표적인 실천방법이다.

⑤ **과제중심모델에 기여한 학자** : 클라이언트의 과제를 헬렌 펄만(Helen Perlman)은 문제해결과정에, 엘리엇 스툿(Elliot Studt)은 서비스 초점에 두었다.

#### (2) 과제중심모델이 등장하게 된 배경

① 전통적인 사회복지의 장기개입의 효과성에 대한 비판이 대두되었다.

② 효율성 측면에서 단기치료에 대한 관심이 고조되었다.

③ 집중적이고 구조화된 개입의 형태를 선호하는 경향이 나타났다.

④ 경험적 자료를 통해 개입의 기초를 마련하려는 움직임이 태동되었다.

## 2  과제중심모델의 주요개념

### (1) 표적문제(Target Problem)

① 개입의 초점이 되는 문제이다.

② 클라이언트가 제시하는 문제 또는 해결하고자 하는 문제이다.

③ 표적문제의 선정

ㄱ 클라이언트가 변화를 원하는 문제 또는 규정한 문제

ㄴ 사회복지사의 전문적 판단에 의해 인정한 문제

ㄷ 사회복지사 개입의 초점으로 클라이언트가 동의한 문제

④ 표적문제 선정 시 주의사항

ㄱ 클라이언트의 견해가 최대한 반영되어야 한다.

ㄴ 클라이언트와 의견이 다를 경우에는 논의와 타협이 필요하다.

ㄷ 표적문제를 구체적으로 설정한다.

ㄹ 표적문제는 우선순위를 고려하여 최대 3개까지 정할 수 있다.

### (2) 과제(Task)

① 클라이언트와 사회복지사 간의 동의에 의해 계획되는 특정한 문제를 해결하는 활동이다.

② 클라이언트와 사회복지사가 표적문제를 해결하기 위하여 수행하는 활동을 말한다.

③ 과제의 구성

ㄱ 표적문제를 명확히 한 후에 과제계획을 세우게 된다.

ㄴ 과제의 내용, 형식, 수행 등에 관해서 클라이언트와 사회복지사가 토론을 통해 정해야 하며, 특히 클라이언트가 동의해야 한다.

④ 과제의 분류

ㄱ 일반적 과제

• 행동의 방향만 제시할 뿐, 무엇을 어떻게 해야 하는가에 대해서는 정확하게 언급하지 않는다.

• 일반적 과제는 항상 클라이언트의 목표를 반영한다.

• 보통 클라이언트의 과제와 목표는 동일하게 설정된다.

ㄴ 조작적 과제

• 클라이언트가 구체적으로 수행해야 할 활동을 말한다.

• 보통 일반적 과제에서 나온다.

• 구체적인 활동에 대한 정보가 포함되어 있으므로 일종의 하위과제의 형태가 된다.

⑤ 과제의 종류

ㄱ 회기에서 수행하는 과제(In-Session Tasks)

ㄴ 회기 사이에 가정(Home Tasks) 혹은 환경에서 수행하는 과제(Environmental Tasks)

ㄷ 혼자 수행하는 과제(Individual Tasks)

ㄹ 두 사람 이상이 교환으로 수행하는 과제(Reciprocal Tasks)

ⓜ 두 사람이 함께 수행하는 과제(Shared Tasks)

ⓗ 일반적 과제(General Tasks)

ⓢ 세부과제(Sub Tasks)

**Plus ⊕ one**

**사회복지사가 과제계획 시 고려할 사항**

• 동기화 : 클라이언트에게 문제를 해결할 수 있다는 자신감을 불어 넣어 주는 등 높은 동기를 유지시켜 준다.

• 실행가능성 : 클라이언트에게 실행 가능한 과제를 선택할 수 있도록 한다.

• 성취성 또는 당위성 : 과제가 클라이언트에게 꼭 부여되어야 하는지를 고려해야 한다.

• 융통성 : 클라이언트가 과제를 세 번 정도 반복했어도 달성할 수 없을 경우 또는 상황의 변화가 있을 경우에 과제를 바꿀 수 있는 융통성이 필요하다.

# 제**2**절  과제중심모델의 특성과 개입과정

## 1 과제중심모델의 특성

### (1) 과제중심모델의 개발 프로젝트의 목표

① 효율적으로 학습할 수 있는 전문원조 테크놀로지를 개발한다.

② 직접적 실천의 효과성을 증진시킨다.

③ 실천을 평가할 수 있는 능력을 증진할 수 있어야 한다.

### (2) 과제중심모델의 특징   9, 10, 11, 14, 15, 17, 19회 기출

① 시간제한적 단기개입

ⓐ 대부분의 클라이언트들이 8회 이내에 개입의 효과를 보고한다는 메타분석결과에 근거를 두고 있다.

ⓑ 주 1~2회 면접을 8~12회 정도로 구성하여 대개 4개월 이내에 사례를 종료한다는 특징을 지닌다.

ⓒ 단기개입모델의 특징(인지행동모델, 과제중심모델, 위기개입모델)

• 문제 규명이 초기에 이루어진다.

• 신속하게 개입하며 초기에 사정이 이루어진다.

• 시간제한으로, 경비와 시간이 절약되는 경제적 이점이 있다.

• 목표는 구체적이고, 문제해결과정은 체계적이다.

• 면접은 현재 중심적이며 초점화되어 있다.

- 면접방식은 직접적 · 활동적이다.
- 선택한 초점은 전 과정에 걸쳐 유지되고, 실천은 융통성 있게 진행된다.
- 치료적 동맹이 필수적이고, 긴장완화를 위한 감정표출(환기)이 제공된다.

② **클라이언트의 자기결정의 원리**

　　㉠ 과제중심모델에서는 클라이언트의 자기결정권을 실제로 적용할 수 있는 구체적인 실천방법을 제시하고 있다.

　　㉡ 클라이언트의 견해를 우선적으로 반영한다.

　　㉢ 클라이언트와 사회복지사가 계약할 때, 클라이언트가 동의한 문제에 한하여 접근한다.

　　㉣ 계약된 개입과정을 클라이언트에게 명확히 제시한다. 즉, 클라이언트가 동의한 해결방법을 사용한다.

　　㉤ 과제를 설정하고 실행 · 평가하는 문제해결작업에서 클라이언트가 주체자의 역할을 하도록 한다.

③ **구조화된 접근**

　　㉠ 개입과정이 모두 다섯 단계로 이루어졌으며, 상대적으로 다른 어떤 모델보다도 구조화되어 있다.

　　㉡ 각 단계마다 사회복지사와 클라이언트의 역할 · 과제 등의 구체적인 내용들이 규정되어 있다.

④ **협조적 관계** : 사회복지사는 클라이언트에게 치료자의 권위보다는 협조적인 관계로 클라이언트를 광범위하게 참여시킨다.

⑤ **과제 중심** : 문제해결활동은 클라이언트가 수행에 동의한 과제를 중심으로 조직된다.

⑥ **환경적 개입의 강조**

　　㉠ 과제중심모델에서는 환경에서의 자원부족과 활용기술의 부족으로 클라이언트의 문제가 발생하는 것으로 이해한다.

　　㉡ 사회복지사는 클라이언트의 공식적 · 비공식적 환경에 적극 개입한다.

⑦ **경험적 기초** : 조사에 근거한 경험적 자료가 모델형성의 기초가 되었고 주로 경험적 연구에 의해 검증된 방법과 이론을 선호한다.

⑧ **개입의 책무성 강조**

　　㉠ 모델의 개발목적 자체가 실천의 책무성을 증진하기 위한 것이다.

　　㉡ 개입과정과 사회복지사의 실천에 대한 클라이언트와 사회복지사 자신의 평가를 통해 실천의 책무성을 증진시킨다.

⑨ **다양한 접근방법(통합적)**

　　㉠ 다양한 접근방법을 활용한다. 즉, 특정 이론이나 모델을 고집하지 않는다.

　　㉡ 경험적 연구에 의해 검증된 이론과 방법을 선택적으로 사용한다.

## 2 | 과제중심모델의 개입과정

10, 11, 13, 16회 기출

### (1) 시작하기(Starting Up)

① 비자발적 클라이언트 : 외부기관에서 클라이언트를 의뢰한 경우이다.

　㉠ 외부기관에 확인할 사항

　　• 클라이언트를 의뢰한 이유를 확인한다.

　　• 의뢰를 통해 달성하고자 하는 목표 등을 확인한다.

　　• 법원의 명령으로 위임된 목표가 있을 경우 클라이언트가 분명히 이해하는지 확인한다.

　㉡ 외부기관과 협상할 사항

　　• 의뢰기관이 제시하는 목표와 클라이언트가 제시하는 문제가 일치하지 않는 경우 협상하여 조정한다.

　　• 의뢰기관에서 목표 달성을 위해 제공할 수 있는 자원을 알아본다.

② 자발적 클라이언트 : 클라이언트가 스스로 기관에 찾아온 경우이다.

　㉠ 클라이언트의 문제와 우선순위 등을 확인하여 기관에서 서비스할 것인지, 아니면 다른 기관에서 서비스할 것인지를 결정한다.

　㉡ 기관에서 서비스 제공이 적합한 경우에 바로 제1단계(문제규명단계)로 넘어간다.

### (2) 제1단계 : 문제규명 또는 표적문제규정(Problem Identification)

① 문제탐색 : 클라이언트가 제시하는 문제를 탐색한다.

② 표적문제 설정

　㉠ 우선순위에 따라 문제를 규정한다.

　㉡ 클라이언트의 문제제시와 사회복지사의 전문적 판단을 반영하여 구체적으로 설정한다.

③ 초기 사정

　㉠ 개입 초기단계에서 본격적인 사정에 앞서 신속하게 수행하는 예비사정이다.

　㉡ 예비사정의 탐색내용

　　• 클라이언트에 대한 인상, 환경, 가족관계 등

　　• 클라이언트의 장단점

　　• 클라이언트의 의사소통 패턴

　　• 클라이언트가 스트레스를 받았을 때의 전형적인 행동과 성격특성

### (3) 제2단계 : 계약(Contracting)

7회 기출

① 계약의 의의

　㉠ 문제해결방안에 대한 사회복지사와 클라이언트의 동의로 서면계약과 구두계약이 있다.

　㉡ 보호자와의 계약 : 비자발적 클라이언트의 경우에는 계약체결과정에서 쉽게 충격을 받거나, 스스로 계약을 체결할 수 없는 경우 그 보호자와 계약을 체결한다.

　㉢ 계약은 당사자 간의 판단에 의해 언제든지 바뀔 수 있다.

안심Touch

② **주요 계약 내용** : 표적문제, 목표, **클라이언트의 과제, 사회복지사의 과제,** 개입기간과 일정, 면접 일정, 클라이언트와 사회복지사 외의 참여자, 장소 등

    ㉠ 표적문제 : 일반적으로 하나의 표적문제에 대해 하나의 목표를 설정한다.

    ㉡ 목표 : 클라이언트 입장에서 주어와 서술어의 형식으로 구체적으로 서술한다.

    ㉢ 클라이언트의 과제 : 목표 달성을 위해 수행하는 활동으로서, 필요에 따라 수시로 변경이 가능 하다.

    ㉣ 사회복지사의 과제 : 클라이언트의 과제수행을 지원하기 위한 활동을 의미한다. 다른 기관 또 는 클라이언트의 가족, 친구, 이웃 등과 협의하는 과제를 수행한다.

## (4) 제3단계 : 실행(Implementation)

① 과제중심모델에서 가장 많은 시간을 할애하는 단계로, 개입의 대부분을 실행하는 단계이다.

② **주요 내용** : 문제에 대한 집중적인 사정, 대안 모색, 협의, 과제 실행, 점검 등

    ㉠ 표적문제에 대한 집중적인 사정

      • 사정의 의의 : 과제의 가치를 높이고, 과제수행에 방해가 되는 장애요인을 제거하며, 초기 예 비사정의 오류 또는 불충분한 부분을 수정 · 보완한다.

      • 사정의 내용

| 표적문제 | 빈도, 장소, 참여자, 선행사건, 결과, 의미 등 |
|---|---|
| 사회적 배경 | 문제를 촉발 · 유지하는 사회적 조건으로, 직장이나 학교상황, 경제적 지위, 가족 구성, 또래집단, 주거상태, 문화적 배경 등 |
| 인지적 · 정서적 상황 | 클라이언트의 성격, 활동방식, 인적 자원 등 |

    ㉡ 대안 모색 : 실현 가능한 문제해결 행동을 파악하고 규명한다.

    ㉢ 협 의

      • 다른 사람 · 기관들과 지지적이고 협력적인 행동들에 대해 협의한다.

      • 계약과 목표 등을 확인하고 활동의 유형을 선택하며, 세부적인 개입방법 등에 대해 협의한다.

      • 협의 내용 : 계약 및 목표의 재확인, 기본적인 개입방법 결정, 일정 및 활동순서 계획, 참여자 선 정, 클라이언트의 동의 및 이해 확보(고지된 동의), 기타 관계자의 동의 및 이해 확보

    ㉣ 과제 실행 : 과제 개발, 과제수행 지원, 개입 가능한 효과의 점검, 과제수행 과정에 대한 모니 터, 계약 수정 및 일부 변경

| 과제 개발 | 계약단계에서 발생한 과제가 과정에서 없어지기도 하고 새로운 과제가 생기기도 함 |
|---|---|
| 과제 개발 과정 | • 과제의 공식화<br>• 과제에 대한 클라이언트의 이해와 동의 확보<br>• 과제에 대한 근거 및 보상에 대한 이해 확보<br>• 과제의 요약 및 정리<br>• 예견되는 어려움에 대한 점검 및 검토<br>• 클라이언트의 과제수행계획 수립 |
| 과제수행 지원 | • 자원의 획득 및 자원 제공의 장애물 제거<br>• 지시 및 지도 : 역할연습, 모의훈련, 지도연습<br>• 과제수행의 장애요인의 제거 · 감소 · 변경을 위한 조치<br>• 기술 부족, 타인의 협력과 지지의 부족, 자원 부족 등 과제수행의 실질적인 장애<br>  요인 제거<br>• 과제수행의 인지적 장애요인 완화<br>• 클라이언트에게 사회복지사의 과제에 대한 설명과 과제실행 및 문제 상태 점검 |

ⓜ 점검(모니터)
- 개입의 가능한 효과들을 점검, 검사, 확인, 구체화한다.
- 문제상태를 정규적으로 기록한다.
- 점검 사항 : 과제수행의 정도, 문제 상태의 변화, 새로운 문제 또는 수정된 문제 등
- 점검 방법 : 구조화된 표기법, 차트, 그래프, 플러스 브리프, 간결한 이야기체 코멘트 등

Plus ⊕ one

**계약의 일부를 변경하는 경우**
- 만족스럽게 진행되지 않는 경우
- 진행이 기대치를 추월하는 경우
- 새로운 문제가 발생하는 경우
- 문제가 다른 성격을 띠는 경우
- 과제들이 수행되지 않거나 제대로 수행되지 않는 경우
- 지지 및 자원이 비효율적인 경우
- 과제가 비효율적이거나 실현 가능성이 없는 경우

### (5) 제4단계 : 종결(Termination)

① 클라이언트와 사회복지사가 이미 예상한 가운데 이루어지는 계획된 종결이다.

   ㉠ 계약 단계에서 개입일정에 대한 동의 과정이 있다.

   ㉡ 실행단계에서 과제 실행을 통한 문제해결이 어느 정도 드러나며, 사회복지사가 남은 회기수에 대해 확인한다.

   ㉢ 종결단계에서 목표 달성을 점검하고 사후 일정을 논의한다.

② **성취점검 및 사후 지도** : 개입과정을 통해 성취한 사항에 대해 점검이 필요한 경우에는 연장을 하거나 사후 지도를 한다.

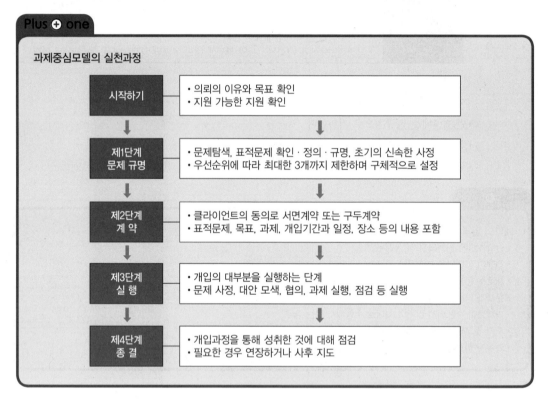

**Plus + one**

**과제중심모델의 실천과정**

| 시작하기 | • 의뢰의 이유와 목표 확인<br>• 지원 가능한 지원 확인 |
|---|---|
| 제1단계<br>문제 규명 | • 문제탐색, 표적문제 확인 · 정의 · 규명, 초기의 신속한 사정<br>• 우선순위에 따라 최대한 3개까지 제한하며 구체적으로 설정 |
| 제2단계<br>계 약 | • 클라이언트의 동의로 서면계약 또는 구두계약<br>• 표적문제, 목표, 과제, 개입기간과 일정, 장소 등의 내용 포함 |
| 제3단계<br>실 행 | • 개입의 대부분을 실행하는 단계<br>• 문제 사정, 대안 모색, 협의, 과제 실행, 점검 등 실행 |
| 제4단계<br>종 결 | • 개입과정을 통해 성취한 것에 대해 점검<br>• 필요한 경우 연장하거나 사후 지도 |

## 01 개입 계획을 수립하는 과정 순서로 옳은 것은? [13회]

> ㄱ. 문제의 우선순위를 정한다.
> ㄴ. 표적문제를 찾는다.
> ㄷ. 개입의 성과목표를 정한다.
> ㄹ. 클라이언트의 과업을 구체화한다.

① ㄱ → ㄴ → ㄹ → ㄷ
② ㄱ → ㄹ → ㄴ → ㄷ
③ ㄴ → ㄱ → ㄷ → ㄹ
④ ㄴ → ㄱ → ㄹ → ㄷ
⑤ ㄴ → ㄷ → ㄱ → ㄹ

🔍**해설** 과제중심모델(과업중심모델)의 개입과정
- 시작하기 : 클라이언트의 문제와 우선순위 확인 · 탐색
- 문제 규명 : 우선순위에 따라 표적문제 규명
- 계약 : 클라이언트와의 동의하에 계약 체결{계약 내용 : 주요 표적문제, 구체적인 목표, 사회복지사와 클라이언트의 과제(과업) 설정하기, 개입일정 및 기간, 면접 날짜 및 장소, 참여자 등}
- 실행 : 구체적 과제수행의 장애물을 찾아내어 이를 제거 · 완화 · 변경
- 종결 : 향후 전망에 대한 검토, 사후지도 수행

## 02 과제중심모델에서 과제 수행의 장애물을 찾아내는 단계는? [11회]

① 시작단계
② 문제규명단계
③ 계약단계
④ 실행단계
⑤ 종결단계

🔍**해설** 과제중심모델의 개입과정 중 실행단계
- 후속 사정을 통해 초기 사정에서 불충분한 부분들을 보완하며, 이때 사정은 개입의 초점이 되는 현재 문제에 국한하여 집중적인 탐색이 이루어진다.
- 실현 가능한 대안들을 모색하며, 목표와 개입 내용을 재확인하여 구체적으로 설정 및 변경한다.
- 과제를 개발하고 클라이언트의 과제수행을 지지하며, 과제수행의 장애물을 찾아내어 이를 제거 · 완화 · 변경한다.
- 지속적인 모니터링을 통해 클라이언트의 문제가 경감되는 과정을 재검토하며, 진행이 만족스럽지 못한 경우나 새로운 문제가 발견되는 경우 계약의 일부를 수정 또는 변경한다.

**03** 과제중심모델에서 문제규명단계의 과업으로 옳지 않은 것은? [13회]

① 클라이언트가 규정한 문제를 파악한다.
② 클라이언트가 수행과제를 개발한다.
③ 의뢰기관에서 위임한 문제를 파악한다.
④ 예비적인 초기사정을 시행한다.
⑤ 우선순위에 따라 개입문제를 규명한다.

 실행단계의 과업에 해당한다. 실행단계에서는 실현 가능한 대안을 모색하고, 목표와 개입 내용을 재확인하여 구체적으로 설정 및 변경한다. 그 후 과제를 개발하고 클라이언트의 과제수행을 지지하며, 과제수행의 장애물을 찾아내어 이를 제거 · 완화 · 변경한다.

**04** 다음 중 과제중심모델의 표적문제와 과업설정이 바르게 연결된 것은? [6회]

① 분노조절이 안 된다. – 심호흡을 10번 한다.
② 가출한다. – 가출하고 싶은 마음이 생기면 의논한다.
③ 잘 싸운다. – 협력적 행동을 한다.
④ 약물을 거부한다. – 약물치료의 효과를 생각한다.
⑤ 학업성취도가 낮다. – 성적을 1등급 높인다.

해설 과제중심모델에서 표적문제는 클라이언트에 의해 표현된 욕구나 문제에 초점을 둔다. 이때 표적문제는 클라이언트의 참여와 자기결정을 존중하며, 클라이언트가 스스로의 노력으로 해결할 수 있는 구체적인 문제로 초점화하는 것이 바람직하다. 이러한 과제를 수행하는 과정에 있어서 일반적 과제와 조작적 과제로의 구분이 이루어지는데, 일반적 과제는 상위의 과제를 의미하고, 조작적 과제는 상위의 과제를 위한 구체적인 활동을 나타낸다.
② 클라이언트가 자신의 노력으로 스스로 해결할 수 있는 과제가 아니다.
③ 협력적 행동의 의미가 구체적이지 않다.
④ 치료적 효과를 생각하는 것은 추상적인 과제에 해당한다.
⑤ 성적을 1등급 올리는 것은 과제라기보다는 목표에 해당한다.

**05** 과제중심모델 중 계약에서 포함되지 않아도 되는 내용은? [7회]

① 클라이언트의 과제      ② 사회복지사의 과제
③ 목표 해결의 장애물      ④ 클라이언트의 목표
⑤ 표적문제

해설 **과제중심모델 중 계약에 포함되는 내용**
주요 표적문제(최대 3개), 구체적인 목표, 클라이언트의 과제, 사회복지사의 과제, 개입 기간, 개입 일정, 면접 일정, 참여자, 장소 등

**06** 환경적 개입을 강조한 모델끼리 연결된 것은? [7회]

① 인지치료모델 − 생태체계모델 − 정신역동모델
② 인지치료모델 − 과제중심모델 − 행동체계모델
③ 생태체계모델 − 인지치료모델 − 과제중심모델
④ 생태체계모델 − 행동주의모델 − 과제중심모델
⑤ 생태체계모델 − 정신역동모델 − 행동체계모델

해설 **환경개입을 강조한 모델**
- 생태체계모델 : 인간의 반응과 환경 사이의 불균형 발생, 자원부족, 환경과의 부적합한 상태 등의 문제를 분석하여 개입한다. 환경에 대한 개입을 강조한다.
- 행동주의모델 : 인간은 자신의 심리적 역동성에 의해 지배를 받는 것이 아니라 외부 환경의 학습에 의해 영향을 받는다고 가정한다. 개인과 환경 사이에 일어나는 거래, 클라이언트의 생활기술, 환경을 변화시키기 위하여 계획된 개입활동에 초점을 둔다.
- 과제중심모델 : 환경에서의 자원부족과 활용기술의 부족으로 클라이언트의 문제가 발생하는 것으로 보고 환경적 개입을 강조한다.

**07** 과제중심모델에 관한 설명으로 옳지 않은 것은? [15회]

① 단기간의 종합적인 개입모델이다.
② 클라이언트가 동의한 과제를 중심으로 개입한다.
③ 경험적 자료보다는 발달이론을 중심으로 개입한다.
④ 계약한 구체적인 문제해결에 초점을 두고 접근한다.
⑤ 클라이언트의 문제는 자원 혹은 기술의 부족으로 이해한다.

해설 과제중심모델(과업중심모델)은 객관적인 조사연구를 강조하는 경험지향형 모델로서, 특정 이론이 아닌 통합적인 접근을 통한 다양한 접근방법을 활용한다.

**08** 다음 사례를 과제중심모델로 개입할 경우 표적문제와 과제의 연결로 옳은 것은? [9회]

> A군은 절도사건에 연루되어 수강명령처분을 받았다. A군은 현재 쉼터에 머물고 있으나 집으로 돌아가는 것과 학교출석만 요구하지 않는다면 상담을 받겠다고 한다. 또한 상담을 통해 남의 요구를 거절하지 못하는 것, 분노조절을 하지 못하는 행동을 고치고 싶다고 이야기하고 있다.

① 절도행위 – 자기통제력 증진하기
② 가출 – 1주일 내에 집으로 돌아가기
③ 무단결석 – 담임교사에게 전화하기
④ 분노조절이 안됨 – 원인파악 위해 주 1회 상담하기
⑤ 남의 요구 거절 못함 – 자존감 향상하기

 표적문제(Target Problem)는 클라이언트가 자신의 문제로 인식하여 해결하고자 하고, 사회복지사도 전문적인 판단에 의해 인정한 것으로서 개입의 초점이 되는 문제이다. 보기의 내용에서 A군은 자신의 문제로 남의 요구를 거절하지 못하는 성격과 함께 분노조절을 하지 못하는 행동을 제시하고 있다. 그러나 이들 문제 가운데 우선적으로 개입해야 할 것은 바로 A군의 분노조절에 있다. 그 이유는 A군의 분노조절 실패가 절도사건에의 연루는 물론 차후 더욱 심각한 문제상황을 유발할 수도 있기 때문이다. 요컨대 과제중심모델에서의 표적문제는 클라이언트에 의해 표현된 욕구나 문제에 초점을 둔다. 이때 표적문제는 클라이언트의 참여와 자기결정을 존중하며, 클라이언트가 스스로의 노력으로 해결할 수 있는 구체적인 문제로 초점화하는 것이 바람직하다. 이러한 과제를 수행하는 과정에 있어서 일반적 과제와 조작적 과제로의 구분이 이루어지는데, 일반적 과제는 상위의 과제를 의미하고, 조작적 과제는 상위의 과제를 위한 구체적인 활동을 나타낸다.

**09** 단기개입모델로 옳은 것을 모두 고른 것은? [9회]

> ㄱ. 위기개입모델　　　　　　　　ㄴ. 과제중심모델
> ㄷ. 해결중심모델　　　　　　　　ㄹ. 정신역동모델

① ㄱ, ㄴ, ㄷ
② ㄱ, ㄷ
③ ㄴ, ㄹ
④ ㄹ
⑤ ㄱ, ㄴ, ㄷ, ㄹ

 ㄱ. 위기개입모델 : 상대적으로 단기적인 접근으로서, 사회복지사가 위기의 시기에 신속하게 개입함으로써 클라이언트가 스스로 위기가 발생한 이유를 인식하고 적응적 기술을 개발하여 문제를 해결할 수 있도록 돕는다.
ㄴ. 과제중심모델 : 사회복지사와 클라이언트가 합의하여 어떤 사항에 대해 의견일치를 보아 계약서에 서로의 할 일, 즉 합의된 과제를 작성하고 이를 완수하도록 하는 모델이다. 단기간의 시간제한으로 경비와 시간이 절약되는 경제적 이점이 있다.
ㄷ. 해결중심모델 : 1~12회 이하의 짧은 개입을 통해 신속히 해결하며, 문제의 원인, 즉 본질보다는 구체적인 해결 자체에 초점을 둔다.
ㄹ. 정신역동모델 : 클라이언트가 자신의 내적인 갈등(무의식적인 것)과 사고를 이해(통찰)하도록 원조하는 모델로서, 현 문제의 발현 요인을 내적인 원인에 대한 파악과 이해를 통해 찾는다.

**01** 과제중심모델에서 과제에 관한 설명으로 옳지 않은 것은? [20회]

① 사회복지사보다 클라이언트가 제시하는 문제나 욕구를 고려하여 선정한다.

② 조작적 과제는 일반적 과제에 비해 구체적이다.

③ 과거보다 현재에 초점을 둔다.

④ 과제 수는 가급적 3개를 넘지 않게 한다.

⑤ 과제달성 정도는 최종평가 시 결정되므로 과제수행 도중에는 점검하지 않는다.

해설 ⑤ 지속적인 모니터링을 통해 클라이언트의 문제가 경감되는 과정을 재검토하며, 진행이 만족스럽지 못한 경우나 새로운 문제가 발견되는 경우 계약의 일부를 수정 또는 변경한다.

**02** 과제중심모델의 개입과정 중 중기(실행) 단계에서 해야 할 과업이 아닌 것은? [16회]

① 표적문제의 변화 과정 확인

② 실질적 장애물의 규명과 해결

③ 표적문제에 대한 초점화된 집중

④ 표적문제의 설정

⑤ 과제 계획과 이행

해설 ④ 표적문제의 설정은 문제 규정(규명) 단계에서 해야 할 과업에 해당한다.

**과제중심모델의 개입과정**

• 시작하기 : 클라이언트 또는 의뢰기관의 문제의뢰 이유 확인, 목표달성을 위한 제공 가능한 자원 확인, 목표 일치를 위한 협상과 조정 등

• 제1단계(문제규명) : 문제탐색, 표적문제 설정, 초기예비사정 등

• 제2단계(계약) : 문제해결방안에 대한 사회복지사와 클라이언트 간의 동의로서 표적문제, 목표, 과제, 개입기간과 일정, 면접일정, 장소 등이 포함된 구두계약 또는 서면계약

• 제3단계(실행) : 문제에 대한 집중적인 사정, 문제해결을 위한 대안 모색, 협의, 과제 실행, 점검 등 개입의 대부분을 실행

• 제4단계(종결) : 목표달성을 점검하고 사후 일정 논의

**03** 철수는 무단결석과 친구를 괴롭히는 문제로 담임선생님에 의해 학교사회복지사에게 의뢰되었다. 철수와의 상담을 과제중심모델로 진행할 때 그 개입방법에 해당하지 않는 것은? [17회]

① 철수의 성격유형과 심리역동을 탐색한다.

② 지역사회에서 지원할 수 있는 방법을 확인한다.

③ 담임선생님이 제시한 문제를 확인한다.

④ 철수의 노력으로 해결 가능한 문제를 선정한다.

⑤ 제시된 문제가 철수의 욕구와 일치하지 않은 경우 조정한다.

해설 ① 과제중심모델(과업중심모델)은 시간제한적인 단기개입모델로서, 클라이언트의 표현된 욕구에 초점을 두며, 치료초점은 2~3가지 문제로 특정화·구체화된다. 특히 클라이언트의 심리내적 역동보다는 현재의 활동을 강조하며, 환경에 대한 개입이 이루어진다.

**04** 과제중심모델에 관한 설명으로 옳지 않은 것은? [19회]

① 개입 초기에 빠른 사정을 한다.

② 구조화된 접근을 한다.

③ 다양한 이론과 모델을 절충적으로 활용한다.

④ 조사에 근거한 경험적 자료를 중심으로 진행한다.

⑤ 사회복지사는 적극적으로 개입하지 않고 클라이언트가 주체적인 역할을 하도록 한다.

해설 ⑤ 과제중심모델은 단기간의 치료로써 효과성 및 효율성을 거두어야 하므로 문제해결을 위한 계약관계가 이루어지며, 개입의 책무성이 강조된다.

3 ① 4 ⑤　Answer

# 기타 사회복지실천모델

⭐ **학습목표**　개별사회복지실천에 대한 기본적인 이해에서부터 개별사회복지실천에 대한 다양한 모델의 전반적인 특징을
포괄적으로 파악하는 것이 중요하다.

## 제 1 절　문제해결모델

### 1 문제해결모델의 이해      8, 11, 15회 기출

#### (1) 문제해결모델의 의의

① 1957년 펄만(H. Perlman)은 진단주의와 기능주의를 절충하여 문제해결이론을 제시하였는데, 주로 개인의 사회적 기능에 문제의 초점을 둔다.

② 자아심리학, 듀이(J. Dewey)의 사상, 역할이론, 체계이론 등에 기반을 둔다.

③ 콤튼과 갤러웨이(B. Compton & R. Galaway)는 개인, 집단, 환경 간 상호작용 문제로 초점을 확대했다.

④ 문제해결의 과정을 강조하며, 치료보다는 현재의 문제에 대처하는 개인의 문제해결능력을 회복시키는 데 그 목적이 있다.

⑤ 문제해결의 과정은 클라이언트로 하여금 불안이나 공포를 최소화하고 자아방어기제를 약화시키는 반면, 성장에 대한 기대치를 높이는 것이다.

#### (2) 문제해결모델의 특성

① 인간생활을 문제해결과정으로 보고 기술을 가르치는 것을 중시한다.

② 사회복지사는 클라이언트를 문제해결능력이 부족한 사람으로 보고 그들의 잠재능력을 향상시키기 위해 노력한다.

③ 클라이언트의 잠재적 문제해결능력을 강조함으로써 일시적으로 자아 기능이 약해진 클라이언트에게 적합하다. 다만, 학습상의 심각한 문제가 있거나 변화에의 동기 혹은 의지가 약한 클라이언트에게 적합하지 않다.

④ 사회복지사는 클라이언트와 협동적 작업 관계 외에 다른 체계와 협조, 교섭, 갈등의 관계도 가진다.

## 2 문제해결모델의 개입기술

### (1) 구성요소

11회 기출

① 4P 이론 : 펄만은 사회복지실천의 구성요소로서 **사람(Person)**, **문제(Problem)**, **장소(Place)**, **과정(Process)** 4가지를 강조했다. 구성요소 중 장소(Place)는 공식적인 사회복지사업분야에서 기관의 유용함을 제시해 준다.

② 6P 이론 : 4P이론에 더하여 **전문가(Professional Person)**와 **제공(Provision)**을 포함시킨 사회복지실천 6P이론이 완성되었다.

  ㉠ 사람(Person) : 원조를 요청하는 클라이언트를 의미하는 것으로서, 사회복지사는 클라이언트와 클라이언트를 둘러싼 환경 간의 상호작용을 분석할 필요가 있다.

  ㉡ 문제(Problem) : 클라이언트가 제시하는 문제를 의미하는 것으로서, 사회복지사는 문제의 주관적 의미와 객관적 의미를 파악할 필요가 있다.

  ㉢ 장소(Place) : 클라이언트가 도움을 받는 사회복지기관을 의미하는 것으로서, 사회복지사는 클라이언트의 개별적 문제해결을 위한 서비스를 제공할 때 자신이 소속된 사회복지기관을 대표하는 역할을 한다.

  ㉣ 과정(Process) : 사회복지사가 클라이언트를 돕는 과정을 의미하는 것으로서, 사회복지사는 클라이언트와 함께 문제해결을 위한 방법을 탐색하고 적절한 도움을 제공해야 한다.

  ㉤ 전문가(Professional Person) : 사회에서 인정하는 전문적인 자격을 갖춘 사회복지사를 의미한다.

  ㉥ 제공(Provision) : 클라이언트의 문제해결을 위해 자원, 기회 등 유형 혹은 무형의 서비스를 전달하는 것을 의미한다.

### (2) 문제해결모델의 개입기술

12회 기출

① 문제해결의 주된 초점은 클라이언트의 대처능력 강화이다.

② 문제를 위험으로 보지 않고 도전으로 인식하도록 돕는다.

③ 클라이언트가 선택한 대안을 스스로 모니터링 하도록 돕는다.

④ 클라이언트로 하여금 불안이나 공포를 최소화하고 자아방어기제를 약화시키는 반면, 성장에 대한 기대치를 높이도록 돕는다.

⑤ 클라이언트의 동기를 개방하고 방향성을 제시한다.

⑥ 문제의 경감 · 해결에 필요한 자원을 클라이언트가 활용할 수 있도록 돕는다.

# 제**2**절　행동수정모델

## 1 행동수정모델의 이해

### (1) 행동수정모델의 의의

① **토마스**(Thomas)가 행동주의를 토대로 하여 실천모델로 발전시켰다.

② 인간의 행동은 학습되는 것이며, 인간의 사고 또한 학습의 결과라는 **학습이론**에 기초한다.

③ 문제의 행동에 대한 변화를 목표로, 바람직한 적응행동은 강화하는 반면 바람직하지 못한 부적응행동은 소거하는 행동수정의 원리를 토대로 한다.

### (2) 행동수정모델의 특징

① 일반적인 문제보다는 구체적인 문제행동, 특히 **관찰 가능한 행동**에 초점을 둔다.

② 클라이언트의 적응행동을 증강시키기 위해 학습원리를 적용하며, 클라이언트로 하여금 일상생활에까지 확대시킬 수 있는 적극적이고 바람직한 행동반응을 치료장면을 통해 연습시킨다.

③ 행동의 변화는 의지의 문제가 아닌 기술의 문제라는 인식을 통해 **기계론적이고 조작적인 방법**으로 접근한다.

④ 인간행동수정의 방법으로서 강화, 토큰경제, 타임아웃, 체계적 둔감법 등이 있다.

## 2 행동수정모델의 개입기술　15회 기출

### (1) 행동수정전략　15, 16회 기출

① **강화**(Reinforcement) : 행동의 빈도를 증가시키기 위한 방법으로, 긍정적 강화는 행동의 발생 빈도와 정도를 증가시킨다.

　㉠ 정적 강화 : 유쾌 자극을 제시하여 행동의 빈도를 증가시키는 것

　㉡ 부적 강화 : 불쾌 자극을 철회하여 행동의 빈도를 증가시키는 것

② **처벌** : 부적 행동을 줄이기 위한 방법으로, 처벌받은 행동은 발생빈도가 줄어든다.

　㉠ 정적 처벌 : 불쾌 자극을 제시하여 행동의 빈도를 줄이는 것

　㉡ 부적 처벌 : 유쾌 자극을 철회하여 행동의 빈도를 줄이는 것

③ **소거**(Extinction)

　㉠ 강화물을 계속 주지 않을 때 반응의 강도가 감소하는 것을 의미한다.

　㉡ 간헐적으로 강화된 행동은 소거하기 어렵다.

### (2) 주요 기법

① 체계적 둔감법(Systematic Desensitization) : 낮은 수준의 자극에서 높은 수준의 자극으로 상상을 유도함으로써 혐오스러운 느낌이나 불안한 자극에서 서서히 벗어나도록 하는 기법이다.

② 토큰경제(Token Economy) : 클라이언트와 행동계약을 체결하여 적응행동을 하는 경우 토큰(보상)을 주어 강화하는 기법이다.

③ 타임아웃(Time-out) : 문제 행동을 중지시킬 목적으로 문제가 일어나는 상황으로부터 클라이언트를 일정시간 분리시키는 기법이다. 클라이언트의 바람직하지 못한 행동에 강화를 주지 않음으로써 반응의 강도 및 출현빈도를 감소시키는 일종의 소거에 해당한다.

---

## 제3절  위기개입모델

### 1 위기개입모델의 이해

#### (1) 위기의 개념 및 분류                                5, 14, 18회 기출

① **위기** : 위협적 또는 외상적 위험사건을 경험함으로써 취약해져 여태까지의 대처전략으로는 스트레스나 외상에 대처할 수 없는 불균형 상태

② **위기의 형태**

　㉠ 실존적 위기 : 자유, 책임감, 내면의 갈등이나 불안 등

　㉡ 상황적 위기 : 예측하지 못한 질병, 사고, 이혼, 가까운 사람의 죽음 등

　㉢ 발달적 위기 : 청소년의 정체성 위기, 중년의 위기(갱년기 증상), 노년의 위기 등

　㉣ 사회·문화적 위기 : 과거의 전통과 새로운 문화의 충돌에 의해 초래되는 위기, 문화적 충격 등

③ **생활에서 직면하는 위기의 특성**

　㉠ 무력감을 초래하기도 한다.

　㉡ 개인적 성장을 촉진할 수도 있다.

　㉢ 시간 제한적이다.

④ **골란(N. Golan)의 위기 반응 단계**

> 위험한 사건 → 취약 상태 → 위기촉진 요인 → 위기 상태 → 재통합 단계

　㉠ 위험한 사건(제1단계) : 위기는 대개 위험한 사건에서 비롯된다. 이는 외부적인 스트레스 사건일 수도 혹은 내부적인 압력일 수도 있다.

　㉡ 취약 상태(제2단계) : '혼란(Upset)단계'로서, 개개인마다 평소 사용하던 문제해결기제를 시도하는 등 나름대로의 방법으로 대처한다.

ⓒ 위기촉진요인(제3단계) : 일련의 연쇄적인 스트레스 유발 사건들이 긴장과 불안을 고조시킴으로써 취약 상태를 불균형 상태로 만든다.

ⓔ 실제 위기 상태(제4단계) : 긴장과 불안이 최고조에 달하여 불균형 상태에 이르게 된다.

ⓜ 재통합(제5단계) : '회복(Restoration)단계'로서, 긴장과 불안이 점차 가라앉으며, 새로운 대처 행동유형의 학습에 의해 개인의 기능이 재구성된다.

### (2) 위기개입모델의 의의 및 특징

① 1950년대 이후 주로 지역정신위생의 분야에서 발전하여 사회사업에 도입된 것으로, 위기로 인한 불균형상태를 회복하기 위하여 원조수단을 개인, 가족, 집단 그리고 지역사회 등에 적용하는 과정이다.

② 개인이나 가족이 현재의 균형상태를 유지할 수 없는 위기상황을 극복해 가는 과정에서 보이는 법칙들을 확인하고 그것에 입각해서 원조활동의 원칙을 체계화하는 것을 말한다.

③ 위기상황에 처해 있는 개인이나 가족을 초기에 발견하여 초기단계에서 원조활동을 수행한다.

④ 위기개입의 제1목표는 클라이언트가 최소한의 위기 이전의 기능수준으로 회복하도록 돕는 데 있다.

⑤ 위기개입은 상대적으로 단기적 접근에 해당하며, 구체적이고 관찰이 가능한 문제들이 위기개입의 표적대상이 된다.

⑥ 위기개입을 할 때 사회복지사는 다른 어떤 실천접근보다 그 개입에 있어 적극적이고 직접적인 역할을 수행해야 한다.

⑦ 무의식적 · 정신내면적 갈등의 해결에는 역점을 두지 않으며, 만성적 클라이언트에게는 부적절한 방법이다.

## 2 위기개입의 목표와 원칙

### (1) 라포포트(L. Rapoport)가 제시한 위기개입 목표

① 위기 증상 완화 · 제거

② 위기 이전 수준으로 회복

③ 위기 촉진요인 · 촉발사건에 대한 이해

④ 자원을 통해 얻을 수 있는 치료 방법 모색

### (2) 위기개입의 원칙

① **신속한 개입** : 위기개입은 즉시 이루어져야 하며, 가급적 위기상태 직후부터 6주 이내에 해결되어야 한다.

② **적극적 개입**

ⓐ 위기개입에서 사회복지사는 적극적이고 직접적인 역할을 수행한다.

ⓑ 위기개입은 정보 제공, 정서적 지지, 사회적 지지체계 개발 등을 포함한다.

③ 제한된 목표 : 위기개입의 목표와 실천과정은 간결하고 구체적이어야 한다.

④ 초점적 문제 해결

    ㉠ 위기개입은 위기상황과 관련된 현재의 구체적인 문제에 초점을 두며, 클라이언트의 과거에 대한 탐색에 몰두하지 않는다.

    ㉡ 위기개입은 위기와 더불어 그 위기에 대한 클라이언트의 반응에 초점을 둔다.

⑤ 희망과 기대 : 위기로 인해 절망적 감정을 느끼는 클라이언트에게 희망을 고취해야 한다.

⑥ 자기상(Self Image) : 사회복지사는 클라이언트와 신뢰관계를 조성하며, 클라이언트가 바람직한 자기상을 가질 수 있도록 원조해야 한다.

## (3) 자살에 대한 위기개입

    9, 16, 18회 기출

① 자살 개입의 목표

    ㉠ 자살 개입의 일차적 목표는 자살의 발생을 예방하는 것이다.

    ㉡ 자살에 대한 생각·행동을 유발하는 문제 해결보다는 자살의 즉각적인 위험을 줄이고 클라이언트가 사회적 지지·자원을 활용할 수 있을 때까지 개입한다.

② 자살 개입의 실행

    ㉠ 탐색 단계

        • 클라이언트가 자기 상황을 어떻게 이해하는지 탐색한다.

        • 사회복지사는 클라이언트가 보여주는 단서에 민감할 필요가 있다.

        • 수용적·지지적인 태도로 클라이언트의 이야기를 경청하며 라포를 형성한다.

        • 과거 자살 시도 경험을 확인한다.

    ㉡ 이해 단계

        • 클라이언트의 부정적 감정을 환기하도록 격려한다.

        • 우울증 가능성이 있을 경우 정신건강 관련 기관에 의뢰한다.

    ㉢ 행동 단계

        • 사회복지사는 자살의 즉각적인 위험을 예방하기 위한 행동을 계획·실행한다.

        • 행동 계획에 따라 클라이언트와 계약하고, 사회적 자원에 대한 정보를 제공하고, 주요타자들을 관여시킨다.

---

**Plus + one**

**자살유가족지지집단의 위기개입**　　　　　　　　　　　　15회 기출

참여자의 자기개방수준이 낮아 개입이 이루어지지 않는 경우, 무기명 질문목록카드를 이용하여 도출된 문제에 대해 토론하는 '간접적 자기노출 활용기법'이 효과적이다.

## 제 **4** 절    현실치료모델

### 1 현실치료모델의 이해

#### (1) 현실치료모델의 의의

① 글래서(Glasser)가 정신분석의 결정론적 입장에 반대하여 그와 반대되는 치료적 접근방법을 개발하였다. 즉, 인간은 스스로를 통제할 수 있는 힘과 함께 성장할 수 있는 힘이 있으며, 이를 통해 성공적인 정체감에 이를 수 있다고 주장한다.

② 글래서는 인간이 **생존의 욕구, 사랑과 소속의 욕구, 권력과 성취의 욕구, 자유의 욕구, 즐거움과 재미의 욕구** 등 5가지의 기본적인 욕구를 가지고 있으며, 이와 같은 욕구에는 어떠한 위계도 존재하지 않는다고 주장하였다.

③ 인간은 자신의 욕구를 충족시키기 위해 행동하며, 그러한 행동은 인간이 스스로 선택하고 결정한 것이라는 점을 강조한다.

④ 현실치료는 클라이언트로 하여금 **책임감과 자율성** 성취를 통해 독립된 인격체로서 자립할 수 있도록 원조한다.

⑤ 정신질환을 책임감 회피로 간주하여, 클라이언트의 책임감 있는 행동을 강조한다.

#### (2) 현실치료모델의 특징

① 클라이언트로 하여금 스스로의 삶을 더욱 효과적으로 통제할 수 있도록 하며, 결과에 대해 스스로 책임질 것을 강조한다. 즉, 클라이언트의 책임감 없는 행동이나 변명, 합리화를 금지시킨다.

② 개입의 초점은 감정이 아닌 문제의 행동에 맞추며, 무의식적 행동보다 행동 선택에 대한 평가에 주목한다.

③ 도덕성을 강조하며, 개인의 효과적인 욕구 충족을 위해 새로운 방법을 교육시키고자 한다.

④ 과거나 미래보다 현재에 초점을 둔다.

⑤ 계획을 세우고 수행할 수 있도록 지도하며, 클라이언트가 용기를 잃지 않고 자신감을 가질 수 있도록 배려한다.

### 2 현실치료모델의 목표와 실행

#### (1) 현실치료모델의 목표

① 클라이언트가 책임감과 자율성을 갖도록 한다.

② 클라이언트가 성공적 정체감을 갖도록 한다.

### (2) 현실치료모델의 실행 8단계

① 관계 형성 단계

② 현재 행동 초점화 단계

③ 자기행동 평가를 위한 클라이언트 초청 단계

④ 클라이언트의 행동계획 발달을 위한 원조 단계

⑤ 클라이언트의 의무수행 단계

⑥ 변명 거부 단계

⑦ 처벌 금지 단계

⑧ 포기 거절 단계

## 제5절 클라이언트 중심모델(인간중심모델)

### 1 클라이언트 중심모델의 이해

15, 17회 기출

#### (1) 클라이언트 중심모델의 의의

① 미국의 심리학자인 로저스(Rogers)에 의해 1940년대에 체계화된 것으로, 당시 개인치료의 중심 기류였던 정신분석적인 지시적 접근법에 대한 반동으로 생겨난 비지시적 접근법이다.

② 기존의 정신분석학적이고 지시적인 접근법에서 치료자와 클라이언트 간의 위계적인 관계를 수평적인 관계로 전환시켰다.

③ 인간 본성에 대한 인본주의적인 낙관적 관점을 수용하여 실천가가 공감하면서 무조건적이고 긍정적인 관심을 가지고 클라이언트를 수용하면 긍정적 변화가 일어난다고 보았다.

④ 모든 인간이 자기실현의 욕구를 지녔다고 가정하며, 자신을 유지하거나 형성시키는 방향으로 자신의 모든 능력을 개발하려는 것이 인간의 타고난 성향이라고 보았다.

⑤ 현재의 인성적 특징이 형성된 원인을 규명하기보다는 인성에 변화를 가져오는 방법을 탐색하는 데에 더 많은 관심을 가졌다.

#### (2) 클라이언트 중심모델의 특징

① 자기인식과 개인의 경험 간의 불일치라는 것이 자기실현을 향한 유기체적인 힘과 그것들을 의식이나 활동으로 바꿀 수 있는 인간의 능력 사이에서 성장하는 것이라 보고 개인에게 어떤 다른 조건이 주어지면 이를 극복해 나갈 수 있다고 보았다.

② 인간에 대한 긍정적인 시각과 클라이언트의 능력에 대한 신뢰를 기반으로 하고 있다.

③ 클라이언트에게 해석을 내리는 권위주의적 관계구조에 반대하며 **클라이언트와 사회복지사와의 인간적인 관계를 중시**한다.

④ 클라이언트의 자기성장을 향한 **잠재력이 발현**될 수 있는 분위기를 조성하는 데 목적을 두고 있다.

⑤ 개입방향에 대한 1차적인 책임을 클라이언트에게 두고 클라이언트의 문제에 대해 과거사보다 '지금—여기'를 강조한다.

### 2 클라이언트 중심모델의 목표와 개입기법

#### (1) 클라이언트 중심모델의 목표

① 이상적인 삶을 사는 사람으로서 '충분히 기능하는 인간'이 되도록 돕는다.

② 유기체적 경험의 개방성을 증대시키고, 자기에 대한 신뢰를 증가시키도록 한다.

#### (2) 클라이언트 중심모델의 개입기법

① **일치성 또는 진실성** : 사회복지사가 자신의 진실된 반응을 신뢰하고 그러한 감정 또는 반응을 전달한다.

② **공감적 이해와 경청** : 클라이언트의 입장에서 클라이언트가 생각하고 느끼는 것을 이해하고 이러한 이해를 전달한다.

③ **무조건적인 긍정적 관심** : 사회복지사가 클라이언트를 충분히 수용하여 클라이언트에 대한 순수한 관심을 전달하며, 클라이언트에 대해 관심과 보살핌, 호의, 수용, 온정, 존중을 표현한다.

④ **자기결정권 존중 및 수용** : 클라이언트가 문제해결의 중심에 있음을 강조하며, 클라이언트의 자발적인 의사를 존중한다.

---

## 제 6 절 임파워먼트모델(권한부여모델, 역량강화모델)

### 1 임파워먼트모델의 이해

2, 8, 9, 11, 13, 14, 15, 16, 17, 18, 19회 기출

#### (1) 임파워먼트모델의 의의 및 특징

① 1970년대 후반 **일반체계이론과 생태체계적 관점**을 이론적 기반으로 하여 나타난 **강점중심의 실천모델**이다.

② 클라이언트를 문제 관점이 아닌 강점 관점으로 본다. '강점 관점'이란 역량강화(Empowerment)를 활용하고, 희망과 용기를 강조하는 관점이다.

③ 클라이언트의 문제는 기회와 도전의 계기이며, 클라이언트 자신은 스스로의 생활과 경험에 있어서 전문가임을 강조한다.

④ 클라이언트로 하여금 생활상의 문제에 직면하여 스스로의 삶에 대해 결정을 내리고 행동에 옮길 수 있도록 힘을 부여한다.

⑤ 클라이언트의 참여를 중요시하고 **자기결정권을 강조**한다. 즉 변화를 위한 클라이언트의 역할이 중요하다.

⑥ 이용 가능한 자원체계의 능력을 분석하고 목표를 구체화한다.

### (2) 임파워먼트모델의 목표

① 클라이언트의 자아효능감을 증진하고 자기 강점을 찾도록 돕는다.

② 클라이언트 자신의 삶과 상황에 대해 통제력을 갖도록 돕는다.

③ 클라이언트의 잠재적인 역량에 초점을 둔다.

### (3) 이론적 기반

① **일반체계 이론** : 인간을 외부체계와의 끊임없는 상호작용에 의해 이루어진 역동적 사회체계의 일부로 간주한다.

② **생태체계적 관점** : 인간과 환경의 상호작용을 강조하며, '환경 속의 인간'에 초점을 둔다.

### (4) 임파워먼트의 차원

① **개인적 차원** : 개인의 강점, 역량, 변화능력 등 개인의 외부환경과의 차별화를 의미한다.

② **대인관계 차원** : 대인관계에서의 평형관계 유지 및 효율적인 상호작용을 의미한다.

③ **사회구조적 차원** : 사회구조와의 관계를 토대로 사회구조의 변화를 통해 새로운 기회 및 자원을 창출하는 것을 의미한다.

## 2 개입과정 및 과업

11, 12, 13, 14회 기출

### (1) 제1단계 – 대화(Dialogue)

① 클라이언트와 상호협력적인 관계를 수립하며, 초기방향으로서 목표를 설정한다.

② **과업** : 클라이언트와의 파트너십(협력관계) 형성하기, 현재 상황을 명확히 하기(도전들을 자세히 설명하기), 방향 설정하기(일차적 목표 설정하기) 등

### (2) 제2단계 – 발견(Discovery)

① 클라이언트가 가지고 있는 강점을 확인하고 대인 상호적인 정보를 연결하며, 자원역량에 대한 사정을 통해 해결방안을 모색한다.

② **과업** : 강점 확인하기, 자원체계 조사하기(잠재적 자원을 사정하기), 자원역량 분석하기(수집된 정보를 조직화하기), 해결책 고안하기(구체적인 행동계획 수립하기) 등

## (3) 제3단계 - 발전 또는 발달(Development)

① 클라이언트가 가진 기존의 자원을 활성화시키고 새로운 자원 및 기회를 창출하며, 목표에 도달하기 위한 새로운 대안들을 개발한다.
② **과업** : 자원을 활성화하기, 동맹관계를 창출하기, 기회를 확장하기, 성공을 인식(인정)하기, 결과(달성한 것)를 통합하기 등

# 제**7**절 해결중심모델

## 1 해결중심모델의 이해

### (1) 해결중심모델의 의의 및 특징 10, 13, 14, 15, 18, 19회 기출

① 1990년대에 들어서 새롭게 대두된 모델로서, 정신조사연구소(MRI ; Mental Research Institute)의 문제중심 단기치료와 사회구성주의적 관점의 영향을 받았다.
② 클라이언트의 병리적 측면보다 성공 경험, 강점과 자원, 능력과 잠재력 등 클라이언트의 건강한 측면에 초점을 둔다.
③ 문제에 접근하기 위한 다양한 해결책이 존재한다는 점을 강조하며, **탈이론적·탈규범적**인 양상을 보인다.
④ 인간의 삶에 있어서 안정은 일시적인 반면 변화는 지속적이고 불가피하므로, **변화** 자체를 치료를 위한 해결책으로 활용한다.
⑤ 문제의 원인을 규명하기보다 클라이언트가 가지고 있는 자원을 활용하여 해결방안을 마련하는 단기적 접근방법에 해당한다.
⑥ 클라이언트의 의견과 관점을 수용하므로 클라이언트 중심의 **치료적 접근**이 가능하다.
⑦ 해결중심모델에서는 클라이언트가 가져온 문제의 전문가는 클라이언트 자신이며, 사회복지사는 클라이언트의 변화에 도움을 주는 자문가(Consultant)로서의 역할을 한다.
⑧ 사회복지사는 클라이언트가 문제에 대해 생각하는 것에 대해 정보를 얻을 필요가 있으며, 자문가의 위치에서 '알지 못하는 자세(Not-knowing Posture)'를 취해야 한다.
⑨ 해결중심모델에서는 해결 지향적 질문형태로서 기적질문, 예외질문, 척도질문, 대처질문, 관계성질문 등의 독특한 질문기법들을 활용한다.

## (2) 해결중심모델의 목표설정

16회 기출

① 작고 구체적이며 행동적일 것
② 클라이언트가 중요하다고 생각하는 것
③ 클라이언트가 갖지 않은 것보다 갖고 있는 것에 초점을 둠
④ 긍정적이며 과정의 형태로 정의
⑤ 목표를 문제해결의 시작으로 간주

## 2 해결중심모델의 개입기법

### (1) 알지 못하는 자세(Not-knowing Posture)를 위한 기술

① **경청** : 클라이언트가 중요하게 여기는 사람이 누구이며, 클라이언트가 원하는 것이 무엇인지를 알아낸다.
② **비언어적 행동** : 클라이언트의 말을 경청하고 있음을 나타내는 반응을 보인다.
③ **개방형 질문** : 클라이언트의 준거틀을 알 수 있는 개방형 질문을 한다.
④ **요약** : 클라이언트가 진술한 생각, 행동, 감정 등을 사회복지사가 정리 · 재진술하여 적절한 피드백을 한다.
⑤ **클라이언트의 비언어적 행동 주목** : 클라이언트의 다양한 행동과 미세한 변화에 주의를 기울이고, 침묵 또한 존중한다.

### (2) 주요 질문기법

5, 7, 9, 11, 12, 14, 17, 19, 20회 기출

① **기적질문** : 문제가 해결된 상태를 상상해보는 것으로, 해결을 위한 요구사항들을 구체화 · 명료화하는 데 도움을 준다.
② **예외질문** : 문제해결을 위해 우연적이며 성공적으로 실행한 방법을 찾아내어 이를 의도적으로 실행하도록 하는 것이다.
③ **척도질문** : 숫자를 이용하여 클라이언트에게 자신의 문제, 문제의 우선순위, 성공에 대한 태도, 정서적 친밀도, 자아존중감, 치료에 대한 확신, 변화를 위해 투자할 수 있는 노력, 진행에 관한 평가 등의 수준을 수치로 표현하도록 하는 것이다.
④ **대처질문** : 어려운 상황에서의 적절한 대처 경험을 상기시키도록 함으로써 클라이언트로 하여금 스스로의 강점을 발견하도록 돕는 것이다.
⑤ **관계성질문** : 클라이언트와 중요한 관계에 있는 사람들의 관점에서, 그들이 클라이언트 자신의 문제에 대해 어떻게 생각할지 추측해보도록 하는 것이다.

# 출제유형문제

**01** 골란(N. Golan)의 위기반응 단계를 순서대로 옳게 나열한 것은? [14회]

> ㄱ. 취약 단계 ㄴ. 위기 단계
> ㄷ. 재통합 단계 ㄹ. 위기촉진요인
> ㅁ. 위험한 사건

① ㄱ → ㄴ → ㄹ → ㅁ → ㄷ
② ㄱ → ㅁ → ㄹ → ㄴ → ㄷ
③ ㅁ → ㄱ → ㄹ → ㄴ → ㄷ
④ ㅁ → ㄴ → ㄹ → ㄱ → ㄷ
⑤ ㅁ → ㄹ → ㄱ → ㄴ → ㄷ

**해설** 위기반응 단계(Golan)
- 위험한 사건(제1단계) : 위기는 대개 위험한 사건에서 비롯된다. 이는 외부적인 스트레스 사건일 수도 혹은 내부적인 압력일 수도 있다.
- 취약 상태(제2단계) : '혼란(Upset) 단계'로서, 개개인마다 평소 사용하던 문제해결기제를 시도하는 등 나름대로의 방법으로 대처한다.
- 위기촉진요인(제3단계) : 일련의 연쇄적인 스트레스 유발 사건들이 긴장과 불안을 고조시킴으로써 취약 상태를 불균형 상태로 만든다.
- 실제 위기 상태(제4단계) : 긴장과 불안이 최고조에 달하여 불균형 상태에 이르게 된다.
- 재통합(제5단계) : '회복(Restoration) 단계'로서, 긴장과 불안이 점차 가라앉으며, 새로운 대처 행동유형의 학습에 의해 개인의 기능이 재구성된다.

**02** 역량강화모델(Empowerment Model)에 관한 설명으로 옳지 않은 것은? [14회]

① 클라이언트의 잠재적인 역량에 초점을 둔다.
② 변화를 위한 클라이언트의 역할이 중요하다.
③ 발견단계-대화단계-발전단계의 실천과정 순서로 진행된다.
④ 이용가능한 자원체계의 능력을 분석하고 목표를 구체화한다.
⑤ 클라이언트의 참여를 중시하고 자기결정권을 강조한다.

**해설** ③ 역량강화모델의 개입 과정은 '대화 – 발견 – 발전(발달)'의 순서로 진행된다.

안심Touch

## 03 다음 사례에 적용한 개입모델은? [9회]

성폭력 피해아동의 어머니 A 씨는 아동의 치료와 법률지원 과정에서 사회적 편견으로 심적 고통을 받고 있으며 서비스제공자를 불신하고 거부하고 있다. 이에 사회복지사는 어머니 A 씨가 절망감에 아동의 안전을 위협하는 선택을 할 가능성을 고려하여 24시간 이내 안전 확보를 위한 지지체계를 구성하였다.

① 해결중심모델
② 심리사회적 모델
③ 위기개입모델
④ 임파워먼트모델
⑤ 과제중심모델

해설 위기개입모델

위기상황에 처해 있는 개인이나 가족을 초기에 발견하여 초기단계에서 원조활동을 수행하는 것이다. 단기적 접근방법으로서 구체적이고 관찰 가능한 문제를 대상으로 하며, 클라이언트가 최소한 위기 이전의 기능수준으로 회복하도록 돕는 것을 목표로 한다. 예컨대 성폭력 피해자는 피해 직후 충격과 혼란, 부정, 우울과 죄책감, 공포와 불안, 분노 등의 부정적인 감정을 느끼게 되며, 성폭력 피해로 인한 신체적인 문제와 합병증을 경험할 수 있다. 따라서 성폭력 피해자에 대한 치료자의 개입은 즉각적으로 이루어져야 하며, 신속한 치료관계 형성이 필수적이다.

## 04 다음의 설명에 해당하는 사회복지실천모델은? [10회]

• 클라이언트의 자원, 건강성, 성공경험에 초점을 둔다.
• 탈이론적, 비규범적이며 현재와 미래 지향적이다.
• 사회복지사의 자문가 역할이 강조된다.

① 해결중심모델
② 행동수정모델
③ 문제해결모델
④ 4체계모델
⑤ 교류분석모델

해설 해결중심모델

• 문제의 원인을 규명하기보다는 클라이언트가 가지고 있는 자원을 활용하여 해결방안을 마련하는 단기적 접근방법에 해당한다.
• 클라이언트의 병리적 측면에 관심을 기울이기보다는 성공 경험, 강점과 자원, 능력과 잠재력 등 클라이언트의 건강한 측면에 초점을 둔다.
• 문제에 접근하기 위한 다양한 해결책이 존재한다는 점을 강조하며, 탈이론적 · 탈규범적인 양상을 보인다.
• 사회복지사는 클라이언트를 변화시키는 전문가가 아닌 클라이언트의 변화에 도움을 주는 자문가(Consultant)로서의 역할을 한다.

3 ③ 4 ① Answer

**05** 행동수정모델에서 사용하는 강화와 처벌에 관한 설명으로 옳은 것은? [11회]

① 부적 강화는 불쾌한 자극을 제거함으로써 행동을 증가시킨다.
② 정적 강화는 강화를 제공함으로써 행동을 감소시킨다.
③ 강화는 바람직하지 않은 행동을 감소시키기 위해 사용하는 방법이다.
④ 정적 처벌은 행동의 결과로 불쾌한 자극을 제거함으로써 이루어진다.
⑤ 부적 처벌은 불쾌한 자극을 주어 잘못된 행동을 수정하는 것이다.

해설 **강화와 처벌**

| 정적 강화 | 유쾌 자극을 제시하여 행동의 빈도를 증가시키는 것<br>예 교실 청소를 하는 학생에게 과자를 준다. |
|---|---|
| 부적 강화 | 불쾌 자극을 철회하여 행동의 빈도를 증가시키는 것<br>예 발표자에 대한 보충수업 면제를 통보하여 학생들의 발표를 유도한다. |
| 정적 처벌 | 불쾌 자극을 제시하여 행동의 빈도를 줄이는 것<br>예 장시간 컴퓨터를 하느라 공부를 소홀히 한 아이에게 매를 가한다. |
| 부적 처벌 | 유쾌 자극을 철회하여 행동의 빈도를 줄이는 것<br>예 방청소를 소홀히 한 아이에게 컴퓨터를 못하게 한다. |

**06** 임파워먼트모델의 실천단계 중 발견단계에서의 과업으로 옳은 것은? [12회]

① 성공을 인정하기
② 달성한 것을 통합하기
③ 새로운 자원 활성화하기
④ 수집된 정보를 조직화하기
⑤ 클라이언트와의 파트너십 형성하기

해설 **임파워먼트모델(역량강화모델)의 실천단계별 주요 과업**
- 대화(Dialogue) : 클라이언트와의 파트너십(협력관계) 형성하기, 현재 상황을 명확히 하기(도전들을 자세히 설명하기), 방향 설정하기(일차적 목표 설정하기) 등
- 발견(Discovery) : 강점 확인하기, 자원체계 조사하기(잠재적 자원을 사정하기), 자원역량 분석하기(수집된 정보를 조직화하기), 해결책 고안하기(구체적인 행동계획 수립하기) 등
- 발전 또는 발달(Development) : 자원을 활성화하기, 동맹관계를 창출하기, 기회를 확장하기, 성공을 인식(인정)하기, 결과(달성한 것)를 통합하기 등

## 01 위기개입모델의 개입 원칙에 관한 설명으로 옳은 것은? [19회]

① 장기적인 개입방법을 사용한다.

② 개입목표는 가능한 한 포괄적으로 설정한다.

③ 사회복지사는 비지시적인 역할을 수행한다.

④ 위기 이전의 기능수준으로 회복하도록 돕는다.

⑤ 문제의 원인에 대한 이해를 위해 클라이언트의 과거 탐색에 초점을 둔다.

> **해설** ① 위기개입은 단기적 접근으로, 구체적이고 관찰이 가능한 문제들이 위기개입의 표적 대상이 된다.
> ② 위기개입의 목표와 실천과정은 간결하고 구체적이어야 한다.
> ③ 위기개입에서 사회복지사는 적극적이고 직접적인 역할을 수행한다.
> ⑤ 위기개입은 위기상황과 관련된 현재의 구체적인 문제에 초점을 두며, 클라이언트의 과거에 대한 탐색에 몰두하지 않는다.

## 02 다음 사례에 대한 위기개입으로 옳은 것은? [20회]

> 20대인 A씨는 최근 코로나19에 감염되어 실직한 이후 경제적 어려움과 신체적 후유증으로 인해 일상을 유지하기 힘들 정도로 우울감을 경험하며 때때로 자살까지 생각하곤 한다.

① A씨의 문제를 발달적 위기로 사정한다.

② 코로나19 감염 이전 기능수준으로 회복하는 것을 목표로 잡는다.

③ 적절한 감정표현행동을 습득하도록 장기교육 프로그램을 실시한다.

④ A씨 스스로 도움을 요청할 때까지 개입을 유보한다.

⑤ 보다 긍정적인 인생관을 갖도록 삶의 태도를 근본적으로 재조직한다.

> **해설** ② 위기개입은 위기 이전의 기능수준으로 회복하도록 돕는 것은 주된 개입 원칙으로 한다.
> ① A씨의 문제를 상황적 위기로 사정한다. 발달적 위기가 일생을 살아가는 동안 성장하고 발달하는 과정에서 변화나 전환으로 인한 부적응에 기인하는 반면, 상황적 위기는 개인이 예측하거나 통제할 수 없는 사건의 발생에서 비롯된다.
> ③ 위기개입은 즉시 이루어져야 하며, 가급적 위기상태 직후부터 6주 이내에 해결되어야 한다.
> ④ 위기개입에서 사회복지사는 적극적이고 직접적인 역할을 수행한다.
> ⑤ 위기개입은 위기상황과 관련된 현재의 구체적인 문제에 초점을 둔다.

1 ④ 2 ②    Answer

**03** 사회복지실천모델에 관한 설명으로 옳지 않은 것은? [20회]

① 행동수정모델은 선행요인, 행동, 강화요소에 의해 인간행동을 예측하고 통제할 수 있다고 본다.

② 심리사회모델은 상황 속 인간을 고려하되 환경보다 개인의 내적변화를 중시한다.

③ 인지행동모델은 왜곡된 사고에 의한 정서적 문제의 개입에 효과적이다.

④ 과제중심모델은 여러 모델들을 절충적으로 활용하며 개입의 책임성을 강조한다.

⑤ 위기개입모델은 위기에 의한 병리적 반응과 영구적 손상의 치료에 초점을 둔다.

해설 ⑤ 위기개입모델은 위기상황과 관련된 현재의 구체적인 문제에 초점을 둔다.

제 2 영역

**04** 해결중심모델에 관한 설명으로 옳지 않은 것은? [19회]

① 사회복지사는 클라이언트를 변화시키는 전문가가 아니라 변화에 도움을 주는 자문가 역할을 한다.

② 문제의 원인과 발전과정에 관심을 두기보다 문제해결 방안을 모색하는 것이 더 효과적이라고 본다.

③ 모든 사람은 강점과 자원, 능력을 가지고 있다고 가정한다.

④ 클라이언트의 견해를 존중한다.

⑤ 클라이언트의 과거에 관해 깊이 탐색하여 현재와 미래에 적응하도록 돕는 데 관심을 둔다.

해설 ⑤ 해결중심모델은 현재와 미래를 지향한다. 즉, 과거에 관해 깊이 탐색하지 않으며, 현재와 미래에 적응하도록 돕는 데 관심을 둔다. 따라서 클라이언트로 하여금 과거와 문제로부터 멀리하고 미래와 해결방안을 구축하는 데 관심을 집중하도록 하며, 과거에 대한 이해는 현재의 문제를 이해하는 데 도움이 될 경우에 한하여 제한적으로 시도한다.

안심Touch

## 05 해결중심모델에 관한 설명으로 옳은 것은? [18회]

① 클라이언트의 문제의 원인을 심리내부에서 찾는다.
② 의료모델을 기초로 문제 중심의 접근을 지향한다.
③ 다양한 질문기법들을 활용하여 클라이언트와 대화한다.
④ 클라이언트의 준거틀, 인식, 강점보다 문제 자체에 초점을 둔다.
⑤ 신속한 문제해결을 위해 행동변화를 위한 새로운 전략을 가르친다.

 ① 클라이언트의 문제의 원인을 심리내부에서 찾는 대표적인 모델로 정신역동모델이 있다. 정신역동모델은 클라이언트의 불안과 무의식적 갈등을 의식화한 뒤, 이것이 현재의 행동에 어떠한 영향을 주고 있는지를 통찰하도록 돕는다.
②·④ 해결중심모델은 문제의 원인을 규명하기보다는 클라이언트가 가지고 있는 자원을 활용하여 해결방안을 마련하는 단기적 개입모델이다. 즉, 문제의 원인보다는 문제의 내용을 파악하며, 문제 자체보다는 해결에 초점을 둔다.
⑤ 해결중심모델에서 클라이언트는 자신이 무엇을 원하고 삶에서 어떤 변화가 일어나기 바라는지를 가장 잘 알고 있는 전문가(Expert)로 간주된다. 따라서 사회복지사는 클라이언트를 변화시키는 전문가가 아닌 클라이언트의 변화에 도움을 주는 자문가(Consultant)의 역할을 수행한다.

## 06 해결중심모델의 질문기법 예시로 옳지 않은 것은? [20회]

① 관계성질문 : 두 분이 싸우지 않을 때는 어떠세요?
② 예외질문 : 매일 싸운다고 하셨는데, 안 싸운 날은 없었나요?
③ 대처질문 : 자녀에게 잔소리하는 횟수를 어떻게 줄일 수 있었나요?
④ 첫 상담 이전의 변화에 대한 질문 : 상담 신청 후 지금까지 어떤 변화가 있었나요?
⑤ 기적질문 : 밤새 기적이 일어나서 문제가 다 해결됐는데, 자느라고 기적이 일어난 걸 몰라요. 아침에 뭘 보면 기적이 일어났다는 걸 알 수 있을까요?

 ① 예외질문의 예시에 해당한다. 예외질문은 문제해결을 위해 우연적이며 성공적으로 실행한 방법을 찾아내어 이를 의도적으로 계속해 보도록 격려한다. 참고로 관계성질문은 클라이언트와 중요한 관계에 있는 사람들이 갖고 있는 생각, 의견, 지각 등에 대해 묻는 것으로, 그들의 관점에서 클라이언트 자신의 문제에 대해 어떻게 생각할지 추측해 보도록 하는 것이다.

# 집단대상 사회복지실천기술 Ⅰ

● 학습목표   ■ 집단의 개념 및 유형, 집단사회사업의 접근방법에 대해 학습하자.
              ■ 집단에 대한 기본적인 개념에 대한 이해가 필요하다. 사회목표모델과 상호작용모델, 치료모델과 목표형성모
                델을 구분하여 정리하자.

## 제1절   집단의 개념 및 유형

### 1 개념

#### (1) 집단의 개념

① 집단은 상호 관련된 2인 이상의 사람들로 조직된 체계이다.
  ㉠ 사회, 지역사회 등과 구분되는 성원 간의 상호작용이 있다.
  ㉡ **공통된 목적이나 관심사**를 가진다.
  ㉢ 공동으로 기능하기 위한 **규범**을 설정하며 **결속력**을 가진다.
  ㉣ 집단사회사업은 개별성원, 전체집단, 집단이 속한 환경까지도 포함하며 동일한 집단에 속해 있
     다는 **집단의식**을 지닌다.
② 집단은 인간의 욕구를 충족시킨다.
  ㉠ 소속감을 느끼고 인정을 받으려는 욕구를 충족시킨다.
  ㉡ 다른 사람들과 일반적인 경험을 공유하려는 욕구를 충족시킨다.
  ㉢ 공동과업 수행에 따른 공평한 기회 제공 욕구를 충족시킨다.
  ㉣ 사회복지사는 성원 간에 상호원조관계를 형성하며 클라이언트의 문제를 해결할 수 있는 집단
     조건을 촉진하도록 한다.

#### (2) 목 적

① 원조, 지지, 과업완수를 위한 단위로 성장할 수 있도록 도와준다.
② **집단목적을 수립하기 위한 요소** : 집단구조의 매개변수(구성원의 선택, 집단구성, 성향), 시간(지
   속, 빈도수, 집단발전), 리더십

#### (3) 집단의 기본 원리

① 집단 내에서의 개별화 원칙 : 구성원의 독립성을 인정하고 장단점을 수용한다.
② 의도적으로 집단성원 간의 상호관계를 촉진 : 구성원 간의 파벌, 경쟁, 갈등을 해소시킨다.
③ 클라이언트 해결과정에서 구성원의 적극적인 참여를 돕는다.

## (4) 구 조

① 집단구조의 변수
  ㉠ 구성원 : 사회목적집단은 상대적으로 많은 수의 클라이언트를 수용하는 반면, 치료집단은 일반적으로 4~10명(5~7명 또는 15명 이내까지)이 선호된다.
  ㉡ 집단구성 : 개방성 정도에 따라 **개방집단**과 **폐쇄집단**으로 나눈다. 급성환자를 위한 종신질환수용소의 경우 집단운영이 짧게 진행되어야 하고 개방구성원제도를 유지한다. 아동 성학대 경험자를 위한 지지집단은 신뢰와 신분노출로 인해 제한된 수의 구성원을 유지한다.
  ㉢ 오리엔테이션 : **클라이언트 역할의 사회화**라고도 불리며 집단성원에게 구성원으로서의 역할을 인식하게 하는 것이다. 여기에는 기본규칙의 설립과 역할분화가 포함된다.

② 시 간
  ㉠ 지속기간 : 개방집단은 고정된 종료시점이 없고, 고정집단은 정해진 종료시점이 있다.
  ㉡ 빈도와 길이 : 보편적으로 일주일에 한 번, 1~3시간의 평균 집단모임시간을 갖는다. 종료가 고정된 집단의 최적모델은 집단사회의 빈도와 기간이 줄어든다.
  ㉢ 집단발달 : 시간경과에 따른 다양한 집단발달 단계가 있다. 형성 → 갈등 → 정상화 → 수행으로 발달하는 단계에 마지막 단계인 '폐회'를 추가하면 시작부터 종료까지의 5단계가 완성된다.

③ **리더십** : 집단지도자는 능력, 기술, 가치, 모든 사회복지사에게 요구되는 태도 등을 가져야 하며 개별사회복지사와는 다른 기술을 필요로 한다.

---

### Plus ⊕ one

**집단을 이해하기 위한 장 이론(Field Theory)**  11회 기출
- 레빈(K. Lewin)의 이론으로서, 심리적 환경이 강조된다. 즉, 인간의 행동이 개체 및 심리적 환경과 상호작용하며 이루어짐을 제시한다.
- 집단은 개별성원들의 총합 이상이다.
- 집단 내 역동적인 상호작용이 강조된다.
- 개인의 요구가 변하면 환경에 대한 지각도 변한다.

---

## 2 집단의 유형

### (1) 전통적 분류

① **1차 집단** : 직접적인 상호작용을 하면서 관계를 맺는 가족, 친구, 또래집단 등 소규모의 집단으로 결속력과 상호정체감을 가지며 사회화, 도덕적 규범발달, 행동형성과 변화에 영향을 준다.
② **2차 집단** : 목적달성을 위하여 상호작용하는 집단이다. 집단 내에서 수행하는 개인의 기능과 역할을 중시하며, 집단성원 간에는 작업이나 노동활동 등을 통해 관계를 형성한다.

## (2) 발생에 따른 분류

① **자연집단** : 자연적으로 일어난 사건, 개인 간의 친분, 대인관계상의 매력 또는 성원들 상호가 지각한 욕구 등에 근거를 두고 자발적인 형태로 함께 모인 집단이다. 공식적인 후원이 없으며 가족, 동료, 친목회, 폭력배, 파벌 등이 포함된다.

② **형성집단** : 외부의 영향이나 전문가의 개입을 통한 중재에 의해 모인 집단으로, 후원이나 입회로 존재하며 특별한 목적을 위해 모인다. 치료집단, 학급집단, 위원회, 클럽, 팀 등이 있다.

## (3) 목적에 따른 분류　　　　　　　　　　　　　　　　　　7, 8, 10, 12, 13, 15회 `기출`

① **치료집단** : 개별성원의 교육, 성장, 지지, 치유, 행동변화, 사회화, 사회심리적 욕구 충족 등을 주목적으로 한다.

　㉠ 지지집단　　　　　　　　　　　　　　　　　　14, 20회 `기출`
　　• 성원들이 스트레스를 주는 생활상의 다양한 사건들에 대처하고 적응할 수 있도록 도와준다.
　　• 집단의 성원은 유사한 경험이 있어 **자기표출 정도가 높고, 집단 형성이 빠르다.**
　　• 희귀병을 앓고 있는 가족집단, 자녀양육의 어려움을 겪는 **장애우가족집단** 등이 있다.

　㉡ 교육집단　　　　　　　　　　　　　　　　　　5, 8회 `기출`
　　• 성원들의 **지식, 정보, 기술의 향상**을 목적으로 한다.
　　• 주로 **강의 중심**으로 이루어지고, 성원 간의 토의를 통한 학습이 강조되므로 성원들의 자기표출은 낮은 편이다.
　　• 교육집단은 치료기관, **학교, 요양원, 교정기관** 및 병원 등에서 다양하게 구성된다.

　㉢ 성장집단　　　　　　　　　　　　　　　　　　6, 12회 `기출`
　　• 사회심리적 · 정서적 건강을 향상시키며, 집단을 성원 자신의 성장기회로 알고 활용하는데 목적이 있다.
　　• 성원 자신과 타인에 대한 성원들의 사고 · 감정 · 행동을 인식 · 확장 · 변화시킬 수 있는 기회를 통해 **자신의 잠재력을 발휘**한다. 유사한 특성을 가진 성원으로 구성되는 경우, 성원 간의 감정이입과 지지를 증가시킬 수 있으며 **자기표출의 정도는 높은 편이다.**
　　• 올바른 어버이상이 되기 위한 **참만남집단**, 청소년을 위한 가치관 명료화 집단 등이 있다.

　㉣ 치유(치료)집단　　　　　　　　　　　　　　　　　13회 `기출`
　　• 성원들의 행동을 변화시키고 개인적인 클라이언트를 처리, 개선하여 상실된 기능을 재활하도록 돕는다.
　　• 사회복지사는 권위적인 인물, 변화매개인의 역할을 통해 집단의 공동목적 내에서 개별성원의 목적을 구체적으로 수립하여 달성하도록 한다. 자기표출의 정도는 비교적 높지만 성원들이 겪는 클라이언트에 따라 달라질 수 있다.
　　• **금연집단, 약물중독자를 위한 집단** 등이 있다.

ⓜ 사회화 집단

14회 기출

- 성원들이 사회적 기술과 사회적으로 수용된 형태의 행동을 효과적으로 수행할 수 있도록 학습하는 데 도움을 주는 집단이다.
- 게임, 역할놀이, 레크리에이션 프로그램에 참가하여 대인관계기술을 향상시키는 등의 행동을 통한 학습이라 할 수 있다.
- 사회화 집단의 종류
  - **사회기술 훈련집단** : 원만한 의사소통을 위한 자기주장 훈련집단
  - **자치집단** : 치료적 공동체에서 자신의 역할, 책임, 권리 등을 분명하게 하는 집단
  - **여가집단** : 스카우트 · 캠핑 · 스포츠 활동 등을 위한 집단
- 치료센터 아동들을 위한 모임집단, 사교 · 여가 활동집단, 한부모집단 등이 있다.

② **자조집단**

9, 14, 19회 기출

ⓐ 서로 유사한 문제나 공동의 관심사를 가진 사람들이 자발적으로 구성하여 각자의 경험을 공유하며, 개인적으로 바람직한 변화를 위해 노력하는 상호원조집단이다.

ⓑ 집단 활동을 통해 집단성원 각자 자신의 문제 상황에 대처할 수 있는 능력을 고양하는 것을 목적으로 한다.

ⓒ 집단성원들이 상호지지를 통해 보다 적극적으로 자신의 문제에 대한 해결책을 강구함으로써 스스로에 대해 긍정적인 느낌을 가지게 되며, 자신의 삶에 대해 책임감을 부여할 수 있다.

ⓓ 집단사회복지사의 주도적인 역할 없이 비전문가들에 의해 구성 · 유지된다는 점에서 치료집단이나 지지집단과 구분된다.

ⓔ 집단사회복지사는 집단에 대한 직접적인 통제나 운영이 아닌 물질적 자원이나 정보의 제공, 다른 체계와의 연결, 자문 등의 기능을 담당한다.

ⓕ 단주모임, 단약모임, 단도박모임, 치매노인가족모임, 자폐아동부모모임, 알코올중독 가족모임, 정신장애인 가족모임, 참교육을 위한 학부모연대 등이 있다.

③ **과업집단**

4, 15회 기출

조직의 클라이언트에 대한 해결책을 모색하고 새로운 생각을 구상하고자 하는 집단으로, 과업달성, 성과물산출, 명령수행을 위해 구성된 집단이다. 단체의 욕구를 위해 봉사하는 위원회, 행정집단, 대표자협의회와 클라이언트의 욕구를 위해 봉사하는 치료협의회, 사회행동집단, 팀 등이 있다.

ⓐ 단체의 욕구를 위해 봉사하는 집단

- 위원회 : 임명이나 선출의 과정을 통해 구성되며, 잠정적 임시위원회와 영구적 상설위원회가 있다.

  예 지역사회센터를 위한 활동을 건의하기 위한 청년들의 집단, 기관의 인사정책 변화를 건의하는 직원들의 집단 등

- 행정집단 : 조직의 목표를 수행하도록 기관을 보조하며, 조직의 정책과 절차는 보통 행정집단에 의해 수립된다. 또한 조직 내에서 공식적인 의사소통이 가능하도록 하며, 정집단의 중요한 정보를 분담하고 기관의 기능을 토의하기 위한 공개토론회를 마련한다.
    - 예 자금조달을 토론하기 위한 기관 대표자들과 전국단체협의회 대표의 모임, 지방사회복지국 책임자들의 모임 등
- 대표자협의회 : 기관을 대변하는 대표에 의해 후원기관의 이익을 대변하고 기관 간의 의사소통과 협력방안을 모색하는 집단형태이다. 중대한 사회논쟁이나 사회클라이언트를 연구하고 사회행동의 참여나 관리의 목적을 위해 구성된다.
    - 예 기관 간의 의사소통을 개선하기 위한 기관대표자들의 모임, 조직의 예산승인을 위한 대표자들의 모임 등
ⓒ 클라이언트의 욕구를 위해 봉사하는 목적을 가진 집단
- 팀 : 특별한 지식·기술을 가지고 전문적 의견의 상호교환을 위해 모인 집단을 의미한다.
    - 예 전국 규모의 복지조사를 하기 위한 연구자들, 정신병원에서 입원환자와 함께 일하는 전문가들과 보조원들의 집단 등
- 치료협의회 : 클라이언트의 상황을 고려하여 가장 효과적인 치료방법과 행동계획을 결정하는 것이다.
    - 예 거택치료에서 아동치료계획을 결정하기 위해 모이는 부모·사회복지사·간호사·정신과 의사들의 집단, 교정시설에서 수용자 석방을 심의하기 위해 모이는 전문가집단, 우울증이 있는 여성을 위한 치료법을 심의하기 위해 모이는 지역사회정신건강전문가집단 등
- 사회행동집단 : 성원들이 살고 있는 사회적·물리적 환경을 변화시키기 위하여 모이는 과업집단이다. 사회행동집단성원의 욕구와 집단 외부 사람에게도 이익이 되는 공동선을 추구하게 된다.
    - 예 주거시설에 휴식공간을 마련하기 위하여 궐기하는 주민집단, 기관의 비도덕적 업무를 제거하기 위한 직원들의 집단 등

Plus + one

**집단성원의 주도성이 높은 순서**                                         18회 기출
자조집단 → 성장집단 → 교육집단 → 치료집단

**Plus ➕ one**

**치료집단과 과업집단의 비교**

| 특 성 | 치료집단 | 과업집단 |
|---|---|---|
| 결 성 | 집단성원의 개별적 욕구에 따라 결성 | 수행해야 할 과업에 따라 결성 |
| 역 할 | 상호작용을 통해 발달 | 상호작용이나 임명을 통해 발달 |
| 의사소통 | 개방적 | 특정과업에 대한 토론 |
| 절 차 | 집단에 따라 융통적 · 공식적으로 이루어짐 | 공식적인 안건이나 규정 |
| 구 성 | 공동의 관심사, 클라이언트, 특성 등에 근거 | 필요한 재능, 전문성, 노동 분화에 따라 구성 |
| 자기표출 | 높 음 | 낮 음 |
| 비밀보장 | 개인적 수준에서 처리되거나 집단 내에서 유지됨 | 개인적으로 처리될 수 있으나 공개되기도 함 |
| 평 가 | 집단성원의 치료적 목적성취 정도에 따라 성공 여부를 평가함 | 집단성원이 성취한 과업이나 의무사항, 결과물에 의해 평가됨 |

## (4) 치료집단의 목적

**20회 기출**

① 목적설정

　　㉠ 집단성원이 자기 주장 기술을 학습한 후 실제상황에 적용할 수 있도록 기회를 제공한다.

　　㉡ 요양원 거주자들이 자신과 요양원 내의 삶의 질에 영향을 줄 수 있는 의사결정에 참여하도록 관리협의회를 둔다.

② **세부적인 개인 및 집단목표 설정** : 개별목표는 성원들이 처음 집단에 입소하였을 때의 바람과 목표를 구체화하는 것이며, 집단목표는 조직가와 성원 모두 집단의 존재 이유와 예상되는 결과에 대해 토의할 때 상호작용을 통해 드러나는 산출물이다.

③ **집단구성** : 변화를 일으키기 위한 동기유무와 생산적인 집단성원이 되는 데에 필요한 요건을 지닌 클라이언트로 구성되며, 이때 집단성원 간의 친화성, 성별, 연령, 혼인여부, 교육수준, 경제적 지위, 클라이언트 유형 등을 고려해야 한다.

④ **개방집단과 폐쇄집단**

**14회 기출**

　　㉠ **개방집단** : **계속해서 새로운 성원에게 집단을 개방하는 방식**

　　　• 드롭인(드롭아웃) : 자기선택적이고 가입기준이 광범위하므로 무제한 참여할 수 있다.

　　　• 대체모델 : 사회복지사가 바로 집단의 공백을 메울 수 있는 적임자를 찾는다.

　　　• 개량모델 : 목표달성을 위해 일시적으로 구성된 집단으로 새로운 성원이 추가되지 않지만, 초기에 참여한 성원은 탈퇴할 수 없다.

　　㉡ **폐쇄집단** : **집단이 진행된 후에는 성원을 받아들이지 않는 집단**으로, 집단의 의욕을 고취시켜 역할행동을 더 많이 예측할 수 있고 성원들 간의 협동심을 증가시킬 수 있지만 중도에 많은 사람이 탈퇴하면 집단과정에서의 감소율은 매우 높아진다.

⑤ 집단지침 수립

  ㉠ 기관의 협상 불가능한 규칙은 설명과 논의를 통해 격려한다.

  ㉡ 협상 가능한 항목은 성원들이 정한 결정과정에 따라 의견을 조율하여 결정한다.

  ㉢ 집단성원에게 각자 원하는 미래의 청사진을 공유하도록 한다.

  ㉣ 성원 각자가 집단구조와 분위기를 만드는 데 도움이 되는 행동지침을 연구하도록 한다.

## 제2절  사회복지실천에 대한 이해

### 1 집단사회복지실천의 이해

#### (1) 집단사회복지실천의 의의

 9, 11, 16회 기출

① 집단사회복지실천은 집단 속에서의 개인의 상호작용을 강조하며, 개인의 성장을 비롯하여 집단과 사회의 발전을 도모한다.

② 집단의 영향력을 서비스의 매개물로 간주하여 개인의 사회적 기능수행을 향상하며, 당면한 문제들에 대해 보다 효과적으로 대처해 나갈 수 있도록 원조한다.

③ 의도적인 집단경험과 목표지향적인 활동을 강조한다.

④ 집단의 역동성은 개입효과에 영향을 미친다.

⑤ 집단 내의 인정과 소속감은 응집력을 증가시킨다.

⑥ 프로그램은 집단의 목적을 성취하기 위한 도구이자 집단 경험 내용을 결정하는 중요 요소이지만, 집단 자체가 곧 프로그램을 의미하지는 않는다.

#### (2) 집단사회복지실천의 원칙

14회 기출

① **개별화의 원칙** : 집단 내 집단관계를 통한 개인으로서의 입장을 명확히 하며, 성원 각자의 성장을 돕기 위하여 개인의 욕구에 대응한다.

② **수용의 원칙** : 집단성원의 성장을 촉진하기 위해 사회복지사 스스로 자신을 진솔하게 수용하고, 자신을 이해하기 위해 부단히 노력하는 모습을 보인다.

③ **참가의 원칙** : 집단성원의 참여를 촉진하기 위해 지지하며, 참여를 저해하는 요인들을 제거한다.

④ **체험의 원칙** : 집단성원의 과제해결 및 목표달성 과정에서의 다양한 활동은 사회생활의 기본적인 태도를 기르는 내적 · 심리적 체험이 된다.

⑤ **갈등해결의 원칙** : 집단 내 갈등이 발생한 경우 이를 회피하지 않고 직면하여 문제를 해결하기 위해 노력하는 과정이 중시된다.

⑥ **규범의 원칙** : 집단 활동 과정에서 최소한의 규칙 및 규범, 기본적 태도에 대한 규정은 필수적이다.

⑦ **계속평가의 원칙** : 집단 및 개인 성장의 궁극적 목적을 달성하기 위해 계속적 · 연속적으로 집단 과정을 분석 · 평가하며, 그 평가에 기초하여 다음 단계로 이행한다.

## 2 집단사회복지실천 접근방법

### (1) 사회목표모델

① 초기 집단사회사업의 전통적 모델로서 사회적 인식과 책임을 구성원들의 기본과업으로 한다.

② 시민 참가, 인간관계 훈련, 지도력 연마 등의 '개인의 성숙'과 민주적 과정의 습득, 시민참여활동 등의 '민주시민의 역량'을 개발하여 사회의식과 사회책임을 발전시킨 것이다.

③ 집단사회복지사는 집단 내의 사회의식을 개발하기 위한 영향력 있는 사람으로서의 역할모델과 사회적 책임의 가치를 심어 주고 책임 있는 시민으로서 적합한 행동형태를 자극하고 강화하는 역할모델로서 기능한다.

④ 사회복지사는 집단의 민주적 기능을 증진시키는 상담자, 능력부여자, 교사의 역할을 담당한다.

⑤ 인보관운동(제인 아담스-헐 하우스), 자원봉사, 보이스카우트 등 지역사회복지관의 집단사회사업으로부터 발달하였다. 흔히 공공주거단지 내에서 주민들이 범죄에 대항하기 위해 조직한 집단에서 찾아볼 수 있다.

### (2) 상호작용모델

11, 13회 기출

① 상호작용체계를 구성하고 있는 성원들과 집단 내 상호작용과정을 통해 결정한다.

② 사회복지사는 개인과 집단의 조화와 상호원조체계가 되도록 중재하는 역할을 한다.

③ 집단성원 상호 간의 지지나 재보증이 모델의 핵심이다.

④ 개인클라이언트의 해결과 사회클라이언트를 예방하는 역할을 한다. 상호작용모델, 상호원조모델은 사회복지사가 구성원과의 권력 공유와 집단에 대한 통제권 공유를 요구한다.

⑤ 장애아동을 가진 부모의 모임, 가정폭력 피해자집단 등의 지지집단은 상호작용모델의 개념에 속한다.

⑥ 사회복지사와 집단성원 간의 협력을 통해 집단목표를 설정하고, 문제해결을 위한 상호원조체계 개발에 초점을 둔다.

### (3) 치료모델

5회 기출

① 집단을 통해 개인을 치료하는 것으로, 집단은 개인의 목적을 달성하기 위한 도구 또는 상황이며 집단구조와 집단과정에서의 변화는 그 자체가 목적이라기보다는 목적달성을 위한 수단이다. 집단성원은 집단의 목적에 따라 집단을 구성하도록 정해진 사회복지에 의해 선택된다.

② 집단성원의 개인적 욕구와 집단사회복지사의 허용 및 제한이 균형을 이룬다. 또한 집단 사회복지사에 의한 진단·평가·계획된 치료적 목적이 강조되므로 집단형성의 운영에 있어 상당한 권위를 갖게 된다.

③ 성원의 행동이나 성격을 변화시키기 위한 구조화된 활동이나 직·간접적 개입을 한다.

④ 정신치료집단, 알코올병동 치료집단 등이 있다.

**기능(접근방법)에 따른 분류**   11, 13회 기출

| 구 분 / 종 류 | 사회목표모델 | 상호작용모델 | 치료모델 |
|---|---|---|---|
| **집단의 목적** | 사회적 의식과 사회적 책임을 고양시킴으로써 책임 있는 시민 양성 | 적응과 사회화를 성취하기 위해 상호지지체계와 대인관계를 향상시킴 | 역기능 행동을 하는 성원의 치료와 재활 |
| **집단사회사업가의 역할** | 상담자, 능력부여자, 교사 | 중재자 | 변화매개자 |
| **집단성원의 이미지** | 시민, 이웃 | 공동 관심사 성취를 위해 협력하는 구성원 | 역기능 또는 문제해결을 원하는 자 |
| **활동의 장** | 지역사회복지관, YMCA | 임상기관, 사회복지관 | 임상기관, 사회복지관, 사회복지시설 |
| **집단사회사업가의 기술** | • 프로그램 작용 기술<br>• 편성의 기술 | • 상호작용의 한계설정<br>• 의사소통 촉진의 기술 | 특정한 목표달성을 위한 집단과정에서의 개입기술 |
| **기초이론** | 절충이론 | • 체계이론<br>• 장(Field)이론 | • 역할이론<br>• 사회행동이론<br>• 집단역학<br>• 치료이론 |
| **집단사회사업가의 통제** | 고 | 저 | 중 |
| **집단의 유형** | • 보이스카우트<br>• 자원봉사집단 | • 가정폭력피해자집단<br>• 당뇨환자집단<br>• 외짝기러기집단 | • 외상 후 스트레스장애집단<br>• 정신질환자집단 |
| **대표 학자** | • 코일(Coyle)<br>• 카이저(Kaiser)<br>• 코노프카(Konopca) | 슈바르츠(Schwartz) | • 레들(Redl)<br>• 빈터(Vinter)<br>• 피셔(Fisher) |

제2영역

**01** 집단의 종류와 모델에 관한 설명으로 옳은 것은?                    [11회]

① 지지집단 성원의 자기표출 정도는 낮다.

② 사회적 목표모델은 개인의 치료에 초점을 둔다.

③ 치료모델은 민주시민의 역량개발에 초점을 둔다.

④ 과업달성을 목적으로 구성된 집단이 치료집단이다.

⑤ 상호작용모델에서 사회복지사는 중재자의 역할을 담당한다.

> **해설** ⑤ 상호작용모델에서 사회복지사는 개인과 집단의 조화를 도모하며, 상호원조체계가 되도록 중재자로서의
> 역할을 수행한다.
> ① 지지집단은 유사한 문제를 경험하는 사람들로 구성되므로 자기개방 수준이 높으며, 유대감 형성에 유리하다.
> ② 사회적 목표모델은 집단사회복지실천의 모델로서, 집단 내 개인의 성숙 및 사회의식·사회책임의 발전을
> 목표로 한다.
> ③ 시민 참가, 인간관계 훈련, 지도력 연마 등의 '개인의 성숙'과 민주적 과정의 습득, 시민참여활동 등의 '민
> 주시민의 역량'을 개발하여 사회의식과 사회책임을 발전시킨 것은 사회적 목표모델에 해당한다.
> ④ 의무사항의 이행, 조직 또는 집단의 과업달성을 위해 구성된 집단은 과업집단이다.

**02** 다음 중 집단사회복지실천의 원칙에 대한 설명으로 가장 옳지 않은 것은?

① 집단성원의 참여를 촉진하기 위해 지지한다.

② 집단 활동에 필요한 최소한의 규범을 설정한다.

③ 집단이 직면하는 어려움을 해결하기 위해 개입한다.

④ 집단성원의 성장을 돕기 위하여 개인의 욕구에 대응한다.

⑤ 집단 과정에 대한 평가보다는 목표달성 여부에 대한 평가에 주력한다.

> **해설** **집단사회복지실천(집단사회사업실천)의 원칙**
> • 개별화의 원칙 : 집단 내 집단관계를 통한 개인으로서의 입장을 명확히 하며, 성원 각자의 성장을 돕기 위
> 하여 개인의 욕구에 대응한다.(④)
> • 수용의 원칙 : 집단성원의 성장을 촉진하기 위해 사회복지사 스스로 자신을 진술하게 수용하고, 자신을 이
> 해하기 위해 부단히 노력하는 모습을 보인다.
> • 참가의 원칙 : 집단성원의 참여를 촉진하기 위해 지지하며, 참여를 저해하는 요인들을 제거한다.(①)
> • 체험의 원칙 : 집단성원의 과제해결 및 목표달성 과정에서의 다양한 활동은 사회생활의 기본적인 태도를
> 기르는 내적·심리적 체험이 된다.

- 갈등해결의 원칙 : 집단 내 갈등이 발생한 경우 이를 회피하지 않고 직면하여 문제를 해결하기 위해 노력하는 과정이 중시된다.(③)
- 규범의 원칙 : 집단 활동 과정에서 최소한의 규칙 및 규범, 기본적 태도에 대한 규정은 필수적이다.(②)
- 계속평가의 원칙 : 집단 및 개인 성장의 궁극적 목적을 달성하기 위해 계속적 · 연속적으로 집단 과정을 분석 · 평가하며, 그 평가에 기초하여 다음 단계로 이행한다.(⑤)

## 03 치료집단에 관한 설명으로 옳은 것을 모두 고른 것은? [12회]

> ㄱ. 자기표출의 정도가 높은 편이다.
> ㄴ. 정서적 · 개인적 문제를 가진 성원들로 구성된다.
> ㄷ. 행동변화 및 재활을 목표로 한다.
> ㄹ. 집단지도자는 권위적인 인물의 역할을 수행한다.

① ㄱ, ㄴ, ㄷ

② ㄱ, ㄷ

③ ㄴ, ㄹ

④ ㄹ

⑤ ㄱ, ㄴ, ㄷ, ㄹ

### 해설 치료집단의 특징

- 일반적으로 다소 심한 정서적 · 개인적 문제를 가진 성원들로 구성된다.
- 집단성원 개개인의 행동변화, 개인적인 문제의 개선 및 재활을 목표로 한다.
- 집단지도자는 상당한 정도의 기술을 가진 전문가로서, 권위적인 인물 또는 변화매개인으로서의 역할을 수행한다.
- 집단의 공동목적 내에서 개별성원의 목적을 구체적으로 수립하여 이를 달성하도록 원조한다.
- 자기표출의 정도가 높은 편이나, 이는 성원들이 겪는 문제에 따라 차이가 있을 수 있다.

**04** 병리의 치료보다 사회심리적 기능 향상에 초점을 두는 집단의 예를 모두 고른 것은?  [12회]

> ㄱ. 은퇴준비 노인 집단
> ㄴ. 청소년을 위한 가치명료화 집단
> ㄷ. 여성을 위한 의식고양 집단
> ㄹ. 부부를 위한 참만남 집단

① ㄱ, ㄴ, ㄷ
② ㄱ, ㄷ
③ ㄴ, ㄹ
④ ㄹ
⑤ ㄱ, ㄴ, ㄷ, ㄹ

**해설** 성장집단(Growth Group)
- 집단성원들의 자기인식을 증진시켜 행동 및 태도상의 발달을 유도하며, 개인의 잠재력을 최대화하는 것을 목표로 한다.
- 병리의 치료보다 사회심리적 기능 향상에 초점을 둔다.
- 집단은 집단성원들이 자신의 잠재력을 최대로 발휘할 수 있도록 하기 위한 도구로서의 의미를 지닌다.
- 집단의 이질성이 집단성원들의 성장에 유효하게 작용할 수 있으므로 보통 다양한 속성을 가진 성원들로 구성하는 경우가 많다.

**05** 집단유형별 특성에 관한 설명으로 옳지 않은 것은?  [15회]

① 치료집단은 자기노출정도가 높아서 비밀보장이 중요하다.
② 과업집단은 구성원의 발달과업 완수를 위해 조직구조의 영향을 최소화한다.
③ 자발적 형성집단은 구성원들이 설정한 목적을 보호하는 것이 중요하다.
④ 자조집단에서 사회복지사의 역할은 공유된 문제에 대한 지지를 하는 것이다.
⑤ 비자발적 집단에서는 협상 불가능영역이 있음을 분명히 한다.

**해설** ② 과업집단은 구성원 개인의 발달과업 완수가 아닌 조직·기관의 문제에 대한 해결방안을 모색하며, 이를 위해 새로운 아이디어를 개발하고 효과적인 전략을 수립하는 등의 과업을 수행하는 집단이다. 예를 들면, 위원회, 이사회, 사회행동집단, 협의체, 치료회의 등의 집단이 해당된다.

4 ⑤ 5 ②   Answer

**06** 자조모임(Self-help Group)의 특성에 해당하지 않는 것은? [14회]

① 자기노출을 통해 문제의 보편성을 경험한다.
② 집단성원 간의 학습을 통해 모델링 효과를 얻는다.
③ 집단과정 촉진을 위해 성원 간의 의사소통이 중요하다.
④ 과업달성을 위해 집단사회복지사의 주도성이 요구된다.
⑤ 집단성원의 자율적인 참여를 위해 동기부여가 필요하다.

 ④ 과업의 달성, 성과물의 산출, 명령이나 지시의 수행 등을 목적으로 하는 것은 과업집단(Task Group)에 해당한다. 과업집단은 조직의 문제에 대한 해결방안을 모색하며, 이를 위해 새로운 아이디어를 개발하고 효과적인 전략을 수립하는 등 과업을 수행한다. 만약 조직의 과업을 완수하는 데 어려움이 있는 경우, 과업집단 전문가가 조직체계의 문제점을 분석·진단하며, 필요한 경우 보다 생산적인 방향으로 교정하도록 돕는다.

**07** 집단사회복지실천에 관한 설명으로 옳지 않은 것은? [9회]

① 집단 자체가 프로그램이다.
② 모든 집단이 구조화될 필요는 없다.
③ 집단의 역동성은 개입효과에 영향을 미친다.
④ 집단에서는 의도적인 집단 경험을 중시한다.
⑤ 집단 내의 인정과 소속감은 응집력을 증가시킨다.

 프로그램은 집단사회복지실천에서 집단 및 집단성원들과 관련된 제반 활동을 의미하는 것으로서, 집단 경험과 집단 내 상호작용이 전개되는 전 과정에 해당한다. 이러한 프로그램은 집단의 목적을 성취하기 위한 도구이자 집단경험 내용을 결정하는 중요 요소이지만, 집단 자체가 곧 프로그램을 의미하지는 않는다.

**08** 장애아동부모 대상 자조집단 프로그램의 목적으로 옳은 것을 모두 고른 것은?　　[9회]

> ㄱ. 아동의 권리보호
> ㄴ. 가족치료
> ㄷ. 가족관계증진을 위한 정보습득
> ㄹ. 성격적 문제해결

① ㄱ, ㄴ, ㄷ

② ㄱ, ㄷ

③ ㄴ, ㄹ

④ ㄹ

⑤ ㄱ, ㄴ, ㄷ, ㄹ

 자조집단은 서로 유사한 문제나 공동의 관심사를 가진 사람들이 자발적으로 구성하여 경험을 공유하며, 개인적으로 바람직한 변화를 위해 노력하는 상호원조집단이다. ㄴ과 ㄹ은 치료집단 프로그램의 목적에 해당한다.


**09** 다음 사례에 해당하는 집단의 유형은?　　[10회]

> 알코올중독치료를 받은 후 퇴원한 A는 지역 알코올상담기관에서 매주 운영하는 알코올중독회복 자자조모임에서 만나게 된 동료들의 도움으로 단주를 유지하며 회복에 대한 희망을 갖게 되었다.

① 과업집단

② 지지집단

③ 교육집단

④ 사회화집단

⑤ 감수성 훈련집단

 보기의 내용에 제시된 정보가 충분하지 못하므로 논란의 여지가 있으나, ②번 지지집단이 정답에 가장 근접하다고 볼 수 있다. 이와 관련하여 학자들에 따라 이견이 있으나 정답에 보다 가까운 '자조집단'을 별개의 집단으로 간주하느냐 또는 치료집단에 포함된 지지집단의 한 유형으로 간주하느냐에 따라 다르게 볼 수 있다. 자조집단과 지지집단을 별개의 집단으로 간주하는 이유는 집단 활동의 주도자로서 집단지도자나 사회복지사의 유무, 집단 구성의 자발성 수준에 따라 약간의 차이가 있기 때문이다.

**10** 사회적 목표모델의 설명으로 옳은 것을 모두 고른 것은? [10회]

> ㄱ. 집단지도자는 중재자 역할을 주로 수행한다.
> ㄴ. 성원 간 상호 원조체계 구축이 주요 초점이다.
> ㄷ. 성원의 행동변화에 초점을 두고 구조화된 개입을 한다.
> ㄹ. 집단 내의 민주적 절차와 과정이 중시된다.

① ㄱ, ㄴ, ㄷ           ② ㄱ, ㄷ
③ ㄴ, ㄹ             ④ ㄹ
⑤ ㄱ, ㄴ, ㄷ, ㄹ

 ㄱ. 사회적 목표모델에서 집단지도자 또는 사회복지사는 상담자, 능력부여자, 교사로서의 역할을 수행한다. 집단지도자가 중재자로서의 역할을 수행하는 것은 '상호작용모델'에 해당한다.
ㄴ. 사회적 목표모델은 개인의 성숙 및 민주시민으로서의 역량 개발에 초점을 둔다. 집단성원들 간의 상호 원조체계 구축에 초점을 두는 것은 '상호작용모델'에 해당한다.
ㄷ. 사회적 목표모델은 지역사회의 문제에 초점을 두고 지역주민들의 사회의식과 사회책임을 발전시키기 위해 영향력을 행사한다. 집단 내 개별성원의 행동변화에 초점을 두고 구조화된 개입을 시도하는 것은 '치료모델'에 해당한다.

**11** 토스랜드와 리바스(Toseland & Rivas)가 분류한 집단 유형 중 다음 설명에 해당하는 것은?

[14회]

> • 비슷한 문제를 경험한 사람들로 집단을 구성한다.
> • 유대감 형성이 쉽고 자기 개방성이 높다.
> • 상호원조하면서 대처기술을 형성하도록 돕는다.

① 교육집단(Educational Group)      ② 치료집단(Therapy Group)
③ 과업집단(Task Group)            ④ 지지집단(Support Group)
⑤ 사회화집단(Socialization Group)

 ④ 지지집단은 집단성원들이 생활사건에 대처하고 이후 효과적으로 적응할 수 있도록 원조하는 것을 목적으로 한다. 비슷한 문제를 경험한 사람들로 구성되므로 자기개방 수준이 높으며, 집단사회복지사는 집단성원들로 하여금 자조와 상호원조를 통해 생활사건의 문제에 대한 대처기술을 형성하도록 돕는다.
① 교육집단은 집단성원들의 지식, 정보, 기술의 향상을 주된 목적으로 하며, 이를 통해 자기 자신은 물론 자신이 속한 사회에 대한 이해의 폭을 넓히도록 한다.
② 치료집단(치유집단)은 집단성원들이 스스로 자신의 부적응적인 행동을 변화시키고, 개인적인 문제를 완화하거나 제거할 수 있도록 원조하는 것을 목적으로 한다.
③ 과업집단은 과업의 달성, 성과물의 산출, 명령이나 지시의 수행 등을 목적으로 한다.
⑤ 사회화집단은 집단성원들이 사회적 기술을 습득하고, 사회적으로 수용되는 행동유형을 학습함으로써 지역사회의 생활에서 효과적으로 기능할 수 있도록 원조하는 것을 목적으로 한다.

# CHAPTER 06 최신기출문제

**01** 지지집단의 주요 목적으로 옳은 것은? [20회]

① 구성원의 자기인식 증진
② 클라이언트의 병리적 행동 치료
③ 구성원에게 기술과 정보 제공
④ 사회적응 지원
⑤ 동병상련의 경험으로 해결책 모색

**해설** ⑤ 지지집단은 유사한 문제를 경험하는 사람들이 상호원조하면서 대처기술을 형성하도록 돕는 것을 목적으로 한다.
① 집단성원들의 자기인식을 증진시키며, 각 성원들의 잠재력을 최대화하는 것을 목적으로 하는 것은 성장집단에 해당한다.
② 집단성원의 병리적 행동과 외상 후 상실된 기능을 회복하는 데 초점을 두는 것은 치료집단(혹은 치유집단)에 해당한다.
③ 지도자가 집단성원들의 문제와 욕구를 해결하기 위해 각 구성원에게 필요한 기술과 정보를 제공하는 것을 목적으로 하는 것은 교육집단에 해당한다.
④ 집단성원들이 사회적 기술을 습득하고, 사회적으로 수용되는 행동유형을 학습함으로써 지역사회의 생활에서 효과적으로 기능할 수 있도록 돕는 것을 목적으로 하는 것은 사회화집단에 해당한다.

**02** 집단목표에 관한 설명으로 옳은 것은? [20회]

① 목표는 구체적으로 수립한다.
② 한 번 정한 목표는 혼란 방지를 위해 수정하지 않는다.
③ 집단 크기나 기간을 정할 때 목표는 고려하지 않는다.
④ 집단목표는 구성원의 목표와 관련 없다.
⑤ 목표는 집단과정에서 자연스럽게 형성되므로 의도적인 노력은 필요 없다.

**해설** ② 집단목표는 집단성원들 간의 토론을 통해 타협, 수정될 수 있다.
③ 집단목표에 따라 집단의 크기를 융통성 있게 정한다.
④ 사회복지사는 집단성원들을 위해 집단목표와 개별목표를 설정할 수 있다. 구체적인 개별목표와 목표 달성을 위한 단계들이 설정될 때 집단성원들이 집단에 대해 갖는 매력이 증가할 수 있다.
⑤ 집단목표는 집단상담자가 집단구성원의 목표나 특성, 집단상담이론, 자신의 특성 등을 고려하여 집단이 나아가야 할 방향으로 설정한 것이다.

1 ⑤ 2 ① Answer

**03** 집단사회복지실천에서 집단구성과 구조에 관한 설명으로 옳지 않은 것은? [17회]

① 일반적으로 사회적 목표모델보다 치료모델의 집단 규모가 더 작다.
② 아동집단은 성인집단에 비해 모임 시간은 더 짧게 빈도는 더 자주 설정한다.
③ 집단구성원의 동질성이 강할수록 성원 간 방어와 저항도 더 많이 발생한다.
④ 물리적 공간을 결정할 때 좌석배치까지 고려한다.
⑤ 개방형 집단이 폐쇄형 집단에 비해 위기상황에 처한 사람들에게 더 융통성 있는 참여기회를 제공한다.

 ③ 집단구성의 동질성은 집단성원들의 집단참여 동기, 목적, 문제 등과 함께 인구사회학적 특성들이 유사함을 의미한다. 집단성원 개개인의 집단참여 동기나 목적이 집단의 목적과 동일할 때 집단성원들은 집단 과정에서 많은 것을 얻을 수 있으며, 집단성원들의 연령, 교육수준, 문제유형 등이 서로 유사할 때 집단성원들 간의 상호작용이 더욱 활발해질 수 있다.

**04** 집단유형별 특성에 관한 설명으로 옳지 않은 것은? [19회]

① 지지집단은 유사한 문제와 욕구를 가진 사람들로 구성하여 유대가 빨리 형성된다.
② 성장집단은 집단 참여자의 자기인식을 증가시켜 개인의 잠재력을 최대화하는 데 초점을 둔다.
③ 치료집단은 성원의 병리적 행동과 외상 후 상실된 기능을 회복하는 데 초점을 둔다.
④ 교육집단은 지도자가 집단 성원의 문제와 욕구를 해결하기 위해 필요한 기술과 정보를 제공한다.
⑤ 자조집단에서는 전문가가 의도적으로 집단을 구성하여 정서적 지지와 문제 해결을 지원한다.

 ⑤ 자조집단은 서로 유사한 문제나 공동의 관심사를 가진 사람들이 자발적으로 구성하여 각자의 경험을 공유하며, 개인적으로 바람직한 변화를 위해 노력하는 상호원조집단이다. 집단사회복지사의 주도적인 역할 없이 비전문가들에 의해 구성·유지된다는 점에서 치료집단이나 지지집단과 구분된다.

# CHAPTER 07 집단대상 사회복지실천기술 II

⊙ **학습목표**
- 집단의 역동성, 집단사회사업의 구성 요소와 발전, 집단지도력과 공동지도력을 학습하자.
- 꾸준히 문제가 출제되고 있는 영역이기 때문에 다양한 관점에서의 전반적인 학습이 필요하다.
- 공동지도력 부분을 눈여겨 학습해두자.

## 제1절 집단 역동성

### 1 집단역동의 이해

#### (1) 집단역동(Group Dynamics)의 개념

① 함께 학습하거나 일하는 개인들 간의 상호작용으로, 집단의 기능과 구성원의 행동에 영향을 미치는 독특한 작용을 의미한다.
② 집단역학이라고도 하며, 집단사회복지실천가를 위한 기본 이론의 바탕이다.

#### (2) 집단역동의 특징

① 집단의 크기가 커지면 아이디어, 기술, 자원 등을 상대적으로 더 많이 확보할 수 있다.
② 전개되는 집단의 분위기와 과정에 따라 성취도가 결정된다.
③ 긍정적이고 단결력 있는 집단의 경우 구성원에게 좋은 영향력을 행사하여 만족스러운 상호 관계를 가능하게 한다.
④ 집단의 영향력이 무시될 경우 부정적 영향이 발생할 수 있다.
⑤ 집단성원 자신이 집단유지 역할, 직무기능, 범위 설정과 관련된 집단 조직 기능을 가능한 범위 내에서 수행해 나가야 한다.

### 2 집단역동의 구성요소

#### (1) 집단역동을 증진시키기 위한 방안

① 집단성원들 간의 솔직한 의사소통이 이루어지도록 노력한다.
② 집단성원들이 다양한 지위와 역할을 경험할 수 있도록 한다.
③ 집단의 규칙과 규범을 제정하고 이를 준수하도록 한다.
④ 집단성원들로 하여금 집단 중심적인 생각과 행동을 보이도록 촉진한다.

⑤ 집단성원들 간의 긴장과 갈등은 집단관계에서 오히려 건설적인 힘이 될 수도 있으므로 이를 바람직한 방향으로 해결하기 위해 노력한다.

### (2) 집단역동의 구성요소  `16회` `기출`

① 집단역동의 구성요소는, 집단목적, 의사소통과 상호작용, 집단의 규범, 지위와 역할, 집단응집력, 집단문화와 갈등 등이다.

② **의사소통과 상호작용**

집단성원의 의사소통은 언어, 몸짓, 손짓 등의 상호작용으로 이루어지는데, 주고받는 사람의 태도 및 감정에 따라 달라진다.

㉠ 정서적 유대
- 긍정적일 경우 집단성원 간 매력과 상호작용을 증진시킨다.
- 부정적일 경우 집단성원의 유대를 약화시키고 상호작용도 감소시킨다.

㉡ 하위집단  `16, 17, 19회` `기출`
- 하위집단은 정서적 유대감을 갖게 된 집단구성원 간에 형성된다.
- **적게는 두 명에서 많게는 다수의 성원들로 구성된다.**
- 하위집단의 발생은 필연적이기 때문에 전체집단에 부정적 영향을 주는지 파악하는 것이 필요하다.
- 하위집단 가운데 다소 우위에 있는 하위집단이 집단에 대한 통제력을 행사하려고 시도하기 때문에 다른 하위집단과 갈등을 유발할 수 있다.
- 하위집단은 소시오그램(Sociogram)이나 소시오메트리(Sociometry)를 통해 측정 가능하다.

㉢ 집단의 크기와 물리적 환경
- 집단 크기가 클 때의 장점
  - 아이디어, 기술, 자원 등을 상대적으로 더 많이 활용할 수 있다.
  - 성원 간 상호학습의 기회가 주어지며, 피드백과 우정 등을 위한 기회가 커진다.
  - 언어적 행동에 대한 규제를 덜 받는다.
- 집단 크기가 클 때의 단점
  - 집단의 목표와 배치되는 하위집단 형성이 가능하다.
  - 가까운 상호작용이 어렵다.
  - 성원이 빠지는 데 대해 상대적으로 덜 의식하게 된다.
  - 응집력 형성과 의견일치가 어렵다.
- 물리적 환경 : 물리적 환경과 자리 배치 등의 분위기 결정 요인은 상호작용에 영향을 미친다. 회의나 모임 개시 때 둘러앉거나 마주 보고 앉는 것이 집단 구성원들 간의 의사소통에 훨씬 용이하다.

③ **집단의 규범(Group Norm)**  `16회` `기출`

㉠ 특 징
- 성원들이 주어진 환경 내에서 어떻게 행동해야 하는지와 관련하여 공유하는 명백한 기대상황과 신념 등을 가리킨다.

- 집단의 규범은 집단 내부를 통제하기 때문에 외적 통제의 수준을 감소시킨다.
- 성원들과 관련된 정보를 제공함으로써 안정과 예측의 수단을 제공하는 메커니즘이다.
- 허용 가능한 개인의 특정행동을 규정하며 집단 내에서 받아들여지는 행동의 범위를 규정한다.
- 일탈로 간주되는 행동을 감소시키거나 이전의 평온상태로 돌아가려는 제재사항을 만들어나간다.

ⓒ 기능적 집단규범과 역기능적 집단규범
- 기능적 집단규범 : 자발적인 자기표출, 집단 지도자 존중, 문제해결을 위해 노력, 직접적인 의사소통, 장애물에 대한 논의
- 역기능적 집단규범 : 자기표현 회피, 표면적인 주제만 계속 토론, 불평만 할 뿐 노력이 없음, 공격적인 성원들의 집단지배, 지극히 감정적, 장애를 무시하고 문제를 외면

④ 집단구성원의 지위와 역할
ⓐ 지위는 집단 내에서 성원의 위치로, 사회적 집단에서 다양한 특성에 의해 결정되는 개인위치이다. 집단이 달라짐에 따라 상이한 지위를 가지며 집단이 발달하면 개인의 지위도 변화한다.
ⓑ 역할은 집단 내에서 개인의 위치를 특징짓는 행동유형을 의미하는 것으로, 이는 지위에 맞는 역할이나 기대되는 행동이라 말할 수 있다. 개인의 역할은 타인의 기대에 부응하기도 하지만 자기 자신의 동기와 기대에 부응하기도 한다.

⑤ 집단응집력
ⓐ 상호작용관계와 관련한 집단성원들의 서로 끌리는 정도이다.
ⓑ 집단성원들이 그 집단에 머물고자 하는 집단의 영향력과 요인을 포함한다.
ⓒ 집단에서 얻을 것이 많을수록 매력을 느끼게 되며 집단결속력이 강해진다.
- 집단의 결과에 대해 성원들이 주관적인 기대를 한다.
- 다른 집단경험과의 비교 시 더 나은 집단이라고 인정할 때 생긴다.
- 집단활동을 통해 얻을 수 있는 자원이나 이점이 있을 때 형성된다.
ⓓ 집단응집력을 최대화하기 위해 간식시간 이용, 모델링, 자기노출 강화 등의 방법을 이용한다.
ⓔ 자연집단(예 가족)은 이미 응집력을 가지고 있으며, 그 외의 집단은 집단과정을 통해 얻게 된다.
ⓕ 강한 집단응집력은 구성원들에게 이익을 줄 수 있지만, 외부인에게는 피해를 줄 수도 있다.
ⓖ 집단응집력 향상을 위한 방안　　　　　　　　　　　5, 12, 19회 기출
- 집단성원의 책임성을 강조한다.
- 집단토의와 프로그램 활동을 활용한다.
- 집단성원의 기대와 집단의 목적을 일치시킨다.
- 집단에 참여함으로써 얻을 수 있는 보상을 제시한다.
- 긍정적 강화를 사용하여 성원들의 동기를 촉진한다.
- 긍정적 관계형성을 위해 의사소통을 촉진한다.
- 목표달성방법 확인·지각하도록 한다.

**Plus ⊕ one**

응집력이 높은 집단의 특징                                                11, 20회 기출
• 자기 자신을 개방하며, 자기 탐색에 집중한다.
• 자유로운 분위기에서 집단 활동에 적극적으로 동참한다.
• 서로를 보살피며, 있는 그대로 수용해 준다.
• 깊은 인간관계를 맺으므로 중도이탈자가 적다.
• 진실되고 정직한 피드백을 주고받는다.
• 집단의 규범이나 규칙을 준수하며, 이를 지키지 않는 집단성원을 제지한다.
• 구성원 간 신뢰감이 높으며 소속감을 갖고 있다.
• 자기 자신을 개방하며 자기 탐색에 집중한다.

⑥ 집단문화와 갈등                                                             4회 기출

　　⑦ 성원들이 공통적으로 갖고 있는 신념, 가치관, 관습, 전통 등을 말한다.

　　ⓒ 집단문화가 동질적으로 구성될 때 빠르게 나타나며, 다양할 경우 느리게 나타난다.

　　ⓒ 집단문화는 집단의 결과에 상당한 영향을 미친다.

　　ⓒ 공통의 생활경험과 가치체계를 공유하면 집단문화에 대한 독특한 관점을 통합시키는 시간을 줄일 수 있다.

　　ⓜ 집단문화는 서서히 발전하며 일단 수립이 되는 경우 수정이 어렵다.

## 제2절　집단사회사업의 구성 요소와 실제

### 1  집단사회사업의 구성 요소

#### (1) 집 단

　　① 집단은 성원 간의 상호작용과 정서적 결속 정도에 따라 1차집단과 2차집단으로 분류된다. 성원들이 정서적 결속력을 가져야 하며 상호의존적인 상호작용이 이루어져야 한다.

　　② 집단사회사업을 실시하기 위한 요건 : 집단, 집단성원, 집단지도 전문가로서의 집단사회복지사, 프로그램활동 등

#### (2) 집단성원 : 집단성원은 성장, 학습, 치료받고자 하는 개인들이다.

　　① 집단성원의 역할 : 집단이 소기의 목표를 성취하는 것을 돕는 일정한 역할을 말한다. 집단성원의 역할행동은 집단과업 역할, 집단형성과 유지 역할, 자기중심 역할 등이다.

㉠ 집단과업 역할
　　　• 집단목표를 성취하는 것을 원조
　　　• 발기자(Organizer), 정보탐구자, 정보제공자, 여론탐구가, 여론제공자, 진단자, 기록자, 평가자 등
　　㉡ 집단형성과 유지 역할
　　　• 집단응집력을 바탕으로 정체성에 관련된 심리적 측면의 문제를 다루는 역할
　　　• 집단의사소통과 관계의 차원에서 역할 수행
　　　• 지지자, 긴장감소자, 타협자, 인도자, 감정표현자, 기준설정자, 추종자 등
　　㉢ 자기중심 역할
　　　• 집단에 기여하기보다는 개인적 욕구에 초점을 맞춤으로써 집단에 부정적인 영향을 미칠 수 있다.
　　　• 방해자, 공격자, 무관심자, 지배자, 고백자, 광대 등
　② 집단성원의 참여 여부
　　㉠ 자발적으로 참여하는 경우 : 건전한 발전과 성장, 민주적 생활방식의 교육 및 훈련, 문제발생의 예방 등을 목적으로 참여
　　㉡ 비자발적으로 참여하는 경우 : 가정폭력, 약물의존, 성폭행, 비행, 청소년 폭력 등의 경우 부모, 의사, 판사, 교사의 강요에 의해 참여

## (3) 집단지도자의 기술

　① 집단과정을 용이하게 하는 기술
　　㉠ 성원의 참여를 통해 의사결정을 공유하고 결속력을 증가시킬 수 있으므로 집단성원의 참여를 촉진시킨다.
　　㉡ 성원의 말을 귀 기울여 듣고, 반복하거나 다른 말로 표현하여 성원에 관심을 가지고 있음을 드러낸다.
　　㉢ 표현하기 : 어려운 주제의 경우 사회복지사 스스로가 먼저 자신을 표출함으로써 개방적인 의사소통이 이루어지도록 한다.
　　㉣ 반응하기 : 특정한 부분에 반응을 보여 집단성원이나 집단과정에 영향력을 미친다.
　　㉤ 집단과정을 명확하게 하기 : 성원들로 하여금 어떻게 상호작용하고 있는지를 인식시킨다.
　　㉥ 내용의 명료화 : 집단성원의 상호작용의 내용을 명료화한다.
　② 자료수집과 사정기술
　　㉠ 생각, 감정, 행동을 확인하고 기술하기 : 문제를 이해하기 위함
　　㉡ 정보를 요약하고 질문하기 : 문제에 대한 핵심파악, 구성원들이 문제에 대해 반응할 기회 제공, 다음 단계를 모색할 기회 제공
　　㉢ 생각, 감정, 행동 분석하기
　　㉣ 요약 및 세분화 기술 : 복잡한 문제나 이슈를 다룰 수 있는 작은 부분으로 나누는 기술로, 성원의 문제해결동기를 증진할 수 있다.

③ 행동기술
　　㉠ 지지하기 : 가장 기본적인 기술이며 집단발달을 위한 핵심기술이다. 성원들이 서로 관심사를 공유하고 자신의 의견과 감정을 표현하도록 하며, 성원의 장점을 지지하고 요구에 반응함으로써 성원에게 지지를 나타낼 수 있다. 따라서 성원들의 경험과 견해가 먼저 존중되는 집단문화를 촉구하여야 한다.
　　㉡ 분석틀을 재구성하고 재정의하기
　　㉢ 집단성원의 의사소통 연결하기 : 일방적 대화패턴 방지, 구성원 간의 상호작용 원조
　　㉣ 지도 및 지시 : 집단의 목적을 명확히 하고 성원의 프로그램활동 참가를 원조하여 토론을 주도한다. 또한 정보의 공유나 특정문제를 평가할 때 집단의 활동을 지시한다.
　　㉤ 조언 및 제안 : 구성원과 사회복지사 모두가 활용하는 기술로 새로운 기술이나 문제 이해 시 문제상황의 변화를 위해 사용한다.
　　㉥ 자원 제공하기 : 의료재정 보고, 작업 및 재활상담, 가족계획 등 집단성원이 필요로 할 경우 정보를 제공한다.
　　㉦ 모델링 및 역할극(역할연습) : 과제집단과 치유집단에 모두 유용한 기술이다.
　　㉧ 직면 : 저항을 극복하거나 동기화할 때 이용한다.
　　㉨ 갈등해결 : 협상, 집단규칙, 중재 등을 통하여 성원 간의 갈등, 집단 외부환경과의 갈등, 집단과 기관과의 갈등을 해결하는 기술이다.

## (4) 프로그램 활동

집단의 상호작용을 촉진하고 목적을 달성하기 위하여 적절한 활동의 선택이 필요하다. 집단사회사업에서 필요로 하는 활동에는 게임, 미술작업, 역할연기, 무용, 노래부르기, 요리, 스포츠 등이 포함된다.

① 집단 내 프로그램 활용의 장점
　　㉠ 성원들의 기본적인 인간욕구를 충족시킨다.
　　㉡ 언어를 이용한 의사소통보다 효율적이다.
　　㉢ 특정한 생활상의 과업과 관련된 기술을 발전시킬 수 있다.
　　㉣ 집단성원의 공유를 촉진시켜 서로 긍정적인 관계를 형성하며, 집단응집력을 고양시킨다.
　　㉤ 개인과 집단역동성을 사정하거나 집단성원을 돕기 위해 필요한 정보를 수집하는 도구로 사용된다.

② 집단 프로그램 구성 시 고려할 사항　　9회, 13회 기출
　　㉠ 집단의 목적과 목표에 부합되어야 한다.
　　㉡ 집단규범과의 적합성을 고려한다.
　　㉢ 집단성원의 동의가 있어야 한다.
　　㉣ 집단성원의 안전을 보장해야 한다.
　　㉤ 집단 구성 시기가 적절해야 한다.
　　㉥ 집단성원의 상호작용을 촉진하는 것이어야 한다.
　　㉦ 집단성원의 공유를 촉진하는 것이어야 한다.

③ 프로그램 활동 선택의 절차

    ㉠ 집단의 목표와 목적에 부합하는 활동을 구체화한다.

    ㉡ 각 프로그램의 활동 목표를 구체화한다.

    ㉢ 주어진 환경, 자원, 시간 내에서 활용할 수 있어야 한다.

    ㉣ 성원들의 관심, 연령, 기술수준, 신체적 · 정신적 상태에 기초하여 실현가능한 활동이어야 한다.

    ㉤ 활동의 특성과 신체적 · 사회적 · 심리적 · 인지적 요건의 특성에 따라 활동을 구분한다.

    ㉥ 구체화된 목표에 가장 부합되는 활동을 선택한다.

## 2 집단사회사업의 실제

### (1) 집단사회사업의 치료적 효과(Yalom)  5, 6, 7, 10, 11, 12, 16, 17회 기출

① **희망의 고취** : 집단은 클라이언트에게 문제가 개선될 수 있다는 희망을 심어주는데 이때 희망 그 자체가 치료적 효과를 가질 수 있다.

② **보편성** : 클라이언트 자신만 심각한 문제, 생각, 충동을 가진 것이 아니라 다른 사람들도 자기와 비슷한 갈등과 생활경험, 문제를 가지고 있다는 것을 알고 위로를 얻는다.

③ **정보전달** : 클라이언트는 사회복지사의 강의로 자신의 문제에 대해 보다 명확하게 이해하고, 집단 성원으로부터 직 · 간접적인 제안, 지도, 충고 등을 얻는다.

④ **이타심** : 집단성원들은 위로, 지지, 제안 등을 통해 서로 도움을 주고받는다. 자신도 누군가에게 도움을 줄 수 있고, 타인에게 중요할 수 있다는 발견은 자존감을 높여준다.

⑤ **1차 가족집단의 교정적 재현** : 집단은 가족과 유사한 점이 있다. 다시 말해 사회복지사는 부모, 집 단성원은 형제자매가 되는 것이다. 클라이언트는 부모형제들과 교류하면서 집단 내에서 상호작용 을 재현하는데, 그 과정을 통해 그동안 해결되지 못한 가족 갈등에.대해 탐색하고 도전한다.

⑥ **사회기술의 개발** : 집단성원으로부터의 피드백이나 특정 사회기술에 대한 학습을 통해 대인관계에 필요한 사회기술을 개발한다.

⑦ **모방행동** : 집단사회복지사와 집단성원은 새로운 행동을 배우는 데 좋은 모델이 될 수 있다.

⑧ **대인관계학습** : 집단성원과의 상호작용을 통해 자신의 대인관계에 대한 통찰과 자신이 원하는 관 계형성에 대한 아이디어를 가질 수 있다. 또한 집단은 대인관계 형성의 새로운 방식을 시험해 볼 수 있는 장이 된다.

⑨ **집단응집력** : 집단 내에서 자신이 인정받고, 수용된다는 소속감은 그 자체로서 집단성원의 긍정적 인 변화에 영향을 미친다.

⑩ **정화(Catharsis)** : 집단 내의 비교적 안정된 분위기 속에서 집단성원은 그동안 억압되어온 감정을 자유롭게 발산할 수 있다.

⑪ **실존적 요인들** : 집단성원과의 경험 공유를 통해 자기 자신이 다른 사람에게 아무리 많은 지도와 후원을 받는다 해도 자신들의 인생에 대한 궁극적인 책임은 스스로에게 있다는 것을 배운다.

**Plus ⊕ one**

**집단의 치료적 효과(Malekoff)**　　　　　　　　　　　　　　　　　　17, 19회 기출

- 상호지지
- 일반화
- 희망증진
- 이타성 향상
- 새로운 지식과 기술 습득
- 집단의 통제감 및 소속감
- 정화의 기능
- 재경험의 기회 제공
- 현실감각의 테스트 효과

### (2) 사회기술훈련(Social Skills Training)　　　　　　　11, 12, 14, 18, 20회 기출

① 사회학습이론에 근거하며 사회화집단에서 많이 사용한다.

② 성원이 훈련의 필요성을 이해하도록 한다.

③ 문제가 발생하는 실제 상황을 자세하게 파악하도록 한다.

④ 특정행동의 복잡한 유형을 세분하여 이해하고 훈련해야 한다.

⑤ 사회복귀지원 프로그램에 적용이 가능하다.

⑥ **모델링** : 특정사회기술 학습을 위해 모델링을 활용한다. 모델의 행동을 관찰하고 모방하여 학습함 으로써 의도했던 기술을 수행할 수 있도록 해 주는 기술이다.

⑦ **반복연습** : 반복적인 예행연습을 통해 원하는 기술 수준에 도달하도록 해야 한다.

⑧ **역할연습** : 문제상황을 구체적으로 표현하고 변화가 필요한 행동을 연습한다.

⑨ **긍정적 강화** : 사회복지사는 긍정적 피드백을 주며 격려한다.

⑩ **직접적 지시** : 새로운 행동 및 기술을 사용하도록 직접적으로 지시한다.

⑪ **시연** : 학습내용이 필요한 상황을 설정하여 기술 적용을 미리 연습하게 한다.

⑫ **과제부여 및 수행** : 일반화를 이루기 위해 실제생활에서 연습할 수 있는 과제를 부여하고 수행하도 록 한다.

⑬ **코칭** : 치료자가 클라이언트에게 어떤 힌트나 신호를 줌으로써 특정 상황에서 필요로 하는 사항이 나 기술을 쉽게 인지할 수 있도록 해 주는 기술이다.

⑭ **자기옹호** : 클라이언트로 하여금 스스로 목소리를 내어 자신의 권리를 주장할 수 있도록 해 주는 기술이다.

## 1  집단지도력

### (1) 집단지도력의 개념

① 집단지도력이란 집단 구조상의 특정 위치를 점한 사람이 집단의 목표달성을 위한 활동에 행사하는 사회적 영향 또는 힘을 말하며 집단 및 구성원의 발달을 도모하는 과정이다.

② 계획된 리더인 사회복지사와 집단성원들 간에 자연 발생적으로 출현하는 토착형 지도자는 구분되어야 한다.

③ 사회복지사는 집단발달에 책임을 지고 성원 자신의 힘을 발휘할 수 있도록 원조한다.

④ 집단활동에 관계하는 모든 성원이 가능한 한 최대의 만족감을 가지고 효과적인 목표달성을 위해 행동하도록 한다.

⑤ 집단지도력은 한 집단에서 타인의 행동에 영향을 미치는 것이며 집단이 추구하는 목표와 목적 달성을 위한 방법을 최종적으로 결정한다. 이는 집단의 규범인 특정한 사회적 규범을 창출해 내는 행동이다.

⑥ 참여율이 높은 사람이 리더가 될 확률이 높으며, 과제수행능력과 지도력과의 관계는 매우 밀접하다.

### (2) 집단지도

① **집단지도자로서 사회복지사의 역할**           12, 16회 기출

　㉠ 조력자 또는 조성자(Enabler) : 집단성원들로 하여금 목표달성과 관련된 계획 및 활동에 대한 자신의 감정과 관심사를 표현하도록 격려하며, 집단성원들이 자신의 장점과 자원을 발견하고 이를 활성화시키도록 원조한다.

　㉡ 중개자(Broker) : 집단성원들이 목표달성을 위해 필요로 하는 지역사회의 자원을 파악하여 알려주며, 적합한 서비스를 받을 수 있도록 다른 기관에 의뢰한다.

　㉢ 중재자(Mediator) : 집단성원들 간의 갈등이나 상반되는 관점 등을 해결할 수 있도록 원조한다. 이때 중립적인 태도로써 어느 한 쪽의 편을 들지 않으며, 서로 대립하는 체계들 간의 합의 또는 타협점을 찾기 위해 의사소통을 활성화해야 한다.

　㉣ 옹호자(Advocate) : 집단성원들이 특정 서비스에의 접근을 거부당할 때 이를 확보할 수 있도록 원조하며, 필요한 서비스나 자원을 얻지 못하는 성원들을 대신하여 그들의 관심과 욕구를 대변한다.

　㉤ 교육자(Educator) : 집단성원들의 사회적 기능 및 문제해결능력이 향상될 수 있도록 다양한 정보와 교육프로그램을 제공하며, 새로운 행동을 보여주어 행동모델로서의 역할을 수행한다.

② **집단과정 촉진을 위한 사회복지사의 활동**          13, 16, 19회 기출

　㉠ 집단성원이 전달하는 메시지 사이에 불일치가 있을 경우, 이를 확인한다.

　㉡ 신뢰관계 형성을 위한 적절한 자기노출(Self-disclosure)을 활용한다. 단, 지속적으로 상세하게 자기노출하는 것은 바람직하지 않다.

ⓒ 집단과정 촉진을 위한 피드백

- 집단성원의 요청이 있을 때 피드백을 제공한다.
- 구체적인 행동이나 관계에 대한 피드백을 제공한다.
- 집단성원으로 하여금 상호간에 피드백을 제공한다.
- 집단성원이 활용할 수 있는 만큼의 피드백을 제공한다.
- 성원의 장점을 중심으로 한 번에 한두 가지 정도 제공한다.

## (3) 집단지도력을 발휘할 때 유의점

9회 기출

① 감정이입 등의 민감성 유지
② 열린 관점에서 집단성원 이해
③ 개별 성원들에게 공평한 관심 표현
④ 집단 목적달성의 방향성 유지
⑤ 지명된 지도력과 위임된 지도력의 상호보완 관계 유지

## (4) 집단지도력에 영향을 주는 요인

① 전체로서의 집단이 추구하는 목표, 욕구, 과업
② 집단지도력이 획득되는 방법
③ 집단성원의 사회적 · 정서적 기술 및 과업
④ 집단 내 · 외부에 있는 권위의 속성
⑤ 집단과 집단지도력이 놓인 환경적 요구
⑥ 효과적인 상황요인

## (5) 집단지도의 적용 영역

① 아동 및 청소년의 건전한 발달기회를 제공하기 위한 집단활동으로 학교, 산업체, 청소년단체, 사회복지관 등의 클럽활동과 아동 및 청소년 부모들의 모임 등이 포함된다.
② 가족, 직장, 이웃, 친구 등과 고립된 사람들로 구성된 집단으로 독신노인, 고아, 요양원 등의 시설 입소자, 이혼녀, 정신장애인 등이 대상이 된다.
③ 사회문제와 관련된 집단으로 행동변화를 목적으로 하는 비행청소년, 범죄자, 참전군인 등이 대상이 된다.
④ 사회적 · 정서적 장애를 가진 개인을 대상으로 한 특수한 집단활동으로 치료시설, 아동상담소, 가족상담소, 정신병원 등에서 실시되며 다른 전문직과 공동으로 팀 접근방법을 활용한다.
⑤ 사회복지시설이나 기관에서 교육 · 계몽사업 등을 실시하는 집단활동으로 병원의 환자가족교육, 정신장애인에 대한 사회적 편견 해소를 위한 집단활동, 정신질환자의 예방 및 재발방지교육 등을 대상으로 한다.
⑥ 사회복지 전체 영역에서 동일한 문제를 가지면서 상호고립되어 있는 사람들의 집단으로 치료기관의 가족모임, 문제자녀의 어머니 모임, 환경변화를 모색하는 사회행동집단 등이 대상이 된다.

## 2 공동지도력

5, 7, 8, 11회 기출

### (1) 장 점

① 두 명 이상의 지도자가 있을 경우 **역할분담**이 가능하다.

② 피드백을 통해 서로 다른 관점에서 상호작용할 수 있으므로 집단 내에 **전문적 성장**을 가져오기도 한다.

③ **초보 사회복지사의 훈련에 효과적**이다.

④ 성원들 간의 갈등 발생 시 **적절한 갈등해결 방법의 모델**이 될 수 있다.

⑤ 프로그램활동, 상황재현, 역할극 등을 수행할 때 서로 원조가 가능하다.

⑥ 적합한 계획과 정확한 사정을 하도록 이끌어 준다.

⑦ 공동의 목적을 공유함으로써 **지도자의 능력이 배가**된다.

⑧ 사회복지사의 **역전이를 어느 정도 방지**할 수 있다.

⑨ 지도자의 지도력 소진을 예방할 수 있다.

### (2) 단 점

① 공동지도자 간에 화합하지 않으면 의견 충돌이 일어나 **집단이 양극화 양상**을 띤다.

② 지도자들이 제대로 기능을 하지 않으면 치료적 역할모델로서의 기능을 할 수 없다.

③ 자신의 입장을 고수하여 상대방의 능력을 인정하지 않을 수 있다.

④ 한 지도자가 성원들과 결탁하여 다른 지도자에 대항할 수 있다.

⑤ **권력다툼, 갈등, 경쟁관계**가 발생할 수 있다.

⑥ 비용이 많이 든다.

### (3) 공동지도 시 유의점

① 집단과정과 계획에 대해서 정기적으로 토론하고 사후 모임을 갖는다.

② 지도자들 사이의 갈등을 집단 내에서 해결하지 않는다.

③ 지도자들 사이의 갈등이 성원들에까지 영향을 주어서는 안 된다.

④ 서로의 강점을 침해하지 말고 존중한다.

⑤ 동일한 전문용어를 사용한다.

⑥ 경쟁적이지 않고 상호지지하는 관계를 유지한다.

⑦ 서로에게 편안하고 개방적인 태도를 유지한다.

**07** 출제유형문제

**01** 집단역동을 증진시키기 위한 방안으로 옳지 않은 것은? [11회]

① 성원 간 솔직한 의사소통이 이루어지도록 해야 한다.
② 긴장과 갈등은 하위집단의 출현을 조장하므로 피해야 한다.
③ 집단의 규칙과 규범을 제정하고 준수하도록 해야 한다.
④ 성원이 다양한 지위와 역할을 경험하도록 해야 한다.
⑤ 성원이 집단중심적인 생각과 행동을 보이도록 촉진해야 한다.

 ② 집단 내 긴장과 갈등이 심각한 수준에 이르거나 오랜 기간 동안 지속되는 경우 집단성원들의 심리적인 분열과 심리사회적 기능의 와해를 야기할 수 있으나, 이와 같은 긴장과 갈등이 항상 부정적인 영향을 미치는 것은 아니다. 그것은 오히려 집단관계에서 건설적인 힘이 되며, 상호작용의 토대를 이루기도 한다. 다시 말해, 집단성원들은 긴장과 갈등을 건설적으로 해결하는 과정을 거치면서 더욱 성장할 수 있는 것이다.

**02** 다음 설명에 해당하는 집단의 치료적 요인은? [12회]

> 집단성원은 상호 간 유사한 걱정을 공유함으로써 다른 사람도 비슷한 문제를 겪는다는 것을 발견하고 안도감을 얻게 된다.

① 이타주의
② 보편성
③ 모방행동
④ 희망증진
⑤ 카타르시스

 ② 보편성 또는 일반화(Universality)는 참여자 자신만 심각한 문제, 생각, 충동을 가진 것이 아니라 다른 사람들도 자기와 비슷한 갈등과 생활경험, 문제를 가지고 있다는 것을 알고 위로를 얻는 것이다.
① 이타주의(Altruism)는 집단성원들이 위로, 지지, 제안 등을 서로 주고받음으로써 자신도 누군가에게 도움을 줄 수 있고, 타인에게 중요할 수 있음을 깨닫도록 하여 자존감을 높이도록 하는 것이다.
③ 모방행동(Imitative Behavior)은 개별성원들이 다른 집단성원들이나 집단상담자의 행동을 관찰하여 필요한 것을 자신의 것으로 취하는 것이다.
④ 희망증진 또는 희망의 고취(Instillation of Hope)는 집단성원들에게 문제가 개선될 수 있다는 희망을 심어주는 것이다.
⑤ 정화 또는 카타르시스(Catharsis)는 집단성원들로 하여금 집단 내의 비교적 안전한 분위기 속에서 그동안 억압되어온 감정을 자유롭게 발산할 수 있도록 하는 것이다.

**03** 집단을 이해하기 위한 장 이론(Field Theory)에 관한 설명으로 옳지 않은 것은? [11회]

① 심리적 환경이 강조된다.
② 집단은 개별성원들의 총합 이상이다.
③ 집단 내 역동적인 상호작용이 강조된다.
④ 개인은 환경에 의해 수동적으로 영향을 받는다.
⑤ 개인의 요구가 변하면 환경에 대한 지각도 변한다.

> **해설** ④ 장(場) 이론은 인간의 행동을 개인과 환경 간의 상호작용의 산물로 본다. 따라서 인간행동의 동기는 그 전체적인 차원에서 파악·분석되어야 하며, 특정 시점에서 개인의 행동 동기를 파악하기 위해서는 그 개인에 대한 정보는 물론 환경적 조건이나 그가 속한 집단 또는 사회심리적 구조에 대해서도 이해해야 한다고 주장한다.

**04** 집단응집력 향상을 위한 방안으로 옳지 않은 것은? [12회]

① 집단성원으로서의 책임성을 강조한다.
② 집단토의와 프로그램 활동을 활용한다.
③ 집단성원 간 경쟁적 관계를 형성하도록 돕는다.
④ 집단성원의 기대와 집단의 목적을 일치시킨다.
⑤ 집단에 참여함으로써 얻을 수 있는 보상을 제시한다.

> **해설** ③ 집단성원 간 친밀한 정서적 유대와 긍정적 관계 형성이 집단응집력에 영향을 끼친다. 경쟁적 관계는 집단성원 간 유대를 약화시키는 부정적 관계이다.

**05** 다음 보기의 내용과 연관된 집단의 긍정적인 기능으로 가장 옳은 것은?

> 사회복지관 집단프로그램에 참여하고 있는 외국인 리나 씨는 자신의 능력을 활용하여 방과 후 아동을 대상으로 한 영어교사 자원봉사활동으로 자신감을 가지게 되었다. 그리고 사회복지사는 이에 대한 칭찬을 해 주었다.

① 보편성
② 대인관계학습
③ 희망의 고취
④ 정보전달
⑤ 1차 가족집단의 교정적 재현

**해설** 집단의 치료적 효과(Yalom)

- 희망의 고취 : 집단은 클라이언트에게 문제가 개선될 수 있다는 희망을 심어주는데 이때 희망 그 자체가 치료적 효과를 가질 수 있다.
- 보편성(일반화) : 클라이언트 자신만 문제를 가진 것이 아니라 다른 사람들도 자기와 비슷한 문제를 가지고 있다는 것을 알고 위로를 얻는다.
- 정보전달 : 클라이언트는 강의를 통해 자기 문제를 명확히 이해하고, 집단성원으로부터 직·간접적인 제안, 정보 등을 얻는다.
- 이타심(이타성) : 집단성원들은 서로 도움을 주고받는다.
- 1차 가족집단의 교정적 재현 : 집단은 가족과 유사한 점이 있다. 즉 사회복지사는 부모, 집단성원은 형제자매가 되는 것이다.
- 사회기술의 개발 : 집단성원으로부터의 피드백이나 특정 사회기술에 대한 학습을 통해 대인관계에 필요한 사회기술을 개발한다.
- 모방행동 : 집단사회복지사와 집단성원은 새로운 행동을 배우는 데 좋은 모델이 된다.
- 대인관계학습 : 집단성원과의 상호작용을 통해 대인관계에 대한 통찰과 관계형성에 대한 아이디어를 얻을 수 있다.
- 집단응집력 : 집단 소속감은 그 자체로서 집단성원의 긍정적인 변화에 영향을 미친다.
- 정화(Catharsis) : 집단 내의 비교적 안전한 분위기에서 성원은 억압 감정을 발산할 수 있다.
- 실존적 요인들 : 집단성원과의 경험 공유를 통해 인생에 대한 궁극적인 책임은 스스로에게 있다는 것을 배운다.

**06** 가정폭력피해 여성을 위한 집단프로그램의 치료요인으로 옳지 않은 것은? [9회]

① 사회적 지지를 통해 고립감을 극복하도록 함
② 폭력에 대처할 수 있는 사회기술을 개발하도록 함
③ 가족집단의 재현을 통해 가해상황이나 권위에 압도되지 않도록 함
④ 자신만의 문제가 아닌 보편적인 문제이므로 폭력상황에 수용적이 되도록 함
⑤ 폭력에 압도된 감정을 자유롭게 표현함으로써 카타르시스를 경험하도록 함

**해설** ① 보편성
② 사회기술의 개발
③ 1차 가족집단의 교정적 재현
⑤ 정화(Catharsis)

**07** 다음 중 집단역동성의 구성요소가 아닌 것은? [5회]

① 집단응집력
② 지위와 역할
③ 상호작용
④ 의사소통
⑤ 상위집단

> **해설** 집단역학(집단역동성)의 구성요소
> • 집단구조 및 의사소통
> • 집단 내 상호작용
> • 집단응집력
> • 집단규범과 가치
> • 집단구성원의 지위와 역할
> • 집단지도력 및 집단문화 갈등
> • 집단목적

**08** 사회기술훈련(Social Skills Training)에 관한 설명으로 옳지 않은 것은? [11회]

① 성원이 훈련의 필요성을 이해해야 한다.
② 문제가 발생하는 실제 상황을 자세하게 파악해야 한다.
③ 특정행동의 복잡한 유형을 세분하여 이해하고 훈련해야 한다.
④ 반복적인 예행연습을 통해 원하는 기술 수준에 도달하도록 해야 한다.
⑤ 난이도가 높은 과제로부터 쉬운 과제를 주는 조성화의 원칙을 준수해야 한다.

> **해설** ⑤ '과제'는 학습한 사회기술의 일반화를 위해 사회기술훈련의 매 회기가 끝날 때마다 참가자들에게 습득한 사회기술을 실제 생활에서 연습할 수 있도록 과제를 부여하는 것이다. 집단치료자는 과제를 부여할 때 조성화의 원칙에 따라 쉬운 것에서부터 어려운 것으로 과제의 난이도를 조절함으로써 참가자들이 자신감을 가지고 도전할 수 있도록 배려해야 한다.

**09** 다음 중 공동지도력의 장점에 해당하지 않는 것은? [7회]

① 지도자의 지도력 탈진을 예방할 수 있다.
② 초보 사회복지사의 훈련에 효과적이다.
③ 사회복지사의 역전이를 어느 정도 방지할 수 있다.
④ 지도자별로 하위집단이 형성되어 응집력이 강화된다.
⑤ 집단성원들에게 갈등 및 논쟁 해결에 대한 모델링을 제공할 수 있다.

> **해설** ④ 지도자별로 하위집단이 형성되는 경우 각 지도자와 그 하위집단이 서로 결탁하여 다른 진영에 대항할 수 있으므로 집단 전체에 있어서 응집력이 약화될 수 있다.

**10** 집단성원 간의 갈등이나 상반되는 관점 등을 해결할 수 있도록 원조하는 집단사회복지사의 역할은? [12회]

① 교육자(Educator)

② 중개자(Broker)

③ 옹호자(Advocate)

④ 중재자(Mediator)

⑤ 조성자(Enabler)

 ④ 집단사회복지사는 집단성원들 간의 갈등을 해결하고 긴장을 완화하기 위해 중재자(Mediator)로서의 역할을 수행해야 한다. 중재자로서 집단사회복지사는 중립적인 태도로써 어느 한 쪽의 편을 들지 않으며, 서로 대립하는 체계들 간의 합의 또는 타협점을 찾기 위해 의사소통을 활성화해야 한다.

① 집단사회복지사는 교육자(Educator)로서 집단성원들의 사회적 기능 및 문제해결능력이 향상될 수 있도록 다양한 정보와 교육프로그램을 제공하며, 새로운 행동을 보여주어 행동모델로서의 역할을 수행한다.

② 집단사회복지사는 중개자(Broker)로서 집단성원들이 목표달성을 위해 필요로 하는 지역사회의 자원을 파악하여 이를 알려주며, 보다 적합한 서비스를 받을 수 있도록 다른 기관에 의뢰한다.

③ 집단사회복지사는 옹호자(Advocate)로서 집단성원들이 특정 서비스에의 접근을 거부당할 때 이를 확보할 수 있도록 원조하며, 필요한 서비스나 자원을 얻지 못하는 성원들을 대신하여 그들의 관심과 욕구를 대변한다.

⑤ 집단사회복지사는 조성자(Enabler)로서 집단성원들로 하여금 목표달성과 관련된 계획 및 활동에 대한 자신의 감정과 관심사를 표현하도록 격려하며, 집단성원들이 자신의 장점과 자원을 발견하고 이를 활성화시키도록 원조한다.

**11** 집단지도자가 지도력을 발휘하는 데 있어 옳지 않은 것은? [9회]

① 감정이입 등의 민감성 유지

② 열린 관점에서 성원 이해

③ 개별성원들에게 공평한 관심 표현

④ 집단 목적달성의 방향성 유지

⑤ 지명된 지도력과 위임된 지도력의 경쟁유도

집단지도자는 보통 공식적으로 위임된 지도자에 의해 임무수행이 이루어지지만, 집단의 특성이나 규모 등에 따라 비공식적으로 지명될 수도 있다. 그러나 그와 같은 과정을 통해 위임된 지도력과 지명된 지도력은 모두 집단의 발달을 책임지며, 집단성원들을 지지·격려하는 공통된 역할을 부여받게 된다. 이 경우 위임된 지도력과 지명된 지도력의 불필요한 경쟁은 오히려 집단 내 갈등이나 경쟁관계를 유발할 수 있다.

**12** 과업달성보다 집단성원 간의 유대감 강화를 강조하는 집단리더 역할에 관한 설명으로 옳은 것을 모두 고른 것은? [10회]

> ㄱ. 모든 성원이 집단과정에 참여하도록 촉진한다.
> ㄴ. 개별성원들의 부정적 감정을 표현하도록 격려한다.
> ㄷ. 성원 간 갈등을 해결하고 긴장을 완화한다.
> ㄹ. 성원들이 제시한 아이디어와 의견을 분석한다.

① ㄱ, ㄴ, ㄷ

② ㄱ, ㄷ

③ ㄴ, ㄹ

④ ㄹ

⑤ ㄱ, ㄴ, ㄷ, ㄹ

 집단지도자(집단리더)는 집단성원들 간의 이해를 증진시키고, 개방적 의사소통을 통해 상호신뢰관계를 형성하도록 집단과정을 촉진시켜야 한다. 이러한 집단과정의 촉진은 집단지도자가 집단성원들 간의 유대감을 강화하는 방향으로 전개되며, 이는 집단성원들에 대한 사정이나 직접적인 개입에 앞서 이루어진다. 참고로 집단성원들이 제시한 아이디어와 의견을 분석하는 것(ㄹ)은 집단지도자의 사정 기술에 해당한다.

**13** 집단과정을 촉진하기 위한 피드백에 관한 설명으로 옳지 않은 것은? [13회]

① 집단성원의 요청이 있을 때 피드백을 제공한다.

② 구체적인 행동이나 관계에 대한 피드백을 제공한다.

③ 집단성원으로 하여금 상호 간에 피드백을 제공하도록 한다.

④ 집단성원이 활용할 수 있는 만큼의 피드백을 제공한다.

⑤ 집단성원의 문제해결능력 향상을 위해 단점에 초점을 둔다.

⑤ 클라이언트는 사회복지사의 강의로 자신의 문제에 대해 보다 명확하게 이해하고, 집단성원으로부터 직·간접적인 제안, 지도, 충고 등을 얻는다. 또한 집단성원들은 문제해결능력 향상을 위해 단점에 초점을 두기보다는 다양한 관점과 견해를 바탕으로 한 위로, 지지, 제안 등을 제공해 서로의 문제를 해결하는 데 자극이 될 수 있다.

# 최신기출문제

**01** 집단 응집력에 관한 설명으로 옳은 것을 모두 고른 것은? [20회]

> ㄱ. 구성원 간 신뢰감이 높을수록 응집력이 높다.
> ㄴ. 응집력이 높은 집단에서는 자기노출을 억제한다.
> ㄷ. 구성원이 소속감을 가지면 응집력이 강화된다.
> ㄹ. 응집력이 높은 집단이 낮은 집단보다 생산적인 작업에 더 유리하다.

① ㄱ
② ㄱ, ㄷ
③ ㄴ, ㄹ
④ ㄱ, ㄷ, ㄹ
⑤ ㄱ, ㄴ, ㄷ, ㄹ

해설 ㄴ. 응집력이 높은 집단에서는 자기 자신을 개방하며, 자기 탐색에 집중한다.

**02** 집단역동에 관한 설명으로 옳지 않은 것은? [19회]

① 하위집단은 집단에 부정적인 영향을 미치기 때문에 사회복지사가 개입하여 만들어지지 않도록 한다.
② 집단성원 간 직접적 의사소통을 격려하여 집단역동을 발달시킨다.
③ 집단응집력이 강할 경우, 집단성원들 사이에 상호의존하려는 경향이 강해진다.
④ 개별성원의 목적과 집단 전체의 목적의 일치 여부에 따라 집단역동은 달라진다.
⑤ 긴장과 갈등을 적절하고 건설적인 방법으로 해결할 때 집단은 더욱 성장할 수 있다.

해설 집단역동에서 하위집단
• 하위집단은 정서적 유대감을 갖게 된 집단구성원 간에 형성된다.
• 적게는 두 명에서 많게는 다수의 성원들로 구성된다.
• 하위집단의 발생은 필연적이기 때문에 전체집단에 부정적 영향을 주는지 파악하는 것이 필요하다.
• 하위집단 가운데 다소 우위에 있는 하위집단이 집단에 대한 통제력을 행사하려고 시도하기 때문에 다른 하위집단과 갈등을 유발할 수 있다.
• 하위집단은 소시오그램(Sociogram)이나 소시오메트리(Sociometry)를 통해 측정할 수 있다.

**03** 집단사회복지실천에 관한 설명으로 옳지 않은 것은? [16회]

① 집단이 개방적일 경우, 발달단계를 예측하는 것이 용이하다.

② 하위집단의 발생은 필연적이기 때문에 전체집단에 부정적 영향을 주는지 파악하는 것이 필요하다.

③ 집단의 규범은 집단 내부를 통제하기 때문에 외적 통제의 수준을 감소시킨다.

④ 집단 내 공동지도자의 참여는 집단지도자의 역전이를 막을 수 있다.

⑤ 자기애적 성향을 가진 성원의 경우 집단에 적절한 행동과 사고를 할 수 있도록 돕는다.

> **해설** ① 개방집단은 새로운 성원의 아이디어나 자원을 활용할 수 있는 장점이 있다. 그러나 새로운 성원의 추가로 인해 응집력이 제한되며, 새로운 성원의 참여로 인해 집단의 과정을 되풀이하게 되는 경우도 있으므로 집단의 발달을 저해할 수 있다. 특히 성원의 교체가 빈번히 일어나는 집단의 경우 그 발달단계를 예측하는 것이 용이하지 않다.

**04** 사회기술훈련에서 사용되는 행동주의모델기법을 모두 고른 것은? [20회]

> ㄱ. 정적 강화
> ㄴ. 역할 연습
> ㄷ. 직 면
> ㄹ. 과제를 통한 연습

① ㄱ, ㄴ

② ㄱ, ㄷ

③ ㄱ, ㄴ, ㄹ

④ ㄴ, ㄷ, ㄹ

⑤ ㄱ, ㄴ, ㄷ, ㄹ

> **해설** ㄷ. 직면(Confrontation)은 클라이언트의 행동변화(행동수정)나 사회기술 향상을 위해 사용되는 기법이 아닌 클라이언트의 인지능력 향상 및 상황에 대한 인식을 돕기 위해 사용되는 기법에 해당한다.

# 집단발달단계와 사회복지실천기술

★ 학습목표 ■ 집단발달단계의 전반적 이해, 집단발달단계별 사회복지실천을 학습하자.
■ 꾸준히 문제가 출제되고 있는 부분으로, 집단준비단계에서 사회복지사가 고려해야 할 사항이나 사정도구에 대한 문제들이 반복적으로 출제되고 있으므로 전체적인 이론을 완벽하게 이해한다면 큰 무리 없이 해결이 가능한 부분이다.

## 제1절 집단발달단계의 전반적 이해

### 1 집단발달단계의 개념과 특성

#### (1) 집단발달단계의 개념

① 집단발달
  ㉠ 집단은 시간이 지남에 따라 집단의 내부구조, 의사소통과 상호작용의 형태, 응집력, 사회적 통제, 문화 등이 형성되며 변화되어 간다. 이러한 집단의 변화를 **집단발달**이라 한다.
  ㉡ 집단발달은 집단의 존속기간을 예측하고, 각 발달단계에서 예상되는 구성원 및 집단행동지표의 제공에 필요한 종합적인 작업기반을 제공한다.

② 집단발달단계
  ㉠ 집단의 발달과정에서 서로 구분되는 기간 또는 구분되는 정도를 **집단발달단계**라고 한다.
  ㉡ 집단의 단계이동
    • 목표의 설정
    • 유대관계의 형성을 시작하는 단계에서 출발
    • 목적, 활동, 관계에 대한 마찰이 발생할 수 있는 시점으로 이동
    • 목표를 달성하기 위해 자발적으로 방향을 정하고 행동을 취하게 되는 성숙기를 거침
    • 구성원들이 집단의 활동과 자신의 공동경험을 평가해 보는 단계로 이동

#### (2) 집단발달단계의 특성

① 집단발달단계의 구분과 특성에 대한 견해는 학자마다 다르며, 그 내용은 다음과 같다.

| 학자 발달단계 | 초기단계 | 중간단계 | 종결단계 |
|---|---|---|---|
| Bales(1950) | 오리엔테이션 | 평 가 | 의사결정 |
| Tuckman(1963) | 집단형성 | • 갈 등<br>• 규범설정<br>• 수 행 | – |
| Northen(1969) | 계획 및 오리엔테이션 | • 탐색과 시험<br>• 문제해결 | 종 결 |
| Hartford(1971) | • 전집단계획<br>• 소 집<br>• 집단형성 | • 와해 및 갈등<br>• 집단기능 및 유지 | |
| Klein(1972) | • 오리엔테이션<br>• 저 항 | • 협 상<br>• 친 밀 | |
| Trecker(1972) | • 초기단계<br>• 집단감정의 출현단계 | • 유대, 목적, 응집력의 발달<br>• 강한 집단의식<br>• 집단의식의 감소 | |
| Garland, Jones & Kolodny(1976) | • 친밀 전 단계<br>• 권력과 통제 | • 친 밀<br>• 차별화 | |
| Sarri & Galin–sky(1985) | • 시초단계<br>• 형성단계 | • 중간 1단계<br>• 중간 2단계<br>• 성숙단계 | |
| Henry(1992) | • 착 수<br>• 소 집 | • 갈 등<br>• 유 지 | |
| Toseland & Rivas(1995) | • 계 획<br>• 초 기<br>• 사 정 | • 작 업<br>• 평 가 | |
| Reid(1997) | • 임 신<br>• 출 생 | • 아동기<br>• 청소년기<br>• 성인기 | 사 망 |

② 모든 집단이 동일한 발달단계를 거치는 것은 아니며, 이전의 단계로 역행할 수도 있다.
　㉠ 어떤 집단은 정체되어 있는가 하면, 어떤 집단은 한 집단회기 동안에 신속하게 몇 단계를 거치기도 한다.
　㉡ 폐쇄집단은 비교적 집단의 발달단계를 구분하고 예측할 수 있으나, 개방집단의 집단발달은 성원의 교체에 의해 영향을 많이 받는다.
③ 요인의 수, 구성원 자격부여의 개방여부, 구성원의 능력, 집단의 목표 및 직무에 따라 발달정도가 결정된다.
④ 집단발달단계에 대한 지식은 집단의 존속기간 예측, 각 단계에서 예상되는 구성원 및 집단행동지표의 제동에 필요한 종합적인 작업기반을 제공하며, 사회복지사의 행동이 어떠해야 할 것인지를 암시해 준다.
⑤ 사회복지사는 자신이 지도하는 집단의 발달단계를 관찰하고 사정하는 체계적인 방법을 사용해야 하며, 예상할 수 있는 집단발달의 단계에 대해서 성원에게 교육시키는 것이 좋다.

### (3) 공통된 집단발달단계의 구분

① 집단의 초기단계

    ㉠ 집단을 계획하고 조직·소집하는 단계이다.

    ㉡ 집단감정이 출현하지만 평탄하게 나타나지는 않는다. 성원들은 자신의 자율성을 유지한 채, 집단의 성원이 되려 하거나 집단압력에 저항을 나타낸다.

    ㉢ 초기단계가 진전되고 집단의 규범과 규칙이 차별화되면서 성원들은 집단 내에서 자신이 맡을 역할을 모색하고 시험하는데, 이때 갈등이 발생할 수도 있다.

② 집단의 중간단계

    ㉠ 과업과 목표를 달성하기 위해 집중적으로 노력하는 단계이다.

    ㉡ 성원 간의 상호관계와 집단응집력이 발달한다.

    ㉢ 문제해결, 형성, 유지, 친밀감, 성숙함 등이 나타난다.

③ 집단의 종결단계

    ㉠ 그동안 집단이 해온 노력을 종결하고 이에 대해 평가를 하는 단계이다.

    ㉡ 이별의 과정이 시작되며 집단감정과 응집력이 감소한다.

    ㉢ 성원들은 집단의 성취도를 요약하고 함께 축하하는 것으로 종결하기도 한다.


## 2 Northen의 집단발달단계

### (1) 준비단계

7회 기출

① 집단구성원이 실제적으로 상호작용하기 이전의 단계로, 개인의 문제해결에 집단을 효과적으로 활용하기 위한 예비적 단계이다.

② 유사한 문제를 가진 집단으로 구성되며, 구성원의 심리적 불안해소 및 신뢰관계의 분위기와 집단의식을 갖도록 조성한다.

③ 집단의 크기, 성원의 특성이나 배경 및 집단의 환경적 위치 등을 고려한다.

### (2) 오리엔테이션단계

① 집단성원 간의 인간적 유대관계가 생기고, 투쟁적 리더를 중심으로 의사소통이 이루어진다.

② 집단응집력의 기초단계로서 성원 각자가 갖는 집단에의 목적이나 과제 및 다른 성원에 대한 친밀감이 중요하다.

③ 집단성원의 관계형성이 중심이 되며, 불안과 긴장이 가장 높다.

④ 사회복지사는 집단의 목적과 활동과제를 설정하는 과정에서 공통적인 가치와 태도를 집단의 규범과 행동방식으로 형성한다.

⑤ 사회복지사는 리더십구조를 수정하고, 구성원의 불안해소를 통한 신뢰구축을 후원한다.

### (3) 탐색과 시험의 단계

① 상호작용의 유형이 발달하고 하위집단이 생성되며 집단의 규범과 가치를 위한 통제기제가 발달하는 단계이다.
② 집단의 목적이 분명해지고 **목표지향적인 활동**이 나타난다.
③ 투쟁적 리더는 집단목적에 부합하는 리더로 전향한다.
④ 조화와 갈등의 관계형성으로 갈등과 긴장이 존재한다.
⑤ 사회복지사는 집단규범과 운영절차의 수정 및 의사소통구조를 개선한다.

### (4) 문제해결단계

① 집단성원들 간의 **상호의존성과 응집력**이 최고가 되는 단계이다.
② 언어를 통한 커뮤니케이션의 발달로 인해 하위집단이 다양하게 출현한다.
③ **협동과 문제해결능력이 고도화**된다.
④ 사회복지사는 집단성원 간에 서로 도울 수 있는 능력을 증대시키고, 격려 및 후원을 한다.
⑤ 이 단계는 성공적인 집단만이 도달할 수 있으며, 집단성원들이 집단의 내·외부에서 오는 변화와 압력에 효과적으로 대처할 때만 유지가 가능하다.

### (5) 종료단계

① 목적달성 시 또는 기한의 도래 시 종료되는 단계이다.
② 응집력의 약화로 분절되거나 내외적 환경의 압력에 의한 부적응 등(출석률 저조, 이탈자 발생, 심각한 갈등 등)으로 종결되는 경우도 있다.
③ 사회복지사가 할 일은 전체경험의 평가, 미완성과제의 파악, 부적응의 원인분석, 장래계획의 의논, 집단해체 등이 있다.

## 3 Garland, Jones, Kolodny의 집단발달단계

### (1) 1단계 : 친밀 전 단계 – 접근과 회피행동

① 성원들의 행동양식
   ㉠ 집단참여에 대해 양립된 감정(접근과 회피)을 가진다.
   ㉡ 책임지기와 타인과의 상호작용, 프로그램의 활동에 대해 망설인다.
   ㉢ 일반적으로 침묵을 지키고 집단과의 첫만남에서 오는 불편한 감정을 경험하며 두려워하거나 의심하는 경향이 있다. 즉, 자신의 표현에 대한 다른 성원의 반응을 우려하거나 지배, 공격, 고립, 거부, 적의에 대해 두려워한다.
   ㉣ 조심스럽게 행동하고, 때로 화를 내면서 집단이 원하고 기대하는 행동을 인식하려 한다.
   ㉤ 다른 성원의 사회적 지위나 역할을 자신의 잣대로 규정하거나 자기소개를 정형화하며, 지적토론에 집중하는 경향이 있다.

ⓑ 집단의 제한사항을 시험해 보고, 지도자의 능력을 확인하고자 한다.

ⓐ 다른 성원과의 공통점을 찾거나 승인, 수용, 존경을 추구하며 집단을 향해 움직인다.

② **사회복지사의 역할** : 사회복지사는 **집단구조를 창조하고 그에 필요한 활동을 제공**함으로써 성원들이 물리적 · 심리적 환경에 대해 탐색하도록 조장하고 신뢰감을 가질 수 있도록 도와주어야 한다. 또한 성원들의 거리감을 허락하고 집단에 대한 매력을 증대시키도록 이끌어가야 한다.

③ **단계의 성공여부** : 성원들이 집단 내에서 평온을 느끼고 시험적 · 정서적 합의가 가치 있는 보상을 받게 될 때 성공적으로 끝을 맺게 된다.

### (2) 2단계 : 권력과 통제단계 – 변화의 시간

① **성원들의 행동양식**

㉠ 성원들은 집단경험을 안정적인 것으로 생각하고 초기감정의 투입을 보상받았다고 느끼면서 자율, 권력, 통제의 문제에 관심을 갖게 된다.

㉡ 준거틀은 '변화'로서 성원들이 상황을 이해하고 예상할 수 있게 되면서 관계의 틀을 구성하기 위해 노력한다.

㉢ 친밀하지 않은 관계에서 친밀한 관계로 바뀌면서 겪게 되는 모호성과 혼란을 극복해야 한다.

㉣ 투쟁을 거쳐 다른 성원과의 관계에서 서열에 신경을 쓰게 된다.

㉤ 지지와 보호를 받기 위해 자신과 유사한 다른 구성원에게 관심을 둔다.

㉥ 차츰 하위집단과 위계 또는 일련의 사회적 질서를 만들어낸다.

② **특 징**

㉠ 집단과정은 점차 다양하게 구분되면서 관계가 결속되는 형태를 띠게 된다.

㉡ 대립하는 하위집단들이 빈번히 갈등을 겪으면서 지도자와 권위 있는 인물, 밖으로 배회하는 성원에 대해 분노를 표출하기도 한다.

㉢ 집단에 대한 매력을 상실하는 경우, 적의 · 철회 · 집단목적에 대한 혼란 등이 나타난다. 낮은 지위의 성원에 대해 언어적 침해, 공격, 거부 등도 자주 나타나며, 하위집단에 속하지 못하고 고립된 성원은 다음 모임에 참석하지 않을 수도 있다. 또한 집단에서 소속감이 고갈되면 집단의 존립 자체가 위태로울 수 있다.

㉣ 투쟁과정에서 집단사회복지사는 만족의 중요한 근원이 된다. 집단사회복지사는 집단의 방침에 영향을 주고 정서적 · 물질적 보상을 주거나 막을 수 있는 막대한 힘을 가진 존재로 인식된다. 반면, 이때 집단이나 집단사회복지사의 집단사업에 대한 일차적인 통제력, 집단지도자의 힘의 단계 및 힘의 모호성은 성원들에게 상당한 불안을 가져오게 하며, 이로 인해 성원들은 사회복지사를 시험하려 한다. 이렇게 하여 집단성원들은 집단과 사회복지사의 권력에 대한 규범을 수립하고 제한을 시도하게 된다.

③ **사회복지사의 역할** : 모호하고 불편한 분위기에 대해 정서적으로 지지하는 한편, 집단이 모호성을 해결하기 위한 규범을 수립할 수 있도록 원조한다.

④ **특정 기본논제로의 이행단계** : 성원들은 그들에게 집단이 중요한 존재라는 것을 인식하게 되고, 해결할 필요가 있는 특정 기본논제로의 이행단계를 거치게 된다.

ⓒ 집단성원이 지도자에 대한 신뢰를 개발하는 것은 매우 중요한 일이다.

ⓛ 집단지도자는 분담된 힘과 통제의 안정적인 균형을 유지해야 한다.

ⓒ 신뢰가 달성될 때 집단성원은 집단 내에서 주된 합의형성과정에 관여하게 된다.

### (3) 3단계 : 친밀단계 – 친밀한 관계의 발전

① 성원들의 행동양식

ⓒ 개인적인 자율성, 동기, 권력의 문제들을 정리·해결하면서 통제단계에서 '친밀단계'로 변화한다. 갈등은 사라지고 개인적 소속감은 강해지며, 집단경험을 중요하게 인식한다.

ⓛ 성원들은 자신감과 '공동체성'이 성장하는 것을 경험하며, 집단목적에 대해 깊이 동의하고 과업을 수행하려는 동기가 높다.

ⓒ 성원 각자의 독특성을 인지하기 시작하면서 상호신뢰가 형성되고, 성원 자신의 감정과 문제를 서서히 드러내어 집단의 의견을 찾기 시작한다. 또한 바람직한 친밀감을 위해 갈등을 일으킬 수 있는 부정적 감정을 억누른다.

ⓔ 참석하지 않은 성원에 대해 진실한 관심을 표명하고 그들을 다시 참석시키기 위해 연락하거나 방문할 수도 있다.

ⓜ 집단의 문화, 양식, 가치체계에 따라 집단의 '특성'이 나타나고 개인의 관심이나 기질 또는 다른 긍정적 힘에 따라 분명하게 규범을 세운다. 또한 성원들은 각자의 지위를 정하여 지도력의 유형을 굳게 다진다.

ⓗ 성원의 관계의 틀은 친밀하게 바뀌며 집단경험을 가정과 같이 느끼게 되고, 다른 성원을 친자매처럼 느끼며 지도자를 집단의 '아버지'나 '어머니'로 부르기도 한다.

② 특 징

ⓒ 집단에 대한 느낌이 좀 더 개방적으로 표현되고 토론된다. 또한 집단은 성장과 변화가 일어나는 곳으로 정의되며, 개별성원들은 개인적 태도·관심·문제를 변화시키기 위해 노력하고 이를 위해 자유롭게 연습하게 된다.

ⓛ 집단과제 또한 실행되어 일체감과 집단 내 응집력이 고조되며, 투쟁은 개인적 삶의 변화와 탐색을 유도하는 방향으로 활용된다.

### (4) 4단계 : 분화단계(차별화단계) – 집단정체성의 발달과 내적 준거틀 형성

① 특 징

ⓒ 집단응집력과 조화로 표현되기도 한다.

ⓛ 집단중심의 기능이 이루어지며, 개인과 집단의 욕구는 조화를 이룬다.

ⓒ 집단은 점차 성원 개개인의 욕구와 비례하여 정서적으로 지원하는 상호협조체계로 변모하게 되고 그 자체의 관습과 구조, 즉 준거틀을 형성한다.

ⓔ 집단의 에너지는 성원들이 명확하게 이해하고 받아들이는 목적이나 과제를 수행하는 것에 집중되고, 집단활동과 조직구조(책임자, 의무, 기대참석률, 원칙 등)를 지원하는 기능적인 역할이 발달한다.

② 성원들의 행동양식

　㉠ 친밀감이라는 단어를 사용하며 다른 사람을 자신 옆에 앉히기도 한다.

　㉡ 다른 집단의 성원 또는 보완적으로 참여하는 성원들은 개인적 감정표현에서 자유를 경험하거나 수용되고 있다는 감정을 느낀다. 또한 성원들은 자유와 친밀감을 경험하면서 집단경험을 독특한 것으로 인지하기 시작한다.

　㉢ 집단기능에 관습과 전통적 방법이 등장하며, 집단목적을 적절히 반영하는 이름이나 휘장을 선택한다. 집단위계는 융통성을 지향하며, 성원들은 지속적인 특별한 경험이나 능력을 개발하기 위해 지도자 역할을 당연한 것으로 받아들인다.

　㉣ 이 단계에 이르기까지 문제를 다루면서 축적해 온 경험을 통하여 자신의 욕구와 상황을 적절히 표현하고 다른 사람을 지원하기도 하며, 자신의 감정과 타인의 감정을 분석하는 기술을 획득한다.

　㉤ 집단기능에 대해 이해하면서 갈등을 공개적으로 드러내며 집단발달을 저해하는 장애물을 확인하게 된다.

　㉥ 모든 의사결정은 만장일치를 반영하여 철저히 지킨다. 다른 생각을 가진 성원의 입장을 신중히 고려하고 성원 간의 공통된 의견을 모으기 위해 노력한다.

　㉦ 신입성원은 집단발달의 촉매역할을 한다.

　㉧ 성원들은 소속감을 갖기 전에 느꼈던 수치심을 자연스럽게 이야기한다.

　㉨ 집단에서의 자신의 역할을 확실히 하면서 다른 집단의 모임에 흥미를 보이거나 집단 외부의 문화를 집단에 가져오기도 한다.

③ **사회복지사의 역할** : 자체적으로 뿐만 아니라 다른 집단이나 보다 넓은 지역사회에서도 기능을 적용·활용할 수 있도록 격려·원조할 수 있어야 한다. 또한 집단의 활동·감정·행동을 평가할 수 있어야 한다.

## (5) 5단계 : 종결단계(이별단계) - 헤어짐의 시간

① 특 징

　㉠ 성원들이 이별하기 시작한다.

　㉡ 종결은 집단이 달성한 것을 평가하는 시간으로, 해결하지 못한 과제를 해결하고 피드백을 주고받으며, 집단에서 획득한 관계를 음미할 수 있다.

　㉢ 집단목적이 달성되면 집단성원들은 집단에서 터득한 경험들을 다른 사회적 경험으로 이동할 수 있으며, 이를 통해 새로운 행동유형을 배우게 된다.

　㉣ 종결은 항상 쉽게 이루어지는 과정은 아니므로 성원들은 이동을 꺼려하고 집단에서의 안정감을 연기하기 위해 퇴행적 행동을 보이기도 한다. 집단지도자는 이를 인식하여 자연스러운 진화과정을 밟도록 함으로써 집단생애를 최대한 활성화하도록 노력해야 한다.

② **성원들의 행동양식**

　㉠ 성원들은 집단을 떠나는 것에 대해 다양한 감정을 경험하게 되는데, 이때 성원의 관계는 점점 분리되기도 하고 긴밀해지기도 한다.

ⓒ 집단종결에 대한 포기·거부·이해의 잠재된 감정과 집단에서 가진 긍정적 감정을 조화시키려는 노력이 복합적으로 표출된다. 집단에 대한 관심을 철회하고 외부에 에너지를 쏟기 시작하며, 두려움·희망·미래·타인 등에 대한 관심을 갖는다.

ⓒ 집단에서 배운 것을 다른 상황에 어떻게 적용할 것인지, 집단을 재조직하거나 추후 모임을 어떻게 할 것인지 논의한다.

③ **사회복지사의 역할** : 성원들에 대한 적극적인 안내와 지도에 의해 집단과 개인의 변동·변화·경험에 대한 평가 및 종결에 대한 수용을 활성화한다(Frey, 1973).

## 제2절 집단발달단계 사회복지실천

### 1 집단형성을 위한 계획단계(준비단계)    15회 기출

#### (1) 집단의 목적설정

① 사전단계에서 가장 중요한 요소로 다양한 개인적 목표를 포괄한다.

② 집단의 목적은 집단과 집단성원들에게 방향과 지침을 제공하며 집단성원들이 비생산적인 경험을 하거나 좌절을 느끼지 않도록 도와주는 역할을 한다.

③ 집단이 클라이언트에게 도움이 되는지 결정할 수 있도록 목적에 대해 간단히 진술한다.

④ 설정된 목적은 토론을 통해 타협·수정될 수 있다.

⑤ 목적진술의 예

ⓐ 집단은 이혼한 부모의 아동들을 대상으로 한다. 동료의 지지를 통하여 아동들은 그들의 관심사를 논의하고 상실의 슬픔을 치유할 수 있는 적절한 대처기술을 발달시킬 수 있도록 격려받는다.

ⓑ 집단은 정신과 병동에서 생활하는 새로운 환자들을 대상으로 한다. 논의는 병원에서의 생활에 대한 안내와 불필요한 스트레스의 감소에 초점을 둔다. 성원들은 특정문제를 제기할 수 있으며, 직원과 다른 환자로부터 조언받을 수 있다.

#### (2) 잠재적 성원 확인 및 정보수집과 사정

① 집단성원을 모집하기 전에 집단의 목적과 목표에 적합한 잠재적인 성원들을 확인하여 정보를 수집해야 한다.

ⓐ 기관 내부에서의 성원 확인 : 동료직원이 다루는 사례, 기관의 기록 또는 주소록을 통해서 확인할 수 있다. 잠재적 성원이 기관에 직접 요청하기도 하는데 이 경우 모집 과정이 필요하지 않을 수도 있다.

ⓛ **타기관에 의뢰** : 기관 내에 잠재적 성원이 부족한 경우에 요청할 수 있다. 또한 특정 인구학적 특성을 지닌 사람이나 특정 문제를 가진 사람들로만 집단을 구성하려는 경우에도 타기관에 의뢰가 필요한 경우가 많다. 타기관에 의뢰할 때에는 그 기관의 책임자와 잠재적 성원을 확인할 수 있는 일선의 직원들에게 집단의 목적에 대해서 분명하게 설명해야 한다.

　　　ⓒ **지역사회 내에서 확인** : 인구조사자료를 검토하거나 지역지도자, 경찰, 교사, 종교인 등을 통해 정보를 수집·평가할 수 있다.

　　② **잠재적 성원 여부의 주요 사항** : 집단성원이 직면한 과제나 관심사를 공유하고 있는지의 여부와 현실검증능력, 의사소통능력, 인식능력, 타인과의 감정공유 등 구성원의 사회정서적 능력을 사정한다.

## (3) 성원의 모집

20회 기출

집단에 적합한 성원을 결정하고 결정된 성원들을 대상으로 모집계획을 세운다.

　① **성원의 모집방법**

　　　㉠ 성원과의 직접접촉, 안내문 게시, TV나 라디오 방송, 인쇄물의 배포, 신문(지역신문 포함), 인터넷, 가정방문, 기관소식지 등이 있다.

　　　ⓛ 잠재적 성원에게 직접 접촉하거나 그들에게 집단을 소개하는 짧은 안내문을 우송하는 것이 효과적인 방법이다.

　② **집단참여에 대한 저항에 개입하는 방법** : 의무적으로 집단에 참여해야 하는 비자발적인 상황에서 집단참여에 대한 상당한 저항이 있을 수 있다.

　　　㉠ 비언어적 프로그램을 통해 신뢰감을 형성한다(이야기를 들어주고, 고통에 진솔한 관심을 보이며, 생각과 감정을 이해한다).

　　　ⓛ 비자발적으로 참여시키게 된 기관 측의 이유에 대해 토론한다.

　　　ⓒ 비자발적으로 참여하게 된 성원들의 이유에 대해 자신이 지각하는 것을 토론한다.

　　　ⓔ 의무적으로 참여하게 된 것에 대한 느낌을 토론한다.

　　　ⓜ 집단경험을 최대한 활용할 수 있는 방법을 토론한다(집단참가의 의미를 증가시킬 수 있다).

## (4) 집단의 구성

9, 10, 14, 17회 기출

개별성원의 욕구와 집단의 요구 등에 따라 집단성원을 선정한다.

　① **인구학적 특성과 다양성** : 집단성원을 선발할 때 연령, 성별, 사회문화적 요소 등 인구학적 특성과 문제 유형 간 동질성과 이질성의 균형을 고려한다.

　　　㉠ **동질성** : 집단성원들이 집단에 참가하려는 목적이나 개인적 특성에 있어서 공통점을 말한다. 성원 간의 관계를 증진시키고 집단의 결속력을 높여주지만 너무 동질적이면 서로를 너무 잘 안다고 생각하여 서로 자극하거나 반론을 제기하지 않게 되므로 현실검증의 기회가 적어질 수 있다.

　　　ⓛ **이질성** : 서로 다른 인생경험, 전문적 기술수준, 대처유형을 가지는 집단에서 광범위한 견해와 관점을 제공하여 개인의 문제를 해결하는 데 자극이 될 수 있다. 하지만 너무 이질적인 경우 서로 관련시킬 수 없는 현실로 인하여 문제를 표출하고 유대를 형성하는 데 오랜 시간이 걸리며, 초기의 많은 방어와 저항으로 인해 성원이 탈락할 수 있다.

ⓒ 고슴도치의 원칙(Porcupine Principle) : 고슴도치가 눈보라 속에서 체온을 유지하기 위해서는 몸에 난 가시로 인해 서로 찔려 죽지 않을 만큼 간격을 두고 밀착해야 한다는 것에서 나온 원칙이다. 즉, 집단성원들은 유사성을 가지고 있어야 하지만 너무 많은 유사성이 있으면 집단을 유지할 수 없게 된다는 원칙이다.

ⓔ 노아 방주의 원칙(Noah's Ark Principle) : 집단을 구성할 때 어떤 특성이건 한 사람만을 선택하지 않는다는 원칙이다. 다른 성원과 구별되는 특성을 가진 한 사람은 집단의 희생양이 될 가능성이 높다.

② **집단의 구조화**

사회복지사는 집단성원의 욕구충족과 집단목적의 달성을 위하여 집단을 구조화한다.

③ **회합 지속기간과 빈도 구성**

ⓐ 회합의 기간과 빈도를 정할 때 성원들의 주의집중능력을 고려해야 하며, 보편적으로 일주일에 1회 1~2시간 정도가 적당하다.

ⓑ 회합 지속기간 : 클라이언트의 상황, 기관의 환경, 집단의 목적 등에 영향을 받아 정해진다. 응집력과 신뢰감을 발달시킬 만큼 충분한 회기로 계획한다.

ⓒ 회합 빈도 : 회합의 빈도구성은 구성원들의 욕구나 문제를 다루기에 적절해야 한다. 친밀감·동일시·집단의 총체성 형성에 도움을 주므로 초기단계에 더욱 자주 만나야 한다.

| 시간제한집단 | 지속적 집단 |
|---|---|
| • 정해진 기간 내에 목표달성을 위해 노력하므로 생산적<br>• Reid는 20회로 제한 | 각 성원들에게 충분한 시간을 제공하지만 의존성이 증가하고 시간제한집단에 비해 생산성이 낮음 |

④ **집단의 크기** : 집단성원의 상호작용과 만족도에 영향을 미치는 것으로, 목적과 성원의 성숙도에 의해 결정된다.

ⓐ 일반적으로 5~12명이 선호되며, 레이드(Reid)는 성원들의 결석과 낙오를 고려하여 최소한 8명의 성원을 둘 것을 제안하였다(과업집단 5명 이내, 의사결정집단 7명 이내, 치료집단 5~7명 또는 15명 이내).

ⓑ 집단이 작을수록 성원들의 참여 및 친밀성에 대한 요구는 더 많아지고 사회복지사는 성원에게 보다 쉽게 다가갈 수 있다. 또한 대개 심각한 문제를 겪고 있는 클라이언트들로 구성된 치료집단은 규모가 작다. 그러나 매우 작은 집단은 다양성, 활력, 동료와의 친교를 위한 자원을 충분히 제공할 수 없고, 참여와 친밀성에 대해 압박감을 줄 수 있다.

ⓒ 집단이 클수록 성원들 간의 상호작용은 적어지고 집단의 구조는 더 공식화된다. 사회적 목표모델에 속하는 집단은 보다 많은 수의 성원을 포함한다.

⑤ 집단의 성격

사회복지사는 집단이 성원들에게 폐쇄적일지 개방적일지에 대해 결정하여야 한다.

㉠ 개방집단 : 새로운 성원을 언제든지 받아들이는 집단

| 장 점 | 단 점 |
|---|---|
| • 클라이언트가 원할 때 집단에 참여할 수 있어서 당장 도움이 필요한 사람에게 유용<br>• 새로운 성원의 아이디어나 자원을 활용하여 시너지효과를 얻음<br>• 집단전체의 기능상의 변화 없이 새로운 성원의 가입이 가능 | • 집단의 안정성과 응집력이 제한<br>• 새로운 성원의 참여는 집단의 과정을 되풀이하여 집단의 발달을 저해하기도 함 |

㉡ 폐쇄집단 : 집단의 시작과 종결까지 같은 성원들로 유지하는 집단

| 장 점 | 단 점 |
|---|---|
| • 제한적 성원 자격과 집단의 연속성으로 자기표출에 어려움이 적고 응집력이 강함<br>• 역할행동을 예측할 수 있음<br>• 구성이 안정적이어서 사기가 높음<br>• 회합을 계획하기 쉬움 | • 결석, 탈락이 발생할 경우, 의미 있는 상호작용이 줄거나 이루어지기 어려움<br>• 성원이 줄면 대체방법이 없으므로 운영이 불가능해짐<br>• 새로운 사고의 유입이 어려워 집단적 사고에 빠지거나, 집단에 순응하도록 요구받는 등 집단의 효율성이 떨어짐 |

## (5) 오리엔테이션(집단소개)

① **절차** : 집단의 목적을 설명하고 성원이 절차를 잘 익히도록 하며, 적절한 성원을 선별한다.

② **방법** : 이전 집단에 대한 내용을 비디오나 오디오로 시청하거나 집단역학에 대한 강의를 통해 효과적인 의사소통방법과 집단기술에 대한 리허설 등을 실시한다.

## (6) 계 약

일반적으로 계약은 초기단계에서 사회복지사와 집단성원의 상호작용을 통해 이루어지지만 실제 집단이 시작되기 전인 준비단계에서 이루어지기도 한다.

| 집단절차에 대한 계약 | 개별성원의 목표에 대한 계약 |
|---|---|
| • 회합의 빈도와 기간<br>• 참여규정<br>• 비밀보장<br>• 시간과 장소<br>• 비 용 | 성원들이 기대하는 것 |

### (7) 물리적 환경의 배려 – 집단환경준비

① 물리적 환경
  ㉠ 대상에 따라 선호하는 공간이 다양하다(어린이들은 넓고 트인 공간을, 장애인들은 휠체어가 있는 방을 선호).
  ㉡ 물리적 환경은 성원의 행동(비밀성, 친밀감, 편안함, 집중도 등)에 많은 영향을 미치므로 주어진 여건 내에서 최상의 조건을 만들도록 한다.
  ㉢ 비밀보장, 소음의 정도, 방의 온도와 크기, 가구의 크기와 배열, 분위기 등을 고려한다.
② 재정적 지원 : 사회복지사는 집단을 후원해 줄 수 있는 후원기관과 재정지원을 점검해야 한다. 집단활동에 소요되는 주요 비용은 전문가의 급여, 회합장소의 대여료, 슈퍼비전비용, 복사나 전화, 우편요금, 간식비, 교통비 등이다.
③ 특별한 준비 : 퇴직연금으로 생활하는 노인집단의 경우 교통수단, 모임의 안정성, 편안한 의자, 기관과 모임장소에 대한 접근성을 고려한다. 장애인집단 경우에는 계단 등의 장애물이 없는 장소가 좋고, 부모집단인 경우에는 동반한 자녀를 돌보아 줄 수 있는 공간과 인력 등을 갖추고 있는 장소가 좋다.

## 2 집단의 초기단계

### (1) 성원들의 행동양식

① 성원들은 자신들이 집단에서 무엇을 할 것인지, 다른 성원과 사회복지사는 어떤 사람인지, 집단이 자신들에게 기대하는 바는 무엇인지에 대해서 의문을 가진다.
② 의문에 대한 해답을 얻기 위해 다른 성원과 사회복지사를 평가하고 집단이 자신이 원하는 것과 거리가 멀 경우 더 접근하지 않고 회피한다.
③ 성원들이 자신을 집단의 일부로 느끼고 공통된 목적을 향해 함께 활동하고자 하는 공통적 기초를 발견할 수 있도록 도와주기 위해 사회복지사는 개방적이고 솔직한 의사소통을 촉진시키며, 민주적인 집단과정을 통해 신뢰할 수 있는 분위기를 확립하도록 해야 한다.

### (2) 사회복지사의 과업

3, 7, 10, 16, 19, 20회

① 집단성원의 소개 : 집단의 첫 모임에서 사회복지사는 성원들을 소개해야 한다.
  ㉠ 성원들 간의 상호관심사와 흥미를 공유하게 하고 상호신뢰를 발전시키는 계기가 된다.
  ㉡ 사회복지사는 소개과정을 통하여 집단성원들 간의 유사성이 드러나도록 집단의 목적을 고려해야 한다. 또한 어떤 정보가 공유되는 것이 좋은지를 결정하고, 개별성원의 소개 시 정보를 밝히도록 하는 것이 좋다.
  ㉢ 소개의 방법
    • 순차적으로 돌아가면서 소개하기 : 가장 일반적인 방법이다.

- 계획적 짝짓기로 소개하기 : 성원들 간의 상호작용을 촉진하기 위한 방법으로, 짝을 지어서 5~10분간 미리 준비된 질문으로 서로 면접을 하고 자신이 면접한 상대방을 집단에게 소개하는 방법이다.
- 1급 비밀방법 : 성원들에게 자기의 비밀을 한 가지씩 기록하게 한 후, 이 비밀을 수집하여 성원들이 누구의 비밀인지 맞추게 하는 방법으로, 비밀쪽지를 통하여 서로의 개인적인 비밀을 알 수 있어 성원들 간에 신뢰와 응집력을 증가시킬 수 있다.
- 프로그램활동 : 특정 과제를 수행하는 과정에서 성원들 상호 간에 중요한 정보를 공유하는데, 자기개방이 증가하면서 집단의 응집력을 높이는 효과가 있다.

② **집단의 목적에 대한 설명과 피드백**
  ㉠ 소개가 끝나고 집단의 목적과 사회복지사의 기능에 대해 명확히 언급한다.
  ㉡ 집단의 목적은 부정적 측면보다 긍정적인 측면을 강조한다.
  ㉢ 후원하는 기관의 기능을 언급하여 기대할 수 있는 서비스의 한계를 명확히 한다.
  ㉣ 목적이나 목표에 대해서 성원 자신의 의견이나 관심사를 표현하도록 촉구하고, 그들의 의견이 반영되도록 해야 한다.

③ **비밀보장의 한계설정** : 집단모임에서 비밀의 공개정도와 원칙에 대해 토론하여 성원들이 원칙을 만들고 이를 지킬 수 있도록 원조한다.

④ **집단소속감** : 성원들이 집단에 소속감을 느낄 수 있도록 원조한다.

⑤ **개별성원의 목적설정**
  ㉠ 개인적 목적은 명확한 용어로 규정되어야 하고, 집단의 활동기간 동안 성취하는 것이 좋다.
  ㉡ 집단에 따라 성원 모두에게 적절한 공동의 목적이 수립되는 정도가 다르다.

⑥ **계 약** `15회` `기출`
  ㉠ 계약은 상호 간의 기대, 의무, 책임에 대한 구체적 합의이다.
  ㉡ 일반적으로 성원과 사회복지사 사이에 이루어진다.
  ㉢ 목적을 달성하도록 서로 돕는 것을 원칙으로 하여 성원 간의 계약이 이루어질 수 있다.
  ㉣ 특정한 목적이나 목표에 관해서 계약을 할 때 누가, 어떤 상황에서, 무엇을 하며, 그 이행에 대해서 어떻게 측정할 것인가에 대해서 언급해야 한다.

⑦ **집단활동에 대한 동기와 능력의 고취**
  ㉠ 집단과 개별성원의 목적이 달성되는 데는 개인의 동기가 중요한 역할을 한다. 동기는 개별 성원의 기대에 의해서 결정되며, 사회복지사는 성원들의 기대를 확인하기 위해 성원들에게 직접적인 질문을 할 수 있다.
  ㉡ 개인의 목적달성이나 집단 내에서의 역할수행능력에 대해 집단성원이 목적달성을 방해하거나 촉진시키는 심리적·사회적·환경적 요인을 열거하고 서로 토론하게 한다.
  ㉢ 성원들의 동기저하요인들을 변화시킬 수 있도록 원조하여 두려움, 근심 등을 감소시켜 자신의 목적을 성취하려는 동기를 유지하게 된다.

## (1) 사정의 의의

① **사정** : 클라이언트체계에 대해 정보를 수집하고 조직화하여 판단하는 것으로, 집단에 따라 사정의 초점이나 내용이 달라진다.

㉠ 치료집단 : 개별성원이 경험하는 문제가 사정의 초점이 된다.

㉡ 과업집단 : 집단의 생산성이 초점이 된다.

② **사정의 일반적 특징**

㉠ 초기 : 집단 및 성원의 기능수행에 대해 체계적으로 사정한다.

㉡ 중기 : 초기 사정내용의 타당성을 검토하여 그 성공여부에 따라 개입계획을 수정한다.

㉢ 말기 : 집단 및 성원의 기능달성정도를 사정하고, 추가적으로 개입이 필요한 영역에 대해 주목한다.

③ **사정의 지침**

㉠ 자료수집의 원칙

- 편견이 개입하지 않은 가능한 1가지 이상의 자료수집방법을 사용해야 한다.
- 정보를 수집하는 문제, 관심사 또는 과업과 정보원을 구분한다.
- 다양한 정보원으로부터 관련된 부분의 정보만을 수집한다.
- 관련정보를 단기간 내에 효율적으로 수집하기 위해 자료수집을 구조화한다.
- 정보체계를 개발한다.
- 정보제공자에게 지나친 요구를 하지 않는다.

㉡ 정확한 사정을 위한 실무원칙

- 집단사회복지사는 주관이나 편견이 배제된 객관적인 사실에 근거하여 사정해야 한다.
- 집단사회복지사는 개별성원, 전체집단 및 집단환경의 기능 정도를 사정하여 개입계획을 수립해야 한다.

## (2) 개별성원에 대한 사정

① **성원들의 비기능적 행동패턴에 대한 사정**

㉠ 집단에 참여하는 성원의 상당수는 대인관계에서 행동상의 비기능적 측면을 가지고 있으면서도 자신의 행동패턴이나 대인관계에 문제가 생기는 것을 인식하지 못한다.

㉡ 개별성원들이 자신의 행동패턴을 인식하고 변화시킬 수 있도록 개별성원들에게서 반복적으로 나타나는 행동, 그 행동과 밀접히 관련되어 있는 인식에 초점을 맞추어야 한다.

㉢ 일반적으로 행동패턴은 집단성원과 상호작용하는 방식을 관찰하거나 집단에서의 역할을 확인함으로써 알 수 있다.

**Plus ⊕ one**

**개별성원의 행동**

| 기능적 행동 | 비기능적 행동 |
|---|---|
| • 집단성원이나 중요한 타인에 대하여 관심 표명<br>• 지도력을 보여줌<br>• 자신을 분명하게 표현<br>• 타인에 대한 지지와 협동<br>• 초점을 유지하고 집단의 목적을 달성하는 데 원조<br>• 감정을 솔직히 표현<br>• 타인의 말을 정확히 인식하고 이해한 바를 전달<br>• 건설적인 피드백에 대해 솔직하고 긍정적으로 반응<br>• 집단에 의해 정해진 지침 내에서 수행<br>• 행동에 대한 책임을 짐<br>• 타인의 의견을 고려하고 의사결정에 포함<br>• 토론에 참가하고 타인도 참가하도록 원조<br>• 타인의 장점과 성장에 대한 긍정적인 피드백을 줌<br>• 자신의 장점과 성장을 인정<br>• 유머를 적절히 사용 | • 타인의 말을 중단시키거나 타인의 생각을 무시<br>• 회유하기, 생색내기, 경시, 비판, 빈정대기<br>• 논쟁, 공격, 비난<br>• 섣부른 조언<br>• 반감을 언어적·비언어적으로 표현<br>• 말을 너무 많이 하거나 떠들거나 속삭이기<br>• 무관심하거나 움츠러들고 관람객의 역할을 취함<br>• 주제와 관계없는 이야기<br>• 타인을 놀리거나 흉내냄<br>• 야단법석을 떨거나 공격적<br>• 해로운 하위집단 형성<br>• 타인을 분석하거나 판단<br>• 자신에게 초점을 맞추는 것을 회피하거나 개인적 문제와 연관된 근심 억제 |

② 성원들의 집단 내 역할에 대한 사정

　㉠ 집단의 임무를 수행하거나 문제해결을 직접적으로 돕는 역할을 맡을 수 있다.

　㉡ 집단의 기능을 유지·변경·강화시키는 데 관련된 역할을 맡을 수 있다.

　㉢ 개인적 목표만 추구하는 자기중심적인 역할을 할 수 있다.

③ 성원들의 인식패턴에 대한 사정

　㉠ 인식패턴은 개별성원들이 자신 또는 타인 및 세상에 대해서 인식하고 생각하는 습관적·전형적 형태를 말한다.

　㉡ 성원들의 말에서 인식패턴을 알 수 있다. 예를 들면, '나는 실패자야', '나는 절대로 잘해낼 수 없어', '나는 다른 사람보다 못 해'라는 진술은 부정적인 자기인식을 반영한다.

④ 개인별 프로파일 작성

　㉠ 사회복지사는 각 집단회기에서 나타난 개별성원의 행동과 인식상의 특성을 기록하여 개인별 프로파일을 만드는 것이 좋다. 이는 개인별 장단점을 한눈에 알아볼 수 있고, 얼마나 긍정적으로 변화 또는 성장하고 있는지 쉽게 확인할 수 있다는 장점이 있다.

　㉡ 개별성원을 사정할 때, 그들의 장점과 단점이 모두 사정되어야 한다. 개인의 장점에 대한 강조는 개별성원의 자존감을 높여주고 타성원들이 모방하도록 할 수 있다.

## (3) 전체 집단에 대한 사정

### ① 집단행동양식에 대한 사정

ㄱ. 사정의 기준
- 집단 전체의 상호작용이 성원들 간에 지지적인가?
- 집단은 목표를 달성하는 데 건설적인 방향으로 나아가고 있는가?
- 집단 내 권력이나 자원은 일부 성원이 독점하고 있는가, 아니면 공유하고 있는가?
- 집단 내 의사결정은 민주주의적인 방식으로 이루어지는가?

ㄴ. 기능적인 집단행동의 예
- 집단은 문제를 직시하고 필요한 조정을 한다.
- 집단은 개별성원들이 자신들의 문제를 드러내는 데 긍정적으로 반응한다.
- 집단의 성원들은 타 성원의 욕구와 감정에 민감하고 상호지지적이다.
- 집단 내의 의사결정은 모든 성원들의 관점과 감정을 고려하여 합의로 이루어진다.
- 집단은 상호작용을 독점하거나 집단의 목표를 달성하는 데 방해가 되는 성원에 대해서 책임 있게 대응한다.

### ② 집단 내의 하위집단에 대한 사정　　20회 기출

ㄱ. 집단 내부의 하위집단을 확인하고 또 그 집단이 전체집단에 미치는 영향에 대해서도 사정해야 한다.
- 집단 성원들은 하위집단으로부터 더 많은 지지를 받거나 친밀감을 발전시키기도 한다.
- 하위집단이 집단 내의 타 성원과 밀접한 관계를 허용하지 않는 배타적인 집단이 되거나 전체 집단의 목표를 방해하는 경우에는 해가 될 수 있다.

ㄴ. 소시오그램(Sociogram)　　18회 기출
- 모레노(Moreno)가 중심이 되어 발전시킨 인간관계의 측정방법이다.
- 집단 내에 있어서 집단성원들 간의 견인과 반발의 형태를 분석하고 그 강도와 빈도를 측정함으로써 집단 내 개별성원의 관계위치를 비롯하여 집단 그 자체의 구조 또는 상태를 발견하여 평가한다.
- 집단성원들 간의 관계와 패턴화된 제휴관계를 설명하며, **영향관계, 지배관계 또는 친구관계**를 기호를 사용하여 그림으로 표시한다.
- 집단성원의 행동관찰만으로 파악하기 힘든 집단 내의 소외자, 하위집단 형성 유무, 성원 간의 호감 관계 또는 갈등 관계 등을 파악할 수 있다.

[소시오그램의 예]

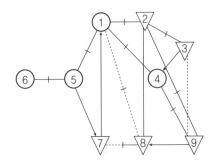

| 남 자 | ▽ |
|---|---|
| 여 자 | ○ |
| 관심(애정) | —— |
| 반 감 | ········ |
| 상 호 | —+— |
| 일 방 | —→ |
| 관심-반감 | —+··· |

ⓒ 소시오메트리(Sociometry)

- 집단성원 간 관심 정도를 측정하기 위한 방법으로 각 성원에 대한 호감도를 1점(가장 싫어함)에서 5점(가장 좋아함)으로 평가한다.
- 특정 활동에 대해 개별성원들이 상호작용하기를 원하는 정도를 평가하도록 집단성원들에게 요청하는 것이다. "당신은 집단 내에서 누구를 가장 좋아합니까?", "당신은 집단성원들 중 누구와 함께 가장 일하고 싶습니까?" 등의 질문을 제시한다.
- 이는 집단성원들이 집단으로부터 얻은 총점을 획득 가능한 최고점수로 나누어 호감도를 계산하는 방식이므로, 점수의 높고 낮음에 따라 집단성원들의 호감도 및 집단응집력을 측정할 수 있는 것이다.

③ 집단의 규범 및 가치에 대한 사정

ⓐ 사회복지사는 집단의 규범을 확인하고, 그 규범들이 개별성원과 집단 전체에 도움이 되는지 또는 해가 되는지를 판단해야 한다.

ⓑ 집단규범이란 특정상황에서 성원들이 어떻게 행동해야 하는가에 대한 성원들 간의 공유된 신념이나 무언의 기대이다.

ⓒ 한 번 정해진 규범은 집단성원의 상황에 대한 반응이나 집단이 제공하는 치료적 경험의 정도에 영향을 미친다.

ⓓ 사회복지사는 필요하다면 집단규범의 변화를 위한 긍정적인 분위기를 만들어야 한다.

ⓔ 집단규범의 사정기준

- 집단 내에서 이야기할 수 있는 주제와 이야기할 수 없는 주제가 있는가?
- 어떤 종류의 감정적 표현이 허용되는가?
- 문제해결이나 집단의 과업달성을 위해 집단은 어떤 태도를 취하는가?
- 성공적인 집단경험을 위한 책임이 성원들에게 있다고 여기는가, 아니면 사회복지사에게 있다고 여기는가?
- 집단사회복지사의 위상에 대한 집단의 입장은 어떠한가?
- 피드백에 대한 집단의 태도는 어떠한가?
- 개별성원의 기여에 대해서 어떻게 여기고 있는가?

## 4 집단의 중간단계

### (1) 중간단계의 특징

① 성원 간에 친밀감과 상호공유가 증가하고 집단응집력이 증가하는 시기이다.

② 집단의 생산성은 높아지고 성원들은 자신이 계획한 목표를 달성하기 위하여 이전보다 더 전념하게 된다.

③ 사회복지사는 집단과 성원이 목표를 잘 달성할 수 있도록 격려하고 목표달성에 필요한 집단의 문화와 규범을 유지·발전시켜야 한다. 또한 목표달성에 방해가 되는 장애를 극복할 수 있도록 원조해야 한다.

### (2) 주요 과업 4, 8, 13회 기출

① **집단회합의 준비**

㉠ 지난 회합을 검토·평가하여 다음 회합을 위한 의제를 준비하고, 일정제시 및 사전연습을 한다.

㉡ 흥미롭게 참여할 수 있는 프로그램 활동을 준비하고, 역할극을 개발한다. 특히 집단 프로그램 활동을 선택할 때 프로그램의 적합성, 집단성원의 참여 동의, 프로그램의 안전성, 프로그램 활용의 시기적절성 등을 고려한다.

② **집단의 구조화**

㉠ 구조화 : 성원들이 바람직한 방향으로 변화하도록 계획적·체계적·시간제한적으로 개입하여 원조한다.

㉡ 구조화를 위한 활동

- 회합이 정시에 시작하고 끝난다는 사실을 성원들이 알게 하고, 회합에서 다룰 내용을 명확히 한다.
- 집단의 의사소통 및 상호작용의 유형을 설정하여 모든 성원이 참여할 기회를 부여하는 토론과정을 구조화한다.
- 일반적으로 상호지지집단은 낮은 수준의 구조화가 효과적이고, 치료집단과 성장집단은 높은 수준의 구조화가 효과적이다.
- 집단의 초점을 유지하는 활동, 지금까지의 일을 요약하고 결론짓는 활동 등이 있다.

㉢ 집단구조화의 장점 : 집단의 목적성취를 촉진시키고 집단사회복지사가 계획적·체계적으로 개입할 수 있으며, 성원 간의 토론과 지지를 촉진하고 자원을 활용할 수 있도록 한다.

③ **성원의 참여와 권한 부여** : 성원이 집단의 일에 완전히 참가하도록 하고, 집단의 내외에 자신의 삶에 대해 책임을 질 수 있도록 권한을 부여하는 것이다.

④ **성원의 목적성취 원조** : 성원이 목적을 성취하도록 원조하는 데 시간을 할애한다.

㉠ 자신의 목적을 인식한다.

㉡ 직면할 수 있는 문제를 극복하고, 치료계획을 실행에 옮기려는 의지를 증진시킨다.

㉢ 구체적인 치료계획을 발전시킨다.

㉣ 치료계획을 실행에 옮길 수 있도록 원조한다.

⑤ 저항적인 성원의 독려
　　㉠ 저항적인 사람에 대해 자신의 문제에 대치하지 않도록 하여 발생가능한 결과에 초점을 맞추며,
　　　성원 간 건설적으로 직면하도록 하는 것이 동기 촉진에 도움이 된다.
　　㉡ 신념체계를 변화시키거나 외부환경을 이용한다.
⑥ 모니터링
　　㉠ 서면이나 구두의 방법으로 집단의 전 과정에서 수행되어야 한다.
　　㉡ 모니터링을 통해 성원과 사회복지사는 피드백을 얻을 수 있다.
　　㉢ 각 집단회기마다 회합이 끝났을 때 성원들이 그 회합에 대한 평가를 하거나, 2~3번의 회합마다
　　　한 번 정도 평가를 할 수 있다.

## (3) 개입방법

① 개별성원에 대한 개입
　　㉠ 비합리적인 사고, 신념, 그와 관련된 감정상태를 변화시키도록 원조 : 문제를 새로운 관점에서
　　　보는 재정의 및 패배적 자기대화를 긍정적으로 나타낼 수 있는 인지적 자기표시방법
　　㉡ 대인 관계행동이나 기술을 변화시키도록 원조 : 모델관찰, 역할연습을 통한 학습
　　㉢ 사회심리적 · 물리적 환경을 수정할 수 있도록 원조 : 구체적인 자원연결, 사회적 관계망확대,
　　　행동변화를 방해하는 물리적 환경을 수정
② 집단 전체에서의 개입
　　㉠ 의사소통과 상호작용에 대한 개입 : 전 성원에게 참여기회가 적절히 배분, 의사소통의 내용이
　　　초점에서 빗나가지 않게 개입
　　㉡ 집단매력을 증진시키는 개입 : 의사소통 기회의 적절한 배분, 토론주제를 직접 선택, 흥미 있는
　　　프로그램활동, 휴식시간에 성원보다는 평범한 인간으로 만날 수 있는 기회 부여
　　㉢ 집단 내의 규범, 역할, 지위, 위계구조에 대한 사회적 통제 : 너무 제한하여 억압당한다는 느낌
　　　을 받지 않게 하고, 너무 약해서 혼란이 초래되지도 않게 함
　　㉣ 목적의 성취에 도움이 되는 집단문화를 창출하도록 개입 : 신념체계에 도전하거나 금기사항을
　　　지적해 줄 수 있음
③ 집단환경에 대한 개입
　　㉠ 후원기관의 지원을 더욱 확대하도록 함
　　㉡ 기관 간의 관계망을 형성
　　㉢ 지역사회에서 사회문제와 집단서비스에 대한 인식을 증진

## 5 집단의 종결단계

### (1) 종결단계의 특징

① 성원들과 집단이 목표를 달성할 때 종결되는 것이 이상적이지만, 집단성원이 중도탈락하거나 집단이나 성원의 목표를 달성하지 못한 채 종결되기도 한다.

② 집단과정에서 일어난 일들이 통합되는 단계이다.

③ 집단과정을 통해서 획득된 변화나 기술, 기법 등이 집단이 종결된 이후에도 유지될 수 있도록 계획을 수립한다.

### (2) 불만족스러운 종결사유에 대한 이해

① 적절한 기능을 위한 충분한 수준의 통합이나 계기를 달성할 수 없거나, 탈락한 성원을 새로 대치하지 못할 때, 사회복지사가 더 이상 집단지도를 할 수 없을 때, 후원기관이 필요한 자원을 충분히 제공하지 못할 때 종결한다.

② **집단의 내적인 역기능** : 배타적인 하위집단의 형성, 희생양 만들기, 소수성원의 집단지배, 심각한 갈등은 오히려 성원에게 해가 되므로 종결한다.

③ 조기종결의 경우 집단해체에 영향을 미친 요인을 검토하여 이후 집단지도에 반영해야 한다.

④ **집단성원들의 중도탈락에 영향을 미치는 요소(Yalom, Northen)**

　㉠ 거리가 너무 멀거나 다른 일정과 겹치는 등의 외부요인

　㉡ 초기의 관계수립에 문제가 있는 경우

　㉢ 감정변화에 대한 두려움

　㉣ 사회복지사의 능력부족

　㉤ 개인치료와 집단치료가 동시에 진행되는 복잡한 경우

　㉥ 집단치료에 대한 부적절한 오리엔테이션

　㉦ 하위집단이 형성됨으로써 일어나는 문제

　㉧ 희생양이나 몇몇 지배적인 성원으로 인해 의사소통이나 상호작용이 제대로 이루어지지 않은 경우

　㉨ 집단의 응집력이 부족한 경우

### (3) 변화 유지 능력의 확인

① 성취한 변화를 유지하고, 생활영역에 일반화시킬 수 있도록 하고, 성원들의 일상생활과 밀접한 현실적인 사례를 집단에서 다룬다.

② 성원들의 문제에만 초점을 맞추지 말고 자신의 능력을 확인할 수 있게 하여 자신감을 발전시키도록 한다.

③ 변화유지능력을 방해하는 어려운 상황에도 대비할 수 있도록 다양한 환경과 상황을 활용해 방해하는 상황을 대비한다.

④ 변화를 통해 일어나는 긍정적인 결과에 초점을 맞춘다.

⑤ 공식적인 집단을 마치고 난 후, 모임을 할 수 있는 기회를 제공하여 변화를 유지하기 위한 자신의 노력을 재검토할 수 있게 한다.

⑥ 성원들이 집단 외부에서 부딪힐 수 있는 비우호적인 환경에 대해 어떻게 대응해야 할지 미리 준비시킨다.

⑦ 성원에게 그동안 배운 것을 요약해 주거나, 대처기술을 이용하는 데 자신감을 북돋워 주어 스스로 자신의 문제를 해결할 수 있도록 한다.

### (4) 집단에 대한 의존성의 감소

① 집단의존성을 줄이기 위해 종결 몇 주 전부터 종결에 대해 논의한다.

② 집단의 매력감소를 위해 집단에서 성취한 것을 요약하거나, 집단이 더 이상 필요 없다는 것에 대해 토론한다. 또한 성원들이 외부활동에 참여하도록 격려하여 집단의 중요성을 감소시킨다.

③ 회합의 간격은 길게, 시간은 짧게 한다.

### (5) 종결에 따른 감정의 처리

① 집단종결에 따른 사회복지사의 감정을 성원과 공유하며, 성원들의 긍정적 · 부정적 양가감정을 토론하도록 격려한다.

② 부정적인 감정완화를 위해 성원들의 장점을 인식시키고, 종결 후에도 사회복지사와 후원기관이 해줄 수 있는 역할에 대해 밝힌다. 종결단계의 양가감정과 퇴행행동은 다음과 같다.

ㄱ 긍정적 감정 : 목표를 성취하고 타 성원을 도울 수 있었다는 만족감, 자부심, 자신에 대한 유능감 등

ㄴ 부정적 감정 : 서로 간의 연대관계가 깨어진다는 불안감이나 자신이 거부되었다는 느낌 또는 상실에 따르는 슬픔

ㄷ 성원들은 집단이 종결된다는 사실을 무시하거나 자신의 문제가 해결되지 않아서 집단을 여전히 필요로 하고 있다는 점을 나타내기 위해 퇴행행동을 하기도 하며, 어떤 성원은 불안을 통제하는 방법으로 마지막 회기 이전에 더 이상 집단에 참여하지 않을 것이라고 말하기도 함

## (6) 미래에 대한 계획

① 욕구가 충족되지 않거나 또 다른 목적이 있어 부가적 서비스를 필요로 하는 경우, 성원들이 새로운 위기상황 및 문제재발 등으로 서비스가 필요한 경우에는 성원에게 필요한 서비스를 받을 수 있는 방법을 설명해 주어야 한다.

② 집단종결 이후 자조집단을 형성하도록 도와주고, 그 집단이 원활하게 운영될 수 있도록 자문 등을 지원한다.

③ **의뢰** : 종결 시 성원을 다른 자원이나 서비스에 연결시켜 주기도 하는데 이때 성원이나 사회복지사가 모두 동의한 경우에만 가능하다.

## (7) 평 가

① **평가의 필요성**

평가는 개별성원과 집단의 목적달성 정도를 통해 개입의 효과성을 판단할 수 있는 근거를 제공한다. 또한 성원들은 집단에서의 만족과 불만족을 표현할 수 있는 기회를 가지며, 사회복지사는 평가를 통해 얻은 정보를 활용하여 집단지도기술을 발전시킬 수 있다.

② **과정평가**

집단이 어떻게 진행되고 결속력, 규범, 역할, 의사소통 등의 속성이 어떠한가에 초점을 두며, 성원들로부터 집단의 장단점에 대해 피드백을 얻거나 과정기록을 활용할 수 있다.

③ **결과평가**

집단이 시작될 때 설정한 목표가 어느 정도 달성되었는가를 평가한다. 단일사례의 설계나 만족도 설문조사 또는 유사실험의 설계방법 등의 평가방법이 있다.

---

**Plus ⊕ one**

**집단의 종결단계에서 사회복지사의 주요 과업(과제)**  `14, 15회` `기출`
- 불만족스러운 종결의 사유에 대한 이해시키기
- 변화노력의 유지 혹은 변화유지 능력의 확인
- 변화 결과를 생활영역으로 일반화하기
- 집단에 대한 의존성 감소
- 종결에 따른 감정 다루기
- 미래에 대한 계획
- 부가적인 서비스나 자원이 필요한 경우 타 부서 혹은 타 기관으로의 의뢰
- 개입의 효과성에 대한 평가

**01** 집단대상 사회복지실천에 관한 설명으로 옳지 않은 것은? [11회]

① 목표지향적 활동이다.

② 의도적인 집단경험을 강조한다.

③ 집단의 영향력을 서비스의 매개물로 간주한다.

④ 집단응집력이 강할수록 자기노출에 대한 저항감이 증가한다.

⑤ 집단을 구성할 때는 동질성과 이질성을 함께 고려해야 한다.

해설 ④ 집단응집력은 집단성원들이 그 집단에 대해 매력을 느끼고 그 안에 머무르도록 작용하는 총체적인 힘을 말한다. 일반적으로 집단의 매력은 집단성원들의 욕구를 충족시키는 정도에 따라 결정되는데, 특히 집단 응집력이 강할수록 집단성원들에게 미치는 영향력이 크다. 그로 인해 집단응집력이 강할수록 자기노출에 대한 저항감은 감소하게 된다.

**02** 사회복지사가 다음의 과업을 수행하는 집단 발달단계는? [13회]

• 집단성원 간의 공통점과 차이점을 파악한다.
• 집단성원이 다양한 경험을 할 수 있도록 돕는다.
• 집단의 상호작용, 갈등, 진행상황, 협조체계 등을 파악한다.
• 개별성원의 태도, 관계, 행동, 동기, 목표 등을 평가한다.

① 계획단계  ② 초기단계
③ 사정단계  ④ 중간단계
⑤ 종결단계

해설 **집단 중간단계에서의 사회복지사의 과업**
• 집단을 구조화하며, 집단 회합이나 프로그램 활동을 마련한다.
• 집단성원들의 참여를 유도하고 능력을 고취시키며, 서로 원조할 수 있도록 돕는다.
• 구체적인 치료 계획을 발전시키며, 이를 실행에 옮기도록 돕는다.
• 집단성원의 저항을 다루며, 집단 활동의 장애요소를 극복하도록 돕는다.
• 집단 과정 및 프로그램 진행상황을 모니터링 한다.
• 집단성원의 사회적 관계망을 확대하고 물리적 환경을 변화시키기 위해 환경적 수준에서의 개입을 수행한다.

## 03 집단사회복지실천의 종결단계 과업이 아닌 것은? [14회]

① 미래에 대한 계획

② 변화유지 능력의 확인

③ 평가 계획의 수립

④ 변화 결과를 생활영역으로 일반화하기

⑤ 종결에 따른 감정 다루기

 ③ 집단의 목적, 구조, 운영 등에 대한 사전계획을 세우는 것은 준비단계(계획단계)에서의 과업으로 볼 수 있다. 평가는 목적달성의 진전 상황을 점검하는 것으로서, 만약 준비단계(계획단계)에서 매우 구체적인 목적이 세워졌다면 매우 쉽게 성공 여부를 결정지을 수 있게 된다.

## 04 집단 초기단계에 나타나는 특성으로 옳은 것을 모두 고른 것은? [19회]

> ㄱ. 집단성원의 불안감과 저항이 높다.
> ㄴ. 집단에 대한 오리엔테이션이 필요하다.
> ㄷ. 사회복지사보다는 다른 집단성원과 대화하려고 시도한다.
> ㄹ. 문제해결과정에서 나타나는 갈등과 차이점을 적극적으로 표현한다.

① ㄹ

② ㄱ, ㄴ

③ ㄴ, ㄹ

④ ㄷ, ㄹ

⑤ ㄱ, ㄷ, ㄹ

 ㄷ. 집단 초기단계에는 대화 방향이 집단상담자로서 사회복지사에게 집중되는 경향이 있다. 진정한 공동체 의식을 가질 만큼 서로를 잘 알지 못하므로 다른 집단성원과의 대화는 피상적인 수준에 머무르기 쉽다.
ㄹ. 집단 초기단계에는 현실적인 문제에 대한 갈등과 차이점이 명백히 표현될 가능성이 적다. 이는 집단 성원들이 집단에 수용되고 다른 성원들이 자신을 좋아하기를 바라기 때문이다.

**05** 집단대상 사회복지실천에 적용되는 원칙과 기술에 관한 설명으로 옳은 것은? [11회]

① 피드백은 동시에 많이 주어야 한다.

② 집단규칙은 사회복지사가 제공해야 한다.

③ 성원의 자기노출 수준은 집단발달단계와 관련이 있다.

④ 성장집단에서는 낮은 수준의 구조화가 효과적이다.

⑤ 종결단계에서는 이전보다 회합의 빈도는 잦게, 시간은 길게 한다.

> **해설** ① 피드백은 적합한 상황에서 적절하게 제공되어야 한다. 또한 단점보다는 장점에 초점을 두어 한 번에 한 가지씩 구체적으로 제공한다. 특히 집단지도자는 집단성원들 상호간에 피드백을 주도록 격려하며, 집단성원들의 피드백에 대한 이해와 감정을 확인할 필요가 있다.
> ② 집단규칙은 집단성원들과 함께 논의하여 결정해야 한다. 이는 특히 집단의 초기단계에서 집단규칙에 관한 내용을 함께 논의함으로써 그들에게 익숙지 않은 집단이 어떻게 효과적으로 운영되는지에 대해 지도를 받을 수 있는 계기가 된다.
> ④ 집단의 구조화는 집단성원들에게 집단의 성격과 목적, 집단 운영을 위한 기본규칙 및 행동 규준, 지도자와 참여자의 역할 등을 체계적으로 구성하는 것이다. 집단의 구조화 수준은 집단의 특성에 따라 다른데, 치료집단이나 성장집단의 경우 높은 수준의 구조화가 효과적인 반면, 상호지지집단의 경우 낮은 수준의 구조화가 효과적이다.
> ⑤ 집단지도자는 종결이 가까워지는 경우 집단성원들의 집단에 대한 의존도를 줄이기 위해 점차적으로 접촉의 빈도를 줄이는 것이 바람직하다.

**06** 음주운전을 한 사람들을 교육하는데 그 사람들이 집단으로 불만을 토로했을 때 사회복지사가 대처해야 할 반응을 설명한 것으로 옳은 것은? [6회]

① 저도 이 프로그램이 부당하다고 생각합니다.

② 이 수강제도를 따르지 않는다면 법적 조치를 당합니다.

③ 화나시겠지만 참석하셔야 합니다.

④ 집단에 참석하지 않으시면 불이익이 있을 것입니다.

⑤ 함께 치료를 한 후에 그 결과를 보시는 것이 어떠세요?

> **해설** 비자발적 클라이언트를 대상으로 하는 사회복지사는 관계형성에 있어서 장애요소가 되는 저항을 잘 다루어야 하며, 강제적인 의뢰에서 비롯되는 부정적인 감정을 해소하고 외부의 압력에 대한 부적절한 반응을 이해해야 한다. 특히 그들의 자존감이 손상되지 않도록 자기결정권을 지지하며, 직접적인 지시나 일방적인 교육이 아닌 설득과 협력을 통해 문제를 해결하기 위해 노력해야 한다.

**07** 다음에서 사회복지사의 개입방법으로 가장 적당한 것은? [7회]

가정폭력의 피해여성들을 대상으로 사회복지사가 집단상담을 실시하고 있는데, 상담 초기 과정에서 피해여성들의 저항이 심한 상황이다.

① 강제적인 방법으로 상담을 계속한다.
② 선물 등의 물질적인 보상을 한다.
③ 한 회기를 쉬고 다음 회기를 시작한다.
④ "집단에 참여하는 것을 결정하는 것은 본인의 선택이다"라고 한다.
⑤ 집단참여에 대한 반항이 사라질 때까지 개별상담을 실시한다.

**해설** 초기단계에서 집단성원들이 불안해하고 저항하는 것은 자연스러운 현상이므로 사회복지사는 집단성원의 저항을 자연스러운 것으로 받아들이면서 저항을 다루어야 한다. 사회복지사는 불안과 저항이 초기에 자연스럽게 나타나는 현상임을 인식하고 성원에게도 알려야 한다. 또한 집단에 참여하고 싶지 않을 때 최종 결정권은 클라이언트 혹은 성원 자신에게 있음을 알려준다.


**08** 집단의 초기단계에서 고려해야 하는 사회복지사의 과업으로 옳지 않은 것은? [10회]

① 집단성원의 의무와 책임을 명확히 한다.
② 집단활동에 대한 참여 동기를 확인한다.
③ 집단구성 요소를 고려하여 집단을 계획한다.
④ 상호 관심사와 집단에 대한 기대를 공유한다.
⑤ 집단목표에 대해 성원들의 의견을 수렴한다.

**해설** ③ 집단 형성 이전 사회복지사가 집단구성 요소를 고려하여 집단을 계획·구성하는 것은 '준비단계'의 과업에 해당한다.

**09** 사회복지사가 집단을 계획하는 단계에서 고려해야 할 사항으로 옳지 않은 것은? [7회]

① 모니터링
② 기관의 승인
③ 집단의 목적
④ 집단의 물리적 환경
⑤ 집단모임의 시간과 횟수

 ① 모니터링은 집단 진행과정을 점검하고 평가하는 데 동원되며 주로 중간단계에서 이루어진다. 매회 또는 일정 주기로 회합이 끝날 때마다 평가의 기회를 마련하여 집단성원 간 이야기를 나누도록 한다. 이러한 과정을 통해 사회복지사는 집단 진행과정에 대한 피드백을 얻을 수 있다. 이와 같은 일련의 평가는 사실상 집단의 전 과정에서 진행된다고 할 수 있다.

**10** 집단사회복지실천의 계획단계 시 고려해야 할 요소로 옳은 것을 모두 고른 것은? [9회]

> ㄱ. 집단구성원의 동질성과 이질성
> ㄴ. 집단의 개방수준
> ㄷ. 집단의 크기
> ㄹ. 집단 모니터링

① ㄱ, ㄴ, ㄷ
② ㄱ, ㄷ
③ ㄴ, ㄹ
④ ㄹ
⑤ ㄱ, ㄴ, ㄷ, ㄹ

 집단구성 시 고려사항
• 동질성과 이질성
• 집단의 크기
• 집단의 개방수준
• 집단의 지속기간 및 회합의 빈도
• 물리적 환경의 배려
• 기관의 승인

**11** 집단사정 도구인 소시오그램(Sociogram)을 통해 알 수 있는 내용으로 옳은 것을 모두 고른 것은?

ㄱ. 성원 간 호감도
ㄴ. 하위집단의 존재
ㄷ. 성원 간 갈등관계
ㄹ. 성원 간 의사소통 방식

① ㄱ, ㄴ, ㄷ             ② ㄱ, ㄷ
③ ㄴ, ㄹ             ④ ㄹ
⑤ ㄱ, ㄴ, ㄷ, ㄹ

 ㄹ. 집단성원들 간의 의사소통 방식을 알 수 있는 것은 '소시오메트리(Sociometry)'에 해당한다. 소시오메트리
는 집단 내의 선택, 커뮤니케이션 및 상호작용의 패턴에 관한 자료를 수집하여 분석하는 방법으로서, 한
정된 집단성원들 간의 관계를 도출하여 집단의 성질, 구조, 역동성, 상호관계를 분석한다.

---

**12** 다음 설명에 해당되는 집단 사정도구는?

집단성원 간 관심 정도를 측정하기 위한 방법으로 각 성원에 대한 호감도를 1점(가장 싫어함)에서
5점(가장 좋아함)으로 평가한다.

① 소시오메트리             ② 상호작용차트
③ 목표달성척도             ④ 소시오그램
⑤ 사회관계망표

**집단 사정도구로서 소시오메트리(Sociometry)**

• 집단성원들이 서로 간의 관심 정도를 사정하는 방법이다. 즉, 특정 활동에 대해 개별성원들이 상호작용하
기를 원하는 정도를 평가하도록 집단성원들에게 요청하는 것이다.
• 집단지도자는 집단성원들로 하여금 다른 성원들의 이름을 적도록 한 후 각 성원에 대한 호감도를 5점 척도
를 활용하여 1점(가장 선호하지 않음)에서 5점(가장 선호함)으로 평가하도록 한다.
• 이는 집단성원들이 집단으로부터 얻은 총점을 획득 가능한 최고점수로 나누어 호감도를 계산하는 방식이
므로, 점수의 높고 낮음에 따라 집단성원들의 호감도 및 집단응집력을 측정할 수 있는 것이다. 다시 말해
점수가 높다는 것은 상호 간에 호감도가 높으며, 그에 따라 집단에 대한 매력과 함께 집단응집력 또한 높음
을 의미한다.

**01** 집단 초기단계에서 사회복지사의 역할을 모두 고른 것은?　　　　　　　　　　　　[20회]

> ㄱ. 집단과 구성원의 목표를 설정한다.
> ㄴ. 지도자인 사회복지사를 소개하며 신뢰감을 형성한다.
> ㄷ. 구성원 간 유사성을 토대로 응집력을 형성한다.
> ㄹ. 구성원이 집단에 의존하는 정도를 감소시킨다.

① ㄱ, ㄴ　　　　　　　　　　　　　　② ㄴ, ㄷ
③ ㄷ, ㄹ　　　　　　　　　　　　　　④ ㄱ, ㄴ, ㄷ
⑤ ㄱ, ㄴ, ㄷ, ㄹ

|해설| ㄹ. 집단 종결단계에서 사회복지사의 역할에 해당한다. 사회복지사는 집단성원들로 하여금 집단에 대한 의존 성을 감소시키기 위해 모임주기를 조절하며, 종결에 따른 집단성원들의 감정적 반응을 다룬다.

**02** 집단의 종결단계에서 집중적으로 수행해야 하는 과업으로 적절하지 않은 것은?　　　　[17회]

① 집단 의존성 감소
② 의뢰의 필요성 검토
③ 변화노력의 일반화
④ 구성원 간 피드백 교환
⑤ 집단성원 간 공통점과 차이점 파악

|해설| ⑤ 집단의 중간단계(개입단계)에서 사회복지사가 수행해야 하는 과업에 해당한다. 집단의 준비단계에서 집단 에 참여할 가능성이 있는 잠재적 집단성원 간 공통점과 차이점을 고려하여 집단을 구성하고, 초기단계에 서 집단성원 간 공통점을 찾아 연결시키며, 중간단계(개입단계)에서 실제 집단성원 간 공통점과 차이점을 파악한다. 개입단계에 이르러 집단은 집단성원 간 공통점과 차이점을 인정하고 존중함으로써 집단의 응집 력이 발달하게 된다.

**03** 집단성원 간의 관계를 파악하는 사정도구에 관한 설명으로 옳은 것은? [18회]

① 소시오메트리 : 성원 간의 상호작용 빈도를 기록한다.
② 상호작용차트 : 집단성원에 대한 다양한 측면의 인식 정도를 평가한다.
③ 소시오그램 : 성원 간의 관계를 표현한 것으로 하위집단의 유무를 알 수 있다.
④ 목적달성척도 : 목적달성을 위한 집단성원들의 협력과 지지 정도를 측정한다.
⑤ 의의차별척도 : 가장 호감도가 높은 성원과 호감도가 낮은 성원을 파악할 수 있다.

해설 ③ 소시오그램(Sociogram)은 집단성원들 간의 상호작용을 도식화하여 구성원의 지위, 구성원 간의 관계, 하위집단은 물론 집단성원 간 결탁, 수용, 거부 등을 파악하는 데 유용한 사정도구이다.
① 집단성원과 사회복지사 또는 집단성원들 간의 상호작용 빈도를 확인하여 이를 기록하는 것은 상호작용차트(Interaction Chart)이다.
②·⑤ 집단성원들이 서로 간의 관계에 대해 인식하고 있는 정도를 평가하는 것은 소시오메트리(Sociometry)이다. 소시오메트리는 집단성원 간 관심 정도를 측정하기 위한 방법으로 각 성원에 대한 호감도를 1점(가장 싫어함)에서 5점(가장 좋아함)으로 평가한다.
④ 목적달성척도(Goal-attainment Scaling)는 개입의 목표가 어느 정도 달성되었는지를 평가하기 위한 것으로, 각 목표영역에서 달성될 수 있는 성과를 5점 척도로 나누어 기록하는 사정도구이다.

**04** 집단활동 중 발생하는 저항에 관한 설명으로 옳지 않은 것은? [20회]

① 구성원이 피하고 싶은 주제가 논의될 때 일어날 수 있다.
② 사회복지사가 제안한 과업의 실행방법을 모를 때 발생할 수 있다.
③ 목표 달성을 위해서는 저항 이유를 무시해야 한다.
④ 효과적으로 해결하면 집단활동이 촉진될 수 있다.
⑤ 다른 구성원의 의견을 통해 해결방안을 찾을 수 있다.

해설 ③ 집단성원의 불안감, 저항감을 감소시키기 위해 노력하며, 집단활동의 장애물 또는 장애요인을 예측한다.

# 가족대상 사회복지실천기술 I

★ 학습목표    ▪ 가족복지일반, 가족의 변화와 가족문제를 학습하자.
            ▪ 기본적인 개념을 충분히 학습하고, 최신경향에 따른 새로운 문제나 사례문제에 대비하자.

## 제 1 절    가족에 대한 이해

### 1 가족의 의의

#### (1) 가족의 정의                                                    13, 17회 기출

① **협의** : 전통적인 가족의 정의로 혈연, 입양 혹은 혼인을 기반으로 하는 일차적인 집단(Bake)으로 성
관계가 허용된 최소한의 성인남녀와 그들에게서 출생하거나 입양된 자녀로 구성되어 공동의 경제
협력을 특징으로 하는 사회집단이다.

② **광의** : 가족이란 그들 스스로를 가족으로 정의하고 서로에 대한 의무감을 갖는 두 명 혹은 그 이상
의 개인으로 구성된 집단(NASW)이며, 이익관계를 초월한 애정적인 혈연집단, 동거집단, 문화집
단, 인간발달의 근원적인 집단이다. **변화에 대하여 역동적으로 적응할 수 있는** 사회제도 속의 하나
의 집단을 의미한다.

  ㉠ 사전적 정의 : 부부, 부모, 자녀, 형제 등 혈연과 혼인에 의하여 이루어지며 생활을 함께하는 공
   동체 또는 그 성원이다.

  ㉡ 가족 정의의 문제 : 가족은 시대와 사회문화적 배경에 따라 변화되어 단정적 정의를 내리기가
   곤란하다. 즉, 기존의 포괄적 정의로서의 정상적 · 제도적 가족 개념은 민족과 사회문화, 계층
   적으로 다양한 가족들을 이해하는 데 있어 새로운 개념으로 대치되고 있다.

③ **민법상의 정의** : 배우자, 직계혈족 및 형제자매, 직계혈족의 배우자, 배우자의 직계혈족 및 배우자
의 형제자매 〈민법 제4편(친족), 제2장 제779조〉

④ **체계론적 정의** : 가족은 가족성원 개개인으로 구성된 전체이며 지역사회를 구성하고 이에 적응하
는 부분으로서의 체계이다.

  ㉠ **퇴니스(Ferdinand Tönnies)** : 사회의 이중적인 성격을 근거로 하여 사회를 이익사회나 공동사회
   로 구분하고, 가족을 공동사회집단에 포함시켰다.

  ㉡ **쿨리(Charles H. Cooley)** : 사회를 보는 데 있어 퇴니스와 같은 관점에서 출발하여 사회를 1차
   집단과 2차 집단으로 구분하였다.

ⓒ 나단 애커만(Nathan Ackerman) : 가족이란 성장과 경험, 상호충족과 실패를 경험하는 단위로서 진단과 치료의 기본단위이며, 내외로부터 받는 각종 영향에 미묘하게 적응하는 유연성 있는 집단으로 정의하였다.

⑤ **가족의 형태를 중심으로 한 가족의 정의** : 전통적 가족이란 혼인, 혈연, 입양 등을 통하여 어떤 관계에 있는 사람들이 집단을 이루고, 공동으로 의식주를 해결하며, 정서적·정신적으로 비슷한 유대를 가지면서 공동체생활을 하는 사람을 의미한다. 그러나 현대에 와서는 지속적인 연대의식을 가지고 일상생활을 함께 영위하는 집단들도 가족에 포함시키고 있다.

ⓐ 머독(G. P. Murdock) : 가족은 부부와 그들의 자녀로 구성되고, 주거와 경제적인 협력을 같이 하며 자녀의 출산을 특징으로 하는 집단이라고 정의하였다. 이는 공동의 거주와 경제적인 협동, 인정받은 성관계, 자녀의 출산 등을 강조하고 부부와 자녀를 가족의 핵으로 파악한 개념이다. → 핵가족적 정의

ⓑ 레비 스트로스(Levi-Strauss) : 가족은 결혼에 의하여 이루어지고 부부와 자녀로 구성되지만 다른 근친자가 포함될 수 있으며, 이러한 가족구성원들은 법적 유대, 경제적·종교적 권리와 그 외의 다른 권리, 의무, 애정, 존경 등의 다양한 심리적 감정으로 결합되어있다. → 확대가족적 정의

ⓒ 말리노프스키(B. Malinovski) : 모든 사회에서 어린이는 공동체가 인지하는 아버지의 적자로 정당성을 인정받아야 하기 때문에 어느 사회든 시공을 초월하여 '부모와 그들의 자녀'로 구성되는 '가족의 핵'이 존재한다고 보았다.

⑥ **가족이 담당하고 있는 기능 중심의 가족의 정의** : 가족은 사회가 생존하는 데 필요한 욕구를 충족하기 위해 마련된 기본적 사회제도이다. 가족은 개인이나 사회에 수행하는 기능으로서 합법적인 성행위를 할 수 있는 성적인 기능과 가족성원들의 의식주를 해결해 주는 경제적 기능, 합법적 출산을 인정하는 출산기능, 자녀의 교육을 담당하는 교육기능 등을 가진 집단으로 보고 있다.

ⓐ 구드(W. J. Goode) : 가족의 기능으로 출산·자녀양육 및 사회화, 지위계승, 통합 및 유형유지의 기능, 사회통제의 기능을 들고 있다.

ⓑ 이효재 교수 : 주로 구조기능론적 관점에서 내려진 가족 정의의 편협성을 비판하면서 가족이란 '일상적인 생활을 공동으로 영위하는 부부와 자녀들, 그들의 친척 그리고 입양이나 기타 관계로 연대의식을 지닌 공동체집단으로서 반드시 동거하는 데 한정된 것은 아니다.'라고 정의하였다.

ⓒ 가족은 사회조직 중에 가장 기본적인 단위이며 여러 가지 기본적 사회기능을 가지고 있다.

• 남녀가 결혼하여 가정을 이루고 새로운 자녀를 낳게 되면 성인이 될 때까지 양육해야 하며, 자녀가 성인으로 자라는 동안 가족을 통하여 언어, 풍습, 전통, 가치관, 종교 등 여러 가지 사회화과정에 필요한 것들을 배우게 된다. 따라서 자녀들은 가족으로부터 가장 먼저 사회생활을 배우게 된다.

• 자녀들은 가정에서 부모들로부터 사랑으로 보호받고 양육되므로 가족생활은 중요하다.

• 가족은 생활에 필요한 소비자재를 구매하고 노동력을 제공하기 때문에 경제적 단위의 기능 또한 가지고 있다.

- 가족의 역사적 기능은 여러 가지 측면에서 대치되고 있으며, 가족의 친근성과 조직적인 관계도 역시 개인적인 태도, 자기중심주의, 제도상의 편리주의 등으로 말미암아 심각할 정도로 파괴되어 가고 있다.

⑦ 기능을 중심으로 한 정의이든 형태를 중심으로 한 정의이든 다양한 형태로 공존하고 있는 가족의 성격을 포착하기는 어렵다. 따라서 오늘날 서구의 가족학자들은 다양한 형태로 공존하고 있는 여러 가지 가족들, 즉 한부모가족, 동거가족, 양부모가족, 노인가족, 비혈연가족, 동성가족, 공동체가족 등에 주목하고 있다.

## (2) 가족의 형태

① **핵가족** : 한 쌍의 부부와 미혼인 직계자녀로 구성된 2세대 가족을 말하며, 기본적 사회단위를 이루고 있다.

② **한부모가족** : 부모 둘 중 한 명과 그 자녀로 구성된 가족을 말한다. 배우자의 사망이나 이혼으로 발생되며 점차 그 수가 증가하는 추세이다.

③ **계부모가족** : 부모의 재혼으로 각기 다른 가족원이 함께 살게 된 일차집단이며, 계부·계모와 먼저 결혼을 통해 얻게 된 자녀들로 구성된다. 재혼을 통해 새로운 구성원이 생기기도 한다.

④ **혼합가족** : 인척관계나 비인척관계의 사람들이 모여 전통적 가족역할을 수행하며 동거하는 가족형태를 말한다.

⑤ **위탁가족** : 일정 기간 동안 다른 사람의 자녀를 양육하는 가족형태를 말한다.

⑥ **노인가족** : 노인들만으로 구성된 가족을 말하며, 이는 산업화에 따른 핵가족화의 결과이다. 가족에 대한 가치관의 변화에 따라 점차 증가하는 추세이다.

⑦ **확대가족** : 한 집에 여러 세대가 사는 가족을 말하며, 가부장제도에서 3세대 이상 동거하던 우리나라의 전통적 가족형태이다.

## (3) 가족에 대한 관점

① **구조기능론자들의 낙관적 관점** : 대표적인 학자는 파슨스(Parsons)이다. 파슨스는 가족을 사회체제 유지를 위한 유형유지의 기능을 담당하는 제도로 보고 개인들로 하여금 기존체제에 적응하는 동기를 조성해 주는 사회화의 메커니즘을 가족이 담당한다고 보았다.

② **갈등론자들의 비판적 관점** : 마르크스주의자들에 의해 주장되고 있다. 마르크스와 엥겔스의 가족에 대한 비판은 가족이 부르주아적 제도의 표상이라는 데 기반을 둔다. 즉, 이들은 자본주의의 경제체제와 함께 등장한 가족제도는 그 체제의 붕괴와 함께 소멸된 것으로 본다.

③ **여권론자들의 비판적 관점** : 여권론자(여성해방론자)들은 현재의 가족체계는 남편과 아내가 상이한 계급에 놓여 있고 이익과 권력에서 불평등이 존재하므로, 가부장적 체계는 권력을 가진 남성의 이익에만 기여하고 여성들은 억압되어 있다고 본다.

④ **체계이론적 관점** : 개인에 초점을 맞추기보다는 전체로서의 가족에 중점을 두는 방식으로 가족에 대한 체계이론의 적용을 가족체계이론이라고 한다. 가족체계이론은 개인의 역동이나 행동보다 가족 간의 관계에 주안점을 두고 있기 때문에 가족성원 각각의 특성을 단독으로 연구하기보다는 오히려 상호작용의 측면을 연구한다.

## 2 가족체계와 가족복지실천

### (1) 가족체계
19회 기출

① **체계이론** : 병리적인 행동이 개인에 내재되어 있는 것이 아닌 가족관계 안에 문제가 있는 것으로 보는 이론으로 가족성원의 상호작용과 전체성에 중점을 두고 있다. 체계이론은 그 문제가 일어나는 이유보다 무엇이 일어나고 있는가에 중점을 둔다. 즉, 문제의 근원을 알아내려하는 것이 아니라 가족의 구성원이 현재의 문제에 어떻게 관련되어 있으며 어떤 영향을 주고 있는가를 알아내는 데 관심을 둔다.

② **체계로서의 가족**
10, 13회 기출

 ㉠ 가족은 하나의 체계라고 볼 수 있는 **사회적 단위**이다.

 ㉡ 가족체계는 다양한 개인들과 소집단을 포함하고 있다.

 ㉢ 대부분 가족의 한 구성원이나 종속체계에 변화가 생기면 다른 구성원이나 종속체계에도 변화가 일어난다. 가족 중 한 구성원이 결혼을 하면 가족의 전체 체계에도 어떤 유형으로든지 변화가 일어난다.

 ㉣ 가족구성원은 정서적으로 밀접하게 결합되어 있기 때문에, 가족은 개개인들의 단순한 집단이기 보다는 오히려 하나의 전체적 단위로서 작용한다고 볼 수 있다.

③ **가족체계의 경계**

 ㉠ 가족 외부와의 경계 : 가족체계라는 체제가 외부에 대해 갖는 커다란 경계는 가족과 가족 외적인 요소를 구분해 준다.

 ㉡ 가족 내의 경계(한 가족체계 안에 있는 종속체계의 경계) : 균형 잡힌 삶을 유지하기 위해서는 적절한 자기 경계가 있어야 하듯이 사회체계도 적절한 기능을 수행하기 위해서는 분명한 체계의 경계가 있어야 한다. 가족체계의 경계가 모호하면 구성원들은 서로의 영역에 지나치게 관여하게 되는 반면 경직된 경계는 구성원들 사이에 정서적 격리의 결과를 초래하게 된다. 따라서 가족상담자들은 세대 간에 분명한 경계가 있을 때 가정의 원만한 조화가 이루어진다는 사실을 인정하는데, 예를 들어 자녀들이 부모의 부부관계를 침해해서는 안 된다는 것이다. 대부분의 가정문제는 흔히 가족 내부의 체계경계가 극도로 모호하거나 경직되었을 때에 생기게 되므로 가족 내의 종속체계는 가족문제와 아주 밀접한 관련성을 가지고 있다.

 ㉢ 종속체계 간의 관계 : 가족체계 내에 속해 있는 모든 사람과 종속그룹은 의식적·무의식적으로 어느 정도 가족 내의 문제와 관련이 있다. 예를 들면, 무기력한 남편과 지배적인 부인의 관계는 아내가 지배적일수록 남편은 더욱 무기력해지며, 남편이 무기력해질수록 아내는 더 지배적이 되어 부정적인 악순환에 빠지게 된다. 따라서 결혼생활 중에 생긴 한 개인의 문제를 충분히 이해하기 위해서는 부부 간의 체계적인 상호관계를 먼저 고려해보아야 한다.

④ **가족체계의 균형** : 가족체계의 균형은 가족체계의 항상성 개념으로 더 잘 이해될 수 있다. 가족은 위기상황이나 스트레스에 직면했을 때 안정된 상태를 유지하려는 경향이 있다. 왜냐하면 가족들 간의 역할은 변화되거나 상호 간에 교환되기도 하지만 가정의 기본구조는 변경되지 않기 때문이다.

따라서 한 구성원의 문제가 개선된다고 해도 근본적으로 가정에 어떤 긍정적인 변화가 일어나는 것은 아니므로 가족체계의 균형유지와 위기상황의 극복을 동시에 가능케 하는 문제는 가족상담에서 중요하게 다루어지는 요소이다.

**Plus ⊕ one**

**환류고리(Feedback Loop)**                                    5, 11, 13, 17회 기출
• 가족체계는 환류고리에 따라 규범을 강화하며, 규범에서 지나치게 벗어나는 행동을 부적 환류(Negative Feedback) 과정을 통해 저지함으로써 항상성을 유지하려고 한다.
• 가족체계는 이와 같이 항상성을 유지하려는 동시에 정적 환류(Positive Feedback) 과정을 통해 체계 내외의 변화에 적응하려고 한다.

⑤ **삼자 혹은 삼각관계** : 삼자관계란 세 사람 사이에서 벌어지는 상호관계를 말하는 것으로, 체계 내의 다양한 삼각관계를 분석하고 이를 변화시키기 위해 개입하는 것이 가족치료의 주요 과제이다. 삼자관계는 근본적으로 연약한 구성원이 취하는 방어적인 상호관계인데 이들은 고통스런 문제나 갈등의 발생시 방어적인 반사작용으로 다른 사람이나 다른 유대관계(알코올중독, 일중독, 마약중독, 혼외정사) 등을 끌어들여 삼자관계를 형성하게 된다. 즉, 삼자관계는 당사자 간에 어떤 대화나 약속으로도 문제를 해결할 수 없을 때 생기게 되는 것으로 가정의 문제나 갈등을 전혀 해결하지 못하고 문제를 더욱 악화시킨다.

⑥ **하위체계** : 가족의 하위체계는 자녀, 형제의 하위체계가 있으며, 연령·성·힘 등의 여러 변수에 따라 형성된다. 또한 가족성원 개개인에게도 신체·인지·정서적인 하위체계가 존재한다. 활동이나 취미, 가까운 정도 등에 따라 다양한 하위체계가 형성되는데 부부하위체계는 부부갈등으로 인하여 자녀가 희생양이 되거나 부모에 대항하여 한쪽 부모와 가까워지게 되는 역기능도 가지고 있다.

⑦ **순환적 인과성(Circular Causality)**                        10, 12, 13, 16, 18회 기출

  ㉠ 가족체계를 원인에 따른 결과 또는 자극에 따른 반응과 같은 선형적 유형으로 보는 것이 아닌 **가족체계의 상호작용 패턴에 초점을 두는 순환적 반응으로 보는 것이다.**

  ㉡ 가족체계 내의 한 구성원의 변화는 다른 구성원을 자극하여 반응을 이끌어내게 되고, 이것이 또다시 다른 구성원을 자극함으로써 가족 전체에 영향을 미치게 된다. 즉, 가족체계 내의 한 구성원의 긍정적인 변화는 곧 가족 전체의 긍정적인 변화로 이어지면서 문제가 해결될 수 있는 것이다.

  ㉢ 가족 문제를 해결하기 위해서는 문제의 원인 그 자체보다는 **문제가 유지되는 가족의 상호작용 과정을 파악해야 한다.** 즉, '왜(Why)'가 아닌 '무엇(What)'에 초점을 두고, 문제를 일으킨 성원 또는 다른 성원의 '변화'를 통해 가족의 역기능적 문제를 해결한다.

  ㉣ 파문효과(Ripple Effect)와 관련이 있으며, 체계적 관점에서 악순환적인 연쇄고리를 파악한다.

  ㉤ 가족구성원이 많을 때 더욱 복잡한 양상을 띤다.

## (2) 가족대상 사회복지실천의 의의

13회 기출

① 가족복지의 특징

㉠ 아동복지, 노인복지, 모자복지, 장애인복지 등은 특정인을 그 대상으로 하지만 가족복지는 가족을 하나의 전체 및 유기체로서 취급한다.

㉡ 가족생활의 보호 · 강화뿐만 아니라 사회구성원으로서의 기능을 높이기 위해 행하는 서비스 활동을 의미한다.

㉢ 가족성원 개개인보다 가족 전체성에서 나타나는 요구와 문제를 해결하고자 하는 정책적 · 전문적 대책이다.

② 가족복지실천의 원칙

㉠ 가족을 돕기 위한 최적의 장소는 그 가족의 집이다.

㉡ 가족이 스스로 문제를 해결할 수 있도록 가족의 역량을 강화한다.

㉢ 가족개입은 가족의 특성에 따라 개별화되어야 한다.

㉣ 가족의 즉각적인 욕구에 우선적으로 반응하며, 장기적인 목표를 추구하여야 한다.

㉤ 가족은 하나의 사회체계이므로, 한 성원에 대한 개입 노력이 전체 가족에게 영향을 미칠 수 있다.

㉥ 가족사회복지사와 가족 간에는 협력적인 원조관계가 이루어져야 한다.

㉦ 가족을 위한 사회복지실천의 목표는 인종, 국가, 종교와 상관없이 모든 집단을 위한 사회정의를 증진하는 것이다.

---

## 제2절  가족의 변화와 가족문제

## 1 가족의 변화

10, 12회 기출

### (1) 가족의 개념 변화

① **전통적 가족개념의 문제** : 최근 급변하는 사회현상과 함께 가족형태가 다양하게 변화하면서, 가족에 대한 전통적 개념은 다양한 비전통적인 가족을 포괄하기 어렵다는 문제점을 나타내고 있다. 따라서 다양한 가족유형을 포괄할 수 있는 가족에 대한 개념 정의가 시도되고 있다.

㉠ 이효재 교수 : 가족이란 일상적인 생활을 공동으로 영위하는 부부와 자녀들, 그들의 친척, 입양이나 기타 관계로 연대의식을 지닌 공동체집단이며, 비혈연적인 관계라도 연대의식을 갖고 지속적인 관계를 유지하는 집단은 가족으로 볼 수 있다는 광의의 가족 개념을 제시하였다.

㉡ 미국 사회복지사협회 : 전형적인 가족임무를 수행하는 2인 이상의 사람들이라고 규정하였다.

㉢ 아이클러(Eichler)의 가족개념

• 가족은 한 명 혹은 그 이상의 자녀를 포함하거나 포함하지 않을 수 있으며(무자녀 부부), 자녀가 혼인관계에서 태어날 수도 있고 그렇지 않을 수도 있는 사회집단(입양아동 혹은 배우자가 전혼에서 낳은 자녀)이다.

- 성인관계는 결혼에 근원을 둘 수 있고 그렇지 않을 수도 있다(사실혼에 의한 부부).
- 같은 거주지에 살 수도 있고 그렇지 않을 수도 있다(주말부부).
- 성적으로 동거할 수 있고 그렇지 않을 수도 있다.
- 애정, 매력, 경건성, 경외감 같은 사회적으로 패턴화된 감정을 포함하고 있을 수도 있고 그렇지 않을 수도 있다.

② **정책 대상으로서의 가족개념의 변화** : 전통적으로는 혼인, 혈연, 입양에 기초한 2인 이상의 공동체를 의미하지만 현재는 사실혼가족, 미혼모·미혼부가족, 위탁아동가족, 공동생활가족, 후견인이 있는 가족, 외국인가족 등 제도가족뿐만 아니라 생활현실로 나타나고 있는 모든 생활단위를 포함하는 추세이다.

  ⊙ EU소속 국가
  - 결혼, 출산, 입양에 의해 형성된 제도가족과 더불어 이혼가족, 동거가족, 재혼가족, 한부모 가족, 계부모가족을 포괄하며, 이 중 한부모가족이 가장 이슈가 되고 있는 가족형태이다.
  - EU소속 국가를 분석해 보면 남부유럽과 영국에서의 가족은 사회학적이고 합법적인 가치가 포함된 개념이며, 가구(Household)는 경제학적인 가치가 내재되어 있는 개념이다. 그 외의 국가에서는 가족과 가구를 혼용하여 사용하며, 프랑스에서만 모든 존재하는 상황들을 포괄하기 위한 의도에서 '가정(Household)'이란 용어를 사용하고 있다.

  ⊙ 프랑스, 네덜란드, 노르웨이, 핀란드, 스웨덴 : 동성가족도 합법적으로 인정하여 이들에게 아동의 입양을 허용하고 있다.

  ⊙ 독 일

| 1960~1970년대 | 부부와 그들 사이에서 태어난 1인 이상의 친자녀로 구성된 관계구조(핵가족)를 말하며, 친자녀라는 표현 속에는 생물학적으로 같은 가계에서 출생했거나 또는 입양된 자녀들을 포함한다. |
| --- | --- |
| 1980년대 | 세대 간의 연대성을 중심요소로 하며, 넓은 의미에서 그들의 동거여부나 개별구성원들의 생사여부와는 무관하게 친척관계이거나 결혼을 했거나 인척관계로 맺어진 사람들의 집단으로 보았다. |
| 1990년대 | 가족을 이해하기 위한 출발점으로 다양한 가족형태들이 실제 현실에서 공존하고 있는 상황을 규정하고, '변화를 수용하고 문화적 표상들과 가치보존 그리고 한 사회의 사회·경제적 여건에 적응하며 함께 살아가는 사람들의 역동적 형태'로 보았다. |
| 2000년 1월 이후 | 전통적인 혈통주의에 속지주의적 원칙이 가미되어 외국인을 포함한 독일 내에 존재하고 있는 모든 가족들을 정책의 대상으로 흡수하였다. |

③ **현대적 가족개념** : 사회의 변화에 따라 대두되고 있는 다양한 형태의 비전통적 가족을 포괄하는 시도라는 점에서 의의가 있다.

  ⊙ 가족의 개념을 어떻게 규정하는지는 사회복지실천과도 밀접한 관계를 가진다.
  ⊙ 사회복지적 측면에서의 가족의 개념은 좁게는 사회복지서비스의 자격기준을 결정하는데 영향을 미친다. 즉, 가족복지정책의 대상을 어떻게 규정할 것인가에 영향을 준다.
  ⊙ 콜린스(Collins) 등은 현대가족의 삶의 양식과 구조는 유동적이며 변화하고 있다는 점에서 가족에 대한 광의의 개념적 접근이 필요하다고 지적하였다.

### (2) 가족의 구조적 변화

16회 기출

① **가족규모의 축소와 부부가족의 일반화** : 산업화 과정에서 현대가족의 구조에 나타난 가장 뚜렷한 변화는 자녀수의 감소와 핵가족화, 1인 단독가구의 증가에 의한 가족규모의 축소이다.

② **가족관련법과 제도상의 변화** : 건강가정기본법, 기초생활보장법, 국민건강보험법, 남녀고용평등과 일·가정 양립 지원에 관한 법률 등의 법 제정과 개정은 가족에 대한 기능과 역할, 이데올로기상의 변화를 초래하였다.

③ **가족 가치관의 변화** : 탈중심화 또는 원형망중심으로 사회가 변하면서, 가족 또한 권위주의에 입각한 지배 종속의 관계에서 평등주의로 변화해갔다.

### (3) 가족의 기능적 변화

14회 기출

① **전통적 가족의 기능**

ㄱ 경제적 기능 : 생산 및 소비를 통한 경제적 기능

ㄴ 세대 유지 기능 : 부부 결속과 생식

ㄷ 구성원 양육 및 사회화 기능 : 자녀 보호와 사회화

ㄹ 정서적 지지와 교류 기능 : 신체적·심리적·정서적 안정화

ㅁ 가족의 문화와 전통 계승

② 가족의 기능은 가족이 수행하는 역할, 행위를 뜻하는 것으로 사회변화에 따라 영향을 받는다. 즉, 시대의 흐름과 문화의 발전에 따라 사회적 역할이나 중요성이 과거에 비해 축소·분산된다.

③ 가족의 기능은 종족보존, 혈통유지, 가계계승 등의 제도적 기능에서 사랑과 애정을 나누는 협동체로서의 정서적 기능으로 변화하였다. 다양한 기술 발달과 전문적 정보의 빠른 교환이 생활을 편리하게 하고 전통가족이 가졌던 도구적 기능을 대신함으로써 상대적으로 정서적 기능의 강화를 필요로 한 것이다.

④ **전통적 가족기능의 변화**

ㄱ 자녀양육과 사회화 기능 → 보육시설과 학교로 이전

ㄴ 경제적 기능 → 생산이 이루어지는 일터와 시장으로 이전

ㄷ 아동·노인·병약자 보호기능 → 사회복지의 영역으로 전환

⑤ **현대가족이 수행하는 대표적 기능**

ㄱ 가족구성원들과의 희망공유 및 자녀양육 : 완전히 노출한 상태에서 파트너와 희망을 공유하고 함께 자녀를 양육한다.

ㄴ 경제적인 협조의 단위로서 기능 : 가족구성원들의 역할수행은 임금으로 지불되지 않으므로 생산단위로서의 기능이 무시되기 쉽다.

ㄷ 자녀 출산·양육과 사회화 : 아동을 출산하고 양육하여 사회가 계속적으로 유지될 수 있도록 하는 기능을 수행한다.

ㄹ 가족구성원에게 지위와 사회적 역할 부여 : 가족구성원으로서의 다양한 역할수행을 통해 개인적·사회적 정체감의 많은 부분들이 형성된다.

### (4) 가족생활주기 변화

① **가족생활주기의 의의** 14회 기출

  ㉠ 결혼 등을 통하여 가족이 결성된 순간부터 자녀의 성장이나 독립, 은퇴, 배우자 사망 등에 이르 기까지 가정생활의 변화과정, 즉 가족의 구조와 관계상의 발달 및 변화를 말한다.

  ㉡ 인간의 생애주기와 마찬가지로 가족생활에도 탄생부터 소멸까지의 단계가 있고 이들 각 단계에 는 과제가 있다.

  ㉢ 가족은 가족생활주기의 모든 단계를 거치게 되며 단계의 적응과정에서 많은 스트레스를 경험할 수 있고, 스트레스가 심한 경우 가족문제의 근원이 될 수 있다.

  ㉣ 클라이언트 가족의 해당 생활주기를 사정함으로써 가족성원들의 욕구와 욕구충족의 여부를 알 수 있게 된다.

  ㉤ 가족이 발달하면서 경험하게 될 사건이나 위기를 예측하는 데 도움이 된다.

  ㉥ 가족생활주기의 단계는 가족 유형이나 사회문화적 배경에 따라 상이할 수 있다.

② **가족생활주기 단계와 발달과업** 6, 7, 8, 10회 기출

| 발달단계 | 발달과업 |
|---|---|
| 결혼 전기 가족 | • 부모–자녀 관계로부터 분리하기<br>• 이성관계의 긴밀한 발전을 유지하기 |
| 결혼적응기 가족 | • 부부체계 형성에 따른 새로운 역할에 적응하기<br>• 배우자 가족과의 관계 및 친족망 형성하기 |
| 학령 전 자녀 가족 | • 자녀를 수용하고 가족으로 통합하기<br>• 부모의 역할을 통해 새로운 행동유형을 발전시키기 |
| 학령기 자녀 가족 | • 사회제도를 흡수하기 위해 가족의 경계를 개방적으로 만들기<br>• 새로운 역할변화를 수용하기<br>• 자녀의 변화하는 발달적 요구에 효과적으로 대응하기 |
| 십대자녀 가족 | • 자녀의 독립 및 자율성에 대한 새로운 상황에 대처하기<br>• 노년을 위한 준비를 시작하기 |
| 자녀독립 가족 | • 성장한 자녀가 직업활동을 수행할 수 있도록 준비시키기<br>• 자녀와의 관계를 성인과의 관계로 전환하기<br>• 자녀의 결혼을 통해 새로운 가족구성원을 받아들임으로써 가족범위를 확대시키기 |
| 중년기 가족 | • 부모의 죽음에 대처하기<br>• 빈둥지증후군에 대처하기<br>• 쇠퇴하는 신체적 · 정신적 기능에 대처하기 |
| 노년기 가족 | • 배우자의 죽음에 적응하기<br>• 계속되는 노화에 적응하기<br>• 타인, 특히 그들의 자녀에 대한 의존에 대처하기<br>• 경제적 문제에서의 변화에 적응하기<br>• 임박한 죽음에 대처하기 |

③ 가족생활주기의 변화

- ㉠ 교육기회가 확대되고 결혼에 대한 가치관과 의식이 변화함에 따라 남녀 모두 초혼연령이 높아짐으로써 청년기가 장기화되고 있다.
- ㉡ 초혼연령 상승과 출산율 저하로 인해 결혼에서 자녀출산까지의 가족형성 및 확대기가 단축되고 있다.
- ㉢ 자녀들의 초혼연령이 늦어지고 교육기간이 길어짐에 따라 자녀출산 이후 자녀의 결혼이 시작되기 전까지의 자녀양육 및 교육기에 해당하는 가족확대 완료기가 장기화 되었다.
- ㉣ 가족축소의 완료 및 가족해체기가 장기화되고 있는 추세이다.

### (5) 한국의 가족 변화

① 가족형태의 변화

- ㉠ 우리나라는 산업화 이래 '여성의 경제활동참여 증가, 출산율 저하, 결혼율 저하, 인구증가율 둔화, 가구당 가구원 수 감소, 총가구수 증가' 등으로 전체적인 가족규모가 축소되었다.
- ㉡ 가족의 규모를 나타내는 평균구성원의 수는 평균수명의 연장으로 노령인구는 증가했지만 출생률의 감소로 인해 전체적 규모는 감소할 것으로 예상된다.
- ㉢ 가족유형으로 볼 때 과거와 현재 모두 1세대 가족부터 3세대 가족이 보편화되어 있고 4세대 이상 가족은 극히 드물다. 가장 큰 비율을 차지하는 것은 2세대 가족이며 1세대 가족도 최근에는 증가하는 추세인 반면 3세대 이상은 감소하고 있다.
- ㉣ 결합범위별로 살펴보면 부부가족이 가장 많고, 과거 가장 큰 비율을 차지하던 직계가족과 방계가족은 감소하는 추세이다.
- ㉤ 단독가족과 1인가족, 무자녀가족, 특히 단독가족 중 노인단독가구의 비율이 급증하고 있다.

② 가족가치관의 변화

- ㉠ 부부관계는 부모-자녀관계를 중시하는 전통적 가치관에서 부부관계를 동일한 비중으로 생각하거나 더 중요시 여기는 쪽으로 변화하고 있다.
- ㉡ 수직적 부부관계에서 수평적 부부관계로 변화하였다.
- ㉢ 가장 중심의 권위주의적 부부관계가 크게 변화함에 따라 **전통적 부부역할에 대한 태도가 서로 협력하는 방향으로** 바뀌고 있으며, 여성취업률도 점점 증가하고 있다.
- ㉣ 부모-자녀관계는 자녀의 무조건적인 순종을 요구하던 관계에서 평등한 관계로 변화하였다. 이에 따라 노후를 자녀에게 의존하던 부모의 태도도 변화하고 있다.

## 2 가족문제

### (1) 가족문제의 의의

① 가족문제

ㄱ 가족 내부의 관계적인 문제 : 부부 문제, 부모와 자녀 간의 문제, 가족성원 간의 문제를 말한다.

ㄴ 외부 환경에 의한 가족문제 : 결혼문제, 보육문제, 교육문제, 의료문제, 주택문제, 빈곤문제, 맞벌이문제, 노후문제 등과 같이 사회문제와 연계되는 광범위한 개념의 가족문제와 생활에서 발생하는 개별적 문제를 포함한다.

② 문제가족

ㄱ 문제를 가진 가족을 단위개념으로 지칭할 때 쓰는 용어로, 집단으로서의 가족의 조직화가 약화되고 기능상의 장애를 일으키고 있는 가족을 의미한다.

ㄴ 병리가족, 이상가족, 부적응가족, 일탈가족, 가족아노미라고도 한다.

ㄷ 문제가족의 문제가 악화되어 해결되지 못할 때 가족이 붕괴되며 가족해체현상이 나타난다.

### (2) 가족문제의 발생요인

① 가정문제는 가족구성원 사이의 문제와 외부로부터 받는 영향에 의한 문제가 있다.

② 부부관계, 부모-자녀관계, 형제관계, 고부관계 등의 부조화를 비롯하여 가족구성원의 질병, 장애, 사망 등으로부터 문제가 발생한다. 실직, 주택, 교육, 교통 등으로부터 가정문제가 발생하기도 한다.

ㄱ 가족 외적인 요인 : 전쟁, 정치적 탄압, 경제적 불경기, 종교적 박해, 홍수, 폭풍 등 사회적 · 자연적 사건 등으로 인한 위기가 요인으로 작용하기도 한다.

ㄴ 가족 내적인 요인 : 부부 간의 불충실, 정신이상, 자살, 사생아, 마약, 알코올중독, 부양의 책임을 수행하지 않는 등의 요인이 있다.

### (3) 가족문제의 발생배경

① 가족성원의 보호기능 약화, 가족성원들 간의 갈등, 가정폭력, 가족해체, 빈곤, 이혼 등의 문제에서 비롯된다.

② 기혼여성의 취업률 증가에 따른 가족 내 보호가 필요한 아동, 노인, 장애인 등의 가족성원에 대한 양육과 보호기능의 약화는 또 다른 가족문제의 발생을 가져온다.

③ 핵가족화로 인해 부부관계가 평등한 방향으로 변화되고 있지만 아직까지는 실제적인 평등에 기반한 조화로운 관계로까지 발전하지는 못하고 있다.

④ 가부장제와 양성평등의 가치가 혼재하고 있으므로, 이로 인한 부부 간의 갈등은 전통적 가족에서보다 더 심각하게 나타나고 있다.

⑤ 부모세대의 권위상실, 부모와 자녀 간의 세대갈등, 노부모와 성인자녀 간의 관계갈등 등이 배경이된다.

### (4) 가족문제의 유형

① **가족성원들 간의 문제** : 고부간, 부모 · 자녀 간의 갈등은 원만한 가정생활의 유지를 어렵게 하여 심각한 가족문제가 되고 있다.

② **부부 간의 문제** : 이혼, 배우자의 부정, 배우자의 실업은 부부관계뿐만 아니라 가정의 해체라는 결과를 가져올 만큼 심각한 가정문제이다.

③ **가정폭력 문제** : 배우자폭력, 아동학대, 노인학대를 포함한 가정폭력은 사회병리적 현상 가운데 하나이며, 이는 법률의 제정에 따라 가족 내의 문제가 아닌 사회문제로 인식되고 있다.

④ **가족성원의 신체 · 정신장애 문제** : 정신분열증, 우울증, 치매 등의 정신장애와 신체장애를 가진 가족성원이 있는 가정은 가족의 기능이 제대로 유지되지 못하여 심각한 가족문제가 유발된다.

⑤ **빈곤문제** : 저소득층 가족의 경제적 · 문화적 결핍은 자녀교육의 문제로 이어져 빈곤의 세습화를 가져올 수 있기 때문에 더욱 심각한 문제이다.

⑥ **결손가정문제** : 한부모가족, 노인가족, 장애인가족은 노동시장에서의 차별, 사회보장정책의 미흡 등 사회환경적 요인들의 영향을 많이 받고 있다.

### (5) 현대사회의 가족문제

① **가족 내 인간관계의 문제**

가족 성원들 간의 가치관이 다르고 그에 따른 역할갈등이나 가족구성원의 성격 · 습관으로 인한 갈등으로 인간관계가 왜곡되어 가족기능이 충분히 수행되지 못할 때 어려움을 겪게 된다. 이에 따라 심한 경우 이혼, 별거, 가출 등이 발생하여 가족해체나 결손가족을 초래하게 된다.

② **불안정가족의 증가에 따른 문제**

현대가족의 특징 중 하나인 비전통적 가족과 불안정 가족의 증가는 사회적 보호를 필요로 하는 문제가족의 증가를 의미한다.

③ **빈곤이나 자원 결핍에 따른 문제**

가장의 실직 등에 따른 가정경제자원의 결핍은 가족생활유지의 기본문제이다. 빈곤으로 인한 가족문제는 다양하며, 심한 경우 가족의 해체까지도 야기한다.

④ **피부양자의 보호문제**

사회적 보호를 필요로 하는 아동, 노인, 장애인, 신체적 · 정신적 병자 등에 대한 보호가 가족 내에서 이루어짐에 따라 현대가족에서의 이들에 대한 보호문제가 심각하게 대두되고 있다.

### (6) 가족진단의 분류

① **가족의 유형적 진단**

가족이 가지고 있는 문제를 유형별로 나누어 범주화한 다음 그에 맞게 진단하고 치료한다.

② 애커만(N. Ackerman)의 병리적 가족집단의 유형

    ㉠ 외부로부터 고립된 가족집단 : 지역사회로부터 극단적으로 고립되어 다른 가족과의 접촉이 거의 없는 가족이다.

    ㉡ 외부에 대해 통합적인 가족집단 : 지역사회에 적극적으로 참가하며 확대가족과의 접촉이 많은 가족으로, 가족생활이 불안정하고 통합이 잘 되지 않을 때 나타난다.

    ㉢ 내적으로 결합되지 않은 가족집단 : 갈등 해소가 되지 않아 가족구성원들 간의 결합이 잘 안 되는 가족이다.

    ㉣ 무의도적인 가족집단 : 부모의 욕구가 우선시되어 아동의 욕구가 배제되는 가족으로 자녀양육에 아무런 계획이 없는 가족이다.

    ㉤ 미성숙가족집단 : 미성숙단계를 벗어나지 못한 부모를 가진 자녀가 양친과 동일화되어 가족으로서의 역할을 수행하지 못할 뿐만 아니라 하나의 단위로서 독립하지 못한 가족집단이다.

    ㉥ 일탈가족집단 : 지역사회의 관습이나 규범에 대해 반항적이고 가족의 목표나 가치가 지역사회와 불일치를 보인다.

    ㉦ 해체 또는 퇴행가족집단 : 가족 내부의 통합이 결여되어 있고, 파괴가능성이 높으며 미성숙, 갈등, 고립, 불안, 불투명한 목표 등이 나타난다.

③ 가족의 기능측정론적 진단

가족을 단순한 개인의 집합체로 보지 않고 상호적 역할수행과 가족성원의 복지에 필요한 기능을 수행하는 상호작용적인 집단으로 인식하여 다양한 문제가 있는 가족을 대상으로 가족의 기능수준을 측정한다.

④ 가족의 정신역동적 진단

가족의 동일성, 안정성, 역할수행 등에 있어서 가족의 역동적 관계를 유추하는 것으로 가족 내에서 작용하는 힘의 제반 요소를 분석·이해함으로써 가족문제를 진단한다.

⑤ 가족의 집단역동적 진단

가족을 하나의 유기체적 체계로 파악하고 개인과 가족 사이에 존재하는 어떤 과정이 병리적 행위에 관계된다는 기본전제 하에 가족을 진단한다.

## (7) 가족문제에 대한 분석접근

① 구조적 분석접근

    ㉠ 가족문제의 발생근원은 가족의 구조적 결합문제에 기인한다.

    ㉡ 가족성원 간의 연령차, 성별, 분류, 불구성원 등의 관계에서도 문제가 파생된다.

    ㉢ 사망, 이혼, 별거 등으로 인한 편모, 편부가정과 같은 결손가정이 대표적 문제가족이 된다.

② 기능적 분석접근

　　㉠ 가족을 기능적 총체로 보며 가족 내의 기능적 장애는 가족문제를 일으키는 요인으로 인식된다.

　　㉡ 하위체계의 기능

　　　　• 핵가족 : 부부관계기능, 부모자녀관계기능, 형제자매관계기능, 하위체계구성

　　　　• 대가족 : 핵가족의 기능과 고부관계기능, 조부모 · 손자의 관계기능, 친족 · 동거자관계 기능 등 하위체계구성

　　　　• 하위체계기능으로 인한 갈등분석

　　㉢ 가족구성원의 역할기능

　　　　• 각 구성원의 지위와 역할에 따른 갈등 정도로 인한 가족문제 분석

　　　　• AGIL(Adaptation, Goal Attainment, Integration, Latency) 도식을 적용한 분석 : 가족의 적응(경제적 기능), 목표달성(관리적 기능), 통합(통합적 기능), 잠재화(동기화의 기능)의 4가지 기능을 충분히 수행할 때 가족체계 유지

③ 관계적 분석접근

　　㉠ 가족을 각기 다른 인격과 그 영향이 상호작용하는 곳으로 인식하고 가족구성원의 관계 속에서 서로에게 상호작용을 일으켜 균형의 변화를 가져온다고 본다.

　　㉡ 가족 내의 항상성 유지와 힘의 작용을 중시한다.

　　㉢ 가족 간의 커뮤니케이션의 형태 및 정신분석학적 이론이나 방법의 활용을 중시한다.

④ 사회경제적 조건의 분석접근

　　㉠ 개인이 갖는 사회적 기능의 장애와 결여의 원인을 가족 내에만 있다고 보지 않고, 사회적 · 문화적 요인 등을 분석의 대상으로 삼는다.

　　㉡ 가족의 사회경제적 조건에 대한 조사평가와 아울러 이러한 조건에 대처할 수 있는 가족의 능력을 이해함으로써 적절한 가족복지가 이루어진다고 본다.

⑤ 역동적 분석접근

　　㉠ 가족관계의 혼란을 가족 내부와 외부를 혼란스럽게 하는 가족혼란의 침투성 원리로 개념화한다.

　　㉡ 구조적 · 기능적 · 관계적 · 사회경제적 조건의 여러 측면들이 서로 상호작용에 의한 역동적 요인을 가진다고 본다.

　　㉢ 위기이론을 활용하여 연쇄적으로 파생하는 문제를 해결하고자 한다.

**01** 가족의 속성과 구조에 관한 설명으로 옳은 것을 모두 고른 것은? [11회]

> ㄱ. 가족은 나름대로의 유형화된 생활 방식을 갖고 있다.
> ㄴ. 가족응집력이 높을수록 가족구성원들의 독립성과 자율성이 커진다.
> ㄷ. 가족권력이 어떤 한 가족구성원에게 치우쳐 있으면 갈등 가족이 될 수 있다.
> ㄹ. 가족 내 역할 구조가 유연할 때 역기능적이 된다.

① ㄱ, ㄴ, ㄷ           ② ㄱ, ㄷ
③ ㄴ, ㄹ                ④ ㄹ
⑤ ㄱ, ㄴ, ㄷ, ㄹ

 해설

ㄴ. 가족응집력은 가족성원 상호 간의 정서적 유대감 및 가족 내 개별성원이 경험하는 자율성의 정도를 의미한다. 가족응집력이 극히 낮은 수준을 보이는 '과잉분리가족'은 가족성원들 상호 간의 정서적인 유대나 친밀감이 거의 없으며, 개인의 독립성과 자율성이 매우 강하다. 반면, 가족응집력이 극히 높은 수준을 보이는 '속박가족'은 가족성원들 상호 간에 지나치게 밀착되어 개인의 독립성과 자율성이 결여되며, 가족 이외의 사람들과 유대감이 부족하다.

ㄹ. 가족 내 역할 구조가 경직되어 있는 가족은 가족성원들이 가부장적이고 권위주의적인 리더로서 가장의 명령에 복종하여 가족규칙을 철저히 준수하며, 정형화된 역할을 수행한다. 이와 같은 경직된 가족은 가족성원들 상호 간의 의사소통을 모호하게 하며, 타협능력 및 문제해결능력을 감소시키므로 역기능적이 된다.

**02** 최근 한국사회의 가족과 가족문제의 특징으로 옳지 않은 것은? [7회]

① 조손가족과 3세대 가족이 증가하고 있다.
② 부부중심의 가족문제가 중요하게 대두되고 있다.
③ 가정폭력이 지속적으로 심각한 문제로 제기되고 있다.
④ 독신가족, 동거가족, 다문화가족 등 다양한 가족의 형태가 증가하고 있다.
⑤ 이혼가정이 점차 증가하고 있으며, 다양한 적응상의 문제를 경험하고 있다.

해설

① 최근 한국사회는 3세대 가족이 감소하고 있고 부부와 그 자녀로 구성된 핵가족이 증가하고 있다. 3세대 가족은 확대가족의 형태로서 자녀가 결혼한 후에도 부모와 동거하는 가족 형태이다.

**03** 다음 중 가족생활주기에 따른 발달단계별 발달과업의 특징을 옳게 연결한 것은? [6회]

① 결혼적응기 가족 – 자녀의 수용, 가족의 통합
② 학령기자녀 가족 – 자녀의 변화하는 발달적 요구에 대한 대응
③ 십대자녀 가족 – 부모–자녀 관계로부터의 분리
④ 자녀독립 가족 – 빈둥지증후군에 대처하기
⑤ 중년기 가족 – 은퇴에 대처하기

 ① 결혼적응기 가족 : 부부체계 형성에 따른 새로운 역할에 적응하기, 배우자 가족과의 관계 및 친족망 형성하기
③ 십대자녀 가족 : 자녀의 독립 및 자율성에 대한 새로운 상황에 대처하기, 노년을 위한 준비를 시작하기
④ 자녀독립 가족 : 성장한 자녀가 직업활동을 수행할 수 있도록 준비시키기, 자녀와의 관계를 성인과의 관계로 전환하기, 자녀의 결혼을 통해 새로운 가족구성원을 받아들임으로써 가족범위를 확대시키기
⑤ 중년기 가족 : 자신의 부모의 죽음에 대처하기, 빈둥지증후군에 대처하기, 쇠퇴하는 신체적 · 정신적 기능에 대처하기

**04** 가족에 접근하는 관점으로써 횡적차원이 아닌 것은? [9회]

① 가족 행동은 순환적으로 이루어진다.
② 가족은 지역사회의 하위체계이다.
③ 가족의 가치는 세대 간에 전수된다.
④ 가족은 주변체계와 상호작용한다.
⑤ 가족은 항상성을 유지하려는 속성이 있다.

 가족은 가족의 생애주기(Family Life Cycle)에 따라 발달하며, 각각의 생애주기 단계에 따라 발달적 과업을 가진다. 또한 가족은 여러 세대에 걸쳐 다양한 가치가 세대 간에 전수되어 조정 · 통합되는 과정을 거친다. 이와 같이 가족을 시간적 · 발달적 차원에서 고려하는 것은 가족에 접근하는 관점으로서 종적차원에 해당한다. 반면 횡적차원은 가족을 공간적 · 체계적 관점에서 고려하며, 가족을 사회체계의 기본단위로 보고 체계의 요소들이 각각의 부분으로서 상호작용하여 하나의 전체를 이루는 복합체로 간주한다. 이러한 횡적차원에서는 가족체계의 전체성, 항상성, 순환인과성, 등결과성, 피드백 등이 강조된다.

**05** 가족에 관한 설명으로 옳지 않은 것은? [10회]

① 저출산으로 가족규모가 축소되었다.
② 가족 개념은 시대와 문화의 영향을 받지 않는다.
③ 노부부만 남는 빈둥지(Empty Nest) 시기가 길어지고 있다.
④ 과거에 가족이 수행했던 기능이 상당부분 사회로 이양되었다.
⑤ 가족관계가 점차 평등하게 변하면서 이로 인해 갈등이 발생하기도 한다.

② 가족의 개념은 시대와 문화의 영향을 받는다. 원시시대의 경우 수렵과 채집을 중심으로 한 생활환경에의 적응을 위해 이동성에 유리한 핵가족 형태를 나타내 보였으며, 농경사회에서는 토지에 기반을 둔 안정된 생활환경으로 인해 농업생산의 단위로서 대가족 형태를 나타내 보였다. 그리고 현대산업사회에서는 노동인구의 이동 및 도시화로 인해 부부중심의 핵가족 형태로 변화하게 되었으며, 특히 가족의 개념이 경제생활 조건과 밀접한 연관성을 가지게 되었다.

## 06 가족체계의 순환적 인과성에 관한 설명으로 옳은 것은? [10회]

① 언어적 및 비언어적 의사소통의 불일치를 문제의 원인으로 파악한다.
② 가족 문제의 원인을 단편적으로 파악하여 개입을 용이하게 한다.
③ 가족의 현재 문제를 해결하기 위해 원인제공자가 되는 특정 구성원의 변화에 초점을 둔다.
④ 가족의 변화를 위해서는 문제가 유지되는 상호작용 과정을 이해해야 한다.
⑤ 선행되는 직접적 원인을 파악함으로써 가족의 현재 문제를 해결한다.

 가족체계의 순환적 인과성
- 가족체계의 순환적 인과성은 가족체계를 원인에 따른 결과 또는 자극에 따른 반응과 같은 선형적 유형으로 보는 것이 아닌 가족체계의 상호작용 패턴에 초점을 두는 순환적 반응으로 보는 것이다.
- 가족체계 내의 한 구성원의 변화는 다른 구성원을 자극하여 반응을 이끌어내게 되고, 이것이 또 다시 다른 구성원을 자극함으로써 가족 전체에 영향을 미치게 된다.
- 가족 문제를 해결하기 위해서는 문제의 원인 그 자체보다는 문제가 유지되는 가족의 상호작용 과정을 살펴보아야 한다. 즉, '왜(Why)'가 아닌 '무엇(What)'에 초점을 두어야 한다.
- 가족체계는 순환인과관계의 특징적 양상을 나타내 보이므로, 가족체계 내의 한 구성원의 긍정적인 변화는 곧 가족 전체의 긍정적인 변화로 이어지면서 문제가 해결될 수 있다.

## 07 가족유형에 따른 가족원들의 과업으로 옳지 않은 것은? [12회]

① 재혼가족 − 가족 내 관계의 재구성
② 별거가족 − 협력적 부모관계의 지속
③ 이혼가족 − 가족원 상실에 따른 애도
④ 다세대가족 − 하위체계의 구성 및 조정
⑤ 한부모가족 − 이전 양부모 가족의 구조 강화

 ⑤ 한부모가족은 부모 중 한쪽이 사망, 이혼, 유기, 별거를 하여 함께 자녀를 양육하지 못하게 되는 가족 또는 미혼모나 미혼부로서 자녀양육의 책임을 혼자 담당하는 가족을 말한다. 한부모가족 구성원들은 무엇보다도 자신들의 현실을 받아들이고 어려움을 극복할 수 있도록 현실적응력을 길러야 한다. 특히 한부모의 경우 자신감과 가치감, 책임감을 개발하고 잠재력을 발휘하도록 하며, 자녀의 경우에도 가정생활의 변화 속에서 자신의 위치와 역할을 깨닫고 자신의 일을 스스로 처리해 나가도록 독립심을 길러야 한다.

**01** 알코올 중독자 당사자는 치료에 거부적이다. 우선적으로 동기화되어 있는 가족들을 알코올 중독자 가족모임이나 자녀모임에 참여하도록 하였다. 이때 사회복지사가 개입 시 고려한 내용으로 옳은 것은?                                                                                    [18회]

① 가족항상성                          ② 가족모델링
③ 가족재구조화                        ④ 다세대 간 연합
⑤ 순환적 인과성

> **해설** 순환적 인과성(Circular Causality)
> • 가족체계를 원인에 따른 결과 또는 자극에 따른 반응과 같은 선형적 유형으로 보는 것이 아닌 가족체계의 상호작용 패턴에 초점을 두는 순환적 반응으로 보는 것이다.
> • 가족체계 내의 한 구성원의 변화는 다른 구성원을 자극하여 반응을 이끌어내게 되고, 이것이 또 다시 다른 구성원을 자극함으로써 가족 전체에 영향을 미치게 된다.
> • 가족 문제를 해결하기 위해서는 문제의 원인 그 자체보다는 문제가 유지되는 가족의 상호작용 과정을 살펴보아야 한다. 즉, '왜(Why)'가 아닌 '무엇(What)'에 초점을 두어야 한다.
> • 문제를 일으키거나 증상을 표출하는 성원 또는 다른 성원의 변화를 통해 가족의 역기능적 문제가 해결된다. 즉, 가족체계 내의 한 구성원의 긍정적인 변화는 곧 가족 전체의 긍정적인 변화로 이어지면서 문제가 해결될 수 있다.

**02** 가족의 일반적 특성에 관한 설명으로 옳은 것을 모두 고른 것은?                                        [13회]

> ㄱ. 다세대에 걸친 역사성의 산물이다.
> ㄴ. 가족구성원 간 상호 영향은 지속적이다.
> ㄷ. 가족마다 권력구조와 의사소통 형태를 갖고 있다.
> ㄹ. 가족 내 공식·비공식 역할들이 고정되어 있다.

① ㄱ, ㄴ, ㄷ                          ② ㄱ, ㄷ
③ ㄴ, ㄹ                              ④ ㄹ
⑤ ㄱ, ㄴ, ㄷ, ㄹ

> **해설** ㄹ. 가족의 개념과 역할은 시대와 문화의 영향을 받는다. 현대사회에 들어오면서 가족의 개념은 변화하고, 전통적인 가족형태 및 가족 내 역할을 강조하기보다는 다양성을 인정하는 개념으로 변화하고 있다. 저출산으로 인한 가족규모의 축소, 기혼여성의 사회활동 참여 증가 등으로 인해 가족마다 그 형태 및 관계에 따라 가족 내 역할이 달라지므로 가족 내 공식·비공식 역할들은 비고정적이라고 할 수 있다.

**03** 가족에 관한 설명으로 옳은 것은? [15회]

① 정서적 기능보다 가계 계승과 같은 제도적 기능이 중시되는 방향으로 변화하고 있다.

② 부모-자녀 관계는 밀착된 경계를 가진 관계일수록 기능적이다.

③ 가족문제는 단선적 인과론으로 설명하는 것이 효과적이다.

④ 가족항상성은 가족규칙을 활성화하여 지속적인 관계를 유지하도록 한다.

⑤ 가족생활주기가 변해도 역할분담은 고정되어 있는 것이 적응적이다.

 **해설** ④ 항상성이란 끊임없는 변화와 운동의 과정에서 균형을 회복하려는 경향을 말한다. 이 상태에서 가족체계의 구조는 크게 달라지지 않는다.

　　① 최근 한국사회에서 가족의 개념은 전통적인 혈연, 혼인에 의한 관계를 강조하기보다는 가족형태의 다양성을 인정하고, 가족공동체로서의 사회화, 정서적 지지의 기능이 강조되고 있다.

　　② 과도하게 밀착된 경계는 개별성원의 자율성을 방해하며, 자아의식 및 책임감의 발달에도 부정적 영향을 미친다. 반면, 명확한 경계선이 존재할 경우, 가족성원들 간에 분명한 경계와 자율성이 있어 전체 가족체계를 서로 지지하고 개입하는 기능이 용이하게 이루어진다.

　　③ 가족은 구성원의 특징에 따라 한부모가족, 다세대가족, 다문화가족 등으로 구성되며 세대, 성, 관심 등에 따라 경계 및 하위체계를 가지므로 다양한 관점에서 접근해야 한다.

　　⑤ 가족생활주기의 각 단계는 가족 유형(한부모가족, 다세대가족 등)이나 사회문화적 배경에 따라 상이하며, 가족구성원들의 역할은 발달단계에 따라 변화하는 것이 적절하다.

**04** 현대사회 가족의 변화에 해당하지 않는 것은? [16회]

① 규모의 축소　　　　　　　　　② 권력구조의 불평등 심화

③ 생활주기의 변화　　　　　　　④ 기능의 축소

⑤ 형태의 다양화

 **해설** ② 탈중심화 또는 원형망중심으로 사회가 변하면서, 가족 또한 권위주의에 입각한 지배 종속관계에서 평등관계로 변화해갔다. 그러나 아직까지는 실제적인 평등에 기반한 조화로운 관계로 발전하지 못하여 가족문제가 발생하기도 한다.

**05** 가족에 관한 설명으로 옳지 않은 것은? [17회]

① 사회 변화에 따라 가족의 구조와 기능도 변화한다.

② 위기 시 가족은 역기능적 행동을 보일 수도 있지만 가족탄력성을 보일 수도 있다.

③ 가족은 생활주기를 따라 단계적으로 발달하고 변화한다.

④ 가족은 가족항상성을 통해 다른 가족과 구별되는 정체성을 갖는다.

⑤ 가족은 권력구조를 갖고 있지 않은 애정공동체이다.

 **해설** ⑤ 가족은 나름대로 권력구조를 갖고 있다. 어느 가정에서는 아버지가, 다른 가정에서는 어머니가, 또 다른 가정에서는 할아버지나 할머니가 상대적으로 강한 의사결정권 및 통솔권을 갖고 있을 수 있다.

CHAPTER

# 10

# 가족대상 사회복지실천기술 II

☆ **학습목표**　■ 매회 빠지지 않고 꾸준히 출제되고 있는 부분이다. 가계도, 가족조각, 생활력도표, 생태도에 대해서 꼼꼼히 학습해두자.
　　　　　　■ 단순개념보다는 사례제시형 문제의 출제빈도가 높다. 충분한 이론학습으로 이해력과 응용력을 높이도록 하자.

## 제 1 절　가족문제의 사정

### 1 가족사정의 이해

#### (1) 가족사정의 의의

① 사정(Assessment)의 개념

직면하고 있는 문제와 상황을 확인하고 이해하기 위하여 자료를 수집·분석함과 동시에 문제해결을 위한 계획을 수립하는 과정을 말한다. 즉, 수집된 자료와 정보를 분석·검토하여 문제의 성질과 내용, 원인에 관하여 종합적인 해석을 내리고 문제해결을 위한 치료계획을 세우는 일련의 과정으로 진단 및 평가라고도 한다. 사정과정은 체계론적 관점에서 환경 속의 개인, 맥락 속의 개인이 가장 잘 표현될 수 있도록 이루어져야 하며, 측정이 가능하고 실천가의 윤리의식이 반영되도록 해야 한다.

② 가족사정(Family Assessment)의 개념 및 특성

㉠ 가족문제의 내부·외부 요인, 이들 양자 간의 상호작용 등을 파악하기 위해 자료를 수집·분석·종합하여 가족에 대한 개입을 계획하는 과정을 의미한다.

㉡ 가족사정은 개입 전 단계에서 개입계획을 세우기 위해 이루어지는 것이 보통이지만 광의의 사정은 서비스의 모든 과정을 통해서 이루어진다.

㉢ 가족사정은 가족을 관찰하고 사정하는 전문가의 입장에서 주로 이루어지는 객관적 상황에 대한 사정뿐만 아니라, 그 객관적 상황에 대한 클라이언트와 클라이언트 가족의 상황인지에 대한 주관적 측면에 대한 사정까지 함께 이루어져야 한다.

• 주관적 자료 : 사건이나 과정에 대한 클라이언트 개인의 반응과 의미, 사람과 사건에 대한 가족원들의 느낌을 말한다.

• 객관적 자료 : 멤버십, 가족역할, 가족의 물리적 환경, 가족규칙 등과 같은 가족의 객관적 상황에 대한 자료를 말한다.

③ 가족사정 시 주의점

    ⊙ 가족을 이해하는 가족사정이 필요하다.

    ⓒ 사정은 직관이나 느낌보다는 클라이언트에 대한 관찰이나 기록, 관련 연구문헌 등의 **경험적 자료에 근거**하여 이루어져야 한다.

    ⓒ 사정을 하는 동안 가족치료자는 가족구조와 기능의 관점에서 **가족을 이해하기 위해 노력**해야 한다.

    ⓔ 가족사정은 **가족이 처한 시대적 배경을 고려**해야 한다.

## (2) 가족사정의 목표

① 가족단위 접근의 적합성 여부, 개입의 유형 등을 결정하며, 구체적으로 어떤 변화가 필요한지를 판단한다.

② 현실적 목표에 기초한 장기 목표와 단기 목표를 수립한다.

③ 가족의 변화를 위해 필요한 가족환경, 가족의 강점, 지역사회의 자원 등을 확인한다.

④ 개입결과의 평가를 위한 가족기능의 기초선을 설정한다.

## (3) 가족사정의 내용

① **가족의 하위체계**

    ⊙ 체계론적 관점에서 가족은 **가족성원 상호 간에 복잡하게 얽혀있는 관계망으로 이루어진 역동적 체계**로 본다.

    ⓒ 성(Gender), 이해관계, 세대, 역할 등에 의해 나타난다. 가족 하위체계는 지속적으로 형성되기도 하지만 가족성원들이 특정한 성원과 관계를 맺는 '동맹'과 같이 일시적으로 형성되었다가 사라지기도 한다.

    ⓒ 사회사업가들은 이들 하위체계의 역기능을 주의깊게 관찰하여 사정해야 한다.

② **가족의 경계** : 가족은 가족성원 상호 간 또는 가족 외부와의 경계를 갖게 되고, 이 경계의 상호교환 정도에 따라 다음과 같이 나눌 수 있다.

    ⊙ 명확한 경계 : 가족성원 간이나 가족 하위체계 간 혹은 가족과 외부체계 간에 독립성과 자율성이 인정되면서도 동시에 상호융통성이 있는 의사소통이 이루어지는 경우

    ⓒ 경직된 경계 : 체계들이 상호분리·고립되어 있어 융통성 있는 의사소통이 어렵고 다른 체계에 대한 **관심과 지지가 이루어지지 못하는 경우**

    ⓒ 혼돈된 경계 : 가족성원 및 가족의 하위체계 간에 독립성과 자율성이 결핍되어 지나친 밀착상태에 있으며 체계 간 경계를 구분하기 어려운 경우

③ **가족규칙과 가족신화**

    ⊙ 가족규칙 : 가족성원들이 서로의 행동을 규정하고 제한하는 **관계상의 합의**를 말한다. 가족의 규칙은 대부분 명시되지 않지만 가족성원 간의 반복적 관계를 통해 은연중에 기대되고 행동하는 기본이 된다. 모든 가족은 가족 특유의 규칙이 있으나 문제가정에서는 가정에 필요하지 않은 규칙들이 있어 규칙위반으로 인한 문제가 발생한다.

ⓒ 가족신화 : 가족성원들 모두가 공유하고 있는 가족, 혹은 가족성원에 대한 **잘못된 신념과 기대**를 말한다.

④ **가족의 권력구조**

ⓐ 가족의 권력이란 다른 가족성원의 행동을 변화시킬 수 있는 능력을 말한다.

ⓑ 일반적으로 가족 내에서는 다른 가족성원들의 욕구(경제적·사회적 욕구, 사랑, 인정 등)를 실현시킬 수 있는 자원을 많이 가진 가족성원일수록 권력을 많이 가진다.

⑤ **가족의 의사소통**

ⓐ 가족 성원 간의 관계는 언어적·비언어적 의사소통을 통해 파악할 수 있다.

ⓑ 모든 메시지는 어떤 내용과 감정이 담겨져 있는데, 가족성원들 간에 보낸 메시지와 받은 메시지가 항상 일치하는 것은 아니다.

ⓒ 비언어적 신호가 언어적 신호보다 더욱 신뢰성이 높다.

ⓓ 의사소통은 일방적인 전달과정이 아닌 서로가 영향을 주고받는 과정이므로, 클라이언트 개인의 병리 치료보다 성원들 간의 역기능적 관계를 교정하는 데 초점을 둔다.

---

**Plus ⊕ one**

**이중구속(Double Bind)**                                        13, 16회  기출

• 역기능적 의사소통의 대표적 유형으로서, 한 사람이 다른 사람에게 논리적으로 상호 모순되고 일치하지 않는 두 가지 메시지를 동시에 전달하는 것을 말한다.
• 가족성원들의 상호 모순된 메시지를 혼란된 상황에 놓이게 함으로써 유대관계 형성에 악영향을 미친다.

**사회사업가가 가족의 의사소통 유형을 사정함에 있어서 고려해야 할 사항**
• 일치성 : 메시지를 전달할 때 사용되는 언어적·비언어적·상황적 요소가 얼마나 일치하는가를 말한다.
• 명확성 : 상대방에게 메시지를 전달할 때 자신의 의견이나 느낌, 생각 등을 가리지 않고 분명하게 전달하는 것을 말한다.
• 수용성 : 가족원들이 다른 가족원의 생각과 느낌을 어느 정도 수용하는가를 말한다.
• 표현성 : 자신의 생각과 느낌을 다른 가족원들에게 얼마나 표현하는지를 말한다.

---

**2 │ 가족사정의 방법(도구)**

**(1) 인터뷰**

① 가족사정을 위한 가장 기본적이며 중요한 방법이다.

② 인터뷰를 하기 전에 가족에 관한 기간 내의 기록과 의뢰에 대한 정보 등에 대해 살펴보아야 한다.

③ 가족성원이나 중요한 타인(친구, 교사, 교회)들을 대상으로 실시하며, 생태도나 가계도 등 여러 가지 도구를 활용하여 진행할 수 있다.

④ 도구의 활용은 인터뷰에 적극적으로 참여하지 않는 가족성원을 상대로 할 때 그 활용가치가 높다.

## (2) 그림그리기(Graphic Measure)

① 가족 내의 역동을 한 눈에 볼 수 있게 해주는 효과를 가진다.

② 가족사정에서 사용되는 그림그리기는 가계도와 생태도가 가장 보편적이다. 사회관계망표 또는 생활력도표를 활용하기도 한다.

③ 가계도(Genogram) 1, 2, 7, 8, 15, 18회 기출

  ㉠ 보웬(Bowen)이 고안한 것으로, 클라이언트의 2~3세대(보통 3세대 이상)에 걸친 가족관계를 도표로 제시함으로써 현재 제시된 문제의 근원을 찾는다.

  ㉡ 가족의 구조, 가족 및 구성원의 관계, 동거가족현황, 세대 간의 반복유형, 과거의 결혼관계 등에 대한 상세한 정보를 제공한다.

  ㉢ 남성은 사각형, 여성은 원, 결혼관계는 수평선 등으로 나타내며 출생연도와 사망연도를 함께 기입한다.

  ㉣ 항상 사회복지사와 클라이언트가 함께 작성한다.

  ㉤ 가계도를 통해 알 수 있는 정보 8, 11, 13, 19회 기출

    • 구성원의 성별, 나이, 출생 및 사망 시기, 직업, 교육수준, 결혼관계, 동거, 병력, 종교 등

    • 각 구성원과의 관계(단절 또는 융합, 밀착), 가족 내 하위체계간 경계의 속성

    • 가족관계(혈연과 인위적으로 성립된 관계)

    • 가족 내에서 반복적으로 나타나는 정서적 · 행동적 패턴, 가족 내 삼각관계

    • 가족의 역할 및 유형, 가족양상의 다세대적 전이 파악 등

[가계도]

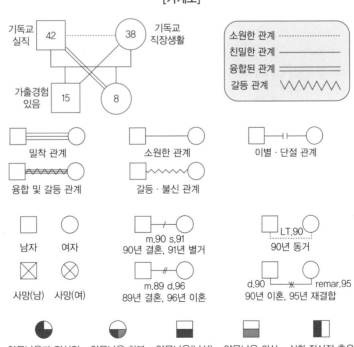

④ 생태도(Ecomap) 2, 3, 4, 6, 8, 11, 15, 17, 20회 기출

㉠ 하트만(Hartman)이 고안한 것으로 가족관계를 비롯하여 **가족의 자원, 가족과 외부환경의 상호작용**을 묘사한다.

㉡ 가족관계에 대한 도식, 즉 클라이언트의 상황에서 의미 있는 체계들과의 관계를 그림으로 표현함으로써 특정 문제에 대한 개입계획을 세우는 데 유용한 도구이다.

㉢ 환경 속의 클라이언트에 초점을 두어 **클라이언트를 생태학적 관점에서 이해하는 데 도움을 준다.**

㉣ 생태도 중앙에 클라이언트에 해당하는 원을 위치시킨 후 클라이언트의 주요 환경적 요소들을 중앙의 원 주변에 배치한다. 또한 **실선으로 긍정적인 관계를, 점선으로 빈약하고 불확실한 관계**를 묘사한다.

**[생태도]**

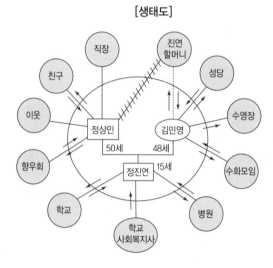

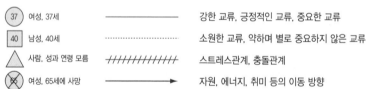

| | | |
|---|---|---|
| ㉧ 여성, 37세 | —————— | 강한 교류, 긍정적인 교류, 중요한 교류 |
| ㉨ 남성, 40세 | ··············· | 소원한 교류, 약하며 별로 중요하지 않은 교류 |
| △ 사람, 성과 연령 모름 | //////////// | 스트레스관계, 충돌관계 |
| ㉩ 여성, 65세에 사망 | ————▶ | 자원, 에너지, 취미 등의 이동 방향 |

㉤ 사회복지사와 클라이언트가 함께 작성한다.

㉥ 생태도를 통해 알 수 있는 정보 8, 13회 기출

• 가족과 그 가족의 생활공간 내에 있는 사람 및 기관 간의 관계

• 개별 가족구성원들과 환경체계들 간의 관계

• 가족과 환경 간의 경계의 성격, 가족 내 역동

• 가족체계의 욕구와 자원의 흐름 및 균형상태

• 가족체계에 필요한 자원의 소재와 내용

• 가족체계의 스트레스 요인 등

⑤ 생활력도표(Life History Grid) 2, 5, 7, 9, 12, 15, 17회 기출

㉠ 각각의 가족구성원의 삶에 대해 **중요한 사건(주요 생애경험)**이나 **시기별로 중요한 문제**의 전개에 대해 표로 나타내는 방법이다.

㉡ 현재 역기능적인 문제 등을 특정 시기의 어려움이나 경험 등과 연관시켜 이해할 수 있다.

㉢ 중요한 사건이나 시기를 중심으로 해서 **연대기적으로** 작성한다.

㉣ 생태도나 가계도처럼 원이나 화살표 등 기호를 이용하지 않고 **도표로** 제시된다.

　예 클라이언트 : 이영희(여, 48세)

| 연 도 | 나 이 | 장 소 | 가 족 | 사 건 | 문 제 |
|---|---|---|---|---|---|
| 1996 | 28 | 울 산 | 첫째 자녀 | 출 산 | 조산에 의한 저체중 |
| 1998 | 30 | 서 울 | 남 편 | 실 직 | 회사의 경영난에 의한 정리해고 |
| 2000 | 32 | 울 산 | 가 족 | 이 사 | 생활고에 의한 친정으로의 이주 |

⑥ 사회관계망표(Social Network Grid) 9, 10, 14, 15회 기출

㉠ '사회적 관계망 격자'라고도 하며, 클라이언트 개인이나 가족의 사회적 지지체계를 사정하기 위한 도구이다.

㉡ 사회적 관계망은 클라이언트의 환경 내에 영향을 미치는 중요한 사람이나 체계를 지칭하며, 사회적 관계망 격자는 이러한 사람이나 체계로부터의 물질적·정서적 지지, 정보 또는 조언, 원조 방향, 접촉 빈도 및 시간 등에 관한 정보를 제공한다.

㉢ 사회적 지지의 유형을 구분하고 가족의 환경과 필요한 자원을 파악하는 데 유용하다.

㉣ 전체적인 관계망의 조망을 통해 클라이언트가 자신의 문제를 객관적으로 바라볼 수 있는 기회를 제공한다.

㉤ 사정 과정에서는 지지가 제공되는 생활영역, 지지의 종류, 지지의 제공간격, 지지제공자와의 거리 및 접촉 빈도 등을 고려해야 한다.

㉥ 개인이나 가족에 대한 지속적인 사정은 물론 특정 프로그램의 계획을 위해 활용할 수 있다.

| 중요<br>인물<br>(ID) | 생활영역<br>1. 가구원<br>2. 다른 가족<br>3. 직장/학교 | 물질적 지지<br>1. 거의 없음<br>2. 가끔<br>3. 자주 | 정서적 지지<br>1. 거의 없음<br>2. 가끔<br>3. 자주 | 정보/조언<br>1. 거의 없음<br>2. 가끔<br>3. 자주 | 원조 방향<br>1. 양방향<br>2. 일방적으로 줌<br>3. 일방적으로 받음 | 접촉 빈도<br>1. 1년에 2~3회<br>2. 1달에 2~3회<br>3. 1주일에 2~3회<br>4. 거의 매일 |
|---|---|---|---|---|---|---|
| 01 | | | | | | |
| 02 | | | | | | |
| 03 | | | | | | |
| … | | | | | | |

### (3) 관 찰

① 한 가족이 생활하는 모습 그대로를 관찰하는 것이 좋으나 현실적으로 어렵기 때문에 일반적으로 가족원에게 특정 과업이나 과제를 제시하여 이루어진다.

② 관찰의 방법으로는 가족조각(Family Sculpture)과 실연(Enactment)이 있다.

③ 가족조각(Family Sculpture)  1, 3, 4, 7, 8, 9, 14, 16, 17, 19회 기출

    ⊙ 가족원이 다른 가족원에 대해 인식하고 느낀 것을 살펴볼 수 있는 사정도구로 특정 시기의 어려 웠던 사건을 선정한 후 정서적인 가족관계를 언어를 사용하지 않고 신체적으로 상징화하기 위 해 사람이나 대상물들을 배열하는 것이다.

    ⓛ 가족의 상호작용 양상을 공간에 배치하는 방법으로서, 가족조각에 참여하는 가족 중 한 사람이 다른 가족성원을 일정한 공간 내에서 자신이 느낀대로 표현하게 하는 것으로 조각을 하는 동안 웃거나 이야기하지 않도록 한다.

    ⓒ 어떠한 문제에 대해 개인의 존중성을 인정하고 입장을 표현할 수 있는 좋은 기회이자 가족 내에 숨겨진 가족규칙과 가족신화를 알 수 있다. 즉, 가족 내 숨겨져 표현되지 못했던 감정이나 가족 규칙 등이 노출될 수 있다.

    ⓔ 가족조각은 상징적이고 은유적인 면이 강하여 적절한 피드백이 중요하다.

    ⓜ 가족조각을 통해 감정의 피드백을 가지게 되고 하위체계 내에 누가 참가했는지 불참했는지 알 수 있다.

    ⓗ 조각 후 사회복지사는 현재의 조각이 어떻게 변화되기 바라는지를 다시 조각으로 표현하게 한다.

    ⓢ 가족조각의 목적

      • 언어적 표현이 부족하고 소극적인 가족들이 자연스럽게 참여하여 치료에 관여하도록 한다.

      • 다른 사람을 비난하거나 방어적인 행위를 제지할 수 있다.

      • 조각 과정을 통해 문제의 원인을 알아보고 즉각적으로 치료를 행할 수 있다.

      • 동일한 문제에 여러 가족원이 조각을 함으로써 문제를 바라보는 가족구성원 간의 차이를 파 악할 수 있다.

④ 실연(Enactment)

    ⊙ 이전에 있었던 역기능적 상황을 재연하거나 역할연습을 시키는 것이다.

    ⓛ 가족 갈등을 치료 상황으로 가져와 성원들이 갈등을 어떻게 처리하는지 직접 관찰하도록 함으 로써 상호작용에서 나타나는 문제를 수정하고 재구조화한다.

### (4) 체크리스트(Checklist) 및 목록(Inventory)

① 가족과 접촉하기 전에 사용될 수도 있고, 가족사정 과정에서 그 가족에 관한 객관적 정보와 주관적 정보를 파악하는 데 사용할 수도 있다.

② 가족이 처한 상황이나 문제에 따라 다양하게 선택할 수 있다.

③ 측정도구
　　㉠ PSI(Parenting Stress Index) : 부모 역할에 문제가 있는 경우 활용
　　㉡ FILE(Family Inventory of Life Events and changes) : 가족이 경험하는 스트레스 수준을
　　　측정하는 경우 활용

## 제2절　가족개입 및 가족치료모델

### 1 가족개입과 가족치료

#### (1) 가족치료의 의의

① 개인을 둘러싼 환경요소 중에서도 특히 가족을 치료매개로 사용하는 기법이다.
② 가족성원이 보이는 문제행동을 개인만의 문제로 보지 않고, 개인을 둘러싼 가족이라는 맥락 속에서 이해하려는 시도를 말한다. 즉, 가족을 하나의 단위로 보고 가족성원들 중 어느 한 성원만이 가졌다고 확인되는 문제의 경우에도 그 문제를 개인의 영역에 한정시키지 않고 상호작용하고 있는 가족에 초점을 둔다.
③ 가족성원들이 가족 내의 역기능적인 거래패턴을 변화시킬 수 있도록 도움으로써 가족체계 내에 얽혀있는 정서적인 문제를 탐색하고 해결할 수 있다.
④ 올슨(D. Olsen)은 치료자가 가족전체를 대상으로 실시하는 모든 형태의 치료라고 설명하였다.

#### (2) 가족치료의 특성

① 가족치료자의 관심은 가족에 대한 객관적인 사실이 아니라, 현재 환경의 어떤 관계가 행동표현에 영향을 주는가에 있다.
② 모든 치료적 노력은 가족체계 안에 있는 개인을 향한 것이 아닌, 개인을 둘러싼 가족이나 사회체계이다.
③ 가족치료자는 문제행동 자체보다는 문제행동을 둘러싼 가족 상호작용에 관심을 가진다.
④ 개인에게서 문제의 원인을 찾는 개인적인 결함모형에서 관계와 관계 사이의 역기능을 파악하는 대인관계적인 모형으로 개념을 변화시켜야 한다.
⑤ 문제행동은 가족의 상호작용과 맥락을 반영하고 있다는 점을 가정할 수 있으므로, 가족치료자는 대인관계적 모형으로 문제를 바라보는 것이 무엇보다 중요하며, 이러한 관점은 치료를 용이하게 하는 장점을 갖는다.
⑥ 가족치료자는 가족체계의 구성원 모두가 변화에 동참해야 한다고 믿는다.

### (3) 가족치료의 목적

① 가족성원들이 병리적 방어기제보다 적응방법을 통해 획득한 적응능력을 사용하여 가족성원과 대인관계 사이의 병리적 요소를 약화시킬 수 있어야 한다. 궁극적으로 행동상의 변화보다는 가족 전체가 좀 더 만족스럽게 각자의 역할과 기능을 수행하도록 하여 각 가족성원과 가족 전체가 성장하도록 하는 것이다.

② 가족의 평형상태를 강화시킴으로써 가족체계에 영향을 주어 가족 내의 구성원들이 각자 그들의 과제를 원만히 수행하도록 한다.

### (4) 가족개입 <sub></sub> 18, 19회 기출

① 가족개입 초기 단계

㉠ 가족에 대해 다차원적으로 사정하고 개입을 계획하는 단계이다.

㉡ 다차원적 사정은 가족생태학적 사정, 가족이 제시하는 문제 사정, 세대 간 사정, 가족 내부에 대한 사정을 포함하여 이루어진다.

㉢ 가족과 합류(Joining)하여 가족을 이해·수용하고 가족에게 신뢰를 얻는 과정이 필요하다.

㉣ 가족과의 관계 형성 기술, 생태도와 가계도 작성·분석 기술, 가족생활주기 분석 기술 등 실천기술이 필요하다.

② 가족개입 실행 단계

㉠ 가족 세대 간 관계 또는 가족 내부 문제에 개입하는 단계이다.

㉡ 가족 문제의 유형에 따라 개입기술과 기법을 적절하게 활용한다.

㉢ 탈삼각화, 가족조각, 가족 그림, 경계 만들기, 균형 깨뜨리기, 역설적 지시, 순환적 질문, 재구성 또는 재명명, 긍정적 의미부여, 문제의 외현화, 기적 질문과 예외 질문하기, 가족 중재, 역할연습 등 실천기술이 필요하다.

③ 가족개입 종결 단계

㉠ 개입을 통한 가족의 변화를 확인하고, 변화 유지를 위한 지원을 하는 단계이다.

㉡ 사후면접에서는 가족 항상성 유지를 위한 자원을 규명하고, 가족이 성취한 목표를 점검하는 데 초점을 맞춘다.

---

## 2 가족치료의 모델

### (1) 세대 간 가족치료모델(다세대적 가족치료모델) <sub></sub> 8, 11, 12, 14, 15회 기출

① 의의 및 특징

㉠ 보웬(M. Bowen)의 다세대체계이론을 바탕으로 한 모델로서, 현재 가족의 문제를 파악하기 위해 여러 세대에 걸친 가족체계를 분석해야 한다는 점을 강조하였다.

㉡ 가족을 일련의 상호 연관된 체계 및 하위체계들로 이루어진 복합적 총체로 인식하여 한 부분의 변화가 다른 부분의 변화를 야기한다고 본다.

ⓒ 개인이 가족자아로부터 분화되어 확고한 자아를 수립할 수 있도록 가족성원의 정서체계에 대한 합리적인 조정을 강조한다.

ⓡ 불안 정도와 자아분화의 통합 정도로서 개인의 감정과 지적 과정 사이의 구분능력을 강조한다. 즉, 정서적인 것과 지적인 것을 분화할 수 있는 능력을 키우도록 함으로써 '미분화된 가족자아 집합체(Undifferentiated Family Ego Mass)'를 적절하게 분화하는 것을 목표로 한다.

② 주요 개념

ⓐ 자아분화

- 정서적인 것과 지적인 것의 분화를 의미하며, 감정과 사고가 적절히 분리되는 경우 자아분화 수준이 높은 것으로 간주한다.
- 개인이 가족의 정서적인 혼란으로부터 자유롭고, 독립적인 사고나 행동을 할 수 있는 과정을 의미한다.
- 독립의 상태를 '0~100'까지의 분화지수로 표시하여, '0'은 가족으로부터의 완전한 구속을 나타내고 '100'은 가족으로부터의 완전한 독립을 나타낸다.
- 자아분화 수준이 높을수록 가족체계의 정서로부터 분화된다. 반면, 자화분화 수준이 낮은 사람은 합리적으로 의사결정을 하지 못하며, 반사적인 행동 수준에 머무른다. 특히 삼각관계를 통해 자신의 불안을 회피하고자 하며, 적응력과 자율성이 작아진다.

ⓑ 삼각관계

- 삼각관계(Triangle)는 스트레스의 해소를 위해 두 사람 간의 상호작용체계에 다른 가족성원을 끌어들임으로써 갈등을 우회시키는 것이다.
- 보웬은 삼각관계를 가장 불안정한 관계체계로 보았다. 삼각관계는 불안이나 긴장, 스트레스를 감소시키는 데에 일시적인 도움은 줄 수 있지만 가족의 정서체계를 혼란스럽게 만들어 증상을 더욱 악화시킨다.
- 자아분화수준이 낮은 부모는 미분화에서 오는 자신들의 불안이나 갈등을 삼각관계를 통해 회피하려 한다.

ⓒ 핵가족 정서체계

- 가족의 정서적 일체감이 독특한 정서체계를 형성함으로써 가족성원 간에 사고와 감정을 공유하다가 이후 서로를 배척하기에 이르는 정서적 관계를 의미한다.
- 개인은 자신의 해소되지 못한 불안을 가족에게 투사하며, 특히 미분화된 부부인 경우 사소한 스트레스 상황에도 심한 불안을 느낀다.
- 핵가족 정서체계는 부부 간에 정서적으로 거리가 먼 경우, 부부 중 한 사람이 신체적 또는 정서적으로 역기능 상태에 있는 경우, 부부갈등이 심각한 경우, 부부 간의 문제를 자녀에게 투사하는 경우 그 강도가 강해진다.

③ 주요 실천기술

ⓐ 가계도(Genogram) : 사정단계에서 자료를 조직하고 치료과정에서 핵심적인 삼각관계를 추적한다. 때로 클라이언트와 함께 정보를 수집하고 작성하는 과정 자체만으로 치료효과가 나타나기도 한다.

ⓒ 탈삼각화(Detriangulation) : 가족 내 삼각관계를 교정하여 미분화된 가족자아 집합체로부터 벗어나도록 돕는 기법이다. 즉, 두 가족성원의 감정 영역에서 제3의 성원을 분리시키는 과정이다.

ⓒ 나-입장취하기(I-position) : 타인을 비난하는 대신 자신이 생각하고 느낀 바를 말하며 탈삼각화를 촉진한다. 정서적인 반응의 악순환을 깨기 위한 방법이다.

ⓔ 관계실험 : 정서적 과정을 명확히 함으로써 주요 삼각관계를 구조적으로 변화시키기 위해 사용한다. 가족들이 체계 과정을 인식하고 그 과정 내에서 자기 역할을 깨닫는 법을 학습하도록 돕는다.

## (2) 경험적 가족치료모델(의사소통 가족치료모델)    15회 기출

① 의의 및 특징

ⓐ 사티어(V. Satir)가 제시한 이론으로 개인심리학에 그 뿌리를 두고 있다.

ⓑ 성원의 자아존중감 향상을 목적으로 하며, 정서적 경험과 가족체계에 대한 이중적 초점을 강조한다.

ⓒ 가족관계의 병리적 측면보다는 **긍정적 측면**에 초점을 두며, 가족의 안정보다는 **성장**을 목표로 한다.

ⓓ 가족의 의사소통 방식에 관심을 기울이고 가족이 올바른 의사소통 방식을 학습하여 실제 적용함으로써 상호작용 과정을 통해 문제를 해결하도록 한다.

ⓔ 사회복지사는 가족에게 통찰·설명을 해주기보다 가족의 특유한 갈등과 행동양식에 맞는 경험을 제공하려고 노력한다.

ⓕ 인본주의적이고 현상학적인 사고에 영향을 받음으로써 치료적 기법을 강조하기보다는 최선을 다해 치료에 임하는 개인적인 관여를 중시한다.

ⓖ 가족성원들이 각자 자기 감정과 욕구에 민감하고 이를 가족과 나누며, 기쁨뿐만 아니라 실망, 두려움, 분노에 대해서도 대화하고 수용할 수 있도록 돕는 데에 초점을 둔다. 즉, 가족 성원이 내적 경험을 개방하여 가족과의 상호작용을 촉진한다.

② **주요 개념** : 사티어(V. Satir)의 의사소통 유형    5, 11, 13, 16, 18, 19, 20회 기출

| 일치형 | 자신 존중<br>타인 존중<br>상황 존중 | • 자신이 중심이 되어 타인과 관계를 맺으며, 다른 사람과 연결이 필요한 경우 스스로 직접 선택한다.<br>• 의사소통 내용과 내면의 감정이 일치함으로써 매우 진솔한 의사소통이 가능하며, 감정을 언어로 정확하고 적절하게 표현한다.<br>• 자신 및 타인, 상황을 신뢰하고 높은 가치관을 가지고 있으며, 심리적으로도 안정된 상태이다. |
|---|---|---|
| 회유형<br>(아첨형) | 자신 무시<br>타인 존중<br>상황 존중 | • 자기 내적 감정이나 생각을 무시한 채 타인의 비위와 의견에 맞추려 한다.<br>• 안정을 유지하기 위해 상대방에게 "예"라고 대답해야 한다고 생각한다.<br>• 다른 사람의 의견에 지나치게 동조하고 비굴한 자세를 취하며, 사죄와 변명을 하는 등 지나치게 착한 행동을 보인다. |

| 비난형 | 자신 존중<br>타인 무시<br>상황 존중 | • 자신만을 생각하며 타인을 무시하고 비난하는 양상을 보인다.<br>• 약해서는 안 된다는 의지로 자신을 강하게 보이기 위해 타인을 통제하고 명령한다.<br>• 외면적으로는 공격적인 행동을 보이나, 내면적으로는 자신을 소외자 또는 외로운 실패자라고 느낀다. |
|---|---|---|
| 초이성형<br>(계산형) | 자신 무시<br>타인 무시<br>상황 존중 | • 자신 및 타인을 모두 무시하고 상황만을 중시한다.<br>• 비인간적인 객관성과 논리성의 소유자로서 원리와 원칙을 강조한다.<br>• 내면적으로는 쉽게 상처받고 소외감을 느낀다. |
| 산만형<br>(혼란형) | 자신 무시<br>타인 무시<br>상황 무시 | • 자신 및 타인은 물론 상황까지 모두 무시한다.<br>• 가장 접촉하기 어려운 유형으로서, 위협을 무시하고 상황과 관계없이 행동하며, 말과 행동이 불일치하고 정서적으로 혼란스러워 보인다.<br>• 내면적으로 모두가 자신을 거부한다고 생각함으로써 무서운 고독감과 자신의 무가치함을 느낀다. |

③ 주요 실천기술

　　㉠ 가족조각(Family Sculpting)

　　　• 가족관계 및 가족의 역동성을 진단함으로써 치료적인 개입을 한다.

　　　• 가족의 상호작용에 따른 친밀감 또는 거리감, 가족성원 간의 연합 또는 세력 구조, 비언어적인 의사소통 유형, 가족규칙, 가족신화 등의 관계 유형을 살펴본다.

　　㉡ 가족그림(Family Drawing)

　　　• 가족성원 각자에게 가족이 어떻게 조직되어 있는지 생각나는 대로 그리도록 한다.

　　　• 가족성원들은 자신이 그린 그림을 다른 가족 앞에서 설명함으로써 자신을 객관적으로 평가하는 기회를 갖는다.

　　　• 사회복지사는 성원들이 예전에 미처 생각하지 못했거나 서로 소통하지 못했던 상황·경험을 이해하도록 돕는다.

　　㉢ 역할연습 또는 역할극(Role Playing)

　　　• 가족의 문제 상황을 구체적으로 재현하거나 새로운 행동을 연습하는 데 활용된다.

　　　• 가족성원들은 다른 가족의 역할을 수행해 봄으로써 다른 성원의 내면에 대해 이해하는 기회를 갖는다.

　　㉣ 빙산기법

　　　• 개인의 내적 과정을 이끌어내기 위한 방법이다.

　　　• 사티어는 사람의 내면을 바다 속에 잠겨있는 빙산에 비유한다. 즉, 눈에 보이는 행동은 빙산의 극히 작은 일부분이기 때문에 감춰져 있는 깊은 내면세계를 이해해야 한다고 한다.

## (3) 구조적 가족치료모델　9, 11, 14, 17, 20회 기출

① 의의 및 특징

　　㉠ 미누친(S. Minuchin)이 제안한 것으로서, 가족을 재구조화하여 적절한 기능을 수행할 수 있도록 돕는 방법으로 개인을 생태체계 또는 환경과의 관계에서 이해한다.

　　㉡ 가족을 하나의 체계로 보며, 개인의 문제를 정신적 요인보다 체계와의 관련성에 둔다.

ⓒ 가족 간의 명확한 경계를 강조하고 특히 하위체계 간에 개방되고 명확한 경계를 수립하는 것을 치료의 목표로 삼는다.

ⓔ 경직된 경계선에서의 분리와 혼돈된 경계선에서의 밀착이 모두 가족의 문제를 유발할 수 있으므로 **명확한 경계선**이 설정되어야 하며, 명확한 경계선에서 가족성원들은 지지 받고 건강하게 양육되며 독립과 자율이 허락된다.

ⓜ 구조적 가족치료모델은 소년비행, 거식증, 약물남용 가족성원이 있는 가족이나 사회 · 경제적 수준이 낮은 가족에 성공적으로 적용되어 왔다.

② **주요 개념**                               10, 14, 15, 17회 기출

ⓒ 하위체계(Sub-system)

- 가족은 세대, 취미, 관심, 성별 등에 의해 가족 내에서 하위체계를 구성하는데, 대표적인 하위체계로는 부부, 부모, 형제하위체계가 있다.
- 부부하위체계 : 대등한 관계 속에서 상호보완하고 상호적응하는 두 가지 기술이 요구되는 체계이다. 경계가 분명하지 않으면 자녀와 확대가족으로부터의 침범으로 인해 기능을 상실하기 쉽다.
- 부모하위체계 : 자녀의 사회화 과업을 달성해야 하는 체계이다.
- 형제하위체계 : 동료관계를 학습할 수 있는 체계로, 타인과의 지지, 협상하는 방법을 배우게 된다.

ⓒ 경계(Boundary)

- 각 하위체계는 경계를 가지고 있고 다른 체계와 구별되는 기능을 수행한다.
- 적절한 가족기능을 위해서는 하위체계의 경계를 명확히 하는 것이 중요하다.
- 가족의 기능을 방해하는 경계는 지나치게 밀착(Enmeshed)된 경우와 지나치게 유리(Disengagement)된 경우이다.

| 가족성원 간의 경계 | 밀착 가족 | 가족성원들이 서로 지나치게 관여하고 간섭하기 때문에 적절한 경계가 결여된 경우 |
|---|---|---|
| | 유리 가족 | 서로에 대한 관심과 가족에 대한 몰두가 없음 |
| 가족외부와의 경계 | 개방형 가족 | 가족 외부와의 경계가 분명하면서도 정보교환 등이 자유롭게 일어나는 가정 |
| | 폐쇄형 가족 | 가족 외부와의 경계가 지나치게 분명하여 외부와 상호정보교환을 하지 않는 가족 |
| | 방임형 가족 | 가족의 경계가 불분명하여 통제되지 않은 상태에서 가족성원 각자가 무분별하게 외부와 관계를 맺는 가족 |

ⓒ 재구조화(Restructuring)

- 미뉴친은 가족 내에서 견고하게 반복되는 상호작용 패턴을 가족 구조라고 정의하는데, 견고한 가족 구조를 재조직하거나 새로운 구조와 상호작용 형태로 바꾸는 작업을 재구조화라고 한다.

• 가족을 재구조화한다는 것은 변화를 위해 가족 구조에 도전하고 직면시키는 치료적 개입을 하는 것이다.

③ 주요 실천기술

㉠ 경계 만들기(Boundary Making)  7, 9, 15회 기출

• 개인체계뿐만 아니라 하위체계 간의 경계를 명확히 함으로써 가족성원 간 상호지지의 분위기 속에서 독립과 자율을 허용하도록 하는 것이다.

• 밀착된 가족의 경우 하위체계 간 경계를 강화하여 **개별성원의 독립성을 고양**시키고, 유리된 가족의 경우 하위체계 간 교류를 촉진하여 **경직된 경계를 완화**시킨다.

㉡ 긴장 고조시키기

• 가족 내 긴장을 고조시킴으로써 대안적인 갈등해결방법을 사용하도록 돕는 것이다.

• 의사소통의 통로 차단하기 : 가족들에게 익숙한 상호교류 패턴을 차단하여 긴장을 고조시킨다. **예** 항상 딸의 문제를 대변하는 엄마를 제지하고 딸 스스로 대답하게 한다.

• 차이점 강조하기 : 성원들이 서로의 의견 차이를 은폐하려고 할 때 "서로 의견이 다르니까 한 번 논의해봅시다." 하면서 긴장을 고조시킨다.

• 숨은 갈등 조장하기 : 삼각관계를 깨뜨림으로써 숨은 갈등을 조장하여 긴장을 고조시킨다.

• 가족구조 내의 제휴나 결탁에 연합하기 : 가족 내 문제가 없다고 완강히 주장하는 경우 사회복지사가 하위체계와 순환적으로 합류하여 다른 하위체계의 문제를 지적하여 긴장을 고조시킨다.

㉢ 실연(Enactment)  19회 기출

• 치료면담 과정에서 가족성원들로 하여금 **역기능적인 교류를 실제로 재연**시키는 것이다.

• 가족 갈등을 치료상황으로 가져와 성원들이 갈등을 어떻게 처리하는지 직접 관찰하도록 함으로써 상호작용에서 나타나는 문제를 수정하고 이를 재구조화한다.

㉣ 균형 깨뜨리기(Unbalancing)  17회 기출

• 사회복지사가 가족 내 하위체계들 간 역기능적 균형을 깨뜨리는 것이다.

• 가족 내 희생당하거나 낮은 위치에 있는 성원을 위해 **가족체계 내의 지위나 권력구조를 변화**시킨다.

**예** 권위적이고 가부장적인 남편이 자기주장만을 강조하는 경우 치료자는 의도적으로 부인의 편을 들어주어 역기능적 균형을 깨뜨릴 수 있다.

## (4) 전략적 가족치료모델

① 의의 및 특징

㉠ 헤일리(J. Haley)가 제안한 것으로서, 인간행동의 원인에는 관심이 없고 **문제행동의 변화를 위한 문제해결**에 초점을 둔다.

㉡ 목표설정에 있어서 가족이 호소하는 문제를 포함하며, 가족의 문제를 해결하기 위한 다양한 전략을 모색한다.

㉢ 단기치료에 해당하며 이해보다는 변화에, 이론보다는 기법에 더 많은 관심을 가진다. 즉, 전략적 가족치료모델은 실제적이다.

② 주요 실천기법 5, 8, 9, 10, 11, 13, 14, 15, 17, 19, 20회 기출

㉠ 역설적 지시(Paradoxical Directives)

- 가족이 변화에 대한 저항이 클 때 사용하는 실천기법으로서, **문제행동을 계속하도록 지시하여 역설적 치료 상황을 조장한다.**
- 클라이언트가 자기 자신이나 가족의 변화를 위해 도움을 청하면서도 동시에 변화에 저항하려는 양가감정을 가지고 있음을 역으로 이용하는 '치료적 이중구속'을 활용하여 문제를 해결하는 것이다.
- 변화의 속도가 지나치게 빠를 때 천천히 변화하도록 권하거나 개선이 생길 때 재발 가능성에 대해 염려하고 이를 경고하는 제지(Restraining), 클라이언트가 가진 증상보다 더 고된 체험을 하도록 과제를 부여함으로써 증상을 포기하도록 하는 시련(Ordeal)도 역설적 기법이다.
- 가족 문제와 관련된 가족의 행동체계를 정확히 파악하여 증상처방기법(Prescribing The Symptom)을 활용한다.
- 사회복지사가 클라이언트나 가족에게 특정 행동을 하도록 또는 하지 않도록 직접적으로 지시하는 '지시적 기법'이다.

㉡ 순환적 질문(Circular Questioning)

- 문제에 대한 제한적이고 단선적인 시각에서 벗어나 문제의 순환성을 깨닫도록 하기 위해 연속적으로 질문하는 것이다.
- 가족성원들이 스스로 관계적 맥락에서 바라보게 하는 관계질문기법으로서, 다른 개별성원의 반응을 경청하는 과정에서 가족을 새롭게 인식하는 경험을 하도록 한다.

㉢ 재구성(Reframing) 또는 재명명(Relabeling)

- 가족성원의 문제를 다른 시각으로 보도록 또는 다른 방법으로 이해하도록 돕는 것을 말한다.
- 한 가족성원이 다른 성원에 대해 부정적인 생각을 갖고 있을 때 새롭고 긍정적인 시각으로 변하도록 돕는다.

㉣ 긍정적 의미부여(Positive Connotation)

- 가족의 문제나 행동을 긍정적으로 재해석하는 기법이다.
- 가족의 응집을 향상하고 치료에 대한 저항을 줄이는 것이 목적이다.

## (5) 해결중심적 가족치료모델 9, 14회 기출

① 의의 및 특징

㉠ 스티브 드 세이저(Steve de Shazer)와 인수 김 버그(Insoo Kim Berg)에 의해 개발된 것으로서, 클라이언트가 긍정적으로 생각하도록 함으로써 문제를 축소시켜가는 모델이다.

㉡ 가족 문제의 원인을 규명하기보다 가족에게서 강점, 자원, 건강한 특성, 탄력성 등을 발견하여 이를 상담에 활용한다.

㉢ 모든 사람은 자신의 문제를 해결할 능력이 있다고 믿고 과거의 경험을 통해 문제를 해결할 수 있는 잠재능력을 확대하거나 강화함으로써 가족 스스로가 자신의 실체를 완성해나가도록 한다.

ⓔ 예외적인 상황을 탐색하여 문제 상황과의 차이점을 발견하며, 문제가 발생하지 않은 상황을 증가시켜 가족의 긍정적인 부분을 강화한다.

ⓜ 과거의 문제보다는 미래와 해결방안 구축에 관심을 기울임으로써 현재와 미래 상황에 적응하도록 돕는다.

ⓗ 상담자와 가족이 함께 해결방안을 발견 및 구축하는 과정에서 상호협력을 중시한다.

② **주요 개념** : 클라이언트의 관계유형

ⓐ 불평형(Complainant)

• 문제에 대해 불평하고 해결의 필요성을 말하면서, 정작 자신이 문제해결의 실마리라고 여기지 않는 유형이다.

• 문제해결이 부모, 배우자, 자녀 등 다른 사람의 변화를 통해 이루어질 수 있다고 생각한다.

ⓑ 방문형(Visitor)

• **비자발적 클라이언트 유형**으로서, 불평도 없고 치료도 원하지 않으면서 아무것도 하려고 하지 않는다.

• 문제는 자기 자신이 아닌 다른 사람에게 있다고 생각하거나, 문제 자체를 인식하고 있지 않다.

ⓒ 고객형(Customer)

• 자신의 문제를 시인하고 문제해결을 위한 동기도 가지며, 이를 위해 사회복지사에게 도움을 요청하는 유형이다.

• 클라이언트는 상담 및 치료의 목표를 인식하고 있으며, 이를 달성하기 위해 자신의 노력이 필수적이라는 사실도 인지하고 있다.

③ **주요 실천기법** : 해결지향적 질문기법

ⓐ 상담 전 변화 질문기법 : 상담 계획이 정해진 후 첫 회기 전까지 나타난 긍정적 변화를 질문한다.

㉠ "상담 약속을 한 후 여기 오기까지 변화가 있었나요?"

ⓑ 예외 찾기 질문기법 : 문제 상황이 아닌 예외 상황을 찾아내어 질문한다. 예외 상황에서 주변 사람들의 반응을 묻는다.

㉠ 알콜중독 문제를 갖고 있는 클라이언트에게 질문할 때, "술을 마시지 않은 날 무엇을 했나요? 가족들은 어떤 반응을 보였나요?"

ⓒ 기적 질문기법 : 변화된 현실을 꿈꾸며 희망을 갖도록 질문한다.

㉠ "밤 사이에 기적이 일어나서 당신의 문제가 해결되었다고 상상해보세요. 당신은 기적이 일어난 것을 어떻게 알 수 있을까요?"

ⓓ 척도 질문기법 : 클라이언트에게 자기 문제와 감정 등의 정도를 수치로 표현하도록 질문하며, 클라이언트가 자기 목표를 수행하고 유지하도록 돕는다.

㉠ "상담을 처음 시작할 때를 '1'로 하고 문제가 완전하게 해결되었을 때를 '10'으로 한다면, 오늘 당신의 문제 수준은 몇이라고 생각하나요?", "당신의 문제 수준이 3이라면, 4로 가려면 어떻게 해야 할까요?"

ⓜ 대처 질문기법 : 클라이언트가 상황을 극복·대처하기 위해 하는 작은 행동들을 질문하고, 클라이언트가 실천한 행동을 격려한다.

    예 어떻게 해도 좋아질 것 같지 않다며 절망하는 클라이언트에게 "그런 절망적인 날을 어떻게 견디시나요?"

ⓗ 관계성 질문기법 : 클라이언트와 관련된 다른 중요한 사람들의 생각이나 행동에 대해 질문하는 것이다.

    예 "당신의 어머니는 이 상황에서 당신이 무엇을 해야 문제해결에 도움이 된다고 말씀하실까요?"

# 출제유형문제

**01** 다음 사례에 해당하는 전략적 가족치료의 개입기술은? [14회]

> 컴퓨터 게임중독의 문제를 겪는 자녀가 새벽까지 게임을 하다가 중단하려고 할 때,
> 엄마 : (진지하게) "조금 더 하지 그러니, 그만두지 말고 계속 해."
> 자녀 : "아니에요."

① 증상처방(Prescribing)      ② 제지(Restraining)
③ 재정의(Reframing)      ④ 재보증(Reassurance)
⑤ 합류하기(Joining)

 증상처방(Prescribing)은 가족이 변화에 대한 저항이 클 때 사용하는 역설적 실천기법으로서, 클라이언트가 문제행동을 계속하도록 직접적으로 지시한다. 이때 사회복지사는 가족 문제와 관련된 가족의 행동체계를 정확히 파악하는 것이 필요하다.

**02** 다음 중 가족 내 역기능이 일어날 수 있는 상황은? [4회]

> ㄱ. 가족 수가 많다.
> ㄴ. 자녀가 부모역할을 한다.
> ㄷ. 부모가 모두 경제적 활동을 한다.
> ㄹ. 부모가 자녀에게 지나친 간섭을 한다.

① ㄱ, ㄴ, ㄷ      ② ㄱ, ㄷ
③ ㄴ, ㄹ      ④ ㄹ
⑤ ㄱ, ㄴ, ㄷ, ㄹ

 **가족 내 역기능이 일어날 수 있는 상황**
- 개별가족성원이 가족자아로부터 분화되지 못하여 확고한 자신의 자아를 수립하지 못한 경우
- 가족 간 경계선이 명확하지 못한 채 경직 또는 혼돈된 경우
- 두 사람 간의 스트레스를 해결하기 위해 상호작용체계에 다른 가족성원을 끌어들여 갈등을 우회시키는 경우
- '부모-자녀' 체계에서 부부 중 어느 한 쪽이 자녀 또는 배우자보다 더 친한 경우
- 자녀가 부모역할을 하거나 부모가 자녀에게 지나치게 간섭을 하는 경우

**03** 보웬(Bowen)의 가족치료기법의 적용사례로 옳은 것은? [12회]

① 재구성 - 간섭하는 부모와 갈등하는 자녀

② 경계 만들기 - 서로 무관심한 남편과 아내

③ 역설적 지시 - 끊임없이 잔소리하는 시어머니

④ 탈삼각화 - 남편보다 장남인 아들에 집착하는 엄마

⑤ 균형 깨뜨리기 - 독단적으로 자녀문제를 결정하는 아버지

**해설** ④ 탈삼각화(Detriangulation)는 가족 내 삼각관계를 교정하여 가족성원으로 하여금 미분화된 가족자아집합체
로부터 벗어나도록 돕는다.
　① 재구성(Reframing)은 특히 경험적 가족치료모델에서 사용하는 기법으로서, 가족성원의 문제를 다른 시각
　　에서보거나 다른 방법으로 이해하도록 돕는다.
　② 경계 만들기(Boundary Making)는 특히 구조적 가족치료모델에서 사용하는 기법으로서, 개인체계뿐만 아
　　니라 하위체계 간의 경계를 명확히 함으로써 가족성원 간 상호지지의 분위기 속에서 독립과 자율을 허용
　　하도록 하는 것이다.
　③ 역설적 지시(Paradoxical Directives)는 특히 전략적 가족치료모델에서 사용하는 기법으로서, 문제를 유지
　　하는 순환고리를 끊기 위해 오히려 문제 행동을 수행하도록 지시하는 것이다.
　⑤ 균형 깨뜨리기(Unbalancing)는 특히 구조적 가족치료모델에서 사용하는 기법으로서, 가족 내 희생당하거
　　나 낮은 위치에 있는 구성원을 위해 가족체계 내의 지위나 권력구조를 변화시키는 것이다.

**04** 다음 예시에서 사회복지사가 활용한 실천기술은? [19회]

> • 클라이언트 : "저는 정말 나쁜 엄마예요. 저는 피곤하기도 하지만 성질이 나빠서 항상 아이들한
> 　테 소리를 지르고……"
> • 사회복지사 : "선생님이 자녀에게 어떻게 하는지를 저에게 이야기할 수 있다는 사실은 자녀들
> 　과 더 좋은 관계를 가지고 싶다는 뜻이지요."

① 명료화하기　　　　　　　　　　② 초점화하기

③ 재명명하기　　　　　　　　　　④ 재보증하기

⑤ 해석하기

**해설** 재구성(Reframing) 또는 재명명(Relabeling)
　• 가족성원의 문제를 다른 시각에서 보거나 다른 방법으로 이해하도록 돕는 방법이다. 이는 모든 행동에는
　　부정적인 면과 긍정적인 면이 동시에 존재한다는 관점에서, 부정적인 행동에 긍정적인 암시를 부여하는 것
　　이다.
　• 가족구성원에게 가족 내의 문제를 현실에 맞게 새로운 관점에서 보도록 함으로써 문제를 올바로 인식하게
　　하고 서로 관계하는 방법을 변화시키도록 돕는다.

**05** 다음 사례에서 사회복지사가 우선적으로 계획할 내용으로 적절한 것은? [18회]

> 은옥 씨는 심한 호흡기 질환을 앓고 있으며, 28세 아들은 고교 졸업 후 게임에만 몰두하며 집에만 있다. 아들은 쓰레기를 건드리지도 못하게 하여 집은 쓰레기로 넘쳐나고, 이는 은옥 씨의 건강에 치명적인 위협이 되고 있다. 은옥 씨는 과거 자신의 잘못과 아들에 대한 죄책감을 호소하고 있으나, 서비스를 거부하며 특히 아들에 대한 접근을 막고 있다.

① 치료적 삼각관계 형성하기
② 가족하위체계 간의 경계 만들기
③ 가족의 기능적 분화수준 향상시키기
④ 가족과 합류(Joining)할 수 있는 방법 탐색하기
⑤ 역설적 개입으로 치료자의 지시에 저항하도록 하기

 **해설** 합류 또는 합류하기(Joining)

- 치료자가 가족성원들과의 관계형성을 위해 가족을 수용하고 가족에 적응함으로써 기존의 가족구조에 참여하는 방법이다. 치료자는 합류를 통해 가족 상호작용의 맥락을 파악하고, 가족의 희생양이 느끼는 고통을 이해할 수 있다.
- 합류를 촉진하기 위한 기법으로 '따라가기(Tracking)', '유지하기(Accomodation)', '흉내내기(Mimesis)'가 있다.

**06** 구조적 가족치료의 모델로 개입하기에 적절하지 않은 것은? [17회]

① 아픈 어머니, 철없는 아버지 대신 동생에게 부모 역할을 하며 자신에게 소홀한 맏딸의 문제
② 비난형 아버지와 감정표현을 통제하는 어머니의 영향으로 자기감정을 억압하는 아들의 문제
③ 할머니와 어머니의 양육방식이 달라서 혼란스러운 자녀의 문제
④ 부부불화로 아들에게 화풀이를 하자 반항행동이 증가한 아들의 문제
⑤ 밀착된 아내와 딸이 남편을 밀어내어 소외감을 느끼는 남편의 문제

**해설** ② 경험적 가족치료모델로 개입하기에 적절하다. 경험적 가족치료모델은 가족성원 간 효과적인 의사소통을 강조한 모델로, 특히 사티어(Satir)는 자아존중감 향상을 의사소통 가족치료의 목적으로 제시하였다. 부모-자녀 관계에서 부모가 자녀에게 적절하게 반응하지 못한 경우, 자녀가 자아존중감을 학습하고 발전시킬 수 있는 기회를 갖지 못한 경우, 부모가 역기능적인 의사소통을 보이거나 의사소통 내용이 부정적일 경우 자녀의 자아존중감은 손상된다.

**07** 노인학대가 의심된다는 이웃의 신고로 노인보호전문기관에서 상황을 파악하고자 하였다. 어르신은 사회복지사의 개입을 거부하며 방어적이다. 이 상황에 관한 분석으로 적절하지 않은 것은? [18회]

① 비난형 의사소통 유형이다.
② 스스로 해결하고자 하는 의지의 표현이다.
③ 현재의 상태를 유지하려고 하는 항상성이 있다.
④ 독립과 자립을 강조하는 사회문화적 영향으로 도움에 거부적이다.
⑤ 일방적 신고를 당해서 외부인에 대한 불신과 배신감을 느끼고 있다.

해설🔍 ① 의사소통 유형을 일치형, 회유형(아첨형), 비난형, 초이성형(계산형), 산만형(혼란형) 등으로 구분한 것은 사티어(Satir)의 경험적 가족치료모델이다. 특히 비난형은 자신만을 생각하며, 타인을 무시하고 비난하는 양상을 보인다(→ 자신 존중, 타인 무시, 상황 존중).

**08** 상담을 받기 위해 내방한 가족에 대한 개입 내용으로 옳지 않은 것은? [10회]

① 다세대 가족치료모델 – 문제와 클라이언트를 분리하여 이해하도록 한다.
② 전략적 가족치료모델 – 문제가 되는 상황을 강화하도록 역설적으로 지시한다.
③ 경험적 가족치료모델 – 클라이언트가 생각하는 가족의 모습을 조각으로 표현해보도록 한다.
④ 해결중심 가족치료모델 – 상담계획 이후 첫 회기 전까지 나타난 긍정적인 변화가 있었는지 질문한다.
⑤ 구조적 가족치료모델 – 가족에 합류한 뒤 균형 깨뜨리기를 통해 가족을 재구조화 한다.

해설🔍 ① 보웬(Bowen)은 정서적 과정에서 전체 가족성원은 물론 친척, 심지어 치료자까지도 가족문제에 영향을 미침으로써 중요한 역할을 한다는 사실을 발견하였다. 그로 인해 보웬은 현재 가족의 문제를 파악하기 위해 여러 세대에 걸친 가족체계를 분석해야 한다는 점을 강조하였다.

7 ① 8 ① Answer

**09** 해결중심모델에서 사용되는 질문기법의 예로 옳지 않은 것은? [11회]

① 예외질문 : "두 분이 매일 싸운다고 말씀하셨는데, 혹시 싸우지 않은 날은 없었나요?"

② 대처질문 : "이렇게 힘들고 어려운 상황을 이겨내기 위해 가족들이 어떻게 대처해야 할까요?"

③ 관계성질문 : "당신의 어머니는 이 상황에서 당신이 무엇을 해야 문제해결에 도움이 된다고 말씀하실까요?"

④ 기적질문 : "밤새 기적이 일어나서 모든 문제가 해결되었다면 아침에 일어나서 무엇을 보고 기적이 일어났는지를 알 수 있을까요?"

⑤ 상담 전 변화질문 : "상담예약을 하신 후부터 지금까지 시간이 좀 지났는데 그동안 상황이 좀 바뀌었나요? 그렇다면 무엇이 어떻게 달라졌는지 말씀해주세요."

 ② 대처질문기법은 클라이언트가 상황을 극복·대처하기 위해 하는 작은 행동들을 질문하는 것이다. 어떻게 해도 좋아질 것 같지 않다며 절망하는 클라이언트에게 "그런 절망적인 날을 어떻게 견디시나요?" 질문하고, 클라이언트가 실천한 행동들을 격려한다.

**10** 가족 사정도구의 설명으로 옳은 것을 모두 고른 것은? [9회]

ㄱ. 가계도 : 세대간 유형 반복 분석
ㄴ. 생활주기표 : 가족성원의 발달단계별 수행 과제 파악
ㄷ. 생태도 : 가족에게 부족한 자원과 보충되어야 할 자원 이해
ㄹ. 생활력표 : 시기별 가족의 중요사건이나 문제 발견

① ㄱ, ㄴ, ㄷ                    ② ㄱ, ㄷ
③ ㄴ, ㄹ                        ④ ㄹ
⑤ ㄱ, ㄴ, ㄷ, ㄹ

 ㄱ. 가계도는 클라이언트의 3세대 이상에 걸친 가족관계를 도표로 제시하여 가족의 구조, 가족 및 구성원의 관계, 동거가족현황, 세대 간의 반복유형, 과거의 결혼관계 등에 대한 상세한 정보를 제공한다.
　　 ㄴ. 생활주기표는 클라이언트의 생활주기와 가족구성원의 발달단계별 과업을 도표화하여 각 단계에 따른 과업과 위기를 일목요연하게 살펴볼 수 있도록 해준다.
　　 ㄷ. 생태도는 환경 속의 클라이언트에 초점을 두고 클라이언트의 상황에서 의미 있는 체계들과의 관계를 그림으로 표현함으로써 특정 문제에 대한 개입계획을 세우는 데 유효한 정보를 제공한다.
　　 ㄹ. 생활력표는 각각의 가족구성원의 삶에 있어서 중요한 사건이나 시기별로 중요한 문제의 전개 상황을 시계열적으로 도표화함으로써 현재 역기능적인 문제 등을 특정 시기의 어려움이나 경험 등과 연관시켜 이해할 수 있도록 해준다.

**11** 가계도 분석에 관한 설명으로 옳은 것을 모두 고른 것은? [18회]

> ㄱ. 세대를 통해 반복되는 패턴 분석
> ㄴ. 가족구성원에 대한 객관적 정보를 파악
> ㄷ. 가족기능의 불균형과 그것에 기여하는 요인 분석
> ㄹ. 가족구성원별 인생의 중요사건과 이에 대한 다른 가족구성원의 역할 분석

① ㄹ
② ㄱ, ㄷ
③ ㄴ, ㄹ
④ ㄱ, ㄴ, ㄷ
⑤ ㄱ, ㄴ, ㄷ, ㄹ

**해설** 가계도를 통해 알 수 있는 정보
- 가족구성원에 대한 정보(성별, 나이, 출생 및 사망 시기, 직업 및 교육수준, 결혼 및 동거관계 등)(ㄴ)
- 가족구조 및 가족관계의 양상(자연적 혈연관계 또는 인위적 혈연관계)
- 가족 내 하위체계 간 경계의 속성
- 가족성원 간의 단절 또는 밀착 정도
- 가족 내 삼각관계
- 가족성원의 역할과 기능의 균형상태(ㄷ · ㄹ)
- 그 밖에 가족양상의 다세대적 전이, 세대 간 반복되는 유형 등 종단 · 횡단, 종합 · 통합적인 가족의 속성(ㄱ)

**12** 가족의 하위체계 간 경계 만들기(Boundary Making)에 관한 설명으로 옳지 않은 것은? [9회]

① 세대 간 경계를 관찰할 때 문화적 가치를 고려해야 한다.
② 유리된 하위체계에서는 개인의 독립성을 고양해야 한다.
③ 가족 간 경계는 가족상담 시 가족이 앉은 위치를 통해 파악이 가능하다.
④ 밀착된 하위체계는 거리를 두어 가족성원의 자율성이 확보되도록 해야 한다.
⑤ 사회복지사가 자신의 신체를 이용해 분리되어야 할 사람끼리 눈 마주치는 것을 방해하는 것도 경계 만들기이다.

**해설** 경계 만들기는 개인체계뿐만 아니라 하위체계 간의 경계를 명확히 함으로써 가족성원 간 상호지지의 분위기 속에서 독립과 자율을 허용하도록 하는 기법이다. 그러나 가족성원들의 완전한 독립성을 목적으로 하는 것이 아니라, 유리된 가족성원을 끌어들이는 동시에 밀착된 가족성원을 분리시킴으로써 가족성원들 간의 경계를 조정하는 것이다.

**13** 역설적 개입에 관한 설명으로 옳은 것을 모두 고른 것은? [15회]

> ㄱ. 가족이 변화에 대한 저항이 클 때 사용할 수 있다.
> ㄴ. 문제와 관련된 가족의 행동체계를 정확히 파악하여 증상처방기법을 활용한다.
> ㄷ. 원가족 분석을 중시하는 개입방법이다.
> ㄹ. 치료적 이중구속을 활용하여 문제를 해결하는 것이다.

① ㄱ, ㄴ                           ② ㄷ, ㄹ
③ ㄱ, ㄴ, ㄷ                       ④ ㄱ, ㄴ, ㄹ
⑤ ㄱ, ㄴ, ㄷ, ㄹ

 ㄷ. 원가족 분석을 중시하는 개입방법은 보웬(Bowen)이 제시한 '다세대적 가족치료모델(세대 간 가족치료모델)'에 해당한다. 보웬은 대부분의 가족문제는 가족성원이 자신의 원가족에서 심리적으로 분리되지 못한 데에서 비롯되므로, 문제해결을 위해 가족성원이 원가족과 맺는 관계를 통찰하는 것을 강조하였다. 반면, 전략적 가족치료의 경우, 인간행동의 원인에는 관심이 없으며, 단지 문제행동의 변화를 위한 해결방법에 초점을 둔다.

**14** 다음 사례에서 사회복지사가 민수에게 준 과제에 해당하는 개입기법은? [13회]

> 결혼 후 분가한 민수는 부모의 지나친 간섭에 시달려 왔다. 사회복지사는 민수에게 자신의 느낌과 주장을 부모 앞에서 당당히 말하게 하고, 부모에게는 자녀의 이야기를 경청하고 수용하도록 하였으나 문제는 지속되었다. 사회복지사는 대안으로 민수에게 다음과 같은 과제를 주었다. "지금부터는 부모에게 사사건건 의논하며 조그마한 도움이라도 모두 요청해 보세요."

① 실 연
② 균형 깨기
③ 경계 만들기
④ 역설적 지시
⑤ 문제의 외재화

 '역설적 지시(Paradoxical Directives)'는 전략적 가족치료모델의 주요 개념으로, 문제행동을 계속하도록 지시하여 역설적 치료 상황을 조장하는 것이다. 즉, 가족이 그 가족 내에서 문제시해온 행동을 과장하여 계속하도록 함으로써 문제를 유지하는 순환고리를 끊도록 하는 것이다.

**15** 다음 각각의 가족 사정 내용과 관련이 없는 가족개입 모델은? [13회]

---

- 가족 의사소통 유형의 파악
- 가족 내 하위체계 간 경계 속성의 파악
- 가계도를 활용하여 통합적인 가족속성을 종단·횡단으로 파악
- 문제를 둘러싼 파괴적이고 역기능적인 악순환 고리의 파악

---

① 전략적 모델 ② 구조적 모델
③ 다세대 모델(M. Bowen) ④ 경험적 모델(V. Satir)
⑤ 이야기치료 모델

 ⑤ 이야기치료 모델은 가족의 문제가 가족구성원 개인이나 가족 자체에 존재하는 것이 아니라 외부에 존재하는 것으로 보며, 가족문제를 가족을 괴롭히는 존재로 본다. '문제의 외현화(Externalization)'는 사회구성주의 관점의 가족치료와 연관된 개념이다. 특히 사회구성주의 관점의 가족치료에서 사용하는 외현화 기법은 이야기치료를 통해 가족의 문제가 가족구성원 개인이나 가족 자체의 문제가 아닌 가족에게 부정적인 영향을 미치는 별개의 존재로서 이야기하도록 하는 것이다. 그러나 가족 내 경계를 강조하거나 가족사정의 주요 도구로서 가계도나 생태도를 활용하지는 않는다.

**16** 가족치료모델 유형에 관한 설명으로 옳은 것은? [14회]

① 구조적 가족치료 : 가족구성원 간의 규칙 및 역할을 재조정하도록 원조하기
② 경험적 가족치료 : 상담 계획이 정해진 후 첫 회기 전까지 나타난 긍정적 변화를 질문하기
③ 전략적 가족치료 : 가족구성원이 삼각관계에서 벗어나도록 정서적 체계를 수정하기
④ 보웬의 세대 간 가족치료 : 문제가 되는 상황을 강화하기 위해 역설적으로 개입하기
⑤ 해결중심 가족치료 : 가족의 상호작용 유형을 확인하고 문제를 외현화하기

 ① 구조적 가족치료모델은 가족구조를 재조정 혹은 재구조화하여 가족이 적절한 기능을 수행할 수 있도록 돕는다.
② 상담 계획이 정해진 후 첫 회기 전까지 나타난 긍정적 변화를 질문하는 '상담 전 변화질문'은 해결중심적 가족치료모델의 주요 기법에 해당한다.
③ 가족 내 삼각관계를 교정하여 미분화된 가족자아집합체로부터 벗어나도록 돕는 탈삼각화는 다세대적 가족치료모델(세대 간 가족치료모델)의 주요 기법에 해당한다.
④ 문제가 되는 상황을 강화하기 위해 역설적으로 개입하는 역설적 지시는 전략적 가족치료모델의 주요 기법에 해당한다.
⑤ 가족의 상호작용 유형을 확인하고 문제를 외현화하는 것은 사회구성주의 관점의 가족치료로서 이야기치료 모델에 해당한다.

**01** 아무리해도 말이 안 통한다고 하는 부부에게 "여기서 직접 한 번 서로 말씀해 보도록 하겠습니까?" 라고 하는 것은 어떤 기법을 활용한 것인가? [19회]

① 실 연
② 추적하기
③ 빙산치료
④ 치료 삼각관계
⑤ 경계선 만들기

 ① 실연은 치료면담 과정에서 가족성원들로 하여금 역기능적인 교류를 실제로 재연시키는 것으로, 가족 갈등을 치료상황으로 가져와 성원들이 갈등을 어떻게 처리하는지 직접 관찰하도록 함으로써 상호작용에서 나타나는 문제를 수정하고 이를 재구조화하기 위한 기법이다.

**02** 사티어(V. Satir)의 의사소통유형에 관한 설명으로 옳은 것은? [20회]

① 회유형은 자신을 무시하고 타인을 떠받든다.
② 일치형은 자신을 보호하기 위해 타인을 비난한다.
③ 산만형은 자신과 타인을 무시하고 상황을 중요시한다.
④ 초이성형은 자신과 상황을 중시하고 상대를 과소평가한다.
⑤ 비난형은 자기 생각을 관철시키려고 어려운 말로 장황하게 설명한다.

 ② 일치형은 자신과 타인, 상황을 모두 존중한다.
③ 산만형은 자신과 타인, 상황을 모두 무시한다.
④ 초이성형은 자신과 타인을 무시하고 상황을 존중한다.
⑤ 비난형은 회유형과 반대로 자신만을 생각하며, 타인을 무시하고 비난하는 양상을 보인다.

**03** 다음 사례에 대해 미누친(S. Minuchin)의 구조적 모델을 적용한 개입방법이 아닌 것은? [20회]

> 자녀교육 문제로 시어머니와 대립하는 며느리가 가족상담을 요청했다. 며느리는 남편이 모든 것을 어머니한테 맞추라고 한다며 섭섭함을 토로했다.

① 가족을 이해하고 수용하면서 합류한다.
② 가족문제를 더 정확히 이해하기 위해 실연을 요청한다.
③ 가족지도를 통해 가족구조와 가족역동을 이해하도록 돕는다.
④ 남편이 시어머니의 영향권에서 벗어나도록 탈삼각화를 진행한다.
⑤ 부부가 함께 부모역할을 수행하도록 하위체계의 경계를 명확하게 한다.

 ④ 탈삼각화(Detriangulation)는 보웬(Bowen)의 다세대적 가족치료모델(세대 간 가족치료모델)을 적용한 개입 방법이다. 이는 가족 내 삼각관계를 교정하여 미분화된 가족자아 집합체로부터 벗어나도록 돕는 것이다.

**04** 가족개입의 전략적 모델에 관한 설명으로 옳은 것은? [20회]

① 역기능적인 구조의 재구조화를 개입목표로 한다.
② 증상처방이나 고된 체험 기법을 비지시적으로 활용한다.
③ 가족문제가 왜 일어났는지 파악하여 원인 제거에 필요한 전략을 사용한다.
④ 가족 내 편중된 권력으로 인해 고착된 불평등한 위계구조를 재배치한다.
⑤ 문제를 보는 시각을 변화시키고 새로운 의미를 발견하는 재명명기법을 사용한다.

 ① 역기능적인 가족이 가족구조의 재구조화를 통해 적절한 대처능력을 가지며, 순기능적인 가족으로서 적절한 기능을 수행할 수 있도록 돕는 것은 구조적 가족치료모델에 해당한다.
② 문제행동을 계속하도록 지시하여 역설적 치료 상황을 조장하는 증상처방, 증상이 나타날 때마다 클라이언트가 괴로워하는 일을 수행하도록 지시하는 고된 체험 기법을 지시적으로 활용한다.
③ 전략적 가족치료모델은 인간행동의 원인에는 관심이 없으며, 단지 문제행동의 변화를 위한 해결방법에 초점을 둔다.
④ 가족 내 하위체계들 간의 역기능적 균형을 깨뜨림으로써 가족체계 내의 지위나 권력구조를 변화시키는 균형 깨뜨리기는 구조적 가족치료모델의 개입방법에 해당한다.

# CHAPTER 11 사회복지실천기록

## ⭐ 학습목표
- 기록일반, 기록의 형태 및 목표에 대해 학습하자.
- 사회복지실천기록은 3영역 사회복지실천론과 중복되는 부분이 있으므로 복합적인 학습이 필요하다. 개념 이해뿐만 아니라 실제 적용되고 있는 형태에 대한 학습이 필요하다.

## 제1절 사회복지실천기록의 이해

### 1 기록의 개념 및 내용

#### (1) 기록(Recording)의 개념
① 사회복지실천에서 기록은 사회복지사가 개입한 사례에 대해 계획에서부터 종결 및 사후지도에 이르기까지 과정을 형식을 갖추어 객관적으로 서술하는 작업이다.
② 사회복지사는 클라이언트는 물론 기관, 나아가 지역사회에 이르기까지 법적·윤리적 책무성(Accountability)을 가지고 서비스 전달과정을 기록하며, 이를 평가해야 한다.
③ 기록에는 메모하기, 녹음 및 녹화하기 등의 방법이 사용된다. 이와 같은 방법을 사용하는 경우 사전에 클라이언트에게 동의를 구해야 한다.

#### (2) 기록의 내용
기록이 책무성을 나타내기 위해서는 서비스의 근거, 내용, 결과들이 문서상에 잘 나타나야 한다(Kagle, 1997). 기록에 포함되어야 할 기본적인 내용은 다음과 같다.
① 클라이언트의 인구학적인 특성
② 서비스를 제공하게 된 사유
③ 클라이언트의 현재 및 과거의 문제나 욕구
④ 사회복지사의 소견과 사정
⑤ 서비스의 과정 및 목적과 계획
⑥ 클라이언트의 사회력(Social History)
　　㉠ 클라이언트에 대한 기본적인 정보(나이, 성별, 연령, 직업, 교육수준 등) 및 사회적 상황, 가족에 대한 정보, 전문적인 서비스의 경험이나 내용 등이 포함된다.
　　㉡ 사회력은 사회적 사정보고서라고도 한다.
　　㉢ 클라이언트의 문제 발견 및 강점과 대처능력을 발견하기 위해 사용된다.
　　㉣ 기관의 구조화된 양식에 따라 작성되기도 하고, 이야기체로 서술되기도 한다.

     ⓜ 정보 자체만으로도 유용하며 사정의 도구로도 활용된다.

     ⓗ 클라이언트의 욕구나 문제를 역사적 · 생태학적 맥락에서 이해하기 위해 사용된다.

⑦ 제공된 서비스의 특성

⑧ 서비스 종결방법과 사유

⑨ 서비스 활동과 결과에 대한 요약

⑩ 사후관리(클라이언트의 기능 점검)

⑪ 서비스 단계별 기록 내용

⑫ **기록의 범위**

     ㉠ 클라이언트의 상황에 대한 확인 · 사정 · 기술

     ㉡ 개입과정 및 결과

     ㉢ 서비스의 목적 · 과정 · 영향

| 구 분 | 기록 내용 |
|---|---|
| 서비스 탐색단계 | • 서비스를 개시하는 이유<br>• 클라이언트의 특성<br>• 자원과 제약<br>• 현재와 과거의 내담자 및 상황에 대한 서술<br>• 사정(조작의 가설, 사회복지사의 사정 등) |
| 서비스 형성단계 | • 서비스 목적과 계획<br>• 서비스 특성<br>• 서비스에 영향을 미치는 결정 |
| 서비스 실행단계 | • 중간노트(Interim Notes)<br>• 서비스 재검토(중간요약) |
| 서비스 종결단계 | • 서비스 활동과 결과에 대한 요약(종결요약)<br>• 서비스 종결의 방법과 사유<br>• 추후 점검 |

## 2 기록의 목적과 기록 시 유의사항

### (1) 기록의 목적    2, 4, 9, 13, 14, 16, 19회 기출

① 클라이언트의 **욕구**를 파악하고 개입을 위한 기초자료를 얻는다.

② 클라이언트와 서비스에 관한 정보를 필요시 이용할 수 있게 보존한다.

③ 클라이언트와 사회복지사 간의 정보공유를 통해 의사소통을 촉진시킨다.

④ **슈퍼비전, 자문, 동료검토**를 위한 근거를 제공한다.

⑤ 학생과 다른 관련자들에 대한 **교육훈련 또는 연구조사의 자료**로 사용된다.

⑥ **서비스의 효과성 및 효율성, 서비스의 질**을 평가하는 데 사용된다.

⑦ 사회복지사와 사회복지기관이 행정절차상의 규정이나 기준들을 준수하고 있는지를 보여준다.

⑧ 전달된 서비스에 대한 **비용청구**와 프로그램 실시를 위한 **재원확보**에 사용된다.

⑨ 사회복지사가 부득이하게 교체되어야 하는 경우에도 기록을 통해 사례에 대한 현재까지의 진행과정을 알 수 있어 사례의 지속성이 보장된다.

> **Plus ⊕ one**
>
> **Kagle & Wilson의 기록의 목적**
> • 전문가 간 의사소통의 활성화
> • 사회복지 실천활동의 문서화
> • 클라이언트의 정보 공유
> • 효과적인 서비스를 위한 모니터
> • 조사연구를 위한 자료제공
> • 사례의 지속성 유지
> • 슈퍼비전의 활성화
> • 행정적 자료

### (2) 기록 시 유의사항　　　　　　　　　　　　　　　　　　　　　　　　2, 8회 기출

① 면접 사전에 클라이언트의 동의를 얻어 기록하며 사생활을 존중해야 한다.

② 면담이 끝난 직후 잊어버리기 쉬운 사실을 간단하게 기록한다.

③ 면담 중 메모하는 것은 최소한으로 줄이고 정보정리를 위한 형식, 지침에 따른다.

④ 사실적인 내용이나 약속 등은 정확하게 메모하고 효율적인 기록체계를 개발해야 한다.

⑤ 기록 중간이라도 클라이언트가 이를 불편하게 여기는 경우에는 기록을 중단한다.

## 제2절　기록의 형태 및 특성

### 1 | 기록의 형태

### (1) 이야기체 기록(Narative Recording)　　　　　　　　　　　　　　　11회 기출

① 의의 및 특징

㉠ 클라이언트의 상황이나 서비스에 대해 이야기하듯 서술체로 기록하는 방법이다.

㉡ 개별적이며 가장 독특한 기록방식이다.

㉢ 개인, 가족, 부부, 집단 등 전달대상에 상관없이 개별화된 서비스를 문서화하는 양식이다.

㉣ 내용요약이 간결하고, 사회력이나 사정과 같은 특정내용의 요소를 문서화하는 데 효과적이다.

② 장단점

| 장점 | • 중요하다고 간주되는 모든 것을 기록할 수 있어 융통성이 있다.<br>• 클라이언트의 상황과 서비스 교류의 특수한 본질을 반영할 수 있어 임상사회복지실천을 문서화하는 데 특히 효과적이다.<br>• 서비스 제공, 인간행동, 사회복지의 이론과 실천, 기록에 대한 사회복지사의 지식을 반영한다. |
|---|---|
| 단점 | • 기록시간이 오래 걸리고, 비용이 많이 든다.<br>• 초점이 모호할 수 있고, 정보를 쉽게 복구할 수 없다.<br>• 간략한 정보 검색이 어려울 수 있다.<br>• 기록자의 관점에 따라 크게 좌우될 수 있다. |

### (2) 문제중심기록(Problem-oriented Recording)

① 의의 및 특징

㉠ 클라이언트의 현재 문제에 초점을 두어 각각의 문제 영역에 대한 사정을 통해 문제 해결을 위한 계획 및 진행 상황을 기록한다.

㉡ 문제를 목록화할 수 있고 진행 및 결과를 기록할 수 있다.

㉢ 사회복지기관에서 사용되며 보건 또는 정신보건현장에서 많이 사용된다.

㉣ 사례의 계획과 개입의 초점을 제공하는 역할을 한다.

㉤ 문제의 목록은 책무성을 띠는 문서가 된다.

㉥ 모든 실무자가 하나의 기록부에 같은 형태로 기록함으로써 문서화, 정보교환을 이룰 수 있다.

② 문제중심기록의 4가지 구성요소

㉠ 문제 파악을 위한 데이터베이스의 구축 : 인테이크 단계 동안 수집한 정보로 구성, 클라이언트의 문제를 확인하고 개념화시키기 위한 근거로 제공한다.

㉡ 특정한 문제의 목록 : 사례 계획과 개입의 초점을 제공하며 각 문제에는 번호를 붙여 행동적인 언어로 기술한다. 진단적 유형화는 되도록 피하는 것이 좋다.

㉢ 각 문제에 대한 행동계획의 개발 : 서비스 제공자들은 목록으로 작성된 문제의 계획을 세우고, 각 계획에는 번호를 붙인다.

㉣ 계획의 실행 : 행정에 요구되는 정보 제공이나 종결계획의 수립, 효과의 평가, 책임성 유지 등과 관련하여 진행노트를 활용할 수 있다.

③ SOAP의 형태를 따르는 진행기록

㉠ S(Subjective Information) : 클라이언트(혹은 가족)가 상황을 어떻게 인식하고 느끼는가를 나타내는 것으로 자기보고에 나타난다. → 주관적 정보

㉡ O(Objective Information) : 체계적인 자료수집, 전문가의 직접적 관찰, 임상적 실험 등에 의해 얻어진다. → 객관적 정보

㉢ A(Assessment) : 주관적 · 객관적 정보검토를 통해 추론된 전문가의 개념화와 결론을 의미한다. → 사정

㉣ P(Plan) : 확인된 문제에 대한 계획을 기술한다. → 계획

④ 장점과 단점

| 장 점 | • 타 전문직 간의 효율적인 의사소통 및 정보교류가 이루어질 수 있다.<br>• 전문직 간의 책무성이 증가된다.<br>• 특정한 문제에 초점을 두므로 기록이 간결하다.<br>• 미해결 문제에 대한 대안적 계획, 다른 기관에의 의뢰 등에 관한 대략적인 윤곽을 그릴 수 있다. |
|---|---|
| 단 점 | • 클라이언트의 강점보다는 문제를 강조하므로 강점관점에는 부합하지 않는다.<br>• 클라이언트와 환경 간의 상호작용보다는 클라이언트 개인에게 초점을 두므로 생태체계적 관점에 부합하지 않는다.<br>• 문제에 대한 사정이 부분적으로 이루어지며, 지나치게 단순화하는 경향이 있다.<br>• 클라이언트의 능력과 자원을 소홀히 하는 경향이 있다. |

### (3) 과정기록(Process Recording)  2, 7, 12, 15회  기출

① 의의 및 특징

　㉠ 가장 오랜 역사를 지닌 방법이다.

　㉡ 클라이언트와 사회복지사와의 상호작용(비언어적 표현 포함) 과정을 세밀하게 기록하는 방법이다.

　㉢ 실습, 교육, 슈퍼비전에서 유용하게 사용된다.

　㉣ 사회복지사와 클라이언트의 사례를 의논할 때 기초 자료로 활용된다.

　㉤ 직 · 간접 인용 및 의사소통의 내용과 비언어적 표현도 기록한다.

② 장점과 단점

| 장 점 | • 지도 · 감독 및 교육적 목적으로 유용하다.<br>• 사회복지사가 활동을 점검할 때 혹은 슈퍼비전이나 자문 받을 때 유용하다.<br>• 사회복지사와 클라이언트와의 상호작용에 대한 이해를 높일 수 있다.<br>• 활동을 개념화 · 조직화함으로써 사례에 대한 개입 기술을 향상시키는 데 도움이 된다. |
|---|---|
| 단 점 | • 간접적이고 불완전하며 기억 복원 과정에서 왜곡의 우려가 있다.<br>• 사회복지사의 기억 능력에 따라 기록의 유용성이 좌우된다.<br>• 작성하는 데 있어서 시간과 비용이 많이 소요된다. |

### (4) 시계열기록

① 의의 및 특징

　㉠ 시간의 순서에 따라 기록하는 방법이다.

　㉡ 서비스의 목표를 달성하는 과정에 대한 정보를 제공하는 것이 목적이다.

　㉢ 행동적인 개입과 단일주체에 관한 조사, 설계, '과학자-실천가' 패러다임과 밀접히 관련된다.

　㉣ 행동적인 실천뿐 아니라 비행동적인 실천을 기록하는 데에도 사용될 수 있다.

② 장점과 단점

| 장 점 | • 변화 여부나 대상의 행동·태도에 대해 시각적·통계적 분석이 가능하다.<br>• 클라이언트와 실천가 목적을 설정하고 성취하는 데 초점을 둔다.<br>• 클라이언트의 행동 위주로 기록하고 실천한다. |
|---|---|
| 단 점 | • 시간 소모가 많고 실천 방해요소가 있다.<br>• 소송 의뢰인과 기관, 다루어야 하는 문제에 적합하지 않을 수 있다.<br>• 측정과정이 개입효과나 개입과정에 영향을 줄 수 있다. |

### (5) 요약기록(Summary Recording) 4, 20회 기출

① 특 징

ㄱ 기관에서 가장 흔히 사용되는 기록형태이며 장기 사례에 유용하다.

ㄴ 시간의 경과에 따라 일정한 간격을 두고 기록한다.

ㄷ 클라이언트의 문제나 욕구를 역사적인 맥락에서 이해하기 위한 기록으로서, 주로 클라이언트에게 일어난 변화에 초점을 둔다.

ㄹ 기록의 내용에는 사회력, 개시일, 행동계획, 개입활동, 중요한 정보, 시간의 경과에 따른 변화 상황 등이 포함된다.

② 장단점

| 장 점 | • 사례가 장기간에 걸쳐 진행되는 경우 유용하다.<br>• 전체 서비스 과정을 이해하기 쉽다.<br>• 사회복지사가 중요하다고 판단되는 내용을 선택적으로 기록할 수 있는 융통성이 있다. |
|---|---|
| 단 점 | • 클라이언트의 언어적·비언어적 표현이 사실적으로 전달되지 않을 수 있다.<br>• 클라이언트나 사회복지사의 생각 또는 느낌이 잘 드러나지 않을 수 있다.<br>• 선택적인 기록으로 인해 면담 내용이 지나치게 단순화될 수 있다. |

### (6) 그 외의 기록유형

① 녹음 및 녹화기록

ㄱ 교육용이나 가족치료, 과정 지향적 접근법을 지도하고 감독할 때 유용하다.

ㄴ 기록 보관의 보충적인 역할을 한다.

ㄷ 클라이언트의 집중력 저하, 부자연스러움이 나타날 수 있다.

ㄹ 녹음과 녹화를 할 때에는 반드시 클라이언트에게 사전에 알리고 동의를 구해야 한다.

② 컴퓨터와 표준화된 기록

ㄱ 빠른 분석, 효율적인 고문서 기록 축적, 기록보관의 간소화가 가능하다.

ㄴ 기관관리에 필요한 정보에 보다 쉽게 접근할 수 있다.

ㄷ 미해결로 완료되었던 사례, 재조사를 위한 사례분석이 가능하다.

ㄹ 클라이언트 상황의 독특한 성격을 포착하는 것은 어렵다.

## (1) 케이즐(Kagle)이 제시한 좋은 기록의 특징

① 개입, 사정, 평가의 기초가 되는 클라이언트와 상황에 관한 정보가 포함된다.

② 서비스의 결정과 행동에 초점을 둔다.

③ 기록의 각 단계마다 목표, 과정, 진행, 계획, 서비스 전달에 관한 정보가 포함된다.

④ 구조화되어 있어서 정보를 효과적으로 문서화할 수 있고, 쉽게 색출해 낼 수 있다.

⑤ 수용된 이론에 기초하고, 전문가적 윤리를 바탕으로 한다.

⑥ 클라이언트의 관점을 무시하지 않으며 전문가의 견해를 담고 있다.

⑦ 기록이 논리적 · 구체적이며, 타당성, 명확성, 간결성을 띤다.

⑧ 사실에 근거한 의미 있고 시기적절한 기록이어야 한다.

⑨ 상황묘사와 사회복지사의 견해가 명확하게 분리되어 있는 것이 좋다.

## (2) 좋지 않은 기록의 특징

① 부정확한 사정, 그릇된 판단, 비윤리적 행동, 부적절한 개입에 관한 정보를 포함한다.

② 정보가 너무 많거나 적게 기술되어 있으며, 조직화되어 있지 않다.

③ 근거로 제시할만한 관찰이나 평가 없이 일방적인 결론으로 과잉 단순화가 나타난다.

④ 초점 없이 모호하고 편견에 치우쳐 있으며, 추리에 의존하여 정확성이 결여되어 있다.

⑤ 클라이언트에 대한 독단적인 견해로 클라이언트에게 부정적인 낙인을 붙인다.

⑥ 표현이 반복적이고 장황하며, 진부한 용어를 사용한다.

⑦ 표현이 의미가 없고 비판적이며, 과장된 형태로 나타난다.

**01** 사회복지실천에서 기록의 목적으로 옳지 않은 것은? [14회]

① 학제 간의 원활한 의사소통
② 클라이언트와 목표 및 개입방법 공유
③ 서비스의 연속성 유지
④ 클라이언트의 전문적 활동 입증
⑤ 슈퍼비전의 도구로 활용

**해설** 사회복지실천 기록의 목적
• 기관의 서비스 수급자격을 입증할 문서를 구비한다.
• 서비스 내용을 보고한다.
• 전문가 간 의사소통을 원활하게 한다.(①)
• 서비스의 과정 및 효과를 점검한다.
• 행정적 과업을 위한 자료를 제공한다.
• 지도감독, 자문, 동료검토를 활성화한다.
• 학생과 다른 관련자들에 대한 교육용 자료(슈퍼비전 도구)로 활용한다.(⑤)

• 클라이언트의 욕구를 확인한다.
• 사례의 지속성을 유지한다.(③)
• 클라이언트와 정보를 공유한다.(②)
• 연구 · 조사를 위한 자료를 제공한다.
• 프로그램 실시를 위한 예산을 확보한다.

**02** 다음 중 사회복지기록의 목적으로 옳지 않은 것은?

① 기관의 서비스 수급자격을 입증할 문서를 구비한다.
② 프로그램 실시를 위한 예산을 확보한다.
③ 지도감독, 자문, 동료검토를 활성화한다.
④ 서비스의 과정 및 효과를 점검한다.
⑤ 일반인과 관련 정보를 공유한다.

**해설** ⑤ 사회복지기록은 클라이언트와 사회복지사 간의 정보공유를 통해 의사소통을 촉진시킨다. 또한 서비스를 전달하는 전문가들 사이의 공조체계를 원활히 해 준다.

1 ④ 2 ⑤ Answer

**03** 과정기록에 대한 설명 중 옳지 않은 것은? [4회]

① 사회복지사와 클라이언트 간에 있었던 일을 있는 그대로 기록한다.

② 사회복지기관에서 사회복지사들이 많이 사용한다.

③ 의사소통의 내용이나 비언어적 표현까지도 포함된다.

④ 사회복지사와 클라이언트와의 상호작용에 대한 이해를 높일 수 있다.

⑤ 사회복지사가 동료직원이나 슈퍼바이저에게 클라이언트의 사례를 의논하고자 할 때 기초자료로 사용한다.

> **해설** ② 사회복지사들이 많이 사용하는 기록 방법은 요약기록으로, 과정기록은 작성하는 데 시간과 비용이 많이 들어 비효율적이다.

제 2 영 역

**04** 사회복지실천 기록의 목적과 용도에 해당하는 것을 모두 고른 것은? [13회]

> ㄱ. 수급자격 입증자료
> ㄴ. 슈퍼비전의 활성화
> ㄷ. 프로그램 예산 확보
> ㄹ. 클라이언트 당사자와 정보 공유

① ㄱ, ㄴ, ㄷ

② ㄱ, ㄷ

③ ㄴ, ㄹ

④ ㄹ

⑤ ㄱ, ㄴ, ㄷ, ㄹ

> **해설** **사회복지실천기록의 목적 및 활용**
> • 클라이언트의 욕구를 파악하고 개입을 위한 기초자료를 얻는다.
> • 클라이언트와 서비스에 관한 정보를 필요 시 이용할 수 있게 보존한다.
> • 클라이언트와 사회복지사 간의 정보공유를 통해 의사소통을 촉진시킨다.
> • 슈퍼비전, 자문, 동료검토를 위한 근거를 제공한다.
> • 학생과 다른 관련자들에 대한 교육훈련 또는 연구조사의 자료로 사용된다.
> • 서비스의 효과성 및 효율성, 서비스의 질을 평가하는 데 사용된다.
> • 사회복지사와 사회복지기관이 행정절차상의 규정이나 기준들을 준수하고 있는지를 보여준다.
> • 전달된 서비스에 대한 비용청구와 프로그램 실시를 위한 재원확보에 사용된다.

안심Touch

**05** 다음의 기록 방법은? [7회]

| 슈퍼바이저 의견 | 클라이언트 상담내용 | 사회복지사 의견 |
|---|---|---|
| – | (문을 열고 클라이언트와 어머니가 같이 들어온다)<br>S.W : 어서오세요.<br>C.T : (약간 상기된 표정으로) 예, 안녕하세요. 아 빨리 들어오라니깐 (가족들을 잡아당기며 들어옴)<br>S.W : 길 찾아오시느라 힘드셨죠?<br>C.T : 길 찾는 것은 힘들지 않았는데, 아들이 안 온다고 해서 고생했어요.<br>아들 : 내가 오기 싫다는데 억지로 데려온 거잖아요. | C.T의 아들은 어딘가 주눅이 든 모습이다. |

① 문제중심기록

② 요약기록

③ 과정기록

④ 사회복지사 기록

⑤ 이야기체 기록

 과정기록

사회복지사와 클라이언트 간에 있었던 일을 있는 그대로 기록하는 방식으로서 클라이언트가 실제로 말했던 것을 정확하게 상기할 수 있게 한다. 의사소통의 내용이나 비언어적인 표현까지도 포함된다. 최근에는 많이 사용하지 않으며, 교육적 목적 등을 위해 부분적으로 활용한다.


**06** 다음 중 문제중심기록의 형태로서 'SOAP'에 포함되지 않는 것은?

① 주관적 정보

② 객관적 정보

③ 목 표

④ 계 획

⑤ 사 정

 문제중심기록의 형태로서 'SOAP'
- S : 주관적 정보(Subjective Information)
- O : 객관적 정보(Objective Information)
- A : 사정(Assessment)
- P : 계획(Plan)

**07** 기록의 방식인 SOAP 방식에 대한 설명으로 맞는 것은? [7회]

① 클라이언트의 문제나 욕구를 역사적인 맥락에서 이해하기 위한 기록이다.

② 사회복지기관에서 가장 많이 활용된다.

③ 심리사회적 관심보다는 생의학적 관심에 초점을 맞춘다.

④ 클라이언트와 사회복지사의 상호작용을 있는 그대로 기록한다.

⑤ 교육적 목적으로 가장 많이 활용된다.

 SOAP 기록방법은 문제중심기록에 해당한다. 의학 및 보건분야에서 학제 간 협력을 증진시키기 위해서 개발된 것으로 전문가의 기술적 진단이 강조되며, 사회복지 분야보다는 의료 · 보건 분야에서 많이 활용된다.
①·② 요약기록, ④·⑤ 과정기록

**08** 다음 중 사회복지실천 과정 시 기록에 대한 설명으로 옳지 않은 것은? [8회]

① 정확성을 기하기 위하여 면담 중에 기록하는 것이 좋다.

② 기록하기 전 클라이언트의 동의를 얻어야 한다.

③ 클라이언트의 사생활을 존중해야 하며 보관에 유의한다.

④ 사실적인 내용이나 약속 등은 정확하게 메모한다.

⑤ 서비스의 효율성, 효과성과 질을 평가하는 데 사용된다.

기록 시의 유의사항
• 사전에 클라이언트의 동의를 얻어 기록한다.
• 면담이 끝난 직후 잊어버리기 쉬운 사실을 간단하게 기록한다.
• 면담 중 메모하는 것은 최소한으로 줄인다.
• 사실적인 내용이나 약속 등은 정확하게 메모하는 것이 더 유익하다.
• 기록 중간이라도 클라이언트가 이를 불편하게 여기는 경우에는 중단한다.

**09** 사회복지실천 기록에 관한 설명으로 옳지 않은 것은? [10회]

① 과정기록은 사회복지 실습이나 교육수단으로 유용하다.

② 과정기록은 시간과 비용이 너무 많이 소요되어 비효율적이다.

③ 이야기체 기록은 사회복지사의 재량에 의존하기 때문에 추후에는 원하는 정보를 찾기 어렵다.

④ 문제중심기록은 기록이 간결하고 통일성이 있어 팀 접근시 활용이 용이하다.

⑤ 문제중심기록은 사회복지사와 클라이언트의 상호작용을 구체적으로 기록한다.

> **해설** ⑤ 사회복지사와 클라이언트의 상호작용을 구체적으로 기록하는 것은 과정기록에 해당한다.


**10** 다음 중 좋은 기록으로 볼 수 없는 것은?

① 구조화되어 있는 기록

② 수용된 이론에 기초한 기록

③ 시기적절하고 유의미한 기록

④ 작성자의 비판적 시각이 포함되어 있는 기록

⑤ 사회복지사의 견해와 상황에의 기술이 명확히 분리되어 있는 기록

> **해설** ④ 좋은 기록은 사회복지사의 견해와 상황에의 기술이 명확히 분리되어 있는 기록으로서, 타당하고 논리적이며 사실에 근거한다. 전문가의 견해를 담고 있더라도 클라이언트의 관점을 소홀히 하지 않는다. 반면, 표현이 의미가 없고 비판적이며, 과장된 형태로 나타나는 기록, 작성자의 편견이나 클라이언트에 대한 독단적인 견해가 제시되어 있는 기록은 나쁜 기록에 해당한다.


**11** 과정기록에 관한 설명으로 옳은 것은? [12회]

① 문제를 목록화 한다.

② 시간 및 비용 측면에서 효율적이다.

③ 사회복지 실습이나 교육수단으로 유용하다.

④ 클라이언트와의 면담 내용을 요약체로 기록한다.

⑤ 면담에 대하여 클라이언트가 분석한 내용을 기록한다.

> **해설** ① 문제중심기록에 해당한다.
> ② 과정기록은 작성하는 데 시간과 비용이 많이 소요되어 비효율적인 단점이 있다.
> ④ 요약기록에 해당한다.
> ⑤ 과정기록은 사회복지사와 클라이언트 간의 상호작용 과정을 면밀히 분석하기 위해 활용된다.

9 ⑤  10 ④  11 ③  Answer

**01** 문제중심기록의 특성으로 옳지 않은 것은? [18회]

① 현상의 복잡성을 단순화시키고 부분화를 강조하는 단점이 있다.

② 문제유형의 파악이 용이하며 책무성이 명확해진다.

③ 클라이언트의 주관적 진술과 사회복지사의 관찰과 같은 객관적 자료를 구분한다.

④ 클라이언트의 문제 상황을 진단하고 개입계획을 제외한 문제의 목록을 작성한다.

⑤ 슈퍼바이저, 조사연구자, 외부자문가 등이 함께 검토하는 데 용이하다.

해설 ④ 문제중심기록의 SOAP 포맷에는 개입계획에 대한 내용도 포함된다.

문제중심기록의 SOAP 포맷

| 주관적 정보<br>(Subjective Information) | 클라이언트가 지각하는 문제, 즉 자기의 상황과 문제에 대해 스스로 어떻게 생각하고 느끼는지에 대한 주관적인 정보를 기술한다. |
|---|---|
| 객관적 정보<br>(Objective Information) | 클라이언트의 행동이나 외모에 대한 사회복지사의 관찰을 비롯하여 사실적 자료와 같은 객관적인 정보를 기술한다. |
| 사 정<br>(Assessment) | 주관적 정보와 객관적 정보를 토대로 사정, 견해, 해석 및 분석을 기술한다. |
| 계 획<br>(Plan) | 주관적 정보, 객관적 정보, 사정을 토대로 확인된 문제에 대해 무엇을 할 것인지에 대한 계획을 기술한다. |

**02** 다음을 문제중심기록의 S-O-A-P 순서대로 배치한 것은? [17회]

> ㄱ. 질문에만 겨우 답하고 눈물을 보이며 시선을 제대로 마주치지 못함
> ㄴ. "저는 이 문제를 해결할 수 없어요. 저를 도와줄 사람도 없고요."
> ㄷ. 우울증 검사와 욕구에 따른 인적, 물적 자원 연결이 필요함
> ㄹ. 자기효능감이 저하된 상태로 지지체계가 빈약함

① ㄱ-ㄴ-ㄷ-ㄹ      ② ㄱ-ㄹ-ㄴ-ㄷ

③ ㄴ-ㄱ-ㄷ-ㄹ      ④ ㄴ-ㄱ-ㄹ-ㄷ

⑤ ㄴ-ㄹ-ㄱ-ㄷ

문제중심기록의 SOAP 포맷

- 주관적 정보 : 클라이언트가 지각하는 문제. 즉 자기의 상황과 문제에 대해 스스로 어떻게 생각하고 느끼는지에 대한 주관적인 정보를 기술한다.
- 객관적 정보 : 클라이언트의 행동이나 외모에 대한 사회복지사의 관찰을 비롯하여 사실적 자료와 같은 객관적인 정보를 기술한다.
- 사정 : 주관적 정보와 객관적 정보를 토대로 사정, 견해, 해석 및 분석을 기술한다.
- 계획 : 주관적 정보, 객관적 정보, 사정을 토대로 확인된 문제에 대해 무엇을 할 것인지에 대한 계획을 기술한다.

## 03 다음 설명에 해당하는 기록방법은? [20회]

- 날짜와 클라이언트의 기본사항을 기입하고 개입 내용과 변화를 간단히 기록함
- 시간 흐름에 따라 변화된 상황, 개입 활동, 주요 정보 등의 요점을 기록함

① 과정기록
② 요약기록
③ 이야기체기록
④ 문제중심기록
⑤ 최소기본기록

해설 ① 과정기록 : 클라이언트가 실제로 말한 내용을 정확하게 상기할 수 있도록 대화 형태를 그대로 기록하는 방법
③ 이야기체기록 : 면담 내용이나 서비스 제공 과정에 대해 이야기하듯 서술체로 기록하는 방법
④ 문제중심기록 : 클라이언트의 현재 문제에 초점을 두어, 문제해결을 위한 계획 및 진행 상황을 기록하는 방법
⑤ 최소기본기록 : 단순하고 경제적인 기록양식으로 기본적인 신상정보와 클라이언트의 주요 문제와 개입상태에 대한 정보 등만 기록하는 방법

## 04 기록의 목적과 용도에 관한 설명으로 옳은 것을 모두 고른 것은? [19회]

ㄱ. 사회복지사의 전문적 활동을 입증하는 자료로 활용한다.
ㄴ. 기관 내에서만 활용하고 다른 전문직과는 공유하지 않는다.
ㄷ. 기관의 프로그램 수행 자료로 보고하며 기금을 조성하는 근거로 활용한다.
ㄹ. 클라이언트와 정보를 공유하고 의사소통하는 도구로 활용한다.

① ㄷ
② ㄱ, ㄹ
③ ㄱ, ㄷ, ㄹ
④ ㄴ, ㄷ, ㄹ
⑤ ㄱ, ㄴ, ㄷ, ㄹ

해설 ㄴ. 기록은 학제 간 혹은 전문가 간 의사소통을 원활하게 한다.

# 사회복지실천평가

★ 학습목표　■ 사례관리의 철학과 기본개념, 단일사례연구설계를 학습하자.
　　　　　　■ 평가의 중요성 및 개념과 유형에 대한 정리, 단일사례설계의 개념과 기본적인 특징과 유형을 완벽히 이해하자.

## 제1절　사례관리의 철학과 기본개념

### 1 평가의 의의

#### (1) 평가의 개념

① 서비스의 욕구를 지닌 대상에게 정확한 서비스가 효율적으로 이루어지고 있는지 파악하는 행정관리의 수단이다.

② 사회복지프로그램 혹은 기관의 계획, 활용, 수행 등 포괄적 활동들을 체계적으로 판단하는 것을 뜻하며 사회복지사의 개입활동에 초점을 맞춘다(Rossi & Freeman).

③ **변화의 유무** : 변화가 있다면 얼마나 일어났는지를 설명할 수 있는 측정도구나 절차를 선택하고 설계하도록 한다.

④ **사회복지실천의 평가** : 사회복지사가 투입된 내용과 결과를 가지고 개입의 효율성, 효과성, 복지대상자의 변화 정도를 점검한다.

#### (2) 평가의 중요성

① 기관의 운영자나 정책의 결정자 또는 임상사회복지실천가, 복지대상자에게 중요하다.

② 개입의 효과성과 효율성을 측정한다.

　㉠ 효과성 : 목표의 달성 여부

　㉡ 효율성 : 사용된 자원(비용, 시간, 노력 등)과 얻어진 성과 간의 비율

③ 서비스의 효과성에 대한 신뢰성의 검증이 요구됨에 따라서 중요성이 더욱 증대되고 있다.

④ 재정적인 지원이나 지역사회의 승인이 필요할 때 이에 대한 근거를 제시하는 계획안이 된다.

⑤ 사회복지사가 개입 내용을 점검하여 반성할 수 있는 기회를 제공하며, 부족한 점을 새로운 활동에 참고하여 효과적인 개입을 할 수 있게 해준다.

⑥ 1997년 사회복지사업법의 평가규정으로 평가도입의 법적 근거가 마련되었다.

## 2 사회복지실천평가의 이해

### (1) 사회복지실천평가의 의의

① 개입과 목표달성 간 상호관련 정도를 알아보기 위해 실시한다.

② 사회복지사가 개입 내용에 대해 점검함으로써 반성할 기회를 가지며, 반성을 통해 부족한 점을 발견하고 새로운 활동에 참고하기 위한 과정이다.

③ 재정적인 지원이나 지역사회의 승인이 필요할 때 이에 대한 근거를 제시하는 계획안이 된다.

④ 평가 내용과 관련하여 개입목표 및 개입방법이 명확하고 구체적이 되도록 해준다.

⑤ 기관, 클라이언트, 전문가 집단 및 사회에 대한 책무성 향상에 도움이 된다.

⑥ 개입의 지속 또는 변경 여부, 서로 다른 문제나 특성을 가진 클라이언트를 대상으로 한 효과적인 개입방법의 선정 등에 필요한 정보를 제공한다.

⑦ 사회복지실천평가는 서비스의 효과성 및 효율성에 대한 신뢰성 있는 검증이 요구됨에 따라 더욱 중요시되고 있으며 효과성의 평가는 사회복지실천평가의 1차적 목적이다.

### (2) 사회복지실천의 효과성 결정조건(Blythe, Tripodi, Briar ; 1994)

① **목표달성** : 사회복지실천의 효과성은 특정한 개입에 대해 그 목표가 달성된 정도를 말한다.

② **일반화** : 개입과 목표달성의 관계가 특정 클라이언트에게 지속적으로 나타나거나 비슷한 문제나 다른 문제를 가진 클라이언트에게 일반화될 수 있을 때 효과는 향상될 수 있다.

③ **개입과 목표달성의 관계** : 사회복지실천의 효과성은 성공적인 목표달성이 개입과 상호 관련되어 있거나 인과적으로 관련되어 있는 정도를 뜻한다.

### (3) 사회복지실천의 효과성을 평가하는 3가지 이유(Bloom, Fischer, Orme ; 1999)

① 서로 다른 문제, 특성, 환경을 가진 클라이언트들에게 상대적으로 효과적인 개입방법을 선정하기 위해 실시한다.

② 전문가집단, 클라이언트, 기관, 지역사회에 대한 책무성을 향상시키기 위해 실시한다.

③ 개별클라이언트에 대한 특정 개입의 효과성에 관한 정보를 통하여 클라이언트에게 최대한 도움이 되어야 한다.

### (4) 평가의 유형

① 평가차원에 따른 분류

| 성과평가 | 목표에 비추어 성취된 결과를 평가하며 평가단계에서 결정된다. 상담이나 질문지를 사용할 수 있다. |
|---|---|
| 과정평가 | 긍정적인 변화를 유발할 수 있는 일반적인 요소를 실천에 통합시켜 치료적 효과를 향상시키기 위한 것으로 클라이언트에 대한 도움 여부 및 원조과정 인식과 관련된다. 개입과정의 원조기술에 대한 클라이언트의 피드백을 근거로 한다. |
| 사회복지사 평가 | 사회복지사가 제공한 서비스에 대한 만족도 외에 구조적인 문제에 대해서도 평가한다.<br>• 긍정적 피드백 : 사회복지사가 자기 강점을 더 잘 알게 하고 미래에 활용하게 함<br>• 부정적 피드백 : 주의산만, 매너리즘, 반치료적 행위나 태도 등을 알려줌 |

② 평가주체에 따른 분류

| 내부평가 | 프로그램의 집행과 결정을 맡은 사람들 또는 이들이 소속한 조직체의 다른 구성원이 평가의 주체가 된다. |
|---|---|
| 외부평가 | 정책의 집행과 결정을 담당하는 기관이 아닌 조사연구기관이나 대학의 전문교수 등 외부의 제3자가 평가의 주체가 된다. |

③ 평가자료의 속성에 따른 분류

| 양적 평가 | 설문지와 표준화된 척도, 계량적 정보, 2차 자료를 이용하는 방법으로 계량화가 가능하며, 소수전문인력의 단기적 투입과 광범위하고 수량화할 수 있는 영역표현, 객관성 확보 등의 장점이 있다. 하지만 통계적 능력에 따른 변이와 표준화된 척도개발이 어렵다는 단점을 가지고 있다. |
|---|---|
| 질적 평가 | 수량화할 수 없는 내면적 · 변화적 영역을 표현하는 데 용이하며 실제사례이므로 체감성이 높아 폭넓은 정보제공이 가능하지만, 소수 전문인력을 지속적으로 투입해야 하며 자료의 속성 계량화와 객관성 확보, 일반화된 평가가 어렵다는 단점을 지닌다. |

④ 평가목적(혹은 시점)에 따른 분류

| 형성평가 | 사회복지사의 개입과정을 사정하고 주기적으로 진전상황을 평가한다. 활동진행과정의 부분적 수정과 보완 및 개선에 필요한 정보획득을 위해 실시한다. |
|---|---|
| 총괄평가 | 활동이 종결되었을 때, 사회복지사의 개입방법의 효과성 · 효율성을 사정하는 평가로 방법에 따라 결과평가와 평가적 연구로 분류할 수 있다. 기관의 사명, 프로그램의 목적 · 목표, 프로그램의 목표달성 여부 결정방법, 평가자료 활용방법, 목표달성 여부 등을 고려해야 한다. |
| 통합평가 | 형성평가와 총괄평가를 통합한 평가로 단일사례연구나 과정평가, 총괄평가의 변형으로 보기도 한다. |

⑤ 평가의 절차

목표 구체화 → 적절한 측정도구 선택 → 기초선 자료수집 → 개입 실행과 지속적 점검 → 변화 사정 → 효과성 추론

## (5) 평가와 사례활동의 종결

① 사회복지사가 개입한 전체 내용에 대해 참여자들이 같이 평가를 하고 종결을 위한 프로그램을 진행함으로써 사례활동이 끝나게 된다.

② 평가는 사회복지사가 개입한 사례의 과정과 결과에 대한 효과성과 성취도를 합당한 틀에 의해 규명하는 작업이다.

③ 사회복지사는 평가를 통해 실적과 함께 부족한 점의 발견이나 보완사항을 찾아낼 수도 있다.

④ 평가는 대체로 목표달성 여부와 과정의 적법성을 확인한다.

⑤ 평가의 주체에 따라서 지도감독자, 복지대상자, 담당 사회복지사, 다른 참여자가 평가할 수 있다.

⑥ 평가의 도구와 자료로는 설문지, 문제상황의 변화정도, 행동체계에 참여한 사람의 반응 등이 사용된다.

⑦ 사회복지사의 개입활동을 계획에 따라 끝내는 것을 종결이라 한다.

⑧ 대체로 계획된 기간을 마치거나 목표를 성취할 때 종결되며, 계획 중간에 중단되는 경우도 있다.

⑨ 사회복지사는 보고서를 작성하면서 계획, 문제해결, 탐색, 평가와 종결단계를 총체적으로 정리하고 새로운 계획을 세우는 데 중요한 참고자료를 제시할 수 있다.

## 제2절 단일사례연구설계

## 1 단일사례연구설계의 이해

### (1) 단일사례설계의 개념

① 단일사례설계(SSD ; Single System Design)는 단일체계설계, 단일사례실험, 시계열조사라고도 한다.

② 사회복지사의 실천활동을 모니터링하고 평가하는 방법이다.

③ 사회복지실천에서 집단설계를 수행하는 데 생기는 한계를 극복하기 위해 도입된 방법이다.

④ 개입의 효과성을 평가하는 여러 방법 중 사회복지실천과정에 통합될 수 있다는 측면에서 주목을 받고 있다.

### (2) 단일사례설계의 특징

| 특 징 | 기본 개념 |
|---|---|
| • 목적은 가설검증이 아닌 개입의 효과성을 분석하는 데 있다.<br>• 표본의 크기 = 1, 분석단위 = 1, N(사례 수) = 1<br>• 통제집단 없음<br>• 개입전후 비교<br>• 반복적인 관찰<br>• 즉각적인 환류–수정 | • 기초선(Baseline) : 단일사례연구설계에서 변화의 정도를 측정하기 위해 개입 시점에서 설정하는 기준선, 개입 이전단계(A)<br>• A : 개입 전 국면. 보통 설정된 기초선을 의미<br>• B : 개입단계<br>※ 복수의 개입유형이 사용될 경우 C, D 등으로 표기하기도 함 |

① 평가 대상은 하나의 클라이언트체계(사례 수 = 1)로, 실천과정에서 클라이언트체계 하나에 초점을 둔다.

② 전체가 아닌 개별클라이언트체계에 초점을 맞추었으므로 집단실험설계와는 달리 클라이언트의 독특한 변화를 알 수 있게 한다.

③ 목적은 개입 전, 개입 중, 개입 후를 비교하는 것으로 각 단계별 구분이 명확하다.

④ 기초선 국면과 개입 국면이 있다. 즉, 개입 전 단계(A), 개입단계(B)로 구분하며, 개입단계는 개입의 내용이 차별성을 가지는 경우 C, D단계 등으로 구분하여 나타내기도 한다.

⑤ 조사연구 과정과 실천 과정의 통합이 가능하다.

⑥ 경향과 변화를 파악하도록 반복 관찰한다.

⑦ 통계적 원리를 적용하여 분석할 수 있다.

⑧ 측정과 관련된 내적 타당도에 대한 위협을 통제하기 위해 반복측정을 특징으로 한다.

⑨ 반복측정의 횟수 정도(Bloom, Fischer, Orme ; 1999) : 측정과 관련된 내적 타당도에 대한 위협을 어느 정도 통제하기 위해 필요하다.

  ㉠ 문제나 상황을 사정하는 데 충분한 기간이어야 한다.

  ㉡ 매일 한 번씩 측정이 이루어지는 경우에는 1주일 정도가 실용적이다.

  ㉢ 적어도 10번 정도가 통계학상 바람직하다고 여겨진다.

  ㉣ 최소한 3번 정도의 측정이 필요하다.

## 2 단일사례설계의 유형 및 특성

### (1) 단일사례설계의 유형　1, 2, 7, 8, 9, 12, 17, 20회 기출

① AB설계

  ㉠ 하나의 기초선 단계에 하나의 개입단계를 포함하는 설계이다.

  ㉡ 개입 전과 개입 후를 비교하는 기본적인 연구설계이다.

  ㉢ 설계가 간단하여 사회복지실천 적용에 용이하다.

  ㉣ 반복측정을 통한 개입 효과성의 경험적 · 논리적 자료를 제공한다.

  ㉤ 변화의 필요성이 있을 때 즉각적인 피드백을 제공한다.

  ㉥ 클라이언트의 변화에 대한 설명탐구, 사회복지사들이 대상문제 변화 감시의 기능을 가진다.

  ㉦ 연구의 타당성을 위협하는 많은 요인을 통제하기 어려워 개입의 효과성이나 인과관계 추정의 어려움이 있다.

② ABAB설계

  ㉠ 두 번째 기초선 단계와 개입단계를 도입한 설계이다.

  ㉡ 외부사건을 보다 더 잘 통제하기 위해 필요하다.

  ㉢ 첫 번째 개입으로 인한 변화의 개입을 철회하면 두 번째 기초선 단계의 개입 이전 상태로 머물 것이며, 개입을 재도입하여 같은 변화가 반복된다면 개입이 변화의 원인임이 입증될 수 있다.

  ㉣ 많은 상황에서 측정의 대상이 되는 문제는 기초선의 상태로 되돌릴 수 없으며, 클라이언트에게 해를 끼칠 수 있는 실천적 · 윤리적인 문제가 있다.

③ ABC설계

  하나의 기초선에 대해 각기 다른 개입방법(예 전화상담, 집단활동 등)을 연속적으로 도입하는 방법이다.

④ BAB설계

    ㉠ 기초선의 측정 없이 바로 개입할 때 사용하는 설계이다.

    ㉡ 클라이언트가 위기상황에 처해 있어 즉각적인 개입이 필요한 경우 이용된다.

    ㉢ 문제가 어느 정도 극복되면 개입을 잠시 중단하고 A단계의 자료를 얻는다.

    ㉣ 첫 번째 B단계와 A단계를 비교하거나 A단계와 두 번째 B단계 자료를 비교하여 효과성을 판단할 수 있다.

    ㉤ 개입의 잔여효과가 기초선 기간에 지속될 수 있고, 첫 번째 기초선 자료가 없으므로 문제가 얼마나 개선되었는지 아는 데 한계가 있다.

⑤ 다중기초선설계(복수기초선설계)

    ㉠ 둘 이상의 기초선을 정하기 위해 개입을 중단하는 대신 둘 이상의 기초선을 동시에 시작하여 각 기초선의 다른 시점에서 시작하는 설계이다.

    ㉡ 둘 이상의 상황 또는 문제나 둘 이상의 클라이언트체계에 있어서 AB설계를 반복하여 외부사건을 통제하는 설계이다.

    ㉢ 결과의 해석이 명확하지 않을 수 있기 때문에 가능한 다른 클라이언트의 재현을 통해 같은 결과를 얻는지 확인하는 과정이 필요하다.

⑥ 다중요소설계(복수요인설계) **14회** 기출

    ㉠ ABC, ABAC, ABACA설계 등이 사용된다.

    ㉡ 개입의 변화가 미치는 영향을 분석하기 위해 사용하는 설계이다.

    ㉢ 클라이언트에게 효과가 없는 것으로 보이는 개입을 변형시키고자 할 때 사용하기 좋다.

    ㉣ 순서효과, 이월효과 및 우연한 사건과 연관되어 있는 한계로 주의를 기울여 사용한다.

    ㉤ 특정한 하나의 개입방식으로 클라이언트의 문제가 해결되지 못할 때 다른 개입을 시도하는 설계이다.

---

**Plus ⊕ one**

**ABAC 설계**

• ABAC 설계는 ABCD 설계의 논리에 반전설계의 논리를 결합시킨 것이다.

• 복수요인설계로서 ABCD 설계는 서로 다른 개입이 연속적으로 이루어짐으로써 각각의 개입방법에 대한 독자적인 효과의 인과관계를 명확히 밝히기 어려운 한계가 있다.

• ABAC 설계는 AB 이후에 AC를 시도한다는 점에서 ABC(혹은 ABCD)의 단점을 보완하는 한편, 새로운 기초선으로 인해 C의 효과를 앞선 B의 효과와 섞지 않고 볼 수 있는 장점이 있다.

## (2) 단일사례설계와 실험 · 통제집단설계의 특성 비교

| 구 분 | 단일사례설계 | 실험 · 통제집단설계 |
|---|---|---|
| 연구기간 | 서비스 제공기간에 따라 다양, 변화 가능 | 미리 정해진 기간 |
| 연구목표의 선정 | 클라이언트와 사회복지사의 합의 | 조사연구자 |
| 조사연구 설계변경 | 가능함 | 불가능함 |
| 연구주제의 범위 | 목표 행동의 습득, 일반화와 유지효과의 입증을 위한 연구주제에 한정됨 | 다양한 주제 가능 |
| 연구에서 가치의 역할 | 클라이언트의 가치가 목표와 절차의 선정에 반영됨 | 조사연구자 또는 연구비 지원자의 가치가 반영됨 |
| 관련 클라이언트 수 | 한 개인, 한 집단 | 최소한 두 집단 |
| 자료분석 | 통계적 추론 | 그래프를 통한 시각적 분석 |
| 반복된 측정의 수 | 개입 전 · 중 · 후에 걸친 규칙적 측정 | 개입 전과 후, 약 2~3회 |
| 비 용 | 시간과 노력이 비교적 적음 | 외부연구자, 자료수집 및 분석비용 |
| 실천이론의 이용 | 이론에 구애받지 않음 | 이론에서 나온 가설 이용 |
| 개입결과의 활용 | 해당 클라이언트에게 직접적 · 즉각적으로 결과 이용 | • 참여자에게 직접적인 영향이 적음<br>• 유사문제를 가진 타집단에 차후 활용 가능 |
| 평가 시 비교집단 이용 | 개입 전 정보이용 기초선이 비교 기준이 되어 자체통제가 가능함 | 실험집단과 유사조건을 가진 서비스를 받지 않은 통제집단에 이용함 |
| 피드백 | 즉각적 피드백에 의한 개입의 내용변경이 가능함 | 연구과정 중 피드백이 거의 없고 수용하기 힘든 구조이므로 실제변경이 불가능 |

## (3) 단일사례 조사연구의 절차

개입목표의 설정 → 측정도구의 선택 → 기초선 및 정보수집 → 개입 및 모니터링 → 변화 사정 → 효과성의 평가

## 3 측정방법과 자료의 해석

### (1) 측정방법

① **직접관찰** : 변화 여부의 관찰, 심리적 상태평가를 위해 행동적인 용어로 구체화해야 한다.

② **표준화된 측정도구** : 결과를 측정하는 방법으로 신뢰도, 유용성, 도구의 타당도, 민감성, 적용의 용이성, 비반응성 등을 고려해 절차와 기준에 따라 기입한다.

③ **자기보고 평가척도** : 클라이언트의 내적 상태평가에 유용하지만 주관적이라는 단점이 있다.

**Plus ⊕ one**

**단일사례설계의 종속변인 측정방법** 16회 기출
• 표준화된 척도를 사용하여 측정한다.
• 빈도 또는 양으로 측정한다.
• 표준화된 척도 외에 개별화된 평가척도도 사용 가능하다.

### (2) 단일사례설계 자료의 해석

① **시각적 분석** : 기초선과 개입선 그래프를 보면서 개입 이전에 비해 개입 이후 표적행동이 눈에 띌 만한 변화가 있었는지 확인·분석한다. 가장 보편적인 분석방법이다.

② **통계적 분석** : 시각적 분석을 보충하여 자료에서 나타난 변화들이 통계적으로 의미있는 것인지 판단한다. 시각적 분석으로 명확한 해석이 어려운 경우 활용한다.

③ **실질적(임상적) 분석** : 개입 이후 변화들이 실질적인 문제에서 얼마나 의미있는 변화인지 판단·분석한다.

## 4 프로그램 평가

### (1) 프로그램 평가의 개념

프로그램 발전을 위한 프로그램의 기획 및 진행의 과정과 종결에서 나타나는 긍정적·부정적 요인의 원인을 체계적·총체적인 탐색의 과정을 통해 진단하며, 새로운 의사결정 또는 기존 프로그램의 문제점을 개선할 수 있는 정보를 얻을 수 있다.

### (2) 프로그램 평가의 목적

① 프로그램 결과와 프로그램 영향에 관한 피드백을 제공하여 기획가 및 정책결정자에게 프로그램의 효율성과 사회적 개입 가설의 타당성을 규명할 수 있도록 한다.

② 평가로 인해 긍정적인 결과뿐 아니라 부정적인 내용을 알게 되고, 사회정책이나 프로그램 설계에 있어서 필요한 변화 또는 수정조치가 가능하다.

③ 새로운 프로그램을 개발하고, 현재 시행 중인 프로그램 설계의 확정 및 프로그램 개발비 산출 등의 설계적인 목적을 가진다.

④ 기관운영의 책임성, 합리적인 자원배분, 서비스 전달체계의 개선 등의 평가목적이 있다.

### (3) 프로그램평가의 유형 : 총괄(성과)평가, 형성(과정)평가 5, 7, 10, 16회 기출

| | |
|---|---|
| 총괄평가 | • 프로그램 운영이 끝날 때 내리는 평가<br>• 운영과정을 평가대상으로 함<br>• 비용까지 감안하는 효율성 평가도 포함<br>• 목적 달성 여부와 관련하여 그 요인을 분석하는 평가<br>• 프로그램의 효과를 파악하는 데 주요 목적이 있음 |
| 형성평가 | • 운영 도중에 이루어지는 평가<br>• 프로그램의 전달체계, 기관의 운영상황, 클라이언트의 욕구 등을 염두에 두고 시행<br>• 집행과정을 검토하여 프로그램의 효과 발생과정을 알아내고 보다 바람직한 운영전략을 수립하기 위한 평가<br>• 사회복지실천과정을 중심으로 진전상황을 주기적으로 평가<br>• 활동의 진행과정에서 수정·개선·보완하는 데 필요한 정보를 얻기 위하여 실시하는 평가 |

### (4) 프로그램 평가의 기준

① **투입요소** : 프로그램의 진행을 위해 투입되는 인적·물적 자원

② **노력성** : 클라이언트의 참여, 목표달성을 위해 필요한 프로그램 활동량과 종류 및 투입시간, 담당자의 제반활동 등

③ **효율성** : 산출/투입 또는 효과/비용으로서 비용-효과 분석(Cost-Effectiveness), 비용-편익 분석(Cost-Benefit Analysis)으로 측정

④ **효과성** : 프로그램의 목적과 목표가 실제로 달성된 정도, 이용자 수, 횟수 등의 실적

⑤ **대응성** : 클라이언트의 욕구, 문제에 대한 대처 등의 평가

⑥ **능률성** : 심리사회적 측면이 강한 효율성과 유사한 개념

⑦ **충분성** : 클라이언트의 욕구와 문제해결에 충분한 양의 프로그램이 제공되었는지 평가

⑧ **형평성** : 필요한 대상에게 적절하게 분배되었는지, 분배가치 실현에 초점

⑨ 그 외에 적합성, 접근성, 예상치 못한 결과에 대한 평가 등

### (5) 프로그램 평가의 중요성

① 사회복지분야의 책임성이 지속적으로 요구되며, 사회복지기관의 정체성 확립에 기여하고, 프로그램 수행을 위한 인적·물적 자원을 보다 효과적이고 효율적으로 운영하는 데 중요한 역할을 한다.

② 전문성 형성, 사회복지프로그램과 관련된 객관적 이론의 정립에 기여하고, 운영방향의 일관성, 프로그램의 내용이나 운영이 수혜자의 욕구에 부응하여 편의를 제공하는지 평가하여 수혜자 중심이 되도록 한다.

## 5 종 결

### (1) 유 형

① 조기 종결

⊙ 참여자들이 계획보다 목표를 빨리 달성한 경우 조기 종결할 수 있다.

ⓒ 종결시기를 정하는 것이 중요한 과업이 된다.

② 시간제한에 따른 계획된 종결

⊙ 클라이언트와 계획한 대로 시간제한에 따라 종결한다.

ⓒ 연장, 후속 계약, 지속적인 보호차원에서의 종결을 포함한다.

③ 사회복지사에 의한 종결

⊙ 사회복지사는 다른 부서로 이동하거나 새로운 직장으로 이직하는 경우, 의뢰된 사례가 자신에게 적합하지 않은 것으로 판단한 경우, 치료 가능성이 희박하다고 판단한 경우, 이사나 입원 등 개인적인 사정에 의한 경우 프로그램을 종결할 수 있다.

ⓒ 사회복지사는 클라이언트에게 자신의 상황에 대해 미리 알려주어야 하며, 클라이언트로 하여금 종결의 상황에 대해 정서적으로 준비할 수 있도록 배려해야 한다.

ⓒ 사회복지사는 클라이언트의 남아 있는 문제와 목표들을 재점검하며, 집단 과정을 통해 클라이언트가 획득한 변화나 기술, 기법 등이 지속적으로 유지될 수 있도록 지지한다.

② 사회복지사는 클라이언트에 대해 지속적인 개입이 필요하다고 판단하는 경우 클라이언트를 다른 사회복지사에게 또는 다른 적합한 기관에 의뢰하는 것이 좋다.

ⓜ 사회복지사가 클라이언트를 다른 기관에 의뢰하는 경우 몇몇 기관을 선별하여 그 중 클라이언트가 희망하는 곳을 선택할 수 있도록 해 준다.

### (2) 종결에 대한 반응

① **긍정적인 종결반응** : 성공과 진전에 대한 긍정적 감정, 치료경험에 대한 만족감, 치료에서 얻은 성과와 독립에 대한 자긍심 등

② **부정적인 종결반응** : 치료와 사회복지사에게 집착, 과거문제 재발, 새로운 문제 호소, 사회복지사에 대한 대리인 발견

# 출제유형문제

**01** 다음 중 사회복지사가 쓸 수 있는 평가도구에 해당하는 것을 모두 고르면? [4회]

> ㄱ. 표준화된 척도
> ㄴ. 설문조사
> ㄷ. 주위 사람들의 평가
> ㄹ. 클라이언트 만족도

① ㄱ, ㄴ, ㄷ  ② ㄱ, ㄷ
③ ㄴ, ㄹ  ④ ㄹ
⑤ ㄱ, ㄴ, ㄷ, ㄹ

 사회복지사가 사용할 수 있는 평가도구로는 표준화된 척도, 기능수행 척도, 산술계산, 평가조사, 노력의 양 측정, 서비스 단위당 비용 측정, 비용–효과 분석 또는 비용–편익 분석, 품질평가, 설문조사, 동료리뷰, 클라이언트 만족도 등이 있다.

**02** 집단프로그램을 진행하는 과정에서 사회복지사가 이직으로 집단구성원들과 이별하게 되었다. 이때 사회복지사의 개입방법으로 옳지 않은 것은? [9회]

① 구성원의 정서적 반응과 혼란을 수용하고 다룬다.
② 남아 있는 문제와 목표들을 재점검한다.
③ 새로운 지도자를 맞이할 수 있도록 한다.
④ 집단프로그램을 바로 종결한다.
⑤ 집단 과정을 통해 획득한 변화나 기술, 기법 등이 유지되도록 지지한다.

해설 사회복지사에 의한 종결
• 사회복지사는 다른 부서로 이동하거나 새로운 직장으로 이직하는 경우, 의뢰된 사례가 자신에게 적합하지 않은 것으로 판단한 경우, 치료 가능성이 희박하다고 판단한 경우, 이사나 입원 등 개인적인 사정에 의한 경우 프로그램을 종결할 수 있다.
• 사회복지사는 클라이언트에게 자신의 상황에 대해 미리 알려주어야 하며, 클라이언트로 하여금 종결의 상황에 대해 정서적으로 준비할 수 있도록 배려해야 한다.

- 사회복지사는 클라이언트의 남아 있는 문제와 목표들을 재점검하며, 집단 과정을 통해 클라이언트가 획득한 변화나 기술, 기법 등이 지속적으로 유지될 수 있도록 지지한다.
- 사회복지사는 클라이언트에 대해 지속적인 개입이 필요하다고 판단하는 경우 클라이언트를 다른 사회복지사에게 또는 다른 적합한 기관에 의뢰하는 것이 좋다.
- 사회복지사가 클라이언트를 다른 기관에 의뢰하는 경우 몇몇 기관을 선별하여 그 중 클라이언트가 희망하는 곳으로 선택할 수 있도록 해 준다.

## 03 단일사례설계에 관한 설명으로 옳은 것을 모두 고른 것은?  [9회]

> ㄱ. 개입과정의 변화 정보를 제공한다.
> ㄴ. 주로 하나의 클라이언트체계 변화를 측정한다.
> ㄷ. 기초선은 안정화될 때까지 반복적으로 측정해야 한다.
> ㄹ. 둘 이상의 문제에 대해 개입할 때 다중기초선설계를 활용한다.

① ㄱ, ㄴ, ㄷ               ② ㄱ, ㄷ
③ ㄴ, ㄹ                     ④ ㄹ
⑤ ㄱ, ㄴ, ㄷ, ㄹ

**해설** 단일사례설계
- 변수 간의 관계규명을 위한 것이라기보다는 사회복지사의 의도적인 개입이 표적행동에 바라는 대로의 효과를 나타내었는가를 평가하기 위해 적용하는 설계이다.
- 주로 개인, 가족 및 소집단을 대상으로 하며, 사례의 수 또는 표본의 크기가 '1'이므로 외적 타당도가 낮다는 한계가 있다.
- 연구대상의 변화를 알 수 있도록 시계열적으로 반복적인 관찰을 하므로 성숙효과를 확인할 수 있으나, 조사대상자의 반응성 등의 문제가 발생할 수 있다.
- 기초선(Baseline)은 개입 이전에 실시하는 반복측정의 통제단계로서, 안정화가 명확해질 때까지 연장하는 것이 이상적이다.
- 개입단계는 독립변수를 실행시키는 시기를 말한다.
- 기초선 단계와 개입단계를 2회 이상 두는 경우 우연한 사건을 통제할 수 있다.

3 ⑤  Answer

**04** ㄱ, ㄴ에 해당하는 용어를 순서대로 연결한 것은? [9회]

> 단일사례설계의 결과를 분석할 때 유의성 검증은 ㄱ. 클라이언트의 문제에 얼마나 의미 있는 변화가 일어났는지, ㄴ. 클라이언트의 변화가 우연히 일어난 것이 아닌 확률적 판단에서 나오는 절차인지 살펴보아야 한다.

① ㄱ : 실질적 유의성, ㄴ : 이론적 유의성
② ㄱ : 이론적 유의성, ㄴ : 통계적 유의성
③ ㄱ : 임상적 유의성, ㄴ : 실질적 유의성
④ ㄱ : 실질적 유의성, ㄴ : 통계적 유의성
⑤ ㄱ : 통계적 유의성, ㄴ : 임상적 유의성

**해설** 유의성 검증
- 실질적 유의성 : 임상적 유의성이라고도 하며, 개입에 의한 표적행동의 변화 정도가 실질적인지, 그로 인해 클라이언트의 문제에 유의미한 변화가 나타났는지 임상적 관점에서 분석한다.
- 통계적 유의성 : 실험 결과가 확률적으로 단순한 우연에 의해 야기된 것이 아니라고 생각할 수 있을 정도를 의미하는 것으로서, 클라이언트의 변화를 통계적인 절차에 의해 판단하는 것이다.
- 이론적 유의성 : 특정한 개입의 기초가 되는 이론이 클라이언트의 변화 방향에 부합하는 경우, 그 결과가 이론에서 제시하는 방향과 일치하는지를 분석하는 것이다.

**05** 다음 사례에 해당되는 단일사례설계 평가유형은? [17회]

> 대인관계 문제로 어려움을 겪던 재훈이와 수지는 사회성 측정 후 사회기술훈련에 의뢰되었다. 재훈이는 곧바로 사회기술훈련을 시작하여 사회성의 변화추이를 측정해 오고 있으며, 수지는 3주간 시간차를 두고 사회기술훈련을 시작하면서 변화추이를 관찰하였다.

① AB 설계
② ABAB 설계
③ BAB 설계
④ 다중(복수)기초선설계
⑤ 다중(복수)요소설계

**해설** 다중기초선설계 또는 복수기초선설계
- 복수의 단순 AB 설계들로 구성된 것으로서, 특정 개입방법을 여러 사례, 여러 클라이언트, 여러 표적행동, 여러 다른 상황에 적용하는 것이다.
- 둘 이상의 기초선과 둘 이상의 개입 단계를 사용하며, 각 기초선의 서로 다른 관찰점에서 개입이 도입된다.
- 복수의 사례들에 대해 개입의 시점을 달리함으로써 우연한 사건 등 내적 타당도 저해요인을 통제할 수 있다.

**06** 단일사례설계에 대한 설명으로 옳은 것을 모두 고른 것은? [12회]

> ㄱ. 개입과 개입철회를 반복할 수 있다.
> ㄴ. 사전자료가 없는 경우 개입 이후에 기초선 자료를 수집할 수 있다.
> ㄷ. 여러 개의 표적행동에 대해 기초선을 설정할 수 있다.
> ㄹ. 한 명 이상의 클라이언트를 대상으로 비교할 수 있다.

① ㄱ, ㄴ, ㄷ

② ㄱ, ㄷ

③ ㄴ, ㄹ

④ ㄹ

⑤ ㄱ, ㄴ, ㄷ, ㄹ

해설 ㄱ. 단일사례연구에서 일반적으로 'A'로 표시되는 '기초선 단계(Baseline Phase)'는 개입 이전에 클라이언트의 표적행동을 파악하고 그것이 어떤 경향을 나타내 보이는지 상태를 관찰하는 기간을 의미한다. 반면, 'B'로 표시되는 '개입 단계(Intervention Phase)'는 표적행동에 대한 직접적인 개입이 이루어지는 기간을 의미한다. 단일사례설계의 유형 중 BAB설계나 ABAB설계에서 개입(B) 이후의 'A'는 개입의 철회, 그 다음의 'B'는 재개입을 의미한다.
ㄴ. 단일사례설계의 유형 중 BAB설계의 경우 기초선 기간을 설정하지 않은 채 바로 개입 단계에 들어가는 것으로, 기초선 설정을 위한 시간적인 여유가 없거나 사전자료가 없는 경우 적용한다.
ㄷ. 단일사례설계의 유형 중 복수기초선설계는 특정 개입방법을 여러 문제, 여러 클라이언트, 여러 표적행동, 여러 다른 상황에 적용하는 설계이다. 둘 이상의 개입 단계를 사용하나, 각 기초선의 서로 다른 관찰점에서 개입이 도입된다.
ㄹ. 단일사례설계는 사례의 수 또는 표본의 크기가 '1'인 경우만을 의미하는 것으로 받아들일 수 있으나, 1명 이상의 클라이언트를 대상으로 하는 경우에도 이를 적용할 수 있다.


**07** 단일사례연구의 기초선 자료수집방법으로 적절하지 않은 것은? [11회]

① 형성평가척도

② 목표달성척도

③ 개별화된 척도

④ 표준화된 척도

⑤ 클라이언트의 주관적 감정 강도

해설 ① 단일사례연구에서 기초선(Baseline)은 개입 이전에 행해지는 반복적인 측정을 말하는 것으로, 표적행동의 개입 전과 후를 비교함으로써 개입의 영향을 평가하도록 돕는다. 즉, 기초선은 집단실험에서 통제집단과 같은 기능을 수행하는 통제단계에 해당하며, 이러한 기초선 단계에서 수집된 자료유형을 개입 단계 동안 수집된 자료유형과 비교함으로써 개입의 효과성을 측정할 수 있는 것이다. 따라서 프로그램 운영이나 연구진행 과정 도중에 피드백을 얻기 위한 형성평가는 단일사례연구의 기초선 자료수집방법으로 적절하지 못하다.

**08** 다음 중 형성평가에 대한 설명으로 가장 옳은 것은?

① 목표지향적이다.
② 성과와 비용에 관심을 둔다.
③ 과정 중 프로그램 개선을 위한 정보수집이 강조된다.
④ 목적 달성 여부와 관련하여 그 요인을 분석한다.
⑤ 전문적인 외부 평가가 우선된다.

**해설** 형성평가(Formative Evaluation)
• '과정평가'라고도 하며, 프로그램의 수행이나 전달과정 중에 실시하는 평가이다.
• 귀납적인 방법에 의해 프로그램의 변화나 변경, 기관의 운영상황이나 고객 욕구의 변동 등 "앞으로의 결정을 위하여 알아야만 하는 것이 무엇인가?"에 평가의 초점이 있다.
• 사업 또는 서비스 내용의 수정 · 변경 여부의 결정에 도움을 주며, 그 효과나 부작용의 경로를 밝힘으로써 성과평가(총괄평가)를 보완하는 기능을 수행한다.

**09** 실천 평가에 관한 설명으로 옳은 것을 모두 고른 것은? [11회]

> ㄱ. 개입과 목표달성 간 상호관련 정도를 알아보기 위해 실시한다.
> ㄴ. 기관, 클라이언트, 전문가 집단 및 사회에 대한 책무성 향상에 도움이 된다.
> ㄷ. 개입의 지속 또는 변경 여부 판단에 필요한 정보를 제공한다.
> ㄹ. 서로 다른 문제나 특성을 가진 클라이언트에게 상대적으로 효과적인 개입방법을 선정하는데 도움이 되는 정보를 제공한다.

① ㄱ, ㄴ, ㄷ          ② ㄱ, ㄷ
③ ㄴ, ㄹ              ④ ㄹ
⑤ ㄱ, ㄴ, ㄷ, ㄹ

**해설** 사회복지실천평가
• 개입과 목표달성 간 상호관련 정도를 알아보기 위해 실시한다.
• 사회복지사가 개입 내용에 대해 점검함으로써 반성할 기회를 가지며, 반성을 통해 부족한 점을 발견하고 새로운 활동에 참고하기 위한 과정이다.
• 평가는 재정적인 지원이나 지역사회의 승인이 필요할 때 이에 대한 근거를 제시하는 계획안이 된다.
• 평가 내용과 관련하여 개입목표 및 개입방법이 보다 명확하고 구체적이 되도록 해준다.
• 기관, 클라이언트, 전문가 집단 및 사회에 대한 책무성 향상에 도움이 된다.
• 개입의 지속 또는 변경 여부, 서로 다른 문제나 특성을 가진 클라이언트를 대상으로 한 효과적인 개입방법의 선정 등에 필요한 정보를 제공한다.
• 사회복지실천평가는 서비스의 효과성 및 효율성에 대한 신뢰성 있는 검증이 요구됨에 따라 더욱 중요시되고 있으며 효과성의 평가는 사회복지실천평가의 1차적 목적이다.

**01** 다음 사례에 해당하는 단일사례설계의 유형은? [18회]

> 노인복지관 사회복지사가 어르신들의 우울감 개선 프로그램을 계획하였다. 프로그램 시작 전에 참여하는 어르신들의 심리검사를 행하였고, 2주간의 정서지원프로그램 실시 후 변화를 측정하였다. 1주일 후에는 같은 어르신들을 대상으로 2주간의 명상프로그램을 진행하여 우울감을 개선하고자 한다.

① AB

② BAB

③ ABA

④ ABAB

⑤ ABAC

**해설** ABAC 설계

• ABAC 설계는 ABCD 설계의 논리에 반전설계의 논리를 결합시킨 것이다.

• 복수요인설계로서 ABCD 설계는 서로 다른 개입이 연속적으로 이루어짐으로써 각각의 개입방법에 대한 독자적인 효과의 인과관계를 명확히 밝히기 어려운 한계가 있다.

• ABAC 설계는 AB 이후에 AC를 시도한다는 점에서 ABC(혹은 ABCD)의 단점을 보완하는 한편, 새로운 기초선으로 인해 C의 효과를 앞선 B의 효과와 섞지 않고 볼 수 있는 장점이 있다.

• 보기의 사례에서는 서로 다른 개입방법(예 2주간의 정서지원프로그램과 2주간의 명상프로그램)의 중간에 새로운 기초선을 도입함으로써 두 가지 프로그램의 상호작용 효과를 통제하고 있다.

1 ⑤    Answer

**02** 단일사례설계의 활용에 관한 설명으로 옳은 것을 모두 고른 것은? [13회]

> ㄱ. 어떤 개입이 대상문제의 변화를 설명하는지 알 수 있다.
> ㄴ. 둘 이상의 클라이언트, 둘 이상의 상황이나 문제에 적용 가능하다.
> ㄷ. 행동빈도의 직·간접 관찰, 기존척도, 클라이언트 자신의 주관적 사고나 감정 등의 측정 지수를 사용한다.
> ㄹ. 반복적 시행으로 개입효과성의 일반화가 가능하다.

① ㄱ, ㄴ, ㄷ            ② ㄱ, ㄷ

③ ㄴ, ㄹ              ④ ㄹ

⑤ ㄱ, ㄴ, ㄷ, ㄹ

ㄱ. '단일사례설계(단일사례연구)'는 단일사례를 대상으로 하여 개입의 효과성을 측정하는데 사용되는 조사방법이다. 개인, 가족, 집단(단체) 등을 분석대상으로 하여 그들이 직면하고 있는 문제를 해결하기 위해 적용한 개입이 어떠한 효과가 있는지를 검증한다.

ㄴ. 단일사례설계의 유형 중 '다중기초선설계(복수기초선설계)'는 특정 개입방법을 여러 문제, 여러 클라이언트, 여러 표적행동, 여러 다른 상황에 적용하는 설계이다. 둘 이상의 개입 단계를 사용하나, 각 기초선의 서로 다른 관찰점에서 개입이 도입된다.

ㄷ. 단일사례설계는 관여적·비관여적 관찰이 모두 사용될 수 있다. '기초선(Baseline)' 측정은 개입 후 종속변수의 변화가 우연한 사건이나 성숙효과에 의한 것이 아닌 개입의 결과에 의한 것임을 추론하기 위한 기준이 된다. 또한 생각이나 느낌 등과 같은 내면적 상태가 표적이 되는 경우 간접측정을 하기도 하며, 자기보고(Self-report) 형식을 통해 표적행동의 측정이 이루어지기도 한다.

ㄹ. 단일사례연구는 통제집단을 가지지 않은 경우에 사용되며, 하나의 사례를 반복적으로 측정함으로써 개입의 효과를 파악하여 일반화가 가능하다.

**03** 알코올 중독 노숙인의 자활을 위해 다차원적으로 개입한 후, 단일사례설계를 활용하여 사업의 성과를 평가하려고 한다. 이때 성과지표로 사용 가능한 자료가 아닌 것은? [16회]

① 밤사이 숙소 밖에 버려진 술병의 수

② 직업훈련 참여 시간

③ 직업훈련의 성격

④ 스스로 측정한 자활의지

⑤ 단주 모임에 나간 횟수

단일사례설계의 종속변인 측정방법
- 종속변인은 빈도 또는 양으로 측정할 수 있다.(① · ② · ⑤)
- 표준화된 척도를 사용하여 측정할 수 있다.
- 표준화된 척도 이외에 개별화된 평가척도를 사용할 수 있다.(④)

## 04 다음 사례에 해당되는 단일사례설계의 유형은? [20회]

> 독거노인의 우울감 해소를 위해 5주간의 전화상담(주1회)에 이어 5주간의 집단활동(주1회)을 진행했다. 참가자 5명을 대상으로 프로그램 시작 3주 전부터 매주 1회 우울증검사를 실시했고, 프로그램 시작 전, 5주 후, 10주 후에 삶의 만족도를 조사했다.

① AB설계

② ABC설계

③ ABAB설계

④ ABAC설계

⑤ 다중(복수)기초선설계

② ABC설계는 하나의 기초선에 대해 각기 다른 개입방법(예 전화상담, 집단활동 등)을 연속적으로 도입하는 방법이다.

① AB설계는 개입 이전과 개입 이후의 측정자료를 단순히 비교해서 개입이 표적행동에 변화를 유발했는지를 파악하는 방법이다.

③ ABAB설계는 AB설계에 제2기초선과 제2개입을 추가한 것으로서, AB설계 혹은 ABA설계보다 외생변수의 영향을 효과적으로 통제할 수 있는 방법이다.

④ ABAC설계는 AB 이후에 AC를 시도한다는 점에서 ABC(혹은 ABCD)의 단점을 보완하는 한편, 새로운 기초선으로 인해 C의 효과를 앞선 B의 효과와 섞지 않고 볼 수 있는 장점을 가진 방법이다.

⑤ 다중(복수)기초선설계는 복수의 단순 AB설계들로 구성된 것으로서, 특정 개입방법을 여러 사례, 여러 클라이언트, 여러 표적행동, 여러 다른 상황에 적용하는 것이다.

4 ②

Answer

# 간단한 키워드

3영역

# 지역사회복지론

# 빨리보는 간단한 키워드

**꼭 알아야 할 기출 키워드** ▷ 최근 7년간 실제 시험(2022년 제20회~2016년 제14회)에 출제된 키워드를 간략히 정리하였습니다. 본격적인 학습 전후, 꼼꼼히 정리한 꼭 알아야 하는 '정답 키워드'를 통해 최신 출제경향을 빠르게 파악하고, 스스로의 실력을 점검해 봅시다.

 **3 영역 지역사회복지론**

● 2022년 제20회 ≡

| 문제 키워드 | 정답 키워드 |
|---|---|
| 지역사회기능의 비교척도(Warren) | • 지역적 자치성 : 타 지역에의 의존 정도는 어떠한가?<br>• 서비스 영역의 일치성 : 서비스 영역이 동일 지역 내에 어느 정도 이루어지고 있는가?<br>• 지역에 대한 주민들의 심리적 동일시 : 지역주민들이 자신이 소속된 지역에 대해 어느 정도 소속감을 가지고 있는가?<br>• 수평적 유형 : 지역사회 내에 있는 상이한 단위조직들이 구조적·기능적으로 얼마나 강한 관련을 가지고 있는가? |
| 지역사회의 기능 (Gilbert & Specht) | • 생산·분배·소비(경제제도) : 지역사회 주민들이 일상생활에 필요한 물자와 서비스를 생산하고 소비하는 과정과 관련된 기능<br>• 상부상조(사회복지제도) : 사회제도에 의해 지역주민들이 자신들의 욕구를 스스로 충족할 수 없는 경우에 필요로 하는 사회적 기능<br>• 사회화(가족제도) : 사회가 향유하고 있는 일반적 지식, 사회적 가치, 행동양식을 그 지역사회 구성원에게 전달하는 과정<br>• 사회통제(정치제도) : 지역사회가 그 구성원들에게 사회규범에 순응하도록 행동을 규제하는 것<br>• 사회통합(종교제도) : 사회체계를 구성하는 사회단위 조직들 간의 관계와 관련된 기능 |
| 영국의 지역사회보호 | • 가정 또는 그와 유사한 지역사회 내의 환경에서 서비스를 제공하는 사회적 돌봄의 형태<br>• 영국에서는 '재가복지'의 개념보다 '지역사회보호'의 개념이 더욱 널리 사용되고 있는데, 이는 구빈법 시대의 산물로서 수용시설에 대한 부정적인 평가에서 비롯됨<br>• 1959년 정신보건법 제정으로 지역사회보호가 법률적으로 명확히 규정되었으나, 지역사회보호로 실질적인 전환의 계기가 마련된 것은 1968년 시봄 보고서 발표 이후<br>• 1971년 하버트 보고서가 《지역사회에 기초한 사회적 보호》의 제명으로 발표되었는데, 이 보고서는 공공서비스와 민간서비스 외의 가족체계나 지역사회 하위단위에 의한 비공식적 서비스의 중요성 강조 |
| 지역사회복지실천모델 (Taylor & Roberts) | • 지역사회개발모델<br>• 프로그램 개발 및 조정모델<br>• 계획모델<br>• 지역사회연계모델<br>• 정치적 권력강화모델 또는 정치적 행동 및 역량강화모델 |

| 웨일과 갬블(M. Weil & D. Gamble)의 실천모델 | • 정치 · 사회행동모델 : 정책 및 정책입안자의 변화에 초점을 둔 사회정의실현 활동의 전개를 목표로 함<br>• 근린 · 지역사회조직화모델 : 구성원의 조직 능력을 개발하고 범지역적인 계획 및 외부개발에 영향과 변화를 일으킬 수 있는 능력 개발<br>• 지역사회 사회 · 경제개발모델 : 지역주민의 관점에 입각하여 개발계획을 주도하며, 사회 · 경제적 투자에 대한 지역주민의 활용 역량 제고<br>• 프로그램 개발과 지역사회연계모델 : 지역사회서비스의 효과성 증진을 위해 새로운 프로그램을 개발하는 동시에 기존 프로그램을 확대 혹은 재조정<br>• 사회계획모델 : 선출된 기관이나 인간서비스계획 협의회가 지역복지계획을 마련하는 등 행동을 하기 위한 제안을 함 |
|---|---|
| 지역사회복지실천 과정에서 문제확인 및 문제규명 | • 지역사회 문제해결을 위해 지역사회의 충족되지 않은 욕구나 해결을 필요로 하는 문제를 찾아내는 일<br>• 문제(이슈)를 어떻게 개념화하느냐에 따라 정책수립을 위한 구상이 달라지며, 그 구체적인 해결방안과 실천전략 또한 달라짐<br>• 문제를 규명하는 데 있어서 사회복지사는 해결하고자 하는 문제와 관련된 다양한 가치관에 대해 고려<br>• 계획가로서 사회복지사는 사회문제와 관련된 객관적인 자료를 수집하고 분석해야 하며, 사회행동과 제도분석에 관한 사회과학의 이론을 활용해야 함 |
| 지역사회복지실천 9단계 과정(Kettner, Daley & Nichol) | • 제1단계 : 변화기회 확인<br>• 제2단계 : 변화기회 분석<br>• 제3단계 : 목적 및 목표 설정<br>• 제4단계 : 변화노력 설계 및 구조화<br>• 제5단계 : 자원계획<br>• 제6단계 : 변화노력 실행<br>• 제7단계 : 변화노력 점검<br>• 제8단계 : 변화노력 평가<br>• 제9단계 : 재사정 및 변화노력 안정화 |
| 지역사회복지 실천기술 | • 옹호 : 클라이언트의 이익 혹은 권리를 위해 싸우거나 대변하는 등의 적극적인 활동<br>• 프로그램 개발 : 목표를 실천하기 위한 사업들을 구체화하는 기술<br>• 프로그램 기획 : 프로그램의 목표 설정에서부터 실행, 평가에 이르기까지 제반 과정들을 합리적으로 결정함으로써 미래의 행동계획을 구체화하는 기술<br>• 자원개발 · 동원 : 지역주민의 욕구 충족 및 문제 해결을 위해 자원이 필요한 경우 자원을 발굴하고 동원하는 기술<br>• 지역사회 사정 : 지역사회의 욕구와 자원을 파악하는 기술 |
| 지역사회 욕구사정 방법 | • 델파이기법 : 전문가 · 관리자들로부터 우편이나 이메일로 의견이나 정보를 수집하여 그 결과를 분석한 후 그것을 다시 응답자들에게 보내어 의견을 묻는 식으로 만족스러운 결과를 얻을 때까지 계속하는 방법<br>• 명목집단기법 : 대화나 토론 없이 어떠한 비판이나 이의제기가 허용되지 않는 가운데 각자 아이디어를 서면으로 제시하도록 하여 우선순위를 결정한 후 최종 합의를 도출하기 위한 방법<br>• 2차 자료 분석 : 지역주민을 대상으로 직접 자료를 수집하는 것이 아닌 지역사회 내 사회복지기관의 서비스수혜자에 관련된 각종 기록을 검토하여 욕구를 파악하는 비관여적 방법<br>• 지역사회포럼 : 지역사회에 실제 거주하거나 지역사회를 위해 활동하는 사람들을 대상으로 공개적인 모임을 주선하여 지역문제에 대한 설명을 듣는 것은 물론, 직접 지역사회 내의 문제에 대해 의견을 피력할 수 있도록 하는 방법<br>• 초점집단기법 : 소수 이해관계자들의 인위적인 면접집단 또는 토론집단을 구성하여 연구자가 토의 주제나 쟁점을 제공하며, 특정한 토의 주제 또는 쟁점에 대해 여러 명이 동시에 질의 · 응답을 하거나 인터뷰를 하는 등의 방법으로 상호작용을 통해 공동의 관점을 확인하는 방법 |

제3영역

안심Touch

| 사회적경제에<br>관한 내용 | • 사회적기업 : 영리조직과 비영리조직의 중간 형태로, 사회적 목적을 우선적으로 추구하면<br>서 영업활동을 통해 영리 추구<br>• 사회적경제 : 자본주의 시장경제가 발전하면서 나타난 불평등과 빈부격차, 환경파괴 등 다<br>양한 사회문제에 대한 대안으로 등장한 개념으로서, 이윤의 극대화가 최고의 가치인 시장<br>경제와 달리 사람의 가치를 우위에 두는 경제활동<br>• 사회적협동조합 : 「협동조합기본법」에 따른 협동조합 중 지역주민들의 권익·복리 증진과<br>관련된 사업을 수행하거나 취약계층에게 사회서비스 또는 일자리를 제공하는 등 영리를<br>목적으로 하지 아니하는 협동조합 |
|---|---|
| 주민참여의 개념 | • 지역주민들이 공식적인 정부의 의사결정 과정에 관여하여 주민들의 욕구를 정책이나 계획<br>에 반영하도록 하는 적극적인 노력<br>• 지역주민들이 그 지역사회의 일반적인 사항과 관련된 결정에 대해 권력을 행사하는 과정<br>• 명목상 참여에서부터 완전통제에 이르기까지 다양한 형태가 있으나, 최대한의 참여가 바<br>람직하다는 것이 일반적인 견해 |

● 2021년 제19회 ☰⋮

| 문제 키워드 | 정답 키워드 |
|---|---|
| 기능적인 의미의<br>지역사회로서<br>기능적 공동체 | • 공동의 관심과 이해관계에 의해 형성된 공동체로, 사회문화적 동질성을 기반으로 한 멤버<br>십 공동체 개념<br>• 직업, 취미, 활동영역 등 기능적 기준에 기초한 넓은 의미의 지역사회로, 이념, 사회계층,<br>직업유형 등을 중심으로 이루어짐<br>• 가상공간은 시공을 초월하여 새로운 공동체 형성을 가능하게 하는데, 가상공동체로서 온<br>라인 커뮤니티도 기능적 공동체에 포함 |
| 지역사회복지<br>관련 이론 | • 사회구성주의이론(사회구성론적 관점) : 모든 현상에 대한 객관적 진실이 존재한다는 점에 의구<br>심을 던짐. 즉, 개인이 속한 사회나 문화에 따라 현실의 상황을 재구성할 수 있다는 관점<br>• 생태이론 혹은 생태체계이론 : 인간과 환경과의 상호작용에 초점을 둠<br>• 다원주의이론(이익집단이론) : 지역사회복지정책들이 다양한 관련 이익단체들 간의 갈등과<br>타협으로 만들어진다고 보는 이론<br>• 갈등이론 : 지역사회 내 갈등을 변화의 원동력으로 보는 대표적인 이론<br>• 구조기능론(기능주의이론) : 사회가 각 기능을 담당하는 여러 구조들로 나뉘어져 있으며,<br>각 구조들이 합의된 가치와 규범에 따라 움직이고 지역사회가 구성 부분들의 조화와 협력<br>으로 발전된다고 보는 이론<br>• 권력관계이론 : 사회의 권력현상에 초점을 맞추는 이론을 총칭하는 것으로, 갈등이론, 자원<br>동원이론, 사회교환이론 등을 포괄<br>• 엘리트이론 : 지역사회 내 소수의 엘리트 집단의 권력이 정책을 좌우한다고 보는 이론<br>• 사회자본이론 : 지역사회의 신뢰, 네트워크, 호혜성을 강조하는 이론 |
| 사회자본 | • 지역사회 구성원의 사회적 관계에 바탕을 둔 자원으로서, 조직화된 행동을 유도하여 사회<br>발전의 효율성을 증대시키는 대인 간 신뢰, 규범 및 네트워크를 의미<br>• 지역사회 네트워크의 실제는 개별 사례운동을 중심으로 살펴볼 수도 있는데, 지역사회의<br>문제해결을 위해 네트워크를 활용한 푸드뱅크운동 등을 예로 들 수 있음 |

| | |
|---|---|
| 웨일과 갬블(M. Weil & D. Gamble)의 지역사회복지 실천모형 | • 근린지역사회조직모형 : 구성원의 조직 능력을 개발하고 범지역적인 계획 및 외부개발에 영향과 변화를 일으킬 수 있는 능력을 개발하는 것을 목표<br>• 프로그램 개발과 지역사회연계모형 : 지역사회서비스의 효과성 증진을 위해 새로운 프로그램을 개발하는 동시에 기존 프로그램을 확대 혹은 재조정하는 것을 목표<br>• 정치사회적 행동모형 : 정책 및 정책입안자의 변화에 초점을 둔 사회정의실현 활동의 전개를 목표<br>• 연합모형 : 연합의 공통된 이해관계에 대응할 수 있도록 자원을 동원하며, 영향력 행사를 위해 다조직적인 권력기반을 형성하는 것을 목표<br>• 사회운동모형 : 특정 집단이나 이슈에 대해 새로운 패러다임을 제공할 수 있는 사회정의실현의 행동화를 목표 |
| 지역사회의 유형화 기준(Dunham) | • 인구의 크기 : 가장 기본적인 유형으로서, 인구 크기에 따라 지역사회를 구분<br>• 인구 구성의 특성(사회적 특수성) : 지역사회 구성원 대다수의 경제적·인종적 특성에 따라 지역사회를 구분<br>• 정부의 행정구역 : 행정상 필요에 따라 지역사회를 구분하는 것으로서, 일반적으로 인구 크기를 중심으로 구분하지만, 반드시 인구 크기에 비례하는 것은 아님<br>• 산업구조 및 경제적 기반 : 지역주민들의 경제적 특성은 물론 사회문화적 특성을 파악하기 위한 인류학적 조사연구에서 흔히 사용되는 구분 |
| 옹호의 구체적 전술 (Kirst-Ashman & Hull, Jr.) | • 설 득 • 공청회 또는 증언청취<br>• 표적을 난처하게 하기 • 정치적 압력<br>• 미디어 활용 • 청원 또는 탄원서 |
| 지역사회 사정 | • 자원 사정 : 지역사회에서 이용할 수 있는 권력, 전문기술, 재정, 서비스 등 자원영역을 검토하는 것. 클라이언트의 욕구보다는 이용 가능한 자원의 본질과 운영, 그리고 질에 초점<br>• 하위체계 사정 : 전체 지역사회를 사정하는 것이 아닌 지역의 특정 부분이나 일면을 조사하는 것으로, 특히 지역사회의 하위체계에 초점<br>• 포괄적 사정 : 특정한 문제나 표적집단 관련 욕구보다는 지역사회 전반을 대상으로 한 1차 자료의 생성을 주된 목적<br>• 문제중심 사정 : 전체 지역사회와 관련되지만 지역사회의 중요한 특정 문제(예 아동보호, 정신건강 등)에 초점<br>• 협력적 사정 : 지역사회 참여자들이 완전한 파트너로서 조사계획, 참여관찰, 분석 및 실행 국면 등에 관계되면서 지역사회에 의해 수행 |
| 포플(Popple)의 지역사회복지실천모형 | • 지역사회보호 : 노인, 장애인, 아동 등 지역주민의 복지를 위한 사회적 관계망 및 자발적 서비스 증진을 목표로, 복지욕구를 충족시키기 위한 자조개념을 개발하는 데 주력<br>• 지역사회조직 : 타 복지기관 간 상호협력 증진을 목표로, 사회복지기관의 상호 협력 및 조정을 통해 서비스 중복을 방지하고 자원의 부재현상을 극복하여 복지전달의 효율성 및 효과성을 높이는 데 일조<br>• 지역사회개발 : 지역사회 구성원의 삶의 질 향상을 위한 기술과 신뢰를 습득할 수 있도록 집단을 원조하는 데 주력<br>• 사회/지역계획 : 사회적 상황과 사회정책 및 사회복지기관의 서비스 분석, 주요 목표 및 우선순위의 설정, 서비스 프로그램의 기획과 자원의 동원, 서비스와 프로그램의 집행 및 평가 등에 주력<br>• 지역사회교육 : 비판적 사고와 담론을 통해 지역사회의 억압적 조건이나 상황을 변화시키는 행동양식을 고양하는 데 주력<br>• 지역사회행동 : 전통적으로 계급에 기초한 모델로 갈등과 직접적인 행동을 활용하며, 권력이 없는 집단이 자신들의 효과성을 증대할 수 있도록 대응하는 데 주력<br>• 여권주의적 지역사회사업 : 지역사회복지실천에 페미니즘을 적용한 것으로, 여성불평등의 사회적 요인에 대한 집합적 대응을 통해 여성의 복지를 향상시키는 데 주력<br>• 인종차별철폐 지역사회사업 : 지역사회에서 인종차별에 대한 저항이나 그들의 권리 보호를 위한 상호원조와 조직화에 초점을 두고, 교육, 주택, 건강, 고용 등의 영역에서 차별을 시정하도록 하는 데 주력 |

제3영역

| | |
|---|---|
| 임파워먼트 기술 | • 임파워먼트는 지역주민의 강점을 인정하고 스스로 문제 해결을 위한 주도적인 역할을 함으로써 현재 처한 문제 해결뿐만 아니라 근본적인 역량을 강화하도록 원조하는 기술<br>• 과정으로서 임파워먼트는 지역주민들이 자신의 삶에 대해 자주적 통제력을 획득하며, 삶의 질을 높이는 데 필요한 자원에 접근하려는 시도를 의미<br>• 결과로서 임파워먼트는 주민들의 노력과 지역사회 실천가들의 개입의 효과로 나타난 지역사회에 대한 주민들의 더 많은 통제력과 자원 접근성을 의미 |
| 자원개발 및 동원 | • 자원(Resources)은 사회복지실천에서 클라이언트의 변화나 그들의 생활을 향상시키는 데 유용하게 사용할 수 있는 인력, 물질, 조직, 정보 등을 의미<br>• 자원개발 및 동원 기술은 지역주민의 욕구 충족 및 문제 해결을 위해 자원이 필요한 경우 자원을 발굴하고 동원하는 기술<br>• 인적 자원을 동원하기 위해 기존 조직(집단)이나 네트워크를 활용하며, 개별적 접촉을 통해 지역사회실천에 동참하도록 유도 |
| 지방분권이<br>지역사회복지에 미치는<br>부정적 영향 | • 지방자치단체장의 의지에 따라 복지서비스의 지역 간 불균형이 나타날 수 있음<br>• 사회복지 행정업무와 재정을 지방에 이양함으로써 중앙정부의 사회적 책임성을 약화시킬 수 있음<br>• 지방정부가 사회개발정책에 우선을 두는 경우 지방정부의 복지예산이 감소될 수 있음<br>• 지방정부 간의 재정력 격차로 복지수준의 차이가 나타날 수 있음<br>• 지방정부 간의 경쟁이 심화되어 지역 이기주의가 나타날 수 있음<br>• 복지행정의 전국적 통일성을 저해할 수 있음 |
| 사회적경제 주체 | • 사회적기업 : 취약계층에게 사회서비스 또는 일자리를 제공하거나 지역사회에 공헌함으로써 지역주민의 삶의 질을 높이는 등의 사회적 목적을 추구하면서 재화 및 서비스의 생산·판매 등 영업활동을 하는 기업<br>• 마을기업 : 지역주민이 각종 지역자원을 활용한 수익사업을 통해 공동의 지역문제를 해결하고, 소득 및 일자리를 창출하여 지역공동체 이익을 효과적으로 실현하기 위해 설립·운영하는 마을단위의 기업<br>• 사회적협동조합 : 협동조합기본법에 따른 협동조합 중 지역주민들의 권익·복리 증진과 관련된 사업을 수행하거나 취약계층에게 사회서비스 또는 일자리를 제공하는 등 영리를 목적으로 하지 아니하는 협동조합<br>• 자활기업 : 2인 이상의 수급자 또는 차상위자가 상호 협력하여, 조합 또는 사업자의 형태로 탈빈곤을 위한 자활사업을 운영하는 업체 |
| 주민참여 수준 8단계<br>(Arnstein) | • 조작 또는 여론조작(제1단계) : 행정과 주민이 서로 간의 관계를 확인한다는 점에서 의의를 찾을 수 있음. 다만, 공무원이 일방적으로 교육 및 설득을 하고, 주민은 단순히 참석하는 데 그침<br>• 처방 또는 대책치료(제2단계) : 주민의 욕구불만을 일정한 사업에 분출시켜 치료하는 단계. 다만, 이는 행정의 일방적인 지도에 그침<br>• 정보제공(제3단계) : 행정이 주민에게 일방적으로 정보를 제공. 다만, 이 과정에서 환류는 잘 일어나지 않음<br>• 주민상담 또는 협의(제4단계) : 공청회나 집회 등의 방법으로 주민으로 하여금 행정에의 참여를 유도. 다만, 이는 형식적인 수준에 그침<br>• 회유 또는 주민회유(제5단계) : 각종 위원회 등을 통해 주민의 참여범위가 확대. 다만, 최종적인 판단이 행정기관에 있다는 점에서 제한적<br>• 협동관계 또는 파트너십(제6단계) : 행정기관이 최종적인 의사결정권을 가지고 있으나 주민들이 경우에 따라 자신들의 주장을 협상으로 유도할 수 있음<br>• 권한위임(제7단계) : 주민들이 특정 계획에 대해 우월한 결정권을 행사하며, 집행단계에 있어서도 강력한 권한을 행사<br>• 주민통제(제8단계) : 주민들이 스스로 입안하며, 결정에서부터 집행 그리고 평가단계에 이르기까지 통제 |

● 2020년 제18회

| 문제 키워드 | 정답 키워드 |
|---|---|
| 지역사회복지에 관한 견해 | • 던햄(Dunham) : 사회복지의 개념이 민주사회에서 생성되었다고 봄. 지역사회조직의 원리를 제시하면서, 사회복지기관이 지역사회의 유대감과 민주주의의 실천을 위해 협력하며, 지역사회의 복지와 민주적 제도를 위협하는 세력을 극복해야 한다고 강조<br>• 로스(Ross) : 추진회가 지역사회의 다양한 문제를 발견하여 모든 주민이 공동의 목표로 합의를 가지고 사업을 전개해야 한다고 강조<br>• 맥닐(McNeil) : 지역주민 스스로 자기결정의 권리를 가지고 문제해결에 자발적으로 참여하도록 유도해야 한다고 강조<br>• 워렌(Warren) : 지역사회 내에 권력이 폭넓게 분산되어 있어야 한다고 강조 |
| 지역사회 기능<br>(Gilbert & Specht) | 생산 · 분배 · 소비(경제제도), 사회화(가족제도), 사회통제(정치제도), 사회통합(종교제도), 상부상조(사회복지제도) 등 지역사회의 기능을 다섯 가지로 구분 |
| 갈등이론 | • 지역사회에 존재하는 갈등 현상에 주목하며, 갈등을 사회발전의 요인과 사회통합의 관점에서 다룸. 특히 지역사회 내의 각 계층들이 이해관계에 의해 형성되며, 지역사회 구성원들 간에 경제적 자원, 권력, 권위 등이 불평등한 배분관계에 놓일 때 갈등이 발생한다고 봄<br>• 대중 혹은 사회적 약자가 조직적 결성과 대항을 통해 소수 기득권층과의 갈등을 해결하고 타협을 하는 과정을 강조<br>• 지역사회가 갈등을 겪으면서 보다 역동적이고 민주적인 지역사회로 변화할 수 있다고 봄 |
| 사회학습이론 | 지역주민들에게 영향을 미치는 지역사회 및 환경에 대한 학습과 교육을 통해 주민들의 역량을 강화시킴으로써 지역사회의 발전을 유도할 수 있다고 봄 |
| 권력의존이론 | 재정지원자에 대한 지나친 의존은 조직의 목적 상실, 자율성 제한 등 부정적인 영향을 미칠 수 있으므로, 특정 지원자에 대한 의존성에서 탈피할 필요가 있다고 봄 |
| 지역사회복지실천모델<br>(Rothman) | • 사회행동모델 : 불이익을 받거나 권리를 박탈당한 사람의 이익을 옹호함. 지역사회 내 권력과 자원의 재분배, 사회적 약자에 대한 의사결정의 접근성 강화를 위해 권력구조에 대항하는 대항활동을 강조<br>• 지역사회개발모델 : 지역사회나 문제의 아노미 또는 쇠퇴된 상황을 전제함<br>• 사회계획모델 : 주택, 정신건강(보건), 범죄 등 구체적인 사회문제를 해결하는 기술적인 과정을 중시. 문제해결을 위한 공식적 · 합리적인 계획이 핵심이며, 과업지향적 활동목표를 가짐 |
| 지역사회복지실천모델<br>(M. Weil & D.Gamble) | • 기능적 지역사회조직모델 : 발달장애아동의 부모 모임과 같이 공통 이슈를 지닌 집단의 이해관계를 기반으로 함<br>• 연합모델의 표적체계 : 선출직 공무원이나 재단 및 정부당국이 될 수 있음 |

제3영역

안심Touch

| | |
|---|---|
| 지역사회복지실천<br>9단계 과정<br>(Kettner, Daley &<br>Nichol) | • 제1단계 : 변화기회 확인<br>'문제확인 단계' 혹은 '문제발견 단계'에 해당하는 것으로서, 문제와 관련된 사람은 누구인<br>지, 문제의 범위는 어디까지인지, 문제의 특성은 무엇인지 등을 파악함<br>• 제2단계 : 변화기회 분석<br>'문제분석 단계'에 해당하는 것으로서, 문제가 발생한 이유, 문제가 어떤 역동성과 의미를<br>가지는지를 명확히 밝혀내어 문제 자체를 객관화시킴<br>• 제3단계 : 목적 및 목표 설정<br>앞선 단계에서 정의되고 분석된 지역사회 문제, 즉 변화기회에 대한 개입방향과 수준을 정함<br>• 제4단계 : 변화노력 설계 및 구조화<br>변화노력을 어떻게 전개해야 하는가를 설계하고 구조화하는 단계로서, 이전 단계에서 설<br>정한 목표를 달성하도록 시스템을 만드는 과정으로 볼 수 있음<br>• 제5단계 : 자원계획<br>변화노력을 위한 자원을 어디서 구할 것인지, 어떠한 방법을 통해 변화노력과 자원의 연결<br>을 보다 효과적이고 효율적으로 이루어낼 것인지를 결정함<br>• 제6단계 : 변화노력 실행<br>계획을 행동으로 변환시키는 단계로서, 구체적인 활동계획에 착수하여 참여자를 적응시키<br>고 활동들을 조정하면서 조화를 이루게 하는 등 적응과 조정을 촉진함<br>• 제7단계 : 변화노력 점검<br>실행체계가 계획대로 잘 진행되고 있는지를 살펴보는 과정으로서, 특히 변화 과정에서 어<br>느 한 부분이 다른 부분에 영향을 미칠 수 있으므로, 점검을 진행할 경우 각 부분을 대상으<br>로 하면서도 전체 과정을 모두 포괄할 수 있어야 함<br>• 제8단계 : 변화노력 평가<br>변화노력 전반에 대한 가치적 판단을 하는 것으로서, 점검한 현상들을 다양한 기준에서 판<br>단하고 가치를 부여하는 과정으로 볼 수 있음<br>• 제9단계 : 재사정 및 변화노력 안정화<br>변화과정을 마친 후 변화과정 전반에 대한 진행 및 결과를 비판적 · 종합적으로 재검토함 |
| 네트워크 기술 | • 참여기관들은 평등한 주체로서의 관계가 보장되어야 함<br>• 구성원 사이의 신뢰와 호혜성이 형성되어야 네트워크가 지속될 수 있음<br>• 사회적 교환은 네트워크 형성과 유지의 작동원리 |
| 임파워먼트기술 | • 의식제고 또는 의식 고양하기(Consciousness Raising)<br>• 자기주장 또는 자기 목소리(Self-assertion)<br>• 공공의제의 틀 형성 또는 공공의제 만들기(Framing the Agenda)<br>• 권력 키우기(Building Power)<br>• 역량 건설(Capacity Building)<br>• 사회자본의 창출 또는 사회자본의 확장(Creating Social Capital) |
| 지역사회복지실천모델 | • 지역사회 사회 · 경제개발모델 : 지역주민의 관점에 입각하여 개발계획을 주도하며, 사회 ·<br>경제적 투자에 대한 지역주민의 활용 역량을 제고하는 것을 목표로 함<br>• 사회운동모델 : 특정 집단이나 이슈에 대해 새로운 패러다임을 제공할 수 있는 사회정의실<br>현의 행동화를 목표로 함<br>• 정치 · 사회적 행동모델 : 정책 및 정책입안자의 변화에 초점을 둔 사회정의실현 활동의 전<br>개를 목표로 함<br>• 근린지역사회조직모델 : 구성원의 조직 능력을 개발하고 범지역적인 계획 및 외부개발에<br>영향과 변화를 일으킬 수 있는 능력을 개발하는 것을 목표로 함<br>• 프로그램 개발과 지역사회연결모델 : 지역사회서비스의 효과성 증진을 위해 새로운 프로<br>그램을 개발하는 동시에 기존 프로그램을 확대 혹은 재조정하는 것을 목표로 함 |

| 지방분권이<br>지역사회복지에 미치는<br>부정적 영향 | • 지방자치단체장의 의지에 따라 복지서비스의 지역 간 불균형이 나타날 수 있음<br>• 사회복지행정업무와 재정을 지방에 이양함으로써 중앙정부의 사회적 책임성을 약화시킬 수 있음<br>• 지방정부가 사회개발정책에 우선을 두는 경우 지방정부의 복지예산이 감소될 수 있음<br>• 지방정부 간의 재정력 격차로 복지수준의 차이가 나타날 수 있음<br>• 지방정부 간의 경쟁이 심화되어 지역 이기주의가 나타날 수 있음<br>• 복지행정의 전국적 통일성을 저해할 수 있음 |
| --- | --- |
| 시·군·구<br>지역사회보장계획 | • 지역사회보장 수요의 측정, 목표 및 추진전략<br>• 지역사회보장의 목표를 점검할 수 있는 지표(지역사회보장지표)의 설정 및 목표<br>• 지역사회보장의 분야별 추진전략, 중점 추진사업 및 연계협력 방안<br>• 지역사회보장 전달체계의 조직과 운영<br>• 사회보장급여의 사각지대 발굴 및 지원 방안<br>• 지역사회보장에 필요한 재원의 규모와 조달 방안<br>• 지역사회보장에 관련한 통계 수집 및 관리 방안<br>• 지역 내 부정수급 발생 현황 및 방지대책<br>• 그 밖에 대통령령으로 정하는 사항 |
| 시·군·구<br>지역사회보장협의체의<br>심의·자문 내용 | • 시·군·구의 지역사회보장계획 수립·시행 및 평가에 관한 사항<br>• 시·군·구의 지역사회보장조사 및 지역사회보장지표에 관한 사항<br>• 시·군·구의 사회보장급여 제공에 관한 사항<br>• 시·군·구의 사회보장 추진에 관한 사항<br>• 읍·면·동 단위 지역사회보장협의체의 구성 및 운영에 관한 사항<br>• 그 밖에 위원장이 필요하다고 인정하는 사항 |
| 사회복지협의회 | • 1970년 사회복지법인 한국사회복지협의회로 명칭 변경<br>• 민간 사회복지 증진을 위한 법적 단체<br>• 사회복지 소외계층 발굴 및 민간사회복지자원과의 연계·협력<br>• 사회복지에 관한 조사·연구 및 정책 건의 |
| 지역사회복지운동이<br>갖는 의의 | • 주민참여 활성화에 의해 복지에 대한 권리의식과 시민의식을 배양하는 사회권(복지권) 확립의 운동<br>• 다양한 자원 활용 및 관련 조직 간의 유기적인 협력이 이루어지는 동원운동(연대운동)<br>• 지역주민의 주체성 및 역량을 강화하고 지역사회의 변화를 주도하는 조직적인 운동<br>• 인간성 회복을 위한 인도주의 정신과 사회적 가치로서 사회정의를 실현하고자 하는 사회개혁운동 |

제3영역

● 2019년 제17회

| 문제 키워드 | 정답 키워드 |
|---|---|
| 지역사회에 대한 견해 | • 로스(Ross) : 지리적인 지역사회와 기능적인 지역사회로 구분<br>• 메키버(Maciver) : 인간의 공동생활이 영위되는 일정한 지역을 공동생활권으로 설명<br>• 워렌(Warren) : 지역적 접합성을 가지는 주요한 사회적 기능수행의 단위와 체계의 결합<br>• 힐러리(Hillery) : 지역사회의 공통적인 요소로 지리적 영역, 사회적 상호작용, 공동의 유대를 제시<br>• 던햄(Dunham) : 지역사회의 유형을 인구의 크기, 경제적 기반 등의 기준으로 구분 |
| 영국 지역사회복지의 주요 사건 순서 | 토인비 홀(Toynbee Hall) 설립(1884년) → 정신보건법(Mental Health Act) 제정(1959년) → 시봄(Seebohm) 보고서(1968년) → 하버트(Harbert) 보고서(1971년) → 그리피스(Griffiths) 보고서(1988년) |
| 지역사회복지실천모델과 사회복지사의 역할<br>(Weil & Gamble) | • 근린지역사회조직모델 - 조직가, 교사, 코치, 촉진자<br>• 기능적 지역사회조직모델 - 조직가, 옹호자, 정보전달자, 촉진자<br>• 지역사회의 사회 · 경제개발모델 - 협상가, 증진자, 교사, 계획가, 관리자<br>• 사회계획모델 - 조사자, 관리자, 정보전달자, 프로포절 제안자(제안서 작성자)<br>• 프로그램 개발과 지역사회연계모델 - 대변자, 계획가, 관리자, 프로포절 제안자(제안서 작성자)<br>• 정치 · 사회행동모델 - 옹호자, 조직가, 조사자, 조정자<br>• 연합(연대활동)모델 - 중개자, 협상가, 대변자<br>• 사회운동모델 - 옹호자, 촉진자 |
| 지역사회역량을 향상시키는 요소 | • 다양성 존중<br>• 구성원의 자율성 유지<br>• 사회가치의 공유<br>• 공동선의 추구와 조정<br>• 공동 이익의 극대화 등 |
| 지역사회복지실천의 원칙 | • 지역사회의 갈등 해결을 위해 추진위원회 구성<br>• 지역사회의 갈등은 집약되고 공유되어야 함<br>• 지역사회 내 풀뿌리 지도자 발굴 및 참여<br>• 공동의 목표를 수립하고 이를 실천할 수 있는 방법 수립<br>• 지역주민들을 결속시킬 수 있는 이벤트 개발 및 추진<br>• 지역주민들이 의사를 자유롭게 표현하도록 효과적인 의사소통 개발 · 유지<br>• 모임 참여자들을 지지하고 역량 강화<br>• 합리적인 절차 준수, 리더십 개발<br>• 지역사회 내 유능한 지도자 발굴 및 육성<br>• 지역주민들로부터 인정과 신용을 얻도록 함 |
| 지역사회복지실천모델<br>(Rothman) | • 지역사회개발모델 : 지역사회 구성원의 자발적인 참여와 역량개발을 통해 지역사회문제 해결을 추구하는 방식으로, 지역사회 구성원들의 의식개선과 역량강화를 통해 지역사회의 전반적인 역량을 증가시키면서 지역사회의 통합능력 제고<br>• 사회계획모델 : 사회계획모델에서 '계획'은 사업의 목적과 행위 과정들에 대한 합리적인 결정을 내리는 과정을 의미하는 것으로, 지역사회문제를 조사 · 분석하고 가장 합리적이고 비용효과적인 해결방안을 마련하여 지역사회문제에 접근<br>• 사회행동모델 : 지역사회에서 불의와 차별 등으로 시민으로서의 권리를 인정받지 못하는 구성원들을 중심으로, 사회정의에 기반을 두고 그들이 보다 형평에 맞는 처우와 자원을 배분받을 수 있도록 지역사회문제를 변화 |

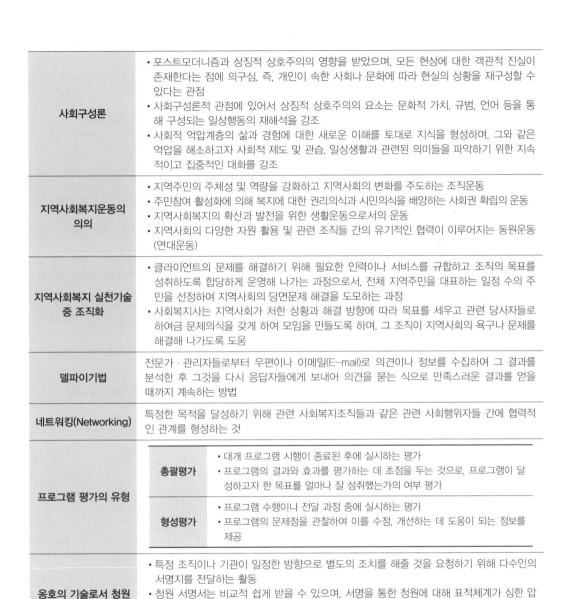

| 사회구성론 | • 포스트모더니즘과 상징적 상호주의의 영향을 받았으며, 모든 현상에 대한 객관적 진실이 존재한다는 점에 의구심. 즉, 개인이 속한 사회나 문화에 따라 현실의 상황을 재구성할 수 있다는 관점<br>• 사회구성론적 관점에 있어서 상징적 상호주의의 요소는 문화적 가치, 규범, 언어 등을 통해 구성되는 일상행동의 재해석을 강조<br>• 사회적 억압계층의 삶과 경험에 대한 새로운 이해를 토대로 지식을 형성하며, 그와 같은 억압을 해소하고자 사회적 제도 및 관습, 일상생활과 관련된 의미들을 파악하기 위한 지속적이고 집중적인 대화를 강조 |
|---|---|
| 지역사회복지운동의 의의 | • 지역주민의 주체성 및 역량을 강화하고 지역사회의 변화를 주도하는 조직운동<br>• 주민참여 활성화에 의해 복지에 대한 권리의식과 시민의식을 배양하는 사회권 확립의 운동<br>• 지역사회복지의 확산과 발전을 위한 생활운동으로서의 운동<br>• 지역사회의 다양한 자원 활용 및 관련 조직들 간의 유기적인 협력이 이루어지는 동원운동(연대운동) |
| 지역사회복지 실천기술 중 조직화 | • 클라이언트의 문제를 해결하기 위해 필요한 인력이나 서비스를 규합하고 조직의 목표를 성취하도록 합당하게 운영해 나가는 과정으로서, 전체 지역주민을 대표하는 일정 수의 주민을 선정하여 지역사회의 당면문제 해결을 도모하는 과정<br>• 사회복지사는 지역사회가 처한 상황과 해결 방향에 따라 목표를 세우고 관련 당사자들로 하여금 문제의식을 갖게 하여 모임을 만들도록 하며, 그 조직이 지역사회의 욕구나 문제를 해결해 나가도록 도움 |
| 델파이기법 | 전문가·관리자들로부터 우편이나 이메일(E-mail)로 의견이나 정보를 수집하여 그 결과를 분석한 후 그것을 다시 응답자들에게 보내어 의견을 묻는 식으로 만족스러운 결과를 얻을 때까지 계속하는 방법 |
| 네트워킹(Networking) | 특정한 목적을 달성하기 위해 관련 사회복지조직들과 같은 관련 사회행위자들 간에 협력적인 관계를 형성하는 것 |
| 프로그램 평가의 유형 | **총괄평가**<br>• 대개 프로그램 시행이 종료된 후에 실시하는 평가<br>• 프로그램의 결과와 효과를 평가하는 데 초점을 두는 것으로, 프로그램이 달성하고자 한 목표를 얼마나 잘 성취했는가의 여부 평가<br><br>**형성평가**<br>• 프로그램 수행이나 전달 과정 중에 실시하는 평가<br>• 프로그램의 문제점을 관찰하여 이를 수정, 개선하는 데 도움이 되는 정보를 제공 |
| 옹호의 기술로서 청원 | • 특정 조직이나 기관이 일정한 방향으로 별도의 조치를 해줄 것을 요청하기 위해 다수인의 서명지를 전달하는 활동<br>• 청원 서명서는 비교적 쉽게 받을 수 있으며, 서명을 통한 청원에 대해 표적체계가 심한 압력을 받지 않음<br>• 우리나라에서는 청원법에서 헌법상의 권리인 청원권 행사에 관한 사항을 규정 |
| 지역사회개발모델에서 조력자의 역할 | • 불만을 집약하는 일<br>• 조직화를 격려하는 일<br>• 좋은 대인관계를 육성하는 일<br>• 공동목표를 강조하는 일 |

| 아른스테인(Arnstein)의<br>주민참여 8단계 | • 조작(여론조작) : 공무원의 일방적인 교육 및 설득<br>• 처방(대책치료) : 주민의 욕구불만을 일정한 사업에 분출<br>• 정보제공 : 행정이 주민에게 일방적으로 정보 제공<br>• 주민상담(협의) : 공청회나 집회 등 형식적 참여 유도<br>• 회유(주민회유) : 각종 위원회 등을 통한 참여(최종적인 판단은 행정기관이 수행)<br>• 협동관계(파트너십) : 행정기관이 최종적인 의사결정권을 가지고 있으나 주민들이 자신들의 주장을 협상으로 유도<br>• 권한위임 : 주민들이 특정 계획에 대해 우월한 결정권을 행사<br>• 주민통제 : 주민들이 스스로 입안 · 결정 · 집행 · 평가 |
|---|---|
| 지역사회보장계획<br>수립의 기본 절차 | • 계획준비 : 지역사회보장계획 수립을 위한 기획, 예산 확보 및 활용계획 등을 총괄하여 계획 수립 준비<br>• 지역분석 : 지역사회보장조사를 실시하여 지역주민의 사회보장 욕구와 활용 가능한 자원 파악<br>• 계획 작성 : 지역사회보장계획의 추진 전략(비전) 및 목표를 결정하고, 세부사업의 선정 및 중기별 · 연차별 계획을 수립하며, 행정 · 재정계획을 수립함으로써 지역사회보장계획안 마련<br>• 의견수렴 : 지역사회보장계획의 지역성과 정당성을 확보하기 위해 지역주민의 의견 수렴<br>• 계획 확정 : 지역사회보장협의체(시 · 군 · 구), 사회보장위원회(시 · 도)에서 지역사회보장계획을 심의하고 계획안을 확정하는 과정<br>• 제출 : 심의를 거쳐 확정된 지역사회보장계획을 지방의회에 보고함으로써 향후 계획의 내용과 예산 편성의 연계성 제고<br>• 권고 · 조정 사항 반영 : 시 · 도지사 또는 보건복지부장관이 제시한 권고 · 조정 사항이 있는 경우 이를 논의하여 지역사회보장계획에 반영하고 계획안을 수정하여 이를 확정 |
| 시 · 군 · 구<br>지역사회보장계획에<br>포함되는 사항 | • 지역사회보장 수요의 측정, 목표 및 추진전략<br>• 지역사회보장의 목표를 점검할 수 있는 지표(지역사회보장지표)의 설정 및 목표<br>• 지역사회보장의 분야별 추진전략, 중점 추진사업 및 연계협력 방안<br>• 지역사회보장 전달체계의 조직과 운영<br>• 사회보장급여의 사각지대 발굴 및 지원 방안<br>• 지역사회보장에 필요한 재원의 규모와 조달 방안<br>• 지역사회보장에 관련한 통계 수집 및 관리 방안<br>• 지역 내 부정수급 발생 현황 및 방지대책<br>• 그 밖에 대통령령으로 정하는 사항 |
| 읍 · 면 · 동 단위<br>지역사회보장협의체의<br>역할 | • 관할 지역의 지역 사회보장 대상자 발굴 업무 지원<br>• 사회보장 자원 발굴 및 연계 업무 지원<br>• 지역사회보호체계 구축 및 운영 업무 지원<br>• 그 밖에 관할 지역 주민의 사회보장 증진을 위하여 필요한 업무 지원 |
| 사회복지공동모금회<br>배분사업의 유형 | • 신청사업 : 사회복지 증진을 위하여 자유주제 공모형태로 복지사업을 신청 받아 배분하는 사업으로, 프로그램사업과 기능보강사업으로 구분<br>• 기획사업 : 모금회가 그 주제를 정하여 배분하는 사업 또는 배분대상자로부터 제안 받은 내용 중에서 선정하여 배분하는 시범적이고 전문적인 사업<br>• 긴급지원사업 : 재난구호 및 긴급구호, 저소득층 응급지원 등 긴급히 지원해야 할 필요가 있는 경우에 배분하는 사업<br>• 지정기탁사업 : 사회복지 증진을 위하여 기부자가 기부금품의 배분지역 · 배분대상자 또는 사용용도를 지정한 경우 그 지정취지에 따라 배분하는 사업 |
| 사회적기업 | • 취약계층에게 사회서비스 또는 일자리를 제공하거나 지역사회에 공헌함으로써 지역주민의 삶의 질을 높이는 등의 사회적 목적을 추구하면서 재화 및 서비스의 생산 · 판매 등 영업활동을 하는 기업<br>• 영리조직과 비영리조직의 중간 형태로, 사회적 목적을 우선적으로 추구하면서 영업활동을 통해 영리를 추구 |

| 우리나라의 사회복지협의회 | • 민간 사회복지의 증진을 위한 법정단체로서 사회복지사업법령에 의한 임의적 설립단체<br>• 소외계층 발굴 및 민간사회복지자원과의 연계 · 협력 업무를 수행<br>• 사회복지에 관한 조사 · 연구 및 정책건의를 수행<br>• 사회복지관련 기관 · 단체 간의 연계 · 협력 · 조정 업무를 수행 |
|---|---|
| 사회복지관의 역할 | • 사례관리 기능 : 사례발굴, 사례개입, 서비스연계<br>• 서비스제공 기능<br>   – 가족기능강화 : 가족관계증진사업, 가족기능보완사업, 가정문제해결 · 치료사업, 부양가족지원사업<br>   – 지역사회보호 : 급식서비스, 보건의료서비스, 경제적 지원, 일상생활, 정서서비스, 일시보호서비스, 재가복지봉사서비스<br>   – 교육문화 : 아동 · 청소년 사회교육, 성인기능교실, 노인 여가 · 문화, 문화복지사업<br>     자활지원 등 : 직업기능훈련, 취업알선, 직업능력개발<br>• 지역조직화 기능 : 복지네트워크 구축, 주민조직화, 자원 개발 및 관리 |

 2018년 제16회

| 문제 키워드 | 정답 키워드 |
|---|---|
| 지역사회의 기능<br>(Gilbert & Specht) | • 생산 · 분배 · 소비 기능(경제제도)<br>• 사회화 기능(가족제도)<br>• 사회통제 기능(정치제도)<br>• 사회통합 기능(종교제도)<br>• 상부상조 기능(사회복지제도) |
| 지역사회개발 | 지역주민들의 자발적 · 자조적 노력에 의해 공통 욕구를 해결하고 주민들의 공동 운명의식을 토대로 경제적 · 사회적 · 문화적 발전을 도모하는 주민 생활 향상을 위한 대운동 |
| 1980년대 우리나라 지역사회복지 | • 민주화 운동으로 전개된 지역사회 생활권 보장 위한 활동은 사회행동 모델에서 비롯됨<br>• 1983년 사회복지사업법 개정 → 사회복지관 운영 국고보조 이루어짐 |
| 1970년대 미국 지역사회복지의 특징 | 인종차별 금지와 반전(反戰)운동 등 사회정의와 관련된 이슈에 대해 직접적인 조직화가 이루어졌으며, 다양한 전략과 접근을 활용한 사회행동 및 옹호계획이 개발됨 |
| 영국의 그리피스 보고서<br>(Griffiths Report, 1988) | • 지역사회보호를 위한 권한과 재정을 지방정부에 이양할 것을 주장<br>• 민간 부문의 경쟁을 통해 서비스 제공을 다양화할 것을 강조<br>• 서비스의 적절성 확보를 위한 케어 매니지먼트(Care Management) 강조<br>• 지역사회보호 실천주체의 다양화를 추구 |
| 사회교환이론<br>(사회교환론적 관점) | • 물질적/비물질적 자원교환을 인간의 기본 상호작용 형태로 간주하고 자원을 교환하는 반복 현상으로서 사회적 행동에 주목<br>• 네트워크(Network) : 개인이나 조직 및 기관 간의 상호작용과 자원 교환의 사회적 체계<br>• 교환 : 상호신뢰를 토대로 평등한 관계에서 이루어지는 호혜성과, 반대로 권력, 지위를 토대로 차별적인 관계에서 이루어지는 시혜성으로 나타남<br>• 보상/이익 : 관계에서 도출되는 긍정적인 결과를 가리키며 심리적 안정, 사회적 지위, 만족감 등 심리사회적 결과물과 경제적 · 물질적 이득 포함 |
| 생태체계이론 또는 생태이론 | • 지역 특성(인구의 크기, 밀도 등), 도시화, 도시 공동화, 지역사회에서 사회적 층화, 이웃의 모습 등을 연구하고 규명하는 데 유용<br>• 지역사회의 공간적 배치 등에 관한 지도(Mapping), 인구집단 분포 지도, 사회문화적 지도 등을 구성하면서, 공간형성의 배경요인 분석과 동시에 현재의 지도가 나타내는 의미를 탐색해볼 수 있음 |

 안심Touch

| 사회운동모델 | 웨일과 갬블(M. Weil & D. Gamble)의 지역사회복지실천모델 중 하나로, 성취목표는 특정 대상집단 또는 이슈 관련 사회정의를 위한 행동 |
|---|---|
| 지역사회개발모델<br>(J. Rothman) | • 지역사회 주민의 광범위한 참여를 전제<br>• 조력자, 촉매자, 조정자로서의 사회복지사 역할을 강조<br>• 과업의 성취보다는 과정중심 목표에 중점을 둠<br>• 변화의 매개체로 과업지향적인 소집단 활용<br>• 변화전략은 문제결정 및 해결에 다수의 사람이 참여하는 것 |
| 정치적 권력강화모델 | • 테일러와 로버츠(S. Taylor & R. Roberts)의 지역사회복지실천모델<br>• 사회적으로 배제된 집단의 사회참여 지원 및 지지, 권리를 확보할 수 있도록 집단의 역량을 강화하는 데 초점<br>• 사회체계 및 사회제도에서 시민의 참여를 보장, 극대화함으로써 민주주의의 확장 도모<br>• 새로운 조직 개발을 통한 참여 채널 촉진을 주요 목적 |
| 옹호기술 | • 클라이언트의 이익, 권리를 위해 싸우거나 대변하거나 방어하는 활동<br>• 특히 사회행동모델에서 강조되는 실천가 역할<br>• 지역사회복지실천 과정에서 지역주민, 특히 억압된 집단의 정당성을 주장하고 지도력과 자원을 제공해야 한다는 점에서 매우 중요 |
| 옹호자 | • 사회정의를 지키기 위한 목적으로 개인이나 집단의 입장 지지/대변<br>• 사회적인 행동을 제안하는 적극적인 활동을 펼침<br>• 기존 조직이 클라이언트에게 무관심, 부정적, 적대적인 경우 필요<br>• 대중운동을 전개하거나 정치적인 과정에 영향을 미침 |
| 자원개발을 위한 기관의 신뢰성 형성·유지 | 지역의 후원단체 발굴, 자원봉사자 모집 등 다양한 후원활동은 기관의 신뢰성과 밀접하게 연관 → 자원개발 및 동원에서 중요한 것은 후원자에 대한 기관의 신뢰성 형성 및 유지 |
| 자원연결자 | • 잠재적 수급권자 파악<br>• 자산조사 및 수급권자 욕구조사<br>• 공공부조 대상자 책정<br>• 서비스 및 시설입소 의뢰<br>• 취업정보 제공 및 알선<br>• 지역사회자원 개발 및 연결 |
| 욕구사정 | • 욕구의 상대적 중요성을 확인하는 목적<br>• 지역사회복지 실천 활동을 수행하기 위한 예비적인 안내 역할<br>• 욕구사정에 대한 다양한 방법론을 이해해야 함<br>• 문제 확인과 해결의 우선순위에 주안점<br>• 욕구사정의 초점은 서비스 및 접근가능성이 포함 |
| 명목집단기법 | • 대화나 토론 없이 비판이나 이의제기가 허용되지 않는 가운데 각자 아이디어를 서면으로 제시하도록 하여 우선순위를 결정한 후 최종 합의를 도출하기 위한 방법<br>• 욕구내용의 결정에 초점을 둠 |
| 지역사회복지<br>실천 과정과 실행내용 | • 문제와 표적집단의 이해 : 지역사회 상황 확인/인구집단에 대한 이해<br>• 지역사회 문제 분석 : 지역사회 내 차별의 인식<br>• 개입전략 개발 : 개입목적/목표 설정, 인과관계 근거 개입가설 개발<br>• 지역사회 개입 : 프로그램 기획과 실행<br>• 평가 : 효율성 및 효과성 평가 |
| 지역자활센터 | 근로 능력 있는 저소득층에 집중적·체계적 자활지원서비스를 제공함으로써 자활의욕 고취 및 자립능력 향상을 지원 |
| 사회복지관의 사업 | • 사례관리 기능 : 사례발굴, 사례개입, 서비스연계<br>• 서비스제공 기능 : 가족기능 강화, 지역사회보호, 교육문화, 자활지원<br>• 지역조직화 기능 : 복지네트워크 구축, 주민조직화, 자원 개발/관리 |

| | |
|---|---|
| 사회적경제 | • 사회적 가치 실현을 중요시<br>• 사회적 일자리 창출을 목적으로 함<br>• 상법상 회사의 경우 이윤을 사회적 목적에 재투자하는 것이 인증요건<br>• 마을기업은 지역공동체에 기반하여 활동<br>• 협동조합은 조합원 자격자 5인 이상으로 설립 |
| 시 · 군 · 구의<br>지역사회보장계획 | 시장 · 군수 · 구청장은 해당 시 · 군 · 구의 지역사회보장계획(연차별 시행계획을 포함)을 지역주민 등 이해관계인의 의견을 들은 후 수립하고, 지역사회보장협의체의 심의와 해당 시 · 군 · 구 의회의 보고를 거쳐 시 · 도지사에게 제출하여야 함(사회보장급여의 이용 · 제공 및 수급권자 발굴에 관한 법률 제36조 제2항 참조) |
| 지역사회보장협의체 | • 사회보장 관련 서비스 제공 기관과의 연계 · 협력 강화 목적으로 운영<br>• 공공과 민간의 적극적이고 자발적인 참여가 전제되어야 함<br>• 2015년 지역사회복지협의체가 '지역사회보장협의체'로 명칭 변경<br>• 시 · 군 · 구의 사회보장급여 제공에 관한 사항을 심의 · 자문하는 주체는 대표협의체<br>• 사회보장 관련 기관 · 법인 · 단체 · 시설 간 연계/협력 강화 위해 실무분과 운영 |
| 권한위임 | 아른스테인(S. Arnstein)의 주민참여 수준 8단계 중 주민들이 특정 계획에 관해 우월한 결정권을 행사하고 집행단계에서도 강력한 권한을 행사하는 단계 |
| 우리나라 지역사회복지<br>환경변화와 과제 | • 지방자치단체는 지역별 특성에 맞는 사회적 기업 지원시책을 수립 · 시행<br>• 탈시설화 경향에 따라 지역사회 중심의 복지체계 구축이 중요<br>• '읍 · 면 · 동 복지허브화'는 지역 네트워크를 기반으로 읍 · 면 · 동이 중심기관이 되어 주민의 다양한 문제에 대응해 나가는 일련의 활동 |
| 최근 우리나라의<br>지역사회복지 동향 | • 지방자치제 실시로 지방정부 중심의 복지행정으로 전환<br>• 복지재정 분권화로 인한 지역 간 사회복지 불균형<br>• 서비스 공급 주체가 다양화되고 있는 추세<br>• 서비스 이용자의 권리가 강화되고 있는 추세<br>• 지역사회 복지네트워크의 중요성 증가 |

제3영역

● 2017년 제15회

| 문제 키워드 | 정답 키워드 |
|---|---|
| 다원주의이론<br>(이익집단이론) | • 지역사회복지정책들이 자본과 노동 간의 계급적 대립이 아닌 다양한 관련 이익단체들 간의 갈등과 타협의 산물<br>• 이익집단들 간의 이해와 조정을 이끌어내는 정부의 역할을 강조 |
| 지역사회기능의<br>비교척도(Warren) | • 지역적 자치성 : 타 지역에의 의존 정도는 어떠한가?<br>• 서비스 영역의 일치성 : 서비스 영역이 동일 지역 내에 어느 정도 이루어지고 있는가?<br>• 지역에 대한 주민들의 심리적 동일시 : 지역주민들이 자신이 소속된 지역에 대해 어느 정도 소속감을 가지고 있는가?<br>• 수평적 유형 : 지역사회 내에 있는 상이한 단위조직들이 구조적 · 기능적으로 얼마나 강한 관련을 가지고 있는가? |
| 퇴니스(Tönnies)의<br>지역사회의 구분 | • 공동사회(Gemeinschaft) : 가족이나 촌락과 같이 구성원의 비의도적 결합의지에 의해 구성<br>• 이익사회(Gesellschaft) : 회사나 정당과 같이 구성원의 의도적 결합의지에 의해 구성<br>• 산업화 이후에는 구성원의 이해관계에 따라 계약 등의 일정한 절차에 의해 구성된 이익사회의 비중이 더욱 커지고 있음 |

| 지역사회복지실천의 원칙 | • 지역사회의 갈등 해결을 위해 추진위원회를 구성<br>• 지역사회의 갈등은 집약되고 공유되어야 함<br>• 지역사회 내 풀뿌리 지도자를 발굴하고 참여<br>• 공동의 목표를 수립하고 이를 실천할 수 있는 방법을 수립<br>• 지역주민들을 결속시킬 수 있는 이벤트를 개발 및 추진<br>• 지역주민들이 의사를 자유롭게 표현하도록 효과적인 의사소통을 개발 · 유지<br>• 모임 참여자들을 지지하고 역량을 강화<br>• 합리적인 절차 준수, 리더십 개발<br>• 지역사회 내 유능한 지도자를 발굴 및 육성<br>• 지역주민들로부터 인정과 신용을 얻도록 함 |
|---|---|
| 권력의존이론 | • 블라우(Blau)는 클라이언트에게 서비스를 제공하는 데 사용되는 외부의 재정지원이 서비스 조직으로 하여금 재정지원자의 요구에 충실할 수밖에 없는 구조를 갖는다고 봄<br>• 재정지원자에 대한 사회복지조직의 지나친 의존은 조직의 목적 상실, 자율성 제한, 사회정의에 입각한 사회옹호 능력의 한계를 유발하므로, 조직의 기본 방향성에 부정적인 영향을 미침 |
| 시봄(Seebohm) 보고서 | • 지역사회가 복지서비스에 대한 권한을 가지고 지역사회자원을 효과적으로 배분하는 것을 강조<br>• 지방정부로 하여금 고용, 교육, 주택, 가정원조, 자원봉사조직 등 지역사회복지와 관련된 사회서비스국의 통합적 설치 · 운영을 제안 |
| 진휼청(賑恤廳) | • 의창(義倉)이나 상평창(常平倉)과 같이 흉년으로 인한 이재민과 빈민을 구제하던 국가기관<br>• 평상시 상평창과 함께 곡가 조절 업무를 수행하다가 흉황 시 구휼 · 진대 업무를 수행 |
| 연합모델(연대활동모델) | • 웨일과 갬블(Weil & Gamble)의 실천모델<br>• 지역사회의 문제가 어느 한 집단의 노력으로만 해결되기 어렵다는 점을 강조 |
| 초점집단기법 | • 지역사회집단의 이해관계를 가장 잘 대표할 수 있는 참여자들을 선택<br>• 선택된 사람들은 한 곳에 모여 특정 문제에 대한 의견을 집단으로 토론<br>• 개방형 질문으로 의사소통 진행 |
| 지역사회복지운동의 의의 | • 지역주민의 주체성 및 역량을 강화하고 지역사회의 변화를 주도하는 조직운동<br>• 주민참여 활성화에 의해 복지에 대한 권리의식과 시민의식을 배양하는 사회권 확립의 운동<br>• 지역사회복지의 확산과 발전을 위한 생활운동으로서의 운동<br>• 지역사회의 다양한 자원 활용 및 관련 조직들 간의 유기적인 협력이 이루어지는 동원운동 (연대운동) |
| 사회복지전담공무원의 자원연결자로서의 역할 | • 잠재적 수급권자 파악<br>• 자산조사 및 수급권자 욕구조사<br>• 공공부조 대상자 책정<br>• 서비스 및 시설입소 의뢰<br>• 취업정보 제공 및 알선<br>• 지역사회자원 개발 및 연결 |
| 지방자치가 지역사회복지에 미친 긍정적 영향 | • 지역사회복지에 대한 주민의 주체적 참여기회 제공<br>• 주민욕구 맞춤형 복지 프로그램 제공<br>• 지방행정부서의 역할 강화<br>• 비정부조직(NGO)의 자원 활용 |
| 지역사회복지실천 9단계 과정(Kettner, Daley & Nichol) | 변화기회 확인 → 변화기회 분석 → 목적 및 목표 설정 → 변화노력 설계 및 구조화 → 자원계획 → 변화노력 실행 → 변화노력 점검 → 변화노력 평가 → 재사정 및 변화노력 안정화 |
| 지역사회보장계획 | 보건의료 및 사회복지뿐만 아니라 고용 · 주거 · 교육 · 문화 · 환경 등 보다 포괄적인 사회보장 범주를 포괄 |

| 사회복지사가 활용하는 조직화 기술 | • 사실의 발견과 조사<br>• 집단회의<br>• 위원회 활동<br>• 협 상 |
|---|---|
| 지역사회복지실천 중 평가 단계의 영역 | • 성과 또는 결과(Performance or Outcomes)<br>• 노력 또는 활동(Effort or Activities)<br>• 성과의 적절성(Adequacy of Performance)<br>• 효율성(Efficiency)<br>• 실행과정(Implementation Process) 영역 등 |
| 옹호 기술 | • 지역주민, 특히 억압된 집단 입장의 정당성을 주장하고 지도력과 자원을 제공해야 한다는 점에서 매우 중요<br>• 모든 사회복지사가 갖추어야 할 기본기술로서 다양한 수준의 클라이언트가 문제해결에 적극적으로 참여할 수 있도록 돕고 그들의 이익을 대변하는 핵심기술 |
| 사회적 경제의 주체 | • 마을기업 : 지역공동체 이익 추구, 지역자원 활용<br>• 사회적 기업 : 사회적 목적 추구, 재화 및 서비스의 생산 · 판매 등 영업활동을 하는 기업<br>• 협동조합 : 조합원의 권익 향상과 지역사회 공헌이 목적<br>• 지역자활센터 : 수급자와 차상위계층의 자활을 촉진하며, 사회복지법인, 사회적 협동조합 등 비영리법인과 단체를 법인 등의 신청을 받아 지역자활센터로 지정 가능 |
| 지역사회보장협의체의 기능 | 지역사회보장계획의 수립 · 과정 · 평가 등 지역사회보장의 주요 사항에 대하여 민간과 공공이 협력하여 심의 · 자문하는 협치(Governance)의 기능 |
| 최근 지역사회복지 동향 | • 사회적 경제의 대두<br>• 통합사례관리의 강화<br>• '읍 · 면 · 동 복지허브화' 사업 실시<br>• 4년 단위 지역사회복지계획 수립<br>• 협동조합기본법 시행으로 실천주체의 다양화 |
| 사회자본이론의 양상 | • 사용할수록 총량이 증가하는 반면, 사용하지 않을수록 감소함<br>• 일방향일 때보다 쌍방향일 때 커지므로 자기충족적(Self-fulfilling) |
| 지역사회복지 추진기관 | • 희망복지지원단 : 복합적 욕구를 가진 대상자에게 통합사례관리를 제공하고, 지역 내 자원 및 방문형서비스 사업 등을 총괄 관리함으로써 지역단위통합서비스 제공의 중추적 역할을 수행하는 전담조직<br>• 드림스타트 사업 : 아동복지법령에 따라 보건복지부가 총괄하고 시 · 군 · 구가 아동통합서비스지원기관(드림스타트)을 설치 · 운영<br>• 신청사업 : 자유주제 공모형태로 복지 사업을 신청 받아 배분하는 사업<br>• 지정기탁사업 : 기부자가 기부금품의 배분지역 · 배분대상자 또는 사용용도를 지정한 경우 그 지정취지에 따라 배분하는 사업<br>• 지역아동센터 : 보호, 교육, 문화, 정서지원, 지역사회연계 프로그램을 제공<br>• 건강가정지원센터 : 건강가정기본법령에 따라 여성가족부가 설치계획을 수립하고 관리 · 감독 · 지도를 하며, 시 · 도 및 시 · 군 · 구가 설치 및 지원 |

제3영역

● 2016년 제14회

| 문제 키워드 | 정답 키워드 |
|---|---|
| 지역사회에 대한 견해 | • 로스(Ross) : 지리적인 지역사회와 기능적인 지역사회로 구분<br>• 메키버(Maciver) : 인간의 공동생활이 영위되는 일정한 지역을 공동생활권으로 설명<br>• 워렌(Warren) : 지역적 접합성을 가지는 주요한 사회적 기능수행의 단위와 체계의 결합<br>• 힐러리(Hillery) : 지역사회의 공통적인 요소로 지리적 영역, 사회적 상호작용, 공동의 유대를 제시<br>• 던햄(Dunham) : 지역사회의 유형을 인구의 크기, 경제적 기반 등의 기준으로 구분 |
| 지역사회복지기능의 사례 | • 상부상조 : 수급자인 독거어르신을 위해 주민 일촌 맺기를 실시하여 생계비를 연계 지원함<br>• 생산·분배·소비 : 지역주민이 생산한 채소를 마을 공동 판매장에 진열하여 판매함<br>• 사회통제 : 지역사회에서 안전한 생활영위를 위해 법률로 치안을 강제하고, 법과 도덕을 지키도록 함<br>• 사회통합 : 종교단체가 지역주민 어르신을 대상으로 경로잔치를 개최하고 후원물품을 나누어 줌 |
| 지역사회복지의 정상화 이념 | • 1952년 덴마크의 지적장애인 부모들의 모임에서 비롯<br>• 장애인도 비장애인과 동등한 권리와 의무를 가져야 한다는 점을 강조<br>• 장애인에게 정상적인 생활조건과 함께 개인의 욕구에 부합하는 처우 및 교육·훈련을 제공함으로써 장애인으로 하여금 자신의 능력을 최대한 발휘할 수 있도록 해야 한다고 주장 |
| 2000년대 우리나라의 지역사회복지 | • 참여복지를 목표로 지역사회복지에 있어서 지역주민의 능동적인 역할을 강조하는 동시에 보편적 서비스 제공을 위해 국가의 역할이 증대<br>• 2003년 사회복지사업법 개정을 통해 2005년 7월 31일부터 시·도 및 시·군·구 지역사회복지계획을 4년마다 수립·시행하도록 의무화<br>• 2007~2010년 제1기 지역사회복지계획의 수립·시행 |

| 지역사회에 관한 기능주의 관점과 갈등주의 관점 | 구 분 | 기능주의 관점 | 갈등주의 관점 |
|---|---|---|---|
| | 주요 내용 | 체계의 안정을 위한 구조적 적응 | 갈등의 긍정적 측면에 대한 인식<br>(사회발전의 요인) |
| | 사회의 형태 | 안정지향적 | 집단 간의 갈등 |
| | 각 요소의 관계 | 조화, 적응, 안정, 균형 | 경쟁, 대립, 투쟁, 갈등 |
| | 대상요인 | 사회부적응 | 사회불평등 |
| | 중요 가치 결정 | 합의에 의한 결정 | 지배계급의 이데올로기 |
| | 지위 배분 | 개인의 성취 | 지배계급에 유리 |
| | 변 화 | 점진적, 누진적 | 급진적, 비약적 |

| 지역사회복지에 관한 이론 | • 지역사회 상실이론 : 과거의 지역사회공동체는 이상적인 것으로 복구될 수 없는 잃어버린 세계로 간주<br>• 지역사회 개방이론 : 사회적 지지망의 관점에서 비공식적인 연계를 강조<br>• 갈등이론 : 지역사회 구성원들 간에 경제적 자원, 권력, 권위 등이 불평등한 배분관계에 놓일 때 갈등이 발생한다고 주장함<br>• 사회체계이론 : 지역사회를 하나의 체계로 간주, 지역사회와 환경의 관계를 설명<br>• 생태이론 : 지역사회의 변화 과정을 역동적으로 설명하기 위해 경쟁, 중심화, 분산, 분리 등의 다양한 개념들을 사용 |
|---|---|

| 재가복지서비스 | 여러 가지 도움이 필요한 노인, 장애인, 아동 등을 시설에 수용하지 않고 지역사회 내에서 가정봉사원을 가정으로 파견하거나 혹은 재가복지봉사센터로 통원하도록 함으로써 일상생활을 위한 서비스와 자립할 수 있는 프로그램을 제공 |
|---|---|
| 지역사회사정의 유형 | • 포괄적 사정 : 지역사회 전반을 대상으로 한 1차 자료의 생성이 목적<br>• 문제중심 사정 : 지역사회의 중요한 특정 문제에 초점<br>• 하위체계 사정 : 지역의 특정 부분, 특히 지역사회의 하위체계에 초점<br>• 자원 사정 : 지역사회에서 이용할 수 있는 권력, 전문기술, 재정, 서비스 등 자원영역을 검토<br>• 협력적 사정 : 지역사회 참여자들이 완전한 파트너로서 조사계획, 참여관찰, 분석 및 실행 국면 등에 관계 |
| 지역사회 인적자원을 동원하는 기술 | • 지역사회 기존 조직의 활용<br>• 개별적 접촉<br>• 지역사회 네트워크 활용 |
| 지역사회복지 네트워크의 성공요인 | • 협력의 목적과 비전이 공유되어야 함<br>• 원활한 참여를 위해 자원이 풍부해야 함<br>• 조직의 힘은 균등해야 함<br>• 조직의 자발성이 인정되어야 함<br>• 네트워크 관리자의 역할이 중요함 |
| 지역사회 연계체계의 수준 | • 연락(Communication) : 개별기관이 서비스 제공에 필요한 정보를 교환 및 공유<br>• 조정(Coordination) : 서비스의 중복을 방지하고 자원 활용의 효율성을 도모하기 위해 조직의 정체성을 유지하면서 정기모임이나 회의를 통해 활동이 이루어지도록 조력<br>• 협력(Collaboration) : 분리된 각 조직이 단일한 프로그램이나 서비스를 결합하여 함께 제공하기 위한 목적을 가지고 연계하되, 조직의 정체성을 유지하면서 자원을 공유<br>• 통합(Integration) : 개별기관들이 각자의 정체성을 유지하지 않고 서비스 제공을 위해 하나의 조직체로 통합함으로써 새로운 조직체로의 정체성을 가짐 |
| 다원주의 의사결정 모델 | • 지역사회에서의 주요 의사결정이 이익집단들의 경쟁 과정을 통해 최종정책이 결정되는 점을 전제<br>• 지방자치단체나 지방의회의 주요 역할은 이익집단들 간의 경쟁이나 갈등을 중재하는 것으로 볼 수 있음 |
| 지역사회 조직화 과정에서 사회복지사가 지켜야 할 주요 원칙 | • 지역사회는 여러 갈등을 갖고 있음을 알아야 함<br>• 모든 일에 솔직하고 근면해야 함<br>• 행사에 참여하여 운영과정을 이해해야 함<br>• 지역사회 관련 법, 제도, 규칙 등을 알아야 함<br>• 지역사회의 내적 능력에 우선 중점을 두어야 함 |
| 후원개발사업의 장점 | • 지역사회 구성원 간 연대의식 및 공동체의식 함양<br>• 프로그램을 통한 지역주민의 자발적인 참여 유도<br>• 참여주민 혹은 후원자 개인의 자아실현 기회 제공<br>• 지역사회 내 가용 복지자원의 총량 확대<br>• 복지수요의 급증에 따른 공공자원의 한계 극복<br>• 민간비영리조직의 자율성 향상 기여 등 |
| 옹호의 기술로서 설득의 구성요소 | • 전달자(Communicator)<br>• 전달형식(Format)<br>• 메시지(Message)<br>• 대상(Audience) |

| | |
|---|---|
| 아른스테인(Arnstein)의<br>주민참여 8단계 | • 조작(여론조작) : 공무원의 일방적인 교육 및 설득<br>• 처방(대책치료) : 주민의 욕구불만을 일정한 사업에 분출<br>• 정보제공 : 행정이 주민에게 일방적으로 정보 제공<br>• 주민상담(협의) : 공청회나 집회 등 형식적 참여 유도<br>• 회유(주민회유) : 각종 위원회 등을 통한 참여(최종적인 판단은 행정기관이 수행)<br>• 협동관계(파트너십) : 행정기관이 최종적인 의사결정권을 가지고 있으나 주민들이 자신들<br>  의 주장을 협상으로 유도<br>• 권한위임 : 주민들이 특정 계획에 대해 우월한 결정권을 행사<br>• 주민통제 : 주민들이 스스로 입안 · 결정 · 집행 · 평가 |
| 사회복지관의 주요 특징 | • 지역사회의 특성과 지역주민의 욕구와 문제에 신속히 대응<br>• 사례관리, 서비스제공, 지역조직화 기능 등을 수행<br>• 사업 대상은 사회적 취약계층은 물론 일반주민으로까지 확대<br>• 사회복지사업법령상 3년마다 의무적 평가<br>• 지역성, 전문성, 책임성의 원칙 등에 따라 운영 |
| 지역사회보장계획 | • 사회보장급여의 이용 · 제공 및 수급권자 발굴에 관한 법률에 따라 기존 '지역사회복지계<br>  획'이 '지역사회보장계획'으로 변경<br>• 사회보장급여의 사각지대 발굴 및 지원 방안 등을 포함<br>• 지역사회보장협의체에서 지역사회보장계획을 심의<br>• 시 · 도지사 및 시장 · 군수 · 구청장은 4년마다 지역사회보장계획을 수립 |
| 우리나라의<br>사회복지협의회 | • 민간 사회복지의 증진을 위한 법정단체로서 사회복지사업법령에 의한 임의적 설립단체<br>• 소외계층 발굴 및 민간사회복지자원과의 연계 · 협력 업무를 수행<br>• 사회복지에 관한 조사 · 연구 및 정책건의를 수행<br>• 사회복지관련 기관 · 단체 간의 연계 · 협력 · 조정 업무를 수행 |
| 지역사회복지실천모델<br>(Taylor & Roberts) | • 지역사회개발모델<br>• 프로그램 개발 및 조정모델<br>• 계획모델<br>• 지역사회연계모델<br>• 정치적 권력강화모델(정치적 행동 및 역량강화모델) |
| 공동모금회의 모금방법 | • 개별형 : 개인이나 가정의 헌금을 통해 모금하는 형태<br>• 기업중심형 : 회사, 공장 및 사업체 등과 그 근로자를 대상으로 모금하는 형태<br>• 단체형 : 재단, 협회 등의 단체를 대상으로 모금하는 형태<br>• 특별사업형 : 특별한 프로그램이나 사업을 통해 모금하는 형태<br>  예 시민 걷기대회 등 |

제 **3** 영역

# 지역사회복지론

합격의 공식
온라인 강의

잠깐!

혼자 공부하기 힘드시다면 방법이 있습니다.
SD에듀의 동영상강의를 이용하시면 됩니다.
www.sdedu.co.kr → 회원가입(로그인) → 강의 살펴보기

😊 **학습목표**　■지역사회 일반, 지역사회에 관한 이론 이해, 지역사회분석틀에 대한 이해, 지역사회복지의 개요, 지역사회복지실천에 대해 학습하자.

　　　　　　■지역사회의 개념과 그 변화에 대한 문제들이 출제되는 영역이다. 확실한 개념정리와 더불어 예문과 함께 나오는 문제도 정복하자.

---

## 제 1 절　　지역사회 일반　　　　　　　　　　　15회 기출

### 1 지역사회의 개념　　　　　　　　　　　6, 12, 16회 기출

### (1) 지역사회 및 관련 개념들과의 관계

① **지역사회(Community)**

　사회복지 활동영역이자 사회복지 현장으로서, 지역사회 그 자체가 지역사회복지의 실천이 될 수 있다.

② **지역사회실천 또는 지역사회복지실천(Community Welfare Practice)**

　지역사회의 복지증진을 위한 모든 전문적 · 비전문적 활동을 포함한다.

③ **지역사회보호(Community Care)**

　기존의 시설보호 위주의 서비스에서 탈피하여 지역사회와 상호 보완하여 서비스를 개선시키고자 등장한 개념이다.

④ **지역사회개발(Community Development)**

　지역사회를 대상으로 지역사회의 변화를 강조하므로 지역사회실천과 밀접한 관련이 있으며, 특히 이를 통해 지역사회 구성원들의 사회적 관계를 향상시킬 수 있다.

⑤ **지역사회조직사업(Community Organization Work)**

　공공 및 민간 사회복지기관의 전문사회복지사에 의해 계획적 · 조직적으로 이루어지며, 과학적 · 전문적 기술을 활용한다는 점에서 지역사회복지 활동과 구별된다.

### (2) 지역사회(Community)에 대한 학자별 견해

① **로스(Ross)**

　지역사회를 지리적인 지역사회와 기능적인 지역사회로 구분한다.

② **메키버(Maciver)**

　인간의 공동생활이 영위되는 일정한 지역을 공동생활권으로 설명한다.

③ 워렌(Warren)

지역적 접합성을 가지는 주요한 사회적 기능수행의 단위와 체계의 결합으로 본다.

④ 던햄(Dunham)

지역사회의 유형을 인구의 크기, 경제적 기반 등의 기준으로 구분한다.

⑤ 힐러리(Hillery) 14, 17회 기출

지역사회의 3가지 공통요소로서 **지리적 영역(Area)**, **사회적 상호작용(Social Interaction)**, **공동의 유대(Common Tie)**를 제시한다.

⑥ 젠트너(Zentner)

일정한 거주공간에서 주민들이 공유하는 직업과 거주공간에서 유용한 활용 과정으로부터 나오는 목표에 대한 통합적 집단구조로 본다.

⑦ 파크와 버제스(Park & Burgess)

한 지역을 구성하는 사람들과 조직들의 지리적 분포라는 견지에서 고려될 수 있는 사회 및 사회집단에 적용한다.

⑧ 모르간(Morgan)

개인과 가정이 그들의 공통적인 욕구를 충족시키기 위해 함께 계획하고 실천하는 구성원들의 결합체로 본다.

⑨ 포스톤(Poston)

공동의 유대관계와 공동의 기능을 가진 지역(Neighborhood)으로서 다양한 이해관계와 상호부조적 서비스가 있으며, 지역사회의 공동운명에 대해 개인적으로 어느 정도의 영향력을 행사할 수 있는 조건을 갖춘 지역을 말한다.

⑩ 그린(Green)

상호 관련되어 있고 상호의존적인 집단들의 결합체(Network)로 본다.

⑪ 브루너와 할렌벡(Bruner & Hallenbeck)

주어진 지역 내에서 상호 관련을 맺고 있는 사람들이 상호작용을 통해 단합된 지역의식을 가지게 되고 협력적인 행동을 위한 수단을 찾아내며, 자신들의 자연적인 문화에 수정을 가하고 그에 적응하는 것을 말한다.

⑫ 맥밀란과 채비스(McMillan & Chavis)

어떤 그룹과 그 그룹의 구성원들에 대해 각각의 구성원들이 가지는 소속감, 공유된 신념 및 헌신 등으로 구성된 집단구조로 본다.

### (3) 지역사회의 특성

① 지리적 경계

지리적인 측면에서 물리적인 지리성과 지리적인 경계를 가진다. 이는 다른 지역과의 특수성(Uniqueness)과 분리성(Separatedness)으로 나타난다.

② 사회ㆍ문화적 동질성

기능적인 측면에서 지역주민들 간의 사회ㆍ문화적인 동질성(Homogeneity), 합의성(Consensus), 자조성(Self-help) 또는 다른 집단행위와의 상호작용을 강조한다.

③ 다변화

정보화의 시대적 흐름에 따라 새로운 형태로 **다변화**하고 있다.

④ 공동체 의식 및 정서적 유대

지역주민들의 공동의 관심과 이해관계를 통해 상호합의와 일체감을 가지며 **강한 정서적 유대**를 보인다.

⑤ 정치적 실체

지방자치의 정치구조적 상황에 의해 **개인과 국가를 연결**하는 중재자적인 양상을 보인다.

## (4) 변화하는 사회에서 지역사회 개념의 특성

① 지역사회 개념은 역사적으로 그 의미가 변천되어 왔다.

② 지역사회 개념은 지리적 의미와 기능적 의미를 함축하고 있다.

③ 급속하게 변화하는 정보화 사회에서 전통적인 의미의 지역사회와는 다른 새로운 형태의 지역사회가 나타나고 있다.

④ 공동의 관심과 이해관계를 강조하는 기능적 의미의 지역사회는 공동체로서의 성격을 가지면서 그 의미가 부각되었다.

⑤ 지역사회나 공동체 개념은 구성원의 동질적 정체성에 기초한 강한 정서적 유대를 가지고 있으므로, 인간의 감정이나 행동으로 표출될 수 있다.

---

## 2 지역사회의 구분

### (1) 지역사회의 일반적인 구분

6, 7, 13, 15, 17, 19회 기출

① 지리적인 의미의 지역사회

지역적 특성에 의한 특수성과 분리성을 강조한 지역사회를 말한다. 주민들과 조직체의 지리적 분포로서 이루어지는 활동영역으로, 모든 지역사회는 사회(Society)이나, 모든 사회가 지역사회는 아니다.

② 사회적 동질성을 띤 지역사회

다른 지역과 구별될 수 있는 사회적 특성을 지닌 독립적인 지역으로, 지역사회 주민들의 합의성·일체감·공동생활양식·공동관심과 가치·공동노력 등이 강조되는 지역사회를 말한다.

③ 지리적·사회적 동질성을 강조하는 지역사회

지리적인 특성과 지역 내 거주하는 사람들의 상호작용에 있어서 동질성을 고려하는 것으로 지역사회에 대한 사회학의 개념이라고 할 수 있다.

④ 기능적인 의미의 지역사회(기능적 공동체)

공동의 관심과 이해관계에 의해 형성된 공동체로, 사회문화적 동질성을 기반으로 한 멤버십(Membership) 공동체 개념을 말한다. 직업, 취미, 활동영역 등 기능적 기준에 기초한 넓은 의미의 지역사회로, 이념, 사회계층, 직업유형 등을 중심으로 이루어진다.

⑤ 갈등의 장으로서의 지역사회

지역사회에 존재하는 갈등현상에 주목하며, 지역사회 내 구성원들의 **경제적 자원, 권력, 권위** 등의 **불평등한 배분관계** 때문에 갈등이 발생한다. 이러한 갈등관계를 통해 지역사회의 변동이 초래된다고 본다.

## (2) 공동사회와 이익사회(Tönnies)

9, 10, 15회 기출

지역사회를 구성원의 결합의지에 따라 '**공동사회(Gemeinschaft)**'와 '**이익사회(Gesellschaft)**'로 구분하였다. 특히 산업사회 이후 금전적 혹은 기타 목적을 염두에 둔 채 객관적 계약에 의해 관계가 이루어지는 **이익사회(Gesellschaft)**의 개념이 발전하였다.

| 공동사회(Gemeinschaft) | • 가족이나 친족 등과 같이 혈연이나 지연의 애정적 · 정서적 결합에 의해 이루어진 공동사회를 말한다.<br>• 자생적 의지, 즉 자연스럽고 자발적인 감정 및 정서의 표현을 특징으로 한다. |
|---|---|
| 이익사회(Gesellschaft) | • 조합, 정당, 국가 등과 같이 객관적 계약이나 조약, 협정 등에 의해 이해타산적으로 이루어진 이익사회를 말한다.<br>• 경제적 · 정치적 · 합리적 이해에 의한 간접적 · 몰인격적 인간관계를 특징으로 한다. |

## 3 지역사회의 기준

### (1) 좋은 지역사회의 기준(Warren)

① 구성원 사이에 인격적 관계가 이루어질 수 있어야 한다.
② 권력이 폭넓게 분산되어 있어야 한다.
③ 다양한 소득, 인종, 종교, 이익집단이 포함되어 있어야 한다.
④ 지역주민들의 자율권이 충분히 보장되어야 한다.
⑤ 정책형성과정에서 갈등을 최소화하면서 협력을 최대화해야 한다.

### (2) 지역사회의 유형화 기준(Dunham)

① 인구의 크기

가장 기본적인 유형으로서, 인구 크기에 따라 지역사회를 구분한다.
예 대도시, 중소도시, 읍 지역 등

② 인구 구성의 특성

지역사회 구성원 대다수의 경제적 · 인종적 특성에 따라 지역사회를 구분한다.
예 저소득층 밀집주거지역, 외국인 집단주거지역, 새터민 주거지역 등

**556** | 제3영역 지역사회복지론

③ 정부의 행정구역

행정상 필요에 따라 지역사회를 구분하는 것으로서, 일반적으로 인구 크기를 중심으로 구분하지만, 반드시 인구 크기에 비례하는 것은 아니다.

예 특별시, 광역시, 도, 시·군·구, 읍·면·동 등

④ 경제적 기반 또는 산업구조

지역주민들의 경제적 특성은 물론 사회문화적 특성을 파악하기 위한 인류학적 조사연구에서 흔히 사용하는 구분이다.

예 농촌, 어촌, 산촌, 광산촌, 광공업지역 등

## 4 지역사회의 기능 및 비교척도

### (1) 지역사회의 기능(Gilbert & Specht)    10, 14, 16, 18, 20회 기출

① 생산·분배·소비의 기능

　㉠ 1차적 분배의 기능으로서 경제제도와 연관된다.

　㉡ 지역사회 구성원들이 상품과 서비스를 생산하고 분배하며 소비하는 과정과 연관된다.

　㉢ 현대 산업사회에서 재화와 서비스의 생산 및 분배의 기능은 주로 기업을 통해 이루어지고 있으나, 정부를 비롯한 각종 전문기관, 종교단체, 교육기관들도 그와 같은 경제적 기능을 수행하고 있다.

② 상부상조의 기능    16회 기출

　㉠ 2차적 분배(재분배)의 기능으로서 사회복지제도와 연관된다.

　㉡ 지역사회 구성원들이 상부상조를 통해 욕구충족에 어려움을 겪는 구성원을 돕는 기능이다.

　㉢ 전통적인 사회의 경우 주로 가족이나 친척, 이웃 등에 의해 수행되었으나, 현대 산업사회에서는 그와 같은 기능이 정부나 민간사회복지단체 등으로 옮겨지게 되었다.

③ 사회화의 기능

　㉠ 가족제도와 연관된다.

　㉡ 가족과 사회가 구성원에게 일반적인 지식, 사회적 가치, 행동양식을 전달하는 기능이다.

　㉢ 사회화의 과정은 개인의 어린 시절에 특히 중요하나 일생을 통해 계속되는 것이 보통이다.

④ 사회통제의 기능

　㉠ 정치제도와 연관된다.

　㉡ 지역사회가 구성원에게 사회규범에 순응하도록 행동을 규제하는 기능으로서, 지역사회 구성원에게 법, 도덕, 규칙 등의 규범을 준수하도록 강제력을 발휘한다.

　㉢ 사회통제를 담당하는 일차적인 기관은 정부이며, 그 밖에 가정, 학교, 교회, 사회기관들도 그와 같은 기능을 부분적으로 수행한다.

⑤ 사회통합의 기능

  ㉠ '사회참여의 기능'이라고도 하며, **종교제도**와 연관된다.

  ㉡ 지역사회 구성원들이 지역사회의 다양한 활동에 자발적으로 참여하도록 유도하는 기능이다.

  ㉢ '사회화의 기능'이 사람들에게 어떻게 행동해야 할 것인지를 가르쳐 주는 수단이고, '사회통제의 기능'이 그와 같은 행동을 하도록 지배하고 강조하는 수단이라고 할 때, '사회통합의 기능'은 사람들 스스로 규범을 준수하여 바람직한 행동을 하도록 하는 것으로 볼 수 있다.

## (2) 지역사회기능의 비교척도(Warren)

15, 20회 기출

① 지역적 자치성

  지역사회가 제 기능을 수행할 때 타 지역에 어느 정도 의존하는가에 관한 것을 말한다.

② 서비스 영역의 일치성

  상점, 학교, 공공시설, 교회 등의 서비스 영역이 동일 지역 내에서 어느 정도 이루어지고 있는가에 관한 것을 말한다.

③ 지역에 대한 주민들의 심리적 동일시

  지역주민들이 자신이 소속된 지역에 대해 어느 정도 소속감을 가지고 있는가를 말한다.

④ 수평적 유형

  지역사회 내에 있는 상이한 단위조직들이 구조적·기능적으로 얼마나 강한 관련을 가지고 있는가를 말한다.

## 제2절   지역사회에 관한 주요 이론

## 1 지역사회분석틀에 관한 이론적 관점

14회 기출

### (1) 지역사회 상실이론

① 산업화에 따른 일차집단의 해체, 공동체의 쇠퇴, 비인간적 사회관계로의 변화 등을 강조한다.

② 과거의 지역사회 공동체를 이상적인 것으로, 복구될 수 없는 잃어버린 세계로 간주하는 관점으로서, 과거 전통적인 지역사회 공동체에 대한 향수를 반영한다.

③ 전통적인 의미의 지역사회가 붕괴함에 따라 지역사회의 상호부조 기능 강화 및 국가의 사회복지제도의 개입을 강조한다.

### (2) 지역사회 보존이론

① 지역사회 상실이론에 대한 반론으로 제기된 관점이다.

② 도시인들도 농촌사회와 흡사한 혈연, 이웃, 친구들에 의한 **사회적 지지망(Social Network)**을 가지고 있다.

③ 복지국가의 제도적 역할을 축소하고 가족이나 지역사회의 상호부조 기능 수행을 강조한다.

### (3) 지역사회 개방이론

① 지역사회 상실이론과 지역사회 보존이론에 대한 제3의 대안적 관점이다.

② 지역성의 단순 개념에서 벗어나 **사회적 지지망에 의한 비공식적 연계**를 강조한다.

③ 지역성에 기초한 개념과 공동의 이해 및 관심에 기초한 개념을 결합시키고 있다.

## 2 기능주의 관점과 갈등주의 관점 11, 13, 15회 기출

### (1) 기능주의 관점

① 의의 및 특징

㉠ 기능이론은 지역사회가 **다양한 체계들로 구성**되어 상호 관계성을 이루고 있으며, 각 체계들이 상호 의존하면서 바람직한 지역사회가 이루어진다고 본다.

㉡ 생물학적 유기체의 관점에 근거한 것으로, 지역사회의 각 부분은 체계의 기능에 기여하며, 이들 간의 상호작용에 의해 모든 체계가 기능할 수 있다.

㉢ 지역사회의 본질에 대한 변화보다는 **상호 협력과 안정성**을 강조한다.

㉣ 지역사회 내의 모든 사회적 현상이 조화를 이루며, 유익한 것으로 간주된다. 즉, 현존하는 지역사회 자원들이 불평등하게 분배될 경우에도 이를 인정하며, 지역사회가 각 기능을 통해 바람직하게 변화될 수 있다고 본다.

㉤ 지역사회의 이익과 개인의 이익 간에 갈등이 존재한다는 점을 부인하며, 지역사회에 유익한 것이 곧 개인에게도 유익하다는 점을 강조한다.

㉥ 지역사회복지는 **지역사회의 통합 및 균형 회복**, 지역주민의 연대감 형성 등을 통해 분열적인 제요소들을 제거하기 위해 노력하며, 지역주민들로 하여금 **지역사회에 적응할 수 있도록 기능적 방법들을 강구**한다.

㉦ 기능주의 관점은 지역사회를 하나의 체계로 본다는 점에서 사회체계이론과 동일한 맥락에서 이해할 수 있다.

② 한계점

㉠ 기능주의 관점은 지역사회의 유지와 균형에 역점을 두고 있으므로, 지역사회의 변화와 자원, 권력 등을 둘러싼 하위체계들 간의 갈등을 설명하는 데 한계가 있다. 따라서 지역사회의 변화와 함께 자원, 권력 등의 괴리를 해소하는 데도 관심을 기울여야 한다.

㉡ 지역사회를 하나의 사회체계로 파악하면서 체계 간의 조절, 조정, 통합 등이 이루어지도록 접근할 필요가 있다.

## (2) 갈등주의 관점 10, 13, 14, 18회 기출

① 의의 및 특징

ⓐ 갈등이론은 지역사회에 존재하는 갈등 현상에 주목하며, 갈등을 사회발전의 요인과 사회통합의 관점에서 다루고, 갈등현상을 사회적 고정의 본질로 간주한다.

ⓑ 지역사회 내의 각 계층들이 이해관계에 의해 형성되며, 지역사회 구성원들 간에 경제적 자원, 권력, 권위 등이 불평등한 배분관계에 놓일 때 갈등이 발생한다고 본다.

ⓒ 지역사회의 문제해결 및 지역주민들의 욕구해소를 위해 경제적 자원, 권력, 권위 등에 대한 재분배의 요구가 확대되며, 그 결과로써 사회행동이 표출된다.

ⓓ 대중 혹은 사회적 약자는 조직 결성과 대항을 통해 기득권층과의 갈등을 해결하고 타협을 하는 과정에서 자원과 힘을 획득할 수 있다.

ⓔ 이와 같이 갈등이론은 갈등을 둘러싼 연대와 권력형성의 도구가 될 수 있다는 측면에서 사회행동모델에 유용하다.

ⓕ 알린스키(Alinsky)는 지역사회 수준에서 갈등이론을 적용하면서, 지역사회조직의 목표는 경제적으로 부자이든 빈자이든 동일한 사회적 혜택을 받는 것이라고 주장하였다. 그는 지역사회의 문제에 초점을 둔 '지역사회행동모델'을 발전시켰으며, 이는 지역사회조직의 형성 및 활동가의 역할, 대결 및 갈등 전술 등 오늘날 지역사회복지운동에 직접적인 영향을 미쳤다.

② 한계점

ⓐ 지역사회의 갈등이 지속될 경우 새로운 쟁점이 제기되거나 특정 쟁점과 관련하여 상대방에게 직접적인 적대감을 나타냄으로써 지역사회의 긴장이 고조될 우려가 있다.

ⓑ 지역사회의 구조에 대한 갈등은 지역사회 지도자와의 의견 상충을 일으킬 수 있다. 특히 자원의 재분배, 타협 및 협상의 과정이 원활하지 않을 경우 지역사회 발전이 정체될 수 있다.

## (3) 기능주의 관점과 갈등주의 관점의 비교

① 기능이론의 각 요소는 의존적이고 통합적인 기능을 하지만, 갈등이론의 각 요소는 서로 경쟁적이며 대립적인 관계에 있다.

② 기능이론의 사회는 안정지향적이지만, 갈등이론의 사회는 집단 간의 갈등으로 항상 변화한다.

③ 기능이론에서 중요한 가치는 합의에 의하여 이루어지지만, 갈등이론은 지배계급의 이데올로기가 피지배계급에 일방적으로 주입된다.

④ 기능이론의 지위배분은 개인의 성취에 의하여 이루어지지만, 갈등이론은 기존의 질서를 유지할 수 있도록 지배계급에 유리한 방향으로 이루어진다.

⑤ 기능이론에서 사회의 변화는 점진적이고 누적적으로 이루어지지만, 갈등이론에서 사회의 변화는 급진적이고 비약적으로 진행된다.

## 지역사회에 관한 기능주의 관점과 갈등주의 관점의 비교    14회 기출

| 구 분 | 기능주의 관점 | 갈등주의 관점 |
|---|---|---|
| 주요 내용 | 체계의 안정을 위한 구조적 적응 | 갈등의 긍정적 측면에 대한 인식<br>(사회발전의 요인) |
| 사회의 형태 | 안정지향적 | 집단 간의 갈등 |
| 각 요소의 관계 | 조화, 적응, 안정, 균형 | 경쟁, 대립, 투쟁, 갈등 |
| 대상요인 | 사회부적응 | 사회불평등 |
| 중요 가치 결정 | 합의에 의한 결정 | 지배계급의 이데올로기 |
| 지위 배분 | 개인의 성취 | 지배계급에 유리 |
| 변 화 | 점진적, 누진적 | 급진적, 비약적 |

## 3 | 지역사회분석에 관한 이론적 관점    11, 13회 기출

### (1) 사회체계이론    4, 9, 13회 기출

① 의의 및 특징

ㄱ 사회체계는 단일 실체를 함께 구성하고 있는 경계 지어진 일련의 상호관련 활동을 말한다.

ㄴ 지역사회체계 내에 있는 상이한 단위조직들과 사회제도들을 연관시키는 방식이다.

ㄷ 지역사회를 지위·역할·집단·제도들로 이루어진 하나의 체계로 보고 다양한 체계들 간의 상호작용을 강조한다.

ㄹ 모든 체계는 부분인 동시에 전체로서의 속성을 지닌다고 본다. 즉, 전체 체계는 부분의 합 이상의 의미를 지니며, 그에 따라 체계 내 부분의 작은 변화라도 전체로 파급된다는 점을 강조한다.

ㅁ 지역사회를 체계론적 관점에서 보는 것은 지역사회를 하나의 행위자로 보는 것을 의미한다.

ㅂ 특히 하위체계의 효과적인 작동 유무를 분석하여 지역주민에 미치는 긍정적·부정적 영향을 파악한다.

ㅅ 사회체계이론은 지역사회가 구조화·조직화되는 방식을 설명함으로써 지역사회 구조적 요소들 간의 상호작용 과정을 이해하는 데 유용한 분석틀을 제공한다.

② 지역사회 하위 구성체의 기능(Fellin)

ㄱ 자발적 결사체 : 지역사회 구성원들로 하여금 지역사회와 관계를 맺도록 하며, 구성원들의 참여를 토대로 다양한 서비스 등을 제공하는 기능을 수행한다.

ⓛ 사회복지체계 : 지역사회 구성원들의 도움(Assistance)에 대한 욕구를 파악하면서, 그와 같은 욕구를 해소 혹은 해결하기 위한 다양한 형태의 프로그램들을 제공하는 기능을 수행한다.

ⓒ 교육체계 : 지역사회 구성원들을 대상으로 학습의 기회를 제공함으로써 구성원들의 시민의식을 고취시키는 동시에 **사회화를 돕는 기능**을 수행한다.

ⓡ 경제체계 : 지역사회 구성원들과 지역사회에 필요한 상품 및 서비스를 **생산·분배·소비하는 기능**을 수행한다.

ⓜ 정치체계 : 지역사회가 나아가야 할 방향을 설정하도록 실제적 영향력을 행사할 수 있는 구조를 형성하면서 **사회통제의 기능**을 수행한다.

## (2) 생태학적 관점(생태체계이론 또는 생태이론)    4, 6, 9, 11, 13, 16회 기출

### ① 의의 및 특징

ⓐ 사회체계이론이 지역사회의 구조와 구성체들의 기능, 내·외부적 관계에 초점을 두고 지역사회 현상을 설명한다면, 생태학적 이론은 지역사회와 환경 간의 상호 교류와 생태체계로서 지역사회의 변환 과정에 초점을 두고 지역사회 현상을 설명한다.

ⓑ '환경 속의 인간(PIE ; Person in Environment)'이라는 사회복지실천의 기본 관점을 반영한다.

ⓒ 지역사회의 변화 과정을 **역동적 진화 과정**으로 설명한다. 즉, 지역사회를 환경의 제 요소들 간의 지속적인 상호 교류에 의해 적응·진화해 나가는 하나의 체계로 간주한다.

ⓡ 지역사회가 변화에 순응하면 살아남고, 순응하지 못하면 도태된다는 **자연의 섭리**를 강조한다.

ⓜ 문화적·역사적 맥락에서 인간과 환경의 관계를 밝히며, 사람과 지역사회 환경에 대한 상호의 존성, 해당 지역사회와 다른 지역사회와의 상호작용에 초점을 둔다.

ⓗ 사람과 사회환경 간에 질서 있고 건설적인 방식으로 변화가 일어날 때 지역사회의 역량이 커지고 지역주민들이 필요로 하는 자원을 원활히 제공할 수 있게 된다고 본다.

ⓢ 생태학적 시각에서 지역사회는 조직적·비조직적 상태에 있으며, 특정한 공간적 위치를 점유하는 '인구집합체 또는 인간집합체(Population Aggregate)'로 간주된다.

ⓞ 지역의 특성(예 인구의 크기, 밀도 등), 도시화, 도시공동화, 지역사회에서의 사회적 층화, 이웃의 모습 등을 연구하고 규명하는 데 유용하다.

ⓩ 특히 지역사회의 공간적 배치 등에 관한 지도(Mapping)는 물론 인구집단 분포에 대한 지도 및 사회문화적 지도 등을 구성하면서, 공간형성의 배경적 요인들을 분석하는 동시에 현재의 지도 가 나타내는 의미를 탐색해 볼 수 있도록 한다.

### ② 지역사회 변환 과정의 주요 개념

생태학적 관점은 지역사회의 변환 과정을 역동적으로 설명하기 위해 경쟁, 중심화, 분산, 집결, 분리, 우세 등의 다양한 개념들을 사용한다.

ⓐ **경쟁**(Competition) : 보다 나은 위치를 차지하기 위한 적응 과정

ⓑ **중심화**(Centralization) : 지역의 기능, 사회시설 및 서비스 등이 지역의 중심으로 몰림

ⓒ **분산(Decentralization)** : 구성원들이 밀도가 높은 중심으로부터 밀도가 낮은 외곽으로 빠져나감

ⓔ **집결(Concentration)** : 개인들이 도시 등으로 이주하며 유입됨

ⓜ **분리(Segregation)** : 개인, 집단 등이 배경적 특징에 따라 물리적 지역 내에서 서로 떨어져 유사한 배경 및 기능을 중심으로 한데 모임

ⓗ **우세(Domination)** : 기능적으로 우위에 있는 단위가 다른 단위에 대해 영향력을 행사함

### (3) 자원동원론적 관점

9, 11, 12, 13회 기출

① 의의 및 특징

ㄱ 사회운동조직의 역할과 한계를 규명하는 이론적 관점으로서, 힘의존이론(Power Dependency Theory)에 영향을 받았다.

ㄴ 사회운동의 발전과 전개과정은 축적된 사회적 불만의 팽배보다는 사회의 구조적 불평등이나 약자의 권리옹호를 위한 **자원동원의 가능성 여부와 그 정도**에 의해 결정된다.

ㄷ 사회에는 집합행동(Collective Action)이 일어날 수 있는 여건이 항상 존재하지만, 실제 집합행동이 발생하기 위해서는 운동가들의 역할이 필요하다. 그러나 운동가들이 조직을 만들고 움직이는 데는 자원이 필요하며, 자원의 유무에 따라 운동의 성패가 결정된다.

ㄹ 자원에는 돈, 정보, 사람, 조직성원 간의 연대성, 사회운동의 목적과 방법에 대한 정당성 등이 포함된다.

ㅁ 사회운동을 발전시키기 위해 회원들을 적극적으로 참여하도록 독려하며, 외부체계와의 종속관계를 약화시키기 위해 회원의 수를 늘린다.

ㅂ 의사결정 시 상대적으로 적은 자원을 가진 계층들이 집중적으로 자원을 지원받아 이러한 불균형을 해소할 수 있는지에 대해 고려한다.

ㅅ 지역사회 현장에서 사회적 약자의 권리를 옹호하기 위한 활동을 전개하거나, 그들을 대변하고자 사회운동을 조직하고 이를 행동화하는 데 있어서 중요한 이론적 토대가 된다.

② 자원동원론적 관점에서 지역사회실천가들이 유념해야 할 사항

ㄱ 사회적 항의는 사회운동조직이 대중의 인지와 정당성을 획득하기 위해 사용하는 일차적인 방법 중 하나이다.

ㄴ 사회운동의 성패는 **조직원의 충원, 자금 조달, 조직구조의 개발** 등을 할 수 있는 능력에 달려있다.

ㄷ 사회운동의 성공을 위해서는 조직원들의 집합적 정체성 형성을 돕고, 이를 토대로 조직원들의 헌신을 이끌어낼 수 있는 환경의 조성이 필수적이다.

ㄹ 자원동원은 양날의 칼이 될 수 있다. 즉, 자원동원을 위해 외부자원에 의존하는 경우 오히려 조직의 자율성과 역동성이 저하될 가능성이 있다.

Plus ⊕ one

**권력의존이론 또는 힘의존이론(Power Dependency Theory)**  15, 18회 기출

- 사회복지서비스 조직들이 생존 차원에서 외부의 재정적 지원에 의존할 수밖에 없다는 점을 전제로 한다.
- 클라이언트에게 서비스를 제공하기 위해 활용되는 외부의 재정지원은 사회복지서비스 조직으로 하여금 재정지원자의 요구에 충실할 수밖에 없는 구조를 가진다고 본다.
- 사회복지서비스 조직의 재정지원자에 대한 지나친 의존은 조직의 목적 상실, 자율성 제한, 사회정의에 입각한 사회옹호 능력의 한계를 유발함으로써 사회복지서비스 조직의 기본 방향에 부정적인 영향을 미치게 된다.

**사회학습이론**  18회 기출

지역주민들에게 영향을 미치는 지역사회 및 환경에 대한 학습과 교육을 통해 주민들의 역량을 강화시킴으로써 지역사회의 발전을 유도할 수 있다.

### (4) 사회교환론적 관점(사회교환이론)  10, 16, 20회 기출

① 의의 및 특징

㉠ 인간은 최대의 이익을 추구하는 경향이 있으며, 인간의 행동은 타인과의 보상이나 이익을 교환하는 방식으로 전개된다.

㉡ 사회교환론은 호만스(Homans)와 블라우(Blau)가 제시한 것으로, 사람들 사이에 자원을 교환하는 반복된 현상으로서 사회적 행동에 주목한다.

㉢ 인간관계에 대한 경제적 관점을 토대로 이익이나 보상에 의한 긍정적인 이득을 최대화하는 한편, 비용이나 처벌의 부정적인 손실을 최소화하는 교환의 과정을 분석한다.

㉣ 교환은 상호신뢰를 토대로 평등한 관계에서 이루어지는 호혜성과, 반대로 권력이나 지위를 토대로 차별적인 관계에서 이루어지는 시혜성의 양상으로 나타난다. 특히 호혜적 교환은 개인 상호 간의 신뢰와 유대를 강화한다.

㉤ 지역사회의 주요 교환자원으로는 상담, 기부금, 정보, 정치적 권력, 재정적 지원, 의미, 힘 등이 있다.

㉥ 지역사회에서 힘의 균형전략으로는 경쟁, 재평가, 호혜성, 연합, 강제 등이 있다.

㉦ 지역사회에서 교환관계에 불균형이 발생하거나 교환자원이 고갈되는 경우 지역사회 문제가 발생할 수 있다.

㉧ 마케팅(Marketing)을 교환을 통한 인간의 요구(Needs) 및 욕구(Want) 충족과 기업의 생존 및 성장 목적의 연결로 간주할 때, 네트워크(Network)를 개인이나 조직 및 기관 간의 상호작용과 자원교환의 사회적 체계로 간주할 때, 사람들 사이에 자원을 교환하는 반복된 현상으로서 사회적 행동에 주목하는 사회교환이론이 이들을 적절히 설명할 수 있다.

② 사회교환론적 관점에서 힘의 균형 전략(Hardcastle, Wenocur & Powers)  12회 기출

㉠ 경쟁(Competition) : A에게 필요한 자원을 B가 독점하여 일방적인 복종이 예상되는 경우, B와의 교환을 포기한 채 C나 D 등 다른 대상자에게서 필요한 자원을 획득하려고 한다.

㉡ 재평가(Re-evaluation) : A가 B의 자원을 재평가함으로써 B에 대한 종속을 회피하려고 한다.

ⓒ 호혜성(Reciprocity) : A가 B에게 서로 필요한 관계임을 인식시킴으로써 일방적인 의존관계를 쌍방적이고 동등한 관계로 변모시킨다.

ⓔ 연합(Coalition) : B에 종속된 A가 역시 B에 종속되어 있는 C나 D 등 다른 대상자들과 연대적인 관계를 구축함으로써 집단적으로 B와 교환관계를 맺는다.

ⓜ 강제(Coercion) : B에 종속된 A가 물리적인 힘을 동원하여 B가 가지고 있는 자원을 장악한다.

## (5) 사회구성론적 관점

9, 17, 19회 기출

### ① 의의 및 특징

ⓐ 포스트모더니즘과 상징적 상호주의의 영향을 받았으며, 모든 현상에 대한 객관적 진실이 존재한다는 점에 의구심을 던진다. 즉, 개인이 속한 사회나 문화에 따라 현실의 상황을 재구성할 수 있다는 관점이다.

ⓑ 사회구성론적 관점에 있어서 상징적 상호주의의 요소는 문화적 규범, 가치, 언어 등을 통해 구성되는 일상행동의 재해석을 강조하는 데 있다.

ⓒ 리와 그린(Lee & Green)은 사회적으로 구성된 지식이 오랜 역사를 통해 다양한 문화집단에서의 인간의 믿음, 규범, 가치, 전통 및 삶의 방식의 교류에 의해 발전해온 것이므로, 이를 절대적인 지식으로 받아들여서는 안 된다고 주장한다.

ⓓ 사회복지사는 클라이언트의 도움요청 행동이 가지는 각각의 의미를 파악하여 그에 적합한 해결책을 토대로 클라이언트가 처한 억압의 상태에서 스스로 벗어날 수 있도록 해야 한다는 주장으로 볼 수 있다.

ⓔ 사회적 억압계층의 삶과 경험에 대한 새로운 이해를 토대로 지식을 형성하며, 그와 같은 억압을 해소하고자 사회적 제도 및 관습, 일상생활과 관련된 의미들을 파악하기 위한 지속적이고 집중적인 대화를 강조한다.

ⓕ 사회복지사와 클라이언트의 만남은 새로운 현실을 창조하는 맥락으로서 본질적으로 개방적이며, 언어나 상징적 행위들에 의해 만남의 성격이 결정된다.

### ② 사회구성론적 관점에서 사회복지사가 고려해야 할 사항

ⓐ 클라이언트의 행동에 영향을 미치는 사회·경제 및 정치적 구조에 대한 이해를 토대로 클라이언트의 문화적 가치 및 규범에 대한 의미를 해석해야 한다.

ⓑ 다양한 문화를 가진 클라이언트와의 지속적이고 집중적인 대화 과정을 강조해야 한다.

ⓒ 소수자에 대한 억압구조를 해석해 나가는 연구를 지속적으로 수행함으로써 지식의 축적 및 이론의 발달에 힘써야 한다.

## 1 지역사회조직(Community Organization)

### (1) 지역사회조직에 대한 학자별 견해

① 프리드랜더(Friedlander)

지역주민의 욕구와 그 지역자원 간의 상호 조정을 확립하는 사회사업의 과정이다.

② 구린(Gurin)

인간관계나 사회제도에 바람직한 변화를 일으키기 위한 사회사업의 과정이다.

③ 던햄(Dunham) 　　　　　　　　　　　　　　　　　　　　　　　　　18회 `기출`

지역사회의 욕구와 자원을 조정 · 유지하여 지역사회의 욕구를 해결하고, 지역주민의 참여, 자기결정, 협력 등의 능력을 발전시켜 자신들의 문제를 효과적으로 해결할 수 있도록 도우며, 지역사회 혹은 집단 간의 권력구조에 변화를 가져오거나 의사결정에 영향을 미치는 과정이다. 또한, 사회복지기관은 조직운영과 실천을 민주적으로 해야 한다고 하였다.

④ 로스(Ross)

지역사회가 스스로 목표를 발견하여 그것들의 순위를 분류하고, 이를 달성하는 확신과 의지를 개발하여 필요한 자원을 구함으로써 실제행동을 일으키는 것이다.

⑤ 린드먼(Lindeman)

지역사회 스스로 의식적인 노력과 활동을 함으로써 민주적으로 여러 가지 문제를 처리하고 상호이해하며, 지역사회사업의 전문가 및 여러 기관 · 단체 · 시설 등으로부터 최고의 서비스를 얻어내려는 조직화된 활동이다.

⑥ 쉐라드(Sherrard)

급격한 사회변화 및 기술의 발전에 따른 사회의 불균형을 시정하기 위해 새로운 조직을 설립하고 서비스를 개발하여 어려운 처지에 있는 사람들의 문제를 해결하기 위한 방법이다.

### (2) 지역사회조직의 일반적인 특성 　　　　　　　　　　　　　4, 7, 10회 `기출`

① 지역사회조직은 사회복지실천의 하나로 지역사회를 단위로 하여 발생하는 사회적 문제, 즉 지역주민이 당면하고 있는 공통적 요구나 어려움을 **지역사회 스스로 조직적으로 해결할 수 있도록** 측면에서 원조해 주는 일종의 기술과정이다.

② 지역주민의 욕구와 문제에 관심을 가지는 개별지도사업, 집단지도사업, 지역사회조직사업 등 전통적인 전문사회사업의 방법 중 하나이다.

③ 공공 및 민간 사회복지기관의 **전문사회복지사에** 의해 **계획적 · 조직적으로 이루어지며,** 과학적 · 전문적 기술을 활용한다는 점에서 지역사회복지 활동과 구별된다.

④ 지역사회의 문제를 해결하기 위해 주민의 협력 아래 계획을 세우며, 이를 위해 **사회자원 조정의 과정을** 총괄한다.

⑤ 지역사회의 변화를 위해 개입기술을 활용한다.

### (3) 지역사회조직의 기능적 특성(Kurtz)

① 지역사회조직은 전문가의 도움 없이 비전문가에 의해서도 효과적으로 실천할 수 있다.

② 지역사회조직은 지역사회복지관을 유지 및 발전시키는 데 필수적으로 활용한다.

③ 지역사회 내에 조직된 위원회와 같은 특수기관을 통해 구체적으로 실시한다.

④ 지역사회의 수준 혹은 전국적인 수준에서 수평적으로 뿐만 아니라 수직적으로도 활용한다.

⑤ 일반적으로 전문가와 비전문가가 공동으로 참여하는 실천적인 과정으로 전개한다.

⑥ 지역사회조직의 과정은 공적 기관 및 사적 기관이 실시한다.

⑦ 지역사회조직은 개인, 집단, 조직, 지역사회 등을 위해 사회복지기관이 실시한다.

### (4) 지역사회조직의 목적(Friedlander)

① 사회적 욕구를 파악하고 우선순위를 결정한다.

② 욕구 충족을 위한 구체적인 계획을 수립한다.

③ 목적 달성을 위해 지역사회의 자원을 효율적으로 조정 · 동원한다.

④ 지역주민의 적극적인 참여를 권장한다.

### (5) 지역사회조직의 과정

① **사실의 파악** : 지역실태조사, 앙케트, 주민의 토론 및 좌담회를 통해 면밀히 검토 · 파악한다.

② **계획의 수립** : 어떤 사실에 대하여 어떤 사람들이 어떤 방법으로 얼마의 경비와 시간을 들여 그 목표를 달성할 것인가에 대한 계획을 수립한다.

③ **계획실시의 촉진** : 지역사회를 위한 사회사업계획의 인식보급, 활동의 동기를 불어 넣을 수 있는 홍보활동, 조직 내부의 상호 협력관계를 유지 · 강화할 수 있는 조정활동 등이 전개되어야 한다.

④ **자원의 활용 및 동원** : 계획을 구체적으로 수행하기 위해서는 인적 · 물적 · 사회적 자원을 비롯한 각종 자원들을 활용하고 동원해야 한다.

⑤ **활동의 평가** : 목표의 성취도, 수행 과정에서 야기된 문제점 등을 원인별로 검토하여 수정함으로써 앞으로의 계획수립에 크게 기여할 수 있다.

### (6) 지역사회조직의 일반원칙

① 지역사회조직은 **지역주민의 욕구를 충족**시키고자 하는 사회사업의 한 과정이다. 이 욕구는 주민들 스스로의 욕구이어야 하며, 사회복지기관의 이익을 위해서 조작되거나 강요되어서는 안 된다.

② 지역사회의 문제해결에는 주민의 **광범위한 참여**가 있어야 한다. 참여는 자발적으로 일어나야 하며, 지역주민 개개인이 아닌 정치, 경제, 사회, 종교 등 각 계층의 대표를 통해서 이루어져야 한다.

③ 지역사회조직은 **지역사회를 이해**하고 있는 그대로 수용하며, 그 특성을 **개별화**하여야 한다.

④ 지역사회의 복지를 증진시키기 위해 결성된 복지기관들의 협의체는 서비스의 조정을 통해서 제한된 복지자원을 효율적으로 활용하여야 한다.

### (7) 지역사회조직을 위한 추진회 운영의 원칙(Ross)

① '추진회(Association)'는 지역사회의 현 조건에 대한 지역주민들의 불만에 의해 결성된다.

② 지역주민들의 불만은 관련 문제에 대해 계획을 세우고 이를 실천에 옮길 수 있도록 집약되어야 한다.

③ 활동 수행을 위한 불만은 지역주민들에게 널리 인식되어야 한다.

④ 추진회에는 지역사회의 주요 집단들에 의해 지목·수용될 수 있는 공식적·비공식적 지도자들을 참여시켜야 한다.

⑤ 추진회는 지역주민들에게서 지지를 받을 수 있는 목표와 운영방법을 갖춰야 한다.

⑥ 추진회가 수행하는 사업에는 정서적 내용을 지닌 활동들이 포함되어야 한다.

⑦ 추진회는 지역사회에 현존하는 현재적·잠재적 호의를 활용해야 한다.

⑧ 추진회는 회원 상호 간에 또는 지역사회와의 관계에서 효과적인 대화통로를 개발해야 한다.

⑨ 추진회는 관련 집단들을 지원·강화하여 협동적인 참여가 이루어지도록 해야 한다.

⑩ 추진회는 정상적인 업무상의 결정 과정을 저해하지 않는 범위 내에서 절차상 융통성을 발휘할 필요가 있다.

⑪ 추진회는 사업을 수행하는 데 있어서 지역사회의 현존 조건에 부응해야 한다.

⑫ 추진회는 효과적인 지도자를 개발하기 위해 노력해야 한다.

⑬ 추진회는 지역사회의 지도자를 참여시키고 문제를 적절히 해결할 수 있는 능력을 가져야 하며, 지역사회로부터 안전성과 신뢰성을 인정받아야 한다.

## 2 | 지역사회복지(Community Welfare)

### (1) 지역사회복지의 개념

① 지역사회복지의 정의

ㄱ. 지역사회복지는 지역사회의 제도들이 맡은 사회적 기능을 충실히 수행할 수 있도록 노력하는 제반 활동을 말한다.

ㄴ. 지역사회복지는 전문 혹은 비전문 인력이 지역사회 수준에 개입하여 지역사회 내에 존재하는 각종 제도에 영향을 주고, 지역사회의 문제를 예방하고 해결하고자 하는 일체의 사회적인 노력을 의미한다.

② 지역사회복지 개념의 속성

ㄱ. 지역사회복지는 지역성과 기능성을 포함하는 지역사회 내에서 이루어진다.

ㄴ. 지역사회복지는 지역주민의 삶의 질 향상의 목표를 가진다.

ㄷ. 지역사회복지는 지역사회의 문제를 해결하고 지역주민의 복지욕구를 충족시키는 기능을 가진다.

ㄹ. 지역사회복지는 정부와 민간기관이 공동주체가 되어 공공과 민간의 협력이 강조되고 있는 추세이다.

ㅁ. 지역사회복지는 조직적인 활동을 강조하는 전문적인 서비스와 방법을 사용한다.

ㅂ. 지역사회복지는 개인 및 가족 등 미시적 수준의 활동을 보완하는 위치에 있다.

## (2) 지역사회복지의 특성

11회 기출

① 연대성 및 공동성

ⓐ 공동의 관심사에 따라 인간은 연대를 형성하고 공동으로 이를 확대시켜 나가는 특성을 가지고 있다.

ⓑ 지역사회복지에서는 주민 개인의 사적인 활동으로는 해결하기 어려운 과제를 주민들이 연대를 형성하고 공동의 행동을 통하여 해결한다.

ⓒ 연대성 및 공동성은 대외적으로는 주민운동으로, 대내적으로는 상호부조 활동으로 나타난다.

② 예방성

ⓐ 지역사회복지의 예방성은 지역사회 내의 복지욕구나 해결되지 못한 생활상의 문제를 주민참여를 통해 조기에 발견하여 대응함으로써 예방적 효과를 거둘 수 있음을 의미한다.

ⓑ 지역주민의 복지욕구나 문제를 조기에 발견함으로써 이에 대응할 수 있는 네트워크를 형성하는 것이 핵심이다.

③ 지역성

ⓐ 지역사회복지는 주민의 생활권역을 기초로 하여 전개되는 것이다. 특히 주민의 생활권역은 주민생활의 장이면서 동시에 사회참여의 장이므로, 이 특성을 고려하여야 한다.

ⓑ 주민의 기초적인 생활권역을 구분하는 기준은 다양하며, 물리적·심리적 내용까지 파악해야 한다.

④ 통합성 및 전체성(포괄성)

ⓐ 공급자 중심에서는 공급의 용이성 및 효율성을 언급하며 서비스를 분리시켜 제공하지만, 이용자 측면에서 볼 때 주민의 생활은 분리할 수 없으므로, 이러한 현상은 부적절한 조치이다.

ⓑ 통합성은 원스톱 서비스(One-stop Service), 서비스의 패키지화 등 서비스 제공기관 간 연락·조정·합의 등 네트워크를 구축함으로써 지역주민들에게 종합적인 서비스를 제공하는 것을 의미한다.

ⓒ 전체성 혹은 포괄성은 지역주민들의 복잡하고 다양한 욕구와 문제를 해결하기 위해 복지·보건·의료·교육·노동·문화·환경 등 생활의 전반적인 영역을 포괄적으로 다루는 것을 의미한다.

## (3) 지역사회복지의 이념

2, 7, 9, 11, 14회 기출

① 정상화

ⓐ 1952년 덴마크의 지적장애인 부모들의 모임에서 비롯된 것으로, 장애인도 비장애인과 동등한 권리와 의무를 가져야 한다는 점을 강조한다. 이를 위해 장애인에게 정상적인 생활조건과 함께 개인의 욕구에 부합하는 처우 및 교육·훈련을 제공함으로써 장애인으로 하여금 자신의 능력을 최대한 발휘할 수 있도록 해야 한다고 주장한다.

ⓑ 1950년대 덴마크를 비롯한 북유럽에서 시작된 이념으로서 지역주민이 지역사회와 관계를 맺고 사회의 온갖 다양한 문제들에서 벗어나 사회적으로 가치 있는 역할을 수행할 수 있도록 한다.

ⓒ 지역사회복지에서 추구하는 탈시설화를 비롯하여 재가복지의 구체적인 목적이 정상화의 이념과 밀접하게 연관된다.

② 탈시설화
  ㉠ 지역사회복지의 확대 발전에 따라 기존의 대규모 시설 위주에서 그룹 홈, 주간 보호시설 등의 소규모로 지역사회복지가 전개되는 것을 말한다.
  ㉡ 이는 생활시설의 폐지 혹은 무시설주의를 지향하는 것이 아닌 생활시설의 형태를 소규모의 다양한 형태로 변화시키는 것을 의미한다.
  ㉢ 시설 운영의 형태를 기존의 시설장 및 시설직원 중심의 폐쇄적 체제에서 지역주민, 자원봉사자, 후원자들의 적극적인 참여에 의한 개방적 체제로 전환하는 것이다.
③ 주민참여
  ㉠ 지역주민이 자신의 욕구와 문제를 주체적으로 해결할 수 있도록 하는 것으로서, 지역주민과 지자체와의 동등한 파트너십을 형성하는 방법이기도 하다.
  ㉡ 지역사회복지에서 주민참여의 의의는 사회복지의 정책 · 계획 · 운영 · 실시에 있어서 사회복지의 민주화를 통해 지역사회의 복지 분야는 물론 정치 · 경제 · 문화 등 모든 분야를 발전시키는 데 있다.
  ㉢ 지역주민의 자원봉사활동과 밀접하게 관련되며, 현대 복지국가에서 공통적으로 추구하는 주민자치, 주민복지, 분권화 등과도 연관된다.
④ 사회통합
  ㉠ 지역사회 내의 갈등이나 지역사회 간의 차이 또는 불평등을 뛰어넘어 사회 전반의 통합을 이루는 것이다.
  ㉡ 정상화의 이념을 달성하기 위한 주요한 원칙으로서, 특히 지역사회의 보호대상자들로 하여금 가능한 한 지역주민들과 생활하고 일하게 하는 것을 원칙으로 한다.
⑤ 네트워크
  ㉠ 지역사회복지실천의 측면에서 기존의 공급자 중심의 서비스에서 탈피하여 이용자 중심의 서비스로 발전하기 위한 공급체계의 네트워크화 및 관련기관 간의 연계를 말한다.
  ㉡ 다양한 욕구를 지닌 이용자들이 원하는 서비스를 제공하기 위해서는 서비스 공급체계의 네트워크, 이용자 및 서비스 관계자의 조직화, 관련기관의 연계 등 다양한 네트워크의 구축이 필요하다.

## (4) 가족주의와 국가주의                    9회 기출

① 가족주의
  ㉠ 가족주의는 사회복지서비스가 보호의 가족적 형태와 가장 근접한 형태로 재생산되어야 한다고 주장한다.
  ㉡ 가족은 국가를 비롯한 외부 제도로부터의 침입을 막는 보호망으로서 개인주의와도 연관된다.
  ㉢ 가족주의는 가족의 자율성과 독립성을 토대로 가족 중심의 보호를 강조한다.
  ㉣ 가족의 발전과 안위가 개인이나 국가의 안녕보다 우선적으로 고려된다.
  ㉤ 사회복지서비스는 가족의 기능을 강화하고 가족구성원의 안전과 행복을 강조하는 방향에서 이루어져야 한다.

② 국가주의

　　㉠ 가족주의가 개인의 독립성 및 자율성에 기초한 **가족지향적 보호**를 강조하는 반면, 국가주의는 상호의존을 토대로 한 **집합주의적 보호**를 강조한다.

　　㉡ 국가주의는 모든 사회구성원에 대한 집합주의적 책임을 토대로 공적 · 사적 영역을 포괄한다.

　　㉢ 노인이나 장애인은 기본적인 생활과업을 수행하기 위해 타인에 의존할 수밖에 없다.

　　㉣ 특정 개인이나 가족에 의한 일대일 보호는 한계가 있으며, 그로 인한 의무와 부담이 사회적인 문제로 연결되기도 한다.

　　㉤ 사회복지서비스는 개인의 욕구와 취향을 반영해야 하며, 개인의 기술과 재능을 개발할 수 있는 방향으로 전개되어야 한다.

## 3 | 지역사회복지실천(Community Welfare Practice)

### (1) 지역사회복지실천의 개념

① 지역사회복지실천은 지역사회를 단위로 한 전문적 사회복지실천의 방법이다.

② 지역사회를 대상(Target) 또는 클라이언트(Client)로 하는 사회복지실천을 말한다.

③ 지역사회 수준에서 지역 내의 집단과 조직, 제도, 지역주민 간의 상호관계 및 상호작용의 행동패턴을 변화시키기 위해 다양한 실천기술을 적용한다.

④ 지역사회복지를 달성하기 위해, 즉 지역사회 구성원들이 공유하는 문제와 관련하여 지역사회의 변화를 이끌어내기 위해 개입기술을 활용한다.

⑤ 지역사회복지실천은 지역사회복지 증진을 위한 모든 전문적 · 비전문적 활동을 포함한다.

### (2) 지역사회복지실천의 기본가치(Hardina) 8, 13, 18회 기출

① **문화적 다양성 존중** : 지역사회 내외의 차이 및 문화의 다양성을 인정하고 소외된 집단을 정책결정 과정에 참여하도록 유도한다.

② **자기결정과 임파워먼트** : 지역사회에서 지역주민이 스스로 문제를 해결할 수 있도록 역량을 강화시키도록 한다.

③ **비판의식의 개발** : 집단성원 간의 상호작용은 물론 건전한 비판의식을 통해 지역의 긍정적인 발전 및 변화를 도모한다.

④ **상호학습** : 특정한 가치와 신념을 신봉하거나 강요하지 아니하며, 지역의 다양한 문화적 배경을 학습하도록 한다.

⑤ **배분적 사회정의** : 자원의 균등한 배분을 토대로 사회정의를 수호하고자 하는 사명감을 가진다.

### (3) 지역사회복지실천의 원칙

① 지역사회의 갈등 해결을 위해 추진회를 구성한다.

② 지역사회의 갈등은 집약되고 공유되어야 한다.

③ 지역사회 내 풀뿌리 지도자를 발굴하고 참여시킨다.

④ 공동의 목표를 수립하고 이를 실천할 방법을 찾는다.

⑤ 지역주민들을 결속시킬 수 있는 이벤트를 개발 및 추진한다.

⑥ 지역주민들이 자유롭게 의사를 표현하도록 효과적인 의사소통을 개발하고 유지한다.

⑦ 모임 참여자들을 지지하고 역량을 강화한다.

⑧ 합리적인 절차를 준수하고 리더십을 개발한다.

⑨ 지역사회 내 유능한 지도자를 발굴 및 육성한다.

⑩ 지역주민들로부터 인정과 신용을 얻도록 한다.

### (4) 맥닐(McNeil)의 지역사회복지실천의 원칙(지역사회조직의 실천원칙)

① 지역사회조직은 주민들과 주민의 욕구에 관심을 갖는다.

② 지역사회조직의 일차적인 클라이언트는 지역사회이다.

③ 지역사회는 있는 그대로 이해되고 수용되어야 한다.

④ 지역사회의 모든 사람은 보건과 복지서비스에 관심을 갖는다.

⑤ 모든 사회복지기관과 단체는 상호 의존적이어야 한다.

⑥ 과정으로서의 지역사회조직은 사회사업의 한 방법이다.

⑦ 지역사회 주민들의 욕구와 관계는 계속 변화한다.

### (5) 존스(Johns)와 디마치(Demarche)의 지역사회복지실천에 대한 견해

① 지역사회조직은 수단(Means)이지 목적(End)이 아니다.

② 개인과 집단처럼 각 지역사회는 상이하다.

③ 지역사회는 개인과 동일하게 자기결정의 권리를 갖는다.

④ 사회적 욕구는 지역사회조직의 토대이다.

⑤ 사회복지기관은 자체 이익보다 지역사회복지를 우선시한다.

⑥ 조정(Coordination)은 성장을 위한 과정이다.

⑦ 지역사회조직을 수행하기 위한 구조는 가능한 한 단순해야 한다.

⑧ 지역사회서비스는 공평하게 분배되어야 하며, 모든 사람이 차별 없이 평등하게 이용할 수 있어야 한다.

⑨ 문제해결의 접근방법에 있어서 다양성이 존중되어야 한다.

⑩ 복지기관협의체에는 광범한 집단의 이익이 반영되어야 한다.

⑪ 지역사회복지기관의 효과적인 운영 및 사업을 위해 집중(Centralization)과 분산(Decentralization) 간의 균형이 있어야 한다.

⑫ 지역사회 내에 존재하는 집단들 간의 의사소통을 가로막는 장애물은 제거되어야 한다.

⑬ 지역사회는 전문가의 도움을 필요로 한다.

**01** 지역사회기능의 비교척도로 옳지 않은 것은?　　　　　　　　　　　　　　　　[15회]

① 사회성 : 지역사회의 사회적 분화 정도

② 서비스의 일치성 : 지역사회 내 서비스 영역이 동일 지역 내에서 일치하는 정도

③ 심리적 동일시 : 지역주민들이 자기 지역을 중요한 준거집단으로 생각하는 정도

④ 자치성 : 지역사회가 타 지역에 의존하지 않는 정도

⑤ 수평적 유형 : 상이한 조직들의 구조적 · 기능적 관련 정도

> **해설**
>
> 지역사회기능의 비교척도(Warren)
> - 지역적 자치성 : 타 지역에의 의존 정도는 어떠한가?
> - 서비스 영역의 일치성 : 서비스 영역이 동일 지역 내에 어느 정도 이루어지고 있는가?
> - 지역에 대한 주민들의 심리적 동일시 : 지역주민들이 자신이 소속된 지역에 대해 어느 정도 소속감을 가지고 있는가?
> - 수평적 유형 : 지역사회 내에 있는 상이한 단위조직들이 구조적 · 기능적으로 얼마나 강한 관련을 가지고 있는가?

**02** 지역사회(Community)에 관한 설명으로 옳지 않은 것은?　　　　　　　　　　　　[14회]

① 로스(M. G. Ross) : 지역사회를 지리적인 지역사회와 기능적인 지역사회로 구분

② 메키버(R. M. Maciver) : 인간의 공동생활이 영위되는 일정한 지역을 공동생활권으로 설명

③ 워렌(R. L. Warren) : 지역적 접합성을 가지는 주요한 사회적 기능수행의 단위와 체계의 결합

④ 길버트와 스펙트(N. Gilbert & H. Specht) : 지리적 영역, 사회 · 문화적 상호작용, 공동의 유대 등 3가지로 구성

⑤ 던햄(A. Dunham) : 지역사회의 유형을 인구의 크기, 경제적 기반 등의 기준으로 구분

> **해설**
>
> 힐러리(Hillery)는 「지역사회의 정의, Definition of Community」에서 '지역사회(Community)'라는 용어가 현대사회에서 상황에 따라 다양하게 사용되는 매우 복잡한 개념이라는 견해를 밝히면서 나름대로 3가지 공통적인 요소, 즉 지리적 영역(Area), 사회적 상호작용(Social Interaction), 공동의 유대(Common Tie)를 제시한 바 있다.

## 03 다음에서 설명하는 지역사회의 기능은? [10회]

> 지역사회 내 경찰과 사법권을 통해 그 구성원들에게 순응하도록 강제력을 발휘한다.

① 사회통제
② 생산·분배·소비
③ 사회화
④ 사회통합
⑤ 상부상조

**해설** 🔍 **지역사회의 기능(Gilbert & Specht)**
- 생산·분배·소비의 기능 : 지역사회 구성원들이 상품과 서비스를 생산하고 분배하며 소비하는 과정과 연관된다.
- 상부상조의 기능 : 지역사회 구성원들이 상부상조를 통해 욕구충족에 어려움을 겪는 구성원을 돕는 기능이다.
- 사회화의 기능 : 가족과 사회가 구성원에게 일반적인 지식, 사회적 가치, 행동양식을 전달하는 기능이다.
- 사회통제의 기능 : 지역사회가 구성원에게 사회규범에 순응하도록 행동을 규제하는 기능이다.
- 사회통합의 기능 : 지역사회 구성원들이 지역사회의 다양한 활동에 사발적으로 참여하도록 유도하는 기능이다.

## 04 지역사회복지 관련 개념에 대한 설명으로 옳지 않은 것은? [16회]

① 지역사회조직(Community Organization)은 전통적인 전문 사회복지실천방법 중 하나이다.
② 지역사회개발(Community Development)은 지역사회 문제를 해결하기 위해 전문가에 의한 주도적 개입을 강조한다.
③ 지역사회보호(Community Care)는 가정 또는 그와 유사한 지역사회 내의 환경에서 서비스를 제공하는 사회적 돌봄의 형태이다.
④ 지역사회복지실천(Community Practice)은 지역사회를 대상으로 하는 사회복지실천을 포괄적으로 일컫는 개념이다.
⑤ 재가보호(Domiciliary Care)는 대상자의 가정에서 서비스를 받는 것을 의미한다.

**해설** 🔍 **지역사회개발(Community Development)의 정의**
지역사회개발이란 지역주민들의 공동 참여를 전제로 지역주민들의 자발적·자조적 노력에 의해 주민들의 공통 욕구를 해결하고 주민들의 공동 운명의식을 토대로 경제적·사회적·문화적 발전을 도모하는 주민 생활 향상을 위한 대운동이다.

**05** 지역사회복지 이론에 관한 설명으로 옳지 않은 것은? [14회]

① 지역사회 상실이론 : 과거의 지역사회 공동체는 이상적인 것으로 복구될 수 없는 잃어버린 세계로 간주한다.

② 사회체계이론 : 지역사회를 하나의 체계로 간주하고 지역사회와 환경의 관계를 설명한다.

③ 생태이론 : 지역사회의 변화 과정을 역동적으로 설명하기 위해 경쟁, 중심화, 분산, 분리 등의 다양한 개념들을 사용한다.

④ 갈등이론 : 사회적으로 구성된 지식을 교환 가능한 자원을 매개로 사회적 행동을 추구하고자 한다.

⑤ 지역사회 개방이론 : 사회적 지지망의 관점에서 비공식적인 연계를 강조한다.

**해설** ④ 갈등이론은 지역사회 내 각 계층이 이해관계에 의해 형성되며, 지역사회구성원들 간에 경제적 자원, 권력, 권위 등이 불평등한 배분관계에 놓일 때 갈등이 발생한다고 본다. 특히 지역사회의 문제해결 및 지역주민들의 욕구해소를 위해 경제적 자원, 권력, 권위 등에 대한 재분배 요구가 확대되면서 사회행동이 표출된다고 본다.

**06** 다음 중 보기의 내용에서 A정신보건센터가 사용한 전략으로 가장 적절한 것은?

> A정신보건센터는 B정신병원으로부터 클라이언트를 의뢰받고 있다. 최근에 B정신병원이 클라이언트를 의뢰해 주는 조건으로 A정신보건센터의 자원봉사자를 자신들의 관련 업무에 활용할 수 있도록 해 줄 것을 요구하였다. A정신보건센터는 B정신병원의 요구가 지나치다고 판단하였고, 이에 인근에 있는 다른 C정신병원과 새롭게 연계하여 필요한 클라이언트를 의뢰받기로 하였다.

① 호혜성

② 연 합

③ 강 제

④ 경 쟁

⑤ 재평가

**해설** 경쟁(Competition)은 A가 필요한 자원을 B가 독점하여 일방적인 복종이 예상되는 경우, B와의 교환을 포기한 채 C나 D 등 다른 대상자에게서 필요한 자원을 획득하려고 하는 것이다.

**07** 다음 중 보기의 내용과 연관된 지역사회복지의 특성으로 가장 적합한 것은?

> • 지역사회복지는 주민의 생활권역을 기초로 하여 전개되는 것이다.
> • 주민의 생활권역은 주민생활의 장이면서 동시에 사회참여의 장이므로, 이 특성을 고려하여야 한다.

① 지역성
② 예방성
③ 연대성
④ 통합성
⑤ 공동성

**해설** 지역사회복지의 특성
• 연대성 및 공동성 : 주민 개인의 사적인 활동으로는 해결하기 어려운 과제를 주민들이 연대를 형성하고 공동의 행동을 통하여 해결한다.
• 예방성 : 지역사회 내의 복지욕구나 해결되지 못한 생활상의 문제를 주민참여를 통해 조기에 발견하여 대응함으로써 예방적 효과를 거둘 수 있다.
• 지역성 : 지역사회복지는 주민의 생활권역을 기초로 하여 전개되는 것이다. 특히 주민의 생활권역은 주민생활의 장이면서 동시에 사회참여의 장이므로 이 특성을 고려하여야 한다.
• 통합성 및 전체성(포괄성) : 서비스 제공기관 간 네트워크를 구축함으로써 지역주민들에게 종합적인 서비스를 제공하며, 지역주민들의 복잡하고 다양한 욕구와 문제를 해결하기 위해 생활의 전반적인 영역을 포괄적으로 다룬다.

**08** 다음 중 지역사회복지 이념에 대한 설명으로 옳지 않은 것은?

① 정상화는 1950년대 덴마크를 비롯한 북유럽에서 시작된 이념이다.
② 주민참여는 주민자치, 주민복지, 분권화로 설명된다.
③ 네트워크는 이용자 중심의 서비스를 지향한다.
④ 탈시설화는 생활시설의 폐지 혹은 무시설주의를 지향한다.
⑤ 사회통합은 지역사회 내의 갈등이나 불평등을 뛰어넘어 사회 전반의 통합을 지향한다.

**해설** ④ 탈시설화는 지역사회복지의 확대 발전에 따라 기존의 대규모 시설 위주에서 그룹 홈, 주간 보호시설 등의 소규모로 지역사회복지가 전개되는 것을 말하는 것으로, 이는 생활시설의 폐지 혹은 무시설주의를 지향하는 것은 아니다.

**09** 다음 중 지역사회복지실천에서 추구하는 가치로 옳지 않은 것은?

① 문화적 다양성 존중
② 배분적 사회정의
③ 자기결정과 임파워먼트
④ 상호학습
⑤ 비판의식의 지양

해설 ⑤ '비판의식의 지양'이 아닌 '비판의식의 개발'이 옳다. 비판의식의 개발은 지역사회복지 실천가가 억압을 조장하는 사회의 메커니즘을 인식하는 것을 의미한다. 지역사회복지 실천가는 그와 같은 사회의 구조 및 의사결정과정을 주시하고 이해하고자 노력하며, 더 나아가 이를 서비스 대상자들과 공유함으로써 그들로 하여금 비판의식을 제고하도록 한다.

**10** 다음 사례를 해결하기 위한 지역사회복지실천의 원칙은? [15회]

> A 사회복지사는 공동 사업 수행을 위해 특별추진회를 구성하였다. 그러나 주민들이 자유롭게 의견을 제시할 수 있는 기회를 제공하지 못한 채 사업추진을 진행하였다.

① 기관들 간의 역할 분담
② 효과적인 의사소통 개발과 유지
③ 인간 욕구의 가변성 수용
④ 집중과 분산 간의 균형
⑤ 전문가의 역할 강화

해설 지역사회복지실천의 원칙
• 지역사회의 갈등 해결을 위해 추진회를 구성한다.
• 지역사회의 갈등은 집약되고 공유되어야 한다.
• 지역사회 내 풀뿌리 지도자를 발굴하고 참여시킨다.
• 공동의 목표를 수립하고 이를 실천할 방법을 찾는다.
• 지역주민들을 결속시킬 수 있는 이벤트를 개발 및 추진한다.
• 지역주민들이 자유롭게 의사를 표현하도록 효과적인 의사소통을 개발하고 유지한다.
• 모임 참여자들을 지지하고 역량을 강화한다.
• 합리적인 절차를 준수하고 리더십을 개발한다.
• 지역사회 내 유능한 지도자를 발굴 및 육성한다.
• 지역주민들로부터 인정과 신용을 얻도록 한다.

**01** 지역사회복지에 관한 내용으로 옳은 것은? [18회]

① UN 지역사회개발 원칙은 정부의 적극적 지원을 받는 것이 아니라 민간 자원동원을 강조하였다.

② 던햄(A. Dunham)은 사회복지기관은 조직운영과 실천을 민주적으로 해야 한다고 하였다.

③ 로스(M. G. Ross)는 추진회 활동 초기에는 소수집단을 위한 사업부터 전개하는 것이 좋다고 하였다.

④ 맥닐(C. F. McNeil)은 지역사회도 자기결정의 권리가 있어 자발적인 사업추진은 거부해야 한다고 하였다.

⑤ 워렌(R. L. Warren)은 지역사회조직사업의 주요 목적은 지역사회 이익 옹호, 폭넓은 권력 집중이라고 하였다.

**해설** ② 던햄(Dunham)은 사회복지의 개념이 민주사회에서 생성되었다고 보았다. 그는 지역사회조직의 원리를 제시하면서, 사회복지기관이 지역사회의 유대감과 민주주의의 실천을 위해 협력하며, 지역사회의 복지와 민주적 제도를 위협하는 세력을 극복해야 한다고 강조하였다.
① UN 지역사회개발 원칙은 자조적 프로젝트의 효과를 위해 정부의 적극적 지원을 받아야 한다고 강조하였다.
③ 로스(Ross)는 추진회가 지역사회의 다양한 문제를 발견하여 모든 주민이 공동의 목표로 합의를 가지고 사업을 전개해야 한다고 강조하였다.
④ 맥닐(McNeil)은 지역주민 스스로 자기결정의 권리를 가지고 문제해결에 자발적으로 참여하도록 유도해야 한다고 강조하였다.
⑤ 워렌(Warren)은 지역사회 내에 권력이 폭넓게 분산되어 있어야 한다고 강조하였다.

**02** 기능적 공동체에 관한 설명으로 옳은 것을 모두 고른 것은?                    [19회]

> ㄱ. 멤버십(Membership) 공동체 개념을 말한다.
> ㄴ. 외국인근로자 공동체의 사례가 포함된다.
> ㄷ. 가상공동체인 온라인 커뮤니티도 포함된다.
> ㄹ. 사회문화적 동질성이 기반이 된다.

① ㄱ                                              ② ㄴ, ㄹ
③ ㄷ, ㄹ                                          ④ ㄱ, ㄴ, ㄹ
⑤ ㄱ, ㄴ, ㄷ, ㄹ

**해설** 기능적인 의미의 지역사회로서 기능적 공동체(Functional Community)
- 공동의 관심과 이해관계에 의해 형성된 공동체로, 사회문화적 동질성을 기반으로 한 멤버십 공동체 개념을 말한다.
- 직업, 취미, 활동영역 등 기능적 기준에 기초한 넓은 의미의 지역사회로, 이념, 사회계층, 직업유형 등을 중심으로 이루어진다.
- 가상공간(Cyberspace)은 시공을 초월하여 새로운 공동체 형성을 가능하게 하는데, 가상공동체(Virtual Community)로서 온라인 커뮤니티도 기능적 공동체에 포함된다.

**03** 다음은 워렌(R. Warren)이 제시한 지역사회 비교척도 중 어느 것에 해당하는가?    [20회]

> 지역사회 내 상이한 단위조직들 간의 구조적 · 기능적 관련 정도

① 지역적 자치성
② 서비스 영역의 일치성
③ 수평적 유형
④ 심리적 동일성
⑤ 시민통제

**해설** 지역사회기능의 비교척도(Warren)
- 지역적 자치성 : 타 지역에의 의존 정도는 어떠한가?
- 서비스 영역의 일치성 : 서비스 영역이 동일 지역 내에 어느 정도 이루어지고 있는가?
- 지역에 대한 주민들의 심리적 동일시 : 지역주민들이 자신이 소속된 지역에 대해 어느 정도 소속감을 가지고 있는가?
- 수평적 유형 : 지역사회 내에 있는 상이한 단위조직들이 구조적 · 기능적으로 얼마나 강한 관련을 가지고 있는가?

**04** 길버트와 스펙트(N. Gilbert & H. Specht)가 제시한 지역사회의 기능으로 옳은 것은? [20회]

> • ( ㄱ ) 기능 : 지역주민들이 필요한 재화와 서비스를 어느 정도 제공받을 수 있느냐를 결정하는 것
> • ( ㄴ ) 기능 : 구성원들이 사회의 규범에 순응하게 하는 것

① ㄱ : 생산 · 분배 · 소비       ㄴ : 사회통제
② ㄱ : 사회통합            ㄴ : 상부상조
③ ㄱ : 사회통제            ㄴ : 사회통합
④ ㄱ : 생산 · 분배 · 소비       ㄴ : 상부상조
⑤ ㄱ : 상부상조            ㄴ : 생산 · 분배 · 소비

> **해설** 지역사회의 기능(Gilbert & Specht)
> • 생산 · 분배 · 소비(경제제도) : 지역사회 주민들이 일상생활에 필요한 물자와 서비스를 생산하고 소비하는 과정과 관련된 기능을 말한다.
> • 상부상조(사회복지제도) : 사회제도에 의해 지역주민들이 자신들의 욕구를 스스로 충족할 수 없는 경우에 필요로 하는 사회적 기능을 말한다.
> • 사회화(가족제도) : 사회가 향유하고 있는 일반적 지식, 사회적 가치, 행동양식을 그 지역사회 구성원에게 전달하는 과정을 말한다.
> • 사회통제(정치제도) : 지역사회가 그 구성원들에게 사회규범에 순응하도록 행동을 규제하는 것을 말한다.
> • 사회통합(종교제도) : 사회체계를 구성하는 사회단위 조직들 간의 관계와 관련된 기능을 말한다.

**05** 힐러리(G. A. Hillery)가 제시한 지역사회의 기본요소로 옳게 묶인 것은? [17회]

① 지역주민, 사회계층, 전통적 가치체계
② 사회적 상호작용, 공동의 유대감, 지리적 영역의 공유
③ 경제, 종교, 교육, 보건과 사회복지
④ 역사적 유산의 공유, 지역 거주, 공동생활양식
⑤ 사회적 유사성, 공동체 의식, 전통과 관습

> **해설** 지역사회의 기본요소(Hillery)
> • 지리적 영역(Area)
> • 사회적 상호작용(Social Interaction)
> • 공동의 유대(감)(Common Tie)

# 지역사회복지의 역사

☆ 학습목표
- 서구의 사회복지발달사, 우리나라의 사회복지발달사에 대해 학습하자.
- 인보관과 자선조직협회의 비교, 미국과 영국의 지역사회복지에 대한 학습도 중요하지만 출제빈도나 경향을 보았을 때 우리나라의 사회복지발달에 대해 더욱 꼼꼼히 공부할 필요가 있다.

## 제 1 절  영국 지역사회복지의 역사

### 1  근대 지역사회복지의 주요 활동

#### (1) 자선조직협회(COS ; Charity Organization Society)   2, 3, 4, 5, 10, 11회 기출

① 등장배경
- ㉠ 영국은 19C 산업혁명 이후 급속도로 진행된 산업화로 인해 빈부격차가 심해지고 가난한 농민들이 직업을 찾아 도시로 모여들면서 도시빈민의 문제에 봉착하게 되었다.
- ㉡ 빈곤, 실업, 범죄, 질병, 비위생적인 환경 등 다양한 사회문제에 대처하기 위해 민간자선단체들이 생겨났으며, 도시빈민에 대한 민간차원의 구제활동이 활성화되었다.
- ㉢ 당시 민간자선활동은 통일되지 않았으므로 활동기관 간에 대립된 형태를 보이기도 했으며, 자선활동의 중복 및 누락 등의 문제가 제기되었다. 또한, 훈련받지 않은 사람들에 의해 수행된 활동으로 인해 자선에 대한 이미지가 손상되기도 하였다.
- ㉣ 개별적 자선행위의 무질서와 무계획에서 벗어나 빈민에 대한 환경조사와 상담을 통해 구제의 합리화와 조직화를 이루려는 시도가 펼쳐졌다.
- ㉤ 자선조직협회는 자선조직의 활동을 지역단위로 조직화하여 체계적인 자선을 시행하고자 한 것으로서, 1869년 영국 런던에서 만들어졌다.

② 목 적
- ㉠ 클라이언트의 환경조사를 통해 적절한 원조를 함으로써 중복구제를 방지한다.
- ㉡ 자선단체의 상호 간 업무연락을 통해 협력체계를 구축한다.
- ㉢ 구제자원과 피구제자와의 합리적인 조절과 효과를 제고시킨다.
- ㉣ 우애의 정신으로 구제의 도덕적 개혁을 강조한다.
- ㉤ 빈곤에 대한 개인의 책임을 강조하며, 자력으로 빈곤에서 탈피하도록 유도한다.

③ 원 칙
- ㉠ 협력과 조직화를 원칙으로 한다.
- ㉡ 원조의 대상을 '가치 있는 자'로 한정한다.

ⓒ 클라이언트를 사례에 의해 한정적으로 선택한다.

ⓔ 원조의 금액과 시기는 적정해야 한다.

④ 특 징

　ⓐ 인도주의·박애주의를 기본철학으로 하였으며, 그에 따라 우애방문자들이 무조건적인 봉사정신에 입각하여 사회빈곤층을 대상으로 인도주의적인 구호활동을 전개하였다.

　ⓑ 사회에 적합한 계층은 살아남는 반면, 부적합한 계층은 소멸된다는 **사회진화론**에 바탕을 두었다. 이는 사회빈곤층이 현 상태를 유지하도록 최소한의 도움을 제공해야 한다는 주장에 명분을 제공하였다.

　ⓒ 원조의 대상을 '**가치 있는 자**'로 한정하고, **도덕적·종교적 교화**를 통해 빈곤의 문제에 대처하였다.

　ⓓ 빈민에 대한 체계적인 환경조사는 오늘날 **개별사회사업** 및 **가족사회사업**으로의 발전에 영향을 미쳤다.

　ⓔ 여러 자선단체에서 중복구제를 받으려는 직업적인 클라이언트를 방지하기 위해 클라이언트를 자선단체에 등록시키고 이들 간의 연락기관을 설치하였다. 이는 오늘날의 **지역사회 조직사업**으로 발전하는 계기를 마련하였다.

　ⓕ 1860~1970년대 초창기 자선조직협회(COS)의 우애방문자들은 무급으로 일하는 자원봉사자들이었다. 그러나 이후 1900년대에 이르러 우애방문자들에게 활동에 대한 보수가 제공되면서, 우애방문자들은 그 역할 및 활동 영역이 넓어지게 되었으며, 책임성과 전문성을 가진 전문인으로 발전하게 되었다.

## (2) 인보관 운동(Settlement House Movement)

 1, 2, 4, 8, 10, 13회 기출

① 등장배경

　ⓐ 자선조직협회의 민간자선활동이 빈민구제에 공헌하였으나, 단순히 빈민에게 자선금을 분배해 주는 것은 한계가 있다는 문제가 제기되었다.

　ⓑ 사회적으로 혜택을 받지 못하는 사람들이 교육을 받을 수 있도록 하는 새로운 접근방법의 필요성이 제기되었다.

　ⓒ 데니슨(Denison) 목사는 대학생들과 빈곤한 노동자들을 연결하여 빈곤 문제를 해결하려는 일종의 사회이상주의 운동을 전개하였다. 그는 런던의 빈민지역인 스테프니(Stepney)로 이주하여 빈민들에 대한 구호활동과 자원봉사활동을 펼쳤다. 그의 활동은 주로 빈민들의 개인적인 문제를 들어주는 상담서비스 중심으로 이루어졌으며, 긴급한 경우에 한해 물적 원조를 실시하였다.

　ⓓ 바네트(Barnett) 목사는 옥스퍼드대 학생들과 교회청년들에게 빈민가에서 일하도록 권유하였다. 당시 옥스포드 출신 아놀드 토인비(Arnold Toynbee)가 폐병으로 일찍 사망하자, 바네트 목사와 그의 동료들이 1884년 화이트채플(Whitechapel) 지역에 세계 최초의 인보관인 토인비 홀(Toynbee Hall)을 세웠다.

② 목 적

　⊙ 자원봉사자와 대학생들에게 빈민들의 상황과 **사회개혁**의 필요성을 알린다.

　ⓒ 사회문제, 보건문제, 그리고 사회입법에 관한 일반 대중의 관심을 유도한다.

　ⓒ 빈민을 위한 교육과 문화 활동을 향상시킨다.

③ 특 징

　⊙ 경제현상으로서의 빈곤보다는 '빈곤에 대한 의식의 빈곤'을 문제시함으로써 빈곤에 의해 위기에 처한 인간 자신을 교육으로 변혁시킬 것을 강조하였다.

　ⓒ 중산계급의 뜻 있는 지식인들이 빈민촌에 정착하여 빈자들에 대한 교육 및 문화수준 향상을 위해 헌신함으로써 사회입법 등에 대한 여론을 환기시키고자 노력하였다.

　ⓒ 성직자나 대학생 등이 중심이 되었으며, 특히 **바네트(Barnett) 목사**의 주도하에 옥스퍼드대 학생들과 교회청년들이 참여하였다.

　ⓔ 서비스 조정보다 서비스 직접 제공에 역점을 두었으며, 부조나 원조보다 사회개혁을 강조하였다.

　ⓜ "Not Money, but Yourself", 즉 "돈을 내지 말고 당신 자신을 내어 놓으세요"를 표방하였다.

　ⓗ 주택의 개선, 공중보건의 향상, 빈민노동력의 착취 방지 및 해결 등 제반 사회문제에 대한 집합적인 해결을 강조하였다.

　ⓢ 언어훈련, 성인교육, 직업기술훈련, 환경개선운동 등을 공동으로 전개함으로써 빈민들이 자립할 수 있는 여건을 형성하기 위한 집단적인 노력을 전개하였다.

　ⓞ 클라이언트 집단을 중심으로 운영하였으며, 집단 레크리에이션 방법을 활용하였다. 이는 오늘날 현대적인 의미의 집단사회사업에 영향을 주었다.

---

**Plus ⊕ one**

**자선조직협회와 인보관 운동의 비교**

| 구 분 | 자선조직협회(1869) | 인보관 운동(1884) |
| --- | --- | --- |
| 사회문제의 원인 | 개인적인 속성 | 환경적인 요소 |
| 이데올로기 | 사회진화론 | 자유주의, 급진주의 |
| 주요 참여자 | 상류층과 중산층 | 지식인과 대학생 |
| 접근방법 | 빈민개조, 역기능의 수정 | 빈민과 함께 거주, 사회행동 |
| 역점 분야 | 기관들의 서비스 조정 | 교육적 사업 |
| 성 격 | 사회질서 유지 강조 | 사회개혁 강조 |

## (1) 지역사회보호의 태동기(1950년대~1960년대 후반)

① 지역사회보호의 시작은 사회적 보호의 욕구를 가진 사람들을 위한 보호의 방법으로서 수용시설에 대한 부정적인 평가에서 비롯되었다.

② 제2차 세계대전 이후 시설보호에서 지역사회보호로의 새로운 접근방법이 개발되었으며, 특히 노인과 정신질환자의 보호를 위한 프로그램이 점차 확대되었다.

③ 치료기술의 발전과 새로운 치료제의 도입은 환자의 조기퇴원과 정신병원의 폐쇄를 촉진하였다.

④ 1959년 정신보건법(Mental Health Act)이 제정됨으로써 지역사회보호가 법률적으로 명확히 규정되었으며, 당시 형식적으로나마 지역사회보호정책이 전개되었다.

⑤ 지역사회보호에 의한 치료방법은 환자에게 편리를 제공하는 등 치료적 차원에서 긍정적인 반응을 불러일으킨 것은 물론, 사회문제와 관련하여 개인이 속한 지역이라는 의미로써 지역사회에 대한 인식을 전환시켰다.

## (2) 지역사회보호의 형성기(1960년대 후반~1980년대 후반)    7, 9회 기출

시봄 보고서(Seebohm Report)를 필두로 지역사회복지에 관한 보고서들이 지역사회보호로의 실질적인 전환을 가져왔다.

① 시봄 보고서(Seebohm Report)    15회 기출

1968년 발표된 것으로서, 지역사회가 복지서비스에 대한 권한을 가지고 지역사회자원을 효과적으로 배분하는 것을 강조하였다. 특히 지방정부로 하여금 고용, 교육, 주택, 가정원조, 자원봉사조직 등 지역사회복지와 관련된 사회서비스국을 통합적으로 설치·운영하자고 제안하였다. 시봄 보고서는 지역사회보호를 구체화한 동시에 지역사회보호의 정책적 근거를 제공했다는 점에 의의가 있다.

② 하버트 보고서(Harbert Report)    20회 기출

1971년 당시 지방정부 사회서비스국의 행정책임자로 있던 하버트(Harbert)가 '지역사회에 기초한 사회적 보호(Community-based Social Care)'라는 제명으로 발표하였다. 공공서비스와 민간서비스의 주요 과업은 비공식 보호를 지원함으로써 클라이언트의 긴급한 욕구를 충족시키는 것이라고 주장하였다. 특히 공공서비스와 민간서비스 외 가족체계나 지역사회 하위단위에 의한 비공식적 서비스의 중요성을 강조하였다.

③ 바클레이 보고서(Barclay Report)

1982년 발표된 것으로서, 지역사회를 중심으로 자원봉사자의 적극적인 활용과 함께 지역을 기초로 한 사회사업을 강조하였다. 특히 지역사회 내 비공식적 보호망의 중요성을 제기하며, 공식적 사회서비스가 비공식적 서비스와 긴밀한 관계를 유지해야 한다고 주장하였다.

### (3) 지역사회보호의 발전기(1980년대 후반~현재)

① 1988년 당시 지역사회보호개선위원회 위원장을 역임한 그리피스 경(Sir Griffiths)이 지역사회보호 및 공공재정의 활용방안과 관련하여 그리피스 보고서(Griffiths Report)를 작성하였으며, 이는 '지역사회보호-행동의제(Community Care-An Agenda for Action)'라는 제명으로 발표되었다.

② 그리피스 보고서는 지방정부의 역할 축소 및 민간 부문의 활성화를 골자로 하여 특히 지역사회보호를 위한 권한과 재정을 지방정부에 이양하고, 민간 부문의 경쟁을 통해 서비스 제공을 다양화할 것을 주장하였다.

③ 1990년 경쟁을 통한 서비스 제공의 다양화를 도모하는 취지의 입법이 '국민보건서비스 및 지역사회보호법(National Health Services and Community Care Act)'의 공표로 나타났다.

④ 1993년 지역사회보호개혁은 시장경제의 원리를 통해 지역사회보호서비스의 수준을 향상시키는 한편, 케어 매니지먼트의 도입으로 적절한 서비스를 제공하고자 하였다.

⑤ 지역사회보호 실천주체의 다양화는 신보수주의 이념적 경향 하에 복지다원주의의 논리로써 뒷받침되고 있다.

---

### Plus ⊕ one

**그리피스 보고서(Griffiths Report)의 주요 내용**
• 첫째, 지역사회보호의 일차적인 책임은 지방당국이 진다.
• 둘째, 지방당국은 대인사회서비스의 직접적인 제공자가 아닌 계획, 조정, 구매자로서의 역할을 수행한다.
• 셋째, 주거보호에 대한 욕구는 지방당국에 의해 사정된다.

---

## 제2절 미국 지역사회복지의 역사

### 1 근대 지역사회복지의 주요 활동

#### (1) 자선조직협회 운동

① 1865년 남북전쟁 이후 미국의 산업자본은 크게 발전하였으나, 이와 같은 산업자본의 발전에 기초를 두고 등장한 자유방임주의는 빈민구제에 대한 반대의 입장을 천명하였다.

② 원내구제원칙에 의해 공적구제로부터 배제된 대량의 실업빈민들이 비체계적인 민간자선단체들에 모여들게 되었고, 이에 민간자선단체들은 무질서한 구제를 반성하고 자선의 효율화를 기하기 위해 영국의 자선조직협회 방식을 도입하였다.

③ 영국 성공회의 거틴(Gurteen) 목사는 1869년 영국에서 처음 만들어진 자선조직협회를 본받아 1877년 뉴욕 주 버팔로 시에 미국 최초의 자선조직협회를 창설하였다.

④ 자선조직의 원칙은 모든 지방자선단체에 대해 그들 대표로 구성하는 하나의 위원회 하에 두고, 서비스의 중복과 자금의 낭비를 방지하기 위해 중앙등록제를 실시하는 것이었다.

⑤ 이와 같은 자선조직협회 운동은 전문적인 개발사회사업과 지역사회조직기술의 시발점을 형성하는 기초가 되었다.

### (2) 인보관 운동

① 1870년대 자유경쟁이 치열했던 자유방임주의 시대에 빈부격차는 극심한 상태에 이르렀고, 빈민가는 비위생, 부도덕, 범죄 등 무질서 문제를 일으켰다.

② 코이트(Coit)는 영국 런던의 토인비 홀을 견학하여 인보관 운동의 이념 및 방법 등을 배운 후 미국 최초의 길드인 근린길드(Neighborhood Guild)를 만들었으며, 이후 아담스(Adams)가 헐 하우스(Hull House)를 설립하였다.

③ 인보관 운동가들은 사회문제의 원인을 개인의 나태나 무절제에 기인한 것으로 보지 않고, 사회적 환경을 그 결정적인 원인으로 간주하였다.

④ 미국의 인보관 운동은 자본주의의 틀 속에서 사회연대의식을 기초로 한 **사회개량주의**의 입장을 취하였다. 이는 노동조합의 결성을 조장하는 것을 비롯하여, 탁아, 교육, 공중위생 등 다양한 분야의 활동으로 전개되었다.

⑤ 이와 같은 인보관 운동은 전문사회사업방법론으로서 집단사회사업, 사회복지조사, 사회복지정책 등의 시발점을 형성하는 기초가 되었다.

## 2 지역사회복지의 발전 과정

10, 12, 16회 기출

### (1) 자선조직화운동시기(1865~1914년)

① 남북전쟁이 끝나고 제1차 대전이 시작되는 시기로 산업화, 도시화, 이민문제, 흑인문제 등 사회적 문제들이 대두하였다. 한편 사회진화론, 급진주의, 실용주의, 자유주의 등이 지역사회조직사업에 영향을 주게 되었다.

② **자선조직협회 운동**

1877년 미국 뉴욕 주 버팔로 시에 설립된 COS는 원래 빈민구호가 목적이었으나 기관들 간의 업무 조정뿐만 아니라 직접적인 구호와 서비스를 제공하게 되었다.

③ **인보관 운동**

미국 최초의 인보관 운동에 대해서는 학자들 간에 이견이 있으나, 1886년 코이트(Coit)가 뉴욕에 설립한 근린길드(Neighborhood Guild)와 1889년 아담스(Adams)가 시카고에 설립한 헐 하우스(Hull House)를 들 수 있다.

④ **자선연합회**

자선조직협회의 발전된 형태로서 현대적인 지역사회복지협의회에 해당하는 자선연합회(Associated Charities)가 1908년 피츠버그에 출현하였다.

## (2) 지역공동모금과 협의회 발전시기(1914~1929년)

① 제1차 세계대전의 종식과 대공황으로 이어지는 이 기간 동안에 산업화 · 도시화 및 인종대립과 갈등이 더욱 가속화되었다.

② 도시빈민을 다루는 사회복지기관들이 계속 증가하여 재정난이 발생했고, 지역사회가 이를 충족시키기 위해 전시모금기구를 설립하였다.

③ 사회복지기관협의회(밀워키와 피츠버그에 설립)가 설립되었던 시기이다.

## (3) 공공복지사업 발전시기(1929~1954년)

① 대공황과 제2차 세계대전으로 인해 경제 및 사회분야에 있어서 정부의 개입이 확대되었다.

② 이데올로기가 양분되고 동서양극체제가 형성됨으로써 사회적인 혼란이 심화되었다.

③ 1935년 사회보장법(Social Security Act)이 제정되었으며, 공적부조사업을 비롯한 다양한 공공복지 프로그램이 시행되었다.

④ 1938년 공정노동기준법(Fair Labor Standards Act)이 제정되어 현대적인 의미의 전국 최저임금제도가 시행되었다.

## (4) 지역사회복지 정착시기(1955년 이후)

① 흑인차별에 반대하는 민권운동과 사회개혁을 주장하는 학생운동이 펼쳐졌으며, 연방정부를 중심으로 빈곤문제를 해결하기 위한 각종 프로그램들이 시행되었다.

② 반(反)공산주의의 이념적 논쟁을 주도했던 매카시즘(McCarthyism)이 종식되었다.

③ 대통령 존 F. 케네디(John F. Knnedy)가 빈곤지역을 퇴치하기 위한 정책을 준비하였다. 그가 암살당한 다음 해인 1964년 미국의 존슨(Johnson) 행정부는 '빈곤과의 전쟁(War on Poverty)'을 선포하였다. 이를 계기로 지역사회개혁프로그램(CAP ; Community Action Program)을 실시하였으며 따라서 사회복지에 대한 연방정부의 역할과 책임이 증대되었다.

④ 1965년 빈곤의 대물림을 방지하기 위한 시도로서 빈곤아동에 대한 종합지원서비스인 헤드스타트(Head Start) 프로그램이 도입되었다.

⑤ 1970년대에는 극심한 인플레이션과 석유파동으로 인해 정부의 지원규모가 축소되어 복지 프로그램이 축소되었고 인종차별 금지와 반전(反戰)운동 등 사회정의와 관련된 이슈에 대해 직접적인 조직화가 이루어졌으며, 다양한 전략과 접근을 활용한 사회행동 및 옹호계획이 개발되었다.

⑥ 1980년대 공화당의 레이건(Reagan) 행정부는 '작은 정부(Small Government)'를 지향하여 사회복지에 대한 지원을 연방정부 책임 하에서 지방정부, 민간기업, 가족에 중심을 두는 방향으로 전환하였다. 이와 같은 이른바 레이거노믹스(Reaganomics)는 중앙정부의 지역사회복지 예산축소를 가져왔다.

⑦ 지역사회복지가 전문영역으로 인정되었으며, 지역사회복지실천이 다양한 접근모델과 프로그램으로 세분화 · 구체화되었다.

⑧ 1996년에 시행된 '복지개혁(Welfare Reform)'은 복지예산 삭감 및 서비스 축소의 압력, 사회복지서비스의 민영화 등 보수주의적 분위기에서 비롯된 것으로, 지역사회 중심의 민간 비영리조직의 양적 확산은 물론 개인적 책임과 근로연계를 강화하는 **생산적 복지**를 강조하였다.

⑨ 오바마 행정부는 과거 전력 및 선거운동에서 보여준 사회참여와 활동을 통해 **풀뿌리 지역 사회조직활동**에 대한 새로운 평가와 함께 지역사회조직화에 대한 학문적·실천적 관심을 증대하였다.

## 제3절  우리나라 지역사회복지의 역사

### 1  일제시대 이전

#### (1) 전통적 인보활동
13, 15회 기출

① 두 레

촌락단위의 농민 상호협동체로서, 자연발생적으로 조직된 원시적인 농민중심의 협동체로 볼 수 있다. 촌락공동체의 공동방어, 공동노동, 공동유흥, 상호부조 등의 기능을 담당하였으며, 특히 두레의 공동주의 정신은 현재까지 농촌사회의 자치와 협동의 제 영역에 걸쳐 잠재적인 영향을 미치고 있다.

② 계(契)

조합적 성격을 지닌 자연발생적 조직으로서, 전통적 생활구조의 사회경제적 측면을 집약적으로 반영한 자생적 조직의 실체적 구조이다. 공익, 산업, 영리, 친목, 공제 등 다양한 목적을 가지며, 오늘날에도 민간 차원에서 친목과 공제적 목적으로 형성되어 있다.

③ 품앗이

지역 내의 이웃이나 농촌의 농민들이 서로 노동력을 차용 또는 교환하는 조직이다. 우리나라 농촌의 가장 대표적인 노동협력 양식으로서, 오늘날에도 지역사회 내 자원봉사조직체를 통해 노동력 교환의 형태로 전통이 이어지고 있다.

④ 향약(鄕約)

지역사회의 발전과 지역주민의 순화·덕화·교화를 목적으로 한 지식인들 간의 자치적 협동조직이다. 특히 향약의 4대 강목 중 **환난상휼(患難相恤)**은 현대적인 의미의 상부상조 조직이나 지역사회복지정책과 밀접하게 연관되어 있다.

⑤ 사창(社倉)

지역사회의 재앙이나 흉년에 대비하여 미리 지역주민들에게 곡식을 징수하는 촌락단위의 구휼제도로서, 의창, 상평창과 더불어 삼창의 하나였다. 촌락단위에서 자치적으로 행해지면서도 국가의 지도와 감독을 받는다는 점에서, 오늘날의 민간지역 사회복지활동과 유사하다고 볼 수 있다.

**Plus ⊕ one**

향약(鄕約)의 4대 강목
- 덕업상권(德業相勸) : 좋은 일은 서로 권함
- 과실상규(過失相規) : 잘못은 서로 규제함
- 예속상교(禮俗相交) : 예에 맞는 풍속은 서로 교환함
- 환난상휼(患難相恤) : 어려움을 당하면 서로 도와줌

### (2) 정부에 의한 인보제도

#### ① 의창(義倉)

고려와 조선시대에 각 지방에 설치한 창고로, 평상시에 곡식을 저장하였다가 흉년이 들었을 때 저장한 곡식으로 빈민을 구제하였던 제도이다. 의창은 빈민에 대해 정부가 무상의 구제를 한 점에서, 오늘날의 생활보호사업과 기본적인 성격이 같다고 볼 수 있다.

#### ② 상평창(常平倉)

풍년에 곡가가 떨어지면 관에서 시가보다 비싸게 미곡을 사두었다가 흉년에 곡가가 오를 때 싸게 방출함으로써 물가를 조절하여 농민의 생활을 돕고자 한 제도이다. 무상구제를 특징으로 한 의창과 달리, 빈민에 대해 곡물을 대여하고 일정 기간의 상환의무를 부여했다는 점에서 의창과 차이가 있다.

#### ③ 오가통(五家統)

**13회 기출**

정부에 의해 어느 정도 강제성을 지닌 인보제도로서, 각 하급 지방행정구획을 세분하여 그 구역 내의 구성원이 지역의 치안을 유지하고 복리를 증진하며, 교화를 향상하여 지방행정의 운영을 돕도록 한 조선시대의 지방자치제도이다. 본래 중국의 인보제도를 차용한 것으로서, 가구원의 수나 재력의 빈부에 관계없이 인접한 5가구를 1통으로 편성하는 것을 원칙으로, 해당 5가구 중 지위나 연령이 높은 사람 1명을 선발하여 통내의 사무를 관장케 하였다.

#### ④ 진휼청

의창(義倉)이나 상평창(常平倉)과 같이 흉년으로 인한 이재민과 빈민을 구제하던 국가기관으로서, 평상 시 상평창과 함께 곡가 조절 업무를 수행하다가 흉황 시 구휼·진대 업무를 수행하였다.

#### ⑤ 대비원(大悲院)

고려시대와 조선시대의 의료구호기관으로서, 병자나 굶주린 사람을 수용하여 치료·보호하던 일종의 국립의료기관이다. 고려시대에 개경을 중심으로 동쪽과 서쪽에 있었다고 하여 동서대비원(東西大悲院)으로 불렸으며, 조선시대에 동서활인원(東西活人院), 활인서(活人署)로 개칭되었다.

## 2 일제 강점기

### (1) 주요 특징

① 식민통치의 합리화와 황국신민사상의 주입을 위한 정치 이데올로기적 성격을 띠었다.

② 식민지 통치정책의 전개에 따라 필요적으로 변화하였다.

③ 식민지 민중운동의 성장과 발전을 무마하고 지배체제로 편입시키고자 하였다.

④ 구호의 질적인 면에 있어서도 일본인과 차별적인 급여가 주어졌다.

⑤ 전반적으로 빈곤정책을 빈민의 기본적 욕구해결에 치중하기보다는 식민지 지배질서의 안정에 주안점을 두었다.

### (2) 지역사회복지의 주요 내용    12회 기출

① 조선사회사업협회

사회복지사업의 연락·조사·연구기관으로 1921년 4월에 조직된 '조선사회사업연구회'가 1929년 4월에 '조선사회사업협회'로 개칭·확대되어 조선총독부 사회과 내에 설치되었다. 협회는 사회사업의 상호 연락·통일을 도모하고 사회사업의 조사연구를 실시하며, 사회사업을 장려·원조하는 등 다양한 사업을 펼쳤다. 오늘날의 사회복지협의회와 유사하나, 조직이관에 의해 통제된 점에서 정부기관으로 간주할 수 있다.

② 조선구호령(朝鮮救護令)

1944년 식민통치의 일환으로 일본의 구호법에 기초하여 제정·시행된 것으로서, 이는 정치적 목적의 자선 및 시혜의 의미를 가지고 있었으며, 실질적인 급여 또한 형식적인 수준에 그쳤다. 다만, 조선구호령은 근대적 의미의 공공부조의 시작으로 볼 수 있으며, 이를 토대로 해방 이후 '생활보호법'이 만들어졌다.

## 3 해방 이후    10, 11, 12, 14, 15, 16, 17, 18, 20회 기출

### (1) 1960년대 이전의 사회복지

① 1950년대에는 전후 경제·사회·정치가 혼란스러웠으나, 외형적으로는 외국계 원조단체의 자선구호활동, 전문사회사업교육기관의 설치, 각종 복지직능단체의 발생 등 민간사회사업은 활발했던 반면 국가의 사회복지정책은 응급구호사업이 중심을 이루고 있었으며 행정상으로도 일제와 미군정의 사회복지정책의 틀을 벗어나지 못했던 시기라 할 수 있다.

② 한국전쟁 직후 외국의 구호단체들이 다수 들어오면서 외원기관들이 난립하게 되었다. 이후 외원기관의 개별적 활동으로 인해 비체계적·비효율적인 서비스 제공이 이루어지면서 서비스제공자 간 협력 및 조정체계 구축의 필요성이 제기되었으며, 이를 계기로 한국외원단체협의회(KAVA ; Korea Association of Voluntary Agencies)가 결성되었다. 한국외원단체협의회는 학교, 병원, 고아원 등의 시설을 설립·운영하며, 시설에 필요한 각종 물품 및 서비스를 제공함으로써 시설중심의 사회복지를 발전시켰다.

③ 관계법령
  ㉠ 미성년자 노동보호법(1947년), 국가공무원법(1949년), 지방자치법(1949년)
  ㉡ 한국사회복지협의회 설립(1952년)
  ㉢ 근로기준법(1953년)
  ㉣ 국립중앙사회사업종사자 훈련소의 설립(1956년)
  ㉤ 소년법(1958년)

## (2) 1960년대의 사회복지

① 근대적 의미의 사회보장제도는 5·16 군사혁명 후 태동되었고 군사정부에 의하여 몇 가지 의욕적인 사회보장 입법들이 이루어졌다. 이 시기 군사정부는 1962년에 사회보장심의위원회 규정(대통령령)을 제정하고 사회보장심의위원회를 구성하여 이러한 사회보장 입법을 추진하였다. 그러나 경제적 여건으로는 이러한 입법들을 뒷받침할 만한 수단이 마련되지 못하여 제대로 시행되지 못하는 경우가 많았다.
② 경제발전을 통한 사회문제의 변화에 따라 사회복지정책변화가 생성되었으며, 이로써 일제와 미군정의 사회복지행정에서 탈피하게 되었다.
③ 5·16 군사정변 이후 생활보호법을 필두로 전반적인 사회복지법제의 외형적인 기초를 완성하게 되었지만 시행 측면에서는 성공적이지 못했다.
④ 당시에는 외원기관이 활발한 활동으로 경제개발계획에 참여하고 사회복지서비스 전달의 측면에서 상당한 도움을 주었다.
⑤ 사회사업교육에 있어서는 기술론 중심의 미국 모형을 탈피하여 한국사회사업교육의 모색과 재조명을 위한 노력의 시기였다.
⑥ 관계법령
  ㉠ 공무원연금법(1960년)
  ㉡ 보호시설에 있는 고아의 후견직무에 관한 법률, 군경원호보상법, 윤락행위 등 방지법, 생활보호법, 아동복리법, 고아입양특례법(1961년)
  ㉢ 재해구호법, 선원보험법, 국가유공자특별구호법(1962년)
  ㉣ 군인연금법, 산업재해보상보험법, 의료보험법(1963년)
  ㉤ 직업안정 및 고용촉진에 관한 법률(1967년)
  ㉥ 자활지도사업에 관한 임시조치법(1968년)

## (3) 1970년대의 사회복지

① 본격적인 의미의 사회보장의 추진은 일정 수준의 경제 성장을 이룬 1970년대 중반 이후, 제4차 경제개발 5개년 계획부터라고 할 수 있다.
② 고도성장에 따른 경제적·사회적 불균형을 시정하는 것이 곧 계속적인 경제발전을 이루는 원동력이 된다고 보고 제4차 경제개발 5개년 계획부터 사회개발을 병행하여 추진해나가되, 우선적으로 의료문제 해결을 위하여 의료보장정책에 중점을 두고 추진하였다.

③ 관계법령

ㄱ 사회복지사업법, 재해구제로 인한 의사상자구호법(1970년)

ㄴ 국민복지연금법, 사립학교 교직원연금법(1973년)

ㄷ 직업훈련기본법(1976년)

ㄹ 공무원 및 사립학교 교직원의료보험법, 의료보호법(1977년)

### (4) 1980년대의 사회복지

20회 기출

① 제5공화국은 국가안보를 전제로 민주주의의 정착과 정의사회의 구현, 복지국가의 건설, 교육개혁과 문화창달 등 새로운 사회건설의 국정지표를 제시하였다.

② 제6공화국 출범 이후 사회복지정책이 주요 정치 현안으로 떠올랐고, 1980년대 후반부터 한국형 복지모형론이 등장했다. 한국형 복지모형론의 등장 배경은 1970년대 중반 이후 선진복지국가에서 복지국가위기론이 대두되면서 한국도 복지병을 겪게 될 수 있다는 염려 때문이었다.

③ 1980년대 민주화 운동으로 전개된 지역사회 생활권 보장을 위한 활동은 **사회행동모델**에서 비롯되었다.

④ 1983년 사회복지사업법 개정으로 사회복지관 운영 국고보조가 이루어지고, 사회복지사 국가자격제도가 시행되었다. 각 대학은 사회사업과의 명칭을 사회복지학과로 개칭하거나 사회복지학과를 신설하였다. 1980년대 후반에는 **사회복지관 운영·국고보조사업지침**이 마련되었고 **사회복지관사업**이 전국적으로 확대되었다.

⑤ 1987년 사회복지전문요원제도가 시행되어 공공영역에 사회복지전문요원이 배치되었다.

⑥ 1988년 주택건설촉진법에 따라 저소득 무주택자를 위한 영구임대아파트가 건설되면서 아파트단지 내에 사회복지관을 의무적으로 건립하도록 하였다.

⑦ 관계법령

ㄱ 아동복지법, 심신장애자복지법, 노인복지법, 공직자윤리법, 산업안전보건법(1981년)

ㄴ 원호사업법, 진폐의 예방과 진폐근로자의 보호 등에 관한 법률(1984년)

ㄷ 최저임금법, 공중위생법(1986년)

ㄹ 남녀고용평등법, 청소년육성법(1987년)

ㅁ 보호관찰법, 주택건설촉진법(1988년)

ㅂ 모자복지법, 장애인복지법, 도시지역의료보험의 실시(1989년)

### (5) 1990년대의 사회복지

16, 18, 19, 20회 기출

① 문민정부는 '신경제 5개년 계획'의 사회복지부문에서 우리나라 제7차 경제사회발전 5개년 계획 복지정책의 기본 방향을 국가발전수준에 부응하는 사회복지제도의 내실화에 두고 국민복지를 증진시킬 것을 제시하였으나 사회복지와 관련해서는 소극적으로 대처하다가 1995년 초에 와서야 성장 위주의 정책에서 벗어나 삶의 질과 생산적인 국민복지에 적극적인 관심을 기울여야 할 것이라고 강조하였다.

② 1991년 재가복지봉사센터 설치·운영의 지침이 마련되어 1992년에 최초로 설립되었다. 당시 전국의 사회복지관 105개에 재가복지봉사센터를 신설하였으며, 8개의 노인복지관과 16개의 장애인복지관에도 설치되어 총 129개가 설립되었다.

③ 1995년 7월 보건복지사무소 시범사업이 4년 6개월간 실시되어 1999년 12월에 종료되었다.

④ 1996년 자활지원센터 시범사업이 전국 5개소에서 실시되었다.

⑤ 1997년 사회복지공동모금법의 제정을 통해 1998년에 전국 16개의 광역 시·도에 '사회복지 공동모금회'가 설립되어 전국적으로 공동모금이 실시되었으며, 1999년에 '사회복지공동모금법'이 '사회복지공동모금회법'으로 개정되어 지역공동모금회가 중앙공동모금회의 지회로 전환되었다.

⑥ 1998년 사회복지사업법 개정을 통해 사회복지시설평가 법제화가 이루어졌으며, 1999년부터 모든 사회복지시설이 3년마다 평가를 받도록 하였다.

⑦ 1999년 9월 국민기초생활보장법이 제정됨에 따라 빈곤문제에 대한 사회안전망의 기초를 튼튼히 하고 빈곤의 장기화를 방지하려는 시도가 펼쳐졌다.

⑧ 관계법령
   ㉠ 의사상자보호법(1990년)
   ㉡ 고령자고용촉진법(1991년)
   ㉢ 귀순북한동포보호법, 일제하 일본군위안부에 대한 생활안정지원법(1993년)
   ㉣ 성폭력범죄의 처벌 및 피해자보호 등에 관한 법률(1994년)
   ㉤ 정신보건법, 사회보장기본법, 여성발전기본법, 군인복지기금법, 국민건강증진법, 입양촉진 및 절차 등에 관한 특례법(1995년)
   ㉥ 청소년보호법, 사회복지공동모금법, 장애인·노인·임산부 등 편의증진보장에 관한 법률, 국민의료보험법, 가정폭력방지 및 피해자보호 등에 관한 법률(1997년)
   ㉦ 국민기초생활보장법(1999년)

### (6) 2000년대 이후의 사회복지    10, 11, 12, 14, 16, 17, 18, 19, 20회 기출

① 참여정부는 국민이 복지정책의 계획·수립·집행·평가의 전 과정에 적극 참여하도록 하는 이른바 '참여복지'를 목표로 제시하였다. 이로써 지역사회복지에 있어서 지역주민의 능동적인 역할을 강조하는 동시에 보편적 서비스 제공을 위해 국가의 역할이 증대되었다.

② 2000년 10월부터 국민기초생활보장제도가 전국적으로 시행되었다. 이로써 최저생계비 이하의 모든 국민이 근로능력에 상관없이 국가로부터 최저생활을 보장받을 권리를 인정받게 되었다.

③ 2003년 사회복지사업법 개정을 통해 2005년 7월 31일부터 시·도 및 시·군·구 지역사회복지계획을 4년마다 수립·시행하도록 의무화하였다.

④ 2004년 6월 건강가정지원센터 시범사업을 실시하였으며, 2005년 1월 중앙건강가정지원센터의 개소에 따라 본격적인 사업을 시작하였다.

⑤ 2004년 7월 사회복지사무소 시범사업이 2년간 실시되어 2006년 6월에 종료되었다.

⑥ 2005년부터 2009년까지 한시적 분권교부세를 운영하기로 하였으나 이를 2014년까지 연장 운영하였으며, 2015년부터는 보통교부세로 통합되었다.

⑦ 2006년 7월부터 지역주민이 주민생활 관련 행정서비스를 제공받기 위해 개별기관을 일일이 방문하지 않고 시·군·구 또는 읍·면·동사무소 중 한 군데만 방문하여도 관련 서비스를 종합적으로 제공받을 수 있는 주민생활지원서비스가 실시되었다.

⑧ 2007년에 **지역사회서비스 투자사업**이 도입되었으며, 해당 사업과 관련하여 **사회보장정보원**이사회 서비스이용권(바우처) 비용 지급 및 정산, 시·군·구 예탁금 관리, 사업 모니터링 실시 및 통계 관리, 사업 품질평가 등을 담당하고 있다.

⑨ 2007~2010년 제1기 지역사회복지계획이 수립·시행되었고, 2011~2014년 **제2기 지역사회복지계획**이 수립·시행되었다.

⑩ 2010년 사회복지통합관리망 '**행복e음**'이 구축되었으며, 이를 계기로 2012~2013년 범정부 복지정보통합시스템인 **사회보장정보시스템**이 단계별로 개통되었다.

⑪ 2012년 5월 경제적·정서적 도움을 필요로 하는 주민들을 적극 발굴하여 지속적인 사례관리를 통해 필요한 서비스를 연계해 주는 희망복지지원단을 운영하기 시작하였다. 희망복지지원단은 **지역주민 맞춤형 통합서비스체계 구축**을 목적으로 지역사회가 보유한 자원과 서비스를 총괄적으로 조정한다.

⑫ 2013년 9월 정부가 발표한 '지방재정 건전화를 위한 재원조정 방안'에 따라 **노인양로시설, 장애인거주시설, 정신요양시설 사업 등**(단, 아동복지시설 사업은 제외)은 2015년부터 중앙 정부로의 환원이 이루어졌다.

⑬ 2015년 7월 서울시의 '찾아가는 동주민센터' 사업이 서울시 424개 동 중 80개 동에서 처음 시작된 이후 전체 동으로 확산되고 있다.

⑭ 2015년 7월부터 사회보장급여의 이용·제공 및 수급권자 발굴에 관한 법률에 따라 '지역사회복지계획'이 '지역사회보장계획'으로 변경되었으며, 기존의 '지역사회복지협의체'가 '지역사회보장협의체'로 개편되었다.

⑮ 2015년 7월부터 국민기초생활보장제도가 맞춤형 급여체계로 개편되었다. 이에 따라 급여별수급자 선정기준이 다층화 되었으며, 수급자 선정기준으로 기존의 '최저생계비' 대신 '기준 중위소득'을 사용하게 되었다.

⑯ 2016년 '복지 행복 체감 프로젝트'의 일환으로서 복지 관련 공공 및 민간 기관·법인·단체·시설 등과의 지역 네트워크를 기반으로 읍·면·동 중심의 통합서비스 제공을 위한 '**읍·면·동 복지허브화**'를 추진하였다. 이를 위해 2016년 3월 자치단체의 조례 개정을 권고하여 기존의 '읍·면 사무소 및 동 주민센터'를 '**읍·면·동 행정복지센터**'로 순차적으로 변경하도록 하였다.

⑰ 2018년 문재인 정부의 이른바 '**포용적 복지(Inclusive Welfare)**'는 지역주민이 체감하는 지역복지 안전망 구축을 목표로 읍·면·동 복지공무원과 민간 자원봉사자가 함께 도움이 필요한 주민을 방문하여 복지상담 및 서비스를 제공한다.

⑱ 2019년 3월 사회서비스의 공공성 강화를 위한 **사회서비스원**의 서울 출범을 시작으로 2022년까지 전국 17개 시·도로 확대될 예정이다.

⑲ 2019년 6월부터 지역주도형 정책으로서 **지역사회 통합돌봄(커뮤니티케어)** 선도사업이 실시되어 2026년 통합돌봄의 보편적 실행을 목표로 추진 중이다.

⑳ 관계법령

　㉠ 사회복지의 날(9월 7일) 제정(2000년)

　㉡ 건강가정기본법(2004년)

　㉢ 저출산 · 고령사회기본법, 자원봉사활동기본법, 긴급복지지원법(2005년)

　㉣ 장애인차별금지 및 권리구제 등에 관한 법률, 노인장기요양보험법, 한부모가족지원법(2007년)

　㉤ 다문화가족지원법, 건강검진기본법(2008년)

　㉥ 장애인연금법, 성폭력방지 및 피해자보호 등에 관한 법률(2010년)

　㉦ 장애인활동 지원에 관한 법률, 장애아동 복지지원법(2011년)

　㉧ 기초연금법, 사회보장급여의 이용 · 제공 및 수급권자 발굴에 관한 법률(2014년)

　㉨ 사회보장급여의 이용 · 제공 및 수급권자 발굴에 관한 법률(2015년)

**01** 자선조직협회에 관한 설명으로 옳은 것은? [10회]

① 가난의 책임은 개인에게 있다고 여겼다.

② 급진적 이데올로기로 설명된다.

③ 바네트(Barnett) 목사가 주도했고, 옥스퍼드대 학생과 교회청년들이 참여했다.

④ 서비스 조정보다 서비스 직접 제공에 역점을 두었다.

⑤ 헐하우스(Hull House)와 같은 형태가 있다.

해설 ② · ③ · ④ · ⑤ 인보관(Settlement House)의 특징에 해당한다.

**02** 다음 중 인보관 운동과 관련이 있는 것을 모두 고른 것은?

> ㄱ. 연구조사를 통해 빈민지구에 대한 생활실태를 파악하였다.
> ㄴ. 자산조사를 통해 빈민의 개별적인 소득실태를 파악하였다.
> ㄷ. 자원봉사자와 대학생들이 빈민지구에 이주하여 빈민의 생활조건 개선에 힘썼다.
> ㄹ. 자선단체의 상호 간 업무연락과 자선활동의 전문적 사회사업화가 이루어졌다.

① ㄱ, ㄴ, ㄷ        ② ㄱ, ㄷ

③ ㄴ, ㄹ        ④ ㄹ

⑤ ㄱ, ㄴ, ㄷ, ㄹ

해설 ㄴ · ㄹ. 자선조직협회(COS)의 내용에 해당한다.

1 ① 2 ②    Answer

**03** 영국 지역사회복지의 발달에 영향을 미친 주요 사건을 순서대로 나열한 것은? [17회]

> ㄱ. 토인비 홀(Toynbee Hall) 설립
> ㄴ. 정신보건법(Mental Health Act) 제정
> ㄷ. 그리피스(Griffiths) 보고서
> ㄹ. 하버트(Harbert) 보고서
> ㅁ. 시봄(Seebohm) 보고서

① ㄱ - ㄴ - ㄷ - ㅁ - ㄹ
② ㄱ - ㄴ - ㅁ - ㄹ - ㄷ
③ ㄱ - ㅁ - ㄹ - ㄴ - ㄷ
④ ㄴ - ㄱ - ㅁ - ㄹ - ㄷ
⑤ ㄴ - ㄷ - ㅁ - ㄹ - ㄱ

**해설** ㄱ. 1884년, ㄴ. 1959년, ㄷ. 1988년, ㄹ. 1971년, ㅁ. 1968년

**04** 다음 중 영국의 지역사회보호 발전 과정에 대한 설명으로 옳지 않은 것은?

① 제2차 세계대전 이후 시설보호에서 지역사회보호로의 새로운 접근방법이 개발되었다.
② 1959년 국민보건서비스 및 지역사회보호법(National Health Services and Community Care Act)이 제정되었다.
③ 1971년 하버트(Harbert)가 '지역사회에 기초한 사회적 보호(Community-based Social Care)'를 발표하였다.
④ 1982년 발표된 바클레이 보고서는 지역사회 내 비공식적 보호망의 중요성을 제기하였다.
⑤ 1988년 발표된 그리피스 보고서는 지역사회보호에서 지방정부의 역할 축소 및 민간부문의 활성화를 강조하였다.

**해설** ② '국민보건서비스 및 지역사회보호법(National Health Services and Community Care Act)'은 1990년에 제정되었다. 1959년에는 '정신보건법(Mental Health Act)'이 제정되었으며, 이로써 지역사회보호가 법률적으로 명확히 규정되었다.

**05** 1800년대 후반부터 1900년대 초반의 미국 지역사회복지 발달에 영향을 미친 이념이 아닌 것은?

① 사회진화주의          ② 급진주의

③ 실용주의            ④ 자유주의

⑤ 민권운동

 **민권운동**

미국 지역사회복지의 발달과정 중 1955년 이후 지역사회조직의 정착시기에 활성화된 사회적 이념이다. 민권운동은 흑인에 대한 차별을 없애기 위한 범사회적 활동으로서, 흑백분리를 금하는 대법원의 결정에 힘입어 흑인들이 그동안 자신들에게 부당하게 내려졌던 사회적 불평등을 종식시키고자 행동을 전개한 것에서 비롯되었다. 당시 흑인대학생들을 중심으로 시작된 민권운동은 점차 백인대학생들에게로 확대되었으며, 이들은 미국 내 봉사단이나 시민단체들과 함께 지역사회 내에서 사회계획 및 사회행동을 통해 사회변화를 추구하였다. 특히 흑인 인권운동가인 마틴 루터킹(Martin Luther King)과 말콤 엑스(Malcolm X)는 민권운동을 단순히 미국사회의 인종차별 문제를 뛰어넘어 인간해방 및 정의실현을 위한 운동으로 확대시켰다.

**06** 미국 지역사회복지의 역사적 특징으로 옳은 것은?          [16회]

① 대공황 이전에는 공공이 지역사회복지실천의 주요 전달체계를 담당하였다.

② 케네디와 존슨 행정부의 '빈곤과의 전쟁'은 사회복지의 지방정부 역할과 책임을 강조하였다.

③ 1970년대 인종차별 금지와 반전(反戰)운동은 지역사회조직사업을 촉진하였다.

④ 1990년대 '복지개혁(Welfare Reform)'은 풀뿌리 지역사회조직활동을 강조하였다.

⑤ 오바마 행정부는 연방정부 중심의 지역사회복지 프로그램 평가에 주안점을 두었다.

 ③ 1970년대 지역사회복지실천은 인종차별 금지와 반전(反戰)운동 등 사회정의와 관련된 이슈에 대해 직접적인 조직화가 이루어졌으며, 다양한 전략과 접근을 활용한 사회행동 및 옹호계획이 개발되었다.

  ① 대공황 이전 미국의 사회복지 전문화와 조직화는 자선조직협회와 인보관운동 등 주로 민간에 의해 주도되었다.

  ② 케네디와 존슨 행정부의 '빈곤과의 전쟁' 선포로 사회복지에 대한 연방정부의 역할과 책임이 증대되었다.

  ④ 1996년에 시행된 '복지개혁(Welfare Reform)'은 복지예산 삭감 및 서비스 축소의 압력, 사회복지서비스의 민영화 등 보수주의적 분위기에서 비롯된 것으로, 지역사회 중심의 민간비영리조직의 양적 확산은 물론 개인적 책임과 근로연계를 강화하는 생산적 복지를 강조하였다.

  ⑤ 오바마 행정부는 과거 전력 및 선거운동에서 보여준 사회참여와 활동을 통해 풀뿌리 지역사회조직활동에 대한 새로운 평가와 함께 지역사회조직화에 대한 학문적·실천적 관심을 증대하였다.

**07** 다음 중 조선시대에 실시된 제도로서 지역의 질서유지에 공헌한 강제적 성격의 인보제도에 해당하는 것은?

① 오가통
② 자휼전칙
③ 향 약
④ 품앗이
⑤ 계

> 해설 ① 오가통(五家統)은 5가구를 하나의 통으로 조직하여 상호연대에 의한 치안 및 복리증진을 도모한 정부주도 사업이다.

**08** 각국의 지역사회복지 발전 역사에 관한 내용으로 옳지 않은 것은? [14회]

① 미국 : 1980년대 레이거노믹스로 중앙정부의 지역사회복지 예산축소
② 영국 : 1990년대 지역사회보호법 제정
③ 일본 : 1990년대 지역복지계획 수립 법제화
④ 한국 : 2000년대 지역사회복지의 중앙집권 강화
⑤ 한국 : 2000년대 지역사회복지계획 수립 의무를 법제화

> 해설 ④ 2000년대 우리나라에서는 참여복지를 목표로 지역사회복지에 있어서 지역 주민의 능동적인 역할을 강조하는 동시에 보편적 서비스 제공을 위해 국가의 역할이 증대되었다. 특히 2003년 사회복지사업법 개정을 통해 2005년 7월 31일부터 시 · 도 및 시 · 군 · 구 지역사회복지계획을 4년마다 수립 · 시행하도록 의무화하였으며, 이는 2007~2010년 제1기 지역사회복지계획의 수립 · 시행으로 이어졌다.

**09** 다음 중 지역사회복지 전달체계 개편 과정을 순서대로 올바르게 나열한 것은?

> ㄱ. 사회복지통합관리망 출범
> ㄴ. 보건복지사무소 시범사업
> ㄷ. 주민생활지원서비스 시행
> ㄹ. 사회복지사무소 시범사업

① ㄱ - ㄴ - ㄹ - ㄷ - ㄹ
② ㄴ - ㄹ - ㄱ - ㄷ
③ ㄴ - ㄹ - ㄷ - ㄱ
④ ㄹ - ㄴ - ㄷ - ㄱ
⑤ ㄹ - ㄴ - ㄱ - ㄷ

ㄴ. 보건복지사무소 시범사업 : 1995년 7월~1999년 12월(4년 6개월간 시범실시)
ㄹ. 사회복지사무소 시범사업 : 2004년 7월~2006년 6월(2년간 시범실시)
ㄷ. 주민생활지원서비스 시행 : 2006년 7월 1일 실시
ㄱ. 사회복지통합관리망 출범 : 2010년 1월 4일 개통

**10** 한국 지역사회복지 역사에 관한 설명으로 옳은 것을 모두 고른 것은?                    [18회]

> ㄱ. 1970년대 : 재가복지서비스 도입
> ㄴ. 1990년대 : 사회복지공동모금제도 실시
> ㄷ. 2000년대 : 지역사회복지계획 수립의 법제화

① ㄱ
② ㄱ, ㄴ
③ ㄱ, ㄷ
④ ㄴ, ㄷ
⑤ ㄱ, ㄴ, ㄷ

 ㄱ. 1990년대 재가복지가 정부 차원의 지원을 받아 종합적인 프로그램으로 발전하게 되었다. 특히 1991년 '재가복지봉사센터의 설치·운영계획'이 마련되어, 이듬해 1992년 '재가복지봉사센터 설치·운영지침'이 제정되었다.
ㄴ. 1997년 「사회복지공동모금법」 제정을 통해 1998년에 전국 16개의 광역 시·도에 '사회복지공동모금회'가 설립되어 전국적으로 공동모금이 실시되었으며, 1999년에 사회복지공동모금법이 「사회복지공동모금회법」으로 개정되어 지역공동모금회가 중앙공동모금회의 지회로 전환되었다.
ㄷ. 2003년 「사회복지사업법」 개정을 통해 2005년 7월 31일부터 시·도 및 시·군·구 지역사회복지계획을 4년마다 수립·시행하도록 의무화하였다.

10 ④    Answer

# CHAPTER 02 최신기출문제

## 01 우리나라 지역사회복지 역사를 과거부터 순서대로 옳게 나열한 것은? [20회]

> ㄱ. 영구임대주택단지 내에 사회복지관 건립이 의무화되었다.
> ㄴ. 지역사회복지협의체가 지역사회보장협의체로 명칭이 변경되었다.
> ㄷ. 국민기초생활보장법 제정으로 공공의 책임성이 강화되었다.

① ㄱ → ㄴ → ㄷ

② ㄱ → ㄷ → ㄴ

③ ㄴ → ㄱ → ㄷ

④ ㄴ → ㄷ → ㄱ

⑤ ㄷ → ㄱ → ㄴ

 ㄱ. 1988년 「주택건설촉진법」에 따라 저소득 무주택자를 위한 영구임대아파트가 건설되면서 아파트단지 내에 사회복지관을 의무적으로 건립하도록 하였다.
ㄷ. 1999년 9월 「국민기초생활보장법」이 제정됨에 따라 빈곤문제에 대한 사회안전망의 기초를 튼튼히 하고 빈곤의 장기화를 방지하려는 시도가 펼쳐졌다.
ㄴ. 2015년 7월 「사회보장급여의 이용·제공 및 수급권자 발굴에 관한 법률」이 시행됨에 따라 기존의 '지역사회복지협의체'가 '지역사회보장협의체'로 개편되었다.

## 02 영국의 지역사회복지 역사에 관한 설명으로 옳지 않은 것은? [20회]

① 시설보호로부터 지역사회보호로 전환이 이루어졌다.

② 자선조직협회는 사회진화론의 영향을 받았다.

③ 지역사회보호가 강조되면서 민간서비스, 비공식 서비스의 역할은 점차 감소하였다.

④ 1959년 정신보건법(Mental Health Act) 제정으로 지역사회보호가 법률적으로 규정되었다.

⑤ 그리피스 보고서(Griffiths Report)에서 지역사회보호의 권한과 재정을 지방정부로 이양할 것을 권고하였다.

 1971년 하버트 보고서(Harbert Report)가 《지역사회에 기초한 사회적 보호》의 제명으로 발표되었는데, 이 보고서는 공공서비스와 민간서비스 외의 가족체계나 지역사회 하위단위에 의한 비공식적 서비스의 중요성을 강조하였다.

**03** 영국의 지역사회복지 역사에 관한 설명으로 옳은 것은? [19회]

① 헐 하우스(Hull House)는 빈민들의 도덕성 향상을 위해 노력하였다.
② 우애방문단은 기존 사회질서를 비판하고 개혁을 주장하였다.
③ 인보관 이념은 우애방문단 활동의 기반이 되었다.
④ 1960년대 존슨 행정부는 '빈곤과의 전쟁'을 선포하고 다양한 지역사회 개혁을 단행하였다.
⑤ 1980년대 그리피스(E. Griffiths) 보고서는 복지주체의 다원화에 영향을 미쳤다.

⑤ 1988년 그리피스 보고서(Griffiths Report)는 지역사회보호를 위한 권한과 재정을 지방정부에 이양하고, 민간부문의 경쟁을 통해 서비스 제공을 다양화할 것을 주장하였다.
① 빈곤이 빈민들의 도덕성 결여에서 비롯된다는 개인주의적 빈곤죄악관을 가지고 우애방문단을 통해 기독교인의 도덕적 의무와 가치관으로써 빈민을 교화하고자 한 것은 자선조직협회(COS)이다. 반면, 헐 하우스(Hull House)는 미국의 초창기 인보관에 해당한다.
② 기존 사회질서를 비판하고 개혁을 주장한 것은 주로 지식인과 대학생들의 참여로 이루어진 인보관 운동이다. 반면, 우애방문단의 활동이 이루어진 것은 자선조직협회(COS)이다.
③ 우애방문단 활동의 기반이 된 것은 인도주의와 박애사상이다.
④ 미국의 지역사회복지 역사의 내용이다. 1964년 미국의 존슨(Johnson) 행정부는 '빈곤과의 전쟁(War on Poverty)'을 선포하였으며, 이를 계기로 지역사회개혁프로그램(CAP)을 실시하였다.

**04** 최근 지역사회복지 동향으로 옳지 않은 것은? [20회]

① '찾아가는 동주민센터' 사업 실시
② 읍 · 면 · 동 맞춤형 복지 전담팀 설치
③ 지역사회 통합돌봄 사업의 축소
④ 행정복지센터로의 행정조직 재구조화
⑤ 지역사회복지계획이 지역사회보장계획으로 변경

③ 2019년 6월부터 주거, 보건의료, 요양, 돌봄, 일상생활의 지원이 통합적으로 확보되는 지역주도형 정책으로서 지역사회 통합돌봄(커뮤니티케어) 선도사업이 실시되어 2026년 통합돌봄의 보편적 실행을 목표로 추진 중이다.
① 2015년 7월 서울시의 '찾아가는 동주민센터' 사업이 서울시 424개 동 중 80개 동에서 처음 시작된 이후 전체 동으로 확산되고 있다.
② 2014년 7월 읍 · 면 · 동 복지허브화 시범사업을 시작으로 2016년부터 읍 · 면 · 동에 맞춤형 복지 전담팀이 구성되고, 2017년부터 주민자치형 공공서비스를 통해 서비스 확대가 이루어지고 있다.
④ 2016년 3월 읍 · 면 · 동의 강화된 복지기능을 주민들이 인식할 수 있도록 읍 · 면 · 동 사무소의 명칭을 '행정복지센터'로 전환하기로 결정하고, 기존 복지팀 외에 3명 이상으로 구성되는 맞춤형 복지 전담팀을 구성하기 시작하였다.
⑤ 2015년 7월 1일부터 시행된 「사회보장급여의 이용 · 제공 및 수급권자 발굴에 관한 법률」에 따라 지역사회복지협의체는 '지역사회보장협의체'로, 지역사회복지계획은 '지역사회보장계획'으로 변경되었다.

# CHAPTER 03 지역사회복지의 실천모델

■ **학습목표**
■ 지역사회복지와 지역사회복지사업, 국가별 지역사회실천모델, 학자별 지역사회실천모델을 학습하자.
■ 로스만의 지역사회개발모델, 사회계획모델, 사회행동모델을 중심으로 지역사회복지실천모델의 목표를 연관
시켜서 이해하고, 실제 지역사회복지실천 사례에 적용하면서 시험에 대비하자.

## 제1절 지역사회복지실천의 목적 및 목표

### 1 지역사회복지실천의 목적

#### (1) 지역사회복지실천의 주요 목적(Weil & Gamble)

① 지역주민의 삶의 질 향상
② 지역사회의 이익 대변
③ 인간적인 사회 · 경제적 개발
④ 서비스와 프로그램 계획
⑤ 서비스의 통합
⑥ 사회행동
⑦ 사회정의의 실현 등

#### (2) 지역사회복지실천의 목적 분류(Perlman & Gurin)

① **지역사회 참여와 통합의 강화 – 로스(Ross)**
지역사회에 있는 모든 집단이 자유로운 의사를 표현하도록 격려하며, 효과적인 상호작용을 통해
사회환경의 개선방안을 협의하는 데 중점을 둔다. 특히 각 집단 및 조직들 간의 적응과 협동적인
관계가 중요시된다.

② **문제대처 능력의 고양 – 리피트(Lippitt)**
지역사회 또는 지역사회의 일부로 하여금 환경과 변화에 대처할 수 있는 능력을 가지도록 하기 위
해 소통 및 상호작용의 수단을 향상시키는 데 중점을 둔다.

③ **사회조건 및 서비스의 향상 – 모리스와 빈스톡(Morris & Binstock)**
지역사회의 욕구와 결함을 발견하고 사회문제의 해결 및 예방을 위한 효과적인 서비스와 방법을
개발하는 데 중점을 둔다. 특히 여기에는 특정 목표를 설정하고 해당 목표를 달성하기 위한 자원
동원이 포함된다.

④ 불이익집단의 이익 증대 – 그로서(Grosser)

특수집단이 받아야 할 물질적 재화와 서비스의 몫을 늘리는 동시에 지역사회의 주요 결정에 있어서 그들의 참여와 역량을 확대함으로써 그들의 전반적인 이익을 증대시키는 데 중점을 둔다.

## 2 지역사회복지실천의 목표

### (1) 던햄(Dunham)의 목표 분류

① 과업 중심 목표(Task Goals)

지역사회의 광범위한 욕구를 충족시키고 욕구와 자원 간의 조정과 균형을 도모한다. 특히 지역사회의 특정 욕구를 충족시키거나 특정 문제를 해결하기 위해서 취하는 구체적인 과업 완수에 역점을 둔다.

② 과정 중심 목표(Process Goals)

지역주민들의 참여, 자조(Self-direction), 협동능력을 개발·강화·유지하도록 도와 그들이 문제에 보다 효과적으로 대처할 수 있게 한다.

③ 관계 중심 목표(Relationship Goals)

지역사회와 집단들 간의 관계와 의사결정권의 분배에 있어서 변화를 초래하려고 한다. 즉, 지역사회 구성요소 간의 사회관계 변화 시도에 역점을 둔다.

### (2) 로스만(Rothman)의 목표 분류

① 과업 중심 목표(Task Goals)

지역사회의 한정된 문제의 해결 자체에 관심을 갖는 것으로서, 구체적인 사업의 완수 및 지역사회의 기능과 관련된 문제해결을 위한 서비스 제공 혹은 새로운 서비스 강구, 특수사회입법을 통과시키는 것 등이 있다.

② 과정 중심 목표(Process Goals)

지역사회가 장기간에 걸쳐 제 기능을 하도록 일반적인 능력 향상에 관심을 갖는 것으로서, 체제의 유지와 기능을 강화하려는 것이다. 이와 같은 과정 중심의 구체적인 목표는 다음과 같다.

㉠ 지역사회 내 여러 집단 간 협동적인 관계 수립

㉡ 지역사회 문제를 해결하기 위해 자치적(Self-maintaining)인 구조 창출

㉢ 지역사회 문제를 해결하는 데 필요한 역량기반(Power Base)의 향상

㉣ 지역주민들로 하여금 지역사회의 일에 대해 관심을 갖고 참여하도록 자극

㉤ 지역사회 공동사업에 대한 협력적인 태도 및 작업 격려

㉥ 토착적인 지도력(Indigenous Leadership)의 증대

## 1 로스만(Rothman)의 모델

### (1) 의의 및 특징

① 로스만(Rothman)은 지역사회조직을 하나의 현상으로 보기 보다는 세 가지의 독특한 지역사회관계의 형태로 보아야 한다고 주장하였다.

② 1967년 발표한 논문에서 **사회계획**을 첫 번째 모델로 제시하였는데, 이는 당시 빈곤퇴치사업이 활발했기 때문이다.

③ 1987년에는 기존의 지역사회개발모델, 사회계획모델, 사회행동모델에 사회개혁모델을 추가한 바 있다.

④ 1995년에는 사회계획모델에 정책을 연계시킴으로써 사회계획 및 정책모델을 제시하기도 하였다.

⑤ 로스만의 3분류 형식, 즉 지역사회개발모델, 사회계획모델, 사회행동모델은 현재까지 가장 전형적인 모델로 인식되고 있다.

### (2) 3가지 모델

① **지역사회개발모델**      2, 7, 11, 16, 20회 `기출`

  ⊙ 지리적 측면에서의 지역사회 전체를 대상집단으로 간주하여 지역주민의 자조와 자발적이고 적극적인 참여, 강력한 주도권을 강조한다.

  ⓛ 지역주민들 간에 유익한 인간관계를 맺는 데 장애가 되는 문제요소를 해결하기 위한 능력이나 기술이 결여된 경우 또는 지역사회의 전통에 지배되어 민주적인 과정에 의한 지역사회 내의 문제해결에의 인식이 결여된 경우 적합한 모델이다.

  ⓒ 지역사회의 변화를 위해서는 광범위한 지역주민들을 변화의 목표설정과 실천행동에 참여시켜 그들 스스로 욕구를 결정하고 문제를 해결하도록 돕는 것이 효과적이라고 본다.

  ⓔ 변화의 매개체로 과업지향적인 소집단을 활용한다.

  ⓜ 사회복지사는 조력자, 조정자, 교육자, 능력부여자로서 민주적인 절차와 자발적인 협동을 강조하며, 토착적인 지도자의 개발 및 교육을 위해 힘쓴다.

  ⓗ 과정지향적 활동목표를 가진다.

  ⓢ 권력구조에 있는 구성원을 협력자로 인식한다. 즉, 지역사회 내의 권력을 가진 사람이 지역사회를 향상시키는 데 공동의 노력을 한다고 본다.

  ⓞ 새마을운동, 지역복지관의 지역개발사업, 자원봉사운동 등이 해당된다.

② 사회계획모델 3, 4, 5, 8, 12, 17, 18회 기출

- ㉠ 지역사회가 빈곤, 실업, 주거, 고용, 보건, 비행, 범죄 등과 관련된 사회문제를 안고 있는 경우 적합한 모델이다.
- ㉡ 특정 사회문제를 해결하고자 하는 기술적인 과정을 강조한다.
- ㉢ 문제해결을 위해 **합리적으로 계획을 수립**하고 기술적인 통제로 변화를 유도해야 한다고 본다.
- ㉣ 사회복지사는 계획가, 분석가, 전문가, 프로그램기획자로서 고도의 숙련된 기술을 토대로 합리적인 계획을 수립하며, **통제된 변화**를 이끌어낸다.
- ㉤ 클라이언트는 서비스의 혜택을 받는 소비자(Consumer)로 인식된다.
- ㉥ **과업지향적 활동목표**를 가진다.
- ㉦ 정부 관련 부서, 도시계획국, 지역사회복지협의회 등이 해당된다.

③ 사회행동모델 3, 4, 7, 10, 11, 17, 18회 기출

- ㉠ 지역사회집단들 간에 적대적이거나 이해관계가 상충하는 경우 또는 그로 인해 논의나 협상 등으로 문제를 해결하기 어려운 경우 적합한 모델이다.
- ㉡ 사회정의와 민주주의에 입각하여 지역사회의 소외된 계층에 대한 처우 개선 등을 지역사회에 요구하는 방식이다.
- ㉢ **권력이나 자원에 있어서의 재분배**와 지역사회정책 결정에 대한 참여가능성 확대를 통해 정부나 공공기관의 정책의 근본적인 변화를 유도해야 한다고 본다.
- ㉣ 불리한 처지에 놓여있거나 불이익을 받는 집단을 위해 그들의 반대세력이나 강압세력을 합법적인 적으로 간주하며, 이들에 대항하기 위해 **집단행동을 조직**하여 압력을 가하는 것을 기본 전략으로 한다.
- ㉤ 사회복지사는 옹호자, 행동가로서 갈등이나 대결의 전술을 사용하여 소외된 계층에 대한 권력이나 자원의 재분배, 지역사회정책결정에 대한 참여와 연대를 주장한다.
- ㉥ **과업·과정 병행**의 활동목표를 가진다.
- ㉦ 인권운동, 학생운동, 여권신장운동, 환경보호운동, 노동조합, 급진정당 등이 해당된다.

## (3) 구체적인 실천변수

11, 13, 15, 16, 18, 19회 기출

| 구 분 | 지역사회개발 | 사회계획 | 사회행동 |
|---|---|---|---|
| 활동의 목표 | • 자조 : 지역사회의 통합과 능력의 향상<br>• 과정지향적 | • 실재적 지역사회의 문제해결<br>• 과업지향적 | • 기본적인 제도의 변혁<br>• 과업 · 과정의 병행 |
| 구조 · 문제에 관한 가정 | • 지역사회의 아노미 상태<br>• 다양한 관계의 결핍과 민주적 해결능력 결여<br>• 정적이며 전통적인 지역사회 | • 실업, 비행, 범죄 등 실재적인 사회문제<br>• 정신적 · 육체적 건강문제, 주택, 여가 문제 등 | • 불리한 상황에 있는 인구집단<br>• 사회적 불공평 · 박탈 · 불평등 |
| 기본적인 변화 전략 | 문제의 결정 · 해결에 관여된 자들의 광범위한 참여 | • 문제에 관련된 자료의 수집<br>• 가장 합리적인 방안의 결정 | • 대상집단에 압력을 가함<br>• 집단의 행동을 위한 주민동원 |
| 변화를 위한 전술기법 | • 합의 · 집단토의<br>• 지역사회의 제 집단 간의 의사소통을 가짐 | • 사실의 발견 및 분석<br>• 합의 또는 갈등 | • 갈등 또는 경쟁<br>• 대결 · 직접적인 행동<br>• 협 상 |
| 사회복지사의 역할 | • 조력자 · 조정자로서의 역할<br>• 문제해결기술과 윤리적 가치를 가르치는 지도자의 역할 | • 분석가 · 전문가 역할<br>• 프로그램 기획 및 평가자 | 옹호자 · 대변자 · 행동가 |
| 변화의 매체 | 과업지향의 소집단 활용 | 공식조직 및 관료조직 중시 | 대중조직과 정치적 과정의 영향력 |
| 권력구조 | • 공동사업의 협력자<br>• 권력자도 지역발전에 노력 | 권력의 소재가 전문가의 고용자 또는 후원자 | 행동의 외적 표적 권력구조는 밖에 존재하는 반대세력 |
| 대상주민의 범위 | 지리상의 전 지역사회 | 지역사회 전체 또는 일부 | 지역사회 일부 |
| 지역사회 내의 하위 집단들의 이해관계 | • 공적인 이익 또는 의견차이의 조정 가능성<br>• 이질적보다 동질적 하위체계 | • 크게 개의치 않음<br>• 실용적이며 특정한 문제의 해결에만 관심을 가짐 | 조정이 어려운 갈등적 이익관계 |
| 공익에 대한 개념 | • 합리주의<br>• 목적과 의사주체의 단일성 | • 이상주의<br>• 목적과 의사주체의 단일성 | • 현실주의<br>• 목적과 의사주체의 다양성 |

**Plus ⊕ one**

**새마을운동**

11, 14회 기출

- 1970년대 시작한 우리나라의 전형적인 지역사회개발사업이다.
- 농한기 농촌마을가꾸기 시범사업 형태로 시작되었다.
- 근면 · 자조 · 협동을 주요 정신으로 한다.
- 농촌생활환경개선운동으로 시작되었으나 소득증대운동으로 확대되었으며, 도시민의 의식개선운동으로도 전개되었다.
- 2013년 새마을운동 기록물이 유네스코 세계기록유산에 등재되었다.
- 매년 4월 22일은 정부지정 '새마을의 날'이다.

## 2 로스만(Rothman)의 통합모델

3, 9회 기출

### (1) 의의 및 특징

① 로스만의 지역사회복지실천모델로서 지역사회개발모델, 사회계획모델, 사회행동모델은 각각 단독으로 지역사회복지실천활동에 적용될 수 있지만, 지역사회 고유의 특징 및 문제의 다양성 등으로 인해 어느 한 가지만을 단독으로 적용하는 데 한계가 있을 수 있다.

② 지역사회의 특수성과 각각의 모델이 지니는 가치체계 등을 함께 고려하여 통합적인 모델을 고려할 수 있으며, 이를 통해 개별적인 모델이 가지는 결점을 보완할 수도 있다.

### (2) 통합모델의 특성 비교

7, 9회 기출

① 계획 · 개발모델
   ㉠ 사회계획에 개발적 요소가 혼합된 형태이다.
   ㉡ 사회계획을 토대로 지역주민의 자발적이고 적극적인 참여를 유도함으로써 지역사회의 문제를 해결한다.
   ㉢ 전문가에 의한 실증적 조사와 객관적 자료분석, 주민참여의 민주성 · 주체성 등이 강조된다.

② 행동 · 계획모델
   ㉠ 사회행동에 진단적 · 계획적 요소가 혼합된 형태이다.
   ㉡ 사회적 갈등의 원인을 실증적 · 객관적으로 분석하여 공격대상을 명확히 하며, 갈등전술 등을 통해 문제를 해결하고 대안을 개발한다.
   ㉢ 조사연구를 통한 사회구조의 변화, 문제해결을 위한 과학적 연구 등이 강조된다.

③ 개발 · 행동모델
   ㉠ 사회개발에 행동적 요소가 혼합된 형태이다.
   ㉡ 지역주민의 자발적이고 적극적인 참여를 통해 사회구조적인 모순을 해결하고자 한다.
   ㉢ 지역주민의 역량강화, 개혁을 통한 사회변화 등이 강조된다.

## 3 테일러와 로버츠(Taylor & Roberts)의 모델

### (1) 의의 및 특징

12회 기출

① 로스만(Rothman)의 기본 3가지 모델을 분화하여 지역사회복지실천모델을 5가지 유형으로 구분하였다.

② 테일러와 로버츠는 지역사회복지실천모델을 실천방법의 각 변인, 대안적 전략, 의사결정의 영향 정도 등에 있어서 후원자와 클라이언트 간의 의사결정 영향 정도를 구체적으로 구분하였다.

| 실천모델 | 의사결정 영향 정도 |
|---|---|
| 프로그램 개발 및 조정모델 | 후원자가 100% 결정 권한을 가짐 |
| 계획모델 | 후원자가 대략 7/8 정도 결정 권한을 가짐 |
| 지역사회연계모델 | 후원자와 클라이언트가 각각 1/2 정도 결정 권한을 가짐 |
| 지역사회개발모델 | 클라이언트가 대략 7/8 정도 결정 권한을 가짐 |
| 정치적 권력강화모델 | 클라이언트가 100% 결정 권한을 가짐 |

## (2) 5가지 모델

① **지역사회개발모델(Community Development Model)**

　㉠ 주민참여에 기초한 자조적 활동, 주민역량 개발, 자체적 리더십 개발 등을 통해 지역사회개발을 추구한다.

　㉡ 지역사회의 자체적 역량을 개발하여 지역사회 문제를 스스로 해결할 수 있도록 지지 및 지원하는 데 초점을 둔다.

　㉢ 전문가는 조직가(Organizer)의 역할보다는 주로 조력자(Enabler)로서의 역할을 담당한다.

② **프로그램 개발 및 조정모델(Program Development and Coordination Model)**

　㉠ 지역사회복지의 모체인 자선조직협회 운동 및 인보관 운동에 근거한다.

　㉡ 지역사회의 변화를 효과적이고 효율적으로 유도하기 위해 프로그램을 개발하고 조정해 나간다.

　㉢ 후원자 중심의 모델로서, 합리성, 중립성, 협력의 가치를 토대로 지역사회의 모든 문제를 객관적인 입장에서 중재할 수 있으며, 그 과정을 통해 갈등을 피하고 협력을 이끌어 낼 수 있다.

③ **계획모델(Planning Model)**

　㉠ 로스만의 초기 사회계획모델을 보다 인간지향적인 측면에서 수정한 것으로, 다양한 지역단위에서 합리성 및 전문성을 토대로 합리적이고 비용 효과적인 변화를 유도한다.

　㉡ 조사연구, 과학적 분석 등 기술적 능력에 큰 비중을 두는 방식으로, 합리성, 중립성, 객관성의 원칙에 따라 공식적 구조 및 과정을 통해 지역사회의 문제를 해결해 나간다.

　㉢ 계획모델은 관점에 따라 다양한 모델들로 세분되며, 여기에는 사회정의와 사회구조 변화를 지향하는 옹호적 · 진보적 접근방식의 대변적 계획모델, 급진적 계획모델도 포함된다.

④ **지역사회연계모델(Community Liaison Model)**

　㉠ 로스만의 모델에는 포함되어 있지 않은 것으로서, 일선 사회복지기관의 사회복지사나 행정가들에 의해 수행되는 기능을 중심으로 설명된다.

　㉡ 지역사회의 문제를 해결하기 위해 클라이언트의 개별적인 문제와 지역사회의 문제를 연계하는 방식이다.

　㉢ 직접적 서비스를 제공하는 기관이 사회복지사들을 통해 클라이언트의 욕구와 관련된 지역사회와의 관계를 개발하고 이를 확대 · 강화 · 조정하면서 클라이언트의 문제에 다차원적으로 접근한다.

⑤ 정치적 권력강화모델 또는 정치적 행동 및 역량강화모델(Political Action & Empowerment Model)

16회 기출

　　㉠ 로스만의 사회행동모델과 유사한 것으로서, 갈등이론과 다원주의 사회에서의 다양한 이익집단 간 경쟁원리에 기초한다.

　　㉡ 사회적으로 배제된 집단의 사회참여를 지원 및 지지하고, 자신들의 권리를 확보할 수 있도록 집단의 역량을 강화한다.

　　㉢ 사회복지사는 교육자, 자원개발자, 선동가로서의 역할을 수행하며, 사기진작 및 사기개발 전략, 문제해결 전략, 기능전이 전략, 권력전이 전략 등을 사용한다.

## 4 웨일과 갬블(Weil & Gamble)의 모델

4, 5, 8, 10, 11, 13, 18회 기출

### (1) 의의 및 특징

① 기존의 지역사회복지실천에 대한 조사·연구를 통해 목표, 변화표적체계, 일차적 구성원, 관심영역, 사회복지사의 역할 등을 중심으로 8가지 유형의 실천모델을 제시하였다.

② 다양하고 광범위한 지역사회복지실천의 유형들을 포괄하면서 지역사회에서 선택될 수 있는 실천방법에 관한 기본틀을 제공한다.

③ 각 모델들은 상호배타적이지 않으며, 개념적 구성요소나 사회복지사의 역할 등이 상호 중복되어 나타난다.

### (2) 8가지 모델

13, 19회 기출

① 근린지역사회조직모델(Neighborhood and Community Organizing Model)

　　㉠ 의의 : 지역사회개발모델에서 그 원형을 찾을 수 있는 것으로서, 지리적 근접성에 기초한 지역사회조직화에 초점을 두고 지역주민의 삶의 질에 관심을 기울인다.

　　㉡ 목표 : 구성원의 조직 능력을 개발하고 범지역적인 계획 및 외부개발에 영향과 변화를 일으킬 수 있는 능력을 개발한다.

　　㉢ 변화표적체계 : 지방정부, 외부개발자, 지역주민

　　㉣ 일차적 구성원 : 지리적 의미의 지역주민

　　㉤ 관심영역 : 지역주민의 삶의 질

　　㉥ 사회복지사의 역할 : 조직가, 교사, 코치, 촉진자

② 기능적 지역사회조직모델(Functional Community Organizing Model)

11회 기출

　　㉠ 의의 : 동일한 정체성이나 이해관계를 가진 사람들의 인위적인 조직을 통해 구성원들의 역량을 강화하며, 특정 관심사에 대한 사회적 변화를 유도한다.

ⓛ 목표 : 행위와 태도의 옹호 및 변화에 초점을 둔 사회정의를 위한 행동 및 서비스를 제공한다.

ⓒ 변화표적체계 : 일반대중, 정부기관

ⓔ 일차적 구성원 : 공동의 관심과 이해를 가진 동호인

ⓜ 관심영역 : 특정 이슈와 대상에 대한 옹호

ⓗ 사회복지사의 역할 : 조직가, 옹호자, 정보전달자, 촉진자

③ 지역사회의 사회 · 경제개발모델(Community Social and Economic Development Model)

18회 기출

ⓖ 의의 : 로스만의 지역사회개발모델과 연관된 것으로서, 지역주민의 소득, 자원, 사회적 지원의 개발 등 지역사회의 경제개발과 사회개발이 동시에 이루어져야 한다는 점을 강조한다.

ⓛ 목표 : 지역주민의 관점에 입각하여 개발계획을 주도하며, 사회경제적 투자에 대한 지역주민의 활용 역량을 제고한다.

ⓒ 변화표적체계 : 금융기관, 재단, 외부개발자, 지역주민

ⓔ 일차적 구성원 : 지역 내 저소득계층, 불이익을 받고 있는 집단

ⓜ 관심영역 : 지역주민의 소득 · 자원 · 사회적 지원 개발, 교육수준 및 리더십 기술 향상

ⓗ 사회복지사의 역할 : 협상가, 촉진자(증진자), 교사, 계획가, 관리자

④ 사회계획모델(Social Planning Model)

ⓖ 의의 : 객관성과 합리성에 기반을 두고 지역사회 문제를 해결하려는 것으로서, 특히 전문가의 지식과 기술, 객관적 조사와 자료분석 등을 기초로 한다.

ⓛ 목표 : 선출된 기관이나 인간서비스계획 협의회가 지역복지계획을 마련하는 등 행동을 하기 위한 제안을 한다.

ⓒ 변화표적체계 : 지역지도자의 관점, 인간서비스지도자의 관점

ⓔ 일차적 구성원 : 선출직 공무원, 사회기관 및 기관 간의 조직

ⓜ 관심영역 : 지역사회의 사회적 욕구통합과 사회서비스 관계망 조정

ⓗ 사회복지사의 역할 : 조사자, 관리자, 정보전달자, 제안서 작성자

⑤ 프로그램 개발 및 지역사회연계모델(Program Development and Community Liaison Model)

11, 17회 기출

ⓖ 의의 : 로스만의 사회계획모델을 보다 세분화한 것으로서, 지역주민의 욕구를 충족시키기 위해 지역사회와 연계된 다양한 수준의 프로그램을 개발 및 확대한다.

ⓛ 목표 : 지역사회서비스의 효과성 증진을 위해 새로운 프로그램을 개발하는 동시에 기존 프로그램을 확대 혹은 재조정한다.

ⓒ 변화표적체계 : 기관 프로그램의 재정 지원자, 기관 서비스의 수혜자

ⓔ 일차적 구성원 : 기관 위원회 또는 행정가, 지역사회 대표자

ⓜ 관심영역 : 특정 대상자를 위한 서비스 개발

ⓗ 사회복지사의 역할 : 대변자, 계획가, 관리자, 제안서 작성자

⑥ 정치적 · 사회적 행동모델(Political and Social Action Model)

 ⊙ 의의 : 지역주민의 정치적 권력 강화와 함께 기존 제도의 변화를 추구함으로써 의사결정에서 배제된 사람들로 하여금 힘의 균형을 찾도록 한다.

 ⓛ 목표 : 정책 및 정책입안자의 변화에 초점을 둔 사회정의실현 활동을 전개한다.

 ⓒ 변화표적체계 : 선거권자, 선출직 공무원, 잠재적 참여자

 ⓔ 일차적 구성원 : 정치적 권한을 가진 주민

 ⓜ 관심영역 : 정치권력의 형성, 제도의 변화

 ⓗ 사회복지사의 역할 : 옹호자, 조직가, 조사자, 조정자

⑦ 연대활동모델 또는 연합모델(Coalitions Model)

 ⊙ 의의 : 지역사회의 문제가 어느 한 집단의 노력으로만 해결되기 어렵다는 점을 강조하면서, 분리된 집단들을 사회변화에 집합적으로 동참시킨다.

 ⓛ 목표 : 연합의 공통된 이해관계에 대응할 수 있도록 자원을 동원하며, 영향력 행사를 위해 다조직적인 권력기반을 형성한다.

 ⓒ 변화표적체계 : 선출직 공무원, 재단, 정부기관

 ⓔ 일차적 구성원 : 특정 이슈에 이해관계가 있는 집단 및 조직

 ⓜ 관심영역 : 사회적 욕구 및 사회적 관심과 관련된 특정 이슈

 ⓗ 사회복지사의 역할 : 중개자, 협상가, 대변자

⑧ 사회운동모델(Social Movements Model)

 ⊙ 의의 : 인간 존엄성과 보편적 가치를 강조하면서 사회운동을 통해 바람직한 사회변화를 추구한다.

 ⓛ 목표 : 특정 집단이나 이슈에 대해 새로운 패러다임을 제공할 수 있는 사회정의 실현을 행동화한다.

 ⓒ 변화표적체계 : 일반대중, 정치제도

 ⓔ 일차적 구성원 : 새로운 비전을 창출할 수 있는 조직과 지도자

 ⓜ 관심영역 : 사회정의

 ⓗ 사회복지사의 역할 : 옹호자, 촉진자

---

**Plus ⊕ one**

**포플(Popple)의 지역사회복지실천모델**    19회 기출

| | |
|---|---|
| **지역사회보호**<br>(Community Care) | 노인, 장애인, 아동 등 지역주민의 복지를 위한 사회적 관계망 및 자발적 서비스 증진을 목표로, 복지욕구를 충족시키기 위한 자조개념을 개발하는 데 주력한다. |
| **지역사회조직**<br>(Community<br>Organization) | 타 복지기관 간 상호협력 증진을 목표로, 사회복지기관의 상호 협력 및 조정을 통해 서비스 중복을 방지하고 자원의 부재현상을 극복하여 복지전달의 효율성 및 효과성을 높이는 데 일조한다. |
| **지역사회개발**<br>(Community<br>Development) | 지역사회 구성원의 삶의 질 향상을 위한 기술과 신뢰를 습득할 수 있도록 집단을 원조하는 데 주력한다. |

# 출제유형문제

**01** 다음 펄만과 구린(Perlman & Gurin)의 지역사회복지실천 목적 분류 중 문제대처 능력의 고양에 초점을 둔 학자는?

① 리피트(Lippitt)
② 로스(Ross)
③ 그로스만(Grossman)
④ 모리스와 빈스톡(Morris & Binstock)
⑤ 그로서(Grosser)

> **해설** 지역사회복지실천의 목적 분류(Perlman & Gurin)
> • 지역사회 참여와 통합의 강화 – 로스(Ross)
> • 문제대처 능력의 고양 – 리피트(Lippitt)
> • 사회조건 및 서비스의 향상 – 모리스와 빈스톡(Morris & Binstock)
> • 불이익집단의 이익 증대 – 그로서(Grosser)

**02** 다음 로스만(Rothman)의 지역사회복지실천 목표 분류 중 과정 중심의 목표와 가장 거리가 먼 것은?

① 지역사회 내 토착적인 지도력의 증대
② 지역사회 내의 여러 집단 간 협동적인 관계의 수립
③ 지역사회 문제해결을 위한 특수사회입법의 통과
④ 지역사회 문제해결을 위한 자치적인 구조 창출
⑤ 지역사회 공동사업에 대한 협력적인 태도

> **해설** ③ 과업 중심의 목표에 해당한다.

**03** 다음 중 로스만(Rothman)의 지역사회복지실천모델에 대한 설명으로 옳은 것은?

① 사회계획모델은 과정중심의 목표를 강조한다.
② 지역사회개발모델은 과업중심의 목표를 강조한다.
③ 사회행동모델은 범죄, 주택, 정신건강과 같은 사회문제의 해결을 위한 기술적 과정을 강조한다.
④ 사회행동모델에서 사회복지사는 조력자, 조정자로서의 역할을 수행한다.
⑤ 지역사회개발모델은 지리적 측면에서의 지역사회 전체를 대상집단으로 본다.

**해설** ① 사회계획모델은 과업중심의 목표를 강조한다.
② 지역사회개발모델은 과정중심의 목표를 강조한다.
③ 범죄, 주택, 정신건강과 같은 사회문제의 해결을 위한 기술적 과정을 강조하는 것은 사회계획모델에 해당한다.
④ 사회복지사가 조력자, 조정자로서의 역할을 수행하는 것은 지역사회개발모델에 해당한다.

**04** 다음은 로스만(J. Rothman)의 지역사회조직모델 중 어떤 모델에 관한 설명인가?　　　　[13회]

- 변화 매개체로서 과업지향의 소집단을 활용한다.
- 권력구조에 있는 구성원을 협력자로 인식한다.
- 기본 변화전략은 자신의 문제결정 및 해결에 다수의 사람이 참여하는 것이다.
- 변화전술로 합의를 사용한다.

① 지역사회연계　　　　　　　　　② 사회행동
③ 사회계획 및 정책　　　　　　　④ 연 합
⑤ 지역사회개발

**해설** 로스만(Rothman) 3가지 모델의 주요 특징

| 구 분 | 지역사회개발 | 사회계획 | 사회행동 |
|---|---|---|---|
| 기본적인<br>변화전략 | 문제의 결정·해결에 관여된 자들의 광범위한 참여 | • 문제에 관련된 자료의 수집<br>• 가장 합리적인 방안의 결정 | • 대상집단에 압력을 가함<br>• 집단의 행동을 위한 주민동원 |
| 변화를 위한<br>전술기법 | • 합의·집단토의<br>• 지역사회의 제 집단 간의 의사소통을 가짐 | • 사실의 발견 및 분석<br>• 합의 또는 갈등 | • 갈등 또는 경쟁<br>• 대결·직접적인 행동<br>• 협 상 |
| 변화의 매체 | 과업지향의 소집단 활용 | 공식조직 및 관료조직 중시 | 대중조직과 정치적 과정의 영향력 |
| 권력구조 | • 공동사업의 협력자<br>• 권력자도 지역발전에 노력 | 권력의 소재가 전문가의 고용자 또는 후원자 | 행동의 외적 표적 권력구조는 밖에 존재하는 반대세력 |

**05** 다음 중 새마을운동에 대한 설명으로 옳지 않은 것은?

① 1970년대 시작한 우리나라의 전형적 지역사회개발사업이다.
② 농촌부흥을 위한 '새마을가꾸기사업'으로 시작되었다.
③ 근면 · 자조 · 협동을 주요 정신으로 한다.
④ 농촌소득증대운동으로 시작되었으나 점차 농촌생활환경개선운동으로 확대되었다.
⑤ 도시민의 의식개선운동으로도 전개되었다.

**해설** ④ 새마을운동은 농촌생활환경개선운동으로 시작되었으나 점차 농촌소득증대운동으로 확대되었다. 처음에는 초가집 없애기(지붕개량), 블록 담장으로 가꾸기, 마을 안길 넓히고 포장하기, 다리 놓기, 농로(논밭으로 이어지는 길) 넓히기, 공동빨래터 설치 등의 기초적인 환경개선사업을 하였다. 이 사업의 성과로 마을이 아담하고 쾌적한 모습으로 달라지자 주민들은 이에 그치지 않고 마을회관 건립, 상수도 설치, 소하천 정비, 복합영농 추진, 축산, 특용작물 재배 등을 통해 1970년대 중반에는 농가소득이 도시 근로자 소득수준으로 향상되었다.

**06** 테일러와 로버츠(Taylor & Roberts)는 지역사회복지실천모델을 5가지 유형으로 구분하였으며, 각각의 유형에 대해 후원자와 클라이언트 간의 의사결정 영향 정도를 제시하였다. 다음 중 클라이언트가 가장 높은 수준의 결정 권한을 가지는 모델에 해당하는 것은?

① 정치적 권력강화모델
② 계획모델
③ 프로그램 개발 및 조정모델
④ 지역사회연계모델
⑤ 지역사회개발모델

**해설** 후원자와 클라이언트 간의 의사결정 영향 정도

| 실천모델 | 의사결정 영향 정도 |
|---|---|
| 프로그램 개발 및 조정모델 | 후원자가 100% 결정 권한을 가짐 |
| 계획모델 | 후원자가 대략 7/8 정도 결정 권한을 가짐 |
| 지역사회연계모델 | 후원자와 클라이언트가 각각 1/2 정도 결정 권한을 가짐 |
| 지역사회개발모델 | 클라이언트가 대략 7/8 정도 결정 권한을 가짐 |
| 정치적 권력강화모델 | 클라이언트가 100% 결정 권한을 가짐 |

안심Touch

**07** 다음 설명에 해당하는 테일러와 로버츠(S. Taylor & R. Roberts)의 지역사회복지실천모델은? [16회]

> • 갈등이론과 다원주의 사회에서의 다양한 이익집단의 경쟁원리에 기초한다.
> • 시민의 참여를 보장하고 극대화하는 데 중요한 목적이 있다.
> • 전문가들은 교육자, 자원개발자, 운동가의 역할을 한다.

① 프로그램 개발 및 조정
② 계 획
③ 지역사회연계
④ 지역사회개발
⑤ 정치적 권력강화

 ⑤ '정치적 권력강화모델'은 사회적으로 배제된 집단의 사회참여를 지원 및 지지하고, 자신들의 권리를 확보할 수 있도록 집단의 역량을 강화하는데 초점을 둔다. 특히 사회체계 및 사회제도에서 시민의 참여를 보장하고 극대화함으로써 민주주의의 확장을 도모하는 한편, 새로운 조직 개발을 통해 참여의 채널을 촉진하는 것을 주요 목적으로 한다.
① '프로그램 개발 및 조정모델'은 지역사회의 변화를 효과적이고 효율적으로 유도하기 위해 프로그램을 개발 및 조정해 나가는데 초점을 둔다.
② '계획모델'은 조사연구, 과학적 분석 등 기술적 능력에 큰 비중을 두는 방식으로서, 기본적으로 합리성, 중립성, 객관성의 원칙에 따라 공식적 구조 및 과정을 통해 지역사회의 문제를 해결해 나가는데 초점을 둔다.
③ '지역사회연계모델'은 지역사회의 문제를 해결하기 위해 클라이언트의 개별적인 문제와 지역사회의 문제를 연계하는데 초점을 둔다.
④ '지역사회개발모델'은 시민참여에 기초한 자조적 활동, 시민역량 개발, 자체적 리더십 개발 등을 통해 지역사회개발을 추구한다. 특히 지역사회의 자체적 역량을 개발하여 지역사회 문제를 스스로 해결할 수 있도록 지지 및 지원하는데 초점을 둔다.

Answer

**08** 다음 중 보기의 내용과 연관된 테일러와 로버츠(Taylor & Roberts)의 지역사회복지실천모델에 해당하는 것은?

---

- 로스만의 초기 사회계획모델을 보다 인간지향적인 측면에서 수정한 것으로서, 조사전략 및 기술을 강조한다.
- 특히 사람들과의 상호 교류적 노력을 강조하고, 옹호적이며 진보적인 접근을 포함한다.

---

① 정치적 권력강화모델
② 계획모델
③ 지역사회개발모델
④ 프로그램 개발 및 조정모델
⑤ 지역사회연계모델

 **계획모델**
조사연구, 과학적 분석 등 기술적 능력에 큰 비중을 두는 방식으로서, 기본적으로 합리성, 중립성, 객관성의 원칙에 따라 공식적 구조 및 과정을 통해 지역사회의 문제를 해결해 나간다. 계획모델은 관점에 따라 다양한 모델들로 세분되며, 여기에는 사회정의와 사회구조 변화를 지향하는 대변적 계획모델, 급진적 계획모델도 포함된다.

**09** 웨일과 갬블(Weil & Gamble)의 지역사회복지실천 8모형 중 사회계획모형에 관한 설명으로 옳은 것을 모두 고른 것은? [10회]

---

ㄱ. 객관성과 합리성에 기반을 두고 지역사회 문제를 해결하려는 모형이다.
ㄴ. 자원을 동원할 수 있는 잠재력을 가진 연대조직체를 형성하여 집합적으로 문제를 해결하고자 한다.
ㄷ. 전문가의 지식과 기술, 객관적 조사와 자료분석 등을 기초로 한다.
ㄹ. 지리적 의미의 지역사회가 아닌 동일한 정체성이나 이해관계를 가진 문제해결에 관심을 둔다.

---

① ㄱ, ㄴ, ㄷ
② ㄱ, ㄷ
③ ㄴ, ㄹ
④ ㄹ
⑤ ㄱ, ㄴ, ㄷ, ㄹ

 ㄴ. '연대활동(연합)모형'에 해당한다. 연대활동모형은 다양한 조직 대표자들의 집단을 사회변화에 동참시키는 것으로서, 조직들 간의 공통의 이익을 위해 자원동원의 가능성 및 잠재력을 가진 연대조직체를 형성함으로써 집합적인 문제해결 과정을 통해 효용성을 높이고자 한다.
ㄹ. '기능적 지역사회조직모형'에 해당한다. 지리적 의미의 지역사회가 아닌 특정 목표를 달성하기 위해 또는 특정 문제를 해결하기 위해 동일한 정체성이나 이해관계를 가진 사람들이 인위적으로 조직한 것이다. 이 모형은 구성원들로 하여금 역량강화를 통해 특정 관심사에 대한 사회적 변화를 유도하고자 한다.

**10** 다음 중 웨일과 갬블(Weil & Gamble)의 지역사회복지실천모델에 대한 설명으로 옳은 것은?

① 근린지역사회조직모델은 지역사회개발모델에서 그 원형을 찾을 수 있다.
② 프로그램개발 및 지역사회연계모델은 특정 대상집단이나 이슈에 대한 사회정의를 실현하는 것을 목표로 한다.
③ 정치적·사회적 행동모델은 유권자와 공무원 등을 표적체계로 하고 특정 대상자를 위한 서비스 개발을 목표로 한다.
④ 기능적 지역사회조직모델에서 사회복지사는 조사자, 관리자, 정보전달자, 제안서 작성자의 역할을 수행한다.
⑤ 연대활동모델의 관심범위는 지역사회의 사회적 욕구통합과 사회서비스 관계망 조정 등이다.

> 해설 ② 프로그램 개발 및 지역사회연계모델은 지역사회서비스의 효과성 증진을 위해 새로운 프로그램을 개발하는 동시에 기존 프로그램을 확대 혹은 재조정한다.
> ③ 정치적·사회적 행동모델은 정책 및 정책입안자의 변화에 초점을 둔 사회정의실현 활동을 전개하는 것을 목표로 한다.
> ④ 기능적 지역사회조직모델에서 사회복지사는 조직가, 옹호자(대변자), 정보전달자, 촉진자로서의 역할을 수행한다.
> ⑤ 연대활동모델의 관심범위는 사회적 욕구 및 사회적 관심과 관련된 특정 이슈인 반면, 지역사회의 사회적 욕구통합과 사회서비스 관계망 조정은 사회계획모델의 관심범위에 해당한다.

**11** 다음에서 설명하는 웨일과 갬블(M. Weil & D. Gamble)의 지역사회복지 실천모형에 해당하는 것은? [19회]

> • 대면접촉이 이루어지는 가까운 지역사회에 초점을 둔다.
> • 조직화를 위한 구성원의 능력개발, 지역주민의 삶의 질 증진을 목표로 한다.
> • 사회복지사의 역할은 조직가, 촉진자, 교육자, 코치 등이다.

① 근린지역사회조직모형
② 프로그램 개발모형
③ 정치사회적 행동모형
④ 연합모형
⑤ 사회운동모형

> 해설 ② 프로그램 개발과 지역사회연계모형은 지역사회서비스의 효과성 증진을 위해 새로운 프로그램을 개발하는 동시에 기존 프로그램을 확대 혹은 재조정하는 것을 목표로 한다.
> ③ 정치사회적 행동모형은 정책 및 정책입안자의 변화에 초점을 둔 사회정의실현 활동의 전개를 목표로 한다.
> ④ 연합모형은 연합의 공통된 이해관계에 대응할 수 있도록 자원을 동원하며, 영향력 행사를 위해 다조직적인 권력기반을 형성하는 것을 목표로 한다.
> ⑤ 사회운동모형은 특정 집단이나 이슈에 대해 새로운 패러다임을 제공할 수 있는 사회정의실현의 행동화를 목표로 한다.

**01** 지역사회복지실천모델에 관한 설명으로 옳지 않은 것은? [18회]

① 로스만(J. Rothman)의 사회행동모델은 불이익을 받거나 권리가 박탈당한 사람의 이익을 옹호한다.

② 로스만(J. Rothman)의 지역사회개발모델은 지역사회나 문제의 아노미 또는 쇠퇴된 상황을 전제한다.

③ 로스만(J. Rothman)의 사회계획모델은 주택이나 정신건강 등의 이슈를 명확히 하고 권력구조에 대항한다.

④ 웨일과 갬블(M. Weil & D. Gamble)의 기능적 지역사회조직모델은 발달장애아동의 부모 모임과 같이 공통 이슈를 지닌 집단의 이해관계를 기반으로 한다.

⑤ 웨일과 갬블(M. Weil & D. Gamble)의 연합모델의 표적체계는 선출직 공무원이나 재단 및 정부당국이 될 수 있다.

> 해설 ③ 로스만(Rothman)의 사회계획모델은 주택, 정신건강(보건), 범죄 등 구체적인 사회문제를 해결하는 기술적인 과정을 중시한다. 문제해결을 위한 공식적·합리적인 계획이 핵심이며, 과업지향적 활동목표를 가진다. 반면, 지역사회 내 권력과 자원의 재분배, 사회적 약자에 대한 의사결정의 접근성 강화를 위해 권력구조에 대항하는 대항활동(Confrontation)을 강조하는 것은 사회행동모델에 해당한다.

**02** 로스만(J. Rothman)의 지역사회조직모델 중 지역사회개발에 관한 설명으로 옳지 않은 것은?

[20회]

① 지역사회 변화를 위한 전술로 합의방법을 사용한다.

② 변화의 매개체는 과업지향의 소집단이다.

③ 지역사회의 아노미 상황에 사용할 수 있다.

④ 정부조직을 경쟁자로 인식한다.

⑤ 변화를 위한 전략으로 문제해결에 다수의 사람을 참여시킨다.

> 해설 ④ 로스만(Rothman)의 지역사회조직모델 중 지역사회개발모델에서는 권력구조에 있는 구성원을 협력자로 인식한다. 즉, 지역사회 내의 권력을 가진 사람이 지역사회를 향상시키는 데 공동의 노력을 한다고 본다.

**03** 테일러와 로버츠(S. Taylor & R. Roberts) 모델에 해당되는 것을 모두 고른 것은? [20회]

> ㄱ. 프로그램 개발 및 조정
> ㄴ. 지역사회개발
> ㄷ. 정치적 권력(역량)강화
> ㄹ. 연 합
> ㅁ. 지역사회연계

① ㄱ, ㄴ                      ② ㄴ, ㄷ

③ ㄱ, ㄹ, ㅁ               ④ ㄱ, ㄴ, ㄷ, ㅁ

⑤ ㄱ, ㄷ, ㄹ, ㅁ

**해설** 테일러와 로버츠(Taylor & Roberts)의 지역사회복지실천모델
- 지역사회개발모델(Community Development Model)
- 프로그램 개발 및 조정모델(Program Development and Coordination Model)
- 계획모델(Planning Model)
- 지역사회연계모델(Community Liaison Model)
- 정치적 권력강화모델 또는 정치적 행동 및 역량강화모델(Political Action & Empowerment Model)


**04** 웨일과 갬블(M. Weil & D. Gamble)의 지역사회복지실천모델에 관한 설명으로 옳은 것을 모두 고른 것은? [16회]

> ㄱ. 사회운동모델 : 성취목표는 특정 대상집단 또는 이슈 관련 사회정의를 위한 행동이다.
> ㄴ. 근린지역사회조직모델 : 사회복지사의 역할은 정보전달자, 관리자 등이다.
> ㄷ. 사회계획모델 : 관심영역은 특정 욕구를 가진 대상자를 위한 서비스 개발이다.
> ㄹ. 정치·사회행동모델 : 일차적 구성원은 선출된 공무원, 사회복지기관 등이다.

① ㄱ                         ② ㄱ, ㄴ

③ ㄴ, ㄷ                   ④ ㄷ, ㄹ

⑤ ㄱ, ㄷ, ㄹ

**해설**
ㄱ. 사회운동모델은 특정 집단이나 이슈에 대해 새로운 패러다임을 제공할 수 있는 사회정의 실현의 행동화를 목표로 한다.
ㄴ. 근린지역사회조직모델에서 사회복지사는 조직가, 교사, 코치, 촉진자로서의 역할을 수행한다. 반면, 사회복지사가 정보전달자, 관리자 등의 역할을 수행하는 것은 사회계획모델에 해당한다.
ㄷ. 사회계획모델의 관심영역은 지역사회의 사회적 욕구통합과 사회서비스 관계망 조정 등이다. 반면, 특정 욕구를 가진 대상자를 위한 서비스 개발은 프로그램개발 및 지역사회연계모델(프로그램개발과 지역사회 연결모델)의 관심 영역에 해당한다.
ㄹ. 정치·사회행동모델(정치적·사회적 행동모델)의 일차적 구성원은 정치적 권한을 가진 시민이다. 반면, 선출된 공무원, 사회복지기관 등을 일차적 구성원으로 하는 것은 사회계획모델에 해당한다.

**05** 다음의 설명에 해당되는 웨일과 갬블(M. Weil & D. Gamble)의 실천모델은?  [20회]

> • 기회를 제한하는 불평등에 도전
> • 사회적 · 정치적 · 경제적 정의를 위한 행동
> • 표적체계에 선출직 공무원도 해당

① 근린 · 지역사회조직화모델
② 지역사회 사회 · 경제개발모델
③ 프로그램 개발과 지역사회연계모델
④ 정치 · 사회행동모델
⑤ 사회계획모델

 ① 근린 · 지역사회조직화모델은 구성원의 조직 능력을 개발하고 범지역적인 계획 및 외부개발에 영향과 변화를 일으킬 수 있는 능력을 개발하는 것을 목표로 한다.
② 지역사회 사회 · 경제개발모델은 지역주민의 관점에 입각하여 개발계획을 주도하며, 사회 · 경제적 투자에 대한 지역주민의 활용 역량을 제고하는 것을 목표로 한다.
③ 프로그램 개발과 지역사회연계모델은 지역사회서비스의 효과성 증진을 위해 새로운 프로그램을 개발하는 동시에 기존 프로그램을 확대 혹은 재조정하는 것을 목표로 한다.
⑤ 사회계획모델은 선출된 기관이나 인간서비스계획 협의회가 지역복지계획을 마련하는 등 행동을 하기 위한 제안을 하는 것을 목표로 한다.

# 지역사회복지의 실천과정 및 실천방법

🌟 **학습목표**　■ 지역사회복지의 실천원칙, 지역사회복지의 실천과정, 국가별 지역사회실천모델, 학자별 지역사회실천모델에 대해 학습하자.

　　　　　　　■ 지역사회복지실천에 대한 맥닐, 존스와 디마치 등의 견해와 지역사회복지의 실천과정을 중심으로 공부하자.

## 제**1**절　지역사회복지의 실천과정

### 1 지역사회복지실천의 일반적인 5단계 과정　　10, 12회 기출

#### (1) 제1단계 : 지역사회에 대한 사정

① 공공 및 민간영역을 구분하여 지역사회를 지배해온 다양한 지도자층 및 영향력 있는 인물들을 파악한다.

② 지역사회의 정치사회적 구조를 파악하며, 주도세력과 비주도세력 간의 역학관계를 조사한다.

③ 지역사회의 산업구조, 재정상태, 인구이동 등의 경제적인 상황을 조사한다.

④ 지역사회 전통문화의 양상 및 상부상조의 유형 등 사회문화적인 측면을 조사한다.

#### (2) 제2단계 : 지역사회의 욕구파악

① 사회조사, 기존 자료 분석, 주민 간담회, 공청회, 참여관찰법 등을 활용하여 지역주민들이 필요로 하는 복지 관련 문제들을 발견한다.

② 각종 조사를 통해 수집된 자료들에 대해 정확한 진단을 수행한다.

③ 지역사회의 욕구조사와 함께 인적 · 물적 자원조사를 병행한다.

④ 주민생활과 밀접한 정책 및 법률의 제정 또는 개정 사항, 보건복지서비스, 자원봉사 참여 등에 관한 사항을 파악한다.

⑤ 지역사회에 대한 사정 과정에서 사람, 가치, 사회문제, 서비스 전달조직 등 다양한 변수들을 확인한다.

#### (3) 제3단계 : 실천 전략의 계획

① 조사에 의해 발견된 문제들에 대해 토의하며 문제해결을 위한 우선순위를 결정한다.

② 문제해결의 우선순위에 따라 구체적인 대책 및 활동계획을 수립한다.

③ 지역주민들의 관심을 유도하여 지역 문제의 해결을 위해 자주적으로 참여할 수 있도록 다각적인 홍보 활동을 추진한다.

④ 홍보활동을 통해 지역주민들에게 구체적인 실천 전략을 전달함으로써 지역사회의 자원 동원 및 지역주민들의 조직화가 이루어지도록 한다.

### (4) 제4단계 : 실천 전략의 추진

① 정부보조금, 공동모금, 기업후원금 등을 통해 재원을 확보한다.
② 재정 확보 및 활용 등에 대한 구체적인 내용을 다양한 채널들을 통해 지역주민들에게 고지함으로써 재정의 투명성을 확보한다.
③ 지역사회 내 토착적인 지도자를 발굴하며, 다양한 훈련 프로그램을 통해 지속적인 교육을 실시한다.
④ 전문 사회복지사와 지역문제에 관심을 가진 지도자들이 서로 협력하여 문제해결을 위해 노력한다.

### (5) 제5단계 : 평가 및 재사정

① 실천 전략의 목표달성 여부를 비롯하여 추진 과정에 대한 평가를 실시한다.
② 유용성, 타당성, 정확성, 윤리성 등을 고려하여 시행한 프로그램의 가치와 의의를 판단한다.
③ 상황에 대한 재사정과 함께 변화노력의 안정화가 이루어지도록 한다.

## 2 지역사회복지실천의 9단계 과정(Kettner, Daley & Nichol) 13, 15, 18, 20회 기출

### (1) 제1단계 : 변화기회 확인

① '변화기회(Change Opportunity)'는 사회문제나 욕구, 이슈만을 의미하는 것이 아닌 사회복지사가 지역사회에서 그와 같은 문제들을 변화시킬 수 있는 가능성 및 여건에 대한 판단까지 포함한다.
② '변화기회 확인'은 지역사회에 어떤 바람직하지 못한 상태가 있다고 인지된 경우 바람직하지 못하다고 생각되는 사회적 조건이 무엇인지, 그와 같은 사회적 조건이 특정 인구집단의 특정 요구로서 어느 정도 존재하는지를 파악하는 것을 말한다.
③ '문제확인 단계' 혹은 '문제발견 단계'에 해당하는 것으로서, 문제와 관련된 사람은 누구인지, 문제의 범위는 어디까지인지, 문제의 특성은 무엇인지 등을 파악한다.
④ 문제는 보는 관점에 따라 여러 가지로 정의될 수 있고, 문제정의에 따라 다양한 대안들이 나올 수 있으므로, 문제의 정확하고 객관적인 확인을 위해 지역사회 서베이, 지역사회포럼, 주요 정보제공자 조사 등의 자료수집 방법들을 활용한다.

### Plus + one

**문제의 특성을 파악하고자 하는 경우 고려해야 할 사항**
• 문제의 복잡성 : 문제 및 문제 상황과 관련하여 얼마나 다양한 개인이나 이해집단들이 존재하는가?
• 문제의 강도 : 문제와 관련된 이해관계자들이 감정적으로 얼마나 강하게 혹은 약하게 개입되어 있는가?
• 문제의 확산 정도 : 문제가 어느 정도까지 확산되어 있는가?
• 문제의 긴급성 : 문제가 얼마나 시급히 해결되어야 하는가?
• 문제의 지속성 : 문제가 얼마나 오랫동안 지속되어 왔는가?

## (2) 제2단계 : 변화기회 분석

① '문제분석 단계'에 해당하는 것으로서, 문제가 발생한 이유, 문제가 어떤 역동성과 의미를 가지는지를 명확히 밝혀내어 문제 자체를 객관화시킨다.

② 문제발견 단계에서 수집되고 산출된 자료들을 사정하고 해석하며, 이를 토대로 문제의 **역동성**을 점검하고 인과관계에 대한 가설을 설정하는 작업을 진행한다.

③ 변화기회 분석을 통해 변화주도자가 **변화를 위한 개입 여부를** 결정하고, 이를 위해 적절한 목표를 설정하게 된다는 점에서 매우 중요한 과정이다.

④ 분석은 변화기회의 특성 및 역동성, 있을 수 있는 반응의 적절성 등을 분류하는 것으로서, 변화주도자는 이를 토대로 행동에 필요한 일련의 의사결정을 내릴 수 있게 된다.

⑤ 기술적 차원에서 원인론적 규명, 이론적 배경에 대한 축적, 문제에 대한 조사연구의 관점 확인, 그리고 이용 가능한 정보들 속에서 일관되게 나타나는 유형과 관련성을 찾는 기법의 활용 등이 요구된다.

## (3) 제3단계 : 목적 및 목표 설정                                   9회 기출

① 앞선 단계에서 정의되고 분석된 지역사회 문제, 즉 **변화기회에** 대한 개입방향과 수준을 정한다.

② 목적 및 목표 설정은 **해결방안 선택기준이** 되는 동시에 추후 개입이 얼마나 효과적이었는지를 점검하는 평가척도로서의 기능을 수행한다.

③ 일반적으로 목적은 목표보다 높은 수준의 변화 방향의 의미를 가짐으로써 더욱 광범위하게 서술되며, 바람직한 미래의 상태와 함께 그것의 일반적인 방향을 제시한다. 반면, 목표는 목적에 비해 구체적이고 측정 가능한 예측된 결과를 의미한다.

④ 목적 진술이 일반적으로 유용한 안내와 지침을 제공한다고 할 때, **구체적인 목표 진술은** 변화 과정의 실행 및 평가를 가능하게 하고 이를 이끌어 주는 데 필요하다.

⑤ 목표는 과정목표와 결과목표로 구분할 수 있다. **과정목표는** 무슨 일을 누가 어떻게 할 것인지에 대해 기술하며, **결과목표는** 표적 집단을 어떠한 상태로 향상시킬 것인지에 대한 내용을 담는다.

⑥ 목적과 목표 설정에는 **클라이언트를 참여시키는** 것이 바람직하다. 또한 목적과 목표를 설정하고 나면 활동계획을 구성해야 한다. 특히 **간트 차트(Gantt Chart)와** 같은 활동계획서는 목표달성의 경로를 살필 수 있도록 해 준다.

## (4) 제4단계 : 변화노력 설계 및 구조화

① 변화노력을 어떻게 전개해야 하는가를 설계하고 구조화하는 단계로서, 이전 단계에서 설정한 목표를 달성하도록 시스템을 만드는 과정으로 볼 수 있다.

② 목적 및 목표를 구체적인 과업과 활동으로 전환시키면서 이를 전개하기 위한 **적절한 시기, 순서** 등을 배열하며, 동시에 조직구조를 만든다.

③ 변화노력의 설계 과정은 달성하고자 하는 변화목적 및 특성을 정의하고, 그에 따른 전달체계를 만드는 것을 의미한다.

④ 구조화 과정은 설계된 전달체계를 보다 세부적이고 실제적인 모습을 갖추도록 함으로써 변화노력을 위한 변화주도 조직구조를 잡아 나가는 작업을 의미한다.

⑤ 변화노력 설계 및 구조화의 접근방법으로는 정책 접근법, 프로그램 접근법, 프로젝트 접근법 등이 있다.

### (5) 제5단계 : 자원계획

① 변화노력을 위한 자원을 어디서 구할 것인지, 어떠한 방법을 통해 변화노력과 자원의 연결을 보다 효과적이고 효율적으로 이루어낼 것인지를 결정한다.

② 자원계획은 변화목표와 자원의 연결이 적절하게 설정되었는지를 점검하고, 지역사회 내외에서 이용 가능한 자원이 무엇인지 파악하며, 자원계획서를 통해 변화노력의 전반적인 방향을 인식시키는 것을 목적으로 한다.

③ 자원계획서에는 변화목표 달성에 필요한 자원종류의 목록과 함께 각 자원의 종류에 대한 계량화된 내용(예 자원의 비용)이 포함되어야 한다. 또한, 자원제공자들로부터 위임받은 내용과 함께 잠재적 자원제공자에 대한 기술 등도 포함될 필요가 있다.

④ 자원계획 개발과정에서는 클라이언트를 참여시키는 것이 매우 중요하다. 이는 자원이 설정된 목표와는 다른 새로운 목표들로 전치되어 배분되지 않도록 하는 데 기여할 수 있다.

### (6) 제6단계 : 변화노력 실행

① 계획을 행동으로 변화시키는 단계로서, 구체적인 활동계획에 착수하여 참여자를 적응시키고 활동들을 조정하면서 조화를 이루게 하는 등 적응과 조정을 촉진한다.

② 실행 과정은 기술적 활동과 대인관계적 활동으로 구분할 수 있다. 특히 기술적 활동에서는 참여자 적응시키기, 활동 조정하기 등의 과제가 제시되며, 대인관계적 활동에서는 저항과 갈등 관리하기, 참여자의 자기규제 및 자기통제 개발시키기, 지지기반 강화하기 등의 과제가 제시된다.

③ 변화주도자는 참여자들의 변화에 대한 저항에 적절히 대처해야 한다. 이를 위해 각 참여자들의 이해관계를 파악하고 변화의미에 대한 토론을 통해 정보를 공유함으로써 서로 열린 마음으로 접근할 수 있도록 유도해야 한다.

### (7) 제7단계 : 변화노력 점검

① 실행체계가 계획대로 잘 진행되고 있는지를 살펴보는 과정으로서, 이때의 점검(Monitoring)은 평가(Evaluation)와는 다른 개념이다. 즉, 점검은 기준에 맞게 진행되고 있는지를 살피는 것인 반면, 평가는 과정 및 결과에 대한 가치적 판단을 내리는 것이다.

② 변화 과정에서 어느 한 부분이 다른 부분에 영향을 미칠 수 있으므로, 점검을 진행할 경우 각 부분을 대상으로 하면서도 전체 과정을 모두 포괄할 수 있어야 한다.

③ 점검을 보다 효과적이고 효율적으로 수행하기 위해 관리정보체계(MIS ; Management Information System)를 활용하기도 한다.

### (8) 제8단계 : 변화노력 평가

① 변화노력 전반에 대한 가치적 판단을 하는 것으로서, 점검한 현상들을 다양한 기준에서 판단하고 가치를 부여하는 과정으로 볼 수 있다.

② 평가는 하나의 사회적 과정으로서, 개인적으로 진행되는 것이 아닌 참여자들의 다양한 시각을 반영하여 다각적으로 판단된다.

③ 지역사회복지실천에서 평가자는 평가조사 결과를 토대로 외부적으로 **변화노력의 가치**를 주장할 수 있는 동시에 내부적으로 변화노력을 객관화함으로써 변화노력에 대한 확신을 제공할 수 있다.

④ 노력 및 활동, 성과 또는 결과, 성과의 적절성, 효율성, 실행과정 등 각 영역에 대해 평가를 진행한다.

### (9) 제9단계 : 재사정 및 변화노력 안정화

① 변화 과정을 마친 후 변화 과정 전반에 대한 진행 및 결과를 비판적 · 종합적으로 재검토한다.

② 변화 과정 종료 후에도 변화노력 체계가 지속적 · 안정적으로 운영될 수 있도록 유도한다.

③ 재사정 과정에서 변화주도자는 참여자들과 함께 지금까지 변화노력을 통해 이루어 낸 변화의 특성, 변화의 기간상 특징, 변화의 규모와 범위 등을 고려해야 한다.

④ 재사정과 안정화를 위해서는 개괄적 평가를 적절히 실행 및 활용하는 기술, 변화노력이 지속적으로 잘 운영되도록 제도화시키는 기술이 필요하다.

---

**Plus + one**

#### 지역사회복지 거시적 실천의 주요 과정    16회 기출

| 문제와 표적집단의 이해 | • 지역사회 문제에 대한 이해<br>• 인구집단에 대한 이해<br>• 문제의 원인과 문제에 대한 요약진술 |
|---|---|
| 지역사회의 강점과 문제의 분석 | • 표적집단의 확인<br>• 지역사회 특성의 이해<br>• 지역사회 내 차별의 인식<br>• 구조에 대한 확인 |
| 개입전략의 개발 | • 인과관계에 근거한 개입가설의 개발<br>• 참여자의 정의<br>• 변화를 위한 시스템의 준비 점검<br>• 변화를 위한 접근방법의 선택<br>• 정치적 · 경제적 요인에 대한 고려<br>• 성공의 가능성 검토<br>• 개입목적과 목표의 설정 |

## 3 지역사회 문제해결의 과정

### (1) 제1단계 : 문제발견 및 분석

① 문제규정의 중요성

    ㉠ 욕구의 존재 여부는 문제해결을 위한 충분한 전제조건이 될 수 없다. 문제를 해결하기 위한 방안을 수립하고 실천에 옮길 수 있도록 정확한 문제의 규정이 필요하다.

    ㉡ 문제규정 방법은 다음에있을 문제해결 과정에서 그 문제가 어떻게 취급되느냐에 큰 영향을 미친다.

    **예** 의료서비스 부족 → 의료서비스 확충, 주민들의 보건에 대한 의식과 지식 결여 → 보건교육 실시

② 사회문제와 가치관 고려

    ㉠ 누가 주어진 문제를 '문제'로 보며 누가 그것을 '문제'로 보지 않는가, 즉 문제를 바라보는 시각의 차이를 분석해야 한다.

    ㉡ 사회의 어떠한 가치관과 제도가 문제를 파생시키며 존속시키고 있는가에 대해 분석해야 한다.

    ㉢ 특정 사회문제에 대한 지역사회지도자, 공직자, 토착주민, 지역운동가 등 유력인사의 인식을 포함한다.

    ㉣ 사회문제에 대해서 사회복지사가 속해 있는 기관이나 단체(민간기관 또는 공적기관)가 갖고 있는 견해를 분석해야 한다.

    ㉤ 전문분야에 따라 혹은 동일 전문분야인 경우에도 사회적 상황에 따라 견해와 가치가 다를 수 있으므로 사회문제에 대해 전문분야가 갖는 견해와 가치에 대한 분석을 해야 한다.

③ 사회문제와 관련 이론 검토

    ㉠ 사회복지사는 응용분야에 있어서 조사연구에 대한 체계적인 검토와 평가를 해야 한다.

    ㉡ 문제와 관련된 특수집단과 지역에 대한 특성을 기술한 통계자료, 실태조사보고서 등을 분석하거나 직접 조사를 실시한다.

    ㉢ 특정 사회문제와 관련된 사회과학 이론을 활용한다.

④ 사회문제의 조작화

    ㉠ 사회문제의 구체적인 해결방안을 찾아 실제적인 조치를 취하기 위해 이를 조작화 한다.

    ㉡ 사회문제를 조작화 한다는 것은 그 개념을 측정할 수 있고 실천할 수 있으며 평가할 수 있도록 구체화하는 것을 말한다.

### (2) 제2단계 : 정책 및 프로그램 개발

① 정책개발

    ㉠ 정책이란 다양한 대안 중에서 선택된 확고한 행동노선으로, 주어진 상황에 비추어 현재와 장래의 결정을 인도하고 가능하게 해주는 것이다.

    ㉡ 정책수립 시 고려되어야 할 요건(Rein)

      • 이념관(이데올로기) : 주어진 문제와 관련되어 있는 행동체계가 문제해결에 대해서 어떤 견해를 갖느냐하는 것이 중요한 요건이 된다.

- 합리성 : 정책목표를 설정할 때 과업지향적 목표와 과정중심적 목표 중 어느 것에 역점을 두어야 할 것인가를 고려한다.
- 실현가능성에 영향을 미치는 요인 : 인적·물적자원, 지식 및 기술, 정치적·사회적 분위기 등이 실현가능성에 영향을 미친다.

② 프로그램 개발 시 결과를 추구함에 있어서 효과성과 효율성으로 고려해야 할 요소(Perlman & Gutin)

ㄱ 업무 내용 : 어떤 종류의 활동·프로그램·서비스를, 어떤 순서로, 얼마만큼의 양을, 어떤 전달체계를 통해서 제공할 것인가?

ㄴ 자원 : 자본설비, 필요한 인력과 자격 및 재원과 같은 자원들은 현재 어디에 있으며, 누가 통제하고 있으며, 어떻게 동원할 것인가?

ㄷ 자원의 활용가능성 : 자원의 활용가능성은 어느 정도인가, 정책목표를 달성하기 위해 필요한 변화, 자원의 분배, 새로운 자원의 개발은 어떻게 할 것인가, 프로그램의 수행에 어느 정도의 수용·저항이 존재하는가, 필요한 변화를 시도하기 위해 어떠한 전략을 사용할 것인가?

## (3) 제3단계 : 프로그램의 실천

① 체제유지(과정중심)적인 활동 : 클라이언트집단이 문제를 스스로 해결할 수 있도록 능력을 배양하는 활동

② 과업중심적인 활동 : 클라이언트집단이 필요로 하는 서비스를 직접 제공하는 활동

## (4) 제4단계 : 평가

① 평가의 목적

ㄱ 프로그램의 실천과정에서 수집된 정보를 입수해서 실천에 반영하여 실천의 궤도를 수정한다. 평가는 마지막 단계가 아니라 전 과정에 영향을 주는 계속적인 활동이다(피드백).

ㄴ 문제해결의 전 과정이 이룩한 결과와 최종 산물을 평가하기 위해서 필요하다(프로그램의 효과성과 효율성, 영향 측정).

② 평가의 방법

ㄱ 프로그램의 효과를 평가하는 방법으로서 '실험조사방법(Experimental Survey)'이 널리 활용된다.

ㄴ 특히 지역사회조직사업과 관련하여 기초조사 없이 프로그램 실시 이후의 변화를 측정하는 '후 측정실험방법(After-only Experiments)'이나 기초조사와 함께 프로그램 실시 전후의 조사 결과를 비교하여 변화를 측정하는 '전후 측정실험방법(Before-after Experiments)'이 사용된다.

## 4 지역사회복지실천의 과정에 대한 학자들의 견해

| | |
|---|---|
| 던햄(Dunham) | 지역사회복지의 실천과정을 다음과 같이 6단계의 문제해결과정으로 보고 있다.<br>① 문제의 인식           ④ 조 치<br>② 문제의 분석 · 진단 · 사실의 발견    ⑤ 평 가<br>③ 계 획              ⑥ 차후 단계 |
| 리피트(Lippitt) | 지역사회복지의 실천과정을 변화매개자가 계획된 변화를 성취하기 위해서 수행해야 하는 과정으로 본다.<br>① 변화의 필요성 개발<br>② 변화관계의 수립<br>③ 클라이언트 시스템의 문제 규명 혹은 진단<br>④ 대안과 목표의 검토(목표와 조치 의도의 설정)<br>⑤ 의도를 변화노력으로 전환<br>⑥ 변화의 일반화와 정착화<br>⑦ 종료관계의 달성 |
| 칸(Kahn) | 지역사회복지의 실천과정을 계획과정으로 본다.<br>① 계획의 선동        ④ 정책형성<br>② 탐 색           ⑤ 프로그램화<br>③ 계획과정의 결정    ⑥ 평가와 피드백(Feedback) |
| 길버트(Gilbert)와<br>스펙트(Specht) | 지역사회복지의 실천과정을 다음과 같이 정책형성과정의 8단계로 제시하고 있다.<br>① 문제의 발견        ⑤ 일반의 지지와 합법성 구축<br>② 분 석           ⑥ 프로그램 설계<br>③ 대중홍보         ⑦ 실 천<br>④ 정책목표의 설정    ⑧ 평가와 사정 |
| 펄만(Perlman)과<br>구린(Gurin) | 사회문제해결모델의 5가지 국면으로 지역사회복지의 실천과정을 설명하고 있다.<br>① 문제에 대한 정의<br>② 문제를 개진할 구조와 '커뮤니케이션' 구축<br>③ 정책대안의 분석과 정책 채택<br>④ 정책계획의 개발과 실시<br>⑤ 반응조사와 피드백 |

제3영역

## 제**2**절    지역사회복지의 실천방법

### 1  지역사회사정(Community Assesment)

#### (1) 지역사회사정의 의의

① 지역사회사정은 클라이언트에 대한 원조, 프로그램 개발, 지역사회 중심의 서비스에 대해 준비하는 안내 역할로서의 의미가 있다.

② 지역사회 문제해결과 프로그램 개발, 지역 중심의 서비스 개발을 위한 예비수단으로서의 과정이다.

③ 지역사회의 현재 상황을 진단하기 위한 체계적인 과정으로서, 지역사회의 제반 요소를 확인하는 과정이다.

④ 지역사회사정은 계획 또는 조사의 수단, 정보교환의 도구, 공식적인 문제해결의 일부, 서비스의 필요 주체에 대한 결정방법 등의 용도로 사용할 수 있다.

#### (2) 지역사회사정의 유형                              14, 19회 기출

① **포괄적 사정(Comprehensive Assessment)**

특정한 문제나 표적집단 관련 욕구보다는 지역사회 전반을 대상으로 한 1차 자료의 생성을 주된 목적으로 한다.

② **문제중심 사정(Problem-oriented Assessment)**

전체 지역사회와 관련되지만 지역사회의 중요한 특정 문제(예 아동보호, 정신건강 등)에 초점을 둔다.

③ **하위체계 사정(Subsystem Assessment)**

전체 지역사회를 사정하는 것이 아닌 지역의 특정 부분이나 일면을 조사하는 것이다. 특히 지역사회의 하위체계에 초점을 두며 하위체계에 대한 정태적 혹은 평면적인 이해보다는 역동적인 이해를 높이는 데 활용된다.

④ **자원 사정(Resource Assessment)**

지역사회에서 이용할 수 있는 권력, 전문기술, 재정, 서비스 등 자원영역을 검토하는 것이다. 이러한 자원 사정은 클라이언트의 욕구보다는 이용 가능한 자원의 본질과 운영, 그리고 질에 초점을 둔다.

⑤ **협력적 사정(Collaborative Assessment)**

지역사회 참여자들이 완전한 파트너로서 조사계획, 참여관찰, 분석 및 실행 국면 등에 관계되면서 지역사회에 의해 수행된다.

## (1) 욕구사정의 의의

① '욕구확인(Need Identification)'은 지역사회에서 어떤 문제나 욕구를 가지고 있는지를 파악하는 것이고, '욕구사정(Need Assessment)'은 그와 같은 욕구의 상대적인 중요성에 따라 우선순위를 결정하는 것으로 볼 수 있다. 다만, 일반적으로 이 두 가지 개념을 욕구사정으로 통칭하여 사용한다.

② 욕구사정은 사람들이 갖는 욕구를 파악하는 것으로서, 한정된 지역 안에서 사람들의 욕구 수준을 확인하고 이를 수량화하는 방법이다.

③ 욕구사정은 지역사회복지 실천 활동을 수행하기 위한 예비적인 안내 역할로서의 의미가 있다.

④ 욕구사정을 통해 도출된 자료들은 프로그램의 기획, 집행, 평가의 과정에서 기초적인 근거로서 활용된다.

⑤ 사회복지사는 질적 또는 양적 조사방법들을 사용하여 지역주민과 지역집단의 문제, 관점, 그리고 문화를 이해하기 위해 노력하게 된다.

## (2) 욕구사정의 목적

① 문제 확인과 해결의 우선순위에 주안점을 둔다.

② 욕구의 유형을 파악함으로써 정책대안이나 프로그램이 필요한지를 파악한다.

③ 지역주민들이 필요로 하는 각종 서비스 또는 프로그램을 식별하여 우선순위를 정한다.

④ 프로그램 운영에 필요한 예산할당 기준을 마련한다.

⑤ 현재 수행 중인 프로그램 평가에 필요한 보조자료를 마련한다.

⑥ 프로그램을 수행하는 지역사회 내 기관들 간의 상호 의존 및 협동 상황을 파악한다.

⑦ 욕구조사를 통해 기관의 정체성을 확인한다.

⑧ 욕구조사를 통해 기관의 활동과 프로그램을 대상 집단이나 지역사회에 홍보한다.

## (3) 욕구사정 시 고려사항

① **정보와 이용 가능한 자원 파악**

어떤 자료를 토대로 지역사회 문제나 지역주민의 욕구를 확인하고 추산할 것인지를 결정한다. 또한, 원하는 자료의 수집방법, 자료의 정확성과 유용성 등에 대해 고려해야 한다. 따라서 욕구사정에 대한 다양한 방법론을 이해해야 한다.

② **현재 이용 가능한 서비스의 포괄성**

욕구사정의 초점에는 서비스 및 접근가능성이 포함된다. 현재 이용 가능한 서비스가 지역사회 문제나 지역주민의 욕구를 포괄하고 있는지를 판단한다. 또한, 자료수집방법 및 욕구사정의 내용과 관련하여 지역사회가 어느 수준까지 허용할 수 있는지를 고려한다.

③ 공식적 · 체계적 접근

욕구사정은 자료수집과 분석을 통한 공식적 · 체계적 접근이 요구된다. 공식적 욕구사정을 위해 인터뷰, 설문조사, 통계자료 등의 분석방법이 사용되며, 그 밖에 다양한 관점에 입각한 접근방법들이 문제분석에 적용된다.

④ 욕구사정의 방법 선택

욕구사정의 방법을 선택하는 데 있어서 조사방법, 조사수행 시간, 조사수행에 요구되는 자원, 지역주민의 포함 여부 등에 대한 방향을 고려해야 한다.

## (4) 욕구사정을 위한 자료수집방법 매회 기출

① 비공식적 인터뷰(Informal Conversational Interviews)

비공식적 인터뷰는 현장관찰 과정에서 일어날 수 있는 질문자와 응답자 간의 무계획적이고 기대하지 않은 상호작용을 의미하는 것으로서, 사전에 어떤 질문도 준비되지 않은 상태에서 정보제공자의 반응과 질문자의 정보욕구에 따라 자연스럽게 이루어진다.

② 공식적 인터뷰(Formal Conversational Interviews) 또는 주요 정보제공자 조사(Key Informant Method)

지역사회 전반의 문제에 대해 잘 알고 있는 지역 지도자 또는 정치가, 기관의 서비스제공자, 인접 직종의 전문직 종사자, 공직자 등을 대상으로 질문하여 그 표적 집단의 욕구 및 서비스 이용 실태 등을 파악하는 방법이다. 인터뷰는 개방형 질문으로 구성되며, 조사자는 인터뷰 질문에 대한 지침을 토대로 인터뷰를 실시한다. 보통 표준화된 인터뷰 도구를 사용하게 되는데, 이는 자료수집 과정에서 신뢰도와 일관성을 유지할 수 있기 때문이다. 다만, 이 방법은 정보제공자의 편향성이 문제시될 수 있다.

③ 민속학적 방법(Ethnographic Method)

사회적 약자계층의 문화적 규범 및 실천행위를 규명하는 데 활용할 수 있는 방법으로서, 조사자의 관찰과 심층 인터뷰가 사용되며, 발견한 내용에 대한 서술적 형태의 묘사로 이루어진다.

④ 지역사회공개토론회 또는 지역사회포럼(Community Forum)

지역사회에 실제 거주하거나 지역사회를 위해 활동하는 사람들을 대상으로 공개적인 모임을 주선하여 지역문제에 대한 설명을 듣는 것은 물론 직접 지역사회 내의 문제에 대해 의견을 피력할 수 있도록 하는 방법이다.

⑤ 공청회(Public Hearing)

지역주민의 관심 대상이 되는 주요한 사안과 관련하여 국회나 정부기관이 관련 분야의 학자나 이해당사자들을 참석하도록 하여 사전에 지역주민들의 의견을 듣도록 공개적으로 마련하는 자리이다. 공청회의 주최자는 회의주제 및 회의록을 토대로 지역사회의 욕구나 문제를 사정하게 된다.

⑥ 초점집단기법(Focus Group Technique)

㉠ 소수 이해관계자들의 인위적인 면접집단 또는 토론집단을 구성하여 연구자가 토의주제나 쟁점을 제공한다.

ⓛ 특정한 토의 주제 또는 쟁점에 대해 여러 명이 동시에 질의·응답을 하거나 인터뷰를 하는 등의 방법으로 상호작용을 통해 지역사회 문제에 대한 공동의 관점을 확인한다.

ⓒ 수집된 자료의 내용타당도가 높고 비밀유지 및 상대적으로 저렴한 비용 등으로 인해 많이 사용되지만, 초점집단의 규모 한정으로 일반화 측면에서 문제가 있고, 인위적인 상황을 조성하여 말이나 글을 통해 반응을 알아보기 때문에 현실성이 결여되어 있다.

ⓔ 명목집단기법이나 대화기법을 대신하여 지역사회포럼의 맥락 내에서 사용될 수 있다.

⑦ 명목집단기법(Nominal Group Technique)

ⓐ 욕구의 배경이나 결정과정보다 **욕구내용 결정**에 초점을 둔다.

ⓑ **모든 참여자가 직접 만나서 욕구에 대한 우선순위를 결정한다.** 그러나 대화나 토론 없이 어떠한 비판이나 이의제기가 허용되지 않는 가운데 각자 아이디어를 서면으로 제시하도록 하여 우선순위를 결정한 후 최종 합의를 도출한다.

ⓒ 욕구순위에 대한 합의의 과정이 반복시행을 거쳐 이루어질 수 있다.

ⓓ 비교적 빠른 시간 내에 다양한 배경을 가진 집단의 이익을 수렴하기 위한 것으로서, 개인이나 집단의 장점을 살리는 동시에 한 사람이 의견을 주도하는 상황을 방지할 수 있다.

ⓔ 특히 이 기법은 지역사회 문제에 대한 이해를 높이며, 목표확인 및 행동계획을 개발하는데 활용된다.

⑧ 대화기법(Dialogue Technique)

지역주민들로 하여금 지역 문제에 대한 공통의 이해를 토대로 문제해결을 위해 연합행동을 펼치도록 하는 것이다. 문제해결을 위한 대안과 함께 이를 효과적으로 수행하기 위한 자원들을 확인하며, 그에 따라 목표를 설정하고 행동을 계획하는 일련의 과정을 통해 지역주민들을 문제해결의 과정으로 안내할 수 있다.

⑨ 델파이 기법(Delphi Technique) 17, 20회 기출

전문가·관리자들로부터 우편으로 의견이나 정보를 수집하여 그 결과를 분석한 후 그것을 다시 응답자들에게 보내어 의견을 묻는 식으로 만족스러운 결과를 얻을 때까지 계속하는 방법이다. **익명집단의 상호작용**을 통해 도출된 자료를 분석하며, 구조화된 방식으로 정보의 흐름을 제어한다.

⑩ 지역사회 서베이(Community Survey)

지역사회의 일반 인구 또는 특정 인구의 욕구를 조사하기 위하여 이들 전체 인구를 대표할 수 있는 **표본**을 선정하고, 이들이 생각하거나 느끼는 욕구를 조사하여 조사대상 전체의 욕구를 측정하는 것이다. 특히 수요자 중심의 욕구사정에 적합한 방식이다.

⑪ 사회지표조사(Social Indicator Analysis) 11회 기출

사회지표는 문제의 확인, 욕구사정, 평가에 유용하게 사용되는 자료이다. 사회지표조사는 특히 일정 인구가 생활하는 지역의 지역적·생태적·사회적·경제적 및 인구적 특성에 근거하여 지역사회의 욕구를 추정할 수 있다는 전제하에 **사회지표**를 분석하는 것을 말한다. 특히 **지역사회 주민욕구의 장기적인 변화**를 파악하기 쉬운 방식이다.

예 소득수준, 실업률, 주택보급률, 범죄율 등

⑫ 2차 자료분석(Secondary Data Analysis)

지역주민을 대상으로 직접 자료를 수집하는 것이 아닌 지역사회 내 사회복지기관의 서비스 수혜자에 관련된 각종 기록을 검토하여 욕구를 파악하는 방법이다.

예 인테이크 자료, 면접기록표, 기관의 각 부서별 업무일지, 서비스대기자명단 등

## 3 프로그램 평가(Program Evaluation)

### (1) 프로그램 평가의 의의

① 평가는 체계적이고 과학적인 측정 또는 사정방법을 사용하여 프로그램의 효과성과 효율성을 향상시키려는 노력 및 과정이다.

② 평가는 정책이나 프로그램의 개선을 목적으로 일련의 내재적 또는 외재적 기준에 따라 효과성 혹은 시행 상태를 체계적으로 사정하는 작업이다.

③ 프로그램 평가는 프로그램의 목적과 목표가 어느 정도 달성되었는지를 측정하는 방법이다.

④ 프로그램 평가는 체계적인 연구방법을 적용하여 프로그램의 기획, 집행, 그리고 효과를 사정하는 활동이다.

### (2) 프로그램 평가의 일반적인 목적

① **책임성 제고** : 정책결정자는 프로그램의 질과 효과에 대해 적극적으로 책임을 져야 한다.

② **프로그램의 향상** : 프로그램 향상에 관한 의사결정에 도움을 주기 위한 정보를 제공한다.

③ **기초지식의 발전** : 사회현상에 대한 새로운 지식을 발전시키며, 이를 장기적인 관점에서 사회문제의 해결에 응용하도록 한다.

### (3) 프로그램 평가의 유형

① 선제적 평가(Proactive Evaluation)

프로그램이 실제로 설계되기 이전에 수행되는 평가로서, 프로그램 기획가들로 하여금 어떤 유형의 프로그램이 필요할 것인가에 대해 결정할 수 있도록 해 준다.

② 설명적 평가(Clarification Evaluation)

프로그램의 내적 구조 및 기능에 대해 설명하는 평가로서, 여기에는 하나의 프로그램이 의도하는 최종결과의 성취와 관련된 변인매개체에 대한 설명이 포함된다.

③ 상호작용적 평가(Interactive Evaluation)

프로그램의 전달에 관한 정보를 제공하는 평가로서, 새로운 프로그램의 수행 과정이나 개선내용을 기술하는 것은 물론, 직원들에게 프로그램이 특정한 방향으로 수행되는 이유 등에 대해 이해할 수 있도록 해 준다.

④ 모니터링 평가(Monitering Evaluation)

일단 프로그램이 본 궤도에 올라 있어 지속적으로 수행되는 경우에 사용하는 평가로서, 프로그램의 과정상 절차들이 제안서나 계약서상에 명시된 바에 따라 이루어지고 있는지를 평가한다.

⑤ 영향평가(Impact Evaluation)

일단 본 궤도에 오른 프로그램의 영향을 사정하기 위해 사용하는 평가로서, 이미 규명된 수준의 목표 달성, 수행척도에 의한 능력 인증, 의도한 혹은 의도하지 않은 결과 등에 대한 검토가 포함된다.

## (4) 프로그램 평가방법의 분류

4, 5, 6, 7, 8, 9, 11회 기출

### ① 평가목적에 따른 분류

| 형성평가 | • 서비스 전달체계 향상 및 서비스의 효율성 증진을 도모하기 위해 프로그램 운영 도중에 이루어지는 평가이다.<br>• 프로그램의 원활하고 성공적인 수행을 위해 문제점을 발견하여 이를 수정 · 보완할 목적으로 실시한다.<br>• 현재와 미래에 관련된 프로그램 수행상의 문제해결이나 결정에 필요한 자료를 확보하기 위해 채택된다. |
|---|---|
| 총괄평가 | • 프로그램 운영이 끝날 때 행해지는 평가조사로서, 기관의 정책 또는 프로그램이 달성하고자 했던 목표를 얼마나 잘 성취했는가의 여부를 평가한다.<br>• 프로그램 투입에 대한 총체적인 판단을 토대로 프로그램의 유지 · 축소 · 중단 · 확대 등의 결정을 내리기 위해 실시한다.<br>• 기관에 고용된 모든 직원들이 기관의 사명, 목적 및 목표 등에 대해 충분히 이해하고 있다는 것을 전제로 실시한다. |
| 메타평가 | • 평가 자체에 대한 평가로서, '2차적 평가' 또는 '평가의 평가'라고도 한다.<br>• 평가를 진행한 이후 평가의 내용이 잘 진행되었는지의 여부, 평가자의 객관성 정도, 평가 내용의 신뢰성 및 타당성 등을 확인한다.<br>• 평가자 자신에 의해 이루어질 수도 있으나, 일반적으로는 상급자나 외부전문가들에 의해 이루어진다. |

### ② 평가기준에 따른 분류

6, 11회 기출

| 효율성 평가 | 특정 프로그램이 주어진 자원들을 경제적 · 효율적으로 적절하게 활용하고 있는지 파악하는 것으로서, 투입 대 산출의 비율로 측정한다.<br>예 비용-효과 분석, 비용-편익 분석, 비용-노력으로서 서비스 단위당 투입된 비용 등 |
|---|---|
| 효과성 평가 | 프로그램에 의해 의도된 결과나 급부들이 성취되었는가를 파악하는 것으로서 목표달성도, 프로그램 또는 프로젝트의 성공 여부와 연관된다.<br>예 단일사례분석, 목표달성척도, 평가조사 등 |
| 노력성 평가 | 목표달성을 위해 필요한 프로그램 활동의 양 및 종류를 평가하는 것으로서, 투입시간, 물적 자원의 배분 및 사용, 클라이언트의 참여, 담당자의 제반 활동 등과 연관된다.<br>예 서비스에 투입된 노력의 양과 서비스의 결과인 생산량의 측정(서비스 단위당 클라이언트 수, 시간당 클라이언트 수 등) |

### ③ 평가주체에 따른 분류

| 내부평가 | 프로그램을 수행한 사람을 제외한 조직 내 다른 구성원에 의해 이루어지는 조사이다. |
|---|---|
| 외부평가 | 프로그램의 집행을 담당하는 조직 외 전문가에 의해 이루어지는 조사이다. |
| 자체평가 | 프로그램을 수행하는 당사자에 의해 직접 이루어지는 조사이다. |

④ 평가지표의 계량화 정도에 따른 분류

| 정량평가 | • 비교할 수 있는 명확한 기준을 토대로 계량화가 가능한 부문을 평가하는 방식이다.<br>• 프로그램 간 상대적인 비교가 용이하며, 추가적인 계량적 분석에 활용할 수 있다. |
|---|---|
| 정성평가 | • 계량화를 통한 정량평가를 수행하기 어려운 부문을 평가하는 방식이다.<br>• 정량평가를 통해 파악하기 어려운 프로그램의 파급효과, 문제점 및 원인분석, 대안제시 등 질적 측면에 대해 서술적으로 평가한다 |

**Plus ⊕ one**

**프로그램 평가의 오류로서 이론오류와 실행오류**  9회 기출

| 이론오류 | 해당 프로그램이 매개변수에 의한 정확한 개입에도 불구하고 목표로 한 성과에 도달하지 못한 경우를 말하는 것으로서, 이 경우 다른 매개변수에 의한 개입이론의 수정이 요구된다.<br>예 노인의 취업기회가 부족하여 취업률이 낮다. / 노인의 취업은 노인의 일상생활 수행능력과 관계가 있다. |
|---|---|
| 실행오류 | 프로그램 운영상의 문제로 인해 매개변수에서의 의도적인 변화에 도달하지 못한 경우를 말하는 것으로서, 프로그램 효과성에 대한 평가와 함께 실행과정에 대한 평가도 요구된다.<br>예 노인복지센터 상담자의 연령에 따라 다르게 나타난다. / 노인은 밝은 상담 장소를 선호한다. |

## 4 프로그램 평가의 논리모델(Logic Model)

### (1) 의의 및 특징

① 프로그램의 투입, 전환, 산출, 성과, 영향 간의 관계를 논리적으로 연결함으로써 프로그램을 체계적으로 기획하고 성과를 구체적으로 측정하는 평가모델이다.

② 투입에서 성과 및 영향에 이르는 과정을 하나의 연결고리로 제시함으로써 프로그램의 목적달성을 위한 과정은 물론 프로그램 전반에 대한 이해를 증진시킨다.

③ 프로그램 개발자 및 평가자, 기관의 책임자, 기타 이해관계 당사자들이 프로그램의 목표를 명확히 인식하는 데 유효하다.

④ 과정평가와 성과평가를 구분하여 통합적으로 운영할 수 있다.

## (2) 논리모델의 구성요소

9, 10, 11, 12, 13회 기출

| 투입(Inputs) | 프로그램에 투여되거나 프로그램에 의해 소비되는 인적 · 물적 · 기술적 자원들을 말한다.<br>예 이용자, 직원, 봉사자, 자금, 예산, 시설, 장비, 소모품 등 |
|---|---|
| 전환(Throuhputs)<br>또는 활동<br>(Activities) | 임무를 수행하기 위해 프로그램에서 투입으로 활동하는 것을 말한다.<br>예 상담, 직업훈련, 치료 및 교육, 보호, 청소년 대인관계지도 등 |
| 산출(Outputs) | 프로그램 활동의 직접적인 산물(실적)을 말한다.<br>예 상담 수, 서비스에 참여한 참여자 수, 취업인원, 서비스 시간, 분배된 교육적 자료의 수, 지도한 집단 수 등 |
| 성과 또는 결과<br>(Outcomes) | 프로그램 활동 중 또는 활동 이후의 참여자들이 얻은 이익을 말한다.<br>예 새로운 지식, 향상된 기술, 태도 및 가치변화, 행동의 수정, 향상된 조건, 변화된 지위, 생활만족도 등 |
| 영향(Impact) | 프로그램 활동의 결과로 인해 원래 의도했던 혹은 의도하지 않았던 변화가 나타났는지를 말한다.<br>예 관심 분야의 확대, 바람직한 관계의 지속 등 |

제3영역

**01** 다음 중 지역사회복지실천 과정에서 가장 나중에 수행하는 것은?

① 지역사회의 자원 파악　　　　　　　② 지역사회의 욕구 파악

③ 실천계획 수립 및 홍보　　　　　　　④ 실천 전략의 성과 측정

⑤ 문제해결의 우선순위 결정

> **해설** ④ 실천 전략의 성과 측정은 지역사회복지실천의 마지막 단계인 '평가 및 재사정' 단계에서 수행한다.

**02** 지역아동센터 사업에 대한 평가를 한다고 할 때 속성이 다른 하나는?　　　　　　　　[12회]

① 투입 예산　　　　　　　　　　　　② 자원봉사자 수

③ 센터 종사자 수　　　　　　　　　　④ 아동의 학교 출석률

⑤ 센터 규모

> **해설** ④ 프로그램 평가의 논리모델(Logic Model) 구성요소 중 '산출(Outputs)'에 해당한다. '산출'은 프로그램 활동의 직접적인 산물(실적)을 말한다.
> ①·②·③·⑤ 프로그램 평가의 논리모델 구성요소 중 '투입(Inputs)'에 해당한다. '투입'은 프로그램에 투여되거나 프로그램에 의해 소비되는 인적·물적·기술적 자원들을 말한다.

**03** 다음 중 케트너 등(Kettner et al.)이 제시한 지역사회복지실천의 과정에서 보기의 내용과 연관된 단계로 가장 옳은 것은?

> • 실행체계가 계획대로 잘 진행되고 있는지를 살펴보는 과정이다.
> • 관리정보체계(Management Information System)가 효과적으로 사용된다.

① 변화기회 분석　　　　　　　　　　② 변화노력 실행

③ 변화노력 점검　　　　　　　　　　④ 변화노력 평가

⑤ 변화노력 안정화

> **해설** ③ 변화노력 점검(Monitoring)은 실행체계가 계획대로 잘 진행되고 있는지를 살펴보는 과정으로서, 이는 과정 및 결과에 대한 가치적 판단을 내리는 평가(Evaluation)와는 다르다.

**04** 지역사회복지실천 과정 중 정책 및 프로그램의 개발 단계에서는 정책을 수립하는 데 있어서 몇 가지 요건들을 고려해야 한다. 다음 중 마틴 라인(Martin Rein)이 제시한 정책수립 시 고려되어야 할 요건들에 해당하는 것을 올바르게 모두 고른 것은?

> ㄱ. 정책의 합리성　　　　　　　　　ㄴ. 정책의 실현가능성
> ㄷ. 이데올로기(Ideology)　　　　　　ㄹ. 개인의 가치관

① ㄱ, ㄴ, ㄷ　　　　　　　　　　　　② ㄱ, ㄷ
③ ㄴ, ㄹ　　　　　　　　　　　　　　④ ㄹ
⑤ ㄱ, ㄴ, ㄷ, ㄹ

해설 **정책수립 시 고려되어야 할 요건(Martin Rein)**
- 이념관(Ideology) : 주어진 문제와 관련되어 있는 행동체계가 문제해결에 대해서 어떤 견해를 갖느냐 하는 것이 중요한 요건이 된다.
- 합리성(Rationality) : 정책목표를 설정할 때 과업지향적 목표와 과정중심적 목표 중 어느 것에 역점을 두어야 할 것인지를 고려한다.
- 실현가능성(Feasibility) : 인적 · 물적 자원, 지식 및 기술, 정치적 · 사회적 분위기 등이 실현가능성에 영향을 미친다.

**05** 다음 중 펄만과 구린(Perlman & Gurin)이 제시한 프로그램 개발 시 결과를 추구함에 있어서 효과성 및 효율성으로 고려되어야 할 요소에 해당하는 것을 올바르게 모두 고른 것은?

> ㄱ. 미래에 대한 전망　　　　　　　　ㄴ. 업무의 내용
> ㄷ. 결과의 평가방법　　　　　　　　ㄹ. 자원의 활용가능성

① ㄱ, ㄴ, ㄷ　　　　　　　　　　　　② ㄱ, ㄷ
③ ㄴ, ㄹ　　　　　　　　　　　　　　④ ㄹ
⑤ ㄱ, ㄴ, ㄷ, ㄹ

해설 **프로그램 개발 시 결과를 추구함에 있어서 효과성 및 효율성으로 고려되어야 할 요소(Perlman & Gurin)**
- 해야 할 일에 대한 명세로서 업무의 내용
- 여러 가지 활동을 전개하는 데 필요한 자원
- 자원의 활용가능성 정도

**06** 길버트와 스펙트(Gilbert & Specht)는 지역사회복지실천 과정을 정책형성 과정으로 제시하고 있다. 다음 중 보기의 빈칸에 들어갈 내용으로 옳은 것은?

> 문제의 발견 → 분석 → ( ㄱ ) → 정책목표의 설정 → ( ㄴ ) → 프로그램의 설계 → 실천 → 평가와 사정

① ㄱ : 대중홍보　　ㄴ : 아젠다 작성
② ㄱ : 대중홍보　　ㄴ : 일반의 지지와 합법성 구축
③ ㄱ : 자원확보　　ㄴ : 정책형성
④ ㄱ : 자원확보　　ㄴ : 정책계획의 개발
⑤ ㄱ : 의견수렴　　ㄴ : 대안목표의 검토

**해설** 정책형성의 과정(Gilbert & Specht)
문제의 발견 → 분석 → 대중홍보 → 정책목표의 설정 → 일반의 지지와 합법성 구축 → 프로그램의 설계 → 실천 → 평가와 사정

**07** 다음 중 펄만과 구린(Perlman & Gurin)이 제시한 사회문제해결모델의 5가지 국면에 포함되지 않는 것은?

① 문제에 대한 정의
② 문제를 개진할 구조와 커뮤니케이션의 구축
③ 정책대안의 분석과 정책의 채택
④ 정책계획의 개발과 실시
⑤ 정책계획의 입법화

**해설** 사회문제해결모델의 5가지 국면(Perlman & Gurin)
• 문제에 대한 정의
• 문제를 개진할 구조와 커뮤니케이션의 구축
• 정책대안의 분석과 정책의 채택
• 정책계획의 개발과 실시
• 반응조사와 피드백

**08** 다음 중 욕구조사의 유형에 대한 설명으로 옳지 않은 것은?

① 비공식적 인터뷰에서는 질문자와 응답자 간의 무계획적이고 기대하지 않은 상호작용이 일어난다.
② 민속학적 방법에서는 조사자의 관찰과 심층 인터뷰가 사용된다.
③ 사회지표조사는 지역사회 주민욕구의 장기적인 변화를 파악하기 쉽다.
④ 주요 정보제공자 조사는 정보제공자의 편향성이 문제시될 수 있다.
⑤ 지역사회 서베이는 공급자 중심의 욕구사정에 적합하다.

> 해설 ⑤ 지역사회 서베이(Community Survey)는 지역사회의 일반 인구 또는 특정 인구의 욕구를 조사하기 위하여 이들 전체 인구를 대표할 수 있는 표본을 선정하고, 이들이 생각하거나 느끼는 욕구를 조사하여 조사대상 전체의 욕구를 측정하는 방법으로서, 특히 수요자 중심의 욕구사정에 적합하다.

**09** 다음 중 효과성을 평가하는 평가방법 또는 도구에 해당하는 것을 모두 고른 것은?  [12회]

> ㄱ. 비용-편익 분석(Cost-Benefit Analysis)
> ㄴ. 노력의 양 측정
> ㄷ. 서비스 단위당 비용
> ㄹ. 목표달성척도(Goal Attainment Scale)

① ㄱ, ㄴ, ㄷ                    ② ㄱ, ㄷ
③ ㄴ, ㄹ                        ④ ㄹ
⑤ ㄱ, ㄴ, ㄷ, ㄹ

> 해설 ㄱ·ㄷ. 효율성 평가
> ㄴ. 노력성 평가

**10** 다음 중 프로그램 평가의 논리모델에서 프로그램의 성과(Outcomes)로 볼 수 없는 것은?

① 서비스 참여자 수                ② 참여자의 생활만족도
③ 참여자의 행동수정              ④ 참여자의 기술 향상
⑤ 참여자의 변화된 지위

> 해설 ① 서비스 참여자 수는 프로그램 평가의 논리모델에서 산출(Outputs)에 해당한다.

안심Touch

**11** 지역사회복지실천에서 이루어지는 초기 욕구사정에 관한 설명으로 옳지 않은 것은?　　　　[16회]

① 욕구의 상대적 중요성을 확인하는 목적이 있다.

② 지역사회복지 실천을 위한 성과평가의 의미를 갖는다.

③ 욕구사정에 대한 다양한 방법론을 이해해야 한다.

④ 문제확인과 해결의 우선순위에 주안점을 둔다.

⑤ 욕구사정의 초점은 서비스 및 접근가능성이 포함된다.

 ② 욕구사정은 지역사회복지 실천활동을 수행하기 위한 예비적인 안내역할로서의 의미를 갖는다.

**12** 다음에 제시된 지역사회 욕구사정 방법은?　　　　[17회]

> • 지역사회 문제에 대한 전문지식을 갖고 있는 주요 정보제공자 구성
> • 응답 내용이 합의에 이르기까지 여러 번에 걸쳐 설문 과정 반복
> • 설문구성은 개방형으로 시작해서 이후에는 유사한 응답내용을 폐쇄형으로 구성하여 질문

① 델파이기법　　　　　　　　　② 초점집단기법

③ 공청회　　　　　　　　　　　④ 지역포럼기법

⑤ 사회지표분석

 ① 델파이기법 : 전문가·관리자들로부터 우편이나 이메일(E-mail)로 의견이나 정보를 수집하여 그 결과를 분석한 후 그것을 다시 응답자들에게 보내어 의견을 묻는 식으로 만족스러운 결과를 얻을 때까지 계속하는 방법이다.

② 초점집단기법 : 소수 이해관계자들의 인위적인 면접집단 또는 토론집단을 구성하여 연구자가 토의 주제나 쟁점을 제공하며, 특정한 토의 주제 또는 쟁점에 대해 여러 명이 동시에 질의·응답을 하거나 인터뷰를 하는 등의 방법으로 상호작용을 통해 공동의 관점을 확인하는 방법이다.

③ 공청회 : 지역주민의 관심 대상이 되는 주요한 사안과 관련하여 국회나 정부기관이 관련 분야의 학자나 이해당사자들을 참석하도록 하여 사전에 지역주민들의 의견을 듣도록 공개적인 자리를 마련하는 방법이다.

④ 지역사회포럼 : 지역사회에 실제 거주하거나 지역사회를 위해 활동하는 사람들을 대상으로 공개적인 모임을 주선하여 지역문제에 대한 설명을 듣는 것은 물론, 직접 지역사회 내의 문제에 대해 의견을 피력할 수 있도록 하는 방법이다.

⑤ 사회지표분석 : 일정 인구가 생활하는 지역의 지역적·생태적·사회적·경제적 및 인구적 특성에 근거하여 지역사회의 욕구를 추정할 수 있다는 전제하에 사회지표를 분석하는 방법이다.

제**3**영역

## 01 지역사회복지 실천과정에 관한 설명으로 옳지 않은 것은? [17회]

① 지역사회 문제해결 과정으로 볼 수 있다.

② 문제발견은 다양한 정보수집과 자료수집 과정을 통해 이루어진다.

③ 문제를 어떻게 개념화하느냐에 따라 해결방안과 실천전략이 달라진다.

④ 총괄평가는 프로그램 수행 과정 중에 실시되어 프로그램의 문제점을 관찰·수정하는 데 유용하다.

⑤ 정책목표를 수립할 때 실현가능성을 고려할 필요가 있다.

**해설** 프로그램 평가의 유형

| 총괄평가 | • 대개 프로그램 시행이 종료된 후에 실시하는 평가이다.<br>• 프로그램의 결과와 효과를 평가하는 데 초점을 두는 것으로, 프로그램이 달성하고자 한 목표를 얼마나 잘 성취했는가의 여부를 평가한다. |
|---|---|
| 형성평가 | • 프로그램 수행이나 전달 과정 중에 실시하는 평가이다.<br>• 프로그램의 문제점을 관찰하여 이를 수정, 개선하는 데 도움이 되는 정보를 제공한다. |

## 02 다음 자료를 활용한 지역사회 사정(Assessment) 유형에 해당하는 것은? [19회]

> • 사회복지시설 및 기관의 자원봉사자 수
> • 관할 지방자치단체의 사회복지분야 예산 규모
> • 기업의 사회공헌 프로그램 유형과 이용자 수

① 하위체계 사정

② 포괄적 사정

③ 자원 사정

④ 문제중심 사정

⑤ 협력적 사정

**해설** ③ 자원 사정은 지역사회에서 이용할 수 있는 권력, 전문기술, 재정, 서비스 등 자원영역을 검토하는 것이다. 이러한 자원 사정은 클라이언트의 욕구보다는 이용 가능한 자원의 본질과 운영, 그리고 질에 초점을 둔다.

① 하위체계 사정은 전체 지역사회를 사정하는 것이 아닌 지역의 특정 부분이나 일면을 조사하는 것으로, 특히 지역사회의 하위체계에 초점을 둔다.

② 포괄적 사정은 특정한 문제나 표적집단 관련 욕구보다는 지역사회 전반을 대상으로 한 1차 자료의 생성을 주된 목적으로 한다.

④ 문제중심 사정은 전체 지역사회와 관련되지만 지역사회의 중요한 특정 문제에 초점을 둔다.

⑤ 협력적 사정은 지역사회 참여자들이 완전한 파트너로서 조사계획, 참여 관찰, 분석 및 실행 국면 등에 관계되면서 지역사회에 의해 수행된다.

**03** 다음의 설명에 해당하는 지역사회복지실천 단계는? [20회]

- 이슈의 개념화
- 이슈와 관련된 다양한 가치관 고려
- 이슈와 관련된 이론과 자료 분석

① 문제확인 단계

② 자원동원 단계

③ 실행 단계

④ 모니터링 단계

⑤ 평가 단계

**해설** 지역사회복지실천 과정에서 문제확인 및 문제규명

- 지역사회 문제해결을 위해 지역사회의 충족되지 않은 욕구나 해결을 필요로 하는 문제를 찾아내는 일이다.
- 문제(이슈)를 어떻게 개념화하느냐에 따라 정책수립을 위한 구상이 달라지며, 그 구체적인 해결방안과 실천전략 또한 달라진다.
- 문제를 규명하는 데 있어서 사회복지사는 해결하고자 하는 문제와 관련된 다양한 가치관에 대해 고려해야 한다.
- 계획가로서 사회복지사는 사회문제와 관련된 객관적인 자료를 수집하고 분석해야 하며, 사회행동과 제도 분석에 관한 사회과학의 이론을 활용하여야 한다.

3 ① Answer

**04** 다음에서 설명하는 지역사회 욕구사정 방법은? [20회]

> • 전문가 패널의 의견을 수렴하는 방법
> • 합의에 이르기까지 여러 번 설문 실시
> • 반복되는 설문을 통하여 패널의 의견 수정 가능

① 명목집단기법
② 2차 자료 분석
③ 델파이기법
④ 지역사회포럼
⑤ 초점집단기법

 ③ 델파이기법은 전문가·관리자들로부터 우편이나 이메일로 의견이나 정보를 수집하여 그 결과를 분석한 후 그것을 다시 응답자들에게 보내어 의견을 묻는 식으로 만족스러운 결과를 얻을 때까지 계속하는 방법이다.

① 명목집단기법은 대화나 토론 없이 어떠한 비판이나 이의제기가 허용되지 않는 가운데 각자 아이디어를 서면으로 제시하도록 하여 우선순위를 결정한 후 최종 합의를 도출하기 위한 방법이다.

② 2차 자료 분석은 지역주민을 대상으로 직접 자료를 수집하는 것이 아닌 지역사회 내 사회복지기관의 서비스수혜자에 관련된 각종 기록을 검토하여 욕구를 파악하는 비관여적 방법이다.

④ 지역사회포럼은 지역사회에 실제 거주하거나 지역사회를 위해 활동하는 사람들을 대상으로 공개적인 모임을 주선하여 지역문제에 대한 설명을 듣는 것은 물론, 직접 지역사회 내의 문제에 대해 의견을 피력할 수 있도록 하는 방법이다.

⑤ 초점집단기법은 소수 이해관계자들의 인위적인 면접집단 또는 토론집단을 구성하여 연구자가 토의 주제나 쟁점을 제공하며, 특정한 토의 주제 또는 쟁점에 대해 여러 명이 동시에 질의·응답을 하거나 인터뷰를 하는 등의 방법으로 상호작용을 통해 공동의 관점을 확인하는 방법이다.

# 사회복지사의 역할과 실천기술

⭐ **학습목표**   ■ 지역사회개발모델에서 사회복지사의 역할, 사회계획모델에서 사회복지사의 역할, 사회행동모델에서 사회복지사의 역할, 사회복지사의 실천기술을 학습하자.

■ 실천모델(지역사회개발, 사회계획, 사회행동)을 찾고 그 속에서 강조되는 사회복지사의 역할을 묻는 문제가 가장 많이 출제되었으며 조력자, 중개자, 안내자, 전문가 등 역할의 특성을 묻는 문제가 부가적으로 출제되었다.

## 제 1 절   지역사회개발모델에서 사회복지사의 역할

### 1 지역사회개발사업

#### (1) 지역사회개발사업의 중심과제

① **경제적 기능의 중심과제** : 지역주민의 소득증진을 비롯하여 지역의 경제적 발전을 추구한다.

② **사회적 기능의 중심과제** : 지역의 각종 제 사회문제를 해결하여 지역주민의 생활안정 및 그 향상을 추구한다.

③ **교육적 기능의 중심과제** : 지역사회의 인력개발이나 의식개발을 목표로 교육적인 방법에 의해 지역주민의 변화를 촉진하며, 사회변화에 적응할 수 있는 주민능력의 배양 및 의식구조 개선을 위해 힘쓴다.

#### (2) 지역사회개발사업의 실천요소(Husband)

① 지역사회와 친숙해지는 것

② 지역사회에 대한 지시의 수집

③ 지역사회 지도자의 식별

④ 지역사회가 갖고 있는 문제를 깨닫도록 지역사회를 자극하는 것

⑤ 지역주민들로 하여금 그들의 문제에 대해 토론하도록 돕는 것

⑥ 지역주민들로 하여금 그들의 가장 절실한 문제를 식별하도록 돕는 것

⑦ 자신감을 조성하는 것

⑧ 행동 프로그램을 결정하는 것

⑨ 장점과 약점을 인식하는 것

⑩ 문제 해결을 위해 계속해서 노력하도록 돕는 것

⑪ 자조능력을 증진시키는 것 등

## 2 로스(Ross)의 지역사회개발모델에서 사회복지사의 역할 3, 7, 9, 11, 13, 17회 기출

### (1) 안내자로서의 역할

#### ① 1차적인 역할

전문사회복지사가 지역사회조직에서 1차적으로 수행해야 할 역할로서 지역사회가 문제해결에 따른 목표를 설정하고 이를 해결하는 방안을 강구하도록 도와주는 것이다. 문제해결을 위한 방향과 방법을 선택하는 것은 어디까지나 지역사회 자체의 노력이어야 하며, 이러한 경우 사회복지사는 자기의 목적을 위해 지역사회주민을 이용 · 조종하거나 조치를 강요해서는 안 된다.

#### ② 주도능력

안내자로서의 역할은 결코 자유방임적인 것이 아니며, 수동적인 자세를 취하는 것도 아니다. 지역사회조직에서 사회복지사는 도움을 청하지 않은 지역사회에 접근하는데 있어서 뿐만 아니라 문제해결 과정에서 주도권을 발휘해야 한다.

#### ③ 객관적인 능력

지역사회생활에서 민감한 부분을 건드려 사회복지사 자신의 유용성을 파괴해 버릴지 모르기 때문에 사회복지사는 지역사회 조직의 초기 단계에서 지역사회의 조건에 대해서 칭찬하거나 비난하는 등의 감정을 표현해서는 안 된다.

#### ④ 지역사회와의 동일시

사회복지사는 자신을 지역사회 전체와 동일시해야하고 지역사회조직 추진위가 합의한 문제나 사업에 같은 입장을 취해야 한다. 특정 사업에 찬성이나 반대를 하는 것이 아니라 주민들이 협력적인 결정을 내릴 수 있는 과정들을 찾아내고 활용할 수 있도록 도움을 주는 역할을 한다.

#### ⑤ 자기역할의 수용

사회복지사는 지역사회와 함께 일하는 과정에서 자기의 전문적인 역할에 반하는 역할을 수행해 주기를 요청받는 경우에 자주 직면하게 된다. 이러한 경우 판단을 내린다거나 어떤 방향으로 행동해야 한다고 지시를 내려서는 안 된다.

#### ⑥ 역할에 대한 설명

지역사회가 사회복지사의 역할을 이해하고 수용하는 데는 상당한 기간이 소요될 것이다. 즉, 사회복지사가 자기의 역할에 대해 설명해 주고 임무를 일관성 있게 또 성공적으로 수행해야만 그 역할을 이해할 수 있다.

### (2) 조력자로서의 역할

#### ① 불만의 집약

㉠ 사회복지사는 지역사회조건에 대한 불만을 일깨우고 집약함으로써 지역사회를 돕는다.

㉡ 조력자로서의 역할은 사실상 '촉매자로서의 역할'로도 볼 수 있다. 촉매자로서의 사회복지사는 자기의 계획을 파는 판매인이 아닌 주민들이 자신을 성찰하고 지역사회생활에 대한 그들의 깊은 불만을 요구하게 하며, 이것을 해결하기 위해 공동의 노력을 할 수 있도록 일깨워줘야 한다.

② 조직화 격려
  ㉠ 조력자로서 사회복지사가 수행해야 할 가장 중요한 과제는 지역사회 대부분의 주민들이 예리하게 느끼고 불만을 찾아내는 과정을 주도하고 이 과정을 용이하게 해야 한다는 것이다.
  ㉡ 이를 토대로 사회복지사는 지역사회주민들이 그들의 불만에 대해 서로 논의하게 하고 그 불만의 우선순위를 결정하고, 이를 해결하기 위한 **조직을 결성**하도록 도움을 주어야 한다.
③ 좋은 대인관계 육성
  사회복지사는 주민들이 상호관계를 유지하고 협동적인 일에 참여하는데 만족감을 갖도록 도와주어야 한다. 이를 위해서 사회복지사는 집단과 지역사회의 모임에 따뜻한 분위기를 조성해야 한다.
④ 공동목표 강조
  지역사회조직체는 흔히 특정 과업에 지나치게 몰두하여 사업이 달성하려고 하는 궁극적인 목표를 망각하기 쉽다. 따라서 사회복지사는 지역사회조직의 과정에서 모든 일이 효과적인 계획과 지역사회의 능력을 개발한다는 양대 목표에 합치하도록 도움을 주어야 한다.

## (3) 전문가로서의 역할

① **지역사회의 진단**
  ㉠ 사회복지사는 지역사회를 분석하고 진단하는데 전문가로서의 역할을 수행할 수 있다.
  ㉡ 지역사회는 사회복지사가 공동사업을 추진하는 데 심각한 장애요인이 될 수 있으나 주의를 소홀히 했던 자체의 어떤 특성에 대해서 지적해 주도록 요청할 수 있으며, 또한 사회복지사도 그것을 알 필요가 있다.
② **조사기술**
  ㉠ 사회복지사는 조사방법에 대한 지식과 기술을 활용하여 스스로 지역사회가 필요로 하는 조사를 계획하고 실행할 수 있어야 한다.
  ㉡ 사회복지사는 지역에서 행해지는 조사팀의 일원으로 참가할 수도 있다.
③ **타 지역사회에 관한 정보제공**
  사회복지사는 다른 지역사회에서 행해진 조사 · 연구 그리고 시범사업 등에 관해 알고 있어야 하며, 지역사회가 자체 문제를 해결하는 데 필요한 정보를 제공해야 한다.
④ **방법에 관한 조언**
  ㉠ 사회복지사는 지역주민들이 조직을 결성하는 방법과 절차에 대해서 전문가적인 지식을 가져야 한다.
  ㉡ 조직화 절차는 일반적으로 지역사회의 관행에 상당한 정도로 영향을 받지만, 사회복지사는 이에 상당한 조언을 줄 수 있을 것이다.
⑤ **기술상의 정보제공**
  사회복지사는 기술적인 문제에 관한 참고자료를 인식하고 필요할 때 제공해 줄 수 있어야 한다. 즉, 구상 중인 어떤 사업에 관한 자료를 어디서 어떻게 구할 수 있는지를 알아야 한다.

⑥ 평가

    ㉠ 사회복지사는 수행되고 있는 사업에 대해 평가를 한다거나 그 사업의 과정에 대해서 주민들에게 설명할 수 있어야 한다.

    ㉡ 사회복지사는 토의 내용을 객관적으로 이해할 뿐만 아니라 상호관계의 과정과 함께 그것이 개인과 집단에 미치는 영향에 대해 알고 있어야 한다.

### (4) 사회치료자로서의 역할

① 의 의

    ㉠ 지역사회에 따라서는 공동의 노력을 심각하게 저해하는 금기적 사고나 전통적인 태도로 인해 긴장이 조성되고 집단들이 서로 분리되기도 한다.

    ㉡ 사회치료자의 역할은 지역사회 공동의 관심사를 저해하는 금기적 사고나 전통적인 태도에 대해 **지역사회 수준에서 진단하고 치료하여** 이를 제거하도록 도와주는 것을 말한다.

    ㉢ 사회복지사는 진단을 통해 규명된 성격 및 특성을 지역주민들에게 제시하여 그들의 올바른 이해를 돕고 긴장을 해소하도록 함으로써 협력적인 작업을 방해하는 요인들을 제거해 나간다.

② 적절한 진단을 하기 위해 필요한 지식

    ㉠ 지역사회 전체 혹은 그 일부의 기원과 역사를 알아야 한다.

    ㉡ 현재의 믿음이나 관습에 관한 사회적 근원과 믿음과 실제와의 관계를 알아야 한다.

    ㉢ 지역사회의 권력구조, 지역사회 내 역할과 역할들 간의 관계에 대해서 알아야 한다.

---

## 제2절 사회계획모델에서 사회복지사의 역할

### 1 모리스(Morris)와 빈스톡(Binstock)의 계획가

#### (1) 의 의

① 사회적 서비스를 개선하고 사회문제를 완화하는 주요 수단은 공공기관의 정책을 고치는 것이며, 이러한 목적을 달성하기 위해서 노력하는 사람을 '계획가'라고 부른다.

② 계획가는 그가 원하는 방향으로 변화를 이룩하고 그의 노력을 효율적으로 전개하며 목적을 성취하는 데 있어서 자기의 영향력과 변화시키려고 하는 정책을 가진 기관의 저항 간의 관계를 분석하고 계측한다.

③ 계측을 하기 위해서 계획가는 대상기관 내에 있는 지배세력의 주요 관심사가 무엇인가를 찾아낸다.

### (2) 지배세력집단에의 영향력 행사를 위해 사용할 수 있는 요소

① 책무(Obligation)

② 친분관계(Friendship)

③ 합리적 설득(Rational Persuasion)

④ 지식(의사 또는 의견)을 사도록 하는 것(Selling)

⑤ 압력(Coercion)

⑥ 유인(Inducement)

### (3) 지배세력집단에의 영향력 행사를 위해 사용할 수 있는 자원

① 돈과 신용(Money and Credit)

② 개인적 정력(Personal Energy)

③ 전문성(Professional Expertise)

④ 인기(Popularity)

⑤ 사회적 · 정치적 기반(Standing)

⑥ 정보의 통제(Control of Information)

⑦ 적법성과 정당성(Legitimacy and Legality)

## 2 | 샌더스(Sanders)의 전문가  12회 기출

### (1) 분석가로서의 역할

① 사회복지사가 계획된 변화를 이룩하기 위해서는 사실의 발견 및 분석을 전문적인 활동의 전제조건
으로 삼아야 하는데, 특히 분석은 조사를 토대로 이루어지기 때문에 사회복지사는 조사를 토대로
한 분석가의 역할을 수행해야 한다.

② 절 차

　㉠ 사회문제와 그 문제에 영향을 미치는 요인들에 관한 조사 : 사회문제조사에 있어서 사회복지사
　가 다른 사회과학자들과 다른 점은 사회문제를 클라이언트의 입장에서 분석하려고 한다는 점과
　사회복지사는 인간의 복지를 향상시키기 위한 목적을 가지고 사회문제에 관한 조사를 한다는
　점이다.

　㉡ 사회변화를 위한 프로그램의 과정에 관한 분석 : 여기에서는 무엇을 개선할 것인가 하는 내용보
　다는 어떻게 변화를 가져올 것인가 하는 과정에 역점을 두고 분석을 해야 한다.

　㉢ 계획을 수립하는 과정에 대한 분석 : 문제를 해결하기 위한 발상이 어디에서 비롯되었고, 어떠
　한 과정을 거쳐 결정에 이르게 되는가를 분석한다.

　㉣ 유도된 변화에 대한 평가 : 프로그램의 성과에 대해서 평가한다.

### (2) 계획가로서의 역할

① 계획을 수립하는 데 있어서 사회복지사의 역할은 기술적인 면이나 법적·재정적인 면 등이 고려되어야 하지만 그보다는 철학적인 측면이 중시되어야 한다.

② 물리적·물질적인 면보다 인간적인 면을 중시한다.

③ 모든 사업계획은 목표를 설정해야 한다. 이는 성과를 평가하는 근거가 되며, 그 목표가 정치적이든, 경제적이든 간에 궁극적으로는 복지적인 목표를 강조해야 한다.

④ 목표를 달성하기 위한 수단을 검토한다.

⑤ 계획에 관련된 행정에 있어서는 중앙집권적 결정에 의존할 것인지, 분권적 결정에 의존할 것인지를 판단해야 한다.

### (3) 조직가로서의 역할

① 계획의 수립과 실천과정에 지역사회에 있는 행동체계를 적절히 참여시킨다.

② 지역사회 내에 있는 집단이나 단체들을 참여시키기 위해 그들이 해야 할 역할을 분명히 하고, 역할을 효과적으로 수행할 수 있도록 훈련시켜야 한다.

③ 주민들의 참여의식을 고취시켜 지역사회가 수립한 계획을 스스로 추진해 나갈 수 있게 사기를 북돋우고 능력을 격려한다.

### (4) 행정가로서의 역할

① 계획을 수립하고 지역사회가 이를 수용하게 하는 과정과 프로그램이 실제로 운영되고, 주민들이 이것에 대해 알고 반응을 보이는 단계에서 발휘된다.

② 프로그램이 계획에서 설정한 목표를 효과적이고 효율적으로 달성하기 위해서 모든 인적·물적 자원을 적절히 관리해야 한다.

③ 프로그램을 운영하는 규칙과 절차를 적용할 때 여러 가지 행정적인 문제가 발생하므로, 이에 능동적으로 대처하는 융통성을 발휘해야 한다.

## 1 그로서(Grosser)의 견해

3, 4, 5, 7, 11회 기출

### (1) 조력자로서의 역할

① 서비스의 수혜자 입장보다 서비스 제공자인 기관의 입장에서 일하는 경향을 비판하며, 지역 내 불우계층의 복지를 증진시키기 위해 클라이언트 편에 서서 활동을 전개한다.

② 지역주민들이 자체의 욕구분석을 통해 스스로 선정하여 추진한 사업이 외부로부터 부과된 사업보다 더욱 의미 있고 지속성이 있으므로, 사회복지사가 이를 가능하도록 도와주어야 한다.

### (2) 중개자로서의 역할

① 지역주민들로 하여금 그들이 필요로 하는 지역자원에 접근할 수 있도록 자원의 소재를 알려주는 데 주력한다.

② 사회복지사가 단독으로 개입하기 보다는 전체 지역주민들에게 영향을 미칠 수 있는 행정 및 정책 상의 변화를 추구한다.

### (3) 옹호자(대변가)로서의 역할

① 지역주민들의 입장에서 필요한 정보를 이끌어내고 정당성을 주장하며, 기관의 입장에 도전할 목적으로 지도력과 자원을 제공한다.

② 자신의 전문적 역량을 오로지 클라이언트의 이익을 위해 사용한다.

### (4) 행동가로서의 역할

① 갈등 상황에서 수동적이거나 중립적인 자세를 거부한 채 적극적이고 직접적인 행동을 펼친다.

② 기관에 대해 불만을 가지거나 당연한 혜택을 받지 못하는 클라이언트를 위해 행동을 조직화함으로써 상대방의 변화를 이끌어낸다.

## 2 그로스만(Grossman)의 조직가

### (1) 의 의

① 이해의 대립이 첨예한 지역에 집단행동을 조직하고 승리를 도모하는 기술상의 과업을 수행한다.

② 지역주민의 정치적 의식을 증대하고 체제의 실상을 드러나게 하는 등의 이데올로기 성격을 지닌 과업을 수행한다.

③ 사회행동을 통해 주민들에게 정치적인 기술을 가르치는 것도 포함한다.

## (2) 기술상의 과업

① 문제집단과 보다 자연스럽게 대화를 나눌 수 있도록 자신의 문을 열어둔다.

② 문제를 가진 집단과 진지한 토의를 갖는다.

③ 사람들을 회합에 끌어들인다.

④ 집단행동을 조직화한다.

⑤ 빠른 승리를 얻어내려 한다.

⑥ 궁극적인 승리를 도모한다.

⑦ 승리를 거둔 다음에 후속조치를 취한다.

⑧ 장기간에 걸쳐 관심을 잃지 않고 참여하게 한다.

⑨ 조직상의 기술과 자신감을 증대시킨다.

⑩ 사회복지기관에 대해 동일시하도록 한다.

⑪ 기관의 존재를 깨닫게 한다.

⑫ 기관에 대해서 신임을 갖도록 한다.

⑬ 다른 집단과의 관계를 용이하게 돕는다.

⑭ 유사한 변화를 추구하고자 하는 다른 집단과의 관계를 용이하게 돕는다.

⑮ 국가적인 사회행동 노력이 목적을 성취할 수 있도록 돕는다.

⑯ 주민들이 관심사를 달성하기 위해 투쟁하도록 돕는다.

⑰ 집단구성원들의 생활에 괄목할 만한 변화가 일어나도록 한다.

⑱ 사회행동을 통해서 주민들에게 정치적인 기술을 가르친다.

## (3) 이데올로기적 성격을 지닌 과업

① 체제의 실상을 드러내게 한다. 즉, 엘리트의 지배 등이 계속적으로 노출되게 유도한다.

② 사회행동에 참여하는 것을 주민들 스스로 유익하게 받아들이도록 한다.

③ 기존의 권력구조를 해치고 불안정하게 한다.

④ 정부에 재정 부담을 주어 자본주의가 붕괴하도록 한다.

⑤ 지역사회에 계속적인 긴장을 조성한다.

⑥ 주민들이 체제에 대해 분노하도록 체제 운영에 실패를 낳게 한다.

⑦ 주민들의 정치적 의식을 증대시킨다.

⑧ 주민들이 스스로의 생활에 관한 통제능력을 키우도록 한다.

⑨ 사회복지기관의 힘을 키운다.

Plus ⊕ one

**지역사회복지모델에 따른 사회복지사의 역할**  `2, 11회 기출`

| 모델 | 학자 | 사회복지사의 역할 |
|---|---|---|
| 지역사회개발모델 | 로스(Ross) | 안내자(Guide)<br>조력자(Enabler)<br>전문가(Expert)<br>사회치료자(Therapist) |
| 사회계획모델 | 모리스와 빈스톡<br>(Morris & Binstock) | 계획가(Planner) |
| | 샌더스(Sanders) | 분석가(Analyst)<br>계획가(Planner)<br>조직가(Organizer)<br>행정가(Program Administrator) |
| 사회행동모델 | 그로서(Grosser) | 조력자(Enabler)<br>중개자(Broker)<br>옹호자(Advocate)<br>행동가(Activist) |
| | 그로스만(Grossman) | 조직가(Organizer) |

# 제4절  사회복지사의 실천기술

## 1 옹호기술   `4, 11, 13, 16, 20회 기출`

### (1) 의의   `16, 19회 기출`

① 옹호란 클라이언트, 특히 취약계층의 이익 혹은 권리를 위해 싸우거나, 대변하거나, 방어하는 활동을 말한다. 직접적 서비스실천에서 옹호는 종종 클라이언트를 지지하고 대변하는 활동이기도 하고, 클라이언트가 스스로를 대변하는 자기옹호가 이루어지기도 한다.

② 옹호기술은 지역사회복지의 실천과정에서 지역주민, 특히 억압된 집단 입장의 정당성을 주장하고 지도력과 자원을 제공해야 한다는 점에서 매우 중요하다.

③ 옹호기술은 모든 사회복지사가 갖추어야 할 기본 기술로서 다양한 수준의 클라이언트로 하여금 문제해결에 적극적으로 참여할 수 있도록 돕고 그들의 이익을 대변하는 핵심기술이라고 할 수 있다.

## (2) 지역사회복지실천가가 효과적인 옹호활동을 하기 위한 원칙

① 옹호활동은 합리적 수준을 유지하는 것이 좋다. 즉, 클라이언트의 수준에 맞아야 한다.

② 집단적인 옹호활동은 동원 가능한 자원이나 다양한 전술을 활용할 수 있다는 점에서 유리한 점이 많으므로 가능하면 팀워크에 의존하도록 한다.

③ 클라이언트의 이익을 지속적으로 알리고 상대방의 변화를 유도하기 위해서는 적극적이고 단호한 태도를 견지해야 한다.

④ 유연성을 강점으로 인식할 필요가 있다. 단호한 태도가 요구된다고 해서 모든 일에 경직된 태도를 유지해야 하는 것은 아니다.

## (3) 옹호의 유형(Hardcastle)

① 자기옹호(Self-Advocacy) : 자조집단 또는 지지집단으로 구성해서 활동하거나 클라이언트 개인 및 집단이 스스로 자신을 옹호하는 활동을 말한다.

② 개인옹호(Individual Advocacy) : 개인 또는 가족을 대신하여 옹호하는 활동으로서, 클라이언트가 스스로 자신을 옹호할 수 없는 경우에 나타난다.

③ 집단옹호(Group Advocacy) : 구성 집단으로는 비슷한 문제를 경험하는 클라이언트이며, 이러한 집단의 공동문제를 해결하기 위한 활동을 말한다.

④ 지역사회옹호(Community Advocacy) : 지역사회 대신 다른 사람들이 옹호하기도 하며, 지역주민 스스로 지역사회를 옹호하는 경우를 나타낸다. 즉, 소외되거나 공동의 문제를 경험하는 지역주민들을 위한 옹호활동을 말한다.

⑤ 정치 또는 정책적 옹호(Political/Policy Advocacy) : 입법영역과 행정영역, 그리고 사법영역에서 사회정의와 복지를 증진시키기 위한 다양한 형태로 전개되는 옹호활동을 말한다.

⑥ 체제변환적 옹호(Advocacy For Systems Change) : 근본적인 제도상의 변화를 위해서 시민으로 모인 구성원과 사회체제 전체에 영향을 미치는 옹호활동을 말한다.

## (4) 옹호의 구체적 전술(Kirst-Ashman & Hull, Jr.)

① 설득(Persuasion) : 변화표적체계로 하여금 기존의 결정과 다른 결정을 내리도록 필요한 정보를 제공한다.

② 공청회 또는 증언청취(Fair Hearing) : 정당한 권리를 거부당한 클라이언트에게 평등한 처우가 보장되도록 정부기관 종사자 등의 외부인사로 하여금 관련 당사자들의 주장을 듣는 자리를 마련한다.

③ 표적을 난처하게 하기(Embarrassment of the Target) : 조직의 실수나 실패를 지적하고 주의를 환기시켜 당혹스럽게 만든다.

④ 정치적 압력(Political Pressure) : 바람직한 방향으로의 변화가 발생하지 않는 경우 이를 강요하기 위해 객관적이고 타당한 자료를 가지고 정치적 영향력이 있는 사람들과 접촉한다.

⑤ 미디어 활용(Using Media) : TV를 비롯한 각종 미디어매체를 활용하여 불평을 널리 알린다.

⑥ 탄원서(Petitioning) : 여러 사람들에게 탄원서를 돌리거나 서명을 받아 특정 행동을 촉구한다.

### (5) 옹호자(Advocate)

① 근본적으로 사회정의를 지키기 위한 목적으로 개인이나 집단의 입장을 지지하고 대변하는 것은 물론 사회적인 행동을 제안하는 적극적인 활동을 펼치는 역할을 말한다.

② 특히 기존 조직이 원조가 필요한 클라이언트에게 무관심하거나 부정적 혹은 적대적인 경우에 필요한 역할로서, 필요한 경우 대중운동을 전개하거나 정치적인 과정에 영향을 미친다.

---

**Plus ⊕ one**

**옹호(Advocacy)의 구체적 전술로서 설득(Persuasion)의 구성요소**     14회 기출
- 전달자(Communicator) : 전달자는 신뢰성, 전문성, 동질성, 비언어적 강점 등을 갖추는 것이 좋다.
- 전달형식(Format) : 메시지는 직접 대면을 통해 전달하는 것이 설득의 효과가 크다.
- 메시지(Message) : 메시지는 반복적이면서 전달 대상에게 이익과 보상을 가져다주는 것일수록 설득력을 지닌다.
- 대상(Audience) : 메시지의 전달 대상이 전달자를 이미 알거나 평소 좋아하는 경우, 메시지를 이미 신뢰하고 있거나 과거 유사한 명분으로 동조한 경험이 있는 경우, 소기의 행동을 취할 시간과 자원을 가진 경우 전달자의 설득이 상대적으로 쉽다.

**옹호의 기술로서 청원(Petitioning)**     17회 기출
- 특정 조직이나 기관이 일정한 방향으로 별도의 조치를 해줄 것을 요청하기 위해 다수인의 서명지를 전달하는 활동이다.
- 청원 서명서는 비교적 쉽게 받을 수 있으며, 서명을 통한 청원에 대해 표적체계가 심한 압력을 받지 않는다.
- 우리나라에서는 「청원법」에서 헌법상의 권리인 청원권 행사에 관한 사항을 규정하고 있다.

---

## 2 연계(네트워크)기술    7, 9, 10, 13회 기출

### (1) 의 의    9, 17, 18, 19회 기출

① 일반적으로 연계는 서비스의 중복과 누락을 방지하고 자원을 효율적으로 관리하기 위하여 정기적인 모임 및 회의를 통하여 서비스계획을 공동으로 수립한 후 개별기관들이 각각 서비스를 제공하는 것이다. 개별기관의 정체성은 유지하되 서비스를 제공할 때 팀 접근을 시도해 나가는 것을 말한다.

② 사회복지실천에서 연계기술은 제반 자원의 공유와 상호 교류를 위해, 클라이언트를 원조하기 위해, 사회복지사 자신의 역량을 강화하기 위해서 합당한 능력을 갖춘 둘 이상의 개인이나 기관 혹은 조직의 특성을 파악하여 이들을 한 체계로 엮어 놓는 기술이라고 할 수 있다.

③ 사회복지사가 클라이언트를 적절한 지역사회 자원과 연계하는 기술로서, 관련 기관 혹은 조직들 간의 업무 배분과 조정에 초점을 두며, 이들 기관 혹은 조직들 간의 상호 신뢰와 호혜성의 원칙에 의해 유지된다. 또한 참여 기관들은 평등한 주체로서의 관계가 보장되어야 한다.

④ 수요자 중심의 통합적 복지서비스 제공 기반 마련을 목적으로 지역사회의 보건 · 복지 서비스의 제공자 간 연계망(Network)을 구성하여 수요자의 복합적 요구에 공동으로 대응하고자 하는 지역사회보장협의체도 연계기술을 활용한 사례로 볼 수 있다.

⑤ 사회적 교환은 네트워크 형성과 유지의 작동원리이다.

## (2) 연계기술 활용의 중요성

① 사회복지사는 연계기술을 활용함으로써 자신의 능력과 세력을 강화·확장할 수 있다.

② 클라이언트의 욕구 중심에 초점을 둘 수 있다. 특별히 클라이언트의 욕구가 복합적이고 다양할수록 이러한 연계기술의 중요성이 더욱 커지게 된다. 이는 '환경 속의 개인(PIE ; Person In Environment)'이라는 사회복지실천의 기본이념과 일치한다.

③ 여러 사회복지 관련 기관과 시설의 중복된 서비스를 한층 효율적으로 통합·제공할 수 있다.

④ 다수의 시민을 사회복지실천에 참여시킴으로써 시민의 연대의식을 강화시킬 수 있다.

## (3) 연계기술 활용 시 적용원칙

① 사회복지사는 개입하고자 하는 사례의 특성에 합당한 연계의 목표를 분명하게 설정해야 한다.

② 사회복지사는 연계체계의 원활한 구축과 활용을 위해 평소 특정 주요 인물, 기관, 조직과 긴밀한 관계를 형성하고 있어야 한다.

③ 사회복지사는 성원들의 연계체계가 추구하는 목표에 따른 역할과 책임을 완수하도록 유도해야 하며, 자발적이고 적극적인 참여를 호소할 수 있는 명분을 가져야 한다.

④ 사회복지사는 연계체계의 목표, 자원, 성원들의 특성에 따라 융통성을 발휘해야 한다.

⑤ 사회복지사는 기존 연계체계를 다른 사회복지사와 서로 주고받아 활용할 수 있도록 해야 한다.

---

### Plus ➕ one

**지역사회복지 네트워크의 성공요인**　　　14회 기출

- 협력의 목적과 비전이 공유되어야 한다.
- 원활한 참여를 위해 자원이 풍부하여야 한다.
- 조직의 힘은 균등하여야 한다.
- 조직의 자발성이 인정되어야 한다.
- 네트워크 관리자의 역할이 중요하다.

## 3 조직화기술

### (1) 의 의

① 지역사회복지에서 조직화는 클라이언트의 문제를 해결하기 위해 필요로 하는 인력이나 서비스를 규합하고 나아가 조직의 목표를 성취하도록 합당하게 운영해 나가는 과정이다.

② 지역사회의 당면 문제를 해결하기 위해 전체 주민을 대표하는 일정 수의 주민을 선정하여 모임을 구성하는 것을 의미한다.

③ 사회복지사는 지역사회가 처한 상황과 해결 방향에 따라 목표를 세우고 합당한 주민을 선정하여 모임을 만들며, 이 조직이 지역사회의 욕구나 문제를 해결하도록 돕는다.

### (2) 조직화 단계

① **준비단계**

기관 내부에서 조직화사업을 전개하기 위한 준비작업을 한다.

② **계획화단계**

주로 지역사회 및 주민욕구 사정, 지역사회 자원사정, 프로그램 개발과 평가계획 등의 사업이 이루어진다.

③ **조직화단계**

계획화단계에서 설계된 내용을 기초로 하여 모집, 정서강화형 소집단 구성단계, 문제해결형 소집단 구성단계 등이 전개된다.

④ **지역활동 및 복지운동단계**

조직화단계에서의 개입활동을 의미한다.

⑤ **평가 및 과제전환단계**

지역사회조직사업에 대한 평가와 사업 종결과 관련한 제반과정을 포함한다.

### (3) 효과적인 조직화를 위한 방안

① 지역사회의 불만을 공통된 불만으로 집약한다.

② 사적인 이익에 대한 관심을 조직화에 활용한다.

③ 지속적인 관심과 노력을 요구하는 동적인 과정으로 이끈다.

④ 갈등과 대결에 익숙해지는 법을 배운다.

⑤ 쟁점을 명확히 표현하며, 실현 가능한 쟁점에 초점을 둔다.

⑥ 정서적인 활동을 포함한다.

### (4) 지역사회 조직화 과정에서 사회복지사가 지켜야 할 주요 원칙 및 고려사항 14회 기출

① 지역사회의 겉모습만 보고 판단하지 말고, 지역사회의 내적 능력에 우선 중점을 두어야 한다.

② 모든 일에 솔직하고 근면하여야 한다.

③ 정기적인 주민모임의 일정을 변경하거나 걸러서는 안 된다.

④ 평소 지역사회의 주요 행사에 관심을 가지며, 이에 참여하여 행사운영 과정을 이해해야 한다.

⑤ 주민모임이 대외활동에서 명분을 가질 수 있도록 주민모임의 임원으로 참여하지 않는 것이 바람직하다.

⑥ 지역사회 관련 법, 제도, 규칙 등을 알아야 한다.

⑦ 처음에 참여하는 주민모임 구성원의 성향이 그 모임의 발전 방향을 결정하므로, 처음부터 모임의 성원을 신중히 선정하여야 한다.

⑧ 주민모임을 위한 기금을 확보하여야 한다.

⑨ 지역사회의 강점을 활용하여야 한다.

⑩ 지역사회에는 여러 갈등이 있음을 알아야 한다.

⑪ 사회적 쟁점과 관련하여 지역주민의 입장과 상충할 수 있음을 염두에 두어야 한다.

⑫ 지역주민에 대한 이해와 수용과 함께 성공할 수 있다는 신념을 가져야 한다.

⑬ 전체 주민을 이끌어가기 위해서는 주민모임 성원들 각자의 역량이 중요하다.

## 4 자원개발 · 동원기술

### (1) 의 의

자원개발과 동원기술은 지역사회복지 실천활동에서 필수적이다. 자원은 사회복지실천에서 클라이언트의 변화나 그들의 생활을 향상시키는 데 쓰이며 흔히 자원의 유형은 개인, 현금, 물품, 시설, 조직, 기관, 정보 등으로 구분한다. 이 중에서 실제적으로 지역사회복지에서 가장 핵심이 되는 자원은 인적 자원과 물적 자원이라고 할 수 있다.

### (2) 인적 자원 14, 16, 19회 기출

① 자원개발 및 동원에서 가장 우선적으로 추진해야 할 작업은 주요한 인적 자원의 소재를 파악하고 접촉하는 것이다.

② 지역사회복지실천에서 주요한 인적 자원은 지역토착지도자, 사회복지조직을 이용하는 소집단지도자, 주변 공공조직지도자, 잠재적 참여인물 등으로 구분할 수 있다. 특정 문제에 대해 오랜 기간 사회활동을 해 왔거나 혹은 자발적 참여의지가 높은 개인은 지역사회복지의 잠재적 참여인물로서 인적 자원에 해당한다.

③ 인적 자원의 특성을 파악한 후 지역사회복지실천에 참여할 수 있는 형태로 동원되는 기술들은 다음과 같다.

| | |
|---|---|
| 기존 조직의 활용 | • 사람을 가장 빨리 동원할 수 있는 방법 중 하나이다.<br>• 사회복지사는 지역사회의 여러 조직들을 면밀히 조사한 후 참여 가능성이 높은 조직이나 집단의 지도자들과 접촉하여 지역사회실천에 동참할 것을 권유한다. |
| 개별적 접촉 | • 지역주민들을 개별적으로 접촉하여 지역사회실천에 동참하도록 하는 방법이다.<br>• 특히 잠재적 참여자들에게 스스로의 힘으로 변화를 가져올 수 있다는 확신을 강조하는 것이 효과적이다. |
| 네트워크의 활용 | • 네트워크(Network)는 이미 서로 사회적으로 알고 있는 사람들 사이의 결속관계를 의미한다.<br>• 특히 네트워크에 속해 있는 사람을 직접적으로 접촉하기보다는 내부의 동료를 통해 접촉하는 것이 더욱 효과적이다. |

④ 지역의 후원단체 발굴 및 자원봉사자 모집 등 다양한 후원활동은 전반적인 기관의 신뢰성과 밀접하게 연관된다. 즉, 자원의 개발 및 동원에서 중요한 것은 후원자에 대한 기관의 신뢰성을 형성 및 유지시키는 것이다.

### (3) 물적 자원

자원의 개발 및 동원에서 중요한 것은 후원자에 대한 조직의 신뢰성을 유지하는 것이다. 이를 위해 무엇보다도 현금이나 물품의 사용에 대한 투명성이 확보되어야 하며 조직구성원의 전문성과 사명감을 통해 후원자들이 바라는 좋은 결과를 보여주는 것이 필요하다. 따라서 조직차원에서 구성원에 대한 꾸준한 교육과 책임성 확보를 위한 자체 노력이 요구된다.

### (4) 자원개발의 방법  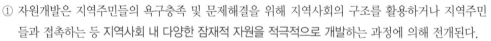 10, 12회 기출

① 자원개발은 지역주민들의 욕구충족 및 문제해결을 위해 지역사회의 구조를 활용하거나 지역주민들과 접촉하는 등 지역사회 내 다양한 잠재적 자원을 적극적으로 개발하는 과정에 의해 전개된다.

② 자원의 한계성을 극복하고 지역주민들에게 양질의 서비스를 제공하기 위한 것으로서, 지역조사를 통해 지역사회 문제를 수집 · 사정하여 지역사회 내 충족되지 않은 욕구와 함께 인적 · 물적 자원을 파악하며, 이를 토대로 구체적인 대책 및 활동계획을 수립하고 지역주민들의 자주적인 참여를 이끌어내어 이들을 조직화하는 과정으로 이루어진다.

③ 자원개발을 위한 일련의 과정에는 이벤트, 대중매체, 광고 등의 홍보, 자원의 모집 및 면접, 교육 · 훈련, 자원 연결 또는 배치, 자원 관리, 평가 등이 포함된다.

④ 특히 기업의 기부 또는 봉사활동을 사회복지와 연계하는 '명분연계 마케팅 또는 기업연계 마케팅(CRM ; Cause-Related Maketing)'은 기업 이윤을 사회에 환원을 통한 얻는 긍정적 기업이미지와 함께 사회복지조직의 자원개발에 기여하고 있다.

### (5) 자원개발을 위한 기관의 신뢰성 형성 · 유지에 대한 노력

① 특정 문제에 대해 오랜 기간 동안 사회활동을 해 왔거나 혹은 자발적 참여의지가 높은 개인은 지역사회복지의 잠재적 참여인물로서 인적 자원에 해당한다.

② 지역의 후원단체 발굴 및 자원봉사자 모집 등 다양한 후원활동은 전반적인 기관의 신뢰성과 밀접하게 연관된다. 즉, 자원의 개발 및 동원에서 중요한 것은 후원자에 대한 기관의 신뢰성을 형성 및 유지시키는 것이다.

---

**Plus + one**

**후원개발 등 지역사회 자원동원의 의의(장점)**  14회 기출
- 복지사회 이념의 성공적 실현을 위한 지역사회 구성원 간 연대의식 및 공동체의식 함양
- 프로그램을 통한 지역주민의 자발적인 참여 유도
- 참여주민 혹은 후원자 개인의 자아실현 기회 제공
- 지역사회 내 가용 복지자원의 총량 확대
- 복지수요의 급증에 따른 공공자원의 한계 극복
- 민간비영리조직의 자율성 향상 기여 등

---

## 5 임파워먼트기술    6, 9, 19회 기출

### (1) 의 의

① 임파워먼트(Empowerment)는 능력을 가지는 것, 능력을 향상시키는 것을 의미하며, 여기에는 대화, 강점 확인, 자원동원기술 등이 포함된다.

② 조직 차원에서 볼 때 임파워먼트는 조직원들 개개인에게 조직을 위해 중요한 일을 할 수 있는 **능력과 권한**이 있다고 확신을 심어주는 강화 과정을 말한다.

③ 임파워먼트는 지역사회 전체 구성원들이 지지할 의사결정구조를 구축하고 전반적인 지역사회복지 실천과정(문제의 명확화, 욕구조사, 전략실행 및 평가)에 있어서 사회적 소외계층의 참여를 확대하는 것이 지역사회복지의 목표달성을 위해 필수적이라는 점에서 매우 중요하다.

④ 지역사회복지실천에서 쓰이는 임파워먼트의 개념은 과정으로서의 임파워먼트와 결과로서의 임파워먼트로 구분해 볼 수 있다. 과정으로서의 임파워먼트는 지역사회 주민들이 자신의 삶에 대해 자주적 통제력을 획득하고, 삶의 질을 높이는 데 필요한 자원에 접근하려는 시도를 의미한다. 결과로서의 임파워먼트는 주민들의 노력과 지역사회 실천가들의 개입의 효과로 나타난 지역사회에 대한 주민들의 더 많은 **통제력과 자원 접근성**을 의미한다.

## (2) 지역사회의 임파워먼트를 높이기 위한 구체적인 방법(Rubin & Rubin) 9, 15, 17, 18, 19회 기출

① 의식 제고(Consciousness Raising)

무력감에 빠진 개인들을 대상으로 문제의 원인이 자신들에게 있기보다는 사회구조에서 비롯된 것임을 인식시킨다.

② 자기주장(Self-assertion)

클라이언트로 하여금 두려움이나 위축감에서 벗어나 공개적으로 자신의 주장을 개진할 수 있도록 돕는다.

③ 공공의제의 틀 형성(Framing the Agenda)

문제의 쟁점이 일반대중의 관심을 이끌 수 있도록 이를 의제화한다.

④ 권력 키우기(Building Power)

자원동원 및 조직화를 통해 지역주민들의 권력을 키운다.

⑤ 역량 건설(Capacity Building)

클라이언트의 역량을 강화하기 위해 조직을 설립하며, 자신들의 주장을 보다 효과적으로 표출할 수 있도록 캠페인을 전개한다.

⑥ 사회자본의 창출(Creating Social Capital)

사회자본은 지역사회 구성원들의 사회적 관계에 기초한 자원으로서, 이는 구성원들 간의 협력 및 연대감을 높이는 데 기여한다. 특히 사회자본은 물리적 자본과 달리 사용할수록 총량이 증가한다.

## (3) 임파워먼트 실천에 필수적인 사회복지사의 실천원칙(Lee)

① 모든 억압은 삶에 파괴적이며, 사회복지사와 클라이언트는 억압에 도전한다.

② 사회복지사는 억압 상황에 대해서 총체적 시각을 유지한다.

③ 사회복지사는 원조할 뿐이고 클라이언트는 스스로 역량을 강화한다.

④ 공통기반을 공유하는 사람들이 역량을 강화하기 위해서 서로를 필요로 한다.

⑤ 사회복지사는 클라이언트와 1 : 1의 관계를 정립해야 한다.

⑥ 사회복지사는 클라이언트가 자신의 말로 이야기하도록 격려해야 한다.

⑦ 사회복지사는 개인을 희생자가 아니라 승리자(생존자)로 보는 초점을 유지해야 한다.

⑧ 사회복지사는 사회변화의 초점을 유지한다.

## Plus + one

**사회복지전담공무원의 역할**

- 사회복지서비스 조직들이 생존 차원에서 외부의 재정적 지원에 의존할 수밖에 없다는 점을 전제로 한다.
- 클라이언트에게 서비스를 제공하기 위해 활용되는 외부의 재정지원은 사회복지서비스 조직으로 하여금 재정지원자의 요구에 충실할 수밖에 없는 구조를 가진다고 본다.
- 사회복지서비스 조직의 재정지원자에 대한 지나친 의존은 조직의 목적 상실, 자율성 제한, 사회정의에 입각한 사회옹호 능력의 한계를 유발함으로써 사회복지서비스 조직의 기본 방향에 부정적인 영향을 미치게 된다.

| 역 할 | 활동 내용 |
|---|---|
| 자원연결자 | • 잠재적 수급권자 파악<br>• 자산조사 및 수급권자 욕구조사<br>• 공공부조 대상자 책정<br>• 서비스 및 시설입소 의뢰<br>• 취업정보 제공 및 알선<br>• 지역사회자원 개발 및 연결 |
| 옹호자(대변자) | • 기초생활보장수급자 권익옹호<br>• 학대피해자의 발견 및 보호<br>• 지역주민 조직화 |
| 교육자 | • 보호대상자 자립 및 자녀교육 관련 정보 제공<br>• 사회복지서비스 관련 정보 제공<br>• 구직 및 면접기술 훈련<br>• 일반생활교육(예 건강, 영양지도 등)<br>• 가족생활교육(예 부모역할훈련, 자녀교육 등) |
| 조력자 | • 욕구 및 문제의식, 문제해결의 주체의식 증진<br>• 욕구 및 문제해결의 동기 부여<br>• 문제해결 환경의 조성 |
| 사례관리자 | • 요보호 대상자의 일상생활 상태 파악<br>• 다양한 서비스 제공자의 연결<br>• 서비스 제공 결과의 확인<br>• 문제해결의 지속적 점검 및 사후관리<br>• 동원된 자원의 조정관리 |
| 상담가 | 심리사회적 문제해결을 위한 전문적 개입(개별 · 집단 · 가족 대상 상담) |
| 중재자 | • 서비스 제공자 간 의견 조정<br>• 수혜자 및 서비스 제공자 간 의견 조정 |
| 자문가 | 관련 사례나 프로그램에 관한 전문적 지식 및 정보 제공 |
| 연구자/평가자 | • 지역사회 욕구조사, 지역사회문제 파악 및 해결방향 모색<br>• 프로그램 평가 |
| 프로그램 개발자 | 욕구 및 문제해결을 위한 프로그램 기획 및 개발 |

제3영역

**01** 다음 중 로스(Ross)의 지역사회개발모델에서 사회복지사의 역할로 옳은 것은?

① 조력자 – 조직화를 격려
② 안내자 – 공동의 목표를 강조
③ 전문가 – 불만을 집약
④ 계획가 – 자기 역할의 수용
⑤ 사회치료자 – 프로그램 운영 규칙 적용

**해설** 로스(Ross)의 지역사회개발모델에서 사회복지사의 역할

- 안내자(Guide) : 1차적인 역할, 주도 능력, 객관적인 능력, 지역사회와의 동일시, 자기역할의 수용, 역할에 대한 설명 등
- 조력자(Enabler) : 불만의 집약, 조직화 격려, 좋은 대인관계 육성, 공동목표 강조 등
- 전문가(Expert) : 지역사회의 진단, 조사기술, 타 지역사회에 관한 정보제공, 방법에 관한 조언, 기술상의 정보제공, 평가 등
- 사회치료자(Therapist) : 지역사회 공동의 관심사를 저해하는 금기적 사고나 전통적인 태도에 대한 진단 및 치료 등

**02** 다음 상황에 해당하는 사회복지사의 실천기술 내용이 아닌 것은?　　　　　　　　　　　　[16회]

> 마을축제 개최를 위해 사회복지사는 지역주민을 조직화하여 주민 스스로 계획, 홍보 및 진행을 하게 하였다.

① 주민의 자발적 참여 유도　　　　　② 주민 역량 강화
③ 지역사회 특성 반영　　　　　　　　④ 취약계층 권리 대변
⑤ 주민들 갈등 시 중재

**해설** ④ 보기의 내용에서는 취약계층의 권리를 대변하는 옹호기술이 반영되어 있지 않다. 옹호(Advocacy)는 클라이언트의 이익 혹은 권리를 위해 싸우거나, 대변하거나, 방어하는 활동을 말하는 것으로서, 특히 사회행동 모델에서 강조되는 실천가의 역할이기도 하다. 이와 같은 옹호기술은 지역사회복지실천 과정에서 지역주민, 특히 억압된 집단 입장의 정당성을 주장하고 지도력과 자원을 제공해야 한다는 점에서 매우 중요하다.

**03** 옹호(Advocacy) 기술의 특성 중 옳은 것을 모두 고른 것은? [15회]

> ㄱ. 사회정의를 지키고 유지하는 목적
> ㄴ. 조직구성원의 경제적 자립 강조
> ㄷ. 표적 집단에 대한 강력한 영향력이나 압력 행사
> ㄹ. 정당한 처우나 서비스를 받지 못하는 경우에 활용

① ㄱ, ㄴ
② ㄱ, ㄷ
③ ㄴ, ㄷ
④ ㄱ, ㄷ, ㄹ
⑤ ㄱ, ㄴ, ㄷ, ㄹ

 ㄴ. 조직구성원의 경제적 자립은 조직구성원의 자조, 자율, 자립적 힘을 강조하는 반면, 옹호는 조직구성원에 대한 대변, 보호, 개입, 지지를 강조한다. 특히 경제적 자립은 지역사회조직과 경제조직의 결합된 개념으로서 지역사회개발(Community Development)의 기본 이념에 해당한다.

**04** 지역사회 조직화 과정에서 사회복지사가 지켜야 할 중요한 원칙으로 옳지 않은 것은? [14회]

① 지역사회는 여러 갈등을 갖고 있음을 알아야 한다.
② 지역사회의 외적 능력에 우선 중점을 두어야 한다.
③ 모든 일에 솔직하고 근면하여야 한다.
④ 행사에 참여하여 운영과정을 이해해야 한다.
⑤ 지역사회 관련 법, 제도, 규칙 등을 알아야 한다.

 ② 지역사회의 겉모습을 보고 판단하지 않고, 지역사회의 내적 능력에 우선 중점을 두어야 한다.

**05** 사회복지사가 지역사회개발모델에 근거하여 아래와 같은 실천을 하였다. 이를 모두 충족하는 사회복지사의 역할은? [13회]

> 사회복지사는 낙후된 도시지역을 대상으로 지역 진단을 실시하고, 해당 지역에 대한 주민들의 이해를 높였다. 그리고 주민 간의 협력을 방해하는 요인을 제거하도록 도왔다.

① 안내자
② 조정자
③ 사회치료자
④ 촉매자
⑤ 조사자

**해설** 지역사회개발모델에서 사회복지사의 사회치료자로서의 역할(Ross)
- 지역사회 공동의 관심사를 저해하는 금기적 사고나 전통적인 태도에 대해 지역사회 수준에서 진단하고 치료하여 이를 제거하도록 도와주는 역할을 말한다.
- 사회복지사는 진단을 통해 규명된 성격 및 특성을 지역주민들에게 제시하여 그들의 올바른 이해를 돕고 긴장을 해소하도록 함으로써 협력적인 작업을 방해하는 요인들을 제거해 나간다.

**06** 조직가의 역할과 기술이 바르게 연결되지 않은 것은? [18회]

① 교사 – 능력개발
② 옹호자 – 소송제기
③ 연계자 – 모니터링
④ 평가자 – 자금 제공
⑤ 협상가 – 회의 및 회담 진행

**해설** ④ 평가자(Evaluator)는 지역사회에서 다양한 규모 체계들의 기능에 대한 광범위한 지식기반을 갖춘 전문가로서, 프로그램 및 체계들이 얼마나 효과적·효율적으로 운영되고 있는지를 평가한다.

5 ③ 6 ④ Answer

**07** 다음에 해당하는 지역사회복지실천 기술은?  [10회]

> 지역사회가 처한 상황과 해결방향에 따라 목표를 세우고 합당한 주민을 선정하여 모임을 만들고 지역사회의 욕구나 문제를 해결해 나가도록 돕는 기술이다. 지역사회 전체 또는 일부 집단을 하나의 역동적 실체로 만들어 나가는 과정이기도 하다. 초기에는 사회복지사가 주도적인 역할을 수행하다가 점차 지역주민이 주도적인 역할을 수행하도록 한다.

① 조직화기술
② 옹호기술
③ 동원기술
④ 연계기술
⑤ 사례관리기술

해설🔍 조직화기술

클라이언트의 문제를 해결하기 위해 필요한 인력이나 서비스를 규합하고 조직의 목표를 성취하도록 합당하게 운영해 나가는 과정으로서, 전체 지역주민을 대표하는 일정 수의 주민을 선정하여 지역사회의 당면문제 해결을 도모하는 과정이다. 효과적인 조직화를 위해서는 지역사회의 불만을 집약하고 사적인 이익에 대한 관심을 조직화에 활용하며, 지역주민들로 하여금 지속적인 관심과 노력을 요구하는 동적인 과정으로 이끌어야 한다.

**08** 임파워먼트기술에 해당하는 것을 모두 고른 것은?  [18회]

> ㄱ. 권력 키우기
> ㄴ. 의식 고양하기
> ㄷ. 공공의제 만들기
> ㄹ. 지역사회 사회자본 확장

① ㄹ
② ㄱ, ㄷ
③ ㄴ, ㄹ
④ ㄱ, ㄴ, ㄷ
⑤ ㄱ, ㄴ, ㄷ, ㄹ

해설🔍 지역사회의 임파워먼트를 높이기 위한 구체적인 방법(Rubin & Rubin)
- 의식 제고 또는 의식 고양하기(Consciousness Raising)
- 자기 주장 또는 자기 목소리(Self-assertion)
- 공공의제의 틀 형성 또는 공공의제 만들기(Framing the Agenda)
- 권력 키우기(Building Power)
- 역량 건설(Capacity Building)
- 사회자본의 창출 또는 사회자본의 확장(Creating Social Capital)

**09** 지역사회복지 실천 과정에서 사회복지사가 활용한 기술은? [19회]

> 사회복지사 A는 가족캠핑을 희망하는 한부모가족 10세대를 대상으로 프로그램을 계획하고 있다. A는 개인적으로 참여하고 있는 수영 클럽을 통해 프로그램 운영에 필요한 예산과 자원봉사자를 확보하고자 운영진에게 모임 개최를 요청하였고, 성공적인 결과를 얻었다.

① 옹 호　　　　　　　　　　　② 조직화
③ 임파워먼트　　　　　　　　　④ 지역사회교육
⑤ 자원개발 및 동원

> 해설🔍 **자원개발 및 동원**
> • 자원은 사회복지실천에서 클라이언트의 변화나 그들의 생활을 향상시키는 데 유용하게 사용할 수 있는 인력, 물질, 조직, 정보 등을 의미한다.
> • 자원개발 및 동원 기술은 지역주민의 욕구 충족 및 문제 해결을 위해 자원이 필요한 경우 자원을 발굴하고 동원하는 기술이다.
> • 특히 인적 자원을 동원하기 위해 기존 조직(집단)이나 네트워크를 활용하며, 개별적 접촉을 통해 지역사회 실천에 동참하도록 유도한다.

**10** 다음 기관의 사회복지사가 자원개발을 위해 활용한 기술은? [16회]

> 최근 개관한 사회복지관은 바자회를 개최하는 과정에서 지역의 다양한 후원단체를 발굴하고, 자원봉사자를 모집하였다.

① 근본적인 제도의 변화 추구
② 지역사회 실정에 맞는 교육 진행
③ 기관의 신뢰성 형성 · 유지를 위한 노력
④ 주민들의 지도력 강화 지원
⑤ 정치적 지지 기반의 구축

> 해설🔍 **자원개발을 위한 기관의 신뢰성 형성 · 유지의 노력**
> • 특정 문제에 대해 오랜 기간 동안 사회활동을 해왔거나 혹은 자발적 참여의지가 높은 개인은 지역사회복지의 잠재적 참여인물로서 인적 자원에 해당한다.
> • 사회복지사는 기존 조직을 활용하거나 지역주민들과 개별적으로 접촉하거나, 혹은 네트워크를 활용하여 인적 자원을 동원할 수 있다.
> • 지역의 후원단체 발굴 및 자원봉사자 모집 등 다양한 후원활동은 전반적인 기관의 신뢰성과 밀접하게 연관된다. 즉, 자원의 개발 및 동원에서 중요한 것은 후원자에 대한 기관의 신뢰성을 형성 및 유지시키는 것이다.

# 최신기출문제

**01** 조직화 기술에 관한 설명으로 옳은 것을 모두 고른 것은?  [20회]

> ㄱ. 지역주민이 주체가 되어 사회복지조직의 목표를 성취하도록 운영한다.
> ㄴ. 지역주민이 자신들의 문제를 함께 풀어나가는 과정을 포함한다.
> ㄷ. 지역사회 역량강화를 위해 지역사회복지 거버넌스 구조와 기능을 축소시킨다.

① ㄴ                                    ② ㄱ, ㄴ
③ ㄱ, ㄷ                                 ④ ㄴ, ㄷ
⑤ ㄱ, ㄴ, ㄷ

 ㄷ. 지역사회 역량강화를 위해 지역사회복지 거버넌스 구조와 기능을 확대한다. 이른바 '로컬 거버넌스(Local Governance)'는 지역사회의 분권화, 시민사회의 성장, 지역주민 욕구들의 다양화에 반응하기 위한 새로운 대안으로서, 민·관의 이분법적 참여구조를 넘어 지방정부와 비영리단체는 물론 지방의 기업과 같은 영리단체의 참여를 포함하는 삼자 이상의 협의체계를 가능하게 한다.

**02** 지역사회복지실천에서 옹호(Advocacy) 활동에 해당하지 않는 것은?  [19회]

① 지역사회 내 복지자원을 조정하고 연계한다.
② 시의원 등에게 정치적 압력을 행사한다.
③ 피케팅으로 해당 기관을 난처하게 한다.
④ 행정기관에 증언청취를 요청한다.
⑤ 지역주민으로부터 탄원서에 서명을 받는다.

해설 ① 지역사회복지실천에서 연계(Network) 활동에 해당한다.

옹호의 구체적 전술(Kirst-Ashman & Hull, Jr.)
• 설득(Persuasion)
• 공청회 또는 증언청취(Fair Hearing)
• 표적을 난처하게 하기(Embarrassment of the Target)
• 정치적 압력(Political Pressure)
• 미디어 활용(Using Media)
• 청원 또는 탄원서(Petitioning)

**03** 다음에 제시된 지역사회복지 실천기술은?                                    [20회]

> • 소외되고, 억압된 집단의 입장을 주장한다.
> • 보이콧, 피케팅 등의 방법으로 표적을 난처하게 한다.
> • 지역주민이 정당한 처우나 서비스를 받지 못하는 경우에 활용된다.

① 프로그램 개발 기술
② 기획 기술
③ 자원동원 기술
④ 옹호 기술
⑤ 지역사회 사정 기술

해설  ④ 옹호는 클라이언트의 이익 혹은 권리를 위해 싸우거나 대변하는 등의 적극적인 활동을 말한다. 사회정의
준수 및 유지를 궁극적인 목적으로 하며, 지역주민이 정당한 처우나 서비스를 받지 못하는 경우에 활용하
는 기술이다.
① 프로그램 개발은 목표를 실천하기 위한 사업들을 구체화하는 기술이다.
② 프로그램 기획은 프로그램의 목표 설정에서부터 실행. 평가에 이르기까지 제반 과정들을 합리적으로 결정
함으로써 미래의 행동 계획을 구체화하는 기술이다.
③ 자원개발 · 동원은 지역주민의 욕구 충족 및 문제 해결을 위해 자원이 필요한 경우 자원을 발굴하고 동원
하는 기술이다.
⑤ 지역사회 사정은 지역사회의 욕구와 자원을 파악하는 기술이다.

**04** 사회적 자본에 관한 설명으로 옳지 않은 것은?                              [19회]

① 지역사회 문제해결 능력과는 무관하다.
② 네트워크는 사회적 자본의 전제가 된다.
③ 지역사회의 집합적 자산으로서 의미를 가진다.
④ 한 번 형성된 후에도 소멸될 수 있다.
⑤ 신뢰는 공동체의 문제를 해결할 수 있는 자원이다.

해설 **사회자본(Social Capital)**
• 지역사회 구성원의 사회적 관계에 바탕을 둔 자원으로서, 조직화된 행동을 유도하여 사회발전의 효율성을
증대시키는 대인 간 신뢰. 규범 및 네트워크를 의미한다.
• 지역사회 네트워크의 실제는 개별 사례운동을 중심으로 살펴볼 수도 있는데, 지역사회의 문제해결을 위해
네트워크를 활용한 푸드뱅크운동 등을 예로 들 수 있다. 푸드뱅크운동은 결식문제의 해결을 위해 음식의
공급자원, 연결조정자, 클라이언트(배분처)의 세 주체 간 상호연계체제를 통해 이루어진다.

# CHAPTER 06 사회행동의 전략과 전술

**학습목표**  사회행동의 전략, 사회행동의 전술, 홍보 및 협상 전술에 대해 학습하자. 큰 카테고리 안에서 흐름을 이해하면서 학습하도록 하자.

## 제1절 사회행동의 전략

### 1 사회행동의 개요

#### (1) 우리나라의 사회행동

① 1970~1980년대 중반에 이르기까지 노동자, 학생, 일부 복지수혜자들이 기본적 생존권과 관련하여 다양한 운동을 펼쳤으나, 당시 정부당국이 이를 사회체제 및 질서에 대한 위협으로 간주하여 억제하려고 하였다.

② 1980년대 후반부터 기존의 이데올로기 중심적인 사회행동과 그에 따른 과격한 행동들이 활동영역이나 전략적인 측면에서 다양한 변화를 맞이하게 되었다. 특히 계급 중심의 사회행동에서 국가 차원의 사회행동 또는 지역사회 차원의 행동으로 확대되었다.

③ 1980년대 사회행동의 변화는 1987년 6월 민주항쟁에 따른 정부당국의 통제 완화, 소련을 비롯한 동유럽 국가의 사회주의체제 붕괴와 독일의 통일에 따른 이념적 기반의 약화, 지방자치제의 도입에 따른 지역사회 중심의 권익옹호 양상 등을 이유로 들 수 있다.

#### (2) 사회행동의 효과적인 전개를 위해 지역사회조직이 고려해야 할 전략상의 문제

① 지역사회조직이 상대집단을 이기기 위해 필요한 힘을 어디에서 얻을 것인지 결정해야 한다.

② 사회행동집단이 자신들이 전개하는 운동을 다른 집단성원들은 물론 일반 지역주민들에게 합법적인 것으로 보이도록 하기 위해 어떤 방식으로 목적을 표현하며, 전술을 선택할 것인지 결정해야 한다.

③ 사회행동집단이 단독으로 운동을 전개할 것인지 혹은 지역 내 다른 조직에 협력을 요청할 것인지 결정해야 한다.

④ 사회행동집단이 압력 전술, 법적 전술 등 어떤 세부적 전술에 주로 의존할 것인지 혹은 그와 같은 전술들을 어떻게 혼합하여 활용할 것인지 결정해야 한다.

⑤ 사회행동집단이 최대한의 의미 있는 승리를 이끌어내기 위해 어떠한 협상을 전개할 것인지 결정해야 한다.

## 2 사회행동을 위한 구체적 전략

9, 11회 기출

### (1) 상대집단을 이기기 위한 힘의 확보 전략

5회 기출

① 정보력

현재의 사건이나 상황에 대한 정보를 정부당국이나 정치인에게 제공할 수 있는 힘을 말한다. 사회행동을 주도하는 집단은 시위나 집회 등의 방법을 통해 일반대중에게 문제의 중요성 및 심각성을 주지시키는 동시에 이를 정부당국이나 정치집단에서 논의하여 적절한 결정을 내리도록 유도할 수 있다.

② 힘의 과시

사회행동에서 가장 많이 사용하는 방법으로서, 사회행동을 주도하는 집단은 상대집단의 반대에 맞서 불편과 손해를 가하는 등 힘을 과시할 수 있다. 예를 들어 지역 내 환경을 고려할 때 적합하지 못한 건축물이 건축되는 경우, 사회행동집단이 현장에서 시위를 하거나 법원에 건축 중지를 요청하여 공사를 지연시킴으로써 건축주에게 막대한 손해를 입힐 수 있다.

③ 잠재력

사회행동집단은 상대집단에게 실제적인 피해를 가하여 소기의 목적을 달성할 수도 있겠으나, 단순히 피해를 입힐 수 있는 잠재력이 있다는 사실을 주지시키는 것만으로도 효과를 거둘 수 있다.

④ 약점의 이용

사회행동집단은 상대집단의 약점을 자극하여 수치심을 느끼게 할 수 있다. 특히 관련된 문제에 대해 결정권한을 가지고 있는 공무원이나 정치인을 대상으로 하는 경우, 그들이 가지고 있는 약점을 언론에 노출시킴으로써 그들을 곤혹스럽게 만들 수 있다.

⑤ 집단동원력

집단행동에 있어서 다수의 사람들을 동원할 수 있는 능력은 사회행동에서 가장 중요한 힘의 원천이 된다. 특히 정부당국의 정책에 맞서 사회행동집단이 매우 많은 사람들을 시위에 참여시키는 경우, 정부당국은 이를 지역주민들의 강력한 저항에의 의지로 간주하여 무시할 수 없게 된다.

### (2) 사회행동 합법성의 확보 전략

① 사회행동은 집단 내부와 외부의 구성원들은 물론 일반주민들에게까지 일반적으로 수용될 수 있어야 한다.

② 사회행동집단이 전술의 단기적인 효력이 아닌 장기적인 승리를 달성할 수 있는가는 집단 외부의 사람들이 그 집단의 행동에 대해 어느 정도 합법성을 인정하느냐에 달려있다.

③ 사회행동집단은 사회적 합법성을 확보하는 데 있어서 적합한 전술을 선택해야 하며, 특히 과격한 폭력행위를 행사하지 않도록 주의해야 한다.

### (3) 사회행동조직의 타 조직과의 협력 전략

4, 5, 11, 13회 기출

| 기 준 | 협조(Cooperation) | 연합(Coalition) | 동맹(Alliance) |
|---|---|---|---|
| 의 의 | 타 조직과 최소한의 협력을 유지하는 유형 | 참여조직들 간에 이슈와 전략을 합동으로 선택하는 보다 조직적인 유형 | 대규모의 조직관계망을 가지는 고도의 조직적인 유형 |
| 특 징 | 특정 이슈를 중심으로 유사한 목표를 가진 조직들이 일시적으로 연결됨 | 계속적이나 느슨하게 구조화된 협력으로, 조직적 자율성을 최대화하면서 힘을 증대시킴 | 기술적 정보제공 및 로비활동에 역점을 두는 전문가를 둔 영속적인 구조 |
| 결정절차 | 임시적 계획이 사안에 따라 만들어짐 | 선출된 대표들이 정책을 결정하나, 각 개별조직들의 비준이 있어야 함 | 회원조직으로부터 승인이 필요하나, 결정할 수 있는 힘은 중앙위원회나 전문직원이 가짐 |
| 존 속 | 언제든지 한쪽에 의해 중단될 수 있음 | 참여조직들은 특정 캠페인에 참여 여부를 선택할 수 있으나 협력구조는 지속됨 | 중앙위원회나 전문직원에 의해 장기적인 활동이 수행됨 |

---

### Plus + one

**타 조직과의 연계체계 수준**

14회 기출

- 연락(Communication) : 낮은 수준의 연계 · 협력으로서, 개별기관이 서비스 제공에 필요한 정보를 교환 및 공유하는 단계이다.
- 조정(Coordination) : 서비스의 중복을 방지하고 자원 활용의 효율성을 도모하기 위해 조직의 정체성을 유지하면서 정기모임이나 회의를 통해 활동이 이루어지도록 조력한다.
- 협력(Collaboration) : 분리된 각 조직이 단일한 프로그램이나 서비스를 결합하여 함께 제공하기 위한 목적을 가지고 연계하되, 조직의 정체성을 유지하면서 자원을 공유한다.
- 통합(Integration) : 개별기관들이 각자의 정체성을 유지하지 않고 서비스 제공을 위해 하나의 조직체로 통합함으로써 새로운 조직체의 정체성을 갖는다.

---

## 제2절  사회행동의 전술

### 1 정치적 압력 전술

#### (1) 정치적 압력의 개념

① 정치적 압력은 항의와 다르다. 항의가 사실상 거의 모든 대상들을 목표로 하여 특정 문제에 대해 관심을 환기시키고 조직의 힘을 과시하는 데 반해, 정치적 압력은 그 대상이 정부당국에 국한되어 새로운 정책이나 법률을 추진하도록 촉구한다.

② 정치적 압력은 무엇보다도 정부당국이 변화의 요구에 대해 비교적 개방적이며, 주민참여에 대해 어느 정도 공평한 기회를 보장한다는 것을 전제로 한다.

③ 다양한 조직과 집단들이 정부당국으로부터 보다 많은 인적·물적 자원을 확보하기 위해 경쟁할 수밖에 없는 상황에서, 특정 조직이 자신의 목소리를 관철시키기 위해서는 무엇보다도 상대방의 전략을 예상할 수 있는 능력과 함께 상대방보다 정치적 압력에 관한 기술을 보다 잘 사용할 수 있는 능력을 가지고 있어야 한다.

### (2) 정치적 압력에 의한 정책형성 과정

① 제1단계 : 이슈를 정책의제로 삼는다.
사회행동조직이 정치인들로 하여금 특정 이슈에 대해 관심을 가지고 그것의 중요성을 깨닫게 한다.

② 제2단계 : 문제에 대한 해결방안을 제시한다.
사회행동조직은 특정 문제가 법안으로 제출되기 이전에 자신들의 의견을 관련 정치인이나 정부관료에게 알릴 필요가 있다.

③ 제3단계 : 법안의 통과를 위해 압력을 행사한다.
사회행동조직은 조직의 규모, 결속력, 선거에서의 영향력 등을 과시하면서 편지나 전화, 위원회 등의 접촉을 통해 국회의원들에게 로비활동을 전개한다.

④ 제4단계 : 실천을 위한 영향력을 행사한다.
사회행동조직은 지역주민들을 위해 특정 법률이 보다 강력하게 혹은 평등하게 집행되도록 요구할 수도 혹은 실제적인 집행이 이루어지도록 영향력을 행사할 수도 있다.

### (3) 정치적 압력 전술의 구체적 기술

① 적재적소에 압력을 가하는 기술
사회행동조직은 우선 정책결정 과정에서 문제해결에 관한 재량권의 소재를 파악할 필요가 있다. 다시 말해 정책결정의 정확하고 구체적인 책임 소재를 파악하여 해당 부서나 부처에 압력을 가하는 것을 말한다.

② 정치인과 정부관료를 대상으로 한 논쟁의 기술
정치인과 정부관료는 동일한 정책과정에 위치하고 있지 않다. 따라서 사회행동조직이 정부에 압력을 가하는 경우 이들을 구별하여 압력을 가할 필요가 있다. 일반적으로 정치인은 제안된 정책을 승인하거나 변경하는 역할을 수행하는 반면, 정부관료는 해당 정책을 실천하는 역할을 수행한다. 특히 사회행동조직은 정치인의 경우 가시적인 성과에 의한 재선 가능성에 관심을 가지는 반면, 정부관료의 경우 관련 업무수행의 충실성을 과시하는 데 관심을 가진다는 사실을 기억할 필요가 있다.

③ 압력 전술을 선택하는 기술
지역 내 사회행동조직이 선거에 의해 선출된 관료들에게 압력을 가하는 행동은 상황에 따라 다양하게 제시될 수 있다.
㉠ 공청회에 군중을 동원한다.
㉡ 공청회에 의견서를 제시한다.

ⓒ 연판장을 제출한다.

ⓔ 선출된 관료들에 대해 1 : 1의 로비활동을 펼친다.

ⓜ 편지나 전화, 전보 등을 이용한다.

ⓗ 법안의 내용을 제안하는 행동을 한다.

ⓢ 법안을 심의하는 자리에 참석한다.

④ 정치인들에게 압력을 가하는 기술

정치인들은 지역 내 사회행동조직의 압력이 그들의 필요와 책임에 부합하는 경우 그에 대해 호의적인 반응을 보인다. 사회행동조직이 그와 같은 호의적인 반응을 얻어내기 위한 기술들은 다음과 같다.

ⓐ 선출된 관료들이 상당한 관심을 보이는 이미지에 관심을 보인다.

ⓑ 요구가 실천으로 이어지는지를 확인한다.

ⓒ 정치적 구조 및 과정에 대해 이해한다.

ⓔ 선출된 관료들로 하여금 당면한 제약을 인식하게 한다.

ⓜ 해당 정치인에게 영향력을 행사할 수 있는 사람들을 활용한다.

ⓗ 전문직원과 사무실을 활용한다.

ⓢ 자신들의 주장을 뒷받침할 자료와 정보들을 제공한다.

ⓞ 편지쓰기 캠페인을 통해 개인적으로 편지를 보내도록 한다.

ⓩ 공청회 참석에 따른 예의를 배우도록 한다.

---

## 2 법적 행동 전술

### (1) 지역사회행동조직이 주로 사용하는 법적 행동 전술

① 가처분 청구(금지명령의 요구)

사실이 확정되기 이전까지 상황을 악화시킬 수 있는 행위를 중지시켜줄 것을 법원에 요청하는 것이다. 예를 들어 생태계를 파괴하는 대규모 댐 공사를 중지시키기 위해 지역 내 사회행동조직이나 환경보호단체들이 금지명령을 요구할 수 있다.

② 법적 소송

법원에 손해배상을 청구하거나 잘못된 행위를 시정해 달라고 요청하는 것이다. 이러한 소송은 개인이 제기할 수도, 집단이 제기할 수도 있다. 특히 집단소송은 지역 내 환경문제와 같이 소송에 대한 수요가 명확히 존재하나 개인의 피해 정도가 미비한 반면, 소송에 따른 비용소요가 큰 경우에 적합한 제도이다.

| 장점 | • 지역사회행동조직의 활동을 공적으로 합법화하는 계기가 된다.<br>• 상대방의 급작스런 조치에 대해 공격을 위한 시간을 얻어낼 수 있다.<br>• 상대방이 주민조직을 향해 활용하려는 정보들을 얻어낼 수 있다.<br>• 그 자체로 많은 비용이 소요되므로 고소에 대한 위협만으로도 이슈에 대한 논의를 이끌어 낼 수 있다.<br>• 주요 법령과 규칙을 명확히 알 수 있는 계기가 된다. |
|---|---|
| 단점 | • 시간과 비용이 많이 소요된다.<br>• 법적 행동의 승리가 잠정적일 수 있다.<br>• 오랜 시일이 걸리므로 주민조직의 회원들을 지루하게 만들 수 있다.<br>• 변호사 등 외부전문가에 의존할 수밖에 없으므로 성취감이 반감된다.<br>• 법적 투쟁을 통해 권리를 얻더라도 실질적인 개선책이 무시될 수 있으므로 완전한 승리에 이르지 못할 수도 있다. |

## 3 사회적 대결 전술(직접 행동 전술)

### (1) 사회적 대결 전술과 법적 행동 전술의 차이점

① 법적 행동 전술은 '게임의 규칙'에 대한 존중을 표시하여 상대방이 그와 같은 규칙을 지키지 않는다고 주장하는 반면, 사회적 대결 전술은 자신들의 주장에 대한 관심을 환기시키기 위해 게임의 규칙을 무시한 채 정부나 기업에 자신들의 요구에 승복할 것을 요구한다.

② 법적 행동 전술이 비교적 차분하고 비가시적인 반면, 사회적 대결 전술은 상대적으로 소란스럽고 가시적이다.

③ 법적 행동 전술이 사회행동조직의 정당성을 확실히 높일 수 있는 방법인데 반해, 사회적 대결 전술은 사회행동조직의 정당성에 손상을 가할 개연성이 내포되어 있다.

### (2) 사회적 대결 전술의 행동유형

① 집회와 성토대회

  ㉠ 사회행동조직이 다수의 군중을 자신들의 주장과 명분을 위해 동원할 수 있음을 상대방에게 과시하는 전술이다.

  ㉡ 지지자들 또는 잠재적 지지자들에게 핵심주제에 대해 필요한 정보를 제공하며, 조직의 주장이 단지 소수의 사람들에게만 국한된 것이 아님을 느끼도록 한다.

  ㉢ 항의의 이유를 언론에 주지시키면서 제기된 이슈가 얼마나 중요한 것인지에 대한 정보를 제공한다.

② 피케팅과 행진

  ㉠ 공격할 대상표적의 관심을 환기시키기 위한 전술이다.

  ㉡ 조직원들에게 문제에 대한 연설을 경청하도록 하는 집회와 달리, 상대방에게 직접 찾아가서 문제에 대한 주의를 끌어들인다.

ⓒ 특히 피켓을 든 자원자들을 선발하고 훈련시키는 일이 매우 중요하다. 이는 행진이 장시간 동안 이어질 수 있으며, 외부인의 자극으로 인해 쉽게 흥분상태에 빠질 수도 있기 때문이다.

③ 보이콧

㉠ 항의대상에 대해 직접적으로 경제적인 압력을 가하고자 하는 전술이다.

㉡ 보이콧은 법의 보호를 받는 상대방의 경제적 이익에 직접적인 영향을 미치는 것이므로, 특히 보이콧을 주도하는 사람은 관련 법규에 대해 잘 알고 있어야 하며, 법의 테두리 내에서 활동을 전개해야 한다.

㉢ 소규모 주민조직의 경우 그 세력이 미비하여 상대방의 재정 상태에 큰 영향을 미치지 못하므로 보다 광범위한 협력을 이끌어내는 것이 중요하다.

## (3) 사회적 대결 전술 지침(Alinsky)

① 조직 내부로부터 지지를 받는 전술만을 사용한다.

② 주민조직이 가지고 있는 힘을 과시하는 방향으로 사용한다.

③ 게임의 규칙을 공격 또는 조롱함으로써 그것에 대해 알고 있음을 보여준다.

④ 제도(Institutions) 자체보다는 그 속에서 일하는 특정 개인들을 공격대상으로 삼는다.

⑤ 상대방이 실수를 저지를 때까지 참고 기다린다.

⑥ 상대방이 어떤 반응을 나타내 보일지를 예상하고 대비한다.

## (4) 사회적 대결 전술의 문제점

① 폭력의 위험이 내포되어 있다.

② 조직의 세를 유지하는 것이 어렵다.

③ 실천을 보장하지 못한다.

④ 불법적이거나 비윤리적인 방향으로 변질될 수 있다.

# 제**3**절  홍보 및 협상 전술

## 1 홍 보

### (1) 주민조직의 홍보활동이 가지는 중요성

① 홍보는 조직의 영향력을 증대시킬 수 있다.

② 홍보는 주민조직의 실천의지를 나타내 보일 수 있다.

③ 홍보활동을 통해 참여자 수를 늘릴 수 있다.

④ 홍보활동을 통해 정부당국이나 대기업에 간접적인 압력을 가할 수 있다.

### (2) 주민조직이 언론을 상대로 할 경우 알아야 할 규칙

① 언론은 다수의 사람들이 참여하는 사건이나 이색적인 사건에 대해 관심을 가진다. 따라서 주민조직은 언론이 무엇에 대해 뉴스로의 가치를 인정하고 있는지를 알아야 한다. 또한, 언론이 매력을 느낄 수 있을 만한 기삿거리를 만드는 것이 중요하다.

② 언론은 정보를 제공할 적시의 타이밍을 강조한다. 예를 들어 소식거리들이 다양한 날에 주민조직이 제공한 기사가 취급될 가능성은 높지 않으며, 설령 기사에 실리더라도 사람들의 관심을 끌지 못할 수 있다. 따라서 언론계의 흐름에 대해 알아야 한다.

③ 기자가 주민조직의 주장에 동조적일 경우 그만큼 관련 기사를 취급할 가능성 또한 높아지게 된다. 따라서 주민조직은 기자들과 좋은 관계를 맺어야 하며, 나아가 기자는 물론 언론사로부터 지지를 얻기 위해 노력해야 한다.

## 2 협 상

### (1) 협상의 상황

① 홍보활동만으로는 상대방을 완전히 승복시키기 어려우며, 그에 따라 계속적인 협상 및 타협의 상황이 요구된다.

② 협상은 상대방에게 주민조직이 요구하는 바를 받아들일 수밖에 없는 상황으로 몰아가는 것을 목표로 한다.

③ 협상의 상황에서는 자신의 결정이 상대방의 선택권에 어떠한 효과를 미치는지를 분석하는 것이 중요하다.

④ 협상을 승리로 이끌기 위해서는 자신이 취하는 조치에 대해 상대방이 의존하도록 유도하는 전술을 취해야 한다.

### (2) 상대방의 의존성을 증가시키는 방법

① 힘과 자원을 가지도록 한다.

② 집단의 응집력과 결속력이 강하다는 인상을 준다.

③ 조직원들로 하여금 조직의 구체적인 행동노선을 확고히 따르게 한다.

### (3) 협상의 전술(Pruitt)

① 협상 시한을 정하도록 한다.

② 요구하는 입장을 확고히 하도록 한다.

③ 언제, 어떻게 양보를 해야 하는지 배우도록 한다.

④ 상대방의 제안에 신중히 대응하도록 한다.

⑤ 협상의 흐름이 끊기지 않은 채 계속해서 진행되도록 한다.

⑥ 중재자의 개입 필요성을 고려하도록 한다.

---

**Plus ⊕ one**

**협상(Negotiation)의 기술**

- 협상 범위를 면밀히 분석한다.
- 갈등관계에 있는 당사자들 간에 합의를 도출하거나 차이를 조정함으로써 상호 간의 이해를 도모하기 위해 활용한다.
- 협상 과정에 중재자가 개입할 수 있다.
- 재원확보와 기관 간 협력을 만드는 데 유리하다.
- 협상 시 양쪽 대표들은 이슈와 쟁점에 대해 토의해야 한다.

---

## 제4절 정치적 의사결정

### 1 지역사회권력

#### (1) 권력의 유형(French & Craven)

① **강압적 권력** : 권력소유 개인이나 집단이 자신과 동조하지 않는 행동을 보이는 개인이나 집단에 대해 제재를 가함으로써 자신의 지시를 따르도록 한다.

② **보상적 권력** : 권력소유 개인이나 집단이 자신의 뜻에 따르는 적절한 행동을 보이는 개인이나 집단에 가치 있는 보상을 제공하거나 부정적인 결과를 제거해 준다.

③ **합법적 권력** : 특정인 혹은 그가 속한 조직의 권위, 전문가로서의 지위, 대중으로부터의 인정 등에 의해 생성된다.

④ **전문성 권력** : 권력소유자가 의사결정을 내려야 하는 분야에 대해 탁월한 경험과 지식을 보유하고 있다.

⑤ **준거성 권력** : 조직의 구성원들이 권력소유자에 대한 개인적인 존경으로 인해 자기 자신을 권력소유자와 동일시하려는 열망에서 비롯된다.

## (2) 권력구조에 의한 지역사회 구분(Meenahan et al.)

① 엘리트주의 지역사회

ⓐ 엘리트주의 의사결정 방식에 따라 권력구조가 형성된 지역사회를 말한다.

ⓑ 지역사회의 의사결정은 특수 사회계층이나 전문가로 한정된다.

ⓒ 보통 엘리트들이 다른 집단들로부터 유리되어 있으므로, 지역사회의 전반적인 욕구를 충분히 파악하지 못한다.

ⓓ 이와 같은 지역사회의 경우 의사결정에서 소외된 대다수 주민들이 정치적 참여를 적극적으로 원하지 않게 되며, 지역사회 내의 중요한 정책 관련 정보를 얻는 데 어려움을 느끼게 된다. 따라서 일반 주민들은 자신들을 위한 지역사회의 변화 가능성이 거의 없다고 인지하게 된다.

② 다원주의 지역사회

ⓐ 다원주의 의사결정 방식에 따라 권력구조가 형성된 지역사회를 말한다.

ⓑ 다양한 이슈들이 여러 집단들에 의해 제기되고 논의되며, 핵심 의사결정자도 해당 이슈와의 관련성에 따라 다양할 수밖에 없는 구조이다.

ⓒ 보통 경제인 혹은 기업, 정부 혹은 공무원, 전문가 집단 등 세 가지 영역에 속한 집단들이 권력을 소유하고 있다.

ⓓ 이와 같은 지역사회의 경우 특정 집단이 타 집단에 행사하는 강력한 권력을 지속해서 유지하기 어렵다. 또한, 권력소유 집단과의 의사소통 채널이 개방되어 있으므로, 다양한 이익집단들의 활동이 활발해진다.

## (3) 이익집단 간 상호작용을 분석할 때의 고려사항(Meenahan et al.)

① 이익집단들이 다양한 이슈들을 다루어 왔는지를 살피며, 특정 이슈에 대해 지속해서 반대한 집단들을 파악한다.

② 이슈가 변화할 때 협력관계에 있던 이익집단들도 변화했는지 아니면 그대로 관계를 유지했는지를 살펴본다.

③ 이익집단 구성원의 인구사회학적 특성(예 성별, 소속, 사회계층, 종교적 혹은 정치적 성향 등)에 대해 살펴본다.

④ 참가자들이 사회적으로 배제된 계층에 가까운지 혹은 사회적 엘리트층에 가까운지를 살펴본다.

⑤ 최종 결정이 갈등에 의해 이루어지는지를 살펴본다. 특히 해당 이슈의 결정에 따른 승자와 패자가 있는지, 그들이 누가 되는지 등을 살펴본다.

⑥ 결정이 협상이나 조정을 통해 이루어지는지를 살펴본다. 특히 결정을 소수의 개인 혹은 집단이 내리는지, 이익을 대표하는 복수의 집단이 내리는지 등을 살펴본다.

## 2 이익집단과 의사결정

### (1) 이익집단이 의사결정자들에게 영향력을 행사할 수 있는 요인(Herbenar)

① 의사결정자에게 전달될 수 있는 집단의 규모, 정, 서비스 및 집단응집력 정도
② 집단의 중요성과 신뢰성
③ 집단이 대표하는 관심의 유형
④ 관련 법안에 대한 집단의 지지 혹은 반대의사
⑤ 의사결정자가 속해 있는 상위조직(예 정당)의 관련 법안에 대한 지지 정도
⑥ 관련 법안을 둘러싼 이슈 및 쟁점 등에 대한 이익집단 간 경쟁 정도

### (2) 정치적 의사결정 모델

14회 기출

① 엘리트주의 의사결정 모델

지역사회에서의 주요 의사결정이 지역사회 내 엘리트들에 의해 이루어진다고 본다. 일반적으로 엘리트들은 지역사회 내 다양한 집단들과 직접적인 의사소통을 거의 하지 않으므로, 엘리트와 지역주민 사이에 중개자 집단이 있다.

② 다원주의 의사결정 모델

지역사회에서의 주요 의사결정이 이익집단들의 경쟁 과정을 통해 최종정책이 결정되는 점을 전제로 한다. 이런 의미에서 지자치단체나 지방의회의 주요 역할은 이익집단들 간의 경쟁이나 갈등을 중재하는 것으로 볼 수 있다.

③ 공공선택 의사결정 모델

주요 의사결정은 이익집단들이 정치가들에게 제공할 수 있는 자원(예 기부금, 투표, 미디어활용 등)의 크기에 영향을 받는다. 따라서 각 이익집단들은 영향력을 강화하기 위해 제공자원의 증가에 관심을 갖고 노력하게 된다.

④ 신엘리트주의 의사결정 모델

이익집단들이 엘리트층에게 일정한 수단(예 기부금, 투표, 미디어 활용 등)을 지원함으로써 의사결정의 영향력을 높일 수 있다고 본다. 특히 사회운동 조직들은 재정적 자원모금과 인적자원의 조직을 통해 접근성을 향상시킴으로써 의사결정의 영향력을 높일 수 있다.

**01** 지역사회 내 조직 간 협력전략에 관한 설명으로 옳은 것은? [13회]

① 동맹(Alliance)은 조직의 자율성을 중시하면서 힘을 증대시키는 방식이다.
② 협조(Cooperation)는 특정 이슈에 관해 유사 조직들의 일시적 연결방식이다.
③ 연합(Coalition)은 전문가를 둔 영속적 조직구조를 갖고 있다.
④ 동맹, 협조, 연합은 정책결정과 관련하여 개별조직의 승인이 있어야 한다.
⑤ 조직 간의 협력체계 정도는 협조 → 동맹 → 연합 순으로 갈수록 강화된다.

해설 ② 사회행동조직의 타 조직과의 협력 전략 유형으로서 협조(Cooperation)는 타 조직과 최소한의 협력을 유지하는 유형으로서, 특정 이슈를 중심으로 유사한 목표를 가진 조직들이 일시적으로 연결된다. 이에 참여하는 조직들은 운동의 효과는 늘이면서 자체의 기본적인 목표나 계획을 변경하지는 않는다.
① 연합(Coalition)에 해당한다. 연합은 계속적이나 느슨하게 구조화된 협력방식으로서, 참여조직들 간에 이슈와 전략을 합동으로 선택하는 보다 조직적인 유형이다.
③ 동맹(Alliance)에 해당한다. 동맹은 대규모의 조직관계망을 가지는 고도의 조직적인 유형으로서, 기술적 정보제공 및 로비활동에 역점을 둔 전문가를 둔다.
④ 협조의 경우 각 조직들이 특정한 목적달성을 위해 임시위원회를 구성하여 한시적으로 의사결정을 내릴 뿐 연합이나 동맹과 같이 별도의 승인이나 비준의 결정절차를 거치지 않는다.
⑤ 조직 간의 협력체계 정도는 '협조 → 연합 → 동맹' 순으로 갈수록 강화된다.

**02** 다음 사회행동을 위한 구체적인 전략 중 대상집단을 이기기 위한 힘의 확보 전략에 해당하는 것을 올바르게 모두 고른 것은?

| | |
|---|---|
| ㄱ. 힘의 과시 | ㄴ. 집단동원력 |
| ㄷ. 피해를 입힐 수 있는 잠재력 | ㄹ. 폭력 행사 |

① ㄱ, ㄴ, ㄷ                   ② ㄱ, ㄷ
③ ㄴ, ㄹ                     ④ ㄹ
⑤ ㄱ, ㄴ, ㄷ, ㄹ

해설 ㄹ. 사회행동이 힘을 과시하는 것이라고 하더라도 결코 폭력을 행사해서는 안 된다.

         1 ② 2 ①    Answer

**03** 사회행동의 전술과 전략에 관한 설명으로 옳지 않은 것은? [9회]

① 피해를 입힐 수 있는 잠재력도 힘의 원천이 된다.
② 사회행동 전술들의 혼합사용을 피해야 한다.
③ 추상적 논쟁이 아니라 대상 집단과의 힘겨루기이다.
④ 힘의 원천은 상대방의 약점을 들추어내어 수치감을 갖게 하는 것도 포함된다.
⑤ 다른 조직과의 협력 관계는 협조, 연합, 동맹 등의 유형이 있다.

> **해설** ② 사회행동의 전략으로는 대상집단을 이기기 위한 힘의 확보 전략, 사회행동의 합법성을 확보하기 위한 전략, 타조직과의 협력 전략 등이 있다. 이러한 전략들에 포함되는 다양한 전술들은 문제의 특수성과 사회적 상황에 따라 적절히 혼합하여 사용하는 것이 효과적이다.

**04** 다음 사회행동조직의 타 조직과의 협력 전략 중 연합에 대한 설명으로 가장 옳은 것은?

① 타 조직과 최소한의 협력을 유지하는 관계 유형이다.
② 각 조직은 자체의 계획대로 사회운동을 전개하여 필요에 따라 일시적으로 협력한다.
③ 가장 고도의 조직적인 협력관계를 맺는 경우이다.
④ 회원조직들의 회원을 훈련하고 캠페인을 준비하는 등 전문적인 활동이 필요한 경우에 매우 바람직한 협력관계이다.
⑤ 참여하는 조직들 간에 이슈와 전략을 합동으로 선택하는 조직적인 협력관계이다.

> **해설** ① · ② 협조관계, ③ · ④ 동맹관계

**05** 다음 중 정치적 압력 전술에 해당하는 것은?

> ㄱ. 공청회에 군중을 동원한다.
> ㄴ. 집회 또는 성토대회를 한다.
> ㄷ. 편지쓰기 캠페인을 통해 개인적으로 편지를 보내도록 한다.
> ㄹ. 법적 소송을 제기한다.

① ㄱ, ㄴ, ㄷ      ② ㄱ, ㄷ
③ ㄴ, ㄹ      ④ ㄹ
⑤ ㄱ, ㄴ, ㄷ, ㄹ

> **해설** ㄴ. 사회적 대결 전술(직접 행동 전술), ㄹ. 법적 행동 전술

**06** 다음 중 보기에서 정치적 압력에 의한 정책형성 과정을 순서대로 올바르게 나열한 것은?

> ㄱ. 문제에 대한 해결방안을 제시한다.
> ㄴ. 실천을 위한 영향력을 행사한다.
> ㄷ. 법안의 통과를 위해 압력을 행사한다.
> ㄹ. 이슈를 정책의제로 삼는다.

① ㄱ - ㄴ - ㄷ - ㄹ        ② ㄱ - ㄹ - ㄷ - ㄴ

③ ㄴ - ㄷ - ㄱ - ㄹ        ④ ㄹ - ㄱ - ㄷ - ㄴ

⑤ ㄹ - ㄷ - ㄱ - ㄴ

**해설** 정치적 압력에 의한 정책형성 과정
- 제1단계 : 이슈를 정책의제로 삼는다.
- 제2단계 : 문제에 대한 해결방안을 제시한다.
- 제3단계 : 법안의 통과를 위해 압력을 행사한다.
- 제4단계 : 실천을 위한 영향력을 행사한다.


**07** 다음 중 법적 행동 전술의 장점으로 옳지 않은 것은?

① 지역사회행동조직의 활동을 공적으로 합법화하는 계기가 된다.
② 고소에 대한 위협만으로 이슈에 대한 논의를 이끌어낼 수 있다.
③ 법적 투쟁을 통해 완전한 승리에 이를 수 있다.
④ 주요 법령과 규칙을 명확히 알 수 있는 계기가 된다.
⑤ 상대방이 주민조직을 향해 활용하려는 정보들을 얻어낼 수 있다.

**해설** ③ 법적 행동 전술은 법적 투쟁을 통해 권리를 얻더라도 실질적인 개선책이 무시될 수 있으므로 완전한 승리에 이르지 못할 수도 있다.


**08** 다음 중 알린스키(Alinsky)가 제시한 사회적 대결 전술의 지침 내용으로 옳지 않은 것은?

① 제도 속에서 일하는 특정 개인들보다는 그 제도 자체를 공격대상으로 삼는다.
② 상대방이 실수를 저지를 때까지 참고 기다린다.
③ 주민조직이 가지고 있는 힘을 과시하는 방향으로 사용한다.
④ 게임의 규칙에 대해 공격 또는 조롱을 함으로써 그것에 대해 알고 있음을 보여준다.
⑤ 상대방이 어떤 반응을 나타내 보일지를 대비한다.

**해설** ① 제도(Institutions) 자체보다는 그 속에서 일하는 특정 개인들을 공격대상으로 삼는다.

**09** 다음 중 사회적 대결 전술을 사용하는 경우 나타날 수 있는 문제점으로 가장 옳은 것은?

① 주민들이 지루해할 수 있다.
② 극적인 면이 부족하다.
③ 제한된 수의 사람들이 참여한다.
④ 시간과 비용이 많이 든다.
⑤ 성원들이 도중에 떨어져 나갈 수 있다.

**해설** ① · ② · ③ · ④ 법적 행동 전술의 문제점에 해당한다.

**사회적 대결 전술의 문제점**
• 폭력의 위험이 내포되어 있다.
• 조직의 세를 유지하는 것이 어렵다.
• 실천을 보장하지 못한다.
• 불법적이거나 비윤리적인 방향으로 변질될 수 있다.

**10** 다음 중 프루이트(Pruitt)가 제시한 협상의 전술로 가장 옳지 않은 것은?

① 언제, 어떻게 양보를 해야 하는지 배우도록 한다.
② 상대방의 제안에 신중히 대응하도록 한다.
③ 중재자의 개입 필요성에 대해 고려하도록 한다.
④ 협상의 시한을 융통적으로 조정하도록 한다.
⑤ 요구하는 입장을 확고히 하도록 한다.

**해설** **협상의 전술(Pruitt)**
• 협상의 시한을 정하도록 한다.
• 요구하는 입장을 확고히 하도록 한다.
• 언제, 어떻게 양보를 해야 하는지 배우도록 한다.
• 상대방의 제안에 신중히 대응하도록 한다.
• 협상의 흐름이 끊기지 않은 채 계속적으로 진행되도록 한다.
• 중재자의 개입 필요성에 대해 고려하도록 한다.

**01** 협상(Negotiation) 기술에 관한 설명으로 옳지 않은 것은? [18회]

① 협상 범위를 면밀히 분석한다.

② 사회행동모델에 사용할 수 없다.

③ 협상 과정에 중재자가 개입할 수 있다.

④ 재원확보와 기관 간 협력을 만드는 데 유리하다.

⑤ 협상 시 양쪽 대표들은 이슈와 쟁점에 대해 토의해야 한다.

해설 ② 사회행동모델은 갈등 또는 경쟁, 대결, 직접적인 행동, 협상 등을 변화를 위한 전술·기법으로 사용한다. 특히 협상(Negotiation)은 갈등관계에 있는 당사자들 간에 합의를 도출하거나 차이를 조정함으로써 상호 간의 이해를 도모하기 위해 활용된다.

**02** 지역사회 행동전략 중 다음 설명과 관계있는 타 조직과의 협력 전략으로 옳은 것은? [14회]

> 사회복지사가 서비스의 중복을 방지하고 자원 활용의 효율성을 도모하기 위해 조직의 정체성을 유지하면서 정기모임이나 회의를 통해 활동이 이루어지도록 조력하는 것

① 연락(Communication)

② 융합(Convergence)

③ 통합(Integration)

④ 동맹(Alliance)

⑤ 조정(Coordination)

1 ② 2 ⑤    Answer

해설🔍 타 조직과의 연계체계 수준
- 연락(Communication) : 낮은 수준의 연계 · 협력으로서, 개별기관이 서비스 제공에 필요한 정보를 교환 및 공유하는 단계이다.
- 조정(Coordination) : 서비스의 중복을 방지하고 자원 활용의 효율성을 도모하기 위해 조직의 정체성을 유지하면서 정기모임이나 회의를 통해 활동이 이루어지도록 조력한다.
- 협력(Collaboration) : 분리된 각 조직이 단일한 프로그램이나 서비스를 결합하여 함께 제공하기 위한 목적을 가지고 연계하되, 조직의 정체성을 유지하면서 자원을 공유한다.
- 통합(Integration) : 개별기관들이 각자의 정체성을 유지하지 않고 서비스 제공을 위해 하나의 조직체로 통합함으로써 새로운 조직체로의 정체성을 갖는다.

## 03 지역사회 권력구조를 설명하는 정치적 의사결정 모델 중 다음 설명에 해당되는 것은? [14회]

> 지역사회에서의 주요 의사결정이 이익집단들의 경쟁 과정을 통해 최종정책이 결정되는 점을 전제로 한다. 이런 의미에서 지방자치단체나 지방의회의 주요 역할은 이익집단들 간의 경쟁이나 갈등을 중재하는 것으로 볼 수 있다.

① 다원주의 의사결정 모델
② 엘리트주의 의사결정 모델
③ 신엘리트주의 의사결정 모델
④ 공공선택 의사결정 모델
⑤ 시민선택 의사결정 모델

해설🔍 정치적 의사결정 모델
- 엘리트주의 의사결정 모델 : 지역사회에서의 주요 의사결정이 지역사회 내의 엘리트들에 의해 이루어진다고 본다.
- 다원주의 의사결정 모델 : 주요 의사결정이 이익집단들의 경쟁 과정을 통해 최종정책이 결정되는 점을 전제로 한다.
- 공공선택 의사결정 모델 : 주요 의사결정은 이익집단들이 정치가들에게 제공할 수 있는 자원(예 기부금, 투표, 미디어 활용 등)의 크기에 영향을 받는다.
- 신엘리트주의 의사결정 모델 : 이익집단들이 엘리트층에게 일정한 수단(예 기부금, 투표, 미디어 활용 등)을 지원함으로써 의사결정의 영향력을 높일 수 있다고 본다.

# CHAPTER 07

# 지역사회복지실천의 추진체계와 자원환경

🌟 **학습목표**
- 지방자치정부와 지역사회복지, 사회복지사무소와 지역사회보장협의체, 지역사회복지관, 재가복지봉사센터, 사회복지협의회, 사회복지공동모금회, 자원봉사와 자활사업을 학습하자.
- 출제확률이 높고 문항 수도 많은 부분으로 지역사회복지론에서 가장 비중 있게 학습해야 하는 영역이다. 지역사회복지실천에 있어 핵심 기능을 수행하는 기관 및 단체가 모두 다뤄지고 있으므로 반드시 마스터해야 한다.
- 사회복지정책론과 법제론 영역과의 연계학습도 효과적이며 구체적인 사업 내용 등은 매년 지침이 달라지고 있으므로 신규 개정된 내용을 잘 정리하여 시험에 대비하자.

---

## 제1절 지방자치정부와 지역사회복지

### 1 지방자치제도의 의의

#### (1) 의 의

일정한 지역을 기초로 한 지방자치단체가 그 구성원인 지역주민의 자유로운 의사에 따라서 지방자치단체의 권능과 책임하에 지역의 공공사무를 자치적으로 처리한다.

#### (2) 우리나라의 지방자치제    19회 기출

① 우리나라의 지방자치는 1949년 「지방자치법」이 제정되고 1952년 지방의회가 구성되면서 시작되었으나, 정치적 격동기를 거치면서 약 30년간 중단되었다.
② 지방자치 구현을 위한 노력은 1988년 법의 전면개정으로 구체화되었고, 이를 근거로 1991년 지방의회의원 선거, 1995년 지방자치단체장 선거가 치러지면서 완전한 민선 지방자치시대가 개막되었다.
③ 지방자치제는 민주주의 사상에 기초를 두고 있으며, 지역문제에 대한 자기통치 원리를 담고 있다.
④ 지방자치단체의 장은 선거로 선출하며, 지방자치단체의 행정사무는 주민참여로 이루어진다.

### 2 지방자치가 지역사회복지에 미치는 영향     기출

#### (1) 긍정적 영향

① 복지의 분권화를 통해 효율적인 복지집행체계의 구축이 용이해질 수 있다.
② 지방정부의 지역복지에 대한 자율성 및 책임의식을 증대시킬 수 있다.
③ 지방정부 간 경쟁으로 복지프로그램의 이전 및 확산이 이루어진다.
④ 지역주민의 실제적 욕구에 기반한 독자적이고 차별화된 복지정책을 추진할 가능성이 높아진다.
⑤ 분권형 복지사회를 실현할 수 있다.

### (2) 부정적 영향

18, 19회 기출

① 지방자치단체장의 의지에 따라 복지서비스의 지역 간 불균형이 나타날 수 있다.

② 사회복지 행정업무와 재정을 지방에 이양함으로써 중앙정부의 사회적 책임성을 약화시킬 수 있다.

③ 지방정부가 사회개발정책에 우선을 두는 경우 지방정부의 복지예산이 감소될 수 있다.

④ 지방정부 간 재정력 격차로 복지수준의 차이가 나타날 수 있다.

⑤ 지방정부 간 경쟁이 심화되어 지역 이기주의가 나타날 수 있다.

⑥ 복지행정의 전국적 통일성을 저해할 수 있다.

## 3 │ 지방자치제도의 시행에 따른 사회복지의 과제

10회 기출

### (1) 지방분권화에 따른 사회복지의 과제

① 공공부문의 서비스를 보완하는 서비스 개발 및 강화

② 사회복지종사자들의 직무능력 개발 및 책임성 강화

③ 지역사회의 종교·시민단체 등과의 상호협조 강화

④ 복지관련 연계망 구축기반 마련

⑤ 공공부문에 대한 견제와 협력의 강화

### (2) 지역복지실천 현장의 과제

① 문제해결의 주체로서 지역사회의 변화 및 주민 조직화

② 지역복지 공동의제(Agenda) 개발 및 지역복지 활동 영역 확대

③ 지역복지 활동가들의 조직화 및 연대활동의 강화

④ 지역복지 교육 훈련 및 연구 활동의 강화

## 4 │ 지방정부의 지역사회복지 활성화를 위한 방안

### (1) 지방정부의 안정적 재정 확보

지방정부재정의 안정화는 지역사회복지의 성패를 가르는 가장 중요한 요소라고 할 수도 있다. 복지사업수행을 위한 재원이 마련되지 못하면 현실적으로 어떠한 지역사회복지사업도 실효를 거두기 힘들기 때문이다.

① 재산세, 토지과다보유세, 종합토지세 등과 같은 재산보유세목에 대한 비중 증대

② 지방재정조정제도의 합리적 운용을 통한 복지재원 확보

③ 사회복지세의 신설

## (2) 시 · 군 단위 사회복지발전계획의 수립

지역복지서비스를 종합적 · 계획적으로 추진하기 위한 방법으로서 지역단위에서 사회복지계획을 수립할 필요성이 제기된다.

① 매년 기초자치단체장의 복지공약 평가
② 보다 세분화된 읍 · 면 · 동 단위 사회복지실천계획의 수립
③ 5년마다 사회복지실천백서 발간
④ 사회복지옴부즈맨(시책평가단) 운영

## (3) 종합적인 사회복지행정의 전달체계 구축

국민기초생활수급권자, 노인, 장애인, 요보호아동만을 위한 복지행정이 아닌 전체 주민의 복지를 실천할 수 있는 시스템을 갖추어야 한다.

① 시 · 군 사회복지종합상황실 운영
② 시 · 군 홈페이지에 사회복지시책 공개
③ 사회복지포럼의 정기적 운영
④ 사회복지전담공무원의 연구모임 지원
⑤ 자치단체와 민간사회기관 간의 파트너십 형성

## (4) 지역주민을 위한 다양한 복지교육 실시

지역주민은 복지의 대상이나 행정의 대상이 아니라 복지의 주체임을 인식하고 지역주민이 복지의 주체로 거듭날 수 있도록 복지교육을 실시하여 자발적인 복지공감, 사회보험에 기여, 자원봉사활동참여를 이끌어낼 수 있도록 한다.

① 국가와 지방자치단체의 사회복지시책에 대한 설명회 개최
② 공공부조와 사회복지서비스에 대한 편람 보급
③ 건강보험, 국민연금 등 사회보험에 대한 기초교육 실시
④ 사회복지와 사회보장에 대한 사이버교육과 상담
⑤ 초 · 중 · 고등학교의 복지교육에 대한 지원
⑥ 자원봉사활동 등 체험학습의 기회 제공

## (5) 지역 내외의 인적 · 물적 자원의 체계화

지역이 가지고 있는 내부와 외부의 인적 자원, 물적 자원, 그리고 정보를 합리적으로 동원하여 생산적 복지, 자주적 복지를 추구한다.

① 지속가능한 복지개발방식 모색
② 관내 사회복지시설과 자원에 대한 지도 제작
③ 읍 · 면 단위 봉사활동의 조직화와 사례연찬회
④ 사회복지기금의 조성과 활용
⑤ 출향인사를 포함한 전문인력자원의 명부 작성
⑥ 전문적 기능, 기술, 능력을 통한 봉사활동조직

### (6) 기초생활보장의 충실과 차상위계층의 자립 도모

빈곤을 줄이고 빈익빈 부익부 현상을 억제하는 것이 공공복지의 핵심적인 일임을 인식하여 국민의 기초생활보장과 차상위계층의 자립을 도모하도록 해야 한다.

① 수급자 선정방법과 급여내용에 대한 설명회
② 의료급여 오남용에 대한 방지교육
③ 농촌형 · 소도시형 자활사업 개발
④ 차상위계층을 위한 자립대책 모색
⑤ 빈곤의 세습을 예방하기 위한 자녀교육과 직업훈련
⑥ 기초생활급여와 자활사업에 대한 지속적인 모니터링

### (7) 주민의 삶의 질을 높이는 지역복지의 구현

지역복지공동체를 만들기 위해서는 가까운 곳에서부터 구체적으로 실천해야 한다. 사회복지전담공무원, 사회복지관의 사회복지사, 자원봉사센터에 등록된 자원봉사자뿐만 아니라, 모든 시민들의 참여 속에서 복지사회를 구현할 수 있다는 점을 인식하고 새로운 것을 만들기보다는 기존에 있는 것을 효과적으로 활용하고, 상호 연대를 통해서 삶의 질을 높일 수 있도록 한다.

① 시 · 군 단위 종합사회복지관 설치
② 종합사회복지관이 없는 시 · 군을 위한 이동복지관 운영
③ 읍 · 면 단위에 재가복지봉사센터 설치
④ 종교기관 · 종교조직을 주민복지의 자원으로 활용
⑤ 기존 건물의 활용도를 높이고 공간신축은 억제
⑥ 5일장과 연계한 순회서비스 운영

### (8) 지방자치제 실시에 따른 변화된 지역사회복지의 여건

① 지역사회복지조직의 강화 및 필요성 증대
② 전달체계의 개선 노력 증대
③ 지역이기주의 강화
④ 지역사회를 중심으로 자립기반을 강화하려는 사회적인 욕구 증대

### (9) 지역복지계획의 수립

① 지역복지계획은 지역복지서비스를 종합적 · 계획적으로 추진하기 위한 방법으로서 지역단위에서의 사회복지계획이다.
② 지방정부 수준에서 사회복지서비스를 지역주민들에게 효과적으로 제공하기 위해서는 체계적인 지역복지계획에 의한 주민참여형의 복지공급시스템이 구축되어야 한다.

## 5 지방재정 이양

### (1) 지방정부의 재원

① 중앙정부의 이전재원

㉠ 지방교부세 : 지자체별로 재정 부족액에 기초하여 배분하는 이전재원으로서, 용도 지정 없이 지방정부가 자율적으로 사용 가능한 재원이다.

㉡ 국고보조금 : 지방정부의 사회복지비 중 상당부분을 차지하는 재원으로서, 용도 지정에 따라 지급규모, 대상사업, 보조율 등을 중앙정부에서 결정한다.

㉢ 지방양여금 : 국세 중 특정 세목의 수입 일부를 지자체에 양여하여 지역개발, 농어촌개발, 도로 정비 등 특정사업에 사용하도록 하는 재원이다. 지방양여금은 2004년 국가균형발전특별회계 로 편입되어 폐지되었다.

② 지방세

| 보통세 | • 취득세 <br> • 레저세 <br> • 지방소비세 <br> • 지방소득세 <br> • 자동차세 | • 등록면허세 <br> • 담배소비세 <br> • 주민세 <br> • 재산세 |
|---|---|---|
| 목적세 | • 지역자원시설세 | • 지방교육세 |

③ 세외수입 : 수수료, 사용료, 기부금 등

④ 지방채

### (2) 분권교부세

9, 14, 15회 기출

① 지방교부세 중 분권교부세는 국고보조사업을 이양 받은 지방자치단체에 교부하는 재정보전수단으로 서, 국고보조금 이양사업 중 일정수준의 재정수요를 계속적으로 보전할 필요가 있는 사업이나 특정 자치단체의 사업수요로 인하여 재정수요를 보전할 필요가 있는 사업에 대해 구분하여 산정한다.

② 우리나라의 경우 지난 2005년부터 149개 국고보조사업의 지방이양에 따른 재원이전 장치로 분권 교부세 제도를 도입하였으며, 그 중 지방으로 이양된 사회복지 관련 사업은 67개로 분권교부세를 통해 재원을 교부한 바 있다.

③ 지방이양 사업을 위한 분권교부세는 본래 2005년부터 2009년까지 한시적으로 시행되도록 하였 다. 그러나 사회보장비에 대한 지방비 부담의 증가에 따라 한시적 분권교부세의 운영을 2014년까 지 5년간 연장하였다.

④ 지방교부세법의 개정에 따라 그 동안 한시적으로 도입된 분권교부세가 2015년 1월 1일부로 폐지되 어 보통교부세로 통합되었다. 특히 개정법은 보통교부세를 교부받지 아니하는 지방자치단체에 대 해 종전에 분권교부세로 교부되던 재원을 보전하기 위해 2015년부터 2019년까지 5년간 보통교부 세를 교부할 수 있도록 하고 있다.

## 1 사회복지사무소

### (1) 설치배경

① 시 · 군 · 구의 복지조직이 잦은 인사이동과 전문성 부족 등으로 중앙의 정책을 읍 · 면 · 동에 전달하는 역할만 하고 있는 실정으로 지역특성에 맞는 정책수립이 미흡하다.

② 공공과 민간복지기관 간 정보공유와 연계 및 협력체계가 구축되지 않아 복지서비스가 중복되거나 누락되고 있다.

③ 읍 · 면 · 동 사회복지전담공무원이 복지업무의 전 분야를 전담하고 있어 일반 행정업무처리에 급급하여 취약계층의 발굴, 상담 등 전문적인 서비스의 제공이 어렵다.

④ 국가의 도움을 받지 못하는 사각지대가 존재하고 서비스의 질적 개선이 시급하다.

⑤ 지방화에 따라 중앙정책의 지방이양 등 지방의 자율성, 책임성이 강화되고 민간의 복지참여확대로 민간분야의 복지기능이 확대되고 있는 추세이다.

### (2) 사회복지사무소 시범사업 실시 및 사업종료

정부는 2004년 7월부터 2년간 한시적으로 전국 9개 시 · 군 · 구를 중심으로 사회복지사무소 시범사업을 실시하고 사업종료 후 평가를 통해 전국 시 · 군 · 구로 확대할 계획이었다. 그러나 사실상 확대 · 설치가 무산되고 2006년 7월 사업이 종료되었다. 이후 시 · 군 · 구 단위에 주민생활지원국이 설치되어 그 기능을 대신했다.

### (3) 사회복지사무소 설치원칙

① **전문성** : 전문인력을 동원하여 복지행정의 일원화와 집중화를 도모한다.

② **통합성** : 업무 중심이 아닌 이용자 중심의 서비스 전달체계를 구축한다.

③ **효율성** : 복지서비스자원을 효율적으로 관리한다.

④ **책임성** : 서비스 이용자들의 욕구에 보다 적극적으로 대응한다.

⑤ **신속성** : 서비스 이용자들의 욕구에 보다 신속하게 대응한다.

⑥ **공정성** : 이용자 선정과정에서부터 급여의 제공, 사후관리에 이르기까지 객관적인 판단기준을 적용한다.

⑦ **일관성** : 복지담당인력의 업무집중도를 향상하고, 복지업무를 조직적으로 관리한다.

⑧ **접근성** : 지리적 접근성과 심리적 접근성을 향상시킨다.

⑨ **서비스연계** : 보건, 고용 등 복지서비스와 밀접한 관련이 있는 서비스를 연계한다.

## 2 지역사회보장협의체

5, 9, 11, 13, 15, 16회 기출

### (1) 등장배경

13, 15, 19회 기출

① 지역사회단위로 민·관이 협력하여 사회복지서비스 제공의 효과성과 효율성을 제고하고 지역의 복지문제를 스스로 해결하기 위한 논의구조의 필요성이 대두되었다.

② 보건·복지 분야의 민·관 대표자와 실무자들이 참여하여 수요자에게 통합적 서비스를 제공할 수 있도록 지역단위로 연계·협력 체계의 마련이 요구되었다.

③ 사회취약계층에 대한 복지·보건서비스 체계의 확립을 위해 시행한 보건복지사무소 시범사업이 확대되지 못하고 종료된 이후, 민간참여를 기반으로 한 보건·복지기능연계 활성화를 기할 필요성이 제기되었다.

④ 지역사회 중심의 사회복지계획 수립 및 운영과 함께 그에 필요한 지역 내 네트워크 구축과 자원 발굴, 연계기능이 중요한 지자체의 과제로 부각되었다. 그에 따라 2003년 7월 사회복지사업법 개정을 통해 2005년 7월 31일부터 지역사회복지협의체의 설치·운영과 지역사회복지계획 수립을 동시에 의무화함으로써 지역복지 활성화의 기틀을 마련하였다.

⑤ 2012년 1월 전부개정된 사회보장기본법은 기존 사회복지서비스 외에 보건의료, 고용, 주거 등 다양한 복지서비스를 포괄하는 '사회서비스'의 개념을 도입함으로써, 국민의 보편적·생애주기적인 특성에 맞게 소득과 사회서비스를 함께 보장하는 맞춤형 사회보장제도의 운영을 지향하게 되었다.

⑥ 그러나 기존 사회복지사업법이 사회복지사업 중심의 서비스 이용 절차와 운영에 한정되어 있었으므로, 중앙행정기관과 지방자치단체의 유기적인 연계를 통한 지역단위 사회보장을 제대로 이루어내지 못한 실정이었다.

⑦ 국민중심의 맞춤형 복지전달체계 개편으로 민관협력 활성화의 중요성이 부각되면서, 중앙부처와 유기적 연계를 통한 지역단위의 종합적 사회보장, 지역 간 사회보장의 균형발전을 위한 지원체계 정비를 위해 2014년 12월 '사회보장급여의 이용·제공 및 수급권자 발굴에 관한 법률'을 새로 제정하였으며, 이를 계기로 기존 '지역사회복지협의체'가 '지역사회보장협의체'로 기능 확대 및 활성화 전기를 마련하게 되었다.

⑧ 변경된 제도는 지역사회민관협력 체계의 변화를 담고 있으며, 특히 민관협력 기구의 구성·업무 범위를 보건·복지에서 사회보장(고용, 주거, 교육, 문화, 환경 등)으로 확대하고 있다.

### (2) 목 적

7회 기출

① 첫째, 지역사회 내 복지문제 해결을 위한 민주적 의사소통 구조를 확립한다.

② 둘째, 수요자 중심의 통합적 사회보장급여 제공 기반을 마련한다.

③ 셋째, 지역사회 내 사회보장급여 제공기관·법인·단체·시설 간 연계·협력으로 지역복지자원의 효율적 활용체계를 조성한다.

④ 넷째, 민·관 협력을 통해 사각지대 발굴 및 지원 강화를 위한 읍·면·동 단위 주민 네트워크를 조직한다.

## (3) 운영원칙

① **지역성** : 지역주민의 복지욕구, 복지자원 총량 등을 고려, 현장밀착형 서비스 제공체계를 마련한다.

② **참여성** : 협의체의 원활한 기능 수행을 위해서는 공공과 민간의 적극적이고 자발적인 참여가 선행되어야 한다.

③ **협력성** : 협의체는 네트워크형 조직 구조를 통해 당면한 지역사회 복지문제 등의 현안을 해결하는 민관협력 기구이다.

④ **통합성** : 지역사회 내 복지자원 발굴 및 유기적인 연계와 협력을 통해 수요자의 다양하고 복잡한 욕구에 부응하는 서비스를 통합적으로 제공한다.

⑤ **연대성** : 자체적으로 해결이 곤란한 복지문제는 지역주민 간 연대를 형성하거나 인근 지역과 연계 · 협력을 통하여 복지자원을 공유함으로써 해결한다.

⑥ **예방성** : 지역주민의 복합적인 복지문제를 조기에 발견함으로써 이를 예방할 수 있도록 노력한다.

## (4) 구성 및 구성의 원칙

① 협의체의 구성

㉠ 시장 · 군수 · 구청장은 지역의 사회보장을 증진하고, 사회보장과 관련된 서비스를 제공하는 관계 기관 · 법인 · 단체 · 시설과 연계 · 협력을 강화하기 위하여 해당 시 · 군 · 구에 지역사회보장협의체를 둔다.

㉡ 지역사회보장협의체의 위원은 다음의 사람 중 시장 · 군수 · 구청장이 임명 또는 위촉한다.

> • 사회보장에 관한 학식과 경험이 풍부한 사람
> • 지역의 사회보장 활동을 수행하거나 서비스를 제공하는 기관 · 법인 · 단체 · 시설의 대표자
> • 비영리민간단체지원법에 따른 비영리민간단체에서 추천한 사람
> • 읍 · 면 · 동 단위 지역사회보장협의체의 위원장(공동위원장이 있는 경우에는 민간위원 중에서 선출된 공동위원장)
> • 사회보장에 관한 업무를 담당하는 공무원

② 대표협의체, 실무협의체, 읍·면·동 협의체의 위원선출 및 임기

| 대표협의체 | • 위원장을 포함하여 10명 이상 40명 이하의 위원으로 구성<br>• 위원장은 위원 중에 호선하되, 공무원인 위원과 위촉직 위원 각 1명을 공동위원장으로 선출 가능<br>• 위원의 임기는 2년으로 하며, 위원장은 1회에 한하여 연임 가능(단, 공무원인 위원의 임기는 그 재직기간으로 함) |
|---|---|
| 실무협의체 | • 위원장 1명을 포함하여 10명 이상 40명 이하의 위원으로 구성<br>• 위원장은 위원 중에서 호선하고, 위원은 대표협의체 위원장이 임명 또는 위촉<br>• 위원의 임기는 2년으로 하며, 위원장은 1회에 한하여 연임 가능(단, 공무원인 위원의 임기는 그 재직기간으로 함)<br>• 실무협의체의 위원장은 지역의 사회보장 관련 기관·법인·단체·시설 간 연계·협력을 강화하기 위하여 실무분과를 구성·운영할 수 있으며, 실무분과의 운영에 관한 세부적인 사항은 시·군·구의 조례로 정함 |
| 읍·면·동 협의체 | • 읍·면·동장과 읍·면·동장의 추천으로 시장·군수·구청장이 위촉하는 사람으로 성별을 고려하여 구성(위원은 읍·면·동별로 각 10명 이상)<br>• 위원장은 위원 중에서 호선하되, 읍·면·동장과 민간위원 중에서 각 1명을 공동위원장으로 선출 가능<br>• 위원의 임기는 2년으로 하며 연임 가능(단, 공무원인 위원의 임기는 그 재직기간으로 함) |

③ 협의체 구성의 원칙

| 대표협의체 | • 대표성 : 해당 시·군·구 지역사회의 사회보장 이해관계자를 대표할 수 있도록 구성<br>• 포괄성 : 해당 시·군·구 지역사회보장 분야 및 관련 분야의 구성 주체를 최대한 포함할 수 있도록 구성<br>• 민주성 : 민주적인 절차와 방법에 따라 임명 또는 위촉 |
|---|---|
| 실무협의체 | • 포괄성 : 해당 시·군·구의 지역사회보장 구성 주체들을 모두 포함할 수 있도록 구성<br>• 전문성 : 해당 시·군·구의 지역사회보장과 관련된 분야에 종사하고 있는 전문가들로 구성 |

## (5) 주요 역할

① 대표협의체

16, 17, 18, 20회 기출

다음의 업무에 대한 심의·자문 역할을 수행한다.

㉠ 시·군·구의 지역사회보장계획 수립·시행 및 평가에 관한 사항

㉡ 시·군·구의 지역사회보장조사 및 지역사회보장지표에 관한 사항

㉢ 시·군·구의 사회보장급여 제공에 관한 사항

㉣ 시·군·구의 사회보장 추진에 관한 사항

㉤ 읍·면·동 단위 지역사회보장협의체의 구성 및 운영에 관한 사항

㉥ 그 밖에 위원장이 필요하다고 인정하는 사항

② 실무협의체

    ㉠ 대표협의체 심의 안건에 대한 사전 논의 및 검토

    ㉡ 시 · 군 · 구 사회보장관련 시책 개발 협의 및 제안서 마련

    ㉢ 실무분과 및 읍 · 면 · 동 지역사회보장협의체 현안 과제에 대한 검토

    ㉣ 실무분과 공동 사업 검토

    ㉤ 실무분과 간의 역할, 조정에 대한 수행

③ 실무분과

    ㉠ 분과별 자체사업 계획 · 시행 · 평가

    ㉡ 지역사회보장(분야별)과 관련된 현안 논의 및 안건 도출

    ㉢ 지역사회보장계획 시행과정 모니터링

④ 읍 · 면 · 동 단위 지역사회보장협의체

    ㉠ 관할 지역의 지역 사회보장 대상자 발굴 업무 지원

    ㉡ 사회보장 자원 발굴 및 연계 업무 지원

    ㉢ 지역사회보호체계 구축 및 운영 업무 지원

    ㉣ 그 밖에 관할 지역 주민의 사회보장 증진을 위하여 필요한 업무 지원

---

### 참고

- 2014년 12월 30일 「사회보장급여의 이용 · 제공 및 수급권자 발굴에 관한 법률」(약칭 '사회보장급여법')이 제정되어 2015년 7월 1일부터 시행되고 있습니다. 사회보장급여법은 지역사회민관협력 체계의 변화를 담고 있으며, 특히 민관협력 기구의 구성 · 업무 범위를 보건 · 복지에서 사회보장(고용, 문화, 교육 등)으로 확대하고 있습니다. 그에 따라 지역사회복지협의체는 '지역사회보장협의체'로, 지역사회복지계획은 '지역사회보장계획'으로 변경되었습니다.
- 그러나 2016년 2월 3일 개정(2017년 2월 4일 시행)된 사회복지사업법을 비롯하여 그 밖의 사회복지관련법의 세부적인 내용이 아직까지 완벽히 개정되지 않은 상태입니다. 예를 들어, 최근 개정된 사회복지사업법에서도 여전히 '지역사회복지협의체'를 규정하고 있으며, 다만 부칙을 통해 개정된 내용을 제시하고 있습니다. 참고로, 2017년 10월 24일 개정(2018년 4월 25일 시행)된 사회복지사업법 부칙 제5조에 '이 법 시행 이전에 시 · 군 · 구에 두었던 지역사회복지협의체는 「사회보장급여의 이용 · 제공 및 수급권자 발굴에 관한 법률」에 따른 지역사회보장협의체로 본다'라는 내용이 있습니다.
- 사회보장급여법의 제정으로 사회복지사업법령에 규정되어 있던 지역사회복지협의체, 복지위원, 사회복지전담공무원, 복지사무전담기구의 설치, 지역사회복지체계 수립 및 시행에 관한 사항, 사회복지서비스의 실시에 관한 사항 등이 이관되었습니다. 보다 자세한 내용은 '8영역 사회복지법제론'에서 확인하시기 바라며, 향후 사회복지사업법의 개정에 따른 주요 변경 내용들은 법제처(www.law.go.kr)에서 반드시 확인하시기 바랍니다.

## 3 지역사회보장계획

### (1) 등장배경

지역주민의 욕구와 지역의 자원 등 복지환경을 고려하여 지역사회의 다양한 주체들의 참여를 통해 사회보장사업의 우선순위 등을 결정하는 지역단위 사회보장계획의 수립을 목적으로 도입하게 되었다.

### (2) 지역사회복지계획과 지역사회보장계획

① 지역사회복지계획

　㉠ 「사회복지사업법」에 따라 지역주민의 복지욕구와 지역 내 복지자원 등을 고려하여 지자체 실정에 부합하도록 수립하는 지역사회복지에 관한 4년 단위 중장기계획이다.

　㉡ 사회보장장기발전계획 및 지역보건의료계획과 연계하여 수립하도록 법제화된 것으로, 1기 지역사회복지계획이 2007~2010년, 2기 지역사회복지계획은 2011~2014년 수립 · 시행되었다.

　㉢ 「사회보장급여의 이용 · 제공 및 수급권자 발굴에 관한 법률」의 시행 및 지역사회보장 운영체계 개편에 따라 '지역사회보장계획'으로 변경되었다.

② 지역사회보장계획

　㉠ 「사회보장급여의 이용 · 제공 및 수급권자 발굴에 관한 법률」(약칭 '사회보장급여법')에 따라 지역주민의 사회보장 욕구와 지역 내 복지자원 등을 고려하여 지자체 실정에 부합하도록 수립하는 지역사회보장에 관한 4년 단위 중장기계획이다.

　㉡ 사회보장기본계획 및 지역보건의료계획 등과 연계하여 수립하도록 법제화된 것으로, 시 · 도 및 시 · 군 · 구는 4년 주기로 지역사회보장계획을, 매년 연차별 시행계획을 수립한다.

　㉢ 기존 '지역사회복지계획'은 보건의료 · 사회복지 위주의 계획이었던 반면, '지역사회보장계획'은 고용 · 주거 · 교육 · 문화 · 환경 등을 포함하는 사회보장 범주를 포괄하는 계획이다.

### (3) 기본원칙

① **참여의 원칙** : 계획의 수립 · 집행 · 평가 과정에 지역복지 활동주체들의 참여를 적극 조장한다.

② **지역성의 원칙** : 지역 및 지역주민의 문제와 욕구를 이해하고 해결하는 방향으로 접근함으로써 다른 지역과 차별화되는 고유의 계획을 수립한다.

③ **과학성 · 객관성의 원칙** : 과학적 · 객관적인 기초자료에 근거하여 계획을 수립하며, 계획 시행의 현실성과 타당성을 담보하기 위해 과학적 · 객관적인 평가계획의 토대를 마련한다.

④ **연속성 및 일관성의 원칙** : 사후평가 및 피드백을 통해 계획의 이행실태를 점검하고 시행착오를 최소화함으로써 계획과 집행의 연속성을 확보한다. 또한 상위계획이나 타 부문 계획 혹은 관련 연구와의 일관성을 유지하는 방향으로 계획을 수립한다.

⑤ **실천성의 원칙** : 계획에 관여하는 모든 사업주체의 역할 및 기능을 명확히 함으로써 계획의 원활한 실천을 담보한다.

## (4) 지역사회보장계획의 수립

10회 기출

① 시 · 군 · 구 지역사회보장계획의 수립

    ㉠ 제1단계 : 시장 · 군수 · 구청장은 지역주민 등 이해관계인의 의견을 들어 지역의 복지욕구 및 복지자원을 조사한다.

    ㉡ 제2단계 : 시 · 군 · 구 지역사회보장계획안을 마련한다.

    ㉢ 제3단계 : 지역사회보장협의체의 심의를 받는다.

    ㉣ 제4단계 : 시 · 군 · 구 의회에 보고한다.

    ㉤ 제5단계 : 시 · 도지사에게 제출한다(시행연도의 전년도 9월 30일까지).

② 시 · 도 지역사회보장계획의 수립

    ㉠ 제1단계 : 시 · 도지사는 제출받은 시 · 군 · 구 지역사회보장계획을 종합 · 조정한다.

    ㉡ 제2단계 : 시 · 군 · 구 지역사회보장계획을 지원하는 내용 등을 포함한 시 · 도 지역사회보장계획안을 마련한다.

    ㉢ 제3단계 : 시 · 도 사회보장위원회의 심의를 받는다.

    ㉣ 제4단계 : 시 · 도 의회에 보고한다.

    ㉤ 제5단계 : 보건복지부장관에게 제출한다.

    ㉥ 제6단계 : 보건복지부장관은 제출된 계획을 사회보장위원회에 보고한다.

## (5) 지역사회보장계획의 내용

18, 20회 기출

① 시 · 군 · 구 지역사회보장계획의 내용

    ㉠ 지역사회보장 수요의 측정, 목표 및 추진전략

    ㉡ 지역사회보장의 목표를 점검할 수 있는 지표(지역사회보장지표)의 설정 및 목표

    ㉢ 지역사회보장의 분야별 추진전략, 중점 추진사업 및 연계협력 방안

    ㉣ 지역사회보장 전달체계의 조직과 운영

    ㉤ 사회보장급여의 사각지대 발굴 및 지원 방안

    ㉥ 지역사회보장에 필요한 재원의 규모와 조달 방안

    ㉦ 지역사회보장에 관련한 통계 수집 및 관리 방안

    ㉧ 지역 내 부정수급 발생 현황 및 방지대책

    ㉨ 그 밖에 대통령령으로 정하는 사항

② 특별시 · 광역시 · 도 · 특별자치도 지역사회보장계획의 내용

    ㉠ 시 · 군 · 구의 사회보장이 균형적이고 효과적으로 추진될 수 있도록 지원하기 위한 목표 및 전략

    ㉡ 지역사회보장지표의 설정 및 목표

    ㉢ 시 · 군 · 구에서 사회보장급여가 효과적으로 이용 및 제공될 수 있는 기반 구축 방안

    ㉣ 시 · 군 · 구 사회보장급여 담당 인력의 양성 및 전문성 제고 방안

    ㉤ 지역사회보장에 관한 통계자료의 수집 및 관리 방안

    ㉥ 그 밖에 지역사회보장 추진에 필요한 사항

③ 특별자치시 지역사회보장계획의 내용

    ㉠ ①의 ㉠~㉰의 사항

    ㉡ 사회보장급여가 효과적으로 이용 및 제공될 수 있는 기반 구축 방안

    ㉢ 사회보장급여 담당 인력 양성 및 전문성 제고 방안

    ㉣ 그 밖에 지역사회보장 추진에 필요한 사항

## (6) 지역사회보장계획의 평가

① **지역사회보장계획 타당성 평가(계획 타당성 평가)**

    ㉠ 계획 집행 이전에 실시되는 **사전평가**로서, 지역사회보장계획의 집행결과를 예측하고 실현 가능성을 점검한다.

    ㉡ 계획 타당성 평가를 토대로 계획의 추진 및 집행에 적합한 관리방안을 모색한다.

② **연차별 시행계획의 시행결과 평가(연차별 평가)**

    ㉠ 지역사회보장계획이 처음 의도대로 사업이 집행되었는지를 점검한다.

    ㉡ 연차별 평가는 다음과 같이 **과정평가와 모니터링 평가**로 구분된다.

| 과정평가 | 연차별 성과지표의 달성 여부 점검, 연차별로 사업 집행의 일관성을 확보, 계획의 수정·보완을 위한 정책정보 산출 등 |
| --- | --- |
| 모니터링 평가 | 연차별 투입과 추진상황을 계획 단계에서 설정된 것과 비교하여 본래 의도대로 집행되었는지를 판단, 의도한 결과를 달성하지 못한 경우 그 원인을 찾아 수정·보완 |

③ **지역사회보장계획 성과평가(성과평가)**

    ㉠ 연단위의 계획·시행·평가 과정의 **책무성**을 확보한다. 특히 적절한 시행결과 평가를 통해 지역사회보장계획의 **효율성** 및 **효과성**을 향상시키며, **실행력**을 높임으로써 질적 성장을 도모한다.

    ㉡ 시·도 및 시·군·구 지역사회보장계획 연차별 시행과정 및 결과의 **적절성, 충실성, 전문성**을 평가한다.

## (7) 지역사회보장계획의 시행에 따른 변화

10회 기출

① 지역의 여건과 현황에 맞는 복지정책의 실행이 가능해졌다.

② 사회자원의 적절한 조달 및 적정 배분을 통해 지속적이고 장기적인 복지정책을 구현할 수 있게 되었다.

③ 사회복지서비스와 보건의료서비스의 연계 및 협력에 의한 통합 서비스의 제공이 가능해졌다.

④ 지역사회보장협의체의 운영 및 지역사회보장계획의 수립, 국고보조금의 지방이양 등 지역단위의 복지계획 과정을 통해 지역사회복지를 제도화할 수 있게 되었다.

⑤ 민관협력을 통해 지역의 복지수요·욕구·자원을 조사하고 그에 따른 복지정책의 전망과 방향을 설정함으로써 복지자원의 효율적인 운영이 가능해졌다.

⑥ 지역 내 사회복지기관은 물론 시민단체, 자원봉사단체, 전문가단체 등을 참여시킴으로써 지역사회 복지서비스의 공급주체를 다원화할 수 있게 되었다.

## 1　지역사회복지관의 개요

### (1) 지역사회복지관의 정의

15회 기출

사회복지관(지역사회복지관)은 **지역사회를 기반**으로 일정한 시설과 전문 인력을 갖추고 **지역주민의 참여와 협력**을 통하여 **지역사회복지 문제를 예방**하고 해결하기 위하여 종합적인 복지서비스를 제공하는 시설을 말한다. 사회복지관은 지방자치단체, 사회복지법인 및 기타 비영리 법인이 설치·운영할 수 있다.

### (2) 지역사회복지관의 목표

사회복지관은 사회복지서비스 욕구를 가지고 있는 모든 지역사회주민을 대상으로 **보호서비스, 재가복지서비스, 자립능력 배양을 위한 교육훈련** 등 그들이 필요로 하는 복지서비스를 제공하고, 가족기능 강화 및 주민 상호 간 연대감 조성을 통한 각종 지역사회 문제를 예방·치료하는 종합적인 복지서비스 전달기구로서 지역사회 주민의 복지증진을 위한 중심적 역할을 수행하여야 한다.

### (3) 지역사회복지관의 연혁

| 연 도 | 주요 내용 |
|---|---|
| 1906년 | 원산 인보관 운동에서 사회복지관사업 태동 |
| 1921년 | 서울에 최초로 태화여자관 설립 |
| 1926년 | 원산에 보혜여자관 설립 |
| 1930년 | 서울에 인보관 설치 |
| 1975년 | 국제사회복지관연합회 회원국 가입 |
| 1976년 | 한국사회복지관연합회 설립(22개 사회복지관) |
| 1983년 | 사회복지사업법 개정으로 사회복지관 운영 국고보조 |
| 1988년 | 사회복지관 운영·국고보조사업지침 수립 |
| 1989년 | • 주택건설촉진법 등에 의해 저소득층 영구임대아파트 건립 시 일정규모의 사회복지관 건립을 의무화<br>• 사회복지법인 한국사회복지관협회 설립 |
| 2004년 | 사회복지사업법 시행규칙 사회복지관의 설치기준 신설 |
| 2012년 | 사회복지사업법 개정에 따른 사회복지관의 설치 등 규정 신설 |

### (4) 지역사회복지관의 기능(Dillick)

① 근린지역의 다양한 욕구를 충족시키기 위해 통합된 서비스를 제공한다.

② 서비스의 중복과 누락을 방지하기 위해 서비스 간의 조정을 모색한다.

③ 지역주민들이 문제해결을 위해 공동의 노력을 할 수 있도록 집단을 구성하게 한다.

④ 주민집단이 사회적 목표를 수정하고 새로운 목표를 세우도록 한다.

## 2 지역사회복지관 운영의 기본원칙    2, 5, 6, 9, 11, 14회 기출

사회복지관이 행하는 사회복지사업은 인도주의와 서비스를 필요로 하는 자의 존엄유지를 전제로 다음의 기본원칙에 따라 수행되어야 한다.

### (1) 지역성의 원칙

사회복지관은 지역사회의 특성과 지역주민의 문제 또는 욕구를 신속하게 파악하여 사업계획 수립 시 반영하여 지역사회의 문제를 해결하고, 이에 따른 서비스를 제공하여야 한다. 그리고 지역주민의 적극적 참여를 유도하여 주민의 능동적 역할과 책임의식을 조장하여야 한다.

### (2) 전문성의 원칙

사회복지관은 다양한 지역사회문제에 대처하기 위해 일반적 프로그램과 특정한 문제를 해결할 수 있는 전문적 프로그램이 병행될 수 있도록 지식과 기술을 보유한 전문인력이 사업을 수행하도록 하고, 이들 인력에 대한 지속적인 재교육 등을 통해 전문성을 증진하도록 하여야 한다.

### (3) 책임성의 원칙

사회복지관은 서비스이용자의 욕구를 충족하고 지역사회문제를 해결함에 있어서 효과성을 극대화하기 위하여 최선의 노력을 기울여야 한다.

### (4) 자율성의 원칙

사회복지관은 다양한 복지서비스를 효율적으로 제공하기 위하여 사회복지관의 능력과 전문성이 최대한 발휘될 수 있도록 자율적으로 운영하여야 한다.

### (5) 통합성의 원칙

사회복지관은 사업을 수행함에 있어 지역 내 공공 및 민간복지기관 간에 연계성과 통합성을 강화시켜 지역사회복지체계를 효율적이고 효과적으로 운영되도록 하여야 한다.

### (6) 자원활용의 원칙

사회복지관은 주민욕구의 다양성에 따라 다양한 기능인력과 재원을 필요로 하므로 지역사회 내의 복지자원을 최대한 동원·활용하여야 한다.

### (7) 중립성의 원칙

사회복지관은 정치활동, 영리활동, 특정 종교활동 등에 이용되지 않게 **중립성**이 유지되어야 한다.

### (8) 투명성의 원칙

사회복지관은 자원을 효율적으로 이용하고 운영과정의 투명성을 유지하여야 한다.

## 3 지역사회복지관의 역할

### (1) 사회서비스센터의 역할

주민의 욕구와 문제에 서비스를 맞춰 조정하고 통합하여 효과적인 서비스체계를 수립하는 사회서비스센터의 역할이다.

### (2) 공동이용센터의 역할

주민이 모여 집단활동을 하거나 토론할 수 있는 공동이용센터의 역할이다.

### (3) 직업안정센터의 역할

직업훈련과 부업을 알선 및 중개하는 매개체로서의 직업안정센터의 역할이다.

### (4) 사회교육센터의 역할

주민이 필요로 하는 정보와 평생교육을 위한 프로그램을 계획하고 실천하는 사회교육센터의 역할이다.

### (5) 국민총화의 장으로서의 역할

지역사회에 살고 있는 지리적 · 경제적 · 문화적 배경이 다른 다양한 주민의 생활향상과 지역사회발전을 위한 국민총화의 장으로서의 역할이다.

### (6) 기타 역할

그 밖에도 레크리에이션 센터의 자원동원, 지역사회조사 및 평가 등의 역할이 있다.

## 4 사회복지관 사업

### (1) 사회복지관 사업의 대상

14, 18회 기출

사회복지관 사업은 사회복지서비스 욕구를 가지고 있는 **모든 지역주민**을 대상으로 한다. 다만, 다음의 주민을 우선적인 사업대상으로 하여야 한다.

① 국민기초생활보장 수급권자 및 차상위계층
② 장애인, 노인, 한부모가족 및 다문화가족
③ 직업 및 취업알선이 필요한 사람
④ 보호와 교육이 필요한 유아 · 아동 · 청소년
⑤ 그 밖에 사회복지관의 서비스를 우선 제공할 필요가 있다고 인정되는 사람

### (2) 사회복지관의 사업 내용

3, 4, 5, 6, 7, 10, 12, 16, 17, 20회 기출

① 사례관리 기능
  ㉠ 사례발굴 : 지역 내 보호가 필요한 대상자 및 위기개입 대상자를 발굴하여 개입계획 수립
  ㉡ 사례개입 : 지역 내 보호가 필요한 대상자 및 위기개입 대상자의 문제와 욕구에 대한 맞춤형 서비스가 제공될 수 있도록 사례개입
  ㉢ 서비스연계 : 사례개입에 필요한 지역 내 민간 및 공공의 가용자원과 서비스에 대한 정보제공 및 연계, 의뢰

② 서비스제공 기능
  ㉠ 가족기능 강화

> • 가족관계증진사업 : 가족원 간의 의사소통을 원활히 하고 각자의 역할을 수행함으로써 이상적인 가족관계를 유지함과 동시에 가족의 능력을 개발 · 강화하는 사업
> • 가족기능보완사업 : 사회구조 변화로 부족한 가족기능, 특히 부모의 역할을 보완하기 위하여 주로 아동 · 청소년을 대상으로 실시되는 사업
> • 가정문제해결 · 치료사업 : 문제가 발생한 가족에 대한 진단 · 치료 · 사회복귀 지원사업
> • 부양가족지원사업 : 보호대상 가족을 돌보는 가족원의 부양부담을 줄여주고 관련 정보를 공유하는 등 부양가족 대상 지원사업
> • 다문화가정, 북한이탈주민 등 지역 내 이용자 특성을 반영한 사업

ⓒ 지역사회보호

> - 급식서비스 : 지역사회에 거주하는 요보호 노인이나 결식아동 등을 위한 식사제공 서비스
> - 보건의료서비스 : 노인, 장애인, 저소득층 등 재가복지사업 대상자들을 위한 보건 · 의료 관련 서비스
> - 경제적 지원 : 경제적으로 어려운 지역사회 주민들을 대상으로 생활에 필요한 현금 및 물품 등을 지원하는 사업
> - 일상생활 지원 : 독립적인 생활능력이 떨어지는 요보호 대상자들이 시설이 아닌 지역사회에 거주하기 위해서 필요한 기초적인 일상생활 지원 서비스
> - 정서서비스 : 지역사회에 거주하는 독거노인이나 소년 · 소녀가장 등 부양가족이 없는 요보호대상자들을 위한 비물질적인 지원 서비스
> - 일시보호서비스 : 독립적인 생활이 불가능한 노인이나 장애인 또는 일시적인 보호가 필요한 실직자 · 노숙자 등을 위한 보호서비스
> - 재가복지봉사서비스 : 가정에서 보호를 요하는 장애인, 노인, 소년 · 소녀가정, 한부모가족 등 가족기능이 취약한 저소득 소외계층과 국가유공자, 지역사회 내에서 재가복지봉사서비스를 원하는 사람에게 다양한 서비스 제공

ⓒ 교육문화

> - 아동 · 청소년 사회교육 : 주거환경이 열악하여 가정에서 학습하기 곤란하거나 경제적 이유 등으로 학원 등 다른 기관의 활용이 어려운 아동 · 청소년에게 필요한 경우 학습 내용 등에 대하여 지도하거나 각종 기능 교육 실시
> - 성인기능교실 : 기능습득을 목적으로 하는 성인사회교육사업
> - 노인 여가 · 문화 : 노인을 대상으로 제공되는 각종 사회교육 및 취미교실 운영사업
> - 문화복지사업 : 일반주민을 위한 여가 · 오락프로그램, 문화 소외집단을 위한 문화프로그램, 그 밖에 각종 지역문화행사사업

ⓔ 자활지원 등 기타

> - 직업기능훈련 : 저소득층의 자립능력배양과 가계소득에 기여할 수 있는 기능훈련을 실시하여 창업 또는 취업을 지원하는 사업
> - 취업알선 : 직업훈련 이수자 기타 취업희망자들을 대상으로 취업에 관한 정보제공 및 알선사업
> - 직업능력개발 : 근로의욕 및 동기가 낮은 주민의 취업욕구 증대와 재취업을 위한 심리 · 사회적인 지원프로그램 실시사업
> - 그 밖의 특화사업

③ **지역조직화 기능**

ⓐ 복지네트워크 구축 : 지역 내 복지기관 · 시설들과 네트워크를 구축함으로써 복지서비스공급의 효율성을 제고하고, 사회복지관이 지역복지의 중심으로서의 역할을 강화하는 사업

예 지역회연계사업, 지역욕구조사, 실습지도 등

ⓑ 주민조직화 : 주민이 지역사회 문제에 스스로 참여하고 공동체 의식을 갖도록 주민 조직의 육성을 지원하고, 이러한 주민협력 강화에 필요한 주민의식을 높이기 위한 교육을 실시하는 사업

예 주민복지증진사업, 주민조직화 사업, 주민교육 등

ⓒ 자원 개발 및 관리 : 지역주민의 다양한 욕구 충족 및 문제해결을 위해 필요한 인력, 재원 등을 발굴하여 연계 및 지원하는 사업

예 자원봉사자 개발 · 관리, 후원자 개발 · 관리 등

## 제**4**절   재가복지봉사센터와 재가복지봉사서비스

### 1 재가복지봉사센터

#### (1) 재가복지의 개념     14회 기출

① 시설보호와 더불어 지역사회복지체계를 구성하는 복지활동의 한 형태로서, 시설보호를 부정하는 것이 아니라 **시설보호를 지역사회로 확장, 개방 또는 시설로부터 지역사회로 서비스체계를 개발하**는 것이다.

② 도움이 필요한 요보호 대상자(노인, 장애인 등)를 시설에 수용하지 않고 가정을 중심으로 지역사회에 있는 사회복지시설로 통원하게 하거나 가정봉사자를 가정으로 파견하여 가사원조 등 제반서비스를 제공하여 요보호 대상자의 기능을 유지·강화함과 동시에 자립할 수 있는 프로그램을 제공한다.

③ 재가복지는 **탈시설화**의 이념논쟁이나 **생활시설의 사회화 및 개방화**와 같은 맥락에서 이해될 수 있다.

㉠ 탈시설화 : 시설 중심 복지서비스의 한계를 극복하기 위해 시설을 탈피하여 시설 밖의 다양한 서비스를 제공하려는 것이다.

㉡ 생활시설의 사회화 및 개방화 : 수용보호 위주의 시설서비스에서 탈피하여 지역사회와 상호 보완하여 서비스를 개선하려는 것이다(주의 : 생활시설 자체를 확대하는 것이 아님).

#### (2) 우리나라 재가복지의 발전과정

① 1980년대 노인복지와 장애인복지의 민간분야에서 처음으로 시도되었다.

㉠ 노인복지 : 한국노인복지회에서 가정봉사자 파견사업 시행

㉡ 장애인복지 : 지역사회중심 재활사업과 장애인 대상 가정방문서비스 시행

② 1990년대는 정부차원의 지원으로 확대되기 시작했다.

③ 1992년부터 기존의 사회복지관 등의 시설에 사업비를 추가지원하여 재가복지봉사센터를 복지관의 부설형태로 설치·운영했다.

④ 민간복지서비스 전달체계 개선계획의 일환으로 2010년 1월 1일부터 종합사회복지관 부설재가복지봉사센터가 종합사회복지기관의 '재가복지봉사서비스'로 흡수·통합되었으며, 기존 재가복지봉사센터는 사회복지관의 지역사회보호사업 중 재가복지봉사서비스로 편성되었다.

## 2 | 재가복지봉사서비스

### (1) 재가복지봉사서비스의 개념

가정에서 보호를 요하는 장애인, 노인, 소년·소녀가정, 한부모가정 등 가족기능이 취약한 저소득 소
외계층과 국가유공자, 지역사회 내에서 재가복지봉사서비스를 원하는 사람에게 제공되는 가사, 간
병, 정서, 의료, 결연 등의 서비스를 말한다.

### (2) 기능 및 역할　11회 기출

① **조사 및 진단** : 재가복지봉사서비스 대상자 및 가정의 욕구를 조사하고 문제를 진단하여 필요한 서
비스의 종류를 선정한다.
② **서비스 제공** : 재가복지봉사서비스 대상별로 측정된 욕구와 문제의 진단 내용을 토대로 대상자 및
가정에 대한 직·간접적인 서비스를 제공한다.
③ **자원동원 및 활용** : 재가복지봉사서비스의 내실화와 함께 대상자 및 가정의 욕구와 문제해결을 위
해 지역사회 내의 인적·물적 자원을 동원 및 활용한다.
④ **사업평가** : 재가복지봉사서비스의 기능 및 분야별 효과, 자원동원 및 활용의 효과 등에 대해 자체
평가를 하며, 이를 재가복지봉사서비스사업에 활용한다.
⑤ **교육기관의 역할** : 지역주민들 및 자원봉사자들을 대상으로 사회복지사업을 비롯하여 각종 취미·
교양 등에 관한 교육을 제공한다.
⑥ **연대의식 고취** : 지역사회 내 다양한 인적·물적 자원의 연계를 통해 계층 간의 연대감을 고취시킨다.

## 3 | 재가복지봉사센터　6, 11회 기출

① 지역사회에 일정한 시설을 갖추고 **전문 인력과 자원봉사자를 활용**하여 재가복지서비스를 제공하는 사
회복지시설로서 직접적 서비스 실천기관이다.
② 사회복지기관에서 교육이나 훈련을 받은 자들이 클라이언트의 기능을 유지·강화·보호하기 위해 도
움을 주는 것이며, 가족기능의 약화된 부분을 보완하는 **보충적 서비스**이다.
③ 여러 가지 도움이 필요한 노인, 장애인, 아동을 시설에 수용하지 않고 지역사회 내에서 **가정봉사원을
가정으로 파견**하거나 또는 **재가복지봉사센터로 통원**하게 하여 일상생활을 위한 서비스와 자립할 수 있
는 프로그램을 제공하는 것이다.

### (3) 서비스 운영의 원칙

① **자립성** : 재가복지의 근본 목적인 요보호 대상자의 신체적 · 정신적 · 사회적 자립 및 자활을 조성하는 데 힘써야 한다.

② **연계성** : 요보호 대상자의 다양한 서비스 욕구를 충족시키기 위해 행정기관, 사회봉사단체 등 관련 기관과 수시 연계체계를 갖추고 알선, 의뢰, 자원봉사 등을 수행해야 한다.

③ **능률성** : 최소의 비용으로 최대의 효과를 거두기 위해 인적 · 물적 자원을 효율적으로 활용하여야 한다.

④ **적극성** : 서비스 대상자의 요청을 기다리지 않고 적극적으로 발굴하려는 자세를 취해야 한다.

### (4) 서비스의 내용

① **가사서비스** : 집안청소, 식사준비 및 취사, 세탁, 청소 등

② **간병서비스** : 안마, 병간호 수발, 병원안내 및 동행, 통원 시 차량지원, 병원수속대행, 보건소 안내, 약품구입, 체온측정, 신체운동, 집안소독 등

③ **정서적 서비스** : 말벗, 상담, 학업지도, 책 읽어주기, 여가지도, 취미활동 제공, 행정업무 등

④ **결연서비스** : 서비스 대상자에 대한 생활용품 및 용돈 등의 재정적 지원 알선, 의부모 · 의형제 맺어주기 등

⑤ **의료서비스** : 지역의료기관, 보건기관과의 연계 및 결연을 통한 정기 또는 수시방문 진료(링거 투약, 혈압체크, 질병상담 및 치료 등)

⑥ **자립지원서비스** : 탁아(보육), 직업보도, 기능훈련, 취업알선 등 자립능력을 배양할 수 있는 서비스 등

⑦ **주민교육서비스** : 보호대상자의 가족, 이웃, 친지 등을 포함한 지역주민을 위한 재가보호서비스 요령 및 방법 교육

⑧ 그 밖에 사회복지관 내 시설을 활용한 서비스 등

---

**Plus ⊕ one**

**노인복지법상 재가노인복지시설(노인복지법 제38조 및 시행규칙 제26조의2)**
- **방문요양서비스** : 가정에서 일상생활을 영위하고 있는 노인(이하 '재가노인'이라 한다)으로서 신체적 · 정신적 장애로 어려움을 겪고 있는 노인에게 필요한 각종 편의를 제공하여 지역사회 안에서 건전하고 안정된 노후를 영위하도록 하는 서비스
- **주 · 야간보호서비스** : 부득이한 사유로 가족의 보호를 받을 수 없는 심신이 허약한 노인과 장애노인을 주간 또는 야간 동안 보호시설에 입소시켜 필요한 각종 편의를 제공하여 이들의 생활안정과 심신기능의 유지 · 향상을 도모하고, 그 가족의 신체적 · 정신적 부담을 덜어주기 위한 서비스
- **단기보호서비스** : 부득이한 사유로 가족의 보호를 받을 수 없어 일시적으로 보호가 필요한 심신이 허약한 노인과 장애노인을 보호시설에 단기간 입소시켜 보호함으로써 노인 및 노인가정의 복지증진을 도모하기 위한 서비스
- **방문 목욕서비스** : 목욕장비를 갖추고 재가노인을 방문하여 목욕을 제공하는 서비스
- **재가노인지원서비스** : 재가노인에게 노인생활 및 신상에 관한 상담을 제공하고, 재가노인 및 가족 등 보호자를 교육하며 각종 편의를 제공하여 지역사회 안에서 건전하고 안정된 노후생활을 영위하도록 하는 서비스
- **방문간호서비스** : 간호사 등이 의사, 한의사 또는 치과의사의 지시서에 따라 재가노인의 가정 등을 방문하여 간호, 진료의 보조, 요양에 관한 상담 또는 구강위생 등을 제공하는 서비스

## 제5절 사회복지협의회

## 1 사회복지협의회의 이해

### (1) 사회복지협의회(사회복지사업법 제33조 제1항) 9, 14, 17, 18회 기출

사회복지에 관한 다음의 업무를 수행하기 위하여 전국 단위의 **한국사회복지협의회(중앙협의회)**와 시·도 단위의 시·도 사회복지협의회(시·도 협의회)를 두며, 필요한 경우에는 시·군·구 단위의 시·군·구 사회복지협의회(시·군·구 협의회)를 둘 수 있다(주의 : 의무사항이 아님).

① 사회복지에 관한 조사·연구 및 정책 건의
② 사회복지 관련 기관·단체 간의 연계·협력·조정
③ 사회복지 소외계층 발굴 및 민간사회복지자원과의 연계·협력
④ 대통령령으로 정하는 사회복지사업의 조성 등

### (2) 의의 및 특징 9, 14, 17, 18, 19회 기출

① 지역사회복지에 관심을 가진 **민간단체 또는 개인의 연합체**로서, 지역사회의 복지욕구를 효과적으로 달성하기 위한 **상호협력 및 조정단체**이자, 사회복지시설 및 기관 중심의 지역사회복지 증진을 위한 법정단체이다.

② 사회복지기관이나 시설 간의 상호연계 및 협력을 통해 **민간복지의 역량을 강화하는 중간 조직**으로서의 성격을 가진다.

③ 구호활동을 하던 민간사회사업기관들의 **자주적인 모임**에서 비롯된 것으로, 민간과 공공기관이 상호 협의하는 기구인 지역사회보장협의체와 차이가 있다.

④ 「사회복지사업법」에 설립 근거를 두고 있으나, 사회복지협의회의 설치를 필요에 따라 둘 수 있는 **임의규정**으로 정해놓고 있다.

⑤ 한국사회복지협의회는 「공공기관의 운영에 관한 법률」에 따라 '**기타 공공기관**'으로 지정되었으며, 광역 및 지역 단위 사회복지협의회는 독립적인 사회복지법인이다.

⑥ 지역사회복지실천 기관 중 간접 서비스 기관으로서, 지역주민에게 직접 서비스를 제공하지는 않는다.

## 2 사회복지협의회의 유형 8회 기출

### (1) 사회복지기관협의회

사회복지기관이나 사회복지를 전담하는 위원회나 부서를 가진 여타의 단체들로 구성된다. 우리나라의 경우 한국사회복지협의회의 전신인 한국사회사업연합회가 이에 속한다.

## (2) 지역사회복지협의회

지역사회복지의 대표적인 협의조정기관으로서 복지서비스의 제공, 다양한 사회복지기관들의 욕구달성 및 기능강화 등을 위해 정보를 제공하며 서비스를 조정하는 자주적인 민간조직이라 할 수 있다.

## (3) 전문분야협의회

사회복지기관협의회나 지역사회복지협의회의 기능적인 형태로서 소협의회 또는 독립기구로 존재한다.

---

## 3 사회복지협의회의 기능 및 활동원칙

### (1) 기능

① **사실 발견** : 사회복지기관 및 사회복지 관련 현황을 파악한다.

② **지역사회복지기관 간의 조정과 협력** : 지역사회복지기관 간의 회의를 통해 활동 계획을 세우고, 프로그램을 개발 및 교환하고 이를 협력할 수 있도록 조정한다.

③ **지역사회복지센터의 역할** : 해당 지역사회의 복지를 위한 중추적인 센터 역할을 수행한다.

④ **사회복지기관 간의 서비스 조정활동** : 공통의 복지업무를 수행함으로써 중복하는 복지서비스를 조정하는 역할을 한다. 사회복지에 필요한 정보나 위탁서비스, 자원봉사자 관리, 사회서비스 교환 등이 예이다.

⑤ **사회복지기관의 업무의 질적 수준 제고** : 사회복지기관들이 수행하는 업무의 질적 수준을 높이도록 집단적·개별적으로 원조해주는 역할이다.

⑥ **지역사회복지를 위한 공동계획 수립 및 실천** : 사회복지에 관한 공동의 계획을 수립하고 실천하는 것이다.

⑦ **정보제공 및 교육·홍보** : 공청회 개최, 기관명부의 발간 등 정보제공, 교육·홍보활동을 한다.

⑧ **자원동원과 재정안정 도모** : 사회복지분야의 재정상태를 개선하기 위한 활동을 전개한다. 즉, 효율적인 예산편성을 하도록 자문한다거나 소득사업, 보조금, 차관 등을 알선해 준다.

⑨ **사회행동** : 협의회가 공공의 이슈에 대한 입장을 밝히거나 특수계층의 복지에 관한 입법대안을 제시할 수 있다.

### (2) 활동 원칙       2, 8회 기출

① **주민욕구 중심의 원칙** : 광범위한 주민의 생활실태를 파악하고 복지에 관한 문제를 분석함으로써 그들의 다양한 욕구에 효과적으로 대응한다.

② **주민활동 주체의 원칙(주민참여의 원칙)** : 지역주민의 참여를 독려함으로써 지역복지에 대한 관심을 높인다.

③ **민간성의 원칙** : 민간조직의 장점인 접근성, 유연성, 창조성을 통해 지역복지의 발전을 유도한다.

④ **공사협동의 원칙(민관협력의 원칙)** : 공공 및 민간의 상호협력을 통해 지역주민의 욕구에 효과적으로 대처하며, 다각적인 지원방법을 모색한다.

⑤ **전문성의 원칙** : 지역사회복지에 관한 다양한 문제들을 조사·분석하고 그에 적합한 대처방안을 마련하는 등의 전문성을 발휘한다.

⑥ **지역특성 존중의 원칙** : 조직 및 구조는 지역사정에 따라 결정되어야 하며, 지역적 특성에 부합하는 사업내용 및 방법을 구상하여야 한다.

## 4 한국사회복지협의회

### (1) 한국사회복지협의회의 목적(한국사회복지협의회 정관 제1장 총칙 제1조)

한국사회복지협의회는 사회복지에 관한 조사·연구와 각종 복지사업을 조성하고 각종 사회복지사업과 활동을 조직적으로 협의·조정하며 사회복지에 대한 국민의 참여를 촉진시킴으로써 우리나라의 사회복지증진과 발전에 기여함을 목적으로 한다.

### (2) 한국사회복지협의회의 업무(사회복지사업법 제33조 제1항 및 시행령 제12조)

3, 4, 6, 11, 20회 기출

① 사회복지에 관한 조사·연구 및 정책 건의

② 사회복지 관련 기관·단체 간의 연계·협력·조정

③ 사회복지 소외계층 발굴 및 민간사회복지자원과의 연계·협력

④ 사회복지에 관한 교육훈련

⑤ 사회복지에 관한 자료수집 및 간행물 발간

⑥ 사회복지에 관한 계몽 및 홍보

⑦ 자원봉사활동의 진흥

⑧ 사회복지사업에 관한 기부문화의 조성

⑨ 사회복지사업에 종사하는 사람의 교육훈련과 복지증진

⑩ 사회복지에 관한 학술 도입과 국제사회복지단체와의 교류

⑪ 그 밖에 보건복지부장관이 위탁하는 사회복지에 관한 업무

Plus ⊕ one

**한국사회복지사협회의 업무(사회복지사업법 시행령 제22조)**

- 사회복지사에 대한 전문지식 및 기술의 개발 · 보급
- 사회복지사의 전문성 향상을 위한 교육훈련
- 사회복지사제도에 대한 조사연구 · 학술대회개최 및 홍보 · 출판사업
- 국제사회복지사단체와의 교류 · 협력
- 보건복지부장관이 위탁하는 사회복지사업에 관한 업무
- 기타 협회의 목적달성에 필요한 사항

### (3) 시 · 도 협의회 등과의 업무연계(정관 제5조)

① 한국사회복지협의회(중앙협의회)와 시 · 도 사회복지협의회는 원활한 업무추진을 위하여 상호 협조하여야 하며, 중앙협의회는 시 · 도 사회복지협의회에 업무를 위탁할 수 있다.

② 시 · 도 사회복지협의회는 중앙협의회의 운영방침에 대하여 적극적으로 협조한다.

③ 중앙협의회는 중앙협의회와 시 · 도 사회복지협의회 간의 사회복지에 관한 지역별 의견수렴 및 관련업무의 협의 · 조정을 위하여 정례적으로 시 · 도 협의회장단회의를 개최한다.

④ 중앙협의회에서 민간복지 정책과 관련되는 주요 사안을 결정 · 처리하고자 할 때에는 시 · 도협의회 및 사회복지 관련단체의 의견이 반영되도록 적극 노력하여야 한다.

### (4) 시 · 도 협의회의 독립법인화

① 1984년부터 각 시 · 도에 사회복지협의회가 조직되기 시작하였으며, 2017년 4월 기준 가장 최근에 조직된 세종특별자치시 사회복지협의회를 포함하여 총 17개 지역에 조직되어 있다.

② 시 · 도 협의회는 한국사회복지협의회의 정관에 따라 조직되어 활동해 오다가 사회복지사업법의 개정으로 1998년에 이르러 독립법인으로 인정되었다.

## 1 공동모금

### (1) 공동모금의 의의 및 목표

① 주민의 조직적이고 지속적인 참여를 구조화시키는 방안 중 하나로서, 지역주민의 욕구를 충족시키기 위해 기부금을 통한 민간 사회복지의 재원을 조성한다.

② 기부금을 통해 민간 사회복지기관의 재정운용상의 안정성을 부여함으로써 **사회복지서비스 프로그램의 전문화 및 질적 수준을 제고**할 수 있는 기회를 제공한다.

### (2) 공동모금의 필요성

① 무분별한 자선사업의 난립으로 인한 공동모금에 대한 불신을 불식시키고, 신뢰할 수 있는 민간모금단체를 등장시키는 데 주안점을 둔다.

② 지역주민의 참여 기회를 확대하며, 자원봉사활동을 크게 활성화시킨다.

③ 공동모금의 배분을 받기 위해 사업계획서를 작성하고 신청하는 과정에서 **전문화 제고**에 기여할 수 있다.

④ 공동모금이 활성화되면 후원자 또는 자원봉사자들을 동원하고 재원을 동원할 수 있는 노하우가 없어서 모금을 하지 못하고 있는 기관들에게 복지재원 분배의 기회가 제공될 것이며, **사회복지체계의 전반적인 서비스 수준 향상**에 도움이 될 것이다.

⑤ 전 국민을 상대로 다양한 홍보전략과 모금활동을 벌이는 가운데 **사회복지에 대한 국민의 인식**을 개선한다.

⑥ 사회복지의 발전을 위한 **정부와 민간의 동반자관계**를 형성한다.

### (3) 공동모금의 특성

① 봉사활동으로서 순수민간재원을 기초로 한 **민간운동**의 특성을 띤다.

② 기본적으로 **지역사회를 중심기반**으로 하며, 지역사회의 재원을 동원하고 배분하는 전문기관으로서의 역할을 수행한다.

③ 기부금 모집에 있어서 **효율성과 일원화**를 추구한다.

④ 기부금 모집에 동원되는 **시간 · 경비 등을 절약**할 수 있다.

⑤ 기부금의 모집 및 관리, 배분의 내용을 공표함으로써 기부자에게 **필요금액에 대한 이해와 협조**를 구한다. 또한 모금 결과를 비롯하여 배분 결과에 대해서도 공식적인 방법으로 공표한다.

⑥ 지역 단위를 뛰어넘어 **전국적인 협조**를 도모한다.

### (4) 공동모금의 사회적 기능

① 합리적 기부금 모금을 통한 사회복지 자금을 조성한다.

② 국민의 상부상조정신을 고양한다.

③ 사회복지에 관한 이해를 확대하고 여론형성에 기여한다.

④ 민주시민으로서의 권리성과 책무성을 인식시킨다.

### (5) 공동모금의 구조

#### ① 자체구조적 측면

| 연맹형 | • 관계구조의 특성을 최대한 살리는 동시에 자율성을 최대한 보장하는 방식이다.<br>• 전국연맹이 지역공동모금회들 간의 상호연락, 업무조정, 전국적 차원의 프로그램 제공 등의 역할을 수행한다. |
|---|---|
| 중앙집중형 | • 전통적 위계구조에 입각하여 중앙에서 모든 사항들을 총괄적으로 운영하는 방식이다.<br>• 지역공동모금회는 전국적 공동모금회의 지침에 따라 일체의 활동을 전개함으로써 전국적 협조 및 효율화·일원화에 기여한다. |

#### ② 대정부 관계적 측면

| 자율형 | • 정해진 법률의 범위 내에서 정부의 통제 없이 최대한의 자율성이 확보되는 방식이다.<br>• 정부의 적극적인 후원과 지지를 기대하기 어려우며, 광범위하고 대규모적인 프로그램을 실시하는 데 한계가 있다. |
|---|---|
| 정부주도형 | • 정부가 적극적인 후원과 지지를 통해 광범위하게 개입하는 방식이다.<br>• 대규모적인 프로그램을 실시하여 보다 효과적이고 능률적인 결과를 이끌어낼 수 있으나, 정부의 과도한 간섭 및 통제로 인해 활동이 위축되고 지역주민들의 자발성 및 적극적 참여를 저해할 수 있다. |

#### ③ 사회복지협의회와의 관계적 측면

| 협의회형 | • 공동모금회가 사회복지협의회의 기능을 수행하거나 사회복지협의회의 한 부서로서 기능하는 방식이다.<br>• 전문가집단에 의한 지역사회의 욕구파악, 배분에 따른 우선순위 설정 등 욕구와 자원을 직접 연결하는 것은 물론 인적·물적 자원을 효율적으로 관리할 수 있다. |
|---|---|
| 공존형 | • 공동모금회가 사회복지협의회와 상호 별개의 기관으로서 협력하거나 역할을 분담하는 방식이다.<br>• 사회복지협의회의 지역사회 욕구 파악과 함께 지역공동모금회의 지역주민 욕구충족을 위한 자원 제공의 두 측면이 상호 연결된다. |
| 독립형 | • 공동모금회가 사회복지협의회와 관계없이 자체적으로 모금 및 배분하는 방식이다.<br>• 공동모금회가 자체적으로 모든 활동을 수행해야 하나, 실질적으로 인적·물적 측면에서 모든 것을 갖추는 데 한계가 있다. |

### (6) 모금방법(모금형태)

① 개별형
  ㉠ 개인이나 가정의 헌금을 통해 모금하는 형태이다.
  ㉡ 모든 주민들로 하여금 사회복지사업에 관심을 가지도록 하는 동시에 참여를 높인다.
  ㉢ 캠페인이 번거로우며, 많은 금액을 단기간에 모금하는데 어려움이 있다.

② 기업중심형
  ㉠ 회사, 공장 및 사업체 등과 그 근로자를 대상으로 모금하는 형태이다.
  ㉡ 적은 노력과 시간으로 일시에 많은 금액을 모금할 수 있다.
  ㉢ 특히 급료공제 등의 방법은 다소 강제성을 띠므로, 공동모금회의 자발적 참여의 의미를 퇴색시킬 수 있다.

③ 단체형
  ㉠ 재단, 협회 등의 단체를 대상으로 모금하는 형태이다.
  ㉡ 재력이 있는 재단이나 협회 등으로부터 보조금을 받음으로써 비교적 쉽게 많은 액수를 모금할 수 있다.
  ㉢ 대상이 한정적이며, 많은 주민을 참여시킬 수 없다.

④ 특별사업형
  ㉠ 특별한 프로그램이나 사업(Special Events)을 통해 모금하는 형태(예 시민 걷기대회, 자선골프 대회, 카드 발매 등)이다.
  ㉡ 기부자에게 흥미와 오락, 반대급부 등을 제공한다는 점에서 호응도가 높으며, 여론형성 및 분위기 조성 등 홍보 효과를 기대할 수 있다.
  ㉢ 모금의 안정성을 확보하기 어려우며, 사치나 낭비 등의 비판을 불러일으킬 수 있다. 또한 주민의 관심을 끌기 위한 프로그램을 개발하기 어렵다.

### (7) 모금기간

① **연말집중모금** : 보통 연말연시 2개월 동안 방송, 신문, ARS, 은행지로, 사랑의 열매 등을 통해 집중모금을 실시한다.
② **연중모금** : 기간을 정하지 않고 연중 계속해서 모금하는 방식이다. 기업모금, 직장모금, 인터넷모금, 그 밖의 기획모금 등 다양한 방법을 통해 이루어진다.

### (8) 배분방법(배분형태)

① 기관배분형
  ㉠ 사회복지시설이나 기관을 대상으로 모금액을 배분하는 방법이다.
  ㉡ 특정 대상에 대해 지속적인 배분이 가능하다.
  ㉢ 지역적 불균형을 초래할 수 있다.

② 문제 및 프로그램 배분형

    ㉠ 지역사회 보건 및 사회문제 해결을 위해 배분하거나 이를 위한 구체적인 프로그램을 위해 배분하는 방법이다.

    ㉡ 새로운 문제에 대해 탄력적인 대응이 가능하다.

    ㉢ 지속적 소외계층을 간과할 수 있다.

③ 지역배분형

    ㉠ 지역을 단위로 배분하는 방법이다.

    ㉡ 복지혜택에서 낙후된 지역을 중심으로 배분함으로써 지역별로 특수한 문제를 해결하는 지역복지 증진의 측면에서 유리하다.

    ㉢ 전국적인 규모의 사업수행이 불가능하다.

## (9) 공동모금의 문제점

① **집중모금제로 인한 문제점** : 주로 언론사에 의해 대행되는 모금캠페인에 의존함으로써 공동모금회의 자체적인 노력이 가시화되지 않고 공동모금회의 사업기획능력을 해칠 가능성이 있다.

② **마케팅전략 부족문제** : 마케팅전략의 으뜸은 조직의 이미지를 부각시키고 그것을 사업과 적극적으로 연계하는 것이다. 따라서 공동모금회의 목적과 기능 그리고 특성을 적절하게 반영할 수 있는 **대중적 이미지의 구축**이 필요하며, 이러한 작업은 **공동모금회를 대표할 수 있는 적절한 브랜드의 개발**로 이어져야 한다.

③ **배분활동과 관련된 문제** : 전국적 배분원칙과 기준이 구체적이고 명확하게 수립되어 있지 않으며, 배분결과에 대한 평가체계가 적절하게 마련되어 있지 않다.

## (10) 공동모금의 개선방안

① **연중 수시모금의 활성화** : 기업체, 종교기관과의 연계 강화가 필요하다.

② **모금캠페인 및 마케팅의 전문화** : 공동모금회의 모금활동은 더 이상 선의의 자선적 기부에만 의존할 수 없다. 모금활동은 이미 비영리조직 마케팅의 핵심적 영역이 되었으며, 마케팅은 전략적으로 수행되어야 한다.

③ **배분원칙의 확립(배분의 투명성 확보)** : 공동모금제도가 민간복지를 활성화하기 위해서는 보다 광범위한 시민의 참여를 유도하고 효율적으로 자원을 동원함으로써 일반 국민의 **공동모금회에 대한 신뢰감을 확보**해야 한다.

④ **조직운영인력의 전문성 확보** : 배분의 투명성과 지역사회의 참여유도를 확보하기 위해서는 조직운영인력의 전문성이 확보되어야 한다. 전문적인 인력으로 조직을 운영하기 위해서는 투명한 행정체계를 갖추고 공개채용을 통해 전문성을 갖춘 보다 역량 있는 직원들을 채용하도록 노력해야 한다.

⑤ **성금의 배분과 집행에 대한 철저한 평가 실시** : 배분된 성금의 집행상황에 대해 철저하게 평가함으로써 불요불급한 성금의 집행을 예방할 수 있고 또한 평가결과를 일반시민에게 공개함으로써 투명성이 확보되어 신뢰감이 형성된다.

## 2 사회복지공동모금회의 특성 및 사업

### (1) 발전 과정

19회 기출

① 1970년 당시 사회복지사업법에서 사회복지법인 형태로 한국사회복지공동모금회를 설립하도록 규정하였다. 이는 외국원조기관들이 대거 철수하여 사회사업 축소가 불가피해짐에 따라 민간주도의 사회복지재원을 마련하고자 공동모금제도를 도입한 것으로 볼 수 있다.

② 1980년에 제정된 사회복지사업기금법에 기초하여 불우이웃돕기 모금운동이 관 주도로 전개되었다.

③ 1997년에 제정된 사회복지공동모금법은 중앙에 '전국공동모금회'를, 16개 시 · 도에 '지역공동모금회'를 구성하고, 제도적으로 모금과 배분을 동일하게 할 수 있도록 규정하였다. 사회복지공동모금법이 1998년 7월 1일부터 시행됨에 따라 사회복지사업기금법은 폐지되었다.

④ 1998년에는 전국 16개의 광역시 · 도에 '사회복지공동모금회'가 설립되어 전국적으로 공동모금이 실시되었다.

⑤ 1999년에 사회적 여론을 반영하여 '사회복지공동모금법'을 '사회복지공동모금회법'으로 개정하였다. 그에 따라 지역공동모금회가 중앙공동모금회의 지회로 전환되었다. **사회복지공동모금회의 설립 근거법은 사회복지공동모금회법이다.**

⑥ 사회복지공동모금회법을 설립근거로 하는 민간운동적 특성의 **법정기부금 모금 단체**이다(주의 : '지정기부금 모금단체'가 아님).

### (2) 배분대상

① 배분대상
  ㉠ 사회복지사업 기타 사회복지활동을 행하는 법인 · 기관 · 단체 및 시설(개인신고 시설 포함)
  ㉡ 사회복지서비스를 필요로 하는 개인

② 배분제외대상
  ㉠ 동일한 사업으로 국가 · 지방자치단체 또는 다른 기관으로부터 지원을 받았거나 받기로 확정된 사업(다만, 모금회 배분분과실행위원회의 심의결과 지원이 필요하다고 인정되는 경우에는 예외로 함)
  ㉡ 법령상 금지된 행위에 사용되는 비용
  ㉢ 정치 · 종교적 목적에 이용될 수 있는 경우
  ㉣ 수익을 주된 목적으로 하는 사업
  ㉤ 공직선거법에 위반되는 경우
  ㉥ 모금회의 제재조치에 따른 배분대상 제외기간에 배분신청한 경우
  ㉦ 모금회 배분분과실행위원회의 심의결과 배분대상 제외 필요성이 인정되는 사업 또는 비용

### (3) 배분사업의 종류

10, 17회 기출

① 신청사업

사회복지 증진을 위해 자유주제 공모형태로 복지사업을 신청 받아 배분하는 사업으로서, 프로그램 사업과 기능보강사업으로 구분된다.

② 기획사업

모금회가 그 주제를 정하여 배분하는 사업 또는 배분대상자로부터 제안 받은 내용 중에서 선정하여 배분하는 시범적이고 전문적인 사업이다.

③ 긴급지원사업

재난구호 및 긴급구호, 저소득층응급지원 등 긴급히 지원해야 할 필요가 있는 경우에 배분하는 사업이다.

④ 지정기탁사업

사회복지 증진을 위해 기부자가 기부금품의 배분지역·배분대상자 또는 사용용도를 지정한 경우 그 지정취지에 따라 배분하는 사업이다.

### (4) 배분신청

① 모금회에 배분신청을 하고자 하는 경우 배분사업별로 공고된 기일 내에 모금회가 정한 배분 신청 서류를 제출하여야 한다.

② 동일년도에 시행되는 신청사업, 기획사업을 각각 신청할 수 있다. 다만, 동일 또는 유사 사업은 중복하여 제출할 수 없다.

③ 동일 법인에서 운영하는 기관의 경우 사업장의 위치가 다르고 독립회계를 하는 기관 및 시설은 개별적으로 배분신청이 가능하다.

④ 배분신청 시 배분사업별로 정한 배분한도액을 초과하여 신청할 수 없다. 또한, 배분사업별로 자부담 원칙을 별도로 정하는 경우 이를 준수하여야 한다.

⑤ 모금회는 제출된 사업계획 및 예산의 조정을 요청할 수 있으며, 이 경우 배분신청한 자는 조정된 사업계획과 예산을 반영한 조정사업계획서를 제출하여야 한다.

### (5) 심 사

① 심사 기준

㉠ 기관평가 : 신뢰성, 사업수행능력

㉡ 사업평가 : 적합성, 실현가능성, 투입요소 적절성, 투입비용

㉢ 기타평가 : 홍보노력 및 지역자원 활용, 자구계획

② 일반적인 심사과정

2회 기출

예비심사 → 서류심사 → 면접심사 → 현장심사

## (6) 모금회의 장단점

### ① 장 점

- ㉠ 개별모금보다 기금을 많이 모을 수 있으며, 사회복지사업에 많은 사람을 참여시킨다.
- ㉡ 사회복지기관의 모금활동과 관련된 경비가 절약된다.
- ㉢ 기관의 노력과 시간의 낭비가 적고 기관이 사업계획에 전념할 수 있다.
- ㉣ 기부자의 지속적인 관심을 유도한다.
- ㉤ 기부자에게 지역사회에 대한 책임감과 기부금 모금에 있어서 신뢰감을 갖도록 한다.
- ㉥ 적절한 예산과 결산이 이루어지도록 함으로써 사회복지사업계획의 효율을 높인다.
- ㉦ 광범위한 선전활동을 통해 사회복지에 대한 지식과 관심을 널리 보급한다.
- ㉧ 합동의 계획과 기준을 마련하며, 전반적인 활동의 개선 기회를 제공한다.

### ② 단 점

- ㉠ 권력의 집중화에 따른 개별기관의 자주성이 상실된다.
- ㉡ 금전에 치우친 관심으로 변질될 우려가 있다.
- ㉢ 기부자의 자율적인 선택의 기회에 제한이 있다.
- ㉣ 기부자를 적대시하지 못함으로써 사회복지의 현상유지를 위한 방어자가 되고, 사회행동을 주저할 우려가 있다.
- ㉤ 모금 실패 시 가입기관 전체에 타격이 미친다.

---

**Plus ⊕ one**

**지역사회복지 추진기관**
- 희망복지지원단 : 복합적 욕구를 가진 대상자에게 통합사례관리를 제공하고, 지역 내 자원 및 방문형서비스 사업 등을 총괄 관리함으로써 지역단위 통합서비스 제공의 중추적 역할을 수행하는 전담조직
- 드림스타트 사업 : 아동복지법령에 따라 보건복지부가 총괄하고 시·군·구가 아동통합서비스지원기관(드림스타트)을 설치·운영
- 지역아동센터 : 보호, 교육, 문화, 정서지원, 지역사회연계 프로그램 제공
- 건강가정지원센터 : 건강가정기본법령에 따라 여성가족부가 설치계획을 수립하고 관리·감독·지도하며 시·도 및 시·군·구가 설치 및 지원

---

**Plus ⊕ one**

**사회복지공동모금회의 복권 발행**
- 사회복지공동모금회는 사회복지사업이나 그 밖의 사회복지활동 등을 지원하기 위한 재원을 조성하기 위하여 복권을 발행할 수 있음
- 복권을 발행하려면 그 종류·조건·금액 및 방법 등에 관하여 미리 보건복지부장관의 승인을 받아야 함(사회복지공동모금회법 제18조의2 제1항 및 제2항)

## 1 자원봉사

### (1) 자원봉사의 의의

① 자원봉사활동의 개념

개인, 집단, 지역사회의 문제를 치료하고 예방하며, 공동 복지목표를 위해 자발적으로 협력하여 직접 참여하는 활동을 말한다. 광의로 기존의 사회기관, 사회복지기관을 중심으로 하는 모든 사회기관 및 조직에서의 활동을 의미한다.

② 특 성

㉠ 자발성(자주성) : 자신이 결정하여 자기의지에 의해 행동하는 활동이다.

㉡ 복지성(공공성, 공익성) : 특정 개인이나 단체의 이익, 종교와 정당의 입장을 초월하여 어려운 이웃과 지역사회의 문제를 해결하기 위한 활동이다.

㉢ 무급성(무보수성) : 금전적인 보수를 목적으로 하지 않는 활동이다.

㉣ 지속성 : 참여자의 모집 및 홍보, 교육 및 훈련, 배치, 상담 등에 소요되는 비용 효율성을 위해 일정 기간 지속될 필요가 있는 활동이다.

㉤ 이타성 : 자신의 이익이나 명예를 우선시하지 않고 도움의 대상자를 먼저 생각하는 활동이다.

㉥ 자아실현성 : 새로운 경험, 성취감, 만족감, 폭넓은 인간관계 등을 통해 자아실현을 할 수 있는 활동이다.

㉦ 학습성(교육성) : 공식적인 교육이나 비공식적인 경험 등을 통해 학습될 수 있는 활동이다.

㉧ 헌신성 : 어려운 환경을 변화시키고 이를 극복할 수 있다는 봉사자의 신념을 필요로 하는 활동이다.

㉨ 협동성(조직성) : 자원봉사자와 봉사대상자, 조정자 등 여러 사람이 함께 수행하는 체계적인 활동이다.

㉩ 전문성 : 대상과 영역에 따라 전문성이 요구되는 활동이다.

㉪ 기타 : 민간성, 여가선용성, 창의성, 실천성, 개척성 등

---

**Plus ⊕ one**

**자원봉사활동기본법상 자원봉사활동의 기본원리(자원봉사활동기본법 제2조 제2호)**　　6, 10, 16회 기출
무보수성, 자발성, 공익성, 비영리성, 비정파성, 비종파성

## (2) 자원봉사활동의 필요성

① 자원봉사활동은 그 자체가 사회복지 일반교육의 기초로서, 인간적 성숙의 장으로 혹은 사회복지교육·훈련활동으로서 중요시되고 있다.

② 여가만족 및 자아실현 등 인간의 기본적 욕구를 충족시켜 정신적 안정감과 자기충실감을 가지도록 하며, 여가의 건전한 사용으로 각종 사회문제를 예방하고 생의 보람과 희망을 가질 수 있도록 한다.

③ 주민의 자발적인 참여를 기본원리로 하므로 인간성 회복 및 가정기능의 회복에 의한 지역사회 재형성에 기여한다.

④ 핵가족화 문제로 인한 개인 및 가족 문제에 필요한 개별 사회적 서비스의 요구에 보다 쉽게 대응할 수 있다.

⑤ 아동, 노인, 장애인 등에 대해 통합화 및 정상화의 새로운 복지적 관점으로 접근한다.

⑥ 사회복지활동에 자원봉사자를 참여시킴으로써 전문직으로 하여금 항상 자극을 받도록 하여 보다 새로운 방향으로 적극적·창조적인 서비스를 행하도록 한다.

## (3) 자원봉사활동의 기능

① **사회복지기관의 서비스 기능** : 사회복지기관에서 수행하는 서비스를 지원하고 시설보호의 한계를 극복할 수 있게 한다.

② **가정복지서비스의 기능** : 사회연대적 인간관계를 형성하여 가정복지적 측면의 전인적 인간을 양육한다.

③ **지역사회 형성의 기능** : 지역사회의 주인의식과 연대의식을 향상시키고 협동적 지역사회로 유도한다.

④ **사회제도의 개발과 수정의 기능** : 지역주민의 다양한 욕구를 광범위하게 수용함으로써 지역사회의 특성에 맞는 제도·정책 및 서비스를 개발하도록 한다.

⑤ **개인의 자기개발기능** : 자원봉사활동을 통해 한 인간으로서 자신을 사회적 존재로 인식하며, 자신의 잠재능력을 실현하는 기회를 갖게 된다.

## (4) 자원봉사의 관리

① 자원봉사관리자의 역할

㉠ 자원봉사자들의 지도와 봉사활동지침의 결정자이자 자원봉사자들의 옹호자

㉡ 자원봉사프로그램의 관리자와 인사관리자, 기금조성자

② 자원봉사자의 관리

㉠ 자원봉사프로그램의 계획 및 업무설계 : 자원봉사자에게 어떤 일을 시킬 것인가에 대한 업무설계 및 구체적 프로그램을 개발한다.

㉡ 모집 : 자원봉사자들을 어디서 발견하고 어떻게 참여시킬지를 검토한다.

㉢ 교육 및 훈련 : 효율적인 봉사활동을 수행할 수 있도록 자원봉사자들을 훈련시킨다.

㉣ 배치 및 업무 : 자원봉사자들의 기대, 능력, 기관의 욕구를 고려하여 봉사자들을 적재적소에 배치한다.

ⓜ 지도·감독 및 평가 : 자원봉사자들이 업무를 효과적으로 수행하도록 지원 및 감독하고 그 효과성을 평가하여 환류한다.

ⓗ 인정과 보상 : 활동에 대한 평가와 보상을 제공해 지속적인 봉사활동을 유도한다.

③ **자원봉사자 모집시 고려사항**

ⓐ 자원봉사를 하고자 하는 사람의 개인적인 관심 및 욕구를 파악한다.

ⓛ 기관의 목적 및 철학을 고려한다.

ⓒ 프로그램 관련 자원봉사자의 업무 및 역할을 명시한다.

ⓡ 기관 및 지역사회의 프로그램 목표를 인지한다.

ⓜ 기관에서 제시하는 자원봉사자 훈련 프로그램의 내용을 고려한다.

④ **자원봉사자의 기술적 자질**

ⓐ 공감 내지 감정이입 능력      ⓡ 대결 내지 직면의 능력

ⓛ 따뜻함을 전달하는 능력      ⓜ 자아 노출의 능력

ⓒ 존경 또는 진실성을 유지하는 능력

⑤ **자원봉사자의 욕구(Francies)**

ⓐ 경험추구의 욕구      ⓜ 사회적 접촉의 욕구

ⓛ 사회적 책임감 표현의 욕구      ⓗ 사회적 교환의 욕구

ⓒ 타인기대 부응의 욕구      ⓢ 개인적 성취의 욕구

ⓡ 사회적 인정의 욕구

## (5) 자원봉사활성화 과제(자원봉사자 개발측면)

① **자원봉사의 의식화 교육**

학교 교육과정의 활용을 통한 이론·실습 교육과 대중매체를 활용한 의식교육 실시

② **자원봉사활동의 사회경력화 도입**

사회봉사활동도 사회경력으로 인정하여 주는 제도

③ **자원봉사활동을 위한 보험제도 실시**

자원활동 분야 중 위험이 수반되는 경우에는 정부와 봉사자 및 활용기관이 공동으로 분담하는 보험제도 도입

④ **세제지원제도 도입**

자원봉사자에 대한 조세감면 및 소득계산의 특례

⑤ **자원봉사자 관리운영 강화**

ⓐ 자원봉사자교육 및 훈련 : 업무수행능력 향상을 위한 전문교육 실시

ⓛ 자원봉사자의 관리 : 지속적인 활동 보장을 위한 적절한 관리 필요

⑥ 자원봉사센터 통합관리체계 구축과 역할차별화를 통한 전문자원봉사센터로의 육성

## 2 자원봉사센터

### (1) 의 의

① 자원봉사활동의 개발 · 장려 · 연계 · 협력 등의 사업을 수행하기 위해 법령과 조례 등에 따라 설치된 기관 · 법인 · 단체 등을 말한다.

② 지역사회의 다양한 욕구와 문제를 해결하고자 하는 지역주민들과 단체들을 지지하는 기관이다.

③ 자원봉사활동의 전문화 · 체계화를 통해 지역사회의 자원이 효율적으로 배분될 수 있도록 유도한다. 즉, 공급자와 수요자 사이의 능동적인 매개자 역할을 담당한다.

### (2) 설립목적

① 지역사회의 문제를 해결하기 위해 다양한 자원봉사자들의 참여를 촉진하고 개발 · 육성한다.

② 자원봉사자를 필요로 하는 기관과 단체들의 자원봉사자 수급 및 관리를 지원하여 효과적인 자원봉사 활동이 이루어지도록 지원한다.

③ 지역사회 자원의 조직화와 소통 · 조정 · 연계를 통해 지역사회의 문제해결을 돕는다.

④ 지역사회 내에서 자원봉사에 대한 인식을 증진하고 자원봉사자의 위상을 제고하여 활동을 진흥시킨다.

### (3) 기 능

① **수급 및 조정** : 자원봉사활동 담당자의 주된 직무로서, 자원봉사활동을 희망하는 사람이나 단체에 활동을 소개하는 한편, 자원봉사자를 요청하는 사람이나 단체에 자원봉사자를 소개한다.

② **기록 및 등록** : 원활한 수급 · 조정을 위해 자원봉사자 개인이나 단체의 희망 및 활동에 관한 내용, 자원봉사활용자에 대한 희망 내용, 사회자원 등을 파악하고, 문제해결을 위한 방법을 발견하며, 적절한 상담 및 원조방법 등을 검토한다.

③ **자원봉사활동의 지원** : 자원봉사자 개인이나 단체가 효과적으로 활동을 수행할 수 있도록 활동 과정에서 발생하는 고민을 상담하고 각종 기계나 자료를 대여하며, 더 나아가 자원봉사자 보험의 가입을 추진하는 등 다양한 지원을 펼친다.

④ **양성 및 연수** : 자원봉사활동을 원활히 수행할 수 있도록 자원봉사자의 의식 및 인간성을 높이고, 기술을 연마시킨다.

⑤ **홍보 및 계발** : 자원봉사자의 활동을 확인 · 정리하고 활동의 방향을 제시하며, 보다 많은 사람들에게 자원봉사활동을 이해시키고자 노력한다.

⑥ **네트워크화** : 수급 · 조정의 과정에서 파악한 욕구에 대해 필요한 자원봉사활동을 선구적으로 만들어 내어 이를 육성하며, 다양한 교류가 이루어지도록 협동체제를 구축한다.

⑦ **조사 및 연구** : 지역사회 내에서 자원봉사활동이 원활하고 효과적으로 추진되도록 지역 내 알려지지 않은 욕구나 자원을 찾아내고 인재를 발굴하는 등 활동 내용을 발전시키기 위해 노력한다.

### (4) 자원봉사센터의 유형

① **공급자 중심** : 민간단체의 민간형태 비사회사업적 영역에서 기관 본연의 목적을 수행하기 위해 자원봉사를 활용한다.

　　예 교육기관, 기업, 종교사회봉사 등

② **수요자 중심** : 사회사업적 목적을 수행하기 위해 자원봉사자를 직접 활용한다.

　　예 사회복지 관련 시설, 병원의료사회사업실, 시민단체, 환경단체 등

③ **조정자 중심** : 자원봉사의 수요와 공급을 적절히 조정하고, 자원봉사센터 간 효율적인 연계 역할을 수행한다.

　　예 보건복지부, 행정안전부, 여성가족부, 문화체육관광부 등 공공 형태의 중앙정부 관할 자원봉사센터 등

---

## 제8절　자활사업

### 1 | 자활사업의 이해　　　　　　　　　　　　　　　　　　　　　　12회 기출

### (1) 자활사업의 의의 및 목적

① 국민기초생활보장법에 따라 2000년부터 도입된 것으로서, 원칙적으로 근로능력이 있는 저소득층의 자활능력을 배양하고자 한다.

② 미국이나 영국 등에서 시행하던 노동연계복지를 우리나라에 도입한 것으로서, **국민기초생활보장제도가 지닌 근로 유인 문제를 해결하기 위해 근로능력이 있는 사람들에 대한 자활사업에의 참여를 규정하고 있다.**

③ 저소득층의 자립과 가계소득에 기여할 수 있는 **기능훈련을 실시하여 창업 및 취업을 하도록 지원한다.** 또한, 근로의욕 및 동기가 낮은 주민의 취업욕구 증대와 재취업을 위한 심리 · 사회적인 지원 프로그램을 시행하며, 지역봉사자를 위한 전문지도, 재활프로그램, 근로의욕 고취프로그램, 공동창업을 통한 자립의 지원 등을 실시한다.

### (2) 자활사업 참여 자격　　　　　　　　　　　　　　　　　　　9, 12, 14회 기출

① **조건부수급자**

자활사업 참여를 조건으로 생계급여를 지급받는 수급자(단, 조건부과여부 판단은 생계급여수급(권)자만을 대상으로 함)

② **자활급여특례자**

생계 · 의료급여 수급자가 자활근로, 자활기업 등 자활사업 및 취업성공패키지(고용노동부)에 참가하여 발생한 소득으로 인하여 소득인정액이 기준 중위소득의 40%를 초과한 자

③ 일반수급자

근로능력 없는 생계급여 수급권자 및 조건부과 유예자, 의료·주거·교육급여 수급(권)자 중 참여 희망자(단, 만 65세 이상인 자 등 국민기초생활보장법상 근로능력 없음으로 분류된 생계급여 수급권자 및 이에 준하는 일반수급자의 경우 지역여건을 고려하여 시장·군수·구청장의 판단에 따라 참여 가능)

> **참고**
>
> 근로능력이 있는 수급자가 생계급여를 지급받기 위해서는 조건부수급자로 선정되어 자활사업에 참여하여야 합니다. 다만, 국민기초생활보장법령에서 정하는 요건에 해당하는 자는 조건부과를 유예할 수 있습니다.

④ 특례수급가구의 가구원

의료급여특례, 이행급여특례가구의 근로능력 있는 가구원 중 자활사업 참여를 희망하는 자

⑤ 차상위자

근로능력이 있고, 소득인정액이 기준 중위소득 50% 이하인 사람 중 비수급권자

    ㉠ 소득인정액이 기준 중위소득 50% 이하인 자로서 한국 국적의 미성년 자녀를 양육하고 있는 국적 미취득의 결혼이민자 포함

    ㉡ 만 65세 이상 등 근로능력이 없는 차상위자가 자활사업 참여를 원할 경우 시·군·구의 자활사업 및 지원예산·자원의 여건을 감안하여 시장·군수·구청장 결정에 따라 참여 가능

⑥ 근로능력이 있는 시설수급자

    ㉠ 시설수급자 중 생계·의료급여 수급자 : 행복e음 보장결정 필수(조건부수급자 전환 불필요)

    ㉡ 일반시설생활자(주거·교육급여 수급자 및 기타) : 차상위자 참여 절차 준용

## 2 자활사례관리

### (1) 의의 및 특징

① 자활사례관리는 자활사업 참여자의 개인별 자활지원계획을 바탕으로 상담, 근로기회 제공, 자활근로를 통한 근로의욕·자존감 고취 등을 모니터링하고 자립에 필요한 각종 서비스를 연계 지원하는 자활프로그램의 일종이다.

② 'Gateway'는 자활근로 참여자의 구체적인 자활경로를 세우고 이를 이행하기 위하여 기본지식과 소양을 익히는 사전단계로서, 상담, 기초교육, 욕구조사에 기반하여 개인별 자립경로(IAP ; Individual Action Plan) 및 개인별 자활지원계획(ISP ; Individual Service Plan)을 수립하게 된다.

## (2) Gateway 과정

① **참여 대상자** : 모든 자활사업 신규참여자 및 기존 자활사업 참여자

② **참여자 관리**

  ㉠ Gateway 과정은 2개월 이내를 원칙으로 하고, 1개월에 한하여 추가 연장이 가능하다.

  ㉡ 참여자당 Gateway 과정 참여 횟수는 자활사업 참여기간(최대 5년) 동안 총 3회 이내로 제한한다.

  ㉢ 참여자에 대한 상담 및 사정, 기초교육 및 개인별 자립경로 및 자활지원계획을 수립한다.

  ㉣ 참여자의 활동을 모니터링하고 이를 기록·평가하여야 한다.

## (3) 사례관리 추진절차

접수 및 초기상담 → 사정 → 계획수립 → 실행 및 점검 → 평가 및 종결 → 사후관리

## 3 자활근로사업

### (1) 의의 및 특징

① 자활근로사업은 한시적인 일자리 제공에 그치지 않고, 저소득층이 노동시장에서 취·창업을 통해 경제활동을 영위하는 데 필요한 기초능력 배양 및 자립 장애요인의 제거에 초점을 둔다.

② 전국 표준화사업(예 간병, 집수리, 청소, 자원 재활용 등), 공공·민간 연계사업(예 커뮤니티케어, 정부양곡배송 등)의 전국 단위 사업 및 지역 실정에 맞는 특화사업을 적극 개발하여 추진한다.

③ 자활참여자의 자활 촉진 및 자활근로 안주를 방지하기 위하여 자활근로 참여기간을 최대 60개월로 제한한다(단, 근로유지형 자활근로는 연속 참여기간에 제한이 없음).

### (2) 자활근로의 종류                                        6, 8, 10회 기출

> **참고**
> 자활근로사업으로서 예비자활기업은 2022년부로 폐지되었습니다.

① **시장진입형 자활근로**

  ㉠ 시장진입 가능성이 높고 자활기업 창업이 용이한 사업으로, 매출액이 총 사업비(총 투입 예산)의 30% 이상 발생하는 사업을 대상으로 한다.

  ㉡ 신규사업단은 원칙적으로 사회서비스형으로 추진하되, 시장·군수·구청장이 사업의 특성, 수익 창출 효과를 검토하여 제한적으로 시장진입형 신규사업단 설치가 가능하다.

  ㉢ 시장진입형 자활근로 사업단 신규 참여자는 사업단 참여 개시 1년 이내에 한국자활연수원과 광역자활센터가 운영하는 '자활기업 준비교육과정'을 이수하여야 한다.

② 사회서비스형 자활근로

　　㉠ 공익성이 있는 사회적으로 유용한 일자리 분야의 사업을 선정하여 추진하되, 향후 시장 진입 가능성을 고려하여 추진한다.

　　㉡ 수익형은 매출액이 총 사업비의 10% 이상 발생하여야 하며, 매출액이 총 사업비의 30% 이상 발생하는 경우 시장진입형으로 전환을 유도한다.

　　㉢ 공익형(비수익형)은 지역사회 취약계층 대상 사회서비스 개발 · 제공을 위한 것으로, 공익형 사업단의 경우 매출액 기준을 적용하지 않는다.

### Plus ⊕ one

공익형(비수익형)은 무료간병서비스, 장애인통합보조교육 및 농촌형 지역자활센터의 정부양곡배송, 무료집수리, 무료빨래방 등 시 · 군 · 구의 승인을 받은 업종을 주요 대상으로 함

③ 인턴 · 도우미형 자활근로

지자체, 지역자활센터, 사회복지시설 및 일반기업체 등에서 자활사업대상자가 자활인턴사원으로 근로를 하면서 기술 · 경력을 쌓은 후 취업을 통한 자활을 도모하는 취업유도형 자활근로사업이다.

| 인턴형 | 단순노무 지원형태를 지양하고 수급자의 자활유도가 용이한 기술 습득이 가능한 업체, 자활기업 및 사업자등록증(고유번호증) 발급 업체 등 해당 시 · 군 · 구가 승인하는 업체, 인건비 지원 후 인턴형 자활근로 참여자 채용을 확약한 업체를 선정하여 지원한다. |
| --- | --- |
| 복지도우미형 | 담당공무원의 지휘를 받아 자활사업(자산형성 지원사업을 포함)을 홍보 · 안내하거나, 읍 · 면 · 동 사회복지담당 공무원의 업무수행을 보조 · 지원하는 인력으로 활용한다. |
| 자활도우미형 | 게이트웨이 업무 지원, 자활근로사업단 매출액 관리 등 회계업무를 수행하거나, 사업장 · 참여자 관리 등 자활사업 실시기관 사업담당자의 업무를 보조하는 인력으로 활용한다. |
| 사회복지시설도우미형 | 사회복지시설의 보조 인력으로 활용한다. 사회복지시설 도우미 지원 시 취업연계지원시설과 무료지원시설로 구분하여 지원하되, 취업연계지원시설은 인턴형 자활근로사업으로 지원한다. |

④ 근로유지형 자활근로

　　㉠ 현재의 근로능력 및 자활의지를 유지하면서 향후 상위 자활사업 참여를 준비하는 형태의 사업이다.

　　㉡ 생계 · 의료급여 수급자, 자활급여특례자를 대상으로 하며, 특히 대상자 선정 시 연령 · 건강 · 학력 등을 감안하여 노동강도가 낮은 사업 참여가 필요한 자, 간병 · 양육 · 보호 등 가구여건상 관내 사업 참여가 필요한 자, 자활역량평가 결과가 근로의욕증진대상자에 해당하는 자인지를 감안한다.

　　㉢ 노인 · 장애인 등에 대한 가사도우미, 지역환경정비, 공공시설물관리 보조 등 노동강도가 약하나 지역사회 필수적인 공공서비스 제공사업 중심으로 추진한다.

⑤ 시간제 자활근로

　㉠ 돌봄·간병·건강 등의 사유로 종일 일자리 참여가 어려운 저소득층을 위한 사업이다.

　㉡ 시간제 자활근로 참여를 희망하는 저소득 희망참여자를 대상으로 시·군·구 담당자가 개인·가구 여건을 고려하여 배정한다(단, 조건부수급자의 경우 전일제 자활근로 참여가 원칙이나 예외적으로 시간제 근무로 배정함).

　㉢ 일 4시간 근무 원칙으로 초과근무를 지양하되, 불가피한 경우에 한하여 1일 2시간, 1주 8시간의 범위 내에서만 사업실시기관과 사전협의하에 운영한다.

⑥ 청년자립도전 자활사업단

　㉠ 자활사업에 참여하는 청년들이 '맞춤형 자립지원'을 통해 스스로 개인의 변화와 성장을 이끌어내고 공동체성을 회복하는 것에 중점을 둔 사업단이다.

　㉡ 만 18세~39세의 신규 자활 참여자 또는 참여기간 2년 이내의 기존 참여자를 대상으로 하며, 최대 3년까지 사업단 참여가 가능하다.

　㉢ 1일 8시간, 주 5일 참여를 조건으로 하며, 참여자에 대해 **자산형성지원**과 함께 **교육비를 지원**한다.

## 4 자활기업 지원사업

### (1) 의의 및 특징

① 자활기업은 2인 이상의 수급자 또는 차상위자가 상호 협력하여, 조합 또는 사업자의 형태로 탈빈곤을 위한 자활사업을 운영하는 업체를 말한다.

② 「국민기초생활보장법」에 의한 자활기업 요건을 갖추고 보장기관으로부터 인정을 받은 인정 자활기업에 해당하는 것으로서, 기존의 '자활공동체'에서 명칭이 변경되었다.

③ 자활기업의 원활한 수행을 위하여 자활기업 참여자는 관할 시·군·구 지역 거주자에 국한하지 않으며, 사업실시지역은 관할지역을 벗어날 수 있다.

④ 자활기업은 자립형 자활기업과 사회형 자활기업으로 구분한다.

### (2) 자활기업의 설립 및 인정　　　　　　　　　　　8, 9회 기출

① 기본 설립 및 인정 요건　　　　　　　　　　　　18회 기출

　㉠ 자활근로사업단을 거친 2인 이상의 수급자 또는 차상위자로 구성한다(단, 친족만으로 구성은 불가함).

　㉡ 조합 또는 부가가치세법상 사업자로 설립한다.

② 자활기업 인정 시 유의사항

　㉠ 모든 참여자에 대해 노동관계법령상의 최저임금 이상의 임금 지급이 지속적으로 가능한 자활사업단은 특별한 사유가 없는 한 원칙적으로 **자활기업**으로 전환하여야 한다.

　㉡ 자활기업은 정관을 작성하여 자활기업 사업의 명칭·목적·내용, 조직 및 구성원의 권리와 의무, 회의의 종류 및 결의, 운영원칙 및 회계방식 등을 정해야 한다.

ⓒ 한시적 인건비 지원 자활기업의 경우 과도한 인원으로 구성되지 않도록 해야 한다.

ⓔ 보장기관과 자활기업 실시기관은 자활기업의 설립과 인정 요건, 설립 형태 및 사업자등록, 창업자금 등 지원사항, 자활정보시스템 입력사항, 노무 및 세무 사항 등 창업에 필요한 교육 및 안내를 충분히 실시해야 한다.

ⓜ 자활근로사업단의 자활기업 전환 시 사업의 동일성을 유지해야 한다.

ⓗ 자활기업 창업 예정자 중 1/2 이상은 한국자활연수원의 **창업 실무교육**을 수료해야 한다.

③ 지원 요건

| 자립형 자활기업 | 인정요건을 충족하며 구성원 중 기초생활보장 수급자 및 차상위자가 1/3 이상이어야 지원이 가능하다(단, 수급자는 반드시 1/5 이상이어야 함). |
|---|---|
| 사회형 자활기업 | 전체 구성원이 5인 이상이고 사회적기업육성법령에 따른 취약계층을 전체 구성원의 30% 이상 고용하였으며, 설립 후 만 3년이 경과하였고, 법인인 경우에 지원이 가능하다. |

## (3) 자활기업의 지원 내용

① 자활을 위한 사업자금 융자

② 국유지 · 공유지 우선 임대

③ 국가나 지방자치단체가 실시하는 사업의 우선 위탁

④ 자활기업 운영에 필요한 경영 · 세무 등의 교육 및 컨설팅 지원

⑤ 그 밖에 수급자의 자활촉진을 위한 각종 사업

## 5 자활근로소득공제

### (1) 의의 및 특징

① 보충급여를 기본원리로 하고 있는 국민기초생활보장제도가 야기할 수 있는 수급자의 근로의욕 감퇴를 예방하기 위한 사업이다.

② 근로소득의 일정비율을 산정하여 **자활근로소득공제**를 적용한다.

③ 2019년 재도입된 **자활장려금**을 폐지하고 2022년부터 **생계급여 소득공제**로 적용한다.

### (2) 자활근로소득공제 산출방법

① 생계급여 산정 시 소득인정액에서 **자활소득의 30%**를 공제하여 생계급여를 추가로 지급한다.

② 타 근로소득공제와 중복을 방지한다. 즉, 둘 이상의 근로 · 사업소득 공제 항목에 해당하는 경우 가장 유리한 하나의 항목을 적용한다.

## 6 자산형성 지원사업

### (1) 의의 및 특징

16, 19회 기출

① 자산형성지원 대상자가 자활에 필요한 자산을 형성할 수 있도록 재정적으로 지원하고 필요한 교육을 실시하는 사업을 의미한다.
② 2022년부터 희망저축계좌 Ⅰ·Ⅱ(상반기) 및 청년내일저축계좌(하반기)로 사업을 개편한다.
③ 원칙적으로 각 통장별로 1회에 한하여 수혜 가능하며, 하나의 통장에 참여하여 지원금을 수령한 이후 타 통장에 가입하여 수혜가 가능하다.

### (2) 사업의 주요 내용(2022년 기준)

14, 16회 기출

| 구 분 | 희망저축계좌 Ⅰ | 희망저축계좌 Ⅱ | 청년내일저축계좌 | |
|---|---|---|---|---|
| 사업목적 | 일을 통한 근로빈곤층의 탈빈곤 촉진 | 근로빈곤층의 생계·의료 수급가구 진입에 대한 사전예방 | 근로빈곤층 청년의 생계수급자 등으로의 하락에 대한 사전예방 | 일하는 중간계층 청년의 사회안착 및 자립 촉진 |
| 가입대상 | 일하는 생계·의료 수급 가구 | 일하는 주거·교육 수급 가구 및 차상위계층 가구 | 일하는 생계·의료·주거·교육 수급 가구 및 차상위 가구의 청년(만 15~39세) | 일하는 기준 중위 50% 초과 100% 이하 가구의 청년 (만 19~34세) |
| 본인 저축 | 월 10만원 이상 자율저축 (최대 50만원까지 가능) | | | |
| 정부 지원 | 30만원 | 10만원 | 30만원 | 10만원 |
| 기타 지원 | 대상자별 추가지원금 지원 | | | |
| 3년 평균 적립액 (10만원 저축 시) | 1,440만원 + 이자 (본인저축 360만원 포함) | 720만원 + 이자 (본인저축 360만원 포함) | 1,440만원 + 이자 (본인저축 360만원 포함) | 720만원 + 이자 (본인저축 360만원 포함) |
| 지원조건 | 3년 이내 생계·의료 탈수급 | 자립역량교육 이수 및 사례관리 등 | 자립역량교육 이수 및 자금사용계획서 제출 | |

> **참고**
>
> 대상자별 추가지원금으로 근로소득공제금, 내일키움장려금, 내일키움수익금, 탈수급장려금, 지자체지원금, 기타 민간 등과의 협약을 통한 추가지원금이 있습니다.
> ※ 자활사업의 구체적인 사업 내용은 정부정책에 따라 수시로 변경되는 경향이 있으므로, 보건복지부 홈페이지(www.mohw.go.kr)를 반드시 살펴보시기 바랍니다.

## 7 자활사업 지원체계

### (1) 지역자활센터

12, 16회 기출

#### ① 목 적

    ㉠ 근로능력이 있는 저소득층에게 집중적·체계적인 자활지원서비스를 제공함으로써 자활의욕을 고취시키고 자립능력을 향상시킨다.

    ㉡ 기초수급자 및 차상위계층의 자활 촉진에 필요한 사업을 수행하는 핵심 인프라로서의 역할을 수행토록 한다.

#### ② 주요 사업

    ㉠ 자활의욕 고취를 위한 교육

    ㉡ 자활을 위한 정보제공·상담·직업교육 및 취업알선

    ㉢ 자영창업 지원 및 기술·경영지도

    ㉣ 자활기업의 설립·운영지원

    ㉤ 사회서비스지원 사업

    ㉥ 수급자나 차상위자의 자활사업 참여나 취업·창업으로 인하여 지원이 필요하게 된 가구에 대하여 사회복지서비스 등 필요한 서비스 연계

    ㉦ 계좌(통장) 사례관리(희망저축계좌, 청년내일저축계좌)

    ㉧ 그 밖에 수급자 등의 자활을 위한 각종 사업

#### ③ 운영원칙

7회 기출

    ㉠ 참여주민의 고유성과 존엄성의 원칙 : 인도주의 원칙하에 주민들의 개별적 고유성 및 존엄성이 최대한 보장되도록 수행하여야 한다.

    ㉡ 주민자발성의 원칙 : 저소득층 주민의 자발적 참여와 자조·자립을 지원하여 주민의 역할과 책임을 장려한다.

    ㉢ 독립성의 원칙 : 독립된 행정체계와 운영체계를 가져야 하며, 기존 복지관이나 시설의 프로그램 일부로 편입되어 운영되어서는 안 된다.

    ㉣ 기준시설 확보의 원칙 : 주민들과의 상담, 교육, 훈련 및 경영지도 등의 자활·자립을 도모하는 종합적인 서비스를 제공하기 위해 일정한 규모의 기준시설을 확보해야 한다.

    ㉤ 전문가에 의한 사업수행의 원칙 : 지역사회복지, 지역사회조직 및 개발 관련 분야의 전문지식과 함께 지역조직 활동에 전념하여 지역현장 경험을 갖춘 전문적이고 헌신적인 인력에 의해 수행한다.

    ㉥ 지역사회 제반자원 활용의 원칙 : 주민의 자활·자립을 위해 지역 내 다양한 물적·인적 자원을 필요로 하며, 이를 위해 지역의 제반자원을 조직·동원하여 가용자원으로 활용한다.

    ㉦ 사업실행 평가의 원칙 : 주민들의 생활향상과 변화의 효과, 재정투자의 효과, 사업 내용 및 방법의 적합성 등이 지속적으로 평가되어야 하며, 평가 결과가 새로운 사업 수행에 환류하여 활용되도록 한다.

## (2) 광역자활센터 11회 기출

### ① 목 적

- ㉠ 기초단위에서 단편적으로 추진되고 있는 자활지원체계를 광역단위의 **자활사업 인프라를 구축**하여 종합적이고 효율적으로 자활사업을 추진함으로써 자활사업의 효과성을 제고하고 활성화를 도모한다.
- ㉡ 중앙-광역-지역으로 이루어지는 효율적인 자활지원 인프라를 통해 자활사업의 내실화를 이루고 **자활지원 정책의 효과적인 전달체계를 형성**한다.

### ② 주요 사업

- ㉠ 시 · 도 단위의 자활기업 창업지원
- ㉡ 시 · 도 단위의 수급자 및 차상위자에 대한 취업 · 창업 지원 및 알선
- ㉢ 시 · 도 단위의 지역자활센터 종사자 및 참여자에 대한 교육훈련 및 지원
- ㉣ 지역특화형 자활프로그램 개발 · 보급 및 사업개발 지원
- ㉤ 시 · 도 단위의 지역자활센터 및 자활기업에 대한 기술 · 경영지도
- ㉥ 시 · 도 단위의 자활지원을 위한 조사 · 연구 · 홍보
- ㉦ 시 · 도 단위의 자산형성지원사업을 위탁 운영
- ㉧ 자활기금 위탁운영 및 마이크로크레디트(Microcredit, 무담보무보증 소액대출) 집행
- ㉨ 그 밖에 자활 활성화를 위한 사업

### ③ 광역자활센터의 현황 12회 기출

- ㉠ 광역자활센터는 보장기관으로부터 시 · 도 단위로 지정을 받은 **사회복지법인, 사회적협동조합** 등 비영리법인과 단체 등에 의해 운영된다.
- ㉡ 2021년 12월 30일 개소된 **제주광역자활센터**를 포함하여 2022년 3월 기준 총 16개소가 설치 · 운영 중에 있다.

### (3) 한국자활복지개발원

#### ① 목 적

자활지원을 위한 조사·연구 및 프로그램 개발·평가, 민간자원 연계 등의 기능 수행 및 자활 관련 기관들 간의 협력체계 구축 등의 지원업무를 전담하여 자활사업 지원체계의 전문성 및 효율성을 제고한다.

#### ② 주요 사업

    ㉠ 자활지원을 위한 조사·연구·교육 및 홍보사업

    ㉡ 자활지원을 위한 사업의 개발 및 평가

    ㉢ 광역자활센터, 지역자활센터 및 자활기업의 기술·경영지도 및 평가

    ㉣ 자활관련기관 간의 협력체계 및 정보네트워크 구축·운영

    ㉤ 취업·창업을 위한 자활촉진 프로그램 개발 및 지원

    ㉥ 전국 단위의 자활기업 창업지원

    ㉦ 광역자활센터에 대한 사업 컨설팅 및 광역단위 자활기업 관리

    ㉧ 그 밖에 자활촉진에 필요한 사업으로서 보건복지부장관이 정하는 사업

### (4) 자활기관협의체

#### ① 의 의

시장·군수·구청장이 자활지원사업의 효율적인 추진을 위해 직업안정기관·자활사업실시기관 및 사회복지시설 등과 상시적인 협의체를 구성한다.

#### ② 목 적

    ㉠ 조건부수급자 등 저소득층의 자활을 위해 사업을 의뢰하고 사후관리체계를 구축한다.

    ㉡ 지역자활지원사업의 활성화를 위해 공공 및 민간자원의 총체적인 활용을 도모한다.

    ㉢ 수급자의 자활 및 복지욕구 충족을 위해 지역사회 중심의 복지서비스 연계시스템을 마련함으로써 실질적인 사례관리(Case Management) 체계를 구축한다.

## 8 | 자활지원계획(국민기초생활보장법 시행령 제37조 참조)

### (1) 자활지원계획 수립

① 시장·군수·구청장은 자활지원계획에 따라 수급자의 자활을 체계적으로 지원하기 위하여 해당 지역의 자활지원계획을 해마다 1월 31일까지 수립하고, 특별자치시장·특별자치도지사는 그 계획을 보건복지부장관에게 보고하여야 하며, 시장·군수·구청장(특별자치시장·특별자치도지사는 제외)은 특별시장·광역시장·도지사에게 보고하여야 한다.

② 특별시장·광역시장·도지사는 보고받은 자활지원계획을 기초로 해당 시·도 자활지원계획을 수립하고, 그 계획을 해마다 2월 말까지 보건복지부장관에게 보고하여야 한다.

③ 보건복지부장관은 기초생활보장 기본계획의 내용을 반영하여 연도별 자활지원계획을 수립하여야 한다.

### (2) 자활지원계획에 포함되는 사항

① 해당 연도 및 다음 연도의 자활지원 수요와 자활지원사업 실시에 관한 사항

② 해당 연도 및 다음 연도의 자활지원사업 실시를 위한 재원 조달에 관한 사항

③ 다음 연도의 자활사업실시기관 육성·지원계획에 관한 사항

④ 그 밖에 자활지원에 필요한 사항

## 9 | 사회적경제

### (1) 개 념

① 사각지대에 놓인 사회적 약자들에게 재화와 서비스를 공급하는 '제3부문'으로서, 시장 및 정부의 영역과 일부 긴밀히 연계되어 있으면서도 독자적인 운영을 통해 사회적 재화와 서비스를 공급하는 경제활동을 말한다.

② 자본주의 시장경제가 사적 이윤의 극대화를 추구하는 경제시스템인 반면, 사회적경제는 사회적 가치에 기반을 두고 공동 이익을 목적으로 하는 경제시스템이다.

③ 사회적경제의 주체는 사회적기업, 마을기업, 협동조합, 자활기업 등을 포함한다.

### (2) 사회적기업

① 취약계층에게 사회서비스 또는 일자리를 제공하거나 지역사회에 공헌함으로써 지역주민의 삶의 질을 높이는 등의 사회적 목적을 추구하면서 재화 및 서비스의 생산·판매 등 영업활동을 하는 기업이다(사회적기업 육성법 제2조 제1호 참조).

② 국가는 사회서비스 확충 및 일자리 창출을 위하여 사회적기업에 대한 지원대책을 수립하고 필요한 시책을 종합적으로 추진하여야 하며, 지방자치단체는 지역별 특성에 맞는 사회적기업 지원시책을 수립·시행하여야 한다(동법 제3조 제1항 및 제2항).

③ 사회적기업을 운영하려는 자는 법령에 따른 인증 요건을 갖추어 **고용노동부장관의 인증**을 받아야 하며, 고용노동부장관은 인증을 하려면 **고용정책심의회의 심의**를 거쳐야 한다(동법 제7조 제1항 및 제2항).

④ 사회적기업은 사회적 일자리 창출 등 사회적 가치 실현을 중요시하는 만큼, 특히 상법상 회사의 경우 이윤을 사회적 목적에 재투자하는 것을 인증 요건으로 한다.

### (3) 마을기업

15, 18회 기출

① 지역주민이 각종 지역자원을 활용한 수익사업을 통해 공동의 지역문제를 해결하고, 소득 및 일자리를 창출하여 지역공동체 이익을 효과적으로 실현하기 위해 설립·운영하는 마을단위의 기업이다.

② 마을기업은 **공동체성, 공공성, 기업성, 지역성** 등을 운영원칙으로 한다.

③ 마을기업의 설립과정에 지역주민 또는 지역 내 다양한 이해관계자 등을 참여시켜야 하며, 의견을 수렴하고 반영하도록 노력하여야 한다.

④ 시·군·구의 서류적격 여부 검토, 시·도의 지정 요건 등 심사, 행정안전부의 최종 심사를 거쳐 마을기업으로 지정된다.

### (4) 협동조합

15, 18, 20회 기출

① 재화 또는 용역의 구매·생산·판매·제공 등을 협동으로 영위함으로써 조합원의 권익을 향상하고 지역사회에 공헌하고자 하는 사업조직이다(협동조합기본법 제2조 제1호).

② 협동조합을 설립하려는 경우에는 5인 이상의 조합원 자격을 가진 자가 발기인이 되어 정관을 작성하고 창립총회의 의결을 거친 후 주된 사무소의 소재지를 관할하는 시·도지사에게 신고하여야 한다(동법 제15조 제1항). 시·도지사는 협동조합의 설립신고를 받은 때에는 즉시 기획재정부장관에게 그 사실을 통보하여야 한다(동법 제15조 제5항).

③ 협동조합 중 지역주민들의 권익·복리 증진과 관련된 사업을 수행하거나 취약계층에게 사회서비스 또는 일자리를 제공하는 등 영리를 목적으로 하지 아니하는 협동조합을 '**사회적협동조합**'이라고 한다.

---

**Plus ⊕ one**

**돌봄경제와 지역사회 통합돌봄(커뮤니티케어)**

19회 기출

- **돌봄경제(Care Economy)**는 노인·장애인·아동 등의 돌봄서비스 수요를 충족시켜 삶의 질 향상과 함께 관련 산업을 육성하는 것을 목적으로 하는 새로운 정책전략이다. 통합돌봄분야 서비스·인력 확충에 따라 서비스 산업의 발전 및 대규모 일자리 창출이 가능하며, 지역과 밀착된 생활기반시설을 통해 전문직종 간 서비스를 연계하여 제공함으로써 지역균형발전에 기여한다.
- **지역사회 통합돌봄(Community Care)**은 돌봄경제에 기초하여 돌봄이 필요한 주민(노인, 장애인, 아동 등)들이 살던 곳(자기 집, 그룹홈 등)에서 개개인의 욕구에 맞는 서비스를 누리고, 지역사회와 함께 어울려 살아갈 수 있도록 주거, 보건의료, 요양, 돌봄, 일상생활의 지원이 통합적으로 확보되는 지역주도형 정책이다. 노화·사고·질환·장애 등 돌봄이 필요한 상태로 평소 살던 곳에서 지내기를 희망하는 사람들을 대상으로 다음과 같은 서비스를 제공한다.

| 주 거 | 케어안심주택, 자립체험주택, 주택개조, 거주시설 전환 등 |
|---|---|
| 보건의료 | 방문 건강관리, 방문의료, 방문약료, 만성질환 관리 등 |
| 복지·돌봄 | 재가 장기요양, 재가 돌봄서비스, 스마트 홈 등 |

**01** 지방분권에 관한 설명으로 옳지 않은 것은? [19회]

① 주민참여 기회가 확대된다.
② 중앙정부의 책임성이 강화된다.
③ 지역 특성에 맞는 정책을 수립할 수 있다.
④ 지역 간 복지수준의 격차가 발생할 수 있다.
⑤ 지방자치단체의 역할과 책임을 강화시킬 수 있다.

해설 **지방분권이 지역사회복지에 미치는 부정적 영향**
  • 지방자치단체장의 의지에 따라 복지서비스의 지역 간 불균형이 나타날 수 있다.
  • 사회복지 행정업무와 재정을 지방에 이양함으로써 중앙정부의 사회적 책임성을 약화시킬 수 있다.
  • 지방정부가 사회개발정책에 우선을 두는 경우 지방정부의 복지예산이 감소될 수 있다.
  • 지방정부 간의 재정력 격차로 복지수준의 차이가 나타날 수 있다.
  • 지방정부 간의 경쟁이 심화되어 지역 이기주의가 나타날 수 있다.
  • 복지행정의 전국적 통일성을 저해할 수 있다.

**02** 다음에서 사회복지관이 사회복지서비스를 우선 제공하여야 할 대상을 모두 고른 것은? [18회]

> A씨는 국민기초생활보장법에 따른 수급자로서, 75세인 어머니와 보호가 필요한 유아 자녀, 교육
> 이 필요한 청소년 자녀, 취업을 희망하는 배우자와 함께 살고 있다.

① A씨                            ② A씨, 배우자
③ 어머니, 배우자                  ④ 배우자, 자녀
⑤ A씨, 어머니, 배우자, 자녀

해설 **사회복지관의 사회복지서비스 우선 제공 대상자(사회복지사업법 제34조의5 제2항 참조)**
  사회복지관은 모든 지역주민을 대상으로 사회복지서비스를 실시하되, 다음의 지역주민에게 우선 제공하여야
  한다.
  • 「국민기초생활보장법」에 따른 수급자 및 차상위계층(→ A씨)
  • 장애인, 노인, 한부모가족 및 다문화가족(→ 어머니)
  • 직업 및 취업 알선이 필요한 사람(→ 배우자)
  • 보호와 교육이 필요한 유아ㆍ아동 및 청소년(→ 자녀)
  • 그 밖에 사회복지관의 사회복지서비스를 우선 제공할 필요가 있다고  인정되는 사람

1 ② 2 ⑤   Answer

**03** 지역사회복지 영역에서 사회적 경제에 관한 설명으로 옳지 않은 것은? [16회]

① 사회적 가치 실현을 중요시한다.
② 사회적 기업은 사회적 일자리 창출을 목적으로 한다.
③ 사회적 기업은 이윤창출이 제한된다.
④ 마을기업은 지역공동체에 기반하여 활동한다.
⑤ 협동조합은 조합원 자격자 5인 이상으로 설립한다.

 ② · ③ 사회적 기업은 취약계층에게 사회서비스 또는 일자리를 제공하거나 지역사회에 공헌함으로써 지역주민의 삶의 질을 높이는 등의 사회적 목적을 추구하면서 재화 및 서비스의 생산 · 판매 등 영업활동을 하는 기업이다(사회적 기업 육성법 제2조 제1호 참조). 이러한 사회적 기업은 사회적 가치 실현을 중요시하는 만큼, 특히 상법상 회사의 경우 이윤을 사회적 목적에 재투자하는 것을 인증요건으로 한다.
① 사회적 경제는 사회적 가치에 기반을 두고 공동 이익을 목적으로 하는 경제시스템이다.
④ 마을기업은 지역주민이 각종 지역자원을 활용한 수익사업을 통해 공동의 지역문제를 해결하고, 소득 및 일자리를 창출하여 지역공동체 이익을 효과적으로 실현하기 위해 설립 · 운영하는 마을단위의 기업이다.
⑤ 협동조합을 설립하려는 경우에는 5인 이상의 조합원 자격을 가진 자가 발기인이 되어 정관을 작성하고 창립총회의 의결을 거친 후 주된 사무소의 소재지를 관할하는 시 · 도지사에게 신고하여야 한다(협동조합기본법 제15조 제1항).

**04** 지역사회 복지기관에 관한 설명으로 옳지 않은 것은? [16회]

① 지역자활센터에서는 조건부수급자만을 대상으로 자활의욕 고취를 위한 사업을 추진한다.
② 사회복지관은 경제적 지원, 일상생활 지원 등의 지역사회보호 사업을 수행한다.
③ 자원봉사센터는 자원봉사를 필요로 하는 기관과 단체에 자원봉사자를 공급한다.
④ 자활기업은 저소득층의 탈빈곤을 위한 자활사업을 운영한다.
⑤ 사회복지공동모금회는 취약한 사회복지현장의 역량강화를 위해 주제를 정하여 사업을 배분하기도 한다.

 ① 지역자활센터는 근로능력이 있는 저소득층에게 집중적 · 체계적인 자활지원서비스를 제공함으로써 자활의욕 고취 및 자립능력 향상을 지원한다. 즉, 조건부수급자만을 대상으로 하는 것은 아니다.

**05** 시·군·구 지역사회보장계획에 포함되어야 하는 사항을 모두 고른 것은? [20회]

> ㄱ. 지역사회보장 전달체계의 조직과 운영
> ㄴ. 사회보장급여의 사각지대 발굴 및 지원 방안
> ㄷ. 지역사회보장에 관련한 통계 수집 및 관리 방안
> ㄹ. 지역사회보장에 필요한 재원의 규모와 조달 방안

① ㄱ, ㄴ                   ② ㄱ, ㄷ

③ ㄴ, ㄷ                   ④ ㄱ, ㄴ, ㄹ

⑤ ㄱ, ㄴ, ㄷ, ㄹ

**해설** 시·군·구 지역사회보장계획에 포함되어야 하는 사항(사회보장급여의 이용·제공 및 수급권자 발굴에 관한 법률 제36조 제1항 참조)
- 지역사회보장 수요의 측정, 목표 및 추진전략
- 지역사회보장의 목표를 점검할 수 있는 지표(지역사회보장지표)의 설정 및 목표
- 지역사회보장의 분야별 추진전략, 중점 추진사업 및 연계협력 방안
- 지역사회보장 전달체계의 조직과 운영(ㄱ)
- 사회보장급여의 사각지대 발굴 및 지원 방안(ㄴ)
- 지역사회보장에 필요한 재원의 규모와 조달 방안(ㄹ)
- 지역사회보장에 관련한 통계 수집 및 관리 방안(ㄷ)
- 지역 내 부정수급 발생 현황 및 방지대책
- 그 밖에 대통령령으로 정하는 사항

**06** 지역사회보장협의체에 관한 내용으로 옳지 않은 것은? [15회]

① 네트워크 원리에 따른 운영

② 민간사회복지기관에 대한 감사 및 평가

③ 수요자 중심의 지역사회보장서비스 제공기반 마련

④ 지역사회 공동체 기능 회복과 사회자본 확대 지향

⑤ 「사회보장급여의 이용·제공 및 수급권자 발굴에 관한 법률」로 시행

**해설** ② 지역사회보장협의체는 지역사회보장계획의 수립·과정·평가 등 지역사회보장의 주요 사항에 대하여 민간과 공공이 협력하여 심의·자문하는 협치(Governance)의 기능을 한다.

**07** 지역사회복지 추진기관에 관한 설명으로 옳은 것은? [15회]

① 빈곤아동의 통합사례관리를 하는 드림스타트 사업은 민간영역의 사업이다.

② 희망복지지원단은 지역주민 맞춤형 통합서비스체계 구축을 목적으로 지역사회가 보유한 자원과 서비스를 총괄적으로 조정한다.

③ 사회복지공동모금회의 지정기탁사업은 개별 사회복지 기관이나 시설에서 공모사업에 신청함으로써 배분된다.

④ 지역사회아동의 돌봄서비스를 제공하는 지역아동센터는 보호프로그램만 제공한다.

⑤ 지역주민 맞춤형 가족지원서비스를 제공하는 건강가정지원센터는 읍·면·동에 설치되어 있다.

**해설** ② 희망복지지원단은 복합적 욕구를 가진 대상자에게 통합사례관리를 제공하고, 지역 내 자원 및 방문형서비스 사업 등을 총괄 관리함으로써 지역단위 통합서비스 제공의 중추적 역할을 수행하는 전담조직이다.

① 드림스타트 사업은 아동복지법령에 따라 보건복지부가 총괄하고 시·군·구가 아동통합서비스지원기관(드림스타트)을 설치·운영한다.

③ 자유주제 공모형태로 복지 사업을 신청 받아 배분하는 사업은 '신청사업'에 해당한다. 반면, '지정기탁사업'은 기부자가 기부금의 배분지역·배분대상자 또는 사용용도를 지정한 경우 그 지정취지에 따라 배분하는 사업이다.

④ 지역아동센터는 보호, 교육, 문화, 정서지원, 지역사회연계 프로그램을 제공한다.

⑤ 건강가정지원센터는 건강가정기본법령에 따라 여성가족부가 설치계획을 수립하고 관리·감독·지도를 하며, 시·도 및 시·군·구가 설치 및 지원을 한다.

제3영역

**08** 지역사회보장계획의 수립 과정을 순서대로 옳게 나열한 것은? [17회]

> ㄱ. 세부사업 계획 수립
> ㄴ. 지역사회보장협의체 심의
> ㄷ. 지역사회보장조사
> ㄹ. 행·재정계획 수립
> ㅁ. 의회 보고
> ㅂ. 추진 비전 및 목표 수립

① ㄱ - ㄴ - ㅁ - ㄹ - ㅂ - ㄷ
② ㄴ - ㄹ - ㄱ - ㅁ - ㅂ - ㄷ
③ ㄷ - ㄹ - ㅂ - ㄱ - ㄴ - ㅁ
④ ㄷ - ㅂ - ㄹ - ㄱ - ㄴ - ㅁ
⑤ ㄷ - ㅂ - ㄱ - ㄹ - ㄴ - ㅁ

**해설** 지역사회보장계획 수립의 기본 절차

| | |
|---|---|
| 계획준비 | 지역사회보장계획 수립을 위한 기획, 예산 확보 및 활용계획 등을 총괄하여 계획 수립을 준비한다. |
| 지역분석 | 지역사회보장조사를 실시(ㄷ)하여 지역주민의 사회보장 욕구와 활용 가능한 자원을 파악한다. |
| 계획 작성 | 지역사회보장계획의 추진 전략(비전) 및 목표를 결정(ㅂ)하고, 세부사업의 선정 및 중기별·연차별 계획을 수립(ㄱ)하며, 행정·재정계획을 수립(ㄹ)함으로써 지역사회보장계획안을 마련한다. |
| 의견수렴 | 지역사회보장계획의 지역성과 정당성을 확보하기 위해 지역주민의 의견을 수렴한다. |
| 계획 확정 | 지역사회보장협의체(시·군·구), 사회보장위원회(시·도)에서 지역사회보장계획을 심의(ㄴ)하고 계획안을 확정하는 과정을 거친다. |
| 제 출 | 심의를 거쳐 확정된 지역사회보장계획을 지방의회에 보고(ㅁ)함으로써 향후 계획의 내용과 예산 편성의 연계성을 제고한다. |
| 권고·조정 사항 반영 | 시·도지사 또는 보건복지부장관이 제시한 권고·조정 사항이 있는 경우 이를 논의하여 지역사회보장계획에 반영하고 계획안을 수정하여 이를 확정한다. |

**01** 지방자치제도에 관한 설명으로 옳은 것은? [20회]

① 지방정부에 비해 중앙정부의 책임을 강조하고 있다.

② 지역 간 복지수준의 격차가 발생하지 않는다.

③ 복지예산의 지방이양으로 지방정부의 책임이 강화된다.

④ 지방자치단체장은 중앙정부가 임명한다.

⑤ 지방정부의 복지예산 확대로 민간의 참여가 약화된다.

해설 ③ 지방자치제도는 지방정부의 지역복지에 대한 자율성 및 책임의식을 증대시킬 수 있다.
① 지방정부의 책임성을 강조하는 방향으로 나아가고 있다.
② 지역 간 복지수준의 격차가 발생할 수 있다.
④ 지방자치단체의 장은 주민이 보통·평등·직접·비밀선거로 선출한다(지방자치법 제107조).
⑤ 지방정부의 복지예산 확대로 민간의 참여 기회가 확대될 수 있다.

**02** 사회복지관 사업내용 중 서비스제공 기능에 해당하지 않는 것은? [20회]

① 지역사회보호

② 사례관리

③ 교육문화

④ 자활지원

⑤ 가족기능 강화

해설 사회복지관의 사업(사회복지사업법 시행규칙 제23조의2 제3항 및 별표3 참조)
• 사례관리 기능 : 사례발굴, 사례개입, 서비스연계
• 서비스제공 기능 : 가족기능 강화, 지역사회보호, 교육문화, 자활지원 등 기타
• 지역조직화 기능 : 복지네트워크 구축, 주민조직화, 자원 개발 및 관리

**03** 시 · 군 · 구 지역사회보장협의체의 심의 · 자문 사항이 아닌 것은? [20회]

① 시 · 군 · 구의 지역사회보장계획 수립 · 시행 및 평가에 관한 사항

② 시 · 군 · 구의 사회보장급여 제공에 관한 사항

③ 시 · 군 · 구의 사회보장 추진에 관한 사항

④ 읍 · 면 · 동 단위 지역사회보장협의체의 구성 및 운영에 관한 사항

⑤ 읍 · 면 · 동의 지역사회보장조사 및 지역사회보장지표에 관한 사항

**해설** 시 · 군 · 구 지역사회보장협의체의 심의 · 자문 사항(사회보장급여의 이용 · 제공 및 수급권자 발굴에 관한 법률 제41조 제2항 참조)

- 시 · 군 · 구의 지역사회보장계획 수립 · 시행 및 평가에 관한 사항(①)
- 시 · 군 · 구의 지역사회보장조사 및 지역사회보장지표에 관한 사항
- 시 · 군 · 구의 사회보장급여 제공에 관한 사항(②)
- 시 · 군 · 구의 사회보장 추진에 관한 사항(③)
- 읍 · 면 · 동 단위 지역사회보장협의체의 구성 및 운영에 관한 사항(④)
- 그 밖에 위원장이 필요하다고 인정하는 사항

**04** 사회적경제에 관한 설명으로 옳은 것을 모두 고른 것은? [20회]

ㄱ. 사회적기업은 경제적 이익을 추구한다.
ㄴ. 사회적경제는 자본주의 시장경제의 대안모델이다.
ㄷ. 사회적협동조합의 목적은 취약계층에게 사회서비스 또는 일자리를 제공하는 것이다.

① ㄱ

② ㄴ

③ ㄱ, ㄴ

④ ㄴ, ㄷ

⑤ ㄱ, ㄴ, ㄷ

**해설** ㄱ. '사회적기업'은 영리조직과 비영리조직의 중간 형태로, 사회적 목적을 우선적으로 추구하면서 영업활동을 통해 영리를 추구한다.
　　ㄴ. '사회적경제'는 자본주의 시장경제가 발전하면서 나타난 불평등과 빈부격차, 환경파괴 등 다양한 사회문제에 대한 대안으로 등장한 개념으로서, 이윤의 극대화가 최고의 가치인 시장경제와 달리 사람의 가치를 우위에 두는 경제활동을 말한다.
　　ㄷ. '사회적협동조합'은 「협동조합기본법」에 따른 협동조합 중 지역주민들의 권익 · 복리 증진과 관련된 사업을 수행하거나 취약계층에게 사회서비스 또는 일자리를 제공하는 등 영리를 목적으로 하지 아니하는 협동조합을 말한다.

3 ⑤  4 ⑤  Answer

# CHAPTER 08 지역사회복지운동

★ **학습목표**　■ 지역사회복지운동의 의의, 지역사회복지운동의 유형에 대해 학습하자.
　　　　　　　■ 실제 지역사회복지운동의 사례를 통해 지역사회복지운동의 특징과 필요성, 유형 등을 종합적으로 정리하는
　　　　　　　학습이 필요하다.

## 제1절　지역사회복지운동의 이해

### 1 지역사회복지운동의 의의　9, 15, 18, 19, 20회  기출

#### (1) 지역사회복지운동의 개념

① 지역주민의 주체성 및 역량을 강화하고 지역사회의 변화를 주도하는 조직운동이다.

② 주민참여 활성화에 의해 복지에 대한 권리의식과 시민의식을 배양하는 **사회권(복지권) 확립의 운동**이다.

③ 지역주민의 삶의 질과 관련된 생활영역에 주된 관심을 두므로, 지역사회복지의 확산과 발전을 위한 **생활운동**으로서의 의미를 가진다.

④ 지역사회의 다양한 자원 활용 및 관련 조직들 간의 유기적인 협력이 이루어지는 **동원운동(연대운동)**이다.

⑤ 인간성 회복을 위한 인도주의 정신과 사회적 가치로서 사회정의를 실현하고자 하는 **사회개혁운동**이다.

⑥ 노동운동이나 민중운동, 여성운동과 같이 뚜렷한 계층적 기반을 두고 있는 것이 아니라 포괄적으로 지역사회 주민 전체에 두고 있다.

#### (2) 지역사회복지운동의 필요성

① 사회적·정책적 문제에 있어 국민이나 사회복지운동가, 클라이언트를 참여시켜 새로운 문제를 정의하고 정책결정에 영향을 줄 수 있다.

② 기존의 지역주민들을 동원하여 지역사회조직을 활성화할 수 있다.

③ 국가나 공공단체에 의해 개인의 권리가 침해당할 경우 강력하게 항의하여 지역주민들에게 권리의식을 확산시킬 수 있다.

④ 최근 민주화와 지방자치제의 정착으로 지역단위의 사회복지에 대한 관심이 높아지고 있다.

⑤ 지역사회의 정체성 확인과 역량강화를 통해 지역사회 변화를 주도하고, 사회복지가 추구하는 사회적 가치로서의 사회정의를 실현한다.

### (3) 지역사회복지운동의 목표

① **주민참여의 활성화와 주민복지권의 증진**

　　사회 전반의 문제에 주민들이 직접 참여하여 지역사회복지 권리의식과 시민의식을 배양할 수 있다.

② **지역사회복지자원의 확충**

　　지방의회의 공간 활용과 자원봉사활동 활성화 방안 등 지역사회의 다양한 자원 확충과 관련 조직

　　간의 유기적인 협력이 이루어져야 한다.

③ **지역사회복지기관의 확대**

　　지역사회주민의 삶의 질과 관련된 생활영역에 관심을 두기 때문에 지역사회복지의 확산을 가져올

　　수 있다.

### (4) 주민운동으로서 지역사회복지운동의 특성　　　　　　　17, 19, 20회 기출

① 지역주민의 생활근거지로서 **지역사회**를 기반으로 한다.

② 지역주민의 삶의 질과 관련된 **생활영역**을 포함한다.

③ **지역주민, 지역사회활동가, 사회복지전문가**는 물론 **지역사회복지서비스 이용자**도 운동의 주체가 될

　　수 있다.

④ 지역사회문제를 해결하기 위한 **목적지향성**을 가진다.

### (5) 지역사회복지운동의 필수 요소

① **주민의 주체적 참여**

　　지역복지에 있어 주민들의 적극적인 주체적 참여는 모든 것에 우선하는 기본적인 원칙이다.

② **영향력 강화**

　　주민들의 참여는 단순히 주민들에게 만족을 주기 위한 것이 아니라, 지역사회에서 영향력을 획득하기

　　위한 것으로 지역에서 이루어지는 제반 정책결정의 단위 등에 영향력을 발휘할 수 있어야 한다.

③ **공동정신의 강화**

　　주민들이 자신들의 개별 이해를 공공의 이해와 일치시키도록 공동체 정신을 강화해야 한다.

④ **제도적 여건 마련**

　　주민들의 참여가 자신들의 욕구뿐만이 아니라 지역사회 전체에 영향력을 미칠 수 있도록 주민들의

　　참여보장과 공적인 권위를 부여해 주는 제도의 정립 및 지역복지활동을 통해 추구하고자 하는 내

　　용의 제도화가 필요하다.

## (1) 우리나라의 지역사회복지 동향

① 지방자치제 실시로 중앙정부 중심의 복지행정으로부터 지방정부 중심의 복지행정으로 전환이 이루어졌다.

② 지방분권화에 따른 복지재정의 분권화는 지방자치단체장의 의지에 따라 복지서비스의 지역 간 불균형이 나타날 수 있고, 지방정부 간 재정력 격차로 인해 복지수준의 차이가 발생할 수 있는 단점이 있다.

③ 서비스 공급 주체가 다양화되고 있는 추세이다.

④ 서비스 이용자의 권리가 강화되고 있는 추세이다.

⑤ 지역사회 복지네트워크의 중요성이 증가하고 있다.

## (2) 우리나라의 지역사회복지 환경변화와 과제

① 지방자치단체는 지역별 특성에 맞는 사회적기업 지원시책을 수립·시행해야 한다(사회적기업 육성법 제3조 제2항).

② 탈시설화 경향에 따라 지역사회 중심의 복지체계 구축이 중요해지고 있다. 지역사회복지실천은 탈시설화를 기본이념으로 한다. 탈시설화는 지역사회복지의 확대 발전에 따라 기존의 대규모 시설 위주에서 그룹 홈, 주간보호시설 등의 소규모로 전개되는 것을 말한다.

③ '읍·면·동 복지허브화'는 읍·면·동에 맞춤형복지 전담팀 설치 및 전담인력 배치를 통해 찾아가는 복지상담, 복지사각지대 발굴, 통합사례관리, 지역자원 발굴 및 지원 등의 서비스를 제공하고, 특히 복지 관련 공공 및 민간 기관·법인·단체·시설 등과의 지역 네트워크를 기반으로 읍·면·동이 지역복지의 중심기관이 되어 주민의 보건·복지·고용 등의 다양한 문제에 능동적으로 대응해 나가는 일련의 활동을 말한다.

## (3) 우리나라의 지역사회복지운동 현황

① 최근 정부 및 민간단체의 의식전환으로 지역사회복지운동이 활발히 전개되고 있다.

② 사회복지공동모금회법 제정으로 순수 민간차원의 모금운동이 활발해지고 있다.

③ 향후 사회복지운동을 시민운동으로 전개하는 것이 바람직하다.

## (4) 우리나라의 지역사회복지운동의 과제

### ① 환경으로서의 지역사회 관점에서 개입

지역복지활동가와 같은 거시실천가는 사회복지학의 오랜 전통인 '환경 속의 개인'의 관점이 아니라 '개인이 활동하는 환경으로서의 지역사회'의 관점에서 지역사회문제에 개입해야 한다.

### ② 지역복지 공동 아젠다 개발

지역복지활동의 영역을 확대하고 현재의 지역사회복지관 중심의 단편적·미시적인 지역복지활동의 지평을 넓혀야 한다.

③ 전문가적 리더십과 조직화

지역사회복지운동의 전개과정에서 지역복지활동가는 조직가, 조정자, 리더의 역할을 수행할 수 있어야 하며 성공적인 활동을 위해서는 지역별, 전국적 활동가의 조직화가 모색되어야 한다.

④ **지역복지교육의 강화**

지역복지교육 및 훈련 강화가 필수적이며, 대학의 지역복지 교육의 근본적 개선이 필요하다.

⑤ **조직 간의 연대활동 확립**

지역사회복지운동의 정착을 위해서는 사회복지계와 시민운동조직과의 연대활동을 발전시켜야 한다.

## 제 2 절    지역사회복지운동의 유형    17회 기출

## 1 주민참여    2, 7, 14, 20회 기출

### (1) 주민참여의 의의

① **커닝햄(Cunningham)** : 지역사회의 일반주민이 그 지역사회의 일반적인 사항과 관련된 결정에 대해 권력을 행사하는 과정이다.

② **헌팅턴(Huntington)** : 정부의 정책결정에 영향을 미치려는 일반주민의 행위를 의미한다.

③ **스텐버그(Stenberg)** : 단순한 정보 획득에서부터 정보와 권고를 제시하고 정책결정에 참여하며, 나아가 통제를 가하는 것까지 포함한다.

④ **웨일과 갬블(Weil & Gamble)** : 사회사업실천과 관련된 것으로서, 문제의 여건을 변화시키고 자신의 삶 혹은 다른 사람의 삶의 질에 영향을 미치는 정책 및 프로그램에 영향력을 행사하고자 하는 개인 및 집단의 적극적이고 자발적인 참여를 말한다.

⑤ **최일섭·류진석** : 지역사회주민들이 공식적인 정부의 의사결정 과정에 관여하여 주민들의 욕구를 정책이나 계획에 반영하도록 하는 적극적인 노력이다.

### (2) 주민참여의 개념    20회 기출

① 지역주민들이 공식적인 정부의 의사결정 과정에 관여하여 주민들의 욕구를 정책이나 계획에 반영하도록 하는 적극적인 노력이다.

② 지역주민들이 그 지역사회의 일반적인 사항과 관련된 결정에 대해 권력을 행사하는 과정이다.

③ 명목상 참여에서부터 완전통제에 이르기까지 다양한 형태가 있으나, 최대한의 참여가 바람직하다는 것이 일반적인 견해이다.

### (3) 주민참여의 구성요소

① 참여주체로서의 주민
② 공식적인 정부의 정책이나 계획의 작성 · 결정 · 집행 등에 관여하는 행위
③ 주민의 욕구나 열망이 정책이나 계획에 반영되도록 하기 위한 적극적인 노력

### (4) 주민참여의 특성

① 기관에 의한 동원이나 포섭에 따른 것이 아닌 자율적 · 자발적인 참여이다.
② 정책과정에 직접적으로 접근하여 영향을 주거나 관여하는 것이다.
③ 정책결정을 공동으로 이룰 수 있는 효과가 있다.

### (5) 주민참여의 필요성(Glass)

① 행정적 측면
  ㉠ 정보교환 : 의사결정자와 주민이 서로의 생각과 관심사항을 공유한다.
  ㉡ 교육 : 계획, 정책, 생각, 주민참여 주체에 대한 상세한 정보의 교육이다.
  ㉢ 지지구축 : 제안된 계획에 대해 호의적 분위기를 조성하고, 정부와 주민 간의 갈등을 해소하기
     위한 활동이다.
② 주민의 측면
  ㉠ 의사결정 보완 : 의사결정과정에 주민의 영향력을 증대시키는 것이다.
  ㉡ 대표적 투입 : 특정 문제에 대한 모든 지역사회의 견해를 확인하려는 노력이다.

### (6) 주민참여의 효과

① 긍정적 효과
  ㉠ 지방정부의 효율적인 의사결정을 유도한다.
  ㉡ 지방행정에 있어서 성장과 분배의 불균형에 의한 사회적 불평등을 완화한다.
  ㉢ 중앙정부와 지방정부 간의 갈등을 중재 또는 해결한다.
② 부정적 효과
  ㉠ 주민공청회, 주민소환 등에 따른 행정비용의 증가를 야기한다.
  ㉡ 지역주민 간의 합의 등 시간지연으로 계획입안이나 진행에 차질이 발생할 수 있다.
  ㉢ 이해관계가 다른 주민들 간에 갈등이 유발될 수 있다.
  ㉣ 참여자들의 대표성 문제가 제기될 수 있다.

## (7) 주민참여의 단계

아른스테인(Arnstein)은 주민참여를 8단계로 나누고 이를 참여의 효과, 즉 권력분배 수준의 측면에서 3개의 범주로 구분하였다.

| 단 계 | 주민참여 | 참여의 효과 |
|---|---|---|
| 8단계 | 주민통제(Citizen Control) | 주민권력 수준 (Degree of Citizen Power) |
| 7단계 | 권한위임(Delegated Power) | |
| 6단계 | 협동관계(Partnership) | |
| 5단계 | 주민회유(Placation) | 형식적 참여 (Degree of Tokenism) |
| 4단계 | 주민상담(Consultation) | |
| 3단계 | 정보제공(Informing) | |
| 2단계 | 대책치료(Therapy) | 비참여 (Non-participation) |
| 1단계 | 여론조작(Manipulation) | |

① 참여의 효과

　㉠ 비참여(Non-participation) : 참여의 형식을 흉내 낼 뿐 실질적인 효과가 없다.

　㉡ 형식적 참여(Degree of Tokenism) : 주민의 실제적 영향력이 미약한 수준이다.

　㉢ 주민권력 수준(Degree of Citizen Power) : 주민이 의사결정에서 주도권을 획득한다.

② 참여의 8단계

　㉠ 조작 또는 여론조작(제1단계) : 행정과 주민이 서로 간의 관계를 확인한다는 점에서 의의를 찾을 수 있다. 다만, 공무원이 일방적으로 교육 및 설득을 하고, 주민은 단순히 참석하는 데 그친다.

　㉡ 처방 또는 대책치료(제2단계) : 주민의 욕구불만을 일정한 사업에 분출시켜 치료하는 단계이다. 다만, 이는 행정의 일방적인 지도에 그친다.

　㉢ 정보제공(제3단계) : 행정이 주민에게 일방적으로 정보를 제공한다. 다만, 이 과정에서 환류는 잘 일어나지 않는다.

　㉣ 주민상담 또는 협의(제4단계) : 공청회나 집회 등의 방법으로 주민으로 하여금 행정에 참여를 유도한다. 다만, 이는 형식적인 수준에 그친다.

　㉤ 회유 또는 주민회유(제5단계) : 각종 위원회 등을 통해 주민의 참여범위가 확대된다. 다만, 최종 판단은 행정기관에 있다는 점에서 제한적이다.

　㉥ 협동관계 또는 파트너십(제6단계) : 행정기관이 최종적인 의사결정권을 가지고 있으나 주민들이 경우에 따라 자신들의 주장을 협상으로 유도할 수 있다.

　㉦ 권한위임(제7단계) : 주민들이 특정 계획에 대해 우월한 결정권을 행사하며, 집행단계에서도 강력한 권한을 행사한다.

　㉧ 주민통제(제8단계) : 주민들이 스스로 입안하며, 결정에서부터 집행 그리고 평가단계에 이르기까지 통제한다.

## (8) 주민참여의 방법

### ① 일반적 방법

- ㉠ 전시회 : 계획안이나 정책안에 대해 단순하고 도식적으로 제시하는 방식으로서, 전시물의 내용은 비교적 간단하고 이해하기 쉬우며, 전시 장소는 접근성이 있어야 한다.
- ㉡ 공청회 : 모든 주민을 대상으로 한 공개적인 초청 방식으로서, 특수하고 전문적인 문제를 다루기보다는 일반적이고 단순한 문제에 초점을 두어 의견교환이 이루어질 수 있도록 하는 것이 효과적이다.
- ㉢ 설문조사 : 계획된 자료의 수집방법으로서, 조사할 정보의 내용 및 영역을 명료화하여 주민들이 의식하고 있는 문제점이나 선호도 등을 파악함으로써 그것이 실제 계획이나 정책에 반영되도록 노력해야 한다.
- ㉣ 대중매체 : 대중매체를 활용하여 각종 계획이나 정책에 대해 주민과 대화하거나 홍보하는 방법으로서, 단순히 홍보에 초점을 두기보다는 주민의 의견과 욕구를 보도해 주어 그것이 실제 계획이나 정책에 반영되도록 노력해야 한다.

### ② 전문적 방법

- ㉠ 델파이 기법(Delphi Technique) : 전문가·관리자들로부터 우편으로 의견이나 정보를 수집하여 그 결과를 분석한 후 그것을 다시 응답자들에게 보내어 의견을 묻는 식으로 만족스러운 결과를 얻을 때까지 계속하는 방법이다.
- ㉡ 명목집단기법(Nominal Group Technique) : 비교적 빠른 시간 내에 다양한 배경을 가진 집단의 이익을 수렴하기 위한 것으로서, 대화나 토론 없이 어떠한 비판이나 이의제기가 허용되지 않는 가운데 각자 아이디어를 서면으로 제시하도록 하여 우선순위를 결정한 후 최종 합의를 도출하기 위한 방법이다.
- ㉢ 샤레트 기법(Charette Technique) : 지역주민, 관료, 정치인들이 비공식적 분위기에서 지역사회에 대해 느끼고 있는 문제점들과 함께 그에 대한 관료 또는 정치인들의 시각을 개진하도록 함으로써 상호 이해를 통해 제한된 시간 내에 합의된 제안을 작성하는 방법이다.

## (9) 주민참여의 기회 확대 방안

① 주민참여를 위한 정보를 공개하고 민간단체 형식으로 조직화된 참여를 유도한다.
② 사회복지를 위한 각종 위원회의 구성과 운영을 활성화한다.
③ 사업초기단계에서 공청회를 통해 주민의 관심과 이해를 유도한다.
④ 사회복지단체의 정치적 참여(각종 선거에서 후보자의 복지에 대한 견해 추궁)가 필요하다.
⑤ 주민참여를 촉진할 수 있는 설득, 연설 등의 적극적인 홍보활동을 한다.

## 2 시민운동

### (1) 시민운동의 개념

사회의 일부 기득권층을 제외한 모든 시민이 주체가 되어 참여하는 운동으로, 여기서의 시민은 도시에 사는 사람들이 아닌 한 사회의 구성원으로서 동일한 권리와 의무를 가지고 있는 사람을 의미한다.

### (2) 시민운동의 기본성격

① 초계급적 · 개량적

시민운동은 어느 특정 계급의 이익만을 중시하는 것이 아닌 초계급적 · 시민적인 문제를 이슈로 삼으며, 그 목표나 방법의 측면에서 개량적인 성격을 지닌다.

② 합법적인 방법

시민운동은 주로 합법적인 방법을 통해 국가권력을 비판하거나 감시하며, 문제해결이나 이익을 요구하는 활동을 펼친다.

③ 시민권의 요구 및 확대

시민운동은 초계급적인 시민들이 국가권력을 상대로 시민적 권리를 요구하고 이를 확대하는 운동이다.

④ 공공선의 지향

시민운동은 정부나 기업의 지원 또는 간섭에 구속되지 않은 채 참가자들의 자율에 의해 움직이는 운동으로서, 특정 계급이나 집단의 이해관계를 떠나 사회적 공공선을 실현하므로 특정의 이해관계에 의해 조직되고 행동하는 이익집단과는 엄격히 구분된다.

### (3) 시민운동의 효과

① 긍정적 효과

㉠ 국가정책에 대한 여론형성 및 감시 · 비판의 역할을 한다.

㉡ 소외계층을 도우며, 그들의 목소리를 대변한다.

㉢ 사회문제에 대해 관심을 유도한다.

㉣ 사회문제에 대한 정화작용을 한다.

② 부정적 효과

㉠ 잘못된 정보로 여론을 형성함으로써 정책유지의 혼선을 야기할 수 있다.

㉡ 과열운동으로 변질되어 폭력성을 나타내 보일 수 있다.

㉢ 권력과 결탁하여 정부비호세력으로 이용될 수 있다.

## 3 비영리 민간단체

### (1) 비영리 민간단체의 개념

① NGO(비정부조직, Non-Governmental Organization)
  ㉠ 지역, 국가 또는 국제적으로 조직된 자발적인 비영리 시민단체로서, 특히 국경을 넘어 활동하는 단체를 가리킬 때 사용하기도 한다.
  ㉡ 공동의 이해를 가진 사람들이 특정 목적을 위해 조직한 것으로서, 정부정책에 대한 감시 및 사회적인 문제에 대한 이슈화를 비롯하여 다양한 서비스와 인도주의적 기능을 수행한다.
  ㉢ 국제연합 헌장(Charter of the United Nations) 제71조에서는 민간단체가 국제적인 기관과의 관계에서 당사자가 될 수 있음을 승인하고 있다.

> **국제연합 헌장(Charter of the United Nations) 제71조**
> 경제사회이사회는 그 권한 내에 있는 사항과 관련이 있는 비정부 간 기구와의 협의를 위하여 적절한 약정을 체결할 수 있다. 그러한 약정은 국제기구와 체결할 수 있으며, 적절한 경우에는 관련 유엔회원국과의 협의 후에 국내기구와도 체결할 수 있다.

  ㉣ 국제기아대책기구, 월드비전 등을 예로 들 수 있다.
② NPO(민간비영리단체, Non-Profit Organization)
  ㉠ 공권력에 의존하지 않고 영리를 목적으로 하지 않으며, 사회 각 분야에서 자발적으로 활동하는 각종 시민단체를 총칭한다.
  ㉡ 자원봉사단체와 구별 없이 부르고 있는 것이 일반적이나 그 활동에 초점을 두기보다는 조직 자체를 지칭한다는 점에서 약간의 차이가 있다.
  ㉢ NGO도 넓은 의미에서 NPO의 한 부분이라고 할 수 있다.
  ㉣ 경제정의실천연합, 참여연대, 흥사단, YMCA 등을 예로 들 수 있다.

### (2) 비영리 민간단체의 조건

① 조직활동의 결과로 얻은 이윤을 조직의 본래 목적을 위해 투자해야 한다.
② 정부에 의한 조직구성이나 정부기구의 일부분이어서는 안 된다.
③ 자주성과 공식성을 띠어야 한다.
④ 특정 단체를 위한 것이 아니어야 한다.

### (3) 비영리 민간단체의 기능

① **견제** : 국가와 시장이 지닌 권력을 비판하고 감시함으로써 이들을 견제한다.
② **복지** : 정부와 직·간접적인 계약을 맺거나 독자적으로 인력 및 재정을 갖추어 정부가 제공하지 못하는 사회서비스를 제공한다.
③ **대변** : 사회적 약자로 하여금 단체를 결성하고 자신의 권익을 추구하도록 돕는 것은 물론 직접 그들의 권익을 대변한다.

④ **조정** : 정부와 이익집단 간의 갈등 혹은 이익집단과 다른 이익집단 간의 갈등에 대해 조정자를 자처함으로써 일반시민의 피해를 줄이는 역할을 한다.

⑤ **교육** : 일반시민들의 리더십 학습 및 공동체의식 배양을 통해 참여민주주의를 배울 수 있도록 한다.

### (4) 비영리 민간단체의 역할

① **정책 과정에서 파트너로서의 역할**

정부가 충족시키지 못하는 요구를 정부를 대신하여 스스로 해결함으로써 정부의 역할을 보완한다.

② **정책 제언자로서의 역할**

지역사회 내 문제요소들을 발견하여 이를 행정기관이나 기업에 전적으로 맡기는 것이 아닌 적극적으로 시정을 호소하는 행동을 펼치는 등 해결주체자로서의 역할을 수행한다.

③ **국제적인 협조자로서의 역할**

특정 과제가 국제적으로 의미를 가지는 경우 국가를 초월하여 직접적인 연대를 통해 각국의 국민들 간의 문제에 관한 해결방법을 명확히 한다.

---

**Plus ⊕ one**

**지역사회 NGO 활동의 기능 및 역할**                              2, 8회 기출
- 사회적 약자의 권리 옹호
- 사회복지 수요자의 조직 및 권익 증진
- 사회복지기관과의 연계
- 복지행정 및 재정개혁 유도
- 지방정부의 정책결정 및 집행과정에서의 감시 및 비판
- 사회복지서비스의 질적 수준 향상
- 지역주민의 다양한 복지욕구 충족
- 복지사각지대의 발굴 등

---

**01** 다음 중 보기의 내용과 가장 밀접하게 연관된 것은?

> • 지역사회의 일반주민이 그 지역사회의 일반적인 사항과 관련된 결정에 대해 권력을 행사하는 과정이다.
> • 단순한 정보 획득에서부터 정보와 권고를 제시하고 정책결정에 참여하며, 나아가 통제를 가하는 것까지 포함된다.

① 사회행동                      ② 사회연대

③ 사회옹호                      ④ 주민참여

⑤ 주민자치

**해설** 주민참여

지역사회복지의 활성화를 위해 가장 많이 사용되는 용어로서 지역사회주민의 복지실현을 위한 핵심적인 요소에 해당한다. 최일섭과 류진석은 주민참여를 "지역사회주민들이 공식적인 정부의 의사결정 과정에 관여하여 주민들의 욕구를 정책이나 계획에 반영하도록 하는 적극적인 노력"이라고 주장하였다.

**02** 아른스테인(S. R. Arnstein)의 주민참여 수준 8단계 중 각종 위원회 등을 통해 주민의 참여범위는 확대되지만 최종적인 판단은 행정기관이 수행하는 단계는?                                    [14회]

① 주민회유(Placation)

② 협동관계(Partnership)

③ 여론조작(Manipulation)

④ 주민통제(Citizen Control)

⑤ 권한위임(Delegated Power)

**해설** 주민참여 수준 8단계(Arnstein)

• 여론조작(제1단계) : 공무원에 의한 일방적인 교육 및 설득이 이루어지는 단계
• 대책치료(제2단계) : 주민의 욕구불만을 일정한 사업에 분출시켜 치료하는 단계
• 정보제공(제3단계) : 행정이 주민에게 일방적으로 정보를 제공하는 단계
• 주민상담(제4단계) : 공청회나 집회 등의 방법으로 형식적인 수준에서 주민의 행정참여를 유도하는 단계
• 주민회유(제5단계) : 각종 위원회 등을 통해 주민의 참여범위가 확대되는 단계

- 협동관계(제6단계) : 행정기관이 최종 의사결정권을 가지나 주민들이 자신들의 주장을 협상으로 유도할 수 있는 단계
- 권한위임(제7단계) : 주민들이 특정 계획에 대해 우월한 결정권을 행사하는 단계
- 주민통제(제8단계) : 주민들이 스스로 입안, 결정, 집행, 평가에 이르기까지 통제하는 단계

**03** 다음 중 주민참여의 방법에 대한 설명으로 옳지 않은 것은?

① 전시회의 전시물 내용은 비교적 간단하고 이해하기 쉬워야 한다.
② 공청회는 지역전문가들을 대상으로 해당 지역의 특수한 문제에 초점을 두어 의견교환이 이루어질 수 있도록 해야 한다.
③ 설문조사는 주민들이 의식하고 있는 문제점이나 선호도 등을 파악하여 그것이 실제계획이나 정책에 반영되도록 해야 한다.
④ 대중매체는 각종 계획이나 정책에 대해 주민과 대화하거나 홍보하는 방법이다.
⑤ 델파이 기법, 명목집단기법, 샤레트 기법 등 전문적인 방법을 활용할 수 있다.

해설 ② 공청회는 모든 주민을 대상으로 한 공개적인 초청 방식으로서, 특수하고 전문적인 문제를 다루기보다는 일반적이고 단순한 문제에 초점을 두어 의견교환이 이루어질 수 있도록 하는 것이 효과적이다.

**04** 다음 중 비영리 민간단체의 기능에 대한 설명으로 옳은 것을 모두 고른 것은?

> ㄱ. 국가의 권력을 비판하고 감시하는 기능을 한다.
> ㄴ. 일반시민에게 공동체의식 배양을 통한 참여민주주의를 배울 수 있도록 교육한다.
> ㄷ. 사회적 약자의 권익 추구를 위해 그들을 직접적으로 대변한다.
> ㄹ. 정부가 제공하지 못하는 사회서비스를 제공한다.

① ㄱ, ㄴ, ㄷ                          ② ㄱ, ㄷ
③ ㄴ, ㄹ                              ④ ㄹ
⑤ ㄱ, ㄴ, ㄷ, ㄹ

해설 ㄱ. 견제 기능, ㄴ. 교육 기능, ㄷ. 대변 기능, ㄹ. 복지 기능

3 ② 4 ⑤   Answer

**05** 다음 중 시민운동의 특징으로 옳지 않은 것은?

① 특정 계급을 중심으로 이루어진다.
② 목표와 방법면에서 개량적이다.
③ 목적을 달성하기 위해 합법적인 방법으로 활동한다.
④ 권력과 결탁하여 정부비호세력으로 이용되기도 한다.
⑤ 사회적 공공선을 실현하기 위한 운동이다.

해설 ① 시민운동은 어느 특정 계급의 이익만을 중시하는 것이 아닌 초계급적·시민적인 문제를 이슈로 삼는다.

**06** 지역사회복지운동에 관한 설명으로 옳은 것은? [19회]

① 계획되지 않은 조직적 활동이다.
② 사회복지 전문가 중심의 활동이다.
③ 개인의 성장과 변화에 우선적인 초점을 둔다.
④ 노동자, 장애인 등 일부 주민을 대상으로 한다.
⑤ 복지권리·시민의식을 배양하는 사회권 확립운동이다.

해설 ⑤ 주민참여 활성화에 의해 복지에 대한 권리의식과 시민의식을 배양하는 사회권(복지권) 확립의 운동이다.
① 지역주민의 주체성 및 역량을 강화하고 지역사회의 변화를 주도하는 조직운동이다.
② 지역주민, 지역사회활동가, 사회복지전문가는 물론 사회복지시설 종사자 및 사회복지서비스 이용자도 사회복지운동의 주체가 될 수 있다.
③ 지역주민의 복지권리 확보 및 시민의식 고취를 통한 지역사회 통합을 목표로, 특히 사회적 약자의 생존권 보장에 우선적인 초점을 둔다.
④ 지역주민의 생활근거지로서 지역사회를 기반으로, 지역주민의 삶의 질과 관련된 생활영역을 포함한다.

**01** 지역사회복지운동이 갖는 의의에 관한 설명으로 옳은 것을 모두 고른 것은? [18회]

ㄱ. 복지권리의식과 시민의식을 배양하는 복지권 확립
ㄴ. 지역사회의 다양한 자원 활용 및 관련 조직 간의 협력을 통한 지역자원동원
ㄷ. 지역사회의 정체성 확인과 역량강화를 통해 지역사회 변화를 주도
ㄹ. 사회복지가 추구하는 사회적 가치로서 사회정의 실현

① ㄱ                                  ② ㄱ, ㄹ
③ ㄴ, ㄷ                              ④ ㄱ, ㄴ, ㄷ
⑤ ㄱ, ㄴ, ㄷ, ㄹ

해설 ㄱ. 지역사회복지운동은 주민참여 활성화에 의해 복지에 대한 권리의식과 시민의식을 배양하는 사회권(복지권) 확립의 운동이다.
ㄴ. 지역사회복지운동은 다양한 자원 활용 및 관련 조직 간의 유기적인 협력이 이루어지는 동원운동(연대운동)이다.
ㄷ. 지역사회복지운동은 지역주민의 주체성 및 역량을 강화하고 지역사회의 변화를 주도하는 조직적인 운동이다.
ㄹ. 지역사회복지운동은 인간성 회복을 위한 인도주의 정신과 사회적 가치로서 사회정의를 실현하고자 하는 사회개혁운동이다.

**02** 지역사회복지운동에 관한 설명으로 옳지 않은 것은? [20회]

① 지역사회복지운동의 계층적 기반은 노동운동이나 여성운동과 같이 뚜렷하다.
② 지역사회복지운동의 주된 관심사는 주민 삶의 질과 관련된 생활영역에 있다.
③ 지역사회의 다양한 자원 활용 및 조직 간 유기적 협력이 이루어진다.
④ 지역사회복지운동에는 다양한 이념이 사용될 수 있다.
⑤ 지역사회복지운동의 주체는 사회복지전문가, 지역활동가, 지역사회복지이용자 등 다양하다.

해설 ① 지역사회복지운동은 노동운동이나 민중운동, 여성운동과 같이 뚜렷한 계층적 기반을 두고 있는 것이 아니라 포괄적으로 지역사회 주민 전체에 두고 있다. 다만, 지역사회에서 사회적 약자의 복지욕구에 초점을 둠으로써 사회적 약자에 우선순위를 부여하는 경향이 있다.

1 ⑤  2 ①     Answer

**03** 다음 사례에서 설명하는 아른스테인(S. Arnstein)의 주민참여 수준은? [19회]

> A시(市)는 도시재생사업과 관련하여 주민들과 갈등을 겪고 있다. B씨는 A시의 추천으로 도시재생사업 추진위원회에 주민대표로 참여하였다. 하지만 회의는 B씨의 기대와는 달리 A시가 의도한 방향대로 최종 결정되었다.

① 조 작
② 회 유
③ 주민통제
④ 권한위임
⑤ 정보제공

**해설** ② 회유 또는 주민회유(제5단계) : 각종 위원회 등을 통해 주민의 참여범위가 확대된다. 다만, 최종적인 판단이 행정기관에 있다는 점에서 제한적이다.
① 조작 또는 여론조작(제1단계) : 행정과 주민이 서로 간의 관계를 확인한다는 점에서 의의를 찾을 수 있다. 다만, 공무원이 일방적으로 교육 및 설득을 하고, 주민은 단순히 참석하는 데 그친다.
③ 주민통제(제8단계) : 주민들이 스스로 입안하며, 결정에서부터 집행 그리고 평가단계에 이르기까지 통제한다.
④ 권한위임(제7단계) : 주민들이 특정 계획에 대해 우월한 결정권을 행사하며, 집행단계에 있어서도 강력한 권한을 행사한다.
⑤ 정보제공(제3단계) : 행정이 주민에게 일방적으로 정보를 제공한다. 다만, 이 과정에서 환류는 잘 일어나지 않는다.

**04** 주민참여와 관련이 없는 것은? [20회]

① 지방자치제도의 발달
② 마을만들기 사업(운동)
③ 지역사회복지 정책결정과정
④ 공무원 중심의 복지정책 결정권한 강화
⑤ 아른스테인(S. Arnstein)의 주장

**해설** 주민참여의 개념
• 지역주민들이 공식적인 정부의 의사결정 과정에 관여하여 주민들의 욕구를 정책이나 계획에 반영하도록 하는 적극적인 노력이다.
• 지역주민들이 그 지역사회의 일반적인 사항과 관련된 결정에 대해 권력을 행사하는 과정이다.
• 명목상 참여에서부터 완전통제에 이르기까지 다양한 형태가 있으나, 최대한의 참여가 바람직하다는 것이 일반적인 견해이다.

# 참고문헌

**1영역**

- 직업상담연구소, 직업상담사 2급 한권으로 끝내기, 2017
- 이용석 외, 사회복지사 1급 한권으로 끝내기, 시대고시기획, 2020
- 엄영용 외, 사회복지실천기술의 이해, 학지사, 2008
- 이필환, 사회복지실습, 학문사, 1999
- 이성진, 행동수정, 교육과학사, 2001
- 김만두 역, 케이스매니지먼트, 홍익제, 2004
- 김만두 역, 위기개입론, 홍익제, 1985
- 김만두, 케이스워크관계론, 홍익제, 1998
- 김혜란, 사회복지실천기술론, 나남, 2006
- 최옥채, 사회복지실천론, 인간과 복지, 1999
- 이영철, 지역사회복지실천론, 양서원, 2003
- 김형식 외 역, 인권과 사회복지실천, 인간과 복지, 2001
- 조흥식, 사회복지실천분야론, 학지사, 2001
- 서미경 외, 사회복지 실천윤리, 양서원, 2005
- 김통원, 사회복지실천 사례관리, 지샘, 1998
- 전재일, 사회복지실천의 이해, 사회복지개발연구원, 1998
- 조휘일, 사회복지실천론, 학지사, 1999
- 한국사회복지실천학회 편, 사회복지개론, 유풍출판사, 2005
- 임상사회사업연구원 편, 사회복지실천과 임상사회사업, 학문사, 1999
- 김정진, 사회복지실습론, 서현사, 2004
- 정원철, 사회복지실천과 상담, 양서원, 2005
- 류종훈, (쉽게 쓴) 사회복지실천론, 동인, 2004
- 윤찬중, 사회복지의 실천, 창지사, 2005
- 고수현, 사회복지실천 윤리와 철학, 양서원, 2005
- 秋山智久, 社會福祉實踐論, ミネルヴァ書房, 2000
- 西尾祐吾; 淸水隆則[共]編, 社會福祉實踐とアドボカシ, 中央法 規出版, 2000
- Kia J. Bentley and Joseph Walsh, The Social Worker and Psychotropic Medication: Toward Effective
- Collaboration with Mental Health Clients, Families, and Providers, 2005
- Albert R. Roberts and Gilbert J. Greene, Social Workers'Desk Reference, 2001
- Thomas O'hare, Evidence-Based Practices for Social Workers: An Interdisciplinary Approach, 2005

# 참고문헌

## 2영역

- 이용석 외, 사회복지사 1급 한권으로 끝내기, 시대고시기획, 2020
- 강철희, 지역사회복지실천론, 나남, 2006
- 김부야, 사회복지실천기술론, 고려에듀케이션, 2006
- 김혜린 외, 사회복지실천기술론, 나남, 2006
- 엄명용 외, 사회복지실천의 이해, 학지사, 2006
- 이근홍, 개별관리 사회복지실천, 공동체, 2006
- 이영재, 사회복지실천기술론, 양서원, 2006
- 이준우, 사회복지실천기술론, 인간과 복지, 2006
- 조학래, 집단사회복지실천론, 침례신학대학교출판부, 2006
- 최선화, 사회복지실천기술론(풀어 쓴), 공동체, 2006
- 김경호, 사회복지실천기술론, 청목출판, 2005
- 류종훈, 사회복지실천기술론, 유풍, 2005
- 윤찬중, 사회복지의 실천, 창지사, 2005
- 이윤로, 최신 사회복지실천기술론, 학지사, 2005
- 조휘일, 사회복지실천기술론, 학현사, 2005
- 최옥채, 사회복지실천기술론, 양서원, 2003
- 송성자, 가족과 가족치료, 법문사, 2002
- 전재일 · 이성희, 사회복지실천기술론, 형설출판사, 2002
- 조흥식 외, 가족복지학, 학지사, 2002
- 김혜란 · 홍선미 · 공계순, 사회복지실천기술론, 나남, 2001
- 윤현숙 외, 사회복지실천기술론, 동인, 2001
- 장인협 · 우국희, 케어 · 케이스매니지먼트, 서울대학교출판부, 2001
- 전재일 · 이성희, 집단실천기술론, 사회복지개발연구원출판부, 2001
- 남세진 · 조흥식, 집단지도방법론, 서울대학교출판부, 1999
- 이화여자대학교 사회사업학과 편, 집단사회사업실천방법론, 동인, 1999
- Barry Cournoyer 저, 김인숙 · 김용석 역, 사회복지실천기술연습, 나남, 1998
- B. Seper, 사회복지실천기법과 지침, 서울대사회복지실천연구회, 1998
- Charles D. Garvin 저, 정진영 외 역, 현대집단사회사업, 학문사, 1998
- Jill Doner Kagle 저, 홍순혜 · 한인영 역, 사회사업기록, 학문사, 1997

# 참고문헌

**3영역**

- 이용석 외, 사회복지사 1급 한권으로 끝내기, 시대고시기획, 2020
- 오정수 외, 지역사회복지론, 학지사, 2009
- 한국보건사회연구원, WTO 체제하의 농어촌 복지수요와 대응안내, 2003
- 김종일, 지역사회복지론, 현학사, 2003
- 이영철, 지역복지실천론, 양서원, 2002
- 최일섭, 사회복지전담기구설치를 위한 과제와 비전, 임용 15주년 기념 전국사회복지전담공무원 대회 학술세미나 자료집, 2002
- 김진학, 공공사회복지전달체계 개선방안, 임용 15주년 기념 열다섯 살 배기의 꿈과 사랑나누기, 전국사회복지행정연구회, 2002
- 김진학, 사회복지전담기구 설치의 필요성, 복지동향 제48호, 참여연대 사회복지위원회, 2002
- 김진학, 생산적 복지 전달체계 개선방안, 정책간담회 토론발표자료, 대통령자문정책기획위원회, 2001
- 김범수, 지역사회복지의 이해, 현학사, 2000
- 김범수, 기초자치단체 지역사회복지협의회의 이념과 구조, 지역사회복지운동제8집, 한국지역사회복지학회, 2000
- 보건복지부지부, 건강한 국민 더불어 사는 사회, 2000
- 지역사회복지운동 제8집, 한국지역사회복지학회, 2000
- 지역사회복지운동 제7집, 한국지역사회복지학회, 1999
- 한국사회복지협의회, 21세기 한국, 복지사회로의 도전, 1999
- 송정부, 사회복지학연구, 법지사, 1999
- 조휘일, 현대사회와 자원봉사, 홍익재, 1998
- 조성한, 사회복지행정서비스 전달체계 연구, 한국행정연구원, 1998
- 김익균 · 고순철, 한국지역사회복지론, 대학출판사, 1997
- 김영호, 자원복지활동의 활성화 방법, 학문사, 1997
- 송정부, 지방자치와 지역복지의 불평등, 한국사회복지와 불평등, 일조각, 1997
- 최일섭 · 류진석, 지역사회복지론, 서울대학교 출판부, 1997
- 김영모, 지역사회복지협의회, 한국복지정책연구소, 1997
- 김성이 외, 비교지역사회복지, 동인, 1997
- 김성이 · 오정수 · 전광현 · 황성철, 한국의 사회복지관 및 재가복지봉사센터 발전방안, 비교지역사회복지, 한국사회복지관협회, 1997

**MEMO**

I wish you the best of luck!

www.SDEDU.co.kr

**MEMO**

I wish you the best of luck!

www.SDEDU.co.kr

# 좋은 책을 만드는 길
# 독자님과 함께하겠습니다.

도서나 동영상에 궁금한 점, 아쉬운 점, 만족스러운 점이
있으시다면 어떤 의견이라도 말씀해 주세요.
SD에듀는 독자님의 의견을 모아 더 좋은 책으로 보답하겠습니다.

## www.sdedu.co.kr

## SD에듀 사회복지사 1급 2과목 사회복지실천

| | |
|---|---|
| 개정10판1쇄 발행 | 2022년 06월 03일 (인쇄 2022년 04월 20일) |
| 초 판 발 행 | 2012년 05월 30일 (인쇄 2012년 05월 30일) |
| | |
| 발 행 인 | 박영일 |
| 책 임 편 집 | 이해욱 |
| 편 저 자 | 사회복지사 수험연구소 |
| | |
| 편 집 진 행 | 박종옥 · 노윤재 |
| 표지디자인 | 박수영 |
| 편집디자인 | 이주연 · 곽은슬 |
| | |
| 발 행 처 | (주)시대고시기획 |
| 출 판 등 록 | 제 10-1521호 |
| 주 소 | 서울시 마포구 큰우물로 75 [도화동 538 성지 B/D] 9F |
| 전 화 | 1600-3600 |
| 팩 스 | 02-701-8823 |
| 홈 페 이 지 | www.sdedu.co.kr |
| | |
| I S B N | 979-11-383-2190-7(14330) |
| | |
| 정 가 | 25,000원 |

※ 이 책은 저작권법의 보호를 받는 저작물이므로 동영상 제작 및 무단전재와 배포를 금합니다.
※ 잘못된 책은 구입하신 서점에서 바꾸어 드립니다.

합격의 공식
**온라인 강의**

# 잠깐!

혼자 공부하기 힘드시다면 방법이 있습니다.
SD에듀의 동영상강의를 이용하시면 됩니다.
www.sdedu.co.kr ➜ 회원가입(로그인) ➜ 강의 살펴보기

모든 자격증·공무원·취업의 합격정보

# 합격을 구독 하세요!

 합격의 공식! SD에듀    합격 구독 과 👍좋아요! 정보 🔔 알림설정까지!

# 사회복지사 1급
# 합격 ROADMAP

과목별 기본서

한권으로 끝내기

올인 기출문제

**1단계**

## 기본부터 탄탄히!

더욱 안전하게 합격할 수 있는 방법에는 무엇이 있을까요? 기출 파악, 요점정리, 문제풀이 등 여러 가지가 있겠지만 이 모든 것들은 기본이론을 바탕으로 해야 더욱 탄탄히 쌓아질 수 있다는 점을 반드시 기억하세요!

**2단계**

## 기출문제를 풀어야 합격이 풀린다!

아무리 많은 이론을 숙지하고, 문제풀이로 실력을 다졌다 할지라도 실제 기출문제를 풀어보지 않는다면 큰 의미가 없습니다. 더없이 상세하고 꼼꼼한 해설과 최근 6년 동안의 기출문제를 통해 반복해서 출제되는 핵심 내용들을 반드시 짚고 넘어 가세요!

사회복지사 1급 시험 어떻게 준비하세요?
핵심만 쏙쏙 담은 알찬 교재!
SD에듀의 사회복지사 1급 기본서와 문제집 시리즈,
최종 마무리 시리즈로 합격을 준비하세요.

※ 본 도서의 세부구성 및 이미지는 변동될 수 있습니다.

적중예상문제

핵심요약집

최종모의고사

## 3단계

### 예상문제로 실력 다지기!

최근 출제경향을 충실히 반영한 총 5회의 예상문제를 통해 합격을 적중해 보세요! 알차게 정리한 빨간 키(빨리 보는 간단한 키워드)를 통해 방대한 영역의 포인트를 잡는 기회도 가질 수 있으니 일석이조!

## 4단계

### 실전감각 200% 충전하기!

핵심키워드부터 핵심이론, 핵심문제까지 효율적 · 효과적으로 학습할 수 있도록 정리했습니다. 필수이론 및 문제를 담은 핵심요약집, 실제 시험을 더욱 실감나게 준비할 수 있는 최종모의고사까지. 엄선하여 수록한 이론과 문제들을 놓치지 마세요.

# 나는 이렇게 합격했다

여러분의 힘든 노력이 기억될 수 있도록
## 당신의 합격 스토리를 들려주세요.

합격생 인터뷰
**상품권 증정**

추첨을 통해
**선물 증정**

베스트 리뷰자 1등
**아이패드 증정**

베스트 리뷰자 2등
**에어팟 증정**

---

## SD에듀 합격생이 전하는 합격 노하우

"기초 없는 저도 합격했어요
여러분도 가능해요."
검정고시 합격생 이*주

"불안하시다고요?
시대에듀와 나 자신을 믿으세요."
소방직 합격생 이*화

"강의를 듣다 보니
자연스럽게 합격했어요."
사회복지직 합격생 곽*수

"선생님 감사합니다.
제 인생의 최고의 선생님입니다."
G-TELP 합격생 김*진

"시험에 꼭 필요한 것만 딱딱!
시대에듀 인강 추천합니다."
물류관리사 합격생 이*환

"시작과 끝은 시대에듀와 함께!
시대에듀를 선택한 건 최고의 선택"
경비지도사 합격생 박*익

---

## 합격을 진심으로 축하드립니다!
# 합격수기 작성 / 인터뷰 신청

QR코드 스캔하고 ▷ ▷ ▷ ▶
**이벤트 참여하여 푸짐한 경품받자!**

합격의 공식 시대에듀